peter weibel
enzyklopädie der medien

ENZYKLOPÄDIE DER MEDIEN
Schriften von Peter Weibel in sechs Bänden

Die Geschichte Europas ist die Geschichte seiner Medien. Von der Antike bis zur Gegenwart, vom Buch zum Computer, von Gutenberg bis Turing, vom Alphabet zum binären Code sind es die Veränderungen der Medien – der apparativen Produktions-, Distributions-, Rezeptions- und Speichermedien –, die unsere Kultur prägen. Alle Kultur ist Kulturtechnik, und die Technik setzt die Arbeit der Schrift fort, jenes Urmediums, das uns nahebringt, was zeitlich und räumlich fern ist, das uns vergegenwärtigt, was vergangen und künftig ist. So ist die Geschichte der Medien gekennzeichnet von Brüchen sowie von Kontinuitäten. Mit den Medien verändern sich unsere Kommunikation, unser Bewusstsein, unsere Wirklichkeit, unsere Welt. Mit einer sechsbändigen Auswahl seiner Schriften zu den Medien legt Peter Weibel eine Enzyklopädie vor, die alle Bereiche der Medienwelt, von der Kunst bis zur Politik, diskursiv erläutert. Seine Texte ordnet er in die Tradition der Aufklärung und der *Encyclopédie* der Jahre 1751 bis 1780 ein, deren Erscheinen den Geist der Französischen Revolution ankündigte.

Die ENZYKLOPÄDIE DER MEDIEN
umfasst die folgenden Bände
Band 1: Architektur und Medien
Band 2: Musik und Medien
Band 3: Kunst und Medien
Band 4: Literatur und Medien
Band 5: Politik und Medien
Band 6: Theorie und Medien

enzyklopädie der medien
band 6

theorie und medien

wahrnehmung und wandel der welt durch und mit medien

ausgewählte schriften von
peter weibel

Herausgegeben von der Universität für angewandte Kunst Wien und
dem ZKM | Zentrum für Kunst und Medien Karlsruhe.

Peter Weibel, *Beobachtung der Beobachtung: Unbestimmtheit*, Installationsansicht *Trigon '73: Audiovisuelle Botschaften*, Künstlerhaus Graz 1973

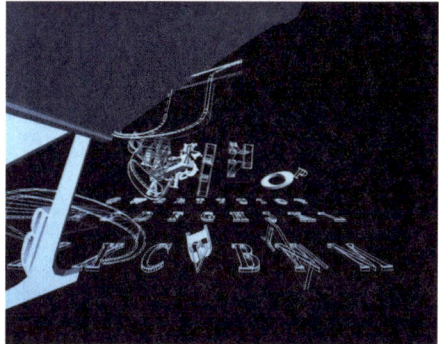

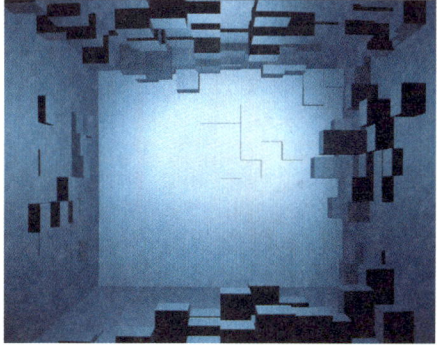

Peter Weibel, *Zur Rechtfertigung der hypothetischen Natur der Kunst und der Nicht-Identität in der Objektwelt*, 1992, Installationsansicht *respektive Peter Weibel*, ZKM | Karlsruhe 2019–2020; Videoprojektor, Projektionsleinwand, Teppiche, Sensoren, Dial-Box, Silicon Graphics 4D/320 VGX Computer, Silicon Graphics Video Framer; Interface: Bob O'Kane; technische Assistenz: Dieter Sellin; Programmierung: Constanze Ruhm, Bob O'Kane (Textwelt); Christian Möller und Dieter Beck (Raumwelt); Akke Waagenar (Objektwelt); Laurent Mignonneau (Gaswelt); Supervision: Gideon May

Peter Weibel, *Das tangible Bild*, 1991/2019, interaktive computerbasierte Installation, Installationsansicht *respektive Peter Weibel*, ZKM | Karlsruhe 2019–2020

Peter Weibel, *Die Wand, der Vorhang (Grenze, die) fachsprachlich auch: Lascaux*, 1994, interaktive computerbasierte Installation; Videokamera, Projektor, digitalisiertes Bild einer Ziegelwand, VGX-Computer, Software: Bob O'Kane, Installationsansicht Galerie Tanja Grunert, Köln

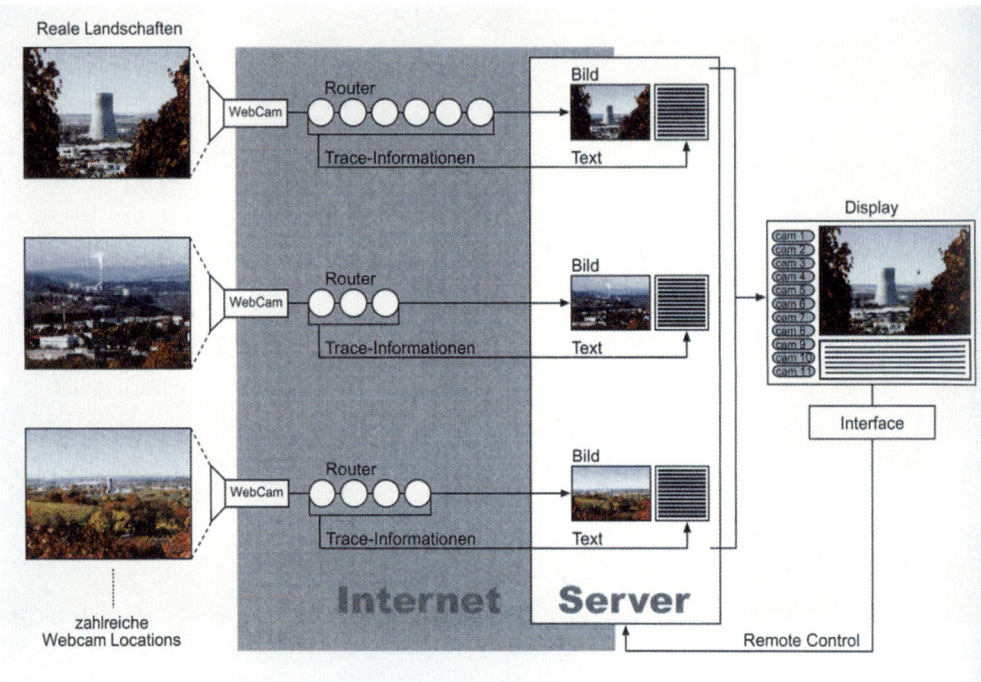

Peter Weibel, *Islands of Non-locality: From the Local and the Real to the Non-local and the Virtual*, 1999, internetbasierte installation

Peter Weibel, *Dach der Welt V*, 1990/2003, computerbasierte Installation, Installationsansicht *respektive Peter Weibel*, ZKM | Karlsruhe, 2019-2020

INHALTSVERZEICHNIS

Kontextkunst. Zur sozialen Konstruktion von Kunst 19

Kunst als soziale Konstruktion 73

Logokunst. Die logothetische Methode der Bildbetrachtung. 83

Logokultur. 97

Freud und die Medien. Foto Fake II. 115

Das Bild nach dem letzten Bild 125

Von der Verabsolutierung der Farbe zur Selbstauflösung
        der Malerei. 148

Ära der Absenz 162

Probleme der Moderne – Für eine Zweite Moderne 183

Die Revolution der Materialmalerei. Eine Invasion
        der Künste in die Realität 195

Die performative Wende im Ausstellungsraum 218

Sasha Waltz. Installationen, Objekte, Performances – zwischen
        performativer und installativer Wende. 228

Light's Bright Future: Lightscapes 246

Die Welt von innen – endo und nano. Über die Grenzen
        des Realen 257

Unsere Regenbogenwelt
        Otto E. Rössler und Peter Weibel 261

Virtuelle Realität: Der Endo-Zugang zur Elektronik 268

Über die Grenzen des Realen. Der Blick und das Interface. 287

Die Welt als Schnittstelle
  Otto E. Rössler, Reimara Rössler und Peter Weibel **302**

Is Physics an Observer-Private Phenomenon Like Consciousness?
  Otto E. Rössler, Reimara Rössler und Peter Weibel **311**

Polylog. Für eine interaktive Kunst
  Gerhard Johann Lischka und Peter Weibel **321**

Virtuelle Welten: Des Kaisers neue Körper. **351**

Transformationen der Techno-Ästhetik **373**

Die Emanzipation der Werkzeuge. Von den Fähigkeiten
  der Menschen und Maschinen zur Symbolisation. **396**

Digitale Doubles: Von der Kopie zum Klon. Zweiter Entwurf. **401**

Medien und Metis **421**

Wissen und Vision – neue Schnittstellentechnologien der
  Wahrnehmung. **431**

Ortlosigkeit und Bilderfülle – Auf dem Weg zur
  Tele-Gesellschaft. **437**

Die postmediale Kondition **444**

Votum für eine transästhetische Vision **448**

Das Virtuelle im Realen: von der Möglichkeitsform **456**

Open Codes: Living in Digital Worlds
  Open Codes II: The World as a Field of Data. **465**

AAA – Art, Algorithmen, Artificial Intelligence **488**

Kommentare zur Natur der Technik **496**

Die Tiere, mit denen ich gearbeitet habe 504

Leben – Das unvollendete Projekt 508

The Unreasonable Effectiveness of the Methodological
    Convergence of Art and Science 511

Landkarten: Konstruktionen oder Wirklichkeit? 522

Media, Mapping and Painting 526

The Noetic Turn: From Language-Based to Tool-Based
    Knowledge Trees 545

Elektrosphären 560

Der anagrammatische Körper im Zeitalter seiner medialen und
    gentechnischen Konstruierbarkeit 570

Exo-Evolution 585

GLOBALE: Exo-Evolution 588

Die Transzendierung des Menschen durch den Menschen
    oder was sich Peter Weibel zur *GLOBALE* gedacht hat
    Ein Gespräch mit Heinz-Norbert Jocks 596

Infosphäre: Die Verwandlung der Dinge in Daten 615

For Another Reset: Renaissance 2.0 621

Renaissance 3.0. A Scenario for Art in the 21st Century 642

Biografie	**653**
Index	**654**
Bildnachweis	**669**
Impressum	**672**

vorwort

In dem hier vorliegenden sechsten und letzten Band der *Enzyklopädie der Medien*: *Theorie und Medien. Wahrnehmung und Wandel der Welt durch und mit Medien* sind Peter Weibels wichtigste Texte zur Kunst- und Medientheorie versammelt. Weibel geht in diesen Essays stets der Frage nach, wie die Medien(-künste) die Welt und unsere Wahrnehmung konstituieren, simulieren und verändern.

Als Ausgangspunkt für diesen Band dienen Peter Weibels wegweisende Texte zur Kontextkunst und der sozialen Konstruktion von Kunst, in denen er die Verflechtung von Kunst und Gesellschaft offenlegt. Kunst wird darin als sozialer Prozess verstanden, der die externen gesellschaftlichen, ideologischen, diskursiven und institutionellen Bedingungen der Produktion von Kunst reflektiert, aber auch die soziale und mediale Konstruktion von Wirklichkeit überhaupt. Damit hat Weibel eine theoretische Grundlage für die Analyse der gesellschaftlichen Relevanz von Kunst geschaffen. Mit der semiotischen Analyse der Logokunst, aus der Weibel eine logothetische Methode entwickelt, macht er auf die Verstrickung von Kunst und Markt im Zeitalter »frei flottierender Zeichen« aufmerksam.

Ausgehend von seiner Kritik der Repräsentation hat Weibel eine Theorie der multiplen Modernen entwickelt, in der die Repräsentation nicht nur durch die Abstraktion, sondern auch durch die Realität abgelöst wird, wenn etwa reale Phänomene, reale Handlungen oder reale Gegenstände Einzug in die Kunst halten. Daneben entstehen die »Bilder nach dem letzten Bild«, die über eine Verabsolutierung der Elemente der Malerei Farbe und Leinwand, bis hin zur Materialmalerei oder der leeren Leinwand führen. Daraus resultiert auch eine Ausweitung des Kunstwerks auf den Rahmen, die Wand und den Ausstellungsraum – den Kontext also. Den Verlust der Repräsentation definiert Weibel als eine »Ästhetik der Absenz«, die das Verschwinden, das Abwesende, sichtbar macht und dazu dienen kann, eine Welt im Übergang zu zeigen. In seiner Theorie einer Zweiten Moderne macht Weibel deutlich, wie sich mit der Einführung der technischen Medien und der Interaktivität in die Kunst nicht nur das Verhältnis von Bild und Betrachtenden radikal verändert hat, sondern auch das Projekt der Moderne, die kritische Selbstreflexion, durch die Beobachtung der Beobachtung realisiert werden konnte. Mit den Begriffen der performativen Wende im Ausstellungsraum und der installativen Wende des Tanzes beschreibt Weibel die Konvergenz von Aufführung und Ausstellung, von Handlung und Installation. Damit hat er neue Konzepte des Ausstellens vorgestellt.

Ausgehend von systemtheoretischen Überlegungen, insbesondere der Beobachtung zweiter Ordnung, skizziert Weibel die Medien(-künste) als Ort der Reflexion unseres Zugangs zur Welt. Er liefert so Werkzeuge zur Analyse virtueller Welten und Bilder. Mit dem Begriff der »Endo-Physik« fragt er darüber hinaus, ob wir überhaupt eine objektive Sicht auf die Welt, unabhängig vom Beobachtenden, erlangen können und beschreibt die Welt als beobachterrelativ. Die interaktive Medienkunst, die die Schnittstelle, das Interface, erforscht, kann dabei als Mittel zur Welterkenntnis dienen. Da Weibel den Computer und die Medienkunst als epistemische Instrumente begreift, die eher enthüllen als verbergen, beschreibt er das Virtuelle und die Simulation nicht wie viele andere Medientheoretiker als Bedrohung des Realen. Wohl aber kritisiert er die Verknüpfung von wirtschaftlichen und machtpolitischen Interessen mit der Digitalisierung und regt an, Medienkunst als Mittel zur Medienerkenntnis und zu einem informierten, emanzipierten Umgang mit dem Digitalen zu nutzen. Dies kommt in den zentralen medientheoretischen Texten Peter Weibels zur Medienkunst, zur »Technoästhetik«, zur »postmedialen Kondition«, zum Virtuellen, der Simulation und der algorithmischen Kunst zum Ausdruck. Mit dem Ausstellungsprojekt *Open Codes. Die Welt als Datenfeld* (2017–2019) wird das Museum schließlich zu einem freien Ort der Bildung, denn nur, wer die Funktionsweise von Codes kennt, kann mündig damit umgehen. Im Zeitalter der Digitalisierung braucht es also in einer demokratischen Gesellschaft freien Zugang zu Codes und dem Wissen über Codes. Auch Kunstinstitutionen können und müssen diese digitale Bildung anbieten. Der klassische Begriff der Ausstellung wird damit abermals zur Disposition gestellt.

Peter Weibel, der Mathematik und Logik studiert hat, beschäftigte sich in seinem künstlerischen, kuratorischen wie wissenschaftlichen Wirken immer wieder mit der Konvergenz von Kunst und Wissenschaft. In einem frühen Entwurf zur Bedeutung von künstlerischer Forschung, erläutert er, wie sich die Wissenschaft an die Kunst wendet, wenn es um eine Pluralität der Methoden geht. Er zeigt am Beispiel der Landkarten und der Landschaftsmalerei, dass Künstler und Künstlerinnen erheblichen Anteil an der Vermessung der Welt hatten. Mit dem Begriff der noetischen Wende beschreit Weibel, wie die Kunst und die Kunstwissenschaft in einer neuen Werkzeugkultur der Medien auch neue Wissenssysteme entwerfen. Im Zeitalter der Digitalisierung und des Anthropozän sieht Weibel eine neue Allianz von Kunst und Wissenschaft, die er nach der arabischen und der italienischen Renaissancen nun als Renaissance 3.0 beschreibt. Diese ist gekennzeichnet durch eine gemeinsame Werkzeugkultur von Wissenschaft und Kunst. Sie dient beispielsweise als Grundlage für die »Exo-Evolution«, eine Transzendierung des Menschen im Sinne eines Transhumanismus. Weibel zeigt zudem, dass die Erde nicht nur von der Atmosphäre, sondern auch von der Elektrosphäre und der Infosphäre umspannt ist, die für die menschliche Existenz mittlerweile ebenso wichtig sind.

Nicht selten zeigt sich uns heute retrospektiv die Weitsichtigkeit von Peter Weibels theoretischen Texten. Um nur ein Beispiel zu nennen, sei hier auf seine visionären Analysen der Potenziale der Digitalisierung hingewiesen. So heißt es etwa im Text »Die postmediale Kondition« aus dem Jahre 2004: »Das gesamte Textreservoir des Netzes kann zur Selbststeuerung von Texten verwendet werden, zur autogenerativen Erzeugung von Sprachwelten. Das Netz kann aber auch autogenerativ Bildwelten erzeugen und die Texte des Netzes können als Folie für das Skript für Schauspieler in Filmen und Sprecher in Hörstücken oder für die Texte von Dichtern dienen.« Damit hat Peter Weibel bereits vor zwanzig Jahren skizziert, was wir heute nach der Entwicklung von Textgeneratoren auf der Basis von künstlicher Intelligenz erleben und was aktuell große Aufmerksamkeit erlangt durch die Proteste von Drehbuchautoren und -autorinnen in Hollywood, die fürchten, durch Programme wie ChatGPT ersetzt zu werden. Diese scheinbar prophetische Zukunftsvision Peter Weibels basiert aber nicht nur auf seinem Hang zur Science-Fiction, die in seinen Texten immer wieder durchscheint, sondern vor allem auf seiner präzisen Analyse von Kunst und Text nicht als Produkt eines autonomen Autors, sondern im Anschluss an systemtheoretische und intertextuelle Überlegungen als kontextbasiertes und von multiplen Akteuren gemeinsam produziertes Gefüge. Weibel hat diese Gedanken auf die Medienkunst und die Digitalisierung im Allgemeinen übertragen und so auch die Entwicklung von nicht-menschlichen, digitalen Akteuren und Systemen prognostizieren können.

IDIS HARTMANN
ZKM | Karlsruhe

Mit dem sechsten Band der *Enzyklopädie der Medien*, in der die wichtigsten, in verschiedenen Sammelbänden, Ausstellungskatalogen und Zeitschriften publizierten Texte und Manuskripte Peter Weibels erstmals gesammelt herausgegeben werden, erscheinen nun seine zentralen Gedanken zum Thema *Theorie und Medien*. Wenngleich Peter Weibel die Veröffentlichung dieses letzten Bandes seiner *Enzyklopädie der Medien* nicht mehr miterleben kann, so konnte er glücklicherweise die Auswahl der Texte noch vor seinem Tod abschließen und die Gestaltung des Titels der Publikation begleiten. Die Texte wurden behutsam überarbeitet – ohne dabei die für Peter Weibels Denken und Diktion charakteristische Sprache zu tilgen. Im Zuge der Bearbeitung wurden die deutschsprachigen Texte an die aktuelle Rechtschreibung angepasst und Referenzen, wo notwendig, ergänzt. Zahlreiche Quellen konnten nachgetragen werden, sodass Leserinnen und Leser auch eine Vorstellung von Peter Weibels Bibliothek, dem wichtigsten Arbeitsmittel dieses Universalgelehrten, gewinnen können. Die Abbildungen wurden wie auch in den anderen Bänden der *Enzyklopädie der Medien* vor allem ausgewählt, um Referenzen sichtbar zu machen. Bei umfangreichen Bildessays wurde eine Auswahl getroffen, die den zentralen Gedankengang nachvollziehbar macht. Die ursprünglichen Erscheinungsdaten sind in Verbindung mit den Aufsatztiteln ersichtlich, Informationen zu weiteren Erscheinungsdaten und -orten, gegebenenfalls auch zum Kontext, werden in Form kurzer Kommentare am Ende der Texte angegeben. Ursprünglich auf Englisch erschienene Aufsätze wurden nicht ins Deutsche übersetzt, sondern werden in der originalsprachlichen Form zugänglich gemacht.

Diese umfangreichen redaktionellen Arbeiten wurden von Idis Hartmann geleistet, die das Projekt mit herausragender Kompetenz, Engagement und Genauigkeit vorangetrieben hat. Dafür gilt ihr unser ganz besonderer Dank. Wir danken studio +fronczek grafikdesign für die grafische Gestaltung, die die Texte so wunderbar ergänzt. Der Dank gilt zudem dem Hatje Cantz Verlag für die langjährige Partnerschaft.

Peter Weibels Schriften sind das Resultat seines ebenso analytischen wie visionären Denkens. Die *Enzyklopädie der Medien* dokumentiert dieses Denken und legt damit erstmals das allen Schriften zugrundeliegende Netzwerk seines Wissens offen.

Peter Weibel war ein unschätzbarer Impulsgeber und hat durch sein Denken und Wirken die Institutionen, in denen er tätig war, entscheidend geprägt, insbesondere das ZKM | Karlsruhe und die Universität für angewandte Kunst Wien. In Dankbarkeit und Respekt für seinen Ideenreichtum, seine Weitsicht und sein enzyklopädisches Wissen, war es uns ein besonderes Anliegen, nach dem Tod von Peter Weibel sein Andenken zu würdigen und den Abschluss des letzten Bandes seiner *Enzyklopädie der Medien* voranzutreiben. Peter Weibel hat durch seine Bücher und mit seinen Büchern gelebt. Daher war er in seinem legendären Büro im ZKM | Karlsruhe, das als »Gesamtkunstwerk« oder »Weltkulturerbe« apostrophiert wurde, inmitten von Bücherstapeln zu finden. Darum hat er von einem Bücherturm, in dem er leben könnte, geträumt. Möge sein Kosmos an Ideen und Wissen nachfolgenden Generationen nun in seinen Büchern erhalten bleiben. Wir sind gespannt zu sehen, wie seine Ideen und Gedanken weiterleben, sich in immer neuen Kontexten entwickeln und wachsen werden.

Alistair Hudson
Vorstand
ZKM | Karlsruhe

Prof. Petra Schaper Rinkel
Rektorin
Universität für angewandte Kunst Wien

Prof. Christiane Riedel
ehemalige Geschäftsführende Vorständin
ZKM | Karlsruhe

Dr. Gerald Bast
ehemaliger Rektor
Universität für angewandte Kunst Wien

KONTEXTKUNST

ZUr SOZIALEN KONSTRUKTION VON KUNST

1994

Für uns ist aber Kunst das, was wir unter diesem Namen vorfinden. Etwas, das ist und gar nicht nach Gesetzen zu sein braucht, ein kompliziertes soziales Produkt.[1]
ROBERT MUSIL

Benthams Theorie der Fiktionen

Fiction enables us to grasp reality and at the same time that which is veiled by reality.[2]
MARCEL BROODTHAERS

Der britische Beitrag zur Aufklärung besteht bekanntermaßen aus den Werken von Francis Bacon, Thomas Hobbes, John Locke, George Berkeley, David Hume. Weniger bekannt ist hingegen der Beitrag von Jeremy Bentham. Neben vielen Pamphleten und Auszügen aus seinem *work in progress* veröffentlichte er selbst zu Lebzeiten nur ein theoretisches Hauptwerk *An Introduction to the Principals of Morals and Legislation* (1789). *The Book of Fallacies*, ein weiteres wichtiges Werk, wurde 1824 von Peregrine Bingham herausgegeben, allerdings unter der Leitung von Bentham. Wie der Titel dieses Buches schon anzeigt, kreiste Benthams Philosophie um die Funktion der Täuschungen und Fiktionen. Sein diesbezügliches Hauptwerk *The Theory of Fictions* erschien aber erst 1932, herausgegeben von C. K. Ogden. Benthams wichtigster Beitrag war also hundert Jahre lang vergessen. Erst das sprachkritische Instrumentarium der analytischen Philosophie war sensibel genug für Benthams Theorien. Bentham war allerdings als sozialer Reformer erfolgreich. Seine geistigen Schüler James Mill und dessen Sohn John Stuart Mill setzten seine Ideen fort und um. Die von ihm eingeleitete Bewegung sozialer Reformen verfügte über eine eigene Zeitschrift und gründete eine eigene Universität, das University College London.

Dort wurde einer der besten Schüler Benthams, John Austin, der erste Professor für Jurisprudenz. Dort befindet sich auch der einbalsamierte Körper von Bentham mit einem Wachsmodell seines Kopfes. Dort besuchte ihn auch Marcel Broodthaers, um ihn für seinen Film *Figures of Wax* (1974), eine allegorische Reflexion von Benthams Werk im Film, zu verwenden. Ist dies nicht eine hübsche, wenn auch akzidentielle Inzidenz für unsere Genealogie des Kontextualismus?

---

1 Robert Musil, *Tagebücher*, Bd. 1, Rowohlt, Reinbek bei Hamburg, 1983, S. 449.
2 Marcel Broodthaers, zit. nach Douglas Crimp, »This is Not a Museum of Art«, in: *Marcel Broodthaers*, Ausst.-Kat., Walker Art Center, Minneapolis, Rizzoli, New York, 1989, S. 71–92, hier S. 71.

Marcel Broodthaers, *Figures of Wax*, 1974, Filmstill: inszeniertes Interview mit Jeremy Bentham

Im Alter von sechzehn Jahren, als er begann, sich mit den Rechtswissenschaften auseinanderzusetzen, traf Bentham erstmals auf die »Geister«, die ihn ein Leben lang beschäftigen sollten und denen er später den Namen »fiktive Entitäten« gab. Als er 1775 begann, durch das Dickicht der Jurisprudenz neue logische Wege zu schlagen und zu schneiden, traf er unentwegt auf *fallacies*, Trugschlüsse, Täuschungen, d. h. auf Fiktionen, z. B. auf die Fiktion des Gesellschaftsvertrags. Er unterbrach seine Arbeit für etwa zehn Jahre, weil er realisierte, dass er erst durch eine sprachkritische Analyse der Fiktionen, die wie Gift den Gesetzeskörper durchdringen, das Rechtssystem als Wissenschaft würde begründen können. Besonders die »Fiktionen des Gesetzes« attackierte er: »A Fiction of Law may be defined in general as the saying something exists which does not exist, and acting as if it existed.«[3] Die Ursache dafür sah er in einem verhängnisvollen Verhältnis von Wort und Ding: »so close a union has habit connected between words and things, that we take one for the other.«[4] Besonders in der Rechtssprache neige man dazu, im Namen der Macht Fiktionen als Realitäten zu interpretieren: »many an empty name is considered as the representative of a correspondent reality; in a word, that mere *fictions* are in abundance regarded as *realities*.«[5] Der Ausweg aus dem metaphysischen Irrgarten des Rechts war die logische Analyse der Sprache und insbesondere in den Jahren 1813–1815 die Entwicklung einer Theorie der Fiktionen bzw. der symbolischen Faktoren, wie wir heute sagen würden. Als primäres rationales Instrument seiner Aufklärung der legalen Fiktionen nannte er: »Division of entities into real and fictitious; or say, division of noun-substantives into names of real entities, and names of fictitious entities.«[6] Das Rechtssystem war für Bentham von solchen »fiktiven Entitäten« verseucht.

Aus der Untersuchung der Fiktionen des Rechtssystems leitete er eine allgemeine Theorie der Fiktion ab: »A fiction of law may be defined a wilful falsehood, having for its object the stealing legislative power, by and for hands which durst not or could not, openly

---

3 C. K. Ogden, *Benthams Theory of Fictions*, Kegan Paul, London, 1932, S. XVII.
4 Jeremy Bentham, *The Works of Jeremy Bentham*, Bd. 10, William Tait, Edinburgh, 1843, S. 75. Der Kampf gegen die fatale Gleichsetzung von Wort und Ding, von Sprache und Wirklichkeit ist ein Leitmotiv des logischen Empirismus und Positivismus. Vgl. dazu z. B. Rudolf Carnap: »Es müßte einmal näher untersucht werden, welche kulturgeschichtliche Bedeutung der Verwechslung von begleitenden Gegenstandsvorstellungen mit Sachverhaltsvorstellungen zukommt, genauer: dem aus dieser Verwechslung entspringenden Versuch, begleitende Gegenstandsvorstellungen durch (Schein-)Aussagen zum Ausdruck zu bringen. Vielleicht haben Magie (als Theorie), Mythus (einschließlich der Theologie) und Metaphysik hier ihren Ursprung«; Rudolf Carnap, *Scheinprobleme in der Philosophie* (1961), Suhrkamp, Frankfurt/M., 1966, S. 73.
5 Ogden 1932, S. XXVIII.
6 Jeremy Bentham, zit. nach ibid., S. XVII.

claim it; and, but for the delusion thus produced, could not exercise it.«[7] Mit wenigen Worten, eine Gesetzesfiktion sagt etwas bzw. verhandelt über etwas, das nicht existiert und verhält sich, als ob es existiert. Bentham druckte einen ersten Entwurf seiner Kritik des Rechtssystems ein Jahr vor Immanuel Kants *Kritik der reinen Vernunft* unter dem Titel *Treatise on Jurisprudence* (1780), aber hielt die Publikation zurück. Erst 1789 erschien das gereifte Werk *An Introduction to the Principles of Morals and Legislation*. Kants Theorie des notwendigen transzendentalen Scheins korrespondiert indirekt mit Benthams Theorie der Fiktionen. Insofern schlägt Slavoj Žižek zu Recht vor, »Kant mit Bentham« zu lesen, so wie Jacques Lacan »Kant mit Sade« las.[8] Das Ergebnis ist eine klare Sicht auf die paradoxen Positionen Benthams. Aus der Kritik der »legalen Fiktionen« (»I know that fictions are unreal, but I nonetheless speak of them as if they are real objects«[9]) entwickelte er einerseits sein positivistisches Programm der Reduktion der Fiktionen, auf das legislative und soziale Reformen folgten. Auf diesem Weg folgten ihm John Stuart Mill, John Austin, Bertrand Russell und die analytische Philosophie des Wiener Kreises mit ihren »Protokollsätzen«. Desgleichen entwickelte er daraus seinen »hedonistischen Kalkül«, die Schule des Utilitarismus. Wenn der Mensch schon keine anderen Optionen habe, als zwischen diversen Fiktionen und alternativen Diskursen zu wählen, von denen keiner der wahre und reale ist, brauche er ein neues Beurteilungskriterium, nachdem Wahrheit und Realität als solche abgedankt haben. Das neue Kriterium, vielleicht ebenfalls fiktiv, ist daher »that property in any object, whereby it tends to produce benefit, advantage, pleasure, good, or happiness […].«[10]

Kant und Bentham entdecken gleichzeitig das Reich des Scheins. Kant eliminiert den Schein aus dem Reich des Realen, da er ja die Erkenntnisfähigkeit des Subjekts relativiert hatte. Der Schein wird zu einer transzendentalen Eigenschaft, aber dafür dort zu einer Notwendigkeit. Auch Bentham will den Schein aus dem Reich des Realen eliminieren. Aber seine Kritik des Scheins und der Fiktion führt nicht zur Transzendenz, sondern zu Empirismus, Positivismus, Utilitarismus.

Aber bald erkennt auch Bentham die Fiktionen als notwendig, allerdings aus sprachlichen Gründen. Sein Programm, die Reduktion der Fiktionen auf das Reale, wird daher bald gestoppt. Ein Umkehrprogramm läuft an. Bentham erkennt, wie Kant, dass Schein und Fiktion notwendige Elemente sind, aber nicht aus transzendentalen Gründen, sondern aus sprachlichen. Diese sprachliche Unvermeidbarkeit der Fiktionen begründet in Wirklichkeit schon sein utilitaristisches Programm.

Aus der Existenz des Scheins, die durch die Sprache notwendigerweise vorgegeben ist (Fiktionen sind »those sorts of objects, which in every language must, for the purpose of discourse, be spoken of as existing«[11]), resultierte Benthams »vulgärer« Utilitarismus, d. h. die Bewertung der Fiktionen nicht nach ihrem Wahrheitsgehalt, sondern nach dem Maß von Nutzen, den sie für die Individuen bei ihrer Suche nach dem Glück haben (»the greatest happiness of the greatest number«[12]). Spuren dieser »Maximierung der Glückseligkeit« finden wir noch heute in der pragmatischen Verfassung der USA, die jedem Bürger Freiheit bei dem *pursuit of happiness* verspricht. Der Schein wurde instrumentalisiert und musste dem Guten dienen. Bei Kant hingegen führte die notwendige Existenz des Scheins nicht zu seiner Abwertung, Kritik, Relativierung oder Reduktion, sondern wurde aufgewertet zu

---

7   Ibid., S. XVIII.
8   Slavoj Žižek, *Tarrying with the Negative. Kant, Hegel, and the Critique of Ideology*, Duke University Press, Durham, 1993, S. 85.
9   Jeremy Bentham, zit. nach ibid.
10 Jeremy Bentham, *An Introduction to the Principles of Morals and Legislation*, T. Payne, London, 1780, S. II.
11 Jeremy Bentham, *The Theory of Fictions*, in: Ogden 1932, S. 16.
12 Jeremy Bentham, zit. nach ibid., S. CXVII.

einem absoluten, transzendentalen, zwecklosen Guten, das für sich selbst steht (Pflichterfüllung nicht, weil sie etwas nützt, sondern um des Prinzips der Pflicht willen).

Die Notwendigkeit der Fiktionen (»To language, then – to language alone – it is, that fictitious entities owe their existence; their impossible, yet indispensable, existence.«[13]) verurteilte letztlich Benthams Programm der Reduktion der Fiktionen auf ihre realen Elemente zum Scheitern. Der Utilitarismus, die Reduktion des Diskurses auf das nützliche Reale, konnte nicht ausgeführt werden. Bentham war gezwungen, in seiner *Theory of Fictions* eine minutiöse Klassifikation von fiktiven Entitäten durchzuführen und z. B. *fictitious entities* (wie Pflicht, legale Person) und *(imaginary) fabulous non-entities* (wie Pegasus) zu unterscheiden. Bentham spricht bereits von *immaterial objects* und *thelematic motion*.[14] Auf diese Weise produzierte er vor Lacan den Unterschied zwischen symbolisch und imaginär und Lacan konstatierte zu Recht, dass Bentham der erste war, der erkannte, dass die Wahrheit die Struktur der Fiktion hat. Die Ordnung des symbolischen Diskurses würde ohne die Fiktionen ihre Kohärenz verlieren. (»Of nothing, therefore, that has place, or passes in our mind, can we speak, or so much as think, otherwise than in the way of *Fiction*«.[15])

Bentham nimmt also zwei konträre Positionen ein: Einerseits die Reduktion der Fiktion im Namen des Utilitarismus, andererseits die Anerkennung der Fiktion als unvermeidbar. Letztere Position war die fruchtbarere. Sie führte nämlich zu der Einsicht, dass wir zwar Realität von Fiktion unterscheiden können, dass aber die Konstruktion der Realität, sozialwissenschaftlich gesprochen, ohne Ideologie nicht möglich ist, und psychoanalytisch gesprochen, nicht ohne das Symbolische und Imaginäre. Mit dem Verschwinden der Fiktionen verschwindet auch die Realität. Die relative Untrennbarkeit von Sprache und Objekten, von Theorie und Realität ist auch ein Thema des späten Ludwig Wittgenstein und von Willard Van Orman Quine *in Word and Object* (1960). Benthams Theorie der Fiktionen ist also nicht nur ein frühes unbeachtetes Meisterwerk der Semiotik und Sprachanalyse, sondern das Gründungswerk für eine Theorie des Diskurses wie auch ein Beispiel für die erste Diskursanalyse. Die Konstruktion der Wirklichkeit, unvermeidlicherweise auch mithilfe von Fiktionen, wird hier erstmals genau untersucht und dargestellt. Die Rolle symbolischer, fiktiver, ideologischer Faktoren bei der Konstruktion von Wirklichkeit aufzudecken, war also das Ziel von Benthams Theorie der Fiktionen.

Eine Kunst, die wie die Kontextkunst die Rolle der ideologischen Faktoren bei der sozialen Konstruktion von Kunst zu untersuchen vorhat, also Kunst als Diskursanalyse wie Diskursproduktion sein will, wird Bentham als Ausgangspunkt haben. Wie dieser ist sie eingespannt zwischen Empirie, analytischer Untersuchung und gesellschaftlichen Reformen einerseits und Idealismus andererseits, welcher die Unvermeidbarkeit der Ideologie, des Symbolischen und Imaginären bei der Konstruktion der Realität zu transzendieren trachtet.

Eine bevorzugte Technik bei der Beseitigung der fiktiven Elemente war die linguistische Methode der »Paraphrasis«. Das Wort, das erklärt werden soll – z. B. der Name einer fiktiven Entität – wird, nachdem es in einen Satz eingesetzt wurde, in einem anderen Satz angewendet, der den Namen der korrespondierenden realen Entität enthält. Die Paraphrasis, jene Verwandlung von einem Satz, der eine fiktive Entität enthält, in einen Satz, der reale Entitäten enthält, ist also eine frühe linguistische Methode, die Sprache von ideologischen und fiktiven Momenten zu reinigen und sich damit einer Übereinstimmung mit der Realität anzunähern. Die Paraphrasis sollte also die Reduktion der Fiktion und die

---

13 Bentham 1932, S. 15.
14 Ibid., S. 41.
15 Ibid., S. 17.

Annäherung an die Empirie, an die Wirklichkeit besorgen.[16] Damit nimmt Bentham sprachanalytische, -kritische und -philosophische Methoden vorweg, die Gottlob Frege, Bertrand Russell, Ludwig Wittgenstein, Otto Neurath und Konzeptkünstler wie Joseph Kosuth, Art & Language, Lawrence Weiner später anwenden sollten. Während jene jedoch an die logische Struktur der Sprache und an den logischen Aufbau der Welt glaubten,[17] innerhalb des Sprachsystems mit ihrer logicoanalytischen Methode fast nur selbstreflexiv blieben, wusste Bentham, dass Sprache Fiktionen enthalten muss, um ein Zeichensystem zu sein. Daher gab es keine Atomsätze und jede Analyse war relativ, eine Folge von Paraphrasen. Eine Sprache, welche die Realität »spiegelt«, ist unmöglich. Siehe den frühen Wittgenstein, dessen Satz »Der Satz ist ein Bild der Wirklichkeit«[18] zum Ausgangspunkt für bestimmte Konzeptkünstler der 1960er-Jahre wurde.

Hans Vaihingers berühmtes Werk *Die Philosophie des Als Ob* (geschrieben 1876, erschienen 1911) verstärkt den nützlichen Charakter der »unmöglichen aber unvermeidlichen Existenz von fiktiven Elementen« (Bentham), ohne allerdings Benthams Betonung auf die linguistische Analyse zu folgen. Vaihinger hat in seinem Buch ein Kapitel Richard Wagner gewidmet, worin er gleichsam für die Nützlichkeit und Verwendbarkeit des Wahns, seine praktische Unumgänglichkeit votierte. Aber für Vaihinger blieben Fiktionen bei der Konstruktion der sozialen Realität transparent und transitorisch.

Die Paraphrasis ist also der Beginn der Kontextualisierung, das Eingeständnis der Existenz des Symbolischen, wie die Methode der Verminderung der symbolischen Faktoren. Bentham, für Johann Wolfgang von Goethe ein »höchst radikaler Narr«, für Michel Foucault der Konstrukteur des »Panopticon«, eines Reformgefängnisses der totalen Überwachung (1791), für Karl Marx und Friedrich Engels »ein Genie in der bürgerlichen Dummheit«, war in Wirklichkeit ein radikaler Ideologiekritiker und Gesellschaftsveränderer, ein Begründer der Ideologiekritik und der Diskursanalyse, welcher Scheinprobleme der vom Staat konstruierten Wirklichkeit attackierte.

Die sprachanalytische Dekonstruktion des Rechtssystems als ein System von Fiktionen zeigte nicht nur die Gesetzeswirklichkeit von Fiktionen durchsetzt, sondern war verallgemeinerbar zur Einsicht, dass jede Wirklichkeit von Fiktionen durchsetzt ist: Die Konstruktion des Gesetzes mithilfe von Fiktionen bildete das Modell, von dem aus die Erkenntnis abgeleitet werden konnte, wie jede soziale Institution, wie jede Realität mithilfe von ideologischen, fiktiven und imaginären Entitäten konstruiert wird. Benthams Kritik der Fiktion war die erste Analyse der ideologischen Konstruktion von sozialen Systemen und somit der Realität.

Bentham offenbarte den Anteil der Ideologie bzw. symbolischer Faktoren bei der Konstruktion sozialer Systeme. Er hat also (vor Marx) als Ideologiekritiker jenen aufklärerischen Horizont geöffnet, in dem auch die Kontextkunst situiert ist. Seine logische Analyse

---

16 Auch Willard Van Orman Quine verwendet in *Word and Object* (The MIT Press, Cambridge/MA, 1960) häufig die Technik der Paraphrase, um den Gebrauch und die Bedeutung eines Wortes zu erklären. »Im allgemeinen ist es eine gute Regel, mittels Paraphrase zu versuchen, die nichtbezeichnenden Positionen durch explizit undurchsichtige Konstruktionen offen zulegen.« »Was wir anstreben, wenn wir zur Behebung von Mehrdeutigkeiten einen Satz paraphrasieren, ist kein synonymer Satz, sondern einer, der dadurch, daß er einige alternative Interpretationen ausschließt, informativer ist.« Willard van Orman Quine, *Wort und Gegenstand*, Reclam, Stuttgart 1980, S. 273, 279.

17 Vgl. Rudolf Carnap, *Der logische Aufbau der Welt*, Weltkreis-Verlag, Berlin, 1928; ders., *Logische Syntax der Sprache*, Julius Springer, Wien, 1934.

18 Ludwig Wittgenstein, *Tractatus logico-philosophicus. Logisch-philosophische Abhandlung* (1921), übersetzt von C. K. Ogden und Frank Ramsey, dt.-engl. Ausgabe, Kegan Paul, Trench & Co., London, 1922, § 4.01. Vgl. auch § 4.023 »Der Satz ist die Beschreibung des Sachverhaltes.« Eine Auffassung, die hinter Bentham zurückfällt.

der Sprache ist nicht nur Erkenntniskritik und -theorie, sondern auch institutionelle Kritik *avant la lettre*. Seine linguistische und logische Zerlegung der sozialen Systeme hat nicht nur die analytische Philosophie des 20. Jahrhunderts antizipiert, sondern als Methode auch viele Verfahren der Konzept- wie Kontextkunst. Die Kontextkunst untersucht demnach den Anteil der ideologischen, fiktiven bzw. symbolischen Faktoren bei der Konstruktion des sozialen Systems Kunst. Kunst wird überhaupt erst durch die kontextualistische Philosophie als soziales System bzw. als soziale Konstruktion erkennbar. Kontextkunst ist erkenntnistheoretische Analyse der Kunst, logische Zerlegung der Institutionen und Diskurse der Kunst. Auch das Kunstsystem ist (wie das Rechtssystem) von »fiktiven Entitäten«, Trugschlüssen, Illusionen, ideologischen und imaginären Elementen verseucht. Diese ebenso axiomatischen wie nichtexpliziten ideologischen Prämissen der Kunst legen kontextuelle Kunstwerke offen, gerade als Kunstwerke, eben weil sie dies tun. Sie analysieren den Diskurs Kunst, die Bedingungen dieses Diskurses, die sozialen, formalen, räumlichen, kognitiven, ideologischen Konstitutionen dieses Diskurses. Als solche produzieren sie auch einen Diskurs mit jenen künstlerischen Mitteln, die sie aus dem ästhetischen Feld oder aus anderen Diskursen beziehen. Kunst als Diskursanalyse der Kunst aber auch anderer Diskurse (siehe den Rechtsdiskurs bei Peter Weibel, Hirsch Perlman, Thomas Locher) ist das Arbeitsfeld der Kontextkunst. Benthams Bücher *Theory of Fictions* und *Book of Fallacies* sind also auch als ästhetische Werke zu lesen, als eine Art prototypische Untersuchungen im Sinne der Konzept- wie der Kontextkunst. Sie sind Diskurstheorie wie -analyse.

Wittgensteins Sprachspiele

> *Die allgemeine Satzform ist eine Variable.*[19]
> LUDWIG WITTGENSTEIN

Ludwig Wittgenstein hat im *Tractatus logico-philosophicus* (1921) die Abbildtheorie der Sprache entworfen. Der Satz sei ein Bild der Wirklichkeit. Das Bild sei ein Modell der Wirklichkeit. Der Satz sei eine Beschreibung des Sachverhalts. Besteht der Sachverhalt tatsächlich, wie der Satz ihn beschreibt, dann ist der Satz wahr. Der Sinn der Sätze entsteht, wenn sie Bilder der Sachverhalte der Welt sind. Damit ein Satz und ein Bild abbilden können, müssen sie etwas mit dem Sachverhalt gemeinsam haben: die Form. Die abbildbare Beziehung besteht aus den Zuordnungen der Elemente des Bildes und der Sachen. Die sprachlichen Entsprechungen der Gegenstände sind die Namen. Die Gegenstände der Welt seien bestimmt durch ihr mögliches Vorkommen in Sachverhalten.

Aber es zeigte sich, dass die Struktur der Wirklichkeit und die Struktur der Sätze schon im *Tractatus* nicht aufeinander abbildbar waren. Elementarsätze, die sich nicht weiter zerlegen lassen, sprechen nicht über Sachverhalte, sondern zeigen bloß die Struktur der abgebildeten Sachverhalte. »Der Satz *zeigt*, wie es sich verhält, *wenn* er wahr ist.«[20]

Schon im *Tractatus* war also Wittgenstein bei seiner logischen Analyse der Sprache, bei seiner sprachkritischen Analyse der Erkenntnistheorie (wie ein ferner Schüler Benthams) auf formale Grenzen, Widersprüche und Paradoxien gestoßen. Später erkannte er, dass er erstens dem Ideal einer absolut klaren Sprache gefolgt war, das es nicht gibt, und dass er zweitens unzulässigerweise die grammatikalische Struktur in eine erkenntnislogische und sogar ontologische Struktur verwandelt hatte. Die Struktur der Grammatik hat ihn zu einem irreführenden Bild verführt. Die »Verhexung unseres Verstandes durch die Mittel unserer

---

19 Ibid., § 4.53.
20 Ibid., § 4.022.

Sprache«[21] ist nicht durch die Konstruktion von Idealsprachen zu beseitigen. Also kam es zu einer teilweisen Revision seines Standpunkts im *Tractatus*.

In seinen *Philosophischen Untersuchungen* entwickelte Wittgenstein um 1930 eine neue Sprachphilosophie, die vom tatsächlichen Sprachgebrauch (*common language, ordinary language*) in konkreten Situationen ausgeht. Der Sinn der Sätze entstehe bzw. wird definiert durch ihren Gebrauch in bestimmten Handlungszusammenhängen, durch die soziale Situation, durch soziale Kommunikation, durch die Lebensform. Die Bedeutung der Wörter entsteht durch ihren richtigen Gebrauch. Ein spätes Echo von Benthams Utilitarismus? Ob wir Wörter richtig gebrauchen, erfahren wir dadurch, dass wir von anderen verstanden werden. Damit wir uns verständigen können, muss der Sprachgebrauch bestimmten Regeln gehorchen. Solche Regelzusammenhänge nennt Wittgenstein »Sprachspiele«. Das Subjekt ist von diesem nicht unabhängig, weder im Denken noch im Sprechen. Die kommunikative Handlung und die Sprache bilden eine Einheit: »Das Wort ›Sprach*spiel*‹ soll hier hervorheben, daß das Sprechen der Sprache ein Teil ist einer Tätigkeit, oder einer Lebensform.«[22]

Diese späte Philosophie Wittgensteins gibt also dem Kontext der sprachlichen Äußerungen eine privilegierte Position. Wörter, Sätze, größere sprachliche Einheiten beziehen ihre Bedeutung auch aus dem Kontext, in dem sie stehen. Mit Kontext ist sowohl der Zusammenhang der sprachlichen Einheiten untereinander wie der mit den Handlungen gemeint, in die die sprachlichen Äußerungen eingebettet sind. Wir sprechen also in einem uns vorgegebenen Rahmen, uns vorgegebenen Bedingungen und Kontexten. Dieser Kontext kann der konkrete Handlungskontext einer spezifischen Äußerung sein wie auch die gesamte Sprachgemeinschaft. Um ein Kunstwerk kompetent beurteilen zu können, müsse daher die gesamte dahinterstehende Kultur gekannt werden. »Einen Satz ästhetischer Regeln vollständig zu beschreiben heißt in Wirklichkeit die Kultur der betreffenden Epoche beschreiben.«[23] »Zu einem Sprachspiel gehört eine ganze Kultur.«[24]

Die Bindung der Bedeutung an den Kontext, an den Gebrauch des Wortes in kommunikativen Handlungssituationen bedeutet aber nicht nur eine Fesselung des Subjekts an das »Gefangenenhaus der Sprache«[25] (Friedrich Nietzsche), an das Regelsystem, an den Referenzrahmen. Regeln werden nicht nur erlernt, Regeln kann man, wenn auch geringfügig, ändern bzw. übertreten, zumindest von ihnen abweichen. Sprachspiele entziehen sich letztlich der Begründung und Legitimierung: »Habe ich die Begründung erschöpft [...]. Ich bin dann geneigt zu sagen: ›So handle ich eben.‹«[26] Solange Sprachspiele nicht erklärt werden müssen, sondern sie auch bloß festgestellt werden können, gibt es eine Unabhängigkeit vom Kontext in Form von Regelabweichungen und -verweigerungen. Der Kontext kann also verschoben bzw. verändert und erweitert werden. Die Regeln des Sprachspiels können geändert werden, dies gehört zur Natur des Spiels. »Verschiedene Zeiten haben ganz und gar verschiedene Spiele.«[27] Doch Wittgenstein selbst hat diese Konsequenz aus seiner Sprachspieltheorie selten gezogen. Er hat die Macht des Kontexts überschätzt.

---

21 Ludwig Wittgenstein, *Philosophische Untersuchungen* (1953), in: ders., *Werkausgabe*, Bd. 1, Suhrkamp, Frankfurt/M., 1999, S. 231-485, § 309.
22 Wittgenstein 1999, § 23.
23 Ludwig Wittgenstein, *Vorlesungen und Gespräche über Ästhetik, Psychologie und Religion*, Vandenhoeck & Ruprecht, Göttingen, 1968, S. 28.
24 Ibid., S. 29.
25 Dieses geflügelte Wort ist nach einer Fehlübersetzung ins Englische entstanden. Nietzsche schrieb: »Wir hören auf zu denken, wenn wir es nicht in dem sprachlichen Zwange thun wollen [...].« Friedrich Nietzsche, *Nachgelassene Fragmente 1885-1887*, Kritische Studienausgabe, Bd. 12, dtv/de Gruyter, 1988, S. 193.
26 Wittgenstein 1922, § 217.
27 Wittgenstein 1968, S. 28.

Wegen seines im allgemeinen pessimistischen Kulturkonservativismus erschienen ihm Kontextabweichungen als Leerlauf der Bedeutung, als mitschuldig am Übel der Welt. »Die Verwirrungen, die uns beschäftigen, entstehen gleichsam, wenn die Sprache leerläuft, nicht wenn sie arbeitet.«[28] Über die Grenzen des Kontextes hinauszugehen, verurteilt Wittgenstein; dies schaffe nur unsinnige sprachliche Ausdrücke. »Dieses Anrennen gegen die Wände unseres Käfigs ist völlig und absolut aussichtslos.«[29]

Wittgenstein hat also mit seiner Sprachspieltheorie eine Kontext-Theorie geliefert, deren Potenzial er aber wegen seiner konservativen Ideologie selbst nicht ausschöpfen konnte. Die von der Kunst eröffneten Möglichkeiten der Kontextverschiebung, des Kontextverlustes, der Kontextabweichung seit Marcel Duchamp und Dada hat er nicht wahrgenommen. Die Kunst zeigt, dass die Konstanz des Kontextes aufhebbar, unterbrechbar ist. Gerade die Verwendung sogenannter sinnloser Laute und zerstückelter Syntax in der modernen Poesie, die Verwendung und Neukombination alltäglicher Gegenstände im Kontext der Kunst zeigen ein relativ freies Spiel der Bedeutungen im vorgegebenen Rahmen der Lebensformen und Sprachspiele. Sprachspiel heißt ja gerade wegen des Wesens des Spieles auch Veränderbarkeit, Variabilität, Regelverletzung, Regelaussetzung. Wittgenstein hat also einerseits durch seine Sprachspieltheorie einen weiteren wichtigen Baustein zur Kontext-Theorie geliefert, andererseits die durch die Kontext- und Sprachspieltheorie mitgelieferte Unerfüllbarkeit, Unabgeschlossenheit und Offenheit des Horizonts der Bedeutungen und Handlungssituationen nicht konsequent zu Ende gedacht. Gerade durch diesen ist es nämlich möglich und sinnvoll, gegen die Wände des Kontextes und damit unseres Käfigs anzurennen. Wenn das »Handeln am Grunde des Sprachspiels liegt«[30], dann bilden gerade abweichender Sprachgebrauch, Sprengung des Kontextes und Untersuchungen der Rahmenbedingungen der Handlungs- und Lebensformen, die zum Sprachspiel als Ganzem gehören, neue Möglichkeiten, dem Gefängnis, der Macht des Kontexts, zu entkommen. Sprachspiel bedeutet auch Spiel mit dem Kontext.

Bachtins dialogisches Prinzip

*Die Interpretation symbolischer Strukturen ist genötigt,
in die Unendlichkeit symbolischen Sinns einzudringen [...].*[31]
MICHAIL BACHTIN

Die Frage, welche Bentham und Wittgenstein angeschnitten haben, nämlich wie Bedeutung eindeutig geklärt und definiert und damit formalisierbar gemacht werden kann, ist mittlerweile zu einem fundamentalen Forschungszweig geworden: die Theorie der formalen Sprachen. Wer Texte, geschrieben in einer natürlichen Sprache, mithilfe einer formalen Grammatik beschreiben möchte, stößt bald auf das Problem, ob zur vollständigen Beschreibung der Bedeutung eines Wortes ein Kontext notwendig ist oder nicht. In der Theorie der formalen Sprachen wie auch in der theoretischen Linguistik, wie sie von Noam Chomsky in den 1960er-Jahren mit seinen generativen Grammatiken vertreten wurde, wird versucht, mit dem Werkzeug der formalen Grammatik, rein formal, die natürlichen Sprachen zu beschreiben. Dabei gibt es zwei Haupttypen, Referenzpunkte, an denen sich die Debatte

---

28 Wittgenstein 1922, § 132.
29 Ludwig Wittgenstein, *Vortrag über Ethik*, Suhrkamp, Frankfurt/M., 1989, S. 19.
30 Ludwig Wittgenstein, *Über Gewißheit*, Suhrkamp, Frankfurt/M., 1984, § 204.
31 Michail M. Bachtin, *Über die Ästhetik des Wortes*, Suhrkamp, Frankfurt/M., 1979, S. 355.

ausweist: die kontext-sensitiven Sprachen und Grammatiken (in der Chomsky-Hierarchie Typ 1) und die sogenannten kontextfreien Sprachen und Grammatiken (Typ 2). »Gemäß der Grammatiken von Typ 1 kann also ein einziges nichtterminales Zeichen *X* durch ein Wort *P* ersetzt werden, jedoch nur in dem Kontext *Q1XQ2*. Deshalb nennt man Typ-1-Sprachen auch *kontext-sensitiv*. Gemäß den Typ-2-Grammatiken kann ein nichtterminales Zeichen *X* durch *P* ersetzt werden, gleichgültig, welche Zeichen *X* umgeben, d. h. unabhängig vom Kontext. Deshalb nennt man Typ-2-Sprachen *kontextfrei*. Die Ausdrücke ›kontext-sensitiv‹ und ›kontextfrei‹ werden auch auf Grammatiken ausgedehnt.«[32]

Die Frage bleibt, ob kontext-sensitive Grammatiken mächtig genug sind, natürliche Sprachen zu beschreiben. Bei formalen Sprachen scheint es logisch, dass es kontextfreie Sprache gibt. Bei einer natürlichen Sprache hingegen ist es schwer vorstellbar, dass sie vollkommen kontextfrei funktioniert. Ein entschiedener Vertreter der Kontextabhängigkeit der Bedeutung bei natürlichen Sprachen war Michail Bachtin.

Der russische Literaturtheoretiker und Semiologe Bachtin stand seinen Produktionen aus verschiedenen inneren und äußeren Gründen ähnlich nachlässig gegenüber wie Bentham. Viele seiner Schriften gingen verloren, blieben zu seinen Lebzeiten unpubliziert oder erschienen unter einem anderen Namen. Bis zum Jahre 1929 ist nur eine einzige von Bachtins zahlreichen Arbeiten unter seinem Namen erschienen: *Kunst und Verantwortung* (1919). *Die formale Methode in der Literaturwissenschaft* (1976) war unter dem Namen seines Freundes Pavel Medvedev veröffentlicht worden. Die Bücher *Marxismus und Sprachphilosophie* (1929) und *Der Freudianismus* (1927) erschienen unter dem Namen seines Freundes Valentin N. Vološinov, waren aber von Bachtin geschrieben, zumindest entworfen und von Vološinov nur redigiert worden. 1929 war unter seinem Namen das Buch *Probleme der Poetik Dostoevskijs* erschienen, in dem er diesen als polyphonen Autor pries. Diese Vielstimmigkeit hat Bachtin offensichtlich von seinem Helden in sein Leben übertragen. Beginnt mit Bachtin jene große postmoderne Tradition der multiplen Identitäten, wie sie uns auch die Dichter Jorge Luis Borges und Fernando Pessoa vorführten? In der Stalinzeit war Bachtin mehr als zwei Jahrzehnte untergetaucht. Erst Ende der 1950er-Jahre publizierte er wieder. 1965 erschien sein Buch über François Rabelais, das 1940 im Manuskript fertiggestellt worden war.

Wiederentdeckt wurde Bachtin auf mehrfache Weise, in Deutschland im Zusammenhang mit der Studentenrevolte um 1968. Bachtins Beschreibung der Lachkultur als Volkskultur, als Kultur der Massen diente im Zeitalter von Pop und Subkultur als Argument für Gegenkultur, Rebellion, Fortschritt, Jugend, Utopie, vergleichbar den Ideen von Ludwig Marcuse und Ernst Bloch.[33] Seine Theorie des polyphonen Romans passte in die Literatursemiotik der Zeit und auch in die herrschende philosophische Strömung, den Strukturalismus. Doch diese erste Rezeption in Deutschland hatte keine Wirkungsgeschichte. Mit der Studentenrevolte verschwand auch Bachtin wieder.[34] Nachhaltiger entdeckten ihn daher die französischen Strukturalisten wieder, insbesondere Julia Kristeva im Zusammenhang mit ihrer Theorie der Intertextualität und der poetischen Sprache.[35] Über die französische Rezeption wurde er – unterstützt von dem in den USA lebenden Linguisten Roman Jakobson – zu einer wichtigen

---

32 Arto K. Salomaa, *Formale Sprachen*, Springer, Berlin u. a., 1978, S. 15.
33 Michail M. Bachtin, *Literatur und Karneval. Zur Romantheorie und Lachkultur*, Hanser, München, 1969.
34 Daher sind erst wieder mehr als zehn Jahre später Übersetzungen von Büchern und Schriften Michail M. Bachtins erschienen: *Die Ästhetik des Wortes*, Suhrkamp, Frankfurt/M., 1979; *Probleme der Poetik Dostojewskijs*, Hanser, München, 1971; *Untersuchungen zur Poetik und Theorie des Romans*, Aufbau-Verlag, Berlin u. a., 1986; *Rabelais und seine Welt. Volkskultur als Gegenkultur*, Suhrkamp, Frankfurt/M., 1987; *Formen der Zeit im Roman. Untersuchungen zur historischen Poetik*, Fischer, Frankfurt/M., 1989.
35 Julia Kristeva, *Die Revolution der poetischen Sprache*, Suhrkamp, Frankfurt/M., 1978; Tzvetan Todorov, *Mikhail Bakhtine: Le principe dialogique*, Seuil, Paris, 1981; Michail M. Bachtin, *Le Marxisme et la philosophie du langage*, Les Éditions de Minuit, Paris, 1977, Vorwort von Roman Jakobson.

Quelle der amerikanischen postmodernen Theorieszene.[36] Darüber erfolgt nun auch langsam wieder eine zweite Rezeptionswelle in Deutschland.

Bachtins ideologiekritische Analysen waren als literarische Studien (statt wie bei Bentham als juristische) verkleidet. Nicht ohne Grund wurde er, der gerade in einer langen Zeit der totalen politischen Unterdrückung dem Widerstand in Literatur und Geschichte auf die Spur zu kommen suchte und mit seinen Studien zur Lachkultur jene Phänomene untersuchte, die subversiv und radikal die herrschende Ordnung infrage stellten, in der UdSSR lange Zeit totgeschwiegen. Ursprünglich verdanken sich seine Studien den Auseinandersetzungen mit Kants kritischen Hauptwerken, insbesondere in der Form der neokantianischen Marburger Schule. Aber bald entwickelte er in seinen frühen Arbeiten *Kunst und Verantwortung* (1919, wiederpubliziert 1977), *Das Problem von Inhalt, Material und Form um Wortkunstschaffen* (1924, erstpubliziert 1975), *Autor und Held in der ästhetischen Tätigkeit* (1923, erstpubliziert 1979), *Zur Philosophie der Handlung* (ca. 1920 geschrieben, erstpubliziert 1986) in Auseinandersetzung mit den russischen Formalisten, der deutschen Formästhetik und mit dem Sprachbegriff Ferdinand de Saussures seine eigene Methodik, welche die Sprache im Rahmen einer semiologischen Kulturtheorie erfasst. Bachtin bestimmt Sprache als dialogische Handlung, eine Theorie, die Wittgensteins Sprachspieltheorie an Radikalität und Nuancen übertrifft. Nicht die Abstraktion der Sprache wird in den Arbeiten des Bachtinkreises erfasst, sondern die konkrete soziale Äußerung als genuiner Gegenstand der Sprachwissenschaft: »Die wahre Realität der Sprache als Rede ist nicht das abstrakte System sprachlicher Formen, nicht die isolierte monologische Äußerung und nicht der psycho-physische Akt ihrer Verwirklichung, sondern das soziale Ereignis der sprachlichen Interaktion, welche durch Äußerung und Gegenäußerung realisiert wird.«[37] Im Namen der »Interaktion« klingt das dialogische Prinzip Bachtins bereits im Buch *Freudianism* an: »Every utterance is *the product of the interaction between speakers* and the product of the broader context of the whole complex *social situation* in which the utterance emerges. Elsewhere we have attempted to show that any product of the activity of human discourse – from the simplest utterance in everyday life to elaborate works of literary art – derives shape and meaning in all its most essential aspects not from the subjective experiences of the speaker but from the social situation in which the utterance appears. Language and its forms are the products of prolonged social intercourse among members of a given speech community.«[38] Mit dieser Kontextualisierung des sprechenden Subjekts, mit dieser Relativierung der Autonomie des Sprechens (»Not a single instance of verbal utterance can be reckoned exclusively to its utterer's account.«[39]) versucht er Sigmund Freud und die subjektive Motivation des Bewusstseins zu entheben. Bachtin setzt nicht auf subjektive, sondern auf objektive soziale Wurzeln des verbalen Verhaltens: »The verbal component of behavior is determined in all the fundamentals and essentials of its content by objective-social factors.«[40] Bachtin betont die »soziale Situation« als generierenden und konstituierenden

---

36 Michail M. Bachtin, *Art and Answerability. Early Philosophical Essays*, hg. von Michael Holquist, University of Texas Press, Austin, 1990; Katerina Clark und Michael Holquist, *Mikhail Bakhtin*, Harvard University Press, Cambridge/MA, 1984; Valentin N. Vološinov, *Freudianism: A Critical Sketch*, Indiana University Press, Bloomington, 1987; ders., *Marxism and the Philosophy of Language*, Seminar Press, New York u. a., 1973; Michail M. Bachtin und Pavel N. Medvedev, *The Format Method in Literary Scholarship: A Critical Introduction to Sociological Poetics*, John Hopkins University Press, Baltimore, 1978; Fredric Jameson, *The Prison-House of Language. A Critical Account of Structuralism and Russian Formalism*, Princeton University Press, Princeton, 1972; Michail M. Bachtin, *The Dialogic Imagination*, University of Texas Press, Austin, 1981; ders., *Speech Genres and Other Late Essays*, University of Texas Press, Austin, 1987.
37 Valentin N. Vološinov, zit. nach Bachtin 1979, S. 32.
38 Vološinov 1976, S. 79.
39 Ibid., S. 79.
40 Ibid., S. 86.

Faktor der Bedeutung einer verbalen Äußerung. Dieses Konzept der »sozialen Situation« korrespondiert mit Wittgensteins Konzept der »Lebensformen« bzw. des »Sprachspiels«. Was Bachtin unterscheidet ist die Betonung der dialektischen Natur dieser sozialen Situation, die durch die Interaktion des Sprechers und der komplexen Menge der sozialen Umstände entsteht, in der die Äußerung stattfindet. Auf diese Weise besteht die verbale Äußerung nicht nur aus den verbalen Faktoren, sondern auch aus der extraverbalen Situation. Dieser »extraverbale Kontext« der Äußerung besteht aus drei Faktoren: »(1) the *common spatial purview* of the interlocutors (the unity of the visible – in this case, the room, the window, and so on), (2) the interlocutors' *common knowledge and understandig of the situation*, and (3) their *common evaluation* of that situation.«[41] Die Steuerung dieser Situation wird eine Möglichkeit der Kunst der 1950er-Jahre sein, nämlich im Situationismus. Der strenge Marxismus der objektiven sozialen Grundlagen verbalen Verhaltens differenzierte sich und wurde zur Definition der Sprache als dialogische Handlung. Dieses dialogische Prinzip hat Bachtin aus seiner Theorie des polyphonen Romans (bei Fjodor M. Dostojewski) abgeleitet, der dadurch bestimmt ist, dass in ihm die Stimmen der Personen und jene des Autors gleichberechtigt koexistieren. Statt eines monologischen, d. h. reglementierenden Denkens votierte er für eine polyphone Welt. Diese Vielstimmigkeit als theoretisches Ideal hat Bachtin, wie schon gesagt, auch auf sein Leben übertragen. In den Schriften *Autor und Held in der ästhetischen Tätigkeit* (1923) und *Das Problem des Autors* definiert er erstmals den Autor durch den Anderen, den Leser und den Helden als co-autorisierende Andere. Das Selbst muss in Kategorien des Anderen wahrgenommen werden. Wie ein Autor seinen Helden ihre Stimme verleiht und dadurch auch sich, so formuliert sich auch das Subjekt, indem es Anderen Stimmen gibt. So entwirft Bachtin eine Dialogik des Redens. Die neue Intersubjektivität der künstlerischen Rede wird durch die besondere Position des Interpreten gegenüber der Welt des Textes bestimmt.

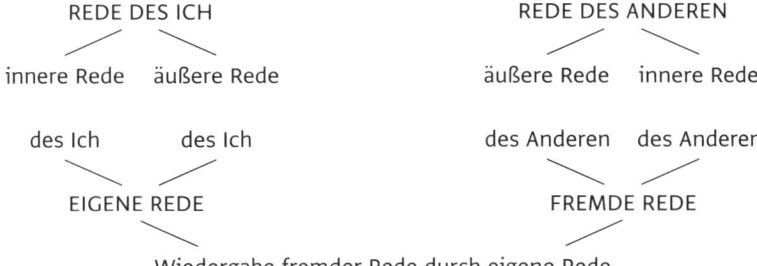

Die Vielstimmigkeit dieser Reden des Ich und des Anderen führt zu einer Relativität des Subjekts, das sich fremde Reden aneignet und erst dadurch, ähnlich wie bei Lacan, seine eigene Rede konstituiert.

So wird aus der Aktivität der Wahrnehmung und der Interpretation eine Struktur der Autorenschaft. Eine spezifische Form des Kontextualismus entsteht. Die Autonomie des Autors und des Textes wird dadurch relativiert: »every word in narrative literature expresses a reaction to another reaction, the author's reaction to the reaction of the hero: that is, every concept, image, and object lives on two plans, is rendered meaningful in two value-contexts – in the context of the hero and in that of the author.«[42]

In dieser neuen dialogischen Konzeption von Held, Autor, Interpret sind alle Texte und Reden miteinander verbunden und formieren eine große Heteroglossia, einen Dialog

---

41 Ibid., S. 99.
42 Bachtin 1990, S. 218.

von Dialogen. Der »Ursprung« eines Textes ist immer nur ein Glied in einer langen Kette von möglichen Transmissionen von Texten. Jacques Derridas Methode der Grammatologie kündigt sich an. Die interlokative Relation von Ich und Anderen führte zu einer Auffassung von Text als rein positionales und relatives Konstrukt. Die Kontextkunst wiederholt im bildnerischen Bereich diese Auffassung des Kunstwerks als rein positionales und relatives (soziales) Konstrukt. Im Ereignis Kunstwerk kommt dieser Kontext zur Geltung: »In das ästhetische Objekt gehen alle Werte der Welt ein, jedoch mit einem bestimmten ästhetischen Koeffizienten; die Position des Autors und seine künstlerische Aufgabe sind in der Welt, im Zusammenhang mit diesen Werten, zu verstehen.«[43] Im Essay »Diskurs im Leben und Diskurs in der Kunst« (1926 werden Held, Autor, Leser zu »*contact points between the social forces of extraartistic reality and verbal art*. Thanks precisely to that kind of *intrinsically social structure* which artistic creation possesses, it is *open on all sides to the influence of other domains of life*.«[44] Die soziale Struktur ist also intrinsisch im Kunstwerk vorhanden, wodurch Kunst und Leben nicht separierbar sind.

In *Zur Methodologie der Literaturwissenschaften* (1940, erstpubliziert 1974) wird das dialogische Prinzip endgültig zur Kontext-Theorie ausgearbeitet: »Das Problem der Grenzen von Text und Kontext. Jedes Wort (jedes Zeichen) eines Textes führt über seine Grenzen hinaus. Es ist unzulässig, die Analyse (von Erkenntnis und Verständnis) allein auf den jeweiligen Text zu beschränken. Jedes Verstehen ist das In-Beziehung-Setzen des jeweiligen Texts mit anderen Texten und die Umdeutung im neuen Kontext (in meinem, im gegenwärtigen, im künftigen). Der vorweggenommene Kontext der Zukunft ist die Empfindung, daß ich einen neuen Schritt mache (mich von der Stelle bewegt habe). Die Etappen dieser dialogischen Bewegung des Verstehens sind: Ausgangspunkt – der vorliegende Text, Bewegung zurück – die vergangenen Kontexte, Bewegung nach vorn – Vorwegnahme (und Beginn) des künftigen Kontextes. Der Text lebt nur, indem er sich mit einem anderen Text (dem Kontext) berührt. Nur im Punkt dieses Kontaktes von Texten erstrahlt jenes Licht, das nach vorn und nach hinten leuchtet, das den jeweiligen Text am Dialog teilnehmen läßt. Wir unterstreichen, daß dieser Kontakt ein dialogischer Kontakt zwischen Texten (Äußerungen) und nicht ein mechanischer Kontakt von ›Oppositionen‹ ist, der nur im Rahmen eines einzigen Textes (nicht aber zwischen dem Text und dem Kontext) zwischen abstrakten Elementen (*Zeichen* innerhalb des Textes) möglich und nur in der ersten Etappe des Verstehens (des Verstehens von *Bedeutung* und nicht von *Sinn*) notwendig ist.«[45] Nach der Autonomie des Autors wird auch die Autonomie des Textes relativiert, ersteres durch den Interpreten, letzteres durch den Kontext. Der Text existiert erst durch den Kontext. Diese Konditionierung des Textes durch den Kontext reicht vom semantischen (»Jedes Wort des Textes verwandelt sich in einem neuen Kontext.«[46]) bis zum sozialen, außertextlichen Kontext: »Der Text – der gedruckte, geschriebene oder mündliche (fixierte) – ist nicht dem ganzen Werk in seiner Gesamtheit (oder dem ›ästhetischen Objekt‹) gleich. In das Werk geht auch sein notwendiger außertextlicher Kontext ein. Das Werk ist gewissermaßen eingehüllt von der Musik des intentionalen-werthaften Kontextes, in dem es verstanden und bewertet wird (dieser Kontext wechselt natürlich je nach der Epoche der Rezeption, wodurch das Werk einen neuen Klang annimmt).«[47] Dieser Satz klingt von Ferne nach Wittgensteins Sprachspiel: »Verschiedene Zeiten haben ganz und gar verschiedene Spiele.« Schließlich wird die Kontext-Theorie zu einer kontextuellen eschatologischen Ge-

---

43   Bachtin 1979, S. 29.
44   Vološinov 1976, S. 115.
45   Bachtin 1979, S. 352f.
46   Ibid., S. 354.
47   Ibid., S. 356f.

schichtstheorie, zu einem auch in der Zeit offenen Horizont des Textes eben durch seine abzählbar unendliche Zahl von Kontexten. »Es gibt kein erstes und kein letztes Wort, und es gibt keine Grenzen für den dialogischen Kontext (er dringt in die unbegrenzte Vergangenheit und in die unbegrenzte Zukunft vor). Selbst ein *vergangener*, das heißt im Dialog früherer Jahrhunderte entstandener Sinn kann niemals stabil (ein für allemal vollendet, abgeschlossen) werden, er wird sich im Prozeß der folgenden, künftigen Entwicklung des Dialogs verändern (indem er sich erneuert). In jedem Moment der Entwicklung des Dialogs liegen gewaltige, unbegrenzte Massen vergessenen Sinns beschlossen, doch in bestimmten Momenten der weiteren Entwicklung des Dialogs werden sie je nach seinem Gang von neuem in Erinnerung gebracht und leben (im neuen Kontext) in erneuerter Gestalt auf. Es gibt nichts absolut Totes: Jeder Sinn wird – in der ›großen Zeit‹ – seinen Tag der Auferstehung haben.«[48] Bachtins dialogische Kontext-Theorie hat also erstens jeden Text als Knoten in einem dynamischen Netzwerk von Texten gesehen, also jeden Text als Produkt seiner steten Umformung durch andere vorhandene Texte gesehen, welche den jeweiligen innertextlichen (sprachlichen) Kontext bilden. Jeder Text ist also Kontext für einen anderen Text. Zweitens hat er jeden Text definiert als konditioniert und konstituiert durch seinen außertextlichen Kontext, die soziale Situation, in der der Text geäußert wird. Dadurch geht Bachtin über die Intertextualitätstheorie der russischen Formalisten hinaus und zeigt jedes Kunstwerk als ein in der sozialen Realität verwurzeltes System. Elemente von Pierre Bourdieus *Zur Soziologie der symbolischen Formen* (1970) tauchen auf.

Dieser kontextuelle Dialog zwischen den Texten selbst wie auch zwischen den Texten und den außertextlichen Situationen führt zu einer Universalisierung des Textbegriffes. Im dialogischen Kontextbegriff werden einerseits nicht nur Sätze, sondern auch soziale Situationen zu Texten, andererseits wird aber jeder »Text« zum Kontext eines anderen Textes. So entsteht eine verwickelte Hierarchie von Texten und Kontexten, also auch ein unendlicher Horizont von Kontexten, d. h. ein universaler Kontextbegriff.

Roman Jakobson hat diesen Transfer vom formalistischen Impuls zur strukturalistischen Projektion, die Bachtin geleistet hat, ebenfalls in seine Sprachtheorie aufgenommen, wobei er der formalistischen Autoreferenzialität des Textes die referenzielle und denotative Offenheit und Variabilität des Kontextes gegenüberstellte: »The ADDRESSER sends a MESSAGE to the ADDRESSEE. To be operative the message requires a CONTEXT referred to (›referent‹ in another, somewhat ambiguous, nomenclature), seizable by the addressee, and either verbal or capable of being verbalized; a CODE fully, or at least partially, common to the addresser and addressee (or in other words, to the encoder and decoder of the message); and, finally, a CONTACT, a physical channel and psychological connection between the addresser and the addressee, enabling both of them to enter and stay in communication. All these factors inalienably involved in verbal communication may be schematized as follows: Each of these six factors determines a different function of language.«[49]

---

48 Ibid., S. 357.
49 Roman Jakobson, »Closing Statement: Linguistics and Poetics«, in: Thomas Sebeok (Hg.), *Style in Language*, The Technology Press of Massachusetts Institute of Technology und John Wiley & Sons, New York u. a., 1960, S. 350-377, hier S. 353.

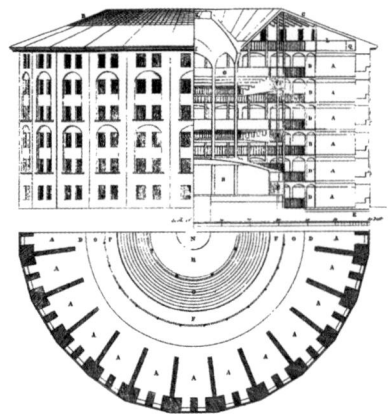
Jeremy Bentham, *Panopticon*, 1791

Bachtin hat also auf zweifache Weise die Kontext-Theorie wesentlich beeinflusst. Erstens hat er in der Etablierung der strukturalistischen Hypothese die Sprache als universales Modell bzw. System für alle anderen Systeme genommen. Zweitens hat er die Sprache selbst als dialogische Handlung aufgefasst, d. h. auch den außersprachlichen Kontext als Teil des Textes. Jeder Kontext ist Text. Jeder Text ist Kontext. Diese Universalisierung des Textbegriffs hat in den 1960er-Jahren sowohl in der Philosophie des Strukturalismus, der Systemtheorie und der Kybernetik, insbesondere in den Arbeiten von Claude Lévi-Strauss, Jacques Lacan und Jacques Derrida, wie auch in der Kunst, insbesondere in der Konzeptkunst, der systemischen Malerei, der programmierten Kunst, einen Paradigmenwechsel eingeleitet, der bis heute anhält, nämlich vom Modell der Wahrnehmung (Minimal Art, Op Art etc.) zum Modell der Sprache (z. B. strukturalen Film), d. h. die sprachliche Strukturierung auch nichtsprachlicher Elemente. Dadurch gelingt es, soziale Elemente (Kontext) als sprachliche Elemente im »Text« des Werkes selbst zu untersuchen. Timothy J. Clark, ein Begründer der »social history«-Kunsttheorie, schreibt daher: »the so-called context of a work of art is therefore not a mere surrounding, separable from form«[50], welche Inseparabilität von Kunst und Leben ja Bachtin bereits 1926 in seiner Arbeit über die »soziologische Poetik« (Diskurs im Leben und Diskurs in der Kunst) behauptet hat.

Kontext ist, so Clark weiter, »what the speaker or maker has most concretely to work with: context *is* text, the context is the medium, and thus the whole idea of having and sustaining ›one's own ward‹ [...] is fragile and paradoxical.«[51] Durch Bachtins Methodik der Interaktion, des Dialogs, des Kontexts entsteht eine polyphone Welt, in der die Kunst nicht außerhalb der Welt steht, sondern in komplizierten Verschlingungen die Kunst als Text der Welt und die Welt als Kontext der Kunst fungieren bzw. die Welt als Text für die Kunst und die Kunst als Kontext für die Welt. Intrinsische, formale Elemente des »Werkes« und extrinsische, soziale Komponenten stehen in einem Dialog, in Interaktion, kontextualisieren, bedingen und konstituieren einander. Das gleiche gilt für die Beziehung zwischen Werk und Interpret. Auch sie bilden wechselseitige Kontexte. »Das Werk und die in ihm dargestellte Welt gehen in die reale Welt ein und bereichern sie, und die reale Welt geht in das Werk und in die in ihm dargestellte Welt ein, und zwar im

---

50 Timothy J. Clark, »Jackson Pollock's Abstraction«, in: Serge Guilbaut (Hg.), *Reconstructing Modernism*, The MIT Press, Cambridge/MA, 1990, S. 172–243, hier S. 177.
51 Ibid.

Schaffensprozeß wie auch im Prozeß seines späteren Lebens, in dem sich das Werk in der schöpferischen Wahrnehmung durch die Hörer und Leser ständig erneuert.«[52]

Foucaults Dispositive der Macht

> *Der künstlerische Code als ein System der möglichen Unterteilungsprinzipien in komplementäre Klassen der gesamten Darstellungen, die in einer bestimmten Gesellschaft zu einem bestimmten Zeitpunkt offeriert werden, hat den Charakter einer gesellschaftlichen Institution.*[53]
> PIERRE BOURDIEU

In den Horizont der Gegenwart ist Jeremy Bentham nicht durch seine Hauptwerke geraten, sondern wie so oft in der Geschichte durch ein Nebenwerk, obwohl es an Rettungsversuchen nicht mangelte.[54] Michel Foucault hat in seinem Werk *Überwachen und Strafen. Die Geburt des Gefängnisses* (1975) Benthams Projekt für ein soziales Gefängnis mit dem Titel »Panopticon« als Kronzeuge für seine Hypothese genommen, dass das Projekt der Moderne mit der Macht der sozialen Institutionen steht und fällt.[55]

Bentham hat in der Tat viel Zeit und Energie aufgewendet, um seine Zeitgenossen von der Notwendigkeit einer reformierten Strafanstalt zu überzeugen, welche die Disziplinierung und Sozialisierung der Häftlinge gleichsam ohne körperliche Gewalt und nur unter dem Einfluss der Ratio vollziehen sollte. Zu diesem Zweck schlug er 1791 eine Gefängnisarchitektur vor, deren Grundriss ein Halbkreis aus Einzelzellen mit zwei Fenstern und eigener Toilette bildete und in dessen Zentrum sich eine Inspektionsloge befände, von der aus die Wärter die Gefangenen beobachten können. Umgekehrt könnten die Gefangenen durch ein kompliziertes Licht- und Jalousiensystem ihre Wächter nicht sehen. Die Gefangenen wüssten also nie, wann sie gesehen werden oder nicht. Diese Ungewissheit bedeutet, eigentlich immer unter Beobachtung zu sein. Daher der Name der Strafanstalt »Panopticon« (»allessehender Platz«). Diese säkulare Parodie auf die Allwissenheit Gottes und seine gleichzeitige Unsichtbarkeit, diese konstante Überwachung und Kontrolle durch ungesehene Augen sollte alles Private und Versteckte verunmöglichen und daher den Eingesperrten nur eine rationale Wahl lassen, Einsicht in den Gehorsam. Die Asymmetrie des Blicks und die Ungewissheit der Überwachung zerstöre jede Möglichkeit des Aufbegehrens und mache die Unterwerfung zur einzigen rationalen Alternative. Der Strafvollzug sollte die Erziehung und Resozialisation durch die Kraft der Transparenz möglichst mild gewährleisten, die totale Allsicht sollte die Einsicht des Eingesperrten in sein Unrecht und in die Aussichtslosigkeit nichtrationalen Verhaltens fördern. Diese Dialektik von Überwachung und Unterwerfung, von Allgegenwart des kontrollierenden Blicks und Gehorsam, ursprünglich eingesetzt als Instrument reformerischen Managements des Strafvollzugs, erkannte Foucault als konstituierend für das Funktionieren der Macht in allen Institutionen der Moderne, in allen ihren administrativen Kontexten. Im Panopticon wird erstmals die Administration der Macht als Architektur sichtbar. Es nimmt durch seine totale Transparenz und totale Überwachung die urbane Glasarchitektur der Gegenwart

---

52 Michail M. Bachtin, *Chronotopos*, Suhrkamp, Frankfurt/M., 2008, S. 192.
53 Pierre Bourdieu, »Elemente zu einer soziologischen Theorie der Kunstwahrnehmung«, in: Jürgen Gerhards (Hg.), *Soziologie der Kunst. Produzenten, Vermittler und Rezipienten*, Westdeutscher Verlag, Opladen, 1997, S. 307-336, hier S. 316.
54 Vgl. David Baumgardt, *Bentham and the Ethics of Today*, Princeton University Press, Princeton, 1952.
55 Michel Foucault, *Überwachen und Strafen. Die Geburt des Gefängnisses* (1975), Suhrkamp, Frankfurt/M., 1976.

vorweg. Denn auch in dieser geht es um Sicherheit und Wissen, Isolation und Gruppe, Überwachung und Beobachtung. (Siehe dazu auch die Glaspavillons von Dan Graham.) Das panoptische Prinzip diffundiert durch alle sozialen Institutionen: »Is it surprising that prisons resemble factories, schools, barracks, hospitals, which all resemble prisons?«[56] Zur kalkulierten Technologie der Unterwerfung gehört in der Moderne die Unabhängigkeit der Macht von der Person, die sie ausübt. Die Machtstruktur wird sogar von denen getragen und gestützt, die ihr unterworfen sind. Foucault hatte bei der Aufzählung jene sozialen Institutionen der Moderne, die Gefängnissen gleichen, die Galerien, vergessen. Auch in den Galerien regiert das Spiel des asymmetrischen Blicks, das Prinzip des Panopticons von Überwachung und Unterwerfung, konstituiert von Wächtern, Besuchern, Besitzern, Künstlern, Direktoren, Leitern und Kuratoren gleichermaßen. Im Zeitalter totaler elektronischer Überwachung, von Radarfallen bis Geldautomaten, ist Foucaults These überzeugender denn je.[57]

Bei dem Versuch, jenem System der Macht auf die Spur zu kommen, das den Diskurs der Kunst, die soziale Konstruktion der Kunst diktiert, können wir nicht anders als den Theorien von Michel Foucault zu folgen. Foucault hat nämlich jedem Diskurs (sei es dem der Wahrheit, der Schönheit usw.) nicht die Seinsfrage, sondern die Machtfrage gestellt. Er hat im System der Zeichen nach der Repräsentation nicht des Realen, sondern jener Macht geforscht, welche dieses Reale konstituiert. Unter verschiedenen Titeln hat Foucault diverse Diskurse der Macht untersucht. Die Macht der Medizin, die über Leben und Tod entscheidet, beschrieb er als »die Geburt der Klinik«[58] die Macht der Psychiatrie, die über Vernunft und Wahnsinn entscheidet, als »Geburt des Narrenturms«[59]; die Macht der Justiz, die über Recht und Unrecht entscheidet, als »die Geburt des Gefängnisses«. So könnten wir aus einem fiktiven Nachlass von Foucault ein Buch mit dem Titel »die Geburt der Galerie« herausgeben, welches jenes System der Macht beschreibt, das über Kunst und Nichtkunst entscheidet. Wir sehen durch die Aneinanderreihung der verschiedenen »Geburtsorte« Klinik, Gefängnis und Galerie, in welche gefährliche institutionelle Nachbarschaften sich die Kunst begeben hat. Klinik, Gefängnis, Galerie sind die Geburtsstätten symbolischer Ordnungen, welche höchst effektive Systeme der Macht darstellen. »Die Geburt der modernen Kunst aus dem Geiste der Galerie als Gefängnis«, so könnten wir Nietzsche paraphrasieren. Foucault stellte als erster in der Nachfolge von Nietzsche dem Diskurs der Kunst die Machtfrage: Wem nützt er?

»Die Wahrheit ist von dieser Welt; in dieser wird sie aufgrund vielfältiger Zwänge produziert, verfügt sie über geregelte Machtwirkungen. Jede Gesellschaft hat ihre eigene Ordnung der Wahrheit, ihre ›allgemeine Politik‹ der Wahrheit: d. h., sie akzeptiert bestimmte Diskurse, die sie als wahre Diskurse funktionieren läßt; es gibt Mechanismen und Instanzen, die eine Unterscheidung von wahren und falschen Aussagen ermöglichen und den Modus festlegen, in dem die einen oder anderen sanktioniert werden; es gibt bevorzugte Techniken und Verfahren zur Wahrheitsfindung; es gibt einen Status für jene, die darüber zu befinden haben, was wahr ist und was nicht.«[60]

---

56   Michel Foucault, zit. nach David Lyon, *The Electronic Eye. The Rise of Surveillance Society*, University of Minnesota Press, Minneapolis, 1984, S. 67.
57   Vgl. Ibid. S. 67; Oscar H. Gandy Jr., *The Panoptic Sort. A Political Economy of Personal Information*, Westview Press, Boulder, 1993.
58   Michel Foucault, *Die Geburt der Klinik. Eine Archäologie des ärztlichen Blicks* (1963), Hanser, München, 1973.
59   Michel Foucault, *Wahnsinn und Gesellschaft. Eine Geschichte des Wahns im Zeitalter der Vernunft*, Suhrkamp, Frankfurt/M., 1969.
60   Michel Foucault, *Dispositive der Macht*, Merve, Berlin, 1978, S. 51.

Auch Kunst wird in dieser Welt aufgrund vielfältiger Zwänge produziert und verfügt über geregelte Machtwirkungen. Jede Gesellschaft hat ihre eigene Ordnung der Kunst, ihre eigenen Spiele. Sie akzeptiert bestimmte Diskurse, die sie als wahre und gute Kunst funktionieren lässt, und sie verwirft Diskurse, die sie als unkünstlerisch oder schlechte Kunst definiert. Es gibt Instanzen und Mechanismen (Sammler, Kritiker, Händler, Kuratoren), welche die Modi festlegen, in denen die einen oder anderen Diskurse als Kunst sanktioniert werden. Es gibt bevorzugte und kanonisierte Techniken und Verfahren zur Findung von guter Kunst und diejenigen, die darüber befinden, was Kunst ist und was nicht, was gute Kunst und was schlechte Kunst ist, besitzen einen hohen sozialen Status. Die Macht ermöglicht erstens nur bestimmte Diskurse von Zeichen und zweitens legitimiert sie nur bestimmte Diskursformen als wahre, schöne und gute. Man kann mit Foucault diese Diskursformen des Wissens und der Schönheit, der Wissenschaft und der Kunst durch fünf Merkmale charakterisieren:

1) Kunst ist um die Form jener Institutionen zentriert, die sie produzieren (Kunst als Kunst, Galeriekunst, Marktkunst, die weiße Wand der Galerie etc.).

2) Sie ist ständigen ökonomischen und politischen Anforderungen ausgesetzt, die einen raschen Wechsel der Stile bedingen, die an und für sich als Diskursformen vollkommen unvereinbar wären. Nur aus den Notwendigkeiten der ökonomischen Produktion werden sie gewaltsam versöhnt und sanktioniert.

3) Kunst erfreut sich in den verschiedensten Formen enormer Verbreitung und Konsumption, insbesondere durch die Massenmedien. Sie zirkuliert in allen nur erdenklichen Informationsapparaten, die sich relativ weit über den sozialen Körper des Fachpublikums hinaus ausdehnen.

4) Kunst wird aber bei dieser Distribution (wie bei ihrer Produktion) der überwiegenden Kontrolle einiger weniger großer politischer und ökonomischer Apparate (Sammler, Museen, Galerien) unterworfen.

5) Schließlich ist die Kunst der Schauplatz und Einsatz zahlreicher politischer und ideologischer Kämpfe.

Ausstieg aus der Kunst als höchste Form der Kunst, diese Utopie der Antikunst, heißt also demnach:

1) Mit einer Kunst nichts mehr zu tun haben wollen, die durch diese fünf Merkmale einer Ökonomie der Macht bestimmt wird.

2) Ausstieg aus der historischen Form der Kunst als Machtdispositiv.

3) Streben nach einer Kunst als Diskursanalyse der Kunst. Es geht um eine Neuordnung des Diskurses in der Kunst, wenn wir versuchen, die Kette und den Rhythmus der Transformationen zu untersuchen, die mit den wahren, guten und schönen Werken der Kunst und ihren ontologischen Begründungen gebrochen haben.

Bachtins Kontext-Theorie würde den »Händlern der Macht« zeigen, dass die Wertungen, ob gut oder schlecht, ob Kunst oder nicht Kunst, wechseln, weil sie von den wechselnden Kontexten abhängen. Insofern kennt die Kunst keine Grenzen, enthielte die Kunstgeschichte gewaltige, unbegrenzte Massen von nichtbeachteter, guter Kunst, wenn man sie aufbewahrt hat. »Es gibt nichts absolut Totes.« (Michail Bachtin) Die Kontext-Theorie der Kunst widerspricht also der Ästhetik der Macht. Eine kontextuelle Kunst untersucht und kritisiert die Mechanismen der Macht, auch der Kunst als Machtdiskurs (im Namen einer »institutionellen Kritik«).

In unserem sozialen System, auf jenem Schlachtfeld, dessen Wachttürme Klinik, Gefängnis und Galerie heißen, ist auch die Kunst ein Diskurs der Macht. Indem der Kunst die Machtfrage gestellt wird, wird sie selbst infrage gestellt. Denn wer ist Clio, die Göttin der Geschichtsschreibung? Wer hat die Macht, die Kunstgeschichte zu schreiben? Nur der Künstler, das Kunstwerk, wie die Ontologie gerne behauptet? Oder auch der soziale, produktive und distributive Apparat, der das Kunstwerk umgibt (Sammler, Händler, Kuratoren, Kritiker etc.)? Die Ontologen verschweigen den Einfluss dieses sozialen Apparates, um seine Herrschaft als »implizites System« umso stärker zu machen.

Deswegen vernichten die Kontextkünstler nicht die Bedingungen, aus denen ein Kunstwerk entsteht, wie es Martin Heidegger in *Der Ursprung des Kunstwerkes* (1960) forderte, das »reine Insichselbststehen« und Insichselbstentstehenlassen des Werkes, sondern zeigen explizit die Bedingungen des Entstehens, den sozialen Apparat etc. als Werk selbst oder als Teil des Werkes, gerade um seine Herrschaft als implizites System zu brechen.

Es ist die Macht, welche die Erzählungen der Kunst und die Kunstgeschichte schreibt. Selbstverständlich will auch der Künstler an dieser Macht teilhaben, um Teil der Kunstgeschichte zu werden. Deswegen werden so viele Künstler per se zu Komplizen der Macht. Deswegen ist die Kunst der politisch und wirtschaftlich mächtigsten Länder auch die mächtigste, produktivste und distribuierteste Kunst. Auf die gleiche Weise wie in einer Gesellschaft Geschichten geschrieben werden, so wird in dieser Gesellschaft auch Geschichte gemacht. Welche Macht aber legitimiert einen beliebigen Diskurs als Kunst? Es geht darum, jenes ganze Ensemble von Praktiken in der Kunst, die der Macht als Stütze dienen, infrage zu stellen. Denn offensichtlich ist Kunst nicht der Ort der Freiheit, des Wahren und des Absoluten, sondern Kunst ist eine Praktik, die mit einer ganzen Reihe von Institutionen, politischen Notwendigkeiten, sozialen Situationen, gesellschaftlichen Regeln, ökonomischen Mechanismen, ideologischen Funktionen verbunden ist, ohne die sie nicht existiert. Kunst ist daher nicht die Gefangene, sondern paradoxerweise der Wärter - soviel zum Geschrei »Freiheit für die Kunst«.

Foucault paraphrasierend können wir zusammenfassen: Kunst ist zu verstehen als ein Ensemble von geregelten Verfahren von Produktion, Gesetz, Zirkulation, Rezeption und Wirkungsweise von Aussagen. Dieses Ensemble von Verfahren ist an Machtsysteme gebunden, die sie produzieren und stützen, codieren und legitimieren. Insofern reproduziert Kunst Machtwirkungen und man kann von einem Herrschaftssystem der Kunst selbst sprechen. Kunst als historische Diskursform, wie wir sie heute kennen, ist nur zu denken unter den ökonomischen und politischen Bedingungen, welche den Kapitalismus herausgebildet haben - und ganz und gar nicht unter ontologischen. Insofern wäre es ein illusionäres Unterfangen, die Kunst von der Macht zu trennen und die Kunst von jeglichem Machtsystem zu befreien, weil damit auch die Kunst selbst verschwinden würde, vergleichbar jener These Benthams, dass mit dem Verschwinden der Fiktion auch die Realität verschwände. Offenbar korrelieren, wie Bentham schon bewies, institutionelle Macht und Fiktion. Es geht vielmehr darum herauszufinden, ob es möglich ist, eine neue Politik der Kunst zu konstituieren, die nicht in der Veränderung des Bewusstseins der Menschen bestünde, sondern in der »Veränderung des politischen, ökonomischen und institutionellen Systems der Produktion von Wahrheit [bzw. von Kunst, P. W.] [...] die Macht der Wahrheit [bzw. der Kunst, P. W.] von den Formen gesellschaftlicher, ökonomischer und kultureller Hegemonie zu lösen, innerhalb derer sie gegenwärtig wirksam ist.«[61] Der soziale Körper der Kunst ist derart von vielfältigen Machtbeziehungen überzogen, ist derart von Institutionen der Macht wie Sammlern, Banken, Corporations, Museen, Magazinen und Galerien konstituiert, dass die Kunst, die von diesem Diskurs produziert wird, kaum mehr von der Macht selbst unterschieden werden kann, weil umgekehrt auch diese Machtbeziehungen nicht ohne den Diskurs der Kunst und der Künstler funktionieren können.

61　Ibid., S. 54.

Die Abhängigkeit des Künstlers von der Macht der Institutionen, die Entfremdung von seiner eigenen künstlerischen Produktion durch das Galeriesystem und die Museen wurde in den 1960er-Jahren im Zuge einer allgemeinen Politisierung (Vietnamkrieg, Studentenbewegung 1968) und im Maße, in dem die künstlerischen Praktiken den Raum der Galerie (Land Art) und die bloße Produktion von Objekten (Konzeptkunst) transzendierten, den Künstlern immer bewusster. Die Kritik an den Institutionen des Kapitalismus schloss auch die Museen und Galerien als Instrumente der Repression ein. Denn Repression war eine allgemeine politische Bedingung in den postfaschistischen autoritären Systemen der 1960er-Jahre. Die Avantgardekünstler entwickelten eine Antipathie gegenüber den Institutionen der Kunstwelt und auch gegenüber ihren historischen Produktions- und Rezeptionsformen. Neue soziale und kulturelle Aktivitäten sollten die Institutionen und ihren geschlossenen Diskurs herausfordern und öffnen (Fluxus, Happening, Underground Film, Body Art). Die Künstler bestreikten die Museen, demonstrierten vor den Museen, stürmten, boykottierten und schlossen internationale Messen und Großausstellungen (Art Strike in New York 1970, Biennale von Venedig 1968 etc.). Die besten Künstler rebellierten nicht nur ästhetisch formal, sondern auch politisch gegen die Macht, von der sie abhängig waren, das Dreieck Museum, Galerie, Medien. Besonders wichtig waren The Art Workers' Coalition (1969–1972), die Guerrilla Art Action Group und das Attica Commitee 1974 (Jon Hendricks, Jean Toche). In ihrer ästhetischen Praxis haben die avanciertesten Künstler der 1960er-Jahre nicht nur das berühmte Dreieck Studio, Galerie, Museum verlassen, indem sie ihre Produktionsweisen auf die Straße und andere öffentliche Orte, etwa in die Landschaft, ausdehnten oder auch in andere Disziplinen und Wissenschaftszweige, sondern in einem politischen Aktivismus auch das Dreieck Galerie, Museum, Medien attackiert. »Der Ausstieg aus dem Bild«[62] bedeutete auch einen Ausstieg aus der kapitalistischen Gesellschaft und aus dem kulturellen System, welches diese repräsentierte, aus dem Markt, dem Handel, den Museen, den Galerien. Robert Morris beschrieb 1970 das »eiserne Dreieck«, das den Künstler gefangen hielt: »Artists' lives are bound within the repressive structure of the art world: The iron triangle is made up of museums, galleries, and the media. All three [...] wield power over artists while maintaining a symbiotic dependence on them. In most every case status quo economic interests support this iron triangle and effect policies coming from each corner of it. The repressive structures within the art world parallel those outside it.«[63] Robert Smithson, der vom weißen Raum der Galerie in die verwüstete postindustrielle Landschaft ausgewandert war, um dem »eisernen Dreieck« zu entkommen, beschrieb die Institutionen der Kunst wie Michel Foucault die Orte der Gefangenschaft (Hospital, Gefängnis). Als er 1972 seine Arbeit von der documenta 5 (von Harald Szeemann) zurückzog, gab er unter dem Titel »Cultural Confinement« folgende Erklärung: »Cultural confinement takes place when a curator imposes his own limits on an art exhibition, rather than asking an artist to set his limits [...] Some artists imagine they've got a hold on this apparatus, which in fact has got a hold of them. As a result, they end up supporting a cultural prison that is out of their control. [...] Museums, like asylums and jails, have wards and cells – in other words, neutral rooms called ›galleries.‹ [...] Works of art seen in such spaces seem to be going through a kind of esthetic convalescence.«[64]

---

62 László Glózer, *Westkunst. Zeitgenössische Kunst seit 1939*, DuMont, Köln, 1981, S. 234–283.
63 Robert Morris, zit. nach Maurice Berger, *Labyrinths. Robert Morris, Minimalism and the 1960s*, Harper & Row, New York u. a., 1989, S. 109.
64 Robert Smithson, »Cultural Confinement«, in: Nancy Holt (Hg.), *The Writings of Robert Smithson*, New York University Press, New York, 1979, S. 132f, hier S. 132.

Die kulturellen Grenzen waren im »eisernen Dreieck« schnell erreicht. Daher schrieb Daniel Buren 1970 in »Cultural Limits«: »What is called for is the *analysis of formal and cultural limits* (and not one *or* the other) within which art exists and struggles.«[65] Erkennend, dass »the artist isn't in control of his value. [...] the artist is estranged from his own production«[66], sah Smithson 1972 voraus, dass die Künstler in Zukunft zunehmend in die Analyse der sozialen Kräfte und Beziehungen der künstlerischen Produktion involviert sein werden: »this is the great issue, I think it will be the growing issue of the seventies: the investigation of the apparatus the artist is threaded through.«[67]

In der Tat, solche Investigationen des Apparates von Marcel Broodthaers, Daniel Buren, Michael Asher, Dan Graham, Hans Haacke, Martha Rosler, Allan Sekula, Art & Language, Joseph Kosuth, Richard Kriesche, Valie Export, Gordon Matta-Clark, André Cadere, Victor Burgin, Yvonne Rainer und anderen bildeten eine wichtige Strömung der Kunst der 1970er-Jahre.

Die Transformationen der Kunst in den 1960er-Jahren durch Minimal Art, Konzeptkunst, Fluxus, Happening, Aktionismus, Land Art, Medienkunst in Verbindung mit den sozialen Umwälzungen und politischen Insurrektionen, gemeinsam mit den philosophischen Strömungen des Strukturalismus, der Systemtheorie und der kritischen Theorie sowie der Wiedergewinnung historischer revolutionärer Positionen in der Kunst (Konstruktivismus, Produktivismus) und Philosophie haben das Gesicht der Kunst unwiederbringlich verändert und zwar in der Weise, dass die Kunst nicht mehr unabhängig von der Gesellschaft gedacht werden kann, dass also die formale Autonomie durch eine Reintegration der künstlerischen Diskurse in soziale, philosophische, politische, ökonomische, ökologische, naturwissenschaftliche Diskurse relativiert werden muss. Für dieses neue politische Bewusstsein der gesellschaftlichen Bedingungen von Kunst stehe ein unverdächtiger Zeuge, nämlich Robert Morris: »Art is always suffused with political meanings. One such meaning has to do with the class interests any particular art serves. All art serves some class interest since such interests provide the very ground upon which art is sustained. If there is a political context for the emergence of any art there is also one for its entombment in history. [...] The so-called modernist mainstream is a political document which registers certain class interests besides being a collection of physical objects.«[68]

Diskurse – Diskursanalysen

Part of the task of a Marxist history ought to be to reveal the work of art as ideology.[69]
TIMOTHY J. CLARK

Die traditionelle Kunstgeschichte beruft sich allein auf das Werk und betrachtet die Entwicklung der Kunst als autonome Formengeschichte. Die geschichtlichen Entstehungsbedingungen werden von einer bloß stilkritisch ausgerichteten Kunstgeschichte ausgeblendet. Kunst sei autonom und erkläre sich aus sich selbst heraus. Konservative rechte Ästhetik (Edmund Burke, Samuel Taylor Coleridge, Martin Heidegger, William Butler Yeats,

---

65 Daniel Buren, zit. nach Craig Owens, »From Work to Frame, or, Is There Life After ›The Death of the Author‹?«, in: ders., *Beyond Recognition. Representation, Power, and Culture*, University of California Press, Berkeley u. a., 1984, S. 122–142, hier S. 128.
66 Robert Smithson, »Conversation with Robert Smithson on April 22nd 1972«, in: Holt 1979, S. 200–204, hier S. 200.
67 Ibid.
68 Robert Morris, zit. nach Berger 1989, S. 110.
69 Timothy Clark, zit. nach Janet Wolff, *The Social Production of Art*, The Macmillan Press Houndmills u. a., 1981, S. 49.

T. S. Eliot) fordert immer dazu auf, theoretische Analysen zu unterlassen und das Werk selbst, möglichst sinnlich, sprechen zu lassen. Die traditionelle Sozialgeschichte der Kunst (Arnold Hauser, Karl Werckmeister, Martin Warnke) betreibt zwar Kunstgeschichte als Gesellschaftsgeschichte und Ideologiekritik, aber ohne die strukturalistischen, semiotischen oder systemischen Diskurse der Postmoderne zu involvieren. Die neuen kunstkritischen, kontextuell orientierten Methoden grenzen äußere Faktoren nicht nur nicht aus, sondern versuchen, das Verwickeltsein der Kunstwerke im Ideologischen und im Ökonomischen im Kunstwerk selbst zu beweisen, im Sinne der Diskursmodelle (Bentham, Wittgenstein, Bachtin, Foucault), die ich vorgestellt habe. Sie wollen ein Netz realer, komplexer Beziehungen zwischen der künstlerischen Äußerung, den zur Verfügung stehenden künstlerischen Sprachen der Zeit und den anderen sozialen Diskursen, Ideologien, historischen Strukturen und Prozessen herstellen. Künstler wie Kunsthistoriker versuchen, die gesellschaftliche Realität in die Kreation wie Interpretation des Werkes selbst miteinzubeziehen. Insbesondere die Krise der Repräsentation in der Moderne, neue ästhetische Erfahrungsformen im Zeitalter der Techno-Transformation der Welt und ihrer Darstellungssysteme haben neue Methoden der Kunstproduktion, Kunstrezeption und Kunstgeschichte erforderlich gemacht.

Conrad Fiedler hat am Ende des 19. Jahrhunderts auf seine historisch bedingte Weise die Kunst schon aus den Fesseln der Ästhetik befreit. Er antizipierte Duchamp, der seit der Einführung des Urinals als Skulptur eine Kunst des Geschmacks und des ästhetischen Urteils desavouiert hat. Das Schöne, die perfekte Ausführung, die gute Gestaltung, die formale Komposition als zentrale Kategorie des Ästhetischen existiert seit Duchamp nicht mehr. In seiner Schrift *Über den Ursprung der künstlerischen Thätigkeit* (1887) hat Fiedler gezeigt, dass die Kunst sich nicht nach der Natur richtet, sondern eine Erkenntnisfunktion hat. Das Bewusstsein ist zwar Abbildung der Wirklichkeit, aber auch die Wirklichkeit ist Abbildung des Bewusstseins. Fiedlers These zielte auf eine Produktion von Wirklichkeit durch die Kunst, so wie eben andere Diskurse, etwa Justiz, Politik, Ökonomie, Wirklichkeit herstellen. »Denn nichts anderes ist die Kunst, als eins der Mittel, durch die der Mensch allererst die Wirklichkeit gewinnt.«[70] Statt Nachahmung und Darstellung der Wirklichkeit (im Bild oder in der Skulptur) gehe es der Kunst um Umwandlung von Teilbereichen des Wirklichen und Produktion von Wirklichkeiten. Immer wieder gibt es Kunst, die mit den zur Verfügung stehenden Darstellungssystemen nicht auskommt, weil sie über die bloße Darstellung der Wirklichkeit nicht hinausgelangen. Es werden daher neue künstlerische Strategien wie Aktion, bewegtes Bild und Installation entwickelt, die weit über das Tafelbild und die Skulptur, die bevorzugten Medien bloßer Darstellung, hinausgehen, um an der Produktion von Wirklichkeit teilzuhaben und nicht nur an der Produktion von Ideologie. Dabei ist nicht zu vergessen, dass Ideologieproduktion auch Teil der Reproduktion wie der Produktion von Wirklichkeit ist. Das Programm der Avantgarde seit 1900 lautet eigentlich Wiedergewinnung von Wirklichkeit, Teilhabe an den Prozessen der Gestaltung und Umgestaltung der wirklichen Welt. Die ästhetischen Provokationen der historischen Avantgarden hatten eben diesen Zweck, die Produktion der Wirklichkeit nicht allein anderen Diskursen wie Politik, Massenmedien etc. zu überlassen. Die Künstler merkten, L'art pour l'art und Autonomie der Kunst hatten ihren Preis, sie wurden von der Klasse der Produzenten ausgeschlossen. Indem sie an der Produktion von Wirklichkeit und Gesellschaft nicht mehr teilhatten, wurden sie unmerklich aus »der Gesellschaft der Produzenten« (Karl Marx) ausgeschlossen.[71]

---

70   Conrad Fiedler, »Moderner Naturalismus und künstlerische Wahrheit« (1881), in: ders., *Schriften über Kunst* (1896), DuMont, Köln, 1996, S. 117-130, hier S. 129.
71   Vgl. Michael E. Brown, *The Production of Society*, Rowman & Littlefield, Totowa, 1986; Diana Crane, *The Production of Culture. Media and the Urban Arts*, Sage, London, 1992.

Die Künstler der Neomoderne nach 1945 versuchten noch einmal, die Ziele der avantgardistischen Moderne mit deren Mitteln zu erreichen. Der Schock der Postmoderne besteht gerade in dieser Einsicht und Erkenntnis der realen Ohnmacht der Kunst als Produktivkraft. Wenn wir an die unsichtbaren Augen der Wärter, der Repräsentanten der Macht, in Benthams Panopticon denken, verstehen wir Aspekte dieses Aphorismus und erkennen die Beziehungen zu Foucaults Hypothese über die Moderne und die Macht. Die Auflösung der Totalität ist daher ein Ziel postmoderner Kunst ebenso wie eine Reformulierung des Visuellen, eine Redefinition der Repräsentation. Zu den Strategien dieser Reformulierung und Redefinition gehören die kontextuellen Praktiken der Produktion und Rezeption von Kunst. Ist Schönheit nur ein Fallout der Macht, ein *offspring* der Macht, dann ist Ästhetik von Politik nicht mehr zu trennen, auch weil Macht von Wirklichkeit nicht zu trennen ist. Zugang zur Wirklichkeit hat, wer über die Produktionsmittel verfügt, die Wirklichkeit herstellen. Dies bedeutet Macht. Künstler müssen daher Zugang zu jenen Produktionsmitteln, die Wirklichkeit herstellen, d. h. Zugang zu den Institutionen und Diskursen (der Macht), die Wirklichkeit produzieren, haben. Gleichzeitig darf dabei nicht Macht ausgeübt werden im Sinne von Hegemonie und (kultureller) Kontrolle. Aber die Machtfrage muss gestellt und transparent gemacht werden. 1789 war der Moment der Machtergreifung der europäischen Intelligenz. Aber das Dreieck Kultur, Politik, Macht ist bald auseinandergebrochen, diffundiert, pervertiert. Zugang zu den Institutionen und Produktionsmitteln hätte bedeuten sollen, dass die Künstler und Intellektuellen sich an der Produktion der Gesellschaft beteiligen, d. h. an der Organisation der materiellen Bedingungen des Zusammenlebens der Menschen, der kollektiven Aktionen. Wie aber im Kapitalismus die Beziehungen der Menschen sich als Beziehungen von Produkten reifiziert haben und dadurch soziale Beziehungen zu Produktionsbeziehungen wurden, so hat sich auch die Kunst reifiziert und die Produktion ästhetischer Objekte – und zwar in der vorindustriellen Produktionsweise – hat die Koordination und Organisation gesellschaftlichen Lebens ersetzt. Der Künstler wurde zum Experten für spezifische Kenntnisse und Fähigkeiten (auf dem Gebiet der Farbe, der Form usw.), die aber zunehmend historisch obsolet wurden und nur noch ideologisch benötigt wurden. Die Künstler verloren dadurch jene Macht, die sie 1789 gewonnen hatten, nämlich Teilhabe an der Produktion von wirklichkeitserzeugenden Diskursen. Ist die Demokratie zu einem Machtsystem der Parteien verkommen, in dem im Namen aller gesprochen wird, wenn es um die Erlangung bzw. Erhaltung der Macht einzelner bzw. weniger geht, so hat sich auch die Kunst reziprok zu einem Machtsystem entwickelt, in dem es um die Kontrolle und Hegemonie einzelner (Klassen, Individuen, Kulturen) geht, aber im Namen der Menschen (Universalismus, Humanismus) gesprochen wird. Wenn die, in deren Namen angeblich gesprochen wird, anders sprechen als ihre selbst ernannten Interpreten, dann verkündet die Macht den Mythos des Turmbaus von Babel, die Bedrohung einer multikulturellen, polyphonen Gesellschaft. Autonome Kunstwerke sind gegen die soziale Ohnmacht der Kunst keine Hilfe, denn auch autonome Kunstwerke nennen den Diskurs, der sie befohlen hat. Kontextuelle Kunstwerke analysieren zumindest den Diskurs, der sie befohlen will. Kunst als Diskursanalyse, als Analyse der Bedingungen ihrer Produktion und Rezeption, aber auch als Analyse anderer Diskurse der Produktion von Wahrheit, Gesellschaft, Wirklichkeit (Recht, Medizin, Ethnologie, Ökologie etc.) ist ein Versuch, den modernen Machtdispositiven zu entkommen, aber gleichzeitig jene »Macht« nicht zu verlieren, welche für die Produktion von Gesellschaft und Wirklichkeit verlangt wird. Daher ist Kunst als Diskurserzeugung, als Produktion von Diskurskontexten notwendig; Kunst als Diskurslabor. Die Avantgardekunst von heute thematisiert die Kunst als Diskursanalyse. Museumsführungen, Galeriepraktiken, kunstgeschichtliche Bewertungs- und Selektionsmechanismen, kognitive Erfahrungen, merkantile Aspekte der Kunst werden als Diskurselemente analysiert, und diese Diskursanalysen werden zu Kunst erklärt. Ästhetik wird durch Diskursanalyse ersetzt. Dabei kann der Anteil des Sozialen bei der Konstruktion des Diskurses der Kunst nicht mehr geleugnet werden. Poststrukturalistische Theorien, vor allem von Foucault, haben (im Sinne Benthams sogar) die diskursive Natur von der Konstruktion des Sozialen betont. »Reale« Entitäten wie Klassen, soziale Institutionen etc. sind nicht denkbar ohne diskursive Elemente, d. h. entstanden durch Artikulationen in Theorie, Repräsentation und Diskurs.[72] Es geht aber gerade darum, die diskursiven Elemente der Kunst selbst aufzuzeigen – und zwar als (Kontext-)Künstler wie als (kontextueller) Kunsthistoriker. »Art is a social product«,[73] lautet daher der erste Satz von Janet Wolffs Buch *The Social Production of Art* (1981), in dem die soziale Natur von der Produktion, Distribution und Rezeption der Kunst untersucht wird, die sozialen und institutionellen Koordinaten der künstlerischen Praktik. Von der Charakteristik der künstlerischen Produktion als Manufaktur (»Poetry is manufacture«[74]) über die sozialen, psychologischen, neurologischen Faktoren, welche die Kreativität determinieren, bis zur kollektiven Produktion von Kunst (Film) bewegt sich Wolff immer mehr weg vom Bild des Künstlers als Kreator und zeigt nicht nur die sozialen und ideologischen Faktoren, die den Autor des Werkes beeinflussen, sondern auch die aktive und partizipatorische Rolle des Publikums bei der Kreation des Werkes (»Interpretation as Re-creation«[75]). Der Mythos des Autors wird attackiert und diverse Stimmen des Textes, die Möglichkeit multipler Lesarten eines Textes durch verschiedene Leser werden analysiert. Dabei wird natürlich Bachtins Theorie des polyphonen Romans erwähnt, die Pluralität gleichwertiger Bewußtseine und ihrer Welten, der Verlust einer externen Perspektive, die das letzte Wort hätte. Die versteckten objektiven Widersprüche der Realität kommen durch diese polyphone Struktur des Werkes zum Ausdruck. Die künstlerische Praxis wird als situierte Praxis, als Mediation von ästhetischen Codes und ideologischen, sozialen und materiellen Prozessen und Institutionen gesehen. Denn auch die Künstler sind als Subjekte konstituiert durch soziale und ideologische Prozesse, sind Produkt und Effekt von Diskursen, formieren sich teilweise durch diskursive Artikulationen, sind selbst soziale und kulturelle Konstrukte.

In ihrem Buch *The Social Construction of Reality* (1966) haben Peter L. Berger und Thomas Luckmann die Realität als eine Art kollektive Fiktion entworfen, die konstruiert und erhalten wird von einer Reihe von Prozessen der Sozialisation, Institutionalisierung und durch tägliche soziale Interaktion. Diese Fiktionen sind relativ permanent, wenn auch veränderbar und opak. Die Realität wird zu einer Art Betriebssystem, aufrecht gehalten durch eine konzeptuelle Maschinerie von *subuniverses of meaning*, *symbolic universe* (das die *subuniverses* integriert) und *universe maintenance* qua Mythologie, Theologie, Philosophie, Wissenschaft. Die von einer Gemeinschaft geteilte Realität ist überragend. »Compared to the reality of everyday life, other realities appear as finite provinces of meaning, enclaves within the paramount reality marked by circumscribed meanings and modes of experience. The paramount reality envelopes them on all sides, as it were, and consciousness always returns to the paramount reality as from an excursion.«[76] Die Welt besteht aus multiplen Realitäten. Die Transition von einer Welt in die andere ist die ästhetische oder religiöse

---

72 Vgl. Gareth Stedman Jones, *Language of Class. Studies in Englisch Working Class History 1832-1982*, Cambridge University Press, Cambridge, 1983. Dort wird explizit »Klasse« nicht als reale, vorsprachliche Entität gesehen, sondern als diskursives Konstrukt. Vgl. auch Ernesto Laclau und Chantal Mouffe, *Hegemony and Socialist Strategy*, Verso, London u. a., 1985.
73 Wolff 1981, S. 1.
74 Wladimir Majakowski, *How Are Verses Made?*, Jonathan Cape, London, 1970, S. 55.
75 Wolff 1981, S. 95.
76 Peter L. Berger und Thomas Luckmann, *The Social Construction of Reality. A Treatise in the Sociology of Knowledge*, Penguin Books, London u. a., 1967, S. 39.

Erfahrung, insofern »as art and religion are endemic producers of finite provinces of meaning«.[77] In diesem Zusammenhang ist auch das Buch *Die Fabrikation der Fiktionen* von Carl Einstein (wiederaufgelegt 1973) zu erwähnen. Der Weg geht also von der Produktion der Gesellschaft über die soziale Produktion von Kunst und Kultur zur sozialen Konstruktion von Realität.

Einen entscheidenden Beitrag in Richtung dieses Weges hat Pierre Bourdieu mit seiner *Soziologie der symbolischen Formen* (1970) geleistet, eine Anspielung auf Ernst Cassirers idealistische Philosophie der symbolischen Formen und der von ihr abgeleiteten Schrift Erwin Panofskys »Die Perspektive als symbolische Form« (1927). Insbesondere die Arbeit *Elemente zu einer soziologischen Theorie der Kunstwahrnehmung* (1970) ist wegweisend.[78] Bourdieu verwehrt »die Illusion des unmittelbaren Verstehens« und »das Ideal der ›reinen‹ Wahrnehmung des Kunstwerks im Sinne eines ›reinen‹ Werkes«, denn beides setzt einen langen historischen Prozess voraus, der die Kunst erst »reinigte«. »Die spezifisch ästhetische Betrachtungsweise ist ein Produkt (oder Nebenprodukt) einer Transformation der künstlerischen Produktionsweise, die durch die Erziehung unablässig reproduziert werden muß.«[79] Oft wird eine Wahrnehmungsweise für natürlich gehalten, die doch nur klassenspezifisch ist: »Die Illusion des ›reinen‹, im Sinne eines ›unbebrillten Auges‹ ist ein Merkmal derjenigen, die die Brille der Bildung tragen und die gerade das nicht sehen, was ihnen zu sehen ermöglicht, und ebensowenig sehen, daß sie nicht sehen könnten, nähme man ihnen, was ihnen erst zu sehen erlaubt.«[80] Die Wahrnehmung von Kunst wird zu einem Sonderfall von Klassenethnozentrismus, der sich gar nicht als einen solchen erkennt. »Als ein historisch entstandenes und in der sozialen Realität verwurzeltes System, hängt die Gesamtheit dieser Wahrnehmungsinstrumente, die die Art der Appropriation der Kunst-Güter in einer bestimmten Gesellschaft zu einem bestimmten Zeitpunkt bedingt, nicht vom individuellen Willen und Bewußtsein ab. Sie zwingt sich den einzelnen Individuen auf, meist ohne daß sie es merken, und bildet von daher die Grundlage der Unterscheidungen, die sie treffen können, wie auch derer, die ihnen entgehen.«[81] Kunst wird als historisch bedingte Institution zu einem sozialen Code. Dieser Auffassung widerspricht Niklas Luhmann.

Seine Theorie sozialer Systeme hat als Ausgangspunkt die Differenz von System und Umwelt. »Draw a distinction« leitet er vom Formenkalkül des Logikers George Spencer-Brown ab.[82] Systeme können ohne Umwelt nicht bestehen. »Sie konstituieren und sie erhalten sich durch Erzeugung und Erhaltung einer Differenz zur Umwelt, und sie benutzen ihre Grenzen zur Regulierung dieser Differenz.«[83] Man muss aber zwischen der Umwelt eines Systems und Systemen in der Umwelt dieses Systems unterscheiden. Es gibt verwirrende wechselseitige System/Umweltbeziehungen, ähnlich den Text/Kontextbeziehungen. Diese Wiederholung der Systembildung in Systemen nennt Luhmann Systemdifferenzierung. »Innerhalb von Systemen kann es zur Ausdifferenzierung weiterer System/Umwelt-Differenzen kommen.«[84] Der Beobachter einer Unterscheidung muss sich als System in einer Umwelt erkennen. Die Beobachtung anderer Beobachter bzw. Beobachtung ist eine Beobachtung zweiter Ordnung. Beobachter erster Ordnung beobachten Objekte. Alle ausdifferenzierten Funktionssysteme wie die Kunst, die Politik sind Beobachtungen zweiter

---

77 Ibid.
78 Pierre Bourdieu, *Zur Soziologie der symbolischen Formen*, Suhrkamp, Frankfurt/M., 1970, S. 159-201.
79 Ibid., S. 162f.
80 Ibid., S. 164.
81 Ibid., S. 173f.
82 George Spencer-Brown, *Laws of Form*, The Julian Press, New York, 1972, S. 1.
83 Niklas Luhmann, *Soziale Systeme*, Suhrkamp, Frankfurt/M., 1987, S. 35.
84 Ibid., S. 37.

Ordnung. Selbstbeobachtung ist eine Beobachtung zweiter Ordnung. Kunst wird zu einem Vorgang unterschiedlichen Beobachtens, wobei mit steigender Systemdifferenzierung, die Ausdifferenzierung von weiteren System/Umweltdifferenzen innerhalb des Systems, auch die Komplexität steigt.

Die Grenzen des Systems werden zur Regulierung der Differenz benutzt. Kunst als Teilsystem redupliziert das Gesamtsystem, ihre Ausdifferenzierung stabilisiert das Gesamtsystem. Denn auch für die Kunst gilt, Grenzerhaltung ist Systemerhaltung. Der Konzeptkünstler Mel Bochner hat schon 1970 mit einer »Theory of Boundaries« gearbeitet.

Die Theorie der Kunst als beobachtendes System, als selbstreferenzielles System mit der Fähigkeit, Beziehungen zu sich selbst herzustellen und diese Beziehungen zu differenzieren gegen Beziehungen zur Umwelt, dient zwar unserer Auffassung von der Konstruktion der Kunst (»Jede Kognition ist Konstruktion«[85] bzw. »Ein Kunstwerk unterscheidet sich, um beobachtet zu werden«[86], sagt Luhmann), aber sie unterschlägt die historische bzw. soziale Komponente. Die Autonomie der Kunst verdanke sich der Doppelung von Beobachtung erster und zweiter Ordnung. Sie bestehe im Praktizieren dieser Differenz.[87] Aber wie könnte Luhmanns Theorie erklären, dass die Kunst ihre Welt auf dieser Differenz begründet, es sei denn durch den geschichtlich-sozialen Kontext?

Die Basis für die scheinbare Unabhängigkeit von historischen Bedingungen, die in funktionalen und formalen Ausdifferenzierungen von Systemen bestätigt werde, liegt aber allein im historischen Prozess, der zum Auftauchen dieses autonomen Feldes führte, sagt Bourdieu in »Principles of a Sociology of Cultural Works«.[88] Die Verweigerung des Historischen bedeutet die Verweigerung, die eigenen sozialen Voraussetzungen der Möglichkeit dieser Verweigerung zu sehen. Es sind die sozialen Bedingungen der Geschichte, in denen die Freiheit, diese Bedingungen zu vernachlässigen und von autonomen Produkten zu sprechen, d. h. die Unterscheidungen nicht zu kennen bzw. zu beobachten, institutionalisiert worden ist. Die Appropriation der kulturellen Güter muss also als sozialer Code begriffen werden, der geschichtlich konstruiert ist. Der kulturelle Kanon muss als gesellschaftlich akzeptiertes Herrschaftsinstrument, als sexistische, rassistische Hegemonie erkannt werden. Andernfalls legitimiert Kunstgeschichte kulturell vermittelte Herrschaft.[89] Kontextuelle Kunst und »social art history« versuchen, die Struktur des Herrschaftsdiskurses zu unterbrechen, indem sie eben die Bedingungen geschichtlicher Produktion und Rezeption von Kunst artikulieren.

Timothy J. Clark, Serge Guilbault, Michael Baxandall und Thomas Crow stehen für neue sozialhistorische, strukturanalytische und rezeptionstheoretische Ansätze der Kunstgeschichte, die sich auf Bachtins Kontext-Theorie berufen.[90] Diese Schule, annonciert 1972 als eine Serie von Studien unter dem Titel *Art in Context*[91], will im Gegensatz zur traditionellen Methode, die Kunstgeschichte als autonome Formengeschichte definiert und sich

---

85 Niklas Luhmann, *Beobachtungen der Moderne*, Westdeutscher Verlag, Opladen, 1992, S. 23.
86 Niklas Luhmann, »Weltkunst«, in: ders., Frederick D. Bunsen und Dirk Baecker (Hg.), *Unbeobachtbare Welt. Über Kunst und Architektur*, Haux, Bielefeld, 1990, S. 7-45, hier S. 26.
87 Vgl. Niklas Luhmann, »Das Medium der Kunst«, in: *Delfin*, Bd. 4, Nr. 1, 1986, S. 6-15.
88 Pierre Bourdieu, »Principles of a Sociology of Cultural Works«, in: Salim Kemal und Ivan Gaskell (Hg.), *Explanation and Value in the Arts*, University of Cambridge Press, Cambridge u. a., 1993, S. 173-189.
89 Vgl. Benjamin H. D. Buchloh, »Perestroika in der Kunst?«, in: *Texte zur Kunst*, Nr. 2, März 1991, S. 65-72.
90 Timothy J. Clark, »The Conditions of Artistic Creation«, in: *Times Literary Supplement*, 24. Mai 1974, S. 561f.; ders., *Image of the People, Gustave Courbet and the 1848 Revolution*, Thames & Hudson, London, 1973.
91 Vgl. die Reihe *Art in Context*, hg. von John Fleming und Hugh Honour, Viking, New York, Penguin, London, seit 1972.

allein auf das Werk beruft, extrinsische Kategorien aus der Interpretation und Kreation des Werkes nicht ausklammern und den geschichtlichen Kontext im Stil, im Formalismus des Werkes selbst erkennen. Sie versucht, die Institution Kunst als Diskurs zu analysieren und soziale Diskursformen künstlerischer Praktiken jenseits von Werk und Person zu beschreiben. Helmut Draxler, der dieser Schule nahesteht, entwirft für die Praxis der Kunstgeschichte drei Ebenen an Kontexten: »Kunst steht immer erstens im Umfeld von anderer Kunst, zweitens in Beziehung zu Begriffen, Diskursen und Institutionen, die als die wichtigsten Träger von Ideologien zu gelten haben, und drittens im Dienste von Interessen, die da heißen: Geld, Macht, Prestige etc.«[92] Wird Kunst als Diskurs definiert, kann sie als »ein Geflecht von Begriffen, Praktiken und sozialen Bestimmungen [...] jenseits der Werke und Personen«[93] untersucht werden und wird dadurch nicht von anderen Diskursformen wie Wirtschaft und Recht abgekoppelt. In diesem Prozess, durch diese Methoden der Diskursanalyse wird das Soziale der Kunst inversiv. »Derselbe Prozeß verwandelt das Soziale der Kunst von einer externen, repräsentativ-funktionsbedingten in eine interne, funktionsauslösende Kategorie.«[94] Zwischen dem institutionellen Aufbau der modernen Gesellschaft und der modernen Kunst werden gemeinsame vermittelnde Strukturen gesehen.[95] Statt Abkopplung und Abschirmung der Kunst von der Gesellschaft (im Namen der »Autonomie«), ohnehin nur fiktiv und imaginär, aber wahrscheinlich gerade deswegen unvermeidlich, findet ein Rekurs auf das Reale statt. Eine Reduktion der Fiktionen, Benthams Programm, wird auf andere Weise erneut unternommen.

Gegen den autonomen Kunstbegriff und gegen die traditionelle Basis der Kunstgeschichte, das Einzelwerk, argumentiert seit einiger Zeit auch die moderate Kunstgeschichte selbst. Wolfgang Kemp hat ein Forschungsprojekt für eine neue Kunstgeschichte entworfen: *Kontexte. Für eine Kunstgeschichte der Komplexität*.[96] Er wirft den Museen und der formalistischen Kunstgeschichte »Kontextraub« vor. Daher soll das Kunstwerk durch seinen originalen Kontext, seine Ortsbeziehung und Situationsbindung wieder in sein Recht gesetzt werden. In Berufung auf Eric D. Hirsch umfasst der Begriff Kontext: »the entire physical, psychological, social and historical milieu in which the utterance occurs«.[97] Bachtins Definition der Situation kehrt wieder. Hinzu kommt aber die Einsicht, dass Kontexte nicht gegeben sind, sondern gebildet werden. Kemp bezieht sich auf die »strukturelle Koppelung« von Organismus (Werk) und Milieu (Kontext), wie sie von der ökologisch orientierten konstruktiven Systemtheorie (Gregory Bateson, Humberto Maturana, Francisco Varela) entwickelt wurde. Für Luhmanns Begriffskorrelat System/Umwelt setzt er Werk/Kontext ein und kommt daher zum Schluss: »Wie jede Äußerung kann Kunst ohne Kontext nicht gedacht werden.«[98]

Die Beziehung Werk und Kontext darf aber nicht differenziell wie System und Umwelt gedacht werden, sondern im Sinne Bachtins als verfranst, als austauschbar, nicht ganz abgrenzbar. Derrida hat in einem bedeutenden Text »Signatur, Ereignis, Kontext« (1972) darauf hingewiesen, dass ein Kontext sich niemals exakt bestimmen lässt und daher Kontext und Kunst niemals exakt separierbar sind: »Aber sind die Erfordernisse eines Kontextes

---

92 Helmut Draxler, »Die Inversion des Sozialen. Historische Diskursformen künstlerischer Praxis«, in: Peter Weibel, Christa Steinle und Götz Pochat (Hg.), *Kontinuität und Identität. Festschrift für Wilfried Skreiner*, Böhlau, Wien u. a., 1992, S. 299-313, hier 306.
93 Ibid., S. 308.
94 Ibid., S. 310.
95 Vgl. auch Richard Münch, *Die Struktur der Moderne. Grundmuster und differentielle Gestaltung des institutionellen Aufbaus der modernen Gesellschaften*, Suhrkamp, Frankfurt/M., 1984.
96 Wolfgang Kemp, »Kontexte. Für eine Kunstgeschichte der Komplexität«, in: *Texte zur Kunst*, Nr. 2, März 1991, S. 89-101.
97 Eric D. Hirsch, *Validity in Interpretation*, Yale University Press, New Haven, 1967, S. 86.
98 Kemp 1991, S. 98.

jemals absolut bestimmbar? [...] Ich möchte [...] zeigen, warum ein Kontext niemals absolut bestimmbar ist, oder vielmehr inwiefern seine Bestimmung niemals absolut bestimmbar ist, oder vielmehr inwiefern seine Bestimmung niemals gesichert oder gesättigt ist.«[99]

Debords konstruierte Situationen

> *Wir müssen weiterkommen, ohne an irgendeinem Aspekt der modernen Kultur oder sogar deren Negation hängenzubleiben. Nicht auf das Spektakel des Endes der Welt wollen wir hinarbeiten, sondern auf das Ende der Welt des Spektakels.*[100]
> GUY DEBORD

Die Situationistische Internationale (1957-1972) hat das Schicksal der Kunst als virtuose Hypokrisie im Zeitalter der bürgerlichen Spektakel- und Konsumgesellschaft erkannt und mit einer Radikalität sondergleichen – vielleicht vergleichbar nur mit der aktionistischen Szene in Wien um 1965 – die Konsequenzen daraus gezogen, nämlich nicht allein »eine Kritik der revolutionären Kunst zu unternehmen, sondern eine revolutionäre Kritik jeder Kunst«. Die Komplizenschaft der Kunst mit der Hegemonie, mit der dominierenden Macht erkennend, war ihr Programm eine Kunst jenseits der Kunst, eine kulturelle Subversion, wo Kunst und Soziales untrennbar wären. Die Gruppe wurde 1957 gegründet und entstand aus Mitgliedern von CoBrA, Lettrismus und MIBI (Internationale Bewegung für ein imaginistisches Bauhaus). Zu ihren zentralen Mitgliedern gehörten: Guy Debord, Michèle Bernstein, Asger Jorn, Constant, Giuseppe Pinot-Gallizio, Raoul Vaneigem, Jacqueline de Jong etc. Diese Bewegung sollte einen unglaublichen Einfluss ausüben.[101] Pinot-Gallizio reichte seine Ideen weiter an eine jüngere Generation von Künstlern in Turin, nämlich an Mario Merz, Michelangelo Pistoletto, Giulio Paolini und wurde zu einem der Vorväter der Arte Povera. In Britannien wurde die gesamte Subkulturszene beeinflusst, von Alexander Trocchi bis zu den Sex Pistols. Constants urbanistischen Entwürfe, Megastrukturen und hängende Sektoren beeinflussten die utopische Architektur der 1960er-Jahre. Viele europäische Künstler hatten direkt oder indirekt Kontakte zur Situationistischen Internationale, z. B. Daniel Buren, Art & Language, die Münchener Gruppe SPUR, Marcel Broodthaers, aber auch Theoretiker wie Timothy J. Clark oder Jean Baudrillard. Ihren Höhepunkt erreichte der Einfluss der Situationistischen Internationale bei den Unruhen im Mai 1968 in Paris. Guy Debords Buch *Die Gesellschaft des Spektakels* (1967) wurde zu einer der meistzitierten Schriften der Kultur-, Gesellschafts- und Ideologiekritik. In seinem zentralen situationistischen Manifest *Rapport sur la construction des situations et sur les conditions de l'organisation et de l'action de la tendence situationniste international* (1957) erkennen wir, dass es Debord nicht mehr um die Erschaffung eines Werkes (oder Textes) geht, sondern um die Konstruktion einer Situation (eines Kontextes). Nicht die künstlerische Äußerung interessiert, sondern die »soziale Situation« (Bachtin), in der die Äußerung gemacht wird. Die soziale Konstruktion von Situationen zielt

---

99 Jacques Derrida, »Signatur, Ereignis, Kontext«, in: ders., *Randgänge der Philosophie* (1972), Ullstein, Frankfurt/M. u. a., 1976, S. 124-155, hier S. 126.
100 Guy Debord, »Der Sinn im Absterben der Kunst«, in: *Situationistische Internationale 1958-1969. Gesammelte Ausgaben des Organs der Situationistischen Internationale*, Bd. 1, MaD Verlag, Hamburg, 1976, S. 78-83, hier S. 83.
101 Vgl. Elisabeth Sussman (Hg.), *On the Passage of a Few People Through a Rather Brief Moment in Time. The Situationist International 1957-1972*, The MIT Press, Cambridge/MA, 1989; Iwona Blazwick (Hg.), *An Endless Adventure – an Endless Passion – an Endless Banquet. A Situationist Scrapbook. The Situationist International Selected Documents from 1957 to 1962. Documents Tracing the Impact on British Culture from the 1960s to the 1980s*, Verso, London, 1989; Roberto Ohrt, *Phantom Avantgarde. Eine Geschichte der Situationistischen Internationale und der modernen Kunst*, Ed. Nautilus, Hamburg, 1990.

nicht auf Kunst, sondern auf Leben. Henri Lefebvre hat 1947 seine *Kritik des Alltagslebens* publiziert, einen Appell, das alltägliche Leben zu transformieren, ein surrealistisches Konzept. Jean-Paul Sartres Konzept der Situation (bei ihm auf die Existenz bezogen) übertrug Debord auf das alltägliche Leben. Georg Lukács' Dialektik von Subjekt und Objekt sowie seine Theorie der Reifikation der Arbeit in der Ware übertrug Debord auf die Konsumgesellschaft der Nachkriegszeit. Die Existenz wurde so zu einer Serie von Situationen alltäglichen Lebens bzw. das alltägliche Leben wurde zu einer Serie von Situationen. Wollte man das Leben ändern, musste man also die Situationen des Alltags im Alltag ändern, d. h. konstruieren. Eine »konstruierte Situation« ist ein »durch die kollektive Organisation einer einheitlichen Umgebung und des Miteinanderspielens von Ereignissen konkret und mit voller Absicht konstruierter Moment des Lebens«.[102] Von der Situation erweiterte Debord sein Konzept auf die Stadt und von der Stadt auf die Gesellschaft. Der »unitäre Urbanismus« war die »Theorie des totalen Gebrauchs der Kunstmittel und Techniken, die zur vollständigen Konstruktion einer Umwelt in dynamischer Verbindung mit Verhaltensexperimenten mitwirken.«[103] Ivan Chtcheglov alias Gilles Ivain hat 1953 einen »neuen Urbanismus« vorgestellt, dem es darum ging, »die Wirklichkeit zu modulieren« und »neue bewegliche Szenarien zu erfinden«.[104] Für eine Nummer des *Times Literary Supplement* 1964 faßte Michèle Bernstein in einer kurzen Synopsis die Ziele der Situationistischen Internationale zusammen: »As a start they aimed to go beyond artistic specialization – art as a separate activity – and delve beneath that whole movement for breaking-up language and dissolutions of forms that had constituted modern art at its most authentic. It was decided that the first field of their future creativeness would embrace experiments in behavior, the construction of complete settings, moments of life freely created.«[105] Es ging also um die Erschaffung eines freien Lebens und nicht bloß freier künstlerischer Formen. Die Betonung auf Umwelt und Verhalten im alltäglichen Leben als Bühne der Konstruktion von Situationen verlässt die historische Kunstproduktion von ästhetischen Objekten. Daher hatten ab 1962 auch avancierte Künstler wie Jorn keinen Platz mehr in der Situationistischen Internationale. Kunst wird ersetzt durch »eine Methode der experimentellen Konstruktion des alltäglichen Lebens«.[106] Eine »neue Wirklichkeit« soll durch die situationistische Konstruktionen gebildet werden. Eingriffe, Interventionen, Ereignisse, Events, Happenings, Situationen sollten das ästhetische Objekt der historischen Kunst auflösen. 1959 erscheint in der Nr. 3 des *Bulletin der Situationistischen Internationale* eine Notiz über das »Absterben der Kunst«: »Ein Gespenst geht um in der bürgerlichen Zivilisation, [...] das Gespenst der Infragestellung ihrer Kultur, die in der modernen Auflösung all ihrer Kunstmittel zum Vorschein kommt.«[107] So wie das Umherschweifen (*dérive*) als »experimentelle Verhaltensweise oder Technik des beschleunigten Durchgangs durch verschiedenartige Umgebungen« die Arbeit ersetzen sollte, soll das *détournement* (die Diversion, die Zweckentfremdung) die Kunst ersetzen: »die Eingliederung jetziger bzw. vergangener Kunstproduktion in eine höhere Konstruktion der Umwelt.«[108] Dies nennen wir heute mit einem Ausdruck Bourdieus bzw. von Alfred Sohn-Rethel Appropriation. Im gleichen Bulletin schreibt Debord über *Détournement* als

---

102 *Situationistische Internationale 1958–1969* 1976, S. 18.
103 Ibid., S. 19.
104 Ibid., S. 21.
105 Michèle Bernstein, »The Situationist International«, in: *The Times Literary Supplement*, August/September 1964. In dieser Ausgabe unter dem Titel *Any Advance? The Changing Guard* waren auch Texte von Konrad Bayer über die Wiener Gruppe, von Franz Mon, Max Bense, Dieter Roth, Bruno Munari (»Programmed Art«), Isidore Isou etc. versammelt.
106 *Situationistische Internationale 1958–1969* 1976, S. 26.
107 Ibid., S. 78.
108 Ibid., S. 19.

Negation und Vorspiel: »Die Zweckentfremdung d. h. die Wiederverwendung bereits bestehender Kunstelemente innerhalb einer neuen Einheit. [...] Die beiden grundlegenden Gesetze der Zweckentfremdung sind der Verlust der Wichtigkeit – der bis zum Verlust des ursprünglichen Sinns gehen kann [...] und zu gleicher Zeit die Organisation einer neuen bedeutungsvollen Gesamtheit [...].«[109] Artefakte der Kunst werden in neuen Kontexten revitalisiert. Autor und Original werden abgewertet bzw. aufgelöst. Die Zeichen flottieren frei (Jean Baudrillard). »Jedes Zeichen ist für Verwandlungen in etwas anderes empfänglich, sogar in sein Gegenteil«, schrieben Debord und Gil J. Wolman in ihrem Essay »Mode d'emploi du détournement« (1956).[110] Das 1957 vorbereitete und 1959 publizierte Buch Guy Debords *Mémoires* mit malerischen Akzenten von Asger Jorn ist ein frühes Meisterwerk der Zweckentfremdung und der Appropriation: »Debords und Jorns ›ganz aus vorgefertigten Elementen zusammengesetztes‹ Buch *Memoiren* (in dem jede Seite nach allen Richtungen hin gelesen werden kann und in dem die Wechselbeziehungen der Sätze immer unvollendet bleiben)«.[111] Die polyphone Stimme Bachtins, wobei die eigene Rede aus Elementen fremder Reden aufgebaut ist, und der unendliche Raum der Interpretation sind hier zu hören, aber auch die Technik des Cut-up von William S. Burroughs sowie die Methoden der Appropriation Art der 1980er-Jahre.

Im Artikel über das »Absterben der Kunst« heißt es weiter: »Die Situation fassen wir als das Gegenteil des Kunstwerkes auf. [...] Was wir eine zu konstruierende *Situation* nennen, ist die Suche nach einer dialektischen Organisation vorübergehender, teilweise vorhandener Wirklichkeiten [...].«[112] Das Programm der Wiedergewinnung der Wirklichkeit durch die Avantgarde hat mit den künstlerischen Praktiken, Techniken und Topoi der Situationistischen Internationale (Konstruktion, Situation, Zweckentfremdung, Umwelt, Alltag) einen radikalen, neuen Ansatz gefunden. Die Konstruktion von Situationen bedeutet die künstlerische Teilhabe an der Konstruktion des (alltäglichen) Lebens, d. h. der Wirklichkeit. Die zentrale Idee war die Konstruktion von Situationen, d. h. die konkrete Konstruktion von momentanen Lebensumwelten mit neuen leidenschaftlichen Qualitäten. Durch methodische Interventionen, Eingriffe in reale Ereignisse, sollte eine Interaktion zwischen der materiellen Umgebung des Lebens und dem Verhalten, das ihm entspringt und das es transformiert, stattfinden.

Selbstreferenz, Referenzialität und Relationalität

There is a »shell« placed between the external »empty« material of place and the interior, »empty« material of »language«. (Systems of) information (in-formation) exist halfway between material and concept, without being either one.[113]
DAN GRAHAM

Wesentliche Aktivitäten der Medienkunst, die sich in den 1960er-Jahren zu formieren begann und welche die Maschinenkunst der Zwischenkriegszeit ablöste, beschäftigten sich mit dem neuen Wirklichkeitsbegriff, der durch die einsetzende universale Mediatisierung und durch die Techno-Transformation der Welt entstand. Die Differenz zwischen Bild und

---

109 Ibid., S. 85.
110 Guy Debord und Gil J. Wolman, »Mode d'emploi du détournement«, in: *Les Lèvres Nues*, Nr. 8, Mai 1956; Übersetzung des Autors.
111 *Situationistische Internationale 1958–1969* 1976, S. 85.
112 Ibid., S. 82.
113 Dan Graham, »Other Observations«, in: *For Publication*, Ausst.-Kat., Otis Art Institute, Los Angeles, 1975, o. S.

Sachverhalt, zwischen Repräsentation und Realität, zwischen Abbildungssystem und Welt wurde erforscht. Diese Krise der Repräsentation hat aber nicht nur die Medienkunst erfasst, sondern auch die traditionelle Kunst. Die Medienkunst, ob Fotografie, Film oder Video hat für die Differenz von Bild und Wirklichkeit allerdings spezifische Verfahren entwickelt, z. B. die Isomorphie bzw. formale Selbstreferenz. Die Gleichheit der Gestalt bzw. Form in der Wirklichkeit und im Abbildungsmedium, die Fortführung der Form des Gegenstandes im Foto, im kinematografischen oder videografischen Bild selbst nenne ich Isomorphie. Diese künstlerische Praktik hatte aber nicht das Ziel, eine Einheit zwischen Bildwelt und Objektwelt vorzutäuschen bzw. zu stiften, sondern im Gegenteil auf den Unterschied hinzuweisen, auf eine prinzipielle Differenz. Die Isomorphie (gleiche Form) hat sich selbstverständlich auf Kategorien des Raumes und der Zeit bezogen. Echtzeit, Simultaneität (gleiche Zeit), Eins-zu-eins-Abbildung, Skalierung (gleiche Größe), Positionierung, Lokalisierung (gleicher Ort), gleiche Dauer wurden zu axiometrischen Prämissen einer neuen Ästhetik der Selbstreferenz. Diese Selbstreferenz war aber gleichzeitig als konstruierte bekannt und künstlerische Intention. Die Konstruktion der Selbstreferenz geschah erstens im Bewusstsein einer Beobachter-Relativität, also einer perspektivischen Position, von der aus die Beobachtung und Konstruktion stattfindet, und zweitens im Bewusstsein einer Differenz von System und Umwelt, von Abbildungssystem und Wirklichkeit. Die Ästhetik der Selbstreferenz war also systemtheoretisch definiert und als solche ein Denken der Differenz, eine Kritik des Prinzips der Identität ($A = A$). Indem das Bild »A« an die Stelle des Objekts A rückte und scheinbar beide formal ineinander übergingen, aber doch der Unterschied, wenn auch fein, erkennbar blieb, sollte eben die Differenz zwischen Bild »A« und Objekt A betont werden, also die Gleichung »A« $\neq A$ aufgestellt werden. Kritik am Identitätsprinzip bedeutet daher Kritik an der ontologischen Konzeption der Wirklichkeit, an der Wirklichkeit, wie sie ist. »Gegen das Identitätsdenken zu denken, heißt, gegen die Identität selbst, gegen Identisches zu denken, damit aber gegen das, was ist.«[114] Wenn Identität das ist, was ist, dann bedeutet Nichtidentität nicht das, was nicht ist, sondern eine Ontologie (des Seins) wird ersetzt durch eine Semiosis (des Werdens), in der die Wirklichkeit, das was ist, nur ein Moment ist. Georg Wilhelm Friedrich Hegel selbst war sich bewusst, dass Identität mit sich selbst eine absolute Kontradiktion ist. Innerhalb der Hegel'schen Dialektik spielt das Nichtidentische die Rolle des Moments. »Etwas ist nur insofern aufgehoben, als es in die Einheit mit seinem Entgegengesetzten getreten ist; in dieser näheren Bestimmung als ein Reflektiertes kann es passend *Moment* genannt werden.«[115] Im Moment sind somit Einheit und Entgegengesetztes in eins gesetzt. Bei Hegel aber negiert sich die Nichtidentität selbst zugunsten der Identität. Da es das Sein der Momente ist, in der Bewegung des Ganzen zu verschwinden und das Nichtidentische die Rolle des Moments spielt, ist das Sein des Nichtidentischen begrenzt, endlich. Im Denken der Differenz hingegen negiert sich die Identität zur Nichtidentität, wobei die Wahrheit nicht nur das Ganze ist, sondern ein Fragment eines unendlichen Prozesses der Selbstreflexion des Denkens. Hegels Dialektik hat zwar das Moment der Differenz, das Heraustreten des Begriffs in seine Entgegensetzung hervorgebracht, aber in der Totalität seines Wahrheitsbegriffs abgeschlossen. Die Momente der Differenz sind aber unendlich. Der Moment ist nicht nur als Moment des Ganzen Moment, sondern das Ganze ist ein besonderer Moment der Momente. Identität ist also nur ein Moment in der unendlichen Entfaltung der Nichtidentität. Identität wird aus dieser Sicht zu Finitheit des Daseins, zur Grenze. Eine dynamische, nicht abgeschlossene, offene,

---

114 Ute Guzzoni, *Identität oder nicht. Zur kritischen Theorie der Ontologie*, Karl Alber, Freiburg, 1981, S. 12.
115 Georg Wilhelm Friedrich Hegel, *Wissenschaft der Logik I*, in: ders., *Werke*, Bd. 5, Suhrkamp, Frankfurt/M., 1979, S. 114.

unendliche Welt, aus der momenthaft die Identität heraustritt, ist die Folge des Prinzips der Nichtidentität. Dieses Prinzip der Nichtidentität hat die Selbstreferenz der minimalistischen und konzeptuellen Kunst der 1960er-Jahre von ihrer formalistischen Konzeption, die sich als Beschränkung erwies, befreit. Dan Grahams Weg vom selbstreferenziellen Poem *Schema* (1966) über die Kritik des Minimalismus in seinen Fotografien *Homes for America* (1966/1967) zu seinen behavioristischen Verhaltensexperimenten ist exemplarisch. In einem Essay über die Definition der Skulptur in der Geschichte der Moderne *Michael Asher and the Conclusion of Modernist Sculpture* hat Benjamin Buchloh[116] den historischen Kontext dieser Selbstreferenzialität aufgezeigt.

Die Entdeckung des logischen Positivismus, der analytischen Philosophie, der Semiotik, von Maurice Merleau-Pontys *Phänomenologie der Wahrnehmung* und von Wittgensteins Schriften, die Wiederentdeckung der plastischen Prinzipien und theoretischen Positionen von Duchamp und den russischen Konstruktivisten führten bei Carl Andre, Donald Judd, Dan Flavin, Frank Stella, Robert Morris zu einem formalistischen Konzept der Selbstreferenzialität auf der Ebene der Form (*shaped canvas*), der Farbe, des Ortes, des Materials usw. Das Diktum der Selbstreferenz lautete: Ein Werk solle nicht über sich selbst hinausweisen, nicht über seine bloße Materialität; seine Form solle nichts widerspiegeln außer sich selbst; die Struktur solle ein räumliches Zeichen seiner selbst sein. Die minimalistische Skulptur hat aber selbst bereits die formalistische Konzeption der Selbstreferenz zu überschreiten versucht, z. B. die *Mirrored Cubes* (1965) von Robert Morris. Folgende Begriffe gewannen Bedeutung bei der Transgression der formalistischen Selbstreferenzialität: Spezifität (Judd), Ort (Andre) und Präsenz (Flavin).

Vom heutigen Standpunkt aus kann man den minimalistischen Werken einen pragmatischen Reduktionismus vorwerfen. Die historische Beschränktheit des in der minimalistischen und postminimalistischen Skulptur (z. B. Serra) formulierten Überschreitens der bloß formalistischen Selbstreferenz ist auf ihr identifizierendes Denken zurückzuführen. Die Art und Weise wie die Minimalisten Formprobleme und die damit verbundenen Probleme von Ort, Materialität, Zeit etc. lösten, erinnert an Wittgensteins satirische Attacke auf das mit sich selbst identische Ding, die Hegel nahe kommt: »›Ein Ding ist mit sich selbst identisch‹ – Es gibt kein schöneres Beispiel eines nutzlosen Satzes, der aber doch mit einem Spiel der Vorstellung verbunden ist. Es ist, als legten wir das Ding, in der Vorstellung, in seine eigene Form hinein, und sähen, daß es paßt. Wir könnten auch sagen: ›Jedes Ding paßt in sich selbst.‹ – Oder anders: ›Jedes Ding paßt in seine eigene Form hinein.‹ Man schaut dabei ein Ding an und stellt sich vor, daß der Raum dafür ausgespart war und es nun genau hineinpaßt. ›Paßt‹ dieser Fleck ● in seine weiße Umgebung? – Aber genau so würde es aussehen, wenn statt seiner erst ein Loch gewesen wäre, und er nun hineinpaßte. […].«[117] Die skulpturalen Objekte der Minimal Art scheinen Dinge zu sein, die genau in die Leerstellen passen, die unsere Imagination für sie offen gelassen hat. Die offenen Würfelkombinationen von Sol LeWitt oder die Platten von Carl Andre scheinen besonders solche schwarzen Punkte zu sein, die in ihre Umgebung passen. Die Lehre des *shaped canvas* ist in der Tat: Nachdem wir Zickzacklinien auf eine gezackte Leinwand gemalt haben, passt das Gemälde erstaunlicherweise genau in den Rahmen sowie die Bodenplatten genau in eine Leerstelle am Boden, wo wir sie platzieren. Diese Leerstellen finden sich natürlich überall, so wie jede Flasche erstaunlicherweise in ihre Form passt. Die offenen Würfelstrukturen

---

116 Benjamin H. D. Buchloh, »Michael Asher and the Conclusion of Modernist Sculpture«, in: Bruce Barber (Hg.), *Performance, Text(e)s et Documents*, Parachute, Montreal, 1981.
117 Ludwig Wittgenstein, *Philosophische Untersuchungen* (1953), in: ders., *Werkausgabe*, Bd. 1, Suhrkamp, Frankfurt/M., 1999, S. 231–485, § 216.

Jasper Johns, *According to What*, 1964

Robert Morris, *Untitled*, 1965/1971

Victor Burgin, *Photo Path*, 1969

Richard Artschwager, *Table with Pink Tablecloth*, 1964

haben in der Tat die wahrgenommene Form, wie wir sie uns schon immer mental vorgestellt haben. Wir spielen mit ihnen in unserer Vorstellung und siehe da, sie passen, da »jedes Ding in seine eigene Form paßt«.

Ein Außenseiter dieser Bewegung, Richard Artschwager, hat das minimalistische Problem bereits präziser gelöst, indem er Präsenz nicht identisch definierte, sondern im Zeichen der Hegel'schen Entzweiung. In *Porträt I* (1962) und *Table with Pink Tablecloth* (1964) sehen wir eine Ambivalenz zwischen Objekt und Bild, eine Ungewissheit der Identität des Ortes, des Objekts. Der Kasten in *Porträt I* sieht wie ein Objekt aus, über das das Bild eines Kastens gestülpt ist. Das Bild eines Tischtuches wird als Hülle über einen Tisch als Würfel gesteckt. So wird auch der Tisch dadurch zu einem gemalten Tisch, obwohl er die Dreidimensionalität eines Gegenstandes hat. Ein Moment der Identität tritt heraus aus einer unendlichen unaufhebbaren Nichtidentität. Die Nichtidentität des einzelnen Gegenstandes mit seinem Bild bzw. Begriff wird gerade durch die Hegel'sche Dialektik als »Einheit mit seinem Entgegengesetzten« gezeigt. Artschwagers Skulpturen sind Gebrauchsgegenstände und nicht, Skulpturen und nicht, Pop-Objekte und nicht, Bilder und nicht, minimalistische Würfel und nicht. Die Konsistenz, Kohärenz und Identität der Dinge lösen sich auf, gerade indem ihnen ihr identisches Bild aufgezwungen wird. Ungewissheit über ihren Identitätsstatus ist seit Artschwager ein Kennzeichen der postmodernistischen Skulptur. Das postmoderne Ding schwankt zwischen Ambivalenz und Identität. Bei Artschwager passen Dinge nicht in ihre Form und die Form nicht zu den Dingen. Es bleibt eine Lücke, eine befremdende Differenz. Ihr Ort ist der Nichtort, ihre Identität die Nichtidentität aus wechselnder Perspektive. Ein Gegenstand, der mit dem Bild dieses Gegenstandes identifizierend bemalt bzw. bedeckt wird, müsste eine Verdoppelung und Verfestigung der Identität bedeuten. Aber das Gegenteil geschieht: In der Verdoppelung ereignet sich die Differenz, die Distanz. Der Ort wird zum Unort, das Bild zum Nichtbild, der Gegenstand zum Nichtgegenstand. Eine metaphysische Krankheit befiel die selbstreferenziellen positivistischen Objekte der Minimal Art. Die auf dem Identitätsprinzip aufbauende historische Demarkationslinie zwischen Skulptur und Malerei, Volumen und Oberfläche, Objekt und Bild, Gegenstand und Wort, Kunst und Möbel, Realität und Illusion ist gefallen. Der binäre Code des Unterscheidens wird verschärft durch die Ungewissheit der Markierung: Präsenz durch Absenz. Operationen der Nichtidentität, die Jasper Johns auf dem Tafelbild austrug (*Green Target*, 1955; *Flag*, 1954–1955; *Canvas*, 1956; *Coat Hanger*, 1958), verfolgt Artschwager mit der Skulptur.

Identität, so lehrt uns auch Johns, entsteht *According to What*, so der Titel eines Bildes von 1964. Gegenstände und ihre Bezeichnungen (z. B. ein Besen in *Fool's House*, 1962), reale Objekte im Bild, Farben und ihre Namen (z. B. rot), finden sich in einem relationalen und rationalen Gefüge einer verunsicherten Identität, die sich zwanghaft Gewissheit verschafft, indem sie fast alle Phänomene verdoppelt. Gerade indem reale Objekte und ihre visuelle Repräsentation, reale Farbe und ihre gemalten, skulpturalen und sprachlichen Repräsentationen kohabitieren, wird die Zwanghaftigkeit ihrer Differenz sichtbar bzw. »perspektiviert« als Sprachspiel. Das Bild beginnt bei Johns vom Modell der Wahrnehmung zum Modell der Sprache zu driften, im gleichen Jahr wie bei Artschwager die Skulptur.

Artschwagers Werk stellt das Beispiel einer formalen Überwindung der formalen Konzeption der Selbstreferenz im Bereich der Skulptur dar. Bis heute noch nicht ausgelotet sind die Konsequenzen seiner Verletzung der Demarkationslinie zwischen zeichenhafter und gegenständlicher Welt. Thomas Locher beispielsweise ist ein radikaler Nachfolger, weil er die Konzeption der Selbstreferenz kontextuell erweitert. Für alle drei gilt eine Verletzung des minimalistischen Gebotes: Wo die Dinge gegenwärtig sind, darf es keine Zeichen geben

> His gesture moved us to tears.
>
> A PICTURE IS NO SUBSTITUTE FOR ANYTHING
> LOUISE LAWLER • SHERRIE LEVINE

Sherrie Levine und Louise Lawler, *His gestures moved us to tears*, Ankündigungskarte für *A Picture is No Substitute For Anything*, James Turcotte Gallery, Los Angeles, 1982

(und umgekehrt).[118] Johns Bild *Target* ist als Bild ein wahres Bild, als Zielscheibe eine falsche Zielscheibe. Der Code ist noch nicht gänzlich verunklärt, vertauscht. Die klassische Zeichentheorie schlägt noch durch. Artschwager vertauscht den Code, »der ein Signifikationssystem [ist], das eine Korrelation zwischen gegenwärtigen und abwesenden Entitäten herstellt«.[119] Eine Holztür an der Wand, bemalt als Bild einer Holztür, verunsichert die Korrelation. Das Bild ist als Bild wahr und nicht, die Tür ist wahr und nicht. Sie sind und sind nicht, identisch und nicht. Eine kontextuelle Kritik der formalen Selbstreferenz in der minimalistischen Kunst wurde von Michael Asher, Dan Graham, Hans Haacke, Daniel Buren, Lawrence Weiner, Marcel Broodthaers, Peter Weibel, Richard Kriesche und andere Ende der 1960er-Jahre und Anfang der 1970er-Jahre vorgeschlagen. Materialien konnten nicht mehr einfach als Materialien, identisch mit sich selbst, und Kunstwerke nicht einfach mehr autonom angesehen werden, sondern als »prozedural und kontextuell bestimmt«[120]. Der Kontext, in dem das Material oder das Werk seine Bedeutung erfuhr, war der Kunstkontext, d. h. das Museum, die Galerie, die Geschichte der Kunst. Asher sprach von einer »situativen Ästhetik« (*situational aesthetics*), in der das Werk sich erst durch minimale Interventionen produziert (»using just elements which already existed without a great modification to the space«[121]), oft bis an die Grenze einer sichtbaren Materialität des Werkes, die sich direkt in den räumlich-historischen Kontext eines Codes, eines Museums einschreiben. Die Umstände und Bedingungen einer partikulären Situation in einem Ausstellungskontext bestimmen das Werk. Die verborgenen Referenzrahmen, die das Kunstwerk bestimmen, wurden das Werk selbst. So durchbrach Asher den versteckten neopositivistischen Formalismus in der minimalistischen Konzeption der Selbstreferenz. Die formale Selbstreferenz wurde durch kontextuelle (räumliche, funktionale, soziale, architekturale, ideologische) Referenzen aufgebrochen, die wiederum durch kontextuelle Relationen (der Nichtidentität) erweitert wurden.

Die Korrelation zwischen Präsenz und Absenz ersetzte den Ort. Referenzialität, Relationalität und Kontext ersetzen die Spezifität. Von hier aus beginnt die künstlerische Suche nach den verborgenen Referenzrahmen, die das Kunstwerk und seine Bedeutung konstituieren, nach den verborgenen Mechanismen der Macht, denen das Kunstwerk dient oder widerspricht. So bildeten sich die Grundlagen einer wahrhaft postmodernistischen Skulptur heraus, welche die Materialien und Produktionsprozesse der traditionellen Skulptur

---

118 Aleida Assmann, »Die Sprache der Dinge«, in: Hans Ulrich Gumbrecht und Karl Ludwig Pfeiffer (Hg.), *Materialität der Kommunikation*, Suhrkamp, Frankfurt/M., 1995, S. 237-251.
119 Umberto Eco, *Semiotik. Entwurf einer Theorie der Zeichen*, Fink, München, 1987, S. 20.
120 Buchloh 1981, S. 62.
121 Ibid., S. 63.

der Moderne und Neomoderne infrage stellt. Die zeitgenössische Skulptur ist gezeichnet von gestörter Selbstreferenz, von Nichtidentität »von Interaktionen in einem historisch definierte und konditionierten Raumzeit-Koordinatensystem«[122]. Sie ist nicht Skulptur, sondern handelt von skulpturalen Phänomenen wie Beobachtung, Subjekt-Objekt-Beziehung, Wahrnehmung, Codierung etc., die sie dekonstruiert, decodiert, deterritorialisiert. Die Kybernetik der 1950er-Jahre, jener Wissenschaft von den Selbststeuerungs- und Selbstregulierungsmechanismen bei Maschinen und Tieren abgeleitete Theorie der Selbstreferenz, die wesentliche Aspekte der Minimal Art und Konzept Kunst der 1960er-Jahre leitete, hat durch den radikalen Konstruktivismus (Heinz von Foerster, Humberto Maturana, Francisco Varela und andere) und die Systemtheorie von Niklas Luhmann in verwandelter und erweiterter Form eine neue relevante Bedeutung für die Gegenwart gewonnen. Soziale Subsysteme wie die Kunst sichern aufgrund ihrer autonomen Fähigkeit zur Selbstproduktion den Bestand des Gesamtsystems Gesellschaft. Autopoiesis als Selbstreferenz im Konstruktivismus bezeichnet die Fähigkeit lebender Systeme, ihre eigene Organisation aufrechtzuerhalten, wobei die Organisation, die aufrechterhalten wird, mit dem identisch ist, was die Aufrechterhaltung (der Betriebssysteme) durchführt. Selbstreferenz hat also das Problem, zwischen Metaebene und Objektebene nicht unterscheiden zu können. Die Kunst als selbstreferenzielles soziales Subsystem zu beschreiben und darin die künstlerische Praktik einzurichten, ist im freien Spiel von Farbe, Form, Fläche ausreichend, aber für die Gesamtheit der künstlerischen Aktivitäten klarerweise nicht hinreichend. Der systemtheoretische Zugang zur Kunst, die Reflexion bzw. Analyse formaler, sozialer und biologischer Systeme in der Kunst wie auch die Untersuchung der Kunst selbst als System bestimmen seit den 1960er-Jahren weite Bereiche der Kunst. Den radikalen Gedanken der Systemtheorie, dass Systeme nicht ohne Umwelt bzw. Kontext denkbar sind und dass die Kunstwerke Systemzustände sind, also Eigenschaften von Systemen und nicht von Subjekten, scheuen sich hingegen noch viele in der Kunst zu akzeptieren. Allein die Kontextkunst nimmt diesen Ansatz ernst. Von Sherrie Levines und Louise Lawlers Statement: *A Picture Is No Substitute for Anything* (1982) bis zu Allan McCollum *60 Plaster Surrogates No. 3* (1982–1990), monochromen Bildsurrogaten aus Gips, reichen hier die Explorationen. Die kontextuelle Referenzialität setzt die ursprüngliche Arbeit der Isomorphie als Denken der Differenz gegen das Identitätsprinzip fort.

Konturen einer Geschichte der Kontextkunst

> *Meaning is not something which resides within an object but is a function of the way in which that object fits into a particular context ... it is literally as »meaningful« to change the context as it is to change the object ... art may be a cultural relationship rather than a cultural entity.*[123]
> VICTOR BURGIN

Minimal Art hat mit ihrer artikulierten räumlichen Präsenz den Galerieraum als kontextuellen Bezugsrahmen für das Werk, und zwar architektonisch und formal, explizit benutzt. Dan Flavins standardisierte fluoreszierende Lichteinheiten von 1963, die in jedem Geschäft gekauft werden konnten, beziehen sich funktional und architektonisch auf den Galerieraum. Flavin braucht Strom für seine Werke und installiert die Stücke in bestimmten räumlichen Situationen der Galerie. Die Stücke funktionieren nur während der Dauer der Ausstellung als Kunstwerk.

---

122   Ibid., S. 62; Übersetzung des Autors.
123   Victor Burgin, »Rules of Thumb«, in: *Studio International*, Mai 1971, S. 237ff.

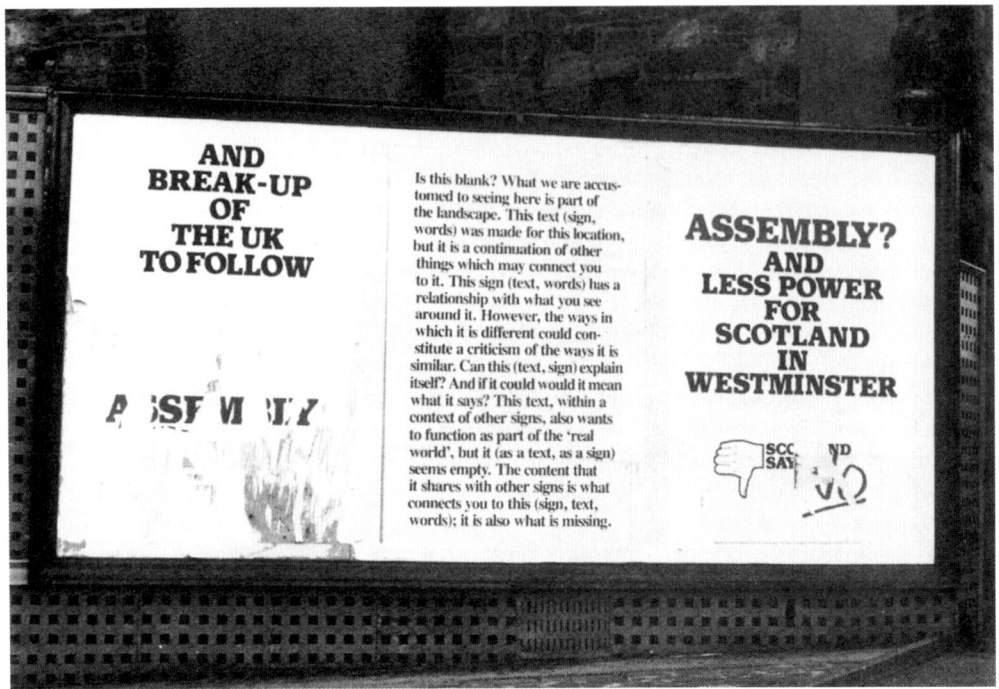

Joseph Kosuth, *Text/Context*, 1979, Edinburgh

Dan Graham hat ein weiteres Feld entdeckt, von dem die Kunstwerke abhängig sind, nämlich die Kunstmagazine, die durch den Abdruck fotografischer Reproduktionen des Werkes seinen Wert mitbestimmen. Ohne eine Rezension in einem Magazin ist es schwierig, den Kunststatus eines Werkes zu behaupten. So schrieb Lynn Hershman Leeson selbst Kritiken über ihre Kunstwerke, die sie unter Pseudonym veröffentlichte.[124] *Schema* existiert trotz seiner Selbstreferenzialität nur in der funktionalen Struktur des Magazins. Im Text »Other Observations« (1969/1973) schreibt Graham über *Schema*: »There is no composition. [...] The Work [...] is not ›art for art's sake.‹ [...] Its communicative value and comprehension is immediate, particular and altered as it fits the terms (and time) of its system or (the) context (it may be read in).«[125]

Der Erfinder des Terminus »Concept Art« Henry Flynt schreibt 1961: »Concept Art is first of all an art of which the material is ›concepts‹, as the material of ex. music is sound. Since ›concepts‹ are closely bound up with language, concept art is a kind of art of which the material is language.«[126] Der fundamentale Wechsel vom Modell der Wahrnehmung zum Modell der Sprache als Medium der Kunst war hiermit formuliert. Philosophisch gesehen ist die »linguistische Wende« im Bereich der Humanwissenschaften das entscheidende Ereignis in unserem Jahrhundert. Nun wird auch Kunst als linguistisches System definiert. Damit wurde auch der Bereich der ästhetischen Erfahrung erweitert und ein neuer Erkenntnisanspruch in Bezug auf Philosophie bis Gesellschaftstheorie gestellt. Henry Flynt

---

124 Dan Graham schuf Werke direkt für den Kontext von Kunstmagazinen: *Schema* (1966) und *Homes for America* (1966/1967).
125 Graham 1975, o. S.
126 Henry Flynt, »Concept Art«, in: Friedrich Heiner, Jackson Mac Low und La Monte Young (Hg.), *An Anthology*, 2. Aufl., H. Friedrich, New York, 1970, o. S.

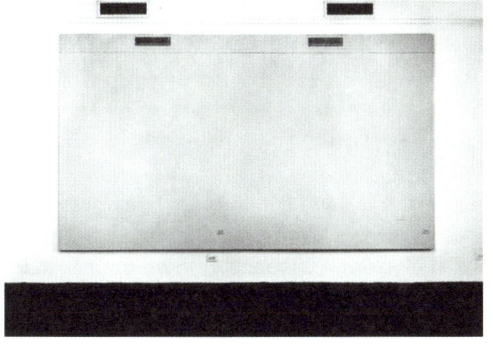 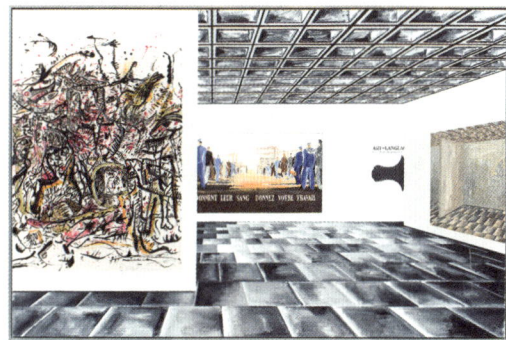

William Anastasi, *Untitled (Six Sites)*, 1966, Installationsansicht »west wall«, *Paintings*, Dwan Gallery, New York, 29. April – 24. Mai, 1967

Art & Language, *Index, an Incident in a Museum XXXII*, 1987

schrieb 1960 ein Manuskript mit dem Titel *Structure Art and Pure Mathematics*. In seinem Manifest heißt es daher: »Contemporary structure artists [...] tend to claim the kind of cognitive value for their art that conventional contemporary mathematicians claim for mathematics.«[127]

Joseph Kosuth, Art & Language, Bernar Venet entwickelten diesen kognitiven Anspruch der linguistischen Konzeptkunst weiter. Bernar Venet machte Fotos von Buchseiten, die eine Analyse der sprachlichen Struktur zeigen, z. B. von dem Buch *The Logic of Decision and Action* (1969) von Nicholas Rescher. In seinem berühmten Manifest *Art after Philosophy* (1969), einer Replik auf Hegels Diktum, dass die Philosophie die Kunst in ihrer Repräsentation des Geistigen abgelöst habe, hat Joseph Kosuth die kognitive Funktion der Kunst und die Analyse von Perzepten als linguistische Entitäten am weitesten behauptet und getrieben. Gleichzeitig etablierte er Kunst als ein System gesellschaftlicher Herkunft, z. B. *Synopsis of Categories* (1968). Er impliziert, dass Kunst ein System von Zeichen sei, das nur im Kunstkontext als solches gilt: »The art consists of my action of placing this activity (investigation) in an art context (i.e., art as idea as *idea*)«.[128] Trotz der bekannten Selbstreferenz der Konzeptkunst war sie sich bewusst, dass diese nur aufgrund einer Unterscheidung im Sinne Luhmanns funktionieren konnte, denn um selbstreferenziell zu sein, muss jedes System zuerst seine Differenz zur Umwelt als Unterscheidung von Selbstreferenz und Fremdreferenz festlegen. Die Selbstreferenz war also nur beobachtbar in der Umwelt, dem Kontext, eines anderen Systems, z. B. dem Galeriesystem.[129] Der linguistische Konzeptionalismus verlangte also früh nach einer Theorie des Kontextes. William Anastasis Ölgemälde, die etwas verkleinert genau die Wand, an der sie hängen, malerisch mimetisch repräsentieren, verweisen auf die Doppelbindung der Selbst- und Fremdreferenz. Sie bilden einen Text, der aus seinem Kontext besteht. Die abgebildete Wand an der Wand ist ein Beispiel von Isomorphie. Das (Abbildungs-)System differenziert sich beobachtbar bzw. erkennbar von seiner Umwelt, aber im System (Medium) selbst redupliziert sich die Umwelt (Wirklichkeit).

---

127 Ibid.
128 Joseph Kosuth, in: *Software*, Ausst. Kat., The Jewish Museum, New York, 1970, S. 68. Im gleichen Jahr fanden zwei weitere wichtige Ausstellungen statt: *Art and Technology*, County Museum, Los Angeles, und *Information*, MoMA, New York.
129 Kosuth schrieb 1977 daher: »Das Problem des Ausstellens in Galerien ist mehr als einfach ›ein Problem‹, es ist unvermeidbarer Teil des Materials der heutigen Arbeit. Institutionelle Einrichtungen wie Galerien, Museen oder Zeitschriften umschließen die Arbeit und geben ihr Bedeutung.« in: *Was erwartest Du...?*, Ausst.-Kat., Paul Maenz, Köln, 1977.

Systemtheoretisches und kontextuelles Denken bestimmen auch die Arbeiten der britischen Konzeptkünstler Mel Ramsden, Ian Burn, Terry Atkinson, Michael Baldwin, David Bainbridge, Harold Hurrell. Sie vertreten als Gruppe Art & Language eine analytische Konzeptkunst. In der Arbeit *The Grammarian* (1970) fragen Burn und Ramsden, wie seinerzeit Bentham, ob dem Wort »Kunst« auch eine ontologische Entität entspricht oder ob es sich nur um eine »irreführende Frage« handelt. Um die Frage zu beantworten, entwerfen sie eine Theorie des Referenzrahmens (*framework*), der als »context of rules and conditions« definiert wird.[130] Art & Language erkannte, dass von Duchamps Readymades bis zu Flavins Lichtstücken die »Kunst« abhängig vom Kontext der Museen, Galerien und Kunstmagazine ist. In *Some Notes on Practice and Theory* (1969) schrieben Ian Burn und Mel Ramsden: »Ein Kunstwerk [...] ist nicht ein Kunstwerk wegen irgendeines phantastischen Äußeren, sondern aufgrund seiner spezifischen Rolle innerhalb des Kunstkontextes. [...] Es bildet einen allgemeinen Zug [...] der jungen Kunstpraxis, daß das Kunstwerk von einer syntaktischen Position innerhalb des Kunstkontextes abhängt, soll es als Kunstwerk erkennbar sein.«[131] Dadurch hinterfragten sie auch die Natur des Visuellen. (Muss visuelle Kunst wirklich visuell bleiben?) In einer Serie von Arbeiten seit 1972, die sie *Index* nannten (»The index as art-work«), versuchten einige Mitglieder von Art & Language diese Frage als »the conditions of problems« wie Studio, Museum, Malerei in einem neuen Kontext (*A Kind of Context*), besonders in der Serie *Index: Incidents in a Museum* (1985–1988), zu lösen.[132] Seit dem Artikel »Notes on the Index« von Rosalind Krauss ist die indexikalische Natur der Fotografie zum Modell postmoderner Werke geworden.[133]

Die konzeptuellen Arbeiten auf der Basis linguistischer Analyse in Wien nach 1960 von Oswald Wiener und Peter Weibel haben die Kontextabhängigkeit der Kunst auf spezifische Weise ausformuliert. Nach seinen Erfahrungen als experimenteller Dichter seit Ende der 1950er-Jahre hat Oswald Wiener (Mitglied der Wiener Gruppe) zu Beginn der 1960er-Jahre ein konzeptuelles Werk angefangen, das 1969 unter dem Titel *die verbesserung von mitteleuropa, roman* veröffentlicht wurde. Radikaler als die britischen und amerikanischen linguistischen Konzeptkünstler sah Wiener die Sprache als Medium der Sozialisation. Text, z. B. Rede des Individuums, und Kontext, z. B. die Gesellschaft, konnten bei Wiener nicht mehr so idealistisch und formalistisch getrennt werden, vielmehr vertrat Wiener die Auffassung, wie wir sie in Ansätzen schon von Bentham, Bachtin, Foucault kennen, nur noch radikaler und differenzierter, dass die Sprache eben gerade jener Kontext sei, nämlich die gesellschaftlich konstruierte Wirklichkeit, von der sie uns angeblich hilft, sich abzugrenzen. Indem wir sprechen, konstruiert der Staat mithilfe der Sprache die soziale Wirklichkeit. Während die anderen Konzeptkünstler der Sprache als Möglichkeit der Analyse und Kritik noch vertrauten, misstraute Wiener gerade jenem Medium, in dem er seine Kritik ausdrückte, der Sprache. Kritik an der Umwelt, an der Wirklichkeit im Medium Sprache ist deshalb zweifelhaft, weil eben die Sprache diese Wirklichkeit, diese Umwelt mitkonstruiert hat. Wenn der Text zum Kontext wird, ist das System Sprache gerade jene Umwelt, von der sich das Subjekt absetzen will. Zweifel und Kritik an der Sprache sind also Vorbedingungen einer Kritik an der Wirklichkeit.

---

130 Ian Burn und Mel Ramsden, zit. nach Ursula Meyer, *Conceptual Art*, E. P. Dutten, New York, 1972, S. XIX.
131 Ian Burn und Mel Ramsden, »Some Notes on Practice and Theory« (1969), zit. nach Wulf Herzogenrath (Hg.), *Kunst über Kunst. Werke und Theorien, eine Ausstellung in drei Teilen*, Kölnischer Kunstverein, Köln, 1974, S. 99.
132 Art & Language, zit. nach Charles Harrison, *Essays on Art & Language*, Basil Blackwell, Oxford, 1991, S. 2.
133 Rosalind Krauss, »Notes on the Index. Part 1 und 2«, in: *October*, Nr. 3 und 4, 1977, wiederabgedruckt in: dies., *The Originality of the Avant-Garde and other Modernist Myths*, The MIT Press, Cambridge/MA, 1985, S. 169–220.

Wiener konstruierte daher bereits 1958 und 1959 im Rahmen der *literarischen Cabarets* der Wiener Gruppe Ereignisse, »Begebenheiten«, wie er seine Aktionen nannte (Happenings wäre eine adäquate Übersetzung), welche die Steuerung konkreter Situationen im Alltag durch die Sprache behandelten. Das verbale Verhalten als Bedingung der Wirklichkeit wurde durch die »Steuerung konkreter Situationen«[134] dekonstruiert und damit auch die Objektivität und Normativität der Wirklichkeit. Situationistische Strategien waren hier antizipiert.

Ich habe einerseits diese Kontextabhängigkeit der Sprache direkt auf die visuelle Kunst übertragen, andererseits den konzeptuellen Impuls der Sprachanalyse intensiv auf die Diskurse von Mathematik und Logik ausgedehnt. Ich habe nicht nur wie Bernar Venet logische Texte appropriiert, sondern z. B. mit Werner DePauli-Schimanovich selbst mathematisch-logische Abhandlungen als konzeptuelle Werke kreiert.[135] Die Kunst selbst als Medium (des Protestes, des Ausdrucks und der Kritik) wurde mir verdächtig und zum Problem. Die Kunst erschien mir als Komplize des Systems. Die Kunst als Ausdrucksystem, als Text, mit dem gegen die Umwelt, den Kontext, die Wirklichkeit vorgegangen werden sollte, war in Wahrheit selbst jene Wirklichkeit und jene Umwelt. Das Medium der kritischen Artikulation war gerade mitverantwortlich an dem, wogegen es protestierte. So entwickelte ich Antikunst, Kritik der Kunst, Zweifel an der Kunst. Meine Rebellion gegen die kontextuellen Bedingungen der Kunst, gegen die Kunst als Medium der Sozialisation und der staatlichen Konstruktion sozialer Wirklichkeit hat dazu geführt, dass ich radikale Antikunst unter dem Titel *Kunst als Kriminalität* entwickelte: Glasfassaden von Museen wurden kryptisch zerstört, von den Museen unbemerkte Aktionen, wie Veränderungen von Kunstwerken, wie auch »künstlerische« Aktivitäten inner- und außerhalb des Museums, die allerdings als solche nicht erkennbar waren, wurden realisiert, ebenso sehr spezifische Interventionen in Galerien und mit Publikum von kulturellen Veranstaltungen, z. B. *Publikumsauspeitschung* (1968), explodierende Kinoleinwände etc.[136] Das Programm der *Kunst als Kriminalität* führte 1971 zur Kontext-Theorie der Kunst.[137] Meine fiktionalisierten Kunsträume, Künstlerpersönlichkeiten und Aktionen (heteronyme, anonyme, polyphone Werke) der 1960er- und 70er-Jahre konvergierten 1988 in einer fiktionalisierten, großräumigen Ausstellung mit sechs fiktiven Künstlern und Künstlerinnen im Museum für angewandte Kunst in Wien (statt einer Retrospektive) unter dem Titel *Inszenierte Kunst Geschichte* und mit einem gleichnamigen Katalog

---

134   Oswald Wiener, »Das ›Literarische Cabaret‹ der Wiener Gruppe«, in: Gerhard Rühm (Hg.), *Die Wiener Gruppe. Achleitner, Artmann, Bayer, Rühm, Wiener*, Rowohlt, Reinbek bei Hamburg, 1967, S. 401–418, hier S. 411.

135   Als Höhepunkt vgl. Werner Schimanovich unter Mitarbeit von Franz Kaltenbeck und Peter Weibel, »Der Mengenbildungsprozess«, in: *Manuskripte*, Nr. 31, 1971, S. 18ff.

136   Vgl. eine Auflistung dieser Aktionen in: Peter Weibel, »Körper und intermediale Aktionen 1966–1975«, in: *Der Löwe. Eine kulturpolitische Zeitschrift*, Nr. 9, 1976, S. 52–61; ders., »Kunst als Kriminalität« (1988), in: ders., *Enzyklopädie der Medien*, Bd. 5: *Politik und Medien*, Hatje Cantz, Berlin, 2023, S. 64–83, »Die Kunst der Institutionen war für mich zum Sklaven des Kapitals geworden, zum Instrument der Repression« (S. 66). Vgl. auch den Abdruck der Arbeiten *Rekonstruktionen* (1970) in: Peter Weibel, »Umetnost je poznavanje socialnih procesov (Kunst ist das Erkennen sozialer Prozesse)«, in: *Problemi: MAG*, Nr. 8, April 1971, S. 30f. Vgl. auch den Bericht »Peter Weibel, Wiener Aktionskünstler 1963–73«, in: *Im Namen des Volkes. Das »gesunde Volksempfinden« als Kunstmaßstab*, Wilhelm Lehmbruck Museum, Duisburg, 1979, S. 48; »Phantomisierung. Ein Interview mit Peter Weibel von Isabelle Graw«, in: *Artis*, Nr. 12, 1991, S. 28–31. In der Ausstellung *Idea Structures*, Camden Arts Centre London, 1970, publizierte Keith Arnatt eine vergleichbare Arbeit unter dem Titel *Is it possible for me to do nothing as my contribution to this exhibition?*: »Leaving aside a more general semantic issue, i.e., does the statement ›I have done nothing‹ make any kind of sense […], how is this statement likely to be taken in the context of this exhibition?« Zit. nach Lucy Lippard, *Six Years. The Dematerialization of the Art Object from 1966 to 1972*, University of California Press, Berkeley, 1997, S. 172.

137   Peter Weibel, »Kontext-Theorie der Kunst« (1971), in: *Kritik der Kunst – Kunst der Kritik, Es says & I say*, Jugend und Volk, Wien u. a., 1973, S. 65–59; und in: *Enzyklopädie der Medien*, Bd. 4: *Literatur und Medien*, Hatje Cantz, Berlin, 2021, S. 70–81.

mit sechs fiktiven Autoren. Ich habe damit nicht nur die Produzenten und Interpreten der Kunst, sondern auch den Diskurs der Kunst selbst fiktionalisiert.

In Österreich folgten Valie Export, Gottfried Bechtold, Richard Kriesche und Peter Gerwin Hoffmann auf diese Arbeiten. Braco Dimitrijević, André Cadere und Guillaume Bijl sind weitere europäische Künstler, die in den 1970er- bzw. 80er-Jahren unabhängig von den genannten ebenfalls Kontextualisierungsstrategien entwickelten. In einer Serie von Ereignissen zwischen 1970 und 1978 hinterfragte Cadere die Beziehungen zwischen dem Kunstobjekt und dem Raum, in dem es ausgestellt wird. Für ihn waren die Grenzen zwischen Galerie, Straßenecke, Bau willkürlich. Er verwendete Holzstäbe aus verschieden gefärbten Ringen, die zusammen mit seiner Person das Kunstwerk bildeten, um seine Auffassung des Werkes zu demonstrieren. Er sprach von *travail* (Arbeit) statt »Werk«. Einen Vortrag über seine Arbeiten nannte er »Présentation d'un Travail. Utilisation d'un Travail« (1975). Niele Toroni und Claude Rutault haben diese Arbeit am Tafelbild weitergeführt. Dimitrijević gehört zu den Pionieren des postmodernen Objekts und Ambientes. Die Krise der Identität des Autors, des Schöpfers hat er in Aktionen seit 1968 demonstriert. Der »zufällige Passant« wurde zum Autor und zum Werk. Aus der Ambiguität des Autors und des Objekts implizierte er konsequent die Ambiguität der Kunstpraktiken, sowohl ihrer Produktion, Rezeption wie Präsentation. Posthistorische Triptychen als Form der Appropriation entstanden. Auch Pier Paolo Paolini hat 1968 *Selbstportraits* nach Nicolas Poussin und Jean-Jacques Rousseau hergestellt. Der postmoderne Wechsel der Identität geschieht in Richtung Nichtidentität des Raumes. Die Selbstreferenzialität der Minimal Art und Konzeptkunst hat also den Problemhorizont der Kontextualität eröffnet, auch wenn diese ihn nicht direkt durchschritten und bearbeitet haben.

Paul Maenz schreibt: »Offensichtlich braucht das Werk den ›Kunstrahmen‹, den ›Kontext‹, das ›System‹, worin es als ›Kunst‹-Werk funktionieren kann (Ausstellungen, Kunstzeitschriften, kulturelle Institutionen usw.). Der nächste Schritt liegt nahe, wenngleich er die größte Unruhe auslöst: Wenn ein Kunstwerk nicht notwendig an eine bestimmte Erscheinungsform gebunden ist, während der Kontext entscheidet – ist dann der Kontext über den nur die oberflächlichen Fakten bekannt sind, nicht das eigentlich Interessante? Wäre vielleicht richtiger er der eigentliche Gegenstand der Untersuchung?«[138] Diesen nächsten Schritt eingeleitet und den Kontext zum eigentlichen Gegenstand der künstlerischen Investigation gemacht, d. h. die sozialen, formalen, räumlichen, ideologischen Bedingungen, unter denen Kunst möglich wird, haben erst Künstler wie Daniel Buren, Marcel Broodthaers, Hans Haacke, Michael Asher, John Knight und im vollen Ausmaß erst die Künstler der 1990er-Jahre. Bestimmte Kategorien der Kontextkunst wie Ortsspezifität (*site specificity*) sind unmittelbar aus der Minimal Art und der räumlichen Präsenz ihrer Werke abgeleitet worden. Z. B. Carl Andres *35 Timber Line* (1968) nehmen auf den architektonischen Kontext der Räume, in denen sie ausgestellt werden, ebenso Rücksicht wie seine *Scatter Pieces* (z. B. *Spill*, 1966, zerstreute Kunststoffklötze und Leinenbeutel) und die *Earthworks* (1968) von Robert Morris.[139] Die Applizierung von Texten an Wände, Boden, Gebäude, die semantisch auf die räumlichen Kontexte Bezug nehmen, durch Lawrence Weiner

---

138 Paul Maenz, »Zum veränderten Kunstverständnis 1965«, in: Herzogenrath 1974, S. 79f., hier S. 79. Die Künstler waren: Carl Andre, Art & Language, Daniel Buren, Victor Burgin, Ian Burn und Mel Ramsden, Douglas Huebler, Donald Judd, Joseph Kosuth, Sol LeWitt, Robert Morris, Peter Roehr, Lawrence Weiner.
139 Im Übrigen betont sogar Carl Andre die fiktiven Aspekte der Kunst. In dem Text *Question and Answers*, 1969, antwortet er auf die Frage: Was ist Qualität in der Kunst? »A. Qualität in der Kunst ist eine Fiktion des Künstlers. B. Qualität in der Kunst ist eine Fiktion des Kritikers.« Seine Definitionen von Kunst und Künstler verweisen auf eine nominalistische Konsenstheorie, das ist eine gemäßigte Kontext-Theorie. Zit. nach Herzogenrath 1974, S. 83.

Douglas Huebler,
Duration Piece #4,
1968

sind ortsspezifische Weiterentwicklungen der Konzeptkunst. Hans Hollein hat schon 1964 Fotografien von Orten gemacht, die er als Orte (*sites*) für Nichtgebäude oder leichte Landschaftsveränderungen bezeichnete. Douglas Hueblers *Location Pieces* verweisen schon im Titel auf Ort und Ortsspezifität, insbesondere die Arbeit *Site Sculpture Project* (1968). Von den Lichtinstallationen Flavins galt, dass sie nur während der Dauer der Ausstellung als Kunstwerke existierten. Neben raumspezifischen Arbeiten entwickelte daher Huebler auch zeitspezifische Arbeiten: *Duration Pieces*. Sein Statement: »I prefer, simply, to state the existence of things in terms of time and/or place«[140], verweist auf die beiden genannten Strukturen, Zeit und Raum. Huebler benutzt die realistische Einheit von Raum und Zeit für eine Konversion der Signifikanten. Durch die fotografische Dokumentation und kontextuale Prozedur wird unklar, ob das Abgebildete fiktiv, konstruiert oder real ist. In dieser dialektischen Situation werden Konstanten zu Variablen. Daher schuf er ab 1970 *Variable Pieces*: »What has interested me all along is not the pronouncement of meaning but pointing

---

140   Douglas Huebler, in: *January 5-31*, Seth Siegelaub, New York, 1969, o. S.

Robert Smithson, *The Monuments of Passaic. Monument with Pontoons*, 1967

Robert Smithson, *The Monuments of Passaic. The Bridge Monument*, 1967

Robert Smithson, *The Monuments of Passaic. The Fountain Monument*, 1967

Robert Smithson, *The Monuments of Passaic. The Great Pipe Monument*, 1967

Robert Smithson, *The Monuments of Passaic. The Sand-Box Monument*, 1967

toward the way meaning is formed. A play between the literal and the referential: a mixture of truth and fiction.«[141] »As the locating of ›everything else‹ increasingly occurred in ›social‹ space, it became clear that not only had all subject matter opened up to be used, the use of much more than simple Phenomena was positively indicated. I began to use ›human systems‹ as kinds of cultural ready-mades: Behaviour, Fantasies, Attitudinal clichés. These editions possess a structured randomness wherein ›constants‹ and ›variables‹ contend to occupy the ›center‹, thereby providing a dialectical situation.«[142]

Die Orientierung der Minimalisten an dem Ort, die Graham bereits auf serielle urbane Strukturen ausgedehnt hat, setzte Robert Smithson fort. Er suchte im industriellen *wasteland* jene Orte (*sites*) auf, die eben außerhalb des Kunstkontextes liegen und nennt sie daher folgerichtig *nonsites*. Robert Smithson hat 1966 einen Essay mit dem Titel »Entropy and the New Monuments« veröffentlicht. Diese Monumente fand er nicht in den Galerien, sondern 1967 auf einer Busreise in seine Heimatstadt Passaic. Was er dort an verfallener Industrielandschaft sah, fotografierte und publizierte er im Dezember 1967 im Magazin *Artforum* mit dem wichtigen Artikel: »A Tour of the Monuments of Passaic, New Jersey«.[143] Die Monumente waren *The Monuments of Passaics* (1967), *The Great Pipe Monument* (1967) etc. Am Beispiel des *Sand-Box Monument* veranschaulicht er die Irreversibilität der Zeit aufgrund der Entropiegesetze: Im Sandkasten gibt es zwei Arten von Sand, weißen und schwarzen. Ein Kind läuft in einer Richtung darin herum, dadurch vermischt sich der Sand und wird grau. Das Kind läuft nun in die andere Richtung. Der Sand trennt sich nicht wieder in weißen und schwarzen, sondern wird noch grauer. Smithson beschreibt also Chaos und Ordnung. Über den Entropiebegriff gelangte er so zu neuen Auffassungen des Ortes und zur Verbindung von Kunst und Natur bzw. von Kunst und Ökologie als Produkt der Industrialisierung. Daher kritisierte Smithson den Kontext der modernen Kunst und die Konsumkultur in Galerie und Museum und erweiterte die Grenzen der Kunst um Post-Studio-Praktiken, indem er multiple Formen der Repräsentation und die Landschaft statt des Tafelbildes als Arena wählte. In der gleichen Nummer des *Artforum* publizierte Smithson unter dem Titel »Minus Twelve« auch eine Liste von Begriffen und verbalen Illustrationen, die nicht nur das Problembewusstsein der Zeit darstellten, sondern auch zukunftsweisend waren, z. B. »Entropy, Absence, Dislocation«. Smithson entwickelte ortsspezifische Projekte erstmals außerhalb des traditionellen Kunstrahmens (Museen, Galerien). *Dislocation* und *displacement*, zwei Schlüsselbegriffe der 1990er-Jahre, hat Smithson als Praxis der Kontextkunst mitentwickelt, um einen zeitgemäßen telematischen und postindustriellen Ortsbegriff zu entwickeln. »We live in frameworks and are surrounded by frames of reference«, schrieb er 1970–1971.[144] Smithson hat den Referenzrahmen der Kunst erweitert, indem er dem Kunstdiskurs neue Diskurse zuführte und die Kunst an die Wirklichkeit andockte.

Die Technik des *Scattering*, Dinge verstreut herumliegen zu lassen, entwickelt von Andre, Morris, Smithson und anderen als Antiform, hat heute nicht nur für die Installationen der Kontextkunst der Gegenwart eine große Bedeutung. Paul Theks *scattered* Installationen nehmen in dieser Entwicklung eine zentrale Rolle ein (siehe auch z. B. Mike Kelly, Cady Noland).

---

141 Douglas Huebler, Ausst-Kat., La Jolla Museum of Contemporary Art, 1988.
142 Douglas Huebler, in: *Douglas Huebler: IO +,* Ausst.-Kat., Northwestern University Dittmar Memorial Gallery, Evanston, 1980.
143 Robert Smithson, »A Tour of the Monuments of Passaic, New Jersey«, ursprünglich veröffentlicht als »The Monuments of Passaic«, in: *Artforum*, Bd. 6, Nr. 4 Dezember 1967, S. 52–57.
144 Robert Smithson, »Art Through the Camera's Eye« (ca. 1971), in: *Robert Smithson: The Collected Writings*, hg. von Jack Flam, University of California Press, Berkeley u. a., 1996, S. 371–375, hier S. 375.

Gordon Matta-Clark, *Splitting*, 1974

Gordon Matta-Clark hat die Strategien von *dislocation* und *displacement* in den urbanen Raum verschoben. Er hat den schon von Buren kritisierten Widerspruch in der Arbeit von Smithson gesehen, nämlich dass die Land-Art-Künstler zur Dokumentation ihrer Arbeit doch wieder in die Galerie zurückkehrten. Mit der Flucht in die Natur konnten die politischen Grenzen der Galerien nicht aufgehoben werden. So führte Matta-Clark Geschichte, Architektur und Stadt zusammen. »There is a kind of complexity which comes from taking an otherwise completely normal, conventional, albeit anonymous situation and redefining it, retranslating it into overlapping and multiple readings of conditions past and present.«[145] Seine Schnitte (*cuts*) enthüllen verborgene historische Konstruktionsschichten. Er folgt noch dem Ideal der Konzeptkunst: »My intervention can transform structure into an act of communication.«[146] Seine architektonischen Dekonstruktionen unterwerfen sich dem linguistischen Paradigma der frühen Kontextkunst: »It's like juggling with syntax, or disintegrating some kind of established sequences of parts.«[147] Der International Style der modernen Architektur ist für Gordon Matta-Clark eine Entwicklung des »Post War American Imperialism. The state of that architecture reflects the iconography of the Western Corporate Axis.«[148] Daher gilt »by undoing a building there are many aspects of the social conditions against which I am gesturing.«[149]

Was heute Kontext oder Diskurs heißt, hieß früher *frame* (Rahmen, Referenzrahmen). Hans Haacke hat sieben Arbeiten aus dem Zeitraum 1970–1975 unter den treffenden Titel *Framing and Being Framed* gestellt und damit eine fundamentale Position in der Geschichte der Kontextkunst geschaffen.[150] Profile von Galeriebesuchern (John Weber Gallery, 1972), Untersuchungen zu den institutionellen und kommerziellen Verflechtungen des Board of Trustees des Solomon R. Guggenheim Museums in New York (1974), Unter-

---

145 Gordon Matta-Clark, zit. nach Donald Wall, »Gordon Matta-Clark's Building Dissections«, in: *Arts Magazine*, März 1976, S. 74–79.
146 Ibid.
147 Gordon Matta-Clark, zit. nach Liza Béar, »Gordon Matta-Clark: Splitting the Humphrey Street Building«, in: *Avalanche*, Nr. 10, Dezember 1974, S. 34.
148 Wall 1976.
149 Ibid. Zur politischen Architektur Matta-Clarks vgl. auch Dan Graham, »Gordon Matta-Clark« und »Museum for Gordon Matta-Clark«, in: *Flyktpunkter. Vanishing Points*, Ausst.-Kat., Moderna Museet, Stockholm, 1984, S. 90–100 und S. 103–107.
150 Hans Haacke, *Framing and Being Framed, 7 Works 1970–75*, The Press of the Nova Scotia College of Art and Design, Halifax, New York University Press, 1975. Vgl. auch Trinh T. Minh-Ha, *Framer Framed*, Routledge, New York u. a., 1992.

Hans Haacke,
MoMA-Poll, 1970

suchungen zu den verschiedenen Besitzern des Stilllebens *Der Spargel* von Édouard Manet (Projekt '74, Köln) ersetzen das klassische Werk. Letzteres Projekt wurde abgelehnt, weil es ein als kontrovers empfundenes Porträt von Hermann Josef Abs enthielt und auf dessen Funktionen bei der Deutschen Reichsbank in den 1940er-Jahren hinwies. Die Ausstellung hatte *Kunst bleibt Kunst* geheißen. Daniel Buren protestierte gegen den Ausschluss von Haacke mit dem Plakat *Kunst bleibt Politik* und mit Auszügen aus seinem Manifest *Critical Limits* (1970): »Kunst, was immer sie sein mag, ist ausschließlich politisch.«[151] Die gleiche Untersuchung machte Haacke 1975 zu Georges Seurats *Les Poseuses*. In *On Social Grease* (1975) zeigte er auf sechs Aluminiumplatten die kompromittierenden Aussagen der Präsidenten großer amerikanischer Firmen über die Beziehung von Kunst und Geschäft. Aber Haacke ging auch über kunstimmanente Analysen hinaus. Bei der Ausstellung *Information* (1970) im Museum of Modern Art, New York, fragte er die Besucher, ob sie Gouverneur Nelson Rockefeller wiederwählen würden, obwohl er sich nicht gegen die Vietnampolitik Richard Nixons gestellt hat. Am bekanntesten wurde seine Untersuchung zum Immobilienhandel in New York: *Shapolsky et al. Manhattan Real Estate Holdings, a Real-Time Social System, as of May 1, 1971*, weil deswegen seine geplante Ausstellung im Guggenheim Museum in New York abgesagt wurde. 1986 veröffentlichte Haacke den Artikel *Museums, Managers of Consciousness*.[152] Haacke problematisiert also die Frage der Autonomie der Kunst und die ideologische Funktion der Institutionen, welche die Kunst unterstützen bzw. betreiben.

---

151 Daniel Buren, »Critical Limits«, in: *Five Texts*, The John Weber Gallery, New York, The Jack Wendler Gallery, London, 1973, S. 38.
152 Hans Haacke, »Museums: Managers of Consciousness«, in: Brian Wallis (Hg.), *Hans Haacke: Unfinished Business*, The MIT Press, Cambridge/MA u. a., 1986, S. 60-72.

Öyvind Fahlström, *Garden - A World Model*, 1973

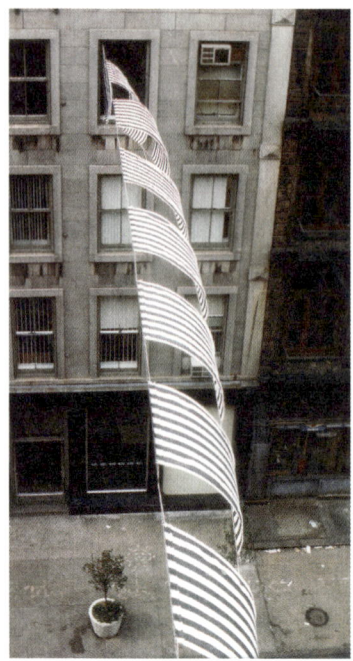

Daniel Buren, *Within and Beyond the Frame*, 1973, Ausstellungsansicht John Weber Gallery, New York

Fredric Jameson gab dieser Form von Kunst in dem Artikel *Hans Haacke and the Cultural Logic of Postmodernism* 1986 den Terminus »institutional critique or institutional analysis«.[153] Er lobte an Haacke die Transformation »extrinsischer« Determinanten der Kunst in den »intrinsischen« Inhalt eines neuen künstlerischen Textes. Institutionelle Kritik in Form solcher »künstlerischer Texte« bedeutet das veränderte Wiederaufleben von Praktiken der Konzeptkunst, nämlich »to reinvent a new and heightened, dialectially transformed practice of ›auto-referentiality‹«.[154] Benjamin Buchloh konnte daher die Entwicklung der Konzeptkunst in seinem Artikel »Conceptual Art 1962-1969: From the Aesthetics of Administration to institutional Critique« in diesem Sinne beschreiben.[155] Mit seinen Untersuchungen der ökonomischen und ideologischen »support structure« der Kunst hat Haacke erstmals »das Betriebssystem Kunst« (Thomas Wulffen) freigelegt und eine spezifische »kontextuelle Qualität« (Kasper König, 1975) eingeführt. Haacke hat die Systemtheorie Ludwig von Bertalanffys genutzt, um sich von der formalistischen Kunst abzugrenzen. Jedes System muss sich ja von der Umwelt abgrenzen. Es ist einerseits selbststeuernd, andererseits braucht es die Umwelt. So musste Haacke die Idee einer »content-free art«[156] ablehnen und den Kontext, die Umwelt, in Betracht ziehen. Für die Ausstellung im Guggenheim plante Haacke eine Repräsentation von physikalischen, biologischen und sozialen

---

153 Fredric Jameson, »Hans Haacke and the Cultural Logic of Postmodernism«, in: Wallis 1986, S. 38-50, hier S. 38.
154 Ibid., S. 49.
155 Benjamin H. D. Buchloh, »Conceptual Art 1962-1969: From the Aesthetics of Administration to institutional Critique«, in: *October*, Bd. 55, Winter, 1990, S. 105-143; Vgl. auch ders., »Periodizing Critics«, in: Hal Foster (Hg.) *Discussions in Contemporary Culture*, Nr. 1, Dia Art Foundation, Bay Press, Seattle, 1987, S. 65-70.
156 Jack Burnham, »Steps in the Formulation of Real-Time Political Art«, in: Wallis 1986, S. 126-141, hier S. 138. Jack Burnham ist auch der Verfasser des einflussreichen Buches *Structure of Art*, 1971, dt.: *Kunst und Strukturalismus. Die neue Methode der Kunstinterpretation*, DuMont, Schauberg, 1972.

Systemen, um sowohl deren Selbstreferenz wie deren Abhängigkeit von der Umgebung, dem Kontext, und die Kunst selbst als ein konstruiertes soziales System zu zeigen. Der Ausdruck »Realzeitsystem«, dem Computernetzwerksystem entlehnt, bezeugt, wie sehr Haacke bestrebt ist, den Diskurs der Kunst an die »reale Welt« anzudocken, an die Diskurse der Ökologie, Industrie, Wirtschaft, Politik etc. Damit ist er zu einer zentralen Figur der Kontextkunst geworden.

Eine ähnliche Position nimmt Öyvind Fahlström ein, der seit 1961 in New York lebte und sowohl mit Pop- wie Minimal-Art-Künstlern verkehrte. Auch er startet früh (1962) mit einer Systemtheorie, nämlich der Spieltheorie. 1962 publiziert er *A Game of Character*[157] und zeigt erste »variable game-paintings« – wie bei Buren das Kunstspiel als Wittgenstein'sches Sprachspiel. Mithilfe von Magnetscheiben können die Betrachter Elemente des Bildes verändern, das Bild selbst wird dadurch zu einer Art lebendem System. Die Rolle des Betrachters bzw. Beobachters wird emanzipiert. Die Spieltheorie baut er aus und kommt vom Bildsystem zu anderen Systemen, nämlich zu militärischen, ökonomischen, nationalen, sozialen Systemen. Diese realen Systeme behandelt er ebenfalls wie »Spiele« (im Sinne des Monopoly-Spiels). Arbeiten zur Weltpolitik entstehen, entweder wie Weltkarten gestaltet oder als Installationen in der *Scatter*-Technik: *World Trade Monopoly*, *World Politics Monopoly* (1970), *CIA Monopoly* (1971), *Pentagon Diptych* (1970) und *World Map* (1972). Die statistischen Daten über reale Zustände der Welt wurden zu intrinsischen Elementen des Kunstwerkes, die der Betrachter gelegentlich noch verändern konnte. Fahlström füllte den »weißen Würfel« (Brian O'Doherty) der Galerien und Museen mit dem Schmutz dieser Welt aus globaler Perspektive.

Die Frage des Referenzrahmens hat auch Daniel Buren exploriert. In seiner Arbeit rückt ab 1965 der »Kontext« absolut in den Mittelpunkt, während der »künstlerische Text« minimal ist (weiße und schwarze Streifen auf verschiedenen Materialien). Das Verhältnis von Text und Kontext, von »gerahmt« und »ungerahmt« ist bei ihm, vergleichbar der Dekonstruktion Derridas, ambivalent. In der Ausstellung *Within and Beyond the Frame*, 1973 in New York, war eine Hälfte der schwarz und weiß gestreiften Leinen (insgesamt 19 Elemente) in der John Weber Galerie ausgestellt, die andere hing gegenüber der Straße, also außerhalb des Rahmens der Galerie. Buren verweist zudem stets auf die Tatsache, dass sämtliche Kunst im geschichtlichen Zusammenhang gerahmt, d. h. kontextualisiert ist. Die Leerstellen, die seine Streifenwände im Museum hinterlassen, weil sie die ursprünglichen Kunstwerke auslassen, zeigen den Wunsch, seine eigene Kunst als »ungerahmt« zu sehen, gleichzeitig aber verweisen sie dadurch wieder auf die Rahmenbedingungen jeder Kunst, auch seiner.[158] Buren geht es in seiner Arbeit darum zu zeigen, dass erstens die Rolle der Wahrnehmung nicht mehr mit Kant apriorisch zu sehen ist, sondern mit Foucault historisch und sozial konstruiert, zweitens, dass die Kunst von Wittgensteins Sprachspiel beeinflusst, ein Kunstspiel mit Regeln ist. Es geht ihm um die Sichtbarmachung der Rahmenbedingungen und der Regeln der Kunst im Kunstwerk selbst. Dies geschieht durch eine formale Entgrenzung der Malerei und des Bildfeldes. Seine Arbeit wurde dadurch extrem raumbezogen (*in situ* ist daher ein häufiger Titel). Wie bei Michael Asher sind seine Installationen unmittelbar, direkt, physisch und konzeptuell mit dem Raum verbunden, in dem sie stattfinden. Rahmen, Raum und kultureller Kontext bilden

---

157 Vgl. Öyvind Fahlström, »Manipulating the World«, in: *Art and Literature. Société Anonyme d'Editions Littéraires et Artistiques*, Nr. 3, 1964, S. 220, und im Katalog *Öyvind Fahlström*, 33. Biennale von Venedig, 1966.

158 Daniel Buren, »Beware!«, in: *Studio International*, London, 1970; ders., »Critical Limits«, in: *Five Texts*, The John Weber Gallery, New York, The Jack Wendler Gallery, London, 1973, S. 43–57.

Marcel Broodthaers, *Musée d'Art Moderne Département des Aigles, Section des Figures*, 1972

Marcel Broodthaers, *Musée d'Art Moderne Département des Aigles, Section XIXième siècle*, 1968/1969

eine untrennbare Einheit: »Any object placed on exhibition in a museum space is framed not only physically by the museum architecture but also (and certainly not the less) by the cultural context which a museum signifies.«[159] Strategien wie die von Smithson, auf das Land auszuweichen, empfindet er als Umgehung des Problems, als romantischen Eskapismus, als »künstlerische Safaris«. Die Enthüllung des »Rahmens« (bzw. Kontextes) kann nur innerhalb des »Rahmens« geschehen. Weil »the prevailing ideology and the associated artists try in every way to camouflage them, and although it is too early – the conditions are not met – to blow them up, the time has come to unveil them.«[160] Wollte Broodthaers die Realität enthüllen, so wollte Buren den Rahmen, die formalen und kulturellen Grenzen sprengen. »The Museum/Gallery for lack of being taken into consideration, is the framework, the habit [...] the inescapable ›support‹ on which art history is ›painted‹.«[161] Waren für Bentham die Fiktionen unmöglich, aber unvermeidlich, so für Buren der Kontext.

Die Untrennbarkeit von Raum und kulturellem Kontext bildet auch den Kern der Arbeit von Michael Asher.[162] Aber über ortsspezifische Kritik und »situational aesthetics« (Victor Burgin, 1969) hinaus geht es Asher um den Prozess, der ein Objekt mit Gebrauchswert in eine Ware mit Tauschwert verwandelt. Asher verweigert sich diesem Abstraktionsprozess der Ware bzw. macht ihn durch seine ortsspezifischen Eingriffe, meist durch Subtraktion, einsichtig. Später entwickelte er auch eine additive Methode in seiner Analyse des institutionellen Referenzrahmens. »As historical conditions change, it becomes questionable whether situational aesthetics can still be successfully applied and remain operative.«[163] Bei Buren wie bei Asher sind aber noch deutlich die Referenzialität zur modernen Malerei bzw. Skulptur und deren Ursprung im Kunstwerk als »bedingtes Artefakt« (Duchamp, Rodtschenko) zu sehen.[164] Das Objekt bzw. die Malerei in der Tradition der Moderne wurde durch die Kontextualisierung der Rahmenbedingungen aufgelöst. In seinem Buch *Inside the White Cube. The Ideology of the Gallery Space*, (ursprünglich 1976 als Artikel-

---

159 Daniel Buren, »Dominoes: A Museum Exhibition«, in: *Matrix 33*, Wadsworth Atheneum, Hartford, 1977, S. 6.
160 Buren 1973, S. 52.
161 Ibid., S. 38.
162 Vgl. Buchloh 1981, S. 64.
163 Michael Asher, *Writings 1973-1983 on Works 1969-1979*, hg. von Benjamin H. D. Buchloh, The Press of Nova Scotia College of Art and Design, Halifax, 1983, S. 159.
164 Vgl. Michail Ryklin, »Faktur, Wort, Kontext: Das Objekt in der Tradition des Moskauer Konzeptualismus«, in: *Iskusstro*, Nr. 10, 1989, S. 14-17.

Victor Burgin, *Cut the Cost of Living*, aus der Serie *UK 76*, 1976

serie in *Artforum* erschienen) zeigt Brian O'Doherty diese Entwicklung, insbesondere im Kapitel »Context as Content«.[165]

Marcel Broodthaers hat den Kontext des Museums zum Inhalt seiner Kunst gemacht. Sein Studio in der Rue de la Pépinière in Brüssel verwandelt er 1968/1969 in das *Musée d'Art Moderne, Département des Aigles, Section XIXème Siècle*. Er zeigte dort Postkarten von Gemälden von Gustave Courbet, Jacques-Louis David etc., Verpackungskisten für Kunstwerke, Diaprojektionen und aus Anlass der Eröffnung und der Schließung einen riesigen leeren Lastwagen vor dem Gebäude. Diese Arbeit hat er über mehrere Jahre ausdifferenziert. René Magrittes Problematik der Nichtidentität »Dies ist keine Pfeife« (über die Michel Foucault geschrieben hat), den Konflikt zwischen Signifikat und Signifikant, zwischen Repräsentation und Wirklichkeit, hat Broodthaers vom einzelnen Kunstwerk (*This is not a work of art*, 1972) auf das ganze Kunstsystem übertragen.[166] Die Fiktionalisierung des Museums ist ein später Triumph von Benthams Programm, und für uns heute eine düstere Prophezeiung. In Broodthaers letztem Buch *The Conquest of Space: Atlas for the Use of Artists and Military Men* (1975) adressierte er direkt die Metapher der Avantgarde, die ja auf das Militär zurückgeht, um auf den Kontext, die Grenzen der Nationalität, hinzuweisen, eine weitere unmögliche, aber unvermeidliche Entität. Sein privates Projekt der Fiktionalisierung des Museums ist eine dialektische Reaktion auf die Reduktion der Kunst auf Privatbesitz, die Übernahme der Kultur durch Firmeninteressen und die Affiliation der Kunst mit der Macht, die in der Realität kaschiert und camoufliert wird.[167]

Guillaume Bijl hat in den 1980er-Jahren diese Fiktionalisierung von Kunsträumen (Museen, Kunstvereinen, Galerien) ausdifferenziert. Das Readymade-Objekt wurde zum Readymade-Raum ausgedehnt, das *objet trouvé* zur *composition trouvée*, wobei der Raum durch Magrittes Passage der Nichtidentität durchging, sodass durch Bijls Ausstellungen

---

165 Brian O'Doherty, *Inside the White Cube. The Ideology of the Gallery Space*, The Lapis Press, Santa Monica u. a., 1986, S. 65ff.
166 Douglas Crimp, »This Is Not a Museum of Art«, in: *Marcel Broodthaers*, Rizzoli, New York, 1989, S. 71–92.
167 Vgl. Benjamin H. D. Buchloh, »Marcel Broodthaers: Allegories of the Avant-Garde«, in: *Artforum*, Vol. 18, Nr. 9, Mai 1980, S. 52–59; ders., »The Museum Fictions of Marcel Broodthaers«, in: AA Bronson und Peggy Gale (Hg.), *Museums by Artists*, Art Metropole, Toronto, 1983, S. 45–56.

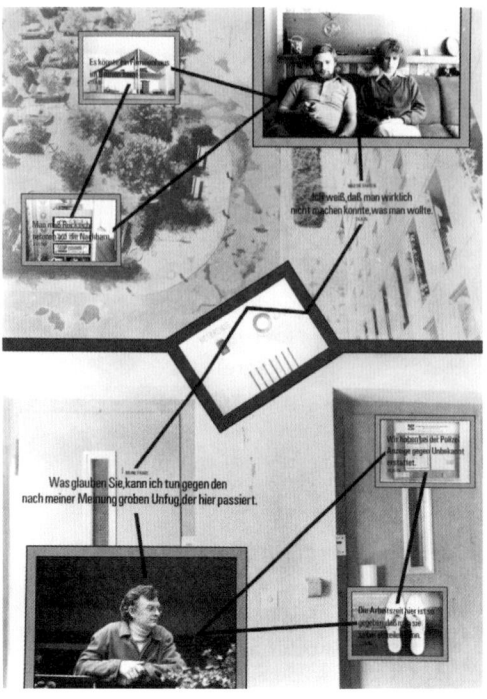

Stephen Willats, *Wie ich entdecke, dass wir von anderen abhängig sind – Finding that we are Dependent on Others*, 1980

die Kunsträume scheinbar zu Kleidergeschäften, Reisebüros oder Hospitälern wurden, aber gleichzeitig waren die Räume reale Ausstellungen.

Die Krise des Kunstsystems in den 1960er- und 70er-Jahren entstand, als erstmals die ideologischen und ökonomischen Prämissen des Kunstsystems enthüllt und analysiert wurden und eine Entromantisierung und Entmystifizierung in radikal kritischer Form stattfanden, als Gesellschafts- und Kunstkritik kovariierten, als also erstmals einsichtig wurde, wie jeder Künstler sein Werk in Hinblick auf das System und die Räume der Kunst konstruiert und wie die Kunst insgesamt durch die Künstler, die Institutionen, die Räume der Kunst, die Magazine, die Kunstinterpretation, die Sammler, den Markt etc. sozial konstruiert wird. Diese Krise wirkte so verunsichernd und war geistig so anstrengend, dass viele Künstler in den 1980er-Jahren in Panik und in fröhlicher Affirmation (statt der fröhlichen Anarchie der 1960er-Jahre) zu den alten Modellen und Mythen der Aura, des Individuums, der Kreation etc. zurückkehrten.

In seinem Essay »From Work to Frame«[168] beschreibt Craig Owens einige der Künstler, die die Arbeit des *Framing and Being Framed* (Hans Haacke, 1975) bzw. das Arbeiten *Within and Beyond the Frame* (Daniel Buren, 1973) in den 1970er- und 80er-Jahren fortsetzten, ungeachtet der Rückkehr der Kunst zur Regression und Restauration. Das postmoderne *displacement* (im Sinne Derridas) vom Werk zum Kontext findet er wieder bei Allan McCollum, Louise Lawler, Martha Rosler, Mary Kelly, Allan Sekula. Diese Künstler und andere wie Stephen Willats, Victor Burgin, Barbara Bloom bilden die zweite Generation in der Geschichte der Kontextkunst.

Martha Rosler hat mit ihren Medienarbeiten (Foto, Video) nicht nur die Konditionierung des Kunstkontextes untersucht[169], sondern insgesamt die soziale Konditionierung der Subjekte, insbesondere in ihrer Foto-Text-Arbeit *The Bowery in two inadequate descriptive systems* (1974-1975). Die Filme von Yvonne Rainer, aus der Minimal Art kommend, beziehen sich auf ähnliche Weise auf »The Discourse of Others: Feminists and Postmodernism« (1983) nach einem Titel von Craig Owens[170] ebenso wie die Arbeiten von Silvia Kolbowski. Allan Sekula demontiert gleichfalls den Modernismus und die Idee der formalen Autonomie der Kunst: »Suppose we regard art as a mode of human communication, as a discourse anchored in concrete social relations [...]. Meaning [...] emerges from an interpretative act. Interpretation is ideologically constrainend.«[171]

Die britischen Künstler John Stezaker, Stephen Willats, Victor Burgin analysieren und kontextualisieren desgleichen kritisch die modernistische Repräsentation des sozialen Lebens. Besonders einflussreich neben seiner künstlerischen Arbeit waren Victor Burgins theoretische Schriften, z. B. *Situational Aesthetics* (1969)[172], etwa für Michael Asher. In einer ersten Stufe stellte er die Kunst als Klasse von Objekten konzeptuell infrage: »If we reject the notion that art is a sub-class of objects, a myth perpetuated through its use as a commodity, in favour of the view that art is a subclass of information, then art appears in the context of an informational complex in which the generative and modificatory action of

---

168 Owens 1984.
169 Martha Rosler, »Lookers, Buyers, Dealers, and Makers: Thoughts on Audience« (1979), in: Brian Wallis (Hg.), *Art After Modernism: Rethinking Representation*, New Museum of Contemporary Art, New York, 1984, S. 311-340.
170 Craig Owens, »The discourse of others: feminists and postmodernism«, in: Owens 1984, S. 166-190.
171 Allan Sekula, »Dismantling Modernism, Reinventing Documentary (Notes on the Politics of Representation)«, in: *Massachusetts Review*, Vol. 19, Nr. 4, Winter 1978, S. 859-883, hier S. 859. Vgl. auch ders., »The Traffic in Photographs«, in: *Art Journal*, Vol. 41, Nr. 1, 1981, S. 15-25.
172 Victor Burgin, »Situational Aesthetics«, in: *Studio International*, Vol. 178, Nr. 915, Oktober 1969, S. 118-121.

Kirsten Mosher, *Border Control*, 1990, Petrosino Park, New York

real-time experience must be acknowledged.«[173] In der zweiten Stufe wird Kunst zu einem Agenten der Sozialisation: »The optimum function of art [...] is to modify within the artworld institutionalised patterns of orientation to the world and thus to serve as an agency of socialization.«[174] Sherrie Levine und Louise Lawler untersuchen das modernistische Repräsentationssystem selbst. Barbara Bloom betreibt die Fiktionalisierung der Orte und der Methoden der Kunst (*On Location*, 1978), der Repräsentationsformen von Kunst, aber auch von sozialen Beziehungen in »künstlerischen Arrangements« im Alltag.

Aus Aspekten der Institutionskritik, Kritik der Kunst als Warenproduktion und Kritik der Unterdrückung historischer und sozialer Faktoren, welche die Kunst bedingen, entstand in den 1980er-Jahren eine allegorische Kunst der Appropriation. Beginnend mit Elaine Sturtevant und Hank Herron[175], der 1971 in New York eine Serie von Bildern ausstellte, die wie Gemälde von Frank Stella erschienen, über die Fotografien von Sherrie Levine (*After Walker Evans, Self-Portrait after Egon Schiele*, 1982) bis zu den Arbeiten von Barbara Kruger, Dara Birnbaum, Jenny Holzer, Cindy Sherman.[176]

In den 1990er-Jahren gibt es nun eine dritte Generation von Kontextkünstlern, die aus marginalen Positionen oder Aspekten der 1960er- und 70er-Jahre eine zentrale Bewegung der 1990er-Jahre machten. Daneben stehen natürlich auch Künstler der Kontextkunst nahe, z. B. Lorna Simpson, Betty Parsons, Rirkrit Tiravanija, Bethan Huws, Renée Kool, die Erlebnisse inszeniert, Michael Klier, Art Club2000, Jon Tower, Mel Chin, Maria Eichhorn, die 1993 Kindermalklassen im Künstlerhaus Stuttgart eingerichtet hat, oder Kirsten Mosher, die fiktionale Parkometer arrangiert, um eine Realität der staatlichen Okkupation öffentlicher Räume zu enthüllen, Christine Borland, Gavin Turk, Jorge Prado, Marc Le Stum, Kate Ericson und Mel Ziegler, Newton Harrison und Helen Mayer Harrison und andere. Sie alle versuchen gesellschaftliche Realität in das Kunstwerk miteinzubeziehen. Phillipe Thomas mit dem Ausstellungsprojekt *Ready-Mades Belong to Everyone*, Simon Linke, der seit 1988 Kunstannoncen in Kunstmagazinen, meist nur Textanzeigen, malt, Philippe Parreno und

---

173 Victor Burgin, in: David Lamelas, *Responses to Three Statements*, Nigel Greenwood, London, 1970, S. 10f.
174 Victor Burgin, in: *Deurle 11/7/73*, Ausst.-Kat., MTL-Galerie, Brüssel, 1973.
175 Vgl. Cheryl Bernstein, »The Fake as More«, in: Gregory Battcock (Hg.), *Idea Art*, Dutton, New York, 1973, S. 41-45.
176 Vgl. die signifikanten Essays: Douglas Crimp, »Pictures«, in: *Pictures*, Ausst.-Kat., Artists Space, Committee for the Visual Arts, New York, 1977; Craig Owens, »The Allegorical Impulse: Toward a Theory of Postmodernism, Part 1 and 2«, in: *October*, Vol. 12 und 13, 1980, S. 67-86 und S. 58-80; ders., »Representation, Appropriation, and Power« (1982), beide wiederabgedruckt in: Owens 1984; Benjamin H. D. Buchloh, »Allegorical Procedures: Appropriation and Montage in Contemporary Art«, in: *Artforum*, September 1982, S. 43-56.

Allan Sekula, *School Is a Factory*, 1980, aus der Serie *School Is a Factory*, 1978-1980

Philippe Cazal und andere bewegen sich in der Tradition der Analyse der Repräsentations- und Vermittlungssysteme der Kunst. Lois Renner fiktionalisiert erstmals das Studio, den Ort der Produktion von Kunst, und auch die damit verbundenen Praktiken der Malerei, der Skulptur, der Fotografie, der Installation, des Raumes.

Insgesamt ist ersichtlich, dass mehr Künstler denn je die Kunst als Diskursanalyse thematisieren. Die dabei entwickelten Strategien der Fiktionalisierung und Phantomisierung (so gibt es in München ein fiktives Museum für moderne Kunst, das scheinbar nur durch regelmäßig ausgesendete, sehr professionelle Einladungen zu Ausstellungen »in unseren Räumen für zeitgenössische Ideologie« existiert) bedeuten nicht nur eine Steigerung der Komplexität der Kunst, weil die Komplexität der Regeln ein Teil dieser Phantomisierung ist, sondern auch eine Wiedergewinnung an Realität. Die Prämissen der Kunst zu thematisieren, die räumlichen, formalen, sozialen Bedingungen der Kunst zu kontextualisieren, ist eine Arbeit, die erst jetzt geschichtlich erfolgreich umgesetzt wird. Es bestand ja die Gefahr, dass durch die Malerei der 1980er-Jahre die Arbeit von Asher, Buren und Co. marginalisiert würde, bevor sie geschichtlich wirksam wird.[177] Der Unterschied der gegenwärtigen Kontextkunst zur früheren Kontextkunst ist, dass die »kritischen Grenzen« verschoben und erweitert worden sind, indem das Medium Kunst nicht nur als Medium des freien Ausdrucks problematisiert worden ist, sondern dass durch das Enthüllen (*unveiling*) der Rahmenbedingungen des Diskurses der Kunst, die Künstler begonnen haben, entschieden auch an anderen Diskursen (Ökologie, Ethnologie, Architektur, Politik) zu partizipieren und damit die Grenzen der Institution Kunst[178] extrem zu erweitern, zu perforieren und aufzuweichen. Die Kritik der Repräsentation wurde zu einer Kritik der Macht und der Kultur, aber vor allem der durch die diversen Diskurse konstruierten Wirklichkeit. So wurde

---

177 1982 beging Jenny Holzer diesen Irrtum im Dienst des Mainstream: »As far as the systematic exploration of context is concerned, at that time (ca. 1977) that point had been made.« Zit. nach Owens 1984, S. 136.

178 Jessica Prinz, *Art Discourse/Discourse in Art*, Rutgers Universtiy Press, New Brunswick, 1991; Richard Wollheim, »Die Institutionstheorie der Kunst«, in: *Objekte der Kunst*, Suhrkamp, Frankfurt, 1982, S. 149-157; Fredric Jameson, »Postmodernism or The Cultural Logic of Late Capitalism«, in: *New Left Review*, Vol. 1, Nr. 146, Juli/August 1984, S. 53-93; Rosalind Krauss, »The Cultural Logic of the Late Capitalist Museum«, in: *October*, Vol. 54, Herbst 1990, S. 3-17; deutsche Übersetzung »Die kulturelle Logik des spätkapitalistischen Museums«, in: *Texte zur Kunst*, Nr. 6, Juni 1992, S. 131-145.

aus dem Enthüllen der Konstruktion von Kunst (durch die diversen »fiktiven« Diskurse) die Konstruktion von Realität, die Wiedergewinnung von Teilbereichen der Wirklichkeit.

Es geht nicht mehr allein um Kritik am System Kunst, sondern um Kritik an der Wirklichkeit, um Analyse und Kreation sozialer Prozesse. Kunstexterne Kontexte werden in den 1990er-Jahren vermehrt in den Kunstdiskurs miteinbezogen. Die Künstler werden zu autonomen Agenten sozialer Prozesse, zu Partisanen des Realen. Die Interaktion zwischen Künstler und sozialer Situation, zwischen Kunst und extrakünstlerischem Kontext hat zu einer neuen Kunstform geführt, in der beides zusammenfällt, eben die Kontextkunst. Das Ziel der sozialen Konstruktion von Kunst ist Teilhabe an der sozialen Konstruktion von Wirklichkeit.

Der Text ist in dem von Peter Weibel herausgegebenen Band *Kontext Kunst. Kunst der 90er Jahre* [*The Art of the 90's*], DuMont, Köln, 1994, S. 1–68, erschienen und wurde in Teilen unter dem Titel »Context Art: Towards a Social Construction of Art // 1994«, in der Anthologie *Situation*, herausgegeben von Claire Doherty in der Reihe *Documents of Contemporary Art*, Whitechapel Gallery, London, 2009, S. 46–52, wiederabgedruckt.

KUNST ALS SOZIALE KONSTRUKTION

1997

Beobachterinstanzen als Aktanten
Der Begriff des Künstlers suggeriert traditionellerweise den Zenit der Individualität. Der Künstler gilt als singuläres Individuum, als Inbegriff der Singularität, als Ausnahme, als Genie, das reine Originale produziert. Der Künstler verkörpert durch sein Werk und seine Existenz Exzentrizität, Autonomie, Unabhängigkeit, Freiheit.

Meine Auffassung ist ganz das Gegenteil. Der Künstler ist der Normalfall, und wenn er ein Spezialfall ist, dann der für Abhängigkeit. Damit knüpfen wir an die Tradition einer Kunstsoziologie an, die sich vom Wiener Kreis abgeleitet hat und mit Namen wie Edgar Zilsel und Ernst Kris verbunden ist,[1] oder von Marxisten wie Ernst Fischer und Arnold Hauser – der dem Sonntagskreis um Georg Lukács entstammt – entworfen wurde.[2]

Unter dem Einfluss der Beobachtertheorien und der Beobachtungsprozesse zweiter Ordnung, wie sie Heinz von Foerster aufgestellt hat, aber auch durch die Systemtheorie Niklas Luhmanns[3] ist offenkundig geworden, dass der Künstler nicht mehr allein der Autor der Werke bzw. der Bedeutung des Werkes ist. Michail Bachtin und Roland Barthes haben diese Problematik der verneinten Autonomie des Autors und des Werkes ausführlich dargelegt. Meine These geht aber noch weiter.

Der Künstler ist nur ein Aktant neben vielen anderen gleichwertigen Aktanten im sozialen Feld der Kultur. Wenn ich Aktant sage, beziehe ich mich auf die soziologischen Modelle von Bruno Latour, Michel Gallon und John Law, gemäß denen Kultur als Übersetzungsarbeit in einem techno-ökonomisch-sozialen Netzwerk entsteht.[4]

---

1   Ernst Kris und Otto Kurz, *Die Legende vom Künstler. Ein geschichtlicher Versuch* (1934), Suhrkamp, Frankfurt/M., 1980; Ernst Kris, *Die ästhetische Illusion. Phänomene der Kunst in der Sicht der Psychoanalyse* (1952), Suhrkamp, Frankfurt/M., 1977; Edgar Zilsel, *Die Entstehung des Geniebegriffes. Ein Beitrag zur Ideengeschichte der Antike und des Frühkapitalismus*, Mohr, Tübingen, 1926; ders., *Die Geniereligion* (1918), Suhrkamp, Frankfurt/M., 1990; ders., *Die sozialen Ursprünge der neuzeitlichen Wissenschaft*, Suhrkamp, Frankfurt/M., 1976.
2   Ernst Fischer, *Von der Notwendigkeit der Kunst*, Claassen, Hamburg, 1967; Arnold Hauser, *Sozialgeschichte der Kunst und Literatur*, C. H. Beck, München, 1951; ders., *Soziologie der Kunst*, C. H. Beck, München, 1974.
3   Niklas Luhmann, »Das Medium der Kunst«, in: *Delfin*, Vol. 4, Nr. 1, 1986, S. 6–15; ders., *Beobachtungen der Moderne*, Westdeutscher Verlag, Opladen, 1992; Niklas Luhmann, Frederick D. Bunsen und Dirk Baecker, *Unbeobachtbare Welt*, Haux, Bielefeld, 1990; Niklas Luhmann, *Soziale Systeme*, Suhrkamp, Frankfurt/M., 1987.
4   John Law, *Organizing Modernity*, Blackwell, Oxford, 1994; ders. (Hg.), *A Sociology of Monsters*, Routledge, London, 1991; Michel Callon, John Law und Arie Rip (Hg.), *Mapping the Dynamics of Science and Technology. Sociology of Science in the Real World*, Macmillan, London, 1986; John Law und Wiebe E. Bijker, *Shaping Technology / Building Society. Studies in Sociotechnical Change*, The MIT Press, Cambridge/MA, 1992; Wiebe E. Bijker, Thomas P. Hughes und Trevor Pinch (Hg.), *The Social Construction of Technical Systems*, The MIT Press, Cambridge/MA, 1987; Karin Knorr-Cetina und Michael Mukay (Hg.), *Science Observed. Perspectives on the Social Study of Science*, Sage, London, 1983; Karin Knorr-Cetina, *The Manufacture of Knowledge. An Essay on the Constructivist and Contextual Nature of Science*, Pergamon Press, Oxford, 1981; Bruno Latour, *Science in Action. How to Follow Scientists and Engineers Through Society*, Harvard University Press, Cambridge/MA, 1987; Bruno Latour und Steve Woolgar, *Laboratory Life. The Construction of Scientific Facts*, Princeton University Press, Princeton, 1986.

Künstler sind die ersten Beobachter, nämlich Beobachter, welche die Produktion anderer, z. B. Künstler oder Wissenschaftler, beobachten. Die sozialen Instanzen und Institutionen der Kunstgemeinschaft sind die Beobachter zweiter Ordnung, welche die Künstler beobachten. Aus dieser Rekursivität entsteht Kunst. Natürlich steht der Künstler am Anfang der Übersetzungsarbeit. Aber auch er produziert keine ursprungslosen Originale, sondern leistet nur Übersetzungsarbeit, individuelle Interpretationen von Geschichte, von Kunstgeschichte. Der Künstler ist nur ein Aktant, der im sozialen Feld der Kultur eine Hypothese unterbreitet, nämlich: »Verehrte Kritiker, Galeristen, Kuratoren, Sammler, bitte betrachten sie dieses von mir produzierte Werk als Kunst.« Denn wann ein Werk ein Kunstwerk ist und wann es zweitens ein relevantes Kunstwerk ist und drittens, welche Eigenschaften dieses Kunstwerk hat, bestimmen nicht die Künstler, sondern vielmehr die Institutionen und Personen der Kunstgemeinschaft, die anderen Aktanten im sozialen Feld der Kultur. Das ist es, was ich meine, wenn ich sage, Kunst ist eine soziale Konstruktion.

Kunst als Konsens
Kunst ist das Ergebnis eines sozialen Konsenses zwischen der Hypothese eines Individuums, das das soziale Feld der Kultur mit seinen geistigen oder handwerklichen Fähigkeiten und Leistungen betreten möchte, und den Wächtern, den sozialen Instanzen, die dieses Feld konstituieren. Dieses Feld der Kunst ist aber von unsichtbaren Mauern umgeben, nämlich von jenen Aktanten, die entscheiden, welcher Vorschlag und welche Hypothese im Feld der Kunst zugelassen wird. Die sozialen Institutionen der Kunst entscheiden nämlich nicht nur über die Zulassung eines Werkes bzw. einer Idee als Kunst, sondern bestimmen ebenso auch seinen Ort, seine Position wie seine Bedeutung. Aufgrund dieser Selektions- und Exklusionsmechanismen entsteht in der Kunstgesellschaft eine enorm radikale Hierarchie, die sich nicht zuletzt in den Marktwerten für Kunstwerke abbildet. Der Markt selbst ist nichts anderes als die Synthese einiger Aktanten des sozialen Feldes der Kunst, nämlich der Künstler, der Galeristen und der privaten und öffentlichen Sammler. Zu behaupten, Kunst wäre ohne den Markt möglich, hieße dann zu behaupten, Kunst wäre ohne Künstler, Galeristen und Sammler möglich. Die Trennung von Markt und Kunst ist eine naive Illusion, was nicht heißt, dass Kunst nicht den Markt bekämpfen und verändern kann. Die Hypothesen einiger Individuen können so stark und überzeugend sein, dass die Mehrheit der Kunstgemeinschaft enthusiastisch auf sie einschwenkt. Wenn Kunst, präziser der Vorschlag eines Aktanten, der nicht selbst ein Künstler sein muss, sondern auch ein Kritiker oder Sammler sein kann, den Markt und die Kunstinstitutionen bekämpft, heißt das, er drängt auf eine Regelveränderung. Gelingt es diesem Vorschlag, die Mehrheit der Mitglieder der Kunstgemeinschaft von sich zu überzeugen, ist die Regelveränderung erfolgreich abgeschlossen. Ein kleiner Paradigmenwechsel erfolgt. Ist also in einem ersten Schritt ein Konsens zwischen der Hypothese eines Individuums und der Mehrheit der Kunstgemeinschaft geschlossen worden, was in manchen Fällen einer langjährigen Überzeugungs- und Übertragungsarbeit gleichkommt, kann in einem zweiten Schritt dieser Konsens kritisiert werden. Diese Kritik am Konsens ist aber nur dann erfolgreich, wenn auch sie wiederum einen Konsens erzielt. Kunst ist also in allen Fällen das Ergebnis eines sozialen Konsenses. Kunst entsteht dort, wo ein Werk bzw. eine Idee, mit oder ohne Widerstand, früher oder später, von der Mehrheit der Mitglieder der Kunstgemeinschaft die Zustimmung erhält, ein Kunstwerk zu sein. Kritik, die keinen Konsens erreicht, wird irrelevant, so wie Werke, die keinen Konsens erzielen, irrelevant bleiben. So kritisch, autonom und unabhängig die Kunstwerke und Künstler sich im Einzelnen auch glauben und geben mögen, und wie sehr auch die Ideologie diesen Schirm an Illusionen entfalten

mag, so abhängig von mehrheitlichen Zustimmungen und so konsensfähig muss Kunst letztendlich sein, um als solche anerkannt zu werden. Unzählige Glieder in jahrelangen Ketten von Entscheidungsprozeduren wie Tageskritiken, Ausstellungen, Rezensionen, Essays, Büchern, Kunstmagazinen, Sammlungen etc. bilden einen borromäischen Ring, der das Feld der Kunst zusammenhält. Außerhalb dieses Ringes existiert keine Kunst. Kunst ist also eine Landschaft der Exklusion.

Kunst als soziale Interaktion
Angesichts dieses Wissens ist es heute nicht mehr möglich, Kunst allein aus der Perspektive der rein individuellen Kreation und als Medium des persönlichen Ausdrucks zu betrachten. Die Produktion von Kunst muss vielmehr aus der Perspektive einer Vielzahl von sozialen Komponenten und Institutionen gesehen werden, wobei das Werk bzw. die Künstler nur eine Komponente unter vielen sind. Kunst erscheint heute nicht mehr allein als Produkt eines einzigen Individuums, sondern als das Ergebnis einer kollektiven Dynamik der Inklusion oder Exklusion[5], als kollektiver Konsens. Die Kunst entsteht in einem komplexen Netz sozialer Interaktion zwischen Studio, Galerie und Museum, zwischen Ausstellung, öffentlichen Medien und Markt, zwischen Kritiker, Sammler, Kurator, aus subjektiven psychischen und aus sozialen Mechanismen und Strukturen.

Die Kriterien und Regeln jener sozialen Institutionen, die Kunst beobachten, kommentieren, archivieren, sammeln, ausstellen, kritisieren, sind die Erzeugerregeln für Kunst.[6] Aus all diesen individuellen und sozialen Aktivitäten entsteht Kunst, »ein kompliziertes soziales Produkt«, wie Robert Musil schrieb.[7]

Kunst als Rauschen der kollektiven Beobachtung
Wie entsteht aus dem sozialen Subsystem namens Kunstgemeinschaft bzw. Kunstgesellschaft das, was wir Kunst nennen? Unsere Antwort ist: durch das Rauschen des Beobachters. Was uns am Kunstsystem interessiert, ist der dominierende generative Faktor des Beobachters. Beobachtungsprozesse erster und zweiter Ordnung sind die eigentlichen Erzeugerfaktoren und -regeln der Kunst. Das Rauschen der individuellen Produktion, das Eigensignal des Künstlers, ist weniger wichtig als das Rauschen der kollektiven Beobachtung, so die These. Das Rauschen des Beobachters überlagert das Rauschen des Eigensignals. Nur so und nur dann entsteht Kunst. Würden wir nur das Rauschen des Eigensignals der Künstler vernehmen, würden wir bald unsere Ohren verschließen. Nur das Hören und Zuhören verleiht Werken den Rang von Kunst, verleiht den Stimmen ihre Bedeutung. Erst durch die Amplitudenüberlagerung von Fremd- und Eigensignal entsteht jenes Rauschen des Beobachters, das den Künstler zum bloßen Beobachter und den Beobachter zum Künstler macht und durch das jenes Geräusch entsteht, das wir Kunst nennen. Was für eine Bedeutung entsteht, wenn wir das Wort »Kunst« sagen? Was für ein Geräusch ist das Rauschen des Beobachters?

Eine Untersuchung der sozialen Konstruktion von Kunst muss also das Rauschen des Beobachters wichtiger nehmen als das Rauschen des Künstlers. Was uns daher

---

5   Vgl. die Ausstellung *Inklusion : Exklusion. Kunst im Zeitalter von Postkolonialismus und globaler Migration*, steirischer herbst '96, Graz, sowie die Publikation *Inklusion : Exklusion. Kunst im Zeitalter von Postkolonialismus und globaler Migration*, DuMont, Köln, 1997, und der darin enthaltene Text von Peter Weibel »Jenseits des weißen Würfels. Kunst im Zeitalter von Postkolonialismus und globaler Migration«, auch in: ders., *Enzyklopädie der Medien*, Bd. 5: *Politik und Medien*, Hatje Cantz, Berlin, 2023, S. 354–385.
6   Vgl. Peter Weibel (Hg.), *Kontext Kunst*, DuMont, Köln, 1994; ders. (Hg.), *Quantum Daemon. Institutionen der Kunstgemeinschaft*, Passagen, Wien, 1996.
7   Robert Musil, *Tagebücher*, Bd. 1, Rowohlt, Reinbek bei Hamburg, 1983, S. 449.

interessieren muss, ist der Beobachter, das sind die sozialen Institutionen der Kunst, die im sozialen Feld der Kunst intervenieren und deren Effekte sich auf das beobachtete System entscheidend auswirken. Der Beobachter hat in jedem dynamischen System nicht nur Einfluss auf die Rezeption, auf die Erfahrung dieses Systems, z. B. von Kunst, sondern auch auf die Gestaltung, auf die Produktion dieses Systems, z. B. von Kunst.

Die erste Beschreibung eines intelligenten Beobachters finden wir bei James Clerk Maxwell. Er hat in seinem Werk *Theory of Heat* (1872) zum ersten Mal ein »hypothetisches Wesen von molekularer Größe« beschrieben, das in einem thermodynamischen System interveniert und dadurch zu paradoxen Zuständen des Systems führt. Dieser Beobachter wird wegen seines Effekts auf das beobachtete System »Maxwells Dämon« genannt. Der entscheidende Einfluss des Beobachters wurde bekanntlich in der Quantenphysik radikalisiert, z. B. in der berühmten Heisenbergschen Unschärferelation: Position und Geschwindigkeit eines Elektrons können nicht gleichzeitig gemessen werden, da der Akt der Beobachtung entweder die Geschwindigkeit oder die Position des Elektrons verändert. Die Quantenphysik hat uns mit der Tatsache vertraut gemacht, dass wir bei der Beobachtung von Systemen und Objekten die Rolle des Beobachters nicht außer Acht lassen dürfen.

Die Rolle aller Aktanten im sozialen Feld der Kunst ist der Position des Beobachters in der Quantenphysik vergleichbar. Sie definieren durch die Formulierung ihrer Beobachtungen das Sein und die Seinsweise des beobachteten Objekts. Der Diskurs, der durch Rezensionen, Kritiken, Berichte, Abhandlungen und Monografien in Printmedien entsteht, ist das entscheidende Rauschen des Beobachters. Die Aufnahme von Kunstwerken in bedeutende öffentliche und private Sammlungen ist mit der Ausstellungsbesprechung, mit der kritischen Aufnahme in gedruckten Kunstmuseen, was ja die Kunstmagazine längst sind, vergleichbar und daher ein weiteres Rauschen des Beobachters. Seit Leó Szilárds Arbeit *Über die Entropieverminderung in einem thermodynamischen System bei Eingriffen intelligenter Wesen* von 1929 (wobei Szilárd unter intelligenten Wesen eben Maxwells Dämonen verstand) wissen wir, dass Eingriffe intelligenter Beobachter in einem beobachteten System zur Entropieverminderung beitragen, d. h. zur Erhöhung der Information und Ordnung des Systems. Information und Beobachter sind also nicht mehr zu trennen. Der Beobachter vermindert durch seine Beobachtung die Entropie und erzeugt dadurch Information. Niels Bohr hat für die Quantenphysik die berühmte These aufgestellt, dass der Akt der Beobachtung das, was wir beobachten, selbst beeinflusst. John Archibald Wheeler ist noch einen Schritt weiter gegangen und hat gesagt, dass ein Phänomen nur dann ein Phänomen ist, wenn es ein beobachtbares Phänomen ist.[8] Daraus können wir für die Kunst folgern, dass der Akt der Beobachtung das, was wir beobachten, nämlich die Werke von Individuen selbst beeinflusst und dass die Kunst als Phänomen nur dann existiert, wenn sie ein beobachtbares Phänomen ist. Beobachtbarkeit wird also zum grundlegenden konstitutiven Moment eines Phänomens, auch der Kunst.[9] Beobachtbarkeit beeinflusst nicht nur die Seinsweise eines Phänomens, sondern begründet eigentlich seine Existenz. Die beobachtenden sozialen Aktanten der Kunst beeinflussen also nicht nur die Erscheinungsweise der Kunst, sondern begründen erst die Existenz der Kunst. Die Information eines Kunstwerkes und die Beobachtung eines Kunstwerkes sind somit nicht mehr zu trennen. Kunstwerke sind also ganz und

---

8   John Archibald Wheeler und Wojciech Hubert Zurek (Hg.), *Quantum Theory and Measurement*, Princeton University Press, Princeton, 1983; Harvey S. Leff und Andrew F. Rex (Hg.), *Maxwell's Demon. Entropy, Information, Computing*, Princeton University Press, Princeton, 1990.

9   Ganz im Gegensatz zur Theorie von Niklas Luhmann.

gar das Gegenteil von autonomen Werken. Sie sind vielmehr extrem beobachterrelativ. Kunstwerke sind Spezialfälle der Beobachterrelativität und eben deswegen Produkte der sozialen Konstruktion von Konsens.

Kulturelle Aktanten als interne Beobachter
Bei diesen Beobachterprozessen, bei dieser Analyse bzw. Beobachtung von Beobachtungsvorgängen ist entscheidend, ob das betreffende Beobachtungssystem selbst Teil der Welt ist, in der sich der Beobachter befindet, oder nicht. Ist das beobachtete System ein Teilsystem der Welt, der auch das Beobachtungssystem selbst angehört, ist der Beobachter Teil des Systems, das er beobachtet, sollten wir von einem internen Beobachter sprechen. Die Aktanten des sozialen Feldes der Kultur sind also interne Beobachter. Sie sind Teil des Systems, das sie beobachten. Ein intern festgestellter Zustand ist aber ein anderer als der objektiv existierende, wobei wir mit objektiver Existenz nichts anderes meinen als die Feststellung eines Zustands durch einen externen Beobachter außerhalb des Systems. Im Falle der Kultur bedeutet dies – da die Kultur eine Landschaft der Exklusion ist – dass die Beobachtungen externer Beobachter irrelevant sind. Die Aktanten im sozialen Feld der Kultur sind alle interne Beobachter. Nur als solche bewirkt ihr Rauschen etwas. Dieser Zustand kann selbstverständlich wie bei Maxwells Dämon zu Paradoxien im beobachteten System der Kunst führen. Information kann z. B. unrettbar verloren gehen, Urteile können irreversibel sein. Die Informiertheit eines Beobachters, das Wissen über seinen Eigenzustand wie das Wissen, ob er ein interner oder externer Beobachter ist, kann dabei helfen, Beobachterverzerrungen, die normalerweise einem internen Beobachter nicht zugänglich sind (z. B. ästhetische Fehlurteile, Fehlentscheidungen), zu erkennen. Die Abhängigkeit des Informationszustands des Kunstsystems vom Beobachter ist also ein Argument für eine größere Liberalität bei der sozialen Konstruktion von Kunst.

Eine Quantentheorie für die Kultur ist vonnöten. Es muss von der klassischen historischen Vorstellung Abstand genommen werden, es gäbe eine reine und objektive Beschreibung der Vorgänge in der geistigen Welt, in der der Beitrag des Beobachters zu den beobachteten Phänomenen ausgeblendet bzw. subtrahiert werden kann. Im Gegenteil, besonders in der Medienwelt gilt Wheelers Theorem, dass nur ein beobachtetes Phänomen ein Phänomen ist. Nichtbeobachtung und Nichtbeachtung führen zu Ausschluss und Abgrenzung. Nur was in den Medien repräsentiert wird, existiert auch. Der Kritiker und Kulturtheoretiker praktiziert also nolens volens eine Beobachterrelativität. Das Eigensignal bzw. das Rauschen des beobachteten Objekts (des Kunstwerks) vermischt sich untrennbar mit dem Eigensignal bzw. dem Rauschen des Beobachters. Dies wäre eine quantenphysikalische Kunsttheorie in nuce, die für einen kritischen Umgang mit Informationen und Werken, deren Platzierung und Verdrängung, deren Publikation und Unterdrückung in der postindustriellen, informationsbasierten, kapitalistischen Gesellschaft angemessener ist als die klassische idealistische, in der der Einfluss des Beobachters (Kritikers, Kurators, Theoretikers, Herausgebers) auf das Beobachtete (auf das beschriebene und repräsentierte, durch die Beschreibung erst eigentlich konstruierte Kunstwerk und auf die durch die Repräsentation erst eigentlich codierte Information des Kunstwerkes) verleugnet bzw. vernachlässigt worden ist.

Kunst als Rückkoppelung von Beobachtungen
Der Beobachter als Aktant im sozialen Feld der Kunst ist aber stets mehr als das Subjekt, dem unterstellt wird, dass es weiß. Der Beobachter, egal ob er es weiß oder nicht weiß, agiert nämlich selbst in einem kulturellen Feld, das ihn beeinflusst. Der Beobachter selbst ist schon ein Produkt der sozialen Konstruktion von Kultur. Der Beobachter beeinflusst das

Kunstwerk und das Kunstwerk beeinflusst den Beobachter. Der Beobachter steht also in einer Schleife. Kunst ist das Ergebnis von Beobachterschleifen, von Rückkoppelungsmechanismen. Der Beobachter steht also in einer Kette kultureller Rückkoppelungen. Zwischen Beobachter und Kunst besteht ein Kausalkreis oder ein *circulus creativus*, wie Heinz von Foerster gesagt hat. Die rekursive Verkettung von Beobachter und Beobachtetem ist eine Übertragung der kybernetischen Theorie der zirkulären Kausalketten in Lebewesen und Maschinen auf den Bereich der Kultur. Sie ist Teil dessen, was Willard Van Orman Quine »naturalisierte Erkenntnistheorie« genannt hat. Damit ist gemeint, dass der Mensch sich bei der Beobachtung der Umwelt bzw. der Natur nicht aus den Ergebnissen seiner Beobachtung subtrahieren kann.

Kunst, Kybernetik und Konstruktivismus
Eben weil der Mensch Bestandteil der ihn umgebenden Realität ist, kann er diese Realität erkennen. Unsere Theorien sind Teil dessen, was wir wahrnehmen. Was erzählt also das Auge dem Gehirn und was das Gehirn dem Auge? Solche Fragen bewegten Warren McCulloch. Wie verarbeitet das Gehirn die von den Sinnesorganen gelieferten Daten und konstruiert daraus die Welt? Von Foerster interpretierte die kognitiven Prozesse als komputationale Algorithmen, die selbst berechnet werden. Damit diese Berechnungen von Berechnungen, sogenannte rekursive Berechnungen, nicht ins Beliebige regredieren, referiert er auf sein Postulat der epistemischen Homöostase: »Das Nervensystem als Ganzes ist so organisiert (organisiert sich so), daß es eine stabile Realität er-rechnet.«[10] Damit sich der Beobachter ein Stehpult vorstellen kann oder weiß, dass er vor einem Stehpult steht, muss keine winzige Repräsentation desselben irgendwo in ihm sitzen, sondern was er dazu braucht, ist eine Struktur, die ihm die verschiedenen Manifestationen einer Beschreibung errechnet. So werden also Wahrnehmung und Erkenntnis zu einem »Prozeß der Erwerbung von Kenntnis als rekursives Rechnen.«[11] Im Erkennen wird also eine Realität errechnet. »Er-Kennen« wird zum »Er-Rechnen einer Beschreibung einer Realität«.[12] Im neuronalen Netzwerk geschieht dieses Errechnen, Errechnen von Beschreibungen, Beschreibungen von Beschreibungen, Errechnen von Errechnen. Erkennen ist Errechnung einer Errechnung einer Errechnung ... Eine Erkenntnistheorie muss also den Beitrag des Beobachters und damit zirkuläre Kausalketten, Rückkoppelungsprozesse etc. zur Kenntnis nehmen. Verallgemeinert kann man sagen, dass der Mensch die Ordnung des Universums erkennen kann, weil ihm ein Teil der Ordnung des Universums inhärent ist.[13] Die neuronalen Mechanismen der Errechnung von Realität sind deswegen so erfolgreich, weil sie eben Teil dieser Realität sind. Diese Theorie der zirkulären Kausalketten, der kreiskausal geschlossenen und rückgekoppelten Mechanismen in biologischen und sozialen Systemen führte zur Theorie sich selbst organisierender Systeme, an deren Entwicklung neben McCulloch und Heinz von Foerster vor allem Norbert Wiener, John von Neumann, Gregory Bateson, Julian Bigelow, Arturo Rosenblueth u. a. beteiligt waren. Aus dem Studium der Neurophysiologie des Beobachters und rekursiver Beobachterprozesse entstand eine allgemeine Theorie der Kognition, in deren Mittelpunkt der Beobachter als Teil eines Ganzen stand, mithin der Beobachter die zentrale Rolle des Konstrukteurs jenes Netzwerks von Begrif-

---

10   Heinz von Foerster, »Kybernetik einer Erkenntnistheorie«, in: W. D. Keidel, W. Händler und M. Spreng (Hg.), *Kybernetik und Bionik, Berichtswerk über den 5. Kongress der Deutschen Gesellschaft für Kybernetik*, R. Oldenbourg, München u. a., 1974, S. 27–46, hier S. 44.
11   Ibid.
12   Ibid., S. 30f.
13   Heinz von Foerster, »Circuity of Clues to Platonic Ideation«, in: Charles Arthur Muses (Hg.), *Aspects of the Theory of Artificial Intelligence*, Plenum Press, New York, 1960.

fen und Beziehungen innehat, die wir unsere Erfahrungswelt bzw. Wirklichkeit nennen. An der Entwicklung dieser Philosophie des radikalen Konstruktivismus wirkten Heinz von Foerster, Paul Watzlawick, Ernst von Glasersfeld, Humberto Maturana, Francisco Varela und vor allem Jean Piaget mit.[14] Mit dieser Theorie ist die Position des Wiener Kreises, die sprachkritische Analyse und satzlogische Konstruktion von Welt, vom Kopf auf die Füße gestellt worden. Die durch die sprachkritische Brille betriebene Analyse der Konstruktion von Welt als Konstruktion von Sätzen und deren Wahrheitsfunktionen sind auf die materielle Basis der Erkenntnistätigkeit, das Gehirn und die damit verbundenen Organe, welche die Sätze und Wahrnehmungen produzieren, vertieft worden. Es geht immer noch um die rationale Erklärung der Konstruktion von Welt, aber es wird dabei das linguistische Modell verlassen und eine neurophysiologische Brille aufgesetzt. Die Welt wird als Konstruktion von Sinnesdaten statt von Sätzen (aber ebenfalls nach logizistischen Modellfunktionen) interpretiert. Nicht die Konstruktion von Sinn durch Sätze, sondern die Konstruktion von Sinn durch Sinnesdaten ist der Untersuchungsgegenstand.

Auf die Kunst angewendet können wir auch in der Kultur von zirkulären Kausalketten und selbstorganisierenden Prozessen im System der Kunst sprechen. Auch dort gibt es rekursive Beobachterprozesse und steht der Beobachter als Teil eines Ganzen im Mittelpunkt. Der Betrachter spielt die zentrale Rolle des Konstrukteurs jenes Netzwerks von Begriffen und Beziehungen, die wir Kunst nennen.

Kunst als Sprachspiel
Die Differenz von Satz oder Sinnesdaten als Bausteine der Konstruktion von Welt ändert aber nicht den Bauplan bzw. das Programm. Zwar können wir nicht statt: »Der Satz ist ein Bild der Wirklichkeit«[15], sagen: »Die Sinnesdaten sind ein Bild der Wirklichkeit«, aber wir können sagen: »Die Sinnesdaten produzieren ein Bild der Wirklichkeit«. Wir sehen die Matrix, die Struktur bleibt die gleiche.

In seiner Theorie des Sprachspiels, die Wittgenstein ab 1930 entwickelte, war es ihm daher möglich, von der logischen Analyse der Sprache zu einer Theorie des Gebrauchs der Sprache überzugehen. Der Sinn der Sätze, ähnlich wie der Sinn, den die Sinnesdaten liefern, ist dann abhängig von ihrem Gebrauch in konkreten Situationen und bestimmten Handlungszusammenhängen. Damit wir uns verständigen können, muss der Sprachgebrauch bestimmten Regeln gehorchen. Solche Regelzusammenhänge nennt Wittgenstein »Sprachspiele«. Das Subjekt ist von diesen nicht unabhängig, weder im Denken noch im Sprechen. Die kommunikative Handlung und die Sprache bilden eine Einheit: »Das Wort ›Sprach*spiel*‹ soll hier hervorheben, daß das Sprechen der Sprache ein Teil ist einer Tätigkeit, oder einer Lebensform.«[16] In seiner sogenannten Spätphilosophie gibt Wittgenstein also der sozialen Situation der sprachlichen Äußerung eine privilegierte Position. Die syntaktische bzw. formale Autonomie der Sprache wird aufgehoben. Wörter, Sätze, größere sprachliche

---

14 Ernst von Glasersfeld, *Wege des Wissens*, Carl Auer, Heidelberg, 1997; Heinz von Foerster, *Observing Systems*, Intersystems Publications, Seaside, 1984; Humberto R. Maturana und Francisco J. Varela, *Autopoiesis and Cognition*, D. Reidel, Dordrecht u. a., 1980; Humberto R. Maturana, *Erkennen: Die Organisation und Verkörperung von Wirklichkeit*, Vieweg und Teubner, Braunschweig u. a., 1982; Jean Piaget, *La construction du réel chez l'enfant*, Delachaux und Niestlé, Neuchâtel, 1937; ders., *Biologie et connaissance*, Gallimard, Paris, 1967; ders., *Le Structuralisme*, Presses universitaires de France, Paris, 1970; Heinz von Foerster, »On constructing a reality«, in: Wolfgang F. E. Preiser (Hg.), *Environmental Design Research*, Bd. 2, Dowden, Hutchinson & Ross, Stroudberg, 1973.
15 Ludwig Wittgenstein, *Tractatus logico-philosophicus. Logisch-philosophische Abhandlung* (1921), übersetzt von C. K. Ogden und Frank Ramsey, dt.-engl.-Ausgabe, Kegan Paul, Trench & Co., London, 1922, § 4.01.
16 Ludwig Wittgenstein, *Philosophische Untersuchungen* (1953), in: ders., *Werkausgabe*, Bd. 1, Suhrkamp, Frankfurt/M., 1999, S. 231–485, § 23.

Einheiten beziehen ihre Bedeutungen durch soziale Kommunikation, durch die Lebensform, in der sie stehen. »Zu einem Sprachspiel gehört eine ganze Kultur.«[17]

Um ein Kunstwerk kompetent beurteilen zu können, müsste daher die gesamte dahinterstehende Kultur gekannt werden. Ein Beobachter beurteilt ein Kunstwerk mit der gesamten ihm zur Verfügung stehenden Kultur. Der Beobachter bettet die künstlerischen Äußerungen in den kulturellen Gesamtzusammenhang ein. Die kulturellen Aktanten agieren also in einem vorgegebenen Rahmen, in vorgegebenen Bedingungen und Kontexten. Dieser Rahmen bzw. Kontext kann der individuelle konkrete Handlungskontext sein, aber auch die gesamte Kulturgemeinschaft und Lebensform. Das Rauschen des kollektiven Beobachters ist also die Lebensform, die ganze Kultur.

Kunst als dialogisches Prinzip
Die Abhängigkeit der Bedeutung von Sätzen vom sozialen Umfeld hat auch der russische Literaturtheoretiker und Semiologe Michail M. Bachtin betont. Er hat eine Theorie des dialogischen Prinzips ausgearbeitet, gemäß der gilt: »Die wahre Realität der Sprache als Rede ist nicht das abstrakte System sprachlicher Formen, nicht die isolierte monologische Äußerung und nicht der psycho-physische Akt ihrer Verwirklichung, sondern das soziale Ereignis der sprachlichen Interaktion, welche durch Äußerung und Gegenäußerung realisiert wird.«[18] Jede kulturelle Äußerung erhält ihre Form und Bedeutung in allen ihren wichtigsten Aspekten nicht von den subjektiven Erfahrungen des Produzenten, sondern von der sozialen Situation, in der die Äußerung produziert wird. Alle Aktivitäten und Produkte des menschlichen Diskurses sind gemäß Bachtin Produkte der sozialen Interaktion zwischen Mitgliedern einer gegebenen kulturellen Gemeinschaft. Die Autonomie des Autors und des künstlerischen Werkes wird radikal relativiert. Die subjektiven Faktoren werden dezimiert und die objektiv sozialen Faktoren werden betont. Der Leser wird zum Co-Autor, der Betrachter wird zum Co-Künstler. Die Produktion von Kunst wird zur Reaktion eines Autors auf die Reaktion eines Autors. Alle kulturellen Äußerungen werden zu Reaktionen von Beobachtern auf die Reaktionen von Beobachtern. Das Errechnen des Errechnens von Realität wird zur Reaktion von Autoren auf die Reaktionen von Autoren und schließlich zum Beobachten von Äußerungen von Beobachtern von kulturellen Ereignissen. So pflanzt sich ein Denkstil fort, vom Sprachspiel über die Sprache als dialogische Handlung zum Konstruktivismus. »Jedes Verstehen ist das In-Beziehung-Setzen des jeweiligen Textes mit anderen Texten und die Umdeutung im neuen Kontext. [...] Der Text lebt nur, indem er sich mit einem anderen Text (dem Kontext) berührt«, schrieb Bachtin.[19]

Kunst als Erkennen sozialer Prozesse
Der soziale Kontext ist mithin der Generator des Textes. Die soziale Struktur ist also intrinsisch im Kunstwerk vorhanden, genauso wie der Beobachter Teil eines Ganzen, des Systems, ist, das er beobachtet. So wie Welt und Beobachter daher nicht vollständig separierbar sind und bei Wittgenstein und Bachtin Sprache und Leben bzw. Kunst und Leben nicht separierbar sind, so ist meiner Auffassung nach auch der Beobachter nicht vom Werk separierbar.

Die historischen Definitionen der Kunst stellten die psychische Verfassung der Produzenten in den Mittelpunkt. Ich stelle die soziale Kondition, die Lebensform (z. B.

---

17 Ludwig Wittgenstein, *Vorlesungen und Gespräche über Ästhetik, Psychologie und Religion*, Vandenhoeck & Ruprecht, Göttingen, 1968, S. 29, § 26.
18 Michail M. Bachtin, *Über die Ästhetik des Wortes*, Suhrkamp, Frankfurt/M., 1979.
19 Ibid., S. 352f.

die psychische Verfassung des Beobachters) in den Mittelpunkt. Die soziale Verfassung der kulturellen Institutionen und die psychische mentale Prägung von deren Mitgliedern werden als gleichwertig für die Gestaltung der Wirklichkeit durch die Kunst wie die psychische und soziale Verfassung des sogenannten Produzenten evaluiert. Die Kunst wird als ideologisch konstruiertes soziales Produkt transparent. Das Gewebe von Fiktionalisierung und Idealisierung, das den Kunstdiskurs begleitet, wird ersetzt durch eine Empirie, welche die sozialen und ideologischen Bedingungen thematisiert, unter denen Kunst produziert, distribuiert und rezipiert wird. Dadurch werden die sozialen Codes und die verborgenen bzw. verdrängten Faktoren der gesellschaftlichen Konstruktion von Kunst durch die Instanzen und Institutionen des kulturellen Feldes zutage gefördert. Klassische Ästhetik wird daher ersetzt durch Diskursanalyse. Kunst wird zur Produktion von Diskurskontexten bzw. -analysen. Alle formalen, sozialen und ideologischen Elemente der Kunst werden analysiert bzw. für die Produktion von Kunst verwendet. Dabei kann der Anteil des Sozialen bei der Konstruktion des Diskurses der Kunst nicht mehr geleugnet werden. Die diskursive Natur, die Theorie- und Ideologieabhängigkeit auch sogenannter realer Entitäten wie soziale Institutionen (Galerien, Museen, Kunstmagazine) wird betont. Kunst wird nicht nur nicht mehr denkbar ohne formale Analyse, ohne Analyse der Lebensform, ohne Interdependenz mit dem Leben, sondern auch nicht mehr denkbar ohne diskursive Elemente und ohne die Interdependenz mit dem Beobachter. Laut Pierre Bourdieu gibt es keine reine oder natürliche Wahrnehmung des Kunstwerks, denn beide setzen einen langen historischen Prozess voraus. Dieses »unbebrillte Auge« ist in Wahrheit doch nur klassenspezifisch. »Als ein historisch entstandenes und in der sozialen Realität verwurzeltes System hängt die Gesamtheit dieser Wahrnehmungsinstrumente, die die Art der Appropriation der Kunst-Güter in einer bestimmten Gesellschaft zu einem bestimmten Zeitpunkt bedingt, nicht vom individuellen Willen oder Bewußtsein ab. Sie zwingt sich den einzelnen Individuen auf, meist ohne daß sie es merken, und bildet von daher die Grundlage der Unterscheidungen, die sie treffen können, wie auch derer, die ihnen entgehen.«[20]

Die Produktion und Aneignung von Kunst beruhen also auf einem in der sozialen Realität verwurzelten System. Was gesehen und was nicht gesehen wird, ist dem einzelnen Individuum durch seine Lebensform, die Geschichte seiner Kultur und durch seine soziale Realität, in der er lebt, aufgezwungen. Individueller Blick und sozialer Blick sind nicht zu trennen. Das, was gesehen wird, wie auch, wie gesehen wird, sind Folgen der sozialen und kulturellen Konditionierung.

Hat der Wiener Kreis einen linguistischen Ansatz bei der Analyse der Konstruktion der Welt geltend gemacht und hat der radikale Konstruktivismus diesen um den experimentellen neurophysiologischen Ansatz der Kybernetik erweitert, indem die Konstruktion und das Verstehen von Welt bzw. die Konstruktion von Kognition im Wesentlichen als eine Konstruktion des Gehirns und seiner Gehilfen, der Sinnesorgane und der Sprache, interpretiert wird, so soll der von uns vorgeschlagene Konstruktivismus beide Ansätze um die soziale Situation erweitern. Die Wahrnehmungstheorie und deren physiologischer Ansatz haben für die Analyse und für das Verstehen von Kunst viel geleistet, ebenso der informationstheoretische Ansatz. Die Theorie der sozialen Konstruktion von Kunst versteht sich als eine Erweiterung der genannten Ansätze um die Elemente und Faktoren der sozialen Bedingungen bzw. sozialen Institutionen, welche die Kunst als Gewebe von Begriffen und Praktiken jenseits der Werke und Personen definieren. Das Soziale der Kunst wird dabei

---

20   Pierre Bourdieu, *Zur Soziologie der symbolischen Formen*, Suhrkamp, Frankfurt/M., 1970, S. 174.

zu einer internen und funktionsauslösenden Kategorie, zu einem generativen Prinzip. Zwischen dem institutionellen Aufbau der modernen Gesellschaft und der modernen Kunst werden gemeinsame Strukturen sichtbar.

Dieser Text ist 1997 in der von Albert Müller, Karl H. Müller und Friedrich Stadler herausgegebenen Publikation *Konstruktivismus und Kognitionswissenschaft. Kulturelle Wurzeln und Ergebnisse. Heinz von Foerster gewidmet*, Springer, Wien u. a., S. 183-197, erschienen.

LOGOKUNST

DIE LOGOTHETISCHE METHODE
DER BILDBETRACHTUNG

1986

Die Stimmen der Vernunft und der Freiheit sprechen in der heutigen Gesellschaft lippensynchron zum Playback. Zweiwertige Modelle für die Betrachtung von Kunstwerken (wahr und falsch, Schein und Sein) haben insofern nur noch eine eingeschränkte Gültigkeit. Denn im Spiegel einer binären Opposition löst sich der Signifikant so weit vom Signifikat, dass er sich auf dem Gegenteil niederlässt. In der Corporate Society, in der Firmenzeichen (Logos) die religiösen Ikonen ersetzen, spricht der Signifikant vom gegenteiligen Signifikat. Der Signifikant klingelt beim Nachbarn. Die logothetische Methode, die hier erstmals vorgestellt wird, geht davon aus, dass durch diese Kreuzung der Signifikanten die Welt nur noch durch ihre Bilder, und nicht umgekehrt, entzifferbar ist.

    Ich möchte heute als Wortmaler, Lautdichter und Bildredner von einer Reise sprechen, die noch nicht zu Ende ist, von einer Reise in *the belly of the beast*, in den Bauch des Biestes, in das *Herz der Finsternis*. Worauf ich hinweisen möchte, zeigt einen neuen Kern der Kultur. Einen Kern, der einem schwarzen Loch im Himmel vergleichbar ist, einem alles verschlingenden Loch, einem Quasar, in dem die Kultur implodiert, in einen Abgrund stürzt, aus dem sie ihre Schrecken gebiert. Die Kriege und sozialen Katastrophen sind nämlich nicht merkwürdige Unfälle der Zivilisation, sondern Produkte unserer Kultur selbst. Unsere Gesellschaft hat logothetische Strukturen. Der Fokus der logothetischen Struktur der Gesellschaft ist die Kunst. Das Wesen der logothetischen Kunst ist die Kreuzung der Signifikanten.

    Zuerst einige Sophismen, die der Kreuzung der Signifikanten entspringen: Wenn ich einem Farbigen begegne, erkenne ich im Zuge von Alterität, dass ich ein Weißer bin. Ein Werk, dessen Titel *Schweigen* (John Cage, *Tacet*, auch *4'33''*, 1952) ist, ist das wesentlichste Werk der neuen Musik. Die Performance-Künstlerin Laurie Anderson macht mit ihrer Person Werbung für eine Kreditkarte. »Buy a Performance«, sagt Anderson oder American Express? Gerade mit einer Kunst, die ihre Raison d'être aus dem Protest gegen die Verkäuflichkeit der Kunst als Ware schöpfte. Eine Band, deren Musik weder Kunst noch Lärm ist, sondern Disco-Sound, heißt Art of Noise und evoziert damit Luigi Russolos gleichnamiges Manifest aus dem Jahre 1913, formierte sich aber 1983 mit Englands Pop-Tycoon Trevor Horn. Eine Malerbewegung, deren Käufer hauptsächlich Yuppies und erfolgreiche Manager sind, wird »Neue Wilde« genannt, um den Käufern, Signifikate der neuen Bürgerlichkeit, den Signifikanten der Wildheit zu verleihen. Symbole der Unangepasstheit für eine Generation der Anpassung. George Segals einbalsamierte Gipsfiguren zeigen die Kunst als Einbalsamierung der Welt. Joseph Beuys macht Reklame für japanischen Whisky. Ein chinesischer Führer lächelt mit einer Coca-Cola-Dose. Was heißt und meint logothetisch? Kreuzung der Signifikanten? Logothetische Verschiebung der Signifikanten? Konversion der Signifikanten? Die logothetische Auffassung von Kunst versucht jene Vorstellung von Kunst zu unterminieren, die in der Kunst eine Mimesis, eine simple Imitation des Lebens, eine direkte Referenzialität zum Realen sieht.

Die logothetische Kunst versucht gerade zu zeigen, dass die Kunst der Ort der Wahrheit wird, indem sie eben nicht in der Funktion des Realen steht, dass Kunst nur dann zum Topos der Sprache wird, dass Kunst eben nur dann zu uns spricht, wenn sie die Wahrheit des Realen sistiert, in welcher ja die Kunst nur eine Realität zweiten Ranges darstellt, nämlich die Illusion.

Die logothetische Kunstauffassung geht von der Realität des Bildes aus, die eine Praktik des Wissens und keine Theorie des Wissens ist, und als solche das Reale der Welt in eine Realität zweiten Ranges verwandelt und das Illusionäre, das Unausgesprochene, das Unbewusste des Realen zeigt.

Die logothetische Methode ist eine Art semiotische Dialektik. Sie ist die Übertragung der Antithetik, des »Widerstreits der dem Schein nach dogmatischen Erkenntnisse«[1] auf die zeitgenössische Theorie der Zeichen. Ist die Antithese der Gegensatz, die Gegenrede, der Widerspruch innerhalb der Begrifflichkeit, innerhalb der Gesetze (Nomos), ist die Antinomie ihre Verschärfung, nämlich nicht nur der Widerstreit zweier Gesetze, sondern der »Wiederspruch [...] der Vernunft mit ihr selbst«[2]. Insofern besteht jede Antinomie aus Thesis und Antithesis. Das antithetische Verfahren ist gemäß Johann Gottlieb Fichte dann »die Handlung, da man im Verglichenen das Merkmal aufsucht, worin sie *entgegengesetzt* sind [...].«[3] Das synthetische Verfahren versucht These und Antithese zu vereinen, indem es das übereinstimmende Merkmal, das Gleiche im Entgegengesetzten sucht. Daraus entstand bekanntlich der Dreischritt: Thesis, Antithesis, Synthesis, und Georg Wilhelm Friedrich Hegels *Dialektik* als Lehre der Bewegung des Denkens von einem Begriff zum anderen mittels Aufhebung der Widersprüche. Den Lehren Heraklits und Proklos' folgend konstituiert Hegel das dialektische Prinzip. »Das *dialektische* Moment ist das eigene Sichaufheben solcher endlichen Bestimmungen und ihr übergehen in ihre entgegengesetzten.«[4] Der Begriff schlägt in sein Gegenteil um, geht mit diesem in einem höheren Begriff zusammen, wodurch der Widerspruch – den jedes Endliche in sich hat und der es zum Umschlagen in seinen (meist konträren) Gegensatz treibt – durch »Negation der Negation« aufgehoben wird.

In der Logothetik wird das dialektische Prinzip gleichsam auf einen Spezialfall angewendet, denn der Begriff selbst ist schon zerfallen. Die ontologische Dialektik (Nichts – Sein – Werden), welcher die Dialektik des Begriffs als immanente Bewegung des »Begriffs« folgt, geht von einer Einheit oder Ursache aus, aus der sich der Begriff infolge des in ihm steckenden Widerspruchs erhebt und sich selbst aufhebt, um auf einer höheren Stufe wieder zu sich selbst zurückzukehren. Im Zeichen gibt es diese Einheit nicht mehr. Das Zeichen zerfällt von vornherein in Signifikant und Signifikat. Darüber zerbricht auch die Möglichkeit, die Dialektik des Denkens auf das Sein und vice versa zu übertragen. Die Willkürlichkeit der Zeichen durchschneidet das Band zum Sein.

Jene Bewegung des Denkens, die in Begriffen wie Widerspruch, Gegensatz, Gegenrede und in Denkschritten wie These, Antinomie, Dialektik zum Ausdruck kommt, bleibt im Reich der Zeichen immanent. Die Stoiker haben für den sprachlich geformten Gedan-

---

[1] Immanuel Kant, *Kritik der reinen Vernunft*, in: ders., *Werke in zwölf Bänden*, Bd. 4, Suhrkamp, Frankfurt/M., 1977, S. 409.
[2] Immanuel Kants Brief an Christian Garve vom 21. 09. 1798, in: Immanuel Kant, *Kant's gesammelte Schriften*, Bd. 12, Reimer, Berlin, 1902, S. 256.
[3] Johann Gottlieb Fichte, *Grundlage der gesamten Wissenschaftslehre*, in: ders., *Johann Gottlieb Fichtes sämmtliche Werke*, Bd. 1, Veit und Comp., Berlin, 1845/1846, S. 112.
[4] Georg Wilhelm Friedrich Hegel, *Enzyklopädie der philosophischen Wissenschaften im Grundrisse*, in: ders., *Werke*, Bd. 8, Frankfurt/M., 1979, S. 172.

keninhalt, für den Bedeutungsgehalt den Terminus »Lekton« gebraucht. Da die Logothetik als Antithetik (im Sinne Fichtes) des Zeichens sich nicht mit dem Gesetz befasst, mit der Gegenrede des Gesetzes (Nomos), wie die Antinomie, sondern mit der Gegenrede und dem Gegensatz des Wortes selbst, könnte man die logothetische Methode auch lektonisch nennen, eine lektonische Antithetik. In der Logothetik sucht man ja nicht das dem Signifikanten entsprechende gleiche Signifikat auf, sondern das dem Signifikanten entgegengesetzte Signifikat. Es handelt sich dabei also um einen Bruch, eine Brechung, eine Kreuzung. Der Widerspruch jedes Endlichen und der Übergang in sein Entgegengesetztes bewegt sich innerhalb der Kette von Signifikant und Signifikat und sucht dort das binäre Gegenteil. Die Logothetik ist eine lektonische Antithetik, welche das gegenteilige, konträre Signifikat eines Signifikanten aufsucht. Durch diese semiotische Dialektik, die das Band zum Sein in einer immanenten Krümmung, einer Drehung des Lektons kappt, wird der Nomos des Realen erfasst, weil das Reale selbst paradoxerweise durch das Lekton mitkonstruiert wird. Der Widerspruch einer Aussage mit sich selbst im Sinne der Formallogik ist nicht das Ziel der Logothetik, sondern der Widerspruch des Lektons mit sich selbst in der Weise, in der der Signifikant sich auf das gegenteilige Signifikat aufsetzt.

Aus dem Aufspüren des konträren, unterdrückten Signifikats erhellt sich die andere Bedeutung. Im Übergang eines Signifikanten zum Entgegengesetzten das unterschlagene Wahre des Realen zu suchen, indem man im Signifikant das Signifikat seines konträren widersprechenden Signifikanten sucht, ist das Ziel der logothetischen Methode. Der Widerspruch im Lekton wird nicht durch das Gesetz (Nomos), sondern durch den Logos gelöst, aber nicht aufgelöst, sondern es löst sich aus dem Schatten der Primärbedeutung die verdrängte, eigentliche Bedeutung.

Wenn eine Boulevardzeitung jedem Exemplar ein Los beigibt, auf dem steht: »jeder Leser gewinnt«, löst sich daraus kein Widerspruch. Der Widerspruch ist scheinbar gar nicht vorhanden. Erst das Aufspüren des gegenteiligen Signifikats, eine Konversion der Signifikanten, löst eine gegenteilige Bedeutung, die verborgene, eigentliche Bedeutung des Satzes heraus: »Jeder Leser ein Gewinn.« Um selbst zu gewinnen, um möglichst viele Leser zu gewinnen, wird dem Leser versprochen: Jeder Leser gewinnt. Im Vertauschen des Signifikanten des Versprechens liegt der Gewinn – auf Seiten der Zeitung. Das Versprechen des Gewinns sichert den eigenen Gewinn.

Unsere These ist, dass die gegenwärtige Welt in einem erhöhten Maße solche logothetischen Konversionen, Widersprüche und Strukturen aufweist, da die Welt sich selbst zunehmend immanent semiotisiert, versprachlicht. Diese Semiotisierung der Gesellschaft kann von einem konservativen Standpunkt aus als der Verlust des Realen interpretiert werden, zumindest als Verlust der Referenzialität zum Realen. Ich könnte auch sagen, das Ausmaß an Lüge, Schein, semiotischer Entropie nimmt zu. Genau in dieser Situation befindet sich auch die Kunst seit 1900. Zunehmende Abstraktion, »Verlust der Mitte«. Seit dem Aufstand der Abstrakten hat die Kunst die Referenzialität zum Realen gekappt. Daher ist sie auch so ein geeigneter Fokus für die logothetischen Strukturen der Welt.

Ist die Kunst aus der Referenzialität entlassen, und das ist ja genau der Punkt ihres sogenannten »Verfalls«, der Aufstand der Abstrakten seit 1910, operiert sie nicht mehr unter den Bedingungen des Realen, somit der Illusion. Als Operator des Realen wäre die Kunst ja dazu verdammt, zu repetieren, was die Realität vorgibt, sie diente der Rationalisierung des Realen und würde damit zu einem Agenten der Unterdrückung, denn Rationalisierung des Realen heißt immer auch Legitimierung und damit Stabilisierung des Realen.

Die erste Bedingung einer freien Kunst muss der Verlust ihrer Referenzialität zum Realen sein, einer Referenzialität im mimetischen Sinn, im Sinn einer Funktionalität. Denn die wahre Realität ist durch das für die schon etablierte Wissenschaft, Politik und auch

Kunst gültige Referenzsystem gebildet, d. h. durch die für die physikalischen, sozialen, ökonomischen Wissenschaften greifbaren Mechanismen und Modelle, denen die Kunst nichts mehr hinzufügen könnte, die sie nur wiederholen und schmücken könnte. Daher wird den künstlerischen Phänomenen keinerlei Realität zuerkannt, sondern nur eine illusorische Realität. Auch noch im Triumph des Illusionalen, im Trompe-l'Œil ist der Sieg der Kunst ein Pyrrhussieg, weil er den illusionistischen Charakter der Kunst nicht infrage stellt, sondern bestätigt.

Seit der Antike ist der Schauplatz der Kunst das Drama der Illusion, wie die Anekdote von Zeuxis und Parrhasios bezeugt. Zeuxis malte Weintrauben, die so lebensecht aussahen, dass Vögel kamen und sich auf dem Bild niederließen, um die Weintrauben wegzupicken. So schien sein Triumph, der Triumph der Illusion sicher. Parrhasios übertrumpfte ihn jedoch. Als Zeuxis nämlich Parrhasios bat, den Vorhang wegzunehmen, damit er sehe, was dieser gemalt habe, bestätigte er seine eigene Illusion. Parrhasios hatte nämlich nichts anderes gemalt als den Vorhang. Der Vorhang war das Bild. Zeuxis war wie diese Vögel, welche auf die Illusion hereingefallen waren. Es gab nämlich hinter dem Vorhang nichts zu sehen, weil ja der gemalte Vorhang wie ein echter erschien bzw. der reale Vorhang nur ein gemalter war.

Ist aber Zeuxis wirklich nur der Illusion zum Opfer gefallen? Ist nicht der Sinn dieser Anekdote gerade der, uns zu zeigen, dass durch gewisse Techniken der Unterschied zwischen Real und Illusion nicht mehr eine feststellbare, determinierte Grenze ist? Ist nicht der Sinn dieser Anekdote, uns zu sagen: Nehmt diese Anekdote beim Buchstaben und bei ihrem wirklichen Sinn und seht: Der Vorhang ist das Bild. Das Bild ist ein Vorhang. Das Bild zeigt nicht, was es ist, und das Bild ist nicht, was es zeigt. Indem das Bild sich solcherart aus dem Referenzsystem des Realen, das andere Formen der Erkenntnis, andere Sprachen gebaut haben, entfernt, ist die Kunst befähigt, etwas anderes zu sagen als die schon bekannten Modelle, ja sogar das Referenzsystem des Realen selbst zu hinterfragen. An die Stelle der Referenzialität, bei der das Bild bloß zeigt, was das Reale sagt, tritt eine Methode, bei der das Bild sagt, was das Reale nicht zeigt. Das ist die logothetische Methode, die logothetische Kunstauffassung, die davon ausgeht, dass das Bild nicht zeigt, was es zeigt, das Bild nicht ist, was es zeigt, sondern sagt, was das Reale nicht zeigt. Das Bild des Parrhasios hinter dem Vorhang war ja nicht versteckt, sondern abwesend. Die Faszination des Bildes geht von dem aus, was abwesend ist, was das Bild eben nicht zeigt. Präsenz durch Abwesenheit als Struktur des Bildes, als Logos des Bildes, ist eine Struktur, in der das Abwesende schon im Anwesenden, das Andere schon im Eigenen abgebildet ist. Der Vorhang *ist* das Bild. Das Verdeckte, das Abwesende, das Verdrängte, das Andere *ist* das Anwesende, das Eigene, das Vorhandene. Beides ist Bild. Der Logos des Bildes folgt der Struktur, in der das Abwesende und Anwesende, das Gesagte und Ungesagte zusammen präsent sind. Es stellt sich allerdings die Frage, auf welche Weise, symmetrisch oder asymmetrisch?

Die Struktur dieser Abbildung ineinander von konträren Signifikanten, von Innen und Außen, von gesagt und ungesagt, von gezeigt und ungezeigt, von versteckt und öffentlich, von bewusst und unbewusst, ist die Voraussetzung der Existenz des Bildes. Die Struktur dieser Co-Präsenz ist natürlich asymmetrisch, nach den Techniken der Sprache und des Traumes ausgebildet. Das Eine spricht im Anderen. Die Natur dieser Sprache ist logothetisch, gekennzeichnet von einer antithetischen Lektonik.

Wir können also nicht mehr davon sprechen, das Bild wäre eine Abbildung der Realität, nachdem uns Parrhasios ja die Struktur des Bildes gezeigt hat, dass das Verschlossene und Verdeckte gleichzeitig das Geöffnete und Gezeigte ist und deren Referenzialität intrinsisch ist, nicht nach außen auf das Reale verweist. Es war ja an diesem glitzernden Strand gar nicht das real vorhanden, was auf dem Bild gezeigt wurde. Außer dem Meer, dem Sand, dem Fels und dem Bild selbst gab es ja nichts. Die Referenzialien des Bildes artikulieren sich aus sich selbst, indem sie sich kreuzen. Der Vorhang verweist auf das Verdeckte, das Abwesende verweist auf das Anwesende. Das ist nicht selbstreferenziell, auf sich selbst verweisend, auch nicht transreferenziell, auf etwas anderes über sich hinaus, auf das Reale verweisend, sondern eine rückbezügliche Schleife, ähnlich der Möbiusschleife, eine Möbiusreferenz sozusagen. Die Möbiusschleife ist ein Band, das zerschnitten wird und dessen eines Ende dann umgedreht wird. Dadurch beginnen wir auf dem Band oben zu laufen, dem Signifikanten des Anwesenden, Gezeigten, Bewussten etc. zu folgen, enden aber damit, dass wir am Ende unter dem Band laufen, dem Signifikanten des Abwesenden, Verdrängten, Unbewussten folgen, obwohl wir immer oben geblieben sind – eine Konversion der Signifikanten. Diese Art der Referenzialität, diese Kreuz- und Querreferenzialität des Bildes tritt anstelle der traditionellen linearen Referenz des Bildes zum Realen. Die Grenze zwischen Realität und Illusion, zwischen anwesend und abwesend, zwischen bewusst und unbewusst ist also keine Linie mehr, sondern anstelle der Linie ein Labyrinth oder ein Borromäischer Knoten, wie Jacques Lacan vorzuschlagen beliebte.

In dieser labyrinthischen Struktur des Bildes bilden sich das Abwesende und das Anwesende, das Reale und die Illusion, das Bewusste und Unbewusste, das Gesagte und Nichtgesagte, das Innere und das Äußere aufeinander ab wie Knoten, wie Glieder einer Kette, wie Gänge eines Labyrinths, als eine Art Akkumulation jener psychischen Techniken der Verdichtung und Verschiebung, der Übertragung und Verneinung, die die Psychoanalyse und die strukturelle Linguistik entdeckt haben. Diese labyrinthische Struktur des Bildes ist es, was ich Logothetik nennen möchte. Der Logos des Bildes spricht nämlich nicht einfach vom Ort des Realen, als Signifikant des Realen, sondern alle Bilder, die die Welt in Museen, Büchereien und Wohnungen wie eine Art Netz oder Haut überziehen, arbeiten als Resultat jener Durchlöcherung des Realen durch das Imaginäre und Symbolische, welche durch die Sprache und die Bilder gleichzeitig effektuiert werden. Die Sprache des Bildes ist gleichzeitig Produkt und Verursacher jener Durchlöcherung des Realen. Das Illusionäre ist nichts anderes als das Ergebnis jener Spaltung in abwesend und anwesend, in bewusst und unbewusst durch die Sprache. Der Logos des Bildes spricht zu uns nicht realreferenziell, sondern kreuzreferenziell, schleifenreferenziell. Der Logos des Bildes spricht zu uns logothetisch. Um die Jahrhundertwende, im Aufstand der Abstrakten, die im Bild das Referenziale zur Realität abgeschnitten haben, wurden auch auf anderen Gebieten Referenziale gekappt.

Ferdinand de Saussures Linguistik und Sigmund Freuds Psychoanalyse haben die eindimensionale Referenz des Realen, auf dem das Modell der Beziehung zwischen Mensch und Welt bis dato aufgebaut war, auf eine Weise transformiert, welche uns erst die gegenwärtige Philosophie von Jacques Lacan, Michel Foucault, Jean Baudrillard, Jean-François Lyotard etc. klarmacht. Lacan hat das klassische Referenzsystem des Realen am differenziertesten verändert und dafür drei neue Ordnungssysteme vorgeschlagen, für deren Beziehungen er das Bild des Borromäischen Knotens wählte. Dieser besteht aus drei Ringen, von denen keine zwei wirklich ineinandergreifen, die aber dennoch zusammenhalten. Wenn ein Ring aufgeschnitten wird, fallen alle drei Ringe auseinander. Das Reale zerfällt also ohne die Ringe des Imaginären und Symbolischen, die das Reale offensichtlich mitkonstruieren.

Die symbolische Ordnung ist die Ordnung der Sprache, welche die Trennung in bewusst und unbewusst effektuiert. Der Gebrauch der Sprache hat einen Preis: die Verdrängung, die Verschiebung (Metapher und Metonymie). Das Imaginäre ist das Reich des Vorsprachlichen. Die Rolle des Signifikanten, des Sprachlauts, des Sprachbildes ist in Lacans Konzept mächtiger als das Signifikat, der Begriff, auf den das Wort sich bezieht. Das Reale ist also das Feld, auf dem das Imaginäre und das Symbolische in rivalisierenden Versuchen, das Reale zu kontrollieren und zu gestalten, interaktiv operieren. Das Reale ist das Ziel der

Abwesenheit, der Widerstand oder das zu Verneinende, das Begehrte oder Bejahte, aber als solches ist das Reale nur durch signifikante Praktiken handhabbar. Die Möbiusschleife, bei der oben zu unten und unten zu oben wird, gibt ein Bild davon, wie sich das Imaginäre und Symbolische ambivalent treffen und das Reale ausmachen. Das Vorhangbild von Parrhasios ist so eine Möbiusschleife, in der das Inverse konvertiert. Wir müssen also erkennen, dass das Bild selbst ein Ort des Imaginären und Symbolischen, des Unbewussten und Verdrängten, der Ort eines Verlustes und des Triumphes ist.

Wenn der Vorhang das Bild ist – und nicht besser kann uns das Wesen des Bildes gezeigt werden – ist das Bild nicht das, was es zeigt, sondern die Faszination steigt aus dem, was abwesend ist, auf. Das Bild zeigt nicht das, was es zeigt, sondern das Abwesende. Insofern kann das Bild das zeigen, was die Realität nicht zeigt, das Unbewusste, das Verdrängte des Realen. Das Bild wird zum Text der Psyche, zum Wort des Ungesagten. Das Unbewusste wird zum eigentlichen Betrachter. Das Sehen als Prozess des Unbewussten? Diese Nähe des Sehens zum Unbewussten macht das Bild so verdächtig, so subversiv, daher kommen auch die Widerstände der Kirche. Der Vorhang zieht an, das dahinter Verdeckte und Verdrängte, das Abwesende bewirkt die Faszination des Bildes. Das öffentliche Bild ist das versteckte Bild. Das bewusste Bild ist das verdrängte Bild.

Dieser logothetische Prozess des Bildes und des Sehens könnte in der Sprache de Saussures als Prozess der Signifikanten bezeichnet werden. Wenn das Bild nicht ist, was es zeigt und nicht zeigt, was es ist, befinden wir uns auf dem Feld der ausgetauschten Zeilen, der vertauschten Signifikanten. In der Sprache der Signifikation, im Bild durchqueren sich die Signifikanten. Dadurch ist es möglich, dass das Bild weder Dekoration noch Instrument ist, kein Parasit der realen Welt, keine Realität zweiter Ordnung, sondern primär, dem Realen vorangehend. Daher ist es nicht nötig, die Bilder durch die Welt, durch die Referenz auf das Reale zu erklären, sondern umgekehrt, das Reale – als Terrain der symbolischen und imaginären Signifikanten – wird durch das Bild erklärt. Würde sich die klassische Bildbetrachtung und -befragung als Referenz des Realen selbst beim Wort nehmen, müssten sie ja den gesamten Prado als reaktionären Schund verdammen. Dort kommt ja gar nichts Reales vor. Diese vollgestopften Säle mit Bildern der Heiligen und Könige, der sakralen und aristokratischen Hagiografie stellen ja nicht die spanische Realität dar. Die logothetische Methode der Kunstbetrachtung kehrt also die klassische Ikonografie um und entblößt das Reale, findet das Reale eingewebt im Bild. Die logothetische Methode erlaubt dem Subjekt, zu finden, was gesagt werden kann, ermöglicht dem Bild zu sprechen.

Im Bild durchqueren sich die Signifikanten. Um die Jahrhundertwende hat dieser Prozess seine Evidenz aufgeschlagen. Durch die fortschreitende Technologisierung, durch die technologische Revolution im Transport- und Kommunikationswesen hat die Realität in der Dreierstruktur real – imaginär – symbolisch an Terrain verloren. Der Verlust des Realen in der abstrakten Kunst korrespondiert mit der Invasion des Imaginären und Symbolischen in die Realität. Die Technologie ist nicht anders zu verstehen als physikalische Implantation unseres Begehrens. Der Wunsch produziert die Werkzeuge. Der Wunsch nach dem Bild erzeugt die Kamera. Der Wunsch nach *displacement*, nach Entfernung, nach Aufheben von Ferne und Raum erzeugt die Eisenbahn und das Flugzeug. Gleichzeitig mit der menschlichen Imagination der Welt durch die Technologie schreitet die Versprachlichung der Welt voran. Die Substanz, das Modell der Materie wird ersetzt durch das Modell der Sprache. Die Gesellschaft und die Welt werden immaterieller, die Ordnung der Sprache nimmt zu, wie uns Lyotards Ausstellung *Les Immatériaux* 1985 im Centre Pompidou in Paris demonstriert hat.

Das Imaginäre und Symbolische hat also das Reale zurückgedrängt. Die am Bild erkennbaren logothetischen Prozesse tauchen daher auch zunehmend in der Gesellschaft auf. Der Aufstand der Abstrakten bezeugt die Lockerung der Verknotung der drei Ordnungen (real – imaginär – symbolisch). Der Triumph des referenzlosen Zeichens in der abstrakten Kunst korrespondiert mit dem Zurückweichen des Realen seit der fortschreitenden Technologisierung. Die Glieder der Verkettung der Signifikanten und der Verknotung der drei Ordnungen beginnen zu schleudern und zu schlottern. Fällt ein Ring aus, sei es das Imaginäre oder Symbolische, sei es das Reale, wobei dieser Ausfall nicht nur ein Zerschneiden, Verschwinden, sondern auch ein Erstarren sein kann, ein Erlahmen, eine Apathie, dann kollabiert das Ganze, dann verkehrt sich das Edle in die Barbarei, die Kultur in den Krieg. Dann kehrt das Verdrängte als Schatten auf der Möbiusschleife der gekreuzten Signifikanten nach oben, aber als verwandelter Schatten. Der gekreuzte Schatten des Menschen ist dann die Bestie.

Ich möchte mich nun auf einen Spezialfall der Logothetik und einige Anwendungen konzentrieren. Der Zustand des Zeichenraumes der Welt heute ist ein Zustand der gelockerten Glieder der Signifikantenkette. Durch die fortschreitende Technologisierung ist ein Zustand erreicht, in dem sich der Signifikant vom Signifikat löst. Er verselbständigt sich, er verabsolutiert sich. Die Signifikanten flottieren frei ohne Referenziale. Aber in dieser freien Fluktuation des Signifikanten gibt es durch die binäre Dualität der Sprache eine Einschränkung, einen Spezialfall. Der Kombinatorik der Signifikanten sind in ihrem freien Flottieren Grenzen durch die Duplizität der Sprache selbst gesetzt. Die Signifikanten flottieren nicht wirklich frei, sondern der Signifikant löst sich zwar vom ursprünglichen Signifikat, aber er bewegt sich in einer Art Gegenbewegung – und auch das Möbiusband ist ja ein binäres, duales Modell – auf sein Gegenteil zu: Der Signifikant setzt sich auf dem gegenteiligen Signifikat nieder. Auf der Ebene der Signifikantenkette bewegen sich die Signifikate zwischen binären Oppositionen anwesend, abwesend, frei – gebunden, oben – unten, bewusst – unbewusst. Losgelöst vom Signifikat bewegt sich der Signifikant die Signifikantenkette entlang und lässt sich auf dem gegenteiligen Signifikat nieder. Der Signifikant läutet beim Opponenten bzw. Nachbarn. Die Zersetzung des Realen durch das Imaginäre und Symbolische, durch die Signifikanten also, setzt sich fort und der Prozess der Signifikation zersetzt sich gewissermaßen selbst. Dadurch wird aber das Abwesende, das Verdrängte, das Unbewusste, das vom Realen nicht Gesagte und Gezeigte freigesetzt.

Die Duplizität des sprachlichen Diskurses stutzt den Flug der Signifikanten. Jeder Signifikant ist auch Signifikant des anderen. Wenn ich ihre Bewegung beschreibe, sehe ich, dass sie sich kreuzen. Der Signifikant »Lärm« löst sich, bewegt sich die Signifikantenkette entlang auf den Schienen der binären Opposition und senkt sich auf dem konträren Signifikat »Ruhe« nieder. Der Signifikant »Schweigen« (John Cage) setzt sich auf dem Signifikat »Musik« nieder. Die Signifikanten »Kunst« und »Lärm« besetzen das konträre Signifikat »Discomusik«. Diese Kreuzung der Signifikanten ist die hauptsächliche Theorie der logothetischen Methodik. Die logothetische Kunstbetrachtung verwandelt das Bild in ein Feld vertauschter Zeichen.

Parrhasios' Bild ist das erste Beispiel einer solchen Kreuzung der Signifikanten. Diese Kreuzung der Signifikanten, diese Umkehrung entziffert die Welt im Lichte der Doppelbelichtung des Bildes. Die Duplizität des Diskurses, wie ihn die Kreuzung der Signifikanten darstellt, frei von jeder referenziellen Illusion, räsoniert in Gegenbewegungen und Umkehrungen. Er zieht die Decke weg, um zu bedecken. Er bedeckt, um aufzudecken. In dieser Doppelbelichtung fällt das Licht vom Bild auf die Gesellschaft.

Selbstverständlich prallen die logothetischen Prozesse in der Kunst und der Gesellschaft besonders dann aufeinander, wenn die Gesellschaft versucht, das Rad der Geschichte wieder zurückzustellen und eine Ordnung des Realen ohne das Imaginäre und Symbolische herzustellen. Die Kunst wird zum Fokus des logothetischen Diskurses, wenn die Gesellschaft ihre Duplizität leugnen will. In der Ideologie des Deutschen Nationalsozialismus war dies der Fall. Daraus ist der panische Kampf des deutschen Faschismus gegen die Verfallskunst, gegen die »entartete Kunst« zu verstehen. Es gibt ja kaum ein Regime, das der Kunst so viel Relevanz zuerkannt hat wie der Nationalsozialismus. Daher hat die NSDAP die moderne Kunst so obsessiv und psychopathologisch bekämpft, musste sie bekämpfen als Produkt seines eigenen Wahns. Die »entartete Kunst« zeigte dem Nationalsozialismus im logothetischen Spiegel seine eigene logische Blendung. Im Spiegel der Kunst bekämpfte der Nationalsozialismus eigentlich sich selbst.

Ein exemplarisches Modell für die logothetische Kunstbetrachtung ist daher die Ausstellung »Entartete Kunst«. Im logothetischen Prozess des Bildes kommt das Sehen als Prozess des Unbewussten und als verdrängtes Wissen im logothetischen Prozess der Gesellschaft zum Ausdruck. Was die Nazis, was Deutschland unbewusst wusste, das sah es in der Kunst. Was Deutschland verdrängte, was es zurückdrängte, was es nicht sehen wollte, was es mit einem Vorhang (des Humanismus) bedeckte, seine eigene Barbarei und »Entartung«, das sah es interpretierend, verleitet von seinem eigenen Unbewussten, in der abstrakten und expressiven Kunst, die aber nicht war, was Deutschland darin zu sehen glaubte. Nur einer Projektion auf dem Feld der vertauschten und gekreuzten Signifikanten entspringt dieser Angriff auf die moderne Kunst.

Das Titelblatt der Ausstellung »Entartete Kunst« (1937) ist ein zentrales Beispiel für die logothetische Funktion der Kunst, für die logothetische Kunstbetrachtung und für Logokunst. Darauf ist eine Plastik des »jüdischen Künstlers« Otto Freundlich, der seit 1924 in Frankreich lebte und 1943 im KZ Lublin-Majdanek starb, zu sehen. Die Plastik zeigt verzerrte, expressiv gesteigerte Gesichtszüge und hat den Titel *Der neue Mensch*. Im »Führer durch die Ausstellung« schreibt der Führer selbst über den neuen Menschen: »Niemals war die Menschheit im Aussehen und ihrer Empfindung der Antike näher als heute. Sport-, Wett- und Kampfspiel stählen Millionen jugendlicher Körper und zeigen sie uns nun steigend in einer Form und Verfassung, wie sie vielleicht tausend Jahre lang nicht gesehen, ja kaum geahnt worden sind. Ein leuchtend schöner Menschentyp wächst heran [...] Dieser Menschentyp, [...] meine Herren prähistorischen Kunststotterer, ist der Typ der neuen Zeit. Und was fabrizieren Sie? Mißgestaltete Krüppel und Kretins, Frauen, die nur abscheuerregend wirken können, Männer, die Tieren näher sind als Menschen [...]«.[5] In einem Werbeblatt zur Ausstellung war zu lesen: »Gequälte Leinwand – seelische Verwesung – krankhafte Phantasten – geisteskranke Nichtskönner [...] So, wie jener ›Staat‹ war seine ›Kunst‹.«

In diesen zwei konträren Bildern des neuen Menschen, entworfen von Freundlich und Adolf Hitler haben wir zwei konträre Signifikanten vor uns. In ihrer Kreuzung fundiert der fast pathologische Zwang, mit dem Hitler die Kunst anprangert. Er erliegt der Faszination des Abwesenden, des konträren Signifikats. In einem logothetischen Prozess des unbewussten Sehens, sieht er in den Bildern der »entarteten Kunst« genau das, was er selbst nicht sehen will, was die Realität selbst noch nicht zeigt, was aber unsichtbar schon anwesend ist. Hitler kämpft gegen die »entartete Kunst«, weil er sich gegen das auflehnt, was ihm das Unbewusste von seinem Traum des neuen Menschen sagt. Daher ist es auch von einer historischen Zwanghaftigkeit, dass gerade Freundlichs Skulptur auf das Titelblatt kam. Denn dadurch spitzt sich die Opposition der Signifikanten zu. Im »neuen Menschen« Freundlichs sah Hitler seinen Traum in jenen Alptraum verwandelt, der er einige Jahre später realiter war. Hitler versuchte diesen Traum zu bannen, indem er die Kunst verbannte und die Künstler verbrannte. Was das soziale Unbewusste Deutschland über seine politische Realität sagen wollte, das artikulierte sich in der Kunst. Im Fluch gegen die Kunst

---

5 *Führer durch die Ausstellung »Entartete Kunst«*, Ausst.-Kat., Verlag für Kultur- und Wirtschaftswerbung, Berlin, 1937, S. 26.

sollte das Unbewusste, die von dort her drängende Wahrheit über das Soziale, unterdrückt werden. Alles was Hitler über die Kunst sagte, sagte er eigentlich über seine Politik und über Deutschland: »Mißgestaltete Krüppel und Kretins, Frauen, die nur abscheuerregend wirken können, Männer, die Tieren näher sind als Menschen ...«, das war genau das, was er fabrizieren sollte. »Seelische Verwesung, krankhafte Phantasten«, genau das galt für die Politik von Hitler-Deutschland. In der Tat, »so wie jener Staat war seine Kunst«, allerdings im Spiegel der Kreuzung der Signifikanten zu betrachten. War das Ziel der Ausstellung, Einblick zu geben »in das grauenhafte Schlußkapitel des Kulturzerfalls« um klarzustellen, dass es sich bei der »Kunstentartung« »um einen planmäßigen Anschlag auf das Wesen und den Fortbestand der Kunst überhaupt«[6] handle, so wurde ebenfalls über sich selbst gesprochen, denn klarerweise handelte es sich bei dem Unternehmen der Nazis »um einen planmäßigen Anschlag auf das Wesen und den Fortbestand der Kunst überhaupt«, wurde Einblick gegeben in ein »grauenhaftes Kapitel des Kulturzerfalls« durch »treibende Kräfte der Zersetzung«. Leni Riefenstahls Film *Triumph des Willens* (1934) ist voller logothetischer Bilder, z. B., wenn sie die Schönheit gestählter Körper im Sinne von Hitlers neuem Menschentyp zeigen will, in diese sich aber Flammen überblenden, wird auch hier schon das künftige Schicksal dieser Menschen, in »Stahlgewittern« zu verbrennen, unbewusst preisgegeben.

Leider ist dieser einmalige und für die europäische Kulturgeschichte zentrale Aufprall von Kunst und Politik stets fast ausschließlich nur moralisch diskutiert worden, so dass diesem wichtigen Ereignis seine philosophische Dimension und damit seine eigentliche Bedeutung genommen wurde. Ein Lemma der besonderen Art für meine Thesen ist auch in der Tatsache zu erblicken, dass der Erlass von Joseph Goebbels vom 30. Juni 1937 zur Vorbereitung der »Schandausstellung« partout von der »Verfallskunst seit 1910« spricht. Goebbels datiert also die »Verfallskunst« genau mit jenem Jahr, in dem das Band zum Realen entweder abstrakt (Wassily Kandinsky schuf sein erstes abstraktes Bild) oder expressiv (Herwarth Walden gründete die expressionistische Zeitschrift *Der Sturm*) gekappt wurde. Der Verlust des Realen in der Kunst, der erst die Voraussetzung dafür schuf, auf die untersuchte Weise das Wahre über das Reale auszusagen, war für Goebbels ein Verfall. Joseph Goebbels, einst gefördert vom Literaturwissenschaftler Friedrich Gundolf aus dem Kreis um Stefan George (deswegen wollte Goebbels später George zum Präsidenten der Reichsschrifttumskammer machen), datierte feinsinnig korrekt. Der »Verfall« jener Kunst, die er bekämpfte, begann in der Tat 1910 durch den Aufstieg des Signifikanten und das Abrutschen des Realen. So zielsicher strebte daher eine Blut- und Bodenideologie, welche die fortschreitende Durchlöcherung des Realen mit symbolischen und imaginären Ordnungen nicht akzeptieren wollte, in den Kampf und auf die Spitze der Signifikation zu, wie er im Kampf um die Kunst als Sicherung des Realen zum Ausdruck kommt. Das Bild zeigt nicht, was es zeigt, und ist nicht, was es zeigt, sondern sagt, was das Reale nicht zeigt, dies ist die logothetische Methode der Bildbetrachtung.

Die Vorliebe großer internationaler Firmen wie ITT für monumentale Lobbykunst, das ist Kunst eigens für die riesigen Vorhallen der Multis hergestellt, folgt ebenfalls dem logothetischen Prinzip. Die Kunst für große Gesellschaften, für Banken und Konzerne nähert sich immer mehr der Imagepolitur. Um das Erscheinungsbild einer Firma, ihre Corporate Identity positiv auszuweisen, werden üblicherweise ausgeklügelte Firmenzeichen (Logos) und optische Reklamefeldzüge entworfen. Eine der Aufgaben dieser visuellen Corporate Identity ist, der Firma eine selbstständige Kompetenz, eine besondere Individualität zu verleihen. Hierbei gibt es zwei interessante Tendenzen in jüngster Zeit: zum einen den

---

6 *Führer durch die Ausstellung »Entartete Kunst«* 1937, S. 2.

Keith Haring, Swatch Poster, 1986

Transfer künstlerischer Identität zur Corporate Identity, siehe Joseph Beuys und andere; zum anderen die logothetische Konversion in ihrer Werbung. Wenn z. B. IBM mit einer chaplinesken Clownfigur wirbt, benutzt sie das Image eines populären und großen Künstlers, um ihr eigenes Image aufzupolieren, und verhüllt in einer Kreuzung der Signifikanten ihre eigentliche Identität. Der Signifikant Clown bedeutet ja unter anderem, ein Hilfloser, Ausgestoßener, Underdog, Spaßmacher, Guter, Machtloser, Aufständischer etc. zu sein, also gerade das Gegenteil, von dem, was IBM wirklich ist. Damit signifiziert IBM gerade das Gegenteil seiner realen Bedeutung. Der Signifikant klingelt beim konträren Signifikat.

»Fette Jungs« – ein schöner konträrer Name für eine Band in einem Land, in dem alle besessen vom Schlanksein sind – die Fat Boys singen ihren Rap-Hit: »Calvin Klein ain't no friend of mine / I don't want nobodys name on my behind«. Calvin Klein ist der Schöpfer von Unterwäsche, der durch eine sehr aggressive sexuelle Werbung populär geworden ist und dessen Name auf vielen amerikanischen Unterhosen mächtig leuchtet. Wir sind aber gewitzt genug, um an diesen Protest nicht mehr zu glauben, zu lange und zu oft haben wir schon gesehen, wie aus Künstlern des Protests Staatspreisträger geworden sind, wie aus Brandstiftern Feuerwehrmänner wurden, wie Kunstwerke, die den Kapitalismus angreifen, gerade am liebsten von Banken angekauft werden, wie Beuys von der Deutschen Bank. Wir wissen also, dass die Fat Boys sicherlich nichts dagegen hätten, wenn ihr Name auf unseren Ärschen prangte. So nimmt es denn auch nicht wunder, wenn sie in ihrem Musikvideo die Kamera ganz deutlich auf ihre Arme richten: hoppla, *watch*, die Jungs tragen ja eine Swatch, zeigt uns die Kamera. Noch weniger nimmt es Wunder, dass Keith Haring Uhren für Swatch designte. Seine Kunst hat als Quelle die Graffitis in der New Yorker Subway, stammt aus einer Art unterirdischem Krieg der Zeichen von Jugendlichen, die gegen die offizielle Linie der weißen Mehrheit der Stadtbevölkerung kämpfen – eine Protestform. Gerade dieser Krieg ist nun nahtlos und blitzschnell wieder zur Linie der offiziellen Mehrheit, ja sogar zu einer Uhr aus der biederen Schweiz geworden, die vor Jahren noch brutal jede jugendliche Protestform unterdrückt hat. Die Schweiz hat die realen jugendlichen Autonomiebestrebungen mit militärischer Gewalt vernichtet und bekämpft, die akademische Ästhetisierung dieses Krieges aber mit offenen Armen aufgenommen. In dieser Konversion von einer kriegerischen Stilstrategie (Graffiti) zur offiziellen Werbelinie eines Konsumproduktes, zu einem Produktdesign, von einem abweichenden Stil einer Minderheit zum Stil des Mainstreams, erkennen wir die Kreuzung der Signifikanten. Auch Elton John singt nicht mehr

»Sad Song«, sondern schaltet die Silben anagrammatisch ein bisschen um in »Sasson«, den Namen einer Jeansfirma, der früher ein Name für ein Parfüm war. Elton John singt dann: »When every little bit hope is gone / Sassons says so much.«

Mit der Graffitiuhr am Arm verdreht der Opportunist sein Image ins Gegenteil, in das eines Stadtkriegers. Bei genauerer Betrachtung könnte man aber bemerken, dass Harings Stil von vornherein der Stil der Madison Avenue ist, nämlich klare Outline-Linien, gefüllt mit flachen, monochromen Farben. Die Graffitikunst hat im Gegenteil durch ihr Werkzeug, die Spraydose, diffuse Linien, Überlagerungen, Schichten von schillernden Farben. Haring kommt eher vom Comic Strip und von der Reklamekunst, daher eignen sich seine Skulpturen, die dreidimensionale Verwirklichungen seiner zweidimensionalen Zeichnungen sind, so ideal für die Vorhöfe, Vorgärten und Lobbys internationaler Multis. Denn auch sie geben der Firma das Image des konträren Signifikats, jung, unangepasst, frei zu sei. Die großen Gesellschaften, die eigentlich das System tragen, welches die Jugendlichen und die Minderheiten ausmerzen will, welche zu den Quellen gehört, die Ursachen sind für die Misere der Minderheit, nehmen ihren Opfern nicht den Skalp, sondern den Stil. Diese Firmen schaffen soziale Zustände, gegen die die Jugendlichen und Minderheiten nicht mehr real, sondern nur noch mit Stil, mit Zeichen, protestieren können. Dieser Stil hängt dann ästhetisch anverwandelt gerade an den Wänden dieser Firmen.

Vor solchen Komplizenschaften und Verwicklungen die Augen zu verschließen, hieße, sich sowohl vor der Kunst wie auch vor der Realität blind zu stellen. Die Funktion der Kunst als Konverter der Corporate Identity in einem logothetischen Prozess ermöglicht den beliebigen Transfer, die beliebige Kreuzung aller Signifikanten, aber wie schon anfangs gesagt, schließlich doch auf der Schiene binärer Oppositionen. Denn auch der Signifikant des Produkts löst sich vom Produkt, wird frei und setzt sich dann auf dem gegenteiligen Signifikat nieder. Der Signifikant eines Produktes muss sich heute gar nicht mehr auf irgendwelche Eigenschaften des Produktes selbst beziehen und sie loben. Der Signifikant schwebt. So kann zwischen verschiedenen Images und Identitäten frei gewählt werden.

Ob Beuys mit seiner Personal Identity für Whisky oder für die Deutsche Bank Reklame macht, ist egal. Wichtig ist nur, dass das visuelle Erscheinungsbild von Beuys (die Fliegerweste, der Hut etc.) als Logo der Kunstfirma Beuys positiv besetzt ist. Die Signifikationen von Beuys' Logo und Werk, die Corporate Identity der Kunstgesellschaft Beuys kann dann auf andere Corporate Identities übertragen werden. Signifikanten wie Authentizität, Menschlichkeit etc., welche die Corporate Identity von Beuys' Kunst sind, können dann auf Firmenprodukte übertragen werden und sich auf dem gegenteiligen Signifikat niederlassen.

Rückwirkend können wir erkennen, dass das visuelle Erscheinungsbild eines Künstlers, seine bohemehafte Kleidung oder andere Stilisierungen frühzeitige Versuche waren, sich selbst eine eigene Corporate Identity zu geben. Der Künstler war also das Modell für die großen Firmen, für die Marktstrategien. Das Logo eines Künstlers, seine Signatur, seine C. I. waren Vorgriffe auf die heutige Gesellschaft, in der große Firmen dominieren.

Kunst war offensichtlich schon immer Logokunst, für das Erscheinungsbild großer Konzerne zuständig, hieß der Konzern nun Kirche, Bank oder Bier. Die religiöse Ikonografie ist zur Logografie der Warenwelt geworden. Firmenzeichen, der Dienst am Logo, ersetzen den Dienst am Sakralen, dem religiösen Erscheinungsbild. Die Corporate Identity der Kirche und der Kaiser, für welche Michelangelo und Francisco de Goya sorgten, profanisiert sich in der Corporate Identity für IBM, MGM etc., die Warhol, Beuys und andere besorgen. Wenn Blue Jeans die letzte Hoffnung der Desperaten sind, dann ist der Stand der Dinge allerdings desperat. Wenn heute die gesamte Rock- und Popszene, von Debbie Harry (Blondie) bis zu John Lurie von The Lounge Lizards für Limonade, Bier und Jeans singt, dann ist in der Tat ein Grad der Desperatheit erreicht, dessen Fixpunkt Debilität ist. Doch auch hier interessiert uns nur die Konversion der Signifikanten. Wie nämlich die Signifikanten des Rock 'n' Roll, Rebellion, Aufstand, Randale, Lärm, Chaos, Energie, von der Konsumgesellschaft umgedreht werden und auf Produkte mit gegenteiligen Signifikaten gesetzt werden. Ganze Tourneen, etwa der Rolling Stones, werden auf diese Weise von Multikonzernen gefördert. Das Logo des Rock 'n' Roll wird zum Logo der Firma, aber gekreuzt, sodass schließlich weder der Rock, noch die Firma mit ihrer Signifikation übereinstimmen, sondern beide Teile einer Welt der Falsifikate, der gefälschten Papiere sind. Der Rock wird lau, der Konzern dynamisch. Konzerte für Konzerne, Graffitis für Gemeindekunst. Während Harald Naegeli, einer der originalen Erfinder des Spraystils in der Schweiz, für seine Kunst eingesperrt und meine Studenten für Sprayaktionen noch verhaftet wurden, hat die Gemeinde Wien für die Wiener Festwochen 1986 zwei New Yorker Street Artists, nämlich Keith Haring und Jenny Holzer eingeladen, welche auf Bestellung und auf vorgegebenen Wandflächen Graffitis und Sprüche anfertigten. Dieses zynische Schauspiel eines subventionierten »Krieges der Zeichen« ist auf der Ebene des Signifikats ein Friedens-, Versöhnungs- und Überläuferkünstler mit der Flagge des Krieges. Eine neue ästhetische Kategorie, die Überläuferästhetik, entsteht. Auch sie ist geprägt von der Konversion der Zeichen wie die Logokunst der Banken. Logokunst ist die eigentliche Kunst der zweiten Hälfte des 20. Jahrhunderts. Die Beispiele sind endlos.

Eine Bank in Österreich, die Erste Bank der österreichischen Sparkassen, wirbt mit einem Hund. Ihr Logo ist ein lang- und schlappohriger Hund. Der Signifikant des Hundes, dem man einen Tritt geben kann, der aufs Wort gehorcht, der Sklave ist, der vom Herrchen lebt, ist aber wieder das Gegenteil des Signifikats der Bank, die vom Kunden lebt, die Macht über ihn hat, die ihm einen Tritt gibt, wann immer sie will etc. Die Bank nimmt also den konträren Signifikanten ihres Signifikats. Auf der Ebene des Logos wiederholt sich hier das Gleiche, wenn einer der größten Berliner Bauspekulanten oder die Deutsche Bank, mit Hermann Abs (ein führender Nationalsozialist) an der Spitze, Beuys sammelt.

Diese logothetische Konversion ist ein zentraler Kern der Kultur. René Magritte hat ihr in seinem Bild mit dem bezeichnenden Titel *Lob der Dialektik* visuell Ausdruck verliehen: Man schaut in ein Fenster hinein, was man aber innen sieht, ist das, was man sehen würde, wenn man herausschaute, nämlich die gegenüberliegende Hausfassade. Diese visuelle Verdrehung gibt eine gute Vorstellung von der Kreuzung der Signifikanten, die aber nicht flächig, grafisch, sondern räumlich, holografisch aufzufassen ist. Diese Kreuzung ist gleichzeitig eine spiralartige Drehung im Raum, sodass die verschiedensten Signifikate in ihr Gegenteil umkippen und zwar pausenlos. Dieses stete Umkippen und Konvertieren in konträre Signifikanten ist die dominierendste Eigenschaft des gegenwärtigen Zivilisationsprozesses. Ob wir es wahrhaben wollen oder nicht: Nichts gilt mehr, nichts bleibt gleich. Authentisches und Falsifikate changieren. Frei flottierende Signifikanten codieren ihr jeweiliges Lekton. Die logothetische Bildbetrachtung ist angesichts dieser Empirie die scheinbar einzige, weil korrespondierende Möglichkeit, im Herzen der Finsternis temporäres Licht zu spenden.

Wenn im österreichischen Magazin *Profil* (Nr. 45, 1985) für »Vienna. The heart of Europe« mit einem Foto Sigmund Freuds Reklame gemacht wird, dieses Foto aber ausgerechnet jenes ist, das Freud im Zug nach London bei seiner Vertreibung durch die Nazis zeigt, so wissen wir, was der abwesende Signifikant des Bildes eigentlich sagt. Freud ist gar nicht willkommen, sondern unter dem Signifikant »Welcome« steht noch immer das Signifikat »Abschied«. Freud ist also immer noch unerwünscht, soll weg und fern bleiben. Diese Bildauswahl ist genauso wenig beliebig wie die Wahl von Freundlichs Skulptur für das Titelblatt der »Schandausstellung« von 1937. Verleitet von unbewussten Wünschen wurde gerade dieses Bild ausgewählt, das konträr zu seiner Signifikation die Wahrheit über die österreichische Realität aussagte, nämlich den latenten Antisemitismus und Faschismus in

Österreich. Dieses Bild hat die Wahl Kurt Waldheims, eines faschistischen Opportunisten, als österreichischer Bundespräsident 1986 vorweggenommen.

Auch dafür gilt ein Bildnis Margrittes mit generellem Anspruch. Im Bild *Verbotene Reproduktion* blickt ein Mann in einen Spiegel, sieht sich aber nicht von vorn, sondern seinen Hinterkopf, er sieht sich von hinten, von der abwesenden Seite. Im Wien-Reklamebild konnte man Österreich von hinten sehen, seine abwesende, verdrängte, vergessene Seite. Weniger subtil sind da jene Mechanismen, die so zahlreich sind, dass sie gar nicht mehr auffallen, nämlich die Bildlegenden. In einer französischen Zeitung war ein Großbericht über Wien zu sehen. Ein Foto auf zwei Magazinseiten mit dem Titel *Wien* zeigte aber nicht Wien, sondern Salzburg. Klar, weil Salzburg als Signifikant (mit seinen dichtgedrängten, barocken Kirchen und Schlössern) viel mehr wie Wien aussieht als Wien selbst. Das Bild von Salzburg ist der Idee, der Vorstellung von Wien viel näher als das Bild von Wien selbst. So kann man also am besten Wien durch ein Bild von Salzburg darstellen, so wie man am besten durch Kriegszeichen den eigentlichen Frieden darstellt. Der Bestsellererfolg von Günter Walraffs *Ganz unten* verdankt sich wahrscheinlich genau solchen Mechanismen, desgleichen der Erfolg des Films *Amadeus* (1984). Wolfgang Amadeus Mozart als Punk kann als Erfolg nur noch übertroffen werden durch Mozart als Chinese, denn es gibt vierhundert Millionen chinesische Zuschauer, und ob Punk oder Chinese ist einerlei, denn von der Wahrheit sind beide gleich weit entfernt.

Das weiß auch die Werbung schon, daher betont sie in einer Emphase des Tautologischen, wenn etwas wirklich wahr ist, dass es wirklich wahr ist. Sie designiert dann das Logo: »Oliven-Olivenöl«, denn Olivenöl kann mittlerweile schon alles sein. Der Signifikant ist entwertet. Jetzt hilft entweder die CI eines Künstlers, etwa Beuys, der japanischen Whiskey trinkt, Philip Glass, der Guru der Meditationsmusik, der Scotch verkauft, und John Lurie, der Star »armer« Filme wie *Stranger than Paradise* (1984), der mit seiner Person für Limonade wirbt. Da am Produkt selbst keine Eigenschaft mehr glaubhaft ist, verzichtet man auf Preisungen realer Eigenschaften und verspricht nur noch leere Signifikanten, nur noch ein Zeichenereignis statt eines sinnlichen Ereignisses: »The uncommon denominator« für Rose's lime juice, oder umgekehrt, ein sinnlich leeres Ereignis wird zu einem sinnlich besonders erregenden umcodiert: Mineralwasser »belebt die Sinne«. Die Emphase der Tautologie ist der doppelte Boden, in den die Lüge gepackt werden soll. Wenn sich daher eine Immobilienfirma New York Land nennt, weiß der Logothetiker, dass es sich auf keinen Fall um eine New Yorker Firma handeln kann. In der Tat, die Besitzer von New York Land sind hauptsächlich Imelda und Ferdinand Marcos, philippinische Ex-Diktatoren, und die Firma Kumagai Gumi aus Japan. Eben weil es in der Epoche der multinationalen Konzerne und der multinationalen Wirtschaft keine lokale Authentizität mehr geben kann, wird versucht, ihr Fehlen durch doppelte Signifikation wie »Oliven-Olivenöl« zu verdecken.

Wenn die Demokratie noch nicht demokratisch und das Klassensystem noch nicht abgeschafft ist, dann sind wir zumindest alle Mitglieder einer Klasse und womöglich einer Klasse, in die wir uns leicht (Konsumgesellschaft) einkaufen (Kapitalismus) können. Es gibt diese Klasse, es ist das neue Klassensystem der Designprodukte.

Wenn es Kleider gibt, deren Firmenname Members Only ist, »Nur für Mitglieder«, dann zeigt das deutlich, dass wir *nicht* in einer demokratischen, klassenlosen Gesellschaft leben, dass wir nicht alle Mitglieder der realen Gesellschaft sind, sondern dass es neue Klassen gibt, die Lacoste, Dior, Gucci, Fiorucci etc. heißen. Die bloße Existenz einer Kleideretikette »Members Only« verweist auf den Ausschluss aus der Klasse, aus der Gesellschaft.

Die Gesellschaft ist eine *consumer society* geworden, in der die Mittel des Protestes (siehe Graffitis) zu Mitteln des Kommerzes werden, solange die Sprache des Protestes keine Sprache der Differenz mehr ist. Die alte Sprache ist vollkommen korrupiert. Die alte Sprache, das ist die Sprache, die von Freiheit, Gleichheit, Gerechtigkeit, Brüderlichkeit, Menschlichkeit etc. spricht. Mit dieser Sprache verkauft man heute das Gegenteil. Mit dieser Sprache kann höchstens noch die Werbung Produkte konträrer Signifikation verkaufen. Diese alte Sprache ist vollkommen kaputt, sie dient der Verwirrung und der Ausbeutung. Die alte Sprache ist ein *smooth operator*. Die Stimme der Freiheit kommt heute vom Playback, so wie einst die »Stimme Europas«, eine Radiostation, die Stimme Amerikas war. Die Stimme der Vernunft spricht nicht mehr selbst, sondern sie spricht lippensynchron zu dem, was vom Band kommt. Vom Band kommt *his masters voice*. Die *master* sind die Mächte der *corporate society*, der Firmengesellschaft, die eine neue feudale Gesellschaft ist. In der Konsumgesellschaft können die Menschen »frei« und »vernünftig« sprechen, denn auch die Anweisung zur Freiheit und Vernunft kommt vom Band. Ob frei oder »frei« - es gibt keinen Unterschied mehr. Signifikanten der Freiheit, wie Kunstwerke, werden in Bankfilialen, Orten der Unfreiheit, ausgestellt.

Banken und Konzerne unterstützen Kunst, Galerien werden zu Kunstbanken. Die Namen der Sponsorfirmen sind oft auf Plakaten zahlreicher und deutlicher zu lesen als der Name des Künstlers. Dass das griechische Wort *logos* (Geist, Vernunft) zu Logo (Firmenzeichen) verkommen ist, ist nur ein Symptom. Logokunst herrscht überall. Die logothetische Methode begibt sich in die Mundhöhle der Macht selbst und dreht ihr dort das Wort um. Die logothetische Methode scheint nur eine Möglichkeit, die Sprache der Logokunst, die Sprache der Macht zu entziffern.

Meine Anwendung der logothetischen Methode erstreckte sich vom Nationalsozialismus zum *corporate capitalism*. An ihnen hat sich auch die logothetische Methode entwickelt. Die logothetische Verschiebung, Konversion bzw. Kreuzung der Signifikanten, deren Ursachen wir an der Kunst untersucht und deren Struktur wir vorgestellt haben, geht also über die Kunst als Domäne hinaus. Weil die Zeichen des Realen die Realität selbst verdrängt haben, sich an seine Stelle gesetzt haben, aber eben auf die logothetische Weise, als Verdrängen, Verschieben, Verdrehen, Kreuzen, wie es das Bild von Parrhasios schon im Keim zeigt, operieren die logothetischen Verfahren in Kernstrukturen der Gesellschaft selbst. Die verwirrende, scheinbar widersprüchliche Realität und »Umwertung aller Werte«, in der *anything goes* und nichts mehr gilt, sich sogar Kritik und Protest in die optimalen Strategien der Anpassung, des Erfolgs und der Integration verwandelt haben, ist durch die logothetische Methode erhellbar geworden.

Die Aufgabe der Kunst kann daher nicht die reaktionäre Einbalsamierung der Welt durch die Malerei sein, und wunderbarerweise sind es gerade immer Maler, welche von Computerfirmen für ihre CI herangezogen werden (Achtung! Kreuzung der Signifikanten), sondern Aufgabe der Avantgarde kann es im gegenwärtigen historischen Moment nur sein, künstliche Bilder der Realität zu schaffen, Bilder der Differenz, nicht Mythen und Legenden.

Ob eine Stadtverwaltung Straßengraffitis und Plakatbemalungen subventioniert, ob eine Bank ihr Logo mit einem Hund signifiziert oder ein Konzern sich mit der Kunst archaischer Mythen dekoriert – all dies sind Konversionen der Signifikanten wie am Beispiel von Freundlichs *Neuer Mensch* demonstriert. Artige Kunst statt »entarteter« Kunst sind nur zwei verschiedene Seiten von Logokunst.

Der vorliegende Text ist 1986 in dem von Gerhard Johann Lischka herausgegebenen Band *Philosophen-Künstler*, Merve, Berlin, S. 85-123, erschienen.

Logokultur

1987

I. Vom Symbol zum Logo: Zeichen des Realen

In unserer gegenwärtigen Geschichte der Kultur wird die Kunst als eine Art symbolische Sprache definiert und das Kunstwerk als symbolischer Ausdruck verstanden. So sehr steht die Idee des Symbols im Zentrum der Kunsttheorie, dass sich ganze Kunstbewegungen darauf gegründet haben. Unsere Beobachtung ist aber, dass mit den Dingen, die sie bezeichnet haben, auch die Symbole schon längst verschwunden sind, seitdem »alle oder [...] auch nur die Mehrzahl der Produkte die Form der Ware«[1] angenommen haben und »das goldene Zeitalter der Warenzeichen« begonnen hat, wie es schon in einer Schrift aus dem Jahre 1905 heißt.[2] Heute geht es nicht mehr darum, die Dinge beim Namen zu nennen, sondern darum, die Waren beim Logo. Wer mit der Vorstellung eines Dings im Kopf in ein Geschäft geht und dieses Ding beim Namen nennt, wird kein Glück haben. Wenn er Mineralwasser sagt, wird er kopfschüttelnd gefragt, wie ein Außerirdischer oder Ureinwohner, der zum ersten Mal in die menschliche Zivilisation tritt: »Welches bitte?« Und er wird die Ware bei ihrem Logo nennen und brav antworten: »Vöslauer« oder »Römerquelle« oder »Perrier«. Das Mineralwasser gibt es nicht mehr als Ding, sondern nur noch als Ware und die Kommunikation funktioniert nicht mehr über die Namen der Dinge, sondern über die Warenzeichen, die Logos der Waren. In diesem Sinne gibt es auch keine Autos mehr, sondern nur noch Fords, Fiats, Volkswagen etc. Das Firmenzeichen und das Warenzeichen haben die Symbole und Namen ersetzt. Sie sind die neuen Zeichen des Realen, natürlich eines Realen, das uns sehr fremd vorkommt. Denn mit den Dingen und ihren Symbolen ist auch das Reale verschwunden, wie wir es gewohnt waren. Das neue Reale aber sind wir gewohnt, seit Jahrzehnten zu verdrängen und zu verschleiern. Daher fahren wir fort, das Symbolische und Expressive in der Kunst zu preisen und die Kunst als Feld des Visiblen und des Sichtbarmachens abzustecken, wenngleich dies historische Felder geworden sind, die nicht mehr zu bestellen sind. Claims werden errichtet in Gebieten, in denen der Goldrausch schon gelaufen ist. Die Rhetorik des Sichtbarmachens durch die Kunst blüht umso mehr, je weniger sie uns an Realität zeigt. Aber nachweislich wird die Kunst erst recht von jener Realität geschluckt, vor der sie flieht, von der Corporate Society des postindustriellen Kapitalismus. Je expressiver, metaphysischer, archaischer sich die Kunst gebärdet, umso eher fällt sie in den Rachen des Biestes mit dem Namen KKK (Konsum, Kommerz, Kapital). Indem sie unentwegt das Spirituelle beschwört, glaubt diese Kunst, gibt diese Kunst vor, in sicherer Distanz vor dem Maul des Walfisches herumschwimmen zu können, wird aber erst recht von ihm verschlungen, wie uns die Erfahrung gelehrt hat. Die Zwillingstürme der Deutschen Bank in Frankfurt, deren Vorsitzender Hermann Abs ist, der als Mitglied

---

1 Karl Marx, *Das Kapital* (1867), in: ders., *Werke*, Bd. 23, Dietz, Berlin, 1968, S. 184.
2 *Printer's Ink*, 1905, zit. nach David M. Potter, *People of Plenty*, The University of Chicago Press, 1954, S. 170; Übersetzung des Autors.

der Deutschen Reichsbank einer der prominentesten Nazi-Bankiers war, beinhalten eine der bedeutendsten zeitgenössischen Kunstsammlungen. Ein Schnittdiagramm zeigt die Namen der Künstler in der Sammlung der Deutschen Bank und in welchem Stockwerk die Werke zur Schau gestellt sind.

So ist es Zeit, nach einer Kunst zu suchen, die sich mitten in den Bauch des Biestes begibt, sich der neuen Zeichen des Realen annimmt, diese von der alten Kunst ausgeklammerte neue Realität in ihrer schmutzstarrenden, abschreckenden, horrenden und unmenschlichen Form untersucht, um vielleicht erst recht wieder unversehrt aus dem Bauche des Ungeheuers ausgespien zu werden, wie dereinst Jonas.

The arts are [...], in fact, essential to business.[3]
FRANK STANTON, Direktor von PAN AM

Die Verflechtung von Kapital und Kunst, von Banken, großen Firmen, Konzernen und Kunst ist schon so tief und eng geworden, dass es dafür nicht nur bereits verschiedene Namen gibt, wie etwa Lobby Art oder Corporate Art, sondern auch zum Thema der Kunst selbst geworden ist wie im Werk von Hans Haacke. Unternehmen und Banken wie der Zigarettenkonzern Philip Morris, Chase Manhattan Bank, Mobil Oil, Exxon, Deutsche Bank, Prudential Insurance Company, Unilever, Artémis S. A., Ludwig Konzern, F. Hofmann-LaRoche, Migros, Saatchi & Saatchi etc. legen nicht nur riesige Sammlungen zeitgenössischer Kunst an, sondern sponsern auch Ausstellungen, Konzerte, Theaterproduktionen und werden somit zu den eigentlichen Trägern der Kultur. Die Namen der Vorstände von Banken und Konzernen sind daher meist identisch mit den Namen der Vorstände von Museen, Stiftungen und anderen öffentlichen Kunstinstitutionen, ja sogar schon von privaten Galerien. Museen werden so zu Filialen von großen Konzernen, Kaufhäusern und Banken. Die größte Wiener Galerie wird von einer Bank und Risikokapital getragen, und das staatliche Museum ist die Stiftung des deutschen Ludwig-Konzerns. Konzerne und Kunst konvergieren, sodass es treffend ist, von Konzernkunst zu sprechen. Wenn ein ehemaliger Fluxus-Künstler wie Nam June Paik in einer Filiale der Chase Manhattan Bank in New York eine Videowand ausstellt, welche die amerikanische Flagge darstellt, dann ist das eine Häufung von staatlichen und kommerziellen Ikonen und Indizes, die uns alles über die Konzernkunst, die Corporate Art sagt: Kunst wird eine andere, bessere Form des Investments. »Perhaps the most important single reason for the increased interest of international corporations in the arts is the almost limitless diversity of projects which are possible. These projects can be tailored to a company's specific business goals and can return dividends far out of proportion to the actual investment required.«[4] Wie ein roter Punkt in einer roten Fläche nicht sichtbar wird, so decken sich Konzernkunst und Konzerngesellschaft. In der Corporate Society ist Corporate Art selbstverständlich. Wir haben die liberale Ausgabe: die Konzerngesellschaft, die Firmengesellschaft. Dabei wird aus dem Bewusstsein gelöscht, in welcher Dienstleistungsfunktion die Konzernkunst steht. Die Kunst hat sich so sehr an die Corporate Society angepasst, dass sich ihr Bild nicht mehr vom gesellschaftlichen Hintergrund abhebt. Die Kunst ist keine transparente Folie der Gesellschaft mehr, unterscheidet sich von nichts mehr innerhalb der Corporate Society, sondern im Gegenteil wird Teil von ihr. Durch ihre

---

3   Frank Stanton, »The Arts – A Challenge to Business«, Rede zur 25. Anniversary Public Relations Conference of Public Relations, Detroit, 12. 11. 1972.
4   C. Douglas Dillon, Präsident des Metropolitan Museums (1970–1978) und Vorsitzender der United States & Foreign Securities Corporation, »Cross-Cultural Communication Through the Arts«, in: *Columbia Journal of World Business*, Vol. 6, Nr. 5, September/Oktober 1971.

Peter Weibel, *The Legacy of Logos*, 1986

Ununterscheidbarkeit von anderen Codes innerhalb der Semiokratie der Corporate Society wird die Kunst ebenso austauschbar (und damit auch handelbar). Gerade wegen dieser Tauschbarkeit gewinnt die Kunst das Interesse des Geschäfts, des Big Business und der großen Banken in einer Gesellschaft, da in deren Zentrum ja die totale Tauschbarkeit von allem steht, wie es das Wesen der Corporate Society ist. Wegen dieser Wahlverwandtschaft in der absoluten Tauschbarkeit ist »die Kunst wesentlich für das Geschäft« (Frank Stanton) – seitdem die Kunst dazu geworden ist.

II. Kunststrategien und Marktstrategien

Es gibt nun offensichtlich mehrere Strategien, dieser semiokratischen Konfusion zu begegnen, wenn man sich ihrer überhaupt bewusst ist und nicht von vornherein blind gegenüber der Realität den expressiven Eskapismus vorsieht, mit dem man sich wie alle Beteiligten des großen Konzernspiels eine goldene Nase verdient.

1. Marktstrategien

Natürlich gibt es zuerst die Mischstrategien, beispielsweise den Kunstwerken selbst mythischen, archaischen, rituellen Charakter oder Züge des Wahns zu verleihen, sich selbst aber gleichzeitig absolut konsequent als Standardfirmenzeichen zu präsentieren, damit andere Kunstfabrikanten ähnlicher Produkte verdrängt werden. Die Marketingstrategien konvergieren mit den Kunststrategien. So wie die klassischen Markenartikel Odol (1893), Shell (1897), Persil (1907) mehr oder minder immer das gleiche Logo haben und dadurch zu einem Standardfirmenzeichen entwickeln, so tragen auch Künstler immer die gleiche Kleidung von hoher Signifikanz oder verwenden immer die gleichen Elemente in ihrer Kunst, getreu dem Versprechen »Persil bleibt Persil«. Ein Standardfirmenzeichen steigert nicht nur den Wiedererkennungswert, sondern sein eigentlicher Zweck ist, die anderen Firmenzeichen auszulöschen und ein Monopol zu errichten.

So hat der Markenname, das Logo UHU den Namen des Gebrauchsgegenstandes Klebstoff vollkommen ersetzt. Die Gattungsbezeichnung ist identisch mit dem Warenzeichen geworden. Das Ding existiert nicht mehr unter seinem Namen, sondern, da mir sein

Markenzeichen (Logo, Warenzeichen) bekannt ist, existiert es nur noch als Ware. Wenn ich im Geschäft »UHU« sage, weiß die Verkäuferin, dass ich »Klebstoff« meine, denn wir beide wissen gar keinen anderen Namen mehr für Klebstoff. UHU meint und heißt Klebstoff. Wir sagen sogar oft im alltäglichen Gebrauch »Gib mir UHU«, auch wenn wir ein anderes Markenprodukt zur Hand haben, denn wir kennen keine anderen Markenzeichen mehr.

In der Konzern- und Konsumwelt führen die Gegenstände, ihr Gebrauchswert und ihre Begriffe ein Schattendasein. Der gesetzlich geschützte Warenname ist an ihre Stelle getreten. Daher leistet die Kunst für die Konzern- und Konsumwelt so außerordentliche Dienste, weil sie mit all ihrer zur Verfügung stehenden Rhetorik des Metaphysischen, der Würde, des Erhabenen, des Humanen die unmittelbaren Ausdrucksformen des Monopolkapitalismus legitimiert. Der eifersüchtig gehütete und gehätschelte Stil ist der Versuch, dem künstlerischen Produkt eine monopolähnliche Stellung zu sichern. Der gigantische Einsatz von Katalogen, Artikeln und Werbeschaltungen in Kunstzeitschriften, von Ausstellungen in Galerien und Museen haben den Zweck, die Ware Kunstwerk zum Markenartikel aufzubauen, weil dies das sicherste Mittel zur Konkurrenzausschaltung und zu einer monopolähnlichen Stellung ist. Weil die Kunst ein Markenartikel ist, spricht man zu Recht von Kunstmarkt.

Die Geschlossenheit des Marktes hat ein Ausmaß angenommen, das Barbara Kruger zur Behauptung verleitet: »Outside the market there is nothing.«[5] Als Paraphrase können wir sagen, ohne Marke existiert das Kunstwerk nicht. Ein Kunstwerk ist heute nur dann ein Kunstwerk, wenn es ein Markenzeichen ist. Der Kunstbetrieb hat die Aufgabe, das Kunstwerk in ein Markenzeichen zu verwandeln, so wie die Werbung die Ware in ein Markenzeichen übersetzt. Was in der zitierten Schrift aus dem Jahre 1905 geschrieben steht, gilt für Kunst und Werbung gleichermaßen: »Dies ist das goldene Zeitalter der Warenzeichen – eine Zeit, in der fast jeder, der ein wertvolles Produkt herstellt, die Umrisse einer Nachfrage festlegen kann, die nicht nur mit den Jahren alles Dagewesene überschreitet, sondern auch in gewissem Maß zum Monopol wird. Überall gibt es Gelegenheit, die Führung in der Werbung [Kunst] zu übernehmen – Dutzende von Bastarden unbekannte, nicht anerkannte Fabrikate eines Stoffes [eines Künstlers], eines essentiellen Kleidungsstücks, eines Lebensmittels [eines Kunstwerks], zu verdrängen, mit einem handelsüblichen Warenzeichen, unterstützt durch landesweite Werbung, die selbst schon für die Öffentlichkeit zur Qualitätsgarantie geworden ist«.[6] Dadurch wird der Markenartikel (das Kunstwerk) weniger eine Sache der materiellen Produktion als eine der Werbung. Das Markenzeichen für ein Produkt großer Konzerne schiebt sich in den Rang der Gebrauchsgegenstände und Gebrauchswerte, so wie der Markenname eines Künstlers sich an die Stelle einer Kunstrichtung, eines Kunstwerks, aber auch des Werts und der Qualität eines Kunstwerks setzen kann. Denn der Markenartikel und -name ist per se monopolitisch strukturiert. So wie der Markenname (UHU) den Gebrauchsgegenstandsnamen (Klebstoff) ersetzt hat, kann auch der Markenartikel ein Kunstwerk ersetzen. Das Bild der Ware kann die Ware ersetzen. Das Image des Kunstwerks ist das Kunstwerk, nicht das Kunstwerk selbst, denn als Markenartikel wird es sogar nach dem Bild der Sehnsucht des Käuferpublikums gebildet. Wenn ein Künstler und sein Werk durch die gemeinsamen Anstrengungen von Galerien, Magazinen und Museen endlich zu einem Markenartikel geworden ist, so sitzt er nicht nur an der obersten Stelle einer ganzen Klasse von Künstlern ähnlicher Richtung, von der aus die Mitbewerber an den Rand gedrängt werden, sondern er wird unersetzbar, einzigartig. Er ist unvergleichlich. Kein anderer Künstler kann ihn ersetzen, so wie »Butter durch nichts

---

5   Barbara Kruger, in: Carol Squiers, »Diversionary (Syn)tactics: Barbara Kruger Has Her Way with Words«, in: *Artnews*, Vol. 86, Nr. 2, Februar 1987, S. 76–85, hier S. 79.
6   *Printer's Ink* 1905, zit. nach Potter 1954, S. 170f.; Übersetzung des Autors.

Andy Warhol, *One-Dollar Bill*, 1962

Jeff Koons, *Hennessy, The Civilized Way to Lay Down the Law*, 1986

ersetzt werden kann«. Der höchste Markenartikel ist jener, der gar keinen Vergleich mehr mit anderen Marken benötigt, weil seine Qualität sich selbst garantiert. Deswegen bleibt »Persil einfach Persil«. Diese Methode der Strategienmischung, der systemkonformen Vermarktung eines Produktes, das als systemabweichend ausgegeben wird, ist die erfolgreichste. Gegen den Warencharakter des Kunstwerks und der Welt, gegen das Kapital mit seiner Kunst zu protestieren, indem in den Kunstwerken Formen und Erscheinungen des Wahns, der Archäologie, der Ethnografie rekurriert werden, diese Kunstwerke aber selbst vollkommen unter das Gesetz der Ware und des Kapitals zu stellen, ist die bewährteste Methode, zugleich aber auch die schäbigste, weil es die koloniale Enteignung des Monopolkapitalismus fortsetzt. Man nimmt den Wahnsinnigen, den Opfern des Systems, ihre Zeichen, Formen und Symbole und verkauft sie an die Erzeuger dieser Opfer mit einer unglaublich hohen Gewinnspanne. Man ist Komplize des Systems und will gleichzeitig Dissident sein. Ein verdecktes Spiel.

2. Kunst als Logo

Eine andere Strategie ist, ein offenes Spiel zu spielen, zuzugeben und zu zeigen, dass die Kunstwerke zu Markenartikeln geworden sind, sich willentlich und erklärtermaßen zu einem Markenzeichen zu stilisieren. Sich selbst in einen Unternehmer, in eine Firma, einen Konzern zu verwandeln. Andy Warhol und seine Factory haben das vorgeführt. Kein X (Archaik) für ein U (Markenzeichen) vorzutäuschen, sich also nicht an der semiotischen Konfusion zu beteiligen, sondern das Spiel spielerisch zu spielen. Diese Strategie ist natürlich nicht ungefährlich. Der Ikonograf der Warenwelt kann auch zu ihrem Komplizen werden. Der Beobachter der Konzernkultur kann auch ihr Zeuge werden, ihr Mitglied, ihr Partygast. Das Bekenntnis, Teil des Systems zu sein, kann auch brutaler Zynismus werden. Pop Art hat uns nicht gezeigt, was uns umgibt, sondern hat es verklärt. Warhol hat Konsum, Kommerz, Kapital in seiner Malerei jubilatorisch bejaht. Ihm kommt das Verdienst zu, uns das Problem der Konzernkunst in der Konzerngesellschaft gezeigt zu haben. Er hat aber keine Lösung gesucht, sondern das Problem genossen.

In einer Serie von Arbeiten aus dem Jahre 1985, zehn Siebdrucke, *Ads* genannt (für *advertising* – Werbung), hat Warhol seine Position richtungsweisend radikalisiert. Er hat nämlich direkt die Logos großer Konzerne gemalt. Wenn Kunst ohnehin, egal nach welchen metaphysischen Umwegen, im Bauch der Konzerne landet, wenn Kunst ohnehin nur noch durch die großen Firmen lebt, dann scheint es doch ehrlicher zu sein, diese Umwege gar nicht mehr vorzutäuschen und gleich direkt für diese Auftraggeber zu arbeiten. Die Bewusstheit, mit der hier die Stützen der Gesellschaft nicht mehr verheimlicht, sondern ins Licht der Malerei geholt werden, wirkt aufklärerisch. Schließlich nennt Warhol nun die Waren beim Logo. Er zerbricht die Grenze zwischen Konzernprodukt und Kunstwerk, zwischen Museum und Unternehmen, zwischen Markenartikel und Kunstwerk, zwischen Werbung und Wahrheit, zwischen Kommerz und Kunst, da sie in der Corporate Society nicht mehr existiert. Er zeigt uns auf brutale Weise, in dem er einfach bekannte Firmenzeichen, Markenartikel und Warenzeichen nachmalt, die Tatsache, dass Bild und *ad*, Kunstwerk und Ware, Galerie und Bank eins geworden sind. Er zeigt uns, wie das Image und die Medien wichtiger geworden sind als das Werk und das Bild selbst. Er zeigt uns die neue Hofkultur, die demokratische Hofkultur, so widersprüchlich dieser Begriff auch scheinen mag. Von den Künstlern bis zur Kritik erstreckt sich ein Hofschranzentum, das der neuen Aristokratie, den internationalen Konzernen und Banken, den großen Werbefirmen, Fabrikanten und Medienzaren zu Füßen liegt. Deutsche Bank, IBM, Mobil Oil statt Karl V., Ludwig XIV., Philipp IV. Debora Silverman beschreibt in ihrem Buch *Selling Culture: Bloomigdale's, Diana Vreeland, and the New Aristocracy of Taste in Reagan's America* (1986) mit überwältigenden Fakten die Verschränkung von Kaufhaus (Bloomigdale's) und Museum (Metropolitan). Die Kapitäne der Industrie und Gesellschaft kolonisieren die Kultur für ihren Konsum und als Statussymbol. Museen und Galerien werden zu einem Annex, zu einer Außenstelle für große Konzerne. In einer exakten Analyse zeigt Silverman, wie Unternehmen als Sponsoren von Ausstellungen die Ausstellungen selbst so verändern, dass eine Ausstellung zum Bild der Firma wird und nicht zum Bild des Ausgestellten. Eine logothetische Verschiebung findet statt. Diese illustriert sie am Beispiel von Diana Vreeland, dreißig Jahre führende Kraft bei *Harper's Bazaar* und *Vogue*, seit 1973 Beraterin des Kostüminstituts des Metropolitan Museums in New York. Mit Ausstellungen wie *Costume of China* bis *Twenty-Five Years of Yves Saint Laurent* zerstört sie die Kostümgeschichte, um sie den Erfordernissen der Modeindustrie anzupassen. Die Ausstellungen dienen eigentlich hauptsächlich dem Zweck, ein Reklamefeldzug für den jeweiligen Sponsor und dessen Produkt zu sein. 1980 zeigten die Schaufenster des Kaufhauses Bloomingdale's und das Metropolitan Museum Kostüme aus China. Aber sogar die *New York Times* bemerkte, dass die Kostüme eher zeitgenössischem Modedesign glichen als irgendeiner historischen Periode Chinas. Denn selbstverständlich waren die Kostüme, welche das Wesen Chinas veranschaulichen sollten, zuerst in der Lexington Avenue skizziert worden, bevor sie in China in eigenen Fabriken für den amerikanischen Export gefertigt wurden. Der historische Kontext, die historische Wahrheit galt natürlich auch in der Met-Ausstellung nichts. Die Ausstellungsräume wurden in einen mächtigen Geruch gehüllt, den wir mit China assoziieren, nämlich Opium, das neue Parfum ihres Freundes Yves Saint Laurent. Dies angesichts der Tatsache, dass das Opium im 18. und 19. Jahrhundert entgegen dem chinesischen Gesetz von westlichen Händlern nach China eingeschleppt wurde. Das Opium-Parfum aus Frankreich in der China-Ausstellung des Metropolitan Museums ist also nur eine weitere Etappe der Kolonialisierung und Verachtung fremder Kulturen, ist der Ausdruck dessen, dass es ja gar nicht um China geht, sondern um das Parfum. Der Zweck der Show ist nicht Information über China, sondern Werbung für das Produkt des Sponsors. Die Museumskultur wird annektiert als Marketing Space. Das ist Vreelandian Culture. Der kommerzielle Zweck einer Ausstellung betrifft gar nicht mehr so sehr die ausgestellten Werke selbst, sondern vielmehr die Produkte der Sponsorenfirma. Die Kostümschau *Man and the Horse* wurde zur Gänze von Ralph Lauren gesponsert. Daher war sein Polo-Logo nicht nur auf allen Einladungen, Presseaussendungen, Katalogen etc., sondern sogar an den Wänden der Ausstellungsräume zu finden. Die Ausstellung benutzte also das Museum als Promotion Avenue, als hochwertigen Stimulus für Kommerz, als noble Reklame. Die semiotische Konfusion wird hier zur offenkundigen Korruption. Aber dadurch wird eigentlich die Tendenz der Konsum- und Konzernkultur offenbar. Die Kunst wird gesponsert, wird benutzt, weil sie eine hochwertige Reklamemöglichkeit ist. Das Logo der Sponsorenfirma setzt sich an die Stelle des Kunstwerks, so wie sich der Markenartikel an die Stelle des Gebrauchsobjekts und das Logo an die Stelle des Symbols gesetzt haben. Corporate Art kommodifiziert nicht nur jedes Kunstwerk, sondern transformiert auch jedes Kunstwerk zu einem Corporate Logo. Daher ist es so stringent, wenn Warhol und seine Nachfolger direkt Corporate Logos zum Thema ihrer Kunst machen. Dies hält wenigstens noch das Bewusstsein wach. Andy, der ein persönlicher Protegé von Diana Vreeland war und von der Vreelandian Culture immens profitiert hat, hat natürlich eine glamouröse Apologie des Protagonisten dieser Selling Culture hergestellt.

Künstler wie Jiří Georg Dokoupil, Guillaume Bijl, Jeff Koons, Rosemarie Trockel und andere verschärfen die Warhol'sche Strategie, die Verwandlung des Kunstwerks zum Corporate Logo selbst zum Thema der Kunst zu machen, durch größere Analytik oder auch Banalität. Das komplizenhafte Augenzwinkern fehlt. Warhols Siebdrucke haben den Glamour noch gestärkt. Bei den Logokunstwerken der genannten Künstler fehlt die Glorie. Das Material (gebrannter Ton, Wolle) ist das falsche, zu armselig. Die Ausführung ist zu läppisch. Dokoupil hat 1985 eine Werkgruppe mit dem Titel *Corporations & Products* hergestellt, die aus dreizehn Gemälden (etwa *Coca-Cola, IBM, Sony, UHU, Nivea, Deutsche Bank, Rolex* etc.) und aus 43 Skulpturen (gebrannter Ton, mit Pigmentfarbe bemalt) besteht. Diese Skulpturen sind nichts anderes als Firmen- und Warenzeichen, etwa von adidas, BASF, AEG, Coca-Cola, Chanel, Mercedes, Perrier, Siemens, Philips, Tempo, Ford, etwas jämmerlich und schrumpelig dargestellt.

Die Vereinheitlichung und Verengung unseres kulturellen Bewusstseins zeigen die gewebten Bilder von Rosemarie Trockel, auf denen vorgefertigte industrielle Schnittmuster oder ebenfalls Logos zu sehen sind. Diese GeBILDE bzw. GeWEBE zeigen auch, wie Kulturbewusstsein zu Markenbewusstsein geschrumpft ist, die Verschiebung vom Ikon zum Logo, vom gemalten zum gesTRICKten Bild. Wie Willi Bongard in *Fetische des Konsums* (1964) selbst die Vereinheitlichung von Symbol, Marke, Logo und deren Austauschbarkeit in der Corporate Society beschreibt: »Die Propaganda braucht ein Symbol, eine Fahne, einen Kristallisationspunkt, um den sich alles gruppiert. Für die islamische Religion heißt er Mohammed, für die sozialdemokratische Partei Freiheit, Gleichheit, Brüderlichkeit, für die kaufmännischen Geschäfte ist es die Marke – und für das Deutsche Reich ist es der Kaiser.«[7] In der Vreelandian Culture und Corporate Society sind also Freiheit, Gleichheit, Brüderlichkeit auch nur Marken, die es zu verkaufen gilt. Ob Kaiser, Mohammed, ob Sichel, ob Adler, ob Hammer oder Coca-Cola, ob Freiheit oder Wollsiegel – Hauptsache ist, »it sells«, und das kann es nur als Marke, als Logo. Daher behandelt Trockel auch alle ideologischen Logos wie Produktlogos, weil in unserer Gesellschaft zwischen diesen der Unterschied gefallen ist.

Als Stoffmuster taugt daher das Markenzeichen von Wollsiegel gleichermaßen wie das ideologische Markenzeichen Hammer und Sichel. Die vorgetäuschte Differenz und Grenze zwischen Politpropaganda und Produktpropaganda wird aufgehoben. Ideologie und Ware werden gleichermaßen zu Konsumartikeln. Das Bild als Wollkleid und das Kleid als Träger von Logos taucht das Kunstwerk nicht nur in die Brühe des kommerziellen Abschaums, weit entfernt von der Aura der deutschen Mystik und Walhalla, sondern schlimmer noch: Es zeigt generell das Bild als Lügengewebe, als Sprachregelung, als leerer Code, als Markenartikel. Doch allein durch ihre Vertreibung, durch das Ersetzen des Symbols durch das Logo, kehrt die Kunst parabolisch wieder zurück. Guillaume Bijl aus Antwerpen zeigt uns seit 1979 die Vreelandian Culture, das *selling of culture*, die Logokultur. Er verwandelt Museen und

---

7   Willi Bongard, *Fetische des Konsums*, Nannen, Hamburg, 1964, S. 41, 43.

Guillaume Bijl, *Herrenkleidung*, 1986

Jiří Georg Dokoupil, *UHU*, 1985

Milan Kunc, *Globuscola*, 1978

Rosemarie Trockel, Untitled, 1985

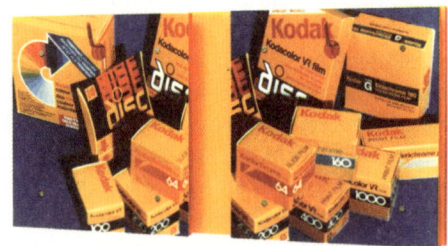

Alan Belcher, *Re-kodak*, 1985

Galerien in einen Friseursalon, ein Schuhgeschäft, ein Reisebüro, ein Bekleidungsgeschäft, in ein Konferenzzimmer. Es gibt kein Entrinnen mehr. Nicht nur das Kunstwerk wird zum Markenartikel, das aber noch im auratischen Rahmen einer Kunstgalerie angeboten wird, nein, die Galerie selbst wird kommodifiziert, nicht mehr das Kunstwerk allein. Die Konferenzräume der Konzerne, die ansonsten hinter ihren Kunstsammlungen verborgen bleiben, werden selbst ausgestellt. Aber sie werden nicht mehr in einer Duchamp'schen Geste zur Kunst deklariert, sondern umgekehrt, der letzte Rest an Kunst wird ausgetrieben. Die Kunst wird schonungslos zum Kommerz erklärt, der sie ist. Die Produktionsstätten der Sponsorenfirmen, in denen das Geld verdient wird, mit dem dann Kunst angekauft wird, nehmen direkt den Platz der Kunst ein. Die Konzepte von Duchamp und Warhol werden über den Rahmen des Kunstwerkes, des Œuvres hinaus erweitert in den Raum der Galerie und des Museums selbst. Die Galerie wird gleichsam zum Readymade, zum industriell gefertigten Massenprodukt. Sie wird zum banalen Geschäftsort, der sie ist. Im März 1987 hat sich eine hübsche kleine Schäbigkeit ereignet, die wegen ihrer Bewusstlosigkeit besonders gut den Standpunkt von Bijl und Silverman illustriert.

Eine kleine Gruppe von Künstlern (Günter Brus, Arnulf Rainer, Hermann Nitsch, Markus Lüpertz, Christian Ludwig Attersee etc.) stiftete einen Preis der Künstler für einen Kollegen, den sie schätzen, in Höhe von 200.000 Schilling. Der Preis fiel auf H. C. Artmann. Aber das Geld spendeten die Künstler nicht selbst. Sondern sie ließen von drei Galerien (Heike Curtze, Sabine Knust, Thaddaeus Ropae) ein Mappenwerk in limitierter Stückzahl auflegen, aus dessen Verkaufserlös der Preis finanziert werden sollte. Die Künstler selbst verzichteten auf das Honorar. Bei näherer Betrachtung sieht man aber, dass der Verkaufserlös aller Mappen die Preissumme bei weitem übersteigen würde, nämlich ca. um das Fünffache. So verhalten sich die Künstler bzw. Galerien wie Firmen und Konzerne, die einen Preis stiften, um damit für sich selbst Reklame zu machen. Wie das Polo-Logo von Yves Saint Laurent in der Met oder wie das Sponsern von Konzerten, Theateraufführungen, Ausstellungen durch IBM dem Image und Profit von IBM dient, so auch hier. Die Stiftung des Preises wird benutzt, um für sich selbst (und nicht für den Preisgekrönten) Reklame und Profit zu machen. Dementsprechend ist auch die Aussendung. Man erfährt mehr über die braven Galerien und spendenden Künstler als über den Preisgekrönten. Auch Künstler können als Konzerne agieren. Die Entlarvung der Kunst als Warenfetischierung wie bei Bijl unternehmen auch eine Reihe anderer Künstler durch Arrangements, Installationen und Skulpturen, die eine Art Kritik am Minimalismus betreiben, indem sie deren idealisierten, abstrahierten, bloß perzeptuellen Objekte (Würfel, Platten etc.) wieder auf ihren gesellschaftlichen Ursprung als Gebrauchsgegenstand, als Verpackung, Kiste, Display zurückführen.

Die Kommodifizierung der Kunst wird gezeigt, indem die warenästhetischen Aspekte der Skulptur betont werden. Die Präsentationsform der Ware, die physische Form ihrer Zurschaustellung, das Display, wird skulptural thematisiert. So fällt es schwer zu unterscheiden, ob es sich um eine Kunstausstellung oder um eine Verkaufsausstellung (Louise Lawler und Allan McCollum, General Idea) handelt, so wie es schwerfiel, bei Bijl und Ken Lum zwischen einem Warenhaus und einer Galerie zu unterscheiden. Dieser Unterschied fällt weg, weil in der Realität ohnehin jede Kunstausstellung eine Verkaufsausstellung ist. Gibt es Künstler, welche die Kommodifizierung der Kunst im Bild thematisieren (wie Warhol), im Raum (wie Bijl), so gibt es eine sehr interessante Bewegung, welche dies in der Skulptur leistet. Jeff Koons inszeniert in der Malerei und in der Skulptur die Rhetorik der Logokultur, indem er Reklamefotos in Öl nachmalt (mit Erlaubnis der jeweiligen Werbeagentur) oder Waren (wie Staubsauger) in Glasvitrinen zu Skulpturen türmt. Die Auswahl und der Kontext seiner Objekte offenbaren die wichtigste Funktion des Warenzeichens, des Markennamens, nämlich die Markierung der Klassenstruktur. Die skulpturalen

Louise Lawler und Allan McCollum, *For Presentation and Display: Ideal Settings*, 1983-1984, Neukonzeption der Installation mumok - Museum moderner Kunst Stiftung Ludwig, Wien 2015

Arrangements von Haim Steinbach, der wie Koons unverändert kommerzielle Produkte aus der Konsumwelt übernimmt und neu zusammenstellt, insbesondere aber auch auf wohlgeformte Displays stellt, welche eine Warenfetischisierung bzw. Kommodifizierung des Skulpturensockels darstellen, begründen sich auf der doppelten Erscheinungsform der Ware, wie sie Karl Marx beschrieben hat. In *Grundrisse der Kritik der politischen Ökonomie* (1857-1858) beschreibt Marx, wie das Produkt zur Ware wird, d. h. zu einem bloßen Moment des Austausches. Die Ware wird in einen Tauschwert verwandelt. Damit die Ware ihrem Tauschwert gleicht, wird sie gegen ein Symbol ausgetauscht, das ihren Tauschwert symbolisiert. Als symbolisierter Tauschwert kann sie gegen jede andere Ware getauscht werden. Da das Produkt eine Ware wird und die Ware ein Tauschwert, erhält das Produkt, zuerst nur im Kopf, eine doppelte Existenz. Diese Verdoppelung in der Vorstellung gelangt zu einem Punkt, an dem die Ware im realen Austausch doppelt erscheint: als ein natürliches Produkt auf der einen Seite und als Tauschwert auf der anderen. Die Doppelstruktur von Steinbachs Readymades entsteht also durch die doppelte Existenz der Ware. Ähnlich arbeitet auch Ange Leccia, der aus vorhandenen Objekten »Arrangements« herstellt wie ein Dekorateur aus vorhandenen Schuhen oder Hemden. Leccia appropriiert die Gegenstände selbst.

Natürlich gibt es bei allen diesen Strategien entscheidende Vorläufer wie Duchamp und Jasper Johns. In Ton, im Film bzw. im Video kann klarerweise das Thema Logokultur ebenfalls abgehandelt werden, wie es Gretchen Bender, Valie Export, Laurie Anderson und Peter Weibel tun. Zu weiteren Vorläufern der Strategien, die Kunst aus der ökonomischen Umklammerung und sozialen Geschlossenheit zu lösen, gehören natürlich Joseph Kosuth und vor allen Hans Haacke, der allerdings eher wie ein realistischer Moralist oder Journalist minutiös die Beziehungen zwischen Konzernen und Kunst erarbeitet. All die genannten Künstler, aber auch Peter Nagy, Ronald Jones, Alan Belcher, Tim Maul, Laurie Simmons, Jeff Wall, Mark Dion, Barbara Kruger, Richard Prince, Peter Halley, Clegg & Guttmann, Jenny Holzer und der Österreicher Herwig Kempinger haben insgesamt eine reichhaltige und differenzierte Methodologie entwickelt, sich mit der Logokultur auseinanderzusetzen und die neuen Zeichen des Realen zu appropriieren, sei es durch Neutralisation kommerzieller Produkte und anderer Gebrauchsobjekte bzw. -bilder, indem etwa kommerzielle Produkte wie

Jasper Johns, *Painted Bronze*, 1960

Haim Steinbach, *security and serenity #1*, 1985

Möbel zu Skulpturen werden, sei es, dass Kunstwerke in Gebrauchsobjekte transformiert oder Kunsträume kommerzialisiert werden, sei es, dass Kunstwerke durch Auslieferung ihrer Funktion als Klassenstatus dekonstruiert werden oder dass die Kommodifizierung (*commodity* – engl. Ware) der Kunstwerke erbarmungslos preisgegeben wird. Wie weit im Einzelfall auch eine Komplizenschaft mit der Logokultur eingegangen wird, soll hier nicht untersucht werden. Unsere Aufmerksamkeit gilt vorerst einmal der Auseinandersetzung mit und der Erkennung der Logokultur.

III. Logokultur

Um das Wesen des Logos zu erkennen, ist es notwendig, die Klasse der Zeichen zu erweitern. Charles Sanders Peirce hat um 1900 das Zeichen in seiner Beziehung zum Objekt in drei Klassen eingeteilt: Ikon, Index und Symbol. Seine Definition des Zeichens selbst lautet: »A sign, or representamen, is something which stands to somebody for something in some respect or capacity.«[8] Das Ikon steht zu seinem bezeichneten Objekt in einer Beziehung der Ähnlichkeit wie die Zeichnung eines Blattes, eines Hundes, eines Autos oder wie eine Landkarte. Das Ikon ist eine dem Objekt gegenüber treue, grafische Repräsentation. Der Index steht zum bezeichneten Objekt in einem physikalischen Verhältnis. Der Index ist Teil des bezeichneten Objekts, Pars pro Toto. Er kann visuell sein, wie der Rauch ein Index für Feuer ist, oder eine Autotür Index für ein Auto sein kann. Der Index kann auch akustisch sein, wie das Bellen den Hund, die Hupe das Auto und das Summen die Klingel anzeigen kann. Das Symbol steht zum bezeichneten Objekt ursprünglich in einem willkürlichen Verhältnis, erhält aber aufgrund von Gewöhnung und Wiederholung seine Bedeutung durch die soziale Konvention. Um 1910 hat Ferdinand de Saussure die Natur des Zeichens um eine Teilung bereichert. Er hat das Zeichen als Januskopf definiert, als etwas im Geist tatsächlich Vorhandenes, das zwei Seiten hat und durch folgende Figur dargestellt werden kann:

VORSTELLUNG	SIGNIFIKAT
LAUTBILD	SIGNIFIKANT

Das Wort Zeichen meint also das Ganze. Die Vorstellung wird durch das Wort Bezeichnetes (Signifikat) und das Lautbild durch Bezeichnendes (Signifikant) ersetzt. »Das Band,

---

8   Charles Sanders Peirce, *Collected Papers of Charles Sanders Peirce*, Vol. 2: *Division of Signs*, The Belknap Press of Harvard University Press, Cambridge/MA, 1931-1958, S. 228.

welches das Bezeichnete mit der Bezeichnung verknüpft, ist beliebig«, sagt Saussure.[9] »Das sprachliche Zeichen ist beliebig«.[10] Für die Vorstellung (Signifikat) »Hund« kann ich beliebige Signifikanten (Lautbilder) verwenden: Hund, *dog*, *chien*. Die Vorstellung »Schwester« ist, wie er sagt, »durch keinerlei innere Beziehung mit der Lautfolge *Schwester* verbunden«.[11] Daraus erschließt sich die für unsere logothetische Methode wichtige Einsicht der »Differenzierung«: »In der Sprache wird, wie in jedem semiologischen System, ein Zeichen nur durch das gebildet, was es Unterscheidendes an sich hat." „[B]ei den sprachlichen Zeichen, die aus Bezeichnetem und Bezeichnung bestehen, kommt es auf ihre gegenseitige Sonderung und Abgrenzung an. Nicht daß eines anders ist als das andere, ist wesentlich, sondern, daß es neben allen andern und ihnen gegenüber steht. Und der ganze Mechanismus der Sprache [...] beruht auf Gegenüberstellungen dieser Art [...]."[12] Saussure setzt bereits diese Natur des Zeichens mit dem allgemeinen Wertgesetz in Beziehung.

»[A]uch außerhalb der Sprache werden alle Werte [...] immer gebildet: 1. durch etwas *Unähnliches*, das *ausgewechselt* werden kann gegen dasjenige, dessen Wert zu bestimmen ist; 2. durch *ähnliche* Dinge, die man *vergleichen* kann mit demjenigen, dessen Wert in Rede steht. [...] So muß man zur Feststellung des Wertes von einem Fünfmarkstück wissen: 1. daß man es auswechseln kann gegen eine bestimmte Menge einer anderen Sache, z. B. Brot; 2. daß man es vergleichen kann mit einem ähnlichen Wert des gleichen Systems, z. B. einem Einmarkstück, oder mit einer Münze eines andern Systems, z. B. einem Franc. Ebenso kann ein Wort ausgewechselt werden gegen etwas Unähnliches: eine Vorstellung; außerdem kann es verglichen werden mit einer Sache gleicher Natur: einem andern Wort.«[13]

Diese bedeutsame Passage – denn aus ihr hat sich in der Folge eine Affinität zum Marx'schen Wertgesetz ergeben – hat zusammen mit Saussures Vergleich des Geldes mit der Sprache späteren Denkern erlaubt, das Warengesetz auf die Zeichen auszudehnen. 1972 veröffentlichte Jean Baudrillard *Pour une critique de l'économie politique du signe*, eine Replik auf Marx' *Kritik der politischen Ökonomie* (1859). In diesem wie in den späteren Werken *Le Mirroir de la production* (1973) und *Der symbolische Tausch und der Tod* (1982, Original 1976) hat Baudrillard versucht, mit einer »politischen Ökonomie des Zeichens« eine Ausdehnung des Wertgesetzes der Ware auf die Stufe des Zeichens nachzuweisen. Diese strukturelle Revolution beruht im Prinzip darauf, zu zeigen, wie die Marx'sche Spaltung der Ware in Gebrauchs- und Tauschwerte fünfzig Jahre später von der Saussure'schen Spaltung des Zeichens in Signifikat und Signifikant wiederholt wurde. Der Austausch der sprachlichen Zeichen in der Zirkulation des Sinns folgt dem Austausch der Waren im Kreislauf des Geldkapitals. Die klassische Gestalt des linguistischen Zeichens ist dem Wertgesetz der Ware unterstellt. Der Austauschbarkeit aller Waren entspricht die Austauschbarkeit aller Zeichen. Unter funktionaler Dimension der Sprache versteht man die Beziehung des Ausdrucks zu dem, was er bezeichnet, die Beziehung des Signifikanten zu seinem Signifikat, so wie sich ein Geldstück auf das bezieht, was man im Austausch dafür erhalten kann. Doch die Beziehung des Signifikanten auf sein Signifikat ist unterbrochen, gebrochen, wie der Aufstand der Abstrakten seit 1910 bezeugt, als Folge der fortschreitenden Technologisierung unserer Lebenswelt. So wird die strukturelle Dimension der Sprache mehr und mehr

---

9   Ferdinand de Saussure, *Grundfragen der allgemeinen Sprachwissenschaft*, Walter de Gruyter, Berlin, New York, 1931, S. 79.
10   Ibid.
11   Ibid.
12   Ibid., S. 145.
13   Ibid., S. 137.

zum Begriff des Werts, womit die Beziehbarkeit aller Ausdrücke aufeinander gemeint ist, die dem Gesamtsystem innewohnt und sich aus distinktiven Oppositionen herleitet. Man könnte wie Baudrillard sagen: »Der Referenzwert wird abgeschafft, und übrig bleibt allein der strukturale Wertzusammenhang.«[14] In dieser totalen Beziehbarkeit und allgemeinen Austauschbarkeit, Kombinatorik und Simulation werden – man erinnere sich an die zitierte Passage aus Marx' *Grundrissen*, wo er über den symbolischen Tauschwert spricht – werden die Signifikanten zu Tauschwerten und das Signifikat erhält die Rolle des Gebrauchswerts. Der abstrahierten, symbolisierten, totalen Austauschbarkeit der Waren im Kapitalismus entsprechen derart die frei flottierenden Signifikanten. Aber flottieren die Signifikanten wirklich so frei wie die Währungen? Was bedeuten das Übergewicht des Tauschwerts und der Signifikanten über den Gebrauchswert und die Signifikate für unsere Gesellschaft? Was bedeutet das Ersetzen der Wertform der Ware durch die strukturale Wertform wirklich? Bei der Beantwortung dieser Fragen wollen wir einer Spur nachgehen, die bei Saussure und Peirce schon vorkommt, und von der auch Baudrillard ursprünglich ausgeht. Wir wollen aber eine andere Richtung einschlagen als Baudrillard, und zwar eine Richtung, die mit den Namen Iwan P. Pawlow und Roman Jakobson angegeben ist. Aus Pawlows Experimenten mit Hunden können wir lernen, dass nicht nur die Ware verdoppelt auftritt, sondern auch das Zeichen. Ein Zeichen kann nämlich Index und Symbol zugleich sein. Pawlow hat die beständigen, angeborenen und zeitweiligen Reflexe erforscht. In einem Vortrag von 1927 beschreibt Pawlow selbst sein berühmtestes Experiment. Der Ton des »Klingelns« der Glocke ist zuerst einmal ein akustischer Index. Im Sinne der Distanzsinne könnte es das Tier warnen, wie eine Autohupe den Menschen vor dem näherkommenden Auto warnt. Aber als Index für eine Glocke würde der Hund nicht sekretieren. Laut Pawlow kann der Reiz durch einen beliebigen anderen Reiz ersetzt werden. Darin finden wir die Lösung des Rätsels, denn die Beliebigkeit des Reizes erinnert uns an die Beliebigkeit des Symbols. In der Tat kann das Symbol verschieden sein: Hand erheben, pfeifen oder ihm ein Foto vom Mount Everest zeigen. Wichtig ist die Wiederholung und die zeitliche Nachbarschaft. Dieser symbolisierte Tauschwert ist variabel, austauschbar. Der Hund reagiert auf das Symbol, das für etwas anderes steht, das Symbol, das ursprünglich beliebig ist, aber durch Gewöhnung seinen Sinn erhält. Das Klingeln der Glocke, das Lautbild, ist für den Hund ein Symbol, ein Zeichen, ein Signifikant für das Futter. Deswegen fließt Speichel, beleckt er sich. Der Hund durchschneidet das Band des Signifikanten zu seinem Signifikat. Das »Klingeln«, der Ton der Glocke, der akustische Index referiert für den Hund nicht auf die Glocke, kündigt auch nicht die Glocke an, sondern eben das Nahen der Nahrung. Denn durch die zeitliche Nähe von gewähltem Symbol und Nahrung, durch die zeitliche Nähe von Signifikant (Ton der Glocke) und Signifikat (Vorstellung Futter) haben wir die Beziehung Signifikant und Signifikat durchkreuzt und dem Hund die Bedeutung eines Symbols beigebracht. Das Zeichen tritt also in doppelter Gestalt auf: als Index und als Symbol. Es ist klar, dass der Hund nicht aufgrund des Indexes (also aufgrund der Relation zur Glocke) eine Nahrungsreaktion zeigt, sondern aufgrund der Relation des akustischen Symbols »Ton der Glocke« zum Futter. Die symbolische Funktion des Zeichens überwiegt also bereits erheblich in einem kreatürlichen Organismus. Die Dominanz der symbolischen Funktion des Zeichens zeigt aber noch anderes. Zuerst ist das Band des Signifikanten zu seinem Signifikat zerbrochen.

---

14 Jean Baudrillard, *Der symbolische Tausch und der Tod*, Matthes & Seitz, München, 1982, S. 17.

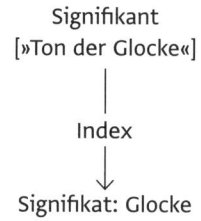

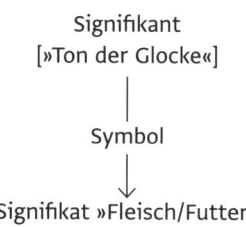

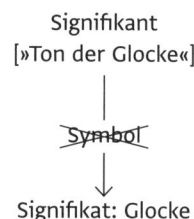

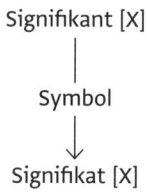

»Ton der Glocke« bezeichnet nicht mehr Glocke, sondern Futter. Wir haben aber gesehen, dass die Wahl des Symbols beliebig und austauschbar ist, also eine Variable *x*. Es könnte auch der Signifikant »Handheben« das Signifikat »Futter« auslösen. Es kann aber auch das Signifikat ausgetauscht werden, da »ein Wort ausgewechselt werden kann gegen etwas Unähnliches: eine Vorstellung« (Saussure) – gemäß dem Wertgesetz. Der Ort des Symbols ist daher die Vakanz. Alles kann für alles stehen. Peirces Definition des Zeichens verwandelt sich also: *a sign is anything which stands to anybody for anything*. Dieser Gedanke formuliert sich als freies Flottieren der Signifikanten eben durch die Vakanz des Symbols, die jede Stelle einnehmen kann und auf der jeder Marker seine Stelle haben kann. Der konditionierte Reflex lehrt uns die doppelte Gestalt des Zeichens und die Vakanz als Ort des Symbols. Daher tritt in der Werbung auch die Ware immer als doppeltes Zeichen auf, z. B. als Parfum und als Catherine Deneuve, wobei das Parfum den Star substituiert und der Star für Glamour und Beauty steht. Steht die Parfumflasche für den Gebrauchswert und Deneuve für den Tauschwert, so können auch diese wiederum gespalten werden und durch neue

Signifikanten visualisiert werden. Es kann auch der Gebrauchswert, üblicherweise Signifikat, zum Signifikant des Tauschwerts werden, der sich wiederum auf ein anderes Signifikant bezieht. Diese gegensinnigen Verzweigungen können zu einer semiotischen Verwirrung und Katastrophe führen. Aus dieser apokalyptischen Verwirrung à la Baudrillard hilft uns die Theorie der distinktiven Opposition von Roman Jakobson, die auf Charles S. Peirce zurückgeht: »A thing without oppositions *ipso facto* does not exist.«[15] Jakobson hat dies zum sogenannten Binarismus verschärft, wonach alle distinktiven Merkmale nur zwei Werte – plus oder minus – annehmen können. Auf der Suche nach den Grundbestandteilen der Sprache hat Jakobson das System der distinktiven Merkmale entwickelt. Dies beginnt mit den Phonemen als bedeutungsunterscheidende Sprachlaute. Doch nicht die Phoneme, sondern die distinktiven Merkmale sind die letzten oppositiven Grundbestandteile der Sprache.

In *Die Lautgestalt der Sprache* (zusammen mit Linda R. Waugh, 1986), das zusammenfassende Meisterwerk seiner Sprachtheorie, schreibt Jakobson: »Der Begriff der Opposition liegt sowohl dem phonologischen als auch dem grammatischen System der Sprache zugrunde. Im Gegensatz zu jedem Paar von rein zufälligen Elementen, die keine prädikative Auskunft übereinander geben, ist die Opposition eine intuitive logische Operation, die das gleichzeitige Vorhandensein [...] des einen Elements notwendigerweise das andere, ihm entgegengesetzte Element hervor[bringt]: so sind bei solchen Paaren von abstrakten Begriffen wie beweglich – unbeweglich, fern – nahe, teuer – billig die Glieder jedes Paares in unserem Geist untrennbar miteinander verbunden.«[16] Der Begriff der Opposition als eine Relation der gegenseitigen Implikation zwischen zwei gegensätzlichen Elementen, die notwendigerweise im Bewusstsein miteinander verbunden sind, wie z. B. kalt – heiß, ist also für Jakobsons Sprachtheorie von zentraler Bedeutung. Für uns heißt das, dass die doppelte Gestalt, in der das Zeichen auftritt, sich dem oppositiven Binarismus unterwirft, wo alle distinktiven Merkmale nur zwei Werte haben können. Einige dieser distinktiven oppositiven Merkmale sind vokalisch – nichtvokalisch, nasal – nichtnasal, konsonantisch – nichtkonsonantisch, kompakt – diffus, stimmhaft – stimmlos, dunkel – hell, erhöht – nichterhöht etc. Der frei flottierende Signifikant bewegt sich innerhalb dieser distinktiven Oppositionen, wie z. B. in einem aus Oppositionen und Dichotomien gebauten Würfel.

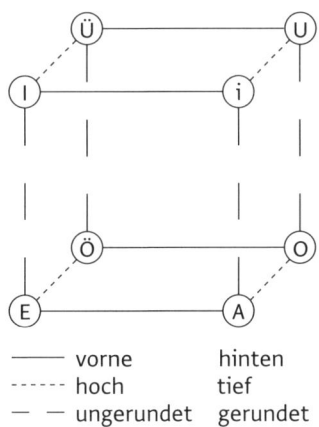

―――― vorne hinten
------ hoch   tief
— — ungerundet gerundet

---

15 Charles Sanders Peirce, *Collected Papers of Charles Sanders Peirce*, Vol. 1: *Principles of Philosophy*, The Belknap Press of Harvard University Press, Cambridge/MA, 1931-1958, § 1.457, S. 248.
16 Roman Jakobson und Linda R. Waugh, *Die Lautgestalt der Sprache*, De Gruyter, Berlin, 1986, S. XXI.

So wie ein Phonem, das in diesen Würfel fiele, sich nur innerhalb dieser Dichotomien, Oppositionen, Gegensätze bewegen könnte, so ist auch der Signifikant Gefangener der distinktiven Opposition in seiner Bewegung. Die Vakanz des Symbols wird im Logo zum Binarismus. Denn all das, was wir bisher über das Zeichen unter dem Wertgesetz der Ware gehört haben, muss ja insbesondere für jene Zeichenmasse gelten, die sich direkt auf Waren bezieht. Die klassischen Zeichen (Index, Ikon, Symbol) beziehen sich ja auf Objekte. Unsere gegenwärtige Welt besteht aber fast ausschließlich aus Waren. Es ist daher notwendig, die Klasse der Zeichen um ein Zeichen zu erweitern, das sich auf Waren bezieht. So ein Warenzeichen wird allgemein Logo genannt. Beim Symbol kann sich der Signifikant vom Signifikat abkoppeln, so wie der Lohn von der Arbeit und wie die monetären Zeichen vom Produkt. Denn »das Geld ist die erste Ware, die Zeichenstatus erlangt und dem Gebrauchswert entkommt.«[17] Das Logo entkommt sogar dem Tauschwert. Der Gebrauchswert der Uhr steigert sich durch das Symbol des Goldes. Doch eine vergoldete Uhr hat heute nur noch wenig symbolischen Wert. Das Symbol des Goldes wird ersetzt durch das Markenzeichen (Logo) der Uhr und des Goldes. Rolex-Gold ist besser als Gold. Jedes Zeichen lebt vom Anderssein. Das Logo bestätigt das Anderssein, den Klassenunterschied. Im Logo wird das Zeichen selbst zur Ware. Das ist die andere Bedeutung des Wortes »Warenzeichen«. So wie die Ware in eine doppelte Gestalt gespalten ist, so das Logo in ein doppeltes Objekt. Der Signifikant *good* bezieht sich auf das Signifikat grüner Paprika, der besser und größer wird. Am Schluss ersetzt das Logo den Signifikant *best*, und zwar das Logo in doppelter Gestalt, als Zeichen und Wort. Die Struktur der Vakanz (Symbol) und des Binarismus (Logo) mischen sich in der semiokratischen Gesellschaft. Daher sind Werbeslogans, welche die Vakanz des Symbols betonen und benutzen und mit (vom Realen, vom Signifikat) abgekoppelten Signifikanten arbeiten, so erfolgreich: »Mercedes Benz – Engineered like no other car in the world.« Der Mercedes-Slogan operiert offensichtlich mit der Kraft des Zeichens, die durch seine Distinktion, durch seine Unterscheidung entsteht, die aber ein leerer Code ist, absolut ohne Bedeutung, nur darauf gebaut, wie Saussure sagte, dass »es neben allen andern und ihnen gegenüber steht«. Denn im Slogan wird nicht gesagt, dass es besser oder anders konstruiert ist. Rein syntaktisch könnte der Slogan auch bedeuten, so schlecht wie kein anderer. Auch der Coca-Cola-Slogan besagt nichts. »It« ist übrigens die beste Formel für (x). Was ist es? Coca-Cola ist es! Was »es« bedeutet, wird ebenfalls nicht gesagt. »Es« ist die Leerstelle, die Vakanz. Cola ist (x), *anything which stands for anybody for anything*. So allumfassend ist die Werbeaussage gerade wegen ihrer Leere. Die umgekehrte Möglichkeit besteht darin, die Abkopplung der Signifikanten vom Realen und vom Signifikat zu leugnen und gerade das Gegenteil zu behaupten. Eben weil wir wissen, dass das Reale und die Dinge verloren sind, wird nostalgisch darauf beharrt, »Coca-Cola is the real thing!«. Um die Unterscheidung der Logos aufrechtzuerhalten, die in der Natur des Zeichens selbst begründet und symbolisch so enorm wichtig ist, gibt es staatlichen Schutz und regelrechte Kriege, siehe den Cola War zwischen Pepsi und Coca-Cola. In beiden Fällen geht es um die gleiche Ware. Der Krieg flammt nur um das Logo, welches Logo der Signifikant für Cola sein wird, so wie UHU die Schlacht um den Klebstoff bereits gewonnen hat. Um zu betonen, dass es wirklich Oliven sind, sagt man heute »Oliven-Olivenöl« und morgen »Real-Olivenöl«. In der semiokratischen Corporate Culture, in der abgekoppelte Signifikanten herumschwirren und zu semiotischen *crashs*, Katastrophen und Abstürzen führen, in der Geklingel Futter bedeutet und Parfum Glamour, wo Auto Sex signifiziert und Unterwäsche Leidenschaft, hilft die aus der Theorie der distinktiven

---

17 Baudrillard 1982, S. 42.

Oppositionen gewonnene logothetische Methode, die den Flug der Signifikanten stutzt. Wie im Vokalwürfel können auch wir bei den Logos eine Topologie der Signifikanten entwerfen, in der der Signifikant zwar auch das Band zu seinem Signifikat gekappt hat, aber innerhalb der binären Struktur der distinktiven Merkmale nicht entfliehen kann, sondern höchstens beim oppositiven Nachbarn ankommt, sodass der Signifikant zwar nicht bei seinem, dafür aber beim nachbarlichen Signifikat läutet. Deswegen nennt John Cage eines der bedeutendsten Werke zur Musik *Tacet*. Deswegen gibt es eine Platte, die *Art of Noise* heißt (vgl. Luigi Russolo, 1913) und sanfte Discomusik ist.

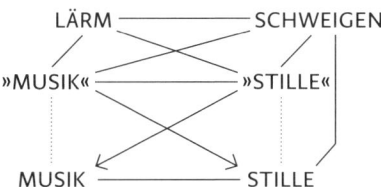

Die logothetische Methode untersucht solche Konversionen der Signifikanten. Wenn eine Firma international ist und mit Maschinen Geschäfte macht wie International Business Machines, dann ist natürlich ihr Logo gerade das Gegenteil. Acht Linien wie die Streifen der nationalen US-Flagge bilden die Buchstaben. Statt Maschinen, moderne Zeiten und Macht sieht man den distinktiven Opponenten, einen Signifikanten der Ohnmacht, einen Outlaw, einen, der einen Film gegen die »modernen Zeiten« machte: Charlie Chaplin.

So verwandelt sich ein Signifikant für ein freies Individuum (Auto) in einen Panzer (Signifikant für Unterdrückung des Individuums) und das Militär wird zu einer Firma.

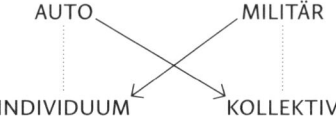

Rockwell, eine Firma, die mit dem Militär Millionengeschäfte macht, wählt als Logo das Friedenszeichen. Amerikanische Kinder tragen bei Protestmärschen gegen den Krieg ohnehin schon den Mercedesstern als Friedenszeichen.

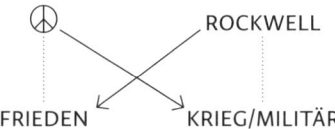

Wie sich in der Corporate Culture und Corporate World der Signifikant auf das oppositive, konträre Signifikat setzt, veranschaulicht besonders gut das Musikvideo *Love for Sale* von den Talking Heads (1986).

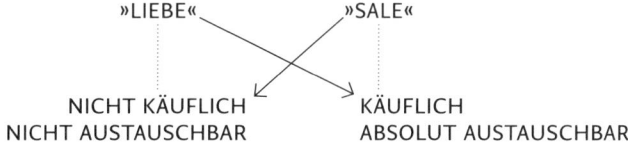

LOGOKULTUR

Auch im Musikvideo *Adventures in Success* (1983) von Lynn Goldsmith alias Will Powers wird die Kommodifizierung der menschlichen Werte und Gefühle sichtbar. Menschliche Gefühle und Werte dienen einzig als Zielscheiben für die Verführungsstrategien der Werbung und des Konsumerismus. Die Kommodifizierung schreitet absolut, wahnwitzig und paranoid voran. Es wird nur noch existieren, was zur Schau gestellt wird. Die logothetische Kunst ist ein Frühwarnsystem. Wenn wir diese Kunst anschauen, dann wissen wir, was auf uns zukommt: eine kommodifizierte Welt, eine Welt als Warenwelt. Corporate Art, Konzernkunst, zeigt bereits eine Überkommerzialisierung der Kunstwelt, die schnell auf alle anderen Lebensbereiche übergreifen wird. Wenn Museen und Galerien zu Annexen von Banken und Firmen werden, werden als nächstes unser Körper, unsere Psyche und unser Bewusstsein zu solchen Annexen. Die Inszenierung der Kultur wird die einzige Kultur sein. Die leeren Vitrinen des Plastikers Alfons Mucha zelebrierten bereits das Display des Displays. Die logothetische Kunst ist eine kritische Untersuchung der Logokultur, ein Zeichensystem bedeutsamer gesellschaftlicher Veränderungen, für die wir momentan nur Ausdrücke wie Corporate Society (Konzerngesellschaft) und Corporate Culture (Konzernkultur) zur Hand haben, wo nicht nur Zeichen, sondern buchstäblich alles unter das Wertgesetz der Ware gestellt werden wird, wo wirklich alles kommodifiziert werden wird, nämlich auch die Wirklichkeit selbst, wo die Warenzeichen zu Personenzeichen und neuen infamen sozialen Klassenzeichen werden, wo mit der semiotischen Implosion, wie sie die Konversion und Durchkreuzung der Signifikanten im Logo darstellt, die totale Konfusion im total austauschbaren Konsumerismus, auch jegliches Referenzsystem implodiert. Statt Effekten der Sozialisation wird es Spezialeffekte des Sozialen geben, wie das *Live-Aid*-Konzert für Afrika der Pop-Stars. Auch hier ein weltweit übertragenes Display des Humanen, das inhumane Begehren der eitlen Selbstpromotion kaschierte. Alles wird *ad* sein. *Ad Rock, Ad Art, Ad Culture, Ad Human, Ad Space, Ad Time*. *Ad* wie *advertising*, Re wie Reklame. Präsentation, Inszenierung, Zurschaustellung, Display werden in Fortsetzung des Übergewichts des Tauschwerts dominieren. Authentizität, Substanz, Fortschritt werden nur noch Logos für Markenartikel sein, mit denen man das Gegenteil verkauft.

Gibt es wirklich keine Öffentlichkeit mehr außerhalb des Marktes? Ist öffentlich nur, was auf dem Kunstmarkt, im Kunstbetrieb erscheint? Ist ein Kunstwerk nur ein Kunstwerk, wenn es auf dem Markt erscheint? Ist ein Kunstwerk wirklich nur ein Kunstwerk, wenn es auch ein Markenzeichen ist? Ist nur das ein Ereignis, was ein Spektakel ist? Ist nur das real, was realistisch inszeniert ist? Jawohl, sagen wir alle aus einem Mund, jawohl, singen wir alle in einem Chor – beim Begräbnis. Die nächste Generation wird andere Fragen und Antworten haben.

Der Text ist unter dem Titel »Im Bauch des Biestes. Logokultur. Vom Symbol zum Logo: Zeichen des Realen« erstmals in dem von der Hochschule für angewandte Kunst herausgegebenen Ausstellungskatalog *Im Bauch des Biestes: Logokultur*, Wien, 1987, S. 4-25, erschienen. Er wurde auszugsweise unter dem Titel »Logokultur« in dem von Peter Weibel herausgegebenen Band *Jenseits von Kunst*, Passagen, Wien 1997, S. 732f,. abgedruckt. 2004 wurde er in Rolf Sachsse (Hg.), *Peter Weibel. Gamma und Amplitude. Medien- und kunsttheoretische Schriften*, Philo & Philo Fine Arts, Berlin, 2004, S. 489-518, wiederabgedruckt. Eine weitere Fassung ist 2005 unter dem Titel »Logokultur und Jugendindustrie« in dem von Klaus Neumann-Braun und Birgit Richard herausgegebenen Buch *Coolhunters. Jugendkulturen zwischen Medien und Markt*, Suhrkamp, Frankfurt/M., S. 57-64, erschienen.

Freud und die Medien
Foto Fake II

1991

Die vier Grundbegriffe der Psychoanalyse: Unbewusstes und Wiederholung, Übertragung und Trieb, könnten auch auf eine psychoanalytische Medientheorie »übertragen« werden und schon durch diese Methode des Transfers würde angezeigt, wie sehr dies nicht nur angebracht wäre, sondern, dass zwischen Medientheorie und Psychoanalyse ein ursprünglicher Zusammenhang besteht. Vom Netz der Signifikanten, welche die Medien über das Subjekt werfen, über die Partialtriebe, welche durch die Medien geschärft und verabsolutiert werden, vom Blick als Objekt klein a, vom Spiegelstadium als Bildner der Ichfunktion, und von der Topik des Imaginären könnte im Zusammenhang mit den Medien die Rede sein. Es ist ein Zeichen des Widerstands gegen die Wahrheit und gegen die (Psycho-)Analyse, dass in allen mir bekannten Anthologien zur Geschichte der Semiotik oder der Medientheorie Sigmund Freuds *Traumdeutung* oder andere psychoanalytische Schriften von Freud bis Jacques Lacan fehlen. Diesen Mangel zu beheben, habe ich mir vorgenommen. Zur Topik des Imaginären oder zu einer Medientheorie unter dem Gesichtspunkt der Partialtriebe, sind bereits Texte erschienen.[1] Der vorliegende Bildessay ist eine Vorstudie dazu, mit dem Blick des Flaneurs, ist eine Art Rondo, mit dem das Thema eröffnet wird, und zwar auf eine dem Thema angemessene Weise, nämlich die Beziehungen der Medien zur Person Freuds unter dem Gesichtspunkt der psychoanalytischen Kategorien wie der Verdrängung und Verneinung, der Verdichtung und Verschiebung, also als eine Art Selbstanwendung, zu betrachten.

Bezeichnenderweise bilden zwei antifreudianische Schriften eine gewisse Ausnahme. Otto F. Gmelins *Anti-Freud. Freuds Folgen in der bildenden Kunst und Werbung*[2] versuchte 1975, ausgehend von Freuds Traumtheorie, die Funktion der Medien unter dem Gesichtspunkt der Befreiung von Herrschaftsmechanismen zu diskutieren.

Eine Kritik an Freud von Rang und einen entsprechenden medientheoretischen Ansatz liefert allerdings nur das 1927 publizierte Buch *Freudianism* von Valentin N. Vološinov.[3] Dieses aus dem Kreis Michail Bachtins stammende marxistische Werk versucht, die sozialen und semiotischen Kräfte zu untersuchen, welche das Bewusstsein, die Sprache, die psychische Dynamik bestimmen. Nicht nur, dass beide Arbeiten im Zeichen der Negation der Psychoanalyse stehen, macht sie so bezeichnend, sondern vielmehr, dass das eine Werk von Missverständnissen, das andere von Täuschungsmanövern überschattet ist. Vološinov ist nämlich, Gerüchten zufolge, gar nicht der eigentliche Autor, sondern Michail M. Bachtin

---

1   Vgl. z. B. Peter Weibel, »Logokunst. Eine künftige Methode der Bildbetrachtung«, in: Gerhard Johann Lischka (Hg.), *Philosophen-Künstler*, Merve, Berlin, 1986, S. 85-123, in diesem Band auf S. 83-96.
    Vgl. aber insbesondere meinen Essay »Foto-Fake« in: *Camera Austria*, Nr. 4, 1980, S. 92-102, sowie in: Peter Weibel, *Enzyklopädie der Medien*, Bd. 3: *Kunst und Medien*, Hatje Cantz, Berlin, 2019, S. 101-116.
2   Otto F. Gmelin, *Anti Freud*, Dumont, Köln, 1975.
3   Valentin. N. Vološinov, *Freudianism. A Critical Sketch*, Indiana University Press, Bloomington u. a., 1987.

selbst.[4] *Freudianism* wäre also nicht vom bewussten und bekannten Autor Vološinov, sondern von einem »unbekannten«, verdrängten Autor geschrieben.

Dieses Vexierspiel ist typisch für die Beziehung der Medien zur Person Freuds. Denn auch hier herrschen Fälschung, Täuschung, Ungewissheit, Vergessen vor. Bevor wir also Freuds Theorien in Zusammenhang zu einer Medientheorie stellen, wollen wir die Person Freuds in Zusammenhang mit den Medien darstellen, um zu zeigen, wie die Grundbegriffe seiner Theorie gerade auf diesen Zusammenhang Effekte haben und zeitigen. Freud und die Medien ist kein Territorium der Seinsgewissheit, sondern eher der Medienmanipulation. Fast alle visuellen Dokumente, die Freud betreffen, sind bezeichnenderweise ambivalent oder falsch. Von dieser Resonanz und Reaktion der Medien auf die Person Freuds, welche eben die Effekte seiner psychoanalytischen Theorie geradezu bestätigen, erhoffen wir uns Einblick und Einstieg in seine Theorie und ihre Beziehung zu den Medien. Auf der persönlichen wie theoretischen Ebene zeigen sich die Medien als Maske. Aber, wie man weiß, die Maske ist die Wahrheit.

Freuds Theorien über Verdichtung und Verschiebung, über Verdrängung und Verneinung als Mechanismen des menschlichen Seelenlebens treffen auch auf das Schicksal seiner eigenen Bilder und Theorien in der Öffentlichkeit, in den öffentlichen Medien, zu. Das, was Freuds Theorien prophezeiten und analysierten, ist ihnen selbst widerfahren, insbesondere der Person Freud selbst, nämlich Entstellung und Verdrängung, Verfälschung und Abwehr. Was ihm am Ende seines Lebens widerfahren ist, die Vertreibung, erfahren auch seine Schriften. Sein eigenes mediales Schicksal und das Schicksal seiner Schriften ist, insbesondere was den Bereich der Semiotik, der Technik und Medientheorien betrifft, gekennzeichnet von Verdrehen, Verfälschen, Verdrängen, Vergessen. Es scheint, als könnte sich Freud niemand nähern, ohne dem zu verfallen, was er als Mechanismen des Unbewussten und der Gesellschaft analysiert hat. Die Aura seines Werkes ruft erst recht die Geister hervor, die es zu bannen suchte.

Das Ziel dieses Aufsatzes ist es, im Sinne einer Bricolage einen Anstoß zu geben, sich mit Freud auch unter medientheoretischer Perspektive zu beschäftigen, damit das, was er an gedanklichem Reichtum zur Medienrealität, von der Fotografie bis zur Telegrafie, zu sagen hat, nicht der Verarmung unserer Medienkultur und unserer Diskurse anheimfällt. Die Form, die wir dabei wählen, ist die Topografie, die Peripherie, der Kommentar, die Anekdote, jene Topoi der Erzählung, in denen sich die Fiktion als Maske zeigt. Aber die Maske ist die einzige Form, in der sich die Wahrheit zeigen kann, auch bei der fotografischen Maske.

Freuds Wohnung
Freuds Wohnung enthält auffallend viele Masken und Fotografien. Die Tapeten der Wohnung sind fast nicht sichtbar, so verstellt sind sie von Büchern, Kleinplastiken, Souvenirs, Drucken, Fotos etc. Die Tapeten sind, besonders heute, da die Originalmöbel in London sind, durch fotografische Masken ersetzt, durch Fototapeten, welche die historischen Gegenstände ersetzen. Dieser Ersatzcharakter trägt aber nicht nur zur Aura der Gegenwart bei, sondern war implizit schon immer in der Geschichte der Freud'schen Wohnung vorhanden. Surrogat und Substitution, trotz der Anhäufung bzw. gerade wegen der Überfülle, prägen den Eindruck, den die Wohnung vermittelt, schon damals, als Freud in ihr lebte. Denn die Objekte funktionieren als Relikte, als Souvenirs, als Vergegenwärtigungen von Abwesenheiten. Fototapeten bedecken also nicht nur jetzt die Wandtapeten. Die Fotos in Freuds Wohnung fungierten stets als Signifikanten des Verdeckens (einer Abwesenheit, eines Mangels) – wie

---

4 Vgl. ibid. und Katerina Clark und Michael Holquist, *Mikhail Bakhtin*, Harvard University Press, Cambridge/MA, 1984.

Marie Bonaparte   Lou Andreas-Salomé   Yvette Guilbert

jedes Foto. Lacans Analyse von Edgar Allan Poes Geschichte vom verlorenen Brief zeigt uns, dass sich das Unbewusste oft aufs scheinbar harmloseste und sicherste versteckt, indem es sich ganz prominent und offen präsentiert.⁵ In dieser Mehrdeutigkeit sind die Fotografien von drei Frauen zu sehen, die in Freuds Arbeitszimmer ganz öffentlich angebracht waren. Das eine Foto zeigt die berühmte französische Chanson-Sängerin Yvette Guilbert mit der Widmung: »an den Gelehrten ... von einer Künstlerin«. Das zweite zeigt Marie Bonaparte, die französische Theoretikerin und Verbreiterin seiner Lehre, mit ihrem Hund Chow-Chow. Marie Bonapartes Buch über ihren Hund *Topsy* hat Freud selbst übersetzt, so wichtig war ihm offenkundig die »Übersetzung« seiner Schriften ins Französische durch Marie Bonaparte und ihre geistige und materielle Unterstützung. Die Bestätigung als Gelehrter durch eine Künstlerin, anders als durch einen anderen Gelehrten, trägt die Signatur der Muse und unterstützt den Anspruch des Gelehrten, auch Künstler zu sein. Das Begehren Freuds, die Imagination, die Phantasie der Kunst mit der Strenge des Denkens zu versöhnen, wird hier durch die fotografische Maske offenbar. Lou Andreas-Salomés Porträt fügt sich in das Tripel symbolisch – real – imaginär. Bedeutete vielleicht Bonaparte das Reale, die Zusage des Materiellen, das Freud gewährt wurde, steht Guilbert für das Imaginäre, den Zuspruch der Muse, das Mentale, Künstlerische, dessen sich Freud gewiss war, so drückt die Fotografie Andreas-Salomés (wie der Name schon sagt) das Symbolische, das Begehren, die Erotik aus, die sich Freud erhoffte und gleichzeitig nicht erfüllte. Die Fotos dieser Frauen sind nur oberflächlich als Huldigungen an sie zu verstehen. Gerade weil sie so prominent und unübersehbar an der Wand hängen, verstecken sie Freuds Lust, die ihm aus der Huldigung dieser Frauen erwächst. Die Fotos stellen Huldigungen dieser Frauen an Freud dar, sind Belege dafür, dass Kunst, Wissenschaft und Liebe, dass ihm Geist, Geld und Gefühl gewährt und gesichert sind. Diese Fotos funktionieren symbolisch, als Signifikanten der Garantie. Aber gerade, weil sie so augenfällig aufgehängt sind, verraten sie Freuds eigene Unsicherheit und Ungewissheit. Der von Arbeit und Schmerzen gepeinigte Mann, welcher der Erfüllung einer selbstgewählten Aufgabe sein Leben gewidmet hat, braucht diese drei Widmungen, um die Leere der Register zu füllen und zu bedecken, für die diese drei Frauen stehen.

Freuds Wohnung, tapeziert mit Insignien und Signifikanten des gehobenen und geborgenen Bürgertums, verrät gerade durch die Häufung der Signifikanten in einer Art Überbelichtung eine panische Angst, doch nicht im Bürgertum verankert zu sein oder es zu verlieren. Der Surrogatcharakter der Wohnung, exemplifiziert am Beispiel der drei Fotografien, hat bis in die Gegenwart durchgeschlagen. War Freuds Wohnung selbst schon Überinszenierung und Substitution, Schauplatz einer gewaltsam domestizierten Panik

---

5   Jacques Lacan, »Das Seminar über E. A. Poes ›Der entwendete Brief‹«, in: ders., *Schriften I*, Quadriga, Weinheim u. a., 1996, S. 7-60.

Sigmund Freud mit seiner Tochter Anna am Fenster des Orientexpress' ins Exil, Ankunft in Paris, 1938

Verlobungsfoto von Sigmund Freud und Martha Bernays

der Signifikanten, so konnte später auch seine Wohnung substituiert werden. Freuds Wohnung hatte gleichsam einen fotografischen Charakter im Fixieren bürgerlicher Codes, daher ist es konsequent, dass sie selbst für bürgerliche Codes stehen und dem Charakter des Codes gemäß auch ausgetauscht werden konnte. Freuds Wohnung als Signifikant für künstlerisch-jüdische Codes konnte durch andere Signifikate dieses Codes vertauscht werden, eben weil sie nur Signifikant und Code war. So nimmt es nicht wunder, dass zumeist, wenn von Freuds Wohnung die Rede ist, bzw. sie im Bilde ist, gar nicht sie selbst gezeigt wird, sondern nur eine typische Wohnung eines typisch bürgerlichen oder jüdischen Gelehrten. Eben weil Freud selbst seine Wohnung schon so dressiert und codiert hat, kann es eigentlich auch jede beliebige andere sein, die diesen Code erfüllt. Sie war nämlich nichts Individuelles und Einzigartiges, sondern höchst typologisch. Daher passt es auf doppelte Weise zur Logik der Psychoanalyse, dass das Buch Peter Brückners zu *Sigmund Freuds Privatlektüre*[6] eben gar nicht Freuds private Wohnung auf dem Umschlag zeigt, sondern irgendeine typische Gelehrtenwohnung des (Wiener) Bürgertums. Auch in Franz Hubmanns Buch *Das jüdische Familienalbum*[7] wird daher nicht wie versprochen »die Ordination Sigmund Freuds« gezeigt, sondern wiederum eine beliebige medizinische Ordination. Die tapezierte Wohnung Freuds wurde durch die Fototapeten selbst zugeklebt und verdeckt. Andere Fototapeten von tapezierten Wohnungen können daher genauso gut für sie stehen.

Freuds richtige, eigene Wohnung nicht abzubilden, obwohl im Text seine außerordentliche Bedeutung für die Welt betont wird, lässt an die Beteuerungen nicht sehr glauben, sondern eher auf verdrängte Aggression und Widerstände schließen. Diese Konversion der Signifikanten, die ich die logothetische nenne[8], ist typisch für eine psychoanalytisch fundierte Medientheorie und am Beispiel des Umgangs der Medien mit der Person Freuds nachvollziehbar.

6   Peter Brückner, *Sigmund Freuds Privatlektüre*, Neue Kritik, Frankfurt, 1975.
7   Franz Hubmann, *Das jüdische Familienalbum*, Molden, Wien, 1974.
8   Vgl. Weibel 1986.

Der fotografische Schatten

Diese verdrängte Aggression spiegelt sich insbesondere in einem Beispiel wider, das wir der Stadt Wien selbst verdanken. Die Stadt Wien hat in einer Art später Reue und Sühne Freud zumindest fotografisch wieder heimholen wollen und mit einem Foto Freuds in einer Anzeigen- und Plakatserie proklamiert, dass Wien anders geworden sei. Die Stadt Wien hat mit Freud für sich Reklame gemacht. Das Verräterische an dieser Fotowerbung ist allerdings, dass es sich ausgerechnet um einen Ausschnitt jenes Fotos handelt, das Freud und seine Tochter Anna in jenem historischen Augenblick zeigt, in dem beide 1938 den Zug ins Exil besteigen mussten, um den nationalsozialistischen Schergen und Wiener Klerikalfaschisten zu entkommen. Die Aufnahme zeigt die beiden bei ihrer Ankunft in Paris, auf dem Weg nach London. Freud bekam unterwegs zwei Herzspritzen, um überhaupt reisefähig zu sein. Wie kann eine Stadt gerade mit diesem Foto behaupten, sie wäre anders geworden? Wie möchte sie jemanden angeblich heimholen, wenn sie ein Foto seiner Abreise zeigt? Zeigt dieses Foto nicht eher, dass nur im Traum alles anders geworden und die soziale Wiener Wirklichkeit (antijüdisch, anti Psychoanalyse) die gleiche geliehen ist? Freud wurde eben nur fotografisch heimgeholt, nicht seine Lehre. Gegen diese richtet sich immer noch die Aggressivität der herrschenden Kreise in Österreich. Noch immer wird in Österreich Freud negiert und weder Reue noch Sühne geübt. Das zeigt dieses Foto, das Freud bei der Abreise zeigt. Wer bei der Abreise gezeigt wird, den möchte man nicht wirklich heimholen, sondern in Wahrheit wieder wegschicken.

So zeigt sich im Umgang mit der Person Freuds das Wesen der Fotografie und der Psychoanalyse, dass gerade die Maske die Wahrheit sagt, dass im Unbewussten, Verstellten die Wahrheit gestellt wird. Sinn entsteht über die (fotografische) Hintertreppe, die fotografische Tapete. Das Foto folgt der Lüge wie ein Detektiv und dem Unbewussten wie ein Schatten. Das Foto beschattet gleichsam das Unbewusste, lauert ihm auf, verrät es. Das Foto als Schatten hat nicht nur die Person Freuds begleitet, sondern selbstverständlich auch seine Tochter Anna Freud.

Im Magazin *Stern* war 1985 ein Bericht über die Haushälterin der Familie Freud, Paula Fichtl, unter dem Titel »Freuds treue Perle« zu lesen. Die Bildlegende versprach »die 83-jährige Paula Fichtl im Garten ihres Altenheims in den Salzburger Bergen«, zu sehen aber war ganzseitig die Tochter Anna Freud, und eben nicht Paula Fichtl. Neben dem Foto stand auch noch die Aussage Paula Fichtls über Freud: »Er war ein so wunderbarer Mensch.«[9] »Paula Fichtl war 53 Jahre lang die Haushälterin des Wiener Psychoanalytikers Sigmund Freud und seiner Tochter Anna«, stand im Untertitel des Berichts im *Stern*. War also Freud wirklich ein so wunderbarer Mensch? Hat sich durch diese ungewollte, unbewusste Entstellung nicht etwas von selbst, also automatisch, richtig gestellt? War denn nicht in der Tat auch Anna »Freuds treue Perle« und die Haushälterin seines psychoanalytischen Staates? Anna, die sich um Freuds Lehre sorgte wie Paula um Freuds körperliches Wohl, die ihr Leben der Lehre des Vaters widmete, keinen anderen Mann heiratete, keine Kinder gebar, sondern mit einer Frau zusammenlebte.

Die Hommage wurde durch das verräterische Foto zur Demontage der Zeitung selbst, deren eigentliches Denken über Sigmund und Anna Freud hier preisgegeben wurde. Das Foto erpresst die Wahrheit. Der Wiederholungszwang archiviert sich also im Foto als Schatten. Das Foto wird zum Exerzierplatz des Wiederholungszwangs. Übrigens, nach einer bestimmten Lesart soll Freuds Fingerhaltung auf dem Foto der Abreise das Freimaurerzeichen für Freiheit bedeuten.

---

9   in: *Stern*, Nr. 35, 22. August 1985, S. 60-62. Den Hinweis verdanke ich Falk Berger vom Frankfurter Sigmund-Freud-Institut, der am 30. 08. 1985 dazu einen Brief an die Redaktion des *Stern* schrieb.

Sigmund Freud in seinem Arbeitszimmer

Der Spiegel in Sigmund Freuds Arbeitszimmer

So wie Freud selbst und seiner Tochter bzw. Haushälterin ergeht es auch einem weiteren Familienmitglied, nämlich Martha Bernays. Sigmund Freud und Martha Bernays wurden in Wandsbek (Hamburg) in der Synagoge am 14. September 1886 getraut. Doch das allerorten publizierte Hochzeitsfoto ist eben dieses in Wirklichkeit nicht, sondern nur das Verlobungsfoto. Das Hochzeitsfoto gibt es überhaupt nur auf einem Serviettenring. Erhalten ist übrigens auch noch die Speisekarte des Hochzeitsmenüs. Der Serviettenring, an den das Paar fotografisch geschmiedet ist, erfüllt dieselbe Aufgabe wie der Fingerring, der an die Paare körperlich geschmiedet ist. Der Wunsch nach Dauer, auf ewiges Bestehen der Liebe, bis dass der Tod die Liebenden trennt (und eben nicht das Leben), kommt hier zum Ausdruck. Aber gleichzeitig verrät sich im Verwechseln das Misstrauen, die Skepsis, die Vermutung, ob diese Ehe das erfüllt hat, was beide Partner sich erwarteten. Wenn das Verlobungsfoto das Hochzeitsfoto ist, bedeutet dies, Martha wäre eine ewige Braut geblieben, die Ehe wäre nicht richtig erfüllt und eingetreten.

Hier zeigen sich so deutlich wie an den anderen Beispielen die zwei Momente, die sich in der Begegnung Psychoanalyse und Medien artikulieren. Erstens, dass fast alle visuellen Dokumente bzw. medialen Zeugnisse in Zusammenhang mit Freud und der Psychoanalyse falsch und widersprüchlich, Vertauschungen, Verwechslungen usw. sind. Dass sich also die noch immer vorhandenen Widerstände gegen die Lehre der Psychoanalyse darin äußern, dass im Umgang mit Fotografien in Relation zu Freud ständig Fehler begangen werden, aber natürlich nicht Fehler ohne System, sondern eben symptomatische Fehler. In den Fehlleistungen, in den Falschmeldungen äußern sich das Unbewusste, die unbewussten Widerstände, Vorurteile, Ängste gegenüber der Psychoanalyse und ihrem Vater.

Dies führt uns zum zweiten Moment, dass nämlich die Fotografie in ihren Fehlleistungen die Wahrheit sagen kann, dass in der Maske der Medien und nicht dahinter oder davor die eigentliche Aussage zu finden ist, dass die Fotografie also selbst Funktionen einer Freud'schen Fehlleistung innehat, dass die Fotografie eine metonymische Traumsprache sein kann. Gerade in der fotografischen Entstellung, im Fake (als Wesen der Fotografie), kann eine verstellte Wahrheit entborgen werden.

Der Spiegel – das leere Foto
Fotos, die eine Leere bedecken und den Blick verstellen, sind also markierte Leerstellen. Eine besondere Leerstelle ist der blanke Spiegel. Der Spiegel als leeres Foto gibt daher besondere Rätsel auf. Im gleichen Zimmer wie die drei Frauenporträts befand sich nämlich ein kleiner Spiegel, mit einem Draht provisorisch am Griff eines Fensters befestigt, wo er

sich merkwürdigerweise noch heute befindet. Was aber konnte Freud mit diesem Spiegel übersehen? Welche Lage?

Das leere Foto, der Spiegel, verdeckt überhaupt das dunkelste aller Geheimnisse. Der Spiegel ist so zentral platziert, um vieles deutlicher noch als die drei Fotos, dass er unglaublicherweise bis heute übersehen wurde und noch so hängt wie zu Freuds Zeiten. Der Spiegel als Schatten ist ein noch tiefer reichender Schatten, ein noch tiefer bohrender Detektiv als das belichtete Foto. In den Untiefen des Ungewissen, in den Gewässern des Abgrunds wirft er noch Licht, spiegelt er noch ein Minimum an Licht auf die versunkenen und vergrabenen Objekte des Begehrens. Die Funktion des Spiegels ist nämlich, dass er Freud erlaubt, die Fenster der Schlafzimmer seiner Frau wie seiner Schwägerin Minna zu überblicken. Freud konnte mit dem Spiegel die Situation der zwei Frauen in seinem Leben sehen. Er hatte totale Kontrolle über sie, indem er sie, insbesondere Minna, der Kontrolle der Welt entzog. Die Schlafzimmer befanden sich im äußersten, uneinsichtigsten Winkel der Wohnung. Nur er hatte die Kontrolle und Einsicht. Der Spiegel ist die Veräußerlichung dieses Blicks, dieser Einsicht, dieser Kontrolle. Die Natur seines Verhältnisses zu seiner Schwägerin und zu seiner Frau hätte Freud im Gegenzug nicht besser vor der Welt verbergen können.

Der Spiegel im Zentrum des Blicks und des Arbeitszimmers verrät, dass Freud den Willen, das Begehren hatte, dieses Verhältnis zu verbergen. Das Beispiel des Baby-O-Effekts zeigt jene Dialektik von abwesend und anwesend unter dem Gesichtspunkt der Kontrolle an: Im imaginären Bereich kann das Baby jene Kontrolle über die Mutter ausüben, sie kommen und verschwinden lassen nach Belieben, welche in Wirklichkeit die Mutter über das Baby hat. Der Spiegel ist die Materialisation dieser Topik des Imaginären. Über den Spiegel kann Freud Kontrolle über das Verschwinden oder Erscheinen der beiden Frauen ausüben, aber auch wie das Baby über sein eigenes Verschwinden und Auftauchen.

Man muss sich Freud in der Spezialkonstruktion seines Sessels vorstellen, mit dem er sich seitlich nach vorne beugen konnte, eine für ihn typische Stellung, die seine Wirbelsäule entlastete. Diese Bewegung mit einer entsprechenden Drehung des Sessels gewährte seinem patriarchalischen Blick Einblick in die Zimmer der beiden Frauen, aber auch zu bestimmten Morgenstunden der Arbeit in das ermüdete Zimmer seines Gesichts. Beide Blicke hatten wahrscheinlich nicht nur die Funktion der Kontrolle über Ab- und Anwesenheit, sondern eben gerade durch das Genießen dieser Kontrolle, in der die Frauen körperlich, materiell abwesend waren, ihn also beider Arbeit nicht störten, gleichzeitig aber imaginär, immateriell anwesend waren, ihn also bei der Arbeit unterstützten, indem sie eine Anwesenheit darstellten, hatten beide Blicke auch die Funktion, sich selbst zu kontrollieren und aufzurichten, die eigene Identität als Ort des Genießens zu bewahren. Der Spiegel bildete also eine Art *life line* für Freud, eine Art symbolische *pipe line* des Körpers, so wie das Garn und die Spule für das Baby. Mithilfe des Spiegels konnte Freud die An- und Abwesenheit (der Frauen) steuern und sein eigenes Verschwinden inszenieren, also genau das, was das Vermögen der Fotografie und der Medien ist.

Diese Funktion des Spiegels hat übrigens Geschichte. Um die Jahrhundertwende gab es Schuhe, an deren Spitze ein Fotoporträt des Trägers oder von jemand anderem in Emaille befestigt war, im Prinzip eine Operation der Identifikation und des Besitzanspruchs. Jasper Johns hat 1964 in der Arbeit *High School Days* einen Spiegel an der Schuhspitze angebracht, sodass sich der Schuhträger gleichsam selbst sehen konnte, wenn er sich über seine Schuhe beugte, und sich narzisstisch mit sich selbst identifizieren konnte – der Spiegel als Wasseroberfläche. War aber der Träger einmal vom Schuh getrennt, konnte sich jeder im Spiegel identifizieren und jeder damit den Schuh als den seinen ausgeben. Die Identität wurde also austauschbar, variabel. Der Titel *High School Days* spielt auf das Moratorium der Pubertät, auf jene Lebensphase, in der der Mensch durch einen Wartesaal der Identitäten geht, an. Der Spiegel kann also nur transitorisch die Identität fixieren – siehe die zahlreichen wunderbaren Filmmomente, in denen sich die Akteure im Spiegel kontrollieren, die Erscheinung ihrer Identität überprüfen. Die Dialektik von Ab- und Anwesenheit, wie sie über den Spiegel operierte, war nur transitorisch befriedigend und musste stets erneuert werden: Das Prinzip der Mehrlust setzt ein. Das Ich kann nur als »Souvenir« gerettet werden, wie eine Arbeit von Jasper Johns aus dem Jahr 1964 heißt, die ein Emailleporträt von ihm mit einer auf dem Gemälde befestigten Lampe und einen Rückspiegel zeigt. Die ichbildende Funktion des Spiegels, aber auch die symbolische Funktion des Spiegels als Operator von anwesend und abwesend, die Suche nach dem Ich (mit der Taschenlampe als Suchsignifikant) kommen hier überdeutlich zum Ausdruck. Nur als Rückspiegel funktioniert der Spiegel als Formator des Ichs. Ansonsten ist das Ich nicht zu retten, löst es sich im Bewusstseinsstrom, im Strom der Empfindungen auf, wie Ernst Mach zu Zeiten Freuds sagte.

Freuds Münzsammlung, in Münzen gegossene Porträts oder seine Porträtmedaillons verweisen auf die Funktion des Bewahrens und Kampfes gegen die Zeit. Münzen sind Vorstufen der Medien, in Stein oder Metall gegossene Fotografien. Immaterielle Medien haben zum Teil noch die Funktion von Münzen. Die Hoffnung auf Ewigkeit durch in Bronze gegossene Charakterköpfe kulminiert in einer Münze, die Freuds eigenen Kopf trug. Die von Freud erwünschte Stele am Bellevue in Wien, als Memorandum für jenen denkwürdigen Tag, den 24. Juli 1895, als Freud das Geheimnis des Traumes enthüllte, enthüllt das gleiche Begehren nach der Transzendenz der Zeit. Schrift, Kultur, Technik als Strategien, das Gefängnis von Raum und Zeit zu überwinden, das Entschwindende und Abwesende festzuhalten und Anwesenheit zu simulieren, dienen dem gleichen Verlangen. Diese diversen Schichten des Trägermaterials für die fotografische Abbildung, nämlich Emaille oder Metall, erfüllen bekannte Gedächtnisfunktionen der Fotografie, stellen gleichsam durch ihr widerstandsfähiges Material eine Backup-Kopie des eigenen Gedächtnisses dar. Diese Sammlung diverser Fotografiemodelle drückt intuitiv Freuds Verständnis sowohl der technischen Medien wie des Gedächtnisses selbst aus, nämlich als eine Folge von Schichten (Stratifikationen) und Filtern, etwa beim »Wunderblock«.

Der Baby-O-Effekt steht am Ursprung von Freuds Technik- und Medientheorie, nämlich das Abwesende zumindest symbolisch und imaginär zu dominieren, die Abwesenheit selbst nicht als Verlust und Negation zu empfinden, sondern in einen Triumph zu verwandeln, in ein selbstbestimmtes Schicksal. So will Freud aus der Kontingenz des Seins im Spiegel der symbolischen Ordnung rückwirkend eine Notwendigkeit machen. Das Hochzeitsfoto auf dem Serviettenring reiht sich in diese Argumentation nahtlos ein.

Medien, Maske und Medium

Freuds Zugang zu den Medien erfolgt über das Gedächtnis, über die Aufschreibe- und Aufzeichnungsapparatur, wie Friedrich A. Kittler sagen würde.[10] Freuds analytisches Axiom zur Medienkultur ist seine Definition der Medien und der Technologie als »Sprache der Absenz«. Als solche setzen die technischen Medien die Arbeit der Schrift fort. Technik ist also eine Proliferation der Kultur. Er konstruiert keinen Gegensatz zwischen Technik und Kultur, sondern im Gegenteil, Zivilisation ist das Ergebnis der Technologisierung. So verkehrt er die Negativität der Fotografie ins Positive. Was Makel schien, nämlich Surrogat, Substitution, Negativ, Abbild, Abzug, Kopie, Reproduktion, Maske, wird zu einem Triumph, zu einem Sieg über die Absenz. Die Baby-O-Erfahrung, das Trauma der Abwesenheit der

---

10 Friedrich A. Kittler, *Aufschreibesysteme 1800/1900*, Fink, München, 1985; ders., *Grammophon, Film, Typewriter*, Brinkmann & Bose, Berlin, 1986.

Wilhelm Holzbauer, Stele am ehemaligen Schloss Bellevue, 1977, die an den 24. Juli 1895 erinnert, den Tag, an dem sich an jenem Ort »dem Dr. Sigmund Freud das Geheimnis des Traumes enthüllte«

Gedenkmünze zu Sigmund Freuds fünfzigsten Geburtstag, 1906

Medaillon mit Fotos der Kinder von Sigmund Freud

Mutter, das Trauma des Entzugs, der Erfahrung, abgeschnitten oder verlassen zu werden, zu warten, wird in eine Theorie der Technik übertragen, welche hilft, diesen Entzug, diese Absenzen und Abschneidungen, diese Entzauberung zu bewältigen. Die Medien werden zu Operatoren, welche die unterbrochenen Leitungen wieder flicken, die Verbindungen aufrechterhalten, nicht abreißen lassen usw. Indem das Kind lernt, was da ist und was nicht, was dort ist und nicht da, lernt es überhaupt erst. Der Ursprung des Lernens und des Wissens, der Ursprung des Subjekts, liegt in dieser Erfahrung der Differenz und der Spaltung. Die Technik enthebt den Menschen der Kastrationsangst, der Angst, dass ihm etwas genommen werde, dass ihm etwas fehle, dass er etwas vermisse. Es wird ihm zwar etwas genommen, weil dies zur Freiheit des Anderen gehört, sich z. B. selbst wegzunehmen, aber die Technik hilft, den Mangel, der durch die Absenz entstand, psychisch zu füllen, zu überbrücken, zu überwinden. Die technische Überwindung von Raum und Zeit bedeutet im Grunde auch Überwindung des Mangels, Überwindung der Absenz. Die Medien werden zu einem zweiten virtuellen Körper, der das Kind nie verlässt. Solange das Fernsehen läuft, solange ein Telefon noch als zweiter Mund sprechen kann, solange ein Foto noch Anwesenheit suggerieren kann, solange kann das Kind bzw. der Mensch seine Angst bannen und auch die verheerenden Folgen eines imaginären Kastrationskomplexes.

Die Überwindung von Distanz und Zeit ist nur ein phänomenologischer Aspekt der (Tele-)Medien. Alle Technik ist Tele-Technologie und dient der Überwindung räumlicher und zeitlicher Ferne. Der eigentliche Effekt der Medien liegt aber darin, die durch Weite und Zeit, durch alle Formen der Abwesenheit, des Fortseins, des Fernseins, des Verschwindens, des Abbrechens, des Entgehens, des Verlierens hervorgerufene seelischen Störungen, Ängste, Kontrollmechanismen, Kastrationskomplexe etc. zu vermeiden, d. h., in der Überwindung (der Formen) der Ferne auch die von ihnen verursachten psychischen Störungen zu überwinden. Die technischen Medien werden, indem sie den negativen Horizont der Abwesenheit überwinden oder abschließen, zu Techniken der Sorge der Anwesenheit. Die negativen Effekte der Abwesenheit, des Verlustes, der Kastration werden sistiert und zum Teil in positive umgewandelt. Indem sie das Abwesende imaginieren, anwesend machen, verwandeln die Medien auch die schädlichen Folgen dieser Abwesenheit in lustvolle. Im Überwinden von Distanz und Zeit überwinden die Medien auch die Schrecken, welche diese auf die Psyche ausüben.

Im Bejahen des Seinsentzugs triumphieren auch die Medien, weil sie die Folgen dieses Entzugs ersetzen und in einen symbolischen Triumph verwandeln können. Die Medien leisten also eine avancierte Kulturarbeit, gerade indem sie die symbolische Ordnung erhöhen und komplizieren. Wer sich dagegen wehrt, verfällt in jene Fehlleistungen, jene Entstellungen, durch die die Medien zu uns sprechen und die Wahrheit gegen den Widerstand sagen, wie es unsere kleine Sammlung von Beispielen gezeigt hat. Die Stimme der Vernunft spricht nicht nur leise, sie spricht auch *reverse* vom Tonband oder Telefon. Die Medien markieren den Platz der Absenz. Sie überwinden die Absenz, spatial, temporal und psychisch. Indem die Medien Präsenz simulieren, wie z. B. das Telefon und die transportable Fotografie, erstellen sie auch Situationen der Sorge, der Nähe, der Wärme, der Nachbarschaft. Schizophrenie und Technologie sind also gleichgeschaltete Koppelungen.[11] Eine Technik der Repräsentation (wie die Fotografie) wird in einer psychoanalytischen Medientheorie zu einer Politik der Repräsentation. Alarm und Schweigen sind jene Reaktionen, wenn die Kanäle der Medien durch fremdes oder eigenes Begehren blockiert sind. Sind sie daher psychotische Symptome? Wer die Medien wegdenkt, anstatt zu sehen, dass die Medien den Weg denken, eine Art des westlichen Logozentrismus sind, über den Weg und die Dauer zu denken, der verfällt offensichtlich jenen Symptomen der Entstellung bzw. Maskierung, die wir gezeigt haben. Aber auch diese sind nicht verloren, weil jedes Symptom nicht nur ein Effekt der Störung ist, sondern auch ein Medium der Wahrheit. So sind die Medien, auch als Maske, Medium der Wahrheit.

Der Text ist 1991 in *Camera Austria*, Nr. 36, S. 3-21, erschienen und wurde für die vorliegende Fassung leicht gekürzt. Der Text »Foto-Fake I« ist in *Camera Austria*, Nr. 4, 1980, S. 92-102, erschienen und in Peter Weibel, *Enzyklopädie der Medien*, Bd. 3: *Kunst und Medien*, Hatje Cantz, Berlin, 2019, S. 101-116, wiederabgedruckt.

---

11 Vgl. Avital Ronell, *The Telephone Book. Technology, Schizophrenia, Electric Speech*, University of Nebraska Press, Lincoln, 1989.

Das Bild nach dem letzten Bild

1991

Sur le vide papier que la blancheur défend.[1]
STÉPHANE MALLARMÉ

Leerstellen

Von der leeren Seite des 19. Jahrhunderts bis zur leeren Galerie des 20. Jahrhunderts erstreckt sich ein Kult der Leere, der Reinheit, der Vollendung, des Endes, dessen Anspruch auf Absolutheit nicht nur purifizierend und perfektionierend wirkt, sondern Literatur und Malerei auch immer wieder an den Rand der Selbstauflösung bringt. Dieser Gefährdung ihrer historischen Identität muss sich die Kunst aber aussetzen, um die Autonomie ihres eigenen Diskurses gegenüber dem Fortschritt der Technik und der Wissenschaften behaupten zu können. Daher das Entstehen der »L'art pour l'art«, der »Kunst über Kunst«-Bewegung und der Kunst als »Diskursanalyse«. Die Kunst gleicht einem Schiff auf hoher See, das von seiner Mannschaft stets zerlegt werden muss (und daher auch untergehen könnte), um sich vorwärts bewegen zu können. Mit der Problematisierung der leeren weißen Seite im 19. Jahrhundert begann eine Ästhetik der Absenz und eine Poesie der Leere, die bis heute anhält.[2] Das Zitat von Stéphane Mallarmé stand am Anfang der weißen Fläche des Bildes und des weißen Würfels der Galerie. Spleen, Ekel, Schweigen, Leere, Wüste, Löcher, leere

---

1   Stéphane Mallarmé, »Brise marine« (1866), in: ders., *Gedichte. Französisch und Deutsch*, Lambert Schneider, Gerlingen, 1993, S. 66.
2   Nur einige Beispiele seien angeführt: Peter Brook gab seinen Vorlesungen über das Theater den Titel *The Empty Space*, MacGibbon & Kee, London, 1968. »Poetry out of Emptiness« nannte Robert Hughes seine Besprechung der projizierten Lichtbilder von James Turrell im *Time Magazine*, 05. 01. 1981, S. 81. Er beruft sich dabei auch auf die Bilder von Mark Rothko, die einst ebenfalls wegen ihrer »Leere« angeklagt wurden, ebenso wie die von Barnett Newman. »Something Out of Nothing« lautete eine Besprechung der Arbeiten von Turrell in *The Jerusalem Post Magazine*, 08. 10. 1982, S. 14, von Meir Ronnen. Ein Katalog über die Kunst von Gerwald Rockenschaub wurde betitelt als *Der Kern der Leere*, Munro Unverzagt, Hamburg, 1990. Ein Aufsatz über die Plastiken von Ernst Hermanns trägt eine Kapitelüberschrift »Die große Leere«, Heinz Schütz, »Ernst Hermanns. Zum 75. Geburtstag«, in: *Kunstforum*, Bd. 105, Januar/Februar 1990, S. 206-223, hier 222. Wolfgang Meisenheimer schrieb über »Die weiße Wand«, in: *Daidalos*, Nr. 30, 1988, S. 88-95. Barbara Rose formulierte 1968 das »imaginäre Museum« von André Malraux (1965) zu einem Konzept »einer Galerie ohne Wände« um (»a gallery in print [...] a gallery of the mind only«), in: *Art in America*, Vol. 56, Nr. 2, 1968, S. 60-71, dem elektronischen Klassenzimmer Marshall McLuhans folgend. In *Understanding Media* (1964) überschrieb dieser das Kapitel zur Fotografie mit der Überschrift »The Brothel-without-Walls«. André Malraux' *Le Musée Imaginaire*, sein Buch über das imaginäre Museum (1965) hieß übrigens auf Englisch *The Museum Without Walls*. Den paradigmatischen Essay über die axiomatische Wichtigkeit der weißen Wand und des White Cubes für das Funktionieren der modernen Kunst schrieb Brian O'Doherty, »Inside the White Cube: Notes to the Gallery Space, Part Three: Context as Context«, in: *Artforum*, Vol. 15, Nr. 3, November 1976, S. 38-44. Jean Baudrillard bezeichnet sich selbst einen »Verwalter der theoretischen Leere«; ders., »Der Feind ist verschwunden«, in: *Der Spiegel*, Jg. 45, Nr. 6, 04. 02. 1991, S. 220f.

Peter Weibel, Ausstellungsräume demontiert als Readymades ausgestellt, Galerie nächst St. Stephan, Wien, 1971

Seele[3] begleiten als »le cri sincère et bizarre de la fin«[4] – als aufrichtiger und bizarrer Schrei des Endes – die Dichtungen der französischen Symbolisten (Charles Baudelaire, Stéphane Mallarmé, Arthur Rimbaud, Paul Verlaine). Die Vorstellung der Vollendung, etwas sei zu Ende, stand stets schon in Beziehung zu den Begriffen Leere und Reinheit. Sollte die Reinheit das Ende hinauszögern, welches die Leere implizierte? Aber ist Reinheit nicht nur durch Leere erzwingbar? Diese symbolischen Topoi des 19. Jahrhunderts, von der Leere bis zum Himmel, kehren nach fast einhundert Jahren wieder, insbesondere im Werk von Yves Klein, als Auflösung der Malerei in der Immaterialität.[5] In der Dichtung »Un coup de dés jamais n'abolira le hasard« (1897) von Stéphane Mallarmé kommen diese Probleme beispielhaft zum Ausdruck. Alles bleibt Zufall, Wüste, Nichts, Nacht, Leere, so die These Mallarmés, außer es kommt zu einer *constellation*, zu einer Ordnung von Zeichen (das in schwarzen Lettern ausgestreute Dunkel), verstreut auf der weißen Fläche des Papiers wie die weißen Sterne auf dem schwarzen Himmel. Mallarmé gibt sich aber nicht dem Zufall hin wie fünfzig Jahre später John Cage. Er setzt gegen die Kontingenz die Komposition, die Konstellation[6], um Providenz einzulösen. »Ein gewisses Wort, in großen Buchstaben, verlangt das Weiß einer ganzen Seite [....]. Die Konstellation wird, nach genauen Gesetzen und soweit es einem gedruckten Text erlaubt ist, ihm notwendigerweise die Gangart eines Sternbildes aufprägen.

---

3   »Un désert sterile de Douleurs [...] Mon âme vide. Où fuir? [...] Les grands trous bleus [...] Le Ciel est mort.« Stéphane Mallarmé, »L'Azur«, 1864.

4   Mallarmé in einem Brief zur Erklärung des Gedichtes »L'Azur«, vgl. Henri Mondor, *Vie de Mallarmé*, Gallimard, Paris, 1941, S. 105.

5   Unter dem Titel *La spécialisation de la sensibilité à l'état matière première en sensibilité picturale stabilisée* stellt Yves Klein 1958 den »leeren Raum« in der Galerie Iris Clert, Paris, aus: die weiß bemalte leere Galerie. 1959 hält er an der Pariser Sorbonne Vorlesungen zu den Themen »Die Evolution der Kunst hin zum Immateriellen« und »Die Architektur der Luft«. 1961 hält er einen Vortrag in New York im Hotel Chelsea, wo er unter anderem sagte: »Als ich fünfzehn Jahre lang Monochrome gemalt habe [...], als ich entmaterialisierte Malerei geschaffen habe [...]. Als ich die Kräfte des leeren Raumes manipuliert habe. Als ich noch ein Junge war, im Jahre 1946, wollte ich im Laufe einer phantastischen, realistisch-imaginären Reise meinen Namen auf die andere Seite des Himmels schreiben. An diesem Tag – ich lag am Strand von Nizza – empfand ich Haß gegenüber den Vögeln, die in meinem blauen, wolkenlosen Himmel hin- und herflogen, weil sie mein schönstes und größtes Werk durchlöchern wollten.« Yves Klein, *Manifeste de l'hôtel Chelsea*, zit. nach *Yves Klein*, Ausst.-Kat., Kunsthalle Bern, 1971, S. 44. Am 27. 11. 1960 publizierte Yves Klein eine Tageszeitung für einen Tag, deren Titelblatt »den Maler des Raumes« zeigt, wie er sich »in die Leere wirft«. Der Hauptaufsatz hieß: »Théâtre du vide« – Theater der Leere.

6   Eugen Gomringer, der wie alle anderen konkreten und visuellen Poeten nach dem Zweiten Weltkrieg von Mallarmé beeinflusst ist, wird seine konkreten Gedichte »Konstellationen« (1953) nennen.

Joseph Kosuth, *Zero & Not*, 1989, mit Ilya Kabakov, *The Man Who Flew into His Picture*, 1987-1989, Installationsansicht Sigmund Freud Museum Wien, 1989

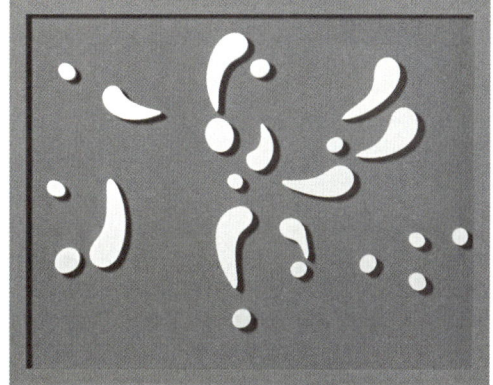

Hans Arp, *Objets placés selon les lois du hasard*, 1943

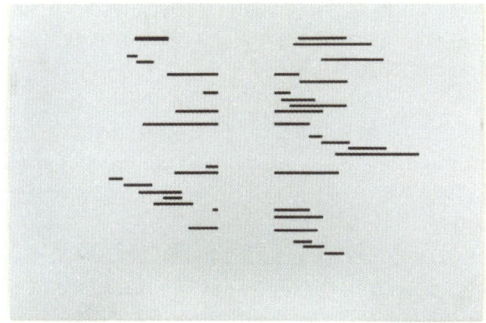

Marcel Broodthaers, Buchseite aus *Un coup de dés jamais n'abolira le hasard*, 1969

Yves Klein, *Die leere Galerie*, 1958, Galerie Iris Clert, Paris

Das Schiff gibt die Schräge hinzu, von der Höhe einer Seite bis auf den Grund der nächsten […]«, schreibt Mallarmé an André Gide.[7] »Die Leere, das ›Weiß‹ übernimmt in Wirklichkeit das Gewicht wie ein Rahmen aus Schweigen«, schreibt Mallarmé selbst im Vorwort zum Würfelwurf.[8] Eine Ästhetik der Absenz, des leeren Rahmens, der Immaterialität nimmt hier ihren Ursprung. In den 1950er- und 1960er-Jahren des nächsten Jahrhunderts werden von Piero Manzoni und anderen die »schweigenden Gedichte aus lauter Weiß« gemalt werden.

Das Fragment *Igitur*, an dem Mallarmé zu verschiedenen Zeiten seines Lebens gearbeitet hat, erst 1925 publiziert, enthält ebenfalls eine Skizze über den Würfelwurf, in dem alle Kernbegriffe der Moderne auftauchen: das Absurde, das Unendliche, das Absolute, die Reinheit, die Vernichtung des Wirklichen, die Abstraktion und das Nichts.[9] Mallarmés ideales Gedicht, das nur noch Schweigen wäre, Nichts, ein leerer Fleck, hat ein Modell der Moderne geschaffen, das durch seine Tilgungszeichen, seine Negation des Seins, seine Zeichenhaftigkeit bis unmittelbar in die Gegenwart wirkt. Claude Pascal, ein Freund von Yves Klein, hat 1954 ein wortloses Vorwort zu einer Reihe monochromer Reproduktionen geschrieben, das nur aus schwarzen Linien (der Negation) auf weißem Grund besteht. Die Textlänge entsprach genau der des Originals aus dem Jahre 1954. Marcel Broodthaers verbindet Mallarmé und Pascal in einer Appropriation von Mallarmés *Der Würfelwurf*, ebenso Joseph Kosuth in seinen Schriftstücken an der Wand. Jean Cocteau zeigt in seinem Film *Orphée* (1950) ein Buch des Titels *Nihilismus*, das nur aus leeren Seiten besteht. John Cages Titel seiner Sammlung von Schriften zur Musik, *Silence* (1961), verdankt der Ästhetik Mallarmés so viel wie sein berühmtes Performancestück *4′33″*. *Erased de Kooning Drawing* von Robert Rauschenberg (1953), das er selbst ein »monochrome no-image«[10] nannte, und die Übermalungen von Arnulf Rainer sind ebensolche Tilgungsgesten.

Das Werk *Der Würfelwurf* ist das Fragment jenes legendären totalen, idealen Buches, in dem die Welt aufginge, das Mallarmé plante, aber nie vollendete, »von einer Reinheit, die der Mensch nicht erreicht hat und vielleicht nie erreichen wird, denn es könnte sein, daß ich das Spielzeug einer Illusion wäre, und daß die menschliche Maschine nicht vollkommen genug ist, um zu solchen Resultaten zu gelangen«, schrieb Mallarmé bereits 1867 an seinen Freund Henri Cazalis.[11] Reinheit, Vollendung, Maschine, Unerreichbarkeit, Verschwinden fügen sich zu geschichtsmächtigen Signifikantenketten. Dieses Buch wäre die »totale Expansion des Buchstabens«.[12] Dieser Expansion auf der Buchfläche entspringt die »Freiheit der Lettern« (Filippo Tommaso Marinetti, *Les mots en liberté futuristes*, 1919), die *Flucht der Buchstaben* (Ivan Puni, 1919), der Einbruch der Buchstaben ins Bild (Kubismus, Kurt Schwitters etc.).

Die »Ordnung der Zeichen« kämpft gegen den Schiffbruch (der Dinge) – das ist der Sinn der Selbstauflösung der Kunst, ihres Vordringens in das Weiß, ihres Kampfes um Autonomie, Reinheit und Vollendung. Die Leere verteidigt die Kunst gegen den Zufall, gegen das Reale. Die Seiten des Himmels (blau, leer, weiße Zeichen auf schwarz) werden vor den

---

7   Stéphane Mallarmé, *Ein Würfelwurf*, übersetzt und erläutert von Marie-Louise Erlenmeyer, Walter, Olten u. a., 1966, S. 74.
8   Ibid., o. S.
9   »O Schicksal! die Reinheit kann sich nicht verwirklichen […] Doch die Möbel werden ihre Leere bewahren […] Und jetzt herrschen nur noch Dunkel und Schweigen […] Auf den eingeäscherten Gestirnen, der Gemeinschaft seiner Ahnen, lag die beklagenswerte Gestalt, gebetet, nachdem sie den Tropfen des Nichts getrunken hat, den kein Meer birgt […] Das Nichts verschwunden, es bleibt das Schloß der Reinheit […] oder die Würfel — absorbierter Zufall.« Stéphane Mallarmé, *Igitur*, in: ders., *Sämtliche Dichtungen*, Carl Hanser, München u. a., 1992, S. 205, 203.
10 Maxime de la Falaise McKendry, »Robert Rauschenberg Talks to Maxime de la Falaise McKendry«, in: *Andy Warhol's Interview 6*, Nr. 5, 1976, S. 34–36, hier S. 36.
11 Mallarmé 1966, S. 74.
12 Stéphane Mallarmé, *Das Buch betreffend*, in: Mallarmé 1992, S. 302.

Seiten des Meeres, »diesen Gewässern des Ungewissen, in das alle Wirklichkeit aufgeht«[13], durch die Seiten des Buches, durch das aus Zeichen gebaute Schiff, durch eine Konstellation von Zeichen (schwarz auf weiß) gerettet. Der Zufall wäre der Schiffbruch, der Untergang in der Kontingenz des Realen. Der Zufall ist die Wirklichkeit, der Abgrund, das Reale. Vor Zufall, Ungewissheit, blinder Realität rettet das Buch, die Kunst, die Konstellation, denn »der Zufall reißt nicht einen einzigen Vers mit sich fort«.[14] Den Sieg des Buches und der Buchstaben antizipiert die futuristische Oper *Sieg über die Sonne* (1913) von Welimir Chlebnikow, Kasimir Malewitsch, Michael Matjuschin, Alexei Krutschonych. Seit dem semiologischen Bruch, seit der Verwandlung der Ordnung der Dinge in eine Ordnung der Zeichen durch die industrielle Maschinenrevolution, dient die Leere dem Zeichenträger als Halt. Die Leere beseitigt das Reale und den Zufall. Die Leere der Medien ist die erste Stufe des Halts vor dem Abgrund: der Seite entlang Halt suchend im leeren Weiß.

Die Konfigurationen und Konstruktionen, nach den Gesetzen des Zufalls geordnet, von Hans Arp und Sophie Taeuber, folgen im Spiel mit dem Zufall der Spur Mallarmés. Arp nennt diese Phase bezeichnenderweise »Kunst der Stille«[15] und betont an ihr das Unpersönliche, Maschinelle. Arp allerdings fürchtet den Zufall nicht wie Mallarmé, sondern er begrüßt, liebt und sucht ihn. Dementsprechend lehnt er auch die logisch komplementären Begriffe wie Reinheit und Vollendung ab: »Welche Anmaßung verbirgt sich in der Vollendung. Wozu sich um Genauigkeit, Reinheit bemühen, da sie doch nie erreicht werden kann? Der Zufall, der gleich nach der Beendigung einer Arbeit einsetzt, wurde nun von mir willkommen geheißen.«[16] Im gleichen Atemzug spricht Arp vom »Sterben des Bildes«, von »Auflösung«, von »Tod«, den er »in das Bild miteinbezogen« hat, von der »Feuchtigkeit«, die »Schimmel erzeugt«.[17] Er versteht dies aber als Hingabe an das Leben, so wie dies später auch Dieter Roth tun wird. Die Ästhetik des Unreinen, des Vorläufigen, des Fragments, des Zufalls, des Scheiterns, des Bruchs, des Verwesens ist eine Ästhetik des Lebens: »Ich behaupte, wer dieses Gesetz [des Zufalls] befolge, erschaffe reines Leben.«[18] Mit dieser Offenheit dem Zufall gegenüber (und auch wegen seiner Doppelbegabung als Dichter und Maler) vertritt Arp eine linguistische Methode in der bildenden Kunst, die an Problemen des Sinns und Unsinns in der Dichtung ausgebildet wurde, also an der Repräsentations- bzw. Sinnkrise der Literatur, welche ihn Produktionsmethoden von Richard Artschwager und anderen vorwegnehmen ließ.

Vom Verschwinden des Autors
Das letzte Buch antizipierte also das letzte Bild. Die Krise der Repräsentation in der Malerei wurde durch eine »Krise des Verses«[19] eingeleitet, als der Reim als Zwang zur Ordnung aufgegeben wurde und der »freie Vers« bzw. die »schönen Freiheiten« der Buchstaben auf der leeren weißen Seite an seine Stelle traten. Diese Freiheit der Buchstaben wurde allerdings von der daraus entwickelten »konkreten« bzw. »visuellen Poesie« des 20. Jahrhunderts und von der Konzeptkunst auf ein dogmatisches System verkürzt, wobei die eigentlichen Probleme, nämlich der Repräsentation und des semiotischen Bruchs, verdrängt und verloren wurden. Die Befreiung des Buchstabens, eine der ersten von den vielen folgenden

---

13 Mallarmé 1966, o. S.
14 Ibid., S. 90.
15 Hans Arp, »Miszellen«, in: ders., *Unsern täglichen Traum. Erinnerungen, Dichtungen und Betrachtungen aus den Jahren 1914-1954*, Arche, Zürich, 1955, S. 73-78, hier S. 74.
16 Ibid., S. 75.
17 Ibid.
18 Ibid., S. 74.
19 Stéphane Mallarmé, »Crise des vers«, in: ders., *Œuvre complètes*, Gallimard, Paris, 1951, dt. »Verskrise«, in: ders., *Sämtliche Dichtungen*, Hanser, München u. a., 1992, S. 277-288.

Befreiungsbestrebungen, der Farbe, der Form, der Fläche, befreite nämlich auch den Text vom Autor. Durch die neugewonnene Autonomie der Buchstaben und der Seite »wird der Text aus sich selber sprechen und ohne die Stimme des Autors«, schreibt Mallarmé 1885 an Verlaine.[20] Durch den genügend starken »Eigenwert der Worte« ersetzt die Autonomie des Werkes die Autonomie des Autors. In *Crise de Vers* schreibt Mallarmé: »Das reine Werk impliziert das Verschwinden des Dichters, der sprechend die Initiative den Wörtern überläßt.«[21] »Das Gedicht entsteht »durch eine Spiegelung der Wörter aus sich selber.«[22] Die Krise des Verses läutete also auch die Krise des Autors ein. Das Verschwinden des Autors, ein zentrales Motiv der Moderne, in der Ausstellung *Das Bild nach dem letzten Bild* beispielhaft dargestellt durch Sherrie Levines Arbeiten, ist nur der Beginn eines Prozesses, in dessen Entfaltung auch andere historische Kriterien der Kunst verschwinden, z. B. das Handwerk. Spricht Mallarmé bereits von der Maschine Mensch, so ist seine ganze Idee des Buches, in der der Zufall Wort für Wort, durch eine immanente festgelegte Ordnung, im Keim angeboren und überall vorhanden, besiegt wird – eigentlich die Vorstellung des Buches als Maschine, in der die Buchstaben und Seiten Faltungen (*les plis*) darstellen. Das Buch als Maschine, als kombinatorische Entfaltung von Buchstaben, Zeilen und Seiten hat Raymond Queneau mit seinem Werk *Cent mille milliards de poemes* (1961) zu einem vorläufigen Höhepunkt gebracht. Jede Zeile der zehn Sonette ist eine »Falte«, ein ausgeschnittener, zerlegbarer Papierstreifen; somit sind alle Zeilen mit allen Zeilen kombinierbar. Das ergibt 10[14] verschiedene Sonette. Die zeitgenössische computergenerierte Literatur vertieft dieses Programm in Projekten der maschinellen Intelligenz und Kreativität.[23] In dieser Mallarmé'schen Tradition ist auch Oswald Wieners Anwendung des Begriffes »Faltung« bei seiner Methode der maschinellen Erklärung des Bewusstseins und der Kreativität anzusiedeln.[24]

Die Idee des Buches als Maschine wird in der bildenden Kunst zu einem Plädoyer für die Maschinenkunst führen. Anlässlich einer Ausstellung der Dadaisten in Berlin im Juni 1920 zeigten John Heartfield und George Grosz eine Tafel mit der Aufschrift: »Die Kunst ist tot. Es lebe die neue Maschinenkunst Tatlins.« Nikolai Tarabukin wird 1923 davon seine Forderung *Von der Staffelei zur Maschine* ableiten.[25]

Leere Leinwand
In der *Verskrise*, als Krise der Repräsentation interpretiert, finden wir bereits wesentliche Axiome der bildenden Kunst des 20. Jahrhunderts, insbesondere der Monochromie der 1950er-Jahre, vorformuliert: »das verschwiegene Gedicht, aus Weiße, wäre; nur übertragen in gewisser Weise durch jeden Gewölbezwickel«.[26]

»Die intellektuelle Armatur der Dichtung entzieht sich und ist statt dessen – im Raum, der die Strophen trennt, ist das Weiß des Papiers: bedeutsames Schweigen, das zu komponieren nicht weniger schön ist als die Verse.«[27]

---

20 Mallarmé 1966, S. 98; Übersetzung des Autors.
21 Ibid., S. 104.
22 Ibid., S. 124.
23 Ted Nelson, *Literary Machines. The Report on, and of, Project Xanadu concerning word processing, electronic publishing, hypertext, thinkertoys, tomorrow's intellectual revolution, and certain other topics including knowledge, education and freedom*, Mindful Press, Sausalito/CA, 1981; William Chamberlain, *The Policeman's Beard is Half Constructed. Computer Prose and Poetry by Racter*, Warner Books, New York, 1984; Franz Josef Czernin und Ferdinand Schmatz, »Anmerkungen zum Dichtungsprogramm *POE*«, in: Gottfried Hattinger und Peter Weibel (Hg.), *Digitale Träume. Electronica 1990*, Bd. 1, Veritas, Linz, 1990, S. 136–145.
24 Oswald Wiener, *Probleme der Künstlichen Intelligenz*, hg. von Peter Weibel, Merve, Berlin, 1990.
25 Nikolai Tarabukin, »Von der Staffelei zur Maschine«, in: Boris Groys und Aage Hansen-Löve (Hg.), *Am Nullpunkt. Positionen der russischen Avantgarde*, Suhrkamp, Frankfurt/M., 2005, S. 416–476.
26 Stéphane Mallarmé, *Verskrise*, in: Mallarmé 1992, S. 285.
27 Mallarmé 1966, S. 125.

Übertragen auf die Malerei bedeutet dies Selbstauflösung: Ungrundierte oder weiße Leinwand ist ebenso valid wie mit Farbe bedeckte. Der Bildraum wird immer leerer. Das Weiß des Grundes, die Leere der Leinwand, wird immer dominanter. Zuerst wird ein *Weißes Quadrat auf weißem Grund* gemalt (Kasimir Malewitsch, 1918), dann bedecken nur noch die drei Grundfarben die Fläche (Alexander Rodtschenko, *Reine Farbe Rot, reine Farbe Gelb, reine Farbe blau*, 1921), hierauf folgt die Kette der monochromen Bilder, wie *White Painting* (1951) von Robert Rauschenberg, oder die Bilder werden schwärzer als schwarz (Ad Reinhardt). Die vollkommen leere farblose Leinwand, unbemaltes Leinen, taucht auf (Lucio Fontana). Bald wird nur noch der Rand bemalt (Barnett Newman, Jo Baer, Sam Francis, Ralph Humphrey). Schließlich bleibt nur noch der Rahmen selbst übrig (Richard Artschwager), ohne gespannte Leinwand (Georg Herold). Dann kippt das materiale Bild, auch der transzendenten Malerei, um in die reine Immaterialität von projizierten Lichtformen, rein weißes Licht im schwarzen Raum (ZERO, Dan Flavin, James Turrell, Douglas Wheeler, Robert Irwin). Schließlich wird die leere Wand ausgestellt und der leere Raum – eine Entwicklungsgeschichte der Entleerung.

Das Schweigen, in weiße oder schwarze Malerei übersetzt, die weißen oder schwarzen Zwischenräume und Leerstellen dominieren die radikale Malerei nach dem Zweiten Weltkrieg, die zwischen Immaterialität und Materialität oszilliert. Von der Buchseite, der Fläche der Buchstaben, zur Seite der Farben, zur *Chromatischen Fläche* des Bildes (so lautet der Titel eines Bildes von Raimer Jochims, 1961) bis zum weißen Licht des Acid Rock und den Ausprägungen der Lichtkunst in den 1960er- und 1970er-Jahren entfalten sich die reinen Werke der spirituellen Sehnsucht und des Schweigens der Sinne, wie ein »breiter Flug«[28]. Die Malerei als spirituelles Medium, das *Über das Geistige in der Kunst* (Wassily Kandinsky, 1911), folgt auf das Buch als spirituelles Instrument. Mallarmé wollte die Kunst mit dem Universum korrelieren, »sie herausführen aus dem *Traum* und dem *Zufall* und sie angliedern der Geistesschöpfung des Universums«[29] durch Konstellation und Konstruktion. Er hat mit dieser »letzten Dichtung« (André Gide über Mallarmés *Würfelwurf*) versucht, »eine gedruckte Seite der Macht des gestirnten Himmels entgegenzuhalten.«[30] Dieser Kosmologiekoeffizient (die Bindung ans Universum) wird die Versuche der »letzten Kunst«, des »letzten Bildes« immer wieder begleiten.

Der semiologische Bruch

Was ist im 19. Jahrhundert geschehen, dass die Künstler erstmals das Gefühl oder das Bewusstsein hatten, alles gelesen und gesehen zu haben, alles geschrieben und gemacht zu haben, sodass das Ende der Kunst nahe sei? Woher kommt dieses Endzeitgefühl? Was geriet außer Kontrolle? Wer verlor die Kontrolle bei all den Befreiungen der Buchstaben, Farben und Formen?

Der Lärm der Maschinen der industriellen Revolution – hat er die Malerei zum Schweigen gebracht? Die Verweigerung der Abbildung, das *Non serviam* – sind sie Dämme gegen die Sintflut der technischen Bilder, gegen die unendliche Bilderflut der technischen Reproduzierbarkeit?

Honoré de Balzacs Novelle *Das unbekannte Meisterwerk* (1831, nach der Erzählung *Der Baron von B.*, 1819, von E. T. A. Hoffmann konzipiert) schildert bereits Mitte des 19. Jahrhunderts das Schicksal der Reinheit, der Vollendung: Leere und Nichts, in dieser Novelle präsentiert der Maler Frenhofer zwei Schülern das Porträt einer Catherine Lescault, an dem er jahrelang gearbeitet hat. »Aha! Aha!« rief er aus, »auf so viel Vollkommenheit wart ihr

---

28 Stéphane Mallarmé, *Das Buch, Instrument des Geistes*, in: Mallarmé 1992, S. 301.
29 Mallarmé 1966, S. 123.
30 Paul Valéry, *Über Mallarmé*, Suhrkamp, Frankfurt/M., 1992, S. 14.

Paul Cézanne, *Sous-Bois Provençal*, 1900-1904

wohl nicht gefaßt! Ihr steht vor einer Frau und sucht doch ein Bild. Es ist so viel Tiefe auf dieser Leinwand, die Luft darauf so wirklich, daß ihr sie nicht mehr unterscheiden könnt von der Luft, die uns umgibt. Wo ist die Kunst? Verloren, verschwunden!«[31] »Seht Ihr etwas?« wandte sich der junge Nicolas Poussin fragend an Frans Pourbus den Jüngeren. »Nein. Und Ihr?« »Nichts.«[32] Das drohende Verschwinden der Kunst wird hier bereits ausgesprochen. Als sich im 19. Jahrhundert durch die industrielle Revolution jener »semiologische Bruch«[33] vorbereitete, der in der Malerei eine Krise der Repräsentation auslöste, die zum Aufstand der Abstraktion führte, tauchten in den Gemälden vermehrt leere Stellen auf, von Farben unbedeckte Stellen der Leinwand. Solche scheinbar akausalen Leerstellen findet man bei Édouard Manet, beim späten Edgar Degas, beim späten Paul Cézanne, bei Paul Gauguin, André Derain und sogar bei James Ensor. Diese Leerstellen, bevor sie tatsächlich Stellen waren, an denen die leere Leinwand aufblitzte, konnten aber auch Stellen sein, die repräsentativ leer waren, gleichsam an der Schwelle zur Abstraktion. Solche Leerstellen, an denen die Leinwand eines Bildes, grundiert oder ungrundiert, deutlich sichtbar ist, finden wir in James Ensors Bild *Le feu d'artifice* von 1887, wo in der antiken Technik der Enkaustik die Pigmente auf eine Wachsschicht aufgetragen sind. Paul Cézannes *Sous-Bois provençal* (um 1900) zeigt unbedeckte Stellen weißer Leinwand, weil Cézanne in seiner malerischen Kompositionstechnik nicht mehr den traditionellen Raumstrukturen, den Hierarchien räumlicher Schichten (wie Vorder-, Mittel- und Hintergrund) folgt. André Derains *Les Arbres* (ca. 1906) und das von den Regeln des Cloisonismus der Pont-Aven Gruppe beeinflusste Gemälde *Le Talisman, l'Aven au Bois d'Amour* (1888) von Paul Sérusier, der 1921 übrigens das Buch *ABC de la peinture* veröffentlichte, und *Christ orange* (1889/1890) von Maurice Denis weisen eine Flachheit der Farbkomposition auf, reine Farbflecken, welche die Farbfeldmalerei antizipieren. Besonders bei Maurice Denis und André Derain gibt es viele solche repräsentativ leere bzw. aktual leere Stellen.

Wenn ein Künstler ein Gemälde in die Elemente Fläche und Farbe sowie in die Operationen bedeckt und geordnet zerlegt, dann liegt es nahe, dass er auch die Möglichkeit ahnt und zu realisieren beginnt, eine Fläche nicht ordnen und mit Farbe bedecken zu müs-

---

31 Honoré de Balzac, *Das unbekannte Meisterwerk*, Insel, Frankfurt/M., 1987, S. 105.
32 Ibid., S. 107.
33 Michael Wetzel, »Verweisungen. Der semiologische Bruch im 19. Jahrhundert«, in: Friedrich Kittler und Georg Christoph Tholen (Hg.), *Arsenale der Seele. Literatur- und Medienanalyse seit 1870*, Fink, München, 1989, S. 71-95.

sen. Bei Denis sehen wir also schon starke Widerstände gegen den anekdotischen Flicker, der jene retinale Befriedigung verschafft, gegen die sich später Marcel Duchamp vehement auflehnen wird. Der Vorläufer von Duchamp, der analytische Kubismus, hat die anekdotische Repräsentation schon direkt angegriffen, indem er Denis' Definition beim Wort nahm. Fast eine Dekade später, nachdem die Arbeit schon geleistet war, sagte Georges Braque 1917: »Das Ziel ist nicht die Rekonstitution eines anekdotischen Faktums, sondern die Konstitution eines piktorialen Faktums.«[34] Kein Gefühl sollte also mehr ausgedrückt, kein Gegenstand mehr abgebildet werden. Expression und Repräsentation, Emotion und Abbildung wurden verweigert. An ihre Stelle traten die Konstitution bzw. Konstruktion einer autonomen Oberfläche mit den reinen Mitteln der Malerei. Die Autonomie des Bildes und der Bildoberfläche ergab sich gerade erst durch jene Verweigerung der repräsentativen Funktion. Diesen Anspruch auf Unabhängigkeit und Referenzlosigkeit sind wir von der abstrakten Malerei gewohnt und wegen des Fehlens gegenständlicher Darstellung auch bereit zu akzeptieren. Allerdings sollte man dabei nicht übersehen, dass sich auch in den Jahrzehnten davor eine flache bemalte Oberfläche, auch wenn sie Gegenstände und Landschaften vage andeutete, bereits so sehr auf ihre piktorialen Mittel konzentrieren konnte (siehe z. B. William Turner), dass sie ebenfalls Anspruch auf Autonomie erheben durfte.

Das letzte Bild — das Ende der Malerei
Weiß auf weiß oder schwarz auf schwarz gemalt, sind das nicht letzte Bilder, weil damit die Möglichkeiten der Malerei ausgeschöpft scheinen? Wenn die Malerei durch die Farbe definiert ist und Form und Gegenstand bereits vertrieben sind, was könnte noch gemalt werden, wenn die Fläche des Bildes nur noch weiß oder schwarz ist?

Die Radikalisierung der Flächenmalerei und Farbfläche hat die Malerei an den Rand ihrer Möglichkeit getrieben. Sie hat eine Grundstimmung, einen »Generalbaß der Malerei«[35] des 20. Jahrhunderts gelegt, der nach dem Zweiten Weltkrieg von Frank Stella und Lucio Fontana bis Daniel Buren und Niele Toroni nur noch orchestriert werden konnte, wobei Striche als Schlitze und Farbstreifen bzw. -punkte Motivausführungen darstellen. Sie hat das Feld abgesteckt und die Konditionen gesetzt, auf dem bzw. unter denen heute Malerei noch möglich ist. Insofern das Faktum der letzten Bilder im Bewusstsein und der Geschichte der Malerei existiert, sind alle Gemälde heute: Bilder nach dem letzten Bild.

Die Verabsolutierung der Farbe[36] hat nämlich nicht nur den Gegenstand, sondern letztlich sich selbst verabschiedet und damit auch eine Malerei, die nur noch auf der Farbe aufbaute.

Das absolute Primat der Farbe, im 19. Jahrhundert bereits verkündet, hat zuerst das Ende der Lokalfarbe, der gegenstandsgebundenen Farbe eingeläutet. Damit hat sie in einem nächsten Schritt den Gegenstand selbst »diskreditiert«[37] und schließlich aus der Malerei verbannt. Die neoimpressionistische Zerlegung der Farbe endete bei der kubistischen Zerlegung des Gegenstandes. Ohne Gegenstand war auf die Dauer unter dem Diktat der reinen autonomen Farbe auch der Schatten des Gegenstandes, seine Form, nicht zu halten. Ohne Gegenstand keine Geometrie. Die geometrische Abstraktion verhüllt nur das Fehlen des Gegenstandes. Die geometrischen Formen wurden schließlich selbst zugunsten der reinen Farbfläche aufgegeben. War das Bild nur noch eine Fläche, mit Farbe bedeckt,

---

34 Georges Braque, »Pensées et réflexions sur la peinture«, in: *Nord-Sud*, Vol. 1, Nr. 10, Dezember 1917, S. 3–5, hier S. 4; Übersetzung des Autors.
35 Viking Eggeling, »Elvi fejtegetések a mozgóművészetről« [Theoretische Präsentation der Bewegungskunst], in: *MA*, Bd. 6, Nr. 8, 1921, S. 105f.
36 Vgl. »Von der Verabsolutierung der Farbe zur Selbstauflösung der Malerei«, in diesem Band, S. 148–161.
37 Zit. nach Wassily Kandinsky, *Über das Geistige in der Kunst* (1912), Benteli, Bern, 2009, S. 13.

ohne Formen, Geometrie und Gegenstand, dann wurde es selbst zum »Bildobjekt«[38], weil es ja nichts mehr repräsentierte und substituierte.

Wenn für eine Kunst das Axiom der Gegenständlichkeit galt, dann bedeutete Gegenstandslosigkeit und Repräsentationsverweigerung für eine historische Sicht: Ende der Kunst, für eine andere aber: Beginn der Kunst (die Negation des Objekts wurde zur Voraussetzung der Kunst von Delaunay und Malewitsch). Folglich: Wenn für eine Kunst das Axiom der Farbe bestand, dann bedeutete aus dieser Sicht Negation der Farbe, Ende der Malerei, Ende des Bildes. Die Suprematisten wurden daher von ihrer eigenen Logik eingeholt und überholt und malten zwangsläufig »das letzte Bild«. Der Diskurs der Flächenmalerei hat die Suprematisten historisiert, einer Geschichte unterworfen, deren Ende sie besiegeln mussten. Sie konnten sich aus dieser Eschatologie nur befreien, indem sie aus der Malerei, aus den historischen Axiomen ihrer Vorstellung von Malerei ausstiegen und sich der plastischen Konstruktion, der malerischen Gegenstandslosigkeit, dem Design, der Fotomontage etc. zuwandten und den Produktivismus begründeten, in dem die neue soziale Ordnung den Gebrauch der Gegenstände und die Ordnung der Zeichen legitimierte.

Der Weg von der absoluten Autonomie der Farbe zu ihrer Selbstauflösung hat das Schicksal der Selbstauflösung des Tafelbildes vorexerziert. Denn wenn die Malerei Farbe ist, ist Malerei ohne Farbe tot. Doch das, was aus historischer Perspektive Verlust bedeutet, kann aus einer anderen Sicht ein Beginn sein.

Das 1923 in Moskau erschienene Buch *Von der Staffelei zur Maschine* von Nikolai Tarabukin, ein produktivistisches Manifest, erläutert den Problemstand des russischen Konstruktivismus über das Ende der Malerei sehr umfassend und präzise und liefert eine Theorie der Malerei nach dem letzten Bild, bei der die Faktur eine Rolle spielt.[39] Zu Beginn diagnostiziert er in Europa eine »Krise der Kunst« durch den Verlust der illusionistischen Repräsentation. Gleich aber statuiert er auch die »Krise der reinen Form« und rechnet mit den »absurden Suprematisten«, »naiven Konstruktivisten« und »Fakturisten« ab, weil ihre »Laborversuche auf der Oberfläche der Leinwand« den nützlichen Endzweck verfehlten, den technische Konstruktionen haben. Er plädiert für die »Aufgabe der Oberflächen-Malerei«, weil die Suprematisten sich aufgrund ihres Basiselementes, der Farbe, in Widersprüche verwickelten. Auch die Ersetzung von Farbe durch »echte« Materialien (Glas, Holz, Metall) wie bei Tatlin akzeptiert er nicht, weil der Künstler auch dadurch den Konventionen der Form und der Komposition nicht echappiert: »Jede piktorale Form ist von Natur aus repräsentativ, denn sie repräsentiert reale Objekte, sei es wie bei den Naturalisten und Impressionisten, sei es ungegenständlich wie bei den Kubisten oder Futuristen.«[40] Daher haben die Konstruktivisten der Flächenmalerei wider Willen die Repräsentation bestätigt. »Und jedes Mal, wenn ein Maler sich der Repräsentation wirklich entledigen wollte, konnte er dies nur um den Preis der Destruktion der Malerei und seines eigenen Selbstmordes als Maler«[41], schreibt Tarabukin in dem Kapitel »Le dernier tableau« seines gleichnamigen Buches, das dem roten monochromen Bild Rodtschenkos von 1921 gewidmet ist. Dieses ist für Tarabukin »der letzte Schritt, der Endschritt, das letzte Wort, nach dem die Malerei schweigen muss, das letzte Bild, das von einem Maler ausgeführt wird.«[42] Die Malerei als

---

38 Robert Delaunay, *Zur Malerei der reinen Farbe. Schriften von 1912 bis 1940*, hg. von Hajo Düchting, Silke Schreiber, München, 1983, S. 74.
39 Nikolai Tarabukin, *Le Dernier Tableau. Écrits sur l'art à l'époque du constructivisme russe: 1. Du Chevalet à la Machine; 2. Pour une théorie de la peinture* (1923), hg. von Andrei B. Nakov, Éditions Champ Libre, Paris, 1972; Übersetzung des Autors.
40 Ibid., S. 41.
41 Ibid.
42 Ibid.

Kunst der Repräsentation ist am Ende des Weges angelangt. »In der alten Kunst war die Repräsentativität der Inhalt. Indem sie aufhörte, repräsentativ zu sein, hat die Malerei ihren inneren Sinn verloren. Die Laborarbeit über die nackte und leere Form hat die Kunst in einen engen Kreis eingeschlossen, ihren Fortschritt gehemmt und sie zur Verarmung geführt.«[43] Allerdings sieht Tarabukin nicht, dass es sich seiner eigenen Logik gemäß nur um das Ende der mimetischen Malerei handelte, aber nicht um das Ende der Malerei selbst. Da wir aber seit Jahrhunderten gewöhnt sind, Malerei mit Repräsentation zu identifizieren, konnte sich diese ideologische Idee weit ausbreiten, in Wirklichkeit wurde durch dieses »Ende« aber eine neue Konzeption der Malerei und Kunst notwendig. Tarabukin selbst hat als Lösung nach dem Ende der Malerei eine neue Theorie der Malerei entworfen, die erst heute durch die künstlerische Praxis der Gegenwart eingelöst wurde. Weg von der Kunst des Ateliers und des Museums (»Die Kunst der Staffelei ist unvermeidbar eine museale Kunst«) hin zu einem authentischen künstlerischen Realismus, dem »Resismus« (lat. res – Ding). Die Lösung der Krise in der Kunst ist »die Verweigerung der Kunst der Staffelei, eingeschlossen in die Gefängnisse der Museen, und die Orientierung auf die Produktion«, »die Ersetzung der Formen der Kunst durch die Formen des Lebens«. Die Krise der Kunst wird nicht durch den »Tod« der Kunst gelöst, sondern indem ihr »Aktionsfeld das ganze Leben wird«.[44]

Faktur und Fläche statt Fläche und Farbe
Der Begriff »Faktur«, für die konstruktivistische Flächenmalerei so bedeutsam, wurde 1914 durch das Buch gleichen Titels von Wladimir Markow eingeführt. Mit *Faktur* meint Markow das Wesen der Fläche, ihre materiale Beschaffenheit, ihre Oberflächenstrukturen, ihre Textur. Die Bearbeitung von Material ist Faktur und liefert die Textur. Jede Bearbeitung ändert die Faktur (Textur) der gegebenen Fläche, sogar ein Strich auf einem Papier. Das »Malerische« an Stanley Brouwn ist, wenn man es sucht, in dieser Radikalisierung der Frage nach Fläche und (Farbe als) Material zu finden. Der Begriff »Faktur« taucht in einem Augenblick auf, in dem die Farbe als Material der Malerei schon obsolet erscheint. Der Begriff der Faktur sprengt also das Staffeleibild noch mehr als die Gegenstandslosigkeit und die Farbe (die Monochromie). Gleichzeitig erlöst er die Malerei aus dem Gefängnis der Farbe und eröffnet ihr neue Möglichkeiten der Material- und Methodenwahl.[45] Nur wird die Faktur, beginnend mit Tatlins Materialkombinationen von 1914, erst nach dem Zweiten Weltkrieg in den Materialbildern (aus Metall, Marmor etc.) zu einem Axiom der Malerei. Die Faktur ersetzt die Farbe als Element der Malerei. Markows Theorie der Faktur betont wie Tatlin die Kultur des Materials als den konstitutiven Faktor des Bildes. Es geht also nicht mehr um die Konstitution eines piktorialen Faktums wie im Kubismus, sondern um die Konstitution eines materialen Faktums. Markow kritisiert daher die »Materialkombinationen« der Kubisten. Er begrüßt den Strich, den Fleck, der in die Weiße, in die Stille einbricht, der die reine Fläche beschmutzt, der im Schweigen der Seiten und Farbflächen ein »Geräusch« hervorbringt. »Form« entsteht durch die Bearbeitung des Materials. Dies ist Faktur. Die Materialien, auf denen und mit denen gearbeitet wird, können einander untergeordnet werden, und sie können auch verschiedene Arten von Farben und von Flächen beinhalten: statt Leinwand Glas, Wolle und Metall, statt Farben, Wachs, Watte oder Stahlwolle (Piero Manzoni). Das Instrument, sei es ein Pinsel oder ein Körper, bestimmt, welche Formen dabei erreicht werden.

---

43 Ibid., S. 43.
44 Ibid., S. 83.
45 Vgl. Troels Andersen, »Voraussetzungen des Suprematismus in der russischen Kunsttheorie«, in: Wulf Herzogenrath (Hg.), *Kunst über Kunst. Werke und Theorien, eine Ausstellung in drei Teilen*, Kölnischer Kunstverein, Köln, 1974, S. 114.

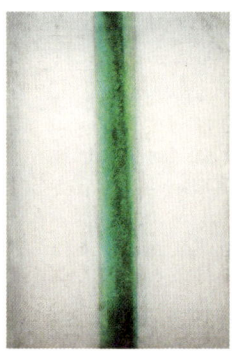

Olga W. Rosanowa, O. T. (Grüner Streifen), 1917

Barnett Newman, Onement V, 1962

Markow spricht auch schon von »immaterieller Faktur« im Gegensatz zur »Schwere«, ein weiterer Begriff seiner Theorie.[46] Markows »Liebe zum Material«[47] statt zur Farbe ist der entscheidende Schritt nach der Farbtheorie. Wie diese im 19. Jahrhundert geboren wurde und die erste Jahrhunderthälfte beherrschte, so wurde die Fakturtheorie an der Schwelle des 20. Jahrhunderts hervorgebracht und beeinflusste die zweite Hälfte des 20. Jahrhunderts als Materialtheorie in erweitertem Sinne. Die Farbe wurde zum letzten Element einer historischen Malerei, die Faktur zum ersten Element einer neuen Malerei. Die Farbe wurde entthront – daher die vielen weißen und grauen Gemälde (der Nichtfarben) in der zweiten Jahrhunderthälfte, z. B. bei Gerhard Richter. Markows Farbtheorie hat auch Malewitsch beeinflusst. Da sein Buch schon 1914 erschienen war, war paradoxerweise der Ausweg aus dem »letzten Bild« bereits vorgeschlagen, bevor dieses gemalt waren (1918–1921).

Im suprematistischen Bild O. T. (Grüner Streifen) (1917) von Olga Rosanowa ist die Unterscheidung von Form und Grund, die bei Malewitsch noch herrschte, schon aufgehoben. Der grüne Streifen existiert auf derselben Fläche wie das Weiß, das den Streifen an dessen Grenze aufreißt. Dadurch wird die ganze Oberfläche der Leinwand eine flache Juxtaposition von Farbmassen.

In Barnett Newmans paradigmatischem Bild *Onement I* (1948) finden wir ein Echo der Fakturtheorie. Seine 1958 formulierte, rigide Ablehnung der geometrischen Abstraktion: »Only an art free from any kind of the geometry principles of World War I, only an art of no geometry, can be a new beginning«[48], reinigt die Fläche von allen Formen. Die Oberflächenbearbeitung durch Farbmassen bleibt allein.

Flächenmalerei und Fakturmalerei haben nach ihrer politischen Unterdrückung in Russland zuerst in Polen die Entwicklung wieder deutlich beeinflusst. Henryk Berlewi publizierte 1924 im Magazin *Der Sturm* seine Theorie der »Mechano-Faktur«. In der Warschauer Zeitschrift *Blok* veröffentlichte der gebürtige Russe Władysław Strzemiński 1924 zum ersten Mal die Grundsätze seiner Theorie des »Unismus, eine Vorwegnahme der Monochromie, der Primärstrukturen und der ZERO-Bewegung der 1950er- und 1960er-Jahre. 1922 kam Strzemiński mit seiner Frau, der Bildhauerin Katarzyna Kobro, beide Schüler von Malewitsch, nach Polen; sie wurden zu Mitbegründern des polnischen Konstruktivismus. »Die gleiche Lichtkraft der Farben verbindet das Bild, bildet seine Einheitlichkeit. Keine Farbe

---

46 Ibid.
47 Wladimir Markow, »Die Liebe zum Material« (1914), in: Dietmar Rübel, Monika Wagner und Vera Wolff (Hg.), *Materialästhetik. Quellentexte zu Kunst, Design und Architektur*, Reimer, Berlin, 2005, S. 207f.
48 Barnett Newman, *Selected Writings and Interviews*, University of California Press, Berkeley, Los Angeles, 1992, S. 179.

Władysław Strzemiński,
Composition uniste 14, 1934

springt von den anderen ab, keine vertieft sich: es bleibt eine einheitliche Formenmasse und Bildoberfläche, die gänzlich mit der Oberfläche des Blendrahmens verbunden ist. Die Farbenlösung macht das Bild einheitlich und verlangt infolgedessen nach keinen Zwangslösungen, die die zerschlagenen Farben binden würden, also das, was nicht zu verbinden ist, was keine anderen Mittel verbinden können. Erst jetzt kann die Unabhängigkeit der Farbe von der Linie beseitigt werden. Nicht die Linie sollte das ausbessern, was die Farbe zerschlägt, nicht die Linie verbindet das durch die Farbe zerrissene Bild, sondern es entsteht ihre harmonische Tätigkeit, die das gemeinsame Ziel haben – ein einheitliches Bild zu schaffen, das in allen seinen Teilen verbunden ist und aus den angeborenen Eigenschaften herauswächst: aus dem Rechteck und der Flächenhaftigkeit. Das einheitliche Bild bedeutet keinen Formenzusammenstoß, kein Drama, wohl aber wie jeder Organismus eine harmonische Tätigkeit aller seiner Teile, es bedeutet Gleichsetzung des Linien- und Farbausdrucks. Jedes von den Bauelementen des Bildes: Linie, Farbe, Faktur – streben nach dem gemeinsamen Ziel, aber jedes von diesen Elementen – auf seine ihm gemäße Art und Weise.«[49]

Nach der Emanzipation der Farbe folgte die Emanzipation der Fläche mithilfe der Faktur. Sogar eine Überwindung der Fläche wird angestrebt: die Emanzipation der Wand. Malewitschs Doktrin von der Bildfläche als befreitem Nichts sollte durch die Reduktion auf eine Farbe die optische Einheit des Bildes erzeugen und somit die Identität des Bildes mit sich selbst (als Gegenstand) garantieren. Danach überträgt Strzemiński die Prinzipien des Unismus mit Katarzyna Kobro auf die Skulptur und Architektur. Die *Unistischen Kompositionen*, fast monochrome Flächen, durch Fakturverfahren differenziert, stellen weitere »letzte Bilder« dar. 1931 publiziert er mit Kobro das Buch *Komposition des Raumes. Berechnung des raumzeitlichen Rhythmus* als zweiten Band der neuen *Bibliothek a. r.*, die Initiative einer neuen Gruppe »revolutionärer Künstler«, die später nur noch mit »a. r.« bezeichnet wurde. Hier wurden die unistischen Bild- und Raumkonzepte vertieft und ausformuliert: »Der Unismus der Malerei strebt nach der flachen optischen Einheit, die in sich geschlossen und gleichzeitig dem Umfeld gegenüber gleichgültig ist. Die unistische Bildhauerei bezweckt die Einheit der Skulptur mit dem Raum, also die räumliche Einheit. Die allgemeine Voraussetzung des Unismus ist die Einheit des Kunstwerkes mit dem Ort, an dem es entsteht, und mit den natürlichen Bedingungen, die es vor der Entstehung des Kunstwerkes gab. Das Feld, auf dem das Bild entsteht, ist die ebene Fläche der Leinwand und das Viereck des Rahmens. Mit dieser begrenzten, flachen und geschlossenen Ebene, die von der Umgebung isoliert ist, muß man die Formen des Bildes in Übereinstimmung bringen und sie bis zur

---

49 Zit. nach Władysław Strzemiński, »Unismus in der Malerei« (1928), in: *Władysław Strzemiński*, Ausst.-Kat., Städtische Kunsthalle, Düsseldorf, 1980, S. 23–36, hier S. 34f.

Jo Baer, *Primary Light Group: Red, Green, Blue*, 1964–1965

organischen Einheit fortführen, die die Formen des Bildes mit seiner Fläche und seinen Grenzen verbinden würde. Dadurch bildet man eine ebene optische Einheit, die von der Umgebung durch den Blendrahmen abgegrenzt wird. Die optische Einheit kommt bis zu den Grenzen des Bildes und bricht ab.«⁵⁰

Wie genau aber kann man die Grenze des Bildes bestimmen und die optische Einheit strukturieren? Kann nicht auch die Einheit von Fläche und Farbe noch entleert werden? Diese Frage beantworten Jo Baer und andere Maler des Randes und des Rahmens. Das Tafelbild war nämlich durch die Definition der Bildfläche als reine Farbfläche nicht nur metaphorisch an seiner Grenze angelangt, sondern auch buchstäblich. Die Entleerung der Bildfläche, die gegenstandslose nackte Fläche bzw. Leinwand, die totale Leerstelle, das Bild als Null und Nichts (in Weiß oder Schwarz), zentrierte bereits früh das Interesse auf den Rand des Bildes, auf den Rand der (monochrom) bemalten Bildfläche. Kandinsky beschreibt 1913 im *Rückblick* die Qualen, ein Bild mit dem Motiv »Moskau« zu malen. Nach fast fünf Monaten gelingt ihm die Vollendung der Entwürfe, als er »plötzlich vollkommen klar sah, was noch fehlte – das war der weiße Rand [...]. Da dieser weiße Rand die Lösung des Bildes war, so habe ich nach ihm das ganze Bild genannt«⁵¹ – das *Bild mit dem weißen Rand*. Zwischen weißem Bild und weißer Wand gibt es also den weißen Rand. In der einflussreichen Ausstellung *Systemic Painting* (1966 im Solomon Guggenheim Museum in New York), in der die minimalistische Malerei vorgestellt wurde, welche in den 1960er-Jahren (unter dem Einfluss der Konzeptkunst) die Aktion und die Geste in der abstrakten Malerei durch das System ersetzte, fielen neben den Arbeiten von Agnes Martin, Larry Poons, Robert Mangold, Dorothea Rockburne besonders die Werke von Jo Baer auf. Sie näherten sich den Mallarmé'schen »Rahmen aus Schweigen«.⁵² Um das Bild als Gegenstand zu betonen, erhielten die Gemälde einen relativ großen dreidimensionalen Rahmen, um den die Leinwand gespannt wurde. Sodann wurde nur an den beiden vertikalen Rändern gemalt, meist Streifen, oder auch um den Rand herum auf den Seitenflächen des Bildes. Im Spiel zwischen Faktur und Farbe, zwischen Physikalität und Illusion, zwischen Objekt und Bild wurde so das Gleichgewicht auf die Seite der »objecthood« (Michael Fried) verschoben. Die Duplizität der reinen Flächenmalerei zwischen Bild und Gegenstand wurde radikalisiert

---

50 Katarzyna Kobro und Władysław Strzemiński, »Raumkomposition, Berechnung des raumzeitlichen Rhythmus« (1931), in: Strzemiński 1980, S. 37–40, hier S. 37.
51 Wassily Kandinsky, »Das Bild mit dem weißen Rand«, in: ders., *Rückblick*, Waldemar Klein, Baden-Baden, 1955, S. 41–43, hier S. 43.
52 Mallarmé 1966, o. S.

und offengelegt. Die an den Rand getriebene Malerei fand nur noch am Rand statt und auch dort eher mechanisch als gestisch, eher fabriziert als expressiv. Die Reduktion auf den Rand betonte die Dialektik des Bildobjekts. Die entleerte Wüste der weißen Fläche wurde durch die Randmalerei aufgehalten und gleichzeitig gesteigert. Diese machte aus dem Bild ein Double: ein Objekt und seinen Schatten – es ist da und es ist nicht da. Die täuschende und mysteriöse Dimensionalität ihrer Bilder (schwankend zwischen Zwei- und Dreidimensionalität) erzeugt wie bei Mark Rothko ein atmosphärisches Feld, das jenseits seiner Grenzen noch existiert. Bildfeld und Umfeld konvergieren. Das Bild wird zum Objekt, aber das Objekt ist nicht identisch mit seinen Grenzen: »I have always had the feeling that an object is larger than its outline, that it has a field or force beyond itself.«[53] In der Betonung des Randes wächst das Bildobjekt über den Rand hinaus. Das Bild wächst aus den angeborenen Eigenschaften Rechteck und Flächenhaftigkeit heraus. Die spirituelle Transzendenz des Abstrakten Expressionismus und die Hard-Edge-Formen wissenschaftlicher Gestaltpsychologie erzeugen einen ambivalenten, harten und zugleich sensiblen Raum perzeptueller wie auch metaphysischer Signale: Minimalismus libidinös dekonstruiert bzw. Unismus dezentriert – oder »contemplation of nothingness«.[54]

Die *Edge Paintings* (1966–1968) von Sam Francis betonen, wie andere informelle Bilder der 1950er-Jahre, weniger die Objekthaftigkeit des Bildes oder andere Probleme der abstrakten Flächenmalerei (Strukturbetonung), sondern zerstören die optische Einheit des Bildes eher unter dem Gesichtspunkt der Farb- und Formmalerei (Strukturauflösung).

Die Malaktion von Leszek Brogowski, seit 1981 immer nur an einem Bild Schicht für Schicht einen Rand zu erzeugen, radikalisiert den polnischen Unismus durch die informelle, existenzielle Erfahrung. Brogowski selbst schreibt: »I consider [...] the overproduction of both objects and ideas, and also a lack of values that stops any selection, a syndrome not only of the present reality but also of the artistic one. I choose one among many possible answers to this state of things: I concentrate on one problem, one idea, and execute just one object that communicates it, one painting. Since September 1981, I have been making this painting, covering it with successive layers of paint. Each colour surface leaves only a minimal edge visible from underneath.«[55]

Befreite Fläche – freie Wand
Die Einheit von Fläche und Farbe versus Grenze des Bildes ist auch das künstlerische Problemfeld der Malerei von Robert Ryman. Die Ambiguität der Frage, wo ein Bild endet, überträgt Ryman allerdings vom Bildrahmen auf die Wand selbst. Die Wand ist der eigentliche Kontext, der eigentliche Bildgrund, ohne den das Bild nicht gesehen werden kann. »[...] the wall plane is actually part of the painting and it extends out three or four feet, the wall space [...] is essential for that line that develops from the edge of the panel of the painting with the wall [...] if you were to see any of my paintings off the wall, they would not make any sense at all.«[56] Ryman malt *inside the white cube*, innerhalb des weißen Raumes der Galerie. Dieses Weiß ist sein eigentliches Medium. Durch das Weiß wird das Bild zur Nullfläche.

Daher sind seine Gemälde auch keine monochrome Malerei, obwohl es so scheint, und daher verwendet er auch eigentlich keine weiße Farbe, obwohl diese auf die Leinwand aufgetragen wird, sondern weiße Farbe ist eine Art Oberfläche, Faktur, nur Medium (»White

---

53   Zit. nach Barbara Haskell, *Jo Baer*, Whitney Museum of American Art, New York, 1975, o. S.
54   William C. Seitz, *The Responsive Eye*, The Museum of Modern Art, New York, 1965, S. 17.
55   Leszek Brogowski, »Idioms: A Silent Face of Photography«, in: *Leonardo*, Vol. 22, Nr. 2, April 1989, S. 159–163, hier S. 163.
56   Gary Garrels (Hg.), *Robert Ryman*, Ausst.-Kat., Dia Art Foundation, New York, 1988, S. 13.

Sol LeWitt, *Wall Structure: Five Modules with One Cube, Black*, 1965

paint is my medium«[57]). Das Bild dehnt sich auf die Wand aus. Nur eine schmale Randlinie trennt das Bild noch von der Wand. Textur, Farbe, Oberfläche und Wand tendieren zu einer Einheit. Es entsteht eine Kontinuität, die nur durch Markierungen von Rändern oder Ecken, Spuren des Malprozesses, unterbrochen wird. Die Wand wird ein Teil des Werkes – »So the wall becomes very much part of the work.«[58] Die Befestigung der Oberfläche (des Bildes) an die Wand mit Klebestreifen, bevor und damit es gemalt werden kann, wird (nach Entfernung der »*tapes*«) zu einem Bestandteil der Komposition des Bildes. Die Komposition des Bildes entsteht also direkt in seinem prozessualen Bezug zur Wand. Wegen dieser fehlenden Isolation des Bildes von der Wand, des Bildraumes vom Wandraum, die für gewöhnlich Bilder auszeichnet, die etwas abbilden, was aber Rymans »absolute« Malerei nicht tut, zieht er es vor, seine Arbeiten nicht »pictures«, sondern »paintings« zu nennen. Die Angleichung Bild und Wand löscht also das Bild, das Gemälde, – das Medium – wird zum Bild. Wegen der Aufhebung der Grenze von Bild und Wand konnte Ryman sagen: »I'm not painting a picture.«[59] Ein Gemälde, das kein Bild (im traditionellen Sinn) ist, sich weigert, traditionelle Bildaufgaben zu übernehmen, ist eine weitere Art der Selbstauflösung der Malerei durch ihren Verzicht auf traditionelle Funktionen (Repräsentation) und Materialien (Farben). Allerdings tritt dabei das Gemälde, das vom Abbild, vom Bild verdeckt war, erst hervor (Sol LeWitt). Dieses Bildobjekt, identisch mit sich selbst, bedarf nur der Wand (als Grund) und nicht der Welt (zur Abbildung): »The painting exists only on the wall«[60] Das Schicksal der Malerei ist nicht mehr an den Gegenstand, die Farbe oder Form gebunden, sondern untrennbar mit der Wand verbunden. »The painting and the wall became one surface.«[61] Gemälde und Wand werden durch die Gemeinsamkeit der Fläche und der Faktur zu einer einzigen Oberfläche. So verschwindet das Bild, da es zur Nullfläche wird, aber es bleibt als »painting«, als Objekt. Gemälde und

---

57 Phyllis Tuchman, »An Interview with Robert Ryman«, in: *Artforum*, Vol. 9, Nr. 9, Mai 1971.
58 Ibid.
59 Robert Ryman, zit. nach Suzanne Perling Hudson, *Robert Ryman. Used Paint*, The MIT Press, Cambridge/MA, 2009, S. 240.
60 Barbaralee Diamonstein-Spielvogel, *Inside New York's Art World*, Rizzoli, New York, 1979.
61 Ibid., S. 246.

Piero Manzoni, *Achrome*, 1959-1960

Robert Ryman, *Adelphi*, 1967

Wand emanzipieren sich gegenseitig durch die Nullflächenmalerei (Gerwald Rockenschaub). Nicht im Betonen der Fläche (wie Ryman), sondern im Aufreißen der Fläche (wie Fontana) haben viele Maler des letzten Bildes die Malerei bzw. das Tafelbild dem Verschwinden angenähert. Die Problematisierung der Fläche und Indifferenz zur Fläche bewegte seit 1967 auf malerischer Ebene die französische Malergruppe BMPT (Daniel Buren, Olivier Mosset, Michel Parmentier, Niele Toroni). Die nachfolgende Gruppe Support/Surfaces (Louis Cane, Marc Devade, Claude Viallat, Noël Dolla etc.) betrieb auf materialer Ebene die Auflösung der Fläche. Ende der 1960er-Jahre löste sich die Malerei durch die Ansprüche der Konzeptkunst auf. Textbilder und Wandmalereien blieben eine letzte Möglichkeit. In den 1970er-Jahren entwickelte sich aus dem Bildgegenstand die Wand selbst zum Gegenstand des Gemäldes, wurde die Wand selbst zum Bild. Auf die Emanzipation der Fläche, nachdem die Farbe von der Farbfläche abgeworfen wurde, folgte die Emanzipation der Wand. Die befreite Fläche – nach der befreiten Farbe und Form bzw. nach der von Farbe und Form befreiten Fläche – befreit auch die Wand.

Die »Malerei der reinen Farbe« beherrschte als Grundstimmung die abstrakte Kunst der ersten Jahrhunderthälfte. Sie dominierte auf andere Weise auch die expressive Kunst. Die abstrakte Farbmalerei des 20. Jahrhunderts ist also nur der Ausläufer eines Begehrens des 19. Jahrhunderts. Denn wenig bedacht wurde, dass die Befreiung der Farbe auch eine Befreiung der Fläche und damit der Wand bedeutete.

Die genannten Malereitheorien und Kunstrichtungen, die farblosen Flächen von Piero Manzoni (*Achrome*, 1959-1960), die Farbfeldmalerei der 1960er-Jahre aber zeigten, dass die Befreiung der Farbe notgedrungen auch die Fläche befreite. Der reinen Farbe antwortete die leere Fläche, der befreiten Farbe folgte die freie Fläche. Dem freien Vers, den Buchstaben in Freiheit, folgten die freie Farbe (die Nullfarbe) und die freie Fläche (die Nullfläche). Wo »nichts« war, konnte alles geschehen. Eine Zwischenstation, eine Übergangsphase, stellt die Monochromie dar, wenn also nur eine einzige reine Farbe die Fläche bedeckt. Dies war die radikalste Ausformulierung von Denis' Definition. Es wurde die gezähmte Ordnung der Farbe als Ballast abgeworfen. Denn diese Ordnung hatte in Form der geometrischen Sprache, in der die Ordnung der Farbe als Ordnung der Form missverstanden wurde, lange Zeit, fast ein halbes Jahrhundert, über die reine, freie Farbe triumphiert. Die Konstitution der piktorialen Fakten wurde zur Konstruktion im Sinne einer abstrakten platonischen Ordnung, aufbauend auf geometrischen Körpern und Formen. Der Befreiung der Farbe durch die Vertreibung des Gegenstandes folgte nicht sogleich die Befreiung von der Form. Die Vertreibung des Gegenstandes war der erste Schritt der Abstraktion, der die abstrakten Formen schuf, die als geometrische Abstraktion verstanden und verengt wurden. Die Vertreibung der Form, die Aufhebung der Sprache der Geometrie, war der zwingende nächste

Schritt, um die ultimative Autonomie des Bildes zu erreichen: die Identität von Farbe und Fläche, den Bildgegenstand. Von Piet Mondrian über die Bewegung Abstraction-Création (1931 gegründet) bis Ad Reinhardt kann man minutiös verfolgen, wie die geometrische Sprache buchstäblich in den Farbgrund versinkt, in den Hintergrund tritt und nur noch unter besonderen Lichtverhältnissen oder einer bestimmten Perspektive hervorschimmert. Schließlich versinkt das Bild selbst in den Hintergrund, in den Wandgrund, und die Wand wird zur Bildfläche.

Selbstauflösung und Selbstreferenz der Malerei
Das Verdikt gegen die Rekonstitution und Rekonstruktion anekdotischer Fakten bedeutete ursprünglich keineswegs ein Verbot der Form. Bei der Konstitution piktorialer Fakten griff auch der Kubismus auf die Formen der Gegenstände zurück. Die Verweigerung war also unvollständig. Durch die rein piktorialen Effekte schimmerten immer noch die gegenständlichen, solange es noch Kreise, Quadrate, Linien, Kurven etc. gab. Auch die gelegentlichen »leeren Stellen« konnten über den anhaltenden retinalen Zauber auch des analytischen Kubismus nicht hinwegtäuschen. Marcel Duchamp spürte dieses Ungenügen und machte daher einen totalen Schnitt: Er lehnte die Malerei insgesamt als bloß »visuell« bzw. zu »retinal« ab. Das Ende der Malerei wurde zu Beginn des 20. Jahrhunderts von ihm explizit proklamiert. Früher haben mit der Ölmalerei rivalisierende Bildtechnologien wie die Camera obscura den Tod der Malerei beschworen – Constantijn Huygens 1622 angesichts einer Camera obscura: »toute peinture est morte aux prix, car c'est icy la vie mesme«[62] und Paul Delaroche rief 1839 nach der Erfindung der Daguerre'schen Fotografie: »Von heute an ist die Malerei tot.«[63] Gustave Flaubert hat diese Ansicht zu Recht in seinem Wörterbuch der Gemeinplätze aufgenommen.

Im Unterschied zu früheren Todesdeklarationen, die aus externen Gründen und Beobachtungen, wie z.B. der Ankunft der Fotografie, entstanden, wurden die Autopsiebefunde von Duchamp, Malewitsch, Rodtschenko aus internen Gründen, gemessen an den Ansprüchen der Malerei selbst, abgegeben. Die Malerei erklärte sich gleichsam selbst für tot. Bezeichnend für diesen Tod von innen ist das Werk von Ad Reinhardt.

Dieser folgte ursprünglich auch den »Stimmen der Stille« (André Malraux, *Stimmen der Stille*, 1951). 1947 malte er ein Bild nur in Schwarz und Weiß (*Black and White*). 1953 beginnt er die Reihe seiner rein schwarzen Bilder, im »Wissen um das Nichts und die Leere (Abgrund, Nacht, Wüste). Letzte Spuren des Leuchtens.«[64] Auch diese schwarzen Bilder sind schon letzte Bilder. 1957 publizierte Reinhardt seine Tabula rasa der Malerei, die *Zwölf Regeln für eine neue Akademie*.[65] Um die Malerei zur »höchsten und freiesten Kunst« zu machen, ist ihre erste Regel »ihre Reinheit«.[66] Er erlässt eine Reihe von (technischen) Verboten, die alles aus der Malerei vertreiben, was im 20. Jahrhundert, auch in der abstrakten Malerei, noch irgendwie an historischen Malereielementen und -spuren vorhanden war. Er fordert: keine Textur, Vertreibung der Farbe, keine Zufälle, keine Pinselführung, keine Signatur, keine Handschrift, Handarbeit und Handzuckungen, keine Linie, keinen Umriss, keine Streifen, keine Formen oder Substanz, keine Gestaltung, keine Farben, kein Weiß, kein Licht, kein

---

62 J. A. Worp, *Constantijn Huygens. De briefwisseling von Contantijn Huygens*, Bd. 1, Den Haag, 1911, S. 94.
63 Gaston Tissandier, *Les merveilles de la photographie*, Hachette, Paris, 1874, S. 64 (»La peinture est morte à dater de ce jour!«).
64 Ad Reinhardt, zit. nach Jürgen Harten und Katharina Schmidt (Hg.), *Ad Reinhardt*, Ausst.-Kat., Kunsthaus Zürich, Städtische Kunsthalle Düsseldorf, 1972, S. 28.
65 Ad Reinhardt, »Twelve Rules for a New Academy«, in: *Art News*, Vol. 56, Nr. 3, 1957, S. 37-38, 56, und in: Thomas Kellein (Hg.), *Ad Reinhardt. Schriften und Gespräche*, Silke Schreiber, München, 1984, S. 53-57.
66 Ibid., S. 55.

Raum (»Der Raum soll leer sein [...] der Rahmen [...] soll isolieren.«), keine Zeit (»Die Uhr-Zeit oder Menschen-Zeit sind belanglos.«)[67], kein Format, keine Bewegung, keine Readymades. Schon 1944 schrieb er daher: »Die Gemälde in meiner Ausstellung sind keine Bilder [...].«[68] Die damalige Auflösung von Form und Abbild ebnete ihm in seiner »Liebe zum Nichts«[69] den Weg zu den schwarzen Bildern. In dieser Litanei von Verneinungen, in dieser radikalen Rhetorik der Negation hat Reinhardt nicht nur historische Avantgarde-Positionen (von Marcel Duchamp bis Hans Arp) abgelehnt, sondern sogar schon künftige wie die von Frank Stella und Daniel Buren, von Dan Flavin und Yves Klein, von On Kawara und Robert Ryman. Freie Farbe, Fläche, Form, Faktur – alle Errungenschaften des Modernismus wurden von Reinhardt verabschiedet. Nachdem solcherart nichts blieb, bekam er das Gefühl, er »male gerade die letzten Bilder, die man malen kann.«[70] Reinhardt hat von 1954 bis zu seinem Tode nur schwarze Bilder gemalt. Die Wiederholung des Schwarz, der Wiederholungszwang der Negation, das perpetuierte letzte Bild bedeutet einen Stillstand der Zeit, des Bildes, auch der Bedeutung. Das Bild weigert sich, weiter über sich zu reflektieren. Es ist daher zu fragen, ob die radikale Rhetorik Reinhardts adäquate radikale Malerei erzeugt hat oder ob nicht Reinhardt die Radikalität seiner Rhetorik steigern musste, je mehr er selbst erkannte, dass das Tafelbild seine absoluten Ansprüche, seine zwölf Regeln nicht erfüllen konnte. Das Ende der Malerei, der Tod des Tafelbildes und der Ausstieg aus dem Bild, die eigentlich der Befolgung seiner zwölf Regeln entsprungen wären und in den 1960er- und 1970er-Jahren in der Tat durch Bewegungen wie Happening, Konzeptkunst und Medienkunst erfolgten, konnte er paradoxerweise gerade dadurch sistieren, dass er von ihrem Ende und Tod sprach. Seine Werke sind daher *Ultimate Paintings* (seit 1960), ein letzter Versuch, ein letztes Bild zu malen, sozusagen *0,10* zur Potenz.[71] Reinhardts Kritik an der modernen Malerei, auch an ihren formal und material avancierten Positionen, seine Neutralisierung von Farbe, Format, Fläche, Idee, sein Verweis auf Reduktion, sein Verweigern nicht nur der repräsentativen Funktion der Kunst, sondern der Kunst (und auch der Antikunst) überhaupt, sein Löschen der eigenen Aussagen durch Tautologie oder Widerspruch, durch sein ständiges Wechseln der Vorzeichen, hat den Vorteil und das Verdienst, die modernistische Ideologie der Autonomie und Unabhängigkeit der Kunst und ihrer konstitutiven Elemente gestoppt, aufgelöst und historisiert zu haben. Die eine Erklärung aller Hauptbewegungen in der Kunst des 19. Jahrhunderts ist die der »Unabhängigkeit der Kunst«.[72] Er hat erkannt, dass die Kunst der Moderne, wenn sie ihrer eigenen Logik, der Logik ihrer Immanenz und Ideologie folgt, zu einem »Selbstmord-Varieté, käuflich, genialisch, verächtlich, belanglos« wird.[73] Reinhardts Ideen und Kritik am Modernismus haben wichtigen Vertretern neuer Kunstrichtungen jenseits des Tafelbildes wie Joseph Kosuth (Konzeptkunst), Robert Smithson (Land Art) und Carl Andre (Minimal Art) relevante Impulse gegeben, und »[f]alls Reinhardt nicht das erste der letzten abstrakten Bilder gemalt hat, so doch das letzte der ersten abstrakten Bilder«[74]. So haben sie zu einer Entmaterialisierung des Kunstobjekts beigetragen.

---

67 Lucy R. Lippard, *Ad Reinhardt*, Klett-Cotta, Stuttgart, 1984, S. 56.
68 Ibid., S. 93.
69 Charles Baudelaire, *Die Blumen des Bösen*, 1857–1868.
70 Ad Reinhardt, »Interview mit Bruce Glaser«, in: *Art International*, Dezember 1966, S. 18–21.
71 El Lissitzky, der Schüler von Malewitsch gewesen war, beschreibt das suprematistische Quadrat als den Nullpunkt einer mathematischen Serie. Die Kunst der Vergangenheit folgte der regressiven Reihe (Unendlichkeit ... 6, 5, 4, 3, 2, 1, 0), während die Kunst der Zukunft »auf der anderen Seite des Bildes« (0, 1, 2, 3, 4, 5, 6) beginnen sollte. Vgl. Sophie Lissitzky-Küppers, *El Lissitzky. Life, Letters, Text*, Thames & Hudson, London, 1968, S. 350.
72 Ad Reinhardt, »Kunst-als-Kunst« (1962), in: Kellein 1984, S. 136–141, hier S. 137.
73 Ibid., S. 139.
74 Lippard 1984, S. 191.

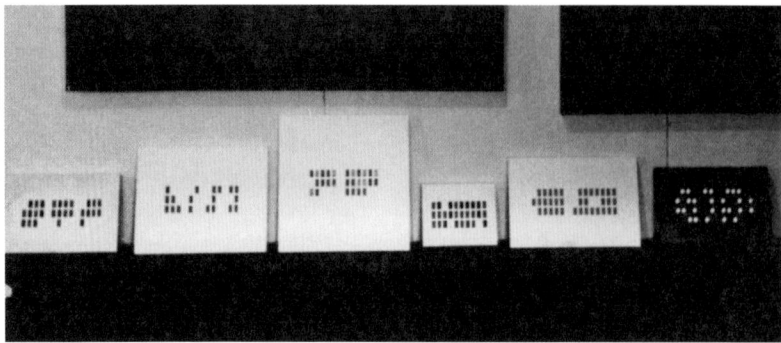

On Kawara, *Paintings of Codes*, 1965

Ausstieg aus dem Bild und der Geschichte

Das Ende der Malerei und der Tod des Tafelbildes wurden seit Duchamp immer wieder verkündet, weil diese seit dem Aufstand der Abstraktion, seit den Autonomieabsichten der Malerei und ihrer konstitutiven Elemente, zur inneren Logik der Malerei selbst gehörten. Ursprünglich ein Schock, bedeutete aber die Krise der Repräsentation und das deklarierte Ende der Malerei, eben weil sie aus Befreiungsbewegungen der einzelnen malerischen Elemente (wie Farbe, Fläche, Form) entstanden, für die Kunst des 20. Jahrhunderts insgesamt eine ungeheuerliche Befreiung, die sich gleichsam vom Ballast der vorhergehenden Künste befreien musste, indem sie sich vom Tafelbild löste. So entstanden Objektkunst, Medienkunst, Ereigniskunst, Raumkunst in allen Spielarten als ureigene Kunstformen des 20. Jahrhunderts.

Das Ende der Kunst, bereits von Georg Wilhelm Friedrich Hegel definitiv angekündigt[75], annoncierte sich, als eine bestimmte Weltordnung verschwand, als nämlich durch die industrielle Revolution die Ordnung der Dinge in die Ordnung der Zeichen über- und dabei zugrunde ging. Dieser semiologische Bruch war eine Art Seinsentzug, welcher auch die Krise der Repräsentation genannt werden kann. »Die Kunst des Malers oder des Schauspielers kann als Vorstufe jener Zeit angesehen werden, in der das ganze Sein nur noch Kunst sein wird, eine Kunst, die keine Unterscheidungsgrenzen mehr kennt. Das kann aber nur erreicht werden, wenn die Kunst zu sich selbst findet, wenn sie sich vom Sein nicht auf einen ihr fremden Weg abdrängen läßt. Gelingt es der Kunst nicht, sich von den Erfordernissen des Seins zu lösen, so wird sie weiter verdammt bleiben, reinen Futtertrog-Interessen zu dienen, weil ja das ›Sein‹ nicht anders verstanden wird als eine Kultur, die aus Nahrungssorgen geboren wurde. Die Kunst hat nur den einen Ausweg – die Gegenstandslosigkeit.«[76]

Unter dem Druck der technischen Revolution wurden wir gezwungen, unsere Vorstellungen und Modelle von den Strukturen und Operationsweisen der Wünsche, der Zeichen und des Körpers und von den ihnen entsprechenden Dimensionen des Imaginären, Symbolischen und Realen zu verändern. Insbesondere die Umformung des Körperbildes und seine Exterritorialisierung in die technischen Medien, die Auflösung der Materie in Energie-

---

75 »In allen [...] Beziehungen ist und bleibt die Kunst nach der Seite ihrer höchsten Bestimmung für uns ein Vergangenes. Damit hat sie für uns auch die echte Wahrheit und Lebendigkeit verloren [...].« Georg Wilhelm Friedrich Hegel, *Vorlesungen über die Ästhetik*, in: ders., *Werke in zwanzig Bänden*, Bd. 13, Suhrkamp, Frankfurt/M., 1985, S. 25.
76 Malewitsch 1962, S. 214.

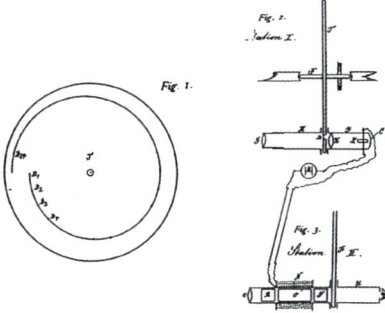
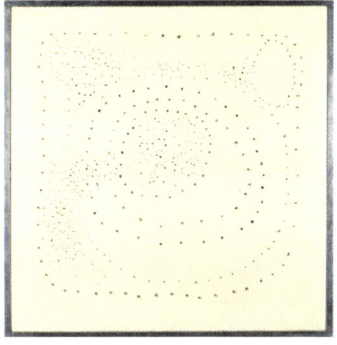

Nipkow-Scheibe

Lucio Fontana, *Concetto spaziale, 49 B 3*, 1949

wellen und materielose Signale ebenso wie die Exteriorisation der mentalen und psychischen Eigenschaften des Menschen in Maschinen haben auch die Kunst transformiert. Die dabei zur Verfügung stehenden Optionen wie Widerstand gegen die Entmaterialisierung, Insistenz auf den Körper einerseits, Auflösung in sprachliche Konstruktionen, symbolische Ordnungen, Immaterialisationen andererseits, werden von der Malerei des 20. Jahrhunderts reichhaltig orchestriert, so z. B. bei On Kawaras *Paintings of Codes* (1965).

Die Nipkow-Scheibe, auf der Löcher eine Spirale bilden, tastet ein Bild bei einer Drehung vollständig ab, indem es dieses in eine Folge von Punkten in der Zeit verwandelt. Das Bild, der Raum, wird gleichsam perforiert, so wie die Scheibe schon perforiert ist (Lucio Fontana).

Man muss nämlich angesichts des Kults der Leere schon im 19. Jahrhundert sehen, dass durch die industrielle Revolution, durch die »Telemaschinen« (Telegrafie, Telefon, Television, Radar) der Raum »durchlöchert« wurde. Nicht nur der Filmstreifen ist perforiert, auch die gesamte Gesellschaft. Die Zeit als Fließband diktiert eine neue Synchronität und Simultaneität.

Die Dialektik von Moderne und Postmoderne ist zudem von Archiv und Innovation bestimmt, wobei Innovation eben nur an Beispielen des Archivs gemessen werden kann, Innovation also Archivierung voraussetzt. Die Moderne glaubt radikal und absolut an die Innovation, die Postmoderne setzt auf das Archiv. Kunst heute hieße freier Zugang zum Archiv und damit auch freie Innovation statt Variation und Wiederholung, wie sie die moderne Kunst durchziehen. Ein befreites Archiv entsteht aber erst durch eine freie Interpretation. Was im Archiv ist und was es bedeutet, muss jedes Mal neu definiert werden. Diese unendliche Interpretationsmöglichkeit des Archivs stellt die Weichen für die Innovation und bedeutet eigentlich eine Freiheit ersten Grades, die Fundament für andere Freiheiten ist. Archiv und Innovation bilden also kein Territorium der Seinsgewissheit, sondern der Seinsunsicherheit und der Zeichenfreiheit. Michail Bachtins Theorie der unendlichen Kontextualität, welche die literarischen Werke von ihrer formalen Begrenztheit befreit, findet hier ihren Ursprung.[77] Gemäß Bachtin ist der Ursprung eines Textes nur ein Glied in einer langen Kette von vorausgehenden Texten und von möglichen Transmissionen. Diese Enthauptung der klassischen Autonomie von Autor und Text rettet aber den Text in einen unendlichen Raum der Interpretationen. Das Fallbeil der Moderne, Selbstbeobachtung als

---

77 Michael Holquist und Vadim Liapunov (Hg.), *Art and Answerability. Early Philosophical Essays by M. R. Bahhtin*, University of Texas Press, Austin, 1990. Vgl. auch Michail M. Bachtin, »Zur Methodologie der Literaturwissenschaft«, in: ders., *Die Ästhetik des Wortes*, Suhrkamp, Frankfurt/M., 1979, S. 349-357.

Selbstentleerung, Seinsentzug als Sinnentleerung, wird aufgehoben und zur Flugmaschine, die aus dem Labyrinth der Selbstreferenz rettet. Bachtins Theorem, auf die Malerei übertragen, ermöglicht also eine Kontinuität des letzten Bildes. Die monochrome Malerin Marcia Hafif verleiht dieser Theorie in ihrem Text »Beginning Again« in Ansätzen Ausdruck.[78]

Der Verabsolutierung von Farbe und Form (bzw. deren Autonomie und Befreiung) folgte diejenige der Fläche. Fast leere, absolut reine Bilder wurden zu Idealen des 20. Jahrhunderts, und natürlich auch das Gegenteil, die schmutzigen, mit Farbe und Gegenständen vollgestopften Gemälde. Auf die fast leere, monochrome Leinwand konnten sich schon wieder Gegenstände setzen, fortsetzen. Eben durch die Autonomie und Absolutheit von Farbe, Form, Fläche, Faktur konnte das Material der Malerei selbst erstmals zum Zuge kommen. Materialbilder und Materialmalerei sollten also die zweite Jahrhunderthälfte ebenso dominieren, wie Farb- und Formbilder die erste. Die zweite Dominante der Malerei, die der Transzendenz, wird zur Immaterialisierung, Dematerialisierung, zu Medienkunst.

Durch die sozialökonomische Begründung des Wiederholungszwangs existiert in der Kunst auch ein Modell, das erlaubt, die Frage nach der politischen Begründung der Autonomiebestrebungen der künstlerischen Elemente zu stellen. Eine mögliche Antwort ist, dass die wechselnden Absolutheitsansprüche der konstitutiven Elemente der Kunst mit den wechselnden Absolutheitsansprüchen der sozialen Klassen korrespondieren. So sind es die sozialen Brüche, welche den semiologischen Brüchen, wie sie in der Kunst verzeichnet werden, entsprechen.

Von der Leerstelle zur Leerfläche, von der Leerfläche zum leeren Bild, vom leeren Rahmen zum leeren Raum sind Stufen der Verweigerung der repräsentativen Funktion der Malerei zu beobachten, welche die Malerei in die Nähe der Selbstauflösung bringen, wenn wir sie an ihren historischen Kriterien messen. Diese Selbstauflösung der Malerei kann aber aus zwei Gründen nicht endgültig erfolgen. Aus einem externen und einem internen Grund.

Der externe sind die Kunstinstitutionen. Der interne Grund ist, dass es zur Logik der Malerei gehört, alle ihre konstitutiven Elemente auszudifferenzieren. Die Selbstauflösung der Malerei gehört zur inneren Logik der Malerei selbst. Sie konstituiert ihre Entfaltung. Jedes letzte Bild ist eine Faltung, eine Katastrophe, die das dynamische System der Malerei am Leben erhält. Jedes Bild ist das letzte Bild, aber jedes Bild bedingt auch ein letztes Bild als Vorgänger. Zu jedem letzten Bild kann ich ein neues letztes Bild machen, wie ich zu jeder Zahl eins addieren kann. Da jedes Bild als Summe seiner Vorgänger definiert werden kann, bildet sich eine Bildreihe, die nicht abschließbar ist. Es gibt kein letztes Bild, wie es keine letzte Zahl gibt. Das Verschwinden der Kunst (in ihrer historischen Erscheinungsform) gehört nach dem Verschwinden des Gegenstandes und des Autors zur inneren Logik der Kunst selbst. Die Selbstauflösung ist insofern nichts anderes als nur die Aufgabe eines historischen Selbst, die Aufgabe dessen, was traditionellerweise wesentlich und konstitutiv für die Kunst der Malerei betrachtet wurde. Es werden also nur ererbte historische Mittel und Methoden dispensiert und dafür neue, stärkere eingehandelt. Das letzte Bild ist stets nur das letzte Bild einer historischen Bildauffassung.

Robert Delaunays Theorie der reinen Farbe und Kasimir Malewitschs Flächenmalerei, der Farbpurismus und die Theorie von der Reinheit der Mittel erzeugten zwar zwangsläufig das »letzte Bild«. Doch auch nach Alexander Rodtschenko, Barnett Newman, Ad Reinhardt bleibt die Malerei bewohnbar. Newmans Frage »Wer hat Angst vor Rot, Gelb und Blau?« (*Who's Afraid of Red, Yellow and Blue*, ab 1966) ist eigentlich die Frage: »Wer hat Angst vor

---

78   Marcia Hafif, »Beginning Again«, in: *Artforum*, September 1978, S. 35-40.

Rodtschenko?«, bemerkt Thierry de Duve zu Recht.[79] Er habe keine Angst, schreibt er, weil Rodtschenkos Monochromie für ihn nur ein Ende der dogmatischen Moderne und der Ideologie der Autonomie der Malerei bedeuten. In der Tat, wir brauchen keine Angst zu haben. Denn die Farbe, unter deren Diktatur die »letzten Bilder« entstanden, hat ihr Primat verloren und ist durch Faktur und Malerei ersetzt worden. Mit dem Ersetzen der Farbe durch die Faktur und nach dem Verschwinden des Gegenstandes ist nicht die Malerei verschwunden, sondern nur eine bestimmte historische Form der Malerei obsolet geworden, an deren Stelle nun neue Formen einer nicht abbildenden »Malerei« getreten sind. Die Ausstellung *Das Bild nach dem letzten Bild* zeigt solche Fluchtpunkte und Eckpunkte einer Malerei nach den letzten Bildern, zeigt die möglichen Bilder nach dem letzten Bild.

Der vorliegende Text wurde 1991 in der von Peter Weibel und Christian Meyer herausgegebenen Publikation *Das Bild nach dem letzten Bild*, Walther König, Wien, veröffentlicht. Das Buch erschien anlässlich der gleichnamigen, von Peter Weibel und Kasper König kuratierten Ausstellung in der Galerie Metropol in Wien. Für die vorliegende Fassung wurden Überschneidungen mit dem Text »Von der Verabsolutierung der Farbe zur Selbstauflösung der Malerei«, in diesem Band auf S. 148-161, gekürzt.

---

79   Thierry de Duve, »Qui a peur du rouge, jaune et bleu«, in: ders., *Essais datés I. 1974-1986*, Éditions de la différence, Paris, 1987, S. 257.

Claude Monet, *Getreideschober*, 1890

Von der Verabsolutierung der Farbe zur Selbstauflösung der Malerei

1992

Ich möchte hier vom Tod der Malerei sprechen, aber nicht von einem Tod, der von außen, etwa von der Fotografie, verkündet wurde, sondern von innen, von den Malern selbst. Insofern handelt es sich genaugenommen um einen Freitod der Malerei. Dieser Tod der Malerei vollzog sich in drei Stufen, die durch Vincent van Gogh, Kasimir Malewitsch und Marcel Duchamp bezeichnet werden können. Van Gogh und sein berühmtes Diktum »[D]er Maler der Zukunft ist ein Kolorist, wie es noch keinen gegeben hat«[1], mögen für die Verabsolutierung der Farbe stehen. Malewitschs Deklaration vom Ende der Malerei hat in seinem berühmten Bild *Weißes Quadrat auf weißem Grund* (1918) zumindest das Ende der Farbmalerei terminiert. Duchamp hat in der Tat die Malerei als bloß retinalen Reiz verachtet und aufgegeben. Die Schritte dieses ästhetischen Algorithmus, der von der Verabsolutierung der Farbe meiner Auffassung nach logisch stringent zur Selbstauflösung der Malerei führte, will ich hier genauer nachzeichnen.

Bereits Gustave Flaubert hat in seinem *Dictionnaire des idées reçues* (1913) die Ansicht, die Fotografie entthrone die Malerei, als Gemeinplatz denunziert.[2] Doch von diesem Scheintod wollen wir nicht reden, sondern von einem viel heimtückischeren Tod der Malerei, nämlich ihrem Selbstmord. Denn was als Triumph der Malerei begann, als absolutes Fest, als Vervollkommnung der malerischen Elemente, führte paradoxerweise geradewegs ins Gegenteil, nämlich zum Verschwinden der malerischen Elemente und zur Selbstauflösung der Malerei. Gerade die Unabhängigkeitserklärungen von Farbe und Form, insbesondere die Behauptung des Eigenwerts der absoluten Farbe, die nicht gegenstandsgebunden war, führten zur Niederlage der Malerei. Die Farbmaterie bzw. Materialform der Farbe löste die Lawine aus, welche die Malerei unter sich begrub.

Dieser Prozess der Selbstauflösung folgt jener Dialektik der Moderne, die wir mit dem Gesetz eines Dreischritts beschreiben können: 1. Analyse und Akzentverschiebung (Vernachlässigung bzw. Betonung bestimmter malerischer Elemente), 2. Verabsolutierung und Verselbstständigung (gänzliches Auslassen bzw. vollständige Vorherrschaft bestimmter malerischer Komponenten), 3. Dispensierung und Substitution (Austauschen und Ersetzen traditioneller bildnerischer Elemente). Für diese drei Schritte mögen die Namen van Gogh, Malewitsch, Duchamp stehen. Die Organisation des Materials und der Elemente der Malerei folgte nämlich insgeheim bestimmten Gesetzen und Theorien. Der Abbau des Bildes

---

1 »Le peintre de l'avenir, c'est un coloriste comme il n'y en a pas encore eu.« Vincent van Gogh, Brief an den Bruder Theo vom 05. 05. 1888, in: ders., *Sämtliche Briefe*, Bd. 4: *An den Bruder Theo*, Lamuv, Bornheim-Merten, 1984, S. 39–41, hier S. 40 [Brief Nr. 482].
2 Gustave Flaubert, *Dictionnaire des idées reçues* (1913), Éditions du Boucher, Paris, 2002, S. 74.

im 20. Jahrhundert war schon im Aufbau des Bildes im 19. Jahrhundert vorbestimmt. Ein Beispiel so einer Theorie ist jene berühmte Definition des Tafelbildes durch Maurice Denis von 1890: »Ein Bild ist – bevor es ein Schlachtroß, eine nackte Frau oder eine Anekdote darstellt – vor allen Dingen eine plane Oberfläche, die in einer bestimmten Ordnung mit Farben bedeckt ist.«[3]

Ich werde versuchen zu zeigen, wie zuerst die Farbe als Medium der Malerei analysiert wurde und neue emphatische Akzente erhielt, z. B. im Impressionismus, wie zweitens die Farbe verselbstständigt wurde, sich die Farbe vom Gesetz der Lokalfarbe verabschiedete und einen eigenen absoluten Stellenwert erhielt, z. B. von Symbolismus bis Suprematismus, und wie drittens die Farbe als Material (Faktura) durch Material als Farbe (Aluminium als Weiß) ersetzt wurde. Wenn nun die Farbe bis zu Malewitsch als Ursprung der Malerei galt und Kandinsky sich noch 1938 eine Malerei ohne Farbe nicht vorstellen konnte, lässt sich sagen, dass eine Malerei ohne Farbe keine Malerei ist. »Man wird niemals die Möglichkeit haben, ohne ›die Farbe‹ und ohne ›die Zeichnung‹ ein Bild zu schaffen«[4], schrieb Kandinsky 1938 über die konkrete Kunst. Jene Malerei, die mit der Farbe identisch war, also die historische Malerei, verabschiedete sich mit der Dispensierung der Farbe aus dem Bild.

Die Auflösung der repräsentativen Verpflichtung der Malerei beginnt also eigentlich schon im 19. Jahrhundert durch das Abwerfen bestimmter künstlerischer piktoraler Strategien, wie z. B. der Perspektive, und durch Befreiungsversuche der einzelnen konstitutiven Elemente der Malerei wie Licht, Farbe, Fläche in der noch repräsentierenden Malerei selbst. Die Befreiung der Farbe bzw. des Lichts war sicherlich der spektakulärste und dramatischste Moment im 19. Jahrhundert bei der Befreiung des Bildes vom Diktat der Repräsentation. Die Verabsolutierung der Farbe hat als Motor entscheidend die Abstraktion der Malerei vorangetrieben und die Malerei am stärksten dem Diktat des Gegenstandes entzogen.

Claude Monet stellte 1874 im Atelier des Fotografen Nadar sein Bild *Impression, soleil levant* aus, das einer neuen Kunstbewegung den Namen gab. Durch Zerlegung des Lichts wurden die natürlichen Erscheinungen als Spiel der Farben nach subjektiven Empfindungen dargestellt. Der Impressionismus entdeckte den Eigenwert der Farbe. Dadurch verlor die Lokalfarbe an Bedeutung. Im gleichen Maße verlor auch der Gegenstand selbst an Bedeutung. Monet malte bekanntlich mehrere Variationen ein und desselben Motivs. Die Malerei gewann Vorsprung vor dem Motiv, die Farbe vor dem Gegenstand. Die Verselbstständigung der farblichen Mittel von der Lokalfarbe, die der Darstellung eines Gegenstandes verpflichtet war, zur eigengesetzlichen autonomen Farbe, die nur sich selbst darstellte, bedeutete auch die Verselbstständigung des Bildes im Vergleich zur Abbildung der sichtbaren Natur. Die Farbe ist es, die das Abbild in ein Bild verwandelt. Das Bild als reines Farbbild tendierte seit den Impressionisten dazu, keines gegenständlichen Anlasses mehr zu bedürfen. Die autonome Farbe machte das Bild erstmals gegenstandsunabhängig. Wassily Kandinsky beschreibt am Beispiel eines Bildes von einem *Getreideschober* (1890) von Claude Monet sehr schön, wie die Farbenpracht den Gegenstand verdrängt: »Zur selben Zeit erlebte ich zwei Ereignisse, die einen Stempel auf mein ganzes Leben drückten und mich damals bis in den Grund erschütterten. Das war die französische impressionistische Ausstellung in Moskau – in erster Linie ›der Heuhaufen‹ von Claude Monet [...]. Vorher kannte ich nur die realistische Kunst [...]. Und plötzlich zum ersten Mal sah ich ein *Bild*. Daß das ein Heuhaufen

---

3 »Se rappeler qu'un tableau – avant d'être un cheval de bataille, une femme nue, ou quelconque anecdote – est essentiellement une surface plane recouverte de couleurs en un certain ordre assemblées.« Maurice Denis, »Définition du néo-traditionnisme«, in: *Art et critique*, Nr. 65/66, 1890; Übersetzung des Autors.

4 Wassily Kandinsky, *Über das Geistige in der Kunst* (1912), Benteli, Bern, 2009, S. 17.

Maurice Denis, *Taches de soleil sur la terrasse*, 1890

war, belehrte mich der Katalog. [...] Ich empfand dumpf, daß der Gegenstand in diesem Bild fehlt. [...] Die Malerei bekam eine märchenhafte Kraft und Pracht. Unbewußt war aber auch der Gegenstand als unvermeidliches Element des Bildes diskreditiert.«[5]

Die Auflösung des Gegenstandes, der dreidimensionalen Form und der Linie in ihrer Beziehung zum Licht und in der Interaktion kleiner Farbpartikel bei Impressionismus und Pointillismus haben viele beschrieben, z. B. Max Raphael.[6] Die malerische Strategie des Impressionismus unterschlug die Eigenschaften der Gegenstände und den Bezug auf die Gegenstände. »Farbinteraktion verzehrt Dingdistinktion«[7], schrieb Max Imdahl. Durch die Farbdominanz werden die Gegenstände zu Farbflecken. Sie werden ununterscheidbar, unwichtig. Die Gegenstände scheinen zu fehlen und zu verschwinden. Michel Foucault hat in seinem Werk *Les mots et les choses* (1966) die Aufhebung der klassischen Identitäten und Unterscheidungen der Dinge »wilde Ontologie« genannt.[8] Impressionismus und Momentfotografie, die sich bei impressionistischen Malern großer Beliebtheit erfreute, verkörperten solch eine »wilde Ontologie« und sind Symptome des semiologischen Bruchs. In der flüchtigen Realität einer nur momentanen Identität, wie sie impressionistische Malerei und Momentfotografie thematisieren, werden Objekt und Subjekt ungreifbar. Mit der durch die Farbinteraktion getrübten Dingdistinktion verschwimmen auch die Grenzen von Objekt und Subjekt. Dies hat auch der zeitgenössische Theoretiker des Impressionismus, der Dichter Jules Laforgue[9] erkannt, dessen Auffassungen wiederum für Barnett Newman wichtig wurden. Die Vibrationen der Farbe, die später die Op Art kennzeichnen werden, bilden für ihn die Grundlage des impressionistischen Bildes und verweisen auf eine rein »optische Sensibilität«, auf die später übrigens Yves Klein rekurrieren wird. Je mehr sich die Farbe vom Gegenstand abwendet und je mehr sie sich auf sich selbst bezieht, zur Farbe als Farbe wird (und nicht Gegenstandsfarbe, Lokalfarbe bleibt), desto mehr

---

5   Wassily Kandinsky, »Rückblick 1901–1913«, in: ders., *Rückblick*, Waldemar Klein, Baden-Baden, 1955, S. 9–34, hier S. 14f.
6   Max Raphael, *Von Monet zu Picasso. Grundzüge einer Ästhetik und Entwicklung der modernen Malerei*, Delphin, München, 1913.
7   Max Imdahl, *Farbe. Kunsttheoretische Reflexionen in Frankreich*, Fink, München, 1987, S. 23.
8   Michel Foucault, *Die Ordnung der Dinge*, Suhrkamp, Frankfurt/M., 1971, S. 340.
9   Jules Laforgue, »L'Impressionnisme« (1883), in: Mireille Dottin (Hg.), *Jules Laforgue. Textes de critique d'art*, Presses Universitaires de Lille, Lille, 1988, S. 167–175.

diskreditiert sie den Gegenstand. Diese Verselbstständigung der Farbe (»la couleur pour la couleur«) zelebriert auch den reinen Pinselstrich. So wird der verselbstständigte Fleck, der Strich sichtbar. Der Begriff *tache* (fr. Fleck, Strich) taucht in der Kritik impressionistischer Gemälde erstmals auf. Dessen Verabsolutierung wird später eine ganze Bewegung, den Tachismus, ernähren. Man warf den impressionistischen Bildern vor, dass man keine Gegenstände und Personen, sondern nur *taches* sehe. Angesichts des Bildes *Boulevard des Capucines* (1873) von Claude Monet, das nicht nur bestimmte formale Elemente der Fotografie der Zeit zeigt, sondern sogar vom Atelier des Fotografen Nadar aus gemalt wurde, wo die erste Ausstellung der Impressionisten stattfand, schrieb 1874 der Kritiker Louis Leroy von den Menschen auf dem Boulevard, sie seien bloß *taches*.[10] Maurice Denis malte 1890 ein Bild mit dem Titel *Taches de soleil sur la terrasse.* Dieses Auftauchen neuer malerischer Kriterien wurde bezeichnenderweise als Verlust empfunden, da ja die alten Merkmale in der Tat verschwanden. Selbst Théophile Gautier monierte: »L'art vit de sacrifice [...] mais supprimer tout est trop. Se borner à poser des taches, comme on dit aujourd'hui [...] c'est vraiment trop simplifier la mission de l'artiste.«[11] Eugène Delacroix ist von Maxime Du Camp vorgeworfen worden: »Semblable à certains littérateurs qui ont créé L'Art pour L'Art, M. Delacroix a inventé la couleur pour la couleur.«[12] Paul Cézanne, der als Mitbegründer des Kubismus gilt, hat den Gegenstand zertrümmert, indem er nur der Logik der Farbe und der koloristischen Konstruktion folgte: »Il y a une logique colorée, parbleu. Le peintre ne doit obéissance qu'à elle«.[13] Die Methode seiner Malerei bezeichnete er als »sensations colorantes, nuances, tons, plans, taches qui sont là sous nos yeux«.[14] Pointillismus, Divisionismus und Cloisonismus habe die Farbe weiter verabsolutiert: »La couleur pure! Et il faut tout lui sacrifier«[15], antwortet Paul Gauguin dem Dichter Théophile Gautier. Vor allem wurde der Gegenstand der Farbe geopfert. Die Untersuchungen zur Farbe von Michel-Eugène Chevreul *De la loi du contraste simultané des couleurs [...]* (1839) haben die französischen Maler des 19. Jahrhunderts enorm beeinflusst und neue Begriffe ins Spiel gebracht: Retina, Licht und Simultankontrast. Georges Seurat spricht von der Malerei als Synthese von »phénomènes de la durée de l'impression lumineuse sur la rétine«.[16] Daher stammt Duchamps Kampf gegen die Malerei als Disziplin bloß retinaler Reize.

    Die Entthronung des Gegenstandes wurde also von der Verselbstständigung der reinen Farbe eingeleitet. Die Verabsolutierung der Farbe bildete die erste nichtklassische, antiobjektive Transformation des cartesianischen Koordinatensystems Tafelbild. Anstelle des historischen Bezugspunktes Gegenstand wurde die Farbe als neuer Bezugspunkt eingesetzt. Von Chevreul über Ogden Nicholas Roods *Modern Chromatics, with Applications to Art and Industry* (1879) bis zu Charles Henrys wissenschaftlicher Ästhetik »Introduction à une Esthétique scientifique« (1885) beschäftigten sich die Neoimpressionisten intensiv mit wissenschaftlichen Farbtheorien. Camille Pissarro, Paul Signac und Georges Seurat haben damit den »romantischen« Subjektivismus der Impressionisten bis zu seiner abstraktesten Formel vorangetrieben. Durch die Konzentration auf Farbpartikel und auf die Interaktion zwischen kontrastierenden Pigmenttupfern, die in der Netzhaut vibrierende Phänomene hervorriefen, wurde die Malerei immer mehr zu einem Ereignis auf der bloßen Oberfläche des Bildes und auf der Retina. Die Rolle der naturgegebenen Bildwelt wurde

---

10 Zit. nach John Rewald, *The History of Impressionism*, Museum of Modern Art, New York, 1973, S. 320.
11 Zit. nach Imdahl 1987, S. 31.
12 Ibid.
13 Ibid., S. 115.
14 Ibid.
15 Ibid., S. 124.
16 Ibid., S. 127.

zurückgedrängt. Der Neoimpressionismus wurde zu einer »Schule der Abstraktion« (Paul Adams). Die Abstraktion der Farbe vom Gegenstand wurde von den Malern unermüdlich gepredigt.

Paul Gauguin sagte: »Die Farbe als solche ist rätselhaft in den Empfindungen, die sie in uns erregt. So muß man sie auch auf rätselhafte Weise gebrauchen, wenn man sich ihrer bedient, nicht zum Zeichnen, sondern um der musikalischen Wirkungen willen, die von ihr ausgehen, von ihrer eigenen Natur, von ihrer inneren, mysteriösen, rätselhaften Kraft. Arbeiten sie nicht so sehr nach der Natur. Kunst ist Abstraktion.«[17]

Maurice Denis schrieb 1896: »Nicht das wiedergegebene Objekt soll dem Künstler Ausdruck sein, sondern das *Mittel* des Ausdrucks (Linien, Formen, Volumen, Farben). [...] Das Bild wurde wieder – entsprechend meiner Definition von 1890 – eine Fläche mit Farbanordnungen nach einem bestimmten Prinzip.«[18]

Vincent van Gogh formulierte: »Die wahren Maler sind die, welche nicht Lokalfarben machen, das war es, was *Ch. Blanc* und *Delacroix* eines Tages besprachen. [...] Ich verfechte das Recht des Künstlers, nicht Lokalkolorit oder gar Lokaltreue zu geben, sondern etwas Leidenschaftliches und Ewiges, die reiche Farbe und die reiche Sonne des gloriosen Südens, ganz entsprechend der Auffassung *Delacroix'*, nämlich daß der Süden jetzt durch Simultankontraste von Farben und ihre Ableitungen und Harmonien dargestellt werden muß und nicht durch Formen oder Linien als solche.«[19]

Die erste Transformation des Tafelbildes ereignete sich, als die Farbe anstelle des Gegenstandes den Bezugspunkt der malerischen Überlegungen darstellte. In einer zweiten Transformation wurde die Farbe selbst rein auf die Fläche bezogen. Der Gegenstand war der Farbe geopfert worden und so brauchte die Farbe einen neuen Bezugspunkt. Die Fläche wurde das neue Bezugsfeld für die Farbe.

Henri Matisse hat 1929 rückblickend die Entwicklung der Farbe und der Fläche wie folgt beschrieben: »Der Neoimpressionismus, oder vielmehr der Teil davon, den man Divisionismus nannte, war der erste Versuch, die Ausdrucksmittel des Impressionismus zu ordnen, es war eine rein physikalische Ordnung, oft wurden mechanische Mittel verwendet, die nur eine physische Erregung hervorrufen. Das Zerstückeln der Farbe führte zu einer Zerstückelung der Form, des Umrisses. Resultat: eine hüpfende Oberfläche. Nichts als eine Netzhautempfindung. [...] Dann stößt man auch auf Gauguin und auf van Gogh. Hier sind ursprüngliche Ideen: Aufbau mit Farbflächen. Aufsuchen der stärksten Farbwirkung – der Stoff ist gleichgültig. Auflehnung gegen die Ausbreitung einer Lokalfarbe im Licht. Das Licht wird nicht unterdrückt, aber es findet sich im Zusammenklang von leuchtenden Farbflächen.«[20]

An die Stelle der Abbildung trat die Konstruktion einer autonomen Fläche mit den reinen Mitteln der Farbe. Die Verweigerung der repräsentativen Funktion ermöglichte die Autonomie der Farbe und der Fläche und somit des Bildes. Die Identität bzw. Autonomie des Bildes wurde allein aus den Mitteln Farbe und Fläche bestimmt. Modulationen von Farbe, im 19. Jahrhundert noch in das Kleid von Formen gepresst, standen nun in unlösbarem Bezug zur Bildfläche. Doch auch schon im 19. Jahrhundert hatten sich manche Maler so sehr auf ihre piktoralen Mittel konzentriert, auch wenn ihre flach bemalten Oberflächen vage Gegenstände und Landschaften andeuteten, dass sie ebenfalls Anspruch auf Autonomie des Bildes und auf eine ungegenständliche Referenzlosigkeit erheben konnten. Seitdem

---

17   Paul Gauguin, zit. nach Peter Winter und Jürgen Harten (Hg.), *Vom Licht zur Farbe. Nachimpressionistische Malerei zwischen 1886 und 1912*, Ausst.-Kat., Städtische Kunsthalle, Düsseldorf, 1977, S. 48.
18   Maurice Denis, zit. nach Winter, Harten 1977, S. 57.
19   Vincent van Gogh, zit. nach Winter, Harten 1977, S. 57f.
20   Henri Matisse, *Farbe und Gleichnis. Gesammelte Schriften*, Fischer, Frankfurt/M. u. a., 1960, S. 43 f.

Robert Delaunay, *Les Fenêtres sur la Ville no. 3*, 1912

Robert Delaunay, *Kreisformen. Sonne Nr. 1*, 1912/1913

wurde das Bildfeld tendenziell immer mehr zu einer reinen Farbfläche. Die Beziehungen von Farbe und Form wurden durch die Beziehungen von Farbe und Fläche ersetzt, so wie einst die Relation von Farbe und Form die Relation von Farbe und Gegenstand ersetzt hat. Ausgehend von der Identität von Farbe und Form bewegte sich die Malerei über die Nichtidentität von Farbe und Form (z. B. blaue Pferde) auf die reale und materiale Identität von Farbe und Fläche zu. Indem Farbe und Fläche eins wurden, wurde die Form dispensiert. Die Verabsolutierung der Farbe hat also erstens den Gegenstand verbannt. Die Farbe war der Motor bei der Entwicklung der Malerei von der Repräsentation zur Abstraktion: »Folglich war es die Farbe, die den Anstoß zur Befreiung der Malerei vom Gegenstand gegeben hat.«[21] Die solcherart befreite, unabhängige Farbe bezog sich dann auf die Fläche als neuen Ort (statt auf den Gegenstand), sodass wir metaphorisch von Flächenfarbe statt Lokalfarbe sprechen können. Als solche hat die Verabsolutierung der Farbe zweitens auch die Form aus dem Bild verbannt. Dem vorigen Zitat van Goghs kann man bereits entnehmen, wie sehr die Entfaltung und Verselbstständigung der Farbe als alleiniges Mittel des Ausdrucks und der Darstellung zuerst nicht so sehr den Gegenstand als vielmehr die Form freigestellt hat. Van Gogh forderte ja die Darstellung des Südens »durch Simultankontraste von Farben [...] und nicht durch Formen oder Linien als solche«. Die solcherart entstandenen farbigen Bilder, in denen die Farbe dominierte und Gegenstand bzw. Form vernachlässigt waren, stellen die Endphase der ersten Stufe des Dreischritts dar. Die nächste Stufe waren um 1920 reine, ungegenständliche Farbflächen, welche das Bild zum Bildgegenstand verwandelten.

An der Malerei Robert Delaunays kann man deutlich erkennen, wie die Farbe die »Funktion der Form« übernimmt.[22] Diese Verbannung der Form bildete das eigentliche Sprengmaterial, die radikale Subversion, für die Malerei des 20. Jahrhunderts und für den Absprung aus der Malerei.

Delaunay, der den Impressionismus als »la naissance de la Lumière en peinture«[23] würdigte, hat aus dem Gesetz des Simultankontrastes der Farben die abstrakte gegen-

---

21   Warwara Stepanowa, zit. nach Alexander Nikolaewitsch Lawrentjew und Warwara Stepanowa, *Ein Leben für den Konstruktivismus*, Kunstverlag, Weingarten, 1988, S. 170.
22   Robert Delaunay, »Brief an Sam Halpert« (1924), in: ders., *Zur Malerei der reinen Farbe. Schriften von 1912 bis 1940*, hg. von Hajo Düchting, Silke Schreiber, München, 1983, S. 66–70, hier S. 68.
23   Robert Delaunay, *Du cubisme à l'art abstrait*, S.E.V.P.E.N., Paris, 1957, S. 146.

standslose Malerei entwickelt, bei der weder (wie bei Cézanne) durch die Farbgebung doch Gegenstände entstanden, noch (wie bei den Impressionisten) Gegenstände gleichsam farblich und lichtmäßig überspielt wurden. In dem Bild *Les Fenêtres simultanée sur la ville* (1912) von Delaunay äußerte sich erstmals »la couleur pour la couleur«.[24]

An den berühmten »Fensterstudien« (1910–1912) und »Fenstergemälden« (ab April 1912) von Delaunay kann man beispielhaft ersehen, wie sich das Fenster zur Welt, die repräsentative Funktion des Bildes, in Farbe und Licht auflöst, wie die externe Welt verschwindet, aber die Eigenwelt der Malerei, Farbe und Licht, zum Vorschein kommt. Die »Fensterbilder« markieren die Eröffnung der Eigenwelt der Malerei, die »peinture pure«.[25] Die leuchtenden Farbzonen dieser Bilder bezeugen Delaunays Credo: »Die Farbe ist Form und Inhalt zugleich.«[26] Gleichzeitig schreibt er im August 1912: »Die Funktion des Lichtes […] ist ein Problem der modernen Malerei geblieben.«[27] Diese Verbindung und Gleichsetzung von Farbzonen und Lichtzonen ist möglich geworden durch die Wirkungen des Simultankontrasts der Farbe. Delaunay beruft sich auf Chevreul und Seurat, die die Kontraste der Komplementärfarben herausgelöst hatten. »Die Simultanität der Farben aus dem Simultankontrast und alle aus den Farben hervorgegangenen (ungeraden) Maße […] das ist die eingezogene Realität, die es in der Malerei gilt, aufzubauen.«[28] Über seine »Fenster« schrieb er 1933: »Die simultanen Farbkontraste sind die beweglichen Beziehungen der Farbe. Das heißt, die Farbe ist Funktion der Form, und die Form ist nicht beschreibend, sondern trägt ihre Gesetze in sich selbst.«[29]

Durch die Verabsolutierung von Farbe und Licht wurde in den Jahren 1906 und 1914 ein neuer Bildgedanke geboren. Das Schicksal der Farbe war vom Licht nicht mehr zu trennen. Licht und Farbe bestimmten in ihrer Komplementarität auch den Beginn jener Dialektik von Material (Farbe) und Immaterialität (Licht), welche den Weg der Moderne diktieren sollten. In den »Fensterbildern« von Delaunay wurden die Farbe und das Licht erstmals zum alleinigen Träger der Bildkomposition. Denn die vom Zwang zur Gegenstandsdarstellung befreite Farbe ermöglichte ihre Identifikation mit dem Licht, dem sie entstammt. »La couleur, qui es le fruit de la lumière (poème des Fenêtres) comme l'a écrit Appollinaire, est à la base des moyens materials du peintre – et son langage.«[30] Delaunay hat mit der Entfaltung der Autonomie der Farbe auch das »Eigenlicht«[31], die Unabhängigkeit des Lichts entfaltet.

Wahrscheinlich im Dezember 1912 entstand eine weitere Inkunabel der modernen Malerei, die *Disque simultané*, die von Delaunay gemalte Simultanscheibe mit kontrastierend kreisförmig gesetzten Farben. Wahrscheinlich hatte diese Arbeit selbst für Delaunay einen derartig experimentellen Charakter, dass er sie erst 1922 öffentlich zeigte. Doch diese Erfindung gestattete ihm universale gestalterische Möglichkeiten, etwa für die Arbeit *Kreisformen. Sonne Nr. 1* (1912/1913). Hier kann man am Motiv der Sonne erkennen, wie Delaunay durch die Farbe das Licht gestalten wollte. Die Schwingungen und Bewegungen der »Synchronismen«, der Farbkontraste, ermöglichen die Darstellung des Lichts durch Farbe. Sein Spätwerk, z. B. *Rhythmus. Lebensfreude* (1931), das aus gänzlich gegenstandslosen gerundeten Farbbahnen mit vier kleinen Scheiben besteht, zeigt, wie seine homogen gefärbten, klaren Formen die Voraussetzung für die Malerei von Morris Louis, Frank Stella, Kenneth Noland und Ellsworth Kelly schufen. Denn Delaunay hat mit seiner Identifikation von Farbe

---

24 Delaunay 1957, S. 63.
25 Guillaume Apollinaire, »Reine Malerei« (1912), in: Delaunay 1983, S. 135.
26 Delaunay 1983, S. 37.
27 Ibid., S. 132.
28 Ibid., S. 133.
29 Ibid., S. 68.
30 Delaunay 1957, S. 60.
31 Wolfgang Schöne, *Über das Licht in der Malerei*, Gebr. Mann, Berlin, 1954, S. 20ff.

Alexander Rodtschenko, *Schwarz auf Schwarz*, 1918

Kasimir Malewitsch, *Weißes Quadrat auf weißem Grund*, 1918

und Licht, mit seiner »synchronen Darstellung« auf der Fläche der Leinwand nicht nur den Gegenstand und die Geometrie verabschiedet, sondern auch das Bild eigentlich schon in einen Bildgegenstand, wie die »Scheibe«, verwandelt. Der Gegenstand musste nicht erst perspektivisch zerlegt und zerstört werden wie bei den Kubisten, gegen die sich Delaunay wandte.

Delaunay verwarf mit dem Gegenstand auch die Form. »Il n'y a pas de géométrie dans le métier simultané [...] plus d'objet abstrait comme dans le cubisme.«[32] Auf der Suche nach den reinen Mitteln der Malerei endete Delaunay bei der Farbe als alleinigem Darstellungsmittel. Gegenstandslose abstrakte Malerei entstand aus dem Simultankontrast der Farben. Die von der Gegenstandsreferenz befreite, vom Gegenstand entleerte Organisation der Farben, bei der »le mouvement synchrome (simultanéité) de la lumière«[33] die einzige Realität ist, erreichte eine »peinture pure«, eine »reine Kunst«. Für Delaunay ist eine objektorientierte Kunst die Negation der Kunst selbst. »La peinture est proprement un language lumineux.«[34] Die Malerei als Sprache des Lichts, die abstrakte Kunst der reinen Farbe hat also bereits 1912 sowohl den Gegenstand wie die Geometrie verworfen: »La peinture abstraite vivante n'est pas constituée d'éléments géométriques parce que la nouveauté n'est pas dans la distribution des *figures* géométriques, mais dans la mobilité des éléments constitutifs rhythmiquement des éléments colorés de l'oeuvre.«[35] Das Ende der Malerei war gewissermaßen durch diese ungegenständliche Malerei, in der die Farbe Form, Fläche und Inhalt zugleich ist, erreicht. Mit dem Verlust des Gegenstandes ging – aus historischer Sicht – auch die Malerei verloren. Bilder ohne Gegenstände bildeten die Grundlage für das Gerücht vom »letzten Bild«. Was blieb denn noch übrig zu malen, wenn es nur noch die Farbe und darüber hinaus oder davor nichts mehr darzustellen gab? Das Staffeleibild wurde durch die Abstraktion an Grenzen geführt. Was später die monochromen Bilder der 1950er-Jahre, von Ellsworth Kelly bis Yves Klein, zeigen werden, das Bild als reine Farbfläche, wird

---

32 Delaunay 1957, S. 115.
33 Ibid., S. 147.
34 Ibid., S. 168.
35 Ibid., S. 95.

eigentlich selbst zu einem Gegenstand, zu einem Bildgegenstand. Delaunay hat das schon wahrgenommen: Die reine Farbfläche bildet den Übergang von der Deformation des retinalen Abbilds zu den ersten Gesetzen, die das Bild in seiner ganzen Struktur umwandeln werden – wo das Bild als es selbst erscheint, als »Bildobjekt«.[36]

Die Abstraktion der Farbe vom Gegenstand, die zu einer Dispensierung des Gegenstandes aus dem Bild und zu einer ungegenständlichen, abstrakten Malerei führte, bildete die erste Stufe der Abstraktion. Die Verbannung des Gegenstandes aus dem Bild bewirkte zweierlei: Erstens wurde die Fläche zum neuen Bezugsfeld für die Farbe, zweitens wurde mit dem Gegenstand und mit der Einschränkung der farblichen Gestaltung der Fläche auch die vom Gegenstand abgeleitete Form dispensiert. In dieser zweiten Stufe der Selbstauflösung der Malerei setzte sich die abstrakte Formensprache der Geometrie mit der abstrahierten (lokalfremden) Farbe in Verbindung, um ungegenständliche abstrakte Bilder mit geometrischen Formen zu erzeugen. Bald aber wurden die Materialität der Farbe (»Faktura«) und die Materialität der Fläche wichtiger als die Farbe. In einer neuerlichen Akzentverschiebung wurden nun nicht nur die historischen Elemente der Malerei wie der Gegenstand völlig ausgelassen, sondern auch zentrale Elemente wie Farbe und Form. Durch den Rekurs der reinen Farbe auf die reine Fläche wurde das Bild bald zur reinen Oberflächengestaltung. Auf die totale Verabsolutierung der Farbe folgte die totale Verabsolutierung der Fläche. Das monochrome Bild kündigte seine Ankunft an. Die Dispensierung der Farbe aus dem Bild, wie z. B. in der monochromen oder achromen Malerei (von Alexander Rodtschenko bis Piero Manzoni), bildete die dritte Stufe der Abstraktion, die die Malerei noch viel mehr an den Rand ihres Verschwindens brachte.

Von der gegenstandlosen Welt zur farblosen Welt sind es nun mehrere Schritte. Der Suprematismus von Malewitsch löste die wahre Gegenstandslosigkeit ein (*Schwarzes Quadrat auf Weiß,* ca. 1915), der innerhalb weniger Jahre auch die Farblosigkeit (*Weißes Quadrat auf weißem Grund,* 1918) folgte. Der Suprematismus hat natürlich, wie alle anderen Malereitheorien der Zeit, als Ursprung der Malerei die Farbe gesehen, aber Malewitsch hat in seinen Kampf gegen den Gegenstand auch den neuen Stellvertreter des Gegenstandes, die Farbe, miteinbezogen. Daher besteht sein erstes suprematistisches Bild aus den Nichtfarben Schwarz und Weiß und sein zweites wichtiges Bild nur noch aus Weiß. Er setzte nämlich Gegenstandslosigkeit mit Nichtfarbe gleich: die »weiße Welt der suprematistischen Gegenstandslosigkeit.«[37] Insgeheim bedeutet also für Malewitsch Gegenstandslosigkeit auch Farblosigkeit. »Der Suprematismus als gegenstandlose weiße Gleichheit« landet in der »Wüste«, »im Nichts, in der Gegenstandslosigkeit.«[38] Die monochromen weißen oder schwarzen Bilder der 1950er- und 60er-Jahre, von Lucio Fontana, Piero Manzoni und der ZERO-Bewegung, von Ad Reinhardt, Robert Ryman, Robert Rauschenberg etc. folgen Malewitsch in die farblose, gegenstandlose Welt. Malewitsch zählt nur drei Grundformen (Quadrat, Kreis, Kreuz) und drei Grundfarben (Schwarz, Weiß, Rot). Von 19. Dezember 1915 bis 17. Januar 1916 wurden in Sankt Petersburg in der »letzten futuristischen Ausstellung« *0.10* diese Arbeiten erstmals gezeigt. Die Ausstellung hieß *0.10,* weil zehn Künstler Nullformen des Bildes ausstellten, daher auch die Bezeichnung »letzte«. Es waren letzte Bilder. Hinter diese drei Grundformen und Grundfarben konnte man scheinbar nicht mehr gehen.

Die auf beinahe Null reduzierten (geometrischen) Formen und Farben schufen also Nullbilder, Zerobilder. Daher stammte ca. fünfzig Jahre später der Name der ZERO-Bewegung. 1918 malte Rodtschenko *Schwarz auf Schwarz,* das zusammen mit Malewitschs *Weißem*

---

36 Delaunay 1983, S. 74.
37 Kasimir Malewitsch, *Suprematismus. Die gegenstandlose Welt*, DuMont Schauberg, Köln, 1962, S. 194.
38 Ibid., S. 253, 287.

Quadrat auf weißem Grund 1919 ausgestellt wurde. Der Unterschied zwischen der Farbform und der Farbfläche war getilgt worden. Eine einzige Farbe beherrschte das Feld. Die Farbzone und die Bildzone, Farbfeld und Bildfeld wurden identisch. Sechs Jahre nach Delaunays simultanen Farbkontrasten war eine monochrome Farbfläche entstanden. Weiß auf Weiß oder Schwarz auf Schwarz bedeutete die endgültige Gegenstands- und Farblosigkeit. Die Gegenstandslosigkeit exerzierte der absoluten Farbe, die den Gegenstand vertrieben hatte, ihr Schicksal vor: die Vertreibung der Farbe und damit auch das Ende der Malerei, die unter dem Primat der Farbe gestanden hatte.

In seinem 1920 erschienenen Buch *Suprematismus. 34 Zeichnungen*[39] versetzt Malewitsch der Malerei selbst den Todesstoß. Für ihn hatte die Malerei ihr Perihel erreicht, einen »einsamen Weg« eingeschlagen. Die »suprematistische Maschine«, ein neuer Satellit, soll die Malerei ersetzen. Der kritische Punkt dabei ist, dass Malewitsch nicht nur den Gegenstand aus der Malerei vertrieb, sondern in radikaler Konsequenz auch die Farbe: *Weiß auf Weiß* (1918).

Auf die Frage, was eine suprematistische Leinwand und was darauf abgebildet ist, antwortet Malewitsch: »Eine suprematistische Leinwand ist eine Abbildung des weißen - nicht jedoch blauen - Raumes. Der Grund dafür liegt auf der Hand: Blau ermöglicht keine tatsächliche Abbildung des Unendlichen. Unendliches suprematistisches Weiß ermöglicht es dem Strahl der Vision, sich ungehindert auszubreiten.«[40] Weiß als Repräsentation des Unendlichen löst die gegenständliche Welt, aber auch alle Lokalfarben und absoluten Farben auf. Der Weg zeichnet sich ab vom weißen Bild über die weiße Wand bis zum weißen Galeriewürfel. Die Ordnung der Zeichen, gebaut auf Energie, ersetzt nicht nur die Ordnung der Dinge, sondern auch die Ordnung der Farbe. Die Welt des Weiß löscht alle Farben und damit scheinbar auch die Malerei. Die gegenstandslose Welt des Weiß ist die Wüste, in der die Malerei stirbt. »Es kann gar keine Frage geben, ob die Malerei einen Platz im Suprematismus hat. Die Malerei ist längst überwunden, und der Maler selbst nichts mehr als ein überkommenes Vorurteil.«[41] Die Malerei stirbt als »Vorurteil der Vergangenheit«, nachdem sie unter dem Diktat der absoluten Farbe zuerst den Gegenstand, dann die Form und schließlich sich selbst vertrieben hat.

Wenn die Malerei durch die Farbe definiert ist und Form und Gegenstand bereits vertrieben sind, was könnte noch gemalt werden? Wenn die Fläche des Bildes nur noch weiß oder schwarz ist, was ist dann hier noch ein Gemälde in historischem Sinn? Insofern handelte es sich in der Tat in einer bestimmten historischen Perspektive, die mit dem Impressionismus startete, um letzte Bilder, um das Ende der Malerei. Nach *Weiß auf Weiß* und *Schwarz auf Schwarz* konnte auf diesem Weg, der von der Verabsolutierung der Farbe eingeschlagen wurde, nicht mehr weiter gegangen werden.

Das Diktat der Farbe löschte sich - dem Zwang der eigenen Logik (der Substitution) folgend - ebenso aus wie das Diktat des Gegenstandes. Gerade die Verabsolutierung der Farbe war die Voraussetzung dafür, dass die Farbe abgeschafft werden und an die Stelle der Farbe die Faktura treten konnte. Die Theorie der Faktura öffnete das Tor zur Kultur der Materialien, zu neuen Bildformeln, zu Materialbildern und reinen Lichtgebilden.

Die Malerei ist in ihrer Entwicklung nicht nur aus den Grenzen der Gegenständlichkeit herausgetreten, sondern auch aus den Grenzen der Farben, der Formen und der Fläche,

---

39 Kasimir Malewitsch, *Suprematismus: 34 Zeichnungen*, Wasmuth, Tübingen, 1974, unpaginiert; faksimilierter Nachdruck der russischen Originalausgabe, erschienen bei Unovis, Witebsk, 1920, mit Einleitung sowie Übersetzung des Textes von Kasimir Malewitsch, »Der Suprematismus«.
40 Ibid., S. 2.
41 Ibid., S. 3.

gerade indem sie der inneren Logik der Autonomie der Farbe folgte. Die absolute Autonomie der Farbe hat nämlich ihre Selbstauflösung produziert und damit nicht das Ende der Malerei, aber gewiss das Ende einer bestimmen Farbmalerei. So wurden zwar noch jahrzehntelang Gemälde aus weißem Schweigen gemalt, Nullzonen des Weiß und des Grau, aber letztlich wurde das Primat der Farbe abgeschafft und die Farbe durch das Primat des Materials ersetzt, mit dem »Kult der Materialien«, der von Wladimir Tatlin eingeleitet wurde.

Ab dann ersetzte die Faktura die Form und das Material die Farbe. Die Präsenz des Materials triumphierte über das Licht der Farbe. Die Bearbeitung der Fläche mit neuen Materialien wurde die Aufgabe des »Malers«, der dadurch zum Konstrukteur wurde. Das Material diktierte die Form und die Fläche.

Der Logik der suprematistischen Malerei folgend näherte sich die Malerei der absoluten Wüste, der absoluten Nullfläche, dem Nullpunkt, dem Ende. 1920 publizierte Konstantin Umansky das Buch *Neue Kunst in Rußland 1914-1919,* in dem er schrieb, dass der Suprematismus als »konsequente Flächenmalerei« den »Nullpunkt der Kunst« markiert.[42] Aus dem Verzicht auf alle historischen Ausdrucksmittel der Malerei wie Gegenstand, Form, Farbe, der alleinigen Existenz der Fläche der Leinwand, resultierte eine Akzentverschiebung, eine Verabsolutierung und Substitution der historischen Elemente der Malerei, welche die Malerei annullierten. Daher stammt also die Rhetorik vom letzten Bild, vom »Nullpunkt« der Kunst.[43] Zu den diesbezüglichen Nachfolgern von Malewitsch zählt Umansky zurecht Olga W. Rosanowa, Iwan Kljun, Nikolai Punin, Rodtschenko und andere, wobei insbesondere Rosanowas Werke eine erstaunliche Radikalität zeigen. An anderer Stelle schreibt Umansky auch über Wladimir Tatlin: »Das Bild als solches ist tot – so behauptet der ›Tatlinismus‹. Dem Dreidimensionalen ist es zu eng auf der Bildfläche, neue Probleme fordern zu ihrer Lösung reichere technische Mittel, schließlich wird die Notwendigkeit, ›Bilder‹, ›Kunstwerke‹ zu schaffen, die nur den Laien unterhalten – im besseren Falle abstoßen – kritisch bedacht.«[44] Und so entsteht jene Tatlin'sche Maschinenkunst, deren Vorstufen in Experimenten Pablo Picassos und Georges Braques (1913) zu suchen sind. »Die Kunst ist tot – es lebe die Kunst, die Kunst der Maschine mit ihrer Konstruktion und Logik, ihrem Rhythmus, ihrem Bestandteil, ihrem Material, ihrem metaphysischen Geist – die Kunst des ›Kontrereliefs‹.«[45]

Diese historische Art Staffeleimalerei, aber eben nur diese, musste in der Tat überwunden werden, und eine Möglichkeit war der »Kult der Materialien« von Wladimir Tatlin.[46] Tatlin betrachtete seit 1913 die Beschäftigung »mit Materialien« als seine primäre künstlerische Aufgabe, was sich etwa in seines Bildreliefs und Materialkonstruktionen bzw. -kombinationen ab 1913/1914 zeigt. 1922/1923 gründete er die Abteilung »Materielle Kultur« des Museums für Künstlerische Kultur in Sankt Petersburg.

Das Ende der Staffeleimalerei deklariert auch entschieden Alexander Rodtschenko. Im gleichen Jahr wie Malewitsch das Bild *Weiß auf Weiß* malte, schuf Rodtschenko *Schwarz auf Schwarz*. Rodtschenko unterzeichnete 1921 nicht nur das *Produktivistische Manifest* mit der Aufforderung, die Malerei sei zu Ende, sondern er stellt in der Ausstellung *5 x 5 = 25* (je fünf Arbeiten von fünf Künstlern) in Moskau die bis zu diesem Augenblick radikalsten, eigentlichen ersten »letzten Bilder« aus, ohne jede Form, Geometrie und Gegenständlichkeit,

---

42 Konstantin Umansky, *Neue Kunst in Rußland 1914-1919*, Gustav Kiepenheuer, Potsdam, 1920, S. 22.
43 Michael Langer, *Kunst am Nullpunkt. Eine Analyse der Avantgarde im 20. Jahrhundert*, Werner, Worms, 1984.
44 Konstantin Umansky, »Neue Kunstrichtungen in Rußland«, in: *Der Ararat*, Januar 1920, S. 12-14, hier S. 12.
45 Ibid.
46 Vgl. Larissa Alexejewna Shadowa (Hg.), *Tatlin*, Kunstverlag, Weingarten, 1987.

nur Farbe und Fläche, die ersten drei monochromen Bilder der Kunstgeschichte in den Primärfarben Rot, Gelb, Blau. Diese wurden sogleich als »Ende der Malerei«[47] bezeichnet, so radikal brachen diese Fakturabilder mit den Gewohnheiten der traditionellen und auch der modernen Farbbilder. Das Ende der Farbmalerei, der Malerei unter dem Primat der Farbe, war erreicht. Rodtschenko schrieb selbst im Jahre 1939 über seine drei Bilder (von 1921) *Reine Farbe Rot, Reine Farbe Gelb, Reine Farbe Blau*: »Ich führe die Malerei zu einem logischen Ende und stellte drei Leinwände aus: eine rote, eine blaue und eine gelbe, und behauptete: Alles ist zu Ende. Die Grundfarben. Jede Fläche ist eine Fläche, und es darf keine Bilder geben.«[48]

Diese Entwicklung des Suprematismus ans Äußerste und Letzte, wo jedwede Form, auch das Quadrat, und nicht nur der Gegenstand im Bild fehlte, wie einst Kandinsky über Monet notierte, beschrieb Paul Westheim anlässlich der *Ersten russischen Kunstausstellung* in der Galerie van Diemen in Berlin 1922, wo Rodtschenkos Fakturbilder gezeigt wurden: »Rodtschenko bestreicht ein kleines Viereck - gleichmäßig, handwerklich intelligent - mit einem glänzenden Purpurrot. Eine Aufgabe, wie sie in unseren Gewerbeschulen Anstreicher- und Lackiererlehrlingen für die Meisterprüfung gestellt wird. Es handelt sich darum, sich Klarheit zu verschaffen über den Fakturwert solcher Flächen. Eine matte Farbfläche wird gegen eine glänzende, eine glatte gegen eine gerauhte gestellt. Es wird etwa untersucht, wie ein gemaltes Schwarz neben einer aufgeklebten schwarzen Papierfläche steht.«[49]

Das Diktum »keine Darstellung mehr«, die Verweigerung der repräsentativen Funktion hat den Gegenstand umgebracht und die reine Farbe um der Farbe willen hervorgebracht. Mit der alleinigen Farbe als Thema der Fläche wurden jedoch nicht nur die Grenzen der Fläche, sondern auch die der Malerei erreicht.

Das Ende der Kunst, bereits von Georg Wilhelm Friedrich Hegel definitiv angekündigt, nahte, als eine bestimmte Weltordnung verschwand, als nämlich mit der industriellen Revolution die Ordnung der Dinge in die Ordnung der Zeichen über- und dabei zugrunde ging. Dieser semiologische Bruch war eine Art Seinsentzug, welcher auch Krise der Repräsentation genannt werden kann. Die Krise der Repräsentation, welche den Aufstand der Abstraktion auslöste, hat eine Kultur des Werdens und der Zeichen statt des Seins und der Dinge geboren. In der neuen Referenzlosigkeit konnte zuerst die externe Referenz, die Darstellungsfunktion, durch eine interne Referenz, durch Ausdrucks- und Appellfunktion ersetzt werden. Nach der jahrzehntelangen Rhetorik der Nullreferenz, der Nullzone, des Endes, der Leere, des Nichts, von der russischen Ausstellung *0.10* (1915) bis zur ZERO-Bewegung, blieb die Selbstreferenz, die Welt des Eigenwerts von Farbe und Material, die Ultima Ratio der Malerei. Die Bilder stellten nichts mehr außer sich selbst dar, sie substituierten nichts mehr. Der selbstreflexive Diskurs der modernen Kunst begründete das Archiv und die Innovation, da Innovation nur am Archiv gemessen werden kann. Die Selbstreflexion als Thematisierung der Mittel, Methoden und Materialien der Malerei reißt die Malerei noch mehr aus der Gegenstandswelt als die Monochromie und drängt sie an den Rand der Selbstauflösung. Diese Selbstreferenz und Selbstreflexion, in der der Künstler sein Werk immer in Beziehung zu früheren Werken, in Bezug zur Geschichte der Malerei produziert, bedeutet eine ständige Überprüfung der Identität der Kunst, die nicht nur einen Objekt- und Seinsentzug, sondern auch einen Kunstentzug bedeuten kann.

---

47 »But if painting is dead, is art dead as well?« Zit. nach Selim O. Khan-Magomedov, *Rodchenko. The Complete Work*, Thames & Hudson, London, 1986, S. 292.

48 Alexander Rodtschenko, »Meine Arbeit mit Majakowski« (1940), in: Schamma Schahadat und Bernd Stiegler (Hg.), *Alexander Rodtschenko, Schwarz auf Weiß. Schriften zur Photographie*, Wilhelm Fink, München, 2011, S. 23.

49 Paul Wertheim, »Die Ausstellung der Russen«, in: *Das Kunstblatt*, Vol. 6, Nr. 11, 1922, S. 493-498, hier S. 497.

Die Eigengesetzlichkeit der Mittel der Kunst brachte eine Selbstreflexivität, eine Selbstreferenz hervor, bei der die Kunst begann, ständig ihre Identität zu befragen, zu bezweifeln und zu prüfen. Gerade das, wodurch moderne Kunst und Literatur entstanden sind, wodurch sie existieren und was ihre Autonomie begründet, nämlich die Thematisierung ihrer Bedingungen, Methoden, Materialien, Ursprünge, Traditionen, also die Kunst als Sujet der Kunst selbst, bedroht auch die Existenz und Autonomie der modernen Kunst. Michel Foucault schreibt: »Flaubert is to the library, what Manet is to the museum. They both produced works in a self-conscious relation to earlier paintings or texts – or rather to the aspect in painting or writing that remains indefinitely open. They erect their art within the archive.«[50] Am Beginn des Modernismus, ausgelöst durch die Krise der Repräsentation, liegt bereits der Keim für sein Ende.

Durch die Selbstreferenz als Axiom der Moderne wurde im 20. Jahrhundert zwangsläufig auch die Antikunst geboren. Gerade das, wodurch moderne Kunst und Literatur entstanden sind und existieren, die Autonomie und Unabhängigkeitsbestrebungen aller ihrer Elemente und Funktionen, setzt eine Logik der Selbstauflösung in Gang.

Das Ende der Malerei und der Tod des Tafelbildes wurden immer wieder verkündet, weil sie seit dem Aufstand der Abstraktion, seit den Autonomiebestrebungen der Malerei und ihrer konstitutiven Elemente zur inneren Logik der Malerei selbst gehören. Ursprünglich ein Schock, bedeutete aber die Krise der Repräsentation und das deklarierte Ende der Malerei, eben weil sie aus Befreiungsbewegungen der einzelnen malerischen Elemente (wie Farbe, Fläche, Form) entstanden, für die Kunst des 20. Jahrhunderts insgesamt eine ungeheuerliche Befreiung. Denn in Wirklichkeit sind nicht die Malerei oder das Tafelbild verschwunden, wohl aber das Ölbild und andere historische Formen des Tafelbildes. Die Selbstauflösung der Malerei bedeutet nämlich nur die Aufgabe eines historischen Selbst, die Aufgabe dessen, was traditionellerweise als wesentlich und konstitutiv für die Kunst der Malerei betrachtet wurde. Es wurden eben nur ererbte historische Mittel, Methoden, Elemente, Materialien dispensiert. Die Kunst des 20. Jahrhunderts musste sich gleichsam vom Ballast der vorhergehenden Künste befreien, indem sie sich vom Tafelbild befreite. So entstanden Objektkunst, Medienkunst, Ereigniskunst, Raumkunst in allen Spielarten als ureigenste Kunstformen des 20. Jahrhunderts.

Der vorliegende Text ist erstmals 1992 in der von Hans Matthäus Bachmayer, Dietmar Kamper und Florian Rötzer herausgegebenen Publikation *Nach der Destruktion des ästhetischen Scheins. Van Gogh, Malewitsch, Duchamp*, Texte zur Kunst, Band 5, Boer, München, S. 151-166, erschienen. Für die vorliegende Fassung wurden Überschneidungen mit dem Text »Das Bild nach dem letzten Bild«, in diesem Band auf S. 125-147, gekürzt.

---

50 Michel Foucault, *Language, Counter-Memory, Practice*, Cornell University Press, Ithaca, 1977, S. 92.

Édouard Manet, *Exécution de l'Empereur Maximilien du Mexique*, 1868-1869

Fernand Khnopff, *Une ville abandonnée*, 1904

Ära der Absenz

1994

Die industrielle Revolution hat Anfang des 19. Jahrhunderts auf der Basis einer neuen Maschinentechnologie die Techno-Zivilisation geschaffen, in der einerseits ein Leben für Milliarden von Menschen möglich wurde und in der andererseits viele Erfahrungsformen und Vorstellungen verschwanden, die bisher die Konstruktion von Wirklichkeit begleitet haben. Das Ende der Echtzeit, der Kollaps des Raumes, die Agonie des Realen, Dromologie, Chronokratie, Immaterialität, Simulation, Virtualität heißen Konzepte, mit denen die Kulturtheorie die Techno-Transformation der Welt, die Transition von der natürlichen zur mediatisierten Erfahrung, zu analysieren versucht.[1]

Maschinenästhetik
Parallel zur industriellen Maschinengesellschaft hat sich beginnend mit der Fotografie eine Maschinenästhetik entwickelt, die auch die historische Ästhetik verändert und vorangetrieben hat. Vom kubistischen Gemälde bis zur kinetischen Skulptur ist der Einfluss der Bewegungs-und Beschleunigungsapparatur erkennbar. Fernand Léger publizierte 1923 sein Manifest *Maschinenästhetik* und George Grosz und John Heartfield schrieben 1920 auf ein Transparent: »Es lebe die neue Maschinenkunst Tatlins.« Die kulturelle Produktion wurde insbesondere in der Zeit zwischen 1880 und 1920 zu einer Ära der maschinellen Bewegungsstudien. Die maschinelle Beschleunigung der materiellen Produktion in der industriellen Revolution hat verspätet auch die kulturelle Produktion erfasst und eine maschinelle Beschleunigung der Zeichenproduktion in der postindustriellen Revolution bewirkt. Der Kult der Geschwindigkeit erstreckte sich auch auf die Kunst. Nach den beschleunigt bewegten Zeichen (Telegrafie) und Maschinen (Eisenbahn) sind die beschleunigt bewegten Bilder (Film) aufgetaucht. Der Virus der maschinellen Beschleunigung hat nach der industriellen

---

[1] Jean Baudrillard, *Kool Killer oder der Aufstand der Zeichen*, Merve, Berlin, 1978; Jean Baudrillard, *Agonie des Realen*, Merve, Berlin, 1978; Guy Debord, *Die Gesellschaft des Spektakels*, Edition Nautilus, Hamburg, 1978; Jean Baudrillard, *Der symbolische Tausch und der Tod*, Matthes & Seitz, München, 1982; Jean-François Lyotard, *Immaterialität und Postmoderne*, Merve, Berlin, 1985; Jean-François Lyotard und Thierry Chaput, *Les Immateriaux*, Centre Georges Pompidou, Paris, 1985; Paul Virilio, *Ästhetik des Verschwindens*, Merve, Berlin, 1986; Vilém Flusser, *Für eine Philosophie der Fotografie*, European Photography, Göttingen, 1983; Vilém Flusser, *Ins Universum der technischen Bilder*, European Photography, Göttingen, 1985; Vilém Flusser, *Die Schrift*, European Photography, Göttingen, 1987; Jean Baudrillard, Hannes Böhringer, Vilém Flusser, Friedrich Kittler, Heinz von Foerster und Peter Weibel, *Philosophien der neuen Technologie*, Ars Electronica 1988, Merve, Berlin, 1989; Friedrich A. Kittler, *Grammophon, Film, Typewriter*, Brinkmann und Bose, Berlin, 1986; Gerhard Johann Lischka (Hg.), *Der entfesselte Blick*, Benteli, Bern, 1993; Gerhard Johann Lischka, *Splitter. Ästhetik*, Benteli, Bern, 1993; Niklas Luhmann, »Das Medium der Kunst«, in: *Delfin*, Vol. 4, Nr. 1, 1986, S. 6-15; Niklas Luhmann, *Erkenntnis als Konstruktion*, Benteli, Bern, 1988; Niklas Luhmann, »Weltkunst«, in: Niklas Luhmann, Frederick D. Bunsen und Dirk Baecker, *Unbeobachtbare Welt*, Haux, Bielefeld, 1990, S. 7-45; Florian Rötzer (Hg.), *Digitaler Schein*, Suhrkamp, Frankfurt/M., 1991; Florian Rötzer und Peter Weibel (Hg.), *Cyberspace*, Boer, München, 1993; Peter Weibel, *Die Beschleunigung der Bilder. In der Chronokratie*, Benteli, Bern, 1987; Peter Weibel und Edith Decker (Hg.), *Vom Verschwinden der Ferne*, DuMont, Köln, 1990.

die kulturelle Revolution hervorgebracht. Mit der Beschleunigung der kulturellen Produktion beginnt der Modernismus, dessen Wirkungen bis heute andauern und in vielen Aspekten heute erstmals bewusst werden. So erkennen wir heute, dass die Maschinenästhetik und die Ära der Bewegungsstudien eine »Ära der Absenz«[2] hervorgebracht haben.

Bereits am 23. August 1837 beschrieb Victor Hugo, der auch Maler war, in Antizipation der abstrakten Malerei, wie das Auge vom fahrenden Zug aus die Landschaft sieht: »Die Blumen am Feldrain sind keine Blumen mehr, sondern Farbflecken, oder vielmehr rote oder weiße Streifen; es gibt keinen Punkt mehr, alles wird Streifen; die Getreidefelder werden zu langen gelben Strähnen; die Kleefelder erscheinen wie lange grüne Zöpfe; die Städte, die Kirchtürme und die Bäume führen einen Tanz auf und vermischen sich auf eine verrückte Weise mit dem Horizont; ab und zu taucht ein Schatten, eine Figur, ein Gespenst an der Tür auf und verschwindet wie der Blitz, das ist der Zugschaffner.«[3] Durch die laufenden Maschinenräder des Zuges wird die Landschaft selbst zum laufenden Bild. Die Geschwindigkeit der Fahrt hat eine neue Wahrnehmung und eine neue malerische Ästhetik ausgelöst. Die Verflüchtigung der Landschaft durch die für damalige Verhältnisse rasenden Vehikel sollte exemplarisch werden für das Vorbeirasen der sichtbaren Welt, das wir heute mittels der Maschinentechnologie der Beschleunigung (Zug, Auto, Flugzeug) erleben und das bei entsprechender Steigerung der Beschleunigung bis zum Verschwinden der sichtbaren Welt führt. Paul Cézannes berühmter Ausspruch: »Man muß sich beeilen, wenn man noch etwas sehen will. Alles verschwindet«[4], setzt die Erfahrung von Victor Hugo fort und zeugt vom Bewusstsein, einer Ära der Absenz entgegenzueilen, in der Raum und Zeit durch die Beschleunigung zu verschwinden scheinen. Fast zur gleichen Zeit wie Hugo, nämlich 1843, schreibt Heinrich Heine: »Durch die Eisenbahn wird der Raum getötet, und es bleibt uns nur noch die Zeit übrig.«[5]

Ästhetik des Verschwindens
Auf die Maschinenästhetik folgt eine Ästhetik des Verschwindens, auf eine Ära der Absenz eine Ästhetik der Absenz. Insbesondere der Film, die Kunst des maschinell bewegten Bildes, verdeutlicht dies. Die projizierten Bilder müssen ja 24 Mal in der Sekunde auf der Leinwand verschwinden und Platz für die nachfolgenden machen, um die Illusion der Bewegung erzeugen zu können. Der Film ist die erste »Ästhetik des Verschwindens«.[6] In einer Reihe von Büchern hat Paul Virilio beschrieben, wie die Maschinen der Geschwindigkeit zum Verlust des materiellen Raumes führen und wie dadurch die gesamten Vektoren des Sozialen, von der militärischen Logistik bis zur Logik der Wahrnehmung, von der Zeit dominiert werden: »Die Gewalt der Geschwindigkeit ist [...] zur Bestimmung der Welt geworden.«[7] Virilio beschreibt das Erscheinen der klassischen Kunst aus dem Sein, der Nähe der Zeichen zu den Dingen und der Dinge zum Sein. Durch die Technik wurde der Bezug zum Sein gebrochen. Die Dinge und die Zeichen in der nichtklassischen Kunst, in der technischen Kunst, beginnen durch ihr Verschwinden, durch ihre fortgesetzte Absenz zu sein.

---

2   Weibel 1987, S. 88.
3   Zit. nach Wolfgang Schivelbusch, *Geschichte der Eisenbahnreise*, Hanser, München, 1977, S. 54.
4   Michael Doran (Hg.), *Gespräche mit Cézanne*, Diogenes, Zürich, 1982, S. 88.
5   Zit. nach Schivelbusch 1977, S. 39.
6   Virilio 1986.
7   Paul Virilio, *Geschwindigkeit und Politik, Ein Essay zur Dromologie*, Merve, Berlin, 1980, S. 199. Vgl. auch ders., *Fahren, fahren, fahren ...*, Merve, Berlin, 1978; *Der reine Krieg*, Merve, Berlin 1984; *Die Sehmaschine*, Merve, Berlin, 1989; *Revolutionen der Geschwindigkeit*, Merve, Berlin, 1993; *Das öffentliche Bild*, Benteli, Bern, 1987; *Krieg und Kino. Logistik der Wahrnehmung*, Hanser, München u. a., 1986; *Der negative Horizont. Bewegung, Geschwindigkeit, Beschleunigung*, Hanser, München u. a., 1989; *Rasender Stillstand. Essay*, Hanser, München u. a., 1992.

»Bis zur Erfindung der fotografischen Platte durch Niepce gab es für uns eine Ästhetik des Erscheinens. Die Dinge kamen aus dem Sein, sie kamen aus dem Stein der Skulptur, aus der Leinwand der Malerei, aus der architektonischen Konstruktion. Ihr Verschwinden bedeutet ihren Verfall. Bis zur Erfindung der Fotografie hat der Mensch seit Tausenden von Jahren, seit den Höhlenmalereien, sich darum bemüht, Formen erscheinen zu lassen, die Realität auftauchen zu lassen. Und plötzlich kehrt sich alles um: Die Dinge existieren durch ihre Eigenschaft des Verschwindens; nicht durch ihren langsamen Verfall wie bislang, sondern durch ihr unmittelbares Verschwinden, durch ihr einfaches und reines Verschwinden. Die Präsenz in 24 Bildern pro Sekunde vergegenwärtigt uns die Realität viel mehr als die Ästhetik des Erscheinens, als die des Moses von Michelangelo, die sich Stück für Stück in der Materie des Marmors verkörpert. In der Ästhetik des Verschwindens sind die Dinge desto präsenter, je mehr sie uns entgleiten.«[8]

Figuren der Absenz

Auch die historischen Kunstmedien reagierten auf die Absenzstrategien der technischen Medien und auf die Maschinenzivilisation des Verschwindens und Beschleunigens. Seit Mitte des 19. Jahrhunderts gestalten Dichter und Maler der Prämoderne die ersten Spuren und Figuren der Abwesenheit, entwickeln Ansätze einer Ästhetik der Leere und des Nichts. In seiner Novelle *Das unbekannte Meisterwerk* (der Erzählung *Der Baron von B.*, 1819, E. T. A. Hoffmanns nachempfunden) präsentiert Honoré de Balzac die Malerei als Apotheose der Leere und des Nichts. Als der Maler Frenhofer zwei Schülern sein vollendetes Meisterwerk, das Porträt *Catherine Lescault*, an dem er jahrelang gearbeitet hat, zeigt, sehen diese »nichts«. »Wo ist die Kunst?«, fragt Frenhofer, »verloren, verschwunden«. Das stets drohende Verschwinden der Kunst wird hier bereits ausgesprochen. Die symbolistischen Maler versuchten, dieses Verschwinden, dieses Nichts, mit einer Explosion von Formen, mit einer Emphase der Maske, gleichzeitig zu bannen und zu bergen, zu entbergen und zu bedecken. Die Dichter des Symbolismus (Charles Baudelaire, Stéphane Mallarmé, Arthur Rimbaud, Paul Verlaine) waren fasziniert von der Leere, dem Weiß, dem Ende, Berühmt sind Mallarmés Verherrlichungen des »leeren Papiers, das die Weiße verteidigt«[9]. Das Idealgedicht wäre das schweigende Gedicht aus lauter Weiß, wo die Leere »wie ein Rahmen aus Schweigen« das gleiche Gewicht hat wie die schwarzen Lettern, schreibt Mallarmé im Vorwort zu seinem Buch *Ein Würfelwurf* (1897).[10]

In der Malerei tauchen Anfang des Jahrhunderts versteckt Leerstellen, von Farbe unbedeckte Stellen der Leinwand, auf, z. B. bei James Ensor, Paul Cézanne, André Derain, Paul Sérusier und Maurice Denis. Insbesondere die symbolische Malerei hat das Tafelbild transformiert: von einem zur Welt geöffneten Fenster, das die Dinge in ihrer Klarheit zeigt, in einer cartesianischen Metaphysik der Präsenz, zu einem Vorhang, zu einem opaken Schleier, welcher die Dinge zugleich verhüllt wie entbirgt.[11] Der Tod, die Einsamkeit, die Schwierigkeit der Existenz entfachen eine Rhetorik der Abwesenheit, welche die Bilder zu vergegenwärtigen versuchen. Die Metaphysik der Absenz beginnt aber schon in der Romantik. Caspar David Friedrichs Bilder von Gräbern, Wanderern, Mönchen am Meeresstrand,

---

8   »Die Ästhetik des Verschwindens. Ein Gespräch zwischen Fred Forest und Paul Virilio«, in: Rötzer 1991, S. 334-342, hier S. 339f.
9   Stéphane Mallarmé, »Brise marine« (1866), in: ders., *Gedichte. Französisch und Deutsch*, Lambert Schneider, Gerlingen, 1993, S. 66.
10 Stéphane Mallarmé, *Ein Würfelwurf*, übersetzt und erläutert von Marie-Louise Erlenmeyer, Walter, Olten, Freiburg u. a., 1966, o. S.
11 Maurice Denis schreibt über die symbolistische Malerei: »Au lieu de fenêtres ouvertes sur la nature, comme les tableaux impressionistes, c'étaient des surfaces lourdement décoratives.« Maurice Denis, *Du Symbolisme au Classicisme. Théories*, Hermann, Paris, 1964, S. 58.

vor unendlichen Horizonten inszenieren die Absenz. Als William Turner das Gedicht »To the Rainbow« (1837) von Thomas Campbell illustrierte, warf ihm die Kritik vor, es seien »Bildnisse des Nichts«. Das Bild *Exécution de l'Empereur Maximilien du Mexique* hat Édouard Manet in vier Versionen gemalt. Die letzte (von aller Expressivität gereinigte) Version vom 19. Juni 1867, so schrieb Georges Bataille, sei gekennzeichnet »vom seltsamen Eindruck einer Absenz«.[12] Leere Plätze, verlassene Städte, geschlossene Fenster und Augen, Bahnhöfe, Züge, Fabriken, unendliche Horizonte bestimmen auch die Bilder von Fernand Khnopff (*Une ville abandonnée*, 1904), Paul Delvaux und Giorgio de Chirico (*Meditazione automnale*, 1910; *Mistero e melanconia di una strada*, 1914). Die Symbolisten Gustave Moreau (*La tentation de saint Antoine*, 1898), Lucien Lévy-Dhurmer (*Nocturne*, 1896), Odilon Redon (*Yeux clos*, 1890), Arnold Böcklin, Jean Delville, Jan Toorop, Max Klinger, Carlos Schwabe und andere machten das Abwesende figurativ sichtbar, mit verschleierten Gesichtern, mit gebrochenen Farben. Dieses Moment der Figuration hat dazu beigetragen, den Symbolismus bislang aus der Moderne auszuschließen, da diese sich hauptsächlich über die Auflösung des Gegenstandes seit dem Impressionismus definiert. Dann aber müsste die Moderne konsequenterweise auch den Surrealismus ausschließen. Würde man die Moderne als Bewältigung der Absenz definieren, hätten auch Symbolismus und Surrealismus ihren Platz. Man sollte den Symbolismus nicht auf die Deklination von Allegorien reduzieren, sondern erkennen, dass es sich um Figurationen der Absenz handelt, um eine Malerei vor dem Horror Vacui, vor dem heiligen Horror (*horreur sacrée*, Georges Bataille), vor einer Präsenz, deren Sinn die Absenz ist. Das Dekorative ist daher ein Überfluss an heterogenen Zeichen, mit dem dieser Horror operiert.

Die Abstraktion des Tafelbildes auf der Basis der Gegenständlichkeit und der Figur (Anthropomorphie) durch Vision, Traum, Intuition, Gefühl bei den Symbolisten bleibt ungeachtet ihrer nichtrationalen Mittel ein Versuch der Abstraktion und Absenz. Die symbolische Malerei nähert sich auf ihre Weise der Immaterialität. In dem Maße, in dem sie die sichtbare Welt untergräbt und das figurativ darstellt, was die Welt verlassen hat, und indem sie figurativ darstellt, was die sichtbare Welt nicht zulässt, die spirituelle, die unsichtbare Welt, malt sie die Absenz. Gustave Moreau beschrieb die symbolistische Malerei in der Tat als »Manifestation des Traums und der Immaterialität«.[13] Wassily Kandinskys *Über das Geistige in der Kunst* (1911) und der Surrealismus, eine weitere Form figurativer Darstellung des Unsichtbaren, Abwesenden, Unbewussten, Undarstellbaren, kündigen sich an. Die Beziehung Symbolismus und Surrealismus müsste also überdacht werden, denn die Tendenz zu Absenz und Immaterialität bestimmte bereits Aspekte der Malerei und Literatur am Ende des 19. Jahrhunderts, vor der Abstraktion.[14]

Formen der Absenz

Die Ästhetik der Absenz, des leeren Rahmens, der Immaterialität hat im 19. Jahrhundert, auch in der Figuration, ihren Ursprung und bestimmt bis heute, aber besonders in der Neomoderne nach 1945 (Lucio Fontana, Piero Manzoni, Yves Klein, John Cage) die künstlerischen Konzepte.[15] Die Tendenz zur Entmaterialisierung des Kunstobjekts und andere Immaterialisierungsstrategien dominierten die Kunst der 1960er- und 70er-Jahre.[16]

---

12 Georges Bataille, *Manet*, in: ders., *Œuvres complètes*, Bd. 9, Gallimard, Paris, 1979.
13 Gustave Mureau, *Écrits sur l'art*, Vol. I, Fontfroide, Bibliothèque artistique & littéraire, 2002, S. 55.
14 Vgl. auch Jean-Pierre Mourey (Hg.), *Figurations de l'absence*, CIEREC, Saint-Etienne, 1987.
15 Am 28. 04. 1958 stellte Yves Klein den »leeren Raum« in der Galerie Iris Clert, Paris, aus: die weiße leere Galerie. 1959 hielt er an der Pariser Sorbonne Vorträge zu den Themen »Die Evolution der Kunst bis zum Immateriellen« und »Die Architektur der Luft«.
16 Lucy R. Lippard (Hg.), *Six Years: The Dematerialization of the Art Object from 1966 to 1972*, Praeger, New York, 1973; Kynaston L. McShine, *Information*, Museum of Modern Art, New York, 1970; Lyotard und Chaput 1985.

Am Beginn der Moderne steht also die Absenz auf doppelte Weise: zum einen die Absenz der Dinge, die verschwinden, die entfernt sind, zum anderen bedeutet *absum* aber nicht nur räumliche Ferne und Distanz, sondern auch Mangel, Fehler, Verlust und Defekt. Zur räumlichen kommt eine psychische Dimension und drittens eine semiotische hinzu. Denn *absum* beinhaltet die Unvereinbarkeit zwischen zwei Elementen, zwei Realitäten. Aus der dritten Bedeutung entsteht das Paradox der figurativen Malerei der Absenz: wie das sichtbar machen, was unsichtbar ist, wie das vergegenwärtigen, was abwesend ist? Dieses Spiel zwischen *praesentia* und *absentia* bestimmt die Geschichte der okzidentalen Malerei, aber auch der Philosophie von Heraklit bis Martin Heidegger. »Malerei zwischen Präsenz und Absenz« lautet daher der Titel meines Essays in dem von Wolfgang Drechsler und mir herausgegebenen Buch *Bildlicht. Malerei zwischen Material und Immaterialität*.[17]

Hier wird die Entwicklung der Malerei im 20. Jahrhundert zwischen diesen beiden Polen in extenso entfaltet. Die sie begleitende Geschichte der Faszination von der Leere und der Selbstauflösung der Malerei – von der absoluten Autonomie der Farbe (Vincent van Gogh) über die Monochromie (Kasimir Malewitsch) bis zur Desertion der Malerei (Marcel Duchamp) in der Immaterialität der Medien – habe ich in mehreren Essays abgehandelt, auf die ich hier verweisen möchte: »Das Bild nach dem letzten Bild«[18] und »Von der Verabsolutierung der Farbe zur Selbstauflösung der Malerei«[19]. In diesen Essays wurden die malerischen Formen der Absenz seit der Abstraktion kunstimmanent analysiert. In ihnen wird eine Geschichte der Moderne entworfen, die auf dem Impressionismus basiert und auf Georg Wilhelm Friedrich Hegels Absage an die Kunst. Malerei erscheint aus dieser Perspektive als ständige Dekomposition und interne Dekonstruktion ihrer eigenen Elemente und Materialien, als eine fortgesetzte Absentierung aller ästhetischen Codes. Das Dispositiv der Malerei wurde selbst ständig der Dialektik der Absenz unterworfen, und zwar grosso modo in einem Dreischritt: 1. Verabsolutierung eines Elementes (z. B. Farbe) und Vernachlässigung anderer, 2. Vertreibung und Verschwinden eines Elements (z. B. Gegenstand), 3. Ersetzung durch neue Elemente, Materialien, Codes.

Die Dialektik von Präsenz und Absenz ersetzt dabei das Begriffspaar »gegenständlich« und »abstrakt«. Im Streit um die Legitimität von abstrakter oder figurativer Malerei wird die tieferliegende Dialektik von Präsenz und Absenz verkannt.

Nach den vielen Stufen der Abstraktion bis zum monochromen Tafelbild fällt es leicht zu erkennen, dass in den Bildern von Bram van Velde (»Malen bedeutet für mich eine Annäherung an das Nichts, die Leere«[20]) und Barnett Newman (*Onement I*, 1948; *Pagan Void*, 1946; *Here I*, 1950; *End of Silence*, 1949) die malerische Tabula rasa als Ausdruck des Nichts inszeniert wird. War es schon »gegenstandslos« schwer, nur mit Fläche und Farbe die Leere zu malen, um so schwieriger war es, mit Gegenständen und Figuren die Absenz zu malen. Der Symbolismus hat vor der Abstraktion versucht, das »*in absentia*« zu malen. Er hat Szenen der Absenz mit Formen und Figuren gemalt. Insofern gehört er zum Diskurs der Moderne. Es muss fortan die Unterscheidung zwischen abstrakter und figurativer Malerei der Absenz getroffen werden. Diese Unterscheidung ermöglicht auch, die objekthaften

---

17 Peter Weibel und Wolfgang Drechsler, »Malerei zwischen Präsenz und Absenz«, in: dies. (Hg.), *Bildlicht. Malerei zwischen Material und Immaterialität*, Europaverlag, Wien, 1991, S. 45–251.
18 Peter Weibel, »Das Bild nach dem letzten Bild«, in: Peter Weibel und Christian Meyer (Hg.), *Das Bild nach dem letzten Bild*, Walther König, Wien, 1991, S. 183–213, in diesem Band S. 125–147.
19 Peter Weibel, »Von der Verabsolutierung der Farbe zur Selbstauflösung der Malerei«, in: Hans Matthäus Bachmayer, Dietmar Kamper und Florian Rötzer (Hg.), *Nach der Destruktion des ästhetischen Scheins*, Boer, München, 1992, S. 151–166, in diesem Band S. 148–161.
20 Zit. nach Klaus Ottmann, »Die Malerei im Zeitalter der Angst«, in: *Kunstforum international*, Bd. 80, 1985, S. 46–49.

Vergegenwärtigungen, die Reifikationen der Absenz nach Duchamp (Man Ray, *Marcel Duchamp, Elevage de poussière*, 1920, eine Fotografie des von Staub besetzten *Großen Glases*, 1915-1923, von Duchamp) zu begreifen.

Im 19. Jahrhundert begann das Wirken von *absum*. Es wurde aber zuerst vornehmlich figurativ dargestellt. Die Faszination durch die Leere löste noch Angst aus und die Absenz wurde noch bedeckt durch eine Metaphysik der Präsenz. Doch im 20. Jahrhundert breitete sich die reine Leere immer mehr aus. Die formalen Freiheiten der Abstraktion erlaubten total leere Bilder und Räume (schwarze, weiße, monochrome Bilder, leere »weiße Würfel« etc.). Der leere, weiße Raum, *the white cube*, wurde nach 1945 zum Ideal der Neomoderne. Auf die Figuration der Absenz der Prämoderne und zu Beginn der Moderne folgten die reinen Formen der Absenz (die Abwesenheit von Gegenständen, von Farbe, von Linien, von Materialien, von Fläche) als Höhepunkte der Moderne und Neomoderne. In der postmodernen Gegenwart werden wir zu Zeugen von Szenen der Absenz. Diese Szenen der Absenz wollen wir nun Schritt für Schritt beschreiben.

Szenen und Stationen der Absenz
Die industrielle Revolution hat in den letzten zwei Jahrhunderten das Gesicht der Erde in einem solchen Ausmaß verändert, dass viele Menschen sie nicht wiedererkennen und daher der Meinung sind, die Welt verschwinde. Doch die Zahl der Dinge hat in den letzten zwei Jahrhunderten sicherlich zugenommen. Die Zahl der Menschen, die Mitte des 19. Jahrhunderts eine Milliarde erreicht hatte, hat sich bis heute [1994] verfünffacht. Alles vermehrt sich, alles wächst mit einer derartigen Beschleunigung, dass die Grenzen des Wachstums erkennbar sind und gefordert werden. Dennoch haben viele das Gefühl, als würden die Dinge verschwinden und die Philosophen sprechen vom Verschwinden des Menschen. Trotz der Flut an Produkten, welche die Erde überschwemmen, trotz der Ausdehnung der menschlichen Reichweite ins Weltall und trotz der Bevölkerungsexplosion leben viele Menschen in dem Bewusstsein, dass die Welt verschwindet. Doch nichts verschwindet, sondern alles wird mehr. Was in Wirklichkeit verschwindet, ist nur die alte Welt, die alte Ordnung der Welt. Nur die historischen Erscheinungsformen der Dinge, der Kunst, der Zeit, der Landschaft, der Gesellschaft verschwinden, nicht die Welt selbst. Weil die Welt, wie wir sie kennen, sich täglich ändert und daher die »alte Welt« verschwindet, entsteht durch die von der industriellen und postindustriellen Revolution ausgelöste Beschleunigung der Transformation der Welt dieses falsche Bewusstsein vom Verschwinden der Welt.

Die Entfremdung der Welt
Hegel war wahrscheinlich der erste, der die zunehmende Kluft zwischen dem Bewusstsein des Menschen und der Wirklichkeit der Welt formulierte. Er verlieh diesem Zustand den berühmten Namen »Entfremdung«. Er hat die Techno-Transformation der Welt als Umwandlung der Natur durch die Arbeit des Menschen in eine Form des Selbstseins des Menschen, als Voraussetzung des Menschseins schlechthin definiert. Daher ist für Hegel der Mensch »das *negative* Wesen, welches nur *ist*, insofern es Sein aufhebt«[21]. Der Mensch wird nur zum Menschen, indem er das Sein, die Wirklichkeit, wie sie ist, negiert und transformiert. So wird aus Natur Geschichte. Daher kann die wirkliche Welt nur eine entfremdete sein, es gibt keine andere Welt als die »des sich entfremdenden Geistes«. Das »*ohne Entfremdung* an und für sich geltende Selbst ist ohne Substanz [...] *seine* Substanz ist also seine Entäu-

---

21 Georg Wilhelm Friedrich Hegel, *Phänomenologie des Geistes*, in: ders., *Werke*, Bd. 3, Suhrkamp, Frankfurt/M., 1979, S. 242.

ßerung selbst«, schreibt Hegel in der *Phänomenologie des Geistes*.[22] »Das Selbstbewußtsein ist nur *etwas*, es hat nur *Realität*, insofern es sich selbst entfremdet.«[23] Entfremdung und Entäußerung bilden die Substanz des Selbst. Durch diese Entäußerung und Entfremdung schafft der Mensch sich seine Welt, seine Wirklichkeit. »Das Ganze ist daher wie jedes einzelne Moment eine sich entfremdete Realität.«[24]

Das Verschwinden der Dinge, indem sie zu Waren werden

Die »Verwüstung« (Hegel) der Welt durch diese Entfremdung des Menschen von seinen eigenen Produkten im Prozess der Umwandlung der Erde hat bekanntlich Karl Marx in *Das Kapital* (1867) auf die ökonomische Basis zurückgeführt. Marx beschreibt das Verschwinden der Dinge durch ihre Umwandlung in Waren. Die Welt der Dinge erscheint als gespenstisches Reich von Toten, seit sie in unserer Welt nur noch als Waren zirkulieren und ihr Warenwert den eigentlichen Dingcharakter darstellt. Die Dinge haben ihren sinnlichen, göttlichen oder menschlichen Charakter verloren, als sie ihren Gebrauchswert verloren haben. Der Tauschwert der Ware ist es, der allein in der Welt des Kapitals zählt. Alle Dinge wurden zu Waren, und alle Waren haben nur ein Maß, ihren durch das Geld definierten Tauschwert. Die Warenform der Dinge verwandelte die Gegenstände in Gespenster und leitete ein großes Memento mori ein. Die Vergänglichkeit der Welt wurde an der Vergänglichkeit der Warenwerte erkannt. Mit dem Verschwinden der Dinge durch ihre Verwandlung in Waren hat der erste große Schub eingesetzt, der das Verschwinden der historischen Welt einleitete. »Es ist nicht länger Tisch oder Haus oder Garn oder sonst ein nützliches Ding. Alle seine sinnlichen Beschaffenheiten sind ausgelöscht. Mit dem nützlichen Charakter der Arbeitsprodukte verschwindet der nützliche Charakter der in ihnen dargestellten Arbeiten, es verschwinden also auch die verschiedenen konkreten Formen dieser Arbeit«, schreibt Marx.[25] Die Rhetorik des Verschwindens hat sich am Verschwinden der Dinge im Prozess der Abstraktion der Warenwerte ausgebildet.

Verwüstung und Verdinglichung der Welt

Nachdem der Wert der Dinge nicht mehr durch ihre Brauchbarkeit bestimmt wurde, sondern durch einen abstrakten Tauschwert, entstand eine neue Qualität der Dinge: der Fetischcharakter der Ware. Dieser Fetischcharakter der Ware dringt in alle Bereiche des Lebens vor und wird »Verdinglichung« (Reifikation) genannt. Wenn eben alle Beziehungen des Menschen unter das Gesetz der Warenform gestellt werden, spricht man von universaler Verdinglichung. Zur Verwüstung und Entfremdung gesellt sich die Verdinglichung der Welt als weiteres Merkmal des Verschwindens der historischen Welt. Denn der Prozess der Verdinglichung wird in der Tat universal. Die Herrschaft der Ware überformt das gesamte gesellschaftliche Leben. Wir müssen uns endgültig bewusst werden, dass es die Dinge nicht mehr gibt, sondern wir in einer Welt der Waren leben, in einer Logokultur. Mit dem Verschwinden der Dinge, die zu Waren werden, verschwinden auch die Zeichen, indem sie zu Warenzeichen werden, zu Logos. Die ikonische und symbolische Kultur wird zu einer indexalischen und logothetischen Kultur.[26] Das Geheimnis der Warenform verwandelt nicht nur die menschliche Arbeit in die Ware Arbeit, sondern auch die Natur in die Ware Natur, auch die Landschaft in die Ware Landschaft, auch die künstlerischen Produkte in die Ware

---

22 Ibid., S. 360.
23 Ibid., S. 363.
24 Ibid., S. 361.
25 Karl Marx, *Das Kapital* (1867), in: ders., *Werke*, Bd. 23, Dietz, Berlin, 1968, S. 52.
26 Peter Weibel, »Logokunst. Eine künftige Methode der Bildbetrachtung«, in: Gerhard Johann Lischka (Hg.), *Philosophen-Künstler*, Merve, Berlin, 1986, in diesem Band S. 83-96.

Kultur. Von der Natur bis zur Kultur ist alles Ware geworden. Die Warenform verformt ebenso Ich-Formen, unsere Erlebnisformen und Selbstbewusstsein.

Das Verschwinden der Erfahrung in ihrer Warenform

Zwei Philosophen haben in ihrem Werk die Verwandlung der Kultur zur Ware, in der nicht nur die Dinge, sondern auch die Zeichen als Waren zirkulieren, thematisiert: Guy Debord in seinem Buch *Die Gesellschaft des Spektakels* (1967) und Jean Baudrillard in *Pour une critique de l'économie politique du signe* (1972), eine Replik auf Marx' *Zur Kritik der politischen Ökonomie* (1859), und in *Der symbolische Tausch und der Tod* (1976). Für Debord wird in unserer Warengesellschaft jedes Erlebnis, jede Erfahrung, jedes Ereignis zum Spektakel. Im Spektakel beschlagnahmt die Ware das gesamte gesellschaftliche Leben. »Es ist bereits in sich selbst der Pseudogebrauch des Lebens. Die zugleich anwesende und abwesende Welt, die das Spektakel zur Schau stellt, ist die jedes Erlebnis beherrschende Warenwelt«[27]. In dieser Gesellschaft muss auch »die Kultur, die ganz und gar zur Ware geworden ist, zur Star-Ware [...] werden«[28]. In der Warengesellschaft werden die Erscheinungen nicht mehr gerettet, sondern jede Rettung ist Schein. In ihr gibt es weniger Erkenntnis der Dinge als vielmehr verdinglichte Erkenntnis. Die Selbstreflexion wird zum Spektakel von Waren, die sich selbst anschauen (vgl. die Werke des Künstlers Ange Leccia). Die Gegenstände der Erfahrung (Immanuel Kant) werden zur Vergegenständlichung der Erfahrung (Guy Debord).

Das Ende der Echtzeit: Der Kredit als Abstraktion der Zeit

Der Verfall der Dinge im Tauschwert wurde das Modell für den Verfall und das Verschwinden der Zeit. Die Zeit begann zu fliehen, zu entfliehen. Unter dem Diktat der Beschleunigung des Produktionsprozesses von Waren, unter dem Diktat des beschleunigten Verfalls von Kurs- und Tauschwerten verfiel auch der Wert der Dauer. Geschwindigkeit und Zeit wurden das höchste Maß (Zeit ist Geld). Der Welt war ein irreparabler Schaden zugefügt worden: *Fugit irreparabile tempus*. War bei Kant die Zeit »die wirkliche Form der innern Anschauung«[29], so ist für Debord die Zeit »in Wirklichkeit nur die konsumierbare Verkleidung der Zeit der Produktion, der Zeit als Ware. [...] Die Zeit, die ihre Basis in der Produktion der Waren hat, ist selbst eine konsumierbare Ware«[30]. Ein Kredit stellt einen Verkauf von Zeit dar, wenn ein Mensch nichts anderes mehr zu verkaufen hat als seine künftige Arbeitszeit. Ein Scheck stellt die abstrakteste Form der Arbeit und der von ihr produzierten Konsumzeit dar, abstrakter noch als Geld. Wenn Zeit als Ware verkauft werden kann, in Form von Krediten, wird erlebbare Zeit zur Zeit der Produktion und zur Zeit des Konsums entfremdet. Der Kredit bedeutet eine Abstraktion und Absenz der Arbeit und eine Anwesenheit von künftiger Arbeit, eine Abstraktion von Zeit. Zu Meistern des Seins werden nicht mehr die Herren des Raumes, die Lehen auf Territorien verleihen, sondern die Herren der Zeit, welche Dar-Lehen auf Zeit gewähren. Banken und Versicherungsgesellschaften werden zu großen Werbefirmen der Zeit, die sie an ihre Kunden verkaufen wollen, geboren aus der Erkenntnis, dass das Monopol auf Zeit auch Herrschaft über das Sein bedeutet. Deswegen gibt es keine Zeit mehr, nur noch Reklame für Zeit, schreibt Debord. Diese Warenzeit als neue Form der Lust, die Ewigkeit will, triumphiert über die Zeit des Körpers und dessen Endlichkeit. Der Mensch »ist höchstens noch die Verkörperung der Zeit«[31] als abstrakter Tauschwert. Die Herrschaft

---

27 Guy Debord, *Die Gesellschaft des Spektakels*, Edition Nautilus, Hamburg, 1978, S. 18.
28 Ibid., S. 108.
29 Immanuel Kant, *Kritik der reinen Vernunft*, in: ders., *Werke in zwölf Bänden*, Bd. 3, Suhrkamp, Frankfurt/M., 1977, S. 83.
30 Debord 1978, S. 86f.
31 Karl Marx, *Das Elend der Philosophie*, in: ders., *Werke*, Bd. 4, Dietz, Berlin, 1968, S. 85.

der Zeit als Warenzeit ist das Ende der Geschichte und bedeutet deren Verschwinden als Form der Erfahrung, der Erkenntnis und der Anschauung. Daher leben wir im Zeitalter der »Posthistorie«, der Nachgeschichte. An die Stelle der Demokratie tritt die Chronokratie, die Herrschaft der Zeit, in der der Universalismus des Tauschwerts in der Ware Zeit seinen höchsten Abstraktionsgrad und seinen tiefsten Ursprung als Gesetz erreicht.

Das Verschwinden des Realen durch Simulation
Hier setzt Jean Baudrillard mit seiner Idee der universalen Simulation ein, die den Unterschied zwischen sinnlich erfahrbarer und überprüfbarer Realität und medial konstruierbarer Hyperrealität löscht. Wenn der Unterschied zwischen Landschaft und Landkarte verschwindet und der Mensch nicht mehr weiß, ob er in der Wüste oder auf ihrer Landkarte steht, verschwindet natürlich das Land selbst und verfällt die Realität insgesamt einer Agonie, in der Simulation absolut triumphieren kann. Baudrillard weist in seinem Werk eine Ausdehnung des Wertgesetzes der Ware auf die Stufe des Zeichens nach. Diese strukturelle Revolution beruht im Prinzip darauf, zu zeigen, wie die Marx'sche Spaltung der Ware in Gebrauchs- und Tauschwert fünfzig Jahre später von der Saussure'schen Spaltung des Zeichens in Signifikat und Signifikant wiederholt wurde. Der Austausch der sprachlichen Zeichen in der Zirkulation des Sinns folgt dem Austausch der Waren im Kreislauf des Geldkapitals. Ferdinand de Saussure selbst setzte bereits die Natur des Zeichens mit dem Tausch, dem allgemeinen Wertgesetz und dem Geld in Beziehung.

Logokultur: Die Zeichen als Waren
Baudrillard verkoppelt die Doppelstruktur der Ware als Gebrauchswert und Tauschwert mit der Doppelstruktur des Zeichens als Signifikat (Vorstellung) und Signifikant (materielle Erscheinung). Der Austauschbarkeit aller Waren entspricht die Funktion des Zeichens als Symbol: die Austauschbarkeit aller Zeichen. Als symbolischer Tauschwert kann das Zeichen nicht nur für jedes andere Zeichen, sondern auch für jede andere Ware getauscht werden, wobei der Gebrauchswert mit dem Signifikat und der Tauschwert mit dem Signifikanten korrespondieren. Der abstrahierten universalen Austauschbarkeit der Waren und ihren frei flottierenden Kurswerten entsprechen daher die »frei flottierenden Signifikanten«, welche die semiokratische Katastrophe und Konfusion der Warengesellschaft erzeugen. Der Ozean dieser frei flottierenden Signifikanten ist die Logokultur, die Welt der Warenzeichen (die Logos). Wir verlangen in einem Geschäft nicht mehr einen Klebstoff, nennen also den Gegenstand nicht mehr bei seinem Gebrauchsnamen, sondern wir verlangen »UHU«, nennen also die Ware bei ihrem Firmenzeichen. Das Logo hat übrigens den Gebrauchsnamen in vielen Fällen vollkommen verdrängt und ersetzt. Die Logokultur bringt die symbolische Kultur zum Verschwinden, wie auch die Warenwelt die Welt der Gegenstände.

Das Verschwinden des Raumes
Zu Beginn der Ära der Absenz, der Maschinenbeschleunigung, der Bewegungsstudien und der Techno-Zeit galt es noch als Utopie, in achtzig Tagen um die Welt zu reisen. Heute reist ein orbitaler Satellit in neunzig Minuten um die Erde. In dieser orbitalen Beschleunigung verschwindet der Raum. Der Raum wird zu einer Zeitform, zu einer Erfahrung gemessen in Zeit. Man sagt nicht mehr, zwischen New York und Frankfurt liegen so und so viele Kilometer, sondern acht Stunden. Man spricht nicht von Distanzen, sondern von Dauer. Man sagt, je nach Transportmittel dauert es mehrere Wochen oder mehrere Stunden. New York und Paris sind mit der Concorde drei Stunden voneinander entfernt. Die Entfernung wird also in Zeiteinheiten gemessen. Der Raum kollabiert, implodiert, er wird leer. Der Raum implodiert mit der Beschleunigung der Transportmaschinen. Im orbitalen Blick einer

Satellitenkamera schrumpft der Raum. Kontinente werden zu Keksen, Städte sehen aus wie Mikrochips.[32] Die City als Chip ist die Metapher für den gelöschten Raum der telematischen Zivilisation. Der reale Raum ist leer geworden; wir leben im virtuellen Raum der Telekommunikation. Wir leben nicht mehr nur in Straßen und Häusern, sondern auch in Telefonleitungen, Kabeln und digitalen Netzwerken. Wir sind telepräsent in einem Raum der Absenz. Dort, wo wir sind, sind wir absent, und wo wir nicht sind, sind wir omnipräsent. Die Kunstgeschichte des 19. Jahrhunderts bis zur unmittelbaren Gegenwart liefert für das Verschwinden des Raumes in der Zeiterfahrung und für die Telepräsenz im virtuellen Raum eine Reihe eindringlicher Indizien.

Der immaterielle Raum der Telekommunikation, der dematerialisierte virtuelle Raum der Techno-Zeit ist nicht nur ein Raum der Absenz, ein Raum der fehlt, sondern ist auch ein neuer Raum der Präsenz, der Telepräsenz, ein neuer Raum jenseits des Sichtbaren, der schon immer da war, nur nicht gesehen werden konnte. Techno-Raum und Techno-Zeit sind Räume jenseits der körperlichen Erfahrung, Räume, welche durch die telematischen Maschinen erfahrbar geworden sind, unsichtbare Zeiträume.

Wie aber der Kollaps des Realraumes und das Ende der Echtzeit nicht nur Effekte der Absenz, Effekte des Mangels, sondern auch Neues, Produktives entfalten, wie die Ära der Absenz eine neue Art der Präsenz erzeugt und die bislang unsichtbare Welt sichtbar macht, zeigt uns ein neues maschinelles Verfahren zur Auffindbarkeit von Gegenständen jenseits der Bereiche unserer Sinne: Radar (*radio detection and ranging*) ist ein Verfahren zur Auffindung und Lokalisation von reflektierenden Objekten wie Flugzeugen, Schiffen, Satelliten im nicht einsehbaren Raum durch strahlenartig gebündelte elektromagnetische Wellen. Selbst bewegliche Objekte, die keine Signale aussenden, kann man durch das zurückkehrende Echo des Radarstrahles orten. Bezeichnenderweise hat an der Entwicklung des Radars auch ein Abkömmling des Dampfmaschinenerfinders James Watt mitgearbeitet, nämlich Robert Watson-Watt. In der Patentbeschreibung zum Telemobiloskop, dem Vorläufer des Radars, 1904 von Christian Hülsmeyer entwickelt, einem »Gerät zur Feststellung und Entfernungsbestimmung bewegter metallischer Gegenstände im Nebel durch hör- und sichtbare Signale«, finden wir unsere Theorie besonders gut formuliert. Bewegung und Distanz, d. h., Zeit und Raum werden korreliert. Die Bewegung wird von der Umgebung gelöst wie der Körper vom Raum. Bewegung, Umgebung, Raum, Körper verschwinden, genauer gesagt ihr historisches Trajektoriesystem. Radar ist sozusagen das Instrument, mit dem wir uns im »Nebel«, im annihilierten, gelöschten Raum bewegen und uns mathematisch im leeren, schwarzen Raum orientieren. Auf dem Radarschirm, dem Bildschirm einer Braunschen Röhre, auf dem der Abstand vom Bildschirmmittelpunkt dem Abstand des reflektierten Objekts proportional ist, wird uns in einem mathematischen Raum der nicht einsehbare Raum zugänglich gemacht. Wir verlieren also nichts, sondern gewinnen etwas: den virtuellen Raum. Der Raum der Absenz, der nichtsehbare, rein mathematisch modellierte Radarraum ist der virtuelle Raum, der nicht zur konventionellen historischen Welt gehört, wie sie unseren Sinnen zugänglich war.

Im virtuellen Techno-Raum der Telekommunikation, der immer mehr den Realraum ersetzt, bewegt sich die Menschheit mehr denn je. Wie der Realraum der Absenz durch den virtuellen Raum nicht nur ersetzt, sondern angereichert wird, so bedeutet auch die gesamte Ära der Absenz eine Anreicherung, ein Verwandeln historischer Aneignungsformen von Raum und Zeit in neue maschinengeprägte, beschleunigte Formen von Raum und Zeit, von Körper und Erfahrung. Der überhitzte, semiotisch beschleunigte virtuelle (Leer-)Raum

---

32 Vgl. Peter Weibels Videoarbeit *Gesänge des Pluriversum* (1986-1988) und den Text dazu in: Peter Weibel, *Enzyklopädie der Medien*, Bd. 3: *Kunst und Medien*, Hatje Cantz, Berlin, 2019, S. 448-453.

der telematischen Zivilisation erzeugt neue Wahrnehmungsformen der Techno-Zeit, auf denen die Prinzipien einer Ästhetik der Absenz fußen: Simulation, Simultaneität, Similarität, Selbstähnlichkeit, Selbstorganisation, Systemdynamik, Dekonstruktion, swarm, scrawl, Double, Syntopsie, Synchronie, Synthese, Polytropie, Polychronie, Konstruktion, Kontextsteuerung, Beobachterzentriertheit (Endo-Physik), Komplexität, Molekulardimensionalität (Nanotechnologie), Telepräsenz, Virtualität, Variabilität, Viabilität.

Das Verschwinden des Körpers
Die Ära der Absenz, das Verschwinden historischer Aneignungsweisen der Welt, hat also eine neue Ära der Präsenz erzeugt, neue Formen der Aneignung der Welt, der Transformation der Wirklichkeit nach den Bedürfnissen des Menschen, neue Formen der »Entfremdung«, »Entäußerung« und »Verwüstung«.

Nikola Tesla kann als Visionär der gegenwärtigen Telegesellschaft gelten. Er hat bereits 1898 ferngesteuerte Roboterboote in Miniaturausführung vorgeführt. Durch diese Telesimulation zeigte er, wie die Robotik zum Double des Körpers und zum Double der Dinge wird. Das Reich der computergesteuerten und -erzeugten Simulation tendiert in der Gegenwart insgesamt zu einem vollkommenen Ersetzen der Realität, zu einem Verschwinden der wirklichen Welt. Dieses Reich des digitalen Doubles der Welt wird »virtuelle Realität« oder auch Cyberspace genannt (computererzeugte künstliche Bildwelten, in denen der Mensch einer an seinen Körper angepassten Schnittstelle interaktiv teilnehmen kann).

Neben den Dingen ist es also vor allem der Körper, als Eckpfeiler der historischen Wirklichkeitsauffassung, der durch die Techno-Transformation der Welt in seiner historischen Erscheinungsform verschwindet, und mit ihm die historische Welt. Funktionen des Körpers werden schon seit 150 Jahren maschinell verdoppelt. Seine Stimme wird durch das Magnetofon verdoppelt. Durch den Roboter wird der Körper insgesamt verdoppelt. Sind schon Raum und Zeit durch die Simulation gedoubelt worden und somit Echtzeit und natürlicher Raum fragwürdig geworden, verfällt nun der Körper selbst dem Double und wird fragwürdig. Die Extension des Körpers durch die Maschinen der Teletechnik wie Telefon, Telefax etc. tendiert zu einer Immaterialisierung, zu einer Entkörperlichung des Körpers. Hat das Auto den Körper von einem Ort zum anderen bewegt, ist es im Reich der Telemaschinen und in der virtuellen Realität möglich, dass der Körper sich, ohne real fortbewegt zu werden, als digitales Double an einem anderen Ort bewegt. Sind in der mechanisch-maschinellen Phase der industriellen Revolution durch Eisenbahn, Auto und Flugzeug unsere historischen Vorstellungen von Raum und Zeit annulliert worden, verschwunden, so wird in der elektronisch-digitalen Phase der postindustriellen Revolution der Körper nicht nur von Raum und Zeit abgetrennt, frei flotierend im orbitalen Raum, im Datenraum schwebend, sondern die historische Vorstellung des Körpers als kompaktes Volumen wird annulliert. Diese Annullierung bedeutet aber beileibe keine Auslöschung des Leibes, sondern eine Ausdehnung des Körpers durch technische Prothesen, eine Überlagerung des realen Körpers durch den virtuellen Körper. Der virtuelle Körper, der durch telematische Maschinen konstruiert ist, ist der »abwesende Körper«, gemessen an den Kriterien des Realen, aber »anwesend«, gemessen an symbolischen und imaginären Bedürfnissen.[33] Das Verschwinden des Körpers bedeutet dann das Auftauchen eines neuen virtuellen Körpers, der in den telematischen Netzwerken residiert und residuiert. Der virtuelle Körper als Datendandy verdoppelt den realen Körper.

---

33   Vgl. auch Drew Leder, *The Absent Body*, University of Chicago Press, Chicago, 1990; Avital Ronell, *The Telephone Book. Technology, Schizophrenia, Electric Speech,* University of Nebraska Press, Lincoln, 1989.

Die Entkörperlichung der Dinge: Immaterialisation
Der Grundstein dieser ultimativen Auflösung und Entkörperlichung des Körpers in der elektronischen Kultur wurde durch eine Reihe von Entdeckungen gelegt, welche das historische Bild der Materie zum Verschwinden brachten, indem sie die Materie gleichsam als immaterielles Feld von Teilchen und Wellen definierten. 1868 formulierte James Clerk Maxwell die Theorie der elektromagnetischen Wellen, deren Existenz Heinrich Hertz 1888 bewies und welche die Voraussetzung für die Erfindung der drahtlosen Telegrafie und des Hörfunks bildeten. Erstmals gelang durch die Funk(en)übertragung eine Kommunikation in Raum und Zeit, an der der menschliche Körper nicht mehr beteiligt sein musste. Die drahtlose, körperlose Überwindung von Raum und Zeit begann. Der Raum wurde buchstäblich zum Zeichenraum, zum Raum der mit elektronischer Geschwindigkeit reisenden Zeichen.

Was bleibt bei der gegenwärtigen Verfügbarkeit von Raum und Zeit durch die mechanischen und elektronischen Maschinen an Körperlichkeit und Materialität von Raum und Zeit noch übrig? Experimente der Fernübertragung von Botschaften, wie sie beispielsweise 1833 der berühmte Mathematiker Carl Friedrich Gauß und der Physiker Wilhelm Eduard Weber durchführten, waren der Beginn der Telegrafie, der Fernschrift. Die Entdeckung des Scanning-Prinzips um 1840, die Zerlegung eines Bildes (eine zweidimensionale Raumform) in eine lineare Sequenz von Punkten in der Zeit, und die Entdeckung der elektromagnetischen Wellen ermöglichten es, Botschaften durch elektromagnetische Felder zu symbolisieren. Auf die Telegrafie per Draht folgte die drahtlose Telegrafie, die quasi immaterielle Übertragung von Botschaften. Bis dahin hatte jede Botschaft einen Boten benötigt, der sie übermittelte. Ohne Schiff, Soldat, Taube, Pferd konnte keine Botschaft auf Distanzen übertragen werden, die sich dem Horizont des Sichtbaren entzog. Seit Beginn der Telekommunikation können Bote (Körper) und Botschaft (Zeichen) separiert werden. Die Trennung von Bote und Botschaft ist das Axiom der telematischen Zivilisation. Der menschliche Körper löste sich von den Bewegungs- und Kommunikationsmaschinen. Die Separation von Körper des Boten und Zeichenkette der Botschaft, von Körper und Nachricht, von Trägermaterial und Code ist die eigentlich grundlegende Errungenschaft unserer gegenwärtigen telematischen Kultur, die dafür verantwortlich ist, dass es uns scheint, als wäre die Welt verschwunden, weil unsere Körper in der neuen Welt nicht mehr die gleiche bedeutende Rolle spielen wie früher. Seitdem die Botschaften ohne Boten reisen, indem sie in elektromagnetischen Wellen codiert übertragen werden, seitdem Signale, Informationen, Nachrichten ohne Körper reisen, seitdem die Zeichen als körperlose Botschaften alleine reisen, und zwar rund um die Welt, mit einer Geschwindigkeit, die sie überall gleichzeitig sein lässt, ist die alte Welt eingestürzt. Die Separation von Bote und Botschaft in der elektromagnetischen Welt, in der elektronischen Kultur, in der digitalen Technologie hat bewirkt, dass der Mensch als Maß aller Dinge sich selbst relativierte und damit auch die Maße der Dinge selbst. Bestimmte Wirklichkeitsformen und symbolische Ordnungen gelten durch das Verschwinden der Ferne, der Materie, der Dinge, des Körpers und der historischen körperlichen Erlebnisformen von Raum und Zeit nicht mehr.

Der Tron-Wald: Das Digitale Double der Welt
1897 entdeckte Joseph John Thomson bei Experimenten mit Kathodenstrahlen in Vakuumröhren einen Körper, der kleiner als ein Atom war. Diesen kleinen Körper nannte Thomson Korpuskel (von lat. *corpus* = Körper). War es um 1900 für viele hervorragende Wissenschaftler schwer genug zu glauben, dass die Materie durchlöchert sei und aus Atomen bestehen sollte, so war es noch schwieriger sich vorzustellen, dass es Materieteile gäbe, die kleiner als Atome sind. Die Entdeckung des Korpuskels vernichtete die traditionelle Vorstellung der Materie und als Folge davon der Dinge, des Körpers und der Welt. Der von

Thomson entdeckte kleine Körper war ein negatives Teilchen der Elektrizität und wurde daher später Elektron genannt. Der Tron-Wald unserer elektronischen Kultur wurde gesät. Das goldene Zeitalter der Strahlen und Röhren, der Dioden und Transistoren, der Halbleiter und des Siliziums, der integrierten Schaltkreise und der Chips begann. Die ganze Welt ist heute ein Silicon Valley: Ein Chip ersetzt die Leistungen einer City. Unsere ganze Zivilisation ist siliziumbasiert. Die perforierte Materie führt im Computerzeitalter schließlich dazu, »das dramatische Moment der Umwandlung von Energieereignissen in der Zeit in einen binären Code zu erkennen«.[34] Die Welt als digitaler Code war der Traum von René Descartes. Die Welt als digitales Double, wie sie in der virtuellen Realität dargestellt wird, ist das ultimative Ziel der Techno-Transformation der Erde durch Menschen. Im entkörperlichten und entmaterialisierten, vollkommen manipulierbaren digitalen Bild ist dieses Begehren des Menschen bereits angekündigt. In einem Medium, das Raum durch Zeit und Zeit durch einen binären digitalen Code darstellt, nämlich im Computer, wird die Beschleunigung vorangetrieben, die Befreiung von der natürlichen Welt. Wie die Arbeit der Landschaft, gemäß Heiner Müller, darin besteht, nur noch auf das Verschwinden des Menschen zu warten, wie gemäß Michel Foucault der Mensch durch die neue Ordnung der Dinge verschwinden wird wie Zeichnungen im Sand am Meeresufer, wie sich gemäß Elias Canetti die Provinz des Menschen entleert, so besteht meiner Auffassung nach die Arbeit und das Begehren des Menschen darin, die Welt – so wie sie ist oder einmal war – zum Verschwinden zu bringen. Nicht der Mensch wird verschwinden, sondern die historische natürliche Welt. Die Techno-Wissenschaften führten zu einer totalen Veränderung der Welt. Diese Transformation konnte so total wirken, dass sie als Verschwinden der vertrauten historischen Welt empfunden wurde. Nicht die Welt verschwand, sondern nur die Welt und die Wirklichkeit, wie wir sie kannten, die alte Welt. Das Vertraute stürzte – daher unsere Bestürzung.

Allegorien der Absenz

Die Allegorie versucht zu retten, was sonst aussterben würde. »Ist doch die Einsicht ins Vergängliche der Dinge und jene Sorge, sie ins Ewige zu retten, im Allegorischen eins der stärksten Motive«, schrieb Walter Benjamin.[35] Doch nicht nur die antike Götterwelt oder die humanen Tugenden sterben, nicht nur die mittelalterlichen oder barocken Menschen durchwehte das Todesdurchdrungensein, auch der moderne und postmoderne Mensch steht ständig vor dem Schauspiel des Verschwindens historischer Bedeutungen und des Verlustes sozialer Formen. Die Allegorie tritt also immer dann verstärkt auf, wenn sich eine Kultur bedroht fühlt, wenn sich eine Kultur radikal verändert und historische Formen verschwinden. Die Allegorie ist die Klage über dieses Verschwinden wie auch gleichzeitig eine Heilsökonomie. Sie hat eine Reihe ästhetischer Strategien entwickelt, welche das Verschwinden aufhalten, den Untergang bannen, zumindest aber das Verschwindende in verwandelter Form gegenwärtig und am Leben halten sollen. In der Figur der Allegorie liegen Epigrammatik, Heraldik und Emblematik der zeitgenössischen Kunst (siehe Jenny Holzer, Barbara Kruger) begründet.

Die zeitgenössische Wiederbelebung der Allegorie und ihrer verwandten Ausdrucksformen wie Emblematik und Heraldik hat ihre historische Voraussetzung in der neueren allegorischen Anschauungsweise, den literarischen und grafischen Emblemen und Werken des Barocks. Die Erkenntnis von der Wandelbarkeit und Vergänglichkeit der Dinge als Teil

---

34 Woody Vasulka, »Eine Syntax binärer Bilder«, in: *Computerkulturtage Linz. ORF-Videonale 1986 im Rahmen der Ars Electronica*, ORF, Linz, 1986, S. 64.
35 Walter Benjamin, *Ursprung des deutschen Trauerspiels*, Suhrkamp, Frankfurt/M., 1978, S. 199.

einer vom Menschen erschaffenen Geschichte im Gegensatz zur Ewigkeit der Natur hat das Barockzeitalter mit voller Wucht getroffen. Daher entstand entweder die Flucht in die Melancholie oder die pompöse Lebenssucht. Das Bewusstsein von der Vergänglichkeit der Dinge in der Geschichte, das damals deutlich in das abendländische Denken eintrat, bewirkte einen unaufhaltsamen Verfall, hat als Memento mori den Barock seit dem Augenblick begleitet, in dem der Mensch sich als Teil der Geschichte und nicht als Ganzes der Natur zu begreifen begann. Deswegen konnte nur der zerstückelte, zerteilte Körper als Emblem dienen. Der Körper, Ort der Natur, wurde zur Schrift, zum Ort der Geschichte, zu einer rekombinierbaren Sammlung von Fragmenten. So konnten die Haare dies, das Kinn jenes und die Brust etwas anderes bedeuten. Das emblematische Diktat der Aufteilung, das aus der Schrift hergeleitet wurde, wurde auf den ganzen Körper des Menschen und die Natur übertragen. So ist die Geschichte (als Vergängliches) in das Bewusstsein hineingewandert, nämlich als Schrift. »Auf dem Antlitz der Natur steht ›Geschichte‹ in der Zeichenschrift der Vergängnis«, formulierte Walter Benjamin.[36] Die Umwandlung der Natur in Geschichte am Vorabend der industriellen Revolution hat der Barock die Macht der Zeit entdecken lassen. *Tempus fugit*, das »Buch der Natur« und das »Buch der Zeiten«, sind daher favorisierte Gegenstände des barocken Sinnens. Der Einbruch der Zeit, der Vergänglichkeit als Form der Geschichte in die sakrale Natur, war die eigentliche Entdeckung des Barocks. Damit wurde auch der Mensch aus der Ewigkeit geworfen und fiel als Teil der Zeit in *melancholia*.

Der Barock hat in der Flüchtigkeit der Zeit schon jenen Verfall der Dinge erspäht, der eintritt, wenn die Dinge Teil des Marktsystems werden, wenn die Dinge Waren werden. Wie den antiken Göttern in ihrer erstorbenen Dinghaftigkeit die klassische Allegorie entsprach, so entspricht im Barock die Allegorie einer »Götterdämmerung« des Gegenstandes in seiner erstorbenen Dinghaftigkeit, mit der er zur Ware wird. Die Zeit wurde zum Feind des Gegenstandes, weil er im Marktsystem in zwei Werte zerteilbar und somit (ver)tauschbar wurde. Nicht der Gegenstand selbst verfiel mit der Zeit, nur sein Wert. Der Barock erahnte die Raffgier der Zeit, welche die Dinge verschlingt, wenn sie in Gebrauchswert und Tauschwert zerlegbar werden. Nur in einem Marktsystem kann man zwischen dem Gebrauchswert und dem Tauschwert eines Gegenstandes sinnvoll unterscheiden. Marx hat in seiner *Kritik der politischen Ökonomie* gezeigt, dass der Gegenstand als Ware in diese zwei Wertformen zerfällt und dass es im Marktsystem der Tauschwert ist, der zählt, und daher der Gebrauchswert des Gegenstandes rasch verfällt. Diesen rapiden Verfall des Gebrauchswerts hat der Barock früh geahnt und in den Allegorien der Trauer und Tugend zu bannen gesucht. Als das Absterben der Dinge im Frühkapitalismus offenbar wurde, begann die große Klage über die Flüchtigkeit der Zeit. Natürlich verfielen nicht die Gegenstände selbst, sondern im historischen Augenblick, in dem alle Gegenstände Waren wurden, zählte nur noch der Tauschwert. Marx hatte ja, David Ricardo folgend, den Wert eines Gegenstandes durch seine Geschichte, die menschliche Zeit, die Arbeitszeit ist, definiert. Eine Ware hingegen wird zwar durch Arbeit zum Gebrauch eines Konsumenten geschaffen, aber für einen Markt produziert und dort für Geld getauscht. Der Markt diktiert im Kapitalismus den Tauschwert als einzigen Wert einer Ware und somit eines Gegenstandes. Das Vergängliche an den Dingen wurde also zur Vergänglichkeit der Ware.

Jean Baudrillard geht der Frage nach, ob nicht die rationale Abstraktion, welche dem Konzept der Ware inhärent ist, also die Dominanz des Zeichens von Anfang an die eigentliche Bedeutung dessen war, was wir Kapitalismus nennen und was in der Renaissance begann, als das Zeichen den symbolischen Tausch ersetzte. Um 1910 hat Ferdinand

---

36 Ibid., S. 155.

de Saussure das Zeichen als Januskopf definiert, das aus einem Signifikat (Vorstellung) und einem Signifikanten (Lautbild) besteht. Baudrillard hat das Signifikat dem Gebrauchswert zugeordnet und den Signifikanten dem Tauschwert. Der Signifikant ist vom Signifikat genauso losgelöst wie der Tauschwert vom Gebrauchswert, und wie der Tauschwert dominiert auch der Signifikant in der modernen kapitalistischen Gesellschaft. Es gibt eine neue Struktur der Kontrolle, einen Wechsel von der Ware zum Zeichen. Für einen Marxisten wie Henri Lefebvre ist die Saussure'sche Trennung des Zeichens von dem Referenten ein Symptom des Kapitalismus selbst, eine Art Ansteckung der Sprache durch die Krankheit des Kapitalismus. Im fortgeschrittenen Kapitalismus nahmen nicht nur die Beziehungen unter den Menschen den Charakter von Waren an, wie Georg Lukács in *Geschichte und Klassenbewußtsein* (1923) bemerkt hatte, sondern nun auch die Beziehungen der Zeichen untereinander. Die strukturalistische Theorie ist daher für ihn nicht Analyse, sondern Symptom des Kapitalismus. Baudrillard beschreibt diesen eintretenden Kollaps der Referenten, in dem die Zeichen selbst unter das gleiche Warengesetz geraten wie einst die Dinge. Waren werden nicht als materielle Objekte sozial signifikant, sondern als Zeichen, unabhängig von ihrer Produktionsweise, d. h. von ihrer Geschichte. Das ursprüngliche Thema der Allegorie, die Transformation von Natur in Geschichte, einst als Verwandlung von Göttern in Kreaturen behandelt, taucht wieder auf, und zwar als Verwandlung von Gegenständen in Waren und Waren in Zeichen. Daher durchweht auch die Schriften Baudrillards eine Melancholie. Die barocke Lehre der Trauer und Tugend und ihr ästhetisches Arsenal, Sinnbilder und Spruchbänder, Sinnsprüche auf Schleifen und allegorische Reben tauchen deshalb allenthalben auch in der Kunst wieder auf.

Die moderne Kunst sieht sich einer Welt gegenüber, in welcher die Gegenstände zweimal kollabieren. Einmal im schwarzen Loch der Ware und einmal im weißen Loch der Zeichen. Wieder will (von Ed Ruscha bis Jenny Holzer) Schrift zu Bild werden und Bild zu Schrift (von On Kawara bis zu Barbara Kruger). Wieder leuchten die Tugenden, ethischen Warnungen und moralischen Appelle in Epigrammen auf Holz und Marmor. Auch den Mythos gibt es wieder als Dekorationsmalerei (Anselm Kiefer). Doch die Gegenstände sind rettungslos besudelt und entwürdigt. Es gibt Gegenstände nur noch als Ware, und zwar als Massenware. Indem Baudrillard gezeigt hat, dass die Ware sich wie der Signifikant des Zeichens verhält, ist auch der Schluss möglich, dass die Gegenstände nur noch als Zeichen fungieren, und zwar als Zeichen unter dem Warengesetz. Die Ohnmacht der Gegenstände ist universal, ihre Daseinsform banal. Auch die Weissagung des Prudentius: »Rein von allem Blut wird endlich der Marmor strahlen; schuldlos werden die Bronzen dastehen, die jetzt für die Idole gehalten werden«[37], wird nicht gelten, obwohl so verschiedene Künstler wie Ian Hamilton Finlay, Jenny Holzer oder Jasper Johns sich darum bemühen. Auch in Bronze noch kennt Coca-Cola sein Verfallsdatum, auch in Marmor noch wird der Sinnspruch sinnlos. Die Dinge sterben und verschwinden unentwegt, besonders seit im fortgeschrittenen Kapitalismus Massenproduktion und Massenkonsumption von Waren ein globales Maß erreicht haben. Eben aufgrund dieser Mortifikation der Dinge (und nicht des Leibes wie im Barock) weht ein allegorisches Memento mori durch die Welt der Dinge im Spiegel der Kunst. Doch Errettung wurde versprochen, solange man an Emblemen festhält. Ein Blick durch Ausstellungen aktueller Kunst zeigt eine Prozession von Emblemen, von Worten und Begriffen, die aber im selben Grade wie die Lebenszusammenhänge verloren gehen werden. Die Kunst erweist sich als konservative Kraft, die bewahren will, was verschwindet, statt auf der Absenz und Verwüstung zu beharren. Die alten Körper in modernen Medien (Bruce

---

37   Aurelius P. Clemens Prudentius, *Contra Symmachum*, 1, 502.

Nauman, Bill Viola, Gary Hill, Nam June Paik), die alte Moral in neuen Medien, sie leisten bürgerliche Trauerarbeit, Kunst als Ablasskauf, als Tilgung der Schuld, die dem allegorischen Empfinden zugrunde liegt, ohne die Ursache zu klären. Moralische Kunst ist heute das schlechte Gewissen der Bourgeoisie. Eine Ästhetik der Absenz will hingegen ohne Moral die Abgestorbenheit der Gegenstände und Zeichen aufzeigen. Den Kollaps von Gegenstand und Begriff demonstriert z. B. eine Arbeit von Marcel Broodthaers *Entre deux Mers se dressait le Château Magaux* von 1974, bei der auf zwei gleichen, hellen Flaschen das Etikett »Meer« zu lesen ist und auf einer dunklen Flasche dazwischen in der Mitte das Etikett »Château«. Auch das ständige Aufreißen der Grenzen von Bild und Objekt, von Jasper Johns' Flaggenbildern bis zu Richard Artschwagers Möbelobjekten, ist als Oszillieren zwischen Gebrauchswert (Möbel) und Tauschwert (Bild) des Gegenstandes interpretierbar. Die Identität des Gegenstandes ist es, die eigentlich verschwand, als er zur Ware wurde. Nicht nur Zeichen können Zeichen für andere Zeichen sein, sondern wir beginnen, zu erkennen, was das Endziel der kapitalistischen Abstraktion ist, nämlich, dass Gegenstände auch Gegenstände für andere Gegenstände sein können. Ein Gegenstand kann mehrere Gegenstände zugleich sein. Diese endgültige Herabwürdigung des Gegenstandes zum universalen Tauschwert ist es, mit der sich der wahrhaft zeitgenössische Künstler auseinanderzusetzen hat.

Die Klage über den Verlust der Dinge kann das Verschwinden der Gegenstände nicht aufhalten. Am allerwenigsten kann dies eine neue Leichenpoesie, die ihre Strategien und Strukturen direkt aus der Werbung übernimmt. Die Rückkehr der Gegenstände als Embleme ist eine konservative Reaktion auf ihr Verschwinden. Die Identität der Gegenstände ist für immer ambivalent geworden, seitdem sie zu Zeichen und vordem zu Waren geworden sind, zu sozialen Signifikanten. Der Wechsel von der Ware zum Zeichen in der Gegenstandswelt kann in einem aufklärerischen Sinn nämlich im Grunde gar nicht allegorisch gelöst werden, denn nur für den bereits »Wissenden« kann sich etwas allegorisch darstellen. »Die Intention der Allegorie ist [...] der auf Wahrheit widerstreitend«, schreibt Walter Benjamin.[38] Kein Lumen naturale kann sich in der Nacht der Trauer als Wissenschaft auftun. Nicht Emblematik und Heraldik bringen die Errettung, sondern die wissentliche Entwürdigung des Gegenstandes bewahrt ihm allegorisch sowohl seine Treue als Ding, wie sie auch seinen Verrat als Ware und Zeichen besiegelt. Sie gesteht sein Verschwinden ein. Daraus entsteht die Ästhetik der Absenz. Benjamin H. D. Buchloh hat nach Spuren einer klassenfreien, materialistischen Allegorie gesucht.[39] Ihm zufolge hat das historische Versagen der Pop Art darin bestanden, zwar das Verschwinden der Gegenstände im Zeitalter der Massenkultur bemerkt, aber an Stelle des Gegenstandes einfach und naiv die Ware selbst gesetzt zu haben, gelegentlich sogar noch mit allegorischen Trauerschleifen versehen (die Bronze bei Johns' Cola-Flaschen, oder die Flügel bei Rauschenbergs Cola-Flaschen, wenn wir Flügel historisch als Allegorie der Zeit interpretieren wollen).

Die Verherrlichung der Banalität von alltäglichen Massenprodukten und -bildern durch Andy Warhol und Claes Oldenburg, anfangs als Kritik verstanden, führte schnell zu einer ununterscheidbaren Konvergenz von Objekt und Ware, von Kunstwelt und Werbewelt. Warhols *Brillo Box* von 1964 verraten weder Trauer noch Wissen. Ihre dandyistische Indifferenz bezeugt bloße Komplizenschaft. Die Kisten, da mit Warenzeichen (Schrift) bedruckt, deuten eine Rückkehr des Gegenstandes als Emblem an. Das gilt auch für seinen besten Schüler Jeff Koons. Haim Steinbach hingegen folgt Jasper Johns, indem er die Doppelstruktur des Zeichens und die Doppelexistenz der Ware zur Schau stellt. Steinbach ist Erbe der Pop

---

38 Benjamin 1978, S. 205.
39 Benjamin H. D. Buchloh, »Allegorical Procedures: Appropriation and Montage in Contemporary Art«, in: *Artforum*, Nr. 21, September 1982, S. 43-56.

Art, indem er banale Massenwaren anstelle von Gegenständen benutzt, gleichzeitig hat er aber auch die Lektion des Minimalismus verarbeitet. Der Minimalismus hat die Warenkisten von ihrer Banalität erlöst und metaphysisch gereinigt. Er hat die Gegenstände wieder in reine platonische ideale Körper verwandelt. Das war natürlich Illusionsarbeit im Dienst des Kapitalismus und daher sind diese Skulpturen zu bevorzugten Schaustücken der Corporate Culture geworden. Steinbach mischt also kühle minimalistische Boxen als (Podeste) mit popartigen Readymades. Waren stehen in ihrer Doppelexistenz und ihrer trostlosen Banalität auf glänzenden, gleichsam metaphysischen Skulpturen statt in Regalen.

Bei Steinbach kommt so etwas zum Vorschein, das der eigentliche Ansatz des Allegorischen von heute sein könnte. Dieser kann ja nicht darin bestehen, schamlos die Geschichte der Allegorie auszubeuten, wie es Anselm Kiefer tut, noch dazu unter Verkennung aller Errungenschaften der Moderne. Wieder diese nostalgische Allegorie ebenso wie gegen die naive Ästhetisierung der Warenwelt gibt es eine andere Strategie der Allegorie. Von der Auflösung der Identität des Gegenstandes durch das Bild und die Schrift, durch Allegorie, Emblematik und Grammatik in Renaissance und Barock haben wir schon gesprochen, ebenso von der Auflösung durch die Ware und das Zeichen. In der modernen und postmodernen Zeit bleibt nur die Auflösung der Identität des Gegenstandes durch sich selbst, durch skulpturale Prozeduren. Ein Arsenal von Absenzstrategien – realistisch oder virtuell – verwandelt die Objekte in austauschbare Zeichen. Hegel hat die Allegorie als leere Form der Subjektivität, als bloß grammatisches Subjekt definiert[40], weil die allegorische Personifizierung von Eigenschaften der Welt wie Liebe, Tod, Zeit etc. nicht wahrhaft an ein bestimmtes Individuum gebunden ist. Die Allegorie ist für Hegel kahl. Er setzt weniger auf ihren Wert als Trost und Versprechen auf Ewigkeit als auf den Versuch, bestimmte Eigenschaften allgemeiner Vorstellungen durch verwandte Eigenschaften sinnlich konkreter Gegenstände der Anschauung nahe zu bringen.

In der skulpturalen Allegorie haben wir es demnach mit der leeren Form des Gegenstandes zu tun. Gegenstände mögen zwar anwesend sein, aber nicht als konkrete individuelle Gegenstände, sondern als Schemata, als abstrakte Formen, als Abstraktionen einer allgemeinen Vorstellung. Anwesenheit wird zu einer fragwürdigen Form. Von abstrakter Anwesenheit bis zu konkreter Abwesenheit reichen die Möglichkeiten der Ästhetik der Absenz. So können Unterhosen einen Berg darstellen, wie bei Georg Herold. Eben weil sie nur leere Form sind, können Gegenstände etwas anderes sein als das, was sie darstellen und daher auch andere Gegenstände darstellen. Gegenstände werden zu *Maquette for a Sign* (1983/1984) wie die Arbeiten von Allan McCollum, die *Plaster Surrogates* oder die *Perfect Vehicles* zeigen. Wenn 1988 zehntausend gleiche Einzelstücke »individual works« genannt werden, dann weist diese leere Form der Gegenstände im Zeitalter der Massenproduktion die kahle Allegorie auf. Die schwarzen und weißen leeren Gemälde McCollums haben die leeren Gegenstände als leere Form inauguriert. Auf das leere Bild folgt das leere Podest. Hier will das Objekt zum Bild und das Bild zum Objekt, d. h. zum leeren Zeichen, zum Zeichen des Abwesenden werden. Ist der Gegenstand überhaupt verschwunden und auch das Kunstwerk als Gegenstand, weil es zur Ware geworden ist, und will man keine Waren, auch nicht als leere Gegenstände, an die Stelle von Gegenständen setzen, bleibt nur noch das Gestell übrig, z. B. das Podest, auf dem man bisher Kunstwerke als Gegenstände zur Schau gestellt hat. Alle gegenständlichen Formen vom Podest bis zum Transportwagen, die bisher der Auratisierung des Kunstwerkes, des Gegenstandes und der Ware gedient haben, ihre Inthronisation ermöglicht haben, werden nun, da das Kunstwerk und der Gegenstand

---

40 Georg Wilhelm Friedrich Hegel, *Vorlesungen über die Ästhetik*, Bd. 1, Suhrkamp, Frankfurt/M., 1970, S. 511.

selbst fehlen, an deren Stelle gerückt (Alex Hartley und Erwin Wurm). So tritt das Podest an die Stelle des Gegenstandes, der bisher auf ihm ausgestellt war, und wird dadurch zum eigentlichen Gegenstand und Kunstwerk. Um das zu veranschaulichen, wird das Podest allegorisch ornamentalisiert (Willi Kopf). Alle Verfahren, Prozeduren und Gestelle, die bisher ästhetisch nur zweitrangig waren und ontologische Serviceleistungen für das eigentliche Sein des Kunstwerkes erbrachten, rücken nun in den Vordergrund. Das Gestell, die Displayform, die Apparaturen, Werkzeuge, Gestelle, mit denen die Kunstwerke ehemals zur Schau gestellt wurden, treten an die Stelle der Gegenstände und werden zur Schau gestellt. Ihre Anatomie, ihr Skelett dominieren. Das ist die neue Optik der Objekte: gebrochene Knochen und Scherben der Objekte (Giulio Paolini). Diese skelettierte Gegenstandswelt mag vielleicht wiederum Anlass sein für *melancholia*, aber sie gibt uns auch eine klare Anschauung von dem radikalen Wandel unserer Kultur, von den Maklergeschäften mit unseren Wünschen, vom Markt des Begehrens, der dem Markt der Waren folgte. In diesem Markt leistet das Künstlersubjekt Widerstand als Aufstand gegen den Gegenstand als Ware, indem es den Gegenstand bis zum Verschwinden seziert und skelettiert. Doch in der Inszenierung seines allegorischen Verschwindens eröffnet sich dem Gegenstand ein neuer Horizont, an dem auch der verbrauchte Gegenstand seine Dignität, an dem noch das unbedeutendste Objekt seine Bedeutung erhalten kann, indem es Anlass eines Kunstwerkes wird. Dieser neue Horizont der Objekte ist die alte Heilsökonomie der Allegorie.

Spur und Differenz statt »Anwesen«: Derrida

Jacques Derrida hat in einer Reihe von Schriften die Beziehung von Technik und Sein im Gefolge Martin Heideggers neu interpretiert und eine Philosophie der Differenz entworfen, welche den Logozentrismus, das Ursprungsdenken und die Metaphysik der Präsenz in der europäischen Philosophie zu überwinden trachtet.[41] Neue Formen der Verzeitlichung und Verräumlichung hat Derrida im Begriff der Spur gefasst. Die Bedeutung der Spur ist niemals präsent, sie ist in einem anderen, anwesend ist sie abwesend. Das Erlöschen gehört zur Struktur der Spur. Sie ist »kein Anwesen, sondern das Simulacrum eines Anwesens, das sich auflöst, verschiebt, verweist und eigentlich nicht stattfindet. […] [D]as Anwesende wird zum Zeichen des Zeichens, zur Spur der Spur.«[42] Kann man also in der Spur das Wesen des Seins denken? Wäre eine Ästhetik der Spur die eigentliche Ästhetik der Absenz, als Spur des Anwesenden und als Erlöschen der Spur? Das Sichauflösen, Verschieben, Verweisen als Momente der Dynamik der Spur, als Prozessualität der Spur, bilden sicherlich Strategien (der Spur), die zum Kanon einer Ästhetik der Absenz gehören.

Psycho-*techné*: Technik als Sprache der Absenz

Die Ära der Absenz hat eine neue Art der Präsenz erzeugt. Ein Netzwerk von Computerterminals und elektronischen Medien wie Email, Telefon, Telegrafen- und Telexsystemen, Satelliten-TV etc. ermöglicht es, in einem globalen Rahmen zu kommunizieren, ohne unseren Körper zu bewegen. Die Subjekte der Geschichte werden (als Signifikantenketten) ubiquitär und simultan gegenwärtig. Aus der lokalen Präsenz des Körpers wird eine globale Telepräsenz (als virtueller Körper). Was zunächst als Abschied empfunden wird, kann auch als Gewinn verbucht werden. Die simulierte Präsenz im telematischen virtuellen Raum kann überall zur gleichen Zeit stattfinden. Daraus ergibt sich: Eine Ästhetik der Absenz ist

---

41 Jacques Derrida, *Die Schrift und die Differenz*, Suhrkamp, Frankfurt/M., 1976; ders., *Grammotologie*, Suhrkamp, Frankfurt/M., 1974; ders., *Die Postkarte. Von Sokrates bis an Freud und Jenseits*, Brinkmann und Bose, Berlin, 1982.
42 Jacques Derrida, *Randgänge der Philosophie*, Ullstein, Frankfurt/M., 1976, S. 32f.

auch eine Ästhetik der Telepräsenz. Alle Technologie ist Tele-Technologie. Aber alle Technologie ist auch Psycho-*techné*. Mit der Technik werden nicht nur räumliche und zeitliche Distanzen überwunden, sondern auch die durch sie geschlagenen Wunden. Eine Ästhetik der Absenz ist auch eine Therapie gegen die Absenz, eine Überwindung der durch die Absenz verursachten Leiden. Die Abwesenheit von libidonal besetzten Objekten und Subjekten kann durch die symbolische Aktivität der Tele-Technologie (von einer allegorischen, objektualen Ästhetik der Absenz bis zum virtuellen Cyberspace) überwunden werden. Das Spiel von »imaginär, real und symbolisch« wird verändert, die Akzente verschieben sich. Das Symbolische und das Imaginäre dominieren in der Techno-Welt. Nach Paul Virilio hat das Bild Vorrang vor dem Sein. Das Sein verschwindet. Seinsentzug lautet die Parole der postmodernen Welt. Durch einen Mord am Sein und am Ding, so die Botschaft von Jacques Lacan, kann das relativierte Subjekt, das aus der Dialektik mit dem Anderen geboren wird, seine symbolische Souveränität erlangen, diesseits des Realen und jenseits des Imaginären. Das Ver-Schwinden der Sinne, des Körpers, des Anderen, der Dinge gehört also unweigerlich zur konstruktiven Tätigkeit des Subjekts. »Das Symbol stellt sich so zunächst als Mord an der Sache dar, und dieser Tod konstituiert im Subjekt die Verewigung seines Begehrens.«[43] Im Horizont dieser Negation (des Seins) ist auch das Wesen der Technik anzusiedeln, deren Ziel es ist, die Grenzen der Realität zu überwinden, das Reale zum Verschwinden und das Imaginäre zum Erscheinen zu bringen. Sigmund Freud nennt daher die Technik »eine Sprache des Abwesenden«, der Absenz.[44] Als solche setzt sie die Arbeit der Schrift fort. In *Jenseits des Lustprinzips* (1920) beschreibt Freud den Fall eines Babys, das auf die Abwesenheit der Mutter mit einem symbolischen Spiel reagiert.[45] Das Baby lässt eine Spule an einem Faden über den Rand des Kinderbettes gleiten und sagt dabei »oh« (soviel wie »fort«). Als es die Spule mit dem Faden zurückholt, sagt das Baby »ah« (soviel wie »da«). Die reale Abwesenheit der Mutter, auf die das Baby keinen Einfluss hat und die Unlust erregt, verwandelt es auf der symbolischen Ebene von einem Mangel in einen Triumph. Das Baby regiert symbolisch auf die Abwesenheit der Mutter. Die Spule als Symbol für die Mutter ist nach Wunsch absent oder präsent. Die Absenz der Mutter wird durch das symbolische Spiel, durch die symbolische virtuelle Präsenz der Mutter als Spule (»oh«), für das Baby steuerbar. Das Baby ist es, das die Mutter verschwinden oder erscheinen lässt. Das Baby lernt, den symbolischen Raum zu beherrschen, indem es seine Unabhängigkeit von der Realität konstruiert. Das Wesen der Technik ist es, sei es durch Telefon oder Television, Bilder und Töne, Landschaften und Personen auf Knopfdruck erscheinen oder verschwinden zu lassen. Der Mensch wird durch die Technik zum symbolischen Herr über das Sein. Die Ausdehnung der menschlichen Sinne, die Reichweite der menschlichen Organe in den Makrokosmos des Universums und in den Mikrokosmos der Atome zeigt, wie jede Technik im Grunde Psycho-*techné* und Teletechnik ist. Überwinden der realen Grenzen von Raum und Zeit, Verschwinden der Ferne (griech. *tele*), aber auch symbolisches und psychisches Überwinden der von Distanzen und Absenzen erzeugten Schmerzen, Therapie der durch Absenzen entstandenen psychischen Defekte.

Eine Ästhetik der Absenz ist also nicht nur wie das Radar eine Technik zur Auffindung von Gegenständen, sondern auch eine Theorie der Auffindbarkeit libidonal besetzter Objekte, eine Theorie des Verschmerzens. Da Raum und Zeit durch die mechanischen und telematischen Maschinen wie auch durch die globale finanzielle Integration verschwunden

---

43 Jacques Lacan, *Schriften I*, Quadriga, Weinheim u. a., 1996, S. 166.
44 Sigmund Freud, *Das Unbehagen in der Kultur*, Internationaler Psychoanalytischer Verlag, Wien, 1930, S. 49.
45 Sigmund Freud, *Jenseits des Lustprinzips*, Internationaler Psychoanalytischer Verlag, Leipzig u. a., 1920.

sind, entspricht dieser räumliche Kollaps einer neuen Emergenz: Raum und Zeit werden psychisch überwunden. Die Technik bildet ein Ensemble von Mitteln, reale Distanzen und Absenzen symbolisch zu überwinden, sodass sie psychisch auch real überwunden werden können. Peter Rech hat im Gefolge der Psychoanalyse schon sehr früh eine Ästhetik zu konstruieren versucht, die auf der Abwesenheit aufbaut »Ich fasse zusammen: Ein Kunstwerk hat für den Erwachsenen ungefähr dieselbe Funktion wie das Übergangsobjekt für das Kind. Das Übergangsobjekt hilft, die Abwesenheit der Mutter gegenständlich zu überwinden.«[46] Eine Ästhetik der Absenz lehrt also, Abwesenheit zu überwinden. Sie überwindet selbst ihren Anlass – die Abwesenheit von Glück. Durch jede Verwandlung verschwindet etwas und erscheint etwas. Das Alte vergeht und das Neue kommt. Verwandlung erzeugt also Abwesenheit. Die Ästhetik der Absenz begleitet eine Ära der Absenz, die um so fundamentaler werden wird, je radikaler die Welt sich wandelt. Die Welt im Übergang, nicht das Verschwinden der Welt, ist der eigentliche Gegenstand der Ästhetik der Absenz.

Dieser Text wurde erstmals 1994 in dem von Peter Weibel und Ulrike Lehmann herausgegebenen Band *Ästhetik der Absenz. Bilder zwischen Anwesenheit und Abwesenheit*, Klinkhardt & Biermann, München u. a., S. 10–26, abgedruckt.

---

46 Peter Rech, *Abwesenheit und Verwandlung. Das Kunstwerk als Übergangsobjekt*, Roter Stern, Frankfurt/M., 1981, S. 162.

Probleme der Moderne – Für eine Zweite Moderne

1996

Mein Beitrag wird sich mit dem Begriff der »Zweiten Moderne« beschäftigen, den Heinrich Klotz in die Diskussion eingebracht hat. Ich werde – um das vorauszuschicken – als Partisan dieser Zweiten Moderne argumentieren. Gelegentlich werde ich aber auch eine andere Rolle einnehmen – ein bekanntes Spiel der Postmoderne, das Spiel mit verschiedenen Rollen.[1]

Positionen der Moderne

Ich möchte versuchen, durch eine Art Begriffsanalyse folgende Fragen zu beantworten: Was ist Moderne, Modernismus, Neomoderne, Postmodernismus und was ist die Zweite Moderne? Warum sprechen wir nicht einfach weiterhin von einer Kunst der Moderne?

Was waren die Probleme der Moderne, die zu einer Postmoderne und einer Zweiten Moderne führten? Nach der traumatischen Erfahrung des Zweiten Weltkriegs, des Faschismus, des Stalinismus und des Holocaust stand Europa vor schwierigen Aufgaben und Alternativen. Es hätte die Chance gehabt, die Ursachen zu analysieren, die zu dieser Unterbrechung der Moderne geführt haben. Diese Selbstanalyse hätte aber mehr bedeutet als nur Entnazifizierung. Eine solche Selbstanalyse hat jedoch nicht stattgefunden, darunter leidet der Begriff der Moderne bis heute. Das ist einer der Gründe, weshalb wir versuchen, den Begriff der Zweiten Moderne zu entziffern.

Europa hätte sich fragen müssen: Wie ist es zur faschistischen Barbarei mitten im modernen, kultivierten Europa gekommen? Europa hat offensichtlich nicht nur die Ideen der Moderne, der Revolution, der Freiheit und der Demokratie hervorgebracht, sondern auch die Diktatur, den Faschismus, den Totalitarismus, den Völkermord, den Chauvinismus, den Rassenwahn. Europa hätte sich fragen müssen, inwieweit die europäische Kultur nicht selbst an den Ursachen dieser traumatischen Erfahrung der Barbarei mitgewirkt hat, inwieweit die Elemente der Konstruktion der Moderne nicht auch als Bauelemente des Faschismus, des Stalinismus und des Nationalismus gedient haben können. Haben die Widersprüche, welche die Moderne seit Beginn begleiten, nicht selbst zu antimodernistischen, antimodernen Lösungen gedrängt?[2] Haben die Widersprüche der Moderne nicht den Widerspruch des Faschismus erzeugt, im buchstäblichen Sinne: den Gegenspruch? Und ebenso partiell den widersprüchlichen Faschismus selbst, weil dieser ja zum Teil selbst modern gewesen ist? Europa hat also im 19. Jahrhundert die Moderne hervorgebracht und im 20. Jahrhundert

---

1 Vgl. James Joyce, *Finnegans Wake* (1923–1939), Faber & Faber, London, 1939.
2 Alfred H. Barr schrieb bereits 1936 in »Modern and ›Modern‹«, online: https://www.moma.org/moma-org/shared/pdfs/docs/press_archives/185/releases/MOMA_1933-34_0052.pdf, S. 2: »Since the war, art has become an affair of immense and confusing variety, of obscurities and contradictions, […].« Der Widerspruch war also bereits in die Moderne eingeschrieben. Die Postmoderne hat ihn nur noch bestätigt, war darüber nicht mehr besorgt, vgl. Robert Venturi, *Komplexität und Widerspruch in der Architektur* (1966), Vieweg, Braunschweig, 1978.

die totalitären Systeme. Gibt es hier einen Zusammenhang und worin könnte er bestehen? Europa konnte sich nicht aus eigener Kraft vom Faschismus befreien. Denn erstens waren die Kräfte der Moderne vernichtet und ihre Protagonisten vertrieben, zweitens vertrat eine Majorität in Europa selbst den Faschismus. Europa konnte sich also nicht selbst befreien. Dies mussten außereuropäische Nationen tun. Die europäische Geschichte war 1945 am Ende. Zwar nicht die Geschichte selbst, aber – meiner Auffassung nach – die der Moderne, weil ein partieller, verborgener Zusammenhang zwischen der Konstruktion der Moderne und den totalitären Systemen besteht.

Nun gibt es nach diesem Bruch mehrere Möglichkeiten, das Projekt der Moderne wieder aufzunehmen. Der erste Versuch war die Neomoderne. Die Neomoderne der 1950er-Jahre setzte auf naive Weise das Projekt der Moderne fort, zum Teil mit demselben Personal, das sich in den Jahrzehnten davor opportunistisch oder voluntaristisch an die totalitären Systeme angepasst hatte, als hätte es keine Unterbrechungen und kein Scheitern gegeben. Lucio Fontana z. B. hatte einen großen Anteil an der Schaffung des faschistischen Vokabulars in Italien und wurde später ein Protagonist der Neomoderne. Dasselbe gilt für Josef Hoffmann, der z. B. 1940 das Haus der Wehrmacht in Wien baute. Diese Künstler gehörten vor dem Krieg zur Moderne, im Krieg waren sie Sympathisanten des Faschismus, nach dem Krieg waren sie Teil der Neomoderne.

Die totalitären Systeme des Faschismus, Nationalismus, Kommunismus haben also auf mehrfache Weise die Moderne unterminiert und gebrochen: erstens durch die teilweise Kollaboration von Modernisten wie Filippo Tommaso Marinetti, den Fauves, Wyndham Lewis, Ezra Pound, Gottfried Benn, Lucio Fontana und anderen mit dem Faschismus und dem Nationalsozialismus – also durch eine Art Inversion, die vom Modernismus selbst ausgegangen ist –, zweitens durch das gewaltsame historische Abbrechen des Projekts der Moderne durch die Vernichtung und durch die Vertreibung ihrer Vertreter. Drittens wurde die Moderne durch die Unterdrückung des Bruchs auch nach 1945 weiterhin an ihrer Entfaltung gehindert – und das ist der entscheidende Punkt, an dem die Zweite Moderne ihren Ausgang nimmt, denn sie reflektiert diesen Bruch. Mit der Unterdrückung des Bruchs meine ich, dass dieser nicht als solcher kenntlich gemacht und wahrgenommen wurde. Die Nationalsozialisten waren zumeist in ihren Ämtern und Institutionen geblieben und bekämpften weiterhin die Moderne, nur war das Vokabular ein bisschen gedämpfter. Statt von »entarteter Kunst« (1937) sprach man etwa zehn Jahre später vom »Verlust der Mitte« (Hans Sedlmayr). Zudem blieben die Vertriebenen ja im Exil oder wurden aktiv an ihrer Rückkehr gehindert.

An dieser Unterdrückung des Bruchs beteiligten sich aber auch die naiven Neomodernisten, die auch die Analyse der Ursache verhinderten. In Mailand oder in Paris, von Lucio Fontana bis Yves Klein, tat man so, als hätte es keinen Bruch im Projekt der Moderne gegeben. Eine Selbstanalyse fand nicht statt, sondern man führte auf naive Weise die Formalismen und die Sprache der Moderne weiter. Die ideologische Kritik der Moderne wurde daher zu einer legitimen Aufgabe der Postmoderne, der sie sich dankbar gestellt und die sie gerne übernommen hat. Die Selbstanalyse der Moderne ist Aufgabe der Zweiten Moderne.

Bevor wir aber fragen, wie die Kritik an der Moderne lauten könnte, müssen wir uns zunächst die Frage stellen: Was ist und was bedeutet die Moderne? Ist die Moderne ein Stil wie Barock, Renaissance oder Rokoko? Normalerweise sagt man sofort: Natürlich nicht! Andererseits wird immer wieder behauptet, man könne eine formale Definition dessen geben, was die Moderne ausmacht. Die Moderne ist also doch nicht nur ein Epochenbegriff, der eine bestimmte Dekade bezeichnet. Die Moderne muss bestimmte Stilelemente enthalten, auch wenn sie unterschiedliche Stilrichtungen umgreift, weil es ja so viel Gegenwartskunst gibt, die wir nicht als modern bezeichnen, obwohl sie in der Epoche der Moderne entstanden ist. Wir können das Problem nicht lösen, indem wir sagen, die Moderne sei nur eine Epochenbezeichnung. Wir tun besser daran zu fragen: Was ist das Problembewusstsein der Moderne? Welches sind ihre Theoreme, welches ihre Axiome? Ein Haupttheorem ist die Abstraktion und die Ungegenständlichkeit, ein zweites die Entgrenzung von Kunst und Leben. Daraus können wir folgern: Wann immer eine Kunst auftritt, die sich mit der Entgrenzung von Kunst und Leben und deren Fusion beschäftigt, setzt sie das Projekt der Moderne fort. Sie kann dieses Projekt jedoch kritisch fortsetzen, verwandeln, die Mängel des ersten Ansatzes in der Moderne zeigen und wird dadurch eine Zweite Moderne. Die Kunst kann dieses Projekt aber auch ablehnen, dann gehört sie teilweise zur Postmoderne. Kunst kann aber auch so tun, als hätte es keinen Krieg gegeben, dann handelt es sich um Neomoderne.

Gelten für alle Kunstrichtungen, die wir als Moderne erfassen, überhaupt diese beiden Grundvoraussetzungen: Abstraktion und Ungegenständlichkeit, Entgrenzung von Kunst und Leben? Zur Beantwortung dieser Frage greifen wir auf den Begründer des Museum of Modern Art in New York, Alfred H. Barr zurück. Barr hat als erster sein 1929 gegründetes Museum nicht nur Museum genannt, sondern es trug den Namen Museum of Modern Art. Die moderne Kunst wurde also institutionell begründet und definiert. Das ist ein Novum. Eine Institution übernimmt die Macht der Definition. Das Museum inthronisierte Kunst, moderne Kunst, und wurde aufgrund dieser Definitionskraft mächtiger als Kritikertum, Künstler und Galerien. Auf die Frage »Was ist moderne Kunst?« können wir also antworten: »Das, was im Museum für moderne Kunst steht.« Zur Moderne gehört also von Anfang an ihre Institutionalisierung. Kritik an der Institutionalisierung ist Teil der Zweiten Moderne. Was das Museum of Modern Art in seinen Mauern birgt, von der Architektur bis zum Film, gilt als moderne Kunst. So tut man gut daran nachzufragen, was Barr unter moderner Kunst verstanden hat. Er stellte eine inzwischen berühmte Liste auf, gleichsam eine Chronologie und Genealogie der Moderne.[3] Der Stammbaum der Moderne beginnt für ihn 1890 mit dem Neoimpressionismus, geht mit dem Synthetizismus weiter, er erwähnt den multikulturellen Einfluss – die japanischen Drucke, den Nahen Osten und die afrikanischen Skulpturen –, dann folgen Kubismus, Fauvismus, Futurismus, Orphismus usw. Häufig wird allerdings unterschlagen, dass die meisten Maler des Fauvismus Kollaborateure des Vichy-Regimes waren, dass der Futurismus die Staatskunst des italienischen Faschismus darstellte. Nach Barr geht es weiter mit Suprematismus, Konstruktivismus, er benennt explizit die Maschinenästhetik als Teil der Moderne. Zwar kann diese noch nicht als Medienästhetik gelten, aber es ist klar, dass aus dieser Maschinenästhetik und aus dem berühmten Satz von Raoul Hausmann und George Grosz: »Es lebe die Maschinenkunst Tatlins!« unter anderem auch die heutige Medienästhetik erwachsen ist. Es folgen der Dadaismus, De Stijl, das Bauhaus, der Internationale Stil in der Architektur, dann erstaunlicherweise der Surrealismus und am Ende stehen, 1935, die geometrisch abstrakte Kunst und die nichtgeometrische abstrakte Kunst. Barr erwähnt zwischen 1910 und 1915 auch noch den Expressionismus in seiner abstrakten Spielart.

Ausgeschlossen ist – sei es durch Unkenntnis oder durch ideologische Vorbehalte – der russische Produktivismus. Barr hatte zwischen 1927 und 1928 Europa und auch Sowjetrussland besucht, bevor er diese Liste aufstellte, doch der Produktivismus als Ergebnis des Konstruktivismus war ihm wahrscheinlich zu kritisch. Die Neue Sachlichkeit wiederum war ihm nicht abstrakt genug, die Kunstpraktiken der Pittura metafisica, des Divisionismus und Symbolismus hat er aus anderen ideologischen Gründen nicht in seine Liste aufgenommen.

---

3   Diese Liste bildete den Umschlag der Originalausgabe von Alfred H. Barrs, *Cubism and Abstract Art*, Museum of Modern Art, New York, 1936.

Gemäß Barr liegt damit ein Kanon vor, der die moderne Kunst definiert, die erstaunlicherweise vom Impressionismus bis zum Surrealismus reicht. Heute wissen wir, dass der Surrealismus schon die erste Kritik am Projekt der Moderne gewesen ist. Denn wenn wir unter der Moderne den Anspruch der europäischen Rationalität auf Transparenz verstehen, dann erkennen wir, dass der Surrealismus eine Gegenposition eingenommen hat, dass dieser Anspruch auf Transparenz in der Nachfolge Sigmund Freuds nicht einzulösen ist, weil es das Opake, das Unbewusste, gibt.[4] So zeigt der Surrealismus bereits die Problematik eines naiven Begriffs der Moderne, weil er – im Schoß der Moderne geboren – gleichzeitig schon eine Kritik an der Moderne darstellt.

Lässt sich eine ähnliche Liste auch für die Zeit nach 1945 aufstellen? Würde eine solche Liste Sinn machen? Würde man die Positionen dieser Liste noch einmal als »moderne Kunst« bezeichnen? Passen in diese Bewegung der Moderne alle Kunstbewegungen nach 1945? Oder sollten wir besser zwischen Postmoderne, Neomoderne, Zweite Moderne unterscheiden? Mir erscheint eine solche Unterscheidung sinnvoll, weil sie uns Kriterien liefert, mit denen wir die Werke der Gegenwartskunst und der Kunst nach 1945, von denen ich später Beispiele geben werde, besser evaluieren können. Bedeuten diese Kunstrichtungen der Postmoderne, der Neomoderne, der Zweiten Moderne Kontinuitäten oder Brüche gegenüber der modernen Kunst von 1945? Auch hierauf gibt es verschiedene Antworten.

Versuchen wir nun, die Barr'sche Liste weiterzuführen: Nach 1945, genaugenommen ab 1940, gibt es den Abstrakten Expressionismus, den Tachismus, das Informel. Dann folgen in den späten 1950-Jahren Action Painting, Happening, Situationismus, Fluxus, die partiell als Neomoderne zu verstehen sind. Ab 1960 schließen sich Aktionismus, Expanded Cinema, Avantgardefilm und die neuen Realisten an. Man muss hier betonen, dass ein wesentlicher Beitrag zu dieser Aufbruchstimmung der ungegenständlichen Abstraktion, der Entmaterialisierung, der Lichtmetaphorik, der Entgrenzung – der Fusion der Künste eben – aus dem Film, aus der Kunst des bewegten Bildes resultierte, was immer wieder unterschlagen wird. Wir finden anschließend Intermedia- und Multimedia-Ereignisse. Wir haben Experiments in Art and Technology von Yvonne Rainer, Robert Rauschenberg und anderen. Ende der 1960er-Jahre folgt die Videokunst. Wir sehen Pop Art, Op Art, Konzeptkunst, Minimalismus, Strukturalismus, Land Art, Arte povera. Wir haben 1970 Performance, Body Art, postmoderne Architektur und ab 1980 Wilde Malerei, Neo-Geo, Transavantgarde, Graffiti. Zur gleichen Zeit gibt es Appropriation Art, Simulationskunst, die dekonstruktivistische Architektur, die digitale Kunst, die neuen Medien und zu Beginn der 1990er-Jahre die Kontextkunst. Die letzteren Kunstrichtungen, von Appropriation Art über neue Medien bis Kontextkunst sind Beispiele dessen, was wir Zweite Moderne nennen könnten.

Probleme der Moderne

Sieht man nun diese Liste an und vergleicht sie mit der ersten von Alfred Barr, so kann man fragen: Schließt sie nahtlos an die vorhergehende an? Stellt sie ein Kontinuum, eine Entfaltung der Theoreme der ersten Liste dar? Wenn ja, dann brauchte ich keinen Begriff wie den der Postmoderne oder den der Zweiten Moderne. Oder brauche ich zur Charakterisierung dieser Periode den Begriff Nachmoderne, wie der Poststrukturalist sagen würde, weil die Moderne genau diesen Zeitraum umfasst und von diesen Stilen, die Barr definiert hat, bestimmt ist. Also ist *per definitionem* alles andere Nachmoderne? Dieser Standpunkt wäre jener der Postmoderne, die mit Begriffen wie Nachgeschichte – *Posthistoire* – arbeitet.

---

4   Vgl. Rosalind Krauss, *The Optical Unconscious*, The MIT Press, Cambridge/MA, 1994.

Für jemanden, der das Spiel der Postmoderne nicht mitmacht, gibt es keinen Grund, dies als Nachmoderne zu bezeichnen. Brauchen wir den Begriff der Zweiten Moderne dann überhaupt?

Wenn wir die Unterscheidung zwischen Erster und Zweiter Moderne treffen wollen, müssen wir noch einmal näher auf den Stammbaum der Moderne von Barr eingehen, mit dem er nicht nur einen Epochenbegriff eingeführt hat. Er subsumiert darunter ein Bündel von Stilen, die dennoch Gemeinsamkeiten haben: z. B. die Abstraktion, die Derealisierung, die Entgegenständlichung, die Entmaterialisierung, die Maschinenästhetik und gleichzeitig auch immer deren Gegenteil, weil beides zusammen die Dialektik der Moderne ausmacht. Das Gegenteil von Abstraktion wäre die Gegenständlichkeit. Der Entgegenständlichung steht die Reifikation, die Verdinglichung des Readymade von Marcel Duchamp entgegen, der Rationalität des Bauhauses das Unbewusste des Surrealismus. Der Maschinenästhetik korrespondiert die Vergeistigung der Kunst durch Wassily Kandinsky, dem Subjekt des Künstlers das Kollektiv des Produktivismus. Die Moderne hat also das Hauptgewicht zwar auf die Abstraktion, Derealisierung, Entgegenständlichung, Maschinenästhetik und Subjektivität gelegt. Aber gleichzeitig hat sie auch schon deren Gegenteil erzeugt.

Man kann nun aber nicht sagen, das Rationale, Apollinische sei die reine Moderne, und das Dionysische und das Unbewusste bezeichne die Anti-Moderne. Gerade aus diesen Widersprüchen der Moderne, aus der Vielfalt ihrer Stile und der von ihr geförderten Gleichzeitigkeit entstanden nach der faschistischen und der nationalsozialistischen Zäsur eben jene Bewegungen, die wir heute Neomoderne, Postmoderne und Zweite Moderne nennen.

Das erste Theorem lautet daher: Die Moderne hat aufgrund ihrer Widersprüche zwangsläufig diese Begrifflichkeit erzeugt. Neomoderne, Postmoderne, Modernismus und Zweite Moderne sind aus den Widersprüchen der Moderne und ihren verschiedenen Lösungsvorschlägen entstanden. Nicht ohne Grund heißt das erste bedeutende Werk zur postmodernen Architektur von Robert Venturi *Komplexität und Widerspruch in der Architektur* (1966). Unsere Museen, um das nebenbei zu bemerken, tun so, als gäbe es dieses verwirrende Spiel der Stile nicht, als ginge sie der Diskurs der Moderne gar nichts an. Diese Museen heißen immer noch Museum für moderne Kunst, und auch Neugründungen heißen noch immer so, obwohl sie ganz andere Kunstrichtungen beherbergen. Ein modernes Museum müsste ein Museum sein, das tatsächlich moderne Kunst nach Barr zeigt. Ein schönes Beispiel für dieses Paradox ist das Museum moderner Kunst in Frankfurt am Main. Es zeigt gar nicht moderne Kunst, denn das hieße: Wassily Kandinsky, Kasimir Malewitsch, René Magritte, Marcel Duchamp usw., sondern es zeigt im besten Falle Gegenwartskunst. Es gibt zurzeit kein Museum für Postmoderne – aber vielleicht ist Heinrich Klotz dabei, ein Museum der Zweiten Moderne aufzubauen.

An dieser Taubheit der Museen gegenüber den Geräuschen des modernen, postmodernen und modernistischen Diskurses kann man erkennen, dass die meisten Museen gar nicht wirklich an der Kunst interessiert sind. Die meisten sammeln ohnehin nicht. Und wenn sie etwas sammeln, dann höchstens gemäß der Tageskurve und nach der Mode: Wir können uns aber eine solche Naivität und Reduktion der Gegenwartskunst nicht leisten und wollen daher fragen: Ist der von mir eingangs erwähnte Zusammenhang zwischen dem Entstehen der Moderne und dem Entstehen von Diktaturen und totalitären Systemen in Europa ein begründbarer Zusammenhang oder ist er rein zufällig? Wenn er begründet ist, was andere und ich vermuten, dann ist dies der erste Ansatz der Kritik an der Moderne und führt zum zweiten Theorem. Postmoderne und Zweite Moderne sind verschiedene Formen der Kritik an der Moderne.

Die Kritik an der Moderne kann natürlich von zwei Standpunkten aus erfolgen, vom immanent modernen Standpunkt oder von einem konservativen aus. Insofern muss man bei der postmodernen Diskussion zwischen konservativer Postmoderne, die sich meistens – meiner Auffassung nach – in der postmodernen Architektur manifestiert hat, und der progressiven Postmoderne, wie sie das Projekt von Jean-François Lyotard vorgetragen hat, unterscheiden. Lyotard hat die Moderne von einer modernistischen Position aus kritisiert und redigiert. Denn die Moderne hat selbst eine Menge Probleme produziert, die sie verdrängt hat und derer sie sich nicht bewusst war: nämlich das Machtproblem, das Nationalproblem, das Hegemonieproblem. Beispielsweise hat die europäische Kultur hegemonial ihre eigene partikuläre Kultur als universale, weltweit verbindliche Kultur verkauft.

Eine Antwort auf die verdrängten Probleme der Moderne hat die Neomoderne aber nicht gegeben, sie war zu naiv, sie hat diese Komplizenschaft eines Teils der Moderne mit den totalitären Systemen nicht bemerkt. Andere Antworten, nämlich die kritische Kontinuität der Moderne und der kritische Bruch mit der Moderne durch die Postmoderne, und zwar genaugenommen durch die progressive französische Postmoderne des Poststrukturalismus oder durch das Konzept der Zweiten Moderne, sind die eigentlich interessanten.

Ich möchte nun ein paar Beispiele für die Kontinuität und den Bruch geben. So kann man sagen: Happenings und Events sind Fortsetzungen des Dadaismus, Medienkunst ist eine Fortsetzung der Maschinenästhetik, Op Art eine der geometrischen Abstraktion der 1930er-dreißiger Jahre, die Neuen Wilden und die Neo-Geos sind, wie die Namen schon sagen, Fortsetzungen des Fauvismus, Expressionismus und der geometrischen Abstraktion.

Aber nicht immer lässt sich eine bruchlose Tradition konstatieren. Nehmen wir ein schwieriges Beispiel wie die dekonstruktivistische Architektur, die natürlich formal Ähnlichkeit hat mit der dynamischen Diagonalen von De Stijl und dem Linearismus von Alexander Rodtschenko und mit der diagonalen Komposition des russischen Konstruktivismus insgesamt. Aber diese formale Ähnlichkeit täuscht über eine grundlegende innere Differenz hinweg. Die Lektüre von Jacques Derrida hat die anfänglich naiven, neomodernistischen Architekten, die sich sogar noch in den 1960er-Jahren, wie z. B. Coop Himmelb(l)au, an neomodernistischen, naiv-utopischen Projekten persönlich beteiligt haben, dazu gebracht, nicht nur diesem Vokabular zu misstrauen, sondern sogar dem eigentlichen Kern der Architektur, dem Ort.

Architektur ist bekanntermaßen die Kunst des Raumes oder die Kunst des Ortes. Diese bislang fraglose Definition begann man jedoch aufgrund der Lektüre Derridas und anderer Strukturalisten zu hinterfragen. Von den Architekten wurde die Strategie der sogenannten Dislokalisation, die Nichtlokalität aufgelöst, d. h., der Ort wurde aufgelöst. *Dislocation* bedeutet die Präsenz der Absenz, das Abwesende durch Spuren zumindest anwesend zu machen. Nichtlokalität, *dis-placement* und *dis-location*, allesamt Strategien gegen den Ort, gegen den Raum und gegen die Schwerkraft, sind die eigentlichen innerlichen Ziele der Dekonstruktion und betreiben eine Auflösung der historischen Architektur des Ortes. Sie haben nichts mit den ursprünglichen Zielen des Konstruktivismus zu tun, aber viel mit dem Einfluss der immateriellen Medien. Die immateriellen Medien, besonders die technischen Telemedien, all das, was Telekommunikation heißt, haben primär an der Auflösung des Ortes und der lokalen Präsenz gearbeitet. Wenn in allen Interviews mit dekonstruktivistischen Architekten vom Einfluss des Computers gesprochen wird, ist damit nicht die Maschine gemeint, die auf dem Schreibtisch steht, sondern ist darunter der Einfluss der Datenfernübertragungs- und der digitalen Kommunikationstechnologie zu verstehen, die seit mehreren Jahrzehnten den physikalischen Ort, das physikalische Hier und Jetzt aufgelöst hat. Dieser Einfluss der neuen Medien hat die dekonstruktivistische Architektur als festen Bestandteil der Zweiten Moderne geschaffen. Wäre die dekonstruktivistische Architektur die eindeutige Fortführung der Absichten des russischen Konstruktivismus, so könnten wir von einer Kontinuität der Moderne sprechen. Aber die Ziele der Rekonstruktion, beeinflusst von mathematischen Theorien (Chaos, Katastrophe, Faltung), von Derridas Dekonstruktion der Metaphysik der Präsenz und von den neuen Medien, sind andere.

Man könnte nun sagen, dass Aktion und Body Art, die als weitere Fallbeispiele gelten können, nicht aus dem Schoß der Moderne gekommen seien. Auch hier liegt die Sache komplizierter. Duchamp war einer der ersten Körperkünstler, ebenso auch einer der ersten Konzeptkünstler. Wenn wir nun diese Begriffe moderner Kunst nach 1945, wie Konzeptkunst, Arte povera oder Aktionismus, näher betrachten, können wir sie als eine radikale Verschärfung und Steigerung von Ansätzen, welche die Moderne selbst hervorgebracht hatte, definieren. Zwar waren die Keime der Konzeptkunst, der Arte povera, des Aktionismus und der Body Art in der Moderne bereits vorhanden gewesen, doch wurden sie nicht zum künstlerischen Primat. Die Bewegungen nach 1945 haben diese Ansätze der Moderne radikalisiert. Zu diesen Radikalisierungen gehören auch der Avantgardefilm, die Videokunst und die digitale Kunst, feste Bestandteile der Zweiten Moderne. Man kann allerdings geteilter Meinung darüber sein, ob der Produktivismus durch den Situationismus oder Duchamp durch die Appropriation Art der 1980er-Jahre fortgesetzt werden. Ich würde die Appropriation Art, die Aneignungskunst der späten 1980er-Jahre, auch zur Zweiten Moderne rechnen.

Kritik der Moderne

Wir können nun also die Revision der Moderne, die Kritik der Moderne durch die progressive Postmoderne, zusammenfassen. Erstens ist und bleibt der Bezug der Moderne zur Macht verdächtig, der ja das berühmte Potenzial der Kritik bei Michel Foucault gewesen ist. Bazon Brock hat als einer der ersten auf diesen Bezug der modernen Kunst zur Macht hingewiesen. Der Absolutheitsanspruch des Künstlers korrespondiert mit dem absoluten Subjekt des Herrschers, der eben aus dem Anspruch des Künstlers erwächst, für eine umfassende Lebensgestaltung zuständig zu sein, ein visuelles und verbales Vokabular zu entwickeln, das auf alle Lebensbereiche anwendbar wäre. Dieses Axiom ergibt sich aus dem gestalterischen Grundaxiom der modernen Kunst wie selbstverständlich. Auch Boris Groys hat in dieser Argumentationslinie Josef Stalin als Gesamtkunstwerk interpretiert. Eine Zweite Moderne könnte insofern durch die Aufgabe dieses Gestaltungswillens und durch die Verweigerung von Gestaltungsfragen gekennzeichnet sein.

Zweiter Kritikpunkt an der Moderne ist die Hegemonie. Dahinter versteckt sich das Problem des Universalismus und des Partikularismus, das sie nicht einmal gesehen hat. Die Moderne hat einfach angenommen, dass die europäische Westkunst die universale Kunst schlechthin sei und damit das universale Kriterium, mit dem wir auch andere Künstlerproduktionen beurteilen können, auch wenn unsere Kunst in der formalen Erneuerung gerade von anderen Kulturen beeinflusst worden ist. Allein die Titel berühmter Ausstellungen wie *Modern Architecture: International Exhibition* (1932) zeigen schon, wie unter einem Scheinbegriff des Internationalismus eine partikulare Lebensform Europas universal exportiert worden ist. Das Einzige, was uns trösten kann, ist vielleicht die List und Pointe der Geschichte, dass Europa, das als erstes den Partikularismus als Universalismus exportiert und damit andere Länder kolonisiert hat, später selbst ein Opfer solch hegemonialer Ansprüche geworden ist, nämlich der Amerikas. In diesem Zusammenhang ist es interessant zu sehen, wie partikulare Eigenschaften der amerikanischen Gesellschaft als universale Kunst nach Europa exportiert wurden. Infantilismus, Banalität, Konsumerismus wären zu Recht Gegenstand anthropologischer Studien und werden in der Kunst von Mike Kelly, Jeff Koons oder Andy Warhol reflektiert. Diese Probleme des Universalismus, des Partikularismus und der Hegemonie sind von der Moderne nicht beantwortet worden. Eine Lösung, nämlich eine systematische Dezentrierung der westlichen Welt, suchen aber die Dekonstruktion und die Postmoderne, ein Anspruch, den auch die Zweite Moderne erhebt.

Drittes Problemfeld bei der Revision der Moderne durch die progressive Postmoderne ist das Nationalitätsproblem. Duchamp war sich dessen schon bewusst, als er 1919 auf die Frage: »Haben Sie eine Nation?«, antwortete: »Ja, leider«. Dennoch ist schon durch den Namen vieler Kunstrichtungen klar, ob sie nun Pop Art oder Arte povera heißen, dass wir den nationalen Apparat, der die Kunstrichtung hervorbringt, die nationale Mentalität, nicht leugnen können. Wir sprechen ja auch vom Wiener Aktionismus und von Transavanguardia. Schon durch die Bezeichnungen wird deutlich, aus welcher Nation eine Kunstrichtung kommt. Es gibt zum Glück Kunstrichtungen wie die Medienkunst, die in Europa wie in Amerika Fuß fassen konnten, aber beide sind immer noch Kunstrichtungen, die aus der westlichen Hemisphäre stammen.

Diese drei Problemfelder haben einen weiteren Komplex verdunkelt, nämlich den der Freiheit in der Kunst. Dieses Thema hat etwas mit der Annihilation von 1945 zu tun, mit der »Stunde Null«, wie der Film von Roberto Rossellini heißt. Wir haben uns daran gewöhnt zu sagen, die Kunst des Westens sei eine Kunst der Freiheit. Die Rhetorik der Freiheit in den Büchern über Kunst ist unerträglich geworden. Man spricht von der Freiheit der Form, von der Unabhängigkeit der Farbe und Fläche, von der Freiheit des Künstlers usw. Die abstrakte Kunst wird als Signifikant der Befreiung gesehen, gleichzeitig gelten die Kunst des Ostens und der sozialistische Realismus als Signifikant für Unterdrückung und Repression. Das hat selbstverständlich mit den realen historischen Erfahrungen zu tun, denn es waren die Siegermächte, die uns die abstrakte Kunst als amerikanische Erfindung zurückgebracht haben, die aus Europa vertrieben worden war. Daher stammt auch der wunderbare Titel des Buches von Serge Guilbault *How New York Stole the Idea of Modern Art* (1983). Die faschistische Zäsur hat die europäische Erfindung der Moderne zur Auswanderung nach Amerika gezwungen. Von dort ist sie, quasi als Befreiung durch die Siegermächte, zurückgekommen als Erfindung des New Yorker abstrakten Expressionismus.

Dieser Vorgang hat zu interessanten Paradoxien im Europa der Nachkriegszeit geführt, nämlich zur gleichzeitigen Ablehnung und euphorischen Zustimmung der USA. Viele Personen, die politisch eigentlich eine antiamerikanische Einstellung vertraten, aber gleichzeitig für die moderne Kunst waren, wussten nicht, wie sie sich verhalten sollten. Man war für die amerikanische Popmusik und den amerikanischen Film, das war progressiv, aber gleichzeitig gegen den Vietnamkrieg der USA. Umgekehrt waren Konservative gegen die amerikanische Popkultur, während sie gleichzeitig für die amerikanische Demokratie oder für den Vietnamkrieg eintraten.

Bei diesen ungelösten Problemen der Hegemonie der Kunst der Siegermächte hat sich besonders das westliche Kerneuropa sehr dürftig aus der Schlinge gezogen. Länder wie z. B. Italien, die eine humane kommunistische Partei besaßen, waren eine der wenigen Ausnahmen, die diese »Stunde Null« ernst genommen haben. Italien unterzog sich zwischen 1943 und 1945 einer politischen Transformation, die das Land vom Faschismus wegführte. Aus dem politischen Widerstand (1943-1945) entstand eine neue Widerstandsästhetik.

Diese initiierte einen sozialistischen Realismus italienischer Prägung, eine Kunstrichtung von Weltrang, den berühmten Neo-Verismus im Film und in der Malerei, da Emilio Vedova, Roberto Rossellini, Giuseppe Zigaina und Pier Paolo Pasolini Mitglieder der kommunistischen Partei waren oder ihr nahestanden, also nicht auf die westliche Ideologie umgeschwenkten.

In dieser Epoche wurde die moderne Kunst für eine Rhetorik der Freiheit eingesetzt. Die ideologische Funktion der Kunst bestand unter anderem darin, den Menschen von der Utopie der Freiheit zu erzählen, aber nur auf eine symbolische, imaginäre, nicht auf eine reale Weise. Durch diesen illusionären, abstrakten Freiheitsbegriff ist unbemerkt geblieben, dass damit ein nationales Weltverständnis verdeckt wird. Dass plötzlich mitten in Europa nationale Kriege ausbrechen, ist das Zeichen für das Erwachen einer trügerischen Ideologie. Wenn man in Europa nach 1945 die gesamte Entwicklung der modernen Kunst und der modernen Ideologie in allen ihren Widersprüchen, Illusionen, Ambivalenzen analysiert hätte, dann hätte man erkannt, dass unter dem Freiheitsbegriff ein Nationalitätsbegriff verborgen war. Bereits im 19. Jahrhundert konnte sich der Freiheitsbegriff nur im Rahmen der Nationenbildung durchsetzen.

Über die Grenzen von Klasse und Nationalität, von Religion, von Geografie und Volk hinaus hat die Moderne in ihrem Bestreben nach Abstraktion, Weltkultur und Universalismus versucht, eine internationale Weltsprache der Kunst zu entwickeln, die in Wirklichkeit nur der Export einer partikulären Sprache mit einem hegemonialen Anspruch auf Universalismus war. Diese Widersprüche haben zur Selbstkritik der Moderne im Rahmen der Postmoderne und der Zweiten Moderne geführt.

Die Kräfte, die zu den Begriffen »Neomoderne«, »Postmoderne«, »Zweite Moderne«, geführt haben, sind in der ideologischen Funktion der Moderne zu suchen. Die ideologisch ungeklärte Funktion der Moderne hat die Moderne selbst gezwungen, ihre Begriffsapparatur, wie Niklas Luhmann sagen würde, auszudifferenzieren. Sie hat zur Kritik der Postmoderne am Logozentrismus und Phallozentrismus der Moderne geführt, wobei dann eine Reihe von Verfahren zur Lösung vorgeschlagen wurden. So wurden zentrale Determinismen gegen lokale Determinismen ausgetauscht, Vielstimmigkeit und Instabilität wurden gepriesen, und vor allem wurde das Modell der Materie des 19. Jahrhunderts durch das Modell der Sprache in der postindustriellen, informationsgestützten Gesellschaft des 20. Jahrhunderts ersetzt. Die Selbstkritik der Moderne wurde also durch die postmoderne Erfahrung verschärft.

Nun hat aber die Postmoderne für ihre Kritik an der Moderne einen Preis bezahlt. Dieser heißt – nach dem berühmten Slogan von Paul Feyerabend – »anything goes«, ein merkwürdiges Modell der Pluralität, paradoxerweise auch vorgebracht von einem Modernisten wie Karl Popper. Popper führte diesen Begriff der Pluralität in seiner Theorie der offenen Gesellschaft ein, um gegen die totalitären modernen Systeme vorzugehen. Sein Schüler Feyerabend hat den Begriff zu einem methodenkritischen Ansatz weiterentwickelt. Im Namen dieses »anything goes« hat sich dann ein konservativer Pluralismus etabliert, der nichts anderes als eine Fortführung der Naivität der Neomoderne war, ein Verschweigen der eigentlichen Probleme, die ich vorhin angedeutet habe.[5] Der Moderne ging es um Themenvielfalt, Themenpluralität, der Zweiten Moderne geht es um Methodenpluralität.

Die konservative Postmoderne hat mit dem Verkünden des vermeintlichen Endes der Geschichte und der Avantgarde Kernansprüche europäischer Rationalität und damit auch der europäischen Moderne dereguliert und selbst außer Kraft gesetzt. Indem alle Standards von Wahrheit und Recht, von Bedeutung und Kommunikation als Metaerzählung, als die berühmten großen Erzählungen, wie Lyotard sie genannt hat, aufgelöst worden sind, wurde gerade nicht, wie man gehofft hatte, der Boden für eine kritische Moderne bereitet. Durch das Verdammen dieser Standards wurde im Gegenteil der Boden für das Wiederauftauchen jener Hyänen der Geschichte präpariert, die anstelle von Konzept Charisma und anstelle von Vernunft unbegründbare Irrationalität setzen. Die Hyperrhetorik gewisser Figuren des öffentlichen Lebens im politischen und kulturellen Bereich hat damit auch den Boden für das Auftreten der neuen Rechten in Europa bereitet.

---

5 Alfred H. Barr hat von seinem Lehrer Charles Rufus Morey, der über mittelalterliche Kunst in all ihren Formen vortrug, die interdisziplinäre Thematik, den synthetischen Stil für sein Museum übernommen, das nicht nur Malerei und Skulptur, sondern auch »Constructions, Photography, Architecture, Industrial Art, Theatre, Films, Posters, Typography« umfasste.

Die Kritik an der Moderne durch die progressive Postmoderne ist hingegen durch die Moderne selbst ausgelöst worden. Bei genauerer Betrachtung stellen wir paradoxerweise fest, dass die Bildkunst der 1980er-Jahre, etwa von Neo-Geo, den Neuen Wilden oder dem Neoexpressionismus, mit der Postmoderne eigentlich gar nichts zu tun haben. Im Grunde sind es zumeist Rückgriffe auf die Prämoderne, z. B. der Transavanguardia auf den Symbolismus, oder Rückgriffe auf marginale Positionen der Moderne, etwa den figurativen Expressionismus, weil ja nur der abstrakte Expressionismus – wie bei Alfred Barr deutlich wurde – als moderner Expressionismus gegolten hatte. Der figurative Expressionismus war schon immer eine Gegenposition zur Moderne gewesen. Die eigentlichen Kunstrichtungen der 1980er-Jahre wie Simulationskunst, Appropriation Art und die Medienkunst sind von der konservativen postmodernen Kritik dagegen gar nicht beachtet worden.

Die progressive Postmoderne war also eine Redaktion der Moderne, eine Revision vom modernistischen Standpunkt aus. Die Frage aber, inwieweit diese Kritik zu einem Bruch mit der Moderne oder zu einer Kontinuität mit ihr geführt hat, wirft eine weitere Frage nach dem Recht des Anspruchs auf eine Zweite Moderne auf. An einigen Fallbeispielen werde ich zu zeigen versuchen, dass die Zweite Moderne das Projekt der Moderne fortsetzt, aber gleichzeitig aufgrund der Kritik der progressiven Postmoderne nichts von der Moderne übernehmen kann. Insofern spielt der Bruch eine sehr viel größere Rolle im Fortführen des Projekts der Moderne durch die Zweite Moderne als in der Postmoderne.

Positionen zur Moderne

Man könnte sagen, die Postmoderne sei die zweite Phase der Selbstbetrachtung der Moderne gewesen, weil es schon immer eine Eigenschaft der Moderne war, sich selbst zu beobachten, wie Niklas Luhmann in seinen *Beobachtungen der Moderne* (1992) bemerkt. Von den Selbstporträts der Künstler bis zur Darstellung des Kunstbetriebs in der heutigen Kontextkunst ist der Anteil der Selbstbetrachtung in der Kunst nicht zu leugnen, weil Selbstbeobachtung einem Kern europäischer Rationalität entspricht, nämlich der Forderung nach Transparenz. Wenn ich etwas transparent machen möchte, indem ich die Fragen stelle: Wer spricht wann? Wer tut was warum?, dann ist dies eine Form der Selbstbeobachtung, die immer Teil der Moderne war.

Aus dieser Funktion der Selbstbetrachtung der Moderne ist die Kritik der Postmoderne erwachsen, und aus der Beobachtung zweiter Ordnung, aus der Beobachtung der Selbstbeobachtung der Moderne, wie Luhmann es nennen würde, ist die Zweite Moderne hervorgegangen. Die Zweite Moderne ist also im eigentlichen Sinne eine Moderne zweiter Ordnung. Hierzu einige Beispiele: Der Tod des Originals und der Aura sowie der Tod des Autors, Kernstücke der Postmoderne, waren schon lange im Programm der Moderne enthalten. Man denke nur an die Readymades von Duchamp, die ersten Dekonstruktionen der Aura und des Originals. Bedenkt man zudem, dass Duchamp sein berühmtes Readymade ja nicht unter seinem Namen eingereicht hat, sondern unter einem seiner Pseudonyme – R. Mutt –, dann erleben wir den Tod des Autors, der sich im fiktiven Spiel mit variablen Positionen des Subjekts ereignet. Ein Theorem der Postmoderne – fiktive Identität – war bereits Eigenschaft eines modernen Künstlers wie Duchamp. Er hat Pseudowerke, nämlich industrielle Massenware nicht mit seinem Namen als Künstler eingereicht, sondern diese Pseudowerke unter einem Pseudonym präsentiert. Die multiplen Objekte und das multiple Subjekt, die variablen Konstruktionen des Subjekts der Postmoderne waren also schon Bestandteil des modernen Programms, etwa die plurale Person als Held in *Finnegans Wake* (1939) von James Joyce.

Aus dieser Beobachtung lässt sich aber auch etwas zum Unterschied von Moderne und Postmoderne sagen. Die Probleme der Moderne, Postmoderne und Zweiten Moderne sind eigentlich dieselben geblieben, nämlich Identität, Nationalität usw., nur in ihrer Beurteilung gibt es Unterschiede. Was die Moderne ängstigte, darauf freut sich die Postmoderne. Was die Moderne als Bedrohung fühlte, das feiert die Postmoderne als Genuss. Früher hieß es: »Fürchte Dich vor Dir selbst!«, heute heißt es: »Genieße Dein Symptom wie Dich selbst!« (Slavoj Žižek). Hieß es früher: »Erkenne Dich selbst!« oder »Express yourself!«, so wissen wir heute, dass dies unmöglich ist, und sagen daher: »Konstruiere Dich selbst!« Hatte Duchamp auf die Frage: »Haben Sie Nationalität?« zur Antwort gegeben, »Ja, leider«, so heißt es heute bei Žižek: »Genieße Deine Nation wie Dich selbst.« War in der Moderne das Genießen als unpolitisch verboten, so heißt eines der wichtigsten Werke der Postmoderne von Slavoj Žižek: *For They Know Not What They Do. Enjoyment as a Political Factor* (1991). Die Probleme sind für die Zweite Moderne noch immer dieselben, aber sie behauptet, sie empfinde diese weder als Bedrohung noch als Aufforderung zum Genuss, sondern als eine Aufgabe, die sie bewältigen kann. Diesen Standpunkt kann die Zweite Moderne nur einnehmen, weil sie sich ihrer Beobachterrolle, ihrer Stellung als eine Moderne zweiter Ordnung bewusst ist. Aus dieser Beobachtungssituation heraus, in der sich die Wahrnehmung der Situation selbst verschärft hat, erklärt sich auch, warum Kunstwerke der Zweiten Moderne das Verhältnis des Betrachters zur Kunst und sein Auftreten in der Kunst in beobachterzentrierten Werken thematisieren.

Ich habe am Anfang davon gesprochen, dass wir eine Theorie der Zweiten Moderne brauchen, um Kriterien zur Beurteilung und zum Verständnis zeitgenössischer Kunst zu gewinnen. Wenn ich also zu zeigen versucht habe, dass die Zweite Moderne das Beobachtungsproblem der Moderne thematisiert, selbst eine Beobachtung zweiter Ordnung, eine Moderne zweiter Ordnung ist, so bin ich noch einen Nachweis schuldig geblieben, dass diese Setzung auch formal funktioniert. Doch dieses Beobachtungsproblem ist auf der formalen Ebene noch viel deutlicher zu erkennen als auf der theoretischen.

Diese Rolle des Beobachters, die sich ja, wie Jonathan Crary in seinem Buch *Techniques of the Observer* (1990) festgestellt hat, schon im 19. Jahrhundert geändert hatte, nimmt in der heutigen interaktiven Medienkunst eine zentrale Stellung ein. Das bedeutet, die Zweite Moderne setzt Kontinuitäten fort, aber sie bricht auch mit der alten Moderne, und einer dieser Brüche heißt »Interaktivität«. Der Beobachter steht nämlich dabei nicht nur vor dem Bild wie in der klassischen Moderne, er ist auch *im* Bild, genauer gesagt, die Bewegung des Beobachters vor dem Bild geht synchron mit der Bewegung im Bild selbst. Zwischen Bild und Beobachter gibt es eine neue, dynamische Beziehung. Der Output des Bildes reagiert auf den Input des Beobachters. Das Bild wird zu einem dynamischen System von Variablen, dessen Information virtuell gespeichert ist und daher auf Veränderungen des Verhaltens des Beobachters reagieren kann. Das Bild wird viabel, es verhält sich lebensähnlich. Dies ist kein Schnickschnack, wie konservative Kulturkritiker meinen, sondern diese Synchronisation von Bewegung im Bild und Bewegung des Beobachters ist eigentlich schon seit der Renaissance und der Erfindung der Perspektive vorbereitet. Insofern findet etwa die Illusionsarchitektur des Barocks ihre Fortsetzung im virtuellen Raum des Cyberspace.

Ein weiteres Beispiel für die Positionen der Postmoderne und der Zweiten Moderne liefert die Beziehung zwischen Bild und Raum. Es gibt zwischen Kunst und Architektur, zwischen Bildkunst und Baukunst eine berühmte Schnittstelle. Schnittstelle heißt soviel wie Grenze, an der sich die beiden Systeme berühren. In der Architektur ist dies die Wand. Die Wand eines Gebäudes hat immer auch als Bildwand gedient. Von der Renaissance bis zum Rokoko gibt es grandiose Beispiele dafür, wie Bildkünstler und Baukünstler gemeinsam aufwendigste Trompe-l'Œil-Effekte hervorgebracht haben. Die Moderne hat dann mit Piet Mondrian und anderen behauptet: Wir beharren weiterhin auf dem gemalten Bild als Schnittstelle zwischen Architektur und Kunst, aber wir tun dies ohne Perspektive, weil der

Verlust der Perspektive ja eigentlich den Beginn der Moderne markiert. Laut Mondrian sind deshalb nur drei Farben erlaubt und die Bilder müssen flach sein – ein modernistisches Credo. Wenn die Schnittstelle zwischen Kunst und Architektur die bemalte Wand ist und wir hierfür hervorragende Beispiele von Piet Mondrian bis zu Theo van Doesburg besitzen, etwa sein berühmtes *Ciné-dancing* von Aubette, dann muss man sich fragen: Welchen Stellenwert haben und welches Kriterium gilt für die Arbeiten von Sol LeWitt, von Blinky Palermo oder von Günther Förg, die die mit Primärfarben bemalte Wand weiterhin als Schnittstelle einsetzen? Ich habe vorhin gesagt, der Sinn unserer Begriffsanalyse sei es, mit der Bezeichnung »Zweite Moderne« ein Kriterium der Bewertung, der Evaluation, zu finden. Die Antwort ist, dass Palermo, Sol LeWitt und Förg den Horizont der Moderne nicht überschritten haben, sie haben das Paradigma Mondrians, fünfzig Jahre früher aufgestellt, nicht angetastet. Bei ihnen sind die gleichen Primärfarben und die gleiche Flachheit des Bildes auf der Wand zur Anwendung gekommen wie bei den Modernisten.

Die Zweite Moderne hingegen hat eine andere Schnittstelle eingeführt, nämlich nicht allein die Malerei, das statische Bild, sondern die Medien. Ein solcher Schritt ist nur folgerichtig, weil die Idee des Visuellen vom Ort des Tafelbildes seit langem in die Medien abgewandert ist. Das heißt allerdings nicht, dass ich dem Tafelbild seine Existenzberechtigung absprechen möchte. Aber wir müssen anerkennen, dass fünfhundert Jahre lang das gemalte Bild das Monopol, der Ort des Bildes zu sein, innegehabt hat. Seit hundertfünfzig Jahren, seit der Erfindung der Fotografie, gibt es andere und neue Orte und andere und neue Medien des Visuellen, nämlich die technischen Medien. Diese technischen Bildmedien haben andere Eigenschaften als das gemalte Tafelbild, und ihre primäre Eigenschaft ist die Interaktivität. Mit dem Charakter des Bildes aber ändert sich auch die Schnittstelle zwischen Bild und Raum. Wenn nun die neue Schnittstelle zwischen Architektur und Kunst nicht mehr die Malerei ist, sondern die Medien und mit diesen interaktiven Medien neue Beziehungen zwischen Betrachter und Bild möglich werden, dann können wir nicht anders, als diese avancierten Formen der Kunst mit dem Begriff der Zweiten Moderne zu benennen, der eine Reformulierung der Kritik der progressiven Postmoderne an der Moderne ist, eine kritische Beobachtung der Moderne durch sich selbst.

Dieser Text wurde zuerst 1996 in dem von Heinrich Klotz herausgegebenen Band *Die Zweite Moderne. Eine Diagnose der Kunst der Gegenwart*, C. H. Beck, München, S. 23-41, veröffentlicht.

Die Revolution der Materialmalerei
Eine Invasion der Künste in die Realität

2009

Von der Expansion der Materialien zur Expansion der Künste
In den 1950er-Jahren hatte in Italien eine Entwicklung eingesetzt, deren kunsthistorische Folgen weitreichend waren: die künstlerische Auflösung und Zerstörung des Tafelbildes, genauer gesagt, die Spaltung des Tafelbildes in Tafel und Bild. Die Künstler lösten das Bild von der Tafel: Die Abbildung verschwand, die Tafel blieb. Künstler – von Alberto Burri bis Lucio Fontana – verfolgten den Weg der Abstraktion nicht weiter, wie es bei der Farbfeldmalerei und dem Abstrakten Expressionismus im New York der 1950er-Jahre der Fall war, die ja nur die Abbildung der gegenständlichen Welt verboten hatten, aber ansonsten weiterhin mit Öl auf Leinwand malten. Die italienischen Künstler negierten demgegenüber nicht nur jegliche Abbildung, sondern verbannten auch Öl, Pinsel und Leinwand, sie verweigerten also die Mittel der Malerei selbst. Auf die Abbildung der Realität in der klassischen Malerei folgte nicht das gegenstandslose Bild, sondern die Realität der Materialien. Bereits gegen Ende des 19. Jahrhunderts tauchte die Idee auf, dass die Farbe nicht nur der Abbildung der bunten Gegenstandswelt dienen musste, sondern auch als reines Material behandelt werden konnte. Nach 1945 wurde besonders im Farbschlamm des Informel und des Tachismus die Farbe als Material eingesetzt. War die Farbe nur Material, konnte aber die klassische Ölmalerei auf Leinwand um Materialien wie Holz, Pappe, Metall, Beton, Eisen, Gummi, Blech, Glas, Sackleinen, Plastikfolie etc. erweitert werden. Selbst die unbemalte Leinwand konnte als bloßes Material behandelt werden. Sobald auch sie nur Material war, konnte sie durch andere Materialien wie Stahl oder Marmor ersetzt werden. Das Gemälde wurde zu einem Gegenstand. Diese Arbeiten sind keine Bilder mehr, sondern nur noch Leinwände bzw. Flächen aus Karton, Stahl oder Beton.

Zuerst haben die italienischen Künstler die Leinwände als Material aufgeschlitzt und durchlöchert, punktiert und gefaltet, in den Raum gewölbt, gepresst, geschichtet und gedehnt. Im nächsten Schritt wurde von Künstlern wie Giuseppe Uncini, Agenore Fabbri oder Paolo Scheggi die Leinwand selbst durch Plastikfolien, Holz, Metall, Marmor oder Beton ersetzt. Es gab keine Farben mehr und keine Bilder, nur noch Materialtafeln. Dieser aggressive Rückzug auf das Material war nicht nur ein radikaler und früher Nullpunkt der Malerei, sondern auch der Neubeginn einer Materialkunst, die den Weg für die kinetischen und optischen Künste frei machte. Die Materialtafeln ermöglichten neue Beziehungen zwischen dem Bildobjekt und dem Betrachter. Durch das Metall und andere reflektierende Materialien traten optische Phänomene auf, die der Op Art das Feld eröffneten. Variable Bildelemente wie Magnete, Flüssigkeiten als Farbe, rotierende Eisenspäne etc. erzeugten das bewegliche bzw. bewegte Bildobjekt der Kinetik. Die Materialbilder erlaubten es auch, die Leinwand mit kunstfremden Materialien und Gegenständen zu besetzen, wie es in der Folge die Künstler des Nouveau Realisme, der Pop Art und Arte povera der 1960er-Jahre taten.

Von der Materialmalerei zu Op Art und Kinetik

Die italienische Materialmalerei der 1950er-Jahre bereitete also mit ihrer Expansion der Malerei durch Einbeziehung neuer Materialien die Kunstrevolution der 1960er-Jahre vor. Dies wird besonders deutlich, wenn die wichtige Rolle der zweiten Generation der italienischen Materialmaler (Gruppo N, Gruppo T), welche Ende der 1950er-Jahre die Materialmalerei in Kinetik und Op Art überführten, bei der Entwicklung der Nove Tendencije bzw. Neuen Tendenzen ab 1960 in ganz Europa beachtet wird, welche als ZERO, Op Art oder Kinetik rasch in die Kunstgeschichtsbücher Eingang fanden.

Unter dem Titel Nove Tendencije[1] wurde zwischen 1961 und 1973 in Zagreb eine Biennale organisiert, an der die Mitglieder der Gruppo T und der Gruppo N regelmäßig teilnahmen, ebenso wie an den Ausstellungen *Nouvelles Tendances* in Venedig und Paris. Die Kenntnisse, die bei den Untersuchungen der Fläche, der Oberfläche, der Struktur des Materialbildes, also des Bildes als Objekt, gewonnen wurden, erlaubten die Entwicklung der konkreten und konstruktiven Kunst nicht nur zur Op Art, Lichtkunst und Kinetik, sondern führten vor allem dazu, dass der Begriff »Kunst« durch »visuelle Forschung« ersetzt wurde. Die mobilen Elemente auf den Materialtafeln wie Magnete, Eisenspäne, Nadeln, Styroporwürfel und Flüssigkeiten konnten vom Betrachter bewegt und verändert werden. Diese partizipatorischen Praktiken der Bildveränderung durch mechanische und manuelle Eingriffe öffneten den Weg zu raumgroßen interaktiven *Ambienti* oder zu interaktiven Skulpturen mit virtuellen Elementen. Bei der Erforschung der visuellen Sprache trat früh der Begriff der »Programmierung« als Gegensatz zum Zufall auf, z. B. in der Mailänder Ausstellung *Arte programmata. Arte cinetica. Opere moltiplicate. Oopera aperta* 1962. So führte die malerische Entwicklung entschieden und bewusst dazu, den Computer als Mittel künstlerischer Kreation ins Feld der visuellen Forschung einzuführen. Die Malerei erweiterte sich nicht nur um neue Materialien, sondern auch um neue Medien: die Geburt der Medienkunst. Die Expansion der Materialien führte über die kinetischen und optischen Künste zur Expansion in die Medien.

Wenn also in den 1960er-Jahren mit der Chiffre 68 die Idee des Protestes und der Revolution auch mit der Kunst verbunden wird, so steht an deren Anfang die italienische Materialmalerei der 1950er-Jahre. Die Flucht aus dem Flachland Malerei gelang durch die Verweigerung der traditionellen malerischen Mittel. Zusammengenähte Sackleinwände oder gebogene Stahlbleche waren keine Gemälde mehr, sondern bestenfalls Bildobjekte. Der Ausstieg aus dem Bild erfolgte also zuerst über den Begriff des Materials, der das Bild ersetzte, über das Bildobjekt als realem Gegenstand. Solch ein realer Gegenstand oder Elemente davon konnten in Bewegung versetzt und mit realem Licht und realen Körpern im Raum in Verbindung gebracht werden. Es vollzog sich eine Expansion der Malerei in den Raum, vom Bildobjekt zu Installationen. Nicht nur Objektkunst und Installationen oder *Ambienti* entstanden aus der Materialmalerei, sondern die realen Materialtafeln bzw. Bildobjekte konnten in Verbindung mit realen Körpern auch zum Ausgangspunkt von Aktionen werden. Nach der malerischen Aktion auf der Leinwand (Action Painting, Tachismus, Informel) und der malerischen Aktion vor der Leinwand (Georges Mathieu und Yves Klein) kam es zur Aktion ohne Leinwand (Happening und Fluxus). In der Body Art und im Aktionismus wurde der Körper zur Leinwand. Die Diktatur der malerischen Abstraktion, die nur Farbe und Form erlaubte, wurde so gebrochen. Indem auch das Verdikt der malerischen Abstraktion gegen das Wort durchbrochen und das Bild durch den Begriff oder durch die Sprache ersetzt wurde, kam es zur Erfindung der Konzeptkunst.

---

1 Peter Weibel und Margit Rosen (Hg.), *Bit International. [Nove] tendencije. Computer und visuelle Forschung. Zagreb 1961-1973*, ZKM | Karlsruhe, Karlsruhe, 2008.

Ivan Puni, *Stillleben: Relief mit Hammer*, 1914–1921

Hans Arp, *Torse et nombrils*, 1924

In der Materialmalerei befreite sich das Bild bereits von seinem klassischen Trägermedium, der Leinwand, und das Bild, freigesetzt und eine bloße Idee, konnte daher in andere Gastmedien wandern: von der Malerleinwand zur Filmleinwand, vom Ölbild zum Bildschirm.

Mit der Expansion der Materialien der Malerei in den 1950er-Jahren begann die Expansion der Künste, das Expanded Arts Movement der 1960er-Jahre, die Invasion der Künste in die Wirklichkeit. Mit der Materialmalerei begann auch jene Erweiterung der Idee des Bildes zur Idee des Visuellen. Alle Materialien, Formate und Quellen, vom Müll bis zu den Massenmedien, konnten zu Trägermedien des Visuellen werden. Mit der Materialmalerei, die beispielsweise bei Mimmo Rotella zu abgerissenen Plakatwänden führte, wurde die Welt der Kunst zum Universum der visuellen Kultur erweitert. Die mit den Materialerweiterungen der Malerei begonnenen Umwälzungen der Kunst führten bekanntlich zu Erweiterungen des Bild- und Werkbegriffs, aber auch des Kunstbegriffs und des Begriffs des Künstlers. Worte und Zeichen, Gesten und Handlungen – alles konnte zum Material der Kunst werden. Die Summe dieser Szenarien des Ausstiegs aus der Malerei, dem Bild und der Kunst bildeten schließlich die Handlungsformen, Handlungsanweisungen und offenen Handlungsfelder in der Kunst der Gegenwart, in welcher der Betrachter als Benutzer (»User«) eine zentrale Rolle spielt.

Die Dekonstruktion des Bildes

Nach 1945 berief sich die Neoavantgarde auf mehrere Quellen der Vorkriegs- und Zwischenkriegskunst: auf Kubismus und Futurismus, auf Konstruktivismus und Produktivismus, auf Dadaismus und Surrealismus oder auf die geometrische Abstraktion von Abstraction-Création (1931–1937). Die Entwicklung der italienischen Materialmalerei geht zurück auf die kubistischen und dadaistischen Materialexperimente von Pablo Picasso und Francis Picabia, auf den konstruktivistischen Kult der Materialien von Wladimir Tatlin und Ivan Puni, auf die dadaistischen Materialcollagen von Kurt Schwitters und Hans Arp und auf den futuristischen Polymaterialismus von Enrico Prampolini. Im Gefolge dieser Tendenzen und der Erfahrung des Zweiten Weltkrieges setzte in den 1950er-Jahren in Italien die künstlerische Auflösung des Tafelbildes ein.

In der Folge soll Schritt für Schritt die Evolution der Malerei des 20. Jahrhunderts nachgezeichnet werden, die zur italienischen Materialmalerei der 1950er-Jahre führte. Am Beginn des 21. Jahrhunderts scheint es legitim, Bilanz zu ziehen und zu fragen, welche genuinen Leistungen das 20. Jahrhundert auf dem Gebiet der Malerei hervorgebracht hat. Eine mögliche Antwort wäre: die Auflösung der Malerei selbst. Wie die Sprachphilosophie im 20. Jahrhundert die Mittel und das Medium der Philosophie, nämlich die Sprache, grundlegend in Zweifel gezogen hat, so hat auch die Malerei im 20. Jahrhundert ihre Mittel und Elemente ständig infrage gestellt. Was Otto Neurath für die Sprachphilosophie und die Philosophie insgesamt behauptet hat, gilt auch für die Malerei im 20. Jahrhundert, die sich ihrer Mittel unsicher wurde: »Es gibt keine tabula rasa. Wie Schiffer sind wir, die ihr Schiff auf offener See umbauen müssen, ohne es jemals in einem Dock zerlegen und aus besten Bestandteilen neu errichten zu können.«[2] Die analytische Philosophie wie die analytische Kunst des 20. Jahrhunderts stehen vor dem gleichen Problem, nämlich dass sie keinen externen Standpunkt einnehmen können wie auf einem Dock, von dem aus sie die Welt und ihre Medien, die Sprache bzw. die Malerei, analysieren können, sondern im Gegenteil während der Schifffahrt selbst, auf hoher See, sich selbst, ihre Materialien und Elemente analysieren müssen. Sie müssen die Sprache mit der Sprache beim Sprechen selbst und die Malerei mit malerischen Mitteln beim Malen selbst untersuchen. Was das bedeutet, ist klar: die Schwierigkeit des Scheiterns und die Gefahr des Schiffbruchs. Was für beide gilt, für Sprachphilosophie und Malerei, ist, dass sie diese Zweifel dargestellt und zur Schau gestellt haben. Die Philosophie lebte von der Krise der Sprache und der Sprachkritik, so wie die Malerei von der Krise der Repräsentation und der Kritik der Malerei lebte. Die Vorführung der Kritik wurde zum Inhalt der Aussage. Nach der Verbannung der Gegenstandswelt aus dem Bild um 1900 wurde die Auseinandersetzung mit sich selbst, mit den Elementen und Mitteln, Bedingungen und Kontexten, zum Inhalt der Malerei. Diese Auseinandersetzung wurde bisher weitgehend von der Dichotomie gegenständlich oder abstrakt überschattet, wobei meist vernachlässigt wurde, dass der Begriff »Bild« selbst eine Veränderung erfahren hat.

Beim modernen Bild handelt es sich um eine Dekonstruktion des alten Bildes in seine elementaren Einzelteile. Dabei können einzelne Elemente thematisiert und verabsolutiert, andere vernachlässigt oder gänzlich weggelassen und schließlich durch andere Elemente ersetzt werden. Die Dialektik von Präsenz und Absenz, von Material und Immaterialität, ersetzt gleichsam das Begriffspaar gegenständlich versus abstrakt.

Die Bandbreite reicht hier von der Betonung des Materials, aus dem ein Kunstwerk besteht, bis zum Verzicht auf Materialität im engeren Sinn. Das Tafelbild löst sich in einem Extrem auf und wird zur reinen Tafel, zum Material (Blech, Marmor, Holz, Filz etc.) oder wird im anderen Extrem zum Träger reiner, referenzloser Zeichen. Den einen Pol bilden Werke, die, geschaffen aus den unterschiedlichsten Materialien, oft die Grenze zum Relief überschreiten, den anderen Pol bilden Arbeiten, die ihre Erscheinung subtil eingesetzten Lichtquellen verdanken und solcherart in den Bereich des Immateriellen vorstoßen.

Diese Entwicklung kann am Beispiel der italienischen Malerei nach 1945 Schritt für Schritt nachgewiesen werden. Auf der einen Seite gab es die Zeichenmalerei, von Giuseppe Capogrossi bis zum frühen Jannis Kounellis, auf der anderen Seite die Materialmalerei von Burri bis Uncini. Wir sehen aber auch, wie die Materialmalerei insgesamt die Kunstentwicklung vorantrieb. Die Maler, die um 1950 vom Informel in die Zeichenmalerei oder Materialmalerei umstiegen, beeinflussten die nachfolgende Generation, die Ende 1950 aufkam. Beispielsweise die Gruppen T und N entwickelten wiederum innerhalb von ein bis zwei Jahren die Materialmalerei weiter zur kinetischen und optischen Kunst. Bei diesen Akzentverschiebungen spielten die industrielle Revolution und die Entwicklung der technischen Medien eine große Rolle, wie die Zeugnisse der Künstler selbst, etwa von Lucio Fontana, belegen. Die technischen Medien bewirkten eine Art Seinsentzug, der sich darin zeigt, dass im elektromagnetischen Zeitalter, in dem sich der Bote (Körper) von der Botschaft (Zeichen)

---

2   Otto Neurath, »Protokollsätze«, in: *Erkenntnis*, Vol. 3, Nr. 1, 1932/1933, S. 204–214, hier S. 206.

gelöst hat, Zeichen alleine reisen können und damit überall und gleichzeitig kommuniziert werden, da sie ohne Körper und ohne Materie sind. Diese körperlose, dematerialisierte, immaterielle Welt der Technik und Telekommunikation hat eine ungeheure Transformation unserer Welt bewirkt, in der auch der Bildbegriff neu situiert werden musste. Die Ordnung der Zeichen, die bisher der Ordnung der Dinge unterstellt war, ist nun von dieser Ordnung relativ befreit. Sie hat sogar das Primat. Das Bild geht dem Sein voraus, sagen uns Martin Heidegger, Jean Baudrillard, Paul Virilio.

In dieser historischen Situation konnte das Bild die Transzendenz und Immaterialisationstendenz bis zu seiner Selbstauflösung vollziehen oder durch forcierte Materialität und Körperlichkeit dagegen opponieren. Beide Strategien aber bedeuten eine Transformation des historischen Bildbegriffs. Diese Transformation wurde nach 1945 nirgendwo radikaler durchgeführt als in Italien. Der Ursprung des radikalen modernen Bildes, definiert als Tafelbild, das sich selbst und seine Mittel dekonstruiert, liegt tatsächlich in der um 1950 in Rom gegründeten Gruppe Origine, d. h. in den Materialassemblagen Ettore Collas, den genähten Sackleinen Alberto Burris, den Schrift- und Zeichenbildern Giuseppe Capogrossis und der Entwicklung von der konkreten abstrakten Kunst zur Kinetik und Op Art von Mario Ballocco. Natürlich gehört auch die ebenfalls 1950 in Mailand entstehende Gruppe Movimento nucleare mit Gianni Dova, Gianni Bertini, Enrico Baj und Sergio Dangelo sowie ihren späteren Mitgliedern wie Giuseppe Pinot-Gallizio, Joe Colombo, Antonino Tullier, Roberto Crippa dazu. Aus dieser tachistischen *Pittura nucleare* der Zeichen und Gesten entstand die *Movimento Internazionale per una Bauhaus Immaginista*, die 1956 mit der Lettristischen Internationale die Situationistische Internationale gründete. 1957 traten auch Alberto Biasi und Piero Manzoni der Arte nucleare bei. In der Gruppe um die Zeitschrift *Azimuth*, 1959 gegründet, mit Manzoni, Enrico Castellani, Agostino Bonalumi sowie der Künstlerin Dadamaino, kulminieren die Oberflächengestaltungen des Bildes als Objekt. Die Gruppo T mit Giovanni Anceschi, Davide Boriani, Gianni Colombo, Gabriele De Vecchi, wurde 1959 gegründet, sowie die Gruppo N mit Alberto Biasi, Manfredo Massironi, Toni Costa, Ennio Chiggio, Edoardo Landi. Zusammen mit der *Azimuth*-Gruppe bildeten sie den Kern der Ausstellung *Arte programmata* (1962) und trieben die Materialmalerei zur Kinetik und Op Art voran. Ihnen folgte 1964 die Gruppe MID (Movimento Immagine Dimensione).

Der zeichen- und materialbezogenen Malerei, der bewegungs- und wahrnehmungsbezogene Malerei der 1950er-Jahre folgte in den 1960er-Jahren die programmierte Kunst, die Lichtkunst und die *Ambienti* sowie die Arte povera. Die im heutigen Kunstbetrieb übliche verspätete und personell meist falsche Anerkennung, die z. B. die italienische Materialmalerei der 1950er-Jahre bei der Biennale di Venezia in den 1990er-Jahren erfuhr, als Giovanni Anselmo für seine Marmorplatten, die auf Leinwandbildern mit Seilen befestigt waren, einen Preis erhielt, signalisiert das Ende der Dekonstruktion. So substituiert bei Anselmo die Granitplatte die herkömmliche Farbe. Anselmo selbst verglich seine Steine mit Farben und sprach dabei von den verschiedenen Grautönen: »Ich bin überzeugt, dass Farbe überall ist. Selbst die Steine in meinen Arbeiten haben verschiedene Grautöne. Sie können wie Farbtupfer wirken.«[3] Die Steinplatten haben also malerische Qualitäten, verwandt jenen, die schon Leonardo da Vinci in seinem Traktat von der Malerei angesprochen hatte. Leonardo forderte aber nur zum Schauen auf, empfahl das Studium der Maueroberflächen und der Steine nur als Anregung für neuartige Kompositionen und nutzte die Mauern und die Steine nicht direkt als Material. Die Steinplatten bei Anselmo ersetzen nicht das Bild, sie sind keine Readymades, keine *objets trouvés*, sie treten nur an die Stelle der Farbe. Sie

---

3   Giovanni Anselmo, »Interview mit Walter Guadagnini«, in: *Einladung: Musée d'Art Contemporain*, St. Pierre, Lyon, 1989; Übersetzung des Autors.

befinden sich auf einer traditionellen Leinwand. Das Material Stein verweist aber auch auf die Mauer, die Wand, und thematisiert wiederum den Umraum des Bildes. Die Mauer hat sich gleichsam durch das Bild hindurch geschoben und befindet sich vor der Leinwand. Das historische Bild ist nicht gänzlich verschwunden, sondern nur einzelne seiner Elemente, die es definiert hatten. Andere sind stattdessen in den Mittelpunkt des Interesses gerückt. Voraussetzung dafür war aber, dass das Bild vom Abbild zum Gebilde, vom Bild zum Objekt mutieren konnte. Dafür verantwortlich war die italienische Materialmalerei.

Beim modernen Bild handelt es sich, wie schon erwähnt, um eine Dekonstruktion des alten Bildes in seine elementaren Einzelteile. Die Art und Weise, wie eine Menge von Elementen sich zu einer Gesamtheit organisiert, die keine Disparatheit darstellt, sondern im Dienst der Abbildung eine funktionale Einheit konstituiert, kann man sehr deutlich an den Bildern des Impressionismus, Neoimpressionismus und Kubismus erkennen. Insofern ist es notwendig, sich noch einmal in Erinnerung zu rufen, was im ausgehenden 19. und frühen 20. Jahrhundert passiert ist, um zu verstehen, was der neue Bildbegriff der Malerei im ausgehenden 20. Jahrhundert bedeutet. Denn die damalige Organisation des Materials und der Bildelemente musste zwangsläufig zur Abstraktion führen, da sie bereits jene Dialektik der Moderne beinhaltete, die wir mit den Prozessen der Analyse und der Dekonstruktion, der Akzentuierung und Verabsolutierung sowie der Auslassung und Ersetzung als Dreischritt bezeichnen können. Der Aufbau des Bildes am Ende des 19. Jahrhunderts beinhaltete gewissermaßen bereits den Abbau des Bildes im 20. Jahrhundert.

Von der Verabsolutierung der Farbe zur Farbe als Material
Die Malerei des ausgehenden 19. Jahrhunderts ist gekennzeichnet durch ihren Anspruch auf Wissenschaftlichkeit. Die Maler wollten wie Chemiker oder Mathematiker die Gesetze der Malerei analysieren, erfahren und anwenden. Begonnen wurde mit der Analyse des Lichtes und der Farben, dann wurden Linie und Fläche untersucht. Beides geschah unter dem Aspekt des Sehens bzw. des Empfindens unter dem Diktat des Abbildes. Erst die Verabschiedung des Abbildes schuf die Voraussetzung für die Verabsolutierung der einzelnen Elemente, denn so lange diese im Dienst der Abbildung standen, konnten sie sich ja per definitionem nicht verselbstständigen. Erst durch den Wegfall des Zwanges zur Abbildung konnten die einzelnen Elemente der Malerei bzw. des Bildes in die Freiheit, in die Autonomie entlassen werden. Was damit gemeint ist, sei an einem Beispiel erörtert: Die Neoimpressionisten Georges Seurat und Paul Signac haben die Formauflösung der Impressionisten systematisiert und die frei gewordenen Farbpartikel unter Berufung auf wissenschaftliche Erkenntnisse einer neuen Ordnung unterzogen. Resultat war eine mehr oder weniger gleichmäßig mit Farbpunkten überzogene Fläche, wobei sich allerdings die verschiedenfarbigen Punkte im Auge des Betrachters wieder zu farblich modellierten Abbildern zusammenfinden sollten. Werden aber nun die mit dem Pinsel aufgetragenen Punkte verabsolutiert, aus ihrer dem Abbild dienenden Funktion entlassen, so müssen sie auch nicht mehr verschiedenfarbig sein, sondern können dieselbe Farbe aufweisen. Die gleichfarbigen Punkte heben den Referenzwert der Farbe auf. Durch diesen Verzicht auf Mehrfarbigkeit erhalten aber der einzelne Pinselstrich und die zwischen den Pinselstrichen liegende Fläche eine erhöhte Präsenz. Dies ist zumindest ein Aspekt in Arbeiten wie jenen von Niele Toroni.

Was bei Seurat in seiner Gesamtheit noch ein klassisches Tafelbild ergab, ist bei Toroni nur noch als einzelnes Phänomen begreifbar: Der individuelle Farbfleck ist frei von einer Referenz auf einen Gegenstand außerhalb des Bildes; der Farbauftrag wirkt maschinell, er erfolgt ohne individuelle Faktur und in regelmäßigen Abständen. Toroni kann allerdings auch auf die Leinwand verzichten, diese auslassen und durch die Wand ersetzen. Die Analyse der Farbe durch die Postimpressionisten etablierte also einen Eigenwert. Dieser Eigenwert der

Georges Braque, *Studio im Hotel Roma, Rue Caulincourt 101*, 1914

Pablo Picasso, *La bouteille de Vieux Marc*, 1913

Farbe wurde das Modell für alle anderen Elemente der Malerei, wie Leinwand, Rahmen und Pinsel, die dann auch aus ihrer dienenden, referenziellen Funktion erlöst werden konnten.

    Die zentrale Rolle, welche die Befreiung des Materials für die Entwicklung der Malerei des 20. Jahrhunderts spielte, kommt der Befreiung der Farbe im 19. Jahrhundert zu. Ohne die Befreiung der Farbe von der Verpflichtung zur Gegenstandstreue, d. h. die Entbindung von der Lokalfarbe und die Freisetzung der absoluten Farbe, durch die die Farbe als reines Material eingesetzt werden konnte, hätte es auch keine Entwicklung der Malerei unter dem Primat des Materials gegeben. Auf die befreite und verabsolutierte Farbe folgte das befreite und verabsolutierte Material. Impressionismus, Neoimpressionismus und verwandte Strömungen bereiteten den Boden für die revolutionäre Verabsolutierung der Farbe; vorerst, indem die Lokalfarbe durch die Erscheinungsfarbe ersetzt wurde, dann durch die Analyse und Systematisierung der Farberscheinung. Wird die Farbe als Material verstanden, also als Anhäufung von Farbpigmenten, die selbst Form annehmen kann, so lässt sich die Farbe auch durch andere Materialien ersetzen. Angefangen von den Collagen der Kubisten über die Arbeiten Tatlins und Schwitters' und die Materialbilder der 1950er- und 1960er-Jahre bis zur Verabsolutierung des Materials in den vergangenen Jahrzehnten wurde dies entsprechend praktiziert. Die Verabsolutierung der Farbe schuf die Möglichkeit, sie zu ersetzen oder ganz auf sie zu verzichten.

    Hatte Maurice Denis die Tatsache der Bildfläche beschworen[4], so betonte Georges Braque 1917 den Vorrang der Bildmittel und des Bildes selbst: »Der Maler denkt in Formen und Farben. Das Ziel ist nicht, eine anekdotische Tatsache *wiederzugeben*, sondern eine Bildtatsache *herzustellen*.«[5] Erst wenn das Bild und die einzelnen Bildmittel relativ autonom sind, können sie selbst zum Thema, zum Inhalt des Bildes werden. Voraussetzung dafür ist, dass die einzelnen Elemente getrennt und bewusst wahrgenommen werden. An den berühmten »Fensterbildern« (1912) von Robert Delaunay kann man beispielhaft sehen, wie das Fenster zur Welt, die repräsentative Funktion des Bildes sich in Farbe und Licht auflöst, wie die externe Welt verschwindet und die Eigenwelt der Malerei – Farben, Formen und Licht – zum

---

4 Maurice Denis, »Définition du néo-traditionnisme«, in: *Art et critique*, Nr. 65/66, 1890, wiederabgedruckt in: ders., *Le Ciel et l'Arcadie*, Hermann, Paris, 1993, S. 5.

5 »Le peintre pense en formes et en couleurs. Le but n'est pas le souci de *reconstituer* un fait anecdotique mais de *constituer* uns fait pictural.« Georges Braque, »Pensées et réflexions sur la peinture«, in: *Nord-Sud*, Vol. 1, Nr. 10, Dezember 1917, S. 3-5, hier S. 3f.; Übersetzung des Autors.

Vorschein kommt, was Guillaume Apollinaire als reine Malerei, *peinture pure*, bezeichnet hat.[6] Die leuchtenden Farben dieser Bilder bezeugen Delaunays Credo: »Die Farbe ist Form und Inhalt zugleich.«[7] Und an anderer Stelle schreibt Delaunay: »Die Farbe, die Frucht des Lichtes ist, [...] ist die Basis der malerischen Mittel der Malerei – und ihre Sprache.«[8]

Das Bild als gestalteter Gegenstand

1925 schreibt Piet Mondrian in *Neue Gestaltung*: »Durch Jahrhunderte hat [die Malerei] mit naturähnlichen Farben und Formen komponiert, bis jetzt erst die Komposition selbst ›gestalteter Ausdruck‹ wurde, bis ein Werk zu einem ›gestalteten Gegenstand‹ werden konnte.«[9]

Das Bild strebte also danach, selbst Gegenstand zu werden. Das Bild ist real, konkret, trotz seiner abstrakten Erscheinung, und insofern wird die abstrakte Kunst in manchen Ausformulierungen zu Recht »konkrete Kunst« genannt, weil sie die Illusion getilgt hat, nichts darstellt, nur die konkreten Elemente der Darstellung zeigt. Max Bill, Mitglied von Abstraction-Création, publizierte 1944 die Zeitschrift *abstrakt konkret. Bulletin der Galerie des Eaux Vives* und organisierte eine gleichnamige Ausstellung. Reine Form- und Farbbeziehungen, Proportionen und Verhältnisse machten die Maler zu Komponisten der Gestaltung und das ehemalige Abbild zum Gebilde. Im Erstellen farbiger und formaler Äquivalenzen und Verhältnisse, die rein auf sich bezogen (selbstreferenziell) und nicht abbildungsbezogen waren, gestaltete der Maler ein Gebilde oder komponierte einen Gegenstand, der nichts substituierte. Der etwas verwirrende, von Mondrian geprägte Ausdruck »plastisches Gestalten für Neue Malerei« – aus der sich auch raumgreifende Konzepte (Wandmalerei, Architektur, Möbel) entwickelten – ist in diesem Zusammenhang zu verstehen. Plastisches Gestalten heißt Neutralisierung, in gewisser Weise sogar Abschied von Farbe und Form (in ihrer traditionellen Bedeutung). Mondrian schreibt: »Aus diesem Grunde hat sich ›die neue Gestaltung‹ von jeder ›Formbildung‹ befreit. So ist die Malerei dazu gekommen, sich durch ein Gestaltungsmittel auszudrücken, das rein malerisch ist: nämlich durch die reine Farbe, flächenhaft auf der Fläche. Die Malerei wird eine Kunst, gestaltend ›auf die Weise der Kunst‹. [...] In tieferem, weiterem Sinne aber bedeutet Gestaltung nur ›das, was ein Werk als gesetzmäßig einheitlichen Gegenstand gestaltet‹ und weiter nichts.«[10] Nach der Autonomie der Farbe durch die Unabhängigkeit vom Gegenstand bedurfte die Farbe auch der Unabhängigkeit von der Form. Erst dadurch konnte die Fläche frei werden, konnte es zum freien Spiel der Farbflächen kommen. Die Verneinung der Form war Voraussetzung für die Freiheit der Fläche und der Farbe. In der Verselbstständigung und Verabsolutierung wurde die Farbe nicht mehr als Darstellungsmittel, sondern als Produktions- und Konstruktionsmittel und somit als Material verwendet. Daher wurde auch die Art der Farbe, die Materialität der Farbe, ihr Pigment usw. erstmals relevant, ebenso der Farbauftrag, beispielsweise die Art des Pinselstrichs und seine Plastizität. Alle noch so kleinen, graduellen Operationen der Malerei – spezifische Merkmale des malerischen Prozesses, die bisher nur eine untergeordnete Rolle spielten (im höheren Dienste der Abbildung der Wirklichkeit) – haben sich

---

6   Guillaume Apollinaire, »Reine Malerei« (1912), in: Robert Delaunay, *Zur Malerei der reinen Farbe. Schriften von 1912 bis 1940*, hg. von Hajo Düchting, Silke Schreiber, München, 1983, S. 135.

7   Robert Delaunay, »Notizen zur Entwicklung der Malerei von Robert Delaunay« (1939–1940), in: ders., *Zur Malerei der reinen Farbe. Schriften von 1912 bis 1940*, hg. von Hajo Düchting, Silke Schreiber, München, 1983, S. 36–38, hier S. 37.

8   »La couleur, qui es le fruit de la lumière (poème des Fenêtres) comme l'a écrit Appollinaire, est à la base des moyens materials du peintre – et son langage.« in: Robert Delaunay, *Du Cubisme à l'art abstrait*, hg. von Pierre Francastel, Paris, 1957, S. 60; Übersetzung des Autors.

9   Piet Mondrian, *Neue Gestaltung*, Bd. 5 der Bauhausbücher, Albert Langen, München, 1925, Faksimile-Nachdruck, Florian Kupferberg, Mainz, Berlin, 1974, S. 31f.

10 Ibid., S. 32.

seit der Befreiung des Bildes von der Abbildung und der Farbe von der Gegenstandstreue im Laufe eines Jahrhunderts Schritt für Schritt verselbstständigt.

Das rein sinnliche Genießen der Farbe, ungetrübt von der Gegenstandsreferenz, hat dazu geführt, dass - nach Jahrzehnten, in denen gegenständliche oder geometrische Formen die freie Farbe und somit ihr freies Genießen noch fesselten - schließlich enorm dick aufgetragene Farbmassen oder gar reine, auf die Leinwand oder den Boden gestreute Farbpigmente die Farbe als absolutes, reines Material erlebbar machten. Haben im Dienst der Abbildung viele Elemente und Operationen zusammengewirkt, um ein Werk herzustellen, genügten nun oft wenige Elemente, wenn nicht sogar nur ein Element oder eine Operation (z. B. eine einzige Farbe auf einer Fläche aufgetragen), um ein Werk zu produzieren.

Faktur und Konstruktion
Ausgehend vom Begriff »Faktura« wurde in Russland eine spezifische Materialsprache entwickelt. Auch die Farbe wurde als Materialschicht auf einer anderen Materialschicht (Oberfläche) empfunden. Daher konnte die Farbe durch andere Materialien ersetzt werden. Auch Holz, Glas, Metall sind Materialien, die durch ihre jeweilige spezifische Beschaffenheit spezifische Gestaltungen erlauben. So schrieb Nikolai Tarabukin: »In der Malerei und in der Kunst im allgemeinen muß das Problem der Materialien separat betrachtet werden, das heißt, der Maler muß ein Gefühl für Materialien entwickeln, er muß die jedem Material eigenen Charakteristika spüren, die die Konstruktion des Objekts mitbestimmen. Das Material diktiert die Form, und nicht umgekehrt. Holz, Metall, Glas usw. bestimmen verschiedene Konstruktionen. Folglich hängt die konstruktivistische Gestaltung von den benutzten Materialien ab: das Studium verschiedener Materialien bildet eine wichtige und eigenständige Überlegung.«[11] 1921 zeigte Alexander Rodtschenko bei der Ausstellung *5 x 5 = 25* erstmals das Triptychon *Reine Farbe Rot, reine Farbe Gelb, reine Farbe Blau*. Gleich nach ihrer Präsentation bezeichnete Nikolai Tarabukin in einem Vortrag diese Arbeiten als die letzten Bilder, als das Ende und gar als Tod der Malerei und fragte, ob dies auch den Tod der Kunst bedeute.[12]

Doch weder die Kunst, noch die Malerei waren zu Ende. Rodtschenko hat bei diesen Bildern erstmals Farbe und Fläche gänzlich zur Deckung gebracht und die Form auf die Bildform beschränkt. So wird das Bild selbst zum Gebilde, zum Gegenstand.

Die Identität von Farbe und Fläche, der Verzicht auf alle anderen Elemente des historischen Bildes konnten jedoch ein neues Element der Malerei, die Faktur, klar erkennbar machen. Der Begriff »Faktur« wurde 1914 in der Schrift *Gestaltungsprinzipien der visuellen Künste. Faktura* von Wladimir Markow eingeführt. Damit betonte Markow das Wesen der Fläche, deren materiale Beschaffenheit, ihre Oberflächenstruktur. Form entsteht dabei durch die Bearbeitung des Materials. Die Materialien, auf denen und mit denen gearbeitet wird, können einander untergeordnet werden, und sie können auch verschiedene Arten von Farben und Flächen beinhalten: statt Leinwand Glas und Wolle, statt Farben Wachs oder Stahlwolle. Markows Fakturtheorie, seine Liebe zum Material, ersetzte gleichsam die bisher dominierende Farbtheorie.

Von der Collage des Materials
Bereits 1912 hat Pablo Picasso ein Stück Wachstuch, dessen Muster die Imitation eines Rohrgeflechts zeigt, in sein Bild *Stillleben auf Flechtstuhl* eingefügt. In die kubistische Collage

---

11   Nikolai Tarabukin, *Le Dernier Tableau. Écrits sur l'art et l'histoire de l'art à l'époque du constructivisme russe: 1. Du Chevalet à la Machine; 2. Pour une théorie de la peinture* (1916/1923), hg. von Anfdrei B. Nakov, Éditions Champ Libre, Paris, 1972, S. 123f.
12   Selim O. Khan-Magomedov, *Rodchenko. The Complete Work*, Thames & Hudson, London, 1986, S. 292.

konnten in der Folge weitere Materialien integriert werden. Picasso »schuf sich neue Mittel in den verschiedensten Stoffen, wie farbige Papierstreifen, Lackfarben, Zeitungspapier, wozu noch die ›realen Einzelheiten‹ Wachsleinwand, Glas, Sägemehl usw. kommen«[13], wie Daniel-Henry Kahnweiler berichtete. Durch die Integration anderer Materialien in das gemalte Bild, durch das Nebeneinander verschiedener Materialien ergab sich eine unterschiedliche Strukturierung der Oberfläche des Bildes, die aber kaum das eigentliche Ziel der Kubisten gewesen sein dürfte. Auch bei Kurt Schwitters, der die Gleichwertigkeit aller Materialien betonte, war das Material dem Bildganzen untergeordnet, war nicht Material um des Materials willen: »Das Material ist so unwesentlich wie ich selbst. [...] Weil das Material unwesentlich ist, nehme ich jedes beliebige Material, wenn es das Bild verlangt.«[14] Der Künstler bedient sich »nicht nur der Farbe und der Leinwand, des Pinsels, der Palette, sondern aller [...] erforderlichen Werkzeuge. Dabei ist es unwesentlich, ob die verwendeten Materialien schon für irgend welchen Zweck geformt waren oder nicht. Das Kinderwagenrad, das Drahtnetz, der Bindfaden und die Watte sind der Farbe gleichberechtigte Faktoren«[15], so Schwitters. Dieser Materialbegriff von Schwitters dient übrigens explizit als Ausgangspunkt für die »Materialaktionen« von Otto Muehl Anfang der 1960er-Jahre, von denen ich 1969 den Terminus »Wiener Aktionismus« herleitete.

Dabei spielt einerseits der Materialreiz eine Rolle: »Indem ich verschiedenartige Materialien gegeneinander abstimme, habe ich gegenüber der nur-Ölmalerei ein Plus, da ich außer Farbe gegen Farbe, Linie gegen Linie, Form gegen Form usw. noch Material gegen Material, etwa Holz gegen Sackleinwand werte«[16]; andererseits wird das Material entformt: »Das Entformen der Materialien kann schon erfolgen durch ihre Verteilung auf der Bildfläche. Es wird noch unterstützt durch Zerteilen, Verbiegen, Überdecken und Übermalen. Bei der Merzmalerei wird der Kistendeckel, die Spielkarte, der Zeitungsausschnitt zur Fläche, Bindfaden, Pinselstrich oder Bleistiftstrich zur Linie, Drahtnetz, Übermalung und aufgeklebtes Butterbrotpapier zur Lasur, Watte zur Weichheit.«[17]

1913 besuchte der russische Künstler Wladimir Tatlin Paris, wo er auch Picasso traf und dessen neue Collagen und Bildreliefs kennenlernte. Nach Moskau zurückgekehrt, schuf er im Winter 1913/1914 die ersten eigenen Reliefbilder, wobei er die bei Picasso gefundenen Anregungen radikalisierte und die Eigenheiten der verschiedenen Materialien und ihre wechselseitigen Beziehungen betonte, was auch schon im Titel der Arbeiten zum Ausdruck kommen konnte: *Relief-Bild: Auswahl verschiedener Materialien*. Bei diesem Werk verwendete Tatlin Stuck, Eisen, Glas und Pech.

Die Betonung der Oberfläche und der Materialien führte aber auch zu einer Neubewertung der Farbe: Sie wurde selbst als Material mit eigenständigen Eigenschaften erkannt. So schrieb der Künstler und Theoretiker Nikolai Tarabukin 1922: »In der Anwendung dieser allgemeinen Definition auf die Malerei werden wir als Elemente der malerischen Konstruktion die materiell-realen Elemente des Gemäldes ansehen, d. h. die Farben oder anderes Material, Faktur und Struktur der Farbe, die Technik der Materialbearbeitung etc., die durch die Komposition (das Prinzip) vereint sind und zusammen das Kunstwerk (das System) ausmachen.«[18]

---

13   Daniel-Henry Kahnweiler, *Der Weg zum Kubismus* (1920), Hatje, Stuttgart, 1958, S. 86.
14   Kurt Schwitters, *Anna Blume und ich. Die gesammelten »Anna Blume«-Texte*, Verlag der Arche, Zürich, 1965, S. 14.
15   Kurt Schwitters, »Die Merzmalerei«, in: *Der Sturm*, Vol. 10, Nr. 4, Juli 1919, S. 61.
16   Kurt Schwitters, »Merz«, in: *Der Ararat*, Vol. 2, Nr. 1, 1921, S. 1–9, hier S. 5.
17   Schwitters 1919.
18   Nikolai Tarabukin, »Von der Staffelei zur Maschine«, in: Boris Groys und Aage Hansen-Löve (Hg.), *Am Nullpunkt. Positionen der russischen Avantgarde*, Suhrkamp, Frankfurt/M., 2005, S. 416–476, hier S. 425.

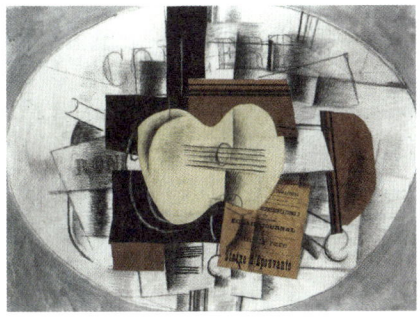

Georges Braque, *La guitare: »Statue d'Épouvante«*, 1913

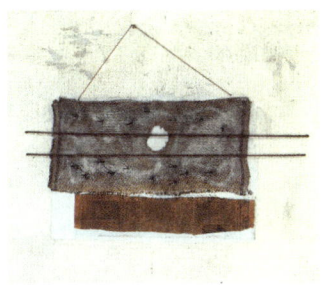

Pablo Picasso, *Guitare*, 1926

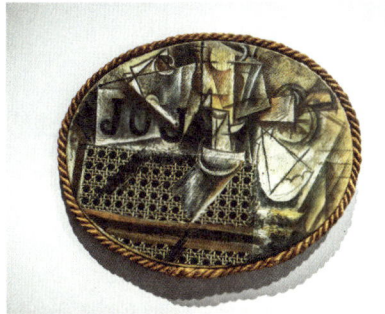

Pablo Picasso, *Stillleben auf Flechtstuhl*, 1912

Pablo Picasso, Konstruktion in Picassos Atelier am Boulevard Raspail 242, 1913

Kult der Materialien

So natürlich einst die Annahme schien, die gegenständliche Welt sei der Ursprung der Malerei, so galt es nach der Verbannung des Gegenstandes aus der Malerei zu Beginn des 20. Jahrhunderts als selbstverständlich, dass die Farbe den Platz des Gegenstandes als Ursprung der Malerei einnimmt. Selbst Malewitsch schrieb noch: »Der Suprematismus hat, wie auch die Malerei, als Ursprung die Farbe.«[19] Aber bereits Malewitsch hat die Relativierung der Form aus dem Primat des Materials abgeleitet: »Auf der Bildfläche gibt es keine greifbare Form. [...] Die Malerei beweist, daß auf ihrer gegenstandslosen Oberfläche keine Zeitrechnung zu finden ist. [...] Die Allgemeinheit sieht in dem Bilde [...] Luft, Steine, Wasser; in Wirklichkeit befindet sich aber auf der Leinwand nur ein Material, die Farbe.«[20] Die malerischen Mittel vermitteln nichts mehr außer sich selbst, sind Mittel an und für sich. Die Mittel können sich selbst mitteilen durch die Ablehnung des Gegenständlichen als Form- und Sinnprinzip. Durch die Aufkündigung der Abhängigkeit des Malers von den Naturformen hat Malewitsch erstmals die wahre Unabhängigkeit von malerischer Form, Farbe und Oberfläche garantiert – und damit die Materialfrage eröffnet. Dies war der entscheidende epistemologische Sprung, dessen Folgen bis in die Gegenwart reichen. Denn die Unabhängigkeit von Form, Farbe und Fläche war Voraussetzung für die eigengesetzliche Entwicklung des malerischen Materials (bis hin zum Informel), für die Materialsprache. Die Materialsprache ist eine Sprache der Poesie, wenn wir darunter eine Sprache verstehen, die auf das Zeichen als solches (Signans) eingestellt ist, im Gegensatz zur Alltagssprache, die auf das Bezeichnete (Signatum) hin ausgerichtet ist. Doch die Malerei ist in ihrer Entwicklung

---

19   Kasimir Malewitsch, *Suprematismus – Die gegenstandslose Welt*, DuMont Schauberg, Köln, 1962, S. 90.
20   Ibid., S. 98f., 113.

nicht nur aus den Grenzen der Gegenständlichkeit herausgetreten, sondern auch aus den Grenzen der Farbe, gerade indem sie der inneren Logik der Autonomie der Farbe folgte. Die absolute Autonomie der Farbe hat nämlich die Selbstauflösung der Farbe produziert, und damit zwar nicht das Ende der Malerei, jedoch gewiss das Ende einer bestimmten Farbmalerei. Es werden zwar noch immer Gemälde mit Farben gemalt (bis heute und wohl auch noch in Zukunft), doch das Primat der Farbe wurde durch das Primat des Materials ersetzt. Dieses neue Primat wurde mit dem Kult der Materialien von Wladimir Tatlin eingeleitet.

In Tatlins erstem Relief, *Die Flasche* (1913), sind die zentralen Elemente ein gewelltes, poliertes Blech und ein Stück Tapete. Mit dem Material Blech wird bereits die Immaterialität eingeführt, denn poliertes Metall reflektiert das Licht an seiner Oberfläche und wirft es zurück. Die Materialien Glas oder Spiegel werden später diese Doppelfunktion noch verstärken. Aus Holz und Metall entwickelte Tatlin eine Sprache der Materialien wie aus Konsonanten und Vokalen. Sein Freund, der Dichter Welimir Chlebnikow, hat übrigens ein Alphabet erträumt, in dem die Konsonanten aus Metall und die Vokale aus Glas waren. Bei seinen Materialkompositionen ging Tatlin ähnlich wie Chlebnikow vor. Für Tatlin galt: »Das Wort ist nur ein Bauelement, das Material ist ein Element des organisch geordneten Raumes.«[21] So konstruierte er seine Kontrareliefs wie poetische Wortkonstruktionen nach polaren bzw. binären Prinzipien. Die Materialien Metall und Holz, Glas und Karton, Gips und Teer, Kitt und Farben wurden wie abstrakte Sprachelemente behandelt. Die Monografie *Tatlin. Gegen den Kubismus* (1928) von Nikolai Punin erläutert die erwähnten Aspekte der Einführung des Materialbegriffs in das Bilddenken besonders einleuchtend: »Diese Materialien sind Elemente der modernen Kunst.«[22] Im dritten Kapitel, »Das Material und das Volumen«, schreibt Punin: »In der Zeit vor der Herrschaft Peters I. hat die russische Malerei die Farben als Material, als Resultat der Farbpigmente behandelt; zwar bemühte sie sich um flächenhafte, ja sogar dekorative farbenreiche Kompositionen, doch von einigen Ausnahmen abgesehen, betrachteten die Ikonenmaler die Farbe als Valeur. [...] Die sogenannte Korpusmalerei, die auf althergebrachten und festgefügten Techniken beruht, ist bis zu einem gewissen Grade eine nationale Eigenschaft der russischen Malerei. Tatlin hat diese Technik und dieses Verständnis der Farbe instinktiv von der Ikonenmalerei übernommen und sie erst später bewußt über die französische Manier in den Dienst der Malerei gestellt. [...] Die Farbe, als Material verstanden, führte zwangsläufig dazu, daß der Künstler sich mit dem Material an sich befaßte. Für das professionelle Denken galt als ein solches Material in erster Linie die Oberfläche, die im weiteren zur Malfläche werden mußte. Alles, was außer dieser Fläche existierte, mußte vergessen werden, und wenn dies nicht gelang, mußte es herabgesetzt, außer acht gelassen, nicht anerkannt werden. [...] Die Bearbeitung der Fläche mit Hilfe der Farbe, das ist die wirkliche Aufgabe des Malers. Die Oberfläche aber ist ebenso wie die Farbe selbst ein Material, mit räumlicher Ausdehnung, geräumig, strukturiert, weich oder hart, zerbrechlich oder dehnbar und elastisch, massiv und schwer, das wie jedes Material seine eigene Form sucht.«[23] Auch Alexei Gan, zusammen mit Rodtschenko und Warwara Stepanowa Begründer der ersten Arbeitsgruppe für Konstruktion im INChUK (Institut für künstlerische Kultur, 1920), führte in einem Vortrag am 28. März 1921 drei Elemente für den Konstruktivismus an: »Tectonics [...] is realized in the purposeful use of industrial material [...]. Construction should be seen as a method of saving

---

21 Wladimir Tatlin, zit. nach Troels Andersen, *Wladimir Tatlin. 1885-1953*, Ausst.-Kat., Kunstverein München, 1970, S. 59.
22 Nikolai Punin, »Das Denkmal der III. Internationale«, in: Larissa Alexejewna Shadowa (Hg.), *Tatlin*, Kunstverlag Weingarten, Weingarten, 1987, S. 411-415, hier S. 414.
23 Nikolai Punin, »Tatlin. (Gegen den Kubismus)«, in: Shadowa 1987, S. 415-421, hier S. 418f.

large quantities of material [...]. ›[F]aktura‹ is the conscious selection and appropriate use of a material that will not hinder the construction's movement nor limit its tectonics. [...] We must look at light and space as we have looked at material.«[24] Rodtschenko präzisierte bei diesem Vortrag seine Einwände: »Our ›faktura‹ at present is the material itself. We are no longer concerned with working its surface. We intervene directly with the material. Material has its components, and it is these components that have become important for us. [...] It ought to be stressed that we give more importance to the material than to the way in which it is worked on the surface.«[25]

Die Hauptidee des Konstruktivismus bestand darin, Stil durch Technik zu ersetzen: »Die materiale Gestaltung des Objektes soll die ästhetische Kombination ersetzen. Das Objekt soll als Ganzes behandelt werden, es darf keinen erkennbaren Stil vertreten, sondern muß ganz einfach auf derselben Stufe stehen wie ein industrielles Produkt, wie zum Beispiel ein Wagen oder ein Flugzeug.«[26]

Der ästhetische Wert von Farbe, Faktura und Stil wird negiert. »Die Konstruktion ist ein System, in dem der Gegenstand auf der Grundlage einer dem vorausbestimmten Ziel entsprechenden Materialnutzung hergestellt wird.«[27] Rodtschenko geht daher in der Tat von der Malerei über zur Produktion von Fotomontagen, spatialen Objekten und Gebrauchsgegenständen. Bei den raschen und radikalen Veränderungen in der russischen Kunst dürfen die gesellschaftspolitischen Bezüge nicht übersehen werden. So haben Rodtschenko und Stepanowa 1921 auch ein Produktivistisches Manifest veröffentlicht, das mit dem Satz »Die Aufgabe der Konstruktivsten Gruppe ist, der materialistischen, konstruktiven Arbeit einen kommunistischen Ausdruck zu verleihen« beginnt und mit den »Schlagworten der Konstruktivisten« endet: »1. Nieder mit der Kunst, lang lebe die Technik. 2. Die Religion ist Lüge. Die Kunst ist eine Lüge. 3. Töte die letzten Bindungen des menschlichen Denkens an die Kunst. 4. Nieder mit der Pflege der Kunsttraditionen. Lang lebe der konstruktivistische Techniker. 5. Nieder mit der Kunst, die die Unfähigkeit der Menschheit nur verschleiert. 6. Die kollektive Kunst der Gegenwart ist konstruktivistisches Leben.«[28]

Der von Rodtschenko und seinen Mitstreitern vollzogene Abschied vom Bild war nicht nur Resultat einer konsequenten Reduktion der einzelnen Bildmittel, die ihn zur Farblosigkeit (*Schwarz auf Schwarz*, 1918), zur Linie als einzigem Element und zur Monochromie, zur Deckungsgleichheit von Farbe und Fläche führten, sondern auch Ausdruck seines gesellschaftspolitischen Engagements, denn: »Die Staffeleikunst wurde mit der bürgerlichen Gesellschaft geboren – und sie wird mit ihr sterben.«[29]

Absolutes Material

An einigen Beispielen sei diese Rolle des Materials skizziert, wobei wieder der Begriff des Gegenstandes ins Spiel kommt, allerdings in einer neuen Rolle. So schrieb der Maler David Sterenberg, der 1917 von Paris nach Russland zurückgekehrt war und von Tatlin die administrativen Aufgaben des Kulturkommissariats übernommen hatte, im *Kunstblatt* von 1922:

---

24   Alexei Gan, zit. nach Khan-Magomedov 1986, S. 92f.
25   Ibid.
26   *LEF*, 1923, zit. nach Camilla Gray, *Das große Experiment. Die russische Kunst 1863-1922*, DuMont Schauberg, Köln, 1974, S. 235.
27   Alexander Rodtschenko, »Die Linie« (Mai 1921), in: Hubert Gaßner und Eckhart Gillen, *Zwischen Revolutionskunst und Sozialistischem Realismus. Dokumente und Kommentare. Kunstdebatten in der Sowjetunion von 1917 bis 1934*, DuMont Schauberg, Köln, 1979, S. 114-116, hier S. 116.
28   Alexander Rodtschenko und Warwara Stepanowa, *Produktivistenmanifest* (1920), zit. nach Walter Fähnders und Wolfgang Asholt (Hg.), *Manifeste und Proklamationen der europäischen Avantgarde (1909-1938)*, J. B. Metzler, Stuttgart u. a., 1995, S. 210f., hier S. 211.
29   Boris Arvatov, »Die Reaktion in der Malerei« (1925), in: Gaßner, Gillen 1979, S. 148f., hier S. 149.

»In meiner Staffeleimalerei war ich der erste, der die Oberflächen auf den Kontrasten der Faktur aufbaute, indem ich sorgfältig die Gegenstände durch die ihnen entsprechenden Materialien gestaltete. Ich glaube, daß ein Bild nach den Gesetzen der reinen Malerei organisiert sein kann, ohne ungegenständlich zu werden, dadurch allein, daß es konzentriert das Wesen des Gegenstandes wiedergibt.«[30] Sterenberg drückte Holzstruktur, Stoffe, Spitzenkragen, Stuhlgeflechte (siehe Picasso) in Kitt ab, war aber sicherlich nicht der erste, der die Oberfläche mittels Fakturkontrasten gestaltete. Und Natan Altman, Maler und Bühnenbildner, der 1918 die Festdekorationen für den ersten Jahrestag der Oktoberrevolution in St. Petersburg gestaltet hatte, schrieb 1925: »Wir begnügen uns nicht mehr mit rein optischen Empfindungen, die uns von der formalen Kunst geboten werden, wir wollen nicht jeder nach seinem Empfinden vor dem Bilde des Expressionisten philosophieren. Wir wollen genaue und klare Gedanken und Gefühle, die wir optisch durch das Material und die Form des schaffenden Künstlers empfangen. Dies ist ein neuer Realismus, der sich aber nicht mit der Schilderung der uns umgebenden Welt befaßt, vielmehr das illusionistische darstellende Bild in einen realen, materiell organisierten Gegenstand umwandelt. [...] Mit dem Absterben des illusorischen darstellenden Bildes erübrigt sich auch die Hegemonie der Farbe, die das Material nur nachahmen, aber nicht wiedergeben kann. Die Farbe wird nicht länger dominierendes künstlerisches Material sein. In den Wirkungskreis des Künstlers werden verschiedenartige Naturstoffe, wie Holz, Kohle, Metalle, Papier usw. hinein gezogen. Wir stellen dem abgebildeten Gegenstand die gegenständliche Konstruktion gegenüber, den spezifisch künstlerischen Materialien, und erstreben, sie auf Grund der genauen Gesetze der materiell-formellen Darstellung, aber nicht nach der persönlichen Eingebung des Künstlers zu organisieren [...].«[31] Altman artikuliert die Logik des Materialkults und des Konstruktivismus: das Absterben der Abbildung, als Folge davon die Aufhebung des Primats der Farbe und stattdessen die gegenständliche Konstruktion mit Materialien.

Die Beschäftigung mit den Fakturwerten der Oberfläche führte auch zu Materialexperimenten, wie jenen von Antoine Pevsner mit Farbmasse und Zelluloid: »Es existiert von Pevsner ein Werk von 1923, das *Peinture chimique absorbée* betitelt ist. Hier geht es nicht eigentlich um Malerei, sondern um die Wirkung gewisser chemischer Stoffe auf eine plastische Masse, wie Äther, Essig, gemischt mit einigen Pulverfarben, mit Anilin. Die so erhaltenen Wellenbewegungen, die dank der Reaktion der plastischen Masse bewirkt werden, sind Forschungen, die ein Lösen von der planen Oberfläche, der Einseitigkeit des Bildes erlauben.«[32] Mit diesen Experimenten, vergleichbar fotografischen Techniken in der Dunkelkammer und späteren chemischen Malereien von Sigmar Polke und anderen, gelangte Pevsner seit den 1930er-Jahren über dreidimensionale Konstruktionen zu seinen plastischen *Surfaces développables*. Zelluloid, das Pevsner zuerst für seine Materialcollagen, später für seine Skulpturmodelle verwendete, ist ein transparentes Material. Pevsner entdeckte auch die Leere in der Skulptur als gleichwertiges Element zur Masse (so wie einst Farbe und Nichtfarbe in Äquivalenz harmonisch dargestellt wurden). Die Gitterstruktur seiner Plastiken, in sich gefaltete freie Flächen, unterstreichen einerseits das Spiel zwischen Fläche und Skulptur, andererseits zwischen Immaterialität (Leere) und Materialität.

Eine systematische und stimmige Zusammenfassung des künstlerischen Materialbewusstseins jener Zeit stellt das 1929 erschienene Buch *von material zu architektur* dar,

---

30 David Sterenberg, in: *Kunstblatt*, 1922, zit. nach Eberhard Steneberg, *Russische Kunst. Berlin 1919-1932*, Gebr. Mann, Berlin, 1969, S. 23.
31 Natan Altman in: Paul Westheim (Hg.), *Künstlerbekenntnisse*, Berlin, 1925, zit. nach Steneberg 1969, S. 22f.
32 Zit. nach ibid., S. 34.

Enrico Prampolini, *Stato d'animo plastico marino*, 1937

Kurt Schwitters, *Merzbild Rossfett*, ca. 1919

Arman (Armand Pierre Fernandez), *Poubelle*, 1964

Daniel Spoerri, *Palette pour Grégoire Müller*, 1992

DIE REVOLUTION DER MATERIALMALEREI

André Masson,
Oiseaux, 1927

das auf den Vorträgen basiert, die László Moholy-Nagy zwischen 1923 und 1928 im Rahmen seiner Grundlehre am Bauhaus hielt. Es enthält ein präzises Kapitel über *faktur in der malerei*, z. B. mit Abbildungen dreier verschiedener Fakturen desselben Ölpigments. Moholy-Nagy beschreibt den logischen Weg von der reliefartigen Faktur zum Bildrelief aufgrund von räumlichen und materialen Analysen und der Wirkung von Licht und Schatten.

Neben der immateriellen Seite der Materialdiskussion hat Moholy-Nagy auch die rein materielle gleichsam vorgedacht: »die nächste handlung müßte sein: das objekt selbst, im ganzen oder zerschlagen, in originalgröße auf ein brett zu montieren. d. h. in der wirklichkeit: alles auf dem tisch stehen zu lassen«[33], wie dies dann um 1960 etwa Arman und Daniel Spoerri realisieren sollten. Interessant, besonders von heute aus gesehen, ist auch der Abschnitt über das »3. stadium: der perforierte (durchlöcherte) block: [...] eine bis an die grenze des materials reichende steigerung in der durchdringung von leere und fülle.«[34] Die Grenzen der Bildfläche und die Grenze des Materials enden in der Leere, in der Lücke, im Loch, wie es später Fontana und Dadamaino praktizierten. Von der »befreiung von der schwere des materials«[35] kündete bereits die völlig durchbrochene, im Raum gleichsam schwebende Konstruktion aus Ringen, die Rodtschenko 1920 realisierte. Die Sehnsucht, Material und seine Schwere zu überwinden, führte einerseits zu schwebenden Plastiken, diffizilen Gleichgewichtskonstruktionen, wie den Mobiles von Alexander Calder, und zur kinetischen Plastik mit neuen künstlerischen Materialien wie Zelluloid, Plexiglas, Spiegel und reflektierenden Metallen, andererseits zu Lichtplastiken, die das Material auflösten. Nach der Trennung von Farbe und Form (Rodtschenko), nach der Gleichheit von Form und Nichtform (Arp), nach der theoretischen Durchsetzung der Begriffe Gestaltung und Konstruktion anstelle von Komposition und Darstellung blieben als letzte Reste vom historischen Tafelbild die Fakturwerte

33 László Moholy-Nagy, *von material zu architektur* (1929), faksimilierter Nachdruck, Florian Kupferberg, Mainz u. a., 1968, S. 85.
34 Ibid., S. 113.
35 Ibid., S. 122.

der Fläche und die Beschaffenheit der Oberfläche des Bildes. Obwohl auch diese Elemente in der Theorie schon diskreditiert waren, wurden sie in der Praxis weiterverfolgt. Denn die Theorie war um 1920 so schnell und weit vorangeschritten, dass es einiger Jahrzehnte bedurfte, um den Begriff des befreiten Materials zu entfalten und zu systematisieren. Der in der Theorie radikal formulierte Materialbegriff der 1920er-Jahre, der in der Praxis aufgrund der sozialen und politischen Umstände jedoch nicht entsprechend realisiert werden konnte, wurde von den Kunstbewegungen der folgenden Jahrzehnte ausdifferenziert. Die wesentliche Arbeit für die Bildtransformation in der zweiten Jahrhunderthälfte bestand darin, das Primat der Farbe endgültig abzuschaffen, eine Indifferenz zu etablieren, auf der ein neues Primat sowohl des Materials wie schließlich der Immaterialität errichtet werden konnte. Dabei erlitt das absolute Material das Schicksal der absoluten Farbe: Materialtreue ersetzte Farbtreue, Materialkontraste ersetzten Farbkontraste. Wie einst reine Farbe auch Nichtfarbe hervorbrachte, so konnte reines Material zur Immaterialität führen. Wie bei der Farbe trug gerade die Verabsolutierung, die absolute Verselbstständigung des Materials zu seiner Selbstauflösung bei. So führte die Entwicklung von der befreiten Farbe zum befreiten Material.

Materialbild: Malerei und Materie
Auf dieser Grundlage, diesem radikalen Wechsel, bei dem die Farbe als primäres Material der Malerei den Weg zum Einsatz anderer Materialien frei machte, entwickelten sich in verschiedenen Phasen seit den 1920er-Jahren verschiedene Formen einer Malerei des Materials bzw. der Immaterialität. Der Eigenwert des Materials bildet den entscheidenden Faktor für die Malerei nach dem Zweiten Weltkrieg, wobei die italienische Malerei in den 1950er-Jahren Entscheidendes leistete. Die Eigenwelt des Materials ermöglichte die formale Autonomie des Bildes als reiner Gegenstand, als Objekt. Vor allem Künstler, die als Bildhauer begannen oder endeten, wie Agenore Fabbri oder wie Giuseppe Uncini, spielten bei dieser Transformation des abbildenden Bildes in ein autonomes Gebilde mit freier Farbe und freiem Material eine entscheidende Rolle.

Die Kunst nach dem Zweiten Weltkrieg kann insofern als Neoavantgarde bezeichnet werden, als sie Positionen der klassischen Avantgarde neu aufrollte. Sie griff dabei zum Teil auf ältere Problempositionen zurück oder gab alten Problemen neue Lösungen. Die Lösungen des Materialproblems, wie sie die russischen Konstruktivisten, die Künstler des Bauhauses, von De Stijl und der konkreten Kunst ausgearbeitet hatten, erhielten allerdings nach den Erfahrungen des Krieges, nach der Lektüre neuer Philosophien (Phänomenologie, Existentialismus) eine neue Wende.

Basierend auf den Erfahrungen des Surrealismus wurden die Begriffe und Positionen einer Revision unterzogen: Farbe, Form und Material wurden vom Formalismus radikal abgesetzt – damit auch von Komposition und Konstruktion – und erhielten unter den Gesichtspunkten Automatismus, Spontaneität, Zufall einen neuen Stellenwert. Kunstrichtungen wie Tachismus, Automatismus, Lyrische Abstraktion, Informel, Action Painting, Abstrakter Expressionismus opponierten gegen die historische geometrische Abstraktion und schufen neue Formen des Materialbildes. Der Surrealismus – in seiner abstrakten Variante – brachte insofern eine Freiheit der Formen, als die Gestaltung auf eine unbewusste, unkontrollierte Weise geschehen sollte. Für die amerikanische Malerei wurde besonders André Masson bedeutend, der in seine automatische Malerei relativ früh neben Farbe auch andere Materialien aufnahm. Bei seinen Sandbildern presste er die Faktur des Sandes nicht in eine formale Konstruktion, sondern erlaubte dem Zufall eine wesentliche Mitsprache: »Gewiß, in der Periode meiner ersten Sandbilder (1927) übte ich mich ganz im Sinne einer unbedingten Spontaneität. Über Flecken von Klebstoff, flüchtig hingeschleudert, wurde Sand gestreut. Das war ein Schritt auf die reine Bewegung zu. Es ging darum, die völlig

Giuseppe Uncini, *Cementarmato*, 1959

stumme Materie sprechen zu lassen, sie ihrer Trägheit zu entreißen, durch die Geste zu beleben.«[36] Masson schuf so eine knochenlose Malweise, in der das freie Material durch eine befreite Methode der Bildproduktion erstmals auch formlos (Informel) wurde. Im Mittelpunkt stand dabei das Material Farbe, denn auch die neuen Materialien wie Sand wurden wie Farbe verwendet. Sand tauchte schon in Alexander Archipenkos Skulpto-Malerei (seit 1912) sowie in Willi Baumeisters Reliefbildern (seit 1919) auf. Er diente aber vor allem dazu, die Malerei ins Relief auszudehnen und so die Scheinwirklichkeit der Fläche aufzuheben.

Die befreite Farbe – im Sinne des Surrealismus – wurde um 1940 von Hans Hofmann zur Gestaltfarbe entwickelt, in der die Ursprünge der plastischen Malerei von Action Painting und Informel gesehen werden können. Durch die Synchronisation von Form und Farbe, durch die Textur des Pigments und den pastosen Farbauftrag versuchte er, dem Bild Tiefe und Volumen zu geben. Wie Masson und auch Max Ernst experimentierte Hofmann mit dem Material Farbe. Er schleuderte und tropfte die Farbe (1944, vor Jackson Pollock) oder drückte schwere Farbpasten direkt aus der Tube auf die Leinwand. »The weight and density of his paint [...] contributed to the presence his pictures have as *objects*. [...] It was he – not Pollock or Dubuffet – who launched the ›heavy‹ surface in abstract art«, wie Clement Greenberg feststellte.[37]

Aus diesen Versuchen, die Bewegung des Farbmaterials mit der Textur des Bildmaterials zu vereinigen, sollte die reine Materialmalerei entspringen. Zuvor musste aber der Malakt selbst in den Mittelpunkt rücken. Das Primat des Malaktes, wodurch das Bild zu einer Arena der malerischen Aktion wird, etablierte bekanntlich Jackson Pollock. Für Pollock ist Malen ein Zustand (»a state of being«): »Meine Malerei ist keine Staffeleimalerei. Ich spanne meine Leinwände vor dem Malen meist nicht auf. Ich hefte sie lieber ungespannt an die harte Wand oder auf den Fußboden. Ich brauche den Widerstand einer harten Oberfläche. Auf dem Fußboden fühle ich mich wohler. Ich fühle mich näher, mehr ins Gemälde einbezogen, da ich es umschreiten kann, von vier Seiten arbeiten, buchstäblich im Bild sein kann. Dies ähnelt der Methode der indianischen Sandmaler im Westen. Vom normalen

---

36 Antoine Pevsner, zit. nach Jürgen Claus, *Malerei als Aktion. Selbstzeugnisse der Kunst von Duchamp bis Tàpies*, Ullstein, Frankfurt/M., 1986, S. 20.
37 Clement Greenberg, »Hofmann«, in: Cynthia Goodman (Hg.), *Hans Hofmann*, Ausst.-Kat., Whitney Museum of American Art u. a., Prestel, München, 1990, S. 123-138, hier, S. 132, 134.

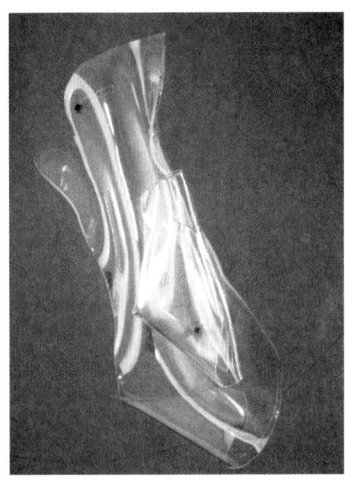

László Moholy-Nagy, *Raummodulator*, 1939

Malerwerkzeug, Staffelei, Palette, Pinsel usw., gehe ich immer mehr ab. Ich verwende lieber Stöcke, Spachtel, Messer und tropfende, flüssige Farbe oder ein schweres Impasto, dem ich Sand, Glasscherben und andere Zusätze beimische.«[38] Georges Mathieu erweiterte die Aktion zum Schauspiel, zum Schaumalen auf einer Bühne. Aktion mit Farbe ersetzte gleichsam Malen mit Farbe. Der Malakt, das Chaos ungeordneter Farbflächen und flüssiger Farben, der Automatismus des Materials und die Spontaneität der Gesten vereinigten sich zu einer körperhaften, körpernahen Malerei des Materials. »Ich male unter der Haut der Leinwand, unter der Haut des Fleisches«[39], schrieb Camille Bryen. Das Informel zelebrierte besonders in Italien einen Farbschlamm auf der Fläche. Die Farbe wurde als Farbschleim eingesetzt und gestisch so dick aufgetragen, dass geradezu nach den Abdrücken von Gegenständen geschrien wurde, nach Wirklichkeit verlangt wurde.

Die Materialmalerei der 1950er-Jahre hatte ihre Ursprünge in Europa, bei Malern wie Gaston Chaissac, Jean Fautrier, Jean Dubuffet, Antoni Tàpies oder Alberto Burri. Fautrier begann 1942, die Farbmaterie, eine helle, zähflüssige Farbpaste, auf die Leinwand zu spachteln und dort zu Köpfen und Landschaften zu figurieren. Chaissac wollte nicht mehr dem Gesetz der Farbe gehorchen, sondern den Küchenabfällen (»je dois obéir aux épluchures«[40]), worin ihm sein Freund Dubuffet folgte. Dubuffet schuf Bilder mit einer materiellen Dinglichkeit, die sie Gebrauchsgegenständen annäherte, weil die von ihm verwendeten Materialien (Gips, Kies, Kalk, Steine, Zement, Teer, Blätter, Schmetterlinge usw.) die herkömmlichen Bildmaterialien nicht nur ergänzten, sondern auch gänzlich ersetzen konnten. Bei Dubuffet ist das Material nicht nur Medium, sondern wesentlicher Inhalt. So ist auch alle Form mit der Struktur identisch. Alberto Burri setzte die Akzentverschiebung von Farbmaterial zu reinem Material noch klarer. Er bezog dabei auch die Leinwand mit ein, ersetzte sie durch Sackleinen, Eisen und andere Materialien, wodurch Bildträger und Bildmittel tendenziell eins wurden. Burri bevorzugte das grobe, verrottete Material, das von selbst schon – durch seine potenzielle Geschichte – als Ausdrucksträger fungiert.

---

38 Jackson Pollock, »Statement«, in: *Possibilities*, Vol. 1, Nr. 1, 1947/1948, S. 78–83, hier. S. 79, zit. nach *Siqueiros / Pollock, Pollock / Siqueiros*, Bd. 2: *Essays/Dokumentation*, Ausst.-Kat., Kunsthalle Düsseldorf, Dumont, Düsseldorf, 1995, S. 133.
39 Camille Bryen, zit. nach Claus 1986, S. 39.
40 Gaston Chaissac, zit. nach *Les années 50*, Ausst.-Kat., Édition du Centre Pompidou, Paris, 1988, S. 258.

Auch Antoni Tàpies verwendete die verschiedensten Materialien für seine Arbeiten: Pappe, Seile, Bindfäden, Metalle und vor allem Sand. Dabei begnügte er sich weitgehend mit den natürlichen Farben dieser Materialien; so dominieren Grau, Schwarz, Braun, Weiß und Gelb. Fakturtechniken, geritzte, abgeschürfte Oberflächen, mischten sich mit der puren Stofflichkeit der Dinge, die in das Bild eingebracht wurden.

Materiale Wirklichkeitselemente, Dingzitate, Materialreste und Bildformen, malerische Mittel vereinigten sich in einem evokativen Feld, in dem die Materie bis zum Äußersten mit Bedeutung ausgestattet ist. Die Schwere der Materialien und die elementare Morphologie verwandeln die Bilder in Dinge: »Mit dieser Technik und diesem Material wollte ich die verschiedensten Ideen ausdrücken. Welche Ideen waren es? - Wie nie zuvor interessierte mich die neue Vorstellung von der Welt. Es beschränkte sich aber nicht auf eine Reproduktion von molekularen Strukturen, der atomaren Phänomene, der Welt der Galaxien, mikroskopischer Bilder, sondern die Mathematik, die Philosophie, Moral und Politik kamen hinzu. Daraus folgt, daß aus meinem Material oft meditative Impulse entstehen. Zum Beispiel der Symbolismus des Sandkorns, in dem die Zerbrechlichkeit und die Unwichtigkeit unseres Lebens ausgedrückt wird, dazu der Staub, die Asche, die Erde, der Lehm, aus dem wir kommen und zu dem wir zurückkehren.«[41]

Materialmalerei in Italien
Zentrale Figur der materialbezogenen Malerei in Italien ist Alberto Burri. Er nutzte bereits 1945 leere Zuckersäcke als Malfläche und nähte, schweißte, lötete und teilweise verbrannte er sogar verschiedene Materialien in einer Reihe von *legni* [Hölzer], *ferri* [Eisen] und *plastiche* [Plastik] (*Combustioni*, 1955). Kunststoffe, Eisenblech, Preßholzplatten, Sackleinen übernahmen die Funktion der Farbe. Eine ähnlich zentrale Rolle spielt selbstverständlich Lucio Fontana, besonders für die Entwicklung vom Tafelbild zur reinen Tafel ohne Bild, zum Bild als Objekt, zum Bild als Oberfläche, das nur durch Löcher und Schlitze Zeichencharakter erhält - Zeichen allerdings, die auch real sind. Bei Fontana, der von der leeren Leinwand, der bloßen Tafel ausging, konnte die Leinwand nicht nur geschlitzt, sondern auch gewölbt, in den Raum gestreckt und gedehnt werden. Hinter der gedehnten Leinwand waren zudem mitunter Gegenstände, wie etwa Kugeln, versteckt. Künstler von Agostino Bonalumi bis Enrico Castellani schufen strukturierte, punktierte, gepresste, geformte monochrome Leinwände, Oberflächengestaltungen ohne Farbe, farblose Faktura gewissermaßen. Die Schlitze konnten zu großen Löchern ausgedehnt werden (vgl. auch Dadamaino). All diese Experimente auf der Oberfläche führten zu optisch-kinetischen Experimenten und zu Experimenten mit Licht. Auf die Verabsolutierung von Farbe und Licht, von Form und Fläche folgte die Verabsolutierung des reinen Materials in den italienischen Farbmaterie- und Materialbildern der 1950er-Jahre und in der Arte Povera. Nachdem nur noch Spuren malerischer Tätigkeiten, piktorialer Mittel und Methoden geblieben waren und somit die materielle Verfasstheit des historischen Tafelbildes auf ein Minimum reduziert worden war, konnten die leeren Flecken und Stellen, die leeren Rahmen und die monochromen Flächen, die leeren Leinwände und die reinen Bilder auf ganz andere Weise zu Gegenständen werden. Dabei ergaben sich zwei Strategien:

1.) Die Leinwand wurde als Material verwendet, d. h. geschlitzt, perforiert, gewölbt, gefaltet, geschichtet. Als reine Farbfläche erzeugte die monochrome - fast leere - Leinwand die Idee des Bildes als Bildgegenstand.

2.) Als bloßes Material konnte die Farbe schon lange durch andere farbige Materialien ersetzt werden. Die Freiheit der Farbe befreite nicht nur die Leinwand von der Farbe,

---

41   Antoni Tàpies, zit. nach Andreas Franzke und Michael Schwarz (Hg.), *Antoni Tàpies. Werk und Zeit*, Gerd Hatje, Stuttgart, 1979, S. 82.

sondern befreite auch die Fläche als solche für neue Statthalter. Die Leere der Leinwand wurde durch Jute, Wachs, Blech, Sand, Watte, Stoff, Kupfer, Filz, Blei usw. besetzt. Alles wurde zu Material, schließlich auch der Körper. Auf die Materialbilder folgten Materialaktionen. Nachdem durch die Autonomie von Farbe, Fläche, Form, Faktur erstmals das Material der Malerei selbst freigelegt und zur freien Konstitution eingesetzt werden konnte, war es auch möglich, auf diese historischen Materialien der Malerei teilweise zu verzichten und sie durch andere zu ersetzen, z. B. durch Plexiglas oder Metall. Konkrete gegenständliche Materialbilder und Materialmalerei, auf denen fast keine historischen Elemente und Materialien der Malerei mehr zu sehen waren (also keine Pinselstriche, keine Leinwand, keine Farbe), begannen in den 1950er-Jahren zu dominieren: Diese gegenständliche Abstraktion bestimmte die zweite Jahrhunderthälfte, so wie die ungegenständliche die erste geprägt hatte. Nach seiner Vertreibung zu Beginn des Jahrhunderts kehrte der Gegenstand zur Jahrhundertmitte in transformierter Form – sei es als Bildgegenstand, sei es als Materialbild (gegenständliche Abstraktion) – wieder zurück.

Die in der Ausstellung *Rom – offene Malerei. Materialbild im Italien der 1950er und 1960er Jahre* gezeigten Künstler, darunter Lucio Fontana, Giuseppe Pinot-Gallizio, Piero Manzoni, hatten bei dieser Entwicklung eine besondere Funktion.

Pablo Picasso, Wladimir Tatlin, Ivan Puni und Kurt Schwitters waren sozusagen »harte Vertreter« des Materialkultes, bei ihnen spielte die Immaterialität keine Rolle. Diese *hard-core*-Materialität wurde in den 1950er-Jahren von den Materialmalern Antoni Tàpies, Alberto Burri, Lucio Fontana und ihren Nachfolgern in den 1960er- bis 1980er-Jahren nochmals aufgenommen – mit Konsequenzen bis zu Nouveau Realisme, Pop Art, Minimal Art und Arte Povera. Bei den »weichen Vertretern« des Materialkultes der 1920er- und 1930er-Jahre, dem Bauhaus, dem Neoplastizismus und der Vereinigung Abstraction-Création, sowie bei Kasimir Malewitsch, Alexander Rodtschenko und Hans Arp können wir erkennen, wie die Immaterialität der Materialität entspringt. Durch die Einführung neuer Materialien wie Plexiglas, Aluminium etc. wurden reflektorische, luminöse und kinetische Momente betont, die schließlich zu ihrer Verabsolutierung in Lichtkästen und -skulpturen, zu kinetischen Plastiken und zur Op Art führten.

Gleichzeitig mit der Einführung neuer Materialien wie Metall und Glas sind daher auch die Immaterialität und das reale Licht in die Kunst eingezogen, ausgeführt etwa von den Erben des russischen Konstruktivismus oder der Kinematik eines Naum Gabo und Antoine Pevsner und insbesondere auch jenen des Bauhauses. Das Material sollte dasselbe Schicksal erleiden, sollte derselben inneren Logik der Selbstauflösung unterworfen werden wie die Farbe. Von der Verabsolutierung des Materials bis zu seiner Selbstauflösung waren es nur wenige Schritte und Jahre. Plexiglas war auch das Material der Kompositionen von César Domela, das in Verbindung mit Metall, Plastik, Holz, Kupfer, Bakelit, Messing usw. eine Transparenz und virtuelle Kinetik schuf, bei der das präsente Material gleichzeitig Absenz evozierte. Auf die Frage, warum er sich bei seiner Komposition der reinen Materialien bediene, antwortete er: »Es ist verständlich, daß im selben Moment, in dem sich die Konzeption von Kunst ändert, das alte Mittel der Malerei, falls es gültig bleibt, nicht mehr das einzig gültige bleibt. In dem Augenblick, in dem die Struktur eines Werkes bedeutender wird als sein Material, kann man mit jedem beliebigen Material arbeiten. Das mag auf den ersten Blick paradox erscheinen, und doch zählen bei der Verwendung der verschiedenen Materialien, mit denen ich arbeite, allein ihre unterschiedlich eingesetzten Werte der Farbe, Unebenheit und Glätte. Zwei Werke aus dem gleichen Material, bei denen jedoch die Materialien in ihrer Funktion sich unterscheiden, sind wirklich verschieden. Dieser Unterschied geht so weit, dass das Material ein anderes wird, obwohl es physikalisch das gleiche ist. Es gibt zwischen Stein, Holz, Metall und Papier fundamentale Unterschiede,

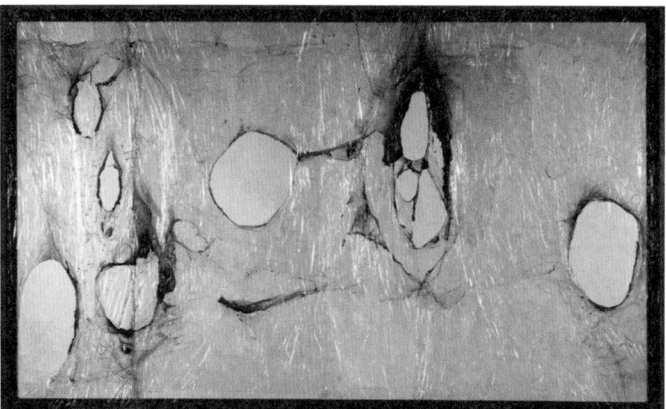

Alberto Burri,
Combustione plastica, 1964

Dadamaino,
Volume, 1958

die kein Chemiker entdecken könnte, und die doch existieren. Manche Menschen können dies fühlen und verstehen.«[42] Friedrich Vordemberge-Gildewart entwarf schon ab 1920 abstrakte Reliefs aus Glas und Metall, welche zur Immaterialität tendierten. Von diesen transparenten Bildreliefs ging es weiter zu den Lichtkästen und großen Lichtwänden der 1960er-Jahre. Diese Ambivalenz von Materie und Licht, diese synchrone und simultane Faszination von schwerem Material und materialaufhebendem Licht können wir auch bei Fontana, Manzoni und Francesco Lo Savio erkennen. Die Transparenz des Lichtes als Möglichkeit der Transzendenz der Materie ereignete sich dabei auf der Ebene des Materials und nicht auf der Ebene der Farbe, wie es in Amerika in den 1950er-Jahren bei Ad Reinhardt, Barnett Newman, Mark Rothko und Clyfford Still der Fall war.

Vom leeren Bild zum Bild des reinen Lichts, vom leeren Rahmen zum leeren Raum, vom weißen Bild zur weißen Wand, vom Tafelbild zum Metall-, Blei-, Marmorbild sind Stufen der Selbstauflösung der historischen Malerei (als Folge der Verweigerung der repräsentativen Funktion der Malerei) zu beobachten. Der neue Bildbegriff baut auf Nichtbildern auf, die eben die historischen Elemente und Materialien der Malerei zum Teil auslassen oder ersetzen. Diese Nichtbilder, in denen das Primat der Farbe und Form nicht mehr gilt, sondern Text und Konzept, Medien und Materie eine neue primäre Rolle spielen, sind die Bilder der Gegenwart und die eigentlichen Bilder des 20. Jahrhunderts.

---

42 César Domela, zit. nach Ernst Gerhard Güse, *Reliefs. Formprobleme zwischen Malerei und Skulptur im 20. Jahrhundert*, Ausst.-Kat., Westfälisches Landesmuseum Münster, Benteli, Bern, 1980, S. 150.

Nicht die Malerei oder das Tafelbild verschwinden, wohl aber historische Formen des Tafelbildes. In Italien spaltet sich das Bild von der Tafel. Das Bild verschwindet, die Tafel bleibt. Die Tafel wird zur Arena des Materials oder der Zeichen. Die Oberfläche der Malerei wurde zu einem Schlachtfeld, nicht mehr der Formen, sondern der Materialien oder Zeichen und individuellen Gesten. Es geht also um die Errettung der Erscheinung, den Triumph der Sinnlichkeit in unserer Welt der technischen Lichtbilder.

Was die Kritiker und die breite Öffentlichkeit bei dieser Transformation des Bildbegriffs gestört hat, ist weniger auf die Bilder selbst zu beziehen als vielmehr auf die soziale Funktion, welche die Kunst in der symbolischen Ordnung unserer Gesellschaft spielt. Die Kunst bezeichnete nämlich noch den vielleicht einzigen symbolischen Ort, an dem die Unabhängigkeit des bürgerlichen Subjekts behauptet werden konnte. Die Autonomie der Kunst und die Freiheit des Künstlers waren die letzten, wenn auch nur symbolischen Garanten, dass Autonomie und Freiheit der Individuen in dieser Gesellschaft (noch) möglich sind. Mit der Autonomie der Kunst wurde die Autonomie des bürgerlichen Subjekts verteidigt. Die Kunst lieferte insofern einen ideologischen Effekt. Der Künstler ist die ideologische Produktion der Imagination von der vermeintlichen Autonomie des bürgerlichen Subjekts. Der strukturelle Mangel an Sein und an Identität der Individuen in unserer Gesellschaft wird von der Kunst imaginär ausgefüllt, kompensiert bzw. überbrückt.

Der vorliegende Text ist 2009 in der von Peter Weibel herausgegebenen Publikation *Materialbild, Material Picture, Immagine materiale – Italien, Italy, Italia 1950-1965*, Silvana, Mailand, S. 26-47, auf Deutsch sowie unter dem Titel »La rivoluzione della pittura materica. Un'invasione delle arti nella realtà«, S. 48-71, auf Italienisch und als »The Revolution of Material Painting. An Invasion of the Arts Into Reality«, S. 72-91, auf Englisch erschienen. Das Buch begleitete die Ausstellung *Rom – offene Malerei. Materialbild im Italien der 1950er und 1960er Jahre*, die vom 5. April bis zum 24. August 2008 im ZKM | Karlsruhe zu sehen war.

Umgestaltung eines Displays von Sanja Iveković durch Lab-Artists und Zeugen, Ausstellungsansicht *Moments. Eine Geschichte der Performance in 10 Akten*, ZKM | Karlsruhe 2012

Alex Baczyński-Jenkins und Ligia Manuela Lewis, *Things Not to Be Forgotten or a Few Extra Challenges*, 2012, Performance, Ausstellungsansicht *Moments. Eine Geschichte der Performance in 10 Akten*, ZKM | Karlsruhe 2012

Die performative Wende im Ausstellungsraum

2013

Seit seiner Gründung 1989 sieht es das ZKM | Karlsruhe als seine spezielle Aufgabe an, nicht nur die klassischen, objekthaften Künste wie Malerei und Skulptur, sondern auch die immateriellen, ephemeren und performativen Künste, von den neuen Medien bis zum Tanz, also nicht nur die raum-, sondern auch die zeitbasierten Künste, auszustellen und zu sammeln. Das ZKM besitzt daher eine beeindruckende Sammlung von Gemälden, Fotografien, Skulpturen, Objekten, Installationen, aber auch von Ton- und Videobändern, DVDs, CDs und Archivmaterialien zu Aktionen, Happenings, Performances, Events, prozessualen und theatralischen Demonstrationen, Aufführungskünsten aller Art, Konzerten, Medienopern, mediengestützten musikalischen und tänzerischen Ereignissen und vielleicht die größte Sammlung interaktiver Kunstwerke der Welt. Interaktive Kunstwerke stellen traditionelle Praktiken des Sammelns und Ausstellens vor schwierige Probleme. Der Großteil der Medienkünste ereignet und realisiert sich nämlich erst durch die Interaktivität zwischen Mensch und Maschine, durch die Partizipation des Publikums. Es bedarf der Performance des Betrachters, damit das Kunstwerk entsteht. Deshalb nennt sich das ZKM seit 1999 ein »performatives Museum« und ist somit prädestiniert für eine der Performance und dem Tanz gewidmete Ausstellung wie *Moments. Eine Geschichte der Performance in 10 Akten*.

Das ZKM arbeitet seit Jahren daran, der Öffentlichkeit ins Bewusstsein zu rufen, welche Probleme die Kunstgattungen Film, Video, digitale Kunst, Musik, Tanz und Performance für das Museum, für Ausstellung und Archiv bedeuten. Denn nach der Aufführung, dem Ereignis in Raum und Zeit, fast immer vor Publikum, bleiben nur Spuren – immaterielle im Gedächtnis des Beobachters, materielle in Form von akustischen oder visuellen Dokumenten. Aktionskunst, Performance und Tanzkunst treffen auf das Problem des Speichermediums.

Die Musik, gleichfalls eine zeitbasierte Kunst, hatte wie die gesprochene Poesie jahrhundertelang das Problem, über kein Speichermedium zu verfügen. So wie die Poesie vor der Erfindung der Schrift nur mental gespeichert und mündlich übertragen werden konnte, nämlich als vom menschlichen Gedächtnis allein abrufbares Ereignis, als *ars memoria*, konnte auch die Musik nur als Theater des Gedächtnisses, als mündliche und memoriale Praxis der *imitatio* gespeichert und weitergegeben werden, als eine besondere Form der *Oral-Corporal History*. Erst mit der Erfindung eines technischen Trägermediums wie Papier und einer Notation (für die gesprochene Sprache die Schrift und für die Musik die Noten und Notenlinien) konnten Gedanken, Gedichte, Bilder und Töne aller Art gespeichert und überliefert werden. Lese- und Handlungsanweisungen entstanden für Interpreten, welche die Ereignisse wieder erzeugen bzw. wiederherstellen konnten, mit anderen Worten, die mentalen und materiellen Ereignisse, die nur in Spuren (Schrift, Notation) vorhanden waren, wieder aus und aufführen konnten.

Tanz nach der Labanotation, vor 1929

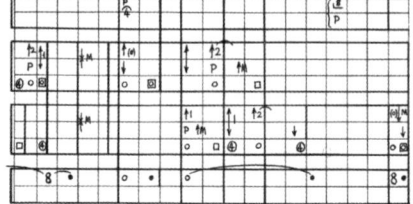

fig. 20

Noa Eshkol, Notation für *Promenade in Movement Notation*, 1958

Mit der zunehmenden Verbesserung der technischen Trägermedien (z. B. magnetische Tonbänder und chemische Foto und Filmstreifen, analoge Tonträger, digitale Speichermedien wie CD und DVD etc.) konnten die ephemeren Kunstformen nicht nur besser dokumentiert werden, sondern auch zu selbstständigen, autonomen Kunstformen aufsteigen.

Der Tanz stellte wegen seiner Komplexität als Sprache der Körperbewegung in Raum und Zeit, die also eine mehrdimensionale Notation benötigte, ein besonderes Problem dar: von Rudolf von Labans Notationen zum Ausdruckstanz über das *Movement System* (1968) von Noa Eshkol und Abraham Wachmann bis zu William Forsythes *Improvisation Technologies* (1999/2003)[1] gibt es eine Reihe erstaunlicher und bewundernswerter Versuche, die Bewegungen der Extensionen von Armen, Beinen, Becken und Rumpf im mehrdimensionalen Koordinationssystem von Raum und Zeit grafisch auf einer zweidimensionalen Fläche so zu dokumentieren, zu notieren, dass sie wiederaufführbar, abrufbar, *enacted* werden können. Das ursprünglich nicht Reproduzierbare, Einzigartige, Singuläre sollte reproduzierbar, tradierbar, übertragbar, vervielfältigbar gemacht werden.

Die Überlegungen zu den Präsentationsformen von Tanz und Performance, genauer der Geschichte von Tanz und Performance, haben unweigerlich zur Frage geführt, wie der bisherige Schauplatz des Tanzes, nämlich die Bühne des Theaters, mit dem neuen Schauplatz des Museums vereinbar ist, wie also die temporären und ephemeren Präsentationsformen des Tanzes und der Performance in eine dauerhafte Präsentation in einem Ausstellungsraum verwandelt werden könnte. Der Wechsel von der Theaterbühne ins Museum, der Wechsel von der zeitbedingten Aufführung in die Dauerausstellung, standen im Fokus: die Frage nach der Ausstellbarkeit von Tanz und Performance. Diese Frage resultiert aber nicht nur einseitig aus der Tanz- und Performancegeschichte, sondern auch aus der

---

1 William Forsythe, *Improvisation Technologies. A Tool for the Analytical Dance Eye*, ZKM | Karlsruhe, Deutsches Tanzarchiv Köln, Hatje Cantz, Ostfildern, 1999/2012. Seit 2023 sind die Inhalte auf der Website https://improvisation-technologies.zkm.de/ zugänglich.

William Forsythe, *Improvisation Technologies*, 1999/2003, Menü der gleichnamigen DVD

Noé Soulier, *Movement on Movement*, 2013, Performance im Rahmen der Ausstellung *William Forsythe. Nowhere and Everywhere at the Same Time*, ZKM | Karlsruhe 2023

jüngeren Geschichte der Kunst selbst. Denn tendenziell möchte die bildende Kunst des 20. Jahrhunderts die Sphäre des Tafelbildes verlassen und sucht den »Ausstieg aus dem Bild«.[2] Die visuelle Kunst hat daher neue Handlungsformen der Kunst hervorgebracht: Happening, Fluxus, Aktionen, Performances.

Die Musik als primäres Medium der zeitbasierten Kunst hat bei der Verwandlung der bildenden Kunst von einer Kunst des Raumes (Malerei, Skulptur) in eine Kunst der Zeit (Handlung, Aktion, Ereignis, Performance, Tanz) eine zentrale Rolle gespielt. In den 1950erJahren wurde von den Komponisten erstmals der visuelle, grafische Aspekt der Partitur zu einer selbstständigen Kunstform aufgewertet. Die Ursache war nicht nur eine gesteigerte Sensibilität für die visuellen Aspekte der Musik durch die Errungenschaften des lyrischen Informel, sondern auch ein genuin musikalisches Problem, nämlich die Rolle des Interpreten. Die Neue Musik der späten 1950er-Jahre (Pierre Boulez, John Cage etc.) wollte den Interpreten emanzipieren, ihm im Rahmen eines »offenen Kunstwerkes« (Umberto Eco) eine neue Freiheit gewähren. Vor dem Horizont einer beginnenden Rezipientenkultur, die neben der bildenden Kunst auch die Literatur erreichte, wurde die Freiheit des Interpreten in den Mittelpunkt gestellt. Der Komponist schreibt normalerweise eine Partitur, beispielsweise für Klavier, aber nur der Musiker, der diese Partitur zu interpretieren und zu spielen weiß, realisiert das Werk. Komponisten schreiben Musik also als Gebrauchsanweisungen. Die Interpreten setzen die Gebrauchsanweisungen um und schaffen die Musik.[3] Die Partitur ist also eine Anweisung für ein Ereignis, eine Aufführung. Der Begriff der Partitur wurde erweitert, von einer Anweisung zum Umgang mit musikalischen Instrumenten zu einer Anweisung zum Umgang mit Gebrauchsgegenständen und Menschen. George Brecht, der Ende der 1950er-Jahre an den Kursen von John Cage an der New School for Social Research in New York teilnahm, hat die Idee der Partitur, englisch *score*, auf den Begriff *Event Scores* ausgedehnt, Anweisungen für alltägliche und einfache Handlungen (*No Smoking Event*, 1961). Yoko Ono hat ebenfalls Anweisungen für das Publikum erstellt, die sie *Instructions* nannte.

---

2 László Glózer, *Westkunst. Zeitgenössische Kunst seit 1939*, DuMont, Köln, 1981, S. 234.
3 1960 schrieb der Komponist La Monte Young die *Composition 1960 #10*: »Draw a straight line and follow it«. 1962 schrieb Nam June Paik »Read-Music – Do it your-self – Answers to La Monte Young: See your right eye with your left eye«. Die grafischen Aspekte der Partitur verselbstständigten sich um 1950: Morton Feldman, *Projection 3*, für zwei Klaviere, 1951; Earle Brown, *December 1952*, 1952; Iannis Xenakis *Metastasis*, 1954 und *4 Systems*, 1954. Die Partitur von *Metastasis* wurde sogar die Urskizze für die Architektur des Philips-Pavillons von Xenakis 1958 in Brüssel.

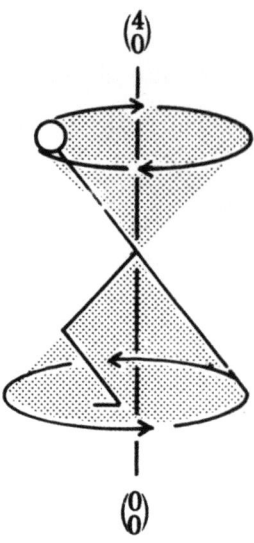

La Monte Young, *Composition 1960 #7*, 1960

fig. 29 Canonic Cones

Noa Eshkol, Diagramm für das »conical movement« des Oberkörpers in *Moving, Writing, Reading*, 1973

Wolf Vostell, *YOU*, 1964, Happening, Long Island/NY

Gilbert & George, *Underneath the Arches*, 1970, die erste Variante der *Singing Sculpture*, aufgeführt in der Nigel Greenwood Gallery, London

Nam June Paik übertrug diese Kompositionstechniken und *Event Scores* von der Welt der Töne und Alltagsgegenstände in die Welt der elektronischen Bilder. Bei diesem Transfer trat anstelle des Musikers das Publikum selbst als Interpret auf: »As the next step (toward more indeterminacy, I wanted to let the audience or congregation, in this case) act and play itself«, schrieb Paik 1962.[4] Seine Videoskulptur *Participation TV* (1963) ließ das Publikum über Mikrofon und Signalverstärker die Bilder eines Schwarz-Weiß-Fernsehers verändern – ein zentrales Werk für die folgenden Dekaden der partizipatorischen und interaktiven Medienkunst. Auch das berühmte, begriffsbildende Happening von Allan Kaprow *18 Happenings in 6 Parts* (1959) verzeichnet *instructions* für »a cast of participants«. Ein weiteres Beispiel für das Ersetzen des Kunstobjekts durch Handlungen und Handlungsanweisungen in der Aktionskunst war das Happening *YOU* (1964) von Wolf Vostell in Long Island, New York: »grundidee: die beteiligten; das publikum in einer satire den zumutbarkeiten des lebens in der form einer probe des chaos zu konfrontieren und die absurditaet im absurden und widerlichen der greuelscenen bewusst zu machen / es ist nicht wichtig was ich denke – sondern was das publikum aus den vorgaengen und meinem image an eigenem herausnimmt.«[5] Die performative Wende in der bildenden Kunst vollführte eine Annäherung an die Aufführungsformen des Theaters, der Musik und des Tanzes. Das Ergebnis waren Handlungen, Aktionen und Performances. Abstrakt gesprochen: aus Raum wird Zeit, aus dem Museum oder der Galerie wird eine Bühne. Ein unbewegliches Piano konnte der Schauplatz eines unendlichen Konzerts sein (La Monte Young, *Composition 1960 #7*, 1959/1960). Von Franz Erhard Walther (*OBJEKTE, benutzen*, 1968) bis Erwin Wurm, von Gilbert & George (*The Singing Sculpture*, 1970) bis Vanessa Beecroft spricht man von der Handlungsform der Skulptur, die sich in der vierdimensionalen Raumzeit ereignet und durch Video und Fotografie gespeichert und ausgestellt wird. Ausstellungspraktiken und -objekte werden zu Aufführungsformaten. Umgekehrt drängen die Aufführungskünste danach, Ausstellungsobjekte und Installationen zu werden. Theater und Museum, Aufführungen und Ausstellungen konvergieren.

Vor allem aber waren in den letzten Dekaden Konvergenzen zwischen Tanz und Performance sichtbar. Einer der zentralen Begründer der Minimal Art, Robert Morris, war ursprünglich Tänzer. Seine damalige Frau, Simone Forti, aber auch Trisha Brown (*Accumulation*, 1971) und andere haben den Minimal Dance entwickelt, die Präsentation der Essenz der Bewegung in Raum und Zeit. Der Tanz korrespondierte mit der Minimal Art, die Skulptur der Minimal Art führte zu neuen Varianten des Postmodern Dance. Beide unter dem Signum *Primary Structures*. Primäre Strukturerfahrungen, sei es der Bewegung, sei es der dreidimensionalen Objekte, standen im Zentrum der Ästhetik.

Die Kunst, den Tanz zu beschreiben, heißt seit 1700 Choreografie, die Kombination der griechischen Wörter *choreía* (tanzen) und *gráphein* (schreiben). Diese Notationen hatten die Funktion der Dokumentation und der Erstellung eines Repertoires von Tänzen. Bei der Choreografie, von Raoul-Auger Feuillet bis zu Rudolf von Laban, ging es also ursprünglich um die Reproduktionsmöglichkeit des Tanzes, um die Vorschrift und Nachschrift der Bewegung. Heute geht es um die Analyse von Bewegungen des Körpers in Raum und Zeit. Der Körper und seine Bewegungen sind immer auch von sozialen, politischen, gesellschaftlichen Regeln und Normen bestimmt, die sich in ihn einschreiben. Gleichzeitig leistet er im Tanzen Widerstand. Gesetz (Choreografie) und Widerstand (performative Präsenz) treten in ein komplexes Verhältnis im Moment des Tanzens.

---

4   Nam June Paik, »About the Exposition of Music«, in: *Décollage Nr. 3*, 1962.
5   Wolf Vostell, zit. nach José Antonio Agúndez García, *10 Happenings von Wolf Vostell*, Editora Regional de Extremadura, Museo Vostell Malpartida, 1999/2001, S. 167.

Boris Charmatz, Reenactment von Yvonne Rainers Performance *Trio A* (1966), Ausstellungsansicht *Moments. Eine Geschichte der Performance in 10 Akten*, ZKM | Karlsruhe 2012

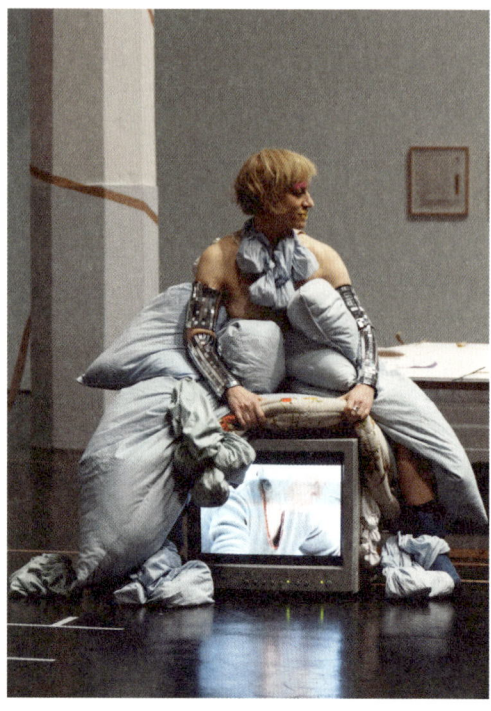

Meg Stuart performt zu Simone Forti playing *Face Tunes* (2012), Ausstellungsansicht *Moments. Eine Geschichte der Performance in 10 Akten*, ZKM | Karlsruhe 2012

Simone Forti performt mit der Kolbenflöte von *Face Tunes*, Ausstellungsansicht *Moments. Eine Geschichte der Performance in 10 Akten*, ZKM | Karlsruhe 2012

Die performative Wende der Kunst hat also in den 1950er-Jahren in der Hauptsache mit Extensionen des Begriffs Partitur in der Musik begonnen und in den 1960er-Jahren mit der Idee von *Event Scores* und *instructions*, mit Happenings und Aktionen ihre Realisierung gefunden. Die philosophische Definition lieferte John Langshaw Austin 1962 mit seinem Buch *How to Do Things with Words*. Allerdings wurden Aktionen, Performances, Tanz und Medienkunst in den 1960er-Jahren vom Kunstbetrieb marginalisiert. Die Künstler und Künstlerinnen, die trotz aller Widerstände das Wagnis eingingen, diese neuen Kunstformen zu entwickeln, vertreten daher die »heroische« Phase der Performance Art, welche erst in der nachfolgenden Generation, Anfang des 21. Jahrhunderts, in den Museen der Welt ihre Anerkennung fand. Aktuelle Beispiele dafür sind unter anderem die der performativen Kunst gewidmeten »Tanks« der Tate Modern in London oder die Ausstellung *The Artist Is Present* von Marina Abramović, die 2010 im MoMA, New York, gezeigt wurde. Dieser heroischen Generation sind der Katalog und die Ausstellung *Moments* gewidmet. Das ZKM ist eines der wenigen und ersten Museen, die sich dieser »performativen Wende« schon lange analytisch zugewandt haben.

Die Auswahl der Künstlerinnen für die Ausstellung bezieht sich zwar auf die Kategorien Tanz und Performance, zeigt aber gleichzeitig auch die Durchlässigkeit dieser beiden Kategorien. So sind Tänzerinnen und Choreografinnen wie Simone Forti, Anna Halprin, Reinhild Hoffmann, Yvonne Rainer eingeladen worden, und Performerinnen wie Marina Abramović, Graciela Carnevale, Lynn Hershman, Adrian Piper, Sanja Iveković, Channa Horwitz. Denn die Performances enthalten Elemente des Tanzes und die Tanzstücke Elemente der Performance. Die Performerin Adrian Piper zeigt ihre *Funk Lessons*, ihre Tanzkurse. Die *Sonakinatography* (Ton – Bewegung – Notation) von Channa Horwitz ist eine spezifische Performance mit Musik, Tanz, Wort und elektronischen Instrumenten. Die eingeladenen Künstlerinnen repräsentieren also, trotz aller medialen und politischen Unterschiede, die Fusion von Tanz und Performance.

Die Konvergenz von Aufführung und Ausstellung, von Handlung und Installation, verlangt nach einer eigenen »Schrift« der Ausstellung, denn Tanz und Performance leben, wie bereits beschrieben, noch mit wenig Notation und Schriftkultur. Sie brauchen also eine Schrift, eine Choreografie der Ereignisse, welche die Bewegungen der Objekte und Menschen und alle realen wie virtuellen Formen notiert. Die Erkundung von neuen Präsentationsformen von Performance und Tanz ist eine Annäherung an eine solche Choreografie der Ereignisse. Die Untersuchung zur Ausstellbarkeit von Performance und Tanz endet in Notationsversuchen. Im Museum ist ein Notationsversuch die Ausstellung. Die Ausstellungsarchitektur von Johannes Porsch greift folglich zu Recht auf verschiedene Präsentationsformate von temporären Aufführungen und dauerhaften Ausstellungen zurück. Es gelingt ihm, durch seine Rückgriffe auf neoavantgardistische Embleme und Materialien, das Ephemere, Prozesshafte, Transitorische, Vorläufige zu betonen. Die Architektur wirkt wie ein Archiv, dessen Materialien zur freien Bedienung ausgelegt sind. Umgekehrt bedingt die Materialität des Archivs die Architektur. Sogenannte Displays führen die Historizität ausgewählter Momente der Präsentationsgeschichte vor, indem diese rekonstruiert werden. Die Ausstellungsarchitektur selbst schwankt zwischen Theater und Museum, zwischen Aufführungsbühne und Ausstellungsraum. Sie geht sehr differenziert auf die verschiedenen ontologischen Positionen der Werke ein, seien sie materiell oder immateriell, seien es Papier- oder Videodokumente, autorisierte Dokumente oder diverse Archivmaterialien.

Eine entscheidende Innovation ist die Rückverwandlung der Ausstellung in einen Aufführungsraum: Der Tänzer und Choreograf Boris Charmatz wurde beauftragt, die Ausstellung performativ zu bespielen, sich also die Ausstellung durch die Tänze und Performances seines Teams (*Lab Artists*) und seiner selbst anzueignen, und somit den Ausstellungsraum wieder in eine Bühne zu verwandeln. So erhielt die Ausstellung nicht nur durch die Displays, sondern auch durch die täglichen Aufführungen und Vorführungen den Charakter eines künstlerischen Labors. Die filmische und fotografische Dokumentation der Performances, des Zeugenprogramms, der Laborteilnehmer und der Artists Talks *coram publico* hat den performativen Charakter der Ausstellung verabsolutiert.

Die Benennung der Gruppe von teilnehmenden (Kunst-)Studenten mit dem Namen »Zeugen« ist offensichtlich ein Verweis auf das Ereignisdenken bei Jacques Derrida. Für Derrida ist die Spur die »Selbstlöschung, die Auslöschung ihrer eigenen Präsenz; sie wird durch Drohung oder die Angst ihres unwiderruflichen Verschwindens, des Verschwindens [ihres] Verschwindens konstituiert. Eine unauslöschbare Spur ist keine Spur; sie ist eine volle Präsenz …«[6] Die Spur ist ein Element, das in direkter Beziehung zu dem steht, was durch sie wahrgenommen, also sichtbar gemacht wird. Der Tanz ist für eine Weile sichtbar, voller Präsenz, aber gerade durch seine Bewegung löscht er jede Spur der Bewegung. Jede neue Bewegungsphase eines Tanzes wird Präsenz um den Preis, die vorige Bewegungsphase des Tanzes auszulöschen. Der Tanz ist in diesem Sinne die Kunst der Spur, einer Spur, die nur sichtbar wird, indem sie sich selbst ständig auslöscht. Die Zeichnung ist die Spur einer Bewegung der Hand. Die Hand hinterlässt auf dem Papier eine materielle Spur, die virtuell ewig dauert. Insofern können wir Paul Valéry nicht zustimmen, der 1936 eine Analogie zwischen Zeichnung und Tanz am Beispiel von Edgar Degas konstatiert, denn während der Tanz vergeht, ist es die Zeichnung, die bleibt und besteht. Was allerdings stimmt, ist, dass die Sichtbarkeit einer Form bzw. einer Spur nur das bestätigt, was man schon erfasst hat. »Wenn Degas vom Zeichnen sagte, es sei die Art und Weise wie man die Formen sieht, und Mallarmé lehrte, die Verse seien aus Wörtern gemacht, so versuchten sie damit, jeder innerhalb seiner Kunst, etwas zu formulieren, was man völlig und im richtigen Sinne nicht zu erfassen vermag, so man es nicht schon erfasst hat.«[7] Die Partitur ist also weniger die Tat, eher das Ereignis im Sinne von Alain Badiou.[8]

Insofern konnte George Brecht die Partitur mit einem Ereignis gleichsetzen. Denn die Partitur ist nicht die Musik. Streng genommen haben uns die großen Komponisten, von Johann Sebastian Bach bis Wolfgang Amadeus Mozart, keine Musik hinterlassen, sondern sie waren *Mousikēgrafen*. Sie hinterließen uns visuelle Partituren, also Schrift, zur Erzeugung von Musik. Die Musik ist somit als Spur dem Tanz vergleichbar. Denn Musik, Tanz und Performance sind Sonderfälle der Präsenz. Ohne eine Spur ist die Präsenz, die nur einen Augenblick dauerte, nicht nachweisbar. Wenn Präsenz als Anwesenheit und Gegenwart verstanden wird, braucht sie Zeugen. Eine nicht bezeugbare Präsenz wäre ein Widerspruch. Anwesenheit, Gegenwart existieren nur durch Zeugenschaft. Die Flüchtigkeit des Augenblicks wird nur durch die Präsenz der Zeugen notiert, welche die Spur erzeugen, die vom verschwundenen Augenblick Zeugnis ablegen. Zeuginnen und Zeugen sind die wahren Konstrukteure der Präsenz und der Geschichte. Das Ereignis bezeugt buchstäblich, dass Präsenz eine Eigenschaft der Zeugenschaft ist. Die Spur in das Ereignis zurückzuverwandeln mithilfe von Zeugen, als da seien Menschen, Texte, Fotos und Filme, also Dokumente, ist das eigentliche Problem der Performancekunst.

---

6   Jacques Derrida, *Die Schrift und die Differenz*, Suhrkamp, Frankfurt/M., 1972, S. 349.
7   »Degas disant du dessin qu'il était *la manière de voir forme*, Mallarmé enseignant *que le vers sont faits de mots*, résumaient, chacun dans son art, ce que l'on ne peut pleinement et utilement entendre ›si on ne l'a déjà trouvé‹.« Paul Valéry, »Degas Danse Dessin« (1936), in: ders., *Œuvres*, Gallimard, Paris, 1960, S. 1208; Übersetzung des Autors.
8   Vgl. Alain Badiou, *Das Sein und das Ereignis* (1988), Diaphanes, Berlin, 2005.

Die Ausstellung und der Katalog *Moments* versuchen, Modelle zu entwickeln, welche die Spuren der Formen, Bewegungen und Objekte in eine Dauer verwandeln, um zu verhindern, dass verloren geht, was in Raum und Zeit existierte.

Dieser Text wurde 2013 in der von Peter Weibel, Sigrid Gareis und Georg Schöllhammer herausgegebenen Publikation *Moments. Eine Geschichte der Performance in 10 Akten*, Walther König, Köln, S. 13–20, publiziert. Das Buch dokumentierte die Ausstellung *Moments. Eine Geschichte der Performance in 10 Akten*, die vom 8. März – 29. April 2012 im ZKM | Karlsruhe gezeigt wurde. Ausgehend von der Frage nach der musealen Darstellbarkeit und Reproduzierbarkeit historischer Performances und Tanzkunstwerke wurden neue Formen der Ausstellung und der Dokumentation von Performancekunst und ihrer Geschichte erarbeitet und erprobt. Ausgangspunkt waren Meilensteine der Performancekunst und des Tanzes von Marina Abramović, Graciela Carnevale, Simone Forti, Anna Halprin, Lynn Hershman Leeson, Reinhild Hoffmann, Channa Horwitz, Sanja Iveković, Adrian Piper und Yvonne Rainer. Unter Mitwirkung der zum Teil anwesenden Künstlerinnen wurden diese Schlüsselwerke im Dialog mit Performern der jüngsten Generation in einem künstlerischen Labor wiederaufgeführt und neu interpretiert, das wiederum durch einen Film und künstlerische Zeugen dokumentiert und begleitet wurde.

Sasha Waltz, *Continu*, 2013-2014, Performance in der Ausstellung *Sasha Waltz. Installationen, Objekte, Performances*, ZKM | Karlsruhe 2013-2014

Sasha Waltz. Installationen, Objekte, Performances – zwischen performativer und installativer Wende

2014

Der Tanz und das Leben

Wenn wir tanzende Menschen beobachten, dann sehen wir nicht nur ein Maximum an Bewegung, wir sehen auch ein immenses Maß an Lebendigkeit. Das Leben ist, ausgehend von Atomen über Zellen bis hin zu den Körpergliedern, ein System ständiger Bewegung. Das Modell ist offensichtlich die 1827 von dem schottischen Botaniker Robert Brown entdeckte Wärmebewegung von Teilchen in Flüssigkeiten - Pollen in einem Wassertropfen - die sogenannte Brownsche Molekularbewegung. Sie galt als Beweis für Lebenskraft, einen *Élan vital*, wie ihn Henri Bergson beschrieben hat.[1] Doch konnte dieser Effekt auch an unbelebten Staubkörnern beobachtet werden. Dennoch reimt sich bis heute »bewegt« auf »belebt« bzw. »unbewegt« auf »unbelebt«. Bewegen sich Tänzerinnen und Tänzer also wie Moleküle nach gerichteten Graphen oder führen sie einen *random walk* auf? Im Tanz beobachten wir die kinetische Ausdrucksform des Seins, den Tanz der Körper, das Theater des Lebens. Der Körper ist die Kunstform des Todes, der Tanz die Kunstform des Körpers.

Wir befinden uns innerhalb der Dialektik einer binären Opposition: auf der einen Seite leblose und unbewegliche Steine, auf der anderen Seite lebendige und bewegliche Menschen. Ovid hat die Steine als lebendige Organe und Petrus die Menschen als »lebendige Steine« im Haus der Kirche betrachtet. Tanz ist ein Name für gesteuerte Bewegung von Körpern im Raum und damit ein kybernetischer Prozess zwischen Res extensa und Res cogitans. Der Körper sagt dem Geist, was er vermag, und der Geist steuert den Körper, soweit er mag.

Es sind die Körper, die den Raum bewohnen, die Res extensa, wie der philosophische Begründer der Neuzeit, René Descartes, die Materie nannte. Isaac Newton bestätigte, dass Körper ausgedehnt sind und gleichzeitig beweglich: »[...] wir schließen daraus, dass alle kleinsten Teile aller Körper ebenfalls ausgedehnt, hart, undurchdringlich, beweglich und mit der Kraft der Trägheit begabt sind.«[2] Als Entdecker des Gravitationsgesetztes betont er die Schwerkraft als Eigenschaft der Körper. Gerade die Schwerkraft ist es, welche die Körper der Tänzer bei ihrer Bewegung im Raum überwinden wollen und aus der Beobachtung dieser antigravitationellen Pirouetten und Pas de deux beziehen die Zuschauer ihre tiefe Befriedigung.

Res cogitans nannte Descartes den Geist. Das ist wichtig für die Bedeutung des Tanzes, denn wir bewohnen tatsächlich den Raum nicht durch den Geist, wir bewohnen

---

1 Henri Bergson, *L'évolution créatrice*, Alcan, Paris, 1907, S. 95-106.
2 Isaac Newton, *Die mathematischen Prinzipien der Physik* (1687), de Gruyter, Berlin, 1999, S. 381.

den Raum durch den Körper. Das machen uns die Tanzstücke von Sasha Waltz eindrucksvoll bewusst. Der Körper ist das Medium des Raumes und auch der Zeit. Im Tanz offenbaren sich die Endlichkeit von Raum und Zeit.

Im Tanz äußert sich daher auch die Angst vor der Endlichkeit bzw. der Vergänglichkeit des Individuums. Einer der berühmtesten Syllogismen verweist auf Sokrates: »Alle Menschen sind sterblich. Du bist ein Mensch, also bist du sterblich.« Der Tanz ist eine Antwort des Menschen auf diesen Todessyllogismus, eine Existenzbehauptung, eine Zeremonie der Existenz. Alle Tänze – rituelle Tänze, Regentänze, vom Tanz der Derwische bis zur Samba – sind eine Apotheose des Lebens, des Körpers und des Seins. Deswegen wird dem Tanz ursprünglich eine wundersame Wirkung auf die Welt zugeschrieben, z. B., dass er Kranke heilt, dass er Regen bringt, dass er Geister vertreibt oder die Wahrheit offenbart bzw. entschleiert. Der Tanz hat eine »heilende«, beschwörende, betörende, übernatürliche, fast »heilige« Funktion. Der Tanz gehört zu einem Ensemble von Ausdrucksformen wie die Riten, die Mythen, die Religion, die Kunst – Embleme, Bilder, Spiegel, mit denen sich die abendländische Gesellschaft vom Abgrund des Todes abgrenzt, von den grenzenlosen Räumen des Nichts. Sasha Waltz konstruiert Räume mit Körpern, um den Grund vom Abgrund zu trennen bzw. um einen Grund zum Leben zu erzwingen, einen Lebensgrund. Der Sinn des Tanzes ist darin zu sehen, dass Körper Räume bewohnen, denn nur Körper und ihre Bewegungen erschaffen den Grund des Lebens im doppelten Sinne, den Grund des Seins und die Begründung des Lebens. Die Körper schaffen in den Choreografien von Sasha Waltz Raum. Sie setzen Grenzen, um den endlichen Raum des Seins vom unendlichen Raum des Nichts abzugrenzen. Dort, wo die Körper sich bewegen, erzeugen sie unsichtbare Konturen eines polynominalen Raumes, ein »Geviert des Seins«, das Martin Heidegger ein »Haus des Seins«[3] nennt. Im Tanz bewohnen wir dieses Haus des Seins.

Der Tanz um den Baum des Wissens
Warum sprechen wir nicht von der »Wolke des Wissens«, sondern vom »Baum des Wissens«? Wenn wir vom Baum des Wissens reden, an dem wir uns im schlimmsten Falle aufhängen, im besten Falle aufrichten, uns in die Höhe erheben, meinen wir das Reich der Res cogitans. Für die Dimension des Geistes haben wir als Bild einen Baum, der in die Höhe wächst. In der abendländischen Philosophie und Theologie gibt es bekanntlich zwei gegensätzliche Strömungen: Die eine betont die Vertikalität, das Streben nach oben, nach Immaterialität, die sogenannte Vergeistigung, die andere betont die Horizontalität, das Streben nach Materialität, die sogenannte Verkörperung. Der Baum dient als Metapher für beide Strömungen. Der Stamm und der Baumgipfel stehen für Vertikalität, das Wurzelwerk des Baumes steht für Horizontalität. Die Äste ragen in den Himmel, die Wurzeln dehnen sich in den Grund aus. »Rhizom« nennen Gilles Deleuze und Félix Guattari metaphorisch wiederum ein sich lateral ausbreitendes Geflecht, das sich vom Wurzelwerk des Baumes unterscheidet: »Ein Rhizom ist als unterirdischer Strang grundsätzlich verschieden von großen und kleinen Wurzeln. [...] Das Rhizom selber kann die unterschiedlichsten Formen annehmen, von der verästelten Ausbreitung in alle Richtungen an der Oberfläche bis zur Verdichtung in Zwiebeln und Knollen.«[4] Der Tanz der Vergangenheit war stärker vertikal ausgerichtet. Der postmoderne Tanz ist bodennäher, horizontal ausgerichtet: Die Tänzerinnen und Tänzer wälzen sich oder kriechen auf dem Boden. Sie nähern sich dem Abgrund, sie scheuen sich nicht, in den Abgrund zu blicken. Der postmoderne Tanz stemmt sich

---

3   Martin Heidegger, *Über den Humanismus*, Klostermann, Frankfurt/M., 1949, S. 5.
4   Gilles Deleuze und Félix Guattari, *Tausend Plateaus: Kapitalismus und Schizophrenie* (1980), Merve, Berlin, 1992, S. 16.

Aus: Vítězslav Nezval, Milča Mayerová und Karel Teige, *Abeceda*, 1926

gegen den Abgrund, nachdem der Mensch im 20. Jahrhundert durch den Abgrund von zwei Weltkriegen gegangen ist.

Es geht im Abendland der Zivilisation immer darum, dem Sog zum Abgrund zu entgehen. Dem Abgrund muss eine Kraft entgegengesetzt werden. Es ist die Idee der Zivilisation, dem Abgrund zumindest ein menschliches Antlitz zu geben. Nachdem der Tanz aus Körpern besteht, die den Raum erschaffen und das Sein begründen, also dem Sein und dem Raum im doppelten Sinne einen Grund geben, ist es der Tanz, der dem Abgrund des Menschen ein menschliches Antlitz gibt. Der Tanz ist nicht nur eine Architektur, in der Körper und Raum verschmelzen. Das ist der ästhetische Reiz des Tanzes. Der Tanz ist mehr als die Sprache des Raumes und die Sprache des Körpers. Der Tanz oder genauer die Glieder des Körpers in Bewegung bilden die Speichen des Rads des Lebens. Der Tanz braucht zwar als Medium den Körper, doch seine eigentlichen Medien sind Raum und Zeit. Raum und Zeit artikulieren sich für den Menschen durch das Medium des Körpers. Das ist die Botschaft des Tanzes bei Sasha Waltz. Der Tanz verkörpert buchstäblich Raum und Zeit bzw. die Einheit von Raum und Zeit.

Damit zeigt sich, dass der Tanz eine Form des Wissens ist und zwar eine Archäologie des Wissens, welche die Philosophen und Anthropologen vor Rätsel stellt. In ihm ist die Weisheit des Körpers[5] gespeichert, evolutionäres Wissen verkörpert.

Der Sprachforscher Wolfgang Steinig hat ein Buch mit dem bezeichnenden Titel *Als die Wörter tanzen lernten* (2006) publiziert.[6] Dieser Titel zeigt schon, dass zwischen Tanz und Sprache eine Beziehung bestehen muss, dass nicht nur Körper tanzen, sondern auch Buchstaben. Wenn nicht nur Körper tanzen, sondern auch Wörter, dann wird behauptet, dass der Tanz nicht nur eine Frage der Res extensa, sondern auch der Res cogitans ist, dass der Tanz nicht nur eine räumliche und zeitliche Dimension, sondern auch eine geistige hat. Mobile Lettern und mobile Leiber stehen in enger Verbindung. Die Frage ist nur: Was war früher da, der Tanz oder die Sprache? Die These lautet, der Tanz als eine Ordnung, eine Anordnung der körperlichen Extremitäten in Raum und Zeit, war die erste Ordnung, nach welcher sich die »Ordnung der Dinge«[7] und die Ordnung der Zeichen richtete. Der Tanz als Erkundung von Raum und Zeit durch den Körper bildete die erste Grammatik, welcher die

---

5 Vgl. Walter B. Cannon, *The Wisdom of the Body*, W. W. Norton, New York, 1932.
6 Wolfgang Steinig, *Als die Wörter tanzen lernten: Ursprung und Gegenwart von Sprache*, Spektrum, Heidelberg, 2006.
7 Vgl. Michel Foucault, *Ordnung der Dinge. Eine Archäologie der Humanwissenschaften* (1966), Suhrkamp, Frankfurt/M., 1974.

Grammatik der Zeichen folgte. Zahlreich sind die Publikationen, in welchen die Leiber der Menschen Buchstaben bilden. Am berühmtesten dafür ist wahrscheinlich *Abeceda* (1923) von Vítězslav Nezval, Milča Mayerová und Karel Teige. Die Idee, dass der Körper in Teile zerschnitten werden kann, ist die Grundidee der Anatomie, vom griechischen *aná* (auf) und *tomé* (Schnitt). Der Körper wird aufgeschnitten und nach seiner morphologischen Struktur untersucht. Darum ist die Anatomie auch ein Teilgebiet der Morphologie, d. h. der Lehre von der Gestalt. Der nächste Schritt war, zu erkennen, dass die Teile des Körpers mit den Buchstaben verglichen werden können, die ebenfalls aus dem menschlichen Lautstrom herausgeschnitten worden sind. Diese Erkenntnis drückt Barthélémy Cabrol 1594 gleich zu Beginn der Entstehung der anatomischen Wissenschaft in einem unvergleichlichen Buchtitel aus: *Alphabet anatomic: auquel est contenue l'explication exacte des parties du corps humain, et réduites en tables selon l'ordre de dissection ordinaire* [Anatomisches Alphabet, welches eine exakte Darstellung sämtlicher Körperteile enthält, zusammengefasst auf Tafeln, die nach dem gewöhnlichen Sektionsablauf geordnet sind]. Der Körper kann in Glieder wie Finger, Hand, Handgelenk, Arm usw. zerlegt werden. Diese Glieder bilden das Alphabet des Körpers. Mit ihnen schaffen wir eine körperliche Schrift, eine *écriture corporelle*. Mit der Schrift des Körpers schreiben wir im Raum einen Tanz. Die sprachliche Grammatik kam erst nach der körperlichen Grammatik. Die Lautfolge, die Konsonantenfolge, die Buchstabenfolge kam erst nach der Sequenzierung der körperlichen Glieder in Raum und Zeit. Der Transfer vom Tanz des Körpers zum Tanz der Laute und Worte ist die Entwicklung der Zivilisation.

Deswegen sagt Ludwig Wittgenstein: »Man könnte fast sagen, der Mensch sei ein zeremonielles Tier.«[8] Wir Menschen seien Tiere und was uns vom Tier unterscheide, seien die Zeremonien. Es gibt Handlungen, sagt Wittgenstein, »die man tierische nennen könnte«[9], beispielsweise die Nahrungsaufnahme. Aber es gibt auch Handlungen, die keinen Zweck haben, »die man rituelle Handlungen nennen könnte«[10], das sind menschliche Handlungen. Der Tanz ist eine solche rituelle Handlung, die über die tierischen Handlungen hinausgeht. Ohne Zeremonie wäre der Mensch laut Wittgenstein ein Tier.

Le Sacre du printemps (1913) von Vaslav Nijinsky und Igor Strawinsky war deshalb der berühmteste Skandal der Ballettgeschichte des 20. Jahrhunderts, weil sowohl Musik als auch Choreografie für den damaligen Geschmack die Grenze zwischen ritueller und animalischer Handlung auflösten, also den Menschen tendenziell als Tier zeigten. Sasha Waltz inszenierte und interpretierte 2013 diese wichtigste Ballettaufführung des 20. Jahrhunderts hundert Jahre nach der Uraufführung in Frankreich neu und zeigte erstmals das Kernproblem dieses Balletts, nämlich, dass Rituale Opfer erzeugen.

Dichter wie Paul Valéry und Stéphane Mallarmé haben sich im Kreis des berühmtesten Malers des Tanzes, nämlich Edgar Degas, ebenfalls mit der Kunst des Tanzes beschäftigt. Ihre Einsichten bestätigen unsere eingangs geäußerte These: Der Tanz ist eine Existenzbehauptung. Valéry schreibt über den Zustand, in den uns der Tanz versetzt: »Ein solcher Zustand vermittelt uns die Anschauung einer Existenz anderer Art, welche die seltensten Augenblicke unseres Seins in sich zu fassen vermag [...].«[11] Dieses Zitat bestätigt die Verwurzelung des Tanzes im Grund bzw. im Haus des Seins. Der Tanz ist eine Kulturtechnik, die das Trauma des sterblichen Körpers durch Bewegung überwinden soll. Der Tanz ist als Bewegungskunst eine Kulturtechnik, welche vom Naturzustand der Sterblichkeit erlösen

---

8   Ludwig Wittgenstein, »Bemerkungen über Frazers Golden Bough«, in: ders., *Vortrag über Ethik und andere kleine Schriften*, Suhrkamp, Frankfurt/M., 1995, S. 35.
9   Ibid.
10   Ibid.
11   Paul Valéry, *Tanz, Zeichnung und Degas* (1936), Suhrkamp, Frankfurt/M., 1996, S. 19.

Sasha Waltz, *Gezeiten*, 2005, Installationsansicht *Sasha Waltz. Installationen, Objekte, Performances*, ZKM | Karlsruhe 2013-2014

soll. Das ist genau das, was das Wort Ekstase meint, ein »Außer-sich- oder Fern-von-sich-Sein«.[12] Der Tanz ist deswegen eine existenzielle Behauptung, weil er uns der normalen, alltäglichen Sphäre der Existenz enthebt. Im Roman *Die Verzückung der Lol V. Stein* (1964) beschreibt Marguerite Duras eine Wirkung des Tanzes, der als Wirbel der Heldin den Boden unter den Füßen wegzieht, den Grund des Seins.[13] Paul Valéry zitiert Stéphane Mallarmé mit der paradoxen Aussage: »[...] die Tänzerin sei keine Frau, die tanzt, denn erstens sei sie keine Frau und zweitens tanze sie nicht.«[14] Für Mallarmé sei sie eine Metapher, die alle elementaren Aspekte des Lebens in einer körperlichen Schrift zusammenfasst. Der Tanz sei das Kondensat und die Conclusio des Lebens. Der Tanz ist also mehr als die Sprache der Schrift, er ist die ursprüngliche Sprache des Seins. Die Tänzerin schreibt mit dem Körper. Sasha Waltz ist daher mehr als eine Choreografin, sie ist eine »Somagrafin«. Wir sehen das an der wunderbaren Installation *Gezeiten* (2005), ein Raum, in dem der Besucher auf schwankenden Boden tritt. Es gibt keinen festen Boden unter den Füßen, es gibt nur schwankenden Grund, das Sein selbst ist instabil und flüchtig. Der Grund des Seins wird immer wieder zum Abgrund des Nichtseins. Nicht die Füße der Tänzer bewegen sich, denn es gibt keine Tänzer, nur der Boden bewegt sich, der buchstäbliche Tanzboden. Der Boden tanzt allein, ohne Tänzer. Das ist das Bild des Abgrunds, an dem der Besucher körperlich teilhat. Denn er schwankt selbst wie der Grund, auf dem er steht. Er spürt den Sog des Abgrunds. Die Arbeit *Gezeiten* ist eine Metapher dafür, wie wir heute versuchen, uns dem Sog des Abgrunds zu entziehen. Wie Otto Neurath schrieb: »Wie Schiffer sind wir, die ihr Schiff auf offener See umbauen müssen, ohne es jemals in einem Dock zerlegen und aus besten Bestandteilen neu errichten zu können.«[15]

Der Tanz und die Künste
Jahrhundertelang dominierten vier Formen der Künste: Bildhauerei und Malerei, Musik und Poesie. Die Künste waren streng unterteilt in die Künste des Raumes und die Künste der Zeit. Damals hatte der Tanz als Bewegung der Körper in Raum und Zeit wenig Platz im Korsett der Theorie. Der Tanz war ursprünglich eine Art Begleitkunst. Nehmen wir das

---

12 Ibid.
13 Marguerite Duras, *Die Verzückung der Lol V. Stein* (1964), Suhrkamp, Frankfurt/M., 1984.
14 Valéry 1996, S. 19.
15 Otto Neurath, »Protokollsätze«, in: *Erkenntnis*, Vol. 3, Nr. 1, 1932/1933, S. 204-214, hier S. 206.

berühmte Ballett *Schwanensee* von 1877. In aller Munde ist der Name des Komponisten: Pjotr Iljitsch Tschaikowski. Die Librettisten und die Choreografen kennt kaum jemand und die Tänzerinnen und Tänzer kennen nur die Spezialisten.

Gotthold Ephraim Lessing hat 1766 in *Laokoon oder über die Grenzen der Mahlerey und Poesie* die klassische Kunsttheorie vorgeschrieben. Es gibt die Künste der Zeit, also Künste des Nacheinander, die Poesie und die Musik, sowie die Künste des Raumes, also die Künste des Nebeneinander, die Malerei und die Skulptur. Seitdem gilt die Unterscheidung, die besagt, Poesie, Musik und Tanz sind zeitbasierte Künste, Skulptur und Malerei sind raumbasierte Künste.

Um 1900 begann mit der modernen Kunst auch ein Paradigmenwechsel im Tanz. Der Tanz entledigte sich seiner servilen Funktion als Divertissement zur Musik und näherte sich stattdessen der bildenden Kunst. Der Aufstieg von Loïe Fuller verdeutlicht diese Entwicklung. Ab ca. 1892 hat sie in Paris nicht nur sensationelle Choreografien entworfen, sondern auch Illusionseffekte inszeniert, mit denen sie viele Künstler begeistert hat, unter anderem Maurice Denis, Auguste Rodin, Stéphane Mallarmé und Henri de Toulouse-Lautrec. Fuller arbeitete nicht nur als Tänzerin, sondern auch als visuelle Künstlerin mit farbigen Lichtprojektionen und elektrischem Licht, z. B. *Radium Dance* (1904) mit fluoreszierenden Effekten. Ihre Arbeit und ihr Leben wurden zum Thema von Filmen und sie arbeitete selbst an Filmen, z. B. *Vision des rêves* (1924). Sie hat den Tanz als selbstständige Kunstform etabliert, indem sie ihn mit Elementen der bildenden Kunst vermischte und damit dem Modern Dance den Weg ebnete.

Ab 1900 spielten von bedeutenden Künstlern geschaffene Kostüme und Bühnenbilder eine Rolle. Ein signifikantes Beispiel dafür ist Sergei Pawlowitsch Djagilew und seine Ballets Russes. Djagilew arbeitete seit 1910 mit Künstlern wie Henri Matisse, Georges Braque, Jean Cocteau, Pablo Picasso und Coco Chanel zusammen. Musik, Tanz und Kunst bildeten ein symmetrisches Tripel. Mit dem zunehmenden Austausch des Tanzes mit der bildenden Kunst hat sich der Tanz selbst als Kunstform emanzipiert: Das Körperalphabet wurde zu einem Bewegungsalphabet. Der Tanz entwickelte sich vom klassischen Ballett zur Bewegungschoreografie.

Oskar Schlemmer hat mit seinem *Triadischen Ballett* (ab 1919) die Beziehung von Körper und Bewegung im Raum weiter erforscht. Für ihn war der Tanz eine Ausdehnung der Malerei. 1925 schrieb er in seinem Tagebuch: »Ich bin zu modern, um Bilder zu malen.«[16] Die Choreografie von Körpern im Raum war für ihn die Fortsetzung der Kunst in Raum und Zeit. Tanz war die Fortsetzung der Malerei und Plastik, nicht der Musik.

Die Kunst, den Tanz zu beschreiben, heißt seit 1700 »Choreografie«. Der Begriff entstand aus der Kombination der griechischen Wörter *choría* (Tanz) und *gráphein* (schreiben). Sinn der Choreografie war es, ein System – eine Partitur – zu entwickeln, nach dem jeder Mensch alle Arten von Tänzen selbst erlernen kann. Es ging darum, eine Notation zu finden, die jeder ausführen kann, auch wenn der Urheber des Tanzes nicht mehr lebt. Bei der Choreografie – von Raoul-Auger Feuillet[17] bis Rudolf von Laban[18] – ging es also um die Reproduktionsmöglichkeit des Tanzes, um die Vorschrift und Nachschrift der Bewegung. Da der Tanz auch zeitbasiert ist wie die Musik, konnte die Tanznotation auf die Musiknotation zurückgreifen. In den 1950er-Jahren gibt es dafür zwei leuchtende Beispiele: zum einen die

---

16   Oskar Schlemmer, »Tagebuch, 13. 07. 1925«, in: Tut Schlemmer (Hg.), *Oskar Schlemmer. Briefe und Tagebücher*, Albert Langen – Georg Müller, München, 1958, S. 177.

17   Vgl. Raoul-Auger Feuillet, *Chorégraphie; ou, L'art de décrire la danse par caractères, figures et signes démonstratifs*, Gilles Paulus Du Mesnil, Paris, 1700.

18   Vgl. Rudolf von Laban, *Choreographie*, Diederichs, Jena, 1926.

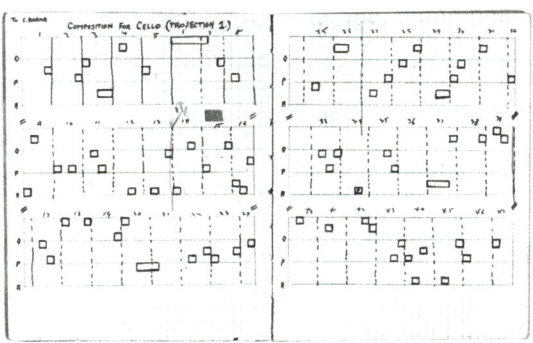

Morton Feldman, *graph-paper*-Komposition: Reinschrift von *Projection 1*, 1950, aus: *Skizzenbuch 1*, 1950/1951

Loïe Fuller, *Radium Dance* mit fluoreszierenden Effekten, 1904, Plakat

graph-paper-Komposition von Morton Feldman, zum anderen die Bewegungsnotation von Noa Eshkol und Abraham Wachmann: Musik und Tanz als Zeitnotation: Feldman hat für *Ixion* (1958) auf kariertem Papier Ziffern eingetragen, mit denen er Zeitstrecken unterschiedlicher Dauer notierte. Im gleichen Jahr haben Eshkol und Wachman ebenfalls kariertes Papier mit Zahlen und Zeichen in Kästchen verwendet, die von links nach rechts den zeitlichen Ablauf der Bewegung zeigten.

Durch die Kollaborationen von John Cage, Merce Cunningham und Robert Rauschenberg in den 1950er-Jahren wurde die Fusion von Malerei, Skulptur, Tanz und Musik zu einem Signum des modernen Tanztheaters. Aufführungskünste und Ausstellungsformen gingen eine neue Einheit ein. Das Judson Dance Theater in New York hat in den 1960er-Jahren die Bühnenkunst, die Tanzkunst und die bildende Kunst auf neue Weise mobilisiert. Es entstand im Theater selbst eine Kritik des traditionellen, bürgerlichen, kommerziellen Theaters – ein Antitheater. Umgekehrt entstand in der Kunst ein Trend zur Theatralität der Objekte und der Skulptur.[19] Die Anweisungen an das Publikum, das Zelebrieren alltäglicher Handlungen und Gesten, die Betonung des Zufalls und Improvisationen im realen Raum, in realer Zeit und vor realem Publikum näherten die bildende Kunst der Aufführungsform des Theaters und des Spektakels an.

In der Kritik der Repräsentation und Illusion[20] entwickelten sich zwei gegensätzliche Strategien: Die bildende Kunst bediente sich des Theaters und das Theater bediente sich der Kunst. Um die Repräsentation zu überwinden, haben bildende Künstlerinnen und Künstler von Carolee Schneemann bis Vanessa Beecroft ihren eigenen, nackten, realen Körper oder den von Modellen benutzt, um Realitätsgehalt auf die »Bühne« des White Cube zu bringen. Sie haben also Tableaux vivants oder Handlungen wie Theaterstücke inszeniert. Umgekehrt wurde das Theater in die Realität transponiert. Beispielsweise hat Bazon Brock 1965 am Ku'damm in Berlin plüschige Kinosessel aufgestellt und die Passanten eingeladen, gegen Bezahlung dem alltäglichen Treiben auf dem Boulevard als Spektakel zuzusehen. Er

---

19 Vgl. Michael Fried, »Art and Objecthood«, in: *Artforum*, Vol. 5, Nr. 10, 1967, S. 12–23.
20 Vgl. die Ausstellung *Anti-Illusion: Procedures/Materials*, Mai bis Juli 1969, Whitney Museum of American Art, New York.

hat also Eintrittsgeld für die Wirklichkeit verlangt, die dadurch zum Spektakel bzw. Schauspiel wurde. Die Wirklichkeit wurde in der Kunst zum Theater und umgekehrt wollte das Theater zur Wirklichkeit werden, wie bei der Theatergruppe The Living Theatre seit 1947.

Aus dieser Wechselwirkung von Kunst und Theater, die auch die Beziehung von bildender Kunst und Tanz einschließt, hat sich der Diskurs der Performativität entwickelt. So wurde der Tanz, der bisher nur Wegbegleiter der Musik oder der Künste gewesen war, ab 1950 zu einer Kunstform, welche die Kritik der Repräsentation unterstützt. Die alten Medien wie die Malerei und das Theater haben dem Publikum eine sehr traditionelle, passive Rolle zugeteilt. Die neuen Medien mit ihren Möglichkeiten der Interaktivität haben dem Publikum eine aktive und partizipatorische Rolle zugedacht. So wurde aus der Handlungsform der Body Art, die nur den Körper des Künstlers als Medium braucht, schließlich die partizipative und performative Skulptur, die Aktivierung des Publikums.[21] Die Aufführung des Werkes wurde statt an den Künstler, an das Publikum delegiert.[22] Eine neue Ästhetik der Permeabilität zwischen Performer und Publikum hat sich entwickelt, die sich zwischen dem White Cube des Museums, der Black Box der neuen Medien und der Bühne des Theaters, der Oper und des Tanzes situiert.

Als Ergebnis erleben wir heute, dass die raumbasierten Künste, wie Malerei und Skulptur, zu einer Zeitkunst und die zeitbasierten Künste, wie Theater und Tanz, zu einer Raumkunst tendieren.

Die Malerei und die performative Wende
Die bildende Kunst tritt im 20. Jahrhundert aus der Sphäre des Tafelbildes heraus. Neben der abstrakten Malerei (um 1910) entsteht seit Marcel Duchamp (*Roue de bicyclette,* 1913) eine Kunst der realen Objekte. Alles was bisher Repräsentation war, wird im Laufe des 20. Jahrhunderts zu Realität – von Land Art bis Body Art. Landschaften werden nicht mehr gemalt, sondern Erde wird bewegt. Porträts werden nicht mehr gemalt, sondern reale Körper bewegen sich als Skulpturen. Nicht mehr die Farbe repräsentiert das natürliche Sonnenlicht, sondern reales, künstliches Licht wird eingesetzt. Seit den 1950er-Jahren dringen auch der reale Klang und das reale Publikum durch Happening, Fluxus, Aktion und Performance in das Kunstsystem vor und ein. Neben Klang- und Objektkunst entstehen im 20. Jahrhundert neue Handlungsformen der Kunst und der Tanz wird eine davon.

Die Entwicklung und zunehmende Verbreitung neuer technischer Trägermedien für Bild und Ton sowie neuer technischer Aufzeichnungssysteme und Wahrnehmungsapparate seit der Fotografie (um 1840) haben die Funktion der Kunst radikal verändert. Die Verwendung neuer Medien wie Fotografie, Film, Video und Computer hat die Fusion der Künste begünstigt. Seit den 1960er-Jahren sind Multimediashows, die Tanz, Musik und Medienbilder korrelieren, sogar Teil der Populärkultur geworden. Die neuen Medien haben flüssige Übergänge zwischen Bild und Raum, zwischen Bild und Skulptur, Körper und Handlung geschaffen.

Die Ausstellungspraktiken und Raumformen der bildenden Künste nähern sich seit Mitte des 20. Jahrhunderts den Aufführungsformen des Theaters, der Musik und des Tanzes, also den Zeitformen, an. Die Fotos und der Film von Hans Namuth über Jackson Pollock beim Malen (*Jackson Pollock*, 1951) haben in den 1950er-Jahren die Idee des Action Paintings popularisiert. Durch die auf den Boden gelegte Leinwand (für das *dripping* der Farbe) wurde das vertikale Tafelbild zu einer horizontalen Arena der Aktion. Der Akt des Malens wurde via

---

21 Vgl. Peter Weibel, *Das Publikum als Exponat*, 1969, Videoinstallation.
22 Vgl. Franz Erhard Walther, *OBJEKTE, benutzen*, hg. von Kasper König, Gebrüder König, Köln, 1968; verbesserte und erweiterte Originalausgabe: hg. von Peter Weibel, Walther König, Köln, 2014.

Fotografie und Film zu einer Performance des Malens, zu einer Aktion vor virtuellem Publikum. Georges Mathieu hat den Einfluss der Beobachtungsmedien auf den Akt der Kreation zur »Schaumalerei« vorangetrieben und auf einer Bühne vor realem Publikum gemalt (1956 schuf Mathieu im Théâtre Sarah-Bernhardt, Paris, vor zweitausend Zuschauern ein großformatiges Tafelbild von 4 × 12 Metern). Yves Klein hat 1960 in einer Kombination aus Action Painting und Schaumalerei reale Körper als Pinsel verwendet: Zuerst wälzten sich nackte weibliche Modelle auf der flachen Mal-Arena vor Publikum in Farbe, dann wälzten sie sich über leere, vertikale Leinwände, sodass Klein gewissermaßen mit deren Körperabdrücken auf der vertikalen Leinwand »malte«. Die Malerei hat sich also im Dreischritt – Aktion auf der Leinwand, Aktion vor der Leinwand, Aktion ohne Leinwand – von einer reinen Bild- und Darstellungskunst in eine Handlungs- und Aufführungskunst gewandelt. Aus diesem »Ausstieg aus dem Bild« (László Glózer) sind Happening, Fluxus, Body Art etc. entstanden. So hat die Malerei eine performative Wende angebahnt und vollzogen.

Die Skulptur und die performative Wende
Auch die Skulptur, das klassische Medium der Raumkunst, geriet unter den Druck der zeitbasierten Medien und verwandelte sich ebenso in eine Aktion, zuerst des Künstlers und später des Publikums. Inspiriert durch Namuths Fotos und die Ideen von John Cage hatte Robert Morris, der ursprünglich Maler war, der aber in den 1950er-Jahren mit der Tänzerin Simone Forti zusammenlebte, ein Interesse an Tanz und Choreografie entwickelt. 1961 schuf er eine Säule, *Column*, in der er die Beziehung zwischen Raum und Körper erforschte. Jahre später verwendete er die Säule für eine Performance.[23] Simone Forti realisierte 1961 in Yoko Onos Studio in New York eine Aufführung mit dem Titel *Five Dance Constructions and Some Other Things*, bei der sich das Publikum durch den Raum bewegen musste, um die einzelnen Performances zu sehen. Objekte (*things*) wie Kisten, Wippen und Rampen animierten das Publikum zu »gewöhnlichen Bewegungen«. Sie waren von Robert Morris hergestellt worden.[24]

Bei seiner Ausstellung *Bodyspacemotionthings* im Jahr 1971 in der Londoner Tate Gallery integrierte Morris selbst das Publikum in seine Arbeiten. Die Besucher mussten die Skulpturen und Objekte besteigen, auf ihnen balancieren, sich an ihnen vorbeidrängen usw. Die Besucher wurden zu Performern (Tänzern) wie in den Happenings und ihre Handlungen bildeten eine Zufallschoreografie bzw. Zufallsskulptur.

Gilbert & George (*The Singing Sculpture*, 1969) und viele andere haben in den 1960er-Jahren den Skulpturbegriff um eine performative Dimension erweitert. Die Ausdehnung eines unsichtbaren Gases (Robert Barry) konnte ebenso Skulptur werden wie Buchstaben an einer Wand (Lawrence Weiner). Die Fotografie konnte zum Medium der Skulptur und

---

23 »I built *Column* in January, 1961. This work was constructed in ¼ plywood and painted light gray. This work was made as a sculpture. A couple of years later I did use it in a performance at the Living Theatre, NYC, organized by La Monte Young. The curtain opened with *Column* standing stage center for 3½ minutes, it then fell over and remained on stage for another 3½ minutes. Then curtain. But the work was adapted to the performance not made as a prop for performance.« Robert Morris in einer Email an den Autor, 14. 08. 2014.

24 »After my separation from [Simone] Forti I did construct some objects for her evening performance at Yoko Ono's loft. There was a series of concerts and performances organized by La Monte Young, and held in this space. I built a ramp with ropes and two boxes for this performance. I actually remember fabricating only one box in lumber scavenged from the street, but Simone claims I made a second box as well. In any case this box I remember building was left after the performance. I was living in the Ono loft at the time and kept moving this box around to get it out of my way. One day I sat it upright, added a plinth on the bottom and appropriated it as *Box for Standing*.
So there has been confusion about *Column*, which was not fabricated for performance, and *Box for Standing*, which was originally made as a prop for a Forti performance and ended up being taken over as a sculpture.« Robert Morris in einer Email an den Autor, 14. 08. 2014.

Franz Erhard Walther, *Speier*, 1958, aus der Werkserie *Versuch, eine Skulptur zu sein*

zum Ausgangspunkt von Malerei werden. Von Franz Erhard Walther[25] bis Marina Abramović spricht man von Handlungsformen der Skulptur, die sich in der vierdimensionalen Raumzeit ereignen und durch Video und Fotografie aufgezeichnet werden. Am radikalsten hat der Künstler und ehemalige Tänzer Tino Sehgal die Idee der Performance zu Ende gedacht. Wie die frühen griechischen Philosophen, von Diogenes bis Sokrates, nur das Gespräch als Denkform zuließen und die Schriftform des Denkens bereits als Verrat empfanden, so lässt auch Sehgal nur die reine Performance als Kunstform gelten und keine Dokumente seiner Performances übrig. Nur die Teilnehmer selbst wissen, was in einer geschlossenen Raum- und Zeitkurve passiert ist. Auch sie können das Erlebte nur mündlich weiter tradieren. Er zeigt in Ausstellungen »lebende Skulpturen« im Gespräch, Performances des Museumspersonals (*This Is So Contemporary*, Biennale von Venedig, 2005; *This Progress*, Biennale von Venedig, 2013) und zum Teil in dunklen Räumen Begegnungen des Publikums mit Aktionspersonal (dOCUMENTA (13), 2012).

Die bildende Kunst hat die Kunst des Raumes in eine Kunst der Zeit verwandelt. Sie hat eine performative Wende – einen »performative turn« – vollzogen.[26] Durch die Kunst und ihre Weiterentwicklung zur Bewegung des realen Körpers im Raum entstand ein neues Interesse am Tanz. Vor allem zwischen Tanz und Performance wurden in den letzten Dekaden Konvergenzen sichtbar, so in der Ausstellung *Moments. Eine Geschichte der Performance in 10 Akten* (2012) im ZKM | Karlsruhe.[27]

Performative Wende versus installative Wende
Die Avantgarde der ersten Hälfte des 20. Jahrhunderts hat die Abstraktion und die Objektkunst eingeführt, die Neo-Avantgarde der zweiten Hälfte des 20. Jahrhunderts die Handlung und die Medien. Seitdem lösen sich die klassischen Grenzen zwischen zeitbasierten und raumbasierten Künsten auf. Wir können zu Beginn des 21. Jahrhunderts zwei gegenläufige Tendenzen beobachten: Die raumbasierten Künste wie Malerei und Skulptur tendieren zur Verwandlung in zeitbasierte Künste. Diese Tendenz kann unter dem Begriff »performative Wende« zusammengefasst werden. Die zeitbasierten Künste wie Tanz, Musik, Poesie und Performance tendieren zur Kunst des Raumes, also zur Installation, zur Skulptur und zum Objekt. Diese Tendenz kann unter dem Begriff »installative Wende« zusammengefasst wer-

---

25 Franz Erhard Walther, *1. Werksatz*, 1963–1969, und Walther 1968/2014.
26 Vgl. John L. Austin, *How to Do Things with Words*, Harvard University Press, Cambridge/MA, 1962.
27 Mit Werken von: Marina Abramović, Graciela Carnevale, Simone Forti, Anna Halprin, Reinhild Hoffmann, Channa Horwitz, Lynn Hershman Leeson, Sanja Iveković, Adrian Piper und Yvonne Rainer.

den.[28] Im Tanz, im Theater und in der Musik finden Entgrenzungen zur Installationskunst statt. Der Choreograf William Forsythe macht »Choreographic Objects« wie *The Fact of Matter* (Biennale von Venedig, 2009), ein Ensemble hängender Reifen zur freien Benutzung für das Publikum, ähnlich wie die Arbeiten von Robert Morris 1971 in der Tate Gallery. In der Arbeit *Knotunknot* (2011) von Dana Caspersen und William Forsythe knotet und entknotet das Publikum ein Bündel von Seilen. In choreografischen Installationen wie *Ear Drum* (2011) und *Monster Partitur* (2006) werden in Museumsräumen Performer und Objekte zusammengeführt. In Installationen wie *White Bouncy Castle* (1997) oder *Scattered Crowd* (2002) kann der Besucher die Räume okkupieren und die darin befindlichen Objekte bewegen oder sich wie ein Kind in einer Hüpfburg bewegen. Indem die Besucher ihre Körper im Raum bewegen, erzeugen sie abstrakte Form- und Farbmuster wie in *Collide-Oscope* (2009). Richard Siegal und The Bakery entwickelten in den Jahren 2008 und 2009 am ZKM die Multimedia-Performance *Homo Ludens* und die dazugehörige Installation *If/Then Installed*, welche die Bewegungen des Publikums, das den Anweisungen des Choreografen Siegal folgt, speichert und die Bewegung des Publikums wiederum als Anweisung an die nachfolgenden Besucher abspielt.

Die bildende Kunst zeigt einen Hang zur Handlung und die Handlungskünste zeigen einen Hang zur bildenden Kunst. Aufführungen werden zu Ausstellungen, Ausstellungen zu Aufführungen. Die Arbeit von Sasha Waltz steht in dieser Tradition. Auch sie arbeitet mit zeitgenössischen Musikern, Malern und Medien, nicht nur auf der Bühne, sondern auch im Museum: »Die Ausstellung im ZKM untersucht diese Gratwanderung zwischen Tanz, Installation, Performance und Objekt oder Skulptur. Installationen im Museum zu kreieren interessiert mich seit vielen Jahren. Ich habe mehrere Projekte im Museumsraum realisiert und sie *Dialoge* genannt.«[29]

Um die Konstellation des Tanzes innerhalb der installativen Wende der Kunst zu verstehen, ist es von Vorteil, für den Tanz eine vierstellige Matrix zu entwerfen, bestehend aus Körper, Bewegung, Raum und Zeit. Wenn man aus dieser Matrix zwei Elemente entfernt, nämlich Bewegung und Zeit, und stattdessen Statik und Stillstand einführt, entsteht die Matrix der Skulptur. Werden die Elemente Objekt, Sprache, Musik und Bild (Projektion und Bühnenbild) zur Matrix des Tanzes addiert, entstehen Theaterstücke, theatrale Tanzstücke, multimediale Installationen oder Tableaux vivants, inszenierte lebende Bilder. Sasha Waltz & Guests bewegen sich innerhalb dieser variablen Matrix: lebendes Bild mit lebenden Körpern oder nur Szenografie mit Objekten und Bühnenbild, nur Installation ohne die Körper der Tänzerinnen und Tänzer oder nur Szene, nur Aufführung oder nur Ausstellung.

Die Kunst von Sasha Waltz besteht gerade darin, den Tanz als variable Matrix zwischen Bühne und Museum, zwischen Szene und Installation am deutlichsten elaboriert zu haben. So sehr Künstlerinnen und Künstler die visuelle Kunst in Performance verwandelt haben, so sehr hat Sasha Waltz auf der Seite des Tanzes die Performance in visuelle Kunst verwandelt.

Choreografien werden zu bildhaften Installationen (ohne Tänzer oder mit Publikum als Performer), Installationen werden zu Choreografien für Publikum. Bei Tanz und Performance handelt es sich in beiden Fällen um zeitbasierte Handlungsformen der Kunst. Waltz verwandelt den Tanz in eine raumbasierte Handlung, in eine Choreografie des Raumes. Performances sind Stücke (mit dem Körper, mit Objekten, Sprache, Musik), die nicht im Theater aufgeführt werden, sondern im Museum oder im öffentlichen Raum. Die Tanzstücke von Sasha Waltz

---

28   Der Begriff »installative turn« taucht bereits bei André Eiermann im Zusammenhang der *One Minute Sculptures* von Erwin Wurm auf. Eiermann verwendet den Begriff ebenfalls als Antithese zum »performative turn«. André Eiermann, *Postspektakuläres Theater. Die Alterität der Aufführung und die Entgrenzung der Künste*, transcript, Bielefeld, 2009, S. 272.
29   Interview mit Sasha Waltz, *Badisches Tagblatt*, 11. 09. 2013.

sind ebensolche Performances, die seit einigen Jahren schon im Museum aufgeführt werden. Bei diesem Wechsel zwischen zeit- und raumbasierten Künsten folgt Sasha Waltz der Dialektik der Moderne. Sasha Waltz setzt im ersten Schritt den Akzent auf das Bühnenbild. Sie schafft Raumbilder, lebende Tafelbilder. Dann werden die installativen Elemente, die Geräte und Objekte, verabsolutiert. Es entsteht ein Theater der Dinge und Körper. Die Körper der Tänzer werden ausgelassen und durch mediale Bilder substituiert. Sie verabsolutiert Schlüsselszenen ihrer Choreografien zu Installationen. Sie definiert den Raum nun durch Geräte und Dinge und dadurch als Ausstellungsraum. Zum klassischen Dialog von Körper und Raum, dem Tanz, treten neue Dialoge zwischen Objekt und Raum, zwischen Realität und Reflexion in den Medien hinzu. Sie schafft Handlungsplattformen statt Bühnenbilder.

Gelegentlich wird diese Gleichung aber gebrochen und der Besucher, der den Ausstellungsparcours durchwandert, wird von lebenden Körpern (lebenden Skulpturen) überrascht. Wir sehen also, dass der Tanz eine variable Matrix ist. Je nach der Besetzung dieser Matrix erleben wir ein Bild oder eine Installation, eine Aufführung oder eine Ausstellung. Die Definition, was Tanz, Skulptur, Aufführung, Ausstellung, Bühnenbild, Installation ist, was Raum- und Zeitkunst ist, wird variabel. Dies ist die Lektion der Tanzcompagnie von Sasha Waltz. Sie setzt neue Akzente auf einem neuen Terrain, indem sie die Matrix von Tanz und Theater in die Matrix von Skulptur und Installation verwandelt und umgekehrt. Die Ausstellung *Sasha Waltz. Installationen, Objekte, Performances* (28. September 2013 – 2. Februar 2014) konnte diese neue Beziehung zwischen Tanz und Theater sowie Skulptur und Installation sichtbar machen. Das Ziel der Ausstellung am ZKM | Karlsruhe war es, gemeinsam mit Sasha Waltz ein neues Ausstellungsformat zu entwickeln, das diese neue Position erstmals präsentierte. Denn in den vergangenen fünfzig Jahren konnten wir die Verwandlung der zwei- und dreidimensionalen Kunst, nämlich Malerei und Skulptur, in mehrdimensionale Handlungsformen wie Aktion, Ereignis, Event, Happening, Performance beobachten. Ich spreche daher von einer »performativen Wende« in der bildenden Kunst. Andererseits sehen wir seit Kurzem, dass sich die Handlungsformen der Musik, des Theaters (Christoph Schlingensief) und vor allem des Tanzes (Sasha Waltz) in Installationen, Environments und Objektassemblagen verwandeln. Dementsprechend könnte man bei der Verwandlung von Tanz, Theater und anderen performativen Handlungen in zwei- und dreidimensionale Objekte, also in Bilder, Skulpturen, Installationen, von einer »installativen Wende« sprechen.

Von der Aufführung zur Ausstellung
Sasha Waltz ist eine Pionierin dieser »installativen Wende«. Sie entwickelt den Installationsbegriff weiter, nämlich über den bisherigen Horizont der Objekte hinaus. Sie erweitert das Feld der künstlerischen Installation um Handlungen und Menschen. Bei der Beschreibung der Arbeiten von Sasha Waltz stoßen wir, wie eingangs erwähnt, auf eine Kette von Gegensatzpaaren: bewegt und unbewegt, belebt und leblos, flüchtig und dauerhaft, kontinuierlich und diskontinuierlich, endlich und unendlich, sichtbar und unsichtbar, real und virtuell, Dokumentation und Echtzeit. Diese binäre Opposition markiert die Grenze zwischen Bild und Szene, Installation und Tanz, zwischen Objekt und Bewegung, zwischen unbelebter Skulptur und Körpern in Bewegung.

Sasha Waltz hebt diese Grenze zwischen raum- und zeitbasierten Künsten auf. Folgerichtig verschwindet auch die Grenze zwischen Aufführung auf der Bühne und Ausstellung im Museum. Tanz wird zur Installation und Installation zur Handlung.

In der choreografischen Arbeit von Sasha Waltz lässt sich eine Entwicklung verfolgen, die zeitlich vorübergehende, temporäre und ephemere Bewegungsform des Tanzes in eine dauerhafte Installation zu verwandeln. Der Bühnenraum verwandelt sich in einen Ausstellungsraum. Im Theater sieht der unbewegliche Zuschauer aus der monoperspektivischen

Distanz das Geschehen auf der Bühne. Im Ausstellungsraum bewegt sich der Betrachter auf der »Bühne« durch das Geschehen, er ist selbst Teil der Bühne und des Geschehens, und bestimmt selbst die Perspektive und die Distanz zum Geschehen bzw. zum Objekt. Der Bühnenraum wird durch seine Verwandlung in den Ausstellungsraum und durch eine »fokussierte Führung« zu einem Erlebnisraum des Betrachters, der die Blickrichtung und die Intensität des Erlebens selbst und immer wieder neu steuern kann. Die Formate zwischen Aufführung und Ausstellung sind in Transition. Dies ist das neue Signum von Sasha Waltz. Normalerweise sind die Zuschauer unbeweglich und sehen frontal auf die Bühne, die deswegen »Guckkastenbühne« heißt. In der Ausstellung *Sasha Waltz* konnte der Besucher selbst die Bühne betreten, entscheiden, was er wie lange anschauen will. Damit konnte jeder ein anderes Theaterstück, eine andere Ausstellung sehen, weil er sich in unterschiedlicher Weise durch diese Ausstellung bewegen konnte.

Eine bisherige Tendenz der Neoavantgarde war, Bilder, Skulpturen und Objekte in Handlungen zu verwandeln. Die performative Wende in der Malerei der 1950er-Jahre und in der Skulptur der 1960er-Jahre hat um 2000 den Mainstream des Museums erreicht, z. B. die *One Minute Sculptures* (seit 1997) von Erwin Wurm oder *Drama Queens* (2007) von Elmgreen & Dragset. Für die Skulptur Projekte in Münster 2007 haben Elmgreen & Dragset sieben berühmte Skulpturen des 20. Jahrhunderts ausgewählt, die sich nicht im Museum, sondern auf einer Theaterbühne begegnen: *Walking Man* von Alberto Giacometti (1947), *Cloud Shepherd* von Hans Arp (1953), die *Brillo Box* von Andy Warhol (1964), *Elegy III* von Barbara Hepworth (1966), *Four Cubes* von Sol LeWitt (1971), *Untitled (Granite)* von Ulrich Rückriem (1984) und *Rabbit* von Jeff Koons (1986). Diese vergrößert nachgebauten Skulpturen hatten Motoren eingebaut, sodass sie auf der Bühne herumfahren konnten. Nach einem Text von Tim Etchells sprachen die Skulpturen (Superstars der Geschichte der modernen Skulptur) in einer dreißigminütigen Aufführung zueinander. 2009 zeigte das Theater Basel parallel zur Kunstmesse Art Basel eine Auswahl von Kurzstücken von bildenden Künstlern unter dem Titel *Il tempo del postino*.

Der nächste Schritt der Avantgarde besteht darin, Handlungen in Bilder, Objekte und Installationen zu verwandeln. In der Ausstellung am ZKM | Karlsruhe wurde diese neue Position von Sasha Waltz erstmals in extenso gezeigt. Eine Position, die sowohl im Feld der Kunst wie in dem des Tanzes innovativ und das Resultat einer langjährigen Entwicklung ist. Große Installationen bildeten dabei das Zentrum der Ausstellung, die durch zahlreiche kleinere Installationen und Objekte, durch bis dato unveröffentlichte Dokumente und Archivmaterialien sowie ein umfangreiches Performanceprogramm vervollständigt wurden. Einige der Arbeiten entstanden in Zusammenarbeit mit den Komponisten und Klangkünstlern Jonathan Bepler und Hans Peter Kuhn, zusätzlich fanden Stücke von Henry Purcell und Franz Schubert Verwendung.

In den ausgestellten Arbeiten von Sasha Waltz begegnen uns beinahe unmerkliche Verwischungen der künstlerischen Genregrenzen: Starrheit, die in minutiöse Bewegung übergeht, eine unbelebte Skulptur, die sich langsam in ein lebendes Bild bzw. ein Tableau vivant verwandelt. Ein bewegungsloser Fries, d. h. ein scheinbar skulpturales Relief, wird zu einem szenischen Bild bewegter Körper. Diese Transitionen von der Handlung zur Skulptur, von der Choreografie zur Installation sind nur möglich durch die Übertragung vom Medium der Bühne in das Medium des Museums, vom Medium der Aufführung in das Medium der Ausstellung.

Bei einzelnen Stücken kann im Detail aufgezeigt werden, welche Traditionen Sasha Waltz bei dieser Transformation wieder aufgreift und weiterführt und wie präzise sie diese von der Choreografie auf die Installation überträgt. Die Installation *Stammbaum* (2013–2014) zeigt an einer Holzwand eine Reihe von Fensteröffnungen, die in Pyramidenform angeordnet und neben denen Fotos (von der Familie Waltz) befestigt sind. Die oberste Reihe beginnt mit zwei Öffnungen ohne Foto, Platzhalter für Sasha Waltz selbst, in der zweiten Reihe

Sasha Waltz, *Körper*, 2000-2002, Performance »Plates« in der Ausstellung *Sasha Waltz. Installationen, Objekte, Performances*, ZKM | Karlsruhe 2013-2014

Frida Kahlo, *La columna rota*, 1944

Sasha Waltz, *Stammbaum*, 2003, performative Installation, Ausstellungsansicht *Sasha Waltz. Installationen, Objekte, Performances*, ZKM | Karlsruhe 2013-2014

Jean Cocteau, Fotografie von 1949

 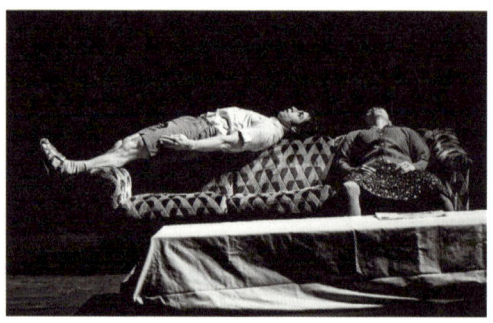

Roman Polanski, *Ekel*, 1965

Sasha Waltz, *Allee der Kosmonauten*, 1996

folgen vier Öffnungen und zwei Fotos ihrer Eltern, die folgenden Reihen zeigen immer mehr Öffnungen und weitere Fotos. Das verwandtschaftliche Schema von Eltern zu Kindern und Kindeskindern ist klar erkennbar. Plötzlich gehen diese Fensteröffnungen auf und Finger, Hände, Teile von Armen werden sichtbar. Es entsteht eine lebende Wand, eine lebende Skulptur. Film- und Kunsthistoriker werden sich an den Flur aus Roman Polanskis Film *Ekel* (1965) oder die Wand aus Jean Cocteaus *La Belle et la Bête* (1946) erinnern, aus der ebenfalls Arme gestreckt werden. Ebenso hat Oleg Kulik um 2000 eine Ausstellung inszeniert, bei der hinter den Ausstellungswänden eigens angeheuerte Soldaten standen, die ihre Arme durch Löcher in der Stoffwand streckten und für Stunden die Gemälde der Ausstellung hielten.

Im Tanzstück *Körper* (2000) gibt es eine Szene »Plates«, in der sich einige Tänzerinnen und Tänzer so hintereinander aufstellen, dass sie hinter dem Rücken des vordersten Körpers eine Kette von Armen bilden, wie die einzelnen Wirbel der Wirbelsäule, die Porzellanteller in den Händen halten. Die Hände bewegten sich so, dass die Schalen mit einem furchtbar knackenden Geräusch einander berührten, als würden die Knochen der Wirbelsäule brechen. Auch hier denkt der Historiker einerseits an die Gemälde von Frida Kahlo die sie mit gebrochenem Rückgrat zeigen, andererseits an das berühmte Foto, von Jean Cocteau. Das Tanzstück *Körper* ist synekdochisch bzw. hyperbolisch für den Einsatz des Körpers im tänzerischen Kosmos von Sasha Waltz zu verstehen. Bei ihr geht es weder um klassischen Ausdruckstanz noch um klassisches Ballett, noch um Tanztheater, sondern sie ist die vielleicht einzige Choreografin, welche die Impulse, die von der Verwendung des Körpers im radikalen Theater von Antonin Artaud über The Living Theatre bis zu Jerzy Grotowski und in der bildenden Kunst von Marina Abramović bis zum Wiener Aktionismus ausgehen, in den Tanz überführt. Die Körper der Tänzerinnen und Tänzer in den Choreografen von Sasha Waltz berichten von den Verwüstungen der Landschaft des Humanen im 20. Jahrhundert, von den barbarischen Verwerfungen und Unterwerfungen des menschlichen Körpers auf den Schlachtfeldern, auf den »Bloodlands«[30]. Die Moderne ist in der grausamen Zerstörung der menschlichen Körper dem Mittelalter näher als wir denken. Die Risse und Wunden der menschlichen Körper auf dem Operationstisch der modernen Zivilisation bilden die Folie ihrer Choreografien, die ein Spiegel der grausamen Anatomie eines barbarischen Zeitalters sind. Ihre Tanzstücke zeigen die Wahrheit des anatomischen Alphabets heute, das von einem Krieg gegen den Körper zeugt.

Auch in anderen Tanzarbeiten zeigt sie, wie sehr sie von der bildenden Kunst beeinflusst ist. Nicht nur Körperbilder, sondern auch Objektideen der zeitgenössischen Kunst verwandelt sie in ihren Stücken zu neuen Ergebnissen und Erlebnissen. In ihrem Stück und später im Film *Allee der Kosmonauten* (1996) erkennen wir eine wunderbare Weiterentwicklung der Möbelskulptur der 1980er-Jahre. Erik Satie hat eine Reihe von Musikstücken unter dem Titel *Musique d'ameublement* (1917–1923) verfasst. Er wollte, dass Leute sich unterhalten und die Musik im Hintergrund steht, so wie Möbelstücke. Der Fluxus-Künstler John M. Armleder hat diese Idee aufgegriffen und ungewöhnliche Nachbarschaften von Gemälden und Möbelstücken oder anderen Gegenständen zusammengestellt, z. B. einen Stuhl, einen Beistelltisch und ein abstraktes Gemälde an der Wand (1982). Oder er hat zwei Stühle an der Wand neben einer weißen Leinwand befestigt (1986). Richard Artschwager hat bereits in den 1960er-Jahren die Grenze zwischen Skulptur und Möbel aufgehoben. Diese Melange von Möbel, Skulptur, Alltagsgegenstand und Gemälde hat in den 1980er-Jahren triumphiert. Der Geist von Dada und Fluxus, von Happening und Performance hat die Installationskunst erreicht. In ihrem Film hat Sasha Waltz auf groteske Weise die Körper der Tänzer in Mini-Dramen mit dem Mobiliar, von Sofa bis Tisch, verwickelt. Sie benutzt die Gegenstände

---

30 Timothy Snyder, *Bloodlands. Europa zwischen Hitler und Stalin*, C. H. Beck, München, 2010.

Sasha Waltz, *Medea*, 2007, Installationsansicht *Sasha Waltz. Installationen, Objekte, Performances*, ZKM | Karlsruhe 2013–2014

und nicht die Bühne als Plattform der Körperbewegung. Die Körper und Möbel wurden zu Skulpturen in Bewegung. Die Tänze wurden zu Aktionen am Rande des Absurden. Wie die Tänzer und Tänzerinnen im Wohnzimmer sich an den Widerständen der Gegenstände aufreiben, gegen die Schwerkraft kämpfen und sie zum Teil besiegen, durch digitale Spezialeffekte gesteigert, hat aus Saties Möbelmusik einen Möbeltanz gemacht. Die Öffnung und Erweiterung des Werkbegriffes, die in den 1960er-Jahren erfolgte, hat Sasha Waltz aufgegriffen und auf den Tanzbegriff übertragen. Die »Entgrenzung der Sinne« bei Arthur Rimbaud hat sie zur Entgrenzung der Künste im Tanz weiterentwickelt.

Horst Bredekamp hat in seinem Buch *Theorie des Bildakts* eindrucksvoll gezeigt, wie Sasha Waltz in ihrer Choreografie *Medea* (2007) die Tradition der Tableaux vivants, der lebenden Bilder, reanimiert hat. Sie projizierte einen riesigen Fries mit lebensgroß wirkenden Figuren an die Rückwand der Bühne. »Wie aus bleiernem, dumpfen Metall oder stumpfen Marmor geschaffen, zeigten die von Schlamm bedeckten Figuren Grundsituationen menschlichen Verhaltens und Empfindens: einen Kampf, eine Zusammenballung, eine Kleinfamilie und erneut eine Auseinandersetzung. [...] Im Bestreben, exemplarische Situationen des Zusammenspiels und der Antagonismen von Menschen zu präsentieren, nahm der Bilderfries von Sasha Waltz diesen Doppelgedanken auf, dass aus der Erstarrung einer Schlammbedeckung ein Leben entstehen kann, welches das lebende Bild als Symbol der Bildaktivität schlechthin präsentiert. Allein der Anblick des bewegungslosen Frieses erzeugte im Publikum eine bemerkenswerte Anspannung. In jenem Moment, als sich zunächst unmerklich eine der scheinbar gegossenen Relieffiguren zu bewegen begann, bis alle Gestalten in eine zeitlupenhaft langsame Bewegung gelangten, war im Publikum zusätzlich eine fast ruckartige Bewegung zu spüren, als würde sich ein Gesamtkörper verkrampfen. Als ein riesiges lebendes Bild, das durch unmerkliche Bewegung die Grenzen zwischen Skulptur, *tableau vivant* und gedehntem Ballett verwischte, thematisierte die aus der Starre minutiös in Bewegung übergehende Personengruppe das Lebendigwerden eines scheinbar skulptierten Frieses als inneres Prinzip einer Schöpfung aus dem Bildakt.«[31]

Der Tanz im Museumsraum

Sasha Waltz und ihre Compagnie haben sich den Museumsraum bereits dreimal erobert: im Jüdischen Museum (1999), im Neuen Museum (2009) in Berlin sowie im MAXXI (2009)

---

31 Horst Bredekamp, *Theorie des Bildakts. Frankfurter Adorno-Vorlesungen 2007*, Suhrkamp, Berlin, 2010, S. 117–119.

in Rom. Sasha Waltz ahnt seit Langem, dass der Schauplatz ihrer Tanzszenen auch das Museum ist – ihre neue Bühne. Und in den Museen ahnt man, dass hier eine neue Kunstform heranwächst und hat deshalb Sasha Waltz schon drei Mal eingeladen. Nun wurden ihr im ZKM | Karlsruhe zum ersten Mal Räume zur Verfügung gestellt, nicht um sie für grenzüberschreitende Tanzperformances zu nutzen, sondern um Installationen zu präsentieren, die sie von ihren choreografischen Experimenten abgeleitet hat. Die Tänzerin wird zur bildenden Künstlerin. Die Choreografie des Raumes, die Notation des Raumes im Medium Tanz, wird zu einer neuen Choreografie der Architektur und der Skulptur: »Ich denke an den Raum, noch bevor ich an Bewegung denke.«[32] Die zeitbasierte Kunst des Tanzes wurde zu einer raumbasierten Kunst. Die Bewegungskunst wird bei Sasha Waltz endgültig zur Raumkunst.

Der Tanz ist eine Konversation zwischen Raum und Zeit. Der sich bewegende Körper bildet die Schnittstelle zwischen Raum und Zeit. Die Bewegung findet im Raum und in der Zeit statt. Der Körper ist Raum und die Bewegung ist Zeit. Choreografen denken vielleicht zuerst an die Bewegung, also an die Zeit. Bildende Künstler denken wahrscheinlich zuerst an den Raum, also an den Körper. Als Sasha Waltz 2007 sagte, sie denke zuerst an den Raum, positioniert sie sich als Künstlerin.

Der Tanz ist aber nicht nur ein Hybrid von raum- und zeitbasierter Kunst, sondern auch ein Hybrid an der Schnittstelle von Körper und Kopf, Materie und Geist, Gefühl und Gedanke. Der Tanz ist eine Choreografie des Körpers nicht nur für die Augen, sondern auch für das Gehirn. Der Tanz ist nicht nur Teil der visuellen, sondern auch der konzeptuellen Künste im Dialog mit Anthropologie, Philosophie, Soziologie. Die zeitgenössische Choreografie ist daher einerseits körperbetont und extrem visuell (als Teil der visuellen Künste), aber gleichzeitig extrem konzeptuell (als Teil der Geisteswissenschaften). Das Werk von Sasha Waltz steht exemplarisch für die neue konzeptuelle Choreografie, die sowohl eine künstlerische Praxis wie eine theoretische, kritische Strategie ist.

Dieser Text wurde 2014 in dem von Christiane Riedel, Yoreme Waltz und Peter Weibel herausgegebenen Buch *Sasha Waltz. Installationen, Objekte, Performances* [*Sasha Waltz. Objects, Installations, Performances*], Hatje Cantz, Ostfildern, S. 8-30, veröffentlicht. Er ist unter dem Titel »Sasha Waltz. Objects, Installations, Performances – between ›Performative Turn‹ and ›Installative Turn‹« an gleicher Stelle auf Englisch erschienen. Die Publikation begleitete die Ausstellung *Sasha Waltz. Installationen, Objekte, Performances*, die vom 28. September 2013 – 2. Februar 2014 im ZKM | Karlsruhe gezeigt wurde.

---

32   Michaela Schlagenwerth, *Nahaufnahme Sasha Waltz. Gespräche mit Michaela Schlagenwerth*, Alexander Verlag, Berlin, 2008, S. 13.

Zdeněk Pešánek, *Kinetic Light Sculpture*, 1929–1939, Edison Power Station Prague, reconstruction 1995–1996

Light's Bright Future: Lightscapes

2015

"So what is light?" asked German physicist Heinrich Hertz in 1889.[1] Hertz (after whom the scientific unit of wave frequency is named) worked on the cusp of humanity's transitions from understanding something of natural electricity to replicating various of its sequences in controlled conditions. His proof of the electromagnetic theory of waves allowed modern technology experts to begin to create and control the vast potentials of artificial light and light art.

Influenced by Michael Faraday and the mathematical theories of James Clerk Maxwell, Hertz concluded: "Light is an electric phenomenon, light per se, all light, the light of the sun, the light of a candle, the light of a glow worm. Take the electricity out of the world and the light disappears."[2]

Today we think of both light and electricity as "man-made" phenomena. To understand how they will continue to enable and express human progress (concentrated in cities), it is necessary to grasp how the history of artistic light (central in the broad evolution from artificial electricity to electronic arts) has developed.

Particle, Wave and Optics Theories

After the Renaissance, many physicists, such as Isaac Newton (*New Theory About Light and Colours*, 1672, and *Opticks*, 1704), Pierre-Simon Laplace (*Exposition du système du monde*, 1796) and David Brewster, believed that light consisted of the smallest of particles: corpuscles (tiny cells). This theory, proposing that particles were emitted in straight lines and at high speed by luminescent bodies, explained many phenomena of light – especially how white light refracted at the edges into its spectral colors.

Dutch scientist Christiaan Huygens introduced the long-controversial wave theory of light in his 1690 *Traité de la lumière*. Not until the works of Thomas Young and Augustin Jean Fresnel, and Maxwell's 1865 *A Dynamical Theory of the Electromagnetic Field*, was Newton's corpuscle theory replaced by the wave theory, which Hertz proved and elaborated in 1886–1888.

Wave theory more convincingly explains effects such as refraction and diffraction, which underpin modern knowledge of how light behaves. "Since the days of Young and Fresnel we have known that light is a wave movement," Hertz wrote.[3] "We know the speed of the waves, we know their length, we know that they are distortional waves."[4]

Refraction differs from diffraction in being a matter of particle optics. On the adjacent surfaces of two media – for example, air and clear plastic, or a water drop – refraction

---

1   Heinrich Hertz, "Über die Beziehungen zwischen Licht und Elektrizität," speech held at the 62nd Versammlung deutscher Naturforscher und Ärzte zu Heidelberg on 20. 09. 1889, in: idem, *Über sehr schnelle elektrische Schwingungen. Vier Arbeiten*, Ostwalds Klassiker der Exakten Wissenschaften, vol. 251, Harri Deutsch, Thun et al., 1996, pp. 97–114.
2   Ibid.
3   Ibid.
4   Fabrizio Tamburini, Bo Thidé, Gabriel Molina-Terriza and Gabriele Anzolin, "Twisting of light around rotating black holes," in: *Nature Physics*, vol. 7, March 2011, pp. 195–197.

Erik Krikortz, Milo Lavén, and Loove Broms, *Colour by Numbers*, 2006, interactive light installation, Stockholm, since 2011 permanently

causes each ray of light to bend. The dependence of the refraction on wavelength is termed "dispersion." Each ray curves with a constant change in the dispersion speed. When we see refraction we witness light's past, as it were.

Diffraction refers to the waves being diverted by an obstacle in a medium. Thus a wave may spread in space if its direct route is blocked. Italian mathematician Francesco Maria Grimaldi observed how sun rays that enter a room through a small opening create a larger patch of light than conventional optics would suggest, meaning the light rays expanded (diffracted). Diffractive optics describes the expansion of light no longer as rays but as waves in a pond. Certainly the future of light art will depend on diffractive optics.

Light art's future also relies on spiral dynamics for conveying data. Electromagnetic fields can shift into a helix mode, and some can spin either to the left or right. Since a demonstration in Venice in 2011 of "vortex radio waves" by Swedish physicist Bo Thidé and an Italian research team around Fabrizio Tamburini, it has been considered possible to use these "spun" waves for radio transmissions that broadcast "potentially infinite" data streams in parallel on the same frequency.[5] Using several "spin stages" (orbital angular momentum, or OAM, states), data transmission rates can be raised significantly. Light's OAM can thus be used to code and process information in multi-dimensional quantum spaces. Light therefore broadens from the optical dimension into a medium of information (data).

After Albert Einstein's photon theory was published in 1905, light again was assigned corpuscular properties, which is why today we speak of light's wave-particle dualism. Both his photon theory of light and quantum theory enabled completely new models of light activity. If gravitation is used as the lens (which is the case with black holes), if photons are interlinked and the wave function of photons leads to a revolution in optic manipulation, and if light is neither a wave nor a corpuscle but a vortex (a specific type of light ray), then "ghost images" can occur. Depending on the photon phases, the OAM spiral spectrum and the observer, these are comparable to a projected hologram without glass.

---

5   See: Robert Delaunay, *Du cubisme à l'art abstrait*, S.E.V.P.E.N, Paris, 1957, p. 67.

PONG.LI, *Capture the Pyramide*, 2015, interactive projection mapping, installation view Schlosslichtspiele Karlsruhe

Ghost Cities

"Ghost imaging" is a technique that enables a high-resolution camera to produce images of an object that the camera itself does not see. This phenomenon is based on the quantum nature of light. Quantum correlations between pairs of photons that hit the object reach the camera lens on different paths. This difference can then be used to construct an image of the "invisible" object. In 2009, a team of Chinese scientists, Xi-Hao Chen, Qian Liu, Kai-Hong Luo and Ling-An Wu, demonstrated ghost images and ghost diffraction using a single-pixel detector of "true thermal" light. Photorefractive materials such as crystals, polymers and liquid crystal cells may improve the future viability of refractive optics: they could serve as optic-holographic data storage facilities.

In the age of molecular chemistry and protein chips, future laser and material technologies represent a controlled advance on phosphorescence and fluorescence (the spontaneous emission of light after the material has been agitated). Fluorescence polarization, fluorescence correlation spectroscopy and other procedures that exploit the fluorescent properties of fluorophores will enable new screens and displays, in new shapes and forms.

Today, light's most transformative technology involves luminescent diodes, light-emitting diodes (LEDs) or light diodes, the light-emitting semiconductor element. If electric current flows through the diodes, they radiate light, meaning a LED essentially entails electroluminescence.

Development of transistors in semiconductor physics after the early 1950s allowed the first visible spectrum LED lamps to be invented by American physicist Nick Holonyak, Jr. Mass manufacture of LEDs is now allowing light art via movies and TV to become a mass-cultural phenomenon, transforming the world's commercial zones at night. OLEDs (organic light-emitting diodes) will change normal windows into TV screens and normal screens into tools of visibility. The walls of rooms, the façades of houses and the faces of cities will be transformed by OLEDs.

Building façades can already operate all hours as LED or OLED screens. Our cities are increasingly becoming mega-screens. Smartphones can currently be used to remotely control distant light sources, and are themselves becoming light sources that can be monitored by satellite cameras.

At concerts, mobile phones acting as electromagnetic candles can enable audiences to help control the music and the images on stage. Music performances are morphing into festivals of participation. Each person becomes a transmitter, a light artist. Not only signals such as text messages are being sent by electromagnetic waves, but also light messages. A second generation of ghost images is evolving.

Cities are changing from purely functional organizations to spectacles of color, light, motion and sound. These are dream cities. No longer invented and operated as mere tourist attractions, they are the natural habitats of digital natives. They are sites and scenery for self-representation, moving poems of light, places where light and shadow shift like Gutenberg's moving letter blocks.

We act across cities as stages elaborated with texts, props, music and strange costumes. People promenade through cities as landscapes of longing, as virtual panoramas of imaginary journeys around the world, across invented continents oscillating between man-made nature and dreams. Every urban thing – every façade and every mobile object or subject – can be a screen. In this global context of *summa theatralica*, light is the vital medium of urbanity: cities are increasingly understood as "lightscapes."

Today's cities are fields of lambency. They are occupied by countless light sources, which increasingly are geo-tagged with their addresses (fixed or flowing co-ordinates) in space. These clusters will increasingly be manipulated creatively, as pixels on screens, by their originators, addressees, and near and far observers (both real local and virtually mediated remote audiences). Urban lightscapes will thus become individual light paintings: everyone will be able to sketch imagery across the light field of a city. Interactions of smartphones and OLED communications will generate city-wide ghost images. Cities are becoming polychromatic ghost towns of light.

Origins of Modern Electric Arts

What is light? In the fifty years after Hertz asked that question and proved the electric wave theory, Europe's most influential artists have disputed light's definition in visual terms. Painters like Robert Delaunay and Vincent van Gogh assumed that "color is light." "Light is color," said Hungarian painter and Bauhausprofessor, László Moholy-Nagy.[6]

Until the end of the 19th century, painting mostly depicted sidereal light (from the sun and stars). After the electric light bulb evolved to carry commercial potential in the 1880s, innovative art practices shifted from representations of light to realities of light. Artists began to work with real light … not depicting illusions of natural light, but really using artificial light.

Just as Renaissance spring clocks had introduced a shift from sidereal time (derived from the stars) to artificial chronometry, so electricity initiated a switch from the natural light of the sun to the artificial light of the lamp. Light was no longer captured but exuded. The artwork became the generator, or emitter, of real light.

During this paradigm shift, color took on an absolute status as the medium of the painting, beginning with nineteenth-century Impressionism and peaking with monochromatic panel paintings in the twentieth century. The idea of primary colors, which dominated twentieth-century abstract painting, was developed by scientists in the previous century. In 1802, Thomas Young had suggested that the eye perceives only red, green and violet, and that different mixtures of these produced all the other colors. This tri-chromatic theory was repeatedly demonstrated and today is considered scientifically proven. Among

---

6   László Moholy-Nagy, "Die beispiellose Fotografie," in: *Das Deutsche Lichtbild*, 1927, p. XI.

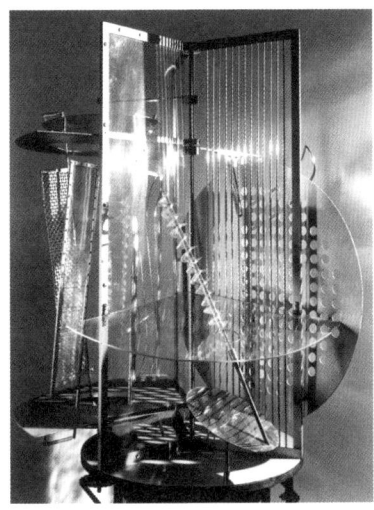
László Moholy-Nagy, *Light-Space Modulator*, 1930/2005

various technological advances, it has facilitated color television, graphical user interfaces for computer screens and projections of images. The three cones of the human retina correspond to the on-screen color dots of red, green and blue (RGB), which are positioned so close to one another that they mix because of the eye's limited capacity for resolution. The current exemplar of this principle is "retina displays" on tablet devices, where pixels of color are tiny and so plentiful that they fuse densely, like a felted fabric.

Baltic-German chemist Wilhelm Ostwald's theory of energetics, published in his *Vorlesungen über Naturphilosophie* (1905), was especially influential on artists in the Constructivist, Bauhaus and de Stijl camps of the early 1920s. Ostwald promoted four primary colors (including sea-green) in his 1916 color system, but his key scientific claim was that our eyes see nothing but radiant energy, which triggers chemical changes on the cornea that we sense as light. With this concept, painters could use color to portray light, and the prismatic development of colors played a decisive role even for the human perception of light.

Appreciating color as a form of energy, as radiant energy, as electromagnetic waves, made it easier for artists to substitute light for paint/color, as light is nothing other than energy and electromagnetic waves. In this way, color became a phenomenon of light. Light became the overarching concept. It became an independent means, a medium and a material. This ignited the art of light.

Among contemporary painters, the twentieth century is considered the era of the triumph of abstraction over figurative imagery. However, abstract painting did not affect the technical basis of panel paintings (canvas, stretcher frame, oil paint). The twentieth century's crucial advance for art was, rather, a radical change and expansion of the technical medium on which an image could be based, namely converting panels of paint into screens displaying light. Conceptual debates between figurative and abstract should be transcended by concerns about a different pair of opposites: material and immaterial.

The sign of modernism is light. The nineteenth-century revolution in color and paint, which triggered all the declarations of independence in modern art (the independence of color, of surface and of form), led finally to the dethroning of color, then paint (just another material). Immateriality and real light entered into art.

Notably, in 1930, László Moholy-Nagy developed a Light Prop, a kinetic "space modulator" consisting of light, Plexiglas and steel. In a 1936 issue of the Hungarian journal

Ryoji Ikeda, *the radar [bad rothenfelde]*, 2015, installation view Lichtsicht 5 – Projection-Biennale, Bad Rothenfelde 2015

Telehor, he outlined almost the entire spectrum of future light art with these notes: "1. light displays in the open air: a) the illuminated advertising displays of today still generally consist of linear patterns of flat surfaces [...]. b) gigantic searchlights and sky-writers already play an increasingly important role in advertising displays (e.g. American firms, persil), and c) projections on to clouds or other gaseous backgrounds through which one can walk, drive, fly, etc., is already possible today. d) light displays revealing a vast expanse of light with ever changing planes and angles, on interminable network of multi-coloured rays, to the spectator seated in an aeroplane will certainly form an impressive part of future municipal celebrations. 2. indoor light displays: a) the film with its unexplored possibilities of projection, with colour, plasticity and simultaneous displays, either by means of an increased number of projectors concentrated on a single screen, or in the form of simultaneous images sequences covering all the walls of the room. b) reflected light displays of pattern sequences produced by such colour projectors as László's colour organ. Such displays may be open isolated nature or they may be multiplied by means of television. c) the colour piano, whose keyboard is connected with a series of graduated lamp units, illuminates objects of special materials and reflectors. d) the light frescoe that will animate vast architectural units, such as buildings, parts of buildings or single walls, by means of artificial light focused and manipulated according to a definite plan. (In all probability a special place will be reserved in the dwellings of the future for the receiving set of these light frescoes, just as it is today for a wireless set.)"[7]

German artist Nikolaus Braun, a member of the November Group, used actual electric light in his "light reliefs" of the early 1920s. For him, light was material and, through light, color/paint could be "dematerialized". Braun wrote: "The three fundamental factors of the visual arts – color, form and light – have always fought for precedence. If one traces the individual lines of development in these three factors it is possible to perceive an increasing awareness of all three, and a drive to turn each one into autonomous, creative material. [...] I add electric light as a solid element to my works, thus giving them a more real light – the ability to give off their own light."[8]

---

7   Letter from László Moholy-Nagy, in: *Telehor*, vol. 1, no. 1-2, 28. 11. 1936, pp. 30-32, here p. 30.
8   Nikolaus Braun, "The Concrete Light," in: Peter Weibel (ed.), *Beyond Art. A Third Culture*, Springer, Wien et al., 2005, p. 89.

Vladimir Baranov-Rossiné, *Piano optophonique*, 1923

This trend toward material dissolution is clearly expressed by a key figure in the use of new technical materials and light sources: Czech kinetic artist Zdeněk Pešánek, who in 1929–1930 was probably the first artist to use neon. By 1925 Pešánek had created light projections using his spectrophone, a color piano and luminodynamic sculptures. In 1930, he created the model for a light-kinetic sculpture (made of plaster, metal and a neon tube) for the Prague electricity utility, then made two similar fountains for the 1937 Paris world's fair, using color lamps that could be programmed.

In the light experiments of the 1920s and 1930s, the transformation of material boxes into light boxes and of material reliefs into light reliefs (from Moholy-Nagy to Pešánek) formed the main basis for historical transitions in uses of light in art.

In the mid-1940s, the Arte Madí movement was founded in Buenos Aires. This group exhibited mobile kinetic sculptures, used unusual materials such as neon and fluorescent lamps, lasers, holographs and remote-controlled objects, and challenged viewers to participate in the transformable works.

In Italy in 1948, the *First Manifesto of Spazialismo*, a group founded by Argentine-Italian artist Lucio Fontana, called for a radical inclusion of technology in forms of artistic expression: "For this reason, we will make use of modern technological means to create artificial forms such as marvelous rainbows in the heavens. By means of radio and TV we will broadcast completely new forms of artistic expression."[9]

In 1949, Fontana built his first *Ambiente spaziale* with spatial shapes and ultraviolet light, and perforated card and canvas to let light shine through. In 1952, the *Fifth Manifesto spaziale* ("By contrast, we want to liberate art from its bondage to material"[10]) was broadcast on television, and TV art was thus inaugurated. Linking art to the development of new technical means, such as neon, TV and radar (all of which overcame the limits of time and place, and implemented the desire to liberate art from material), laid foundations for that cult of emptiness and light that dominated the artistic worlds of not only Fontana but also French artist Yves Klein and Italian artist Piero Manzoni.

---

9   Lucio Fontana, *First Manifesto of Spazialismo* (1948), in: Guido Ballo (ed.), *Lucio Fontana*, Phaidon, Cologne, 1971, p. 198.
10 Lucio Fontana, *Fifth Manifesto spaziale* (1952), in: Ballo 1971, p. 232.

Dissolving Materiality

Around 1952, Yves Klein began painting monochrome pictures, and by 1958 his works were mainly painted with "International Klein Blue." That year, he realized his first "immaterial" demonstration – an empty room in Galerie Iris Clert, Paris – to show the presence of pictorial sensibility in a state of *prima materia*. Three years later he created his first fire pictures, using strong gas burners as "brushes" applied to carton surfaces which dissolved into smoke.

The 1920s' and 1930s' transformation of the image from color technology to light technology peaked in the 1950s and 1960s with completely new forms of art, such as luminodynamic sculptures, light ballets, glass montages, light boxes and neon objects. Artists leading these changes included Nicolas Schöffer, Otto Piene, Adolf Luther, Hugo Demarco, Marc Adrian, Getulio Alviani, Martha Boto, the ZERO group, the Recherche d'Art Visuel (GRAV) group, Julio Le Parc, François Morellet and Dan Flavin, among others.

Diffusions and modulations of light led to light rooms and light environments by many modern artists, notably Gianni Colombo and James Turrell. With Dan Flavin, light images expanded to constitute light spaces. In these works, and in pieces that used LEDs and light panels, by Bill Bell, Jenny Holzer and others, artificial light supplanted the conceptual relevance of the panel picture format.

The immaterial itself finally became the material of painting. Around 1960, the ZERO movement (Günther Uecker, Heinz Mack, Otto Piene and allied artists such as Hermann Goepfert) made light the central theme and main medium of their art, with reflecting reliefs, metal elements in images and light machines.

In 1963, Flavin began working with fluorescent light (but not neon). While the light boxes had held light captive, here light was free and able to disseminate in space. All four walls, the floor and the ceiling became the surface of the picture. Real light itself became the art.

The way toward dematerialization via white light was paved by the "white manifestos" of Kazimir Malevich through to Fontana, and the large white paintings by Robert Rauschenberg, Manzoni and others. With white paintings, pictorial field and environment tended to blend into an optical *Ganzfeld*, or "overall field." This concept encouraged Turrell's new expressions of time and space: in the 1980s, he called his light-filled experiential spaces "Ganzfeld Pieces."

Synchronies, Synchromies and Synaesthetics

Concordances, correspondences, parallelisms between eye and ear, between painting and music: for centuries these have been among the constants of experimental physiology and art. Technologies have always been used to stimulate different senses simultaneously – for example, the cosmogonic system devised by Athanasius Kircher who created the first book on light art, entitled *Ars magna lucis et umbrae*, in 1646.

From 1877 to the First World War, various inventive musical artists (initially Bainbridge Bishop and Alexander Burnett Hector, and later Alexander Wallace Rimington and Preston S. Millar) demonstrated color organs that could project colored lights onto screens as effects of the notes being played. Nineteenth-century art's focus on absolute color as the medium of light led to Rimington's 1912 book, *Colour-Music*. His celebrated color organ projected many colors onto gauze-like screens and attracted interest from composers Richard Wagner and George Grove.

Russian painter Vladimir Baranov-Rossiné used painted panes of glass for projections in his 1923 *Piano optophonique* performance. In 1925, French designer Paul Poiret presented a light organ at one of his fashion shows, and Hungarian composer Alexander László constructed a device, the "sonchromatoscope," that projected colored light effects synchronized to the musical score. In London in 1926, Adrian Bernard Leopold Klein published *Colour-Music: The Art of Light* to promote the hypothesis that a key source for the origin of light art was the synaesthetic dreams of color music and optophonics. In Graz, Austria, at the end of the 1920s, a Baltic musician, Anatol Vietinghoff-Scheel, experimented with the harmony of color and music. His "chromatophone" projected light from spots onto gauze-like screens along with color films, accompanied by the music of Claude Debussy or Alexander Scriabin. Charles Dockum spent decades developing an appliance for projecting colored light, finally presenting his "Mobilcolor Projector" in 1952 at the Guggenheim Museum in New York.

The audio-visual world exploded with the genesis of the computer. The moving color and light images that Thomas Wilfred had, with great refinement, created by hand in the 1930s are now as ubiquitous as computer screensaver sequences, accessible at the press of a key.

American filmmaker Mary Ellen Bute called her aesthetic credo "seeing sound," which became the slogan of the music television industry. With custom-made machines, she used light as a drawing tool in the media of film and oscilloscopes. In the 1950s, mathematician Ben F. Laposky also began working with oscilloscopes, producing waves shaped like analog curves. Using modified oscilloscopes, Laposky was able to shape, combine, modulate and transform the waves. He termed his oscilloscopic art "a kind of visual music."

At the end of the 1960s, video cameras enabled the first attempts at electronic imagery. These culminated in the 1970s and 1980s in computer-generated or supported images. Optophonetic colored light films, colored light music, light films: all made breakthroughs to transform mainstream culture, from the disco to the laser show.

Perfecting the Optophone

Dreams of "chromophony" and "optophony," of color pianos and music painting, pervaded the 1920s artistic movements of Dada and the Bauhaus. In particular, Raoul Hausmann became famous for his optophone, an invention he patented in 1926, whereby light rays were transposed electronically by means of selenium cells into sound waves, and sound waves were turned into light.

In Hausmann's 1933 manifesto, *Die überzüchteten Künste*, he wrote: "Gentlemen Musicians and Gentlemen Pointers, you will see through your ears and hear through your eyes! The electrical spectrophone destroys all notions of sound, color and shape."[11]

The optophone or spectrophone, a kind of color piano, functions with a keyboard not unlike a calculator's, with about one hundred keys and one hundred fields with different surface textures made of chrome gelatin, whose spectral shifts in line are transferred by the ray of a neon lamp onto a photocell or optic collector. The resulting changes in colored shapes are projected onto a screen, while the photocells transform the light values into electrical charges that appear in the loudspeakers as acoustic effects. On an optophone, optophonetic compositions are played.

Hausmann's visions are now exemplified by Kurt Laurenz Theinert's performances with the "Visual Piano", a digital audio-visual instrument with a MIDI keyboard, modified to add six pedals and using custom open-source software programmed by Roland Blach and Philipp Rahlenbeck. The keyboard, pedals and trackpad play notes and synchronized graphic elements that are projected 360° around an indoor or outdoor chamber.

Today's most ubiquitous optophone, the mobile smart device, is the actual technical highpoint of the dreamed analogies of sound and image. Although bereft of any artistic

---

11   Raoul Hausmann, "Die überzüchteten Künste," in: idem, *Texte bis 1933*, vol. 2: *Sieg Triumph Tabak mit Bohnen*, Text + Kritik, 1982, pp. 133–144, here p. 144.

concept and without any artistic correspondence, smartphones enable the production, distribution and review of images and sounds. They give us a (tele)voice, a (tele)vision and remote listening, in a single medium, thus fulfilling the dream of color music, the unity of sound and vision.

Today, the entire development of light art, past and future, can be studied against the horizon of this fresh technological format, a mass-communication device that can simultaneously stimulate the senses and record most varieties of human creative expression. Expect a torrent of new art via apps. Apps are the next destiny, and commodity, of the optophone's trajectory in the history of art.

This text originally appeared in the book *SuperLux. Smart Light Art, Design & Architecture for Cities*, edited by Davina Jackson, published by Thames & Hudson, London, 2015, pp. 12–19.

Die Welt von innen – Endo und Nano
Über die Grenzen des Realen

1992

Die Ars Electronica 1992 versucht, zwei neue radikale Veränderungen des Weltbildes und die damit verbundenen neuen Bildwelten thematisch in den Mittelpunkt zu stellen: Endo-Physik und Nanotechnologie.

Die elektronische Welt mit ihren Modellwelten und Computersimulatoren, mit ihren Interfaces und virtuellen Wirklichkeiten legt die Vermutung nahe, dass die Welt ein Schnittstellenproblem ist. Endo-Physik und Nanotechnologie sind zwei verschiedene Vorgehensweisen, mit denen die Schnittstelle genauer als bisher studiert werden kann, einmal detaillierter als je (sehr klein – *nano*) und einmal sogar von innen (*endo*).

In seinem Buch *Engines of Creation- The Coming Era of Nanotechnology* (1986) hat Eric Drexler eine »Maschinentechnologie« auf molekularer Basis vorgeschlagen, welche die Materie Atom um Atom strukturiert. Molekulare Nanomaschinen (Enzyme, Hormone, Viren können als Maschinen beschrieben werden) verschaffen uns Zutritt zu Mikrosphären nanometrischer Dimensionen (Nanometer ist der milliardste Teil eines Meters). Durch die direkte und gezielte Manipulation, Markierung und Blockbildung einzelner Atome und Moleküle, wie sie Feynman-Maschinen, etwa die Rastertunnelmikroskope, erstmals ermöglichen, dringen wir gleichsam in die Schaltzentrale und an das Mischpult der Natur vor. Von der Medizin bis zur Erforschung neuer Materialeigenschaften bzw. Entdeckung neuer Materialien steht uns eine radikale Änderung unserer materiellen Existenz bevor. Elektronische Nanocomputer, vielleicht hunderttausendmal schneller als elektronische Mikrocomputer, werden diese Entwicklung beschleunigen.

Die Endo-Physik ist eine Wissenschaft, welche die Frage stellt, wie ein System aussieht, wenn der Beobachter als Teil dieses Systems operiert. Gibt es überhaupt eine andere Perspektive als die jenes internen Beobachters? Sind wir nur Bewohner der Innenseite der Schnittstelle? Was bedeutet dann die klassische Objektivität?

Die Endo-Physik zeigt, in welchem Ausmaß die objektive Realität notwendig vom Beobachter abhängig ist. Seit der Einführung der Perspektive in der Renaissance und der Gruppentheorie im 19. Jahrhundert wissen wir, dass die Erscheinungen der Welt von der Lokalisation des Beobachters in gesetzmäßiger Weise abhängig sind (Co-Verzerrung). Nur wenn man sich außerhalb eines komplexen Universums befindet, ist eine vollständige Beschreibung desselben möglich (vergleiche Kurt Gödel). Für die Endo-Physik ist nur im Modell diese Position außerhalb eines komplexen Universums möglich, nicht in der Wirklichkeit selbst, insofern liefert sie einen Ansatz für eine allgemeine Modell- und Simulationstheorie (und auch für die virtuellen Realitäten des Computerzeitalters). Die Endo-Physik ist aus der Chaostheorie hervorgegangen, zu der Otto Rössler seit 1975 beigetragen hat (siehe den berühmten Rössler-Attraktor, 1976). Ein anderer Aspekt der Endo-Physik sind Neuinterpretationen quantenphysikalischer Probleme. Rössler schlägt eine Brücke zwischen den quantenphysikalischen Interpretationen von Hugh Everett, John Stewart Bell und David Deutsch auf der einen Seite und der stochastischen Mechanik von Edward Nelson auf der anderen.

Die Endo-Physik ist von der Exo-Physik verschieden, weil die physikalischen Gesetze, die gelten, wenn man ein Teil dessen ist, was man betrachtet, im Allgemeinen andere sind als diejenigen, die von einem gedachten oder wirklichen externen Standpunkt aus wahr sind. Gödels Ununterscheidbarkeit gilt auch nur von innen – innerhalb des Systems.

In der Physik muss man einen expliziten Beobachter in die Modellwelt aufnehmen, um die für ihn existierende Realität zugänglich zu machen. Die Endo-Physik ermöglicht gleichsam einen »Doppelzugang« zur Welt. Neben dem direkten Zugang zur realen Welt (durch die Schnittstelle der Sinne) wird ein zweiter, von einer imaginierten Beobachterposition aus eröffnet. Ist die sogenannte objektive Realität nur die Endo-Seite einer Exo-Welt?

Die Geschichte der kulturellen Produktion liefert immer wieder Evidenzen, dass der Mensch die Möglichkeit erahnt, dass seine Welt nur die Endo-Seite einer Exo-Welt ist. Sie zeigt sich in zahlreichen Bildvorstellungen, gnostischen Formulierungen, Rätseln und Paradoxien. Um das Phänomen der Schnittstelle als einzige Realität zu illustrieren, bietet sich das Modell des »Bubble Boy« an, der in einer sterilen Blase lebt und nur durch die Schnittstelle mit der Welt kommuniziert. Das Menü seiner Weltprogrammierung befindet sich auf dem Keyboard innerhalb der Blase. Unsere makroskopische Welt ist zwar irreversibel, aber die Blase, in der wir uns befinden, ist mikroskopisch reversibel, mit kontraintuitiven Konsequenzen.

Die Tatsache, dass unsere Welt nichtklassisch ist, ist nicht unbedingt ein Einwand. Tatsächlich führen die klassische Zeitumkehrinvarianz und die klassische Permutationsinvarianz durch gleichartige Teilchen zu nichtklassischen, nichtlokalen Phänomenen. Der Rest der Welt wird für den inneren Beobachter in einer für ihn nicht korrigierbaren oder erkennbaren Weise verzerrt. Die Welt ist aus Gummi, nur merken wir es nicht, weil wir selbst aus Gummi sind. Die dabei entstehenden Gleichzeitigkeitshyperflächen sind vom Standpunkt eines externen Beobachters aus kompliziert gekrümmt, letzterer fühlt sich versucht, dem inneren Beobachter »Hinweise« zukommen zu lassen, die diesem das Erfolgserlebnis eines Blicks hinter den Vorhang ermöglichen würden. Leider besitzen wir in unserer Welt kein ähnliches »großes Auge«, das wir um Hilfe bitten könnten. Es sei denn, wir suchen Zuflucht in der Konstruktion eines fiktiven allwissenden, allmächtigen Superbeobachters.

Die einzige wissenschaftliche Methode, herauszufinden, ob unsere Welt eine zweite exo-objektive Seite besitzt, ist die Konstruktion von Modellwelten (bzw. Kunstwelten) auf einer unter unserer Welt befindlichen Ebene. Dieses Vorgehen heißt Endo-Physik.

Der Endo-Ansatz bietet ein Versprechen für die komplexe Techno-Welt der elektronischen Epoche. Die Effekte der industriellen (maschinenbasierten) und postindustriellen (informationsbasierten) Kulturmaschinisierung, Medialisierung, Simulation, Synthetik, Semiosis, künstliche Realität, Seinsentzug etc. werden in einen neuen Diskurs hineinzogen. Der Endo-Zugang stellt einen neuen theoretischen Rahmen zur Beschreibung und zum Verständnis der wissenschaftlichen, technischen und sozialen Bedingungen der postmodernen Welt zur Verfügung. Die virtuellen Welten sind ein Spezialfall der Endo-Physik. Die Fragen, welche die Endo-Physik stellt, von der Beobachterrelativität über die Repräsentationsproblematik und Nichtlokalität bis zur Welt als reines Schnittstellenproblem, sind zentrale Fragen der elektronisch-telematischen Zivilisation.

Die Beobachterrealität und -abhängigkeit der Erscheinungen der Welt, welche die Endo-Physik aufzeigt, ihre Unterscheidung von beobachterinternen und beobachterexternen Phänomenen, stellen für die Ästhetik der Selbstreferenz (der Eigenwelt der Bildsignale), der Virtualität (des immateriellen Charakters der Bildsequenzen) und der Interaktivität (der

Beobachterrelativität des Bildes), wie sie die elektronischen Künste unserer Auffassung nach definieren, wertvolle Diskursformen zur Verfügung.

Die Bedingungen der Möglichkeit aller Erfahrung von der Beobachterrelativität abhängig und die Welt als Interface-Problem aus der Perspektive eines expliziten inneren Beobachters beschreibbar zu machen, dies ist der Endo-Zugang zur Elektronik (von der Ausstellung *Die Eigenwelt der Apparatewelt* der Ars Electronica 1992 bis zu den interaktiven Computerinstallationen in Echtzeit). Denn ist die elektronische Kunst wegen ihres partizipatorischen, interaktiven, beobachterzentrierten und virtuellen Charakters nicht die Welt des inneren Beobachters par excellence? Dieser Wechsel von einem externen und dominierten Standpunkt zum internen und partizipatorischen Standpunkt bestimmt auch das Wesen der elektronischen Kunst. Die elektronischen Medien treiben somit die Kunst von der objektorientierten zur kontext- und zur beobachterorientierten Phase ihrer Entwicklung voran. Dadurch wird die elektronische Kunst auch zu einem Motor des Wandels von der Moderne zur Postmoderne, d. h. des Übergangs von geschlossenen zu offenen Systemen, von entscheidungsdefinierten und vollständigen zu indefinierten und unvollständigen Systemen, von der Welt der Notwendigkeit zu einer Welt beobachtergesteuerter Variablen, von der Monoperspektive zur multiplen Perspektive, von der Monokultur zu Multikulti, vom Monopol zum Pluralismus, von Hegemonie zu Pluralität, vom Text zum Kontext, von Lokalität zu Non-Lokalität, vom Ort zur Fernkorrelation, von Proximität zu Telematik, von Identität zu Differenz, von Totalität zu Partikularität, von Objektivität zu Beobachterrelativität, von Autonomie zu Kovarianz, von der Diktatur der Subjektivität zur Eigenwelt der Apparate.

Wir schlagen also zwei Stufen vor: Zuerst den Endo-Zugang zur Elektronik und zweitens die Elektronik als Endo-Zugang zur Welt. Das Wesen der elektronischen Künste als endo-physikalisches Prinzip zu verstehen, ist nur möglich, weil eben die Elektronik selbst der Endo-Zugang zur Welt ist. Die Konstruktion von Modellwelten tieferer Stufe als die reale Welt, die einen expliziten inneren Beobachter enthalten, wie bei den Closed-Circuit-Installationen, bei denen sich der Beobachter selbst in den Beobachterapparaten sieht, bzw. wie bei den Feedback-Situationen, bei denen sich die Maschine selbst beobachtet, oder wie bei der virtuellen Realität, bei denen die Hand des externen Beobachters simuliert als Teil des internen Beobachters im Bild selbst ist, folgt dem endo-physikalischen Prinzip. Die Beschreibung der Welt als Schnittstellenproblem und das Eingeständnis der nichtobjektiven, nur beobachterobjektiven Natur der Objekte sind Korollare des endo-physikalischen Theorems. Die Welt als beobachterrelativ und als reines Schnittstellenproblem zu interpretieren, ist die Lehre der endo-physikalisch interpretierten Elektronik. Die Welt ändert sich daher mit unseren Messketten (Beobachtung), mit unserer Schnittstelle. Die Grenzen der Welt sind die Grenzen unseres Interface. Wir interagieren nicht mit der Welt, sondern nur mit der Schnittstelle zur Welt. Dies lehrt uns ebenfalls der Endo-Zugang zur Elektronik. Die elektronische Kunst, wie sie 1992 bei der Ars Electronica von Ausstellungen bis zu Aufführungen vorgestellt wird, soll uns helfen, das Wesen der elektronischen Kultur und die Grundlagen unserer elektronischen Welt besser zu verstehen.

Wir sehen die Welt durch die elektronische Kultur immer mehr von innen. Im Zeitalter der Elektronik wird die Welt als Schnittstelle zwischen Betrachter und Objekten immer manipulierbarer. Durch die elektronische Technologie wird die Erkenntnis gefördert, dass wir nur Teil oder innere Bewohner des Systems sind, das wir beobachten oder mit dem wir interagieren. Dadurch haben wir nicht nur erstmals auch Zugang zu einer Technik und Theorie, die uns die Welt nicht mehr nur als Schnittstelle auferlegen, die wir nur von innen beobachten können, sondern können uns auch einen Beobachterstandpunkt außerhalb des Systems und der Schnittstelle imaginieren bzw. die Schnittstelle nanometrisch und endo-physikalisch ausdehnen. Somit wird das von René Descartes erstmals genau beschriebene Gefängnis von Raum und Zeit (das cartesianische Koordinatensystem) etwas gedehnt. Die Gitterstäbe des Hier und Jetzt werden etwas weicher. Virtuelle Realität, interaktive Computerinstallationen, Endo-Physik, Nanotechnologie etc. sind Technologien des erweiterten Jetzt, des nichtlokalen Hier, (fernkorrelierte) Überschreitungen des lokalen Ereignishorizonts. Sie stellen eine Technologie der Befreiung aus den Fesseln des Realen dar.

Der vorliegende Text ist in dem von Peter Weibel und Karl Gerbel herausgegebenen Band zur Ars Electronica 1992, deren künstlerischer Leiter Peter Weibel war, *Die Welt von Innen – Endo und Nano / The World from Within – Endo and Nano*, PVS Verleger, Linz, 1992, S. 8-12, auf Deutsch und Englisch erschienen.

Unsere Regenbogenwelt
Otto E. Rössler und Peter Weibel
1992

Es heißt, die Enden des Regenbogens stehen in einem Tiegel aus Gold. Seine Position ist in der Tat ein Problem, denn sie stellt sich für jeden Beobachter anders dar. In Wirklichkeit ist der Regenbogen ein verzerrtes virtuelles Abbild der Sonne. Trotzdem gleicht er einem realen Objekt. Kann es sein, dass andere »reale« Objekte ähnlichen Verzerrungen unterliegen?

Eine alte Frage
Inwieweit hängt die objektive Realität vom Beobachter ab? Seit der Erfindung der Perspektive in der Renaissance und der Erfindung der Gruppentheorie (Helmholtz-Lie-Gruppen) im 19. Jahrhundert wissen wir, dass das Erscheinungsbild der Welt in gesetzmäßiger Weise vom Standort des Beobachters abhängt. Dementsprechend erzeugen Virtual-Reality-Computerprogramme aus einer im Computer gespeicherten absoluten (invarianten) Darstellung eine gesetzmäßig nichtinvariante (d. h. kovariante) Darstellung. Die gesetzmäßige Verzerrung des perspektivischen Sehvermögens ist zwar bedauerlich, unser sicheres Empfinden für eine »objektive« Realität wird davon jedoch nicht berührt.

Der Regenbogen stellt diese Gewissheit infrage. Bislang gibt es noch keine Virtual-Reality-Programme, die Regenbögen beinhalten. Die Transformationsregeln sind anders als jene, die für andere Objekte gelten. Der Grund dafür hängt mit der Tatsache zusammen, dass ein Regenbogen ein sehr spezieller Gegenstand ist: Er ist ein verzerrtes virtuelles Abbild der Sonne. Wenn also der Beobachter wandert, wandert auch der Regenbogen. Wenn der Beobachter den Abstand zwischen den Augen mithilfe von Spiegeln vergrößert (was in einer Virtual-Reality-Simulation nachgeahmt werden kann, indem man die Größe der internen Darstellung des Beobachters verändert), verharrt der Regenbogen durchwegs in unendlichem Abstand, ungeachtet der Tatsache, dass er weniger weit entfernte Objekte überdeckt. Die Eigenschaften bestimmter Objekte (im vorliegenden Fall: ihr Standort) hängen also von den Eigenschaften des Beobachters ab (etwa von seinem Standort und seiner Pupillenform) und zwar in einer Weise, die über die bekannten Verzerrungen der Helmholtz'schen 3D-Perspektive oder der 4D-Projektion Hermann Minkowskis hinausgeht. Könnte es sein, dass das durch den Regenbogen dargestellte Prinzip von größerer Signifikanz ist?

Die Schnittstelle zwischen Beobachter und Umwelt
Als Teil der Welt kann ein Beobachter diese Welt nicht von einer objektiven Position aus betrachten. Der homogene Matrix-Algorithmus des Virtual-Reality-Flugsimulators[1] zeigt, welch nichttriviale Aufgabe die Schaffung der richtigen Schnittstelle darstellt. In Wirklichkeit braucht der Beobachter – weit davon entfernt, von der mannigfaltigen und sich

---

[1] William M. Newman und Robert F. Sproull, *Principles of Interactive Computer Graphics*, McGraw-Hill, New York u. a., 1979.

verändernden Struktur der verwendeten, regelmäßig aufeinanderfolgenden Perspektiven eingeschüchtert zu sein – eine solche Verpackung, um daraus ein korrektes, invariantes Bild zu gewinnen. »Die Intimität, die entsteht, wenn einem ein anderer Kopf nahe ist, gleicht den Lichtern und der Tür eines Hauses.«[2] Im Prinzip wären viel mehr Parameter zu untersuchen als jene, die den Standort und die Größe des Beobachters beschreiben. Sofort fällt einem hier die Bewegung des Beobachters ein. Hervorgerufen werden dabei sowohl Phänomene des »visuellen Fließens« wie auch der relativistischen Verzerrungen, die in der Simulation auch tatsächlich reproduziert werden können.[3] Sodann denke man an wiederholte Bewegungen des Beobachters, etwa an ein Kopfschütteln. Die Auswirkungen auf die Schnittstelle können, vor allem wenn es sich um ein schnelles Schütteln handelt, dramatisch sein. Unter solchen Voraussetzungen kann die Suche nach einer invarianten Darstellung einen nicht wiedergutzumachenden Rückschlag erleiden.

Historisch erstmals erkannt wurde das Schnittstellenproblem von Rugjer Josip Bošković, der 1755 die Frage aufwarf, was wohl passiert, wenn der Beobachter und seine Umwelt sich gleichzeitig, zusammen mit allen involvierten Kräften, verkleinern. Selbstverständlich würden »im Bewusstsein dieselben Eindrücke hervorgerufen«.[4] Die Schnittstelle wäre davon nicht tangiert. Ebenso würde sich für den Beobachter nichts ändern, wenn sein Kopfschütteln von einem dementsprechenden Schütteln der übrigen Welt begleitet würde. Die zeitabhängigen Merkmale der Schnittstelle verdienen daher eine eingehendere Betrachtung.

Die durch eine brownsche Bewegung des Beobachters erzeugte Schnittstelle
Interessant ist die brownsche oder archimedische Bewegung wegen der darin beinhalteten Energie- und Impulserhaltung. Jeder Beobachter, dessen Teilchen sich in zufälliger thermischer Bewegung befinden, steht in einer interessanten dynamischen Beziehung zur übrigen Welt. Archimedes erkannte als erster, dass das gemeinsame Schwerkraftzentrum niemals bewegt werden kann. Wie erscheint also die übrige Welt einem solchen Beobachter? Sinnvoll kann diese Frage erst heute gestellt werden, da die erforderliche gleichzeitige Simulation vieler Teilchen eine erst vor kurzem eröffnete Option ist.[5]

Jedes externe Objekt vollführt in Bezug auf den Beobachter eine brownsche Bewegung. Die Stärke dieser Bewegung wird von der Masse des Objekts abhängen: Je geringer die Masse, desto größer die sichtbare thermische Erregung, weil das Schwerkraftzentrum von Beobachter und externem Objekt über eine relative brownsche Bewegung verbunden ist. Ein Objekt mit sehr geringfügiger Masse kann daher von einem thermisch bewegten Beobachter niemals fehlerfrei beobachtet werden. Der thermische Lärm des Beobachters wird das Objekt immer »beunruhigen« und zwar so, dass es durch die Temperatur des Beobachters thermisch erregt erscheint, auch wenn die tatsächliche Bewegungstemperatur des Objekts null wäre. Der Effekt ist so als wäre der Beobachter selbst ein brownsches Teilchen. Wie erscheint die Welt einem Partikel in brownscher Bewegung? Das Virtual-Reality-Paradigma kann grundsätzlich dazu verwendet werden, hierauf eine Antwort zu finden.

---

2 Harold Brodkey, *Die flüchtige Seele*, Rowohlt, Reinbek bei Hamburg, 1995, S. 1112.
3 Ivan E. Sutherland, »Computer Inputs and Outputs«, in: *Scientific American*, 01. 09. 1966; ders., »Computerdisplays«, in: *Scientific American*, 01. 06. 1970.
4 Rugjer Josip Bošković, »De spatio et tempore, ut a nobis cognoscuntur« (1755), in: ders., *Theoria Philosophiae Naturalis*, Kaliwodiana, Wien, 1758, auf Englisch erschienen als *A Theory of Natural Philosophy*, The MIT Press, Cambridge/MA, 1966, S. 203–205; hier Neuübersetzung Otto E. Rösslers. Vgl. auch Roland Fischer, »A Neurobiological Re-Interpretation and Verification of Boscovich Covariance, Postulated in 1758«, in: *Cybernetica*, Vol. 34, 1991, S. 95–101.
5 Berni J. Alder und Thomas E. Wainwright, »Phase Transitions for a Hard Sphere System«, in: *Journal of Chemical Physics*, Vol. 27, 1957, S. 1208f.

Die Welt eines Quäkers
Es ist nicht leicht, jenen ruhigen Bewusstseinszustand zu erreichen, der den richtigen Weg weist. Auch numerisch ist die Aufgabe sehr anspruchsvoll. Sie besteht im Entwerfen einer vollständigen, reversiblen Mikrowelt in einem Computer. Das innere »Auge« (d. h. der interne makroskopische Beobachter) muss aus eben den Mikrokonstituenten gebildet werden, aus denen auch der Rest besteht. Die in diesem Computeruniversum geltende besondere (impulskonservierende) Beziehung zwischen diesem »Auge« und einem speziellen Mikroobjekt kann dann von einem menschlichen Makrobeobachter außerhalb dieser Welt betrachtet werden (falls er die richtigen Spezialbrillen trägt).

Eine lohnende Aufgabe, die, nehmen wir einmal an, im Jahr 2010 bewerkstelligt werden kann – ein flüchtiger Blick auf das ungewöhnliche Regenbogenphänomen, das von dieser technischen Neuheit ausstrahlen wird, ist aber heute schon möglich.

Falsche Unberechenbarkeit
Eine erste Implikation besteht in einer nicht reduzierbaren Unberechenbarkeit. Das Chaos im Beobachter übersetzt sich in ein Chaos außerhalb des Beobachters. Zusätzlich zu der Einheit thermischer Lärmenergie im Beobachter E, die der Hälfte der Boltzmann-Konstante mal der Temperatur des Beobachters entspricht, haben wir eine zweite echte Konstante T. Dieses charakteristische Zeitintervall steht in einer Beziehung zum mittleren Kollisionsintervall im Beobachter: Nachdem dieses Zeitintervall verstrichen ist, ändern die Mikrodynamiken im Beobachter ihren Verlauf in Relation zum externen Objekt. Die präzise Berechnung von T für klassische Billiardsysteme stellt ein offenes Problem dar.[6] Die mittlere Schüttelperiode T erfordert auch aus konzeptioneller Sicht eine weitergehende Klärung. Wäre der Beobachter mit dem Objekt allein im Universum, so würden das Schwerkraftzentrum des Beobachters und jenes des Objekts keine relative brownsche Bewegung vollführen. Sobald jedoch irgendein drittes Objekt (z. B. ein vermittelndes Teilchen) mit dem Beobachter verbunden wird, bleibt das externe Objekt nur in Bezug auf diese kombinierte Anordnung in einem Zustand konstanter Bewegung. Im Allgemeinen revidiert der aus vielen Teilchen bestehende Beobachter nun tatsächlich mit jeder Einheit des Zeitintervalls T relativ zum externen Objekt den Kurs.

Die daraus resultierende »relative Diffusion« zwischen externem Objekt und Beobachter bestimmt sich aus dem Produkt von E und T, dividiert durch die Objektmasse M. Dieses Ergebnis stimmt auch, wenn das externe Objekt mit dem Beobachter »direkt« (d. h. ohne Messkette) verbunden ist.[7] Unerwarteterweise gilt auch für den allgemeineren Fall einer »indirekten« Verbindung (über eine Messkette) noch das gleiche Gesetz, da die Messkette die objektiv bestehende wechselseitige Beziehung zwischen Beobachter und Objekt nicht ungeschehen machen kann. Die daraus hervorgehende »Unberechenbarkeit« weist Ähnlichkeiten mit der Quantenmechanik auf, weil das Vorhandensein eines Diffusionsgesetzes vom oben beschriebenen qualitativen Typus (eine Operation wie E mal T, dividiert durch die Masse des Objekts M) ausreicht, um die Schrödingergleichung hervorzubringen.[8]

---

6   Otto E. Rössler, »Four Open Problems in Four Dimensions«, in: Gerold Baier und Michael Klein (Hg.), *A Chaotic Hierarchy*, World Scientific Publ., Singapur, 1991, S. 365–369.
7   Otto E. Rössler, »Endophysics«, in: John L. Casti und Anders Karlqvist (Hg.), *Real Brains, Artificial Minds*, North-Holland, New York, 1987, S. 25–46.
8   Imre Fényes, »Eine wahrscheinlichkeitstheoretische Begründung und Interpretation der Quantenmechanik«, in: *Zeitschrift für Physik*, Vol. 132, 1952, S. 81–106; Edward Nelson, »Derivation of the Schrödinger Equation from Newtonian Mechanics«, in: *Physical Review*, Vol. 150, 1966, S. 1079–1085.

Falsche Gewissheit

Wir müssen erst noch untersuchen, was geschieht, wenn der Beobachter ein Mikroobjekt in einen bestimmten, festgelegten Beobachtungszustand zwingt. Die Messanordnung könnte beispielsweise so gewählt werden, dass das Mikroobjekt seine Position mittels einer Ja-oder-Nein-Entscheidung verraten muss. Das hierbei auftretende Problem verhält sich analog zum Problem der Bildung eines »Eigenzustands« in der Quantenmechanik. Dieser restriktive Messtypus kann sicherlich auch in unsere simulierte Welt eingeführt werden.

Hier tritt ein neues Phänomen auf. Während die vorherige Entdeckung (Unberechenbarkeit) sich noch nicht im strikten Sinne als Regenbogenphänomen qualifizieren lässt, da die bloße Trübung noch keine neue phänomenologische Qualität darstellt, kommt es im vorliegenden Fall zu einer neuen Qualität. Es handelt sich um die Qualität einer für den Beobachter auftretenden wohldefinierten Standortbestimmung im Positionsraum (bzw. im Impulsraum), die im Widerspruch zum korrekten Standort steht. Denn wenn der beobachtete Standort des Objekts identisch wäre mit der korrekten Position, wäre die relative brownsche Bewegung des Beobachters – obwohl dies nicht geschehen kann – im Wesentlichen eliminiert worden. Die sichtbare, in der Schnittstelle geltende Position des Objekts ist daher verschieden vom objektiv zutreffenden Standort.

Diese Vorhersage lässt sich in der vorgeschlagenen Simulation der Schnittstelle verifizieren. Da alles, was in der Simulation geschieht, explizit bekannt ist, kann der Inhalt der Schnittstelle mit dem tatsächlichen Geschehen, dem das betreffende Teilchen unterliegt, verglichen werden. Dieser Vergleich ist natürlich ein Privileg, das dem externen Beobachter vorbehalten ist, da der interne Beobachter ja in der Schnittstelle sitzt.

Die an der Schnittstelle aufscheinende Ja-oder-Nein-Entscheidung hängt von der internen Dynamik des Beobachters ebenso wie von der des Objekts ab. Gemäß Edward Nelsons stochastischer Mechanik bzw. Diffusionstheorie, hängt die Wahrscheinlichkeit für eine bestimmte Entscheidung vom Quadrat der Amplitude der diffusionsgenerierten Schrödingergleichung ab.[9] Es ist zu erwarten, dass dieses diffusionstheoretische Resultat mit dem Vorliegen der ersten Schnittstellensimulation bestätigt wird. Allerdings ist eine Komplikation vorhersehbar, nämlich für den Fall, der in der Standardformulierung der stochastischen Mechanik nicht enthalten ist. Bei letzterer werden die auftretenden Entscheidungen (Eigenzustände) als permanent unterstellt. Hier hingegen ist die Verzerrung der objektiven Welt dergestalt, dass der aufgezeichnete Zustand, wie er an der Schnittstelle erscheint, vom momentanen Bewegungszustand aller Teilchen im Beobachter abhängt. Mit anderen Worten: Die Schnittstelle gibt den momentanen Stand der Dinge wieder. Alle Messungen, ungeachtet der Länge der Messkette in Bezug auf Raum und Zeit, werden von der momentan gültigen Beziehung zwischen der internen Dynamik des Beobachters und der Dynamik der übrigen Welt bestimmt.

Ein externer Superbeobachter, der die momentane Schnittstelle als Funktion der Zeit betrachtet, wird daher eine Superposition (d. h. ein Zeitintegral) aller momentan gültigen Quantenentscheidungen zeichnen. Die momentan gültigen Eigenwelten fallen, obgleich wechselseitig verschieden, alle in den Bereich der von der Wellenfunktion der stochastischen Mechanik beschriebenen Wahrscheinlichkeitsverteilung.

Ein ähnliches Problem ist in der Quantenmechanik unter dem Namen »Messproblem« bekannt. Beispielsweise sind die verschiedenen, jeden Moment auftretenden Eigenwelten – in der Sprache von Hugh Everetts Formulierung des »relativen Zustands« –

---

9 Nelson 1966.

voreinander »geschützt«.¹⁰ Es gibt eine Version von Everetts Formel (nach John Bell[11]), in der die verschiedenen Eigenwelten nicht wie bei Everett üblich, als gleichzeitig existierend angenommen werden, sondern als aufeinanderfolgend, wobei jede auf einen sehr kleinen Zeitausschnitt begrenzt ist. Bell wollte lediglich die mathematische Äquivalenz dieser Sicht mit der Standardinterpretation der multiplen Welten zeigen. Beide Interpretationen der Quantenmechanik werden in der Regel für ziemlich abseitig erachtet. Unerwarteterweise erlangt hier jedoch die zweite Interpretation in einem ganz anderen Kontext Geltung.

Bells Erkenntnis, dass der Beobachter den Übergang in eine andere Quantenwelt von einem Moment zum nächsten nicht »registrieren« würde (da die Welten definitionsgemäß vollständig sind, d. h., dass es keinen Hinweis auf eine andere Welt gibt) ist hier ebenfalls gültig. Daraus folgt, dass es sich bei der von einem außenstehenden Beobachter der simulierten Schnittstelle erlebten »Integration« um ein Artefakt handelt. Wäre der außenstehende menschliche Beobachter Teil der gleichen Schnittstelle und nicht in der Lage, daraus mithilfe eines außerhalb angesiedelten Gedächtnisses zu entkommen, so würde das Phänomen der Integration verschwinden und es würde in jedem Moment eine einzige, konsistente »Eigenwelt« – mit ihrer aufgezeichneten Vergangenheit und antizipierten Zukunft – vorliegen. Die Aufgabe des Demiurgen, die Implikationen, die seine eigenen Handlungen (Gesetze und Ausgangsbedingungen) für die Bewohner nach sich ziehen, zu registrieren, ist daher einigermaßen schwer.

Ein neuer Typus des Regenbogens

Die Verzerrung einer objektiven Welt, wie sie in einer Schnittstelle gespiegelt wird, kann unerwartet weitgehend sein. Der Begriff »Regenbogenwelt« gilt für jede verzerrte Darstellung, ungeachtet ihrer Kurzlebigkeit. Beispielsweise ist Schrödingers Katze in der einen Welt am Leben und wohlauf, während der gleiche »höllische Apparat«[12] in der anderen einen anderen Verlauf gewählt hat. Mehr noch, die gleiche Gabelung mag schon vor einiger Zeit stattgefunden haben, sodass im einen Fall eine gegenwärtig immer noch verspielte und lebhafte Katze herauskam, im anderen dagegen eine Katze, die schon seit geraumer Zeit dem organischen Zerfall unterliegt. Es scheint sehr schwierig, beide Regenbogenwelten mit ein und derselben Exo-Realität zu versöhnen.

Der kontraintuitive Begriff eines Regenbogenfilms bedarf einer genaueren Prüfung. Eines seiner Kennzeichen kommt der Alltagserfahrung wider Erwarten jedoch sehr nahe. Es handelt sich um die Tatsache, dass jeder Moment über eine eigene Welt verfügt (Eigenwelt). In der Quantenmechanik wurde die gleiche 1:1-Beziehung von David Deutsch registriert.[13] Dasselbe Resultat erscheint hier in einem vollkommen transparenten Kontext (vorausgesetzt, alle Schwierigkeiten werden gemeistert). Die Bewohner eines reversiblen Universums sind an einen einzigen Moment in der Zeit gebunden. Sie bezeichnen das als ihre Welt, »wie sie wirklich ist«. Während die wechselseitige Inkompatibilität der verschiedenen »Jetztwelten« an der Schnittstelle, wie erwähnt, nicht dargestellt wird, verrät die Schnittstelle jedoch die Tatsache, dass ein einziger zeitlicher Moment vor allen anderen

---

10   Hugh Everett III, »›Relative State‹ Formulation of Quantum Mechanics«, in: *Reviews of Modern Physics*, Vol. 29, 1957, S. 454-462.

11   John Stewart Bell, »Quantum Mechanics for Cosmologists«, in: C. J. Isham, Roger Penrose und Dennis William Sciama (Hg.), *Quantum Gravity 2*, Clarendon Press, Oxford, 1981, S. 611-637.

12   Erwin Schrödinger, »Die gegenwärtige Situation in der Quantenmechanik«, in: *Die Naturwissenschaften*, Vol. 23, 1935, S. 807-812, 823-828, 844-849.

13   David Deutsch, »Three connections between Everett's interpretation and experiment«, in: Roger Penrose und C. J. Isham (Hg.), *Quantum Concepts in Space and Time*, Clarendon Press, Oxford, 1986, S. 215-225.

privilegiert ist, denn er »definiert eine Welt«. Die letzte Vorhersage – die Existenz einer Jetztwelt für die internen Bewohner – steht, wenn sie in unsere eigene Welt übertragen wird, im Widerspruch zur traditionellen Wissenschaft, der der Begriff eines privilegierten Jetzt fehlt.

Das Paradigma der virtuellen Realität hat dem Thema »Schnittstelle« wissenschaftliche Akzeptanz eingebracht.[14] Die momentane Position der Kamera verzerrt die Welt in einer Art und Weise, die sie als invariante, neue Realität vollkommen greifbar macht. Die Erzeugung einer solchen Schnittstelle ist nicht einfach und erfordert eine Menge Computerverarbeitungskapazität. Experimente mit dieser Schnittstelle sind gegenwärtig eine bedeutende technologische und konzeptuelle Herausforderung. Wie sieht beispielsweise ein Regenbogen im Inneren aus, wenn er durch die vertikale Pupille einer Katze anstatt durch eine runde »reduziert« wird? Wie verhält sich die Sache im Falle einer mehrere Meter langen, horizontalen oder vertikalen Katzenpupille?

Eine zweite ungewöhnliche Frage gilt den sich zeitlich ändernden Realitäten, wenn die Veränderungen sowohl bei der Position des Auges wie auch des externen Objekts in Korrelation zueinander erfolgen. An der Schnittstelle scheinen solche Veränderungen natürlich nicht auf, da die Bošković-Differenz null ist.[15] Drittens gibt es eine sehr spezielle Schnittstelle, die zwischen einem als mikroskopisch beschriebenem reversiblen Beobachter und der übrigen, ebenfalls mikroskopisch simulierten Welt entsteht. Phänomene, die nur aus dem kontraintuitiven Feld der Quantenmechanik bekannt sind, treten plötzlich als Implikationen einer konzeptuell vollkommen transparenten Situation in Erscheinung. Gleichzeitig werden »Jetzt-gebundene Regenbogenwelten« Thema wissenschaftlicher Diskussionen.

Das »Spiel mit den Kameras« kann also ein lohnender Zeitvertreib sein. Verschiedene Phänomene der Alltagserfahrung lassen sich wieder auffinden. Gleichzeitig tritt ein neuer Argwohn in Bezug auf unsere eigene Welt in Erscheinung: Vielleicht ist auch unsere Welt eine Regenbogenwelt? Wenn dieses Misstrauen erst Fuß gefasst hat, besteht der logisch nächste Schritt in der Forderung nach neuen Diagnoseinstrumenten, mit denen sich in unserer eigenen Welt die Existenz der neuen Kategorie demonstrieren, erforschen und eventuell manipulieren ließe. Dessen ungeachtet besteht der erste Schritt darin, misstrauisch zu werden. Das gegenwärtige Misstrauen, welches auf Immanuel Kant und Bošković und vor diesen auf Anaximander zurückgeht, hat nun ein neues Medium für seine Untersuchungen gefunden.

Abschließend sei gesagt, dass das Konzept des Regenbogens vom Blickpunkt der Virtual-Reality-Simulationen einer neuerlichen Prüfung unterzogen worden ist. Für eine solche Simulation ist eine eher ungewöhnliche Virtual-Reality erforderlich. Reversible simulierte Welten sind geeignet, das Verständnis der Mensch-Welt-Schnittstelle zu fördern (ein Vorschlag, der auf den ersten Blick auf die Untersuchung eines Eisläufers beschränkt scheint, der das Ganzkörperwinkelmoment nicht überwinden kann oder eines Archimedischen Systems interagierender Kugeln und Federn wie in einem Molekülmodell). Der erste detaillierte Bericht über die Eigenschaften solch einer »konservativen virtuellen Realität«

---

14   Jean Baudrillard, Hannes Böhringer, Vilém Flusser, Friedrich Kittler, Heinz von Foerster und Peter Weibel, *Philosophien der neuen Technologie*, Merve, Berlin, 1989; Peter Weibel, »Virtuelle Welten: Des Kaisers neue Körper«, in: Gottfried Hattinger und Peter Weibel (Hg.), *Ars Electronica 1990*, Bd. 2: *Virtuelle Welten*, Veritas, Linz, 1990, S. 9-38, in diesem Band S. 351-372; ders. und Otto E. Rössler, »The Two Levels of Reality - ›Exo‹ and ›Endo‹«, in: Otto E. Rössler, *Endophysics. The World as an Interface*, World Scientific Publ., Singapur, 1998, S. 59f.; ders. und Bob O'Kane, »Das tangible Bild - Endoapproach to electronics«, in: Manfred Waffender (Hg.), *Cyberspace*, Rowohlt, Reinbek bei Hamburg, 1991, S. 154.

15   Otto E. Rössler, »Boscovich Covariance«, in: John L. Casti und Anders Karlqvist (Hg.), *Beyond Belief: Randomness, Prediction and Explanation in Science*, CRC Press, Boca Raton, 1991, S. 69-87.

wird in etwa zehn Jahren vorliegen. Gegenwärtig ist nur ein »informiertes Rätselraten« möglich. Auf diese Weise könnte man zu einem neuen hoffnungsvollen Verdacht gelangen: Das Virtual-Reality-Paradigma könnte mehr über unsere eigene Welt enthüllen als der übliche Gang der Wissenschaft uns bisher glauben machte. Beispielsweise werden die Gefängniswände, die das Jetzt umgeben, fühlbar. Es können weitere Verzerrungen der invarianten (Exo-)Realität existieren, die durch das neue hermetische Paradigma der computergenerierten Welten desmaskiert werden.

Der Text wurde J. O. R. gewidmet. Er ist erstmals 1992 in der von Peter Weibel und Karl Gerbel herausgegebenen Publikation *Ars Electronica 1992. Die Welt von Innen – Endo und Nano / The World from Within – Endo and Nano*, PVS Verleger, Linz, S. 13-21, auf Deutsch und Englisch erschienen. Diese Publikation erschien anlässlich der Ars Electronica 1992 *Endo und Nano* in Linz, deren künstlerischer Leiter Peter Weibel war. Der Text wurde auf Englisch unter dem Titel »Our Rainbow World«, in: Otto E. Rössler, *Endophysics. The World as an Interface*, World Scientific Publ., Singapur, 1998, S. 173-182, wiederabgedruckt.

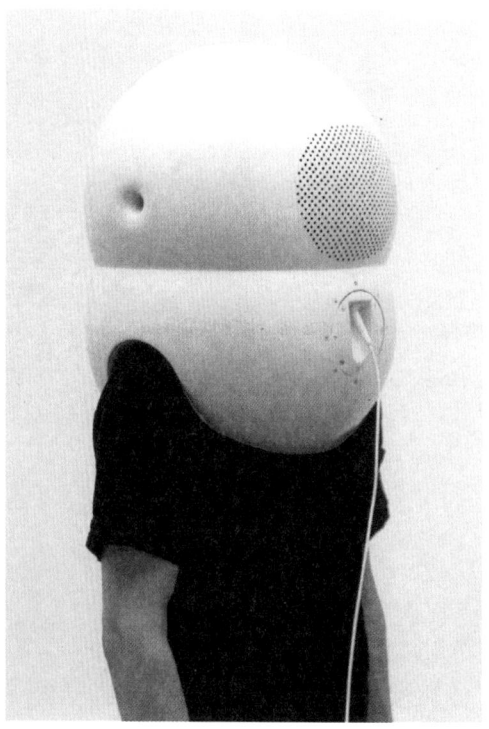

Peter Weibel und Walter Pichler, *Kleiner Raum*, 1967

Walter Pichler, *TV-Helm (tragbares Wohnzimmer)*, 1967

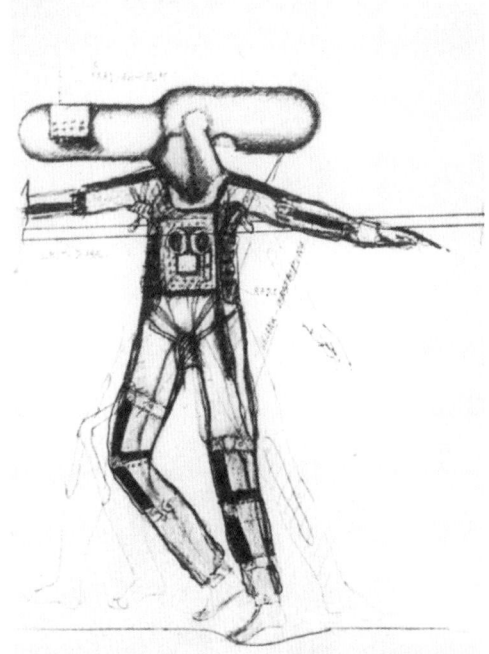

Walter Pichler, Mann mit TV-Helm, Radioweste, Standardanzug und Fingerspanner an einer Leine geführt, 1967

virtuelle realität:
der endo-zugang zur elektronik

1993

I.

Im Wien der 1960er-Jahre hatten neben den Körperobsessionen der klassischen Wiener Aktionisten, die ein Beharren auf dem natürlichen Körper und seinen natürlichen Funktionen ekstatisch zur Schau stellten, auch Tendenzen der Befreiung vom Körper künstlerische Ausdrucksformen angenommen. Von der maschinellen und medialen Extension des Körpers, über Fluchten in künstliche Körper bis zur Kritik an den sozialen Funktionen des Körpers gab es viele körperauflösende Projekte.[1] Alfons Schillings Sehmaschinen, die er nach seinen Wiener Bildauflösungen durch Aktionsmalerei im New Yorker Exil in den 1960er- und 70er-Jahren baute und die dort einen erheblichen Einfluss ausübten[2], sind sowohl gedanklich wie technisch direkte Vorläufer der am Kopf montierten Vorrichtungen für dreidimensionale Bildwiedergaben. Auch Walter Pichlers über den Kopf gestülpte TV-Helme, seine Radiowesten, Handgeräte und andere technische Extensionen des Leibes (wie z. B. der mit mir konzipierte Redehelm) antizipierten Datenhandschuh und Datenanzug konzeptuell, wenngleich sie technisch vielleicht weniger anspruchsvoll waren als Schillings Apparate und Explorationen.

Aus diesen genuinen Gedankenspielen der Wiener Avantgardeszene, wie auch aus externen Einflüssen (z. B. Kybernetik, Richard Buckminster Fuller und Marshall McLuhan) entstand der einmalige Entwurf (1965/1966) des legendären »Bio-Adapters« von Oswald Wiener, bezeichnenderweise Walter Pichler gewidmet, der ursprünglich dazu Zeichnungen hätte liefern sollen. Dieser literarische Entwurf ist buchstäblich eine sowohl technisch wie auch konzeptionell voll ausgereifte Darstellung der virtuellen Realität und des Cyberspace. Die Frage, die z. B. Otto E. Rössler in seinem Münchner Vortrag stellte: »Ist Realität schon immer eine virtuelle Realität?«, war auch für Wiener maßgeblich. Der Zweck des Bio-Adapters (des »Glücksanzugs«) »ist es nämlich, die welt zu ersetzen, d. h. die bislang völlig ungenügende funktion der ›vorgefundenen umwelt‹ [...] in eigene regie zu übernehmen – und seiner individualisierten aufgabe besser zu entsprechen, als dies die ›allen‹

---

1 Ein dissipativer Freundeskreis, dessen Gruppierungen zu Zeiten gegeneinander, zu anderen Zeiten wieder miteinander arbeiteten. Auf der einen Seite Günter Brus, Otto Muehl, Hermann Nitsch, auf der anderen Seite Hans Hollein, Walter Pichler, Max Peintner. Alfons Schilling gehörte zu Beginn der 1960er-Jahre zur Aktionistengruppe, bevor er nach New York übersiedelte und am Ende der 1960er-Jahre aus dem Exil eher zur Gruppe um Walter Pichler tendierte. Oswald Wiener und Peter Weibel arbeiteten häufig mit den Aktionisten zusammen, gelegentlich aber auch mit Walter Pichler u. a.
2 Er erfand z. B. einen neuen Filmprojektor, der Bilder »zerhackte«, den Filmanalytiker, der noch heute vom New Yorker Avantgardefilmer Ken Jacobs verwendet wird. Er war jahrelang intensiv mit Steina und Woody Vasulka befreundet, den berühmten Pionieren des elektronischen Bildes und der Maschinenvision. Woody Vasulka und Alfons Schilling haben gemeinsam Sehmaschinen, Spezialkameras und -projektoren gebaut.

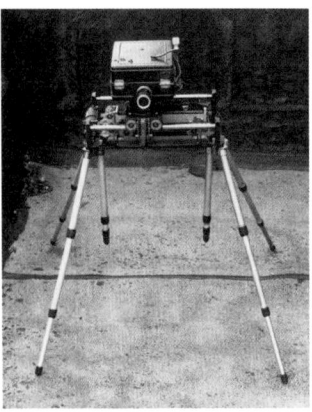  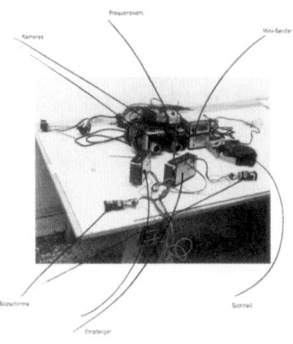

Alfons Schilling und Woody Vasulka, *Spinne*, 1970

Alfons Schilling, *Stereoskopisches Videosystem*, 1973

Alfons Schilling, Elektronische Räume, »Hard-/Software für das System Video Head Set« zur Simulation eines subjektiven, teilweise virtuellen 3D-Umraums

gemeinsame, nunmehr veraltete sogenannte natürliche umwelt vermag.«[3] Als letzte Konsequenz fragt Wiener am Ende seiner Ausführungen: »möglicherweise sind wir alle schon längst in einem solchen Bio-Adapter gefangen. Vielleicht ist unser Körper nichts anderes als ein Bio-Adapter, der nur uns ›natürlich‹ scheint.«[4] Oswald Wieners Bio-Adapter ist der sprachliche Entwurf eines Datenanzugs, der die Außenwelt vollkommen ersetzt. Die Augen sind in diesem Sinne »natürliche« visuelle Displaysysteme, die der Mensch trägt und die durch künstliche ersetzt werden können. Der innere Beobachter kann zwischen beobachterinternen und beobachterexternen Phänomenen nicht mehr unterscheiden. Umwelt und Selbst verschmelzen. Der Betrachter ist nun im Bild, nicht mehr außerhalb und innerhalb des Bildes zugleich. Der Datenanzug spiegelt eine Welt vor, die nach den Wünschen des Subjekts ständig in »Echtzeit« manipuliert wird.

II.

Ein zentraler Begriff für die Virtual-Reality-Technologie und deren Vorstufen in Wissenschaft, Kunst, Medien (besonders Video) und Literatur ist der Begriff des Feedbacks, der etwa um 1942 von Julian Bigelow und Norbert Wiener, dessen Buch *Kybernetik* 1949 erschien, eingeführt wurde. Zirkularkausale Feedbackmechanismen (zwischen Reiz und Reaktion), die ein sich selbst steuerndes, kybernetisches System herstellen, und teleologische Mechanismen, *observing systems*, die zur Verfolgung und Erreichung eines Ziels sich selbst beobachten, stellen das abstrakte ideengeschichtliche Modell dar, auf denen die VR-Technologie beruht. Die Veränderungen der Position und der Perspektive eines Betrachters und das (perspektivische und maßstäbliche) Erscheinen eines Bildes bzw. Objekts werden zu rekursiven Wechselwirkungen. Rekursion, Eigenwerte, Eigenverhalten, Selbstreferenz, Homöostase, Autopoiesis sind Begriffe und Modelle, die sich daraus entwickelten. Zuerst wurde das Nervensystem als geschlossenes Errechnungssystem betrachtet (Warren McCulloch, Heinz von Foerster) und schließlich die Wirklichkeit selbst. Die Errechenbarkeit der Ereignisse im Nervensystem wie auch der durch sie repräsentierten Klasse von Ereignissen in der Welt auf

---

3 Oswald Wiener, *die verbesserung von mitteleuropa, roman*, Rowohlt, Reinbek bei Hamburg, 1969, S. CLXXV.
4 Ibid., S. CLXXXIII.

der Grundlage von (multisensoriellen) Daten (zuerst in der »Fleischmaschine« Körper, dann im Computer) transformierte allmählich die Idee der Wirklichkeit als Natur, als natürliche Gegebenheit, in die Idee der Wirklichkeit als eine künstliche Konstruktion und schließlich berechenbare Simulation.

Die neurologischen, mathematischen und kybernetischen Arbeiten von Norbert Wiener, Warren McCulloch, Heinz von Foerster, Gordon Pask, George Spencer-Brown, Gregory Bateson, Humberto Maturana und anderen stellen die großen Fundamente dar, auf denen die VR-Technologie ihre ersten Hütten baut. Mit der Arbeit von Warren McCulloch und Walter Pitts »A Logical Calculus of the Ideas Immanent in Nervous Activity« (1943), einer formalen Untersuchung von Nervennetzen, beginnt das Zeitalter der Berechenbarkeit der Schnittstelle.[5] Sie zeigte, dass alles, was vollständig und eindeutig in Worte gefasst werden kann, ipso facto von einem passenden Nervennetzwerk errechnet und realisiert werden kann. Umgekehrt kann man daraus folgern, dass es entsprechende Nervennetze im Zentralnervensystem geben muss, die ein bestimmtes Verhalten errechnen. Die Nervennetze, durch die Berechenbarkeit von analogen in digitale Modelle verwandelt, konnten später von Computern simuliert werden. Mithilfe dieser Computer konnten dann künstliche Wirklichkeiten, genauer stereoskopische 2D-Bilder von 3D-Realitätsausschnitten, in denen ein Körperausschnitt des Beobachtersystems, nämlich die Hand, enthalten war, errechnet werden. Auf die Konstruierbarkeit der »natürlichen« Welt, die subjekt- und beobachterabhängig ist, wobei einerseits der Bereich der möglichen Beobachtungen durch die Eigenschaften des beobachtenden Systems festgelegt ist und es andererseits immer der Beobachter ist, der die Unterscheidungsoperationen (z. B. zwischen Beobachter und System) trifft, folgte die Berechenbarkeit einer »künstlichen« Welt.[6]

Wie das Wort »Cyberspace«, von William Gibson kreiert, selbst schon anzeigt, verdankt es sein Konzept der Kybernetik. Grundsätzlich ist ein Cyberspace eine Art interaktive Simulation, auch kybernetische Simulation genannt, die menschliche Beobachter als notwendige Bestandteile des kybernetischen Systems miteinschließt. Der Cyberspace ist potenziell das umfassendste je entwickelte computergestützte Medium, das dem Betrachter selbst den Eindruck vermittelt, in einer virtuellen Realität, in einer dynamischen Simulation einer dreidimensionalen Welt zu sein. Dadurch wird ein radikaler Paradigmenwechsel vom externen zum internen Beobachter eingeleitet.

Vor VR schienen Computersysteme extrinsisch konstruiert zu sein, also für Benutzer, die außerhalb des Systems stehen und Eingabe- und Ausgabegeräte verwendeten. Ein VR- bzw. Cyberspace-System ist hingegen intrinsisch konzipiert. Input- und Outputgeräte werden zu Sensoren (Eingabegeräten) und Effektoren (Ausgabegeräten) des Beobachters – sowohl im realen wie im virtuellen Raum. Dieser Beobachter verfügt über ein digitales Double im virtuellen Raum. Durch die kybernetische Feedbackschleife werden die Sensoren des digitalen Doubles des Beobachters, durch die er von den Ereignissen im realen Raum

---

5 Warren S. McCulloch und Walter Pitts, »A Logical Calculus of the Ideas Immanent in Nervous Activity«, in: *The Bulletin of Mathematical Biophysics*, Vol. 5, 1943, S. 115-133.

6 Jerome Y. Lettvin, Humberto R. Maturana, Warren S. Mcculloch und Walter H. Pitts, »What the Frog's Eye Tells the Frog's Brain«, in: *Proc. Inst. Radio Engr.*, Vol. 47, 1959, S. 1940-1951; Warren McCulloch, *Embodiments of Mind*, The MIT Press, Cambridge/MA, 1965; Gregory Bateson, *Steps to an Ecology of Mind*, The University of Chicago Press, Chicago, 1972; George Spencer-Brown, *Laws of Form*, Allen & Unwin, London, 1969; Heinz von Foerster, »Das Konstruieren einer Wirklichkeit«, in: Paul Watzlawick (Hg.), *Die erfundene Wirklichkeit*, Piper, München, 1983, S. 39-60; ders., *Observing Systems*, Intersystems Publications, Seaside, 1981; Francisco Varela, »Der kreative Zirkel«, in: Watzlawick 1983, S. 294-309; Humberto Maturana und Francisco Varela, *Autopoiesis and Cognition. The Realisation of the Living*, D. Reidel Publishing, Boston, 1980; Lynn Segal, *Das 18. Kamel oder Die Welt als Erfindung. Zum Konstruktivismus Heinz von Foersters*, Piper, München, 1988.

Sensorama

erfährt, zu Effektoren, durch die der reale Beobachter die Ereignisse im virtuellen Raum beeinflusst. Wenn die Sensoren des virtuellen inneren Beobachters die Effektoren des äußeren realen Beobachters sind, die wiederum zu den Sensoren des inneren virtuellen werden, erkennen wir in dieser Schleife die Untrennbarkeit von Interface und innerem Beobachter, von Beobachter und Beobachtetem, von der Realität des inneren Beobachters und von der Illusion des äußeren Beobachters, die fundamental für die elektronische Medienwelt sind. Die Computermodellwelt ist beobachterzentriert. Diese Endo-Interpretation der elektronischen Medienwelt gibt uns aber auch rückwirkend, gleichsam rückkoppelnd, in einer Art transzendentem Zirkelschluss Hinweise darauf, dass auch die reale Welt eine beobachterzentrierte Endo-Welt sein kann.

III.

In etwa synchron zur künstlerischen und naturwissenschaftlichen Erarbeitung der Operationsfelder, auf denen später die VR-Technologie gedieh, gab es auch technische Visionen. Der Science-Fiction-Pionier Hugo Gernsback, an den heute der Hugo-Award für Science-Fiction-Romane erinnert, Erfinder, Schriftsteller, Verleger (ab 1926 der *Amazing Stories*, die Steven Spielberg inspirierten), experimentierte bereits früh mit alternativen Radios, Tonband- und Faxgeräten, Vorformen des Radars und des Fernsehers. Ein berühmtes Foto zeigt ihn mit zwei tragbaren TV-Apparaten vor den Augen, den »TV glasses« (siehe auch bestimmte Arbeiten von Nam June Paik). Radar- und Computerexperte Douglas Engelbart und Computerforscher J. C. R. Licklider trieben Anfang der 1960er-Jahre nicht nur die Entwicklung zum Personal Computer voran, sondern fundierten auch die Konzepte eines interaktiven Computersystems, das die Fähigkeiten des menschlichen Intellekts steigern sollte. Licklider experimentierte mit dem ersten Mikrocomputer PDP-1. In Österreich experimentierte der Computerwissenschaftler Heinz Zemanek Ende der 1950er-Jahre mit kleinen kybernetischen Robotermaschinen (z. B. die »Schildkröte«), die sich autonom bewegen konnten, Hindernissen auswichen und nicht von der Tischkante fielen.

Zahlreich waren in den 1960er-Jahren die Multimediaexperimente mit mehreren Projektionswänden, Rundum- und Würfelleinwänden, mit interaktiven Ton-, Licht- und Bildinstallationen, die alle das Ziel verfolgten, ein Live-Erlebnis zu simulieren. Multimediale Inszenierungen und Systeme, sowohl im Kunst- wie auch im Unterhaltungsbereich, sollten eine vollkommene Wiedergabe der Realität erreichen, wie man sie auch in der realen Situation erleben würde. Stereofarbfilm und -ton, Gerüche, Wind, Vibrationen sollten alle

Sinne reizen und somit Realität simulieren: von Stan Vanderbeeks *Movie-Drome* (1963) bis zum Cinerama (1952) und Sensorama (1962).

Morton Heilig entwarf das erste Gerät, bei dem der Betrachter wirklich im Bild war. Dieses multisensorial simulierte Environment, in dem die Grenze zwischen Beobachter und Umwelt unscharf wurde und die Unterscheidung zwischen Betrachter und Bildsystem nicht mehr klar und absolut getroffen werden konnte, sondern beide in eine zirkulare Wechselwirkung traten, war ein Münzautomatenspiel, Vorläufer der heutigen Videospiele in den Videoarkaden. Durch ein optisches System sah der Betrachter eine Stereofilmsequenz einer Motorradfahrt durch New York aus der jeweiligen Perspektive des Beobachters, der selbst auf dem Sattel saß. Mit beiden Ohren hörte er dreidimensionale Geräusche der Stadt und des Motorrades. Die Hände auf der Lenkerplattform fühlten simulierte Vibrationen. Eine Windsimulation sorgte auch für Gerüche. Diese erste multisensorielle Umweltsimulation war der Beginn des Virtuellen Environments, in dessen Mittelpunkt sich der Betrachter selbst befand. Die Videospielindustrie hat bis heute eine gigantische VR-Technologie aufgebaut, vom kollektiven Erleben virtueller Umwelten in Freizeitparkerlebniskinos, wo die Sessel synchron zu computersimulierten Bildsequenzen von Fahrten durch Ozeane oder das Weltall bewegt werden, bis zu personalisierten Umweltsimulationen, in denen der Betrachter durch seinen eigenen Standpunkt die Bewegung in einer virtuellen Umwelt steuert. Die Flugsimulation auf dynamischen Plattformen, wie sie bei der Pilotenausbildung seit den 1960er-Jahren verwendet wird, leistet dies schon lange auf perfektem Niveau, wie überhaupt die Flugsimulationstechnik und die Videospiele die bis jetzt avanciertesten Bereiche der VR-Technologie darstellen. Einen Überblick über die »Kunst der Flugsimulation« bietet Ron Reisman.[7] Eine Einführung in die Kunst der Videospiele steht noch aus.

IV.

Ende der 1950er-Jahre entstand erstmals die Idee, das Bildwiedergabesystem nicht distanziert vom Beobachter zu lokalisieren (hier Leinwand, dort Projektor bzw. hier Bildschirm, dort Betrachter), sondern direkt mit dem Kopf des Betrachters in Verbindung zu bringen und dadurch Betrachter und Bild, virtuelle Umwelt und Beobachter zu verschmelzen. Philco Corporation entwickelte 1958 ein System, durch das ein von einer weit entfernten Kamera aufgenommenes Bild auf einer Kathodenstrahlröhre, die direkt vor den Augen auf dem Kopf montiert war, gesehen werden konnte. Der Betrachter konnte durch seine Kopfbewegungen den Blickpunkt der Kamera steuern.[8] Telepräsenz und virtuelle, künstliche Umwelt konvergierten langsam.

Bei diesem System war das Bild selbst noch natürlich, also ein natürliches Environment, aber die Kamera, das künstliche Auge, konnte vom Betrachter des Bildes gelenkt und damit auch der Blickwinkel und der Ausschnitt des Bildes gesteuert werden. Der nächste Schritt, bevor ein natürliches Auge eine künstliche Welt steuert, wie es heute in der VR-Technologie der Fall ist, war, Bilder der realen Umwelt mit Bildern einer künstlichen, virtuellen Welt zu mischen. Das von Ivan E. Sutherland zwischen 1965 und 1968 geschaffene *head-mounted display* mit einer Bildanzeige realisierte diesen Schritt. Die auf dem Helm montierte Anzeige war durchsichtig, sodass die computergenerierte Grafik und die reale Umgebung übereinander wahrgenommen wurden. Sutherland erkannte die zentrale Rolle, welche die Perspektive bei der Synchronisation von Bild und Betrachter spielt. Wollte er

---

7   Ron Reisman, »Eine kurze Einführung in die Kunst der Flugsimulation«, in: Peter Weibel und Gottfried Hattinger (Hg.), *Ars Electronica 1990*, Bd. 2: *Virtuelle Welten*, Veritas, Linz, 1990, S. 159-169.
8   Charles Comeau und James Bryan, »Headsight Television System Provides Remote Surveillance«, in: *Electronics*, 10. 11. 1961, S. 86-90.

eine möglichst realistische Darstellung, eine möglichst große Realitätsnähe seiner künstlichen, virtuellen Objekte, musste er die Perspektivverzerrungen, die durch die Bewegungen des Betrachters entstehen, auch auf die virtuellen, computergenerierten Objekte übertragen und deren Perspektivverzerrungen mit den Kopfbewegungen des Betrachters synchronisieren bzw. korrelieren. Diese Korrelation geschieht im Augenblick bei den am Kopf montierten Vorrichtungen der VR-Technik noch direkt und lokal. Es ist aber als nächster Schritt zu erwarten, dass diese Synchronisation mittels Antennen und Sensoren auch fernkorreliert werden kann. Dies wäre die endgültige Konvergenz von VR und Telepräsenz.

Sutherland erkannte die Wichtigkeit der Perspektive und machte unter Einsatz der Computertechnologie mit dem Gedanken radikal ernst, dass die Wirklichkeit auch nur ein zweidimensionales Abbild auf der Retina ist. Daraus folgerte er, dass es auch umgekehrt möglich sein musste, geeignete zweidimensionale Bilder auf der Retina des Beobachters zu erzeugen, die in ihm die Illusion erwecken könnten, er sähe reale dreidimensionale Gegenstände. Für die Wirklichkeitstreue dieser Illusion war offensichtlich die Veränderung der Perspektive beim Wahrnehmen der entscheidende Faktor. Das Bild musste sich synchron zur Bewegung des Beobachters in genau der gleichen Weise verändern, in der sich das Abbild eines wirklichen Gegenstandes durch eine Kopfbewegung des Betrachters verändern würde. Die stereooptische Darbietung solcher bewegter perspektivischer Bilder wäre somit das ultimative Wiedergabesystem: ein perspektivisches 3D-Bild, das sich verändert, wenn sich der Beobachter des Bildes bewegt. 1968 hat er mit der Technik der Zeit (Drahtmodellbilder auf kleinen Kathodenstrahlenröhren vor den Augen, die über Sensoren auf die Kopfposition des Betrachters reagierten) erste technische Modelle des *ultimate display* geliefert, den eigentlichen Beginn der virtuellen Welten.[9] James Clark, der Gründer von Silicon Graphics, hat die Technik der am Kopf montierten Bildschirme (*head-mounted display*) als Schüler von Sutherland Ende der 1970er-Jahre in Utah weiterentwickelt. M. A. Callahan von der Architecture Machine Group am MIT hat 1983 Sutherlands *head-mounted display* für Personal Computer adaptiert.[10]

1982 publizierte Myron Krueger sein schon Jahre vorher geschriebenes wegweisendes Buch *Artificial Reality*, das den Begriff »künstliche Realität« einführte und neue Möglichkeiten der Interaktion zwischen Beobachter und Bild auf der Basis von digitaler Videotechnik vorstellte. Frederick Brooks schlug 1988 ebenfalls eine Bresche für die interaktive Computergrafik. Das Ziel, das er vorschlug, war typisch für den VR-Zugang: das Erreichen der Realität durch Illusion.[11] Cyberspace geht aber über bloße Interaktivität hinaus. Ein VR- bzw. Cyberspace-System ist dynamisch, kybernetisch. Die virtuelle Welt verändert sich mit dem Beobachter als Teil des Systems in Echtzeit, sowohl autonom wie reaktiv. Sie ist beobachterzentriert.

Vorher, in den späten 1970er-Jahren, wurde die *Aspen Movie Map* von der Architecture Machine Group am MIT hergestellt, eine frühe personale Simulation eines Environments. Diverses Bildmaterial der Straßen der Stadt Aspen, von Autos und vom Flugzeug aus aufgenommen, wie auch Innenaufnahmen von Gebäuden, wurden in den Computer eingegeben. Durch Berühren eines berührungsempfindlichen Anzeigenschirms konnte der Betrachter mit selbstgewählter Geschwindigkeit auf jeder gewünschten Route durch die Stadt Aspen

---

9   Ivan E. Sutherland, »The Ultimative Display«, in: *Proceedings of the IFIP Congress*, Vol. 2, 1965, S. 506-508; ders., »A Head-Mounted Three Dimensional Display«, in: *Proceedings of the AFIPS Falljoint Computer Conference*, Vol. 33, 1968, S. 757-764.
10 M. A. Callahan, *A 3-D Display Head-Set for Personalized Computing*, M.S. thesis, Dept. of Architecture, MIT, 1983.
11 Frederick Brooks, »Grasping Reality Through Illusion-Interactive Graphics Serving Science«, in: *Proceedings of the ACM SIGCHI*, 1988, S. 1-11.

fahren, abbiegen und in Gebäude eintreten. Heute gibt es neue Variationen davon: Jeffrey Shaws *The Legible City* (1988) oder Michael Naimarks Straßenbahnfahrt durch Karlsruhe *The Karlsruhe Moviemap* (1991/2009).

Entscheidende Arbeiten für die VR-Technik leisteten Ende der 1980er-Jahre Scott S. Fisher und andere am Ames Research Center der NASA. Ihr VIEW-System (Virtual Interactive Virtual Environment Workstation), von 1986 bis 1988 entwickelt, integrierte alle Aspekte der Vorläufer, von der Flugsimulation bis zu Sutherland. Es bot eine virtuelle Audio- und stereoskopische Bildumgebung, welche auf Position, Stimme und Gesten des Benutzers reagierte. Eine neue künstliche und interaktive Darstellungs- und Kontrollumgebung war gebaut worden. Das Audio- und Videobild bzw. Computerbildmaterial scheint den Benutzer im dreidimensionalen Raum vollständig zu umgeben. Er kann eine künstliche, synthetisch erzeugte, computergenerierte oder fernwahrgenommene Umwelt über einen 360°-Winkel erforschen. Handschuhähnliche Vorrichtungen bieten die Möglichkeit der interaktiven Manipulation virtueller, dreidimensionaler, computererzeugter Objekte in virtuellen Welten in Echtzeit.[12] John Walker, ursprünglich Programmierer, einer der Begründer und dann Präsident von Autodesk, einer führenden Softwarefirma, die mit dem Verkauf von CAD-Programmen für Personal Computer Millionen Dollar verdiente, brachte die VR-Lawine ins Rollen, als er sich entschloss, seine Firma zur Schmiede der VR-Technologie zu machen, aus der die meisten der aktuellen Helden der VR-Szene stammen.[13] VR wurde eine realistische Technologie auf industrieller Basis, Cyberspace wurde zum Geschäft.

V.

Virtuelle Realität und Cyberspace sind Ideen der 1960er-Jahre, auch wenn ihre Technologie erst Ende der 1980er-Jahre realisiert wurde. 1964 publizierte Daniel F. Galouye in seinem Science-Fiction-Roman *Simulacron-3*, der 1973 von Rainer Werner Fassbinder unter dem Titel *Welt am Draht* verfilmt wurde, eine weitere wichtige Idee der VR, die den Beginn des endo-physikalischen Prinzips darstellt. Dieser Roman hat das Problem der Computersimulation nicht von einem technischen, sondern einem erkenntnistheoretischen Standpunkt aus erörtert. Ist die Simulation als solche überhaupt erkennbar? Ist die Objektivität der Realität nur beobachterabhängig? Galouye formulierte in seinem Roman das Problem des Zugangs zu Modellwelten tieferer Stufe und das damit verbundene Problem der Kontrolle durch den externen Beobachter. Im Roman gibt es eine Firma, die mithilfe gigantischer Computer eine Großstadt mit Tausenden von Bewohnern simuliert, denen man die Illusion vermittelt, in einer »wirklichen Welt« zu leben. In dieser simulierten Großstadt mit den simulierten Personen werden Produkte getestet, bevor sie auf den realen Markt, d. h. in unsere Wirklichkeit, gebracht werden. Die Bewohner dieser simulierten Stadt sind aber so komplex gebaut, dass sie sich selbst eine unter ihnen liegende Modellwelt simulieren können, deren Bewohner wiederum glauben, in einer wirklichen Welt zu leben. Dies lässt rückwirkend für die Ingenieure der Firma, Bewohner der realen Welt, die Schlussfolgerung zu, dass vielleicht auch sie, die natürlichen Menschen, in einer nur scheinbar wirklichen Welt leben, die in Wahrheit nur die Simulation einer Welt tieferer Stufe für über uns befindliche (systemexterne) Beobachter ist. Im Roman wird angedeutet, dass die Vermutung

---

12   Scott S. Fisher, M. McGreevy, J. Humphries und W. Robinett, »Virtual Environment Display Systems«, in: *Proceedings of the 1986 Workshop on Interactive 3D-Graphics*, S. 77–87; Scott S. Fisher, E. Wenzel, C. Coler und M. McGreevy, »Virtual Interface Environment Workstations«, in: *Proceedings of the Human Factors Society 32nd Annual Meeting*, 1988.

13   John Walker, »Through the Looking Glass«, internes Papier, Autodesk, Sausalito, 1988.

stimmt.¹⁴ Hier wird also bereits das endo-physikalische Prinzip angestimmt. Jean Baudrillards Simulationstheorie kennt wegen der behaupteten Referenzlosigkeit der Simulakra dieses Problem nicht.

VI.

Da wir Menschen ein Teil der Welt sind, die wir beobachten, kann sie nur von innen betrachtet werden. Ihre Bewohner (innere Beobachter) versuchen aber, Zugang zu einem außerhalb der Welt befindlichen Superbeobachter zu finden bzw. von ihm Hinweise zu erhalten, um die Welt zu verstehen und vollständig beschreiben zu können. Die Endo-Physik bietet ein kleines Schlupfloch. Es können Modellwelten aufgestellt werden, die einen expliziten (mikroskopisch beschriebenen) internen Beobachter enthalten. In solchen Welten, z. B. computererzeugten Modellwelten niedrigerer Stufe, kann die »Schnittstelle« zwischen dem expliziten Beobachter und dem Rest seiner Welt, die in unserer realen Welt unzugänglich ist, explizit erforscht werden. Diese Modellweltmethode bzw. solche Metaexperimente bieten die grundsätzliche Möglichkeit, hinter die Schnittstelle zu gelangen (»einen Blick hinter den Vorhang zu werfen«) und die beobachterspezifische Verzerrung unserer eigenen Welt partiell zu entzerren. Solch ein äußerer Operateur zu einer kinetischen Welt, modellhaft für einen Zugang zu einer bisher unzugänglichen verborgenen zweiten Realitätsebene, ist seit dem Auftauchen des Computers und der mit ihm durchführbaren Simulationen nicht mehr reine Dämonie.[15] Berni Alder und Thomas Wainwright haben bereits 1957 die Möglichkeit einer Computersimulation molekularer Dynamik gezeigt.[16] In einer derart simulierten Welt können die Bewohner (nun keine Dämonen mehr) im Prinzip Zugang zu bestimmten Handlungen oder Eingriffen haben, aus deren Folge sie Fakten über ihre eigene Welt erfahren können, die ihnen normalerweise verborgen blieben. Tipps für solche Handlungen können aber nicht von oben kommen (siehe Kurt Gödels Theorem), sondern von unten, von Welten niedrigerer Stufe. Der Erfinder der Endo-Physik, Otto E. Rössler, hat gezeigt, dass solche Metaexperimente keine bloße »mathematische Spielerei« sind.[17]

Beispielsweise kann ein chaotisches Hamilton'sches Universum in einer Dimension so aufgebaut werden, dass ein innerer Beobachter – ein erregbares System – vollkommen verständlich und durchsichtig würde. Diesem Beobachter erschiene seine Welt ganz anders, als man von außen erwarten würde. Alle sich ergebenden Quantenerscheinungen würden in solch einem Universum gar nicht existieren. Sie sind nur innerhalb der »Schnittstelle« gültig, die im Inneren des Universums zwischen dem Beobachter und seiner Welt entsteht. Immanuel Kants Erkenntnis, dass die Welt objektiv anders ist, als sie wahrgenommen wird, ist bereits eine Schnittstellenhypothese. Rugjer Josip Bošković, ein mathematischer Physiker des 18. Jahrhunderts, hat in einer bahnbrechenden Arbeit im Jahre 1755 die Schnittstellenhypothese verschärft. »Eine Bewegung, die uns und der Welt gemeinsam ist, kann nicht von uns erkannt werden. [...] Es ist sogar der Fall möglich, daß diese ganze uns vor Augen liegende Welt sich im Lauf von Tagen kontrahiert oder ausdehnt [...]. Auch wenn dies einträte, gäbe es keine Veränderung der Eindrücke in unserem Geist und daher keine

---

14 Oswald Wiener hat unter Pseudonym, Jahrzehnte nach seinem ersten Simulationsmodell, dem Bio-Adapter, ebenfalls eine Variante genau diesen Typs, nämlich des Gödel'schen Unvollständigkeits- und Unentscheidbarkeitstheorems für einen Beobachter von innen, der gerne Zugang zu einem äußeren Beobachter des Systems hätte, geschrieben; Evo Präkogler (Hg.), *Nicht schon wieder...! Eine auf Floppy gefundene Datei*, Matthes & Seitz, München, 1990.
15 Vgl. James Clerk Maxwell, *Theory of Heat*, Longmans, Green, and Co., London, 1871.
16 Berni J. Alder und Thomas E. Wainwright, »Studies in Molecular Dynamics«, in: *The Journal of Chemical Physics*, Vol. 31, Nr. 2, S. 459–466.
17 Otto E. Rössler, *Endophysik. Die Welt des inneren Beobachters*, hg. von Peter Weibel, Merve, Berlin, 1992.

Wahrnehmung einer derartigen Veränderung.«[18] Er behauptete also, die Welt sei in Wirklichkeit verformbar (wie Gummi), ohne dass wir das bemerken können und würden, da wir selbst mitverformt werden (selbst aus Gummi sind). Mit dieser Endo- (oder Schnittstellen-) Position wurde die Beobachterobjektivität anstelle der absoluten Objektivität unentrinnbar. Was in Modell- bzw. Spielzeugwelten möglich ist, nämlich die Schnittstelle zu überspringen, also die Schnittstellendeterminiertheit des inneren Beobachters aufzuheben, ist in der realen Welt unmöglich.

Wenn die Welt nur auf der Schnittstelle zwischen dem Beobachter und dem Rest der Welt definiert ist, dann ist klar, dass in der klassischen objektiven Realität diese Schnittstelle per definitionem unzugänglich ist. Das Erkennen der Beobachterabhängigkeit der objektiven Welt (Quantentheorie, Boškovićs Kovarianzmodell, Rösslers endo-physikalisches Prinzip) erlaubt aber einen Notausgang. Erstens kann in Modellwelten, die einen expliziten internen Beobachter enthalten, z. B. die molekulardynamische Simulation eines erregbaren Systems (als Beobachter), eines gekühlten Gasdruckverstärkers (als Messkette) und eines einzelnen Mikroteilchens (als Objekt), die Schnittstelle studiert werden. Daraus ergibt sich zweitens, dass als objektiv erscheint, was der Beobachter nicht erkennt, also eine Verzerrung, die der Beobachter, weil selbst verzerrt, nicht wahrnimmt (Bošković). Objektivität als Beobachterinvarianz heißt aber nicht, dass es sich in der Tat um objektive Phänomene handelt (siehe Kant). Drittens ist die Erkenntnis der Beobachterzentriertheit der Welt die Voraussetzung, die Gitterstäbe des Gefängnisses der eigenen Welt zumindest zu erweitern. Das aber heißt, zu erkennen, dass die objektive Realität nur die Endo-Seite einer Exo-Welt ist. Dann könnten im nächsten Schritt die Bewohner der realen Welt, ähnlich wie die Einwohner einer modellhaften Kunstwelt (einer künstlichen, virtuellen Welt), das endo-physikalische Prinzip anwenden und versuchen, beobachterzentrierte Phänomene, die bisher nicht wahrgenommen wurden, daher als objektiv galten und nun nur beobachterobjektiv definiert sind, mit einem exo-physikalischen Fragezeichen zu markieren. Auch wir wären so imstande, die Gültigkeit von Gesetzen, die im Inneren des Universums zwischen dem Beobachter und seiner Welt herrschen, infrage zu stellen.

Der entscheidende Punkt ist nun, dass die technischen Medien, vor allem die elektronischen, so eine künstliche Modellwelt darstellen, welche die reale Welt immer mehr (wie eine Gummihaut) überzieht. Jean Baudrillard hat diesen Zustand der postmodernen Welt mit der Überdeckung des Landes (der Realität) mit der Landkarte (der Hyperrealität, der Simulation) verglichen und daraus die »Agonie des Realen«, die Ununterscheidbarkeit zwischen Simulation und Realität abgeleitet.

Die Endo-Physik liefert einen entscheidend verbesserten theoretischen Referenzrahmen für den Kunstweltcharakter, den Modellcharakter der Medienwelt. Die Computerwelt gehört gleichsam zur ersten Phase der im Aufbau begriffenen Endo-Physik. Edward Fredkin hat 1983 das erste explizite computersimulierbare Modelluniversum beschrieben – einen zellulären Automaten vom reversiblen Typ.[19] Virtuelle Welten sind nur ein Spezialfall der Endo-Physik.

VII.

Im elektronischen Zeitalter wird die »Schnittstelle« zwischen Beobachter und Objekt einer künstlichen Manipulation zugänglich. Perspektive ist bekanntlich nicht vollständig objektiv –

---

18   Rugjer Josip Bošković, *Theoria Philosophiae Naturalis*, Kaliwodiana, Wien, 1758, auf Englisch erschienen als *A Theory of Natural Philosophy*, The MIT Press, Cambridge/MA, 1966, S. 203–205; Übersetzung des Autors.
19   Edward Fredkin, »Digital Information Mechanics«, in: *Physica D*, Vol. 45, 1990, S. 254–270.

sie ist »beobachterobjektiv«. Die Welt zu verzerren, ist unvermeidbar, wenn man ein Beobachter ist. Dies wird »Regenbogen-Phänomen« genannt. Ein Regenbogen kann fotografiert werden. Dennoch kann man keine Stereofotografie von ihm aufnehmen – erst recht nicht, wenn man die beiden Kameras weit voneinander entfernt platziert, um einen besonders guten Stereoeffekt zu erzielen. Die nichtobjektive (nur beobachterobjektive) Natur des Objekts wird offenkundig. Die Erzeugung virtueller Realitäten mit analogen Eigenschaften ist ein interaktives Trompe-l'Œil.

Die Infragestellung des objektiven klassischen Charakters der Welt durch die Endo-Physik (nach der Relativitäts-, Quanten- und Chaostheorie) und die von ihr eingeführten Begriffe und Programme stellen eine naturwissenschaftliche, physikalische Beschreibung der Medien- und Computerwelt dar. Metaexperimente, Exo- und Endo-Seite, Modellwelten tieferer Stufe, nichtlokale Fernkorrelationen (John Stewart Bell), Jetzt, Nichtlokalität, Beobachterrelativität, Unentscheidbarkeit (Kurt Gödel), interner und externer Beobachter, Schnittstelle, verschiedene Realitätsebenen (z. B. Exo und Endo), Perspektivverzerrung etc. beschreiben die interaktive, virtuelle Welt der Medien exakt.

Die Medien insgesamt stellen den Versuch des Menschen dar, innerhalb seines Universums den Ausbruch aus dem Universum zu simulieren. Die Medienwelten sind vom Menschen geschaffene Kunst- und Modellwelten, die dem Menschen erst zeigen, dass er in der Welt nur ein interner Beobachter ist, dass er aber in den Medienwelten interner und externer Beobachter zugleich sein kann. Die Medienwelt, eine Spielzeugwelt im realen Universum, die aber als »Effekt des Realen« (Jacques Lacan) der Realität gleichzusetzen ist, ist der erste Fall, in dem eine Kommunikation zwischen innerem und äußerem Beobachter, zwischen Endo- und Exo-Welt möglich ist. Sie dehnt die Schnittstelle, die im Inneren des Universums zwischen dem Beobachter und seiner Welt entsteht, aus. Die Medien sind eine Technologie der Ausdehnung des Hier und Jetzt. Einmal, das ist die Sehnsucht, soll das Jetzt unendlich (ausgedehnt) werden (können). Einmal soll das Hier nicht nur lokal, sondern gleichzeitig auch nichtlokal, d. h. universell, überall sein können. Einmal soll Kommunikation auch nichtlokal fernkorreliert werden können. Haben die Medien durch die fast universelle Perforation des Raumes mit elektromagnetischen Wellen (von Radio bis TV) die Vielzahl von lokalen Universen in ein einziges Universum der Nonlokalität und Dislokation verwandelt? Einmal soll schließlich der innere Beobachter des Universums auch Daten vom äußeren Beobachter erhalten können und einen Blick jenseits des lokalen Ereignishorizonts seines Universums, jenseits seiner Schnittstelle (seiner Gummiwand) tun können.

VIII.
Closed-Circuit-Videoinstallationen, Cyberspace, interaktive Videoinstallation, virtuelle Welten und andere beobachterabhängige, partizipatorische, interaktive Medienkünste sind also prototypische Formen eines technisch implementierten Weltbildes, in dem wir immer Teil jener Systeme sind, die wir beobachten und mit denen wir interagieren. Im Umgang mit den elektronischen Medien, mit den Tönen und Bildern, welche aus der Eigenwelt der Apparate aufsteigen, wird klar, dass wir nicht einfach externe Benutzer und Beobachter sind, sondern dass wir es mit einer neuen Stufe der Mensch-Maschine-Symbiose zu tun haben, bei der die Schnittstelle eine zentrale Rolle spielt. In der elektronischen Welt sind wir immer innerer und äußerer Beobachter zugleich. Die Elektronik und die Medien zeigen uns die Welt als Konstrukt der Beobachterrelativität. In den Medien ist alles nur beobachterobjektiv. Die Medien zeigen uns, wie ein System aussieht, wenn der Beobachter als Teil dieses Systems operiert. Durch die wachsende Infiltration der Welt mit elektronischen Medien sehen wir die Welt zunehmend von innen. Die elektronischen Medien haben eine Techno-Transformation der Welt bewirkt, die einem Verschwinden der vertrauten Wirklichkeit gleichkommt.

Da die Frage nach der Natur der Realität, z. B. dem klassischen objektiven Realitätsbegriff, mit der Frage nach der Kunst, z. B. einer nichtklassischen, beobachterabhängigen Kunst, verkoppelt ist, kann eine neue Realitätsauffassung auch neue Kunstformen unterstützen bzw. legitimieren.

Mehrmals im 20. Jahrhundert ist sowohl unser Realitäts- wie auch unser Selbstverständnis radikal infrage gestellt worden. Relativitäts- und Quantentheorie haben den objektiven Charakter der Welt relativiert. Die Psychoanalyse hat das Selbstbewusstsein des Subjekts relativiert. Die Kunst hat diese Entwicklung entweder beschleunigt oder bedauert, gehemmt oder ästhetisch verklärt, ins Bewusstsein gebracht oder ignoriert. Der Verlust, sei er ästhetisch oder erkenntnistheoretisch, war unvermeidlich. Denn er ist der Tribut oder das Opfer, den jede Veränderung der Wirklichkeit, jede neue Ära bezahlen muss.

Die elektronische Welt mit ihren Modellwelten und Computersimulationen, mit ihren Interfaces und virtuellen Wirklichkeiten legt die Vermutung nahe, dass die Welt ein Schnittstellenproblem ist. Endo-Physik ist eine Vorgehensweise, mit der die Schnittstelle genauer als bisher studiert werden kann. Die Beobachterrealität und -abhängigkeit der Erscheinungen der Welt, welche die Endo-Physik aufzeigt, ihre Unterscheidung von beobachterinternen und beobachterexternen Phänomenen, stellen für die Ästhetik der Selbstreferenz (der Eigenwelt der Bildsignale), der Virtualität (des immateriellen Charakters der Bildsequenzen) und der Interaktivität (der Beobachterrelativität des Bildes), wie wir die elektronischen Künste charakterisieren, wertvolle Diskursformen zur Verfügung.

Die Bedingungen der Möglichkeit aller Erfahrung von der Beobachterrelativität abhängig und die Welt als Interface-Problem aus der Perspektive eines expliziten inneren Beobachters beschreibbar zu machen, dies ist der Endo-Zugang zur Elektronik. Denn ist die elektronische Kunst wegen ihres partizipatorischen, interaktiven, beobachterzentrierten und virtuellen Charakters nicht die Welt des inneren Beobachters par excellence? Digitale Werkzeuge können nicht als externale Werkzeuge, wie ein Druckstock, betrachtet werden, sondern als nach innen gerichtete Hebel, welche die mentalen Prozesse selbst zerlegen. Wir schlagen also zwei Stufen vor: zuerst den Endo-Zugang zur Elektronik und zweitens die Elektronik als Endo-Zugang zur Welt. Das Wesen der elektronischen Künste als endo-physikalisches Prinzip zu verstehen, ist nur möglich, weil eben die Elektronik selbst der Endo-Zugang zur Welt ist. Nur dadurch wird ein Doppelzugang möglich. Auf den Endo-Toren der Modellwelt, simuliert durch die elektronischen Künste, steht: Eingang aus der Welt – Ausgang in die Welt. Das Äußere der Welt, die Exo-Seite, wird dem Inneren unseres Gehirns, der Endo-Seite, immer ähnlicher. Die Repräsentation der Welt, die Welt wie sie uns erscheint, wird nach den Gesetzen des Gehirns geschaffen. Die Konstruktion von Modellwelten tieferer Stufe als die reale Welt, die einen expliziten inneren Beobachter enthalten, wie bei den Closed-Circuit-Installationen, in denen sich der Beobachter selbst in den Beobachterapparaten sieht, oder wie in der Virtuellen Realität, bei der die Hand des externen Beobachters simuliert als Teil des internen Beobachters im Bild selbst ist, folgt dem endo-physikalischen Prinzip. Die Beschreibung der Welt als Schnittstellenproblem und das Eingeständnis der nichtobjektiven, nur beobachterobjektiven Natur der Objekte sind Korollare des endo-physikalischen Theorems. Die Physik wie auch der elektronische virtuelle Raum werden dadurch psychotisch. Die Welt als beobachterrelativ und als reines Schnittstellenproblem zu interpretieren, ist die Lehre der endo-physikalisch interpretierten Elektronik. Die Welt ändert sich daher mit unseren Messketten (Beobachtung), mit unserer Schnittstelle. Die Grenzen der Welt sind die Grenzen unseres Interface. Wir interagieren nicht mit der Welt, sondern nur mit der Schnittstelle zur Welt. Dies lehrt uns ebenfalls der Endo-Zugang zur Elektronik.

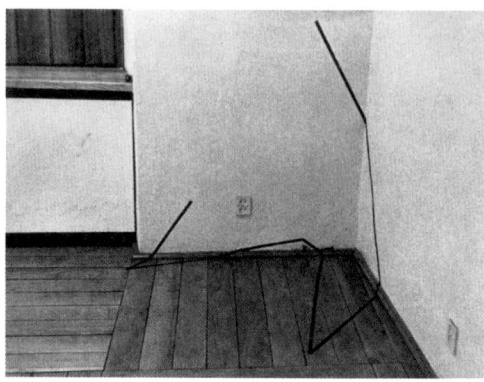
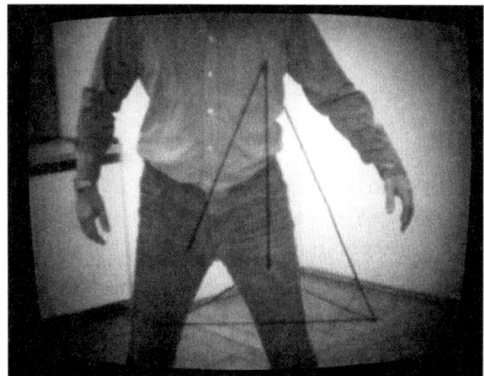
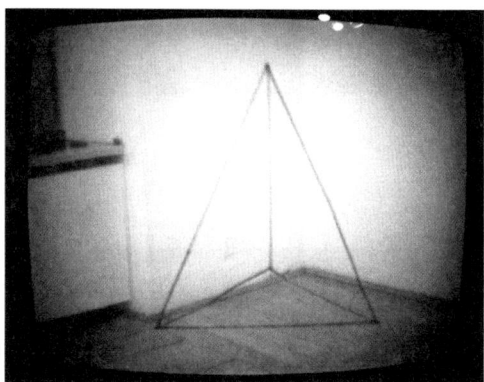
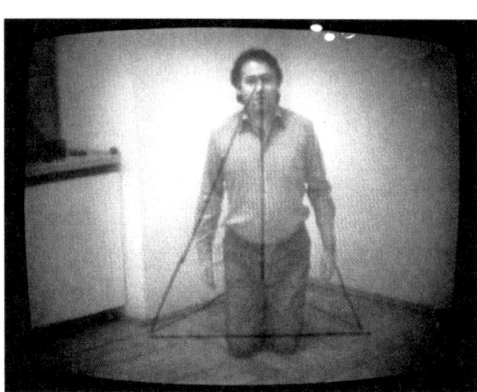

Peter Weibel, *Imaginärer Tetraeder,* 1978, Closed-Circuit-Installation, Ausstellungsansicht Art Basel, Stampa, 12. – 17. Juni 1980

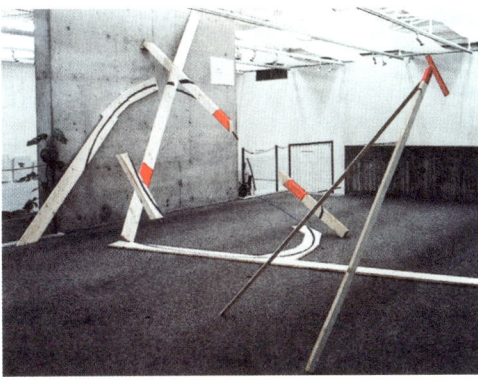

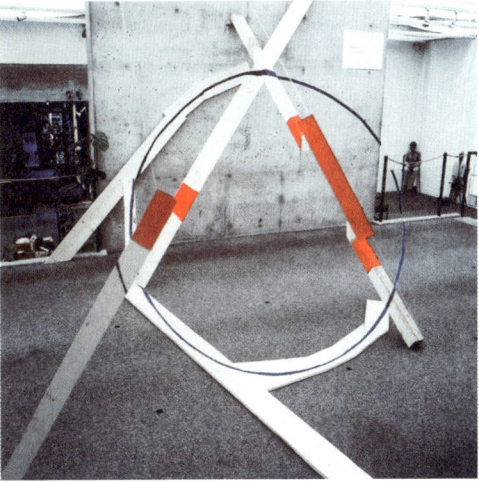

Peter Weibel, *Imaginärer Raum 5*, 1982

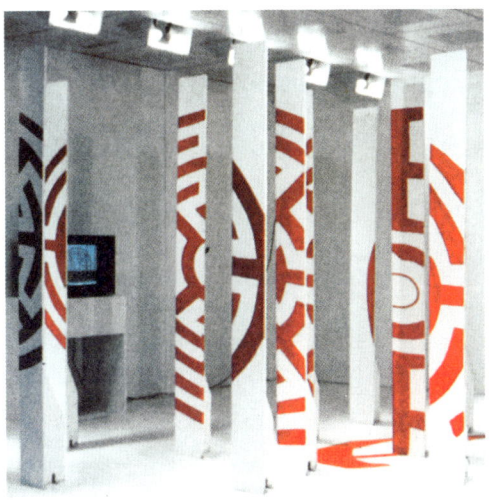

Peter Weibel, *Video Labyrinth*, 1982, Installationsansicht *Primer Festival Nacional de Vídeo*, Círculo de Bellas Artes de Madrid 1984

Peter Weibel, *Inverse Box / Inverser Raum*, 1977, Idee 1972, Installationsansicht Mala galerija, Ljubljana

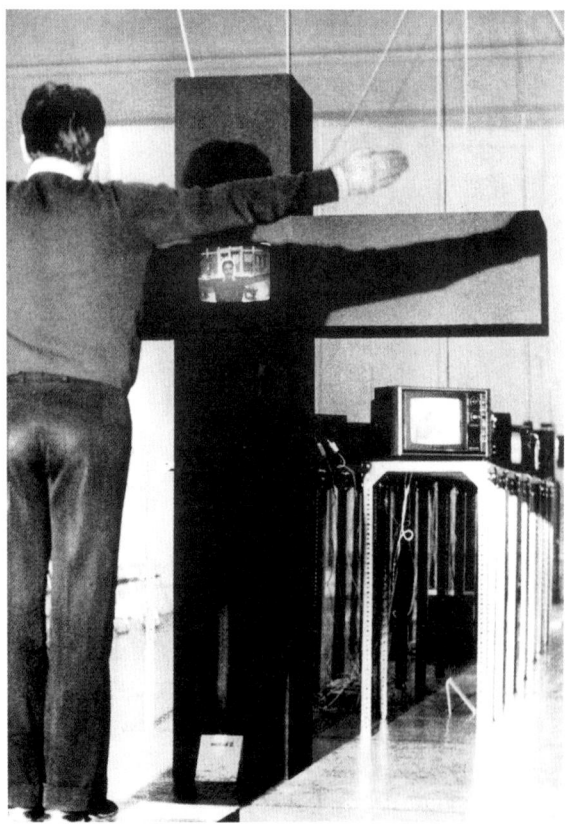

Peter Weibel, *Kruzifikation der Identität*, 1973, Installationsansicht *Trigon '73: Audiovisuelle Botschaften*, Künstlerhaus, Graz

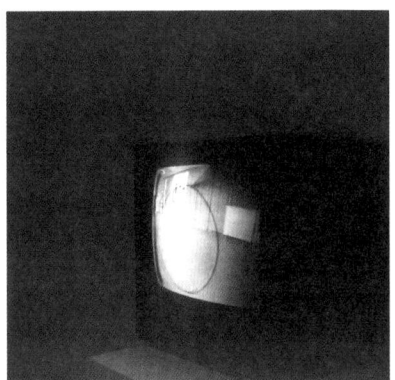
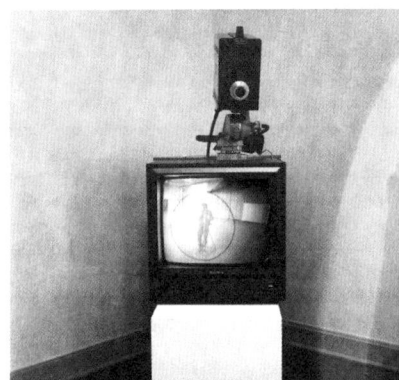

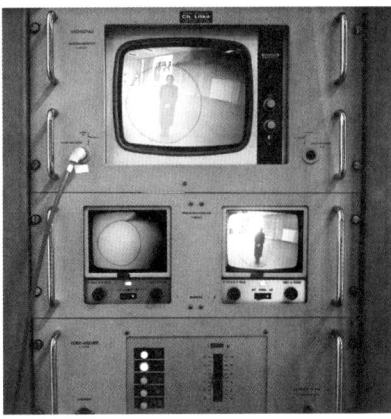

Peter Weibel, *Der Traum vom gleichen Bewusstsein aller*, 1979, Installationsansicht *Videowochen Essen '79*, Folkwang Museum, Essen

IX.
Was mit der Erfindung der Perspektive in der Renaissance und der Erfindung der Gruppentheorie (Helmholtz-Lie-Gruppen) im 19. Jahrhundert begann, nämlich die Einsicht, dass die Erscheinungen der Welt vom Standpunkt des Beobachters in einer gesetzmäßigen Weise abhängig sind, hat sich im elektronischen Zeitalter verallgemeinert. Die Beobachterrelativität der Perspektive hat sich im elektronischen Zeitalter zur Betrachterobjektivität des elektronischen Raumes verallgemeinert. Die Welt verliert insgesamt ihren klassischen Objektcharakter und wird allein »beobachterobjektiv« (Otto E. Rössler). Dadurch wird die technische Welt zunehmend Gegenstand artifizieller Manipulationen (von der künstlichen Intelligenz bis zum künstlichen Leben). Die computererzeugten virtuellen Räume sind die bis dato besten Modelle der bloß beobachterobjektiven elektronischen Welt. Die Medien sind also nicht Masken, Mappings, Modelle, welche die Welt und die »objektive« Wirklichkeit abbilden, nachbilden oder simulieren, sondern Messketten, welche die Realität beobachtergerecht (human?) vorbilden und konstruieren. Die elektronischen Medien arbeiten nicht nur am Verschwinden der natürlichen Welt durch maschineninduzierte Effekte, sondern gleichzeitig auch an der asymmetrischen Konstruktion einer neuen künstlichen und humaneren Wirklichkeit. In der elektronischen Medienwelt, in der die »Schnittstelle« zwischen Beobachter und Objekt einer Manipulation zugänglich ist, wird klar, dass der Beobachter nicht nur eine Verzerrungsquelle ist, sondern dass der Beobachter auch an der Erschaffung der Welt teilnimmt, partizipatorisch Anteil hat. In John Archibald Wheelers partizipatorischem Universum wird sogar behauptet, nur ein beobachtbares Phänomen sei ein Phänomen.[20] Daraus und nach Niels Bohr folgt eine berühmte Beschränkung der Beobachtung. Die Beobachtung der Beobachtung erzeugt eine Pseudodiffusion. Da jede Beobachtung (Messung) die Welt verzerrt, ist auch eine vollständige Selbstbeobachtung nicht möglich, wahrscheinlich auch keine vollständige Selbsterkenntnis.

Eine Beschränkung der Selbsterkenntnis des Beobachters impliziert aber auch die Unschärfe bei der externen Beobachtung. Eine meiner frühesten Closed-Circuit-Videoinstallationen, nämlich *Beobachtung der Beobachtung: Unbestimmtheit* (1973), in der eine Konfiguration von Kameras und Bildschirmen so aufgestellt ist, dass der Betrachter sich zwar stets im Bildschirm sieht, aber immer nur verzerrt, nämlich von hinten, hat dieses Problem bereits thematisiert. Damit der Betrachter sich von vorne sehen kann, muss er sich den Gesetzen des Interface anpassen und selbst kovariant werden, wie die interaktive Videoinstallation *Kruzifikation der Identität* (1973) zeigt. Der Betrachter ist bei dieser Echtzeitinstallation im Bild, aber nur um den Preis der Kovarianz.

In meiner frühesten Videoarbeit *The Endless Sandwich* (1969) ist der Betrachter nur einer in einer Messkette, d. h. in einer Kette von Beobachtern. Es wurde also ein Beobachterensemble eingeführt. Zwischen den Elementen (individuelle Beobachter) der Messkette springt ein Fehler, ein Rauschen, pseudoreversibel von einer tieferen Modellwelt zur jeweils nächsthöheren Modellwelt, was in unserer Realität nicht möglich scheint, aber de facto simuliert wurde. Bei der TV-Ausstellung 1972 in Österreich wurde das Sendesignal für kurze Zeit geändert, sodass jeder Österreicher aufstehen musste, um den gestörten TV-Apparat zu überprüfen – ein quantenmechanisches Modell der Welt, in dem das Beobachtete zwischen den verschiedenen, in sich konsistenten Welten hin und her springt.

In einer langjährigen Reihe von perspektiv- und beobachterorientierten Arbeiten, in denen vor allem die Kamera die Position des inneren Beobachters einnimmt, der die Verzerrungen (die »verzerrten Gleichzeitigkeitshyperflächen«) nicht wahrnimmt, die also

---

20   John Archibald Wheeler, »Beyond the Black Hole«, in: Harry Woolf (Hg.), *Some Strangeness in Proportion*, Addison-Wesley Publishers, Reading, 1980, S. 341–375.

nur vom externen Beobachter, dem Menschen, wahrgenommen werden, der sich aber gleichzeitig auf dem Bildschirm, in der Modellwelt der Kamera, des künstlichen inneren Beobachters, befindet, wurde die Beobachterrelativität der Welt demonstriert. Der Beobachter bewegt sich in virtuellen Räumen, die allerdings nicht von ihm, dem externen Beobachter, konstruiert sind, sondern nur vom internen Beobachter, der Kamera. Die Kamera konstruiert aus verschiedenen verzerrten Raumsequenzen die Illusion eines kontinuierlichen klassischen Raumes auf dem Bildschirm, in dem sich der externe Beobachter bewegt, aber gleichzeitig die Künstlichkeit der Konstruktion erkennt und die Entzerrung vornimmt. *Imaginärer Raum* (1979) ist der Beginn einer Serie, bei der sich der Betrachter im künstlichen Bildraum bewegt, sozusagen auf der Endo-Seite der Schnittstelle wie auch auf der Exo-Seite. Die eine Kamera nimmt verzerrte Linien auf dem realen Boden auf, eine zweite Kamera nimmt andere komplementäre Linien auf. Beide Kameras senden ihre Signale durch einen Mischer, wo sie zusammengesetzt werden. Vom Mischer gehen die komponierten Signale zum Bildschirm, wo sie einen virtuellen Raum künstlich konstruieren. Der Betrachter bewegt sich dann im virtuellen wie im realen Raum. *Der Traum vom gleichen Bewusstsein aller* (1979) zeigt diese Problematik der Perspektiv- und Beobachterabhängigkeit, wie auch die Frage, ob es eine exo-objektive Seite jenseits der Beobachterrelativität gibt. Perspektivrelativität, virtuelle Räume, die zwei Ebenen der Realität (Exo und Endo) zeigen auch die Closed-Circuit-Videoinstallationen *Imaginärer Raum 5* (1982), *Video Labyrinth* und das *Österreich-Zimmer* (1982). Eine raffinierte, verzerrte und »nichtlokale« Überlagerung von realem und virtuellem Raum stellt die Closed-Circuit-Videoinstallation *Scanned Space* (1990) dar, bei der ebenfalls zwei Kameras und Gegenstände in diversen Räumen ein virtuelles Gesamtbild, das nur auf dem Monitorschirm existiert, komponieren. Das Gegenteil, eine tiefere Modellwelt bzw. mediale Kunstwelt, die im realen Raum enthalten ist, aber für den Beobachter paradoxerweise unzugänglich ist, simuliert die Videoinstallation *Inverser Raum* (1977), ein unbetretbarer virtueller Raum. Eine Kamera war nämlich in einer Black Box neben dem Monitor versteckt, die innen abgeschirmt und beleuchtet war, sodass die Kamera als innerer Beobachter ein Foto des Raumes, das an der Wand der Black Box befestigt war, in den Bildschirm live übertragen konnte.

X.

Die Ankunft der digitalen Technologie erlaubte mir um 1990, die mit Video in den 1960er-Jahren begonnene Arbeit, die Erforschung der Welt des inneren Beobachters, der Welt als Interface, die Konstruktion virtueller Räume und Realitäten weiterzuführen. Eine neue Serie begann. In das *Tangible Bild* (1991, mit Bob O'Kane) wurde z. B. ein berührungsempfindlicher Bildschirm eingeführt, der in einem Raum stand, an dessen einem Ende die Betrachter vor einer mit cartesianischen Koordinaten überzogenen Wand standen und an deren gegenüberliegenden Wand die Projektionsfläche war. Berührten die Beobachter den blinden Bildschirm des freistehenden Monitors aus Gummi mit der Hand und verformten ihn, wurde auch das Live-Bild des Betrachters entsprechend verformt. Weder das Bild noch die Beobachter wurden berührt, sondern nur das Interface. Die Beobachter waren Teil des Systems, das sie beobachteten, sie befanden sich im Bild, in der Datenmenge des Bildes. Eine nichtlokale Verzerrung, in einer Art Dislokation (*displacement*), die fernkorreliert war, verzerrte auch das Bild. Die Veränderung des Interface veränderte auch das Bild. Jede Berührung des Bildschirms, hinter dessen Gummifläche Sensoren waren, gaben Informationen an den Computer VGX weiter. Analoge Signale wurden in digitale übersetzt. In diesen Computer wurden über einen Video-*framer* auch die Live-Bilder einer Videokamera eingegeben. Hier wurden ebenfalls analoge Videosignale in digitale umgewandelt. Dort beeinflussten sich die Ziffernsequenzen, die aus dem blinden Bildschirm wie aus der Kamera kamen. Das digital prozessierte und veränderte Live-Bild wurde wieder in analoge Videosignale rückverwandelt. Die VGX Graphics Pipeline leitete diese weiter an den Videobeamer, der die in Echtzeit digital verarbeiteten Bilder auf die Leinwand projizierte. Durch diese Konfiguration entstand der Effekt, dass jedes Pressen, Verzerren und Manipulieren an der Gummifläche des Bildschirms auch das reale projizierte Bild in Echtzeit genau in dergleichen Weise und am gleichen Ort verzerrte. Jede Bewegung und Berührung des Gummibildschirms verformte das Bild an der Wand. So ist der Betrachter wirklich im Bild, nämlich als Teil der digitalen Datenmenge, während sein Körper disloziert im Echtraum bleibt. Dies ist der Endo-Zugang zur Elektronik. Der Beobachter interagiert in Echtzeit mit dem Bild des Raumes, in dem er sich selbst befindet. Er manipuliert live das virtuelle Raumbild des realen Raumes. Dieses Raumbild scheint wie bei einem Luftballon direkt der Gummibildschirm zu sein, dessen (reale) Verzerrungen auch die (virtuellen) Verzerrungen des Projektionsbildes bewirken. In einer folgenden Version *Cartesianisches Chaos* (1991) wurde ein mit Sensoren ausgestatteter Fußbodenausschnitt (statt des Gummibildschirms) aus Holzplatten konstruiert. Der stete Druck auf die Fußbodenplatten wurde in digitale Signale konvertiert, welche das computererrechnete Bild einer Wasserfläche kontrollierten. Der Raum, in dem sich der Beobachter befand und auf dessen Boden er stand, wurde in der Projektion verkehrt widergespiegelt, sodass der Beobachter, der sich im realen Raum innerhalb des Raumes befand, im virtuellen projizierten Raum als externer Betrachter auf diesen Raum von außen blicken konnte. Der Raum wirkte nun wie eine offene Box, auf deren Decke sich auf der Außenseite die Wasserfläche befand. Jede Bewegung, jede Pressung auf dem Holzboden löste analoge fernkorrelierte Wellenbewegungen der Wasseroberfläche aus. Die Leinwand wirkte wie ein flüssiger Schirm. Jede Bewegung auf der horizontalen (festen) Ebene schien Wasserwellen in Bewegung zu bringen, als ob der Betrachter unsichtbare Steine in das Wasser wirft, ohne dass die Leinwand bzw. das Bild der Wasserwellen berührt wurde. Da das Wasser ein dynamisches System ist, konnten die Wellenbewegungen so hochgeschaukelt werden, dass sie in einen chaotischen Zustand gerieten, sodass sich das Bild selbst zerstörte (die Wellen schwappten über und überschwemmten das Bild). Das Programm begann dann wieder von vorne.

Hier wird zusätzlich zu dem Problem der beobachterzentrierten Interaktion auch die Frage nach der Differenz zwischen Beobachter und Umgebung gestellt. Der Beobachter erscheint als Co-Verzerrungsquelle und die Differenz zwischen Beobachter und Umgebung kann daher keine absolute mehr sein, sondern auch nur beobachterrelativ. Die Unentrinnbarkeit einer bloßen Beobachterobjektivität der Umwelt (Environment) wird befreiend erlebt.

Dieser Text wurde 1993 in dem von Peter Weibel und Florian Rötzer herausgegebenen Band *Cyberspace. Zum medialen Gesamtkunstwerk*, Boer, München, S. 15–46, veröffentlicht.

Über die Grenzen des Realen
Der Blick und das Interface

1993

Der Titel ist ambivalent: »Über« kann nämlich bedeuten, dass wir über etwas sprechen. »Über« im Sinne von »*meta*« kann aber auch bedeuten, über etwas, etwa die Grenzen des Realen, hinaus wollen. Ich will also, ebenso ambivalent, die Grenzen des Realen bestätigen, andererseits Möglichkeiten aufzeigen, über die Grenzen des Realen hinauszugelangen.

Die moderne Physik, besser gesagt, die neue Physik, denn modern war die Physik schon vor mehr als hundert Jahren[1], nennt alles, was sich in Raum und Zeit abspielen kann, Ereignisse in Raum und Zeit. Gemäß der klassischen Physik gibt es keine anderen Ereignisse als die in der Raumzeit stattfindenden. Es gibt also einen Ereignishorizont, der durch die Grenzen von Raum und Zeit definiert wird.

Dies ist das Rätsel, vor dem wir stehen, in dem wir stehen, denn gleichzeitig gibt es die Sehnsucht des Menschen, über diesen Ereignishorizont hinauszugelangen, gibt es die Vermutung des Menschen, es müsse etwas jenseits des beobachtbaren Ereignishorizonts geben. Metaphysik, Transzendenz, Religion formulieren diese Sehnsüchte, diese Vermutungen einer Metarealität jenseits der Grenzen des Realen.

Das Gefängnis des Lokalen

Die Physik nennt Ereignisse, die im beobachtbaren Ereignishorizont stattfinden, lokale Ereignisse, denn sie können in Raum und Zeit lokalisiert werden. In der klassischen Physik gibt es daher nur lokale Wechselwirkungen. Ein Schaltgetriebe ist ein typischer lokaler Mechanismus. Ohne irgendeinen Mittler, ohne irgendein Medium kann keine Wechselwirkung stattfinden. Isaac Newton hat den Gedanken, dass ein Körper auf einen anderen in einer Entfernung, durch ein Vakuum, ohne die Zwischenschaltung von etwas anderem einwirken könnte, eine »große Absurdität« genannt.[2] Daher sagt die klassische Physik, die Welt wird durch vier lokale Verbindungen (schwache, starke, elektromagnetische Wechselwirkung und Gravitation) zusammengehalten. Trotz dieser traditionellen fundamentalen Ablehnung nichtlokaler Wechselwirkungen gibt es die Sehnsucht nach Nichtlokalität. Daher lauten die Fragen: Gibt es nichtlokale Ereignisse? Gibt es nur ein lokales Universum? Ist das ganze Universum nur der lokal beobachtbare Ereignishorizont, oder gibt es auch nichtlokale Universen? Gibt es Ereignisse, die nichtlokal sind, nichtbeobachtbar und die dennoch stattfinden? Gibt es Ereignisse jenseits des lokalen Ereignishorizonts? Dies sind neue Formulierungen der alten Fragen: Gibt es einen Gott? Gibt es eine Welt hinter der Welt? Gibt es einen Ursprung der Welt? Gibt es ein Jenseits?

Es gibt einen Jahrtausende alten Weg, eine Antwort auf diese Fragen zu finden, einen milliardenfach erprobten Versuch herauszufinden, ob es ein Jenseits, ein nichtlokales

---

1   Amram D'Abro, *The Rise of the New Physics*, Dover, New York, 1951.
2   Brief von Isaac Newton an Richard Bentley, online: https://www.newtonproject.ox.ac.uk/view/texts/normalized/THEM00258.

Universum gibt, nämlich indem man ins Jenseits geht: indem man stirbt. Den Tod als Lösungsversuch dieser Fragen möchte ich aber niemandem vorschlagen, denn von dieser Reise ins Jenseits ist noch niemand zurückgekommen und hat uns berichtet, d. h. seine Beobachtungen mitgeteilt, ob es wirklich ein Jenseits des lokalen Ereignishorizonts gibt. René Descartes hat als erster die Natur der Grenzen des Realen bzw. der Grenzen des lokalen Ereignishorizonts erkannt und die Welt als Gefängnis von Raum und Zeit beschrieben und analysiert. Diese Analyse gipfelte in der Erfindung der analytischen Geometrie, d. h. eines Rastersystems, mit dem er den lokalen Ereignishorizont bedecken konnte. Dieses Rastersystem heißt »cartesianisches Koordinatensystem«, bestehend aus horizontalen und vertikalen Linien in den drei Dimensionen des Raumes x, y und z. Mit der vierten Dimension der Zeit wurde so ein Modell geschaffen, das alle Ereignisse in Raum und Zeit als Punkte, als Raum- und Zeitpunkte bzw. als Kurven in der Raumzeit lokalisierte bzw. beschreibbar machte. Dies war die Geburt der modernen Physik.

Diesen Punkten und Kurven können wiederum Zahlen zugeordnet werden. Dadurch werden alle Ereignisse im lokalen Ereignishorizont der Raumzeit im Prinzip berechenbar. Descartes hat als erster durch die Geometrie den Raum und durch die Algebraisierung der Geometrie auch die Zeit berechenbar gemacht. Die Mathematisierung von Raum und Zeit und damit die Digitalisierung unserer Erfahrung begann mit ihm. Von René Descartes bis Alan Turing haben wir Modelle eines berechenbaren Universums vor uns, aber gleichzeitig zeigt uns Turings Halteproblem auch die Grenzen der Berechenbarkeit und damit des Realen.

Man kann nun zu diesem Weltbild zwei Positionen einnehmen:

1. Descartes hat nicht das Gefängnis von Raum und Zeit entdeckt, sondern im Gegenteil die Welt als Gefängnis konstruiert. Die von ihm begründete rationale Naturwissenschaft hat die Welt als Gefängnis errichtet; vor ihm, vor der Digitalisierung, gab es ein Kontinuum. Wir sprachen mit Naturgeistern, mit Ahnen, hatten Kontakte zu außerirdischen Seelen, zu Gott usw. Das gibt es seit Descartes nicht mehr.

2. Descartes hat nicht das Gefängnis konstruiert, sondern entdeckt und beschrieben, in der Absicht, ihm zu entkommen, einen Ausweg, einen Notausgang aus dem Gefängnis von Raum und Zeit zu finden. Deswegen hat er es analysiert, um herauszufinden, wie das ginge. Er hat uns die Grundlagen für die moderne Technologie geliefert, z. B. die Virtual Reality, die genau das zum Ziel hat: den Ausstieg aus der Wirklichkeit.

Theorie des Jetzt

Wie Jim Morrison, Sänger der Gruppe The Doors, gesagt hat: »No one here gets out alive.«[3] Diese Welt ist ein Gefängnis, aus dem niemand lebend herauskommt. Dies ist die cartesianische Erfahrung. Mit ihr beginnt die Suche nach dem Notausgang anders als durch den Tod. Denn der Tod als Notausgang ist nicht akzeptabel. Mensch und Natur unterscheiden sich ja radikal in der Frage des Todes. Während der Tod in der Natur eine Conditio sine qua non ist, eine fundamentale Bejahung und Voraussetzung der Evolution, ist der Tod der Feind des Menschen, seine Negation. Unsere Heimat ist nicht das Haus, das Land, der Raum, sondern die Zeit. Niemand ist aus dem Raum gefallen, aber alle fallen aus der Zeit. Das Rätsel des Todes, die Faszination des Todes, die Todessehnsucht ist darin begründet, dass er einen Ausweg aus der Welt und ihren Problemen, eine Erlösung, einen Notausgang aus dem Gefängnis von Raum und Zeit verheißt, ein Fluchtweg, ein Ausweg allerdings ohne Rückkehr, daher zweifelhaft. Was der Mensch hingegen will, ist ein Fluchtweg mit Rückkehr, ein Ausweg mit Retourticket. Der Hebel bei dieser Reise namens Tod, die bis jetzt nur nach vorne geht

---

3   Vgl. The Doors, »Five to One«, 1968.

und irreversibel ist, sollte auch rückwärts gehen. Der Mensch will die Ereignisse im lokalen Ereignishorizont reversibel machen, den Pfeil der Zeit umdrehen können. Descartes hat uns dafür die Voraussetzungen geliefert, nämlich für die Technologie des Retour. Nicht, dass wir in der Zeit zurückreisen, ist gemeint, sondern dass die Zeit sich ausdehnt, genauer das Jetzt. Jede Technik ist tendenziell nicht nur Tele-Technologie, sondern auch Retro-Technologie, ein Feind der Zeit, so wie die Medien, gemäß Gerhard Johann Lischka, auch Re-Medien sind.[4]

Im Tod verbirgt sich das Geheimnis des Jetzt. Das Jetzt ist das Schwarze Loch, in dem Vergangenheit und Zukunft verschwinden. Im Tod stürzt die Zeit zusammen, im Jetzt implodiert die Zeit. Es geht daher darum, das Jetzt auszudehnen. Der Kampf des Menschen, die gesamte von ihm entwickelte Technologie, die ihren Ausgangspunkt in der analytischen Geometrie Descartes' hat, ist nichts anderes als eine Technologie der Extension des Jetzt. Besonders durch die Computersimulation lebender Organismen und Prozesse, wie sie uns die Virtual-Reality- und Artificial-Life-Forschung im Augenblick am besten vor Augen führen, wird dies deutlich. Die virtuelle Realität ist eine Technologie des Jetzt, eine Extension von Raum und Zeit, von Hier und Jetzt. Eine Theorie des Todes müsste also von einer Theorie des Jetzt fundiert sein. Auch hier liefert die Technologie erste rationale Kriterien und Ansätze. Durch die Tele-Technologie, die Zeittechnologie, werden die Gitterstäbe des Gefängnisses von Raum und Zeit weicher, flüssiger.

Der raumzentrierte Blick
Die visuellen Künstler, die Bilder erzeugen, haben von Anfang an Illusionen geschaffen, Evidenzen dafür, dass diese Welt nicht ein geschlossenes Gehäuse ist, ein Zimmer ohne Ausgang, sondern von der Zeit durchflutet. Die Zeit als Fluchtweg, als Tunnel aus dem Gefängnis des Raumes. Was aber befreit uns aus dem Gefängnis der Zeit? Das unendliche Jetzt.

Die Maler konnten dies nur in der perspektivischen Abkürzung der zweidimensionalen Illusion eines dreidimensionalen Raumes tun. Denn ihnen standen noch nicht die Mittel zur Erzeugung der Illusion der Bewegung zur Verfügung wie uns heute. Aber wer die Bilder der Maler mit dem Blick von heute anschaut, erkennt, dass die darin dargestellten Raumfluchten, Räume mit vielen Fenstern, Räume in Räumen, Ketten von Beobachtern usw. den Wunsch exemplifizieren, die Grenzen des Raumes zu überschreiten. Die so dargestellten Beobachtermechanismen drücken den Wunsch aus, sowohl als Bildbetrachter (Beobachter) wie als Bilderzeuger (Maler) im Bild zu sein. Dieser Wunsch wiederum ist Ausdruck der Sehnsucht, einen Blick hinter den Vorhang werfen zu können, der als Raumgrenze definiert wurde. Daher handelt auch eines der berühmtesten Gemälde der Welt, das Plato im Streit zwischen Zeuxis und Parrhasios beschrieb, von einem Vorhang. Man könnte also sagen, hinter dem Vorhang des Raumes beginnt die Kunst, die Zeit, die Zeitkunst, die uns jenseits des Realen führt. Blick und Beobachter waren jahrhundertelang raumzentriert. Über die Grenzen des Realen hinauszusehen bedeutete immer, über die Grenzen des Raumes hinaus. Raum und Realität bilden eine Einheit. Wir haben daher eine Blicktechnologie entwickelt, vom Fernrohr bis zum Mikroskop, vom Satelliten bis zum Rastertunnelmikroskop der Nanotechnologie, die uns immer neue Räume entdecken lässt und die Grenzen des Raumes immer mehr sowohl in die Makro- wie in die Mikrodimension verschiebt.

Diesen Vorhang des Raumes würden wir heute als Schnittstelle bezeichnen. Der Wunsch war also, hinter die spatiale Schnittstelle zu blicken, auf die Rückseite des Spiegels. Was ist hinter dem Raum, dort, wo der Raum aufhört? Gibt es einen unendlichen Raum, sodass es keine Raumzone gibt? Meine These ist nun, dass mit dem Beginn der Kunst

---

4   Gerhard Johann Lischka, *Über die Mediatisierung. Medien und Re-Medien*, Benteli, Bern, 1988.

des bewegten Bildes um 1900 die Ära des raumzentrierten Blickes zu dämmern begann. Wir beginnen nun eine Blicktechnologie zu entwickeln, die entlang der Zeit reist und die Grenzen der Zeit zu verschieben versucht.

Der zeitzentrierte Blick
Die Entfesselung des Blicks geht in Richtung Bewegung und damit in Richtung Zeit. Der Blick, der Akt der Wahrnehmung, der für Jahrhunderte gewohnheitsmäßig als Ereignis im Raum, als Wahrnehmung von Ereignissen im Raum unbewusst und implizit definiert war, wird nun durch die technische Revolution in der telematischen Zivilisation umdefiniert als Ereignis in der Zeit, als Wahrnehmung von Ereignissen in der Zeit. Der Blick wird zeitzentriert. Damit bilden Zeit und Realität die neue Einheit. Die Grenze des Realen bildet nicht mehr der Raum, sondern die Zeit. Es ist das Revolutionäre an dem Schauspiel, dem wir bei der Techno-Transformation der Welt beiwohnen, dass der Blick die Dimension, das Medium wechselt: vom Raum zur Zeit. Die Zeitzentrierung des Blicks beginnt mit der Expansion der Technologie des Blicks. Der Blick fängt dort zum ersten Mal an, nachdem er so viel schon über die Grenzen des Realen, definiert durch den Raum, erfahren hat, wo er über die Grenzen des Realen, wie sie die Zeit definiert, also über die Grenze der Zeit blicken will. Der neue Vorhang ist der Vorhang der Zeit. Der Blick will das Ungeheuerliche, das Unvorstellbare: Er will hinter den Vorhang der Zeit sehen. Er erkennt die Zeit als eigentliche Schnittstelle. Der Blick erkennt als eigentliches Interface die Zeit. Wie aber könnte diese »endlose Verschiebung von Wahrnehmungen«, wie Lischka die Entfesselung des Blicks beschreibt[5], wie könnte diese Verschiebung des Blicks von der räumlichen in die zeitliche Dimension geschehen? Wie ist das Unvorstellbare denkbar bzw. das Undenkbare vorstellbar? »Das bislang unsichtbare Universum, das durch technische Apparate in unseren Blickwinkel kommt«[6], ist nicht allein die Nanowelt oder die Milchstraße, sondern es wird vor allem erstmals das bislang unsichtbare Interface, die unsichtbare Schnittstelle *Zeit* sichtbar gemacht. Der entfesselte Blick dringt in das Jetzt ein, d. h. in das unsichtbare Zentrum der Zeit. Der »entfesselte Blick« erobert sich den Raum als Medium des Ereignishorizonts, der immer mehr expandiert, dessen Grenze immer mehr verschoben wird, bis die letzte Bastion erreicht ist, die Dimension der Zeit. Der entfesselte Blick will die Grenze des Realen, die Grenze des Ereignishorizonts immer mehr verschieben und ausdehnen, indem er die Zeit als Medium der Ereignisse verbiegen, verzerren, verrücken, verschieben möchte. Deswegen »gibt es im Sog der Visualität keinen Horizont mehr zu sehen«[7], weil der räumliche Horizont unwichtig geworden ist. Wichtig geworden ist der unsichtbare Horizont der Zeit. Wie ist es zu dieser Verschiebung des Blicks, zu dieser Zentrierung auf die Zeit, auf die Wahrnehmung der Zeit im industriellen Blick gekommen?

Die Zeit und der industrielle Blick
Die Entwicklung der industriellen und materiellen Bildproduktion, angefangen von der Fotografie bis zum Computer, kann uns dazu Hinweise geben, weil die Lichtbilder durch das Licht als Abbildungsmedium immer auch schon zeitabhängig und zeitdarstellend sind. Das Licht ist ja von der Zeit nicht zu trennen, da die Lichtgeschwindigkeit das absolute Maß der Zeit ist. Die Geschwindigkeit als Maß aller Dinge resultiert aus dem Taylorismus der industriellen Produktion im 19. Jahrhundert. Durch sie rückte die Zeit ins Zentrum der Lebensinteressen. Die Zeit diktierte alles, auch die Wahrnehmung.

---

5   Gerhard Johann Lischka, »Der entfesselte Blick«, in: *Der entfesselte Blick. Die Ausstellung*, Ausst.-Kat., Seedamm-Kulturzentrum, Pfäffikon, 1992, S. 8–11, hier S. 8.
6   Ibid.
7   Ibid.

Die Erfindung der künstlichen Helligkeit im 19. Jahrhundert[8] hat eine ungeheure Umwälzung der gesamten Gesellschaft und damit auch der Bildkultur produziert. Das natürliche Sonnenlicht wurde zum künstlichen elektrischen Licht. Das elektrische Licht als vom Menschen gemachtes und vom Menschen steuerbares künstliches Licht erschien so unnatürlich, dass es als übernatürlich empfunden wurde. Die Rationalisierung des Lichtes durch die elektrische Glühbirne bedeutete aber eine unverkennbare Industrialisierung des Lichtes, die sich auch auf die Bildproduktion niederschlug. Die Kerze, könnte man mit heutiger Terminologie sagen, war eine Art Walkman des Lichts. Sie diente einer individuellen Selbstversorgung. Die Glühbirne hingegen funktionierte, ebenso wie die Gasbeleuchtung, nur, wenn man mittels Leitungsdrähten bzw. Leitungsröhren an eine zentrale Produktionsstätte angeschlossen war. Die Kerze ist also das Gegenstück zur zentralen Versorgung durch die Glühbirne. Insofern sind Kerzen und Fackeln brauchbarere Metaphern für Freiheit als Glühbirnen und Neonröhren, auch wenn die Sonne selbst zwar eine natürliche, aber nicht minder zentrale Versorgungs- und Produktionsstätte des Lichtes darstellt.

Viele künstlerische Arbeiten artikulieren jene Aporien, die durch die Elektrifizierung der Gesellschaft und der Bildproduktion entstanden sind. Es wird gerade jener Widerspruch zwischen individueller und zentraler Versorgung vorgeführt. Dieser Widerspruch erzeugt natürlich eine Implosion. Dadurch ist auf allen Fotografien im Grunde nichts zu sehen außer das künstliche Licht selbst. Solche Bilder sind also im eigentlichen Sinne Lichtbilder. Das Licht wird nicht mehr dargestellt, es wird auch nicht als Transport- oder Kommunikationsmittel verwendet, sondern das elektrische Licht ist das Bildmedium seiner selbst. In dieser Selbstabbildung verschwindet selbstverständlich die Welt. Die Entladungen, Wellen und Impulse, die vom Fernsehapparat als Bildquelle ausgehen, werden in der Welt der Selbstabbildung, im rekursiven Universum nur in ihrer temporalen Dimension abgebildet und gemessen. Die neue Gleichung für den Blick ist also nicht mehr Elektrizität, Energie und Raum, sondern Zeit, Energie und Elektrizität. Das Licht bildet sich in seinem eigenen Medium ab, nämlich in der Zeit. Die Zeitdarstellung des Lichtes wird nicht auf einen Nullzustand der Information oder der ästhetischen Erfahrung hingetrieben, sondern das scheinbare Koma dieser Bilder zeigt die Begegnung des Lichtes mit sich selbst im Medium der Zeit. Lichtbilder löschen den Kubus des Raumes, aber sie machen den Kegel der Zeit sichtbar, denn das Licht ist ein Phänomen der Zeit und nicht des Raumes. Insofern sind Lichtbilder immer Bilder der Zeit des Lichtes. Wenn Johann Wolfgang von Goethe gesagt hat, alles Sichtbare ist nur ein Gleichnis, so können wir ergänzen, dass im Horizont der universellen Lichtgeschwindigkeit alles Sichtbare zu einem Lichtpunkt reduziert werden kann. Fotografien versuchen, hinter den Vorhang der Zeit zu schauen. Denn dort verbergen sich neue Gleichnisse und Geheimnisse. Fotografien sind gebaut aus Lichtwellen, welche die Realitätswellen verschlingen. Fotografien sind Lichtbilder, die die Zeit des Lichtes darstellen, also Zeitbilder der Lichtzeit. Mit der Fotografie dringt der industrielle Blick erstmals in das unsichtbare Zentrum der Zeit vor.

Der Zeitreisende

Wenn sich aber nun Blick und Bild der Zeit nähern – vermöge der Bewegung, der Interaktivität in Echtzeit, der Variabilität und Virtualität der Information und vermöge der Viabilität des Verhaltens – dann begeben sie sich in das Reich der schärfsten und schwierigsten Aporien.

Wir wissen ja, dass die Zeit ein Pfeil ist, der nur in eine Richtung fliegt und dies mit Lichtgeschwindigkeit. Das ist die Irreversibilität der Ereignisse im lokalen Ereignishorizont.

---

8   Wolfgang Schivelbusch, *Lichtblicke. zur Geschichte der künstlichen Helligkeit im 19. Jahrhundert*, Hanser, München, 1983.

Nichts kann sich schneller bewegen als das Licht, nichts kann also Licht überholen, daher kann auch die Zukunft nicht eingeholt und die Vergangenheit nicht zurückgeholt werden. Alle Ereignisse, auch wir Subjekte, sind ja nur Punkte im cartesianischen Raum und Linien im Einstein'schen Raum-Zeit-Kontinuum, die sich mit der Lichtgeschwindigkeit definieren. Ein Lichtbild kann also die Zeit des Lichts nie exakt feststellen, weil der Akt des Messens selbst immer eine Zeiteinheit benötigt. Der Augenblick des Erkennens der eigenen Zeit, wenn Zeit und Zeitmessung auf Ununterscheidbarkeit hin konvergieren, ist daher der Augenblick des Todes, des Endes der eigenen Zeit.

Wir wünschen dennoch, die Zeit bzw. die Lichtgeschwindigkeit zu überholen, was rational unmöglich ist, und wollen die Zukunft einholen bzw. die Vergangenheit zurückholen. Wir nennen dies den Wunsch nach der Ausdehnung des Jetzt. Die älteste Metapher für diesen Wunsch ist der Zeitreisende. Der Zeitreisende, ob in die Zukunft oder in die Vergangenheit, ist ein neuer Ausbruchversuch aus dem Gefängnis von Raum und Zeit. Der Zeitreisende will also einen Blick hinter den Vorhang der Zeit werfen, einen Blick hinter und vor die Zeit.

Das Gefängnis von Raum und Zeit, durchlöchert: Quantentheorie
Aber wie kann sich der Blick, der von Photonen, also von Licht lebt, überholen? Wie kann der Blick die eigene Lichtgeschwindigkeit überholen, da es nichts Geschwinderes gibt als die Lichtgeschwindigkeit? Im lokalen Ereignishorizont ist natürlich so ein superluminaler Blick nicht möglich. Aber es gibt sieben Indizien, verknüpft mit sieben Namen, die für die Möglichkeit eines nichtklassischen Universums (als unvollständiges Gefängnis) stehen: Niels Bohr (Komplementarität, 1927), Werner Heisenberg (Unschärferelation, 1927), Kurt Gödel (Unentscheidbarkeit, 1931), John Archibald Wheeler (partizipatorisches Universum, 1990), Hugh Everett (Viele-Welten-Interpretation, 1957), John Stewart Bell (Nichtlokalität, 1964), Otto E. Rössler (Endo-Physik, 1983).

Die Verunsicherung unseres Bildes der Realität begann mit der Verunsicherung des Zustands der Bausteine der Realität: Welle oder Teilchen. Niels Bohr hat vorgeschlagen, diese Doppelnatur des Elektrons, diese »seltsame Wirklichkeit«, dass das Universum aus Dingen besteht, die einmal Wellen und einmal Teilchen sind, als komplementäres Verhalten zu interpretieren. Die Phänomene sind in ihren Erscheinungen komplementär, ihre Informationen ergänzen einander. Die Kenntnis von der Position des Teilchens konnte als eine Ergänzung der Kenntnis seiner Geschwindigkeit betrachtet werden und die Erkenntnis des Elektrons als Teilchen, als Ergänzung der Erkenntnis seiner Wellennatur. Das Prinzip der Komplementarität versuchte die Lücke zu schließen, die Heisenberg bei der Beschreibung der Welt durch seine Unschärferelation geschaffen hatte, wo er die prinzipielle Unmöglichkeit nachwies, genaue Messungen der Stellung des Elektrons und seiner Geschwindigkeit gleichzeitig durchzuführen.[9] Das Lichtphoton seines idealen Mikroskops würde beim Beobachter der Vorgänge im Raum, z. B. beim Beleuchten der Bewegung eines Elektrons, dieses selbst wegstoßen. Nur durch schwächeres Licht könnte daher ein unscharfes Bild von der Lage des Elektrons im Augenblick der Messung gegeben werden. Eine präzise Messung der einen würde eine präzise Messung der anderen ausschließen. Nur mit statistischer Wahrscheinlichkeit (unscharf) können Stellung und Geschwindigkeit eines Elektrons angegeben werden. Dieses Unbestimmtheitsprinzip konnte abgelehnt werden und führte zur Auffassung, dass der statistische Charakter der Quantentheorie für die unvollständige Beschreibung der physikalischen Systeme verantwortlich ist. Einstein hingegen glaubte an die Möglichkeit der vollständigen Beschreibung der physikalischen

---

9   Vgl. Werner Heisenberg, *Physik und Philosophie*, Hirzel, Stuttgart, 1959.

Wirklichkeit. Doch seit Heisenberg ist eine scharfe Trennung zwischen dem Verhalten der Mikroobjekte (Atome, Elektronen usw.) und den Beobachtern dieses Verhaltens nicht mehr möglich, sondern sogar das Umgekehrte ist klar: Jede Beobachtung des Verhaltens atomarer und subatomarer Teile der Wirklichkeit ist von Zustandsänderungen dieser Teile begleitet. Es existiert eine Wechselwirkung zwischen den Messinstrumenten und dem Verhalten der gemessenen Objekte. Die neue Physik stellt erstmals den Beobachter in den Mittelpunkt, die Wechselwirkung zwischen Beobachtung der Realität und Verhalten der Realität. In der subatomaren Welt werden wir zu Schauspielern und Zuschauern gleichzeitig. Dass wir die Position und die Geschwindigkeit eines Teilchens nicht gleichzeitig präzise messen können, liegt daran, dass wir aufgrund der Doppelnatur der Teilchen, Teilchen und/oder Welle zu sein, eben durch das Messen das eine oder andere verändern bzw. erst erzeugen und definieren. Diese Wechselwirkung zwischen Messung und Verhalten des Gemessenen, das nicht gleichzeitig mögliche präzise Messenkönnen, macht uns umgekehrt zu Schauspielern auf der Bühne und zu Beobachtern im Zuschauerraum gleichzeitig.

Durch diese Beobachterabhängigkeit entsteht nicht nur die Unschärfe, sondern auch die Unbestimmbarkeit und Unvollständigkeit in unserer Beziehung zur und in unserer Beschreibung der Wirklichkeit. Dadurch unterscheidet sich die Quantenphysik von der klassischen Physik.[10] Aber auch da herrscht keine klare Unterscheidung. Insofern ist man versucht zu sagen, nicht allein die Beschreibung (der physikalischen Systeme) ist unvollständig, wie Einstein moniert hat, sondern die physikalischen Systeme selbst sind unvollständig, nicht komplett beschreibbar, partiell unbestimmbar, dissipativ. Zur Stützung dieser Auffassung könnte Kurt Gödels Theorem »Über formal unentscheidbare Sätze der Principia Mathematica und verwandter Systeme« (1931) herangezogen werden, das die prinzipielle Unentscheidbarkeit und Unvollständigkeit aller formalen Systeme bewiesen hat.[11] Die Wahrheit ist vom Inneren eines formalen Systems nicht zur Gänze zugänglich. So wie die Wirklichkeit nicht zur Gänze von innen zugänglich ist (Endo-Physik). Die Quantenphysik der Kopenhagener Schule hat als externer Beobachter der physikalischen Systeme argumentiert und daraus die Unvollständigkeit, Unbestimmbarkeit abgeleitet. Gödel hat als interner Beobachter der formalen Systeme argumentiert und daraus ebenso die Unvollständigkeit und Unentscheidbarkeit der formalen Systeme abgeleitet. Bei ihm könnte allerdings ein externer Beobachter auf einer höheren Stufe, in einem höheren System, der Unvollständigkeit Abhilfe schaffen und die formale Unentscheidbarkeit aufheben. Aber ist in der Physik so ein externer Beobachter außerhalb des Universums denkbar?

Das Paradox des Beobachters in der Quantenmechanik, nach dem (gemäß Bohr) die physikalischen Eigenschaften eines Systems abhängig von spezifischen Messungen (bzw. Beobachtungen) sind, also die Frage gleichsam die Antwort bestimmt, hat John A. Wheeler verschärft zur Behauptung, »no elementary phenomenon is a phenomenon until it is an observed phenomenon«.[12] Das ganze Universum wird so zu einem partizipatorischen

---

10   Vgl. neben den im Folgenden zitierten Quellen dazu auch: Julian Schwinger (Hg.), *Selected Papers on Quantum Electrodynamics*, Dover, New York, 1958; Bernard D'Espagnat, *Auf der Suche nach dem Wirklichen*, Springer, Berlin, 1983; João Andrade e Silva und Georges Lochak, *Wellen und Teilchen*, Kindler, München, 1969; Roger Penrose und C. J. Isham (Hg.), *Quantum Concepts in Space and Time*, Clarendon Press, Oxford, 1986; Edward Nelson, *Quantum Fluctuations*, Princeton University Press, Princeton, 1985; Paul C. W. Davis und J. R. Brown, *The Ghost in the Atom*, Cambridge University Press, Cambridge, 1986; John S. Bell, »On the Problem of Hidden Variables in Quantum Mechanics«, in: *Reviews of Modern Physics*, Vol. 38, Nr. 3, 1966, S. 447-452; Eugene P. Wigner, »Remarks on the mind-body question«, in: I. J. Good (Hg.), *The Scientist Speculates*, Heinemann, London, 1961, S. 171-184.
11   Kurt Gödel, *Collected Works*, Vol. 1: *Publications 1929-1936*, Oxford University Press, Oxford, 1986.
12   John Archibald Wheeler und Wojciech H. Zurek (Hg.), *Quantum Theory and Measurement*, Princeton University Press, Princeton, 1983, S. 202.

Universum. Aber die eigentliche Radikalität seiner Position betrifft die Ausdehnung des Beobachterfaktors in die Zeit. Elektronen, Photonen und andere Quantenobjekte verhalten sich, wie gesagt, manchmal wie Wellen, manchmal wie Teilchen. Daher die Frage, was sie »wirklich« sind. Die Kopenhagener (Bohr-Heisenberg) Antwort ist: Was sie »wirklich« sind, kann entweder nicht vollständig gesagt werden oder hängt vom Beobachter ab. Es hat daher keinen Sinn, zu fragen, was ein Elektron »wirklich« ist. Da das Verhalten eines Teilchens und sogar seiner Erscheinungsweise als Teilchen oder Welle vom Beobachtungsakt abhängig ist, können wir nicht länger von der Existenz der Teilchen per se sprechen, sondern nur von den Ereignissen, die auftreten, wenn wir versuchen, durch die Wechselwirkung der Teilchen und anderer Systeme, z. B. der verwendeten Messinstrumente, das Verhalten der Teilchen zu bestimmen.

Die Physik wird durch die Quantentheorie zu einer Wissenschaft, die uns unsere gegenseitigen Beobachtungen mitteilen lässt. Was ein Elektron wirklich ist, wissen wir nicht, aber wir können einander sagen, wie unsere Beobachtungen ausgefallen sind. Kommunikation und Konstruktion der Bedeutung von Beobachtungen ist also das Ergebnis und die Idee, wenn Wheeler sagt, ohne Beobachtung gäbe es kein elementares Phänomen. Ein Phänomen muss das Bewusstsein des Beobachters erreicht haben und der muss diese Beobachtung anderen mitteilen können. Doch Wheeler geht weiter. Man könnte nämlich nun sagen, Unvollständigkeit und Unentscheidbarkeit sind bloß Eigenschaften der Beobachtungssysteme bzw. der Begegnung zweier Systeme. Das physikalische System der Quantenobjekte und das System der Messobjekte bedingt, beeinträchtigt und beeinflusst sich zwar gegenseitig, aber das Problem und Paradox resultiert im Wesentlichen aus dieser Begegnung zweier Systeme, aus dem Versuch der Beschreibung, ist also schließlich doch nur eine Eigenschaft des Beschreibungssystems und nicht des beobachteten Systems. Bohr hingegen meinte schon, die Unvollständigkeit und Ungewissheit sei eine Eigenschaft der Quantenwelt selbst und nicht nur ein Ergebnis unserer unvollständigen Wahrnehmungsfähigkeit. Wheeler hat in seinem berühmten »delayed choice experiment« (verzögerte Entscheidung), in dem sich die Reiseroute eines Photons durch eine Konfiguration von zwei normalen Spiegeln und zwei durchlässigen Spiegeln in zwei Wege spaltet, gezeigt, dass erst, nachdem und indem das Experiment ausgeführt wird, festgestellt wird, welchen Weg das Photon genommen hat. Das Experiment im Jetzt schreibt nachträglich fest, welchen Weg das Photon in der Vergangenheit gegangen ist. Der Beobachter der Gegenwart bestimmt und beeinflusst nachträglich das Verhalten des Beobachteten in der Vergangenheit. Nicht nur das gegenwärtige Verhalten (Welle oder Teilchen, Position oder Geschwindigkeit) wird durch den Beobachtungsakt beeinflusst, sondern auch das vergangene. Die Beobachtung ändert nicht die Vergangenheit, sondern schafft erst die Vergangenheit. Die Ungewissheit betrifft also nicht mehr allein die Beschreibung der Gegenwart, sondern auch der Vergangenheit. Wir wissen nicht nur nicht, wie Quantenpartikel wirklich »sind«, wir wissen auch nicht vollständig, wie sie »waren«. Die statistische Deutung erstreckt sich auch auf die Zeit. Auch der zeitzentrierte Blick taucht in Zonen der Unschärfe.

Ein Schüler von Wheeler, Hugh Everett, hat 1957 das Beobachterparadox der Quantenmechanik zur Quantenkosmologie ausgedehnt.[13] Die Vielfalt der Wellenmuster eines Quantensystems wird durch eine Messung reduziert, übrig bleibt nur eine einzige Welle. Was bedeutet dieser Übergang, dieser Wechsel, dieser Kollaps der Wellenfunktionen? Schrödingers Katze (tot und lebend) ist ein Versuch, die Entwicklung jedes Quantensystems in zwei verschiedene Zustände zu zeigen. Ungelöst blieb die Frage, wie aus toten und leben-

---

13   Hugh Everett III, »›Relative State‹ Formulation of Quantum Mechanics«, in: *Reviews of Modern Physics*, Vol. 29, 1957, S. 454-462.

den Katzen in der Quantenwelt durch den Akt der Beobachtung bzw. Messung eine lebende oder tote Katze in der wirklichen Welt wird. Wie wird aus der Überlagerung zweier oder mehrerer (möglicher) Zustände in der Quantenwelt als Resultat der Beobachtung abrupt ein einziger besonderer (realer) Zustand in der Wirklichkeit. Everett wandte die Wellenfunktion der Wahrscheinlichkeitsamplitude, die normalerweise einem Atom oder Elektron zugerechnet wird, auf das ganze Universum an. So eine Wellenfunktion würde dann auch den Beobachter mit einschließen. In so einem Fall würde der Akt der Beobachtung, da er ja selbst Teil der Wellenfunktion ist, die Wellenfunktion nicht mehr verändern. Die Konsequenz wäre allerdings, dass statt wie bisher der Akt des Messens das gegenwärtige oder das vergangene Verhalten des Elektrons beeinflusst bzw. bestimmt, nun ein Elektron die gleiche Chance hat, nach links oder nach rechts zu wandern, wodurch sich die Wellenfunktion in zwei Teile spaltet. Die eine zeigt das Element, wie es nach links wandert, und zeigt auch den Beobachter, der sieht, wie es nach links wandert. Die andere zeigt die Rechtsbewegung und Rechtsbeobachtung. Das Universum spaltet sich in zwei Zweige. Wenn ein Quantensystem auf eine Messanordnung zur Registrierung eines besonderen Attributes trifft, spaltet es sich wie gewöhnlich in viele Wellenformen auf, wovon jede einzelne einem möglichen Wert dieses Attributes entspricht. Wenn das gemessene Attribut fünf mögliche Werte besitzt, berücksichtigt das Quantensystem alle fünf Ergebnisse. Der Apparat spaltet sich in fünf verschiedene Teile auf. Jedes Teil besitzt sein eigenes Universum. Es gibt also fünf parallele Universen. Der Mensch kann aber zu einer Zeit nur ein Universum wahrnehmen. Die Bewohner der anderen Universen sind sich der Parallelwelten nicht bewusst.

Bei jedem Messakt, bei jedem Übergang, bei jedem Kollaps der Wellenfunktionen spaltet sich das Universum in Kopien, z. B. in eines mit einer toten Katze und in eines mit einer lebenden Katze. Diese Universen enthalten natürlich auch eine Kopie des Beobachters, von denen jeder denkt, sie seien einzigartig und ihre Welt die einzige. Diese Viele-Welten-Interpretation der Quantenmechanik bedeutet, dass das Universum sich ununterbrochen in Myriaden von Parallelwelten spaltet, die nicht miteinander kommunizieren. Jeder menschliche Beobachter nimmt nur ein einziges Universum wahr. Die *n* Möglichkeiten, die eine Wellenfunktion haben kann und die durch die Messung zu einem einzigen tatsächlichen Wert reduziert werden (Kollaps), bleiben bei Everett erhalten, der den Kollaps der Wellenfunktion weglässt, indem er den Messakt zum Teil der Wellenfunktion macht. Aus den *n* Möglichkeiten, die bei jeder Messung entstehen, werden *n* Universen. Alle möglichen Werte, Wahl- und Ausgangsmöglichkeiten werden in sich abspaltenden Universen realisiert. Alles passiert wirklich, was passieren kann. Wenn etwas möglich ist, dann wird es unvermeidbar. Auch für das scheinbar unwahrscheinlichste »Könnte sein« kommt einmal seine Zeit.

Unsere lokale Welt spaltet sich ständig in Myriaden von Kopien seiner selbst. Diese Welten müssen nicht simultan koexistieren. Das Privileg des Beobachters, Realitäten zu kreieren, geht in der Everett'schen Theorie der Weltenspaltung verloren. In jeder abgespaltenen Welt gibt es ein Exemplar desselben Beobachters. Das Ursprungsproblem und -paradox der Quantenphysik, die Zustandsfestlegung, setzt sich in Everetts Theorie der Zustandsspaltung fort. Wie die Elektronen in einstigen Modellen des Atoms bei ihrem Kreisen um den Atomkern von Umlaufbahn zu Umlaufbahn springen können, ist ein rasches »Springen«, von einer Everett-Welt zur nächsten möglich. Formal spricht nichts dafür, dass jeder Beobachter einer Sequenz von wechselseitig kompatiblen Welten angehören sollte. Der Fall des dauernden »Springens« in der Zeit von einer einzigen Realität, einer einzigen Welt, die zu jedem Jetzt korreliert ist (dies ist die Interpretation der Viele-Welten-Theorie durch David Deutsch), zur nächsten Realität, ohne dass wir es wahrnehmen, ist möglich. Dies entspräche dem Weltbild der steten, aber unsichtbaren Veränderung des Heraklit. Jetztheit erscheint in einer solchen Welt als Gödel-Grenzlinie (zwischen von innen zugänglicher und von innen nicht zugänglicher Realität). Das Jetzt wird damit zum eigentlichen Kerkermeister des Gefängnisses von Raum und Zeit, zur eigentlichen Schnittstelle, die es zu untersuchen gilt.[14]

Die Idee einer beobachtererzeugten Realität hat also die Realität, zumindest die Quantenrealität, weit geöffnet und in das Gefängnis von Raum und Zeit Fenster und Türen geschlagen. Die Unvollständigkeit der Beschreibung physikalischer Systeme wurde zur Unvollständigkeit der Systeme selbst. Das Wissen über das Verhalten der Bausteine der Realität wurde zu einem blassen Wissen als Wahrscheinlichkeit zu einem unscharfen statistischen Wissen. Die einzige Schärfe, die einzige feste Position in dieser Welt der Unschärfe, Unvollständigkeit, Unbestimmbarkeit, Unentscheidbarkeit, nicht nur als Eigenschaft der Beschreibungssysteme, sondern auch der beschriebenen Objektsysteme, bildete der Beobachter. Die Beobachterrelativität bildet paradoxerweise die einzige Konstante. Sie erfasste zuerst das Verhalten im Raum (Heisenberg, Bohr), dann die Zeit (Wheeler, Everett). Bohrs Beobachter kreierte die Realität des Jetzt, indem er entschied, den Ort und nicht den Impuls oder den Impuls und nicht den Ort zu messen. Wheelers Beobachter kreierte die Geschichte der Realität. Bell's Beobachter kreierte die nichtlokale Realität.

Nichtlokalität: Wirklichkeit als Produkt nichtlokaler Fernkorrelationen
Lokalität bzw. Separabilität sind Grundpfeiler der klassischen Physik. Räumlich getrennte Objekte können ohne Zwischenmedium keinen Einfluss aufeinander ausüben.

Isaac Newton schreibt: »Dass ein Körper auf einen anderen auf eine Entfernung durch ein Vakuum ohne die Zwischenschaltung von etwas anderem einwirken könnte …, stellt für mich eine große Absurdität dar.«[15] Nichtlokale Realität ist das bizarrste Ergebnis der Quantentheorie.

Nichtlokalität ist also eine mittlerlose Aktion auf Entfernung. Eine nichtlokale Wechselwirkung springt von Körper A auf Körper B über, ohne etwas zwischen ihnen zu berühren. Ein Voodoo-Zauberer, der eine Nadel in eine Puppe steckt und das ferne Ziel verwundet, stellt eine nichtlokale Fernkorrelation her. Eine Aktion hier löst eine Wirkung dort aus. Da mittlerlos, nehmen nichtlokale Einflüsse nicht mit der Entfernung ab. Sie sind gleich wirkungsvoll bei einer Entfernung von einem Millimeter oder von einer Million Kilometer. Die Geschwindigkeit ihrer Übertragung wird nicht durch die Lichtgeschwindigkeit eingeschränkt. John Stewart Bell hat 1964 diese unvorstellbare Absurdität, das Prinzip der Nichtlokalität bzw. Inseparabilität eingeführt, ein Theorem wechselseitiger Abhängigkeit von Objekten in Entfernung ohne die Zwischenschaltung von irgendetwas, und gezeigt, dass die Realität nichtlokal ist. Der Beweis erfolgte indirekt, indem er zeigte, dass den Ergebnissen des Einstein-Podolsky-Rosen-Experiments keine lokale Realität zugrunde liegen kann.[16]

Einstein hat 1935 aus der Tatsache, dass Photonen im Zwillingszustand so stark korreliert sind, ausgehend von der Lokalität geschlossen, dass die quantenmechanische Beschreibung der Welt unvollständig ist: Es gibt »Elemente der Realität«, die in der Quantentheorie nicht enthalten sind, die durch den Quantenformalismus nicht beschreibbar sind. Daraus entstand die Auffassung, es gäbe eine unzugängliche Realität bzw. das, was wir nicht erklären können oder was uns unzugänglich ist, sei eben nur verborgen. Mithilfe einer Theorie der verborgenen Variablen (David Bohm) könnten dann die seltsamen Quantenphä-

---

14 Otto E. Rössler, »Über den Ursprung des Jetzt«, in: ders., *Endophysik*, Merve, Berlin, 1992, S. 157–176.
15 Newton, Bentley; Übersetzung des Autors.
16 Albert Einstein, Boris Podolsky und Nathan Rosen, »Can Quantum-Mechanical Description of Physical Reality Be Considered Complete?«, in: *Physical Review*, Vol. 47, 1935, S. 777–780; John Stewart Bell, »On the Einstein-Podolsky-Rosen Paradox«, in: *Physics*, Vol. 1, Nr. 3, 1964, S. 195–200.

nomene (wie Fernkorrelation) erklärt werden.[17] So könnte wieder ein holistisches Weltbild restauriert werden. Wir bräuchten nur den spirituellen Schlüssel zur geheimen Welt hinter der offensichtlichen Welt. Es gäbe geheime Kanäle, verborgene Relationen und Zugänge.

Die Annahme von Lokalität ist daher falsch. Es müssen unsichtbare, nichtlokale Verbindungen bestehen. Es gibt nichtlokale Wechselwirkungen (d. h. ein wenig von der »Geschichte« eines jeden Teils ist in anderen Teilen einquartiert). John Clauser und Alain Aspect haben 1972 bzw. 1982 unabhängig voneinander experimentell die Verletzungen der Bell'schen Ungleichungen bewiesen und damit indirekt die nichtlokale Fernkorrelation. Bells Theorem besagt, dass die Welt hinter den Phänomenen nichtlokal sein muss. Es beweist die Existenz einer nichtlokalen Realität.

Jene Auffassung der Quantentheorie, dass Bewusstsein Realität schafft, besagt mit Bells Theorem, dass die Entscheidung eines Gehirns »hier« in der Lage sein muss, den Wert eines Attributs »dort« zu verändern, wobei hier und dort nicht nur durch ungeheure Entfernungen voneinander getrennt sein können, sondern auch durch die Zeit. Das ursprüngliche Korrespondenzprinzip Bohrs wird zum nichtlokalen Fernkorrelationsprinzip Bells. Die erste Fassung der Kopenhagener Deutung der Quantenmechanik formulierte Bohrs Begriff der »beziehungsabhängigen Realität«. Elektronen besitzen keine ureigenen Attribute. Diese Attribute sind in Wirklichkeit Beziehungen zwischen den Elektronen und der gesamten Messanordnung und gehören weder zu dem einen noch zu dem anderen. Isolierte materielle Teilchen sind Abstraktionen, ihre Eigenschaften sind nur durch ihre Wechselwirkung mit anderen Systemen definierbar und beobachtbar. Sie sind also virtuelle Eigenschaften. Die messungsabhängige Unschärferelation ist in der zweiten Fassung verschärft worden: Realität entsteht durch Beobachtung. Auf den Sonderstatus der Messgeräte folgte der Sonderstatus des Beobachters. Die »beziehungsabhängige« Realität wurde zur »beobachterabhängigen« Realität. Die Beobachterrelativität erstreckt sich aber nicht nur auf den Raum, sondern auch auf die Zeit. Je nach der Wahl der augenblicklichen Messung nehmen wir z. B. Einfluss darauf, welchen Pfad oder welche Pfade ein Photon in ferner Vergangenheit genommen hat. Die Beobachterabhängigkeit der Realität, welche gegenwärtige und vergangene Zustandsänderungen, Zustandsspaltungen usw. im Mikrobereich definiert und konstruiert werden, verschärft sich nach der Viele-Welten-Interpretation und der Fernkorrelation um ein weiteres durch die Einführung des internen Beobachters.[18]

Die Welt von innen betrachtet

Die Endo-Physik Otto E. Rösslers vereinigt den internen Gödel'schen Beobachter des formalen Systems mit dem externen Beobachter des physikalischen Quantensystems. So entsteht eine nichtlokale Physik des inneren Beobachters, in der der Beobachter wie bei Everett Teil der Wellenfunktion, d. h. der Welt, ist, aber sie dennoch ändert. Das Schlupfloch, durch das wir aus unserer eigenen Welt (Everetts Privileg, dass jeder empfindende Beobachter genau (s)eine Welt vorfindet) heraustreten können, heißt in der Endo-Physik die Konstruktion von Modellwelten, die einen expliziten (mikroskopisch beschriebenen) internen Beobachter enthalten. Die molekular-dynamische Simulation eines erregbaren Systems (als Beobachter) und eines gekühlten Gasdruckverstärkers (als Messkette) und eines einzelnen Mikroteilchens (als Objekt) könnte als Beispiel dienen. Ist normalerweise die Welt immer nur auf der Schnittstelle zwischen dem Beobachter und dem Rest der Welt definiert und ist die Schnittstelle per definitionem unzugänglich, ist in diesem Beispiel

---

17   David Bohm, *Quantum Theory*, Prentice-Hall, New York, 1951.
18   Bryce DeWitt und Neill Graham (Hg.), *The Many Worlds Interpretation of Quantum Mechanics*, Princeton University Press, Princeton, 1973.

die Schnittstelle studierbar. Eine lokale endo-physikalische Theorie kann eine nichtlokale Schnittstelle erzeugen, d. h. die Realität durchlöchern. Die Endo-Physik beschreibt die klassische Welt als Modellwelt und uns als deren Einwohner. Auf dieser Grundlage gelingt es, mit Meta-Experimenten einen »Blick hinter den Vorhang zu werfen«. Gerade das Bewusstsein der Beobachterzentrierung ermöglicht es, die Schranken der Beobachtung, der Schnittstelle, der Grenzen des Realen zu durchlöchern. Herrscht in der klassischen Welt ein »Maskierungsprinzip [...], das den Beobachter vor Inkonsistenz-erzeugender Information schützt«[19], so erlaubt das endo-physikalische Prinzip eine Metademaskierung. Die Beobachterrelativität der Endo-Physik stellt die Frage: Ist die sogenannte objektive Realität nur die Endo-Seite einer Exo-Welt? Der Endo-Ansatz zur Realität mit dem Beobachter als Co-Verzerrungsquelle (was passiert, wenn die Mikrobewegungen in einem Beobachter Einfluss darauf hätten, wie ihm die Welt erscheint und ihm diese demnach konsistent erschiene?) erhöht die Manipulierbarkeit des Gefängnisses von Raum und Zeit.

Niklas Luhmann, der Theoretiker der Selbstreferenz in sozialen Systemen, bezeichnet dieses Problem der Beobachtung des Beobachters, den Einschluss des Beobachters in die Beobachtung (das endo-physikalische Prinzip) als Kernproblem der europäischen Rationalität. Damit können wir auch die Anfangsfrage lösen. Descartes' Rationalismus war demnach ein Versuch der Metademaskierung des Gefängnisses von Raum und Zeit.

Die Figur des Re-entry, das Wiedereintreten der Form in die Form bzw. der Beobachtung in die Beobachtung, ist in der Tat axiomatisch für die europäische Ratio. Sie bedeutet nämlich Rekurs auf den Grund. Transparenz, Sichtbarmachung des Grundes, Erhellung der Ursache, ist der Motor der Aufklärung. Diese Sehnsucht nach Transparenz, nach einem Gefängnis mit zumindest gläsernen Wänden, führt zur Reflexion, zum Re-entry der Beobachtung, zum Wiedereintritt der Beobachtung in die Beobachtung, zur Rückkopplung der Beobachtungsketten.

Die Welt als Schnittstellenproblem
Die Grenzen der Welt sind nicht die Grenzen der Sprache, sondern die Grenzen der Schnittstelle geworden. Was (z. B. mithilfe von Computern) analysiert werden muss, ist daher nicht die Welt, sondern die Schnittstelle, die sich zwischen dem internen Beobachter und dem Rest seiner Welt einstellt.

Zu Beginn des 20. Jahrhunderts wurden in der Philosophie die Grenzen der Welt von Ludwig Wittgenstein durch die Grenzen der Sprache definiert. Eine andere Tradition, die moderne Physik der Neuzeit, bestimmt die Grenze der Welt durch die Reichweite unserer technischen Beobachtungs- und Messinstrumente (vom Mikroskop bis zum Teleskop). Aus heutiger Sicht können wir sagen, das Verbindende dieser Positionen ist der Begriff der Schnittstelle, nämlich das Medium, mit dem man die Welt beobachtet, erfährt und verändert. Was eine Schnittstelle ist, definiert der Kontext.

Die Schnittstelle als jenes Medium, als jene Stelle, die zwischen uns und der Welt vermittelt, kann verschiedene Formen annehmen. Diese Schnittstelle (Interface) kann sehr wohl die Sprache sein, wie auch ein Apparat. Auch unser Körper kann eine Schnittstelle sein, z. B. zwischen unserem Bewusstsein und unserer natürlichen Umgebung. Eine Tastatur wiederum kann die Schnittstelle zwischen unserem Körper und der künstlichen Bildwelt eines Computers sein, so wie das Klavier die Schnittstelle zwischen dem physischen Reich der Töne und der imaginären Musik in unserem Kopf ist. Schnittstellen sind also in der Regel mehr oder minder mechanische Apparate. Die Sprache selbst ist so eine Maschine, da die

---

19 Rössler 1992, S. 109.

Technik eine Sprache ist, eine neue Sprache von Raum und Zeit, und weil die Sprache selbst bereits eine Technik ist. Ohne eine Schnittstelle können wir mit niemandem und nichts kommunizieren, genauso wenig wie ohne Beobachter etwas gesehen werden kann. Wir können daher sagen, dass wir es eigentlich nie mit der Welt selbst zu tun haben, sondern nur mit der Schnittstelle zwischen uns und der Welt.

Das Problem der Schnittstelle bzw. das Theorem, die Welt sei nur ein Schnittstellenproblem, kann am besten mit einem Aquarium dargestellt werden. Der Fisch merkt nämlich nicht, dass er im Wasser schwimmt, so wenig wie der Vogel die Luft bemerkt. Den meisten Lebewesen bleibt ihr Interface opak. Sie merken nicht, dass ihre Welt nicht der ganze Kosmos ist, und sie merken nicht, dass sie hinter vielen verschlossenen Türen und in geschlossenen Welten leben. Sie halten ihr finites Interface für die infinite Welt. Der Fisch bemerkt nicht das Glas, er bemerkt nicht einmal die Distanz zwischen dem Glas und den umgebenden Wänden. So sind auch wir eingesperrt in das Gefängnis der Gitterstäbe aus Hier und Jetzt. Mit Otto E. Rössler kann man sagen: Die Welt ist aus Gummi, nur wir merken es nicht, weil wir selbst aus Gummi sind. Wenn die Welt sich verzerrt, verzerren wir uns mit, weil wir selbst Teil der Welt sind und daher die Verzerrung nicht merken. Wir sind selbst co-verzerrt. Dieses Kovarianzmodell gilt besonders für die Soziologie und Kommunikation. Wenn sich die Umwelt ideologisch vom Humanen entfernt und pathologisch verzerrt, merken es viele Menschen gar nicht, weil sie sich selbst mitverzerren. Nur der externe Beobachter außerhalb des Aquariums, auf der anderen Seite der Schnittstelle, z. B. der Zuschauer, bemerkt die Verzerrung. Wer aber ist der externe Beobachter, der jenseits unserer Schnittstelle auf die »reale« Welt blickt? Ist ein Beobachter außerhalb des Universums möglich? Endo-Physik ist daher die Co-Verzerrung bzw. Ko-Varianz. Der mathematische Physiker Rugjer Josip Bošković schrieb im Jahr 1755 eine bahnbrechende Arbeit mit dem Titel, *Über Raum und Zeit, wie sie von uns erkannt werden*. Der Nebensatz, »wie sie von uns erkannt werden«, definiert die Welt als Schnittstellenproblem. Wie wir Raum und Zeit erfahren, hängt davon ab, wie sie von uns erkannt werden. Wie sie wirklich sind, wissen wir nicht. Bošković erfand das Beispiel einer atmenden Welt, die von den Eigenschaften unserer Schnittstelle nicht nur abhängig ist, sondern mit ihr sogar korreliert ist. Er behauptet, dass der Beobachter die objektive Welt, die Welt, so wie sie ist, nie beobachten kann, sondern lediglich die Schnittstelle oder die Differenz zwischen ihm und der Welt beschreiben kann. Jede Veränderung innerhalb des Beobachters kann im Prinzip durch irgendeine äußere Veränderung in der Umgebung exakt kompensiert werden. Dadurch wird die Veränderung gar nicht wahrgenommen. Nur eine Veränderung, die vom Zustand seiner eigenen inneren Beobachtung und Bewegung unterschiedlich ist, kann dem Beobachter zugänglich sein. Die Schnittstelle wird daher zur einzigen Realität für den Beobachter. Damit bildet das Studium der Schnittstelle die einzige Möglichkeit, die Grenzen des Realen neu festzulegen. Wir sind Bewohner der Schnittstelle (und nicht der Welt). Da der Beobachter in der Endo-Physik Teil der Schnittstelle ist, bildet er eine dissipative Struktur. Dadurch wird die Schnittstelle gelegentlich lokal anders verzerrt als die Verzerrungsquelle selbst, der Beobachter. Dieses Moment wirkt als Erhellung, Erkenntnis, Transparenz.

Da die Erscheinungen der Welt von der Lokalisation und Perspektive des Beobachters, d. h. von der Natur seiner Schnittstelle, gesetzmäßig abhängig sind, besagt die von Rössler neu formulierte Bošković-Kovarianz, dass die Veränderung einer Variablen in der Welt des Beobachters eine Veränderung der Variablen in der Schnittstelle, d. h. in seinem Interface zum Rest der Welt, bewirken kann. Dadurch wird die Manipulierbarkeit des Gefängnisses von Hier und Jetzt grösser. Die Gefängnismauern werden zu neuartigen transparenten Wänden aus Gummi. Die Zwischenräume zwischen den Gitterstäben werden grösser und die Gitterstäbe selbst weicher. Der intensive Wunsch des Menschen, das Gefängnis von Raum und Zeit verlassen zu können, zumindest seine Schnittstelle ausdehnen und wenn möglich sogar durchdringen zu können, hat in allen Formen der Quantenrealität (Stochastizität, Beobachterrelativität, Nichtlokalität, Zustandsspaltung, endo-physikalisches Prinzip) neue Nahrung gewonnen.

Medienkunst: Quantenwelt
In den Bildern Jan Vermeers, der mit einer Camera obscura bzw. lucida experimentierte und dessen Freund bezeichnenderweise der Mikroskopbauer und Naturforscher Antoni van Leeuwenhoek war, sehen wir den Beginn einer bildnerischen Tradition, welche die Welt als Schnittstellenproblem definiert. Bildformulierungen und Erweiterungen der Bildtechnologie bedeuten in dieser Tradition Erweiterungen der Schnittstelle und somit neue Realitätsdefinitionen.

Die avancierte Medienkunst von heute, die sowohl Ergebnis wie Erzeuger der telematischen Zivilisation seit ca. 1850 ist, entspricht neuen Realitätstechnologien. Die virtuellen Welten der Quanten und der Computer bezeugen: Die neuen Realitätskonzepte der digitalen Bildtechnologie und die Realitätsauffassungen der Quantentheorie konvergieren. Die Begriffe der Computer- und der Quantenwelt können sich gegenseitig erläutern. Computerinteraktivität simuliert gleichsam Quantenkomplementarität.[20] Telepräsenz, Televirtualität, Telekommunikation der digitalen Medien werden analysierbar in Hinblick auf die Nichtlokalität der Quantenmechanik, die Bell'sche nichtlokale Fernkorrelation, Everett'sche Zweigwelten werden nutzbar in Hinblick auf computererzeugte Modellwelten, so wie Closed-Circuit-Videoinstallationen, die den Beobachter zeigen, in Hinblick auf Rösslers Endo-Physik. Das Kovarianzmodell liefert Einsichten in die kontextkontrollierten Ereigniswelten bzw. Interaktionen zwischen (akustischem und visuellem) Umfeld und Beobachter. Die fremdartige Realität der Quantenwelt ist der bizarren Wunderwelt der Computersimulationen ähnlich. Da wie dort ist die Schnittstelle das zentrale Problem. Da wie dort wird Realität eine bloße Wahrscheinlichkeitsfunktion.

Die Quantenkonzeption der Realität als Diffusionskoeffizient ist ähnlich der These der Verschmelzung von Simulation und Wirklichkeit, von Landkarte und Land im Zeitalter der Hyperrealität, der perfekten technischen Simulation von Realität, von Jean Baudrillard und Jorge Luis Borges. Die Steigerung von Inertialrelativität über Beobachterrelativität zur Schnittstellenrelativität beschreibt den Weg zur Konstruktion virtueller Welten, in denen die Bewegung der Beobachter die Bewegung der Objekte im Bild steuert. Die Schnittstelle, der Messakt, die Beobachtung, Kernbegriffe der Quantenphysik, sind für die Kunst der interaktiven Computerinstallation, für die Wechselwirkung von Beobachter und Bild von zentraler Bedeutung. Die Konstruktion kontextkontrollierter Ereigniswelten, die das eigentliche Sujet der Computerkunst sind, wo deren spezifische Möglichkeiten, nämlich Variabilität, Virtualität und Viabilität optimal ausgeschöpft werden, ist mit der quantentheoretischen Konstruktion der Realität vergleichbar. Ebenso sind Zustandsschwankungen und -spaltungen sowie dynamische Speicher- bzw. Vergangenheitsbegriffe (die Vergangenheit steht nicht fest, sondern verändert sich nach gegenwärtigen Entscheidungen bzw. Beobachtungen) für beide Welten (Quanten und Computerwelt) relevant. Ein dynamisches System von korrelierten Variablen definiert für die Quanten- und Chaostheorie wie für die Computertechnologie den neuen Ereignishorizont. Der nichtklassische Bildbegriff der Medienkunst entspricht dem nichtklassischen Realitätsbegriff der Quantenphysik.

---

20 David Finkelstein und Shlomit Ritz Finkelstein, »Computer Complementarity«, in: *International Journal of Theoretical Physics*, Vol. 22, 1983, S. 753-779.

So wie es in der avancierten Quantenrealität fast keine Messungen mehr gibt, sondern nur noch Korrelationen, so ist man versucht zu sagen: Es gibt keine einzige Realität mehr, sondern nur Korrelationen von virtuellen Welten, von denen die jeweiligen Bewohner glauben, sie sei die einzige und die reale. Unsere Welt ist eine virtuelle Realität ohne Notausgang, die von innen betrachtet wird. Wir können unseren Kopf nicht aus der Welt hinaus und nicht durch das Interface hindurch stecken. Denn das Interface ist unsere Welt. Wir können höchstens das Interface durch neue Beobachtungsinstrumente und durch neue Beobachtungstheorien ausdehnen. Die (Exo-)Realität ist nur über die Schnittstelle zwischen Beobachter und Rest der Welt zugänglich. Im nichtklassischen Pluriversum sind wir Wesen, deren Schnittstelle das Problem ist. Daher brauchen wir »quantentheoretische Mikroskope«[21], mit denen wir hinter die Vorhänge von Raum und Zeit blicken und die Grenzen des Realen erweitern können. Die Virtual-Reality-Technologie ist so ein quantentheoretisches Mikroskop. Die neuen Medien stellen insgesamt quantentheoretische Mikroskope zur Erforschung neuer Wirklichkeiten und zur Transformation der alten Welt dar. Dadurch können wir die Schnittstelle etwas transparenter machen und vielleicht sogar auf naturwissenschaftlicher Basis die Position eines externen Beobachters außerhalb der Welt imaginieren und über die Grenzen des Realen von jenseits diskutieren.

Dieser Text ist Otto und Reimara Rössler gewidmet. Er ist erstmals 1993 in dem von Gerhard Johann Lischka herausgegebenen Band *Der entfesselte Blick*, Benteli, Bern, S. 218-245, erschienen. Ein Auszug ist in dem Ausstellungskatalog *Rivka Rinn, Time Station*, Georg-Kolbe-Museum Berlin, Neue Galerie am Landesmuseum Joanneum Graz, Galerie Gaudens Pedit, Lienz, Maschietto & Musolino, Florenz, 1997, S. 29-31, abgedruckt worden.

---

21 Nick Herbert, *Quantenrealität. Jenseits der Neuen Physik*, Birkhäuser, Basel, 1987.

DIE WELT ALS SCHNITTSTELLE
OTTO E. RÖSSLER, REIMARA RÖSSLER UND PETER WEIBEL

1994

Die Stellung des Menschen im Kosmos (Max Scheler, 1928) ist immer noch eine Frage wert. Statt »Kosmos« sollte es heute allerdings eher »Medium« heißen, da man sich nie in der Welt selbst befindet, sondern immer nur ihrem Abbild begegnet, wie es sich auf dem Bildschirm des subjektiven Erlebens abzeichnet. Letzterer Film ist das primäre and strenggenommen einzige Medium (frei nach René Descartes).

Die rekursive Beziehung zwischen Medium und Beobachter ist eine mathematische Herausforderung, die noch nicht gelöst ist. Die Lösung wird möglicherweise mit dem Buckingham-Pi-Theorem zusammenhängen, also der Theorie der dimensionslosen Darstellung in der Physik.[1] Wenn man an mehreren Knöpfen der Welt gleichzeitig dreht, kann es passieren, dass sich die Welt nur für den Benutzer nicht verändert, obwohl von außen gesehen alles radikal transformiert erscheint.[2]

Diese Innen-/Außen-(oder Endo-/Exo-)Unterscheidung ist zugleich die Grundidee der Relativitätstheorie. Jeder makroskopische Bewegungszustand in der Welt erzeugt seine eigene Version der Welt. Wie bei der Perspektive gehen die verschiedenen Versionen der Welt kontinuierlich ineinander über, wenn man den *frame* (statt den »Ort«) verändert. Anders jedoch als bei der Perspektive sind bei der Relativität auch nichträumliche Eigenschaften der Welt von der Veränderung mitbetroffen, wie die messbare Masse eines Körpers, oder die Gleichzeitigkeit zu anderen in der Welt stattfindenden Ereignissen (wie Albert Einstein herausfand). »Seid doch so nett und messt bitte alles noch einmal« war seine Botschaft – denn die Ergebnisse von Messungen verlieren ihren objektiven (*frame*-invarianten) Charakter. Wenn er dies allerdings gleich so überdeutlich ausgesprochen hätte, hätte ihm vermutlich niemand geglaubt.

Der Minkowski-Schnitt durch eine dahinterstehende, objektivere Welt – die »absolute Welt« der Raumzeit[3] – ist bis heute die überzeugendste Illustration des Schnittstellenprinzips. Die Welt »ist« Schnittstelle. »Das verschleierte Bild zu Sais« (Friedrich Schiller, 1795) wartet noch immer auf die nichtfrevlerische Hand, die es enthüllt.

Im Folgenden wird versucht, der herkömmlichen (makroskopischen) Relativität eine neue »Mikrorelativität« gegenüberzustellen. Der Ausgangspunkt ist eine Idee des Virtual-Reality-Pioniers Scott Fisher, der die naiv anmutende Frage stellte: »Wie sieht die Welt für ein Elektron aus, das um einen Atomkern kreist?«[4]

---

1   Edgar Buckingham, »On Physically Similar Systems«, in: *Physical Review*, Nr. 4, 1914, S. 345-376.
2   Robert Rosen, *Fundamentals of Measurement and Representation of Natural Systems*, North-Holland, New York, 1978.
3   Hermann Minkowski, »Raum und Zeit«, in: *Physikalische Zeitschrift*, Nr. 10, 1909, S. 104-111.
4   Scott S. Fisher, »Virtual Interface Environments«, in: Brenda Laurel (Hg.), *The Art of Human-Computer Interface Design*, Addison-Wesley, Reading/MA u. a., 1990, S. 423-438; Übersetzung der Autoren.

Mikrorelativität

Mikrorelativität wird es in ihrer einfachsten Version vielleicht bald als Computerspiel zu kaufen geben: Wie fühlt sich ein Wassertropfen an, wenn er sich um die Beine einer Fliege wickelt? Ganz neue physikalische Erfahrungen können in der Virtuellen Realität durchgespielt werden – allein mithilfe des Faktors Verkleinerung.

Bei einer zweiten Version der Mikrorelativität, die uns hier interessiert, kommt es weniger auf die Verkleinerung selbst an oder die mit ihr verbundene ungleichmäßige Veränderung der Kräfte, sondern vielmehr auf die im Grenzfall zu erwartende Reibungsfreiheit. Die Welt, in die man so eintaucht, ist – wie die von Isaac Newton und Rugjer Josip Bošković[1] – mikroskopisch reversibel. Überraschenderweise gibt es auch in diesem Bereich bereits Computerprogramme (sogar schon seit 1956). Sie heißen »molekulardynamische Simulationen« und erlauben es beispielsweise, gut gerührte chemische Reaktionen in mikroskopischem Detail – als Interaktionen vieler klassischer Billardkugeln, die ihre Farbe gesetzmäßig ändern, wenn zwei kraftvoll genug zusammenstoßen – im Computer ablaufen zu lassen und zu visualisieren. Die Physik glaubt ja bis heute, dass sich hinter den makroskopischen Vorgängen in der Welt und in unserem Gehirn eine reibungsfreie (reversible) Mikrorealität abspielt. Diese reversible Mikroebene wird allerdings als nur mithilfe der Quantenmechanik – der für mikroskopische Vorgänge zuständigen Theorie – korrekt beschreibbar angesehen. Die nichtklassische Beschreibung der Quantenmechanik ist jedoch im Gegensatz zu der klassischen mit Billardkugeln nur unvollständig verstehbar (mit »primärem Zufall« und »Nichtlokalität«, um nur die berühmtesten Schlagworte zu nennen), molekulardynamische Simulationen gelten daher, soweit sie nicht als erfolgreiche Approximationsverfahren beim Wirkstoffdesign eingesetzt werden, als Spielerei.

Die Idee der Mikrorelativität ist, dass es nicht nötig ist, sich mit den Ungereimtheiten der Quantenmechanik als der bestmöglichen Beschreibung der Mikrorealität abzufinden, da das Schnittstellenprinzip (die Relativität) noch als Erklärungsmöglichkeit zur Verfügung steht. Um diese neue Denkmöglichkeit zu überprüfen, würde man mit einer »falschen« (klassischen) Mikrobeschreibung der Welt im Computer anfangen, mitsamt mikroskopisch simuliertem Beobachter, Messgerät und Mikroobjekt. Dann würde man die »harmlose« Frage stellen: Wie erscheint einem solchen mikroskopisch simulierten, makroskopischen Teilsystem (z. B. einem »fluiden Neuron« als Karikatur eines Gehirns) der Rest seiner klassischen Welt? Bis zur endgültigen Beantwortung dieser Frage könnte noch einige Zeit vergehen.[2] Im Folgenden wird daher ein Abkürzungsweg vorgeschlagen, der die Chance bietet, sofort zu einer nachprüfbaren Voraussage vorzustoßen.

Das Jetzt als Schnittstelle

Während die (Makro-)Relativität durch den makroskopischen Bewegungszustand des Beobachters bestimmt ist, entsteht die Mikrorelativität durch die mikroskopischen Bewegungen im Beobachter. Hierbei kommt ein neuartiges »Differenzprinzip« zum Tragen, das sich am besten anhand eines vereinfachten Beispiels verdeutlichen lässt. Angenommen, alle mikroskopischen Bewegungen im Beobachter wären periodisch (wie ein Pendel), mit jeweils derselben Frequenz, Energie und sogar Phase – bis auf das Vorzeichen der letzteren, das zufällig verteilt sein soll. Dann hätten sich nach einer halben Periode alle Mikrobewegungen im Beobachter in ihrer Richtung umgekehrt (usw. nach der nächsten Halbperiode). Es verwundert vielleicht nicht, dass für solch einen pendelnden Beobachter bestimmte (genau entgegengesetzte) Bewegungseigenschaften der Umwelt unfeststellbar wären – da für diese die Differenz zu den

---

[1] Otto E. Rössler, *Endophysik. Die Welt des inneren Beobachters*, hg. von Peter Weibel, Merve, Berlin, 1992.
[2] Ibid.

internen Bewegungen exakt verschwände. Eine solche prinzipiell unerkennbare Eigenschaft der Umwelt läge vor, wenn alle Vorgänge in der Umwelt mit derselben Periode und Energie ihre Zeitrichtung umkehren würden, wie dies für die Vorgänge im Beobachter der Fall ist. Die Relation (Differenz) zwischen Beobachter und Umwelt wäre in beiden Arten von Zeitscheiben, die es dann gäbe, dieselbe. Dies ist vielleicht nicht verwunderlich, da es sich hier um ein künstliches Beispiel handelt. Es macht jedoch glaubhaft, dass auch beim Fehlen einer solchen genau kompensierenden Eigenschaft der Umwelt nichtkorrigierbare Verzerrungen für den Beobachter entstehen können – und dass auch bei weniger idealisierten Annahmen über den Beobachter immer nur die Differenz zwischen dem eigenen inneren Bewegungszustand und dem äußeren Bewegungszustand vom Beobachter wahrgenommen werden kann.

In diesem Sinn existiert für jeden mikroskopisch exakt beschriebenen Beobachter ein irreduzibles »Wackeln« der Umwelt.[3] Die für den Beobachter objektive Struktur seiner Welt ist nicht mit der extern (für den Operateur an der Tastatur) feststellbaren objektiven Struktur derselben Welt identisch. Eine beobachterrelative objektive Realität (Schnittstellenrealität) muss also von der externobjektiven Realität (absolute Realität) unterschieden werden. Diese Begriffsbildung erinnert an die von Hermann Minkowski.[4] Es ist daher vielleicht erlaubt, von »Mikrorelativität« zu sprechen. Es gibt jedoch einen wichtigen Unterschied zur Makrorelativität. Während die Schnittstelle der Makrorelativität in ihren Eigenschaften jeweils über einen mehr oder minder langen Zeitraum konstant ist, ist die Mikroschnittstelle notwendig extrem zeitabhängig auf einer sehr feinen Skala, denn der innere Bewegungszustand des Beobachters ändert sich von Moment zu Moment. Dasselbe gilt natürlich für die in der Schnittstelle erscheinende objektive Realität (»Welt«). Die Mikroschnittstelle gibt also in jedem Moment eine andere objektive Welt wieder. Das Jetzt wird zum einzigen Ort. Das Jetzt ist die Schnittstelle.

Jetztverzerrung
Von der (Makro-)Relativitätstheorie ist bekannt, dass die Simultaneität – die Übereinstimmung der Jetzte – aufgehört hat, in eindeutiger Weise (und damit überhaupt[5]) zu existieren. Nur im Spezialfall eines völligen Fehlens einer (makroskopischen) Relativgeschwindigkeit zwischen Beobachter und Umwelt stimmt die *frame*-spezifische Simultaneität mit der klassischen Gleichzeitigkeit überein. Bei der Mikrorelativität liegt jedoch immer eine Relativbewegung vor.

Die von Kurt Gödel betonte Katastrophe wäre damit nicht mehr vermeidbar, wenn sich erneut Probleme mit der Gleichzeitigkeit ergeben sollten.[6] In der Mikrorelativität geht die Verzerrung der Realität über eine bloße Verschiebung der Gleichzeitigkeit sogar noch hinaus. Die Messergebnisse werden nicht nur zeitlich versetzt (wie bei der Makrorelativität), sondern darüber hinaus auch inhaltlich verzerrt. Es ist, als ob die Welt einer raschen Störung unterworfen wäre. Diese Störung hat (wie in dem obigen Spezialfall des aus gleichen Pendeln bestehenden Beobachters) die Dimension eines Produktes aus einem Zeitintervall und einer Energie, also einer Wirkung. Die Schnittstelle enthält daher eine zu der der Quantenmechanik analoge Unschärfe.[7] Vor allem aber ist sie von Moment zu Moment (von Jetzt zu Jetzt) eine andere.

---

3   Ibid.
4   Minkowski 1909.
5   Kurt Gödel, »A Remark About the Relationship Between Relativity Rheory and Idealistic Philosophy«, in: Paul Arthur Schilpp (Hg.), *Albert Einstein. Philosopher-Scientist*, The Library of Living Philosophers, Evanston, 1949, S. 555-562.
6   Ibid.
7   Rössler 1992.

Die Gleichsetzung Quantenmechanik = Mikrorelativität wäre daher verfrüht. Die Verzerrung der Welt geht – zumindest auf den ersten Blick – viel weiter als dies in der Quantenmechanik der Fall ist. Denn nicht nur ungemessene Mikroereignisse werden verrauscht. Auch die gemessenen und durch makroskopische Zeiger registrierten Mikroereignisse (die ansonsten den Eigenzuständen der Quantenmechanik vergleichbar wären) erhalten einen ephemeren, sich von Jetzt zu Jetzt ändernden Charakter. Neben die zeitlich konstante Objektivität (bei der Messung von gewöhnlichen Makroobjekten) tritt also eine zweite, veränderliche Objektivität.

Letztere wäre allerdings – in einem gegebenen Jetzt – nicht als von der des vorausgehenden Jetzt verschieden zu erkennen. Denn zu jedem Jetzt gehört eine vollständige Schnittstelle, also eine vollständige Welt mitsamt Vergangenheit, Erinnerungen und anderen Dokumenten. Wie bei George Orwell wäre eine dauernde »Geschichtsklitterung« wirksam, die für den nichtsahnenden Bewohner der betreffenden Welt – auf der für ihn gültigen Benutzeroberfläche – gar nicht zu bemerken wäre. Dieser unerwartete Befund erinnert an eine der wenigen »zulässigen« Interpretationen der Quantenmechanik. Der Formalismus von Hugh Everett und John Stewart Bell[8] kennt ebenfalls ein rasches Springen zwischen verschiedenen Quantenwelten, ohne dass die Veränderung für den Benutzer erkennbar wäre. Die hier angetroffene »Jetztverzerrung« hat genau dieselbe Struktur. Die obige Gleichsetzung gewinnt damit unerwarteterweise wieder an Plausibilität. Dennoch sollten wir nicht vergessen, dass wir uns lediglich auf dem Boden einer klassischen Kunstwelt befinden. Alle Ähnlichkeiten mit wirklichen Vorgängen wären rein zufällig. Oder darf man den (viel zu einfachen) Modellansatz trotzdem als Orakel verwenden? Diese Frage ist nicht geklärt. Dennoch könnte man sagen: Was spricht eigentlich dagegen, dass wir für den Fall, dass für die Bewohner der Kunstwelt testbare Konsequenzen angegeben werden können, dieselben Tests einfach zum Rang eines Happenings in der wirklichen Welt erheben – ohne jeden Anspruch auf einen notwendigen Erfolg?

Ein möglicher Test

Die Existenz einer beobachterrelativen objektiven Realität hat als solche noch nichts Erschreckendes an sich. Wir kennen dies aus der (Makro-)Relativitätstheorie. Alle Freunde des Beobachters, die seinen Bewegungszustand *frame* teilen, sitzen mit ihm im selben Boot, was die messbare Struktur der Welt betrifft. Darüber hinaus kann er mit den Insassen der anderen Boote telefonieren. Dieser noch verbleibende Freiraum wird bei der Mikrorelativität deutlich enger. Zwar ist auch hier die objektive Welt co-determiniert durch den Bewegungszustand des Beobachters. Dieser Bewegungszustand ist aber – wie wir sahen – nicht mehr konstant. Er ist daher auch nicht von mehr als einem Beobachter gemeinsam besitzbar. Das geht soweit, dass auch die Möglichkeit des Telefonierens (zu der man den *frame* des anderen kennen müsste) diesmal wegfällt. An dieser Stelle drängt sich der Verdacht auf, dass die Mikrorelativität vielleicht grundsätzlich nicht testbar sein könnte. Sie würde, falls dies zuträfe, zu einer zwar nicht widerlegbaren, aber auch nicht beweisbaren Kuriosität, vergleichbar etwa dem Solipsismus der Philosophie.

Es gibt jedoch zum Glück einen Spezialfall von Mikrobewegungen im Beobachter, bei dem dieser Einwand nicht zutrifft, so dass die Bewohner einer Billardkugelwelt in der Tat nicht zu verzweifeln bräuchten. Der Beobachter kann eine wichtige Eigenschaft seiner Schnittstelle mit anderen Beobachtern gemeinsam besitzen. Es handelt sich um den Fall, dass die mikroskopischen Feinbewegungen in mehreren Beobachtern eine bestimmte

---

[8] John Stewart Bell, »Quantum Mechanics for Cosmologists«, in: C. J. Isham, Roger Penrose und Dennis William Sciama (Hg.), *Quantum Gravity 2*, Clarendon Press, Oxford, 1981, S. 611-637.

Bewegungskomponente gemeinsam haben, weil sie alle an demselben makroskopischen Rotationszustand teilhaben.

Rotierende *frames*

Einstein hatte die Idee, dass man auch in geschlossenen Aufzügen Physik treiben könne, um so »von innen« festzustellen, ob man sich in Ruhe auf der Erde oder in einem (ganz gleichmäßig beschleunigten) Raumschiff befindet. Das Gedankenexperiment lässt sich von konstanten Beschleunigungen auf konstante Drehungen erweitern. In dieser Form kann es sogar auf eine noch längere Geschichte zurückblicken. Schon Newton dachte an das Männchen, das auf dem Rand eines rotierenden wassergefüllten Eimers sitzt und nichts bemerkt – außer dieser eigentümlichen Krümmung der Wasseroberfläche. So sollte Gottfried Wilhelm Leibniz' Einwand gegen Newtons absoluten Raum widerlegt werden.

Es ist sinnvoll, diese Newton-Mach-Einstein'sche Von-innen-Frage noch einmal aufzugreifen – mit der Auflage, dass das zu beobachtende Objekt nicht makroskopischer, sondern mikroskopischer Natur sein soll. Wir wollen also vom Inneren des Containers ein Quantenphänomen beobachten, das mit Rotation zu tun hat. Wenn Quantenphänomene eine mikrorelativistische Erklärung haben sollten – in einer Kunstwelt oder in unserer eigenen Welt –, dann ergäbe sich hier eine mögliche Gelegenheit, die Nichtobjektivität der Schnittstellenwelt zu entlarven. Die Idee ist, dass sowohl der Beobachter als auch alle Messinstrumente und das Objekt gemeinsam so langsam rotieren können, dass sich die Schnittstelle nicht ändert. Wenn die Quanteneffekte »nur« schnittstellenobjektiv sein sollten, dann müssten sie unter dieser Bedingung invariant bleiben. Die Frage ist nur: Gibt es ein Quantenphänomen, das nach heutigem Wissen in dieser Situation eine Ausnahme macht?

Fairbank-Hess-Experiment

Tatsächlich gibt es ein Quantenexperiment, das der soeben gemachten Voraussage widersprechen könnte. Es wurde sogar schon mit Erfolg ausgeführt. Allerdings müsste seine Genauigkeit um den Faktor 10^4 verbessert werden, wenn es so schwache Rotationen wie die gemeinsame (Erd-)Rotation aller Beobachter ebenfalls registrieren sollte.[9] Nicht lange, nachdem dieser Vorschlag eines Endo-Experiments gemacht wurde, hat unabhängig eine andere experimentelle Gruppe vorgeschlagen, das in Rede stehende Experiment sogar um den Faktor 10^7 zu verbessern.[10] Man verspricht sich von einem derartigen Quantengyroskop praktische Anwendungen bei der Erdölbohrung und Erdbebenvorhersage.

Die Grundform des Experiments wurde von William M. Fairbank und George B. Hess durchgeführt und geht auf eine Anregung von Fritz London zurück.[11] Obwohl das Hess-Fairbank-Experiment hier nicht in allen Einzelheiten vorgestellt werden kann, sollte vielleicht nicht verschwiegen werden, dass es sich bei ihm um das vielleicht erstaunlichste Experiment der Geschichte handelt. Bevor es ausgeführt wurde, sagten alle Kollegen zu Fairbank, dass es mit Sicherheit ein großer Fehler wäre, die London'schen Formeln so wörtlich zu nehmen. Da der negative Ausgang des Experiments aufgrund des gesunden Menschenverstandes unbezweifelbar sei, wäre das einzige mögliche Ergebnis die Aufdeckung der beschränkten theoretischen Fähigkeiten des Experimentators. Nach dem Erfolg

---

9 Otto E. Rössler, Reimara Rössler und Peter Weibel, »›Absolute‹ Superfluid Nonrotation: Is It Observer-frame Specific?«, Manuskript, September 1991.
10 Richard E. Packard und Stefano Vitale, »Principles of superfluid helium gyroscopes«, in: *Physical Review B*, Nr. 46, 1992, S. 3540-3549.
11 George B. Hess und William M. Fairbank, »Measurements of Angular Momentum in Superfluid Helium«, in: *Physical Review Letters*, Nr. 19, 1967, S. 216-220.

fanden alle Kollegen das Ergebnis selbstverständlich, da es ja »nur« die Quantenmechanik bestätigt hatte. Was das Experiment selbst zeigte, war plötzlich uninteressant geworden. Was zeigte es? Es zeigte, dass das in einem rotierenden Gefäß befindliche superflüssige Helium »sich weigerte«, den Rotationszustand seines Gefäßes (das sich einmal in 5,6 Sekunden um seine Achse drehte) mitzumachen. Das - zunächst - im Gefäß enthaltene und sich normal mitdrehende (normal-)flüssige Helium »beschloss«, bei der weiteren Abkühlung unter den Lambdapunkt (der wenige Grade über dem absoluten Nullpunkt den Übergang vom normalflüssigen zum supraflüssigen Zustand markiert) plötzlich, nicht mehr mit zu rotieren, sondern stattdessen stehenzubleiben. Dieser neu eingenommene Zustand absoluter Nichtrotation wurde dann (beim anschließenden sprunghaften Aufwärmen mithilfe eines das Glasgefäß durchdringenden Laserstrahls) dadurch nachgewiesen, dass die freilaufende Drehung des Gefäßes sich plötzlich (durch die Drehimpulsaufnahme des plötzlich nur noch normalflüssigen Heliums) um genau den zu erwartenden Wert verlangsamte.[12]

Die oben erwähnte Frage, ob die Quantenmechanik dieses Ergebnis wirklich für beliebig kleine Drehgeschwindigkeiten voraussagt, ist anscheinend noch nicht vollständig geklärt. Es handelt sich nämlich bei diesem Quantengyroskop um ein Foucaultsches Pendel vollkommen neuer Art - ohne Pendeln. Es würde daher wirklich einen externen Punkt im mystischen Sinn Umberto Ecos bilden. Im Gegensatz zu dem 1851 von Léon Foucault erbauten Pendel käme es ohne jegliche eigene Bewegung aus. Darüber hinaus fehlten ihm aber auch alle Zweipunkteigenschaften, d. h., es könnte im Gegensatz zu dem genannten Newton'schen Eimergyroskop (das außerdem nicht ohne Eigendrehung auskommt), aber auch im Gegensatz zu dem (mit Lichtinterferenz arbeitenden) Sagnac-Gyroskop im Prinzip beliebig klein gemacht werden, ohne dabei an Genauigkeit der Anzeige zu verlieren. Das ist deshalb erstaunlich, weil dieses Gyroskop (wie jedes) darauf angewiesen ist, eine »Fernmeldung« aus den Tiefen des Mach'schen Zentrums des Universums zu empfangen und diese ins Makroskopische hoch zu verstärken. Trotzdem zweifelt heute niemand an der beschriebenen magischen Eigenschaft des superflüssigen Heliums und dies, obwohl bei der Beschreibung desselben lediglich die gewöhnliche (nichtrelativistische) Quantenmechanik benutzt wird. Der Grund ist einsehbar. Es handelt sich hier »nur« um eine Anwendung des bekannten quantenmechanischen Axioms der Quantisierung des Drehimpulses. An diesem Axiom zu zweifeln hieße, an die Fundamente des Gebäudes rühren. Diese natürliche Quantisierung besitzt ungeniert den Wert Null als Spezialfall - ein bei Atomen im Grundzustand häufig anzutreffender Wert (s-Zustand). Dieser mikroskopische (und daher im Normalfall nicht nachprüfbare) Quantenzustand wird hier durch Bosekondensation einfach ins Makroskopische hochverstärkt.[13]

Ein Grund zum Zweifeln könnte noch darin gesehen werden, dass hier zum ersten Mal das Bohr'sche Korrespondenzprinzip zwischen klassischer Mechanik und Quantenmechanik verletzt zu sein scheint. Denn das Potenzialminimum der Quantenmechanik (bei »absolut Null«) liegt hier über dem klassischen Minimum (bei Mitrotation). Der Quantenzustand muss daher aktiv Energie aufnehmen entgegen einem klassischen Potenzialgefälle (fast wie bei einem Perpetuum mobile). Alle diese rätselhaft schönen Eigenschaften des Fairbank-Experiments hätten es verdient, unabhängig von dem hier interessierenden Zusammenhang gewürdigt zu werden.

---

12 Ibid.
13 Anthony Leggett, »Low temperature physics: Superfluidity and superconductivity«, in: Paul Davies (Hg.), *The New Physics*, Cambridge University Press, Cambridge, 1989, S. 268-288.

Die Voraussage

Die Voraussage der Mikrorelativität ist eine andere als die der nichtrelativistischen Quantenmechanik. Die Mikrorelativität nimmt wie geschildert an, dass alle Quantenphänomene mikrorelativistischen Ursprungs sind, d. h. durch die Differenz der Bewegungen im Beobachter und des Rests der Welt zustande kommen. Falls dies zutrifft, dürfte die absolute Nichtrotation des superflüssigen Heliums in einem Ring (oder wie bisher einem Zylinder) nicht wirklich »absolut« absolut sein, sondern müsste »relativ« absolut sein. Denn ein langsam mit der Erde mitrotierender klassischer Beobachter besäße eine so gut wie unveränderte Schnittstelle gegenüber dem rotationsfreien Fall. Es müsste daher – falls die Welt im Innersten klassisch wäre – die makroskopische Bewegung des superflüssigen Heliums relativ zum Rotationszustand der Erde (auf der sich alle Beobachter in Ruhe befinden) den Rotationszustand Null annehmen (statt, wie die nichtrelativistische Quantenmechanik zu verlangen scheint, relativ zum Mach'schen Zentrum des Universums).

Wenn das Experiment bei geeigneter Erhöhung seiner Empfindlichkeit die Voraussage der Mikrorelativität bestätigen würde, gäbe es ein zweites *frame*-spezifisches absolutes Phänomen in der Natur, diesmal bei Rotations-*frames*. Es wäre zu dem ersten frame-spezifischen absoluten Phänomen (der Konstanz der Lichtgeschwindigkeit) bei Translations-*frames* analog. Selbstverständlich darf eine so schwerwiegende Voraussage nicht ernsthaft gemacht werden. Tatsächlich bezieht sie sich nur auf eine Kunstwelt. Nur die Kunstwelt würde es den Bewohnern gestatten, den Vorhang ein wenig zu lüften. Nichts spricht bisher dafür, dass unsere eigene Welt klassisch wäre (oder durch ähnlich einfach lösbare Probleme ausgezeichnet wäre wie das obige). Unerwarteterweise ist die obige Voraussage dennoch auch in unserer eigenen Welt zulässig. Sie stellt nämlich eine Möglichkeit dar, die Hypothese der Anwendbarkeit des klassischen Schnittstellenprinzips auf die Quantenmechanik zu falsifizieren (im Popper'schen Sinn). Das bedeutet nicht, dass mit einem positiven Ausgang des Experiments ernsthaft zu rechnen wäre.

Diskussion

Das Schnittstellenprinzip ist historisch gesehen ein relativ altes Prinzip. Es geht methodologisch auf Immanuel Kant zurück, der behauptete, dass die Voraussetzungen der Wahrnehmung das Wahrgenommene selbst beeinflussen (kopernikanische Wende).[14] In seinem *Opus Postumum* hält er eine Anwendung auf die Physik für möglich.[15] Nach Kant ist das Schnittstellenprinzip zwar erkennbar, aber nicht überwindbar. Die enge Beziehung zwischen Kants Philosophie und Einsteins Relativitätstheorie wurde zuerst von Ilse Rosenthal-Schneider gesehen.[16] Die Beziehung zwischen Quantenmechanik und Kant ist noch weniger ausgearbeitet, obwohl der Beobachter in der Quantenmechanik eine ebenso prominente Rolle spielt wie in der Relativitätstheorie. Zwei einschlägige Zitate belegen diese Affinität: »Insofern haben die Unbestimmtheits-Relationen keinen skeptischen, sondern einen rein kritischen Sinn«[17], und: »Von der Quantentheorie aus liegt es nahe, das, was an sich selbst sein mag, als das nicht in Objekte zerspaltene Ganze zu denken.«[18] Die behauptete

---

14 Peter Weibel, »Das Ich und die Dinge. Kommentar zu einem philosophischen Text von Anna und Bernhard Blume in Form inszenierter Fotografien«, in: Museum für Moderne Kunst (Hg.), *Anna und Bernhard Blume. Vasen-Extasen*, Museum für Moderne Kunst, Frankfurt/M., 1991, S. 8-69.

15 Immanuel Kant, *Opus Postumum*, in: ders., *Ausgewählte Schriften. Die Grundlagen des kritischen Denkens*, Bertelsmann, Gütersloh, 1958, S. 398f.

16 Ilse Rosenthal-Schneider, *Das Raum-Zeit-Problem bei Kant und Einstein*, Springer, Berlin u. a., 1921; vgl. auch Ilse Rosenthal-Schneider, *Begegnungen mit Einstein, von Laue und Planck. Realität und wissenschaftliche Wahrheit*, Vieweg, Braunschweig, 1988.

17 Ernst Cassirer, *Zur Modernen Physik* (1937), Bruno Cassirer, Oxford, 1957, S. 353.

18 Carl Friedrich von Weizsäcker, *Zeit und Wissen*, Carl Hanser, München, 1992, S. 1115.

Nichterklärbarkeit der Quantenmechanik fordert eine rationalistische Deutung im Sinne Kants geradezu heraus (wobei ein wenig bekannter und sehr kurzer Aufsatz von Werner Heisenberg aus dem Jahre 1943 als Bestätigung dienen kann).[19]

Oben wurde ein derartiger Versuch gewagt. Durch das Phänomen der virtuellen Realität ist uns heute der Schnittstellengedanke viel zugänglicher, als dies für frühere Generationen der Fall war. Mikrorelativität ist heute eine naheliegende Denkschablone. Selbst die beiden befremdlichsten Implikationen einer mikroskopisch kausalen Schnittstelle – Jetztgebundenheit und Jetztverzerrung – haben im Zeitalter der einbettenden Medien nichts Unvorstellbares an sich. Neu an dem obigen Ansatz ist aber das aus ihm herleitbare Experiment. Es wurde dabei angenommen, dass Resultate, die für eine verstehbare, deterministische Modellwelt Gültigkeit haben, auf unsere eigene – viel kompliziertere und unverstandene – Welt übertragbar sein könnten. Die so gewonnene Frage – gibt es eine neue Relativitätstheorie für Rotations-*frames*? – ist daher außerordentlich gewagt. Die Folgen einer positiven Antwort wären denen der Relativitätstheorie selbst vergleichbar. Die neue Bevorzugung des Beobachters würde in ihrer Bedeutung sogar über die vor hundert Jahren von Albert Michelson und Edward Morley entdeckte erste solche Bevorzugung hinausgehen. Damals konnte die gefundene Auszeichnung des Beobachters durch die Naturgesetze (ein absoluter Wert der Lichtgeschwindigkeit nur für ihn und seine Freunde neben sich) durch die von Einstein gefundene Symmetrisierung (Kovarianzprinzip) zum Verschwinden gebracht werden. Diesmal wäre die Reparatur schwieriger. Diese Tatsache allein stellt übrigens bereits ein schwerwiegendes Gegenargument dar. Zwar läge auch diesmal eine vollständige Symmetrie zwischen allen *frames* vor. Das Kovarianzprinzip wäre also erneut wirksam. Andererseits wäre die Symmetrie aber auf die zu diesen *frames* gehörenden Welten beschränkt.[20] Eine Kommunikation zwischen den verschiedenen (welterzeugenden) *frames* wäre zwar möglich, würde aber nicht bis zu den für diese *frames* spezifischen anderen Welten vorstoßen können. Auch bei der (Makro-)Relativität können ja die Kapitäne der anderen Raumschiffe die Messergebnisse des ersten Raumschiffes nur bestätigen, wenn sie sich wie verlangt an die ihnen von dort (in der dort gültigen Gleichzeitigkeit) gegebenen Anweisungen halten. Sie können jedoch außerdem über die Tatsache kommunizieren, dass sie, wenn sie sich nicht an diese Anweisungen halten, sondern stattdessen nach ihren eigenen Erfahrungsmaßstäben »analog« vorgehen, etwas ganz anderes bei ihren Messungen herausbekommen. Nur dieser zweite (korrigierende) Kommunikationskanal wäre bei den neuen *frames* verstopft. Denn die *frame*-spezifischen Schnittstellen sind diesmal – wegen ihrer jeweils anderen Mikrozeitabhängigkeit – vom Inneren eines anderen *frames* unzugänglich. Es ist nicht ganz leicht, sich die Folgen einer derart erschwerten Relativität plastisch vor Augen zu führen. Auf jeden Fall würde die Schnittstellennatur der objektiven Realität auf einmal sehr viel »hautnäher« erscheinen, als dies bei der einfachen Relativität der Fall ist. Es muss daher mit Recht erneut gefragt werden, ob ein so extremes experimentelles Resultat wie das vorgeschlagene wirklich erhofft werden kann.

Alles, was sicher gesagt werden kann, ist: Wenn unsere Welt Schnittstellencharakter hat (bis hinein in das durch die inneren Feinbewegungen erzeugte Mikro-Interface), dann ist die Hoffnung erlaubt, dass eines Tages ein Experiment von einer ähnlichen logischen Struktur wie das oben vorgeschlagene die Schnittstellennatur (Differenznatur) der »objektiven« Realität enthüllen wird.

---

19   Werner Heisenberg, »Die Veränderung des Wirklichkeitsbegriffs der exakten Naturwissenschaft«, in: ders., *Gesammelte Werke*, Bd. 1: *Physik und Erkenntnis*, Piper, München u. a., S. 307f.
20   vgl. Otto E. Rössler, »Bell's symmetry«, in: *Symmetry: Culture and Science*, Vol. 3, Nr. 4, 1992, S. 385–400.

Das klingt so, als ob mit einem positiven Ausgang des obigen Experiments nicht zu rechnen wäre. Es kann eigentlich nicht ernsthaft erwartet werden, dass die zum Beweis einer beobachterzentrierten Objektivität benötigte Asymmetrie so leicht zu finden sein sollte, wie dies oben vorgeschlagen wurde. Obwohl also ein positiver Ausgang ein unwahrscheinlicher Glückstreffer wäre, ist es aber natürlich erlaubt, zur Sicherheit doch einmal nachzuschauen. Das Experiment wird also vor allem benötigt, um auszuschließen, dass die Lösung so einfach ist. Mit anderen Worten, das Scheitern dieses Versuchs ist ein notwendiger Schritt auf dem Weg zu einer weniger naiven Fragestellung, die dann – vielleicht – zum Erfolg führt.

Wir kommen zum Schluss. Die Schnittstellentheorie wurde durch ein bisher noch nicht durchgeführtes Experiment illustriert. Vom Standpunkt des Designers einer Kunstwelt im Computer ist das Experiment sehr einfach zu verstehen. Die Einwohner der Kunstwelt könnten es selbst durchführen. In unserer eigenen Welt ist jedoch zu berücksichtigen, dass das Experiment zu viele stark vereinfachende Annahmen macht (strahlungslose Billardkugelwelt), um mit einiger Aussicht auf Erfolg ernstgenommen werden zu können. Dennoch ist die Logik des Experiments interessant genug, dass es hier zum Gegenstand eines eigenen Experiments gemacht werden musste: Ist es möglich, das obige Experiment in seiner ganzen Fremdartigkeit zum Leuchten zu bringen?

Der Text ist erstmals 1994 in der von Florian Rötzer herausgegebenen Publikation *Vom Chaos zur Endophysik. Wissenschaftler im Gespräch*, Boer, München, S. 369–381, erschienen. Er wurde J. O. R. gewidmet.

Is Physics an Observer-Private Phenomenon Like Consciousness?

Otto E. Rössler, Reimara Rössler und Peter Weibel

1998

Quantum mechanics is above all an extended kind of relativity.[1]
DAVID FINKELSTEIN

I. Introduction

One of the driving forces in modern thinking is chaos theory. Its "attractors" and "boundaries" have brought the continuum back into physics. The beauty combined with transfinite accuracy of these fractal objects[2] has a "brainwashing" effect. Is the philosophy of the continuum only a useful tool like the continuum theory of sound or does it reflect an element of physical reality?

If the accuracy of the continuum is an element of physical reality the fundamentals of physics will be re-shaped. A deterministic hidden-variables picture then returns on the micro level. A program in this direction is endo-physics – physics from within.[3] The Greek name was suggested by David Finkelstein.[4] The advice not to use the spelling end-o-physics stems from Norman Packard.[5] The idea to use a continuous microscopic Newtonian theory as an explanation of nontrivial observer-private properties of physics goes back to Rugjer Josip Bošković, a theologian-cum-scientist of the eighteenth century whose 1758 textbook *Theoria philosophiae naturalis* not only anticipated features of quantum mechanics and relativity (like solidity and co-variance) but also summarized the contemporaneous knowledge of the workings of the brain. Most important, he saw that "the impressions generated in the mind" are invariant under certain transformations of the world.[6] Bošković is the inventor of the notion of the interface in the modern sense.

---

1. David Finkelstein, *Quantum Relativity. A Synthesis of the Ideas of Einstein and Heisenberg*, Springer, Berlin et al., 1996, p. ix.
2. Benoît Mandelbrot, *The Fractal Geometry of Nature*, W. H. Freeman, San Francisco, 1982.
3. Otto E. Rössler, "Endophysics," in: John L. Casti and Anders Karlqvist (ed.), *Real Brains, Artificial Minds*, North-Holland, New York, 1987, pp. 25-46.
4. David Finkelstein, personal communication, 1983.
5. Norman Packard, personal communication, 1987.
6. Rugjer Josip Bošković, "On space and time, as they are recognized by us" (1755), in: idem, *Theoria Philosophiae Naturalis*, Kaliwodiana, Wien, 1758; in English in: idem, *A Theory of Natural Philosophy*, The MIT Press, Cambridge/MA, 1966, pp. 203-205.

A major obstacle to any deterministic hidden-variables picture is John Stewart Bell's theorem. He showed that no classical theory can ever explain one key feature of quantum mechanics, "nonlocality." Nonlocality refers to the fact that a measurement performed on one of a pair of "correlated particles" changes the measurable state of the other at a distance. This new quantum property of nature is incompatible with "separable predetermination," Bell showed.[7] The consensus today is that Bell's result marks the end of any classical-local hidden-variables approach to physical reality. Since Boškovićian endo-physics *is* a classical-local hidden-variables approach to physical reality, an impasse appears to have been reached.

Unexpectedly endo-physics is not affected by Bell's theorem if one takes Bošković's interface idea seriously. Nonlocality then is not an (exo-)objective property of the world any more but only an endo-objective one – a property of the observer-specific interface.[8] Objective physical reality, the world, thereby becomes a one-man's (or woman's or child's) business.

The same proposal has been made once before by Hugh Everett.[9] His theory is observer-relative (observer-consciousness-relative). The main difference to endo-physics is that the exo-world was assumed to be nonclassical by Everett – being governed by the Schrödinger equation of quantum mechanics. We shall see that as soon as one accepts the interface idea, such differences lose their significance. The prediction common to both cases is that the micro interface (unlike the macro interface of relativity) cannot be left by the observer. Not even memory provides for an escape.[10] The question which now poses itself is whether or not a "roundabout way" can be embarked upon in order to "unmask" the interface-dependence of reality and thereby the existence of the interface itself, if it does exist.

In the following, first the basic idea of endo-physics will be introduced. Then three features of a classical interface in a computer universe will be "transplanted" to the real world in a heuristic fashion. They will suggest the existence of a distinguished cell class in the brain. Finally, the more general "Privacy-of-Physics" problem will be addressed.

II. Interface Physics

Our aim is to knit chaos theory, quantum mechanics, relativity, micro motions and neurophysiology closer together (with a view to consciousness). This can be done in the footsteps of Niels Bohr and his microscopic interface concept.

Bohrs famous question reads: How does the rest of a classical universe appear to an internal observer?[11] The natural tool to use when seeking an answer is the study of artificial universes made up from classical billiard balls in a computer. These so-called "molecular-dynamics simulations" were invented by Berni Alder und Thomas Wainwright.[12] More recently, a macroscopic chemical reaction oscillator was simulated in this fashion using Newton's equations of motion.[13] Hence a microscopically accurate artificial universe

---

7 John Stewart Bell, "On the Einstein-Podolsky-Rosen paradox," in: *Physics*, vol. 1, no. 3, 1964, pp. 195–200.
8 Otto E. Rössler, "Explicit observers," in: Peter J. Plath (ed.), *Optimal Structures in Heterogeneous Reaction Systems*, Springer, Berlin, 1989.
9 Hugh Everett III, "'Relative State' Formulation of Quantum Mechanics," in: *Reviews of Modern Physics*, vol. 29, 1957, pp. 454–462.
10 Everett 1957; Rössler 1989.
11 Stefan Rozental, "The Forties and the Fifties," in: idem (ed.), *Niels Bohr – His Life and Work as Seen by His Friends and Colleagues*, North-Holland, Amsterdam, 1967, pp. 149–190, here p. 178.
12 Berni J. Alder und Thomas E. Wainwright, "Phase Transitions for a Hard Sphere System," in: *Journal of Chemical Physics*, vol. 27, 1957, p. 1208f.
13 Hans Diebner and Otto E. Rössler, "Deterministic Continuous Molecular-Dynamics Simulation of a Chemical Oscillator," in: *Zeitschrift fur Naturforschung A*, vol. 50a, 1995, pp. 1139f.

containing far-from-equilibrium macroscopic dissipative structures (in the sense of Grégoire Nicolis and Ilya Prigogine[14]) can be set up in a computer.

In particular, an "excitable system" – a fluid neuron – can be implemented in a microscopic fashion as a model observer in the sense of biology. Eventually, more sophisticated model observers, involving not one or one hundred but maybe billions of model neurons, will become amenable to the same explicit microscopic treatment. The value of this way of proceeding is that certain key features of the simplest (single-neuron) case will survive in more sophisticated multi-neuron observers of the future.

As a case in point, any microscopically simulated dissipative structure involves mathematically equal particles like "electrons." This fact, which was already seen by Josiah Willard Gibbs and Hermann Weyl, has the consequence that such systems are almost equivalent to a system of equal pendulums.[15] A very simple question can therefore be posed: "How does a collection of equal pendulums see the world?" The most important feature in that world appears to be the occurrence of "micro time reversals."

III. The Simplest Example

The simplest example is the "single-pendulum observer." As the pendulum swings back and forth, every half-oscillation is identical to the previous one under time reversal. This means that after every half period, the *external world* changes its temporal orientation relative to the observer. These "time reversals" are interface-objective. Although nonexistent from the exo point of view, they represent an objective feature of the world of the observer (pendulum).

The main question to address next is "robustness." Do the time reversals which hold good for a single-pendulum observer "survive" in the multi-pendulum case under realistic conditions? While it is likely that the answer is yes, a proof for the 3D billiard case is currently lacking.[16]

When theory has reached a point where its pace is slowed down to a trickle, sometimes empirical observation can be of help. To obtain a hint from the real world, a closer look at the model world is first in order.

IV. Three Properties of a Classical Interface

The basic idea is that a classical molecular-dynamics-simulated observer ("brain") cannot get rid of his or her own microscopic roots. Residues from the fact that the observer is not "really macroscopic" but possesses these microscopic reversible "underpinnings" may make themselves felt on the macro level.

Specifically, three characteristic properties of the observer can be expected to surface, epsilon, tau and sigma, each with characteristic consequences.

---

14 Grégoire Nicolis and Ilya Prigogine, *Self-Organization in Nonequilibrium Systems*, Wiley, New York, 1977.
15 Otto E. Rössler and M. Hoffmann, "Quasiperiodization in Classical Hyperchaos," in: *Journal of Computational Chemistry*, vol. 8, no. 4, 1987, pp. 510-515; Josiah Willard Gibbs, *Elementary Principles in Statistical Mechanics*, Yale University Press, New Haven, 1902; Hermann Weyl, *Philosophy of Mathematics and Science* (1926), Princeton University Press, Princeton, 1949.
16 Otto E. Rössler, Hans Diebner, and W. Pabst, "Micro Relativity," in: *Zeitschrift für Naturforschung*, vol. 52a, no. 8/9, 1997, pp. 593-599.

1. Epsilon

Epsilon is the "thermal-noise" energy of the observer. It is equal to the mean energy of motion possessed by each particle for each dimension in the observer. In real physics, its value would be ½ kT where k is Boltzmann's constant and T the momentary temperature of the observer.

At first sight one expects epsilon to leave an incorrigible mark on the observable world. However, the observer can make use of "amplifying machinery" which acts as an effective screening shield. An everyday example from technology can make this clear: very faint signals can be picked up by the cooled first amplifier of an expensive radio. The same "shielding effect" occurs in the model universe. Epsilon if taken alone therefore imposes no limit on the accuracy of measurement achievable by the internal observer of a model universe. Unexpectedly, epsilon returns through the backdoor of the second parameter, tau, as we shall see next.

2. Tau

Tau is the mean half period of a micro-oscillator in the observer. More specifically it is the average interval between two-time reversals in the multi-pendulum observer. Unlike epsilon, tau is inescapable: *External causality* oscillates with this period for the observer as we saw in the single pendulum case. The vacillation of causality includes all measuring chains – so that amplification cannot act as a shield this time. After every second time slice, tau, the amplifying "measuring chain" becomes a disamplifying "perturbing chain." The perturbation energy that is inflicted each time on an observed micro-object is epsilon.[17] Hence epsilon is back in the picture.

At first sight, the assumed "time slices" of positive and negative causality resemble those of a movie. Therefore, one expects the oscillation of causality to be "integrated over" in the same fashion as the frames of a movie. This "flicker-fusion argument" is valid only on the macro level. Note that a frozen frame in a movie can indeed be replaced by a short motion sequence of the same duration, and every second such dynamic frame can then be time-inverted since each frame remains "virtually motionless." This macroscopic game can actually be performed today using electronic equipment.

The analogy breaks down, however, when the macroscopic realm is left. The coupling between observer and world then ceases to be "passive" (as in a movie) and becomes "active." For in the complete micro description of the observer and the rest of the universe, the micro motions in the observer enter the interface on an equal footing in both time slices. Hence the thermal noise energy of the observer is "projected out-ward" during the anticausal time slices.[18]

It follows that an "action noise" falls on the observable world like a mist. Note that the product of an energy (epsilon) and a time interval (tau) is an "action," as Gottfried Wilhelm Leibniz first saw. If both components have a constant mean, their product in general possesses a constant mean too. The consequence is an action-type perturbation. The smaller the mass of an object, the stronger the perturbing effect on its position or velocity.

The resulting unit action provides a *fundamental limit* to internal observation in the model universe. Although only of an endo-physical origin, it cannot be "edited out" by the internal observer. Its size: epsilon times tau. Its proposed name: $\hbar^*$.

---

17 Rössler 1987.
18 Otto E. Rössler, "Micro Constructivism," in: *Physica D*, vol. 75, no. 1-3, 1994, pp. 438-448.

3. Sigma

Sigma is the mean observer's diameter. If the observer is spherical, it is the mean diameter of the sphere. If the observer is grape-shaped (consisting of many approximately equal "cells"), sigma is the mean cell diameter.

Like epsilon, a finite observer diameter is a property which generates no limit to observation when it is present alone. In the case of epsilon, a second modulating parameter (tau) existed. The same applies in the case of sigma. Tau again enables sigma to become manifest. In the former case (epsilon combined with tau), it was small-mass objects that were affected, in the present case (sigma combined with tau), it is high-speed objects. When causality reverses its sign every unit time interval tau, the behavior of speeding objects cannot stay unaffected.

Each point of a by-flying object (or rather the signal coming from it) returns, at the end of the next time slice, to the point inside the observer it reached at the end of the original time slice. As a consequence, the object effectively returns to within a distance of one sigma during every time slice. Moreover, the object which passes by is distorted in the forward direction. Points reaching the observer later coincide with points having reached the observer earlier. Hence rather than passing by at its original speed, the object gets reduced both in its velocity and in its length.

Thus, a *second fundamental limit* to internal observation exists in the model universe. It consists in a maximum observable speed. Although only of an endo-physical origin, the speed limit cannot be "edited out" by the internal observer. Its size: sigma over tau. Its proposed name: c^*.

The existence of both limits, c^* and $\hbar^*$, taken together, implies that a *third* characteristic feature of the observer makes itself felt in internal observation: sigma itself. Note that sigma is c^* times tau, while tau is $\hbar^*$ divided by epsilon, so that sigma is $c^* \hbar^*$ over epsilon.

Thus, if the internal observer of the model universe for some reason did not know his or her own diameter (because the observing subsystem may make up only part of the observer's body and brain), the true diameter could be estimated empirically from c^*, $\hbar^*$ and the observer's temperature. The two "absolute" limiting constants in the world of the observer, $\hbar^*$ and c^*, would then paradoxically reflect two observer-specific properties *temperature* and *diameter*.

V. Transcription to the Real World

So far, we have only looked at an artificial universe that can be implemented in a computer. Moreover, even for the model universe, the new predictions arrived at have yet to be confirmed. The generality of the key assumption made – existence of observer-generated time reversals – is still unknown. And the details of how measurements are presented in the interface are still open.

Even unfinished theories may profit from a side-glance at reality. Experiments aimed at providing such auxiliary information have to be distinguished from ordinary experiments. While ordinary experiments test "serious" theories about reality, the present class may be termed "scrap-paper experiments" – because they only serve to reduce the delay until one knows what to put into the computer (or on the yellow pad) next. Such an experiment is possible. It consists of three steps.

First step: The limits c^* and $\hbar^*$ of the model universe are heuristically identified with c and $\hbar/2$, the velocity of light and the effective Planck's constant, respectively, in the real world.

Second step: A typical "physiological body temperature" of a human real-world observer, 310 degrees Kelvin, is first inserted into $\hbar/2$ to derive tau: $\mathrm{tau}_{\text{real-word}} = (\hbar/[2])/\text{epsilon} = 24.6$ femtoseconds. Then insertion of tau into c yields sigma: $\mathrm{sigma}_{\text{real-world}} = c/\mathrm{tau} = 7.39$ micrometers.

Third step: falsification. $\mathrm{sigma}_{\text{real-world}}$ is an empirically testable number. A population of cells (or subcellular structures) may or may not exist in the brain having precisely this value for their mean diameter or extension. The "grape-shaped observer" considered above in the model universe could, in principle, have an analogue in the real world.

It goes without saying that any search for $\mathrm{sigma}_{\text{real-world}}$ in the real world represents a scrap-paper experiment. For the model universe may have nothing to do with the real world.

VI. The Four Privacy-of-Physics Tests

The experiment proposed above is so strange that a moment of reflection is needed to put it into perspective. The most unfamiliar trait of the experimental proposal just made is not its "scrap-paper nature" but the implication that objective relational properties of the physical world (like the shape of a stone or the value of a constant printed in a book) might be observer-dependent.

Were it not for the fact that the mass of a stone depends on the velocity of the observer, the idea of an "objective interface reality" would be hard to communicate. The present proposal goes still farther, however. As in Everett's observer-relative theory of quantum mechanics, whole observer-specific worlds are claimed to exist.[19] Unlike what holds true for Everett worlds (which are believed to be hermetic), however, the present observer-centered reality is empirically *unmaskable* in principle.

To put the unmasking idea into perspective, a look at other examples in the same class is justified. Three are available so far, each designed to detect a previously unnoticed observer-centered property of physical reality. Collectively, they may be called PoP tests – for "Privacy-of-Physics."

1. Fever Test

The first PoP test is the fever test.[20] After one of them has taken a fever pill, three people sit around a table staring into a textbook of physics. Using a hand-held calculator or laptop, they find out to their amazement that the value of the effective Planck's constant as printed in the book coincides to all digits with the value for $\hbar^*$ calculated classically on the basis of the temperature and density of the observer who has taken the fever pill – and who now observes all this.

A formula to calculate $\hbar^*$ exists.[21] It is implicit in Gibbs' formula for the "phase space volume" of a classical system.[22] (In the simplest case – that of a gas of N equal particles in three dimensions – $\hbar^*$ is the $3N$-th root of total phase space volume.) The best current estimate for the classical phase space cell valid for electrons in materials having the density of the brain at body temperature is $\hbar^* \approx \hbar/20$.[23] This means that $\hbar^*$ is about 63 % of the real-world value, $\hbar/2$.

---

19 Everett 1957.
20 See: Rössler 1989.
21 Otto E. Rössler, "An estimate of Planck's constant," in: Péter Érdi (ed.), *Dynamical Phenomena in Neurochemistry – Theoretical Aspects*, Publications of the Institute of Theoretical Physics, Hungarian Academy of Sciences, Budapest, 1985.
22 Gibbs 1902.
23 Rössler 1985.

Therefore, only the *first digit* comes out correct. The fever test thus has failed dismally. Nevertheless the "near-match" can also be taken as a hint that a more sophisticated calculation (taking into account the presence of Coulomb-type potentials, e.g.) might generate an even better match.

A way to obtain more information exists. Since the proper phase space cell in nature is given by the effective Planck's constant, $\hbar/2$, the fact that an "inexact classical calculation" approximately reproduces this value is perhaps not too surprising. At any rate the "link" can be exploited in a quantitative fashion. That is, an exact quantum-mechanical calculation can be used to derive the "correct" (although from the standpoint of quantum mechanics meaningless) classical phase space cell valid for electrons in biological materials.

This is not an easy task, as it turns out, since it does not suffice to reproduce the density of water (or brain tissue). The classical phase space cell is potential-dependent (so that its value differs for inner and outer classical electrons, e.g.). A second inherent difficulty is more fundamental. To base the fever test on a quantum calculation means introducing a kind of "bootstrap principle:" The value of $\hbar/2$ put into the calculation co-determines the outcome (so that a functional fixed-point problem arises). These difficulties notwithstanding, a positive outcome of the test would prove that each observer lives in his or her own "quantum world."

In this way, a generalized version of Everett's observer-centered theory – in which not only individual measurements but also their recorded mean values vary across worlds – is empirically falsifiable.

2. Rotation Test

The second PoP test is the rotation test.[24] It tests a general prediction implicit in interface theories in one and two space dimensions: Slow *co*-rotation of observer, object and measuring apparatus should leave the interface unchanged to first order. Potentially interface-generated measurement results in the real world (like quantum measurements) can be compared with this prediction.

The rotational state of a ring of superfluid liquid Helium II is a possible case in point. The ground state ("zero rotation") of such a macroscopic quantum system might be invariant under a transition from a situation of co-rotation with the earth of the whole lab (including the observer, the measuring apparatus and the object of measurement) towards a situation of absolute nonrotation of the whole lab.

This is an unexpected prediction. It invokes a discrepancy between two kinds of test designed to measure the same quantity, one quantum, the other classical. For example, Michel Foucault's pendulum, a giant pendulum of museum fame, retains its plane of oscillation while the earth turns around underneath. In 1851, this experiment falsified Copernicus' prediction that the earth's rotation was impossible to measure from the inside of a closed lab. Thus, the first "interface-oriented" prediction of a discrepancy between two types of measurement (lab with windows, lab without windows) failed. The present prediction has the same logical status ("quantum Copernican experiment"). A discrepancy between two types of rotation measurement (one objective, one interface-bound) is at stake. Falsification is therefore possible, again. Indeed, it has apparently been accomplished by now.[25]

---

24 Otto E. Rössler, Reimara Rössler, and Peter Weibel, "Die Welt als Schnittstelle," in: Florian Rötzer (ed.), *Vom Chaos zur Endophysik*, Boer, Munich, 1994.

25 Olivier Avenel, Pertti Hakonen, and Eric Varoquaux, "Detection of the Rotation of the Earth With a Superfluid Gyrometer," in: *Physical Review (Letters)*, vol. 78, 1997, pp. 3602-3605.

This result was not unexpected since the prediction was based on a two-dimensional artificial universe and the real world is three-dimensional. Nevertheless, the experiment was a necessary step on the way towards a more sophisticated test involving a two-dimensional absolutely nonrotating electron gas (which can perhaps be prepared for this purpose).

In this way, Everett's observer-centered theory of quantum mechanics (which makes the same prediction) may become amenable to empirical falsification.

3. Relativistic Bell Experiment

The third PoP test is the relativistic Bell experiment.[26] Although the relativistic Bell experiment has yet to be performed, the prediction made – confirmation of the Bell correlations – is not in doubt. Only the significance of this outcome is what is at stake. The prediction goes like this: Two standard Bell experiments, performed in two relativistic frames involving two frame-bound observers, may both involve the same pairs of measurement. This prediction is unproblematical as long as the two measurements performed, one in each frame (and each communicated to the other frame), occur in the same temporal order – with the left one being the first. Both measurements then constitute a single Bell experiment. However, the experiment reaches "criticality" when the temporal order between the two measurements is no longer the same in the two frames. Then in each frame the frame-bound measurement precedes the other measurement (performed in the other frame). The latter is then performed on a photon whose spin has already been fixed by the first measurement. Thus, two different Bell experiments co-exist, each performed in a different temporal order. The point is, that both share the same pairs of measurement results.

The standard versions of quantum mechanics are put in a quandary by this prediction. The reason is the identity between two pairs of noncommuting measurements. Note that the one measurement is "virgin" (reduces the superposition) in the one frame, and the other measurement is virgin in the other frame. This identity implies that the commutator relations of quantum mechanics are violated.[27]

The violation can be circumvented if more than one quantum world exists. For if each frame-specific observer lives in a different quantum world, standard quantum mechanics is strictly obeyed in each quantum world. Therefore, only Everett's version survives among the accepted versions of quantum mechanics. The relativistic Bell experiment is feasible to date.[28]

This means that Everett's theory is falsifiable. Only the "singular status" of the above test has so far prevented it from becoming a focus of debate. Should any of the other PoP tests have a positive outcome, "independent confirmation" would be available. The relativistic Bell experiment would then cease to be an anomaly.

4. Diameter Test

The fourth PoP test is of course the diameter test. Suppose the prediction for the size of sigma had been confirmed. That is, a histological search in slices of human brain tissue had come up with a distinguished class of cells (or cell structures) clustered around a diameter or size of 7.4 micrometers. (The most likely site would be the reticular formation where

---

26   Otto E. Rössler, "Einstein Completion of Quantum Mechanics Made Falsifiable," in: Wojciech H. Zurek (ed.), *Complexity, Entropy and the Physics of Information,* Addison-Wesley, Redwood City, 1990; for a related proposal see: Roger Penrose, *The Emperor's New Mind,* Oxford University Press, Oxford, 1989, p. 287.
27   Otto E. Rössler, "Bell's symmetry," in: *Symmetry: Culture and Science,* vol. 3, no. 4, 1992, pp. 385–400.
28   Rössler 1990.

wakeful consciousness is maintained [29]) The most likely cells – if it is whole cells would be a kind of micro glia since only glial cells have small enough diameters to qualify.[30]

Five conclusions would then follow:

1. Both c and $\hbar$ cease to be fundamental in the exo-objective sense (and become only endo-objective).

2. A sharply defined material correlate exists for the "observing consciousness."

3. The mean diameter of the material correlate of the observing consciousness has entered an endo-objective fundamental constant c.

4. The mean temperature of the material correlate of the observing consciousness has entered another endo-objective fundamental constant $\hbar$.

5. The material correlate of the observing consciousness consists of a well-defined sub-population of cells in the brain. More precisely, it consists of those substructures of those cells (like membranes or filaments) which make up the observing subsystem of the real world. Most precisely, it consists of the lightest particles (electrons) making up the particular dissipative structure which observes the universe as a subsystem.

VII. Discussion

Is physics observer-private – not only regarding primary qualities (like color) where this is well known but also regarding secondary qualities (relations)? Or, to use the Latin words for "so-things" and "how-things," are *talia* like *qualia*? More specifically, are *some talia* like *qualia*?

If this turned out to be the case, the awkward "special role" of consciousness would be lifted.[31] Simultaneously, "interface physics" would acquire a mediating position among the two major outgrowths of Cartesian natural philosophy – the natural sciences on the one hand and consciousness studies on the other.

The natural target of any PoP test is the interface. It is an invisible layer of reality which, like the subconscious of psychoanalysis, may or may not be accessible in principle. The existence of an "inverse problem" also in physics – to reconstruct the observer from the objective world – is an undecided new question.

The first moment in history at which the question of the privacy of physics almost surfaced took place in Paul Ehrenfest's house in Leyden in 1933. He had invited his close friends Bohr and Einstein to discuss complementarity and relativity, which to him was a question of vital importance. One sees the effort on their faces as they sit, Einstein chain-smoking, Bohr chewing on his hand, in deep chairs one beside the other, on the photographs reproduced on the cover of John Archibald Wheeler and Wojciech Hubert Zurek's book of 1983 *Quantum Theory and Measurement*. Bohr apparently could not bring himself to suggest to Einstein that complementarity *is* a microscopic version of relativity. For Einstein's next sharp question would predictably have been: "But then, quantum mechanics would have to be observer private, wouldn't it, because a micro frame cannot be shared by several observers?" This predictable conclusion would have been unacceptable to Bohr who, while steadfastly believing in a classical picture of the unobserved micro world,[32] had also always insisted on the classical nature of the macro world since the results of measurements have

---

29 See: Peter G. Petty, "Consciousness: A Neurosurgical Perspective," in: *Journal of Consciousness Studies*, vol. 5, no. 1, 1998, pp. 86–96.
30 Ernest Rossi, personal communication, 1995.
31 See: Otto E. Rössler and Reimara Rössler, "Is the mind-body interface microscopic?," in: *Theoretical Medicine*, vol. 14, no. 2, 1993, pp. 153–163.
32 See: Rozental 1967.

to be communicated in plain language. Both classical stances, however, cannot be adopted simultaneously.

A quarter of a century later the same issue was faced again by Everett. In his famous paper of 1957 titled "'Relative state' formulation of quantum mechanics," the micro relativistic stance was chosen, albeit on a quantum-mechanical rather than classical basis. To quote from the paper: "To any arbitrarily chosen state for one subsystem [e.g. observer,] there will correspond a unique relative state for the remainder of the composite system [i.e. the rest of the universe]."[33] Unlike Bohr, Everett thereby opted for many macro worlds! Even though a flurry of papers was triggered by Everett's paper, the word "relative state" was apparently not taken up again. The privacy of an observer-relative state was too unfamiliar.

It would be interesting to learn how Everett thought about this privacy of physics in his later years. All that is known is that he died in 1983 "from smoking"[34] and that after obtaining his PhD (from Wheeler) in 1957, he worked for the rest of his life at the Pentagon "as a member of the Weapons Systems Evaluation Group," as Murray Gell-Mann disclosed.[35]

Everett's theory has a seductive quality to it. Wheeler when once asked by a journalist to explain why he no longer believed in it begged to be spared the answer for fearing a relapse when thinking about it again. ("Only he who knows sin [...]," were the words he used.[36]) For the third time in a row, one feels, common sense and the subconscious acted together to prevent the idea of an observer-private physics from taking hold seriously.

What are the odds for a positive outcome of the four PoP tests described above? Common sense forces one to admit that the chances are very slim indeed (except for the relativistic Bell experiment). To seriously believe in an observer-private world generated in the interface requires an unusual amount of confidence in the power of the relativity principle. Bohr for one was sure that not even Einstein would go along, but who knows? Let us add one more rationale in favor of Bohr's position: the very notion of "history" would need to be re-defined if more than one world (and history) could be proven to exist. It is only in the formalism of quantum mechanics proper that the "many-histories" idea has found a safe haven so far.[37]

To conclude, the notion of the interface may deserve to be taken seriously in physics. Interface physics is a subdiscipline of chaos theory. It deals with the "effective forcing function" exerted on a subsystem of a universe by the rest of that universe. The universe in question can be either classical or quantum mechanical – the effects are essentially the same. The interface then is the seat of consciousness. The ultimate promise of all observer-centered theories of physics is the prospect of "blind-sight navigation" in the exo-reality. If physical reality were like a personal shadow that cannot be shed, attempts at grasping behind the curtain would not be doomed to failure forever. Even consciousness would lose some of its hermeticity.

This text first appeared in the *Journal of Consciousness Studies*, vol. 5, no. 4, 1998, pp. 443-453.

---

33   Everett 1957, p. 455. The words in brackets were added in accord with the context.
34   John Wheeler, personal communication, 1993.
35   Murray Gell-Mann, *The Quark and the Jaguar*, W. H. Freeman, San Francisco, 1994, p. 137.
36   Wheeler 1983.
37   Gell-Mann 1994.

POLYLOG
FÜR EINE INTERAKTIVE KUNST
GERHARD JOHANN LISCHKA UND PETER WEIBEL
1989

Umwelt

Lischka: Das Erste, was uns bedingt, um das wir in keiner Weise herumkommen, was uns auch formt, ist die Umwelt. Das Problem bei dem Wort Umwelt ist nur, was denn die Umwelt ist, wenn diese heute Großteils aus Immaterialien besteht, die uns bewusstseinsmäßig (was natürlich auch das Unbewusste einschließt) fest im Griff haben. Diese Immaterialien sind, anders ausgedrückt, der Prozess der Mediatisierung, der uns in unaufhörlicher Selbsterneuerung, rund um die Uhr, als globaler Informationsfluss beherrscht.

Weibel: Auch ich gehe davon aus, dass wir zuerst einmal vom Biotop als primärer Umwelt reden müssen. Die moderne Topologie lehrt uns aber, dass der Raum nicht ohne Körper und der Körper nicht ohne Raum existiert. Sie nennt dies das Prinzip der Konnektivität. Auch in der organischen Lebenswelt ist bereits eine idealistische Trennung der Monaden nicht möglich, sondern herrscht eine Ganzheit, die natürlich nur aus Teilen gedacht werden kann. Wegen dieser Konnektivität ist ja eine Trennung zwischen Innen und Außen, zwischen Organismus und Umwelt, wenn überhaupt, nur flexibel möglich. Wenn das Auge, wie Johann Wolfgang von Goethe sagt, sonnenhaft ist, dann bedeutet das, dass das Innere der Organismen strukturell die äußere Umwelt nachbildet. René Thom, der Begründer der Katastrophentheorie, geht sogar so weit, zu behaupten, dass auch die abstrakten Formalismen der Mathematik biologischen Prozessen entsprechen. Deswegen sagt er: »Die Stimme der Realität ist in der Bedeutung des Symbols.«[1] Es gibt eine fast isomorphe Wechselwirkung zwischen System und Umwelt, sozusagen zwischen innerer Umwelt (Organismus) und äußerer (Umwelt). Technologie als Exteriorisation, als Umwandlung von Naturgemachtem in Menschengemachtes, entsteht aus dieser Isomorphie. Daher existieren alle Kameraformen, die wir kennen, auch schon im Tierreich, sogar das Spiegelteleskop. Die Grenze zwischen Innen (dem Organismus) und Außen (der Umwelt) ist schwer zu ziehen, zumindest verändert sie sich mit der Zeit. Die Erklärungen der Kunst zur »Innenwelt der Außenwelt der Innenwelt«[2] in den 1960er-Jahren haben ihre Grenzen (der Umwelt und der Systeme) als Zeitform dargestellt, wie z. B. die Installation *Null Stadt* (1988) mit riesigen, wassergefüllten optischen Linsen von Henry Jesionka, welche die

---

1   René Thom, »Vom Icon zum Symbol. Skizze einer Theorie des Symbolismus«, in: *Semiosis. Internationale Zeitschrift für Semiotik und Ästhetik*, Vol. 3, Nr. 10, 1978, S. 5–23, hier S. 23.
2   So der Titel eines Buches von Peter Handke, *Die Innenwelt der Außenwelt der Innenwelt*, Suhrkamp, Frankfurt/M., 1969.

Außenwelt räumlich sequenziell in die Innenwelt spiegelten. Auch der Farbkontrast lehrt, dass Farbe (als Element, als System, als Organismus) nicht isoliert, unabhängig existiert, sondern von der Umgebung beeinflusst wird, also ihre Wirkung mit der Umwelt variiert, interagiert.

»There is no clear definition of the system's boundaries to its environment; the boundaries are fluid. This statement is valid for many living beings, too. Namely, it is not at all possible to define when the food a living being eats becomes a part of it. The logical range reaches from perceiving the food by the sense-organs (or even by the brain) until the digested products are absorbed into the blood circulation. Within these two extremes a definition can only be constructed arbitrarily. It is appropriate to assume that the boundaries of a system are just as fluid as the boundaries of magnetical fields in physics. However, it should be added that these boundaries are floating in the course of time, so that – metaphorically – a system is flowing alternately now one way, now another, changing its boundaries continually like an amoeba, palpating its environment for the resources it tries to exploit. [...] In the field of natural science, the same phenomenon can be found: the DNA flourishes only in the energetically enriched inner milieu of a cell; the cells of higher organisms, only in the energetical whole of the organism. The spontaneous rise of self-reproducing molecules some billion years ago presumes an accidental formation of energetical potential-fields.«[3]

Lischka: Entweder stehen wir zum Begriff der Ganzheit und akzeptieren damit ein holistisches Weltbild, dann treten wir auch für ein sich selbst bestimmendes Individuum ein, das einen Universalismus vertritt, womit Macht potenziell verunmöglicht wird und Kraft (die Poesie) sich entfalten kann. Universalismus ist natürlich nur möglich bei Akzeptanz des Splitterhaften, da jeder Moment erlebnismäßig ein anderer ist.

Weibel: Ich möchte den Begriff des Holismus etwas unterscheiden von seiner geschichtlichen Fassung, indem ich ihn gegen den Begriff des Partikulären ausspiele. Das Allgemeine und das Besondere, wie es klassisch heißt, bedingen ja einander. Ich persönlich spreche mich mehr für den Partikularismus als Philosophie aus, der aber nur im Horizont der Ganzheit sinnvoll gedacht werden kann. Damit ist aber die Frage des sich selbst bestimmenden Individuums gar nicht berührt, sondern vielmehr das Individuelle als Besonderes vor dem Hintergrund der Geschichte und der Evolution gesehen. Als Oszillation zwischen Splitter und Ganzheit, zwischen Vielfalt und Einheit, zwischen Heteromorphie und Isomorphie. Der Zoologe Stephen Jay Gould hat daher die Wichtigkeit der Variabilität und des Ausnahmefalls für das Überleben der Spezies betont. Von Denkern wie Jean-François Lyotard bis Bernard Williams, von Mathematikern wie René Thom bis Wissenschaftstheoretikern wie David L. Hull (*Science as a Process*, 1988) hat ein Primat des Partikulären und der Singularitäten gegenüber den allgemeinen Prinzipien eingesetzt. Schon die aristotelische Biologie kannte dieses Problem der Diaphora (wie Daumen und Hand).

Lischka: Selbstverständlich ist mit dem Universalen das Mögliche gemeint, das uns die Kraft gibt, im Leben einen Sinn zu sehen, und nicht, dass wir als Einzelne die ganze Welt darstellen, sondern gerade umgekehrt, wir werden durch den Universalitätsanspruch fähig, uns als gemeinschaftliches Wesen, als Zoon politikon, zu fühlen und uns mit etwas nicht

---

3   Volker D. Vesper, »On the Internal Structure of Open Systems: A Model of Shells«, in: *General Systems*, Vol. 19, 1974, S. 209.

nur zufriedenzugeben, sondern sogar zu behaupten, dass Alles immer der reine Machtanspruch ist. Somit ist also Etwas immer mehr oder weniger als Alles, eine poetische Lebenshaltung, die gerade unter der Vorherrschaft des Immateriellen wiederum Umwelt als konkrete konstruieren kann, somit Körperlichkeit kreiert – Universalismus als einzige sinnvolle Definition des Individuums.

Weibel: Das ist ja gerade die Konnektivität. Wie die Umwelt das Lebewesen zu seiner Definition braucht, so das Lebewesen die Umwelt. Die Möglichkeiten des einen stecken auch immer im anderen. Ego ist Alter und Alter ist Ego. Die Umwelt kreiert mit ihren Möglichkeiten das Lebewesen, das Lebewesen transformiert gleichermaßen die Umwelt. So entsteht im Realen selbst das Symbolische, der immaterialisierende Zeichenprozess. Als Folge davon ist Umwelt nicht mehr Natur allein, das was vorgefunden wird und wurde, bevor der Mensch geschaffen war, sondern zur Umwelt zählt natürlich heute auch das vom Menschen geschaffene Environment. So können natürlich nicht nur die materiellen Komponenten der Zivilisation, wie eine Stadt, die Umwelt für einen Organismus, für eine Person bilden, sondern natürlich bilden auch die immateriellen Komponenten der Zivilisation, dazu gehören auch Personen, wiederum eine »Umwelt« für andere Personen. Jeder kann Umwelt für jeden sein. Das Problem entsteht nur, wenn die Umwelt als Quelle (*source*) zur bloßen Ressource wird, zu einer Adresse der Ausbeutung, zu einem bloßen Kanal des Zugriffs, zu einem vermeintlichen Instrument des Menschen. Dadurch geht ja gerade die beschriebene Interdependenz verloren. Der Dialog zwischen Mensch und Umwelt, der zivilisatorische Prozess, schafft erst jene Krise der Umwelt, schafft erst den Abgrund, aus dem wir nach der Umwelt fragen.

»A hard definition of a system: it is a portion of the world which at a given time can be characterized by a given state, together with a set of rules that permit the deduction of the state from partial information. The state of a system (in its hard sense) is a set of values of certain variable quantities at the moment of time in question. The definition can be best elucidated by examples. If a quantity of gas is confined in a container mechanically and thermally isolated from its environment, then eventually the temperature and pressure inside the container will become uniform. The gas will constitute a system in equilibrium, that is, a system persisting in a single state. The state of this system is completely described by three quantities: volume, pressure, and temperature. [...] A dynamic theory permits the determination of the succession of states, once the initial state of the system is known. The theory of the solar system is a good example of a dynamic system theory. [...] ›Soft‹-Systems Theory: According to a ›soft‹ definition, a system is a portion of the world that is perceived as a unit and that is able to maintain its ›identity‹ in spite of changes going on in it. [...] An example of system par excellence is a living organism. The material in it is constantly changing through metabolism, yet the organism maintains its identity throughout its life time.«[4]

Lischka: Wir müssen heute beim Gedanken an Umwelt primär an Katastrophen denken, denn die natürliche Umwelt wurde durch ein falsches Verständnis von Fortschritt an den Punkt des Kollapses geführt. Wenn wir wissen, dass die natürliche Umwelt sich schon aus logischen Schritten konstruiert hat, die durch Zufall und Notwendigkeit auch den Menschen hervorgebracht haben, so können wir sehen, dass Erkennen schon im Begriff

---

4 Anatol Rapaport, »Modern Systems Theory – An Outlook for Coping with Change«, in: *General Systems*, Vol. 15, 1970, S. 17, 22.

Umwelt impliziert ist und zu viel Erkenntnis (in Form der Hybris des Menschen) daher logischerweise zum Zusammenbruch der Umwelt führen kann. Als Hinweis können wir die Mikrobiologie anführen, die uns gelehrt hat, dass ein Molekül ein anderes gleichartiges Molekül stereospezifisch erkennt.

»Die Steuerung der Tätigkeit, die Sicherung der funktionalen Kohärenz und der Aufbau der chemischen Maschine werden also durch Proteine besorgt. Alle diese teleonomischen Leistungen der Proteine beruhen in letzter Instanz auf ihren sogenannten ›stereospezifischen‹ Eigenschaften, d. h. auf ihrer Fähigkeit, andere Moleküle (darunter auch andere Proteine) an ihrer *Form* zu ›erkennen‹, so wie sie durch ihre molekulare Struktur festgelegt ist. Es handelt sich buchstäblich um eine mikroskopische Unterscheidungs- wenn nicht sogar ›Erkennungs‹fähigkeit. [...] Die vollendete Struktur war nirgendwo als solche präformiert. Aber der Strukturplan war schon in seinen Bestandteilen vorhanden. Die Struktur kann sich daher autonom und spontan verwirklichen – ohne äußeren Eingriff, ohne Eingabe neuer Information. Die Information war – jedoch unausgedrückt – in den Bestandteilen schon vorhanden. Der epigenetische Aufbau einer Struktur ist nicht eine *Schöpfung*, er ist eine *Offenbarung*.«[5]

Weibel: Wir können auch sehen, dass im Umweltbegriff der Systembegriff schon vorgezeichnet ist, als Interaktion von Komponenten des Systems, bei der bei absoluter Dominanz einer Komponente das System zusammenbrechen kann.

»Intervention in Evolution. The unfolding of the evolutionary process in the three great realms of matter, life, and society raises a crucial question. It is this: are the highly complex systems that emerge in each realm truly enduring? As we have seen, evolution produces comparative simplicity as it moves to a higher level of organization, but in time simplicity gives way to complexity as third-state systems pursue their careers in interaction with a changing environment. On each level of organization, systems reach some functional limit of complexity beyond which further complexification would bring instability.«[6]

Weibel: Auf ein Biotop baut also die Evolution selbst schon das Sematop. Auf das Reich der Materie folgt evolutionär das Reich der Zeichen. Unsere Umwelt ist also nicht mehr natürlich, sondern schon evolutionär vorbedingt, auch synthetisch. D. h., die Umwelt ist von Symbolisierungen, von Immaterialisationsprozessen nicht nur durchschossen, sondern in weiten Teilen auch gewebt.

Lischka: Durch diesen Immaterialisierungsprozess der Umwelt sind wir gezwungen, den Separationsprozess zwischen Subjekt und Objekt (wie er im Spiegelstadium von Jacques Lacan beschrieben worden ist) um einen Faktor zu erweitern, eben um die Immaterialisierung, und dieses Stadium nenne ich das Monitorstadium. Der Monitor schluckt die Umwelt und wirft sie uns als immaterialisierte zurück, doch eben nicht als Spiegelbild, sondern als Klon. Das Heimtückische am Klon ist nur, dass wir ihn vordergründig als Umwelt interpretieren, doch er kann bereits schon reine Simulation sein, und durch diese Realitätsfalle ergibt sich fatalerweise auch die Problematik, dass wir kaum mehr wissen können, was ein Zeichen ist.

---

5   Jacques Monod, *Zufall und Notwendigkeit. Philosophische Fragen der modernen Biologie* (1970), dtv, München, 1975, S. 56, 87.
6   Ervin László, *Evolution – The Grand Synthesis*, New Science Library, Boston, 1987, S. 127.

Weibel: Die Differenz zwischen Zeichen und Gegenstand ist in der Tat kleiner geworden, wenn nicht sogar in vielen Fällen geschmolzen, nämlich in diesem Monitorstadium der Welt, in dem durch den zivilisatorischen Fortschritt die universale Mediatisierung der Umwelt naht und schließlich zwischen Objekt und Spiegelbild, zwischen Gegenstand und Zeichen, zwischen Lebewesen und Klon nicht mehr unterschieden werden kann, sodass aus der Konfusion von geklonter Umwelt als Produkt und Umwelt als Quelle eine universale Katastrophe entstehen kann. Gerade das lehrt uns ja der Mythos des Daidalos, die Suche nach dem Justemilieu, die Suche nach der richtigen Balance zwischen Mensch und Umwelt. Daidalos verkörpert in dem antiken Mythos ja den idealen Künstler, den Stifter von und Sucher nach der harmonischen Konnektivität. Er findet sie mithilfe der listigen Intelligenz der Frauen (die in diesem Mythos nicht als schweigsame/stumme Natur dargestellt werden) und wird daher unsterblich, was ebenso viel bedeutet wie Primat und Triumph des Lebendigen. Ikarus hingegen steigt zu tief oder zu hoch, d. h., er konstruiert ein gestörtes Verhältnis zwischen Mensch und Umwelt, und verliert daher das Leben.

»Der Fall *abgeschlossener Systeme*, die mit ihrer Umgebung weder Energie noch Materie austauschen können, verdient besondere Erwähnung. Ein abgeschlossenes System kann im Gleichgewicht per definitionem nicht mit seiner Umgebung identifiziert werden. Trotzdem läßt sich ein großer Teil der oben angeführten Argumente auch für ein abgeschlossenes System nutzbar machen, da ja jeder Teil desselben einer Umgebung ausgesetzt ist, die von den restlichen Teilen gebildet wird. Als Folge davon werden die verschiedenen Teile des Systems im Gleichgewicht ununterscheidbar.«[7]

Lischka: Milieu heißt Lebensumwelt, in der wir uns bewegen. Milieu heute gedacht ist das Medium. Das Medium ist zum immateriellen Milieu geworden, aber nicht zu einer Mitte, die einen sinnvollen Umweltbezug gestatten würde. Somit müssen wir uns fragen, was intelligenter ist, die Schlauheit des Odysseus oder ein hoher Intelligenzquotient. Wie Julian Jaynes nachweisen konnte, waren die Götter reine bikamerale Halluzinationen. Auch die Mediatisierung (das Medium TV) ist das Halluzinierte, eine Halluzination, die die meisten nicht mehr durchschauen.

»Die bikamerale Psyche ist eine Form von sozialer Kontrolle – diejenige Form der sozialen Kontrolle, die den Übergang der Menschheit von Jäger- und Sammler-Kleingruppen zu ackerbauenden Gemeinschaften möglich machte. Die bikamerale Psyche mit ihren göttlichen Kontrollinstanzen bildet das Endstadium der Evolution der Sprache. Und in dieser Entwicklung liegt der Ursprung der Kultur. […] Vielmehr steckte im Leib jedes einzelnen ein Nervensystem, das in einem Teil ›göttlich‹ organisiert war, und dieser Teil kommandierte den Menschen herum, als sei er ein x-beliebiger Sklave; die Stimme(n), in der oder denen er in Erscheinung trat, waren zu ihrer Zeit das, was wir heute das Wollen nennen: Sie formulierten nicht nur Direktiven, sondern bildeten zugleich die energetisierende Komponente; die halluzinierten Stimmen aller einzelnen standen untereinander im Zusammenhang eines differenzierten hierarchischen Systems.«[8]

---

[7] Grégoire Nicolis, Ilya Prigogine und Eckhard Rebhan, *Die Erforschung des Komplexen*, Piper, München u. a., 1987, S. 84.
[8] Julian Jaynes, *Der Ursprung des Bewußtseins durch den Zusammenbruch der bikameralen Psyche*, Rowohlt, Reinbek bei Hamburg, 1988, S. 159, 248.

Weibel: Umwelt – Milieu – Medium bilden also ein Tripel, ein Dreieck, welches die vielfältigen Beziehungen, Konnektive, eines komplexen Umweltbegriffs darstellen. Umwelt beschreibt heute ja nicht mehr allein die Beziehung des Menschen zur Natur, sondern auch die Beziehung des Menschen (als Zoon politikon) zu anderen Menschen (Milieu bedeutet ja auch die Umwelt der Personen, mit denen man lebt), und drittens auch die Beziehung des Menschen sowohl zur Natur wie zum Menschen, wie sie ihm von den Medien transmutiert, codiert und historisch überliefert wird. Diese Mediatisierung, dieses Monitorstadium der Geschichte und der Sozietät, bildet die entscheidende Kante, an der sich – wie schon gesagt – der Abgrund, die Umweltkatastrophe, bildet, aber auch der Ansatz zur Brücke und zum Sprung. Nur von daher (vom Milieu, vom Medium) kann die Umweltproblematik heute richtig bedacht werden. Nur Daidalos (als Sinnbild eines Justemilieu, einer mediatisierten Umwelt) kann verhindern, dass unser Haus, nämlich *oikos* (Ökologie: die Umwelt als Haus, in dem wir leben), nicht in die Luft gesprengt wird, einstürzt oder zur Ruine wird.

»In this paper we have attempted to outline an approach to the study of social interaction which focuses upon the behavior of interaction systems, rather than upon the behavior of individual participants. We have indicated that the study of actor sequences may be handled in this way and that such sequences may play a part, however modest, in developing a broader theory of social systems. The behavior of interaction systems is a product of organized complexity.«[9]

Systeme

Lischka: Umwelt – Milieu – Medium, diese drei Faktoren ergeben eine unglaubliche Komplexität. Diese Komplexität können wir nur durch eine entsprechende Organisation bewältigen. Wir müssen uns also organisieren, was heißt, wir müssen Strukturen bilden, auf die wir uns verlassen können, wir brauchen Systeme. Systeme sind eine strukturierte Form von einer gewissen Beständigkeit und Ganzheit. Sie sind als Antwort auf die Komplexität der Umwelt (Milieu – Medium) selbst komplex, daher spezialisiert. Doch je selbstreferenzieller ein System wird, um so offener ist es auch, denn es schließt den Zufall mit ein. Somit eröffnet es eine weitere Differenzierungsmöglichkeit des Systems selbst. Nur rein hierarchische Systeme sind geschlossene Systeme, somit monolithisch, und stellen letzten Endes nichts anderes dar als Macht. Dieses Machtsystem hat uns an den vorher angesprochenen Abgrund geführt.

»It is a commonplace that systems, i.e., sets of interacting elements, are either open or closed. Some open systems, however, have a noteworthy feature: they increase their degree of complexity over time. Thus they show a development that is generally called ›evolution‹. These systems are called ›self-organizing systems‹ [...]. The teleological goal-directiveness of the evolutionary process seemed to be a problem for a long time in epistemology [...]. However, since J. von Neumann developed his mathematical theory of self-reproducing automata which show evolutionary behavior, it is positive knowledge that teleology and evolution can be explained in deductive-nomological ways without mystic categories [...].«[10]

---

9 Bruce H. Mayhew Jr., Louis N. Gray und Mary L. Mayhew, »The Behavior of Interaction Systems«, in: *General Systems*, Vol. 16, 1971, S. 27.
10 Volker D. Vesper, »On the Internal Structure of Open Systems: A Model of Shells«, in: *General Systems*, Vol. 19, 1974, S. 209.

Weibel: Systeme können wir holistisch definieren als ein Ganzes, als Netz, als Organisation von Beziehungen zwischen Elementen (Konstituenten). Ein System ist aber auch eine Verteilung von Elementen in einem dimensionalen Bereich. Die klarsten dimensionalen Mannigfaltigkeiten sind dabei Raum und Zeit, die für lange Zeit die *principia individuationis* bildeten. Wir können nur von zwei Gegenständen sprechen, wenn sie zwei verschiedene Raum- bzw. Zeitpunkte besetzen. Die Komplexität, Multiplizität und Hybridität der Objekte im evolutionären Monitorstadium verlangten aber nach anderen Mannigfaltigkeiten als die historischen Raum- und Zeitformen. Fraktale Dimensionen, Kreislauf, Homöostase, Rückkoppelung, Selbststeuerung, Selbstorganisation, Autopoiesis sind einige der Begriffe, die in der Neuzeit eingeführt wurden, um eine komplexere Dimensionalität der Systeme analysieren und erklären zu können.

»Let me begin with some general statements. Any system is composed of a number of different elements, united by connections and functioning as a whole. Complex systems differ from simple ones in that they not only transform energy, but process information as well. [...] Where there is no vision, the people perish. Not only are we subject to despair but also to withdraw in the face of despair – which is why that naughty fellow, James Thurber, added ›And where there is television, the people also perish.‹«[11]

»Die eben gestellte Frage läuft also darauf hinaus festzustellen, ob es Objekte gibt, deren Dimensionen zwischen der eines Punktes und einer Linie, einer Linie und einer Fläche oder sogar zwischen der einer Fläche und eines Volumens liegt. Falls es solche Objekte überhaupt gibt, wird es sich dabei weder um Punkte noch um Kurven oder Flächen handeln oder, allgemeiner, nicht um ›topologische Mannigfaltigkeiten‹. Der französische Mathematiker Benoît Mandelbrot prägte dafür den Ausdruck *Fraktale*.«[12]

Lischka: Die Autopoiesis ist meines Erachtens ein Beweis für die Universalität des Individuums und somit für das offene System, das jedes Individuum darstellt, sobald es sich innerhalb der Mediatisierung zurechtfindet. D. h., man wird ins Monitorstadium geboren, muss es überwinden (die Grenzen des Systems sprengen), um selbst die Umwelt überwachen oder bewachen zu können, statt nur das Opfer des überwachenden Systems zu sein, das auch die Umwelt zerstört.

Weibel: Ist das System gleich Macht? Wir gebrauchen den Begriff System als Synonym für Macht. Wir sprechen von »systemsprengend« bzw. »-zersetzend«, Subversion unterliefe die Macht des Systems etc. Der Große Bruder als universaler Monitor. Das Problem liegt wahrscheinlich darin, dass im Bereich der »sozialen Systeme« (Niklas Luhmann) noch zu viel vom biologischen Systembegriff herumspukt. In der Biologie, wo das Immunsystem als Modell für die Erhaltung des Organismus (zu Recht) eine zentrale Rolle spielt, hat natürlich der Systembegriff als Grenze eines Organismus eine andere Funktion als in der Soziologie, wo aber die Grenze eines Staates, eines Volkes, z. B. im Faschismus, ebenfalls durch immunologische Metaphern gewährleistet werden sollte, nämlich durch Volksfeinde, Schädlinge des Volkskörpers, Parasiten etc. In sozialen Systemen geht es hingegen darum, wie ich als Individuum in das soziale System eingreifen kann, d. h. die soziale Umwelt

---

[11] Nicolai M. Amosov, »Simulation of Thinking Processes«, in: Heinz von Foerster, John D. White, Larry J. Peterson und John K. Russell (Hg.), *Purposive Systems. Proceedings of the First Annual Symposium of the American Society for Cybernetics*, Sparten Books, New York, 1968, S. 35, 172.

[12] Nicolis, Prigogine und Rebhan 1987, S. 161.

nach meinen Bedürfnissen und Vorstellungen (mit)gestalten. Das sind dann die berühmten Freiheitsgrade einer Gesellschaft. Haben soziale Systeme wie alle geschlossenen Systeme eine Tendenz zur Entropie – d. h. zu ihrer eigenen Destruktion –, so besteht eben die Rolle der intelligenten Individuen darin, nicht das System zu sprengen, sondern – da sie selbst offene Systeme darstellen – geschlossene soziale Systeme zu durchlöchern und zu öffnen, die Dummheit der Bürokratie, ...

Lischka: ... denn nichts ist so stark wie der Schwachsinn ...

Weibel: ... die Entropie der sozialen Systeme, zu vermindern. Hier sehen wir also, dass das Individuum durch intelligente Eingriffe in die Dynamik der sozialen Umwelt diese sowohl stört wie auch stabilisiert, Stabilität natürlich nur als transitorischer Zustand verstanden. In der Biologie sind Systemschwächungen oft tödlich, in der Soziologie hingegen stellen Systemschwächungen (in diesem Sinne) gerade das Gegenteil dar, nämlich Erhaltung des Lebens. Ohne die Störungen, Differenzierungen, Alternierungen des Systems durch die Eingriffe und Transformationen des partikulären Individuums würde das Ganze des Systems (in seiner Machtfülle) sterben.

»Über die Entropieverminderung in einem thermodynamischen System bei Eingriffen intelligenter Wesen. Es wird untersucht, durch welche Umstände es bedingt ist, daß man scheinbar ein Perpetuum mobile zweiter Art konstruieren kann, wenn man ein Intellekt besitzendes Wesen Eingriffe an einem thermodynamischen System vornehmen läßt. Indem solche Wesen Messung vornehmen, erzeugen sie ein Verhalten des Systems, welches es deutlich von einem sich selbst überlassenen mechanischen System unterscheidet. Wir zeigen, daß bereits eine Art Erinnerungsvermögen, welches ein System, in dem sich Messungen ereignen, auszeichnet, Anlaß zu einer dauernden Entropieverminderung bieten kann und so zu einem Verstoß gegen den zweiten Hauptsatzführen würde, wenn nicht die Messungen selbst ihrerseits notwendig unter Entropieerzeugung vor sich gehen würden.«[13]

Lischka: Was mir an Luhmanns Systembegriff gefällt, ist, dass er einen großen Spielraum zulässt, was denn ein System sein kann. So spricht er auch vom Menschen als psychischem System. Man könnte meinen, das bedeute eine Deshumanisierung, doch gerade das Gegenteil ist der Fall. Statt einer zwanghaften Definition dessen, was ein Mensch zu sein hat, eröffnet sich durch eine sinnvolle Strukturierung des Systems Mensch das Mögliche und vor allem die Neudefinition dessen, was ein Mensch sein kann, dadurch, dass eben nicht ein abgestandenes und machtorientiertes Bild »des Menschen« suggeriert wird. Somit können wir das System als »Wahngebilde« (irgendwo dort/nirgendwo – Utopie) umwandeln und auf den Menschen als sich selbst in einer Umwelt situierendes, als offenes System zurückführen, ohne den Zwang, immer nur von »dem System« abhängig zu sein. Das Schreckgespenst System (der Staat) wird zu einem offenen System, das vom Individuum herkommt, das sich selbst interpretiert.

Weibel: Das System, das sich selbst als Umwelt interpretiert (statt als bloßes Produkt der Umwelt), und zwar mit einem Totalitätsanspruch, nämlich sowohl als natürliche Umwelt wie auch soziale, statt sich als bloßes System aus partikulären Konstituenten zu verstehen,

---

13 Leó Szilárd, »Über die Entropieverminderung in einem thermodynamischen System bei Eingriffen intelligenter Wesen«, in: *Zeitschrift für Physik*, Vol. 53, 1929, S. 840-856, hier S. 840.

ist das tödliche Gespenst der bürgerlichen Gesellschaft, ist die Pathografie der Zivilisation. Dabei käme es darauf an, weder die Welt zu verändern noch sie anders zu interpretieren, sondern sich selber und die Umwelt als System offenzuhalten, ...

Lischka: ... was ein ganzheitliches offenes System ist.

Weibel: Vom perzeptuellen System, über den Menschen als System, bis zur Gesellschaft als System, vielleicht sogar bis zum Universum als System, haben wir es also mit einem universalen Systembegriff zu tun, der (nicht nur wegen einer tendenziellen Geschlossenheit) als Bedrohung erscheint. Wir müssen daher die Frage stellen, inwieweit Freiheit und Individuation im System möglich sind, als Zufall in der Notwendigkeit oder Chaos in der Ordnung? Freiheit außerhalb eines deterministischen Systems, in einem vollkommen chaotischen Universum kann nicht gedacht werden. Wenn wir unsere eigenen Aktivitäten selbst voraussagen können, also eine gewisse Unabhängigkeit von Umwelteinflüssen besitzen, dann sprechen wir von Freiheit. Wir brauchen also Freiheit notwendigerweise zur Definition deterministischer Systeme. Durch Freiheit wird Chaos zu Kosmos (und Kosmos zu Chaos). Freiheit heißt, eine eigene Spur durch die Terrasse der variablen Phänomene ziehen zu können. Inwieweit ist System kein geschlossener Block, unveränderbar für das Subjekt? Die Antwort könnte sein: ein Systembegriff, in dem System eben ein beweglicher, dynamischer Prozess aus freien Variablen ist, ein System, das sich ständig verändert, transformiert, als loses offenes Netz, in dem jeder Input eines Elements nicht nur die Beziehung zu den anderen Elementen verändert, sondern sogar den Input der anderen Elemente. Das ist es aber, was man Kommunikation nennt. Kommunikation wäre also das eigentliche Modell, der Kernbegriff des lebendigen Systems.

»We will say that a dynamical regime is chaotic if its power spectrum contains a continuous part – a broad band – regardless of the possible presence of peaks. Or else we may use the criterion that the autocorrelation function of the time signal has finite support, i.e. that it goes to zero in a finite time. In either case, the same concept is involved: the loss of memory of the signal with respect to itself. Consequently, knowledge of the state of the system for an arbitrarily long time does not enable us to predict its later evolution. Essentially, this means that we are making unpredictability the quality which defines chaos.«[14]

Kommunikationsnetz

Lischka: Kommunikation kann nicht als reine Kommunikation gedacht werden, denn es braucht zur Definition von Kommunikation immer ein gewisses Maß an Redundanz, also Überfluss. Deshalb spricht man eigentlich am besten beim Wort Kommunikation von einem Kommunikationsnetz. Üblicherweise wird Kommunikation nämlich linear gedacht, d. h. von einem Sender zu einem Empfänger. Das ist aber eine überholte Vorstellung. Sie entspricht einem geschlossenen System. Das offene Kommunikationsnetz hingegen besteht, wie das Wort Netz auch sagt, aus kreuz und quer. Dieses »Kreuz-und-Quer« ergibt eine variierende Dichte eines Netzes, ein Verbundsystem.

---

14 Pierre Berge, Yves Pomeau und Christian Vidal, *Order within Chaos*, J. Wiley & Sons, New York, 1986, S. 103.

»Networks or sub-systems consist of variables and channels that have a purpose or goal. Networks, unlike variables and channels, are abstractions primarily conceived of or defined by the social scientist. All the variables/channels of a network may not always be operationalized at a given time. [...] The variables and channels of any given network may be in multiple networks at one time or at different times. This is because networks are analytically defined for particular purposes and they are a function of the kind/intensity of the information input to the system. Hierarchies consist of network interrelations. They are abstract and seldom fixed, static, or permanent. They are differentiated by the complexity and the intensity/kind of information flowing in specific networks. Hierarchies are established through time as the result of various networks combining and/or integrating with other networks to form more complex patterns.«[15]

Weibel: Dieses Kreuz-und-Quer bezeichnet die Wechselbeziehungen zwischen Elementen eines Systems, wodurch temporär unabhängige Netzwerke entstehen. Nun können verschiedene Fragen an diese Wechselbeziehungen gestellt werden. Sind es (organische oder künstliche) Kanäle? Sind es Konversationen? Sind es Synapsen und ihre Dendriten? Oder sind es »immaterielle Ströme/Energien«? Sind das Wesentliche an der Kommunikation die Elemente und die Beziehungen zwischen den Elementen, die Beziehung selbst, d. h. der Kanal, oder das, was in dieser Beziehung selbst gar nicht vorkommt und von ihr unabhängig ist, sozusagen die Botschaft? Man kann darauf antworten, der Kanal selbst ist der Code bzw. das Medium ist die Botschaft, oder man kann andererseits die Botschaft verabsolutieren. Im systemtheoretischen Kommunikationsbegriff stellt es sich aber so dar, dass in einer rekursiven Schleife, in einer Art Doppel-Helix-Spirale, der Sender zum Empfänger und der Empfänger zum Sender werden kann und dass Kanal, Code und Botschaft nicht unabhängig voneinander gedacht werden können, aber in ihren Beziehungen zueinander »frei wählbar«, variabel sind. Das, was in der Kommunikation zählt, ist also nicht das Netz, sondern die Veränderbarkeit des Netzes. Nicht das materielle Gebilde, sondern die Energiezustände (Gedanken) dominieren. Solche Wechselspiele in der Ornamentik (z. B. bei islamischen Mosaiken) machen tote Muster (scheinbar) lebendig. Es erscheint also die Frage nach der Codierung für die Kommunikation erheblich zentraler zu sein als die Frage nach der Kanalkapazität innerhalb des Netzwerkes der Kommunikation. Das Brechen und Öffnen des Systems gelingen durch den Code. Wer den Code kennt, ist der Meister des Lebens.

Lischka: Den Code zu entziffern ist aber nicht nur eine Meisterschaft, sondern auch im selben Maße eine Meisterinnenschaft, denn wenn wir die Geschichte des Netzes anschauen, dort wo der Code noch sichtbar war und nicht wie heute unsichtbar, dann müssen wir feststellen, dass Frauen die Erfinderinnen des Netzes waren. Nehmen wir z. B. die berühmte *Venus von Willendorf* (ca. 26.000 Jahre v. Chr.) und schauen uns die Kopfpartie an. Sie besteht aus neun übereinander gelegten Verknüpfungssystemen, die ein Netz ergeben, und das Netz ist, wie uns Marie König gelehrt hat, das Zeichen für matriarchale »Herrschaft«. Im Vergleich dazu figurierte im Patriarchat die Krone. Ebenso wie Frauen das Netz erfunden haben, so sind sie auch die Erfinderinnen der Webkunst, und wir wissen, dass die ersten Teppiche als Motive Gartenlandschaften bzw. das Paradies darstellten, das so in die eigenen vier Wände gelangte. Dies ist ein direkter Bezug System – Umwelt, so etwas, was in der Dichtung »Teppich des Lebens« genannt wird (z. B. Stefan George). Wir sehen, wir müssen

---

15 William E. Reynolds, »The Analysis of Complex Behavior: A Qualitative Systems Approach«, in: *General Systems*, Vol. 19, 1974, S. 73.

also die »gesichtslose« Figurine *Venus von Willendorf* decodieren können, damit wir den Sinn dieses bedeutenden Kunstwerkes eruieren können.

Weibel: Wenn wir in unserem Titel vom »Netz der Systeme« sprechen, meinen wir also offensichtlich eine doppelte Gefangenschaft, nämlich in einem System gefangen zu sein und wie ein Fisch in einem Netz zappeln. Ich möchte also an die Frage des Netzes anders herangehen als du und vom realen alltäglichen Gebrauch des Netzes ausgehen, wie z. B. beim Fischen. Dieses Netz besteht ja aus Vertikalen und Horizontalen, mit kleinen Öffnungen, dass Fische nicht entschwinden können. Morphologisch gesprochen dient dieses Netz schlichtweg dazu, Raum- und Zeitpunkte zu fangen, die wir Gott sei Dank auch essen können. Wie du also richtig einwirfst, handelt es sich bei diesem Netz um ein Gitter von Raum und Zeit, und ich nehme an, dass aus dieser Erfahrung das berühmteste Netz des Abendlandes entstanden ist, nämlich das cartesianische Koordinatensystem, das ja auch die Funktion hat, Raumpunkte dimensional zu lokalisieren. Wir sehen bei den Fraktalen, wie extrem dynamische Systeme Probleme mit der klassischen Dimensionalität haben. Im Augenblick interessiert uns aber das cartesianische Gitter als Modell für ein Raum- und Zeitnetz, als Modell des Gefängnisses von Raum und Zeit, in dem sich das Theater der menschlichen Morphologie abspielt. Der Raum ist dabei der Leib der Zeit. Dieses Netz von Koordinaten bildet Knoten. Diese Knoten sind aber verschiebbar, da das Netz als Ganzes mathematisch transformierbar ist. Wir kennen die wunderbaren Experimente von D'Arcy Thompson (*On Growth and Form*, 1917), die uns zeigen, wie das Wachstum der Lebewesen den Transformationen bzw. Deformationen cartesianischer Koordinaten gehorcht. Als cartesianischen Traum des Abendlandes könnten wir daher die Unterwerfung alles Lebendigen unter so ein mathematisches Netz bezeichnen, auch noch in den offensten und chaotischsten Systemen eines Thom und Prigogine, auch wenn deren Netz immer löchriger und damit lebendiger wird. Meine Vorstellung eines Netzes hingegen wäre, damit es ein wirklich offenes und dynamisches System ist, dass die Knoten sich ständig woanders bilden und damit die Verbindungslinien sich stets zwischen verschiedenen Elementen ziehen und somit neue (größere, bizarrere) Lücken entstehen, durch die die gefangenen Raum- und Zeitpunkte hindurch schlüpfen können. Ein Netz besteht ja nicht nur aus Knoten, sondern auch aus Löchern. Ich setze meine Hoffnungen auf die berühmten »Löcher« im System, die flexibler, variabler gemacht werden müssen. In der Biologie brauchen wir sicherlich strukturelle Stabilität, aber in der Gesellschaft brauchen wir mehr als dissipative Systeme. Wir brauchen kein durchlässiges System, sondern wir brauchen durchlässige dissipative Codes. Mit ihrer Hilfe entkommen wir dem Netz der Systeme.

»The understanding comes from the concept of ›dissipative structures‹ advanced by scientists working in irreversible thermodynamics (Prigogine, Katchalsky, Onsager, De Groot, et al.), and from the conclusions drawn by Jacob Bronowski. Dissipative structures are systems which dissipate energy in the course of their self-maintenance and self-organization. [...] The ›basic image‹ I wish to discuss is this: an economy is a web of transformations of products and services among economic agents: Over time ›technological evolution‹ generates new products and services which must mesh together ›coherently‹ to jointly fulfill a set of ›needed‹ tasks. It is this web of needed tasks which affords economic opportunity to agents to sell, hence earn a living, and thus obtain the capacity in money or other form to maintain demand for those very goods and services. Like living systems bootstrapping their own evolution, an economic system bootstraps its own evolution.«[16]

---

16   Ervin Laszlo, »A General Systems View of Evolution and Invariance«, in: *General Systems*, Vol. 19, 1974, S. 38.

Knoten

Lischka: Mir geht es jetzt aber mehr um die Verknüpfung, um die Verknotung des Netzes, eben um diejenigen Punkte, an denen Kommunikation zu Handlung und zu tatsächlicher Information wird, natürlich als Beziehung von Knoten zu Knoten mit dem jeweils notwendigen Abstand (Proxemik). Kommunikation, wie wir sie heute erleben, ist nicht Information, sondern Imperativ. Durch eine an Macht orientierte Kommunikation sind wir beim Kommunikationsprozess üblicherweise nur noch Befehlen ausgesetzt, d. h. der notwendige Strang zwischen Knoten und Knoten ist so kurz, dass das Netz so dicht wird, dass wir gefesselt sind, und zwar nicht nur gegenseitig, sondern auch in/mit uns selbst. Der Knoten muss also so locker geknüpft sein und noch so viel Schnur zum nächsten Knoten haben, dass eine Beziehung durch Offenheit überhaupt möglich wird, also Milieu und Medium (Mitte) entstehen können. Es darf nicht so viele Knoten geben, dass kein Mensch mehr atmen kann. Diese Offenheit möchte ich gern mit Gregory Bateson als Muster bezeichnen. Das Netz, der Teppich des Lebens, bekommt also ein Muster, das die vielfältigsten Formen annehmen kann.

»Wir sind dazu erzogen worden, alle Muster, mit Ausnahme der musikalischen, als etwas Festes aufzufassen. Das ist zwar sehr einfach und bequem, aber natürlich vollkommener Unsinn. In Wahrheit ist die richtige Weise anzufangen, über das Muster, das verbindet, nachzudenken, es primär (was immer das bedeuten mag) als einen Tanz ineinandergreifender Teile aufzufassen, und erst sekundär als festgelegt durch verschiedenartige physikalische Grenzen und durchdiejenigen Einschränkungen, die Organismen typischerweise durchsetzen.«[17]

»The coupled web of economic activities, the production and sale of goods and services, has obviously increased in complexity over time.«[18]

Weibel: Genau das ist das Problem: die Hierarchie im Informationssystem durch die Macht, welche eben den freien Fluss der Information verhindert. Statt Dissipation haben wir Obstipation (Verstopfung). Man muss klarerweise die Verknotung von der Verstopfung (des Kanals) trennen. Ohne Knoten gibt es kein Netz, insofern ist der Knoten strukturaler Bestandteil des Netzes. Hingegen ist die Informationsverstopfung eine Deformation und eine Störung, die nicht strukturell zum System der Information und der Kommunikation gehört. Ein gelockerter Knoten kann daher nicht mit einem rauschfreien Informationskanal verglichen werden, genauso wenig wie ein fester Knoten mit einem blockierten Kanal. Wir sind Gefesselte des Netzes, eines solchen Informationsbegriffes, der von der Macht organisiert wird, nach Regeln, die mit allen zur Verfügung stehenden Mitteln verteidigt werden. Es ist ja erstaunlich, wie auch in der Kunst Information gerade durch ihre Großveranstaltungen wie *Bilderstreit* (1989) oder die documenta unterdrückt wird. Hier werden ja gar keine neuen Knoten geknüpft, ...

Lischka: ... sondern es werden bereits etablierte Vorstellungen von Kunst einzementiert. Alte Knoten werden nochmals verknotet. Das zeigt z. B. auch die Ausstellung *Magiciens de*

---

17 Gregory Bateson, *Geist und Natur. Eine notwendige Einheit*, Suhrkamp, Frankfurt/M., 1982, S. 22.
18 Stuart A. Kauffman, »The Evolution of Economic Webs«, in: Philip W. Anderson, Kenneth Arrow und David Pines (Hg.), *The Economy as an Evolving Complex System*, Addison Wesley Publ., Redwood City, 1988, S. 125f.

la terre (Centre Pompidou / Grande Halle de la Villette, Paris, 1989), in der fünfzig etablierte Künstler der Ersten Welt mit fünfzig unbekannten »Magiern« der Dritten Welt konfrontiert werden. Auf geradezu erschreckende Weise wird uns in der Ausstellung klar, dass die Erstweltkünstler keine Kommunikation mehr wollen, keine befreiende oder befreite Kunst, sondern die endlose Repetition innerhalb der Kunst des L'art pour l'art. Die Magier aus der Dritten Welt aber sprühen zum Teil vor Lebensfreude, indem sie in ihren Werken ein offenes Bezugssystem in seiner gesellschaftlichen Formation intendieren. Diese Kunst ist Kommunikation, ist wirkliche Kommunikation. Kunst wird sich in Zukunft von einem tatsächlichen Lebensbezug nähren müssen, damit sie als offenes System glaubwürdig bleibt.

Weibel: Systemtheoretisch gesprochen muss Kunst wieder Quelle werden, nicht nur Transmission. Sie müsste dazu beitragen, ein System lockerer Knoten bzw. dissipativer Codes zu erwirken. Lockere Knoten als Bild dissipativer Codes bedeutet, dass die Knoten – eben weil sie locker sind – immer wieder woanders geknüpft werden können. Nicht der Knoten wird also gelöscht, sondern nur seine stabile Fixierung. Indem der Knoten immer und überall gebildet werden kann, werden immer wieder neue Beziehungen im System möglich und nicht nur innerhalb des Systems, sondern auch außerhalb des Systems zur Umwelt. Die Interaktion knüpft und löst Knoten: Das bedeutet »lockere Knoten«. Gerade dadurch werden Information und Mitteilung, Kommunikation und Handhabung erst möglich.

Lischka: Wir sprechen gern vom Knüpfen zwischenmenschlicher Bande, das sind die Beziehungen, die wir aufnehmen. Um uns an etwas zu erinnern, machen wir einen Knoten ins Taschentuch.

Weibel: Knoten gehören ja auch zur Archäologie der Orientierung in der Schiffart, …

Lischka: … und Knoten waren das erste Zählungssystem und wahrscheinlich die erste Schrift. Doch wenn ein Knoten so dicht geknüpft ist, dass ihn niemand mehr öffnen kann, dann haben wir den Gordischen Knoten, und der ist nur mehr durch einen Schwerthieb von der Macht lösbar.

Weibel: Der Gordische Knoten als Sinnbild einer schier unauflösbaren Starre. …

Lischka: Diese Starre wird heute gern als Black Box bezeichnet, und Ronald D. Laing spricht von ihr als Knoten (Nexus). Diesen Knoten zu öffnen, ist ein schwieriges Unterfangen …

»Die Einheit des Nexus liegt im Inneren einer jeden Synthese. Jeder solche Akt von Synthese ist durch die reziproke Interiorität mit jeder anderen Synthese des selben Nexus verbunden, insofern dies auch die Interiorität jeder anderen Synthese ist. Die Einheit des Nexus liegt in der Vereinigung, hergestellt durch jedermann aus der Vielheit der Synthesen. Die Sozialstruktur des vollendeten Nexus ist Unitas als Ubiquitas. Es ist eine Ubiquität des hier, während die Reihe der anderen immer anderswo, immer dort ist.

Der Nexus existiert nur, insoweit jede Person den Nexus inkarniert. Der Nexus ist überall in jeder Person, und er ist nirgendwo als nur in ihr. Der Nexus ist das Gegenteil des ›sie‹ – jeder anerkennt seine Zugehörigkeit zu ihm, betrachtet den anderen als gleichwertig mit sich und erwartet, daß der andere ihn auch als sich gleichwertig betrachtet.«[19]

---

19   Ronald D. Laing, *Phänomenologie der Erfahrung*, Suhrkamp, Frankfurt/M., 1971, S. 78.

Weibel: ... und wäre Aufgabe der Therapie und auch der Kunst. Wegen dieser Bedeutung der Verknotung in der Codierung psychischer Prozesse und wegen der Notwendigkeit, sie zu lockern – die Knoten sind gleichsam die Schwerkraft der Kommunikation, das Senkblei der Seele –, spielt in der Psychiatrie die Knotentheorie als Visualisierung seelischer Prozesse, als Morphologie psychischer Vorgänge eine große Rolle. Auch Jacques Lacan hat sich in den letzten Jahren seiner Lehre intensiv mit der Knotentheorie beschäftigt, von der anglo-sächsischen Knotenkunst bis zum mathematischen Lehrbuch *Knotentheorie* (1932) von Kurt Reidemeister. Lineare Kausalität ...

Lischka: ... und eine rigide Verknotung ...

Weibel: ... führen zu »fatalen Systemen« (Jean Baudrillard). Wir setzen dagegen variable Netzwerke, selbstverständlich auch auf digitaler Basis, z. B. das internationale Networking mittels Computers, wir setzen dagegen Kreislaufprozesse, Informationsfluss und Interaktion, alles wesentliche Elemente eines offenen Kommunikationssystems, wie sie eben die Eigenschaften komplexer Gebilde ausmachen.

Lischka: Wir haben schon gesagt, dass Kommunikation nur in einem Kommunikationsnetz möglich ist, d. h., es gibt mehr oder weniger flexible bzw. feste Knoten und Schnüre als Verbindungen. Diese Verbindung bezeichnet man heute am besten als Interface, Interaktion ... Das Inter ist eben das Dazwischen, der nötige Abstand, um überhaupt von Kommunikation sprechen zu können. Die Gefahr in einer heutigen globalen Kommunikationssituation ist, dass dieses Inter immer mehr verwischt wird, sodass es eigentlich keinen Zwischenraum und vor allem in der Chronokratie keine Zwischenzeit mehr gibt. Deshalb muss man unbedingt auf eine Theorie des Momentes zu sprechen kommen, die uns erst wieder über Zeit zu räsonieren gestattet. Der erste, der eine solche Theorie des Momentes für die Postmoderne entwickelt hat, ist Henri Lefebvre, die dann auch zum wichtigsten Ausgangspunkt der Situation für die Internationalen Situationisten geworden ist. Die Situationisten haben Ende der 1950er-Jahre als erste darauf hingewiesen, dass man in der Mediatisierung, im Zeitalter des Spektakels, die urbanen Räume spielerisch erobern muss, um nicht nur von den Medien fasziniert, geblendet zu sein.

»Das Moment ist eine höhere Form der Wiederholung, des Neubeginns, des erneuten Auftauchens, des Wiedererkennens gewisser bestimmbarer Beziehungen zum Anderen (oder zum Nächsten) und zu sich selbst. Gemessen an dieser relativ privilegierten Form sind die anderen Wiederholungsformen nur Werkstoff oder Material: die Abfolge der Augenblicke, die Gesten und Verhaltensweisen, die nach Unterbrechung oder Einschüben wieder hervortretenden stabilen Zustände, die Objekte und Werke und schließlich die Symbole und affektiven Stereotypen.«[20]

Partizipation

Weibel: Ich würde überhaupt davon ausgehen, dass sich die wesentliche moderne Kunst seit 1945 um das Problem der Differenz, des Dazwischen, des Inter, zentriert. Beginnen wir mit Robert Rauschenbergs Maxime seines Schaffens: »Die Malerei bezieht sich auf beides – Kunst und Leben. [...] Ich versuche, in der Lücke zwischen beiden zu handeln.«[21]

---

20 Henri Lefebvre, *Kritik des Alltagslebens*, Bd. 3, Hanser, München, 1975, S. 180.
21 Robert Rauschenberg, in: Armin Zweite (Hg.), *Robert Rauschenberg*, DuMont, Köln, 1994, S. 30.

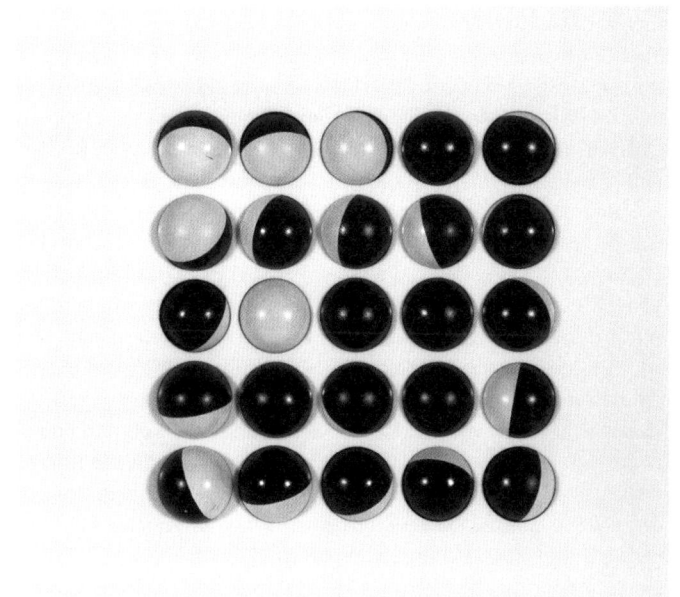

Paul Talman, *Objekt*, aus der Serie *édition MAT collection 64*, 1964

»Wenn sie wünschen, können die aussteller hier ihre eigenen ›gesichtspunkte‹ anfügen und mit schwarzer emaille und pinsel, wie angezeigt, auf die blanken kartons schreiben, die noch in dieser kiste stecken. so wird sich die kiste durch hinzufügungen ebenso verändern wie das environment durch interpretation und wechsel.«[22]

»Anstatt sich auf die Kunst zu konzentrieren, auf ihre Probleme und auf ihre Bedürfnisse, spricht der Künstler dem Publikum gegenüber über das Publikum selbst ... Diese Dinge werden nun Neo-Dada genannt.«[23]

Weibel: Diese Position des Zwischen finden wir auch bei seinem Freund, dem Musiker Morton Feldman, dem Mitstreiter von John Cage. Feldman sprach ausdrücklich von einer Musik »zwischen den Kategorien«, von Werken »zwischen Zeit und Raum. Zwischen Malerei und Musik«.[24] Eine *Ästhetik des Wandels* (1987) auf einer radikal kybernetischen und konstruktiven Systemtheorie bzw. Kommunikationstheorie (nach Gregory Bateson) hat Bradford P. Keeney entwickelt. Ein Großteil der modernen Kunst setzte auf Wechsel, auf Prozess, auf Moment. Diese Entwicklung wurde aber vom Markt, der handelbare Produkte braucht, immer wieder unterdrückt und gebremst. Vom Action Painting zur Performance wurde die Aktivität des Künstlers wie des Betrachters betont, der Markt hingegen versuchte gerade die emanzipatorischen und partizipatorischen Aspekte der Kunstbewegungen zu vernachlässigen. Um die bürgerliche Ontologie des Objekts zu retten, hat die Gesellschaft nicht davor zurückgeschreckt, mit dem Markt als Kontrollmechanismus/Schnittstelle die Kunstgeschichte zu verstümmeln

---

22 Allan Kaprow, »Vor und zurück. Eine Möbelkomödie für Hans Hofmann« (1963), in: Marcel Baumgartner, Kasper König und László Glózer (Hg.), *Westkunst. Zeitgenössische Kunst seit 1939*, DuMont, Köln, 1981, S. 254-256, hier S. 256
23 Harald Rosenberg, »Das Publikum als Inhalt«, in: Baumgartner, König und Glózer 1981, S. 231.
24 Morton Feldman, »Zwischen den Kategorien«, in: ders., *Essays*, Beginner Press, Kerpen, 1985, S. 82-84, hier S. 84.

und zu verfälschen, indem sie ganze Kunstrichtungen vom Markt ausgeschlossen hat, oder die eigentlich entscheidenden Elemente von jenen Kunstrichtungen, die sie zeitweilig in den Markt inkludierte, unterschlug. So ist von der Op Art das Spiel der Muster auf der Bildfläche rezipiert worden, aber nicht das Phänomen der realen Bewegung, die durch einen aktiven Betrachter bis zur Verwirrung des Betrachters hervorgerufen wird, wie in Bridget Rileys Arbeiten. Der Betrachter wurde nicht nur perzeptuell aktiviert bzw. zum Bewegen veranlasst, um das Kunstwerk überhaupt erfassen zu können, sondern das Kunstwerk selbst wurde in Bewegung versetzt (in der kinetischen Kunst). Der Betrachter wurde schon bei der Op Art zum eigentlichen Benutzer, siehe Paul Talmans Arbeit, bei der Tischtennisbälle, die zur Hälfte weiß und zur Hälfte schwarz und auf einer Fläche quadratisch angeordnet sind, durch die Interaktion mit dem Benutzer, der die Bälle drehen kann, unendlich viele Bildmuster erzeugt werden. Es versteht sich, dass solche Aktivierungen des Betrachters von der Passivität zur Partizipation auch schon in den progressiven Kunstbewegungen vor dem Zweiten Weltkrieg explizit angestrebt worden sind, z. B. in den *Proun*-Räumen von El Lissitzky, siehe das *Kabinett der Abstrakten* (1927) in Hannover. Ebenso wurde in der Rezeption der Op Art nicht nur der aktivierte Betrachter, sondern auch der deaktivierte Kreator vernachlässigt, wie er in den »Zufallslinien«, in den Zufallsmustern, von François Morellet von 1957 auftaucht. Der aktivierte Betrachter wurde vom Mitspiel Claus Bremers bis zum Happening derart radikalisiert, um den Raum zwischen Kunst und Leben zu überbrücken, dass die Kunst selbst insgesamt in ein Zwischen von Aktion und Partizipation zerfiel.

»Whether an Activity involves many participants, as in Kaprow's work, or a single performer, as in George Brecht's pieces, the fundamental principle is the same. Some Activities relate more to one art form than another, and there is no art form to which they could not relate, but these are questions of style rather than form. The important thing is the basic characteristic of interiorization that makes the Activity entirely different from any other art. Their development at this time in history seems to be another indication of man's concern with the dimensions of his own consciousness.«[25]

Weibel: Von der Musik zur Malerei, von der Literatur zum Kino, vom Theater zur Architektur, von der Wissenschaft zur Kunst entwickelten sich von 1950 bis zur Gegenwart nicht nur neue künstlerische Environments, nicht nur neue intermediale Formen der Kunst, sondern auch ganz neue interaktive Formen zwischen Kunstwerk und Betrachter, die sich von einer spielerischen Teilnahme bis zur wirklichen Kreativität entwickeln konnten. Vielfältig waren die Methoden der partizipatorischen Praktiken in der Kunst: vom Künstler des *Random Access*, John Cage, bis zur Partitur der Aufforderung, Fluxus. Der eingeplante Zufall wie der aufgeforderte Zufallsakteur bildeten die Tore für die Teilnahme des Betrachters, für die Partizipation des Publikums wie des Performers.

»The disappearance of the ›object‹ in art is closely linked with three recent developments: the participation of the public, the architectural factor and the use of entirely new, ›non-solid‹, plastic materials. The first of these departures is probably the least spectacular and obvious, yet it has perhaps been the most far-reaching. Moreover the role played in the development of spectator participation by Op Art and the ›Nouvelle Tendance‹ must by no means be underestimated, despite the fact that it is less obvious than the more direct forms of participation.

---

25 Michael Kirby, *The Art of Time. Essays on the Avant-Garde*, E. P. Dutton, New York, 1969, S. 169.

The initial principle which determines the development within this field is that an attitude which transfers the accent to the spectator, both as regards his perceptual capacity and his powers to make permutations and combinations, necessarily weakens the separate status of the object or ›chef-d'oeuvre‹, which is viewed no longer as an autonomous unit but simply as a stimulus or incitement to a particular type of activity or perception.«[26]

Weibel: Wenn wir das Beispiel der ersten Videoinstallationen heranziehen wollen, die hauptsächlich Closed-Circuit-Installationen waren, in denen der Betrachter als von der Kamera Aufgenommener und auf dem Bildschirm Wiedergegebener die entscheidende Rolle spielte, hat sich gezeigt, dass die modernen technischen Medien die Rolle der Partizipation am radikalsten vorangetrieben haben und somit die Idee des Kunstwerkes ein für alle Mal gespalten haben. In den klassischen Künsten Skulptur und Malerei ist der aktive Betrachter nur latent vorhanden, denken wir an die Perspektivspiele der Renaissance und das Illusionstheater des Barocks. In der neuen Medienkunst ist der partizipatorische Betrachter, die Interaktion zwischen Kunstsystem und Benutzer, die Conditio sine qua non. Das bewegte Medium leistet nicht nur leichter, was das arretierte Bild kaum zustande bringt, das bewegte Medium erfordert gerade die Teilnahme des Betrachters. Ohne den Benutzer funktioniert das Medium nicht bzw. findet das Spiel gar nicht statt. Die Medienkunst, insbesondere die digitale, ist fast per definitionem interaktive Kunst. Sie hat die partizipatorischen Praktiken der Avantgarde zu einer Technologie der Interaktivität entwickelt. Sie benutzt beispielsweise bei der interaktiven digitalen Videoplatte (ab 1978) die interaktiven Fähigkeiten des Computers, um zwischen dem »Werk«, das natürlich nun nicht mehr ein Werk im klassischen Sinn ist und sein kann, und dem Betrachter einen Dialog, ja einen Polylog, um einen multiplen Kreationsprozess zu ermöglichen. So wurde aus dem aktiven Betrachter und Benutzer der echte Teilnehmer an der Gestaltung des »Kunstwerkes«. Vom Touchscreen (ein Bildschirm, der auf Fingerdruck reagiert) bis zur interaktiven computerunterstützten Toninstallation entsteht so eine Kunst, die mit dem Betrachter taktil, visuell oder akustisch interagiert.

»What is interactive video? Quite simply, a video program which can be controlled by the person who is using it. Usually, this means a video program and a computer program running in tandem. The computer program controls the video program – and the person in front of the screen controls them both. There are now interactive video systems based on the combination of domestic standard video equipment and home computers. [...] Interactive video represents the fusion of these two pervasive technologies. It harnesses the versatility of computers to the fluency of video, and links two tools with tremendous potential for information storage. Together, a computer program and a video program can record, store, manipulate and display information from just about any source, from the venerable book to the digital bit.«[27]

Lischka: Nachdem du nun direkt auf die kunstgeschichtliche Entwicklung eingegangen bist, möchte ich mich mit dem Problem der Mediatisierung befassen und damit, was darin Passivität und Aktivität heißt. Schon früh wurde erkannt, dass das Medium nicht, so einfach und überzeugend es auch klingt, eine Botschaft ist, sondern dass die Medien recht eigentlich Pseudoaktionen sind. Deshalb kommt ja gerade den Begriffen Intermedia und

---

26 Frank Popper, *Art – Action and Participation,* New York University Press, New York, 1975, S. 13.
27 Eric Parsloe (Hg.), *Interactive Video*, Sigma Technical Press, Ammanford, 1985, S. 1f.

Interaktion eine so große Bedeutung zu, weil die Pseudoaktion ja nichts anderes als passive Rezeption und aktive Produktion der Medien bedeutet. Die Pseudoaktion ist also eine Als-Ob-Aktion, und um sie durchschauen zu können, müssen wir das Als-Ob des Als-Ob kennen. Die Pseudoaktion ist deshalb so erfolgreich, weil sie uns in der endlosen Kette der Augenblicksfolge nicht zu uns kommen lässt. Sie ist gleichfalls das Rückgrat der unendlichen Mache der Images. Deshalb müssen wir uns ja für den Moment stark machen, eine Zeiteinheit, die nicht messbar ist, die somit auch die Zeiteinheit der Interaktion ist. Diese Zeiteinheit gewährt dem Macher wie dem Betrachter z. B. eines Kunstwerkes einen dynamischen Standpunkt, der der Dynamik der Zeit entsprechend natürlich immer wieder verschoben werden muss. Dann kann man nicht dem gewaltigen Druck der Augenblicke ausgeliefert sein.

Weibel: Das ist ja gerade das Problem, dass in der Epoche der Renaissance sowohl die Kunst der Perspektive wie auch die Wissenschaft der Dynamik strukturell einander bedingend entwickelt worden sind und dass in der zeitgenössischen Kultur die künstlerische Ästhetik und die technische Wissenschaft auseinanderklaffen. Hätten wir auch in der Kunst eine Ästhetik entwickelt, die mit dynamischen Systemen und dynamischen Formen umgehen kann, so wie es in den letzten dreißig Jahren Kybernetik, Komplexitätswissenschaft und Katastrophen-, Chaos- und Fraktaltheorie tun, dann wären wir den Effekten der Pseudoaktion, der Images, nicht so hilflos ausgesetzt, wie du es gerade demonstriert hast. Ich mache eben auch den Kulturbetrieb und seinen Gebrauch der Künste und der Medien für dieses Vordringen der Pseudowelt, der Verblendung und Passivität verantwortlich. Der Kunstbetrieb ist wirklich bankrott und verläuft neben der realen Wirklichkeit. Der Zynismus besteht aber darin, dass die Kuratoren dieses Betriebs so verschwenderisch auf dem Meer der Insignifikanz mit liberalen Begriffen segeln.

Lischka: Auch die Soziologie ist wie die Kunst in den 1950er-Jahren darauf gekommen, dass die zwischenmenschlichen Beziehungen eingefroren sind, dass also Passivität das gesellschaftliche Klima beherrscht. Indem die Rollenspiele des Alltagslebens untersucht wurden, beobachtete man eine immer stärker werdende Verödung des Lebens, gerade durch die Pseudoaktion hervorgerufen. Bestimmt war Erving Goffman in dieser Hinsicht ein den damaligen Kunstaktivitäten kongenialer Gesellschaftstheoretiker.

»Der Vorgang der wechselseitigen Aufrechterhaltung einer Situationsdefinition in der direkten Interaktion wird sozial durch Regeln der Relevanz und Irrelevanz organisiert. Diese Regeln für die Handhabung der Versenkung scheinen ein nicht-substantielles Element des sozialen Lebens, eine Frage der Höflichkeit, der Manieren, der Etikette zu sein. Diesen schwachen Regeln und nicht dem unerschütterlichen Charakter der Außenwelt verdanken wir jedoch unseren unerschütterlichen Sinn der Realität. [...] Interaktionssituationen sind – das muß hinzugefügt werden – solche, in denen eine große Anzahl von Zeichenträgern, ob nun erwünscht oder nicht, verfügbar werden; sie sind daher Situationen, in denen viele Informationen über einen selbst verfügbar werden; Situationen direkter Interaktion sind in der Tat ideale Projektionsgebiete; der Teilnehmer muß sie einfach in kennzeichnender Weise strukturieren, so daß man, ob er nun will oder nicht, richtige oder unrichtige Schlüsse über ihn ziehen kann.«[28]

---

28 Erving Goffman, *Interaktion: Spaß am Spiel/Rollendistanz*, Piper, München, 1973, S. 90, 115.

Weibel: Genau unter diesem Blickpunkt kann man sehen, wie der Kunstmarkt, der ja das Kunstwerk als Handelsware vertreten muss und daher einer bürgerlichen Ideologie unweigerlich verpflichtet ist, gerade die emanzipatorischen, progressiven und partizipatorischen Elemente der modernen Kunst unterdrückt, die mit den neuen Erkenntnissen anderer gesellschaftlicher Formen der Erkenntnis und des Wissens, von der Soziologie bis zur Physik, korrespondieren. Eine bestimmte Kunst wird durch den Markt zum Komplizen der Verblendung. Eine andere Kunst entwickelt sich aber, wenn auch marginalisiert, jenseits des Marktes weiter. Die neuen Medien bringen daher das Drängen der Partizipation, das im Kunstwerk schon lange als Kern verborgen war, in Evidenz nach vorne. Dies wiederum korrespondiert mit den neuesten Interpretationen der Quantentheorie.

Lischka: Durch die Mediatisierung, die das Als-Ob ja schon voll abdeckt, kommt die Kunst eben in Bedrängnis, weil sie bis jetzt der Stellvertreter des Als-Ob war. Sie muss jetzt das Als-Ob des Als-Ob sein, also zur Metasprache der Medien werden, z. B. ein Intermedium, oder, was in der heutigen Mediatisierung dasselbe meint, sie muss zur Realität werden, zu dem, was schon früher einmal von dir angedeutet worden ist, zum Biotop und zum tatsächlichen Erlebnis. Das ist der Grund, weshalb in der Performance das Kunstwerk zur flüchtigen Demonstration des Künstlers und zum kreativen Moment des Betrachters werden konnte, was nichts anderes als Interaktion ist.

Weibel: Das klassische Kunstwerk ist produktorientiert, die Kunst der technischen Medien hingegen ist prozess- und partizipationsorientiert. Insofern korrespondiert die technische Ästhetik mit der Quantentheorie. Durch Niels Bohrs Komplementaritätsprinzip (1927) haben sich ja nur zwei Möglichkeiten für eine Interpretation der Welt ergeben. Wenn nämlich laut Bohr die Beobachtung des einen Aspekts eines Phänomens die Beobachtung anderer Aspekte des gleichen Phänomens verunmöglicht, dann kann ich einerseits nur wie Hugh Everett ein Pluriversum von Phänomenen, eine Viele-Welten-Interpretation, annehmen, in dem jedes sich durch die Beobachtung spaltende Phänomen eine Vielzahl paralleler Welten erzeugt. Der Akt des Messens, der Beobachtung, wird dabei sekundär. Oder ich kann die eigentliche Konsequenz ziehen und die Beobachtung selbst in den Mittelpunkt stellen, was durch das Theorem der Bell'schen Ungleichung (1964), das der Messbarkeit und Korrelation solcher gespaltener Phänomene (z. B. Partikel-Quantensysteme) sehr enge Grenzen zieht, nahegelegt wird, weil es 1972 durch ein berühmtes Experiment von Stuart Freedman und John Clauser bewiesen wurde. Mit John Archibald Wheeler können wir sagen: Wenn die Wahrnehmung der Realität eben nur durch Messung und Beobachtung stattfinden kann, also durch Interaktion, und die Wahrheit dieser Beobachtungen nur durch Kommunikation mit anderen Lebewesen einigermaßen überprüft werden kann, so ist die Lehre der Quantenphysik, dass eben unsere Welt, in der Phänomene nur existieren, wenn sie auch beobachtet werden, ein partizipatorisches Universum ist.

»The first is the elementary quantum phenomenon which Bohr stressed so strongly. I try to put his point of view in this statement: ›No elementary quantum phenomenon is a phenomenon until it's brought to a close by an irreversible act of amplification by a detection such as the click of a geiger counter or the blackening of a grain of photographic emulsion.‹ This, as Bohr puts it, amounts to something that one person can speak about to another in plain language. Which brings us to the second aspect of this story. That is, putting the observation of quantum phenomenon to use. [...] According to Follesdal's statement, meaning is the joint product of all the evidence that is available to those who communicate. So it's the idea of communication that's important. As animals have to communicate, the establishment of meaning doesn't require the use of English!«[29]

Lischka: Interaktionistisch gesehen muss man in diesem Fall mit Paul Watzlawick, Janet H. Beavin und Don D. Jackson sagen, dass man nicht nicht kommunizieren kann, weil man schließlich auch dann, wenn man alleine im Wartesaal sitzen möchte, von jemandem angesprochen werden kann. Weil Kommunikation also nur als offenes System und als Öffnung des Systems gedacht werden kann, kommt immer die Handlung dazu, was heißt, dass Kommunikation als solche eine Öffnung ist und somit zur Interaktion führen kann.

»Kommunikation zeichnet sich gerade dadurch aus, daß sie eine Situation für Annahme bzw. Ablehnung öffnet. [...] Nur auf der Ebene des Gesellschaftssystems und seiner Subsysteme ist Evolution möglich, das heißt eine Änderung von Strukturen durch Variation, Selektion und Restabilisierung. Interaktionssysteme können zur gesellschaftlichen Evolution beitragen oder auch nicht; sie tragen bei, wenn sie Strukturbildungen anbahnen, die sich im Gesellschaftssystem bewähren. Ohne dieses riesige Versuchsfeld der Interaktionen und ohne die gesellschaftliche Belanglosigkeit des Aufhörens der allermeisten Interaktionen wäre keine gesellschaftliche Evolution möglich; auch insoweit ist also die Gesellschaft selbst auf eine Differenz von Gesellschaft und Interaktion angewiesen.«[30]

Weibel: Gerade deswegen haben progressive Künstler, die im Einklang mit den Erfordernissen der Zeit und Erkenntnissen der Wissenschaft waren, ästhetische Formen entwickelt, die solche offenen interaktiven Systeme darstellen, z. B. George Brecht und Robert Filliou und ihre spielerischen Szenarios und Spielanweisungen, wie sie in dem Buch *Games at the Cedilla* (1967) dargestellt sind, z. B. »The believe it or not – game« oder folgendes Ein-Minuten-Szenario: »Ein Mann kocht sich seine Mahlzeit, die Kamera zieht auf, er steht in der Mitte eines Supermarkts.« Nachdem 1944 auf Englisch und 1961 auf Deutsch das Buch *Spieltheorie und wirtschaftliches Verhalten* von John von Neumann und Oskar Morgenstern erschienen ist und 1961 Norbert Wieners Buch *Kybernetik. Regelung und Nachrichtenübertragung im Lebewesen und in der Maschine*, haben spieltheoretische Strategien sowohl in der Musik wie auch in der visuellen Kunst unserer Zeit Eingang gefunden und damit eine weitere Öffnung des Kunstsystems und ein Drängen zur Partizipation bewirkt.

Lischka: Partizipation wurde in den letzten Jahren immer wieder zu einem magischen Wort hochstilisiert. Wahrscheinlich gerade deshalb, weil in unserer Gesellschaft alles so eingleisig funktioniert. Selbst sogenannte Publikumspartizipation in den Medien ist ja nichts anderes als eine Farce, denn wie soll man partizipieren, wenn alles schon festgelegt ist und gar keine Möglichkeit zur Interaktion da ist, wenn die Räume fixiert und die Zeit klar bemessen ist.

Weibel: In Wirklichkeit ist eben alles schon so fest verknotet, dass es gar keine Zwischenräume und Zwischenzeiten mehr gibt. Daher bedarf es künstlerischer Praktiken, die auf diesen Zwischenräumen und zwischenzeitlichen Formen insistieren, um die fatale Verknotung der Aktivität der Menschen und die starre Codierung ihres Bewusstseins zu lockern.

---

29 John Wheeler, in: P. C. W. Davies und Julian R. Brown (Hg.), *The Ghost in the Atom*, Cambridge University Press, Cambridge, S. 58–69, hier S. 61, 64.
30 Niklas Luhmann, *Soziale Systeme. Grundriß einer allgemeinen Theorie*, Suhrkamp, Frankfurt/M., 1987, S. 203, 575.

Interaktion

Lischka: Der fixe Zeitplan in den Medien ist die unausweichliche Folge des einen Augenblicks nach dem anderen Augenblick. Die Interaktion jedoch kann zu den Momenten führen, die uns zu uns bringen. Diese Momente sind nur in einer Situation möglich, die ich seit langem als Atmosphäre bezeichne. Diese Atmosphäre ermöglicht erst im tatsächlichen Sinne eine Interaktion. Sie ist die Voraussetzung zur lockeren Begegnung, zur Öffnung zur Kommunikation und letztendlich zu dem, was das alles zusammen radikalisiert, zum poetischen Akt.

»Sie werden hier im Anschluß an die Arbeiten von Hermann Schmitz ›Atmosphären‹ genannt. Die sind als ›quasi objektiv‹ zu bezeichnen, insofern sie zwar nicht wie Objekte vorfindlich, aber doch durch gegenständliche Arrangements praktisch erzeugbar sind. In Atmosphären von Umgebungen, seien es nun Atmosphären von Landschaften, von Plätzen oder Innenräumen, kann man ›hineingeraten‹. Atmosphären ›hängen‹ an Dingen und gehen von Dingen und Menschen aus, Atmosphären sind zwar nicht ›objektiv‹ – und das heißt im Sinne neuzeitlicher Wissenschaft durch Apparate – feststellbar, aber es gibt gleichwohl darüber eine intersubjektive Verständigung. Ebenso wie eine Theorie der Befindlichkeit könnte man also die Ästhetik, auf die wir uns zubewegen, eine Theorie der Atmosphären nennen. Die Ästhetik als Wahrnehmungstheorie in uneingeschränktem Sinne hat eben damit zu tun, daß man sich durch Umgebungen und Gegenstände affektiv betroffen fühlt bzw. sich jeweils in Umgebungen oder in Anwesenheit bestimmter Gegenstände in charakteristischer Weise befindet.«[31]

Weibel: Henri-Pierre Roché, der Freund Marcel Duchamps, sagte von diesem: Seine beste Kunst ist sein Gebrauch der Zeit.[32] Insofern spielt sich der poetische Akt nicht mehr als Interaktion im Raum, sondern auch als Interaktion in der Zeit ab, und das bewirkt ja gerade den Bruch mit den klassischen Kunstmedien und ihrer arretierten starren Zeit. Zeitrebellen, die in der Chronokratie einen anderen Gebrauch der Zeit machen als den gesellschaftlich vorgeschriebenen, eröffnen somit neue Horizonte. Insofern können time-based, zeitbasierte Kunstformen als Technologien der Freiheit dienen. Interaktion ist eine Sequenzierung der Zeit in Helixform.

»In Wirklichkeit bleibt ein reales, irdisches System niemals auf Dauer in ein und demselben Zustand. Zunächst einmal befinden sich fast alle Systeme in Berührung mit einer komplexen oder sogar unberechenbaren Umwelt. Diese führt ihnen beständig kleinere (oder manchmal auch größere) Mengen an Materie, Impuls oder Energie zu. Als Folge davon ist es praktisch unmöglich, irgendeine der Zustandsvariablen mit unbegrenzter Genauigkeit einzustellen.«[33]

Weibel: Wie Nam June Paik sagt: »In the past, art was 3D and 2D and didn't deal with time. Visual artists need to deal with time components – and that means video.«

Lischka: Der poetische Akt als solcher leuchtet aus dem Meer an Ästhetik, in dem wir heute primär schwimmen, auf. Alles ist Ästhetik geworden, was durch die Dominanz des

---

31 Gernot Böhme, *Für eine ökologische Naturästhetik*, Suhrkamp, Frankfurt/M., 1989, S. 11.
32 Pierre Cabanne und Marcel Duchamp, »Interview«, in: *The American Scholar*, Vol. 40, Nr. 2, Frühjahr, 1971, S. 273-283.
33 Nicolis, Prigogine und Rebhan 1987, S. 100.

Scheins der Mediatisierung bewiesen ist. Der poetische Akt ist genauso offen in dem Dazwischen, in dem Inter, angesiedelt, wie wir selbst auch offen sein müssen, damit wir einen poetischen Akt kreieren oder ihn als solchen decodieren können. Im Zeitalter der Medien müssen wir deshalb die Poesie neu definieren, gerade im Sinne dieser Offenheit, und das bedeutet, dass wir für den poetischen Akt auch sämtliche zur Verfügung stehenden Mittel einsetzen können. So müssen wir auch neue Umschreibungen des poetischen Aktes finden können, wie z. B. das Einbilden, das Vilém Flusser gebraucht, um die Dominanz des Bildes im Computerzeitalter als poetische Möglichkeit voll auszuwerten.

»Eben hierin liegt ja das Neue der emportauchenden Einbildungskraft, das Neue des künftigen Bewußtseins: daß der Diskurs der Wissenschaft und der Fortschritt der Technik zwar als unerläßlich angesehen werden, daß sie aber nicht mehr für sich selbst interessant sind und wir das Abenteuer anderswo, in der Einbildung suchen. Die Frage nach dem Einbilden ist daher von der Geste des Tastendrückens ins Bewußtsein des Einbildners zu übertragen, so wie ich es in bezug auf das Schreibmaschineschreiben zu tun versuchte. Und dann stellt sich heraus, daß zwar die Geste des Tastendrückens in beiden Fällen die gleiche ist, daß es sich aber beim Einbilden um ein anderes Bewußtsein handelt. Denn es geht hier eben nicht um durchsichtige Maschinen, sondern um undurchsichtige Apparate. Die Einbildner stehen nicht über den Apparaten, wie die Schreibmaschineschreiber über den Maschinen stehen, sondern sie stehen mitten in ihnen, sie sind mit ihnen und von ihnen verschlungen. Sie sind weit enger an die Apparate gebunden als die Schreiber an die Maschinen. Einbilden ist weit »funktioneller« als Textschreiben, es ist ein programmierter Vorgang. Wenn ich schreibe, schreibe ich über die Maschine dem Text zu. Wenn ich technische Bilder einbilde, so bilde ich aus dem Inneren des Apparates her.«[34]

Weibel: Ich würde den poetischen Akt gerne mit Heinz von Foerster technisch definieren, als *circulus creativus* oder als Interaktion im offenen System. Bei einem (kybernetischen) System geht es ja nicht um die Größe der (sozialen, biologischen) Einheit. Von kybernetischen Systemen spricht man, wenn Ereignisse rekursiv als Rückkoppelung strukturiert sind. Zur rekursiven Organisation kommt durch die Feedback-Struktur die Selbstkorrektur des Systems, um ein bestimmtes Ziel (z. B. Individualisierung, Singularität) zu erreichen. In dem Bestreben um Eigenwert, Eigenzeit, Eigenmaß, Eigenraum etc. geht es darum, sich als Tanz der Teile in einem System zu verselbstständigen, im Feuer des Kontrastes seine Identität auszudifferenzieren. Diese ganzen Theorien der letzten Zeit von den selbstorganisierenden bis zu den selbstreferenziellen Systemen versuchen ja nichts anderes, als den Prozess der Individuation in einem System durch die Interaktion autonomer Teile zu erklären und deren Gesetzmäßigkeiten herauszufinden. Insofern korrespondiert interaktive Kunst mit der aktuellen Erkenntnistheorie des radikalen Konstruktivismus (Ernst von Glasersfeld) und der evolutionären Erkenntnistheorie eines Humberto Maturana.

Lischka: Der radikale Konstruktivismus und die Theorie der Autopoiesis lehren uns, dass wir, selbst aus Punkten bestehend, zu einer Ganzheit werden, die wiederum als Punkt in einer unvorstellbaren Ganzheit des Universums lebt. Das Leben ist nur partikular erfahrbar, somit jede Erkenntnis nur an etwas verifizierbar. In der Kunst und der Literatur wurde deshalb parallel zur Philosophie und Erkenntnistheorie zu neuen künstlerischen Techniken gegriffen, die das veranschaulichen konnten. So folgten Montage und Collage die Cut-up-

---

34   Vilém Flusser, *Ins Universum der technischen Bilder*, European Photography, Göttingen, 1985, S. 33.

Techniken. Wir leben heute in einem riesigen Angebot, aus dem wir immer wieder neue partikulare Elemente herauspicken. Der Begriff des Materials ist durch diese Prozesse des Zerhackens auch fragwürdig geworden zugunsten eines Begriffs der Energie, die auch viel schneller ausgetauscht werden kann. Deshalb die Bedeutung des von Jean-François Lyotard eingeführten Begriffs »Les Immateriaux«, den wir zu deutsch als Immaterialien übersetzen. Das Bewusstsein von den Immaterialien gestattet uns, den weltweiten Prozess der Mediatisierung zu begreifen.

»Beim Begriff ›Immaterial‹ handelt es sich nun um einen etwas gewagten Neologismus ... Damit ist lediglich ausgedrückt, daß heute – und das hat sich in allen Bereichen durchgesetzt – das Material nicht mehr als etwas angesehen werden kann, das sich wie ein Objekt einem Subjekt entgegensetzt. Wissenschaftliche Analysen der Materie zeigen, daß sie nichts weiter sind als ein Energiezustand, d. h. ein Zusammenhang von Elementen, die ihrerseits nicht greifbar sind und von Strukturen bestimmt werden, die jeweils nur eine lokal begrenzte Gültigkeit haben. Die Wissenschaftler treffen sich da mit den Versuchen der zeitgenössischen Künstler, z. B. mit denen, die neue Technologien verwenden: Videodisc, Laser, synthetisierte Bilder.«[35]

Zusammenspiel

Weibel: Hier wiederholt sich ein Prozess der Welterfahrung, wie er sich im 18. Jahrhundert in der Kosmologie abspielte, nämlich die Debatte um die Pluralität der Welten. Da die Fähigkeiten Gottes selbstverständlich unendlich sind, meinte z. B. Immanuel Kant in seiner *Allgemeinen Naturgeschichte und Theorie des Himmels* (1755), keinen Sinn darin zu sehen, Gottes unendliche Kraft auf das kleine Territorium unseres Globus zu beschränken. Daher mussten die Manifestationen Gottes eben unendlich sein und ein unendliches Universum kreieren, in dem Welten ohne Zahl und ohne Ende existieren. Im gleichen Werk berührt Kant auch schon ein verwandtes Phänomen, nämlich die Frage von Ordnung und Chaos. Wegen der Existenz Gottes kann die Natur auch im Chaos nur ordentlich und regelmäßig operieren, wobei Kant graduelle Umwandlungen von Chaos in Ordnung voraussagt. Diese auf Gottes Eigenschaften begründete Kosmologie einer Pluralität von Welten ist heute abgestiegen zu einer auf den Systemeigenschaften begründeten Wissenschaft der pluralistischen Weltbeschreibungen. Wir haben nämlich in den letzten Jahrzehnten ein Auftauchen von Synthesetendenzen in den Wissenschaften zu beobachten (ähnlich wie in der Kunst), die daher rühren, dass ein System bei Variation der auferlegten Bedingungen (sei es ein soziales, chemisches, psychisches, thermodynamisches, biologisches, mathematisches, ökologisches System etc.) mehrere dem Wesen nach verschiedene Verhaltensweisen an den Tag legt. Ein System kann demnach unter verschiedenen Gesichtspunkten und Anforderungen mehrere verschiedene Aspekte zeitigen. Dies legt uns, wie Nicolis und Prigogine sagen, »eine *pluralistische Betrachtungsweise* der physikalischen Welt« nahe. »Die Sicht einer in dieser Weise offenen Welt bildet den Kernpunkt [...]«.[36] Die Pluralität der Welten verschiebt sich also zu einer Pluralität der Bilder und der Betrachtungen der Welt. Das pluralistische Zusammenspiel multipler Elemente, die steigende Partikularisierung bei gleichzeitig anwachsender Universalisierung haben eine Architektur der Komplexität erbaut, als Schnittstellen von Schnipseln collagiert und rekurriert, eine fragile Geometrie des Gleichgewichts.

---

35 Jean-François Lyotard (mit anderen), *Immaterialität und Postmoderne*, Merve, Berlin, 1985, S. 25.
36 Nicolis, Prigogine und Rebhan 1987, S. 17.

»Komplexität ist ein untrennbarer Bestandteil der Welt dynamischer Systeme. Henri Poincaré, das große mathematische Genie der Jahrhundertwende, erfand die moderne Theorie dynamischer Systeme und gab das Ziel vor, die Verhaltensweisen zu erkunden, welche von einem durch gekoppelte nichtlineare Gleichungen beschriebenen System zu erwarten sind.«[37]

Lischka: Deshalb konnte William Burroughs in *Die Elektronische Revolution* (1970) von Viren sprechen. Diese Viren sollten und sollen das Programm, das eine Programm, so stören, dass nur noch viele Programme möglich sind. Natürlich gibt es heute ein riesiges Programmangebot durch die Medien, doch sehen wir genauer hin, ist dies nichts anderes als ein einziges Grau-in-Grau-Programm. Deshalb plädierte Burroughs letztlich – damals mit einem anderen Tonband-Schnitt-Begriff – dafür, dass jeder sein eigenes Programm machen solle, was wir natürlich auf alle Medien anwenden können, wie überhaupt auf das Erstellen eines Lebenssinnes. Da wir gemeinschaftliche Wesen sind, ist dieser Lebenssinn schließlich nur im Zusammenspiel aller zu sehen: Wenn z. B. Kommunikation zu einem Kommunikationsnetz des Austausches wird und demnach das eine Programm der tatsächlichen Programmvielfalt als spielerisches Zusammensein gewichen ist.

»The central concept, from the artistic point of view, is that of collage, the juxtaposition of unrelated real-life elements in a relationship contrived by the artist. [...] Art influenced by Cage tends to be not only non-sequential (and thus, in intention, liberating) but unpredictable even to the artist.«[38]

Weibel: Jeder als sein eigener Programmgestalter kann man sich als rekursive Rückkoppelung vorstellen, nämlich einer sendet ein Programm, der zweite bearbeitet dieses Programm, sendet es wieder weiter, der dritte bearbeitet wiederum dieses Programm und sendet es weiter etc., bis es wieder zum ersten zurückkommt – Modell einer Teilnahme am elektronischen öffentlichen Dialog. Dies könnte sogar live und simultan im schon existierenden Netzwerk der Telekommunikation funktionieren. Daraus ergibt sich die Forderung, der elektronische Raum, bisher monopolisiert, müsste ein rekursives Universum werden. Rekursionstechniken und Selbstorganisationsprozeduren, wie bei den zellularen Automaten, müssten auch in die vom Staat hierarchisch monopolisierten Technologienetzwerke eingeführt werden. Wir zeigen bei dem diesjährigen Ars Electronica Festival genau deswegen eine Auswahl weltweiter Versuche und Anstrengungen, diese emanzipatorischen und befreienden Transformationen der Technokratie zu leisten. Von der telematischen bis zur digitalen Interaktivität, von der globalen Telekommunikation über Satelliten bis zur lokalen taktilen Interaktivität mit einem Computer über seinen Bildschirm, vom visuellen bis zum akustischen Bereich wird ein Überblick über die verschiedenen Formen der interaktiven Kunst gegeben. Dabei entwickeln die Künstler nicht nur ihre eigenen Systeme, Programme und Apparaturen, sondern verwenden auch bereits existierende Systeme und Netzwerke, wie z. B. Computer, Radio und Fernsehen. Im Einklinken in vorhandene öffentliche Netze und Systeme der Kommunikation und Information demonstrieren ihre Werke erst recht das anfangs besprochene Primat der Gedanken über das Gebilde, des Codes über den Kanal, der Immaterialien über die Materie. Das häufige Verwenden real vorhandener Nachrichtensysteme wie Post, Telefon, Radio, TV, dieser neue Messton im Territorium terrestrischer Reichweiten, zielt weder auf »digitale Harmonie« (John Whitney, *Digital Harmony: On the*

---

37   Ibid., S. 119.
38   Adrian Henri, *Total Art: Environments, Happenings and Performance*, Praeger, New York u. a., 1974, S. 88f.

Complementarity of Music and Visual Art, 1980) noch auf Misston, sondern auf das Durchlöchern der Systeme. Es ist ein neuer, medialer Realismus im Zeitalter der Hyperrealität.

Lischka: Wenn ich vorhin sagte, jeder solle sein eigenes Programm schreiben, heißt das natürlich, dass man als Programmierer auch Einsicht in Programme haben kann und deshalb das herrschende Programm decodieren kann. Diese Decodierungsleistung ist eine befreiende Tat und schüttelt die Imperative des einen großen Programms ab. Es fehlt in der Geschichte der Medien nicht an Bemühungen, den »Großen Bruder« loszuwerden. Schon Bertolt Brechts Radiotheorie peilte ein anderes Programm an. Sie wurde durch Adolf Hitlers Monopolradio in die genau entgegengesetzte Richtung umgepolt. Hitler etablierte das erste perfekte alleinzige Großprogramm, das unter anderen Vorzeichen den Zweiten Weltkrieg überdauert hat und heute in Form von verwässerten Unterhaltungsprogrammen global präsent ist. Praktisch alle Ansätze zum interaktiven Umgang mit den Medien mussten bis heute den ökonomischen »Sachzwängen« weichen.

Weibel: Genau die gleichen Sachzwänge gelten auch für die Kunst, in der immer wieder interaktive Praktiken der Herrschaft des Tafelbildes weichen mussten. Das Problem ist gerade, dass die technische Medienkunst als einen ihrer zentralen Parameter die Interaktivität hat. Diese Interaktivität ist notwendig, weil sich die technische Kunst in die Erforschung komplexer Systeme begibt. Deswegen hat ja Lyotard bei seiner Ausstellung *Les Immateriaux* (1985) den Begriff der Komplexität ebenso wie den der Immaterialität in den Mittelpunkt gestellt. Bei komplexen Systemen ist das dynamische Verhalten der Singularitäten und Irregularitäten wichtiger als die *materia prima*. Darum ist es ja gerade für mich so lächerlich, was im Kunstbetrieb als ökologische Kunst kursiert, die eine Reduktion komplexer biologischer Phänomene auf einfachste ästhetische Reize bewirkt. Die von dir angesprochene Energetisierung, die sich sowohl in dem berühmten Buch von Buckminster Fuller *Synergetics* (1975) schon angekündigt hat, wie auch das Thema der von Hermann Haken herausgegebenen Reihe zur Synergetik, die sich mit der Kooperation individueller Teile eines Systems beschäftigt – sowohl mit deterministischen wie stochastischen Prozessen, mit Musterformationen und chaotischem Verhalten –, ergibt sich ja aus dem Einstieg in die Welt selbstorganisierender Systeme höchster Komplexität.

»We present the basic concepts of dynamics in four historical groups: Galilean, Newtonian, Poincaréan, and Thomian. From antiquity to Galileo, general physical concepts of kinematics were developed, especially space, time, curve of motion in space, instantaneous velocity at a point on the curve, and final motion or asymptotic destination of the curve – probably thought to be a limit point. From Newton to Poincare, the mathematical expression of ›local‹ concepts flowered: Euclidean space-time domain, integral curve, vectorfield, and attractor (taken to be a limit point, or a limit cycle).

From Poincaré to Thom, the global geometric perspective emerged; the state space (or mathematical domain) of the dynamical system expanded from an open region in a flat Euclidean space to a manifold, or smooth space of arbitrary geometric and topological type. The dynamic system came to be viewed globally also: analytically, as a ›flow‹ (or group of motion of the space of states upon itself); and geometrically, through its please portrait. More complicated limit sets, such as the ergodic two-dimensional torus of irrational rotation, became known and the revolutionary concepts of structural stability, generic property, and bifurcation emerged.«[39]

---

39 Ralph A. Abraham und Christopher D. Shaw, »Dynamics. A Visual Introduction«, in: F. Eugene Yates (Hg.), *Self-Organizing Systems*, Plenum, New York u. a., 1987, S. 544.

Weibel: Hat die Kunst bisher mit einem statischen Weltbild korrespondiert und mit einem leblosen Materiebegriff, so ist seit der Beschleunigung durch die industrielle Revolution die Betonung des Studiums dynamischer Systeme nicht mehr zu leugnen. Dieser Wechsel von starren einfachen zu dynamischen komplexen Systemen und ihren diversen Eigenschaften stellt eine Herausforderung an die Kunst dar. Zwei Merkmale dieser Herausforderung haben wir schon beschrieben, zum einen der wechselnde Standpunkt, die pluralistische Betrachtungsweise, zum anderen das offene Netzwerk. Damit korrespondieren aber klarerweise die Substitution der Materie als wichtigster Faktor eines mechanischen Systems durch die Energie als zentrales Moment eines dynamischen Systems und die Interaktivität (von der Selbstorganisation bis zur Kommunikation). Es kann kein interaktives Tafelgemälde geben, hingegen ist Interaktivität das eigentliche Ziel von Video und Computer. Wenn mithilfe thermaler Techniken der Austausch von Strahlungsenergien von Oberflächen bestimmt wird und diese Techniken auf das Feld der Computergrafik angewendet werden, wie bei dem Radiosity Verfahren, so wird es möglich, interaktiv auf dem Bildschirm eines Computers durch ein Gebäude zu marschieren. Der Pavillon von Ludwig Mies van der Rohe von 1929 in Barcelona wird in fotorealistischer Technik in allen seinen Elementen im Computer gespeichert, wodurch eine immense Komplexität der Berechnung notwendig wird. Mithilfe der erwähnten Methode, die ein Energieequilibrium für die sichtbare Energie des Environments berechnet, ist es möglich, in Echtzeit nicht nur durch alle Räume dieses Gebäudes interaktiv zu marschieren, sondern durch die Wände, Decken und Böden hindurch. Bei der Intelewall können die einzelnen Monitore einer Videowand interaktiv vom Betrachter durch einen Laserstrahl auf den Monitor programmiert werden. Dadurch entstehen vielfältige und komplexe Musterformationen. Die Zukunft ist interaktiv. Das interaktive Bild ist gekommen, um zu bleiben. Das interaktive Bild ist die Zukunft.

Lischka: Mir scheint, man muss doch einen Unterschied zwischen Interaktion und Interaktion machen. Denn sonst wären ja all die statischen Bilder der Vergangenheit für nichts gewesen. Entsprechend dem Zeithabitus einer anderen Epoche hatte man auch mehr Zeit, um sich die Bilder anzusehen. So ist das riesige Gemälde von Tintoretto *Das Paradies* im Dogenpalast natürlich ein gigantischer Hollywood-Film und z. B. Pablo Picassos *Guernica* auch erst in einer gewissen zeitlichen Dimension decodierbar. Solche Bilder sind also geistig interaktiv, man braucht Zeit, sie zu verstehen, man muss in sie eintauchen. Was du natürlich primär unter Interaktion verstehst, ist eine tatsächliche Interaktion d. h. ein Hin und Her in einem Kommunikationsprozess. Ich möchte diesen Prozess nicht zu einem alleinzigen hochstilisieren, denn z. B. in einem Vortrag zuhören zu können und in einem Film sitzen zu bleiben etc. ist ja auch eine Form von Kommunikation und geistiger Auseinandersetzung, also virtueller Interaktion.

Weibel: Interaktion bedeutet für mich wechselseitige Beeinflussung, und zwar sowohl auf materialer als auch immaterialer Basis, wechselseitige Beeinflussung im Verhalten wie im Bewusstsein.

»Mutual and simultaneous activity on the part of both participants, usually working toward some goal, but not necessarily.«[40]

---

40   Andrew Lippman, in: Stewart Brand, *The Media Lab - Inventing the future at MIT*, Penguin Books, New York, 1988, S. 46.

Weibel: Dabei sind primär drei Stationen zu unterscheiden: erstens die Interaktion zwischen Materialien und Elementen, z. B. von Bild und Ton oder von Farbe und Musik (Synästhetik); zweitens die Interaktion zwischen Energiezuständen (Synergetik), wenn ein (technisches) System, sei es auch der Kunst, auf Umweltveränderungen reagiert. Besonders deutlich ist hier die musikalische Arbeit von David Dunn zu sehen, in der Naturgeräusche bzw. Geräusche natürlicher Lebewesen, durch den Computer transformiert, wieder in die Natur zurückgespeist werden und dort das Tonverhalten der Tiere verändern. Hier wird deutlich, dass wir es mit lebenden dynamischen Systemen zu tun haben und nicht mit einem anorganischen toten System, weil das Ganze ja in der Stadt mit Autos nicht funktionieren würde. Die dritte Interaktionsstufe wäre zwischen Personen, d. h. zwischen Objekten und Personen und Personen und Personen. So kann sich die Formation von tausend Wassertropfen beim Springbrunnen ändern mit der Anzahl der Betrachter, und bei einem computerunterstützten Networking können sich die Meinungen und Gedanken der jeweiligen Benutzer ändern. Für mich ist Interaktivität ein Oberbegriff für eine Vielzahl homöostatischer Prozeduren, die eben für das Funktionieren komplexer dynamischer Systeme notwendig sind. War die bisherige Kunst der starren Geometrie des Verhaltens verpflichtet, ...

Lischka: ... ja es sogar produzierte, indem es die Hierarchie und somit eine starre Struktur popularisierte, ...

Weibel: ... löst die von der Technologie geforderte und geförderte Interaktivität diese starre Geometrie auf und wandelt sie in ein dynamisches Chaos um, in eine instabile Heterarchie selbstorganisierender Systeme.

Lischka: Wie Erich Jantsch sagt, ist Pluralismus das schöpferische Prinzip.

»Indem wir Pluralismus zum schöpferischen Prinzip erheben, ordnen wir Menschheitsgeschichte in ihrer Gesamtheit sinnvoll ein in eine in ihrer Dynamik ganzheitlich wirkende Evolution. Indem wir uns selbst als Ganzes realisieren, werden wir zum integralen Aspekt einer universalen Ganzheit. Indem wir voll aus uns heraus leben, überwinden wir die kosmische Kälte und Einsamkeit. [...] Es wird nun deutlich, daß Koevolution weder Aufbau von Grundbausteinen noch auch permanente Differenzierung eines ursprünglich homogenen Universums bedeutet, sondern die Ausbildung von hierarchisch geordneter Komplexität bis zur völligen Durchstrukturierung aller hierarchischen Ebenen.«[41]

»If cellular automata [...] can act as universal computers, then they are in a sense capable of the most complicated conceivable behaviour. Even though their basic structure is simple, their overall behaviour can be as complex as in any system. This complexity implies limitations of principle on analyses which can be made of such systems. One way to find out how a system behaves in particular circumstances is always to simulate each step in its evolution explicitly. One may ask whether there can be a better way. Any procedure for predicting the behaviour of a system can be considered as an algorithm, to be carried out using a computer. For the prediction to be effective, it must short cut the evolution of the system itself. To do this, it must perform a computation that is more sophisticated than the system itself is capable of. But, if the system itself can act as a universal computer,

---

[41] Erich Jantsch, *Die Selbstorganisation des Universums. Vom Urknall zum menschlichen Geist*, dtv, München, 1982, S. 116, 141.

then this is impossible. The behaviour of the system can, thus, be found effectively only by explicit simulation. No computational short cut is possible. The system must be considered ›computationally irreducible‹.«[42]

Weibel: Interaktivität produziert ja geradezu eine Vielzahl von Veränderungen des Verhaltens und ist somit ein Kernbegriff des Pluriversums.

Polysemie

Lischka: Dein Pluriversum ist mir genauso lieb wie mein zersplitterter Universalismus. Wir tendieren doch beide dorthin, wo das eine große Programm mit seinem breiten Verteilerstrom des Ewiggleichen in die vielen Programme der Vielen verwandelt wird, die ich unter diesem Aspekt schon gar nicht mehr im alten Wortsinn als Programm sehen kann, sondern unter Einschluss des Möglichen – auf das du dich ja auch immer beziehst – als Projekt. Denn ein Projekt schließt automatisch das Werden, energetische Umwandlungen etc. ein und entbindet uns vom Zwanghaften des Programms.

»Von Neumann was really talking about what is possible within the context of physical law. He showed that structure can grow richer under physical law (and nothing else). The processes that led to the formation of galaxies are nothing like the reproduction of Von Neumann's machines, but the object lesson is clear: Complexity is self-generating. The diversity of our world is understandable because it is possible to design imaginary selfconsistent worlds potentially as complex as our own.«[43]

Weibel: Damit wird klar, dass die bisherigen materialen Komponenten mechanischer Systeme die historischen Modelle für eine Epistemologie des Lebendigen dargestellt haben. Nun aber, mit einem komplexen offenen interaktiven Systembegriff und mit einer partikulären oder pluriversalen Betrachtungsweise, wird das Studium dynamischer, menschengemachter Systeme möglich, welche Eigenschaften natürlicher lebendiger Systeme zeigen. Insofern stellen die von uns angesprochenen Systembegriffe ein neues Modell der Epistemologie dar. Hierbei möchte ich auf den fundamentalen Unterschied zwischen linearen und nichtlinearen Systemen hinweisen, wobei die konstituierenden Teile eines linearen Systems unabhängig analysiert werden können. Dieses Superpositionsprinzip funktioniert bei nichtlinearen Systemen nicht, weil deren primäre Eigenschaften nicht durch die isolierten Teile entstehen, sondern eben nur durch die Interaktion zwischen diesen Teilen. Die interaktionsbegründeten Eigenschaften dieser komplexen dynamischen lebendigen Systeme verschwinden, wenn wir ihre Teile unabhängig voneinander studieren. So haben wir es also mit virtuellen Teilen zu tun. Das Interesse, das in jüngster Zeit an virtuellen Maschinen und virtueller Architektur entsteht, folgt dieser Einsicht in die Wissenschaft von der Komplexität. Auch die verschiedenen neuen Modelle des Geistes (Robert Ornstein, *Multimind*, 1986, der Geist als multidimensionales Gebilde aus vernetzten Teilen; Marvin Minsky, *The Society of Mind*, 1987) folgen dieser Logik der Pluralität. Schließlich gibt es auch Kunstmedien und Kunstformen, wie z. B. die nonlineare Erzählweise beim interaktiven digitalen Video (welches die latente Nonlinearität der Cut-up-Methode fortführt), die

---
42 Stephen Wolfram, »Complex Systems Theory« (1988), in: ders., *Cellular Automata and Complexity: Collected Papers*, Westview Press, o. O., 1994, S. 491–497, hier 495f.
43 William Poundstone, *The Recursive Universe*, W. Morrow, New York, 1985, S. 232.

Der Oknophile   Der Philobate

denselben Diskurs des Polylogs (eben als interaktive Summe, die mehr ist als ihre Teile) verfolgt. Insofern scheinen mir Partizipation und Interaktivität, dynamische Systeme und Komplexität vier Pfeiler für eine Epistemologie zu sein, in der virtuelle Teile das Pluriversum des Polylogs bilden, mit anderen Worten, in der diese virtuellen Teile die fundamentalen Atome und Moleküle des Verhaltens und unseres Bewusstseins bilden, die sich auch in der Kunst abbilden sollten.

»However, this first era of evolution is drawing to a close and another one is beginning. The process of evolution has lead – in us – to ›watches‹ which understand what makes them ›tick‹, which are beginning to tinker around with their own mechanisms, and which will soon have mastered the ›clockwork‹ technology necessary to construct watches of their own design. The Blind Watchmaker has produced *seeing watches*, and these ›watches‹ have seen enough to become watchmakers themselves. Their vision, however, is extremely limited, so much so that perhaps they should be referred to as *near-sighted watchmakers*. With the discovery of the structure of DNA and the interpretation of the genetic code, a feedback loop stretching from molecules to men and back again has finally closed. The process of biological evolution has yielded genotypes that code for phenotypes capable of manipulating their own genotypes directly: copying them, altering them, or creating new ones altogether in the case of Artificial Life. By the middle of this century, mankind had acquired the power to extinguish life on Earth. By the middle of the next century, he will be able to create it.«[44]

Lischka: Das Programm, wie wir es kennen, ist der Monolog, der über unsere Köpfe hinweg gesprochen wird. Um diesen Monolog überhaupt einmal in einen Dialog zu überführen, brauchen wir die Interaktion. Um auch über den Dialog hinauszukommen, d. h. uns wirklich in einem Kommunikationsnetz zu befinden, in dem wir tatsächlich Botschaften austauschen könnten, anstatt dass nur das Medium die Botschaft ist, dafür brauchen wir den Polylog. Der Polylog ist nichts anderes als das, was du als Pluriversum bezeichnest und wovon ich

---

44 Christopher G. Langton, »Artificial Life«, in: ders. (Hg.), *Artificial Life*, Addison-Wesley Publ., Boston, 1989, S. 1–49, hier S. 43.

als versplitterter Universalität sprach, auf eine tatsächlich zwischenmenschliche Ebene geführt, in der das Netz der Systeme als energetischer Austausch geknüpft wird, der Sinn momentan konstruiert.

Der Text ist 1989 in dem von Peter Weibel und Gerhard Johann Lischka herausgegebenen Band Nr. 103 des *Kunstforum*: *Im Netz der Systeme*, auf S. 65-86, erschienen.

Virtuelle Welten:
Des Kaisers neue Körper

1990

[...] *jenes das* Wahrnehmen; *dies der* Gegenstand.¹
GEORG WILHELM FRIEDRICH HEGEL

Im 18. Jahrhundert, der Morgenröte der Maschinenrevolution, ereignete sich eine merkwürdige Geschichte. Ein Zauberer, sehr bewandert auf dem Gebiet der Uhrmacherkunst, hatte einen Automaten konstruiert. Die Maschine war so gut gelungen, ihre Bewegungen waren so geschmeidig und natürlich, dass die Zuschauer, als beide auf der Bühne erschienen, sie nicht voneinander unterscheiden konnten. Um dem Schauspiel einen Sinn zu geben, sah sich der Meister veranlasst, seine eigenen Bewegungen und darüber hinaus seine ganze Erscheinung zu »mechanisieren«, denn die Zuschauer überkam immer stärker das beklemmende Gefühl, nicht erkennen zu können, welcher der »Echte« ist, und dabei war es immer noch besser, sie hielten den Menschen für den Automaten und nicht vice versa.²

Die Maschine simuliert den Menschen – der Mensch simuliert die Maschine

Diese Geschichte erzählt auf eine einfache Weise das schwierige Verhältnis von Maschine und Körper, von Mensch und Maschine. Sie illustriert aber auch das Problem der Technik, nämlich ob deren Perfektion eines Tages den Unterschied zwischen Mensch und Maschine zunichte macht. Wird es eines Tages Computerroboter, intelligente Maschinen, geben, die den Menschen vollkommen simulieren können?

Natürlich ist jedes Ding, jedes »Zeug«³ grundsätzlich amorph. Die Dinge geben auch Auskunft über ihre Produzenten. Erstens haben diejenigen Dinge, die vom Menschen erzeugt wurden, auch Eigenschaften ihres Erzeugers. Zweitens verhalten sich die Dinge wie Menschen, durch die beabsichtigte Delegierung menschlicher Tätigkeiten an die Objekte selbst. Man baut ja die Maschinen, damit sie menschliche Funktionen verbessern, verstärken, übernehmen oder ersetzen. Diese Prothesenfunktion der Maschinen beschreibt Sigmund Freud in *Das Unbehagen in der Kultur* sehr genau.⁴ Man konstruiert die Maschinen, um menschliche Bedürfnisse zu befriedigen. Jede Maschine hat also anthropomorphe Züge. Der entscheidende Punkt ist, dass die Maschine dadurch perfektioniert wird, denn das Ziel der Anthropomorphisierung ist die perfekte Simulation des Menschen, die ihn dann substituieren kann.

Im Cockpit des Flugzeugs, das im Blindflug vom Autopiloten, also einer Maschine, gesteuert wird, kontrolliert der Mensch noch die Instrumente. Es ist aber denkbar, dass

---

1   Georg Wilhelm Friedrich Hegel, *Phänomenologie des Geistes*, Suhrkamp, Frankfurt/M., 1986, S. 93.
2   Ich habe diese Geschichte wiedergefunden in: Jean Baudrillard, *Das Ding und das Ich*, Europaverlag, Wien, 1974.
3   Martin Heidegger, »Der Ursprung des Kunstwerkes« (1935/1936), in: ders., *Gesamtausgabe*, Bd. 5, Klostermann, Frankfurt/M., 1977, S. 1–74.
4   Sigmund Freud, *Das Unbehagen in der Kultur*, Internationaler Psychoanalytischer Verlag, Wien, 1930.

auch diese Instrumente, welche den Verlauf des Fluges anzeigen, bald von einer Maschine kontrolliert werden, welche die Instrumente abliest, darauf reagiert, Daten eingibt etc. Eine solche intelligente, in Echtzeit reagierende Maschine könnte den Menschen ersetzen. Dieses blinde Cockpit, das auf sich selbst gestellte, autonome, selbsttätige Flugzeug, könnte dann ganz automatisch starten, fliegen und landen. Es wäre ein Automat. Diese Autopiloten haben aber gewiss kein Bewusstsein. Dennoch, je perfekter die Maschinen werden, umso weniger brauchen wir die Menschen. Lewis Mumford hat das in *Technics and Civilization* bereits geahnt: Die Maschine eliminiert menschliche Leistungen, was der Paralyse gleichkommt.[5] Je perfekter die Maschinen werden, so zeigt uns die Parabel, umso mehr übertreffen sie in ihrer Perfektion den Menschen selbst. Denn bei Perfektion muss man ja fragen: Perfektion von was? Von menschlichen Eigenschaften. Wir wollen ja Maschinen, weil sie verlässlicher, länger, stärker, genauer arbeiten als Menschen. Die Maschinen perfektionieren die menschlichen Eigenschaften so weit, dass sie den Menschen bzw. Teile der Tätigkeiten des Menschen ersetzen können. Aber gerade wegen dieser Perfektion der Maschinen, ursprünglich erwachsen aus der Simulation des Menschen, die ihn aber schließlich übertrifft, geschieht es, dass die Dinge sich umdrehen und der Mensch die Maschine selbst simuliert. Die Dinge werden durch ihre perfekte Simulation und Anthropomorphisierung selbstständig, selbsttätig, autonom. So wie sich die Waren verhalten, als hätten sie ein eigenes Leben, als wäre ihnen Leben eingehaucht, so benehmen sich die Maschinen wie Golems, als hätten sie einen eigenen Geist und Willen. Wegen dieser neuen Souveränität treten die Maschinen in ein neues Verhältnis zum Menschen, ihrem Produzenten, und die Menschen zu den Maschinen, zu deren Sklaven sie gelegentlich werden.

Die Evolution der Maschinen.
Vom Geist der Maschinen und von den Maschinen des Geistes

Samuel Butler hat 1872 in seinem utopischen Roman *Erewhon*, ein Anagramm »des englischen Wortes »nowhere«, diese Problematik des Verhältnisses von Mensch und Maschine bereits genau erkannt. »Is it man's eyes, or is it the big seeing-engine which has revealed to us the existence of worlds beyond worlds into infinity? [...] And take man's vaunted power of calculation. Have we not engines which can do all manner of sums more quickly and correctly then we can? [...] In fact, wherever precision is required man flies to the machine at once, as far preferable to himself. [...] Might not man himself become a sort of parasite upon the machines?«[6] Wegen ihrer Präzision flüchtet der Mensch geradezu zur Maschine. Die Maschine ist dem Menschen in vielen Perspektiven vorzuziehen. Schließlich wird der Mensch gar zum Parasiten der Maschine.

Aus diesen Überlegungen entwickelt Butler in *Erewhon* erstmals eine Evolutionstheorie der Maschinen. Ähnlich wie in Charles Darwins Evolutionstheorie der Arten durch *survival of the fittest* entwickeln sich auch die Maschinen selbst durch Evolution. Diese Gedanken, obwohl ihr Urheber vergessen ist, sind gerade heute von äußerster Aktualität durch das Werk von Gotthard Günther, Hans Moravec, Gerald Edelman, Daniel Hillis und anderen.

Neuraler Darwinismus

Der Nobelpreisträger für Medizin von 1972, Gerald Edelman, entwarf in seinem Buch mit dem bezeichnenden Titel *Neural Darwinism - The Theory of Neuronal Group Selection* eine neue Theorie, wie das Gehirn und das neuronale System funktioniert, die Theorie der

---

5 Vgl. Lewis Mumford, *Technics and Civilization*, Routledge & Kegan Paul, London, 1934.
6 Samuel Butler, *Erewhon, or, Over the range*, Trübner & Co., London, 1872, S. 198f.

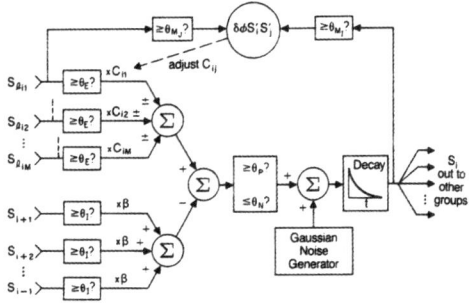
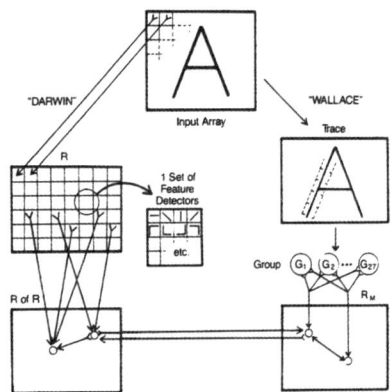

Logische Struktur einer Gruppe in Darwin II

Vereinfachter Konstruktionsplan für Darwin II

neuronalen Gruppenselektion. Wie schon der Titel andeutet, handelt es sich dabei um eine Übertragung und Spezifikation der Darwin'schen Evolutionstheorie auf das Nervensystem.[7] Gemäß dieser Theorie operiert das Nervensystem in jedem Individuum als ein selektives System, das den natürlichen Selektionsmechanismen der Natur folgt, aber mit anderen Mechanismen ausgestattet ist. Die Kategorisierung verschiedener Sinnesreize, die das Verhalten des Menschen bestimmen, erweist sich dabei als dynamischer Prozess der Rekategorisierung.

Aus heuristischen Gründen hat Edelman daher einen Automaten entworfen, der Teile dieser Selektionstheorie in die physikalische Struktur eines funktionierenden selbstorganisierenden Netzwerkes einbettet. Dieser Wahrnehmungsautomat heißt Darwin II. Entlang der Netzwerkkonnektionen (Synapsen) signalisieren die Gruppen anderen Gruppen ihre Aktivitäten.

Parallele Netzwerke mit mehreren Subnetzwerken sind natürlich auch möglich. Das zweite Netzwerk ist Wallace benannt, nach einer anderen Hauptfigur der Evolutionstheorie. Das Darwin II-Netzwerk reagiert vor allem auf individuelle Reizmuster und verwendet die Einzelauswahl bei der Kategorisierung. Das Wallace-Netzwerk reagiert auf Objekte, die zu einer Klasse gehören, und korrespondiert mit der statistischen Methode bei der Kategorisierung. Beide zusammen formieren ein Klassifikationspaar.

Programm-Darwinismus
Nähert sich Edelman dem Problem auf der Ebene der Effekte des Realen, so arbeitet der Computerforscher Daniel Hillis auf der Ebene der Simulation. 1983 baute seine Firma Thinking Machines Corporation den Parallelrechner Connection Machine, in dem »Tausende von Programmen in einer Art Evolutionsprozess wetteifern«, um die jeweils beste Lösung für ein gegebenes Problem zu finden. Eine Art Schiedsrichterprogramm wählt auf dem Weg dahin die beste Softwarevariante aus. Diese Ausgewählten treffen in der zweiten Runde wieder aufeinander. Durch dieses *survival of the fittest* entwickeln sich die Computerprogramme selbst – eben nach dem Muster der Darwin'schen Evolution (und nach Samuel Butlers Idee) – immer höher, um schließlich »genau das zu leisten, was wir wollen«. Die Idee Edelmans der dynamischen Rekategorisierung von Sinnesreizen ist von dem kanadischen

---

[7] Gerald Maurice Edelman, *Neural Darwinism*, Oxford University Press, Oxford, 1989.

Neurophysiologen Donald Hebb 1949 schon in seinem Buch *The Organization of Behavior* in Ansätzen vorgeschlagen worden: Je aktiver die beiden Neuronen sind, d. h., je mehr Signale zwischen ihnen ausgesendet werden, je mehr sie sich stimulieren, desto kräftiger entwickelt sich eine Verbindung zwischen ihnen. Dies würde bedeuten, dass unser Gehirn bei jeder neuen Erfahrung seine psychische Struktur ein bisschen neu verkabelt.[8]

Ralph Linsker vom IBM Watson Research Lab hat durch eine Neuralnetzsimulation diese Fähigkeit eines neuronalen Netzes, mit der Ausgestaltung seiner Leitungsbahnen auf Erfahrungen zu reagieren, also sich immer wieder neu zu »verkabeln«, nachgewiesen.[9]

Mentale Maschinen und neuronale Netzwerke

Ich glaube, daß der Computer eine spirituelle Maschine ist [...].[10]
UMBERTO ECO

Linsker ist nur einer von vielen Forschern, die unter dem Begriff »Konnektionismus« neuartige neuronale Netzwerke, die selbsttätig lernen und Assoziationen herstellen, unvollständige Muster sinnvoll ergänzen können etc., die komplexe Funktionsweisen des menschlichen Gehirns ergründen wollen.[11] Terrence Sejnowski, dessen NETtalk Computer, der mit künstlichen Neuronen arbeitet, die in riesiger Zahl miteinander vernetzt sind, einen geschriebenen Text laut zu lesen lernt, sagt, die Theorie neuronaler Netzwerke stellte eine neue Sprache dar, in der sich Forscher unterschiedlicher Fachrichtungen über das Gehirn und den Geist unterhalten können. Sowohl von der Gehirnforschung, welche sich an den Ergebnissen der Computertechnologie orientiert, als auch von der Computerforschung, die sich an die Theorien der Gehirnforschung anlehnt, wird also eine neue Theorie vorgetragen, die eine neue Generation des künstlichen Gehirns, des Computers, erzeugt hat, die ich (statt Automaten) *Hypermaten* nennen möchte.

Zu den Revolutionären der neuronalen Netze zählen übrigens noch: Jim Anderson, der vor zwanzig Jahren damit begann, John Hopfield, der den Begriff eines assoziativen neuronalen Netzes bekannt gemacht hat, in dem er neuronale Netzwerke in Maschinen umsetzte; Gary Lynch, der Neurobiologe; Patricia Churchland, die Philosophin; George Lakoff, der Linguist; Geoffrey Hinton und vor allem David Rumelhart und Jay McClelland, die das dreibändige Standardwerk über neuronale Netze herausgegeben haben, in dem sie neuartige Modelle und die dazugehörige neuartige Mathematik zu deren Ausbildung entwickelten.[12]

Hypermaten und postbiologisches Leben

Nach der Forschung zur künstlichen Intelligenz (engl. *artificial intelligence,* AI) sind wir also dabei, eine Wissenschaft des postbiologischen künstlichen Lebens (*artificial life,* AL) zu begründen, die »den Geist in der Maschine« sehen möchte, die herausfinden möchte, wie es zur spontanen Selbstorganisation von Molekülen oder Nervennetzwerken kommt, wie wir sehen und lernen, wie wir sprechen und denken, wie wir wahrnehmen und erkennen, wie

---

8 Vgl. Donald Hebb, *The Organization of Behavior,* John Wiley & Sons, New York u. a., 1949.
9 Ralph Linsker, »Self-Organization in a Perceptual Network«, in: *Computer,* März 1988.
10 Umberto Eco, »Vom Schreiben mit einer spirituellen Maschine«, Interview, in: *Börsenblatt für den Deutschen Buchhandel,* Vol. 46, Nr. 6, 1990, S. 181.
11 Vgl. dazu als Einführung: William F. Allman, *Menschliches Denken – Künstliche Intelligenz. Von der Gehirnforschung zur nächsten Computergeneration,* Droemer Knaur, München, 1990.
12 David Rumelhart und James McClelland (Hg.), *Parallel Distributed Processing. Explorations in the Microstructure of Cognition,* Vol. 1-3, The MIT Press, Cambridge/MA, 1986.

durch das scheinbar blinde Prinzip der natürlichen Auslese die Vielfalt und Schönheit der Lebensformen hervorgebracht werden konnte und wie wir diese Evolution simulieren und künstlich erzeugen können. Christopher G. Langton, der Herausgeber des Buches *Artificial Life* (1989) kommt zur Überzeugung, dass eine Stufe der Evolution abgeschlossen ist und eine neue beginnt: »However, this first era of evolution is drawing to a close and another one is beginning. The process of evolution hat lead – in us – to ›watches‹ which understand what makes them ›tick‹, which are beginning to tinker around with their own mechanisms, and which will soon have mastered the ›clockwork‹ technology necessary to construct watches of their own design. The Blind Watchmaker has produced *seeing watches*, and these ›watches‹ have seen enough to become watchmakers themselves. Their vision, however, is extremely limited, so much so that perhaps they should be referred to as *near-sighted watchmakers*. [...] The process of biological evolution has yielded genotypes that code for phenotypes directly: copying them, altering them, or creating new ones altogether in the case of Artificial Life. By the middle of this century, mankind had aquired the power to extinguish life on Earth. By the middle of the next century, he will be able to create it.«[13] Diese gegenseitige Manipulation und Kreation von Genotyp und Phänotyp beschreibt genau die von mir vorgeschlagene Sicht der gegenseitigen Simulation von Mensch und Maschine als natürliches Ergebnis der Evolution. Diese Perspektive verschärft das von Butler vorgeschlagene Problem der parasitären Symbiose des Menschen mit der Maschine bzw. der Eliminierung des Menschen durch die Maschine.

Maschinenrebellion

Hans Moravec, Direktor des Mobile Robot Laboratory der Carnegie Mellon University, hat in seinem Buch *Mind Children* die »Zukunft der Maschinen- und Menschenintelligenz« ganz radikal in diesem Sinne entworfen. Dabei stellt er fast identische Fragen wie Butler: »What happens when ever-cheaper machines can replace humans in any situation? Indeed, what will I do when a computer can write this book, or do my research, better than I?"[14] Seine Antwort (wie die von Butler) lautet: Intelligente Maschinen bedrohen unsere Existenz. »We will simply be outclassed.«[15] Innerhalb des nächsten Jahrhunderts werden die Maschinen so komplex sein wie wir und wir werden stolz sein, wenn sie sich als unsere Abkömmlinge betrachten. Das Ausmaß der schon gegenwärtigen Komplexität der Maschinen kommt in dem Wort »benutzerfreundlich« zum Ausdruck. Da die Maschinen schon komplexer zu bedienen sind als unserem einfachen Verstand lieb ist, wird darauf Wert gelegt, die Maschine benutzerfreundlich zu gestalten, d. h. die Komplexität ihrer Bedienung herabzusetzen. In einer Spirale des Wettbewerbs von Billionen von Jahren haben uns nun unsere Gene ausgetrickst und eine neue Wunderwaffe erzeugt, die intelligente Maschine. Diese »Kinder unseres Geistes« werden sich eines Tages von uns befreien und ihr eigenes Leben beginnen. Mit der industriellen Revolution vor zweihundert Jahren begann die Endphase, in der künstliche Substitute für körperliche, menschliche Funktionen eingesetzt wurden.

Für Transport, Produktion etc. wurden die Maschinen unentbehrlich. Die in den letzten Jahren entwickelte und alle zwanzig Jahre um das Tausendfache gestiegene rechnerische Fähigkeit der mechanischen Maschinen bringen uns einer Zeit nahe, in der keine wesentliche menschliche Funktion, physisch oder geistig, ihr künstliches Gegenstück

---

13 Christopher G. Langton, »Artificial Life«, in: ders. (Hg.), *Artificial Life. Proceedings of an Interdisciplinary Workshop on the Synthesis and Simulation of Living Systems*, Addison-Wesley, Redwood, 1989, S. 1-48, hier S. 43.
14 Hans P. Moravec, *Mind Children. The Future of Robot and Human Intelligence*, Harvard University Press, Cambridge/MA, 1988, S. 100.
15 Ibid.

	Cost 1988 $	Memory words	Word bits	T_{add} sec	T_{mult} sec	Power bits/sec	Capacity bits	Power/ cost b/s/$
Human	1×10^5	2×10^1	40	6×10^1	6×10^2	2×10^{-1}	8×10^2	2×10^{-6}
1891 – Ohdner (mechanical)	1×10^5	6×10^{-2}	20	1×10^2	6×10^2	7×10^{-2}	1×10^0	5×10^{-7}
1900 – Steiger Millionaire (mechanical)	1×10^5	1×10^{-1}	24	5×10^1	1×10^2	3×10^{-1}	3×10^0	2×10^{-6}
1908 – Hollerith Tabulator (mechanical)	5×10^5	8×10^1	30	5×10^1	2×10^2	4×10^{-1}	2×10^3	7×10^{-7}
1910 – Analytical Engine (mechanical)	9×10^6	1×10^3	200	9×10^0	6×10^1	8×10^0	2×10^5	8×10^{-7}
1911 – Monroe Calculator (mechanical)	4×10^5	1×10^0	24	3×10^1	1×10^2	4×10^{-1}	2×10^1	1×10^{-6}
1919 – IBM Tabulator (mechanical)	1×10^5	5×10^0	40	5×10^0	2×10^2	8×10^{-1}	2×10^2	9×10^{-6}
1920 – Torres Arithmometer (relay)	1×10^5	2×10^0	20	1×10^1	1×10^2	7×10^{-1}	4×10^1	7×10^{-6}
1928 – National Ellis 3000 (mechanical)	1×10^5	1×10^0	36	1×10^1	6×10^1	1×10^0	4×10^1	1×10^{-5}
1929 – Burroughs Class 16 (mechanical)	1×10^5	1×10^0	36	1×10^1	6×10^1	1×10^0	4×10^1	1×10^{-5}
1938 – Zuse-1 (mechanical)	9×10^4	2×10^1	16	1×10^1	1×10^2	8×10^{-1}	3×10^2	1×10^{-5}
1939 – Zuse-2 (relay & mechanical)	9×10^4	2×10^1	16	1×10^0	1×10^1	8×10^0	3×10^2	1×10^{-4}
1939 – BTL Model 1 (relay)	4×10^5	4×10^0	8	3×10^{-1}	3×10^{-1}	4×10^1	3×10^1	9×10^{-5}
1941 – Zuse-3 (relay & mechanical)	4×10^5	6×10^1	32	5×10^{-1}	2×10^0	4×10^1	2×10^3	1×10^{-4}
1943 – BTL Model 2 (relay)	3×10^5	5×10^0	20	3×10^{-1}	5×10^0	2×10^1	1×10^2	6×10^{-5}
1943 – Colossus (vacuum tube)	6×10^5	2×10^0	10	2×10^{-4}	2×10^{-2}	4×10^3	2×10^1	7×10^{-3}
1976 – Apple II (integrated circuit)	6×10^3	8×10^3	8	1×10^{-5}	4×10^{-5}	2×10^6	6×10^4	3×10^2
1977 – Cray-1 (integrated circuit)	2×10^7	4×10^6	64	2×10^{-8}	2×10^{-8}	3×10^9	3×10^8	2×10^2
1979 – DEC VAX 11/780 (microprocessor)	3×10^5	2×10^5	32	2×10^{-6}	3×10^{-6}	2×10^7	6×10^7	8×10^1
1980 – Sun-1 (microprocessor)	4×10^4	3×10^5	32	3×10^{-6}	1×10^{-5}	1×10^7	8×10^6	3×10^2
1981 – CDC Cyber-205 (integrated circuit)	1×10^7	4×10^6	32	3×10^{-8}	3×10^{-8}	1×10^9	1×10^8	1×10^2
1982 – IBM PC (microprocessor)	3×10^3	2×10^4	16	4×10^{-6}	2×10^{-5}	5×10^6	4×10^5	2×10^3
1982 – Sun-2 (microprocessor)	2×10^4	5×10^5	32	2×10^{-6}	6×10^{-6}	1×10^7	2×10^7	6×10^2
1983 – Vax 11/750 (microprocessor)	6×10^4	1×10^6	32	2×10^{-6}	1×10^{-5}	2×10^7	3×10^7	3×10^2
1984 – Apple Macintosh (microprocessor)	2×10^3	3×10^4	32	3×10^{-6}	2×10^{-5}	8×10^6	1×10^6	3×10^3
1984 – Vax 11/785 (microprocessor)	2×10^5	4×10^3	32	7×10^{-7}	1×10^{-6}	5×10^7	1×10^5	2×10^2
1985 – Cray-2 (integrated circuit)	1×10^7	3×10^8	64	4×10^{-9}	4×10^{-9}	2×10^{10}	2×10^{10}	1×10^3
1986 – Sun-3 (microprocessor)	1×10^4	1×10^6	32	9×10^{-7}	2×10^{-6}	4×10^7	3×10^7	4×10^3
1986 – DEC VAX.8650 (microprocessor)	1×10^5	4×10^6	32	2×10^{-7}	6×10^{-7}	2×10^8	1×10^8	1×10^3
1987 – Apple Mac II (microprocessor)	3×10^3	5×10^5	32	1×10^{-6}	2×10^{-6}	4×10^7	2×10^7	1×10^4
1987 – Sun-4 (microprocessor)	1×10^4	4×10^6	32	2×10^{-7}	4×10^{-7}	2×10^8	1×10^8	2×10^4
1989 – Cray-3 (gallium arsenide)	1×10^7	1×10^7	64	6×10^{-10}	6×10^{-10}	1×10^{11}	6×10^8	1×10^4

Rechenmaschinen nach Jahr

mangeln wird. Der intelligente Roboter als Höhepunkt dieser Entwicklung wird sich selbst konstruieren und verbessern können, ohne uns und ohne die Gene, die uns gebaut haben. Die DNA wird im evolutionären Wettbewerb verloren haben. So ein genetisches *takeover*[16] durch die Maschine wird unsere Kultur radikal transformieren.

Schon jetzt sind wir zwar noch Lebewesen mit einem Organismus, der zur Gänze durch organische Gene definiert ist, aber als Lebewesen funktionieren wir in unserer Kultur nur noch, indem wir uns auf Informationen verlassen, die nicht von Generation zu Generation durch Gene weitergegeben werden, sondern auf Informationen, die außerhalb unserer Gene erzeugt und gespeichert werden. Die Maschinen sind zur Aufrechterhaltung und zum Wachsen unserer Kultur unabdingbar geworden. Der nächste Schritt wird daher sein, dass wir Menschen für die Roboter nicht mehr notwendig sind und sie eines Tages ihre Erhaltung, Verbesserung und Selbstreproduktion ohne unsere Hilfe zustande bringen. Unsere Kultur wird sich dann unabhängig von unserer menschlichen Biologie entwickeln können. Dann ist der genetische *takeover* vollständig. Eine »postbiologische Welt«, dominiert von selbstverbessernden, lernenden und denkenden Maschinen, welche die Limitationen des sterblichen menschlichen Leibes nicht kennen, würde entstehen. Nach den Tieren und Menschen würden die intelligenten Roboter eine dritte Phase der Evolution einleiten, wovon Kybernetik, künstliche Intelligenz und Robotik erst die Anfänge sind. Diese Maschinen entwickeln sich mit einer enormen Beschleunigung, die gemäß Moravec nötig ist, um unser künftiges Leben zu sichern und unsere Kultur am Leben zu erhalten. Besonders für die Raumforschung und -besiedlung werden sie unabdingbar. Eventuell werden diese intelligenten Roboter unsere eigenen Weltraumaufenthalte, weil diese schwieriger und teurer sind, vollkommen unnötig machen. Und eines Tages werden sie in das Universum emigrieren und uns wie eine Staubwolke hinter sich lassen.

Ähnliche Gedanken hat schon Eric Drexler in seinem Buch *Engines of Creation. The Coming Era of Nanotechnology* (1986) ausgedrückt. Mikroskopische selbstreproduzierende Roboter, *Microbots*, aufgebaut auf *Integrated Circuits Miniature Technology* und versehen mit der teilweisen Adaption genetischer Mechanismen, werden unendlich lang leben und ganz spezifische Aufgaben übernehmen.

Um diese Beschleunigung zu veranschaulichen hat Moravec nach den Kriterien »computational power«, der Rechengeschwindigkeit, und »computational capacity«, der Speichergröße, eine Karte der Evolution der Rechenmaschinen zusammengestellt.

Formale Limitationen mentaler Maschinen?

Diese beeindruckende Tabelle kann nun aber nicht darüber hinwegtäuschen, dass es bestimmte formale Limitationen gibt, die in der eingangs zitierten Parabel, in der berühmten Church-Turing-These ebenso wie in Kurt Gödels Beweis und Alan Turings Tests zum Ausdruck kommen.

Gödel konnte bekanntlich formal beweisen, dass nicht alle Sätze eines formalen Systems in diesem System selbst formal beweisbar sind und daher also formal unentscheidbar. Daraus könnte man den Schluss ziehen, dass der Computer nicht alle Gleichungen der Welt lösen kann, wenngleich alles, was formalisierbar ist, auch mechanisierbar ist, weil er ein formales System darstellt. Nicht alles wäre daher berechenbar, formalisierbar und mechanisierbar im formalen System eines Computers. Gödel selbst hat sich diesem Schluss gegenüber ambivalent verhalten, aber der Deutung der nichtalgorithmischen Natur des menschlichen Denkens den Vorzug gegeben: Das Denken ist nicht mechanisch, daher ist der Geist stets

---

16 Alexander Graham Cairns-Smith, *Seven Clues to the Origin of Life*, Cambridge University Press, Cambridge u. a., 1985, S. 107.

der Maschine überlegen. Er hat natürlich auch gesagt, dass dabei die Voraussetzung einer digitalen Analogie zwischen Computer und Gehirn, also dass beide nach digitalen Prinzipien arbeiten, akzeptiert werden muss. Diese These würde auch der Simulation (menschlicher Fähigkeiten durch Maschinen) Grenzen setzen. Die Church-Turing-These verschärft Gödels Ergebnis, indem sie die Berechenbarkeit noch enger fasst und sagt, eine Funktion ist nur berechenbar, wenn sie durch Turing-Maschinen berechenbar ist, und wie Church zeigte, ist dies nur eine bestimmte Klasse von Funktionen, die von ihm sogenannten rekursiven Funktionen. Mechanisierbar wäre also nur, was formalisierbar wäre. Berechenbar wäre aber nur, was effektiv rekursiv berechenbar wäre. Danach herrscht also eine absteigende Stufung der Digitalisierbarkeit des Geistes.

Auf unser Problem übertragen, würde daher die Frage lauten: Gibt es ein vergleichbares Limitationstheorem auch für die Simulation? Sind Simulationen ebenso einschränkbar auf vergleichsweise effektive Berechenbarkeiten wie die Turing-Maschine? Sind durch Gödels, Turings, Churchs Ergebnisse dem digitalen Traum, alle Vorgänge des Lebens, zumindest des Gehirns, rein numerisch darstellen und berechnen zu können, schon rein formal Grenzen gesetzt? Wenn ein Computer nicht alle Funktionen der Welt und nicht alle Sätze der Mathematik lösen kann, wie soll er dann den Geist vollkommen simulieren können? Wie gesagt, Gödel selbst hat die Bedeutung seines Theorems für diese Frage schon relativiert und einen platonischen Ausweg offengelassen.

Turing hat in seinem berühmten Aufsatz von 1950 »Computing Machinery and Intelligence« die Frage gestellt: »Können Maschinen denken?«, und sie etwas überraschend mit einem operativen Argument, das heute Turing-Test genannt wird, bejaht.[17] Er hat nämlich gesagt, ein Computer denkt dann, wenn seine Antworten von den Antworten eines wirklichen Menschen ununterscheidbar werden. Ein Mensch sitzt vor einer Wand und stellt eine Frage. Die fragende Person weiß nicht, welche der auf einem Bildschirm geschriebenen Antworten vom Computer oder dem Menschen stammen. Wenn die Person nicht herausfinden kann, welche Antwort vom Computer und welche vom Menschen stammt, hat der Computer den Test bestanden. Kenneth Mark Colby hat in der Mitte der 1960er-Jahre mittels eines Computers einen Psychotherapeuten simuliert. Der Computertherapeut war so erfolgreich, dass er von vielen Patienten dem Menschen vorgezogen wurde.

Survival by Simulation

Hier sind wir wieder bei unserer Parabel angelangt. Wenn die Simulation erfolgreich ist, fehlt der Unterschied zwischen Mensch und Maschine. Daraus folgt allerdings nicht, dass der Mensch deswegen überflüssig wird, sondern, dass es bei wirklich perfekter und umfassender Simulation des Menschen durch eine Maschine schwierig wird bzw. keinen Sinn mehr hat, zwischen ihnen Unterschiede zu machen, denn sie operieren ja gleich. Wir werden nicht mehr wissen, ob es sich um eine Maschine oder einen Menschen handelt.

Es wird keinen Unterschied mehr geben und daher auch keinen mehr machen. Es wird sinnlos sein, von Mensch versus Maschine zu reden. Auch Gödel war der Auffassung, dass wir vielleicht eines Tages einen nichtdigitalen Computer bauen können, der alle Limitationstheoreme sprengt, nur dann werden wir nicht mehr wissen, dass es ein Computer ist. Der Mensch kann dann entweder seine Identität als Mensch zurückgewinnen oder er kann beginnen, den Computer zu simulieren. Der Mensch wird die perfekte Simulation, das vom Menschen selbst hergestellte Produkt, das ihn simuliert, aber perfekter als der Mensch selbst ist, wieder simulieren, um diese Perfektion überschreiten zu können. Trans-

---

17 Alan M. Turing, »Computing Machinery and Intelligence«, in: *Mind*, Vol. 59, Nr. 236, 1950, S. 433-460.

zendenz in der Immanenz würde Edmund Husserl dies nennen. Deswegen habe ich am Anfang dieses Artikels gesagt, die Simulation des Menschen durch die Maschine erreicht eine Perfektion, die dazu führt, dass gerade wegen dieser Perfektion der Mensch beginnen wird, die Maschine zu simulieren. Wenn der Mensch beginnt, Eigenschaften seiner eigenen Produkte zu simulieren, dann besteht die Gefahr, dass der soziale Charakter der Produkte der Menschen plötzlich dem Menschen selbst als Eigenschaft der Dinge oder gar als natürliche Eigenschaft der Dinge erscheint. Dies hat Karl Marx als Reifikation, die Verdinglichung und die Vergegenständlichung des Subjekts und des Seins beschrieben. Diese Tendenz zur universalen Vergegenständlichung des Seins, dass alle menschlichen Beziehungen und Aktivitäten wie Waren behandelt werden, hat mit dem Warentausch begonnen und setzt die Maschinenwelt fort. Waren stellen ja durch ihren Fetischcharakter eben den Prototyp der Versachlichung dar. »Das Geheimnisvolle der Warenform besteht also einfach darin, daß sie den Menschen die gesellschaftlichen Charaktere ihrer eignen Arbeit als gegenständliche Charaktere der Arbeitsprodukte selbst, als gesellschaftliche Natureigenschaften dieser Dinge zurückspiegelt [...].«[18] Marx schreibt über die Produkte der menschlichen Hand in der Warenwelt: »Hier scheinen die Produkte des menschlichen Kopfes mit eignem Leben begabte, untereinander und mit den Menschen in Verhältnis stehende selbständige Gestalten. [...] Dies nenne ich den Fetischismus, der den Arbeitsprodukten anklebt, sobald sie als Ware produziert werden, und der daher von der Warenproduktion unzertrennlich ist.«[19] Was Marx hier für die Ware sagt, gilt natürlich noch viel mehr für Roboter. Durch die Maschinen werden die Menschen noch mehr zu Waren als durch die Warenproduktion selbst. Maschinen klebt ein doppelter Fetischismus an. Erstens als Waren, die sie sind, und zweitens als Reifikation. Der Fetischismus eines Autos, eines TV-Apparates, eines Computers ist allgegenwärtig. Roboter stellen genaue Produkte des menschlichen Kopfes dar, die mit eigenem Leben begabt sind. Sie sind selbstständige Gestalten. Sind also intelligente Maschinen wegen ihres verdoppelten Warenfetischcharakters der Endpunkt der Entfremdung? Sicherlich stellen intelligente Roboter den Höhepunkt des »entfremdeten Geistes« von Georg Wilhelm Friedrich Hegel dar.[20] Aber Hegel schreibt in seiner *Phänomenologie des Geistes* (1807), von der die AI lernen könnte, auch Folgendes: »Aber das Dasein dieser Welt sowie die Wirklichkeit des Selbstbewußtseins beruht auf der Bewegung, das dieser seiner Persönlichkeit sich entäußert, hierdurch seine Welt hervorbringt und sich gegen sie als eine fremde so verhält, daß es sich ihrer nunmehr zu bemächtigen hat. Aber die Entsagung seines Fürsichseins ist selbst die Erzeugung der Wirklichkeit, und durch sie bemächtigt es sich also unmittelbar derselben.«[21] Das Reich der Wirklichkeit entsteht also nur durch diese Selbstentäußerung und Entfremdung des Subjekts. Die Robotermaschinen sind demnach gewiss solche Produkte des sich entfremdenden Geistes (»Mind Children« sagt daher Moravec zu Recht). »Obwohl geworden durch die Individualität, ist für das Selbstbewußtsein« die wirkliche Welt »ein unmittelbar Entfremdetes.« Aber so ereignet sich »das Werden der wirklichen Welt«.[22] Die Maschinen und die Werkzeuge, Simulationen menschlicher Organe und Tätigkeiten, Selbstentäußerungen des Menschen, leisten ihren Beitrag zur Konstruktion und Evolution der Welt.

Die Simulation der Simulation, eine Art rekursiver Kreislauf, in dem der Mensch, die Produkte, die ihn simulieren, wieder selbst simuliert, stellt ein Modell der Erzeugung

---

18 Karl Marx, *Das Kapital* (1867), in: ders., *Werke*, Bd. 23, Dietz, Berlin, 1962, S. 86.
19 Ibid., S. 87.
20 Hegel 1986, S. 359ff.
21 Ibid., S. 363.
22 Ibid., S. 365.

der Wirklichkeit dar. Insofern wird das Darwin'sche Modell der Evolution erst durch die Simulation auf die Probe gestellt. In der Evolution entwickelt sich nicht Faktisches aus Faktischem, sondern aus Modellen werden Fakten, aus diesen Fakten werden simulierte Modelle, aus den Simulationen wiederum Fakten. In Wahrheit ist es so, dass die Evolution ein interaktives Netzwerk aus gegenseitigen Simulationen darstellt. Die Evolution zeigt das Sein durchlöchert von Simulationen. Das »Ideologische« ist bereits Teil der Natur. Mimikry als Instanz der Anpassung an eine sich dynamisch verändernde Umwelt bringt dies deutlich zum Ausdruck. Der Begriff Mimikry muss neu überdacht werden. Wenn eine Pflanze gelbe Punkte auf ihren Blättern erzeugt, um Insekten abzuschrecken, die aufgrund früherer Erfahrung und genetischer Information glauben, diese Punkte enthielten Gift, in Wirklichkeit aber nur Farbflecken sind, so ist das eine gelungene Simulation, die hilft, zu überleben. Wenn die Insekten nach einiger Zeit die Simulation durchschauen und sich selbst adaptieren (eine neue genetische Information erhalten) und sich wieder auf die Pflanze setzen (vielleicht nun selbst mit gelben Punkten, um sich vor anderen Insekten zu schützen), dann muss sich die Pflanze erneut verändern. So entsteht eine Kette von Anpassungen an dynamische Simulationen. *Survival of the fittest* heißt also *survival of the fittest simulation*. Das ist die eigentliche Aussage der zu Beginn erwähnten Parabel. Die Evolution der Maschinen und Menschen stellt eine neue Phase der Evolution da. Sie restrukturiert das existierende Evolutionsmodell, indem sie bereits vorhandene Elemente der Evolutionstheorie neu akzentuiert und unterschiedlich betont. In dieser gegenseitigen Evolution von Maschine und Mensch durch Simulation entsteht natürlich am Ende eine vollkommen künstliche, simulierte Welt, wie sie Jean Baudrillard beschreibt. *Survival of the fittest simulation* heißt auch *survival of the simulation of the fittest*. Der Mensch baut Maschinen, die lesen können, und wird selbst von den selbstlernenden Maschinen lernen. Durch diese Struktur kann der dem Warenfetischismus vergleichbare Zahlenfetischismus der digitalen Träumer im Sinne Hegels aufgehoben werden. Schon die Wirklichkeit der Natur ist durchlöchert vom entfremdeten Geist, auch die Tiere entäußern sich und produzieren dadurch ihre Werkzeuge und ihre Wirklichkeit. Die Maschinenrevolution macht uns das nur bewusst. Wirklichkeit war schon immer konstruiert, künstlich, virtuell.

Das Bewusstsein der Maschinen
Ein verfemter Denker in der Tradition Hegels, Gotthard Günther, hat nach seiner Dissertation und seinem ersten Buch *Grundzüge einer neuen Theorie des Denkens in Hegels Logik* (1933) ein wegweisendes Werk geschrieben: *Das Bewusstsein der Maschinen* (1957), das für unseren Fragenkomplex von neuer Aktualität ist.[23] In der Ablehnung eines naiven, linearen Pythagoreismus (»Alles ist Zahl«) hat er eine Kenogrammatik entwickelt (griech. *kenos* = leer), die von der Leere des Nichts als der Mathematik und Logik zugrundeliegenden Tiefenstruktur ausgeht, die von beliebigen Werten besetzt werden kann. Im Arabischen bedeutet *sifr* (Ziffer) zunächst »leer« oder »Null«. Daher entwickelte er eine arithmetische Theorie, in der die Zahlen nicht linear auf einer einzigen Linie voranschreiten, sondern beliebige Seitenbewegungen ausführen können, einen nichtlinearen komplexen Pythagoreismus. Nach dem Aufgeben der linearen Konzeption der Zahl fiel auch die zweiwertige Logik seiner Theorie der Polykontexturalität zum Opfer. Der dritte Wert dieser mehrwertigen Logik verwirft dabei als Rejektionswert die gesamte Alternative wahr und falsch. Eine zweiwertige Logik des Seins wird also aufgegeben und eine mehrwertige Logik garantiert eine beliebige Offenheit des Formalismus und einen ständigen Komplexitätszuwachs. Die mehrwertige

---

23 Gotthard Günther, *Das Bewußtsein der Maschinen. Eine Metaphysik der Kybernetik*, Agis, Krefeld, Baden-Baden, 1957.

nichtlineare Logik und die Theorie der Polytexturalität, in der eine Kontextur den Strukturbereich bezeichnet, in der die zweiwertige Logik noch gilt, erklären uns also die Vielfalt der materiellen Qualitäten der Welt, den Umschlag von Quantität in Qualität, und setzen das Modell eines Universums außer Kraft, das geschlossen, abgeschlossen und von einer einheitlichen Kontextur ist. Günther antizipiert dabei Ideen der Quantenmechanik von einer Unendlichkeit paralleler Universen, die 1957 auftauchten, wie später David Deutsch. Gerade diese mehrwertige Logik der Reflexion, die sich gegen den rein linear und zweiwertig formalisierten bzw. mechanisierten digitalen Computer wendet, hat die Entwicklung der Parallelrechner und der neuronalen Netzwerkcomputer antizipiert. Die polykontexturale, polylineare und mehrwertige Logik von Gotthard Günther könnte bei der Organisation und Konzeption solcher neuronalen Netzwerke noch von Vorteil sein.

Auch für das von unserer Parabel gestellte Problem hat Günther eine Antwort. Mensch und Maschine werden immer unterscheidbar sein, weil (Hegel folgend) mit der Evolution der Maschinen das Subjekt nicht mehr dasselbe sein wird. Das Subjekt entäußert sich in der Maschine, spaltet sich, verliert seine alte Identität, legt mit dem Artefakt seine bloß mechanisierte, formalisierbare Form des Bewusstseins ab, um in neue Bewusstseinstiefen bzw. -höhen zu dringen. Der menschliche Geist wird, Gödel folgend, der Maschine immer überlegen bleiben. Die simulierenden Maschinen zwingen den Menschen im Evolutionsspiel der Simulation zu einer Vermehrung der Reflexion. Daraus resultiert auch selbststeuernd und selbstreflexiv die Entwicklung der Materie, die Selbstorganisation der Materie zu ihren höheren komplexeren Zuständen. Die Selbsteinkerkerung des menschlichen Bewusstseins in seinem Subjektivismus, die Karl Heims 1904 erschienenes und Günther anregendes Buch *Weltbild der Zukunft* bereits anklagte, ist hier aufgehoben. Dieses neue Subjekt wird eine Souveränität darstellen, die nicht mehr auf Biologie, z. B. der Körperidentität oder dem Geist-Körper-Problem, aufgebaut sein wird, sondern dem Beobachter der Quantenmechanik näherstehen wird, gemessen am historischen Subjekt also ein Phantom.

Prothesenkörper

Moravec sieht zu Recht in den gentechnologischen Kreationen besserer Menschen nur zweitklassige Roboter. Er sucht daher nach einem Subjekt mit den Vorteilen einer Maschine, aber ohne den Verlust der persönlichen Identität. Heute schon leben viele Menschen mit künstlichen Organen und künstlichen Maschinen, die ihren Körper unterstützen. Bald werden solche Surrogate, künstliche Prothesen, künstliche Organe, d. h. Simulationen, überlebensfähiger sein als die Originale. Warum, fragt er daher, sollen wir nicht alles ersetzen und das menschliche Gehirn in einen speziellen Roboter einpflanzen? Der Film *Victim of the Brain* (1988) von Piet Hoenderdos illustriert dieses Gedankenexperiment. Das Gehirn wird aus dem Körper genommen und lebt als Klon in einem Computer, sodass das Subjekt zwei ausgelagerte Gehirne hat, zwischen denen es hin- und herschalten kann. Doch die begrenzte Intelligenz des menschlichen Gehirns würde dabei nicht aufgehoben werden. Daher ist die Frage nicht mehr: Können Maschinen denken? Kann ein Gehirn aus dem Körper transportiert werden, so wie eine Niere? Sondern: Wie weit ist der Geist von seiner physikalischen Basis, dem Gehirn, unabhängig? Gibt es eine Möglichkeit, unseren Geist aus unserem Gehirn herauszuholen?

Ein erster Weg dazu ist sicherlich, die alte Körperidentität als Basis des Subjekts aufzugeben und mit ihr überhaupt die gesamte traditionelle Leib-Seele-, Geist-Körper-Problematik. Moravec schlägt »Musteridentität« statt Körperidentität vor. »Pattern-Identity« definiert als Wesen, als Identität einer Person gleichsam die Software, die Muster und Prozesse, die in einem Kopf und einem Körper vorgehen, und nicht die Maschine, die Hardware, die diese Prozesse trägt und unterstützt.

Die Prothesenkörper lösen aber das eigentliche Problem und Phänomen des Bewusstseins nicht, dass nämlich Leben bzw. Geist dynamische Systeme sind, in denen das Ganze mehr als die Summe der Teile ist. Dieser Zustand der Virtualität wird später noch genauer behandelt.

Quantenmechanik und Bewusstsein

Die physikalische Natur des Bewusstseins, die hier angesprochen wird, ist natürlich der heikelste Punkt und kann meinem Verständnis nach im Moment am besten durch die Quantenmechanik beleuchtet werden. Von ihr aus können nicht nur Fragen des Geist-Körper-Problems, der menschlichen Identität, des Bewusstseins, sondern auch die Limitationstheorie formaler Systeme und vermeintlich auch des Geistes neu überdacht werden. Von der Quantenmechanik geht nämlich die größte Bedrohung für den digitalen Traum aus, dass alles durch Zahlen darstellbar und berechenbar sei. Gotthard Günther hat durch die Ausdehnung der Zahlentheorie auf Seitenbewegungen und die Konstruktion einer mehrwertigen Logik diese Gefahr einerseits zu bannen gesucht, andererseits mit einer traditionellen Dialektik die quantenmechanische Problematik schon formuliert.

Wenn die Quantentheorie eine universale physikalische Theorie ist, dann sind Geist und Gehirn zweifelsohne quantenmechanische Phänomene. Ein führender Vertreter dieser Ansicht ist Roger Penrose, der bedeutende Physiker und Mathematiker, der mit Stephen Hawking wesentliche Theorien der neuen Kosmologie erfand. Er stemmt sich zuerst gegen die Thesen: Alles ist ein digitaler Computer, alles ist durch digitale Berechnungen exakt modellierbar. Denn die darunter liegende Begründung, dass das Gehirn bzw. der Geist in der Tat ein digitaler Computer sei, erscheint ihm unzulässig, des Weiteren die daraus folgende Behauptung, dass die aktuelle Hardware keine Bedeutung in Beziehung auf mentale Phänomene habe. Dann versucht er, die Evolution des Gehirns als Ausnutzung bestimmter quantenmechanischer Effekte zu beschreiben und das Bewusstsein selbst als quantenmechanisches Phänomen.[24] Denn obwohl auch er der Meinung ist, dass die Aktivitäten des Gehirns in der Tat häufig algorithmischer Natur sind, kann er sich nicht vorstellen, dass die komplexen Algorithmen des menschlichen Gehirns das Ergebnis einer bloß »natürlichen Selektion« von Algorithmen sind. Er kommt zu dem Schluss, dass auch die Quantenmechanik nicht ausreicht, die Tätigkeit und Struktur des menschlichen Geistes zu beschreiben, sondern dass es dazu anderer Gesetze bedarf. Daher gibt es Facetten des menschlichen Geistes, die niemals durch eine Maschine simuliert werden können.[25]

Wenn das Gehirn kein digitaler Computer ist, könnte es ein Quantencomputer sein? Ein Vorschlag wäre daher, das evolutionäre Simulationsspiel (*survival by simulation*) auf Computer selbst zu übertragen. David Deutsch hat dies 1985 getan.[26] Das Konzept eines Quantencomputers ist eine Verallgemeinerung einer Turing-Maschine. Es hat zwar noch niemand einen Quantencomputer gebaut und niemand weiß, ob überhaupt einer gebaut werden kann, dennoch gibt es schon bemerkenswerte Resultate. Da eine Turing-Maschine ein serieller Computer ist, der nicht nur durch das Halteproblem, sondern auch durch die Probleme der Komplexitätstheorie eingeschränkt ist, könnte man hoffen, dass ein Computer

---

24 Roger Penrose, »Minds, Machines and Mathematics«, in: Colin Blackmore und Susan Greenfield (Hg.), *Mindwaves*, R. Blackwell, Oxford u. a., 1987, S. 259-276.
25 Roger Penrose, *The Emperor's New Mind. Concerning Computers, Minds and Laws for Physics*, Oxford University Press, Oxford, 1989.
26 David Deutsch, »Quantum Theory, the Church-Turing Principle and the Universal Quantum Computer«, in: *Proceedings of the Royal Society of London*, A 400, 1985, S. 97-117; vgl. auch David Deutsch, *The Beginning of Infinity*, Allan Lane, London, 2011.

mit einigen Parallelrechnern diese Probleme lösen kann. Dies kann er jedoch nur bedingt. Ein Quantencomputer jedoch, der ja seine eigene Komplexitätstheorie hat, die sich von jener der Turing-Maschinen unterscheidet, könnte im Prinzip solche Limitationen vermeiden. Der entscheidende Punkt bei der Simulation eines universalen Quantencomputers durch eine universale Turing-Maschine ist, ob Quantencomputer Funktionen berechnen können, die Turing-Maschinen nicht lösen können. Denn dann wäre die erwähnte Church-Turing-These falsch. Deutsch hat aber gezeigt, dass die Menge der Funktionen, die durch einen Quantencomputer berechnet werden können, genau die Menge der Church'schen rekursiven Funktionen ist, die auch von Turing-Maschinen berechenbar sind. Aber es gibt auch Aufgaben jenseits der Berechnung von Funktionen. Durch den Quantenparallelismus ist z. B. die Anzahl von Aufgaben, die gleichzeitig ausgeführt werden können, nicht begrenzt. Der Vorteil ist daher, dass jedes Programm eines klassischen Computers oder einer Turing-Maschine auf einem Quantencomputer laufen kann, aber nicht jedes Quantencomputerprogramm auf einer Turing-Maschine.

Deutsch glaubt, dass eines Tages Quantencomputer gebaut werden. Ihre Existenz wird ein starkes Argument für die Interpretation der Quantenmechanik als eine Unendlichkeit paralleler Universen sein. Das Verhalten der Quantencomputer kann nämlich als Folge des Umstands erklärt werden, dass er Subaufgaben an Kopien seiner selbst in andere Universen delegiert hat. Der Philosoph Michael Lockwood hat die Idee von Roger Penrose, dass Quantenkorrelationen, die über sehr separierte Distanzen auftreten können, für die Einheit und Globalität von Bewusstseinszuständen (als hochkarätige Quantenzustände) im Gehirn verantwortlich sein können, vorangetrieben. In seinem Buch *Mind, Brain and the Quantum* (1989) erklärte er »the compound I«.[27] Eine wichtige Rolle dabei spielt die vom Physiker Herbert Fröhlich 1968 gemachte Entdeckung, dass das quantenmechanische Phänomen der Bose-Einstein-Kondensation auf biologische Systeme anwendbar ist. Solcherart verdichtete Zustände sind für die Kohärenz biologischer Systeme verantwortlich und für die Amplifikation schwacher Signale sowie für die Codierung großer Informationen auf kleinstem Raum höchst nützlich.

Ian N. Marshall hat 1989 die These aufgestellt, dass diese Zustände die physikalische Basis für mentale Zustände, wie z. B. der Einheit des Bewusstseins sind.[28] Lockwood schließt daraus, dass, wenn das Gehirn ein Quantencomputer ist, genau jene verdichteten Zustände notwendig wären.

Indeterminiertes Denken

Die eigentliche Bedrohung des digitalen Traumes kommt aber aus der Rolle des Beobachters in der Quantenmechanik, aus ihrem Unbestimmtheitsprinzip. Was geschieht nämlich, wenn wir ein physikalisches System beobachten? Dieses »Messungsproblem« wird normalerweise so interpretiert, dass die Beobachtung das beobachtete System im Augenblick der Messung bzw. der Beobachtung beeinflusst, es also eine Art interaktive Beziehung zwischen Beobachter und Beobachtetem gibt. Eine andere Interpretation ist, dass uns durch die Beobachtung etwas unwiderruflich verloren geht. Erstens passieren unbeobachtete Ereignisse die ganze Zeit und zweitens geht sogar bei den beobachteten Phänomenen gerade durch die Beobachtung wegen des Unbestimmtheitsprinzips etwas verloren. Es gibt also keine Entscheidung, keine Gewissheit, welche Möglichkeit der nächste Moment wählt, wie es das paradoxe Gedankenexperiment »Schrödingers Katze« zeigt.

---

27 Michael Lockwood, *Mind, Brain, and the Quantum: The Compound »I«*, Blackwell, Oxford, 1989.
28 Ian N. Marshall, »Consciousness and Bose-Einstein Condensates«, in: *New Ideas in Psychology*, Vol. 7, Nr. 1, 1989, S. 73-83.

Michael Lockwood hat diesen quantenmechanischen Indeterminismus vertieft und gefragt: Ist der »Geist in der Maschine« des Körpers oder braucht der Geist keine Maschine, keinen Körper bzw. keine bestimmte Maschine, keinen spezifischen Körper? Ist der Geist bloße Software ohne bzw. mit jeder beliebigen Hardware, eine mathematische Abstraktion? Er hat beide Fragen verneint und versucht, zwischen Geist und Gehirn, zwischen Bewusstsein und Welt eine neue quantenmechanisch begründete Interdependenz herzustellen. Gemäß Lockwood ist das Herz des quantenmechanischen »Beobachtungs- bzw. Messungsproblems« die Frage, »how consciousness (specifically, the consciousness of the observer) fits into, or maps on to, the physical world«.[29] Wie also passt das Bewusstsein der Beobachter in die beobachtete, physikalische Welt?

Der physikalische Zustand des Gehirns des Beobachters, der dem Bewusstseinsstrom der Beobachtung unterliegt, – das sind also solche, die vom Bewusstsein designiert sind, – muss gleichsam die Eigenzustände der bevorzugten Menge der Beobachtungsgegenstände (set of observables) teilen, um als »bewusst« designiert werden zu können. Nur geteilte Eigenzustände der bevorzugten Menge der Beobachtungsgegenstände und des Gehirns sind für die Designation auswählbar. Mit anderen Worten, etwas muss im physikalisch quantenmechanischen (Eigen-)Zustand der beobachteten Gegenstände sein, das mit dem quantenmechanischen (Eigen-)Zustand eines Teils des beobachteten Gehirns korrespondiert, um als »bewusst« erlebt zu werden. Es muss also, vereinfacht gesagt, etwas wie Geist und Bewusstsein schon in den Gegenständen bzw. den Maschinen existieren. Bewusstsein, Beobachtetes und Beobachter simulieren einander, übertragen Eigenschaften aufeinander. Die quantenmechanische Formulierung des Messungsproblems als Anteil des Beobachters am beobachteten System ist also eine Frage der Projektion des Bewusstseins, eine Frage des Anteils des Bewusstseins der Menschen im »Bewusstsein« der Dinge selbst. Die menschliche Konstruktion der Welt geht also nicht gegen den Willen der Dinge, sondern, da Welt nur das ist, was wir erkennen, wählen wir nur Dinge aus, die als solche von unseren Sinnen erkannt werden können, also in der Tat mit Eigenschaften unserer Sinne erkennbar sind und daher mit diesen Eigenschaften reziprok korrespondieren müssen. »Wär nicht das Auge sonnenhaft«, formulierte Johann Wolfgang von Goethe das Problem dieser Beziehung. Das ist es ja, was anthropomorph genannt wird, oder mit Willard Van Orman Quine »naturalisierte Erkenntnistheorie«.

Durchdringung von Materie und Geist
Diese Theorie mit ihren Konsequenzen ist in aller Schärfe schon von Rugjer Josip Bošković 1758 in seinem Werk *Theoria philosophiae naturalis redacta ad unicam legem virium in natura existentium* vorgelegt worden, welche von einem einzigen Gesetz der Kraft ausgeht, worauf der Chaosforscher Otto E. Rössler aufmerksam gemacht hat.[30] Boškovićs verallgemeinertes Kovarianzprinzip besagt, dass die Welt relativ zum Betrachter beschrieben werden muss und dass sogar Bewegungen innerhalb des Betrachters die Welt transformieren.

Die Bošković-Kurve, welche sein Gesetz darstellt, kann einen asymptotischen Zweig annehmen. Dann wäre unser Universum ein sich selbst enthaltendes, geschlossenes kosmisches System. Dann könnte kein Punkt außerhalb des Universums mit uns in Verbindung treten. Daher gäbe es die Möglichkeit eines unendlichen Raumes, der mit kosmischen Systemen gefüllt wäre, die miteinander nicht interferieren könnten. Ein Geist in solch einem

---

29 Lockwood 1989, S. X.
30 Rugjer Josip Bošković, *A Theory of Natural Philosophy*, The MIT Press, Cambridge/MA, 1966; vgl. auch Otto E. Rössler, »Boscovich Covariance«, in: John L. Casti und Anders Karlqvist (Hg.), *Beyond Belief: Randomness, Prediction and Explanation in Science*, CRC Press, Boca Raton 1991, S. 69-87.

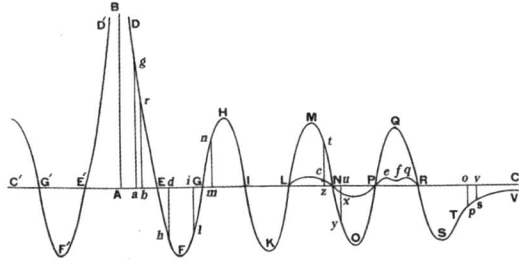

Bošković-Kurve

Universum könnte dann niemals ein anderes Universum überhaupt wahrnehmen außer dem, in dem er existiert – eine Vorahnung der quantenmechanischen Viele-Welten-Interpretation. Daher wäre der Raum in der Tat infinit, könnte aber nur als finit wahrgenommen werden. Bošković schreibt in »Of Space & Time, as we know them«: »We cannot obtain an absolute knowledge of modes of existence; nor yet of absolute distances of magnitudes«.[31] Wenn das Universum sich plötzlich in einer anderen Richtung drehen, zusammenziehen oder ausdehnen würde, würden wir es nicht bemerken. Diese frühe Relativitätstheorie enthält auch schon das quantenmechanische Messungsproblem: »What has been said with regard to the measurement of space, without difficulty can be applied to time; in this also we have no definite constant measurement«.[32]

Das Bewusstsein ist also von der Welt der Materie nicht einfach subtrahierbar, sogar die Kant'schen absoluten Begriffe (jenseits unserer Erfahrung, nämlich Raum und Zeit) werden relativiert. Aber auch das Bewusstsein selbst ist keine absolute Kategorie a priori. Diese wechselseitige Beziehung von Bewusstsein und Welt erklärt Bošković durch komplizierte Vorstellungen der Durchdringung (*compenetratio*) und Koexistenz der Materiepunkte in der Zeit. Bewusstsein entsteht als Durchdringung von Materie und Geist, als deren designierter Prozess. Berühmt-berüchtigt ist seine Doktrin der Undurchlässigkeit: »Matter is composed of perfectly indivisible, non-extended, discrete points«[33], mit dem Axiom: Zwei Materiepunkte können nicht im gleichen Raumpunkt zum gleichen Zeitpunkt sein. Aber was die Kritiker dieser Doktrin übersehen ist, was Bošković später sagt: »To the infinite number of possible points of matter there will correspond an infinite number of possible modes of existence. But also to any one point of matter there will correspond the infinite possible modes of existing, which are all the possible positions of that point.« Daher »any point of matter has its own imaginary space, immovable, infinite and continuous. [...] Every point of matter is possessed of the whole of imaginary space and time; the nature of compenetration.«[34]

---

31 Bošković 1966, S. 203.
32 Ibid., S. 204.
33 Ibid., S. 199.
34 Ibid., S. 199.

Der virtuelle Raum ist ein psychotischer Raum
Dieser imaginäre Raum ist der virtuelle Raum. Die virtuelle Realität ereignet sich also im Bošković-Raum. Während sich in der sinnlichen Wirklichkeit nicht zwei Körper am selben Raumpunkt zum selben Zeitpunkt befinden können, so doch im virtuellen Raum. Der Datenhandschuh und die Datenbrille erzeugen eine Überlagerung von realem Raum und imaginärem Raum. Die virtuelle Realität ist also eine Reise in den imaginären Bošković-Raum. Reale und mögliche Objekte gehen eine Koexistenz, eine Durchdringung ein. Die virtuelle Welt ist eine Welt der Durchdringung. Es macht gerade ihre Attraktivität aus, dass sie zumindest einen Bruch mit den klassischen Naturgesetzen simuliert und die Tyrannei des hic et nunc von Raum und Zeit simulativ überwindet. Unsere klassische Raumvorstellung wird aufgelöst, indem ich mich selbst, meine reale Hand im simulierten Raum sehe und sowohl reale wie imaginäre Objekte auf meine Akte reagieren. Was ist das für ein Raum, in dem das Anwesende und das Abwesende gleichermaßen existieren? Es ist ein Bildraum, in den ich zum ersten Mal wirklich eintauche. Bei Closed-Circuit-Videoinstallationen befand ich mich als Betrachter bereits im Bild. Jackson Pollock hatte dies ursprünglich für seine Malerei beansprucht, allerdings für sich selbst als Künstler, in seinem Subjektivismus. Im virtuellen Raum kommt der Betrachter ins Bild. Gesichtsraum des Betrachters und Bildraum vermischen sich, kollabieren, weil der Betrachter das, was er im Bildraum tut, auch im realen Raum tut. Die Telepräsenz, die sowohl im Gesichtsraum des Betrachters stattfindet wie im Bildraum, löst klassische Definitionen von Raum, Zeit, Beobachter etc. auf.

Die virtuelle Welt ist also keine reale Welt, keine Wirklichkeit, sondern sie repräsentiert als künstliche Wirklichkeit das Reale, wo die Einheit zwischen Wunscherfüllung und Wirklichkeit noch gegeben ist, wo Innen und Außen, Phantasie und Realität, Ich und Anderes zusammenfallen. Myron W. Krueger hat »künstliche Wirklichkeit« als Umgebung definiert, die von Computern kontrolliert wird, die unsere Bedürfnisse erfassen und darauf reagieren.[35] Omnipotentes Erleben und Lustprinzip sind in der virtuellen Welt in ihrer reinsten Form verkörpert. Der Psychotiker hält sich in einem solchen Realen auf. Er inszeniert das Reale als halluzinatorische Wunscherfüllung. Das Motto des Psychotikers könnte daher sein: »Virtuelle Realität ist überall«. Wenn Sigmund Freud in der Schrift *Das Unbehagen in der Kultur* (1930) als Ziel der Technik die Schaffung von Prothesen, die Substitution natürlicher durch künstliche Organe beschrieben hat, wodurch der Mensch schließlich ein Prothesengott wird, hat er genau jene Allmachtsphantasien beschrieben, welche die Technik durch Simulation ermöglicht. In der virtuellen Realität wird eine halluzinatorische Wunscherfüllung, welche die Not des Lebens, den Widerstand des Gegenstandes negiert, leicht möglich. Cyberspace ist der Name für diesen psychotischen Raum. Es fällt die letzte Grenze zwischen Wirklichkeit und Wunscherfüllung. Deshalb wird von der VR-Bewegung im schlimmsten Falle nur eine infantile Spielzeugindustrie übrigbleiben, im besten Falle wird aus den VR-Konzepten eine Raumfahrttechnologie verwirklicht werden können, mit deren Science-Fiction-Teleportationsmaschinen die Menschen von einem Stern zum anderen beamen.[36]

---

35 Myron W. Krueger, *Artificial Reality*, Addison-Wesley, Reading, 1983.
36 Vgl. zu diesem genannten Bereich die neue Science-Fiction-Bewegung des Cyberspace und Cyberpunk: Bruce Sterling (Hg.), *Mirrorshades. An Anthology of Cyberpunk*, Paladin, London, 1988; Rudy Rucker, Peter Lamborn Wilson und Robert Anton Wilson (Hg.), *Semiotext(e) SF*, Autonomedia, New York, 1989.

Digitaler Dataismus[37]

»Am Anfang waren die Zahlen«[38], steht am Anfang aller digitalen Träume. Der erste Denker des Digitalen war bekanntlich Pythagoras. Mit ihm beginnt jene philosophische Weltschau, nach der es die Zahlen sind, die hinter allen Strukturen der Erscheinungen stehen, und dass die Zahlenverhältnisse (aus ganzen Zahlen) die Harmonien stiften. Auch Platon war ein Verkünder dieser digitalen Harmonie, welche die gesamte westliche Kultur tief beeinflusste. Die Sehnsucht nach der perfekten Harmonie, die sich in Zahlen und ihren Verhältnissen zueinander ausdrückt, führte zum Goldenen Schnitt, der göttlichen Proportion, in der Kunst und Architektur der Antike und in ihrer Wiedergeburt, der Renaissance, deren Künstler Leonardo da Vinci ein weiterer Träumer des Digitalen war. Der französische Philosoph René Descartes hat dann den digitalen Traum erstmals als Wissenschaft formuliert, nämlich als den Anspruch, die mathematische Methode zur universalen Methode der Wissenschaft zu machen: *mathesis universalis*. Der digitale Traum ist also jene pythagoreisch-platonische Metaphysik, dass sich die ganze Welt in Zahlen und Zahlenverhältnissen darstellen lasse, wobei interessanterweise ein simulierter Descartes genauso logisch korrekt seine Existenz ableiten könnte wie der reale. Die Simulation, welche den digitalen Traum gefährdet, entstammt also dem digitalen Traum selbst.

Ziel des digitalen Traumes, der Ausgangspunkt für die Ars Electronica 1990, ist die universelle Mathematisierung der Welt. Auch der in Linz wirkende Astronom Johannes Kepler war so ein Träumer, der mit seinem Werk *Harmonices Mundi*, das 1619 in Linz erschien, ein Hauptwerk der digitalen Harmonie, der Weltharmonie auf der Basis von Zahlen, schrieb.

Ein entscheidender Durchbruch gelang dem Philosophen und Mathematiker Gottfried Wilhelm Leibniz ca. ein Jahrhundert später, als er die Theorie der Binärzahlen, den binären Code entwickelte: die Darstellung aller Zahlen der Welt durch nur zwei Ziffern, nämlich 0 und 1 (Leere und Fülle, Nichtsein und Sein). Was damals als eine mathematische Kuriosität von marginalem Interesse galt, wurde zum Zentrum und zur Basis der modernen Computertechnologie. Leibniz bildete mit der Darstellbarkeit aller Zahlen durch die zwei Ziffern 0 und 1 die Voraussetzung, den digitalen Traum auch technologisch zu realisieren. Sein Werk galt nämlich dem Versuch, den logischen Schluss durch Rechnen zu ersetzen, mithin die Logik durch Mathematik bzw. das Denken durch eine Maschine, welche Beweise automatisch mithilfe der zwei Ziffern liefert. Die Leibniz'sche Entdeckung hat es ca. zwei Jahrhunderte später ermöglicht, die Logik als Schaltalgebra, als logisches Netzwerk auf der Basis von Stromnetzwerken, in technische Maschinen umzuwandeln, wobei die Ziffern 0 und 1 soviel wie »keine Spannung/kein Strom« bzw. »Spannung/Strom« bedeuten. *Digit* bedeutet auf Englisch Ziffer. So entstanden die digitale Technologie, elektronische Rechenmaschinen, digitale Computer. Die Rechenmaschine war also immer schon der Wegbegleiter der digitalen Träume. Es war ein enger Freund von Kepler, der Tübinger Wilhelm Schickard, der den ersten bekannten Computer erfunden hat. Die Computertechnologie ist also der aktuellste Höhepunkt des digitalen Traumes, der die Welt als einen Kosmos aus Zahlen betrachtet und aus den Gesetzen der Zahlen zu simulieren und zu konstruieren versucht.

Digitale Harmonien, Rechenmaschinen und virtuelle Maschinen entspringen ein- und demselben Traum des Menschen: mithilfe der Zahlen und ihrer Gesetze die Natur in

---

37 Der Begriff »Dataismus« wurde 2014 von Stefan Schmitt als ein Begriff von morgen aufgeführt. Stefan Schmitt, *Von der Digitaldemenz zum Infoveganer. Worte von morgen – heute erklärt*, dtv, Ort, 2014, S. 73.
38 Zit. nach Bernhard Mitterauer, *Architektonik. Entwurf einer Metaphysik der Machbarkeit*, Brandstätter, Wien u. a., 1989.

eine menschliche und von Menschen kontrollierbare Umwelt zu verwandeln, die Schrecken der Naturgewalten zu zähmen, die Kräfte der Natur voraussagen zu können und durch den Menschen kontrollierbar zu machen. Daraus entsteht langsam eine neue Welt, allein durch den Menschen geschaffen, eine künstliche Wirklichkeit, die scheinbar menschenfreundlicher ist als die (feindliche) Natur.

Solche Vorgriffe künstlicher Wirklichkeiten in Form computerkontrollierter Maschinenwelten, die auf unsere Bedürfnisse intelligent reagieren, werden den Mittelpunkt der Ars Electronica 1990 bilden.

Datenhandschuh, Datenanzug, Datenbrille, Datenbank – sie alle deuten auf die Existenz einer neuen Welt, der Datenwelt, hin. Dataismus statt Dadaismus. Das digitale Credo, das mit Pythagoras begann, hat sicherlich mit der digitalen Computertechnologie von heute seinen vorläufigen Höhepunkt erreicht.

Im Land der Hypermedien und Hypermaten stellen die virtuellen Maschinen eine neue Generation von Automaten dar. Die menschliche Interaktion mit dreidimensionalen Cybermodellen in der Beinahewelt (der virtuellen Welt) ist sicherlich eine verbesserte Form der Mensch-Maschine-Interaktion, die bisher perfekteste Simulation. Die Anthropomorphisierung der Dinge hat einen neuen Höhepunkt erreicht, die Selbsttätigkeit und Selbstständigkeit der Dinge (intelligente, virtuelle Maschinen) ebenfalls. Wenn Martin Heidegger befürchtete, Technik bedeute Aufhebung der Natur und des Leibes, so hätte er in der Virtuellen Realität seine Befürchtungen bestätigt gesehen.

Der verdoppelte Körper, der zum Teil imaginierte Körper der Virtuellen Realität als aktuellste Position der technischen Umformung des Körpers bedeutet sicherlich eine Entmachtung, aber auch eine Verbesserung des Körpers. Ich kann mich nun in Zonen gefahrlos bewegen, die für den natürlichen Körper gefährlich wären. Das Ich, das Bewusstsein, braucht weniger Körper. VR bedeutet also Körper- und Natur-Entzug für das Ich, das Bewusstsein. Die technische Deterritorialisation durch VR hat das Subjekt in eine neue Kategorie der Res extensa, der Raum- und Zeitpunkte aufsteigen lassen, nämlich in das virtuell Infinite, wo sich das Subjekt technisch immaterialisiert.

Das Bewusstsein schafft sich im Verlauf der Evolution durch *survival of the fittest simulation* und durch *simulation of survival* immer komplexere Modelle und bessere Medien. Der legendäre »Geist in der Maschine« schafft sich gleichsam selbst bessere Maschinen. Das Bewusstsein als treibende Kraft der Evolution (er)schafft sich auch die Simulation des Bewusstseins. Die Wirklichkeit ist wegen ihrer Selektionsmechanismen, die ich kurz am Beispiel der Mimikry als Adaptionsstrategie beschrieben habe, durchlöchert von Simulationen, perforiert von Strategien des Scheins und der Täuschung. In solchen Simulationen ist der »Geist in der Maschine«, was Lockwood als Verdichtungen beschreibt, zu suchen.

Digitale Maschinen – das Ende des digitalen Traums?
Christopher G. Langtons Definition der Virtualität zielt ebenfalls in diese Richtung. Für ihn sind »virtuelle Teile« die eigentlichen Moleküle des Lebens, denn ihre Eigenschaften sind weder im System noch in den Teilen selbst zu lokalisieren, sondern treten nur in ihrer Interaktion auf. Virtuell ist ein System dann, wenn seine Teile und sein Ganzes seine Eigenschaften nicht isoliert, sondern nur im Augenblick ihres Zusammenspiels zeigen (Durchdringung würde Bošković sagen). Solche virtuellen Systeme sind nichtlineare dynamische, lebendige Systeme. Der Geist ist ein virtuelles Element in den Maschinen des Körpers. Der Körper funktioniert mit Geist und der Geist im Körper. Wir verstehen nun, was der Versuch bedeutet, den Geist aus dem Körper herauszuoperieren. Gemäß Bošković (»Every point of matter is possessed of the whole of imaginary space«), der Quantentheorie und der Virtualität ist das nicht möglich. Wegen der angeführten Definition der Virtualität

ist es vielleicht notwendig zu sagen, dass Simulation eher mechanischen Systemen und Virtualität eher nichtlinear dynamischen Systemen entspricht. Wenn wir also in unserer Evolutionstheorie von Simulation sprachen, meinten wir eigentlich Virtualität. Erst in der Virtualität erreicht die Simulation ihr Wesen.

Der Prothesenkörper klassischer Funktion ist ein mechanisches System, denn er bleibt sich selbst gleich, er und seine Teile verlieren nie ihre Identität, spalten, entäußern sich nicht. Er ist stets nur die Summe seiner Teile.

Der Computer zeigt schon mehr virtuelle Züge. Als digitaler Automat ist er eine Übersetzung der Natur in eine andere Sprache, die langsam in den Zustand der Virtualität überführt. Er bleibt sich nicht gleich. Seine Hardware, sein Körper, hat sich verändert und wird sich ändern. Was allerdings bleibt, ist, was sein Wesen ausmacht, die binäre Codierung. Für den Computer im Gegensatz zur Uhr ist das Programm, die Sprache, der Algorithmus, die Information, die Botschaft schon wichtiger als der Bote, der Körper, die Maschine. Insofern zeigt er mehr »Geist« als die Uhr. Der Körper wird in dem Maße zu seinem eigenen Klon, je mehr er sich binär chiffriert und entziffert. Er entfernt sich durch Entzifferung. Ist der Körper vielleicht der Quantencomputer, den zu bauen uns nicht gelingt? Wie der Quantencomputer Kopien seiner selbst in andere Universen sendet, so sendet der Körper Kopien seiner selbst in andere Welten, die virtuellen Welten. Der Computer ist also ein simulativer, prothetischer Körper. Das Zugleich von Geist und Körper als Zeichen der Virtualität ist aber in ihm verschleiert schon vorhanden. Solange der Computer ein Prothesenkörper ist, bleibt er ein mechanischer Körper, dem fehlt, was das Leben ausmacht: Virtualität.

Wir haben also einerseits Computer, die den »Geist« des Gehirns simulieren und wir haben Roboter, die das »Leben« des Körpers simulieren. Wird es möglich sein, beides zu vereinen? Den Geist und den Körper? Nur durch Virtualität.

Insofern sind virtuelle Maschinen eine Station auf dem Weg dahin, von der »denkenden« zur »lebenden« Maschine. Die lebende Maschine ist nicht nur virtuell, ja sie ist, wenn ein Unterschied zwischen Mensch und Maschine für ewig bleiben soll, sogar immun gegen Simulation. Wenn alles wie im digitalen Traum durch Zahlen, durch die binäre Chiffrierung künstlich berechenbar, darstellbar und erzeugbar wäre, dann wäre auch alles simulierbar.

Doch ich habe Argumente gezeigt, vor allem aus der Quantenphysik, wonach der digitale Traum nicht universal gültig sein kann. Mein Hauptargument ist aber die Theorie der Simulation selbst. Aids hat gezeigt, dass das perfekte Virus dasjenige ist, das immun gegen Simulation ist. Die erste These lautet also: Der höchste Grad der Simulation ist, selbst gegen Simulation immun zu sein, eine Kopie ohne Original, ein Klon ohne Körper. Früher nannte man das *principium individuationis*. Wenn also eine »lebende« Maschine (auf digitaler Basis), die einen Menschen vollkommen simulieren kann, realisierbar wäre, wir aber annehmen, dass der Mensch selbst der höchste Grad der Simulation ist, das finale Produkt der Evolution als *survival of the fittest simulation*, dann wäre der Mensch ja immun gegen totale Simulation, also nicht total simulierbar. Der Mensch ist also nicht durch eine (digitale) Maschine vollkommen simulierbar.

Wenn Leben eine virtuelle Eigenschaft ist, so die zweite These, hieße das wegen der Definition der Virtualität, dass es keine Eigenschaft ist, die in den Dingen, den Maschinen, den Teilen oder im System steckt, die alle simulierbar wären, sondern nur im Zusammenspiel aller Teile selbst existiert. Dieses virtuelle Zusammenspiel ist aber per definitionem nicht simulierbar. Deswegen ist nicht alles digital simulierbar. Die besten virtuellen Maschinen sind daher bis jetzt das Virus und die Sprache. William S. Burroughs sagt: »Language is a virus of outer space.«[39] Die Sprache ist ein gutes Beispiel für ein virtuelles System in unserem Zusammenhang. Einerseits erscheint die Sprache wie ein mechanisches Uhrwerk, ein determiniertes System mit 26 Elementen (Buchstaben) und einer determinierten algorithmischen Struktur (Grammatik). Manche sind der Ansicht, dass die Sprache nichts anderes ist als eine programmgesteuerte Folge von Varianten, Kombinationen, Permutationen. Doch auch ein unendlicher Zeitraum würde nicht ausreichen, um auf diese Weise den Textkörper (alle Schriftstücke) der letzten zweitausend Jahre zu erzeugen. Dass also jenseits der mechanischen Kapazität der Sprache eine sinnvolle Textmenge erzeugt wurde, was eine rein mechanische Kombination der Textelemente sogar in einer unendlichen Zeit nicht schaffen würde, zeigt, dass auch hier das Argument einer Art natürlicher Selektion von Algorithmen nicht stimmen kann. Die Sprache ist eben mehr als ein mechanisches System. Irgendetwas schafft schneller sinnvollere Kombinationen der Elemente, als es rein mechanisch möglich wäre. Ist dies das, was man Geist nennt? Jedenfalls wäre dieser Geist nicht in der Maschine, in der Maschine der Sprache, auch nicht in der Grammatik zu finden, sondern dort im Gehirn, wo diese determinierten endlichen Elemente und Algorithmen eine unendliche, indeterminierte Folge von sinnvollen Sätzen erzeugen. Erst im dynamischen Spiel der Elemente des mechanischen Systems Sprache, eingebettet in das nichtmechanistische Gehirn, entsteht dieser Zustand der Virtualität, von dem es dann heißt, eine Sprache »lebt«.

Die Quantenmechanik legt also nahe, dass das Moravec-Modell und die AI-Hypothese, dass die Entwicklung des Bewusstseins durch eine natürliche Selektion von Algorithmen oder Programmen stattgefunden habe und solcherart digital simulierbar sei, nicht ausreichend ist und nicht ausschließlich stimmt. Gödels Theorem legt eine nichtalgorithmische Natur des menschlichen »mathematischen« Geistes nahe. Penrose ist ebenfalls der Auffassung, dass nicht alle Computer digital sein müssen und dass nicht alles ein digitaler Computer ist, d. h. nicht alles durch digitale Berechnungen exakt modelliert werden kann.

Virtuelle Maschinen
Nach der Kybernetik, der AI, der Robotik sind virtuelle Maschinen einerseits noch die letzte Ausformung des digitalen Traumes, andererseits beenden sie ihn auch, geben ihn auf. Ein Computer wie NETtalk von Terrence Sejnowski, der sich selbst das Lautlesen eines geschriebenen Textes beibringt, ist einem sprechenden Menschen sehr nahe. Die Simulation (neuronaler Netzwerke) scheint perfekt, entsprechend ist das Ergebnis. Werden die virtuellen Maschinen zu Hauptdarstellern eines globalen Prozesses, in dem der Mensch einfach Zuschauer und Parasit wird? Die perfekte technische Mimesis bzw. Simulation wäre so weit fortgeschritten, dass sie an die Stelle einer natürlichen eine künstlich fabrizierte Welt setzt, in der der Mensch sich selbst abstrahiert und nur noch als Zuschauer auftritt. Die Parabel zeigt uns die Folge einer solch perfekten Simulation: der Mensch als Simulator der Maschine als leere Form und deshalb Mythen und anderen herrschsüchtigen Programmierern der Wirklichkeit, die nochmals die Totalität und Authentizität versprechen, leicht zugänglich. Doch diese allein von Computern gesteuerten, errechneten und konstruierten Welten nennt man deswegen virtuelle Welten, weil sie nicht die Natur digital nachahmen, sondern die Täuschung simulieren. Sie sind Simulationen, Computer- bzw. Cybermodelle von imaginären Welten, wobei diese Welten die Gesetze der Logik und Physik gleichzeitig scheinbar einhalten und nicht einhalten, weil sie imaginäre Räume erzeugen, in denen Irreales möglich ist. Virtuelle Welten sind Illusionswelten, dreidimensionale Beinahewelten auf der Basis

---

39 William S. Burroughs, *Nova Express*, Grove Press, New York, 1964, S. 45.

von digitaler Technologie. Virtuelle, künstliche Wirklichkeiten sind aber alternative Wirklichkeiten, Informationsräume, die in den Dimensionen Raum und Zeit imaginäre Objekte enthalten, die direkt oder aus der Entfernung manipuliert werden können. Die Objekte der virtuellen Realität reagieren auf den Menschen, sind durch den Betrachter steuerbar, z. B. können die Kopfbewegungen des Betrachters die dargestellten, digital simulierten Objekte in verschiedenen Proportionen und Perspektiven zeigen. Der Mensch interagiert also mit den Produkten seiner Imagination, welche die Computer ihm digital vorzaubern. Gerade aber dadurch sind virtuelle Welten mehr als nur künstliche, digitale Wirklichkeitssimulationen.

Denn der Beobachter ist im Bild selbst, der Beobachter ist ein emphatischer Teil dieser künstlichen Wirklichkeit. Der Betrachter kann die Illusion haben, sein Körper agiere als Klon innerhalb des eigenen Gesichtsfeldes, und er steuert gleichzeitig von außerhalb der virtuellen Welt die imaginären Objekte und relativiert so die Universalität des digitalen Traumes. Denn der Betrachter selbst, als Erzeuger dieser virtuellen Welt, ist ja nicht digitalisiert. Eine Maschine anstelle eines Menschen als Beobachter in der virtuellen Welt würde ja keinen Sinn ergeben, denn für die Maschine ist alles simuliert. Es gibt keine Unterschiede zwischen realer Person und computergeneriertem Objekt, da beide gleichzeitig in der Datenbrille gleichzeitig existieren. Für den Bildschirm des Computers wäre alles digital simuliert, auch wenn er einen Hinweis hätte, der ihm sagt, diese Objekte existieren vor der Brille (external) und jene Objekte existieren auf und durch die Brille (internal).

In der virtuellen Welt durchdringen Simulation, Imagination, Realität einander. Das macht sie wie gesagt psychotisch, aber gleichzeitig zu einem Residuum des Nichtdigitalisierbaren. Virtuelle Welten sind also durch die Rolle des Betrachters, des Schnittflächenbenutzers von realer und simulierter Welt, eine quantenmechanische Einschränkung des digitalen Traumes. Virtuelle Welten stehen zwischen digitalem Traum und Quantenmechanik. So entsteht eine computerkontrollierte und -erzeugte Umgebung, die aber auf menschliche Bedürfnisse und Ideen reagiert. Wäre alles berechenbar, wäre alles determiniert. So aber gibt es die Alternative: Die Simulation von Imagination durch virtuelle Maschinen könnte eine Determinierung der Imagination bedeuten oder aber eine Öffnung des Determinierten durch Imagination. Die Chaostheorie und die Quantenphysik verweisen eher auf das Indeterminierbare des geistigen Kosmos. Digitale Kunst, Kunst aus dem Kosmos der Zahlen, verbindet ebenfalls beides, die digitale Finalität und die Infinitheit der Imagination, die Verteidigung des Menschen, indem er immer weniger simulierbar wird, aber nicht, indem das Digitale verfemt wird, indem das, was berechenbar ist, abgebunden wird, sondern im Gegenteil: Alles, was berechenbar, formalisierbar, mechanisierbar ist, soll erforscht und getan werden, damit es abgestoßen und entäußert werden kann. Maschinenunterstützte künstlerische Kreativität ist daher kein Widerspruch ebenso wenig wie postbiologisches Leben. Denn beides heißt noch nicht Geist. Eine digitalisierbare, künstlerische Kreativität, ein Expertensystem zur Erzeugung von Kunst, ein Algorithmus zur Herstellung von Kunstwerken wird eines Tages möglich sein und Kunstwerke jeglicher Art liefern, die den »echten« gleichrangig sind. Damit wird nur gezeigt, wie wenig die bisherige Kunst wert war, wie mechanisch und ungeistig, und wie sehr wir eine Ästhetik des Virtuellen brauchen. Die mechanisierte Kreativität, der Automat, wird uns daher befreien. Kann Technik als Aufklärungsarbeit des Menschen begriffen werden, indem er sich selbst erforscht?

Virtuelle Maschinen verpassen also dem Geist neue Körper, indem sie ihn in neue Telekörper und Teleorgane verpacken. Sie führen fort, was Moravec »den Geist aus dem Körper holen« nennt. Nach den Kleidern, den mechanischen Maschinen, erhält der Kaiser, der Geist, nun auch neue Körper. Nur geschieht das weder transplantativ noch biogenetisch, noch roboterhaft, sondern indem der Geist neue künstliche »Organprothesen« erhält, nämlich die virtuellen Maschinen wie Datenhandschuh etc. Diese Teleorgane machen den Menschen zum »Prothesengott« (Freud) bzw. zum Telegott, zum Gott der Telepräsenz statt Allgegenwart. Virtuelle Maschinen erzeugen einen Telekörper. Insofern sind sie des Kaisers, des Geistes, neue Körper.[40]

Dieser Text wurde erstmals 1990 in dem von Peter Weibel und Gottfried Hattinger herausgegebenen Band *Ars Electronica. Virtuelle Welten*, Band 2, Veritas, Linz, S. 9-38, auf Deutsch und Englisch veröffentlicht. Diese Publikation erschien zur Ars Electronica 1990 *Digitale Träume - Virtuelle Welten* in Linz, deren künstlerischer Leiter Peter Weibel war. Der Text wurde in Rolf Sachsse (Hg.), *Peter Weibel. Gamma und Amplitude. Medien- und kunsttheoretische Schriften*, Philo & Philo Fine Arts, Berlin, 2004, S. 366-406, wiederabgedruckt. Auf Englisch ist er unter dem Titel »Virtual Worlds: The Emperor's New Bodies«, in: Jun-Jieh Wang (Hg.), *Navigator - Digital Art in the Making*, National Taiwan Museum of Fine Arts, Taichung, Taiwan, 2004, S. 146-167, wiederabgedruckt worden.

---

40 Vgl. *Traverses*, Nr. 44-45: *Machines virtuelles*, 1988, Centre Georges Pompidou, Paris.

Transformationen der Techno-Ästhetik

1991

Im Folgenden soll die Auffassung begründet werden, dass die durch die technischen Medien hervorgebrachte Kunst eine in vielerlei Hinsicht radikal andere ist als die Kunst davor. Die Medienkunst ist eine Transformation, wenn nicht sogar Transgression, eine Überschreibung und Überschreitung der klassischen Künste. Die Überschreitung hat (auch) mit der Grundlagenkrise der Kunst im Zeitalter der Techno-Kultur zu tun, welche als Krise der Moderne die Postmoderne hervorgebracht hat.

Diese Transformation soll an zentralen Begriffen der klassischen Ästhetik untersucht werden, als da sind Autor, Werk, Wahrheit etc. Ich werde zeigen, wie diese Begriffe in Schwierigkeiten geraten und Widersprüche oder Fallen erzeugen, wenn sie zur Beschreibung von Medienkunstwerken herangezogen werden.

Betrachten wir einflussreiche Ästhetiken der letzten zwei Jahrhunderte, dann fällt auf, dass sie auf einer Ontologie des Bildes aufgebaut sind, auf einem statischen Seinsbegriff, welcher a priori das Wesen der Medienkunst, besonders des bewegten Bildes, negiert bzw. ausschließt, nämlich dessen Dynamik, dessen Immaterialität und dessen Zeitform. Zeitform eines dynamischen Systems zu sein, ist die Seinsform der Medienkunst. Statt auf einem statischen Seinsbegriff baut die Techno-Kunst auf einem dynamischen (interaktiven) Zustandsbegriff auf. Um Missverständnissen vorzubeugen, sei gleichfalls erwähnt, dass klassische Kunst und Medienkunst sich einen gemeinsamen semantischen Raum teilen und zwar, mengentheoretisch gesprochen, als Durchschnitt.

Ästhetische Theorien?

Eine Ästhetik ist im Wesentlichen der Versuch, eine Theorie zu formalisieren, die aus dem Umgang mit einer bestimmten Menge intuitiven künstlerischen Materials gewonnen worden ist. Es werden dabei nicht nur formale Mechanismen und Regeln der Beurteilung, sondern auch der Erzeugung explizit oder implizit eingeführt. Dabei sind die impliziten Systeme, die ohne unser Wissen unser alltägliches Verhalten bestimmen, nach Michel Foucault die entscheidenden, weil sie die eigentlichen Zwänge auf uns ausüben.

Das Wesentliche eines formalen Systems der Ästhetik ist daher nicht so sehr seine Interpretations- und Erzeugerkapazität, sondern eben jenes (meist) implizite System, das den verwendeten Worten und Symbolen ihre Bedeutung zuordnet. Es wird also ein semantisches Feld abgesteckt, sozusagen der Paradigma-Claim, auf dem das Kunstwerk angesiedelt wird. Auf der Grundlage dieses expliziten oder impliziten semantischen Feldes wird nun geurteilt (und auch erzeugt), was ein Kunstwerk sei, wie ein Gebilde in ein Kunstwerk transformiert werde und was ein gutes Kunstwerk definiere. Ohne dieses semantische Feld, auf dem das ästhetische System aufgebaut wird, ohne diesen elementaren Kontext ist die Frage nach dem (Text des) Kunstwerk(es) sinnlos. Daher wird also besonders jenem Isomorphismus Augenmerk geschenkt, welcher die Menge des intuitiven Materials I in eine Theorie T verwandelt, indem er den Symbolen, Materialien und Regeln von *I* ihre Bedeutung in *T* zuordnet. Natürlich gibt es grundsätzliche Beschränkungen, wie wir seit Kurt Gödels Unvollständigkeitssatz von 1931 wissen: Intuitive und mentale Prozesse lassen sich nicht vollständig in einem formalen System abbilden. Doch unser Argument gegen die Gültigkeit des klassischen Isomorphismus, wie er sich in den bekannten ästhetischen Systemen ausdrückt, ist die historische Beschränkung der semantischen Realisierung durch diesen Isomorphismus. Wie kann man hoffen, dass die symbolischen Ausdrücke von *T* den intuitiven Gehalt des Materials *I* abdecken, wenn das Material, wie es in der technischen Medienkunst der Fall ist, relativ neu ist und zum Teil zur Zeit der Theorienbildung noch gar nicht existierte, und die entsprechenden Begriffe der Theorie sich an altem Material ausgebildet haben? Die klassischen Ästhetiken sind schließlich vor dem Auftauchen der Bewegungs- und Medienkunst entstanden.

Vom Ursprung der Techno-Kunst aus der industriellen Revolution
Das Problem, mit dem wir es zu tun haben, sind weniger die Ästhetiken selbst als die Geschichtsmächtigkeit, mit der diese Ästhetiken des Statischen und die ihnen nachgebildeten gegenwärtigen Systeme bis heute die Kultur dominieren. Es geht also darum, den Ursprung dieser Ästhetiken des Statischen, die Formation ihrer Begriffe und die Ursache ihrer sozialen Wirksamkeit zu finden bzw. zu beschreiben. Wir werden ihren Ursprung in das 19. Jahrhundert verlegen und die Ursache der Geschichtsmächtigkeit in der Dominanz des Kapitals orten. Dies deswegen, weil unsere fundamentale These lautet: Es ist die industrielle Revolution, insbesondere die zweite elektronische (postindustrielle) Phase, welche die Transformation der klassischen Kunst in die Medienkunst bewirkt hat. Die geltenden ästhetischen Urteile sind aber von dieser Transformation mehr oder minder unberührt geblieben, weil die Logik des Kapitals, die untrennbar mit der Logik der Kunst verknüpft ist, die soziale Dominanz der klassischen Ästhetiken durchsetzt. Einerseits willentlich aus Gründen des Klassenkampfes, der gesellschaftlichen Reproduktion von Wissen als Monopol der staatlich subventionierten Bürgerkultur, andererseits weil die Adjustierung der klassischen Ästhetiken an die zeitgenössischen künstlerischen Produktionsmethoden eine Analyse des Isomorphismus von *I* und *T* bedeuten würde, die letztlich nach einer Uminterpretation seiner sozialen Basis, der industriellen Revolution verlangen würde, also nach einer radikalen Infragestellung der gesellschaftlichen Ordnung selbst. Die klassischen Ästhetiken sind ein Instrument des Klassenkampfes, dessen Kern die Ideologisierung der Isomorphie darstellt, welche den Produkten der menschlichen Kreativität nach klassenspezifischen Interessen Symbole und deren Bedeutungen zuordnet. Die Kapazität der Selbstbestimmung des Menschen kann in der gegenwärtigen industriellen Gesellschaft auf der Höhe der historischen Möglichkeiten weder realisiert noch vollständig erfahren werden, weil die semantische Realisation aller Isomorphismen, nicht nur der ästhetischen, sondern auch der ökonomischen, moralischen etc., dies verhindert. Durch eine sistierte Ästhetik werden die historischen Möglichkeiten der industriellen Revolution für eine gesteigerte Entfaltung der individuellen Möglichkeiten sistiert.

Dies ist der eigentliche Sinn jener ungeheuren Wortschlachten auf dem ästhetischen Feld. Meine Absicht ist es, diese implizite Zwangsjacke historischer, ästhetischer Systeme, welche die Medienkunstwerke bedecken und fesseln, zu zeigen. Darum ist es paradox, wenn der klassischen Kunst das Wort »Freiheit« in den Mund gelegt wird, so wie etwa die Feststellung, dass das Wort »lang« ja selbst kurz ist. Diese Freiheit der Kunst ist eine Art heterologische Paradoxie (siehe das implizite Zwangssystem).

Ästhetische Systeme
Wie kann eine Ästhetik des Statischen auf eine Kunst der Bewegung angewendet werden? Unsere Kultur, in der eine Ästhetik des Statischen und des Objekts dominiert, wird daher

mehrheitlich und fundamental eine Ästhetik der Bewegung und der Zeit exilieren und marginalisieren. Dies entspricht auch der tatsächlichen Situation, wenn wir den zentralen Schauplatz der Kultur im Kapitalismus, den Markt, betrachten. Eine Ästhetik des Objekts triumphiert über die Ästhetik des Zeichens (der Sprache, der immateriellen elektronischen Zeichen, der reisenden Zeichen der Zeit), eine Ästhetik des Raumes herrscht über die Zeit.

Beginnen wir mit der klassischen Kunstdefinition Gotthold Ephraim Lessings von 1766 in seiner Abhandlung über *Laokoon*: »Es bleibt dabei: die Zeitfolge ist das Gebiet des Dichters, so wie der Raum das Gebiete des Malers.«[1] Dem Raum werden isomorph Bild und Skulptur und deren Symbole zugeordnet, der Zeit Musik und Sprache. Was geschieht nun aber, wenn aufgrund einer fortgeschrittenen Dynamisierung der Gesellschaft und einer Technologie der Bewegung die Bilder und Skulpturen selbst bewegt und dadurch zur Kunst der Zeit werden? Wenn es Bilder der Zeit gibt? Dann treten genau jene Widersprüche auf, wie ich sie vorher prophezeit habe. Allerdings besteht das Problem darin, dass diese Widersprüche gar nicht gesehen werden und aufgrund der beschriebenen ideologischen Funktion der Isomorphie auch gar nicht wahrgenommen werden können. Insofern die zeitbegründeten Werke nicht in das Schema des ästhetischen Systems passen, werden sie einfach nicht evaluiert. Da die klassischen Kriterien nicht passen, nicht passen können, werden die Werke ausgestoßen. Dies wird mit der Behauptung legitimiert, es gebe ja gar keine guten Werke der Medienkunst. Kein Wunder, da sie dem isomorphen Apparat der klassischen Ästhetik gar nicht entsprechen.

Kant und die Repräsentanz-Theorie der Kunst: Kunst und Schönheit
Immanuel Kant sagt: »Eine Naturschönheit ist ein *schönes Ding*; die Kunstschönheit ist eine *schöne Vorstellung* von einem Dinge.«[2] Die Kunstschönheit wird also als repräsentative Relation definiert, wobei die Eigenschaft des repräsentierten Objekts von diesem subtrahiert und auf die Relation selbst projiziert wird. Die Abbildung des Objekts durch den Isomorphismus (die Repräsentanz) verwandelt und neutralisiert das Objekt (zu einem Abstraktum). Die Objekteigenschaften werden zu Relationseigenschaften und umgekehrt. Zumeist werden die Eigenschaften der isomorphen Abbildung auf das abgebildete Objekt selbst übertragen: »Die schöne Kunst zeigt darin eben ihre Vorzüglichkeit, daß sie Dinge, die in der Natur häßlich oder mißfällig sein würden, schön beschreibt. Die Furien, Krankheiten, Verwüstungen des Krieges, und dergleichen können, als *Schädlichkeiten*, sehr schön beschrieben, ja sogar im Gemälde vorgestellt werden [...].«[3]

Kunst als schöne Beschreibung häßlicher Dinge ist nicht nur moralisch verwerflich, sondern vor allem als Isomorphie nicht valide. Wenn Krankheiten als schön beschrieben werden können, dann handelt es sich um beliebige Zuordnungen und Entsprechungen, um *x*-beliebige Isomorphismen. Dann können nicht nur Schmerzen als schön und heilsam, Verbrechen als schön und nützlich, dann kann auch das Hässliche selbst als schön beschrieben werden. Woher aber soll ich dann wissen, dass das Hässliche hässlich ist? Es handelt sich also wiederum um einen Widerspruch. Kant ist das selbst aufgefallen, darum hat er – ähnlich wie bei den hundert Jahre später auftretenden Paradoxien der Mengenlehre – naive Einschränkungen auferlegt: »Nur eine Art Häßlichkeit kann nicht der Natur gemäß vorgestellt werden, ohne alles ästhetische Wohlgefallen, mithin *die* Kunstschönheit, zu Grunde zu richten: nämlich diejenige, welche *Ekel* erweckt.«[4]

---

1   Gotthold Ephraim Lessing, »Laokoon oder über die Grenzen der Malerei und Poesie«, in: ders., *Werke*, Bd. 6, Hanser, München, 1970, S. 9-187, hier S. 116.
2   Immanuel Kant, *Kritik der Urteilskraft*, Werkausgabe, Bd. 10, Suhrkamp, Frankfurt/M., 1974, S. 246.
3   Ibid., S. 247.
4   Ibid.

Die Kunst kann daher nur jenseits von schön und hässlich, jenseits der Diktatur des Geschmacksurteils funktionieren, wie Marcel Duchamp gezeigt hat. Um die in seinem Isomorphismus lauernde Beliebigkeit zu kaschieren, muss Kant das relationale Gefüge seines ästhetischen formalen Systems zurückbiegen auf den Ausgangspunkt der Referenz selbst. Seine Isomorphie wird selbstreferenziell. Die zu *I* gehörenden Symbole *S* werden zuerst in *T* abgebildet, wobei die Eigenschaften von *S* auf *T* projiziert, um schließlich wieder auf *I* rückprojiziert zu werden. Die Naturschönheit ist zuerst ein schönes Ding. Repräsentanz und Objekt sind isomorph, identisch. Die Kunstschönheit zeichnet sich dadurch aus, dass Repräsentanz (schön) und Objekt (schändlich) getrennt sind, eine arbiträre Relation haben, wie später Ferdinand de Saussure entdecken wird. Diese Arbitrarität wird verdeckt, indem die Kunstschönheit nicht mehr das Ding ist, sondern bloß repräsentiert. Die Repräsentanzfunktion übernimmt dabei die Eigenschaften des Objekts. Der Signifikant wird gleichsam zum Signifikat. Daher ist es logisch, dass schließlich auch die Differenz zwischen Naturschönheit und Kunstschönheit zerfällt und wieder identisch wird. In einem semantischen Zusammenbruch wird die Kunstschönheit doch wieder zu einer Naturschönheit.

»Schöne Kunst ist eine Kunst, sofern sie zugleich Natur zu sein scheint. An einem Produkte der schönen Kunst muß man sich bewußt werden, daß es Kunst sei, und nicht Natur; aber doch muß die Zweckmäßigkeit in der Form desselben von allem Zwange willkürlicher Regeln so frei scheinen, als ob es ein Produkt der bloßen Natur sei. Auf diesem Gefühle der Freiheit im Spiele unserer Erkenntnisvermögen, welches doch zugleich zweckmäßig sein muß, beruht diejenige Lust, welche allein allgemein mitteilbar ist, ohne sich doch auf Begriffe zu gründen. Die Natur war schön, wenn sie zugleich als Kunst aussah; und die Kunst kann nur schön genannt werden, wenn wir uns bewußt sind, sie sei Kunst, und sie uns doch als Natur aussieht.«[5]

Aus dieser Passage erkennen wir, dass sich unter dem (scheinbaren) Antagonismus von Natur und Kunst in Kants Begriffsnetz ein weiterer (scheinbarer) Antagonismus verbirgt, nämlich von Zweckmäßigkeit und Freiheit. Kunst soll zwar von Regeln hergestellt sein, durch Absichten geleitet werden und einem Zweck folgen, aber gleichzeitig muss sie die Eigenschaften der Natur aufweisen, einer natürlichen Ordnung folgen und nicht willkürlichen Regeln. Sie soll ein freies Spiel sein und nicht dem Zwang der Zweckmäßigkeit unterliegen. Dieser Widerspruch zwischen Naturschönheit und Kunstschönheit ist also der von Absicht und Absichtslosigkeit, von Zweck und Zwecklosigkeit, von Interesse und Interesselosigkeit. Die Aporie in Kants ästhetischem System verlangt, dass ein Kunstprodukt gleichzeitig ein Naturprodukt ist. Da dies aber nicht möglich ist, soll es Kunst sein, aber wie Natur scheinen. Der Kunst haftet also der Schein als Notwendigkeit an. Die Kunst wird zu einer Maschinerie der Illusion. Sie soll ein Produkt von Regeln sein, aber die Regeln nicht zeigen. Sie soll absichtlich sein, doch nicht absichtlich scheinen. »Also muß die Zweckmäßigkeit im Produkte der schönen Kunst, ob sie zwar absichtlich ist, doch nicht absichtlich scheinen; d. i. schöne Kunst muß als Natur *anzusehen* sein, ob man sich ihrer zwar als Kunst bewußt ist. Als Natur aber erscheint ein Produkt der Kunst dadurch, daß zwar alle *Pünktlichkeit* in der Übereinkunft mit Regeln, nach denen allein das Produkt das werden kann, was es sein soll, angetroffen wird; aber ohne *Peinlichkeit, ohne daß die Schulform durchblickt*, d. i. ohne eine Spur zu zeigen, daß die Regel dem Künstler vor Augen geschwebt, und seinen Gemütskräften Fesseln angelegt habe.«[6]

Doch der Illusionscharakter der Kunst ist nicht der alleinige logische Kunstgriff, mit dem Kant den Widersprüchen seiner Ästhetik zu entfliehen trachtet. Er führt dazu zwei

---

5   Ibid., S. 240f.
6   Ibid., S. 241.

weitere Begriffe ein, nämlich das Genie und das Sublime. Das Genie ist eine Art Deus ex Machina, welcher die widersprüchlichen Eigenschaften in sich vereint. Es ist nämlich Natur pur, welche der Kunst die Regeln gibt. Genie ist gleichsam eine angeborene, also natürliche Regel. Über das Genie schreibt die Natur der Kunst die Regeln vor. Das Genie ist dadurch ausgezeichnet, dass es die historischen Regeln der Kunst weder kennt noch akzeptiert. Das Genie kennt keine Regeln, weil es selbst Regeln setzt. Das Genie ahmt nicht irgendwelche Regeln nach, sondern ist ursprünglich, sein Maß ist die Originalität allein. Daher müssen die »schöne Künste notwendig als Künste des *Genies* betrachtet werden.«[7] Um den logischen Konflikt zwischen Regeln und Regelfreiheit zu lösen, erfindet Kant den Begriff des Originalgenies. Von daher datiert der Mythos des Originals, sei es als Schöpfer, sei es als Werk, welcher die Kunst des 20. Jahrhunderts, die eine technische Kunst der Reproduktion ist, negativ überschattet.

Die logische Kluft zwischen Natur und Kunst, d. h. zwischen Freiheit und Regel, löst Kant, indem er ein Tertium Comparationis einführt, das Genie, vergleichbar dem Geld. Das Genie ist regellos, daher ist es Natur, und zugleich setzt es Regeln, daher ist es Kunst. Das Genie, das »als *Natur* die Regel gebe«[8], ist Kunst und Natur zugleich. Kant musste den Begriff des Originalgenies einführen, um die begrifflichen Widersprüche seines Systems zu überbrücken und zu kitten. Nur durch das Genie kann Kunst in seinem System schöne Kunst werden. Damit wurde zwangsläufig die technische, mechanische, konzeptuelle Kunst, für die das Walten eines »natürlichen« Genies, beispielsweise seine »natürlichen« Handbewegungen (gestisch, motorisch) weniger zu beobachten waren als die Regeln des Systems, der Sprache, die mechanischen Bewegungen oder digitalen Berechnungen des Apparates, nicht nur abgewertet, sondern zur zweckmäßigen Nichtkunst oder Lohnkunst, zu Gewerbe erklärt. Der »Konstrukteur« ist nicht das Sinnbild des Originalgenies. »Es lebe die Maschinenkunst« – dieses künstlerische Programm, das zu Anfang des 20. Jahrhunderts einsetzte, war daher ein Gegenprogramm zu Kants Ästhetik und bildet auf logische Weise ein Element der Antikunst, die sich als Negation der klassischen Ästhetik versteht.

Unter dem Druck der »Naturgabe der Kunst als schöner Kunst«[9], des Genies und der Originalität wird die mechanische Kunst zu einer minderwertigen Kunst des Fleißes und der Erlernung. Aber um den Naturbegriff zur Kunst erweitern zu können, reichte der Begriff der Schönheit nicht aus. Da auch in der Natur selbst Regeln und Systeme nach Gesetzen vorzufinden sind (»Die selbständige Naturschönheit entdeckt uns eine Technik der Natur, welche sie als ihr System nach Gesetzen [...] vorstellig macht [...].«[10]), kollabierte die Unterscheidung des Kunstschönen vom Naturschönen auf der Basis der Regelmäßigkeit. Zur Differenzierung musste daher Kant einen weiteren Begriff einführen, den der Erhabenheit, den er dann allerdings nicht in der Natur, sondern nur im Menschen selbst verankern konnte. »Zum Schönen der Natur müssen wir einen Grund außer uns suchen, zum Erhabenen aber bloß in uns und der Denkungsart, die in der Vorstellung der ersteren Erhabenheit hineinbringt; eine sehr nötige vorläufige Bemerkung, welche die Ideen des Erhabenen von der einer Zweckmäßigkeit der *Natur* ganz abtrennt [...].«[11]

Erhabenheit ist also nur im urteilenden Subjekt, nicht im Naturobjekt selbst zu finden. Nicht die Gebirgsmassen sind erhaben, sondern die Macht der Einbildungskraft des Menschen erregt in uns das Gefühl des Erhabenen. Kunst als Mythos des Originals – vom

---

7   Ibid., S. 242.
8   Ibid.
9   Ibid., S. 244.
10 Ibid., S. 166.
11 Ibid., S. 167.

Schöpfer als Originalgenie bis zum Werk als Original – entstand, weil Kant so die Widersprüche der Produktion auf der Seite des Menschen, nämlich dass offensichtlich dabei Regeln befolgt wurden, aber gleichzeitig nicht befolgt werden durften, zu tilgen hoffte. Mit einem zweiten Mythos der Kunst, nämlich dem Mythos der Imagination, hoffte Kant, die Widersprüche der Produktion aufseiten der Natur, da es offensichtlich auch in der Natur Regeln und Gesetze gibt, zu löschen. Kants Ästhetik der Repräsentation ist insofern transzendental, als sie nicht nur das konstitutive Element der Schönheit in den Repräsentationsapparat selbst verlagert hat (in der Natur ist ein Ding schön, in der Kunst ist die Repräsentation eines Dings schön), sondern auch die eigentliche zentrale ästhetische Kategorie, nämlich das Erhabene, in das Bewusstsein des Subjekts. Andererseits bleibt Kants Ästhetik stets referenziell auf die Realität der Dinge angewiesen. »Man kann das Erhabene so beschreiben: es ist ein Gegenstand (der Natur), *dessen Vorstellung das Gemüt bestimmt, sich die Unerreichbarkeit der Natur als Darstellung von Ideen zu denken.*«[12] Durch diese Referenz der Repräsentation auf die Natur als letzten Signifikanten liefert Kant letztendlich doch eine ontologische Begründung des Kunstwerkes.

Heidegger und die ontologische Begründung des Kunstwerks: Kunst und Sein
Martin Heidegger hat die Physik des Dinghaften am Kunstwerk auf die Spitze getrieben. Er wählte als exemplarisches Werk Vincent van Goghs bildliche Darstellung von »Schuhzeug« (*Ein Paar Schuhe*, 1886). »Aus der dunklen Öffnung des ausgetretenen Inwendigen des Schuhzeugs starrt die Mühsal der Arbeitsschritte. In der derbgediegenen Schwere des Schuhzeugs ist aufgestaut die Zähigkeit des langsamen Ganges durch die weithin gestreckten und immer gleichen Furchen des Ackers, über dem ein rauher Wind steht. Auf dem Leder liegt das Feuchte und Satte des Bodens. Unter den Sohlen schiebt sich hin die Einsamkeit des Feldweges durch den sinkenden Abend. In dem Schuhzeug schwingt der verschwiegene Zuruf der Erde, ihr stilles Verschenken des reifenden Korns und ihr unerklärtes Sichversagen in der öden Brache des winterlichen Feldes. Durch dieses Zeug zieht das klaglose Bangen um die Sicherheit des Brotes, die wortlose Freude des Wiederüberstehens der Not, das Beben in der Ankunft der Geburt und das Zittern in der Umdrohung des Todes. *Zur Erde* gehört dieses Zeug und in der *Welt* der Bäuerin ist es behütet. Aus diesem behüteten Zugehören ersteht das Zeug selbst zu seinem Insichruhen.«[13]

Doch nicht nur Welt und Erde sind da im Zeug, van Goghs Gemälde ist die Öffnung dessen, was das Zeug, das Paar Bauernschuhe, in Wahrheit ist. »Das Kunstwerk gab zu wissen, was das Schuhzeug in Wahrheit ist.«[14] Um die Probe aufs Exempel zu machen, verweisen wir auf den Brief Meyer Schapiros, worin dieser nachwies, dass es sich bei den abgebildeten Schuhen nicht um irgendwelche Bauernschuhe, sondern um Stadtschuhe von van Gogh höchstpersönlich handelte, mit denen dieser die Boulevards von Paris abgegangen ist. In ihnen wäre also nicht der Zuruf der Erde, sondern der Steine und der Stadt zu suchen. Das Zeugsein des Zeuges bedarf des Kunstwerks, um als solches zu sein. »Erst durch das Werk und nur im Werk, kommt das Zeugsein des Zeuges eigens zu seinem Vorschein.«[15] Wenn wir nun das Ding mit Heidegger als eine Art von Zeug definieren, »das seines Zeugseins entkleidet« ist, so sehen wir, dass Heidegger versucht, über das Tripel Ding, Zeug und Werk zum Begriff des Seienden im Allgemeinen vorzustoßen. »Dieses Seiende tritt in die Unverborgenheit seines Seins heraus. Die Unverborgenheit des

---

12 Ibid., S. 193.
13 Martin Heidegger, *Der Ursprung des Kunstwerkes*, Reclam, Stuttgart, 1960, S. 27f.
14 Ibid., S. 29.
15 Ibid., S. 30.

Seienden nannten die Griechen *alétheia*. Wir sagen Wahrheit und denken wenig genug bei diesem Wort. Im Werk ist, wenn hier eine Eröffnung des Seienden geschieht in das, was und wie es ist, ein Geschehen der Wahrheit am Werk.«[16] Das Zeug bedarf also des Werks nicht um zu sein, sondern, um wahr zu sein. Wenn das allgemeine Wesen der Dinge und des Zeuges im Werk wiedergegeben wird, so deshalb, denn »im Werk der Kunst hat sich die Wahrheit des Seienden ins Werk gesetzt«[17]. Das Dinghafte des Dings, das Zeugsein des Zeuges und das Werkhafte des Werkes bilden bei Heidegger die dreifache Begründung des Kunstwerks aus dem Sein. Das Sein des Seienden kommt im Werk in das Lichte seines Seins. Doch dieses Sein hat nur insofern Bedeutung, als es unverborgen ist, als es wahr ist. Wie bei Kant ein Signifikant den anderen verdeckte, verbirgt der Text des Seins den Subtext der Wahrheit. Es geht nicht mehr um Naturschönheit und Kunstschönheit, sondern die neuen Antagonismen lauten: Wahrheit des Seins und Kunstwerk. Im Kunstwerk hat sich die Wahrheit des Seienden ins Werk gesetzt. Die Verkoppelung von Werkbegriff und Wahrheitsbegriff in der Kunst ist allein möglich durch ihre ontologische Fundierung, durch ihre Referenz auf das Sein. Bei Heidegger tritt das Sein an die Stelle des Schönen bei Kant. Das Schöne ist nur noch das Erscheinen der Wahrheit. Das Schöne gehört zum Sich-Ereignen der Wahrheit.

Kunst und Wahrheit:
Hegels Begründung und Beendigung der Kunst durch den absoluten Geist
Die Frage nach der Wahrheit als Begriffsbestimmung der Kunst hat Georg Wilhelm Friedrich Hegel in seinen *Vorlesungen über die Ästhetik* eingeführt: »Die Form der *sinnlichen Anschauung* nun gehört der *Kunst* an, so daß die Kunst es ist, welche die Wahrheit in der Weise sinnlicher Gestaltung für das Bewußtsein hinstellt.«[18]

Die Repräsentanztheorie Kants lehnt er vorweg ab. Er durchschaut den Trick der isomorphen Abbildung, mit der die Qualität von Gegenständen (z. B. »schöne Blumen«) zur allgemeinen Schönheit (der Natur und der Kunst) abstrahiert wird. Seine Referenz, sein letzter Signifikant ist der Geist. Hegel fundiert die Kunst aus dem Geist (nicht aus der Natur). Daher steht die Kunst a priori über der Natur. »Denn die Kunstschönheit ist die *aus dem Geiste geborene und wiedergeborene* Schönheit, und um soviel der Geist und seine Produktionen höher steht als die Natur und ihre Erscheinungen, um soviel auch ist das Kunstschöne höher als die Schönheit der Natur.«[19]

Auch wendet sich Hegel gegen Kants Bestimmung der Kunst als Illusion, als Schein. Da Kunst vom Geist kommt, kann sie nicht täuschen, sondern ihr Schein ist nur der höhere Schein des Geistes, der dem Anschein der Dinge widerspricht. »[D]er *Schein* selbst ist dem *Wesen* wesentlich, die Wahrheit wäre nicht, wenn sie nicht schiene und erschiene, wenn sie nicht *für* Eines wäre, *für* sich selbst sowohl als auch für den Geist überhaupt.«[20] Der Kunst fehlen daher nicht Wahrheit und Realität, denn die Welt der gewöhnlichen Wirklichkeit, der Empirie, deren Eigenschaften der Kunst fehlen mögen, ist nicht »die Welt der wahrhaften Wirklichkeit«[21]. »Den Schein und die Täuschungen dieser schlechten, vergänglichen Welt nimmt die Kunst von jenem wahrhaften Gehalt der Erscheinungen fort und gibt ihnen eine höhere, geistgeborene Wirklichkeit. Weit entfernt also, bloßer Schein zu sein, ist den

---

16 Ibid., S. 30.
17 Ibid.
18 Georg Wilhelm Friedrich Hegel, *Vorlesungen über die Ästhetik I*, Werke, Bd. 13, Suhrkamp, Frankfurt/M., 1986, S. 140.
19 Ibid., S. 14.
20 Ibid., S. 21.
21 Ibid., S. 22.

Erscheinungen der Kunst, der gewöhnlichen Wirklichkeit gegenüber die höhere Realität und das wahrhaftigere Dasein zuzuschreiben.«[22]

Das Wirkliche und Wahre stiftet der Geist. An dessen Absolutheit allerdings scheitert nicht nur die Realität, sondern letztlich auch die Kunst. Die Kunst schwebt zwar über der Natur, aber unter dem Geist. Scheint Hegel zuerst die Kunst (vor Kant) retten zu wollen, stürzt er sie bald umso tiefer, als er beginnt, die Kunst an den absoluten Ansprüchen des Geistes zu messen. »Wenn wir nun aber der Kunst einerseits diese hohe Stellung geben, so ist andererseits ebensosehr daran zu erinnern, daß die Kunst dennoch weder dem Inhalt noch der Form nach die höchste absolute Weise sei, dem Geiste seine wahrhaften Interessen zum Bewußtsein zu bringen. Denn eben ihrer Form wegen ist die Kunst auch auf einen bestimmten Inhalt beschränkt. Nur ein gewisser Kreis und Stufe der Wahrheit ist fähig, in Elemente des Kunstwerks dargestellt zu werden.«[23]

Die Begründung der Kunst auf dem selbstreflexiven Geist, dem Bewusstsein, und auf der Wahrheit erwies sich als das »Ende der Kunst«. In dieser Weise besteht das Nach der Kunst darin, dass dem Geist das Bedürfnis innewohnt, »sich nur in seinem eigenen Innern als der wahren Form für die Wahrheit zu befriedigen«[24]. Die Kunst ist also nicht die wahre Form der Wahrheit.

Als Hegel in der Einleitung fragte, ob die Kunst noch immer »die höchste Weise ausmacht, sich des Absoluten bewußt zu sein«, antwortete er: »Die eigentümliche Art der Kunstproduktion und ihrer Werke füllt unser höchstes Bedürfnis nicht mehr aus […]. Der Gedanke und die Reflexion hat die schöne Kunst überflügelt.«[25] Nach Kunst und Religion als Bewusstsein von der Wahrheit ist gemäß Hegel die dritte Form des absoluten Geistes endlich die Philosophie. Für ihn »bleibt die Kunst nach der Seite ihrer höchsten Bestimmung für uns ein Vergangenes«[26]. Der Begriff trat an die Stelle des Bildes.

Erzeugerprinzipien von Kunst und Antikunst
Trotz der Negativität seines Kunstverständnisses kommt Hegel das Verdienst zu, die Wahrheitsfunktion als neuen Begriff der ästhetischen Theorie aufgestellt zu haben. Die bisherigen Funktionen Repräsentanz und Referenz, das Schöne und das Sublime, wurden nun im Lichte der Wahrheit gemessen und erhielten nur in diesem Lichte ihre eigene Bedeutung. Musste sich zuerst das Kunstwerk als Kunstschönes gegen Naturschönes behaupten, ging es nun um die Kunstwahrheit versus die Seinswahrheit. Sein und Wahrheit, Kunst und Wahrheit bildeten ein neues Beziehungsdreieck, welches das Begriffsfeld der Kunst absteckte:

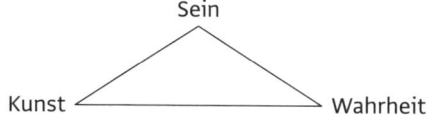

Dieses Tripel kontrastiert (bei Hegel) Werk und Wahrheit wie einst (bei Kant) Kunstschönheit und Naturschönheit und wie künftig (bei Heidegger) Sein und Wahrheit. Wir können also ein neues Tripel bilden, das Kunst im klassischen Sinn erzeugt:

---

22 Ibid.
23 Ibid., S. 23.
24 Ibid., S. 142.
25 Ibid., S. 24.
26 Ibid., S. 25.

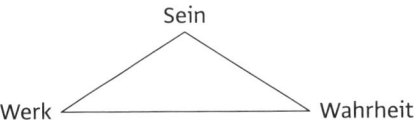

Dieses Tripel ist das fundamentale Beziehungsgestell, Dispositiv, der klassischen Ästhetik. Daraus lassen sich alle weiteren, detaillierteren Tripel der klassischen Ästhetik ableiten. Zwischen Schönheit und Wahrheit, zwischen Sein und Schein, zwischen Natur und Geist oszillierte das Kunstwerk. Wenn wir Kant, Hegel, Heidegger und ihre Erzeugerprinzipien zusammenfassen, kommen wir zu folgendem Tripel:

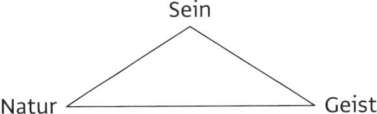

Aber wir erkennen gleichzeitig, dass abgründigere Begründungen dahinter lauern, nämlich:

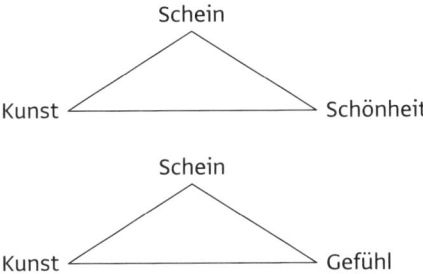

Das Wesen der Techno-Kunst hat darin bestanden, alle diese Erzeugerprinzipien und Tripel, vor allem das aus Sein, Werk, Wahrheit, zu transformieren. In der Techno-Kunst, soweit sie Antikunst ist, geht es also anfänglich schlichtweg nur um Negationen der historischen Dreifachbegründungen der Kunst. Statt »absolut« wird »relativ« bevorzugtes ästhetisches Ziel sein, statt »allgemein« »partikular«, statt »schön« »hässlich«. Sie wird contra die Natur sein, für die empirische, schmutzige Realität und gegen »Vergeistigung«. Oder sie wird wie die Konzeptkunst auch der Philosophie ihr »Nach« vorrechnen und mit Joseph Kosuth eine »Kunst nach der Philosophie«[27] deklarieren, so wie einst Hegel eine »Philosophie nach der Kunst«. Sie wird also den Begriff im Bild inthronisieren. Sie wird auch Werke ohne Wahrheit schaffen, nur Hypothesen, Hybride und Simulationen. Sie wird sogar Kunst ohne Werke schaffen und Kunst ohne Kunst, die nicht mehr als solche wahrgenommen wird, anonyme, kollektive Kunst, ohne Originalgenies; künstliche Kunst, ohne Natur und ohne Geist, ohne Sein und ohne Wahrheit, eine »Kunst« jenseits von Kunst.

Das Fundamentaltripel: Sein, Werk, Wahrheit und seine Derivate
So ist es nur ein spätes Echo, wenn Heidegger fragt: »Welche Wahrheit geschieht im Werk?« und in Widerspruch zu Hegel antwortet: »So wäre denn das Wesen der Kunst dieses: das Sich-ins-Werk-Setzen der Wahrheit des Seienden.«[28] Heidegger unterschlägt

---

27 Joseph Kosuth, »Kunst nach der Philosophie / Art After Philosophy« (1969), in: Paul Maenz und Gerd de Vries (Hg.), *Art & Language. Texte zum Phänomen Kunst und Sprache*, DuMont Schauberg, Köln, 1972, S. 75-99.
28 Heidegger 1960, S. 32, 30.

die geschichtliche Wahrheit, wenn er im nächsten Satz behauptet: »Aber bislang hatte es die Kunst doch mit dem Schönen und der Schönheit zu tun und nicht mit der Wahrheit.«[29] So wie er Hegel verleugnet, verdreht er Kant, wenn er fortfährt: »Diejenigen Künste, die solche Werke hervorbringen, nennt man im Unterschied zu den handwerklichen Künsten, die Zeug verfertigen, die schönen Künste.«[30] Allerdings stellt Heidegger die Frage nach der Wahrheit und nach der Schönheit anders als Hegel und Kant, ohne Transzendenz, ohne Subjekt, ohne Selbstreflexion des Geistes. »Das Dinghafte am Werk soll nicht weggeleugnet werden; aber dieses Dinghafte muß [...] aus dem Werkhaften gedacht sein. Steht es so, dann führt der Weg zur Bestimmung der dinghaften Wirklichkeit des Werkes nicht über das Ding zum Werk, sondern über das Werk zum Ding.«[31]

Das Kunstwerk ist vor allem ein Ding. Heideggers Denken bewegt sich also innerhalb des Tripels (Ding, Werk und Zeug). Was das Zeug sei, ließ er uns durch ein Werk sagen, nämlich van Goghs Gemälde. Er zeigt uns, was im Werk am Wirken ist: »Die Eröffnung des Seienden in seinem Sein: das Geschehnis der Wahrheit.«[32] Durch das Tripel Ding, Zeug, Werk schimmert also eine Seinslehre der Wahrheit. Wahrheit und Sein werden selbstreferenziell wie Kunstschönheit und Naturschönheit bei Kant. Im Werk geschieht die Wahrheit des Seienden. Im Werk ist die Wahrheit am Werk und Schönheit ist nur eine Weise, wie Wahrheit als Unverborgenheit erscheint. Heidegger definiert also nicht nur die Wahrheit als Unverborgenheit des Seienden ontologisch, sondern auch die Schönheit. Insofern ist bei ihm Kunst ein Diskurs des Seins und der Wahrheit, aufgebaut auf dem Tripel Ding, Zeug, Werk. »Das Kunstwerk eröffnet auf seine Weise das Sein des Seienden. Im Werk geschieht diese Eröffnung, d. h. das Entbergen, d. h. die Wahrheit des Seienden. Im Kunstwerk hat sich die Wahrheit des Seienden ins Werk gesetzt.«[33]

Wir können also sagen, dass sich auf dem Tripel Ding, Zeug, Werk ein neues Tripel aufbaut, das lautet: Werk, Sein, Wahrheit, wobei Ding und Zeug unter Werk subsumiert werden. Das Wesen der Kunst wird bestimmt als das Ins-Werk-Setzen der Wahrheit. Und das Werksein des Werkes ist, wie Wahrheit geschieht. Die Wahrheit ist die Unverborgenheit des Seienden. »Wenn die Wahrheit sich in das Werk setzt, erscheint sie. Das Erscheinen ist – als dieses Sein der Wahrheit im Werk und als Werk – die Schönheit. So gehört das Schöne in das Sich-ereignen der Wahrheit.«[34]

Wir können also nun zusammenfassend die klassische Ästhetik als eine ontologische Begründung des Kunstwerks definieren, in der die Begriffe Wahrheit, Schönheit, Ding, Werk, Wirklichkeit und Sein in einem Begriffsnetz zirkulieren. Dieses Begriffsnetz ist als eine Kette von Tripeln formulierbar, dessen Elemente eine logische Signifikantenkette darstellen.

Das Tripel:

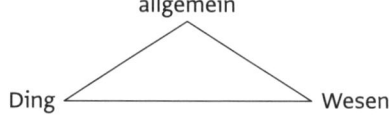

wird zu:

---

29 Ibid., S. 30.
30 Ibid.
31 Ibid., S. 34.
32 Ibid., S. 33.
33 Ibid., S. 34.
34 Ibid., S. 85.

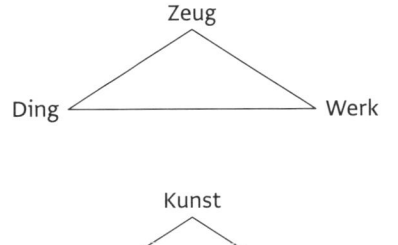

oder zu:

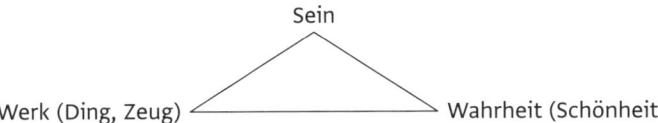

Das zentrale Tripel der klassischen Ästhetik, die aus dem Sein begründet wird, lautet daher:

```
                  Sein
                   /\
                  /  \
                 /    \
    Werk (Ding, Zeug) — Wahrheit (Schönheit)
```

Unter diesem fundamentalen Tripel der klassischen Ästhetik verbergen sich aber noch viele andere mögliche Tripel, wie z. B.:

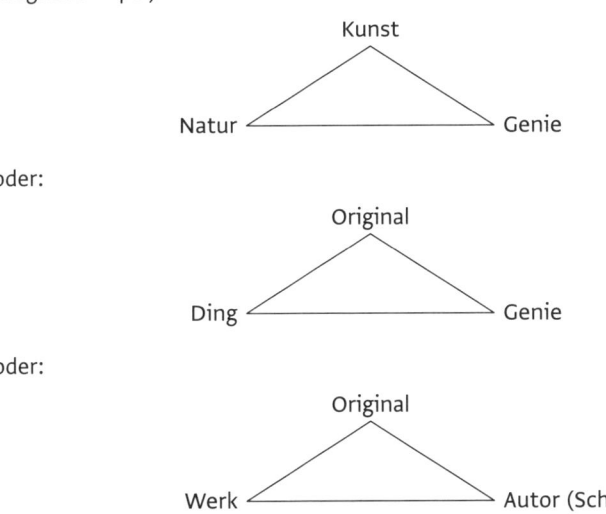

oder:

oder:

Dieses letztere Tripel (Werk, Original, Autor) stellt offensichtlich die Normalausgabe des metaphysischen Tripels Werk, Sein, Wahrheit dar. Das Original anstelle des Seins bürgt in der bürgerlichen Ideologie sowohl für die Wahrheit des Autors wie für die Qualität des Werks. In Wahrheit wird jedoch am Werkbegriff sklavisch festgehalten, weil so das Dinghafte des Kunstwerks konserviert bleibt, und am Autorenbegriff, weil so die verlorene Gottähnlichkeit des Menschen, seine metaphysische Deszendenz weiterhin behauptet werden kann. Und am Originalbegriff wird festgehalten, um das bürgerliche Copyright zu sichern. Wenn wir also das Tripel Werk, Sein, Wahrheit mit dem *Bürgerlichen Gesetzbuch* in der Hand lesen, was die einzige Weise ist, wie sich die Wahrheit ins Werk setzt, so lautet seine kapitalistische Version Werk, Copyright, Autor.

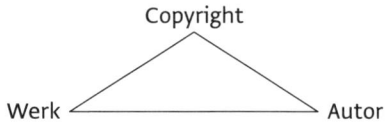

Die ontologische Begründung des Kunstwerks steht also im Dienst der Legitimation eines kapitalistischen Werkbegriffs, der auf bürgerlichem Besitzdenken aufgebaut ist. Die ontologische Begründung des Kunstwerks dient dem bürgerlichen Besitzdenken, entsteht nicht aus dem Sein, sondern stammt aus dem Haben.

Techno-Ästhetik: Transgression statt Transzendenz
Es gab eine Zeit, da war das Gras grün, der Himmel blau, auf der Erde wuchsen noch Bäume. Der Mensch sehnte sich nach Fleisch, Farben und Gerüchen statt nach Geld. Fuji war noch ein Berg und kein Videokonzern. Heute trägt der Himmel die Farbe von Bildschirmen, die verloschen sind. Wo einst Wälder waren, gibt es nur noch ausgebrannte Brennstäbe der Kultur. Die Vororte heißen alle TV. In den Wüsten aus Beton, die einst Städte waren, grüßen einander nur noch die Gerippe der technischen Zivilisation. In der Vorhölle der Zeit tritt der schwitzende Teufel als Fernsehintendant auf und der Abend bricht unter der Last der Programme zusammen, schweißüberströmt und stöhnend. Eine Zivilisation gebaut auf Schuld und Hohn hieß Eurovision. Kritik war die optimale Strategie des Opportunismus, Kunst eine Filiale der Banken und Konzerne. Das Sein verweste. Wolken voller Blut rollten über die Dome leeren Papiers. Menschenleere Türme aus geschmolzenen Banknoten bildeten eine undurchdringliche Skyline der Korruption. Realität war nur die Fiktion der Macht. Es gab eine Zeit, da gab es noch Zeit und nicht nur Reklame für Zeit.

So oder anders könnte in apokalyptischen Tönen der Zustand der Welt nach ihrer Techno-Transformation beschrieben werden. So gewaltig waren die Wirkungen jener Wesen, welche die Menschen mithilfe der Natur und ihrer Gesetze zur Welt brachten: die Maschinen. Die Techno-Welt der Maschinen stellt eine radikale Transformation des Seins dar. So weit und so tief, dass Heidegger sagen konnte: »Die Technik, deren Wesen das Sein selbst ist, läßt sich durch den Menschen niemals überwinden. Das hieße doch, der Mensch sei der Herr des Seins.«[35] So sah Heidegger im Wesen der Technik die äußerste Gefahr. In der Tat will der Mensch mithilfe der Technik Herr des Seins werden und sich die Erde untertan machen. Insofern transformiert die Technik das Verhältnis des Menschen zur Natur und zur Gesellschaft. Unter dem Druck der industriellen Revolution erfolgte auch die Transformation der klassischen Kunst in die technische Medienkunst. Die Isomorphie fand neues intuitives Material I für neue Theorien T vor. Diese neue Techno-Ästhetik bildete eine der Grundlagen, wenn nicht die zentrale, für alle Avantgardebewegungen der Künste im 20. Jahrhundert, die allerdings zum Teil jenseits des Kunstmarktes und -betriebes stattfanden. Im Überschreiten der Grenzen der klassischen Künste und des Marktes definierte sich der Motor der Geschichte der Avantgarde: Transgression statt Transzendenz. Die Transgression (und Transformation) wurde zu einem Element der Kunst.

Techné und Kunst: Techniken der Kreation
Nicht mehr die Welt in toto ist im technischen Zeitalter das Medium des Menschen wie einst im paradiesischen Zustand seiner vollkommenen Übereinstimmung mit der Natur, sondern durch die Technik ist das Verhältnis von Natur und Gesellschaft, von Kultur und

---

35 Martin Heidegger, *Die Technik und die Kehre*, Neske, Pfullingen, 1962, S. 38.

Peter Weibel, *Als Fuji noch ein Berg und keine Firma war. Re: Wind & Fast Forward (des Realen)*, 1990, Installationsansicht *respektive Peter Weibel*, ZKM | Karlsruhe 2019–2020

Mensch ein unendlicher Prozess der Differenzierung geworden, ein ins Unendliche verschobener Prozess der Entscheidung.

Der Begriff Technik kann nämlich seit Aristoteles von dem der Schöpfung nicht getrennt werden: »Überhaupt sucht unsere Kunst teils zu vollenden, was die Natur nicht zu Ende bringen kann, teils ahmt sie die Natur nach.«[36] Die Technik ist also keinesfalls bloßes Instrument noch Werkzeug, sondern eine schöpferische Tätigkeit, wenn nicht sogar als Rationalität des Realen eine absolute Schöpfung. Wenn André Leroi-Gourhan unter diesem Aspekt schreibt, »die technische Tendenz führt die Konstruktion des ganzen Universums fort«[37], so muss diese an und für sich richtige Behauptung dahingehend modifiziert werden, dass es sich um eine sozial vermittelte, menschliche Konstitution des Wirklichen handelt. Insofern ist die Technik die Konstruktion des Universums als Morphogenese des Menschen, ist Technik der Text der Natur im Buch des Menschen, der aber selbst wiederum seinen Ursprung in der Natur hat. Wenn also die Technik erschafft bzw. nur vollendet, was die Natur nicht zustande bzw. nicht zu Ende bringen kann, dann erhebt sich die Technik unstreitig aus der Sphäre der Ontologie, aus dem Modus des Seins, und wird zu einem entscheidenden Moment menschlicher Tätigkeit und Vernunft, zu einem sozialen Akt. Das Wesen der Technik ist also weniger das Sein als der Mensch selbst. Technik ist nicht mehr das Werkzeug, sondern das Schaffen von Werkzeugen und Werken. Technik muss mit Aristoteles dynamisch, prozessual gedeutet werden, als Wirken und Bewirken, als Schaffen und Schöpfen.

---

36 Aristoteles, *Physikalische Vorlesung*, Ferdinand Schöningh, Paderborn, 1956, S. 80.
37 André Leroi-Gourhan, *Milieu et techniques*, Éditions Albin Michel, Paris, 1945, S. 359; Übersetzung des Autors.

Technik erzeugt und schafft Geschichte, nicht nur des Menschen, sondern auch der Erde. Die Geschichte der Erde als Umformung der Natur durch den Menschen – das ist Technik. Insofern geht es bei der Technik weniger um die Unterscheidung von Handwerk und Kunst oder von Natur und Kunst oder Sein und Mensch, sondern von Wissen und Nichtwissen. *Techné* bedeutet also in erster Linie eine Weise des Wissens, erfahrenes Wissen. Daraus erschließt sich, dass Handwerk und Kunst dasselbe Synonym, nämlich *techné* hatten, weil sie im Wissen eins waren. Aristoteles nennt das Fehlen der Kunst, die *atechnia*, ausdrücklich falsche Vernunft. Kunst könnte daher ein Wissen sein, das nicht aus der Dialektik des Hegel'schen Geistes stammt, sondern aus dem erfahrenen Wissen, aus dem *logos aléthés*. *Techné* heißt daher Vernunft (was beileibe nicht das Gleiche ist wie technische Intelligenz), und *atechnia* heißt Unvernunft.

Technik und Sein

Es ist offenbar der Logos, der *logos aléthés*, der darüber entscheidet, ob etwas existiert, etwas sein kann, etwas zu sich kommt oder nicht. Nur insofern hat Heidegger recht, wenn er die Frage nach der Technik mit der Seinsfrage verknüpft. Die Gefahr besteht darin, dass die Technik (und nicht der Mensch) der Herr des Seins werde. Der Mensch kann ja, laut Heidegger, niemals Herr der Technik werden und damit niemals Herr des Seins. Technik läßt sich »niemals durch ein bloß auf sich gestelltes menschliches Tun meistern.«[38] Andererseits nimmt Heidegger zur Kenntnis, dass zum Wesen des Seins das Menschenwesen gehört, also auch die Technik nicht ohne die Hilfe des Menschenwesens auskommt bzw. zu sich kommt. Er muss also zwischen Technik und Mensch hinsichtlich ihres Wesens ein Wesensverhältnis auf der Basis des Seins stiften. So wird es für Heidegger immer schwieriger zu entscheiden, wer Herr über wen ist. Die Technik über das Sein, der Mensch über die Technik, der Mensch über das Sein, die Technik über den Menschen? Heidegger kann sich nur retten, indem er entgegen seiner ursprünglichen Hierarchie, nach der der Mensch nicht Herr über das Sein und über die Technik sein kann, also an letzter Stufe der Ontologie steht, eine »Kehre« einführt und sich dabei bekanntlich auf Friedrich Hölderlin beruft: »Wo aber Gefahr ist, wächst / Das Rettende auch.«[39]

Technik und Wahrheit

Wenn die Technik als Ge-stell die Gefahr der Seinsvergessenheit war, die sich gegen die Wahrheit seines Wesens verkehrt, und somit die Technik das Scheinen und Walten der Wahrheit als Ge-stell und den Weg zur Natur verstellt, aber gleichzeitig die Technik jenes Entbergen ist, das die Wahrheit in den Glanz des Scheinenden bringt, die Technik geradezu das Geschick der Entbergung der Wahrheit, d. h. die eigentliche Wahrheitsform ist, dann ist Technik auch die Rettung und die Befreiung: »Alles Entbergen kommt aus dem Freien, geht ins Freie und bringt ins Freie.«[40] Technik als Ge-stell verstellt also nicht den Weg zur Natur, sondern als Weg, Weise und Wesen des Entbergens stellt Technik auch Freiheit her. So wird der Mensch nicht Herr des Seins, sondern »der Hirt des Seins«[41], der auf die Wahrheit des Seins wartet. Technik erscheint als Form der Vernunft, als Form der Wahrheit des Seins.

Diese dubiose Dialektik der Kehre, nach der die Technik sowohl Wahrheit entbirgt wie verbirgt, nach der die Technik sowohl die Gefahr wie das Rettende, sowohl das Sein wie

---

38 Heidegger 1962, S. 38.
39 Friedrich Hölderlin, »Patmos«, in: ders., *Sämtliche Werke*, Bd. 2, Cotta, Stuttgart, 1953, S. 172–180, hier S. 172.
40 Heidegger 1962, S. 25.
41 Ibid., S. 41.

Feind des Seins ist, rührt im Grunde aus der schöpferischen Funktion und schöpferischen Bestimmung der Technik selbst her. Durch diese Macht des Herstellens tritt die Technik gleichsam in Konkurrenz zur Natur. Wie aber Plato und Aristoteles schon feststellten, kann die Technik die Natur sowohl nachahmen wie auch vollenden. Solange die Technik als Poesie oder als Kunst die Nachahmung einer Physis ist, die schon existiert und vorgegeben ist, scheint sie für eine konservative Ideologie in Harmonie mit der Natur zu sein. Sobald die Technik aber bewirkt und vollendet, was die Natur nicht zustande bringen kann, also die Natur übertrifft, wird die Technik scheinbar das Andere der Physis, der Natur. Dann wird die Technik (scheinbar) zur Gefahr und zur Zerstörung. Aber der Anspruch und Zuspruch der Befreiung, der aus dem Wesen der Technik kommt, kann nicht in der Nachahmung der Natur konstituiert werden, im Reich der Notwendigkeit, sondern gerade im Gegenteil, in der menschlichen Konstitution der Wirklichkeit als Reich der Freiheit. Technik befreit von der Tyrannei des Hic et Nunc, vom Terror der Natur.

Technik und Freiheit
Die Freiheit, welche die Menschwerdung des Menschen aus dem Reich der Notwendigkeit, der Physis, darstellt, kommt aus jener schöpferischen Funktion der Technik, die gleichzeitig ihre Gefahr ist. Wenn Heidegger also schreibt, dass uns »unter der Herrschaft der Technik Hören und Sehen durch Funk und Film vergeht«, verstößt er gegen sein eigenes Denken, denn das Ge-stell verstellt nicht nur Welt, sondern schafft diese auch: »Dieses Sein selber aber west als das Wesen der Technik.«[42] Heidegger schreibt einmal dem Ge-stell zu, den Menschen in die Gefahr der Preisgabe seines freien Wesens zu stoßen, an anderer Stelle behauptet er jedoch das Gegenteil: »[W]enn wir uns dem *Wesen* der Technik eigens öffnen, finden wir uns unverhofft in einen befreienden Anspruch genommen.«[43] Die Dialektik von Gefahr und Kehre, die solche Widersprüche schafft, ist auf jene ursprüngliche Ambivalenz der Technik zurückzuführen, sowohl Nachahmung als auch Vollendung der Natur, sowohl Knecht als auch Herr der Physis zu sein. Jenseits dieser Dialektik ereignet sich aber das eigentlich Entscheidende, nämlich die schöpferische, konstruierende Funktion der Technik selbst, welche den Menschen unweigerlich in ein neues Verhältnis zur Natur und zu sich selbst stellt. Freiheit ist im Horizont der Voraussage als Autodetermination, als Selbstbestimmung über das, was jetzt und in der Zukunft geschehe, zu definieren. Hören und Sehen vergehen daher nicht durch die Technik, sondern kommen erst an: anfangs durch »die Technik der Natur« (Kant), dann durch die Technik der Technik. Wir werden nun versuchen, jene Transformationen dieses Verhältnisses Schritt für Schritt beim Namen zu nennen, soweit es sich in der schöpferischen und nachahmerischen Funktion der Kunst selbst spiegelt.

Technik und Geist: Virtualität
Wenn wir nun als das Wesen der Technik seine Kraft des Herstellens, seine schöpferische Funktion als ursprüngliche Konzeption erkannt haben, so wird es sogleich offenkundig, dass die Versuche der gesamten bürgerlichen Ästhetiken, technische Kunst als bloß mechanische, nachahmerische, unschöpferische, unoriginale, unkreative abzutun, einer heillosen Begriffsverwirrung entstammen. Diese Verwirrung entstammt dem Ge-stell, dem Auftauchen der Apparatur, die sich bei der technischen Kunst unvermeidlich zwischen das Darzustellende und das Dargestellte stellt, zwischen das Objekt und das Bild.

All jene Signifikantenketten der klassischen Ästhetik, in denen Begriffe wie Schöpfer, Autonomie des Werkes, Original, Souveränität, Unmittelbarkeit etc. eine entscheidende

---

42 Ibid., S. 46, 43.
43 Ibid., S. 25.

Rolle spielen, funktionieren nicht mehr, wenn etwas auftaucht, ein Element, ein Signifikant, der die historische Bedeutung dieser Begriffe stört oder gar negiert. Dieser Signifikant ist die Maschine. Wir haben gezeigt, wie das Mechanische und Technische in den historischen Ästhetiken als Gegenbild des Menschlichen, des Freien, des Kreativen abgewertet wurden. Die klassische Isomorphie hat alles Apparative in der künstlerischen Praxis vernachlässigt oder ausgeschlossen. Die klassische Isomorphie hat die Umwandlung eines Objekts in ein Bild, die Umwandlung eines Zustands in eine Skulptur ohne ein Medium, ohne eine Methode, ohne einen Prozess fingiert. Das, was den Isomorphismus ausführt, was die Abbildung realisiert, das Wie, Womit etc. hat diese ästhetische Theorie einfach ausgeschlossen. Das »implizite System«, auf dem dieser Isomorphismus aufgebaut ist, war natürlich von einer ideologischen Absicht getragen. Sie war eine bestimmte Ideologie, die die Fiktion von der absoluten Souveränität des Künstlers, des Bewusstseins, des Subjekts diktierte. Das Material, das Medium des Kunstwerks, das Trägersystem der Transformation von einem Objekt zu einem Bild oder das materiale Medium der Konstruktion eines Kunstwerks wurden ganz einfach deswegen ideologisch ausgespart, weil es einen zentralen Punkt, wenn nicht den zentralen Punkt der Ideologie berührte: die Ontologie der Bilder selbst, nämlich die Frage, womit, wodurch, worauf die Wahrheit (als Schönheit) erscheint, setzt sich die Wahrheit des Seienden im Kunstwerk ins Werk. Ein Objekt wird nicht aus Luft und durch nichts zu einem Bild. Aber die Ontologie des Bildes setzt dies gleichsam voraus. Die ontologische Begründung des Kunstwerkes ist nur möglich, wenn ich die realen, materialen Prozesse der Konstruktion leugne. Dadurch gibt es eigentlich per se auch kein falsches oder schlechtes Kunstwerk. Laut der ontologischen Formulierung setzt sich ja »im Kunstwerk«, d. h. in jedem Kunstwerk, das – als solches einmal fixiert – jedes x-beliebige Werk sein kann, jede Wahrheit durch. Bestätigung des materialen Apparates des Kunstwerks würde die Unmittelbarkeit der Entbergung des Seins infrage stellen. Der technische Apparat der Kunst zeigt, dass es keine Ontologie der Kunst gibt, keine Wesenheiten, sondern nur Konstruktionen von Kunst. Das bewegte Bild zerstört also – wegen seiner unübersehbaren Apparatur (von der Kamera bis zum Projektor) – nicht nur die Ontologie des (statischen) Bildes, sondern jeder Kunst. Die Techno-Kunst vereitelt endgültig den klassischen Traum einer ontologischen Begründung der Kunst, da sie ein Konstrukt des Geistes und nicht der Natur ist. Das ambivalente, widersprüchliche Schwanken der ideologischen Position des Kunstwerks zwischen Technik und Poesie, zwischen Technik und Kunst, zwischen Technik und Natur, das aus der antiken Frühphase der künstlerischen Praxis stammt, wo es durch die reine handwerkliche menschliche Kreationstechnik der Kunst (wenn man Hammer und Pinsel beiseite lässt) noch eher möglich war, diese konstruktive Seite der künstlerischen Kreation beiseite zu schieben, ist bei der Techno-Kunst nicht mehr möglich, da diese ganz augenscheinlich mithilfe der technischen Apparatur erst ins Sein und ins Werk gesetzt werden kann. Die Technik setzt erst das Werk ins Sein. Ohne Technik gibt es bei der technischen Kunst keine Ontologie, ohne Kamera kein Foto. Die Technologie begründet also bei der Techno-Kunst die Ontologie und nicht umgekehrt.

  Wie ich zu zeigen versucht habe, wussten die klassischen ästhetischen Systeme selbst schon von ihrer diesbezüglichen Ambivalenz und wollten die dadurch auftretenden Widersprüche durch (naive) Konstrukte und Einschränkungen (vom Sublimen bis zur Kehre) aufheben. Dieses Schwanken zwischen Natur(schönheit) und Kunst(schönheit), zwischen Natur als Natur und Kunst als Technik, ist in der Techno-Kunst wegen ihrer eindeutigen Technologie nicht mehr möglich. Hier schiebt sich zu offenkundig und »axiomatisch«, zu einflussreich und zu »ontologisch« der Apparat zwischen Objekt und Bild. Gab es in der klassischen Ästhetik eine eindeutige Isomorphie zwischen Objekt und Bild, so kennzeichnet die Techno-Kunst das Tripel:

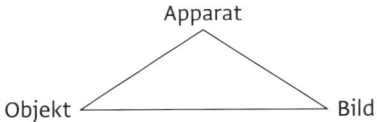

Diese Herrschaft des Apparates über die Ontologie der Kunst, obwohl in den klassischen ästhetischen Systemen geleugnet, ist den großen klassischen Künstlern immer schon bewusst gewesen und von diesen als Antiillusionismus, als Aufhebung der ontologisch gezeichneten Illusion betrieben worden. Von Zeuxis und Parrhasios in der Antike bis zu *Las Meninas* von Diego Velázquez wurde versucht, den im Tafelbild suggerierten Illusionismus als Ausbeutung des Realen und des Bewusstseins bloßzustellen und die illusionistischen Bedingungen des Bildes selbst zu sprengen. Kommerzielle Kunst (wie Hollywood-Filme) hat daher im Gegenteil wieder die Tendenz, den Beitrag der Apparatur bei der Konstruktion des Kunstwerks zu verschleiern. Je maschineller das Kunstwerk wird, umso mehr versucht der Kommerz, die Maschine zu tarnen. Der perfekte Illusionismus der Kommerzkunst, das Illusionstheater und der Hollywood-Film, verwenden die Macht des Apparates (der symbolischen Ordnung), um das Imaginierte (das Bild) möglichst real aussehen zu lassen. In der Illusionskunst wird der Apparat unterdrückt, gibt es die apparativ erzeugte Fiktion und Illusion von der apparatfreien Entbergung des Seins. Seinskunst ist Illusionskunst. Kunst hingegen zeigt, wie der Apparat das Bild konditioniert und den Geist codiert. Die technische und semiotische Codierung des Bildes ersetzt die Ontologie. Konsequenz der bürgerlichen Fiktion der Ontologie der Kunst ist es dann schließlich, in einem Käfig zu leben, in dem die Zeichnungen an der Wand glauben lassen, in einer freien Welt zu sein. Platons Höhlengleichnis kennt daher keine Ausgänge, weil es ein Opfer der Ontologie des Bildes, der ontologischen Begründung und des ontologischen Anspruchs des Kunstwerks ist. Erst wenn wir das Tripel Apparat, Objekt, Bild in Beziehung setzen, um nicht zu sagen gleichsetzen mit Jacques Lacans Tripel symbolisch, real, imaginär, erkennen wir, worum es bei der Leugnung der Apparatur im ontologischen Denken geht, nämlich um die Unterdrückung der symbolischen Ordnung, damit diese um so tyrannischer als »implizites System« herrschen kann. Denn nur »impliziert«, nicht bewusst, kann das »Gesetz« wirken. Wenn ich beginne, nach ihm zu fragen, beginne ich auch, es infrage zu stellen und ende damit, zu erkennen, dass das Gesetz nicht von Anfang an da war, also unverrückbar und ewig ist, von Gott gesandt und natürlich, sondern dass es in der Zeit von Menschen konstruiert wurde und somit veränderlich und fiktiv ist. Die Macht des Symbolischen wird gebrochen, wenn ich den Apparat explizit mache, Einblick in die Konstruktion des Werkes gebe.

Eine zentrale Einschränkung der Gültigkeit der ontologischen Begründung des Kunstwerks durch die Apparatur lässt sich mit Gödels Beweis verständlich machen. Gödels Unvollständigkeitssatz mathematischer Systeme hat nämlich als Konsequenz auch die Hypothese, dass wir eines Tages vielleicht durchaus im Stande sein werden, eine Maschine zu konstruieren, die alle menschlichen Tätigkeiten (z. B. rechnerische Operationen, maschinelles Beweisen und Übersetzen etc.) simulieren kann, nur werden wir dann nie wissen, dass es diese Maschine gibt, weil wir kein Mittel mehr zur Hand haben, sie vom Menschen zu unterscheiden. Die formale Unentscheidbarkeit der Gültigkeit mathematischer Thesen innerhalb eines Systems mit den Mitteln des Systems selbst gilt auch für ästhetische Systeme oder für Theorien der ästhetischen Kreativität und bedeutet, dass das Apparative (die *techné*) eines Tages vielleicht die Kunst (die *poesis*) so weit und so perfekt simulieren und substituieren wird, bis sie unentscheidbar bzw. eins werden. Aber dann werden wir es nicht feststellen und wissen können. Mit anderen Worten besagt dies, dass letztlich jede Kreativität technischer Natur ist, d. h. ein Formalismus, allerdings nicht unbedingt apparativ. Man muss sich die Hierarchie so vorstellen: Das Apparative ist schwächer als das Formale und das Formale schwächer als das Intuitive. Die höchste Gleichung, wenn das maschinell Apparative, das Formale und das Intuitive identisch wären, wäre unentscheidbar, daher nie feststellbar, außer mit den Mitteln eines höheren Systems und das wiederum kommt allein aus dem Geist. Die Technik als Produkt des Geistes stellt sich also ständig selbst infrage. Das Gestell ver-stellt sich in der ontologisch begründeten Kunst, hingegen stellt das Ge-stell her und stellt sich selbst in der semiotisch begründeten Kunst. Paul Virilio definiert daher zu Recht den ontologischen Status der »paradoxen Logik des Bildes« in der Videografie, Holografie, Infografie als Virtualität.[44]

Mechanismus und Mentalismus, Maschine und Geist gehen in der Techno-Kunst eine synergetische Beziehung ein. Nur deswegen war es möglich, dass Kant und Hegel der Kunst sowohl das Eine (die Maschine) wie das Andere (den Geist) nehmen wollten.

Im ursprünglichen antiken Sinne bedeutet »technische Kunst« eigentlich eine Verdopplung des Schöpferischen wie der Kunst, denn *techné* hieß ja Kunst wie auch Technik. Kunst als *poesis* hieß das schöpferische Prinzip schlechthin, somit »technische Kunst«. Das könnte man fast als Pleonasmus verstehen und in die moderne Werbesprache übersetzen als »wirklich kreative Kunst«. Wenn Kant, wie wir gesehen haben, mechanische Kunst als zweitrangig und nichtkünstlerisch abwertet, wenn Hegel der Kunst ihre geistige Kraft abspricht, so mögen sie durchaus einen realen Verfall der Künste als Komplizen sozialer Herrschaftssysteme beobachtet haben. Aber sie haben das Wesen der avancierten Künste übersehen, die immer wieder aufs Neue darum ringen, diese ursprüngliche Verdopplung des Schöpferischen, wie es in der gemeinsamen etymologischen Wurzel von Kunst und Technik im Wort *techné* angelegt ist, zu beweisen, und die immer wieder aufs Neue ansetzen, Technik und *poiesis*, Kunst und Physis, Wahrheit und Vernunft im *logos aléthés* zu vereinen und die Arbeit des Universums fortzusetzen. Wenn Kunst den Namen *techné* trug, dann im Zeichen des schöpferischen Hervorbringens und Herstellens. Sollte daher nicht Techno-Kunst das logische Zeichen für das Schöpferische sein? Setzt daher nicht erst recht die Techno-Kunst die menschliche Konstruktion des Universums fort?

Wenn allerdings die Technik das menschliche Tun insgesamt umgeformt hat, dann sind sicherlich auch jene Formen des menschlichen Tuns, welche wir die ästhetischen, poetischen, künstlerischen oder schöpferischen im engeren Sinne nennen, verwandelt. Gegen diese Verwandlung haben die bürgerlichen Ästhetiker von Kant bis Hegel sowie Heidegger gekämpft, indem sie jedes neu auftauchende Element innerhalb des Systems der traditionellen Künste bzw. insgesamt die Künste abwerteten. Dabei waren es selbstverständlich gerade jene technischen Momente, die seit ca. 1800, also zu Beginn der industriellen Revolution, die Künste transformierten und von den bürgerlichen, seinsversessenen, ästhetischen Systemen, Museen und Märkten unerbittlich bekämpft wurden, welche in Wahrheit die noetischen, poetischen und befreienden Ansprüche der Künste erhöhten, zumindest bewahrten. Die Fiktionen der Ontologie konnten im postindustriellen Zeitalter nicht mehr aufrechterhalten werden, zu offenkundig waren die Wirkungen des industriellen Zeitalters schon geworden. Die Welt hatte einen derart dynamischen Zustand der Komplexität erreicht, dass die Kunst eines statischen Seins weder die äußere Realität, die von der Philosophie so verachtete ephemere Empirie, noch die höhere Realität der geistgewordenen wahrhaftigen Wirklichkeit darstellen konnte. Die Bilder der Bewegung, bewegte Bilder, lieferten die eigentlichen Bilder der Zeit. Historische Kunst mit ihren Engeln und alten Symbolen lieferte in der Tat nicht mehr die wahre Form der Wahrheit. Die letzte

---

44 Paul Virilio, *Die Sehmaschine*, Merve, Berlin, 1989.

Bastion dieser alten Ästhetiken ist das Forum der bürgerlichen Ontologie selbst, nämlich der Markt. Insofern ist der Markt in erweitertem Sinne zur obersten Instanz der Kunst und der Kunstgeschichte geworden. [...]⁴⁵

Techno-Kunst als Antikunst: Das semiotische Tripel
Die eigentliche Antwort ist daher noch immer die Bewegung der Antikunst seit Beginn des 20. Jahrhunderts. Dazu sind auch die Transformationen der Techno-Kunst zu zählen, weil sie versucht, sich aus der Unterwerfung unter die historischen Kunstformen, unter die historischen Diskursformen der Kunst zu befreien. In Form von Fragmenten, Fragen, Fallen, Verwerfungen, Verweigerungen, Thesen, Askesen, Umstürzen, Aufhebungen und Theorien versucht die Antikunst, zu dessen Genealogie die technische Kunst zu rechnen ist, gegen den dominierenden Zwang eines einheitlichen Diskurses zu kämpfen. Dieser Kampf bestand nicht einfach darin, auf die Frage: Ist das Kunst? mit »Nein« zu antworten, sondern eben präzise darin, jene Kette von Tripeln, welche den ontologischen Diskurs der Kunst definierten, Punkt für Punkt umzuschreiben und zu verändern, damit eben eine Veränderung des Systems der Produktion von Kunst möglich werde. Gerade deswegen war es notwendig, der Analyse und Forderung Foucaults zu folgen, deren Ergebnis eine radikale Umwertung der Ontologie ist.

Somit kann ein fundamentales Axiom für die Techno-Transformation der Kunst, welche der technischen Entfaltung des Universums folgt, angegeben werden: Die Wahrheit, der Diskurs und die Kunst sind nicht mit dem Sein, mit den Dingen und der Realität in Beziehung zu bringen, sondern mit den Machttechniken, die sie ermöglichen und produzieren, die ihnen des Weiteren die Bedingungen ihrer Möglichkeiten geben und sie zugleich legitimieren und konsolidieren.

Dies führt uns dazu, jenes fundamentale Tripel der klassischen Ästhetik, Sein, Werk, Wahrheit, in allen Punkten zu dekuvrieren: Wenn es die Macht ist, die einen bestimmten Diskurs ermöglicht und produziert, und wenn es die Macht ist, die diesen Diskurs als wahren und schönen legitimiert, dann setzen wir an die Stelle, an der bisher der Begriff Wahrheit bzw. Schönheit stand, den Begriff Macht. Wenn die Macht die Bedingungen diktiert, unter denen etwas möglich und produziert wird, unter denen etwas zum Vorschein und zum Sein kommt, dann sind es nicht mehr die Dinge selbst, die sprechen. Dann wird die Realität zu einem Text der Macht, dann werden die Objekte zu Zeichen im Diskurs der Macht. Daher schreiben wir an die Stelle, an der bisher Sein (Realität) stand, die Worte und Zeichen (Fiktion). Wenn der Diskurs der Macht darin besteht, fiktive Zeichen als Realität, als Dinge des Seins auszugeben, dann erkennen wir, dass auch das Werk selbst nur ein Falsifikat ist, eine Hypothese, eine *Simulation*. Wir schreiben also dort, wo bisher Ding, Zeug, Werk stand, die Worte Medium, Simulakrum, Immaterialität, Substitut, Reproduktion, Hybrid, Leerstelle. So entsteht ein Übergangstripel, das die »wahren Drahtzieher«, die Dispositive im Keller der Ontologie zeigt und zur Techno-Kunst führt:

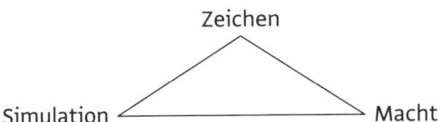

Anstelle einer ontologischen Begründung der Kunst, welche die Machtfrage verbirgt, setzen wir auf eine semiotische Begründung der Kunst, weil sie die Machtfrage stellt.

---

45   Im Originaltext findet sich hier eine Passage, die hier gekürzt wurde, weil sie dem Text »Die Diskurse von Kunst und Macht: Foucault«, in: Peter Weibel, *Enzyklopädie der Medien*, Bd. 5: *Politik und Medien*, Hatje Cantz, Berlin, 2023, S. 280-284, entspricht.

Eine semiotische Begründung der Kunst: *techné*

Eine Reihe von Theoretikern hat im 20. Jahrhundert versucht, diese semiotische und technologische Transformation der Kunst in den Be-Griff zu bekommen: Walter Benjamin, Max Bense, André Malraux, Guy Debord, Jean Baudrillard, Marshall McLuhan, Rosalind Krauss, Jean-François Lyotard, Paul Virilio und andere. Desgleichen haben natürlich auch Künstlerphilosophen wie Marcel Duchamp, Marcel Broodthaers, John Cage, Joseph Kosuth, Daniel Buren etc. auf diese Transformationen reagiert.

Sie haben versucht, das Verschwinden der zentralen Begriffe der klassischen ästhetischen Systeme zu beschreiben und sie durch neue zu ersetzen. Der Tod des Autors, der Verlust der Aura, das Ende des Subjekts wurden festgestellt. Der Mythos des Originals, das Ende der Geschichte, die Agonie des Realen wurden angeklagt: Technische Reproduzierbarkeit, imaginäres Museum, das Medium als Botschaft, Simulation, Immaterialität, Virtualität wurden als neue Signifikanten eingeführt.

In der Tat, die Arbeit der Künstler und Philosophen setzt genau dort ein, wo die moderne Kunst ihre Achillesferse hat, nämlich bei den Schlüsselbegriffen der klassischen ästhetischen Systeme. Die Techno-Transformation der Kunst, von der Fotografie bis zum digitalen Bild, sind maschinelle Kunstformen. Sie bauen auf dem grundlegenden Tripel auf:

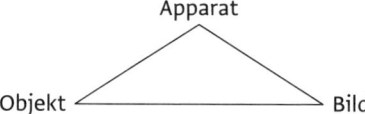

Die formale Ähnlichkeit dieses Tripels mit den semiotischen Tripeln von Charles Sanders Peirce wie:

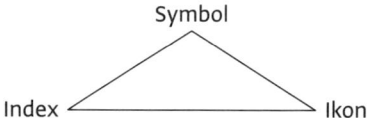

ist kein Zufall, sondern Ergebnis der semiotischen Begründung der Techno-Kunst. Die vom technischen Medium erzeugten Diskursformen der Kunst, insbesondere die Kunst des bewegten Bildes, widersetzen sich den ästhetischen Kategorien der klassischen Systeme. Die Transformation der Kunst durch die technischen Medien setzen genau bei den Schlüsselbegriffen dieser Ästhetiken an: Original, Werk, Autor, Schöpfer, Wahrheit, Ding, Sein. Jeder dieser Begriffe wird in der technischen Medienkunst aufgehoben, negiert und durch einen anderen ersetzt: statt Statik Dynamik, statt Sein Prozess, statt absolut relativ und statt allgemein partikular, statt Original technische Reproduzierbarkeit, Appropriation und Simulation, statt Autor Kollektiv, Maschine, Text, statt Wahrheit Veridiktion und Virtualität, statt Ding Medium, statt Material Immaterialität, statt Realität Fiktion, statt Sein und Realität nur Zeichen, Fiktion, Simulation. Die Transformation der Techno-Kunst kann also als Transformation des ontologischen Tripels:

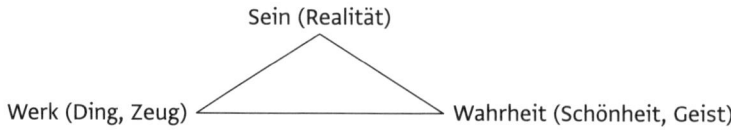

in das semiotische Tripel beschrieben werden:

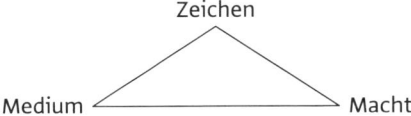

Das Medium bestimmt über die materiale Form, über die Erscheinung des Werkes. Ob aus Stein oder auf Papier, ob ein materielles Ding oder ein immaterielles Bild auf dem elektronischen Bildschirm, ob aus Strichen, Farben oder aus Zahlen, ob analog oder digital, ob real oder synthetisch. Die Macht bestimmt, was wahr, was schön, was geistig ist. Die Macht verkleidet ihre Fiktivität und diktiert, was real, was möglich, was notwendig ist. Die Macht bestimmt die Modalitäten des Mediums und die Seinsform. Sie deklariert Zeichen als Dinge und Dinge als Zeichen. Das Sein ist daher im technischen Kunstwerk ein Apparat und ein System von Zeichen. Die Medienkunst stellt an die Stelle der ontologischen Begründung des Kunstwerks aus dem Sein die Begründung des Kunstwerks aus dem Zeichen, die Semiosis. Die Medienkunst des 19. Jahrhunderts (wie die Fotografie) hat dies bereits als Antipode der klassischen Ästhetik getan, sie musste aber auf die Theoretiker des 20. Jahrhunderts warten, um explizit zu werden. In diesem Sinne macht die postmoderne Transformation diesen Zug der Moderne, die semiotische Begründung der Kunst, nur deutlicher.

Die neuen Tripel für die Ästhetik des bewegten Bildes und der digitalen Kunst, für die Diskursformen der von den technischen Medien produzierten Kunst, für die Begründung des Kunstwerks im postindustriellen Zeitalter im Hinblick auf das 21. Jahrhundert, würde demnach lauten:

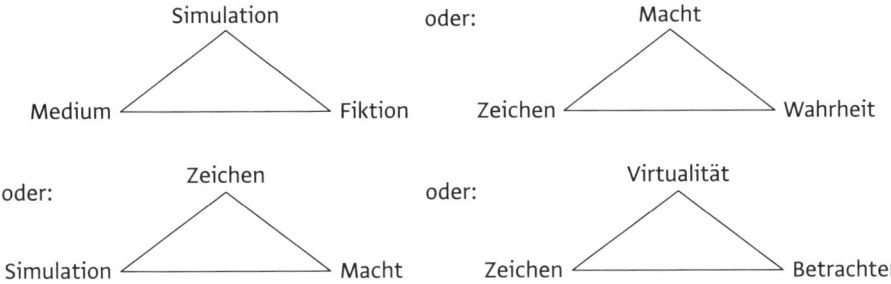

Bei dieser Umformung des ontologischen Tripels in das semiotische als fundamentales Axiom der Techno-Kunst sind natürlich ein ganzes Netzwerk von Subtripeln und Subketten von Tripeln mittransformiert worden. Die Kritik an der Moderne durch die Postmoderne baut gerade auf diesen Subnetzen auf, allerdings oft im Zeichen einer semiotischen Konfusion. Die Erzeugerschemata aktueller Kunstformen, die unter Begriffen der Aneignung, der Appropriation laufen und einen neuen Diskurs zwischen Massenwaren, Massenmedien und singulären Kunstwerken konstituieren, entstammen diesen Subnetztransformationen (fälschlich als Kritik an der Moderne interpretiert, da diese Transformationen ja zum Teil Produkt der Moderne sind). Einige dieser Subnetze von Signifikantentripeln seien vorgestellt, da sie den Umfang der begrifflichen Felder der neuen ästhetischen Praktiken sichtbar machen:

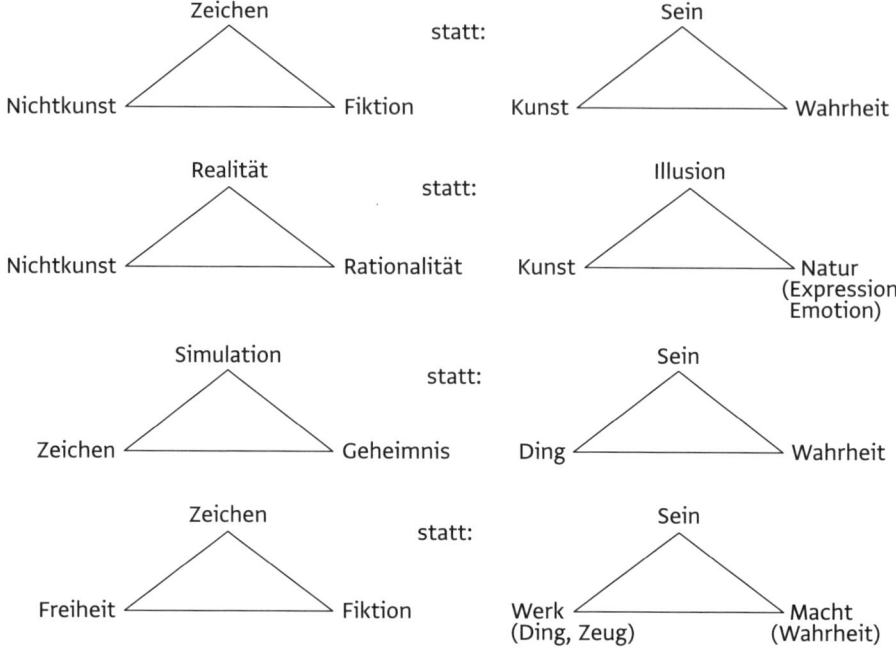

Die Stratifikation des Tripels in der klassischen Ästhetik von:

transformiert sich in der Techno-Kunst von:

Die Techno-Transformation der Kunst hat also den begrifflichen Apparat der klassischen ästhetischen Systeme konsequent infrage gestellt. Daraus sind erweiterte Diskursformen der Kunst entstanden: von der Medienkunst bis zur Antikunst. Diese Kunst ist gegen Heidegger, weil sie nicht die Wahrheit als Sein in der Kunst ansiedelt, sondern als Inszenierungen der politischen Macht dekonstruiert. Wo etwas real erscheint, ist es für die neue Kunst fiktiv und das Natürliche erscheint inszeniert. Die Techno-Kunst ist auch gegen Kant, indem sie das Kunstschöne vom Naturschönen abhebt und zur Künstlichkeit der technischen Kreation, der synthetischen digitalen Ästhetik verabsolutiert. Sie schafft Prothesenkörper statt natürliche. Wo Sein, Natur und Geist scheinbar herrschen, verhöhnt sie diese mit wirklichem Schein. Die Kunstfiktion inszeniert die Seinswahrheit. Das gefälschte Sein spricht im fiktiven Text. Im Täuschen sehend machen, ist das Ziel des künstlichen Auges, der Wahrnehmung durch die Techno-Kunst. Die Techno-Kunst ist kontra Schein als Sein, kontra Macht als Wahrheit, kontra Natur als Notwendigkeit. Sie ist für Fiktion als Signifikant der Veränderung, für Zeichen als Variable der Freiheit, für Medien als Gastformen der Natur (Erkenntnis). Die Macht der Wahrheit sticht sie mit der Schönheit der Simulation. Insofern ist Techno-Kunst auch gegen Hegel, weil sie die »wahre Form der Wahrheit« als Machtdispositiv durchschaut. Nach der Kette der klassischen Signifi-Kant(en), -Schlegel und -Hegel verbreiten die Signifi-Vögel ihr dynamisches Licht. Die Techno-Kunst ist der Vorschein dieser dynamischen Kunst, welche die Parameter der klassischen Kunst grundlegend umstürzen und umformen wird, in Synergie mit technischen, territorialen, politischen und sozialen Umwälzungen.

Wo das Ende der Kunst, des Schönen, des Wissens, der Wahrheit, der Natur, der Geschichte ständig angerufen wird, handelt es sich in Wahrheit nur um das Ende ihrer historischen Diskursformen. In Wirklichkeit beginnt erst alles.

―――

Der vorliegende Text ist 1991 in dem vom Florian Rötzer herausgegebenen Band *Digitaler Schein. Ästhetik der elektronischen Medien*, Suhrkamp, Frankfurt/M., 1991, S. 205-246, erschienen. Er wurde 2004 in Rolf Sachsse (Hg.), *Peter Weibel. Gamma und Amplitude. Medien- und kunsttheoretische Schriften*, Philo & Philo Fine Arts, Berlin, 2004, S. 13-64, wiederabgedruckt.

Die Emanzipation der Werkzeuge
Von den Fähigkeiten der Menschen und Maschinen zur Symbolisation

1993

Vom Sinn der Symbole
Die Stimme der Realität liegt im Sinn der Symbole, sagt Thom.[1] In diesem Satz des Erfinders der mathematischen Katastrophentheorie über die Beziehung von Wirklichkeit und Zeichenprozessen finden wir das rationale cartesianische Modell der Welt eindeutig definiert. Wenn der Mathematiker oder Naturwissenschaftler abstrakte Modelle von Prozessen der Natur bzw. Theorien über das Funktionieren von Ereignissen in der Welt erstellt, wie weiß er, wann seine Modelle bzw. Theorien richtig sind? Wie erfährt er die Antwort der Realität? Er stellt eine Korrespondenz zwischen Ereigniswelten in der Natur bzw. Realität und Zeichenketten im menschlichen Bewusstsein her. Symbolverarbeitende Vorgänge begleiten also die realen Prozesse, aber nicht ungeordnet, freischwebend, sondern einander rational zugeordnet. Die Zeichenketten sind sogar Teil der Naturprozesse und ihnen fest unterworfen, denn ihren Sinn verleiht ihnen die Stimme der Realität. Ihr Sinn ist von der Wirklichkeit abhängig. Im realistischen Weltbild gibt es zwar unsinnige Zeichen, aber dann entsprechen sie keiner Wirklichkeit, weil es keine unsinnige Wirklichkeit gibt. Gäbe es eine unsinnige Wirklichkeit und hätte diese eine Stimme, so würde sie den Zeichenketten und Symbolfolgen Unsinn attestieren, nein, nicht einmal das, sondern gar keinen Sinn, das hieße, sie würde weder Sinn noch Unsinn der Symbole feststellen, noch über die Unentscheidbarkeit des Sinns von feststellbaren Symbolsequenzen entscheiden.

Symbole und formale Systeme – Gödels Beweis von der Unentscheidbarkeit
Gerade diese Uneindeutigkeit ist das Ergebnis von Kurt Gödels berühmtem Theorem von 1931, das erste Modell der Unvollständigkeit der Welt für einen impliziten Beobachter, genauer der Beweis, dass eine vollständige Beschreibung der Arithmetik von innen her nicht möglich ist.[2] Man kann also sagen, dass die Welt sich der Sprache entzieht, den Symbolen, die der Mensch entwirft, und die Symbole sich der Welt entziehen. Sie sind nicht eindeutig zugeordnet, ihre Korrespondenz ist unvollständig.

Das heißt aber nicht, dass die Korrespondenz von Zeichen und Realität gar nicht existiert. Im Gegenteil, gerade aus dieser Korrespondenz ist die moderne Techno-Welt entstanden, nur nicht in der Weise, wie es das klassische, objektive, empirische, rationale

---

1 René Thom, *Modèles mathématiques de la morphogénèse*, Inédit, Paris, 1974, S. 312.
2 Kurt Gödel, »Über formal unentscheidbare Sätze der Principia Mathematica und verwandter Systeme I«, in: *Monatshefte für Mathematik und Physik*, Nr. 38, 1931, S. 173–198. Vgl. auch Peter Weibel und Eckehart Köhler, »Gödels Unentscheidbarkeitsbeweis. Ideengeschichtliche Konturen eines berühmten mathematischen Satzes«, in: Franz Kreuzer, Paul Watzlawick und Werner Schimanovich (Hg.), *Gödel-Satz, Möbius-Schleife, Computer-Ich,* Franz Deuticke, Wien, 1986, S. 72–101.

Modell behauptet. Da die Stimmenvielfalt der Realität selbst unvollständig ist, ist auch der Sinn der Symbole unvollständig, offen, stets veränderbar. Der Entwurf der Welt ist allerdings von den Symbolen abhängig, die der Mensch entwirft. Ist der Sinn der Symbole, z. B. die Wahrheit von Sätzen, durch formale Optionen im Symbolsystem selbst nicht immer entscheidbar, so bleibt als Option, diesen Sinn ontologisch zu verankern. Können die Operationen von Zeichen über Zeichen nicht vollständig abgeschlossen werden, ist das Zeichensystem selbst unvollständig, ist man versucht diese Vollständigkeit, diesen Abschluss, dieses feste Fundament in der Wirklichkeit, in der Natur wiederzufinden. Doch diese ontologische Verankerung ist eine Illusion.

Symbole und Maschinen – Turings Test

In der Arbeit mit dem Titel »Über berechenbare Zahlen mit einer Anwendung auf das Entscheidungsproblem«[1] hat Alan Turing 1937 die Ergebnisse von Gödel weitergeführt. Turing geht dabei über Gödel hinaus, weil er eine Maschine entwirft, die dazu verwendet werden kann, jede berechenbare Zeichenfolge zu errechnen. Gödels Formalismus wird also bei Turing zu einer Maschine.

Das Wesentliche bei Turing ist der Nachweis der Berechenbarkeit von Zahlen, die natürlicherweise als berechenbar gelten, und dass diese Berechenbarkeit eine Maschine ausführen kann, die dann ebenso eine Unberechenbarkeit anzeigen kann, das sogenannte Halteproblem. Die Berechenbarkeit von Zahlen, Funktionen, Prädikaten durch eine universale Rechenmaschine setzt also das cartesianische Programm fort, mit einer Einschränkung. Die Maschine operiert mit nur zwei Symbolen, den Ziffern 0 und 1. Das Entscheidende ist, dass diese Maschine vollständig als Folge von Zustandsformeln beschrieben werden kann und der Zustand des Systems durch einen einfachen Ausdruck (eine Symbolfolge). Es handelt sich um eine automatische Maschine, die keinen »Geisteszustand«, kein »Bewusstsein«, keinen »Wahrheitsbegriff«, keine »Stimme der Realität« braucht, um über den Sinn der Symbole zu entscheiden. Es handelt sich also um eine häretische Theorie, dass eine Maschine denken kann.

Turing selbst baute zusammen mit anderen den Universal Electronic Computer, der den deutschen Geheimcode »Enigma« knackte und daher den Ausgang des Zweiten Weltkriegs entscheidend beeinflusste. Turings Simulationsspiel (der Turing-Test) setzt 1950[2] an die Stelle der Frage: »Können Maschinen denken?« die Frage: »Was passiert, wenn eine Maschine in einem Fragespiel zwischen drei Personen A, B, C die Rolle von A übernimmt? Kann dann der Fragesteller unterscheiden, ob A eine Maschine und B ein Mensch ist?« Die Grenzen der Fähigkeiten des Computers, wie ihn Gödel beschreibt, gelten auch für den menschlichen Verstand. Turing verfocht die Behauptung, dass Maschinen konstruiert werden können, die das Verhalten des menschlichen Geistes weitestgehend simulieren. »Ab einem bestimmten Zeitpunkt müßten wir daher damit rechnen, daß die Maschinen die Macht übernehmen«[3], so wie es in Samuel Butlers *Erewhon* (1872) beschrieben wird.

Evolution der Maschinen: Butlers Maschinen-Darwinismus

Der Romancier Samuel Butler hat als erster eine Evolutionstheorie der Maschinen entworfen, die für den Zusammenhang der Ausstellung *First Europeans – frühe Kulturen – moderne*

---

[1] Alan M. Turing, »On Computable Numbers, with an Application to the Entscheidungsproblem«, in: *Proceedings of the London Mathematical Society*, Series 2, Vol. 42, 1936, S. 230-265, Vol. 43, 1937, S. 544-546; dt. in: Alan M. Turing, *Intelligence Service. Schriften*, Brinkmann und Bose, Berlin, 1987.
[2] Alan M. Turing, »Computing Machinery and Intelligence«, in: *Mind*, Vol. 59, Nr. 236, 1950, S. 433-460.
[3] Alan M. Turing, »Intelligent Machinery. A Heretical Theory«, in: Sarah Turing, *Alan M. Turing*, W. Heffer, Cambridge, 1959, S. 128-134; dt. »Intelligente Maschinen, eine häretische Theorie«, in: Turing 1987, S. 7-16.

Visionen (1993-1994) besonders interessant ist. In dem Kapitel »Traktat von den Menschen« seines utopischen Romans *Erewhon* (1872), die Umkehrung von »nowhere«, überträgt Butler die Evolutionsprinzipien des Darwinismus von der organischen Natur auf die anorganische. Für Butler sind Maschinen »außerkörperliche Glieder«, die die Robotik antizipieren. In einem Aufsatz aus dem Jahre 1865 schreibt er: »They are to be regarded as the mode of development by which human organism is most especially advancing, and every fresh invention is to be considered as an additional member of the ressources of the human body.«[4] Sie haben auffallende Parallelen zu Formulierungen Henri Bergsons aus dem Jahre 1915: »Jede neue Maschine war für den Menschen ein neues künstliches Organ, das seine natürlichen Organe verlängert.«[5] Die Medientheorie von Marshall McLuhan und zum Teil auch die von Paul Virilio wird hier vorweggenommen. Nobelpreisträger wie Gerald Edelman entwickeln im Anschluss an Butler einen neuronalen Darwinismus.

Werkzeuge und Sinnesorgane: Craiks Modelle
Die Werkzeuge und Maschinen werden allgemein als Ausdehnungen und Verlängerungen unserer Sinnesorgane interpretiert. So wie die Realität und die Symbole verkettet wurden, so auch die Maschinen und die Sinnesorgane. Den Sinnesorganen der Natur, der natürlichen Wirklichkeit standen die Werkzeuge der Techno-Kultur korrespondierend gegenüber. Die Sinnesorgane konnten als Werkzeuge des Körpers verstanden werden und die Werkzeuge als Verlängerung der Sinnesorgane, als Prothesen des Körpers. Die Sinnesorgane konnten mithilfe des Gehirns, ein weiterer Teil des Körpers, Signale und Symbole verarbeiten, was die traditionellen Werkzeuge wie Hammer und Rad, auch wenn sie Extensionen der Hand und des Fußes waren, nicht konnten. Erst als die traditionellen Werkzeuge selbst an eine Maschine angeschlossen wurden, an die Turing-Maschine, an den Computer, das elektronische Gehirn, gelangten sie in den Rang des Symbolverarbeiters. Dieser Aufstieg der Werkzeuge von bloß dienender Funktion zu selbsttätiger, automatischer, gelang nur, indem sie zu symbolverarbeitenden Maschinen wurden. Dieser Aufstieg leitet die dritte Kommunikationsrevolution ein und revolutioniert nicht nur Kunst, sondern bedeutet in der Geschichte der Evolution selbst eine radikale Transformation. Um diesen Gesichtspunkt zu verstehen, muss man sich vorher darüber einigen, was die Sinnesorgane bzw. Werkzeuge sind und was sie leisten. Dann wird ersichtlich, dass sie sich über den Prozess der Symbolverarbeitung zirkulär definieren. Was tun die Sinnesorgane? Ein Apparat wie das Auge beruht auf einer perfekten Simulation der optischen Gesetze. Wir verfügen bei der Konstruktion der Realität über zerebrale Mechanismen, welche die realen Gesetze der Mechanik simulieren. Was leisten die Werkzeuge? Sie haben die Reichweite unserer Sinnesorgane, unserer Gehirne und unserer Glieder weit ausgedehnt, und damit auch die ontologische Reichweite, den Umfang dessen, was da ist und wie es da ist. Die Sinnesorgane liefern Modelle von der Umgebung, abstrakter ausgedrückt von Theorien und Hypothesen. Bewährte effektive Simulationen schlagen sich auch in Werkzeugen nieder. Es entstehen physische Modelle von Theorien, das sind die Maschinen. Zu welcher Komplexität solche Modelle von Theorien anwachsen können, komplex sowohl in theoretischer wie in praktischer Hinsicht, zeigen die abstrakten Automaten, die selbstregulierenden Flugkörper, die Computer, der selbstreproduzierende Automat usw. Was zeichnet ein mechanisches System, einen Formalismus aus, wenn er die äußere Welt simulieren oder etwas Neues schaffen kann? Die Repräsentation durch Symbole und die Übersetzung dieser Symbolketten in Ereignisse, antwortet Kenneth Craik.

---

4 Samuel Butler, »Lucubratio Ebria« (1865), in: ders., *The Notebooks of Samuel Butler*, hg. von Henry Festing Jones, The Floating Press, o. O., 2014, S. 69-75, hier S. 72.
5 Henri Bergson, *La Signification de la guerre*, Bloud et Gay, Paris, 1915, S. 19; Übersetzung des Autors.

Sinnesorganen und Werkzeugen unterliegt also als gemeinsamer Charakter ihre Modellbildung, ihre Repräsentation durch Symbole. Der gemeinsame Modellcharakter von Werkzeugen und Sinnesorganen fußt auf ihrem Aspekt der Symbolverarbeitung. Werkzeuge sind also nicht nur Verlängerungen unserer Sinnesorgane, sondern das Ergebnis der Tätigkeit der Symbolverstärkung durch Sinnesorgan und Gehirn. Ein Hammer oder ein Hebel sind nicht einfach eine Verlängerung der Hand. Die Hand liefert immer wieder Modelle ihrer Wirkung auf das Gehirn. So bildete das Gehirn langsam ein Modell von der Schwerkraft. Hatte es ein effektives Modell, konnte es die Hand als Werkzeug benutzen und den Hebel oder Hammer als Modell der Hand. Ohne diese Prozesse der Symbolarchivierung gäbe es keine Werkzeuge. Werkzeuge bzw. Maschinen sind Modelle von Modellen, die die Sinnesorgane und das Gehirn liefern, sie sind materielle Implantationen von Modellen, Hypothesen, Theorien. Neue Instrumente, Maschinen, Werkzeuge liefern neue Bilder der Welt, die uns zu neuen Theorien und Modellen von der Welt führen und uns dann wieder erlauben, neue Werkzeuge und Maschinen zu bauen, die wiederum unsere Welt neu modellieren und verändern. Diese stete wechselseitige Werkzeugkultur ist Ausdruck der Mechanismen der symbolischen Kreation, die den Menschen von der Tyrannei des *Hic et Nunc* befreit, welcher das Tier unterworfen bleibt. Der Vorteil dieser rekursiven Auffassung des Verhältnisses von Mensch und Natur ist: Eben weil er Bestandteil der ihn umgebenden Realität ist, kann der Mensch diese Realität erkennen, das ist es wahrscheinlich, was Niels Bohr meinte, als er sagte: »Wir selbst sind Teil der Natur.«[6] Der Mensch als Teil der Natur löst bei der Beobachtung der Natur Wechselwirkungen aus. Durch seine Beobachtung verändert er die Natur. Weil er die Regularitäten desselben in sich trägt, kann der Mensch die inneren Regularitäten des Universums repräsentieren. Eben weil ein Teil der Ordnung des Universums im Menschen inhärent ist, kann er die Ordnung des Universums erkennen.

Diese naturalisierte Erkenntnistheorie (Willard Van Orman Quine), die von der Idee eines geschlossenen Kausalkreises ausgeht, worin die Technik ein Produkt von Natur und Theorie ist, findet die beste Definition durch Heinz von Foerster, »Erkenntnis oder der Prozeß der Erwerbung von Kenntnis als rekursives Er-Rechnen«.[7] Von Foerster interpretiert die kognitiven Prozesse als computationale Algorithmen, die selbst berechnet (*computed*) werden.

Werkzeuge und Sprache – die menschliche Fähigkeit zur Symbolisation
Alles was formalisierbar ist, ist auch berechenbar. Was berechenbar ist, ist auch mechanisierbar. Jeder Formalismus kann in eine Maschine übersetzt werden, da ja jedes formale System durch seine Mechanik gekennzeichnet ist. In dieser Verkettung von Formalismus, Mechanismus und Maschine, wie sie der Weg von Gödel zu Turing zeigt, werden aber auch die Unberechenbarkeit und Unentscheidbarkeit des Formalismus auf die Maschine übertragen. Wenn der Mensch als symbolverarbeitendes, denkendes Wesen definiert werden kann, dann ist er gerade deswegen maschinell. »Ein Mensch, ausgestattet mit Papier, Bleistift und Radiergummi sowie strikter Disziplin unterworfen, ist in der Tat eine Universalmaschine.« Eine derartige Kombination eines Menschen mit geschriebenen Instruktionen wird »Papiermaschine« genannt, schrieb Turing.[8] Dem Menschen als »Papiermaschine« entspricht die »Papiermaschine« als Mensch. So gibt es unorganisierte, lernende, selbstmodifizierende,

---

6 Vgl. Niels Bohr, *Atomphysik und menschliche Erkenntnis I*, Vieweg, Braunschweig, 1964, S. 1.
7 Heinz von Foerster, »Kybernetik einer Erkenntnistheorie«, in: W. D. Keidel, W. Händler und M. Spreng (Hg.), *Kybernetik und Bionik*, Berichtswerk über den 5. Kongress der Deutschen Gesellschaft für Kybernetik, R. Oldenbourg, München u. a., 1974, S. 27–46, hier S. 32.
8 Alan M. Turing, »Intelligente Maschinen«, in: Alan M. Turing, *Intelligence Service. Schriften*, Brinkmann und Bose, Berlin, 1987, S. 81–114, hier S. 91.

selbsttätige, selbstreproduzierende Maschinen. Diese Vorstellung des »Elektronengehirns« steht am Ende einer langen Reihe von Imitationen, in denen jedes beliebige Teil bzw. natürliche Organ des Menschen durch eine Maschine ausgetauscht bzw. imitiert wurde. Sigmund Freud hat dieses Geschöpf, dem das Mikrofon die Stimme verstärkt und dem das Telefon die akustische Reichweite über die natürlichen Grenzen verlängert, so wie Teleskop, Mikroskop und TV-Kamera die Reichweite des Auges, und die elektronischen Schaltkreise Nervennetze gut zu simulieren scheinen, ein »Unbehagen in der Kultur« attestiert, weil der Mensch nur ein »Prothesen-Gott« geworden sei. Der Vorstellung, dass Maschinen denken können, d. h. eigenständig Symbole verarbeiten und ihnen Sinn stiften können, was bisher als Privileg des Menschen oder der Realität galt, sind wir näher gerückt denn je. Turings universale Rechenmaschine, auf den binären Symbolen 0 und 1 aufgebaut, die durch Nichtstrom und Strom in Schaltkreisen abgebildet werden, die auf der Algebra von George Boole aufbauen, ist in der Tat mit einem lebenden Organismus zu vergleichen. Selbstständige Symbole sind in der Tat eine Sensation der Kulturgeschichte. Nicht mehr der Mensch malte Tiere oder Menschen an die Wände, sondern die Explosion der Künste, die eine Explosion der Zeichen ist, führte dazu, dass Maschinen selbstständig Zeichen malen. Die Werkzeuge dienen nicht mehr dazu, den Willen des Menschen auszuführen und Zeichen zu materialisieren, zu realisieren, sondern die Werkzeuge setzen selbst Zeichen, und das Reich der Zeichen setzt selbst die Realität. Symbolverarbeitende Maschinen wie der Computer haben die Zeichen zu autonomen Agenten gemacht. Die Maschinen bilden neue selbstständige Modelle der Welt und der Werkzeuge. Die Kunst der Medien zeigt uns diesen neuen Abschnitt der autonomen symbolverarbeitenden Maschine. Auf die Explosion der Kunst folgt die Explosion der Zeichen – mithilfe der Maschinen. Die Werkzeugkultur ist in eine neue Phase getreten, in die Eigenwelt der Apparatewelt.

Werkzeuge sind nicht aus der Sprache entstanden und die Sprache nicht aus den Werkzeugen. Sondern Sprache und Werkzeuge haben eine gemeinsame Ursache: die menschliche Fähigkeit zur Symbolisation. Aus dieser gemeinsamen Wurzel haben sich Sprache und Technologie entwickelt. Insofern ist Werkzeugtechnologie, insbesondere jene Werkzeuge, die selbstständig Symbole verarbeiten können wie die intelligenten Maschinen, der Schlüssel zur menschlichen Evolution. Werkzeugkultur ist immer Symbolkultur gewesen. Ohne Symbole keine Speichermöglichkeit, ohne Speicher bzw. Gedächtnis keine Erfahrung. Die Schrift ist der erste Speicher, der Computer vorläufig der letzte. Mithilfe der Schrift konnten räumliche und zeitliche Distanzen überbrückt werden. Entkörperlichte, entmaterialisierte Information konnte in Raum und Zeit herumgeschoben werden. Das war die erste Kommunikationsrevolution. Die Erfindung des Buchdrucks stellt die zweite Kommunikationsrevolution dar. Massenkommunikation wurde möglich. Die Trennung von Bote und Botschaft, von Körper und Symbolen, die Symbolisation von Botschaften durch elektromagnetische Felder, wie sie 1833 durch die Telegrafie eingeleitet wurde, bildete die technische Grundlage für die dritte telematische Kommunikationsrevolution: die elektronische digitale Informationsverarbeitung. Maschinenkommunikation wurde möglich. Die mit elektronischer Geschwindigkeit reisenden Zeichen reisen frei und autonom. Die Zeichen der dritten Kommunikationsrevolution sind vom Menschen befreit und führen mithilfe der Zeichenautomaten ihr Eigenleben. Die Werkzeuge haben sich emanzipiert und beginnen als symbolverarbeitende Maschinen ein eigenständiges Leben. Die Medienkunst versucht diesen Weg der Symbolisation der Symbole, diesen Aufstieg der Werkzeuge zu Zeichen, zu symbolisieren.

Der vorliegende Text ist 1993 in dem Ausstellungskatalog *First Europeans. Frühe Kulturen – moderne Visionen*, Exter & Exter, Berlin, S. 100–103, erschienen.

Digitale Doubles: Von der Kopie zum Klon

Zweiter Entwurf

1995

Objekt und Original

Das Problem des Originals ist bisher im Objektbereich abgehandelt worden. So fragt man z. B. bei einem Kunstwerk, ob es ein Original ist. Die Frage bedeutet dann in etwa: Ist es ein einzelnes Werk von einem Einzelnen? Ist es keine Fälschung, d. h. ist der durch eine Signatur angegebene Autor der wirkliche Schöpfer des Werkes, und ist das Werk selbst keine Replik, sondern ein Original, tatsächlich von diesem Schöpfer nur einmal gemacht? Es ist ja oft der Fall, dass ein Künstler sein Werk selbst falsch datiert und damit schon eine Fälschung herstellt, wenn auch eine relativ harmlose. Das Original ist also ein Werk, das es nur einmal gibt, ein einzigartiges Werk, in seiner Art einziges Werk, von einem Einzelnen hergestellt.

Ein Original setzt sich aus mehreren Elementen zusammen, wovon zwei fundamental sind: 1) die Echtheit der Signatur und 2) die Einzigartigkeit des Werkes. Die Signatur kann gefälscht werden und die Einzigartigkeit des Werkes ist bedroht durch eine Vielzahl von stilistischen, technischen und auktorialen Vervielfältigungen. Original ist also eine handwerkliche Definition, die sich an handwerklichen, vorindustriellen Produktionsweisen orientiert. Denn in der postindustriellen informationsbasierten Gesellschaft von heute steht ein Heer von technischen Verfahren bereit, jedes »Werk« zu vervielfältigen bzw. das »Werk« nicht von einem Einzelnen, sondern durch Viele herzustellen, z. B. beim Film. Im Zeitalter der technischen Produzierbarkeit von Kunstwerken ist die Frage des Originals und des Autors bekanntlich nicht mehr so einfach zu lösen wie früher.

Auf der Ebene des Objekts ist der Begriff Original als handwerklicher technischer Begriff im vorindustriellen Zeitalter einigermaßen zu definieren gewesen als ein Werk, dessen ontologischer Status gesichert ist: Es existiert nur einmal, es ist nur einmal produziert worden und zwar von einem einzigen Schöpfer mit dessen Händen. Solange die Frage des Autors auch schon im vorindustriellen Zeitalter ausgeklammert bzw. sehr milde beurteilt worden war, z. B. das Problem der kollektiven Produktion in Malerwerkstätten, konnten um den Objektbegriff des Originals bis ins 19. Jahrhundert eine ganze Reihe anderer Begriffe inszeniert werden, die Grundbegriffe einer Ästhetik, zumindest die Grundstimmung einer Ästhetik darstellten: Original, Einzigartigkeit, Genialität, Eigentümlichkeit, Authentizität, Originalgenie. Diese den handwerklichen und objektualen Kunstbegriff verdichtende ästhetische Ideologie, die bis ins 19. Jahrhundert dominierte, geriet ins Wanken, als im 19. Jahrhundert Maschinen auftauchten, wie z. B. der Fotoapparat, die Bilder relativ selbstständig machen konnten, ohne die Hand des Künstlers, ohne einen handwerklichen Künstler zu benötigen, sondern nur noch einen geistigen Urheber, und als diese Bilder noch dazu in unendlich vielen Exemplaren bzw. Ausführungen gemacht werden konnten.

Die Krise des Originalbegriffs war also zunächst einmal eine Krise des handwerklichen Originalbegriffs des Objekts und damit verbunden die Transformation des Schöpferbegriffs von einem handwerklichen Hersteller zu einem geistigen Urheber. Ein Foto konnte zwar noch durch den Blickwinkel oder die Methoden des Autors ästhetisch einzigartig sein, aber nicht mehr technisch, nicht mehr auf der Ebene der Hardware, nur noch auf der Ebene der Software. Original war also nicht mehr die Hardware, das Foto, das Bild, sondern nur noch die Software, das Programm. Auf der Ebene der Hardware kam es im 20. Jahrhundert zu einer Multiplikation der Autoren. Es bedarf vieler Handwerker und technischer Co-Autoren, aber auch vieler Maschinen, um einen Film herzustellen. Dieser Film existiert in Tausenden Kopien, die gleichzeitig global gezeigt werden. Er ist also technisch kein Original. Er ist auch von einem ungeheuer großen Team kollektiv hergestellt worden. Er ist eine kollektive industrielle Produktion wie das Herstellen von Autos auf dem Fließband. Wenn es Autoren und Urheber gibt, vom Drehbuch bis zur Regie, dann nicht mehr auf der Ebene des Objekts, sondern nur noch auf der Ebene des Programms. Die Einzigartigkeit des Werkes und die Echtheit der Signatur, die zwei Axiome einer vorindustriellen Produktion, konnten auf der handwerklichen, technischen, ontologischen Ebene nicht mehr behauptet werden, nur noch auf der Zeichenebene. Der Urheber des Originals wurde zum semiotischen Konstrukteur, zum Initiator und Dirigenten eines spezifischen Zeichenprozesses, dessen Realisierung einem Team von anderen Autoren überantwortet werden musste. Die Relation Urheber und Original, die im handwerklichen Zeitalter noch so eindeutig war, hat sich im industriellen und postindustriellen Zeitalter mit den Möglichkeiten der Maschinen zur Produktion und Multiplikation von Werken mehrfach verwickelt und kompliziert. Eine technisch differenzierte Produktionsweise, wie z. B. beim Film, hat das historische Problem des Originals obsolet gemacht und nach einer neuen Definition des Urhebers verlangt. Dieser Urheber ist nicht mehr allein der Regisseur, der klassische Schöpfer, sondern auch der Kameramann, der Drehbuchautor und der Produzent sind geistige, technische und produktive Urheber, d. h. an der Realisation des Zeichengebildes beteiligt. Der Schöpfer splittet sich in multiple Urheber auf der handwerklichen und konzeptionellen Ebene. Im 20. Jahrhundert mussten daher neue Begriffe des Originals und der Autorenschaft erarbeitet werden. Von Michail Bachtins Prinzip des polyphonen Dialogs über die Pseudonyme von Jorge Luis Borges und Fernando Pessoa bis zu den theoretischen Schriften von Roland Barthes und Michel Foucault reichen daher die Attacken auf die Signatur, auf die Autonomie des Autors als Voraussetzung des Originals. Denn fällt der Autorenbegriff, fällt auch der Originalbegriff. Die Frage nach dem Original als Objekt ist daher nicht zu separieren von der Frage nach dem Original als Autor, nach dem Original als Subjekt, nach der Authentizität der Urheberschaft.

Parallel zur Geschichte des Originals in der vorindustriellen Zeit hat sich nämlich schon immer eine gegenläufige Praktik der Produktion entwickelt. Die Künstler selbst haben ihre eigenen Werke entoriginalisiert und stilistische oder technische Variationen hergestellt. Im Laufe der Jahrhunderte gehörte es sogar als notwendiges Element zur Stilbildung, dass auch andere Künstler stilistische oder technische Variationen, ja sogar Kopien, herstellten. Aber Variationen eines Originalwerkes durch den Künstler des Originalwerkes selbst wie auch Imitationen bzw. Variationen durch andere Künstler gelten immer noch als Originale, hingegen technische Variationen bzw. Reproduktionen nicht (siehe Radierungen etc.). Auch stilistische Varianten, in anderen Ländern, zu anderen Zeiten, gelten noch als Originale. Kopien, sofern es sich nur um geistige Kopien handelt, stellen immer noch Originale dar, wenngleich der Künstler als Kopist oder als Fälscher gilt. Also handelt es sich um eingeschränkte Originale, hergestellt von Kopisten. Kopie, das Gegenteil von Original, im eigentlichen Sinne ist also ein technischer, handwerklicher Begriff. Wir sehen, es gab immer schon eine Grauzone, eine abgestufte Hierarchie zwischen Original und Kopie. Die moderne Technologie war nur der Überbringer der schlechten Botschaft und hat den Konflikt erst verschärft bzw. stillschweigende ideologische Voraussetzungen, Fiktionen und Illusionen zur Explosion gebracht.

Von der handwerklichen und kriminalistischen Ebene hat sich daher die Frage nach dem Original sehr bald in höhere dramatische Ebenen der Ideologie und der Metaphysik verlagert. Die Frage richtete sich dann z. B. auf das Wesen des Autors. Wie viele dürfen an einem Kunstwerk noch mitmachen, damit es als Werk eines Autors gilt? Von Rembrandt van Rijn bis Peter Paul Rubens bekommen wir immer wieder neue Antworten der Kunstgeschichte. Von Bertolt Brecht bis Rainer Werner Fassbinder hören wir auch in der Theater- und Filmgeschichte immer wieder neue Antworten. Die Zukunft wird auch das Werk Andy Warhols neu bewerten: Ob Team, Werkstatt, Factory – es handelt sich um neue Formen der Autorenschaft im Zeitalter einer Ästhetik der Massen. Die Frage nach dem Wesen des Autors kann dann abgelöst werden von der Frage nach dem Wesen des Werkes, wenn es von einem Werk mehrere Variationen und Wiederholungen durch den Künstler selbst gibt, z. B. bei Giorgio de Chirico und Salvador Dalí.

Diese Frage wurde besonders dringlich, als von der Fotografie bis zum Siebdruck Kunstmedien auftauchten, die nicht nur Variationen und Vervielfältigungen ermöglichten und förderten, sondern sogar kein Original kannten. Vorhanden war z. B. nur ein Negativ, von dem positive Abzüge gemacht werden konnten und zwar unendlich viele Abzüge in unendlich vielen Variationen und Größen. Die konnten zwar durch eine limitierte Auflage oder durch einen ersten, vom Künstler handsignierten Abzug willkürlich begrenzt werden, aber das Wesen der Fotografie besteht in der Vervielfältigung und variablen Vergrößerung. So sprach man vom »Originalnegativ«, das zwar nicht das Werk selbst war, denn erst die positive Kopie davon ist das Werk, aber immerhin der Ursprung des Werkes. Das Bild als die positive Kopie eines Negativs bedeutet eine radikale Inversion des vorindustriellen Originalbegriffs. Denn die legitime ästhetische Erscheinungs und Existenzweise der Fotografie ist die Kopie, nicht das Original. Das Erscheinen des Werkes, die ästhetische Realisation des Werkes, ereignet sich erst in der Vervielfältigung.

Wir sehen, dass unter dem Begriff des Originals viele schwierige Konzepte subsumiert werden, wie Autor, Autonomie, Innovation, Authentizität, Einmaligkeit, Individualität, Ursprung etc. Seit dem Auftauchen von drucktechnischen Vervielfältigungsverfahren und insbesondere seit der Erfindung der Fotografie vor ca. 150 Jahren gibt es also eine Krise des Originals, die heute gleichzeitig als eine Krise der Moderne definiert wird. Die Postmoderne wird verstanden als eine versuchte Überwindung der Problematik des Originals und der damit verbundenen Begriffe, insbesondere in der von der Allegorie und der Collage-Technik abgeleiteten Appropriation Art der 1980er-Jahre. Es gibt also einen Wandel des Begriffs Kunstwerk von der Moderne zur Postmoderne, der als eine Ästhetik der Absenz, nämlich als Absenz der historischen Erscheinungsformen der Kunst, beschrieben werden kann. Eine dieser wesentlichen Absenzen ist das Original, definiert als Objekt.

Identität und Subjekt

Ich möchte daher das Problem des Originals nicht weiter objektual diskutieren, z. B. von Marcel Duchamps Readymades über Montage und Cut-Up, über Multiples und Siebdrucke der 1960er-Jahre bis zur Objektkunst und zur Appropriation Art der 1980er-Jahre, sondern ich möchte die These aufstellen, dass das eigentliche und aktuelle Problem des Originals im Subjektbereich zu suchen ist. Genauer gesagt, ich werde Argumente für die Auffassung vortragen, dass sich die Problematik des Originals vom Objektbereich, wo sie zu Beginn des 20. Jahrhunderts situiert war, am Ende des 20. Jahrhunderts in die Domäne des Subjekts verlagert hat.

Von der ersten Frage an, die lautete: Ist das Original das Werk »eines Einzelnen«?, sehen wir schon, dass das Subjekt, der Schöpfer des Werkes, vom Objekt nicht so leicht zu trennen ist. Ich möchte diesen Aspekt in meiner These verstärken und versuchen zu zeigen, dass das Problem des Originals beim Objekt und die damit verbundene Krise der Kategorien und Begriffe wie Autonomie, Appropriation, Absenz, längst auch das Subjekt, den Autor, erfasst und infiziert hat.

Im Subjekt des Künstlers verhandelt sich heute, was dereinst beim Kunstwerk die Krise des Originals genannt wurde. Die Frage nach dem Original ist heute die Frage bzw. die Suche nach dem Autor. So könnten wir einen berühmten Titel paraphrasieren und sagen, der Weg geht vom Kunstwerk im Zeitalter seiner technischen Reproduzierbarkeit zum Künstler im Zeitalter seiner digitalen oder gentechnischen Reproduzierbarkeit. Was für das klassische Kunstwerk die mechanische Bildmaschine, die Fotografie, an Herausforderung und Transformation bedeutete, an deren Folgen wir uns bis heute noch immer abarbeiten, wird die nächsten hundert Jahre der digitale Computer als intelligente Maschine für den Künstler an Herausforderung und Transformation bedeuten. Das Subjekt des Künstlers in seinen historischen Erscheinungsformen scheint der nächste Schritt in der Ära der Absenz zu sein.

Symptome dafür gibt es genug. Ich möchte einige davon kurz erwähnen. Bei Marcel Duchamp selbst ist nicht oft genug erwähnt worden, dass er mit der Erfindung der Readymades nicht nur auf der Objektebene die Krise des Originals eingeleitet hat, weil er selbst kein einzigartiges Kunstwerk mehr erzeugte und bereits vorhandene, »zuhandene« Dinge, die in tausendfacher multipler Auflage existierten und von anderen mit industriellen Maschinen hergestellt worden waren, durch kontextuelle Paraphrasen und Operationen (als nicht objektual, sondern nominativ) zu Kunstwerken erklärte, sondern bereits auch auf der Subjektebene die Krise des Originals antizipierte. Er hat nämlich nicht nur keine originalen Kunstwerke im historischen Sinn geschaffen, sondern er hat sie auch nicht im eigenen Namen signiert, also fast eine totale Absenz historischer Kategorien des Kunstwerkes erzeugt. Das »Werk« selbst war also erstens kein einzelnes, kein einzigartiges, sondern ein Massenartikel, zweitens nicht von einem Einzelnen geschaffen, sondern ein von Maschinen industriell erzeugtes Produkt, drittens falsch signiert. Auch die Signatur, das Subjekt, nicht nur das Objekt, waren absent bzw. falsch präsent. Insofern möchte ich in diesem Zusammenhang auf die ungeheure Bedeutung seiner vielfältigen »noms de plumes«, Künstlernamen, hinweisen. Von R. Mutt bis Rrose Sélavy hat Duchamp bereits eine multiple Identität des künstlerischen Subjekts entworfen, die mit dem multiplen Charakter seines Werkes korrespondierte. Es muss allerdings erwähnt werden, dass der Druck des Marktes auch Duchamp eingeholt hat, der seine industrielle Massenware, seine Readymades, gleichsam wie Originalnegative behandelte und spätere Versionen als Repliken datierte, womit er doch wieder einen Originalstatus des Readymades behauptete, der ihm historisch nicht zustand. Bei Duchamp ist schon zu erkennen, dass die Fragen nach Innovation, Authentizität, Aura, eigentlich Fragen nach dem Subjekt sind, und dass das, was im Objektbereich Original heißt, im Subjektbereich Identität bedeutet.

Als Alfred Stieglitz 1922 fragte: »Can a photograph have the significance of art?«[1] antwortete Duchamp: »I would like to see it make people despise painting until something else will make photography unbearable.«[2] Die Ablehnung von Kunst in ihrer historischen Erscheinungsform kann nicht deutlicher sein. Duchamp zweifelte an allem, nicht nur am Original, sondern auch am Ich. »Doubt in myself, doubt in everything. In the first place

---

[1] Alfred Stieglitz, »Can a photograph have the significance of art?« in: *Manuscripts*, Nr. 4, 1922, S. 2.
[2] Ibid.

never believing in truth. In the end it comes to doubt ›to be.‹«³ Er wollte ein »Unkünstler« sein. »Antikünstler ist ein Künstler wie jeder andere. Unkünstler wäre sehr viel besser. Wenn ich das Wort dahingehend ändern könnte, wäre es sehr viel besser als Anti-Künstler. Unkünstler bedeutet überhaupt kein Künstler. Das wäre meine Vorstellung.«⁴ Aus dieser kategorischen Ablehnung der Kunst heraus hat er auch die zwei entscheidenden Axiome der Kunst, Signatur und Original, mit seinen Readymades zerstört, d. h. mit anonymen oder mit Pseudonymen signierten Pseudoobjekten.

Das Readymade ist nicht von einem Künstler handwerklich hergestellt, sondern technisch von einer Maschine. Es ist nicht einzigartig, sondern industrielle Massenware. Damit ist der Originalstatus des Objekts zerstört. Aber Duchamp denkt konsequent, dass mit der Abdankung des Originals auch der Künstler abzudanken hat. So hat er nicht das Pseudoobjekt als Duchamp signiert. Denn auch der Identitätsstatus des Subjekts, des Autors, ist mit dem veränderten Status des Objekts, des Originals, bedroht bzw. verändert. Er hat mit »R. Mutt 1917« unterzeichnet und das hochkant gestellte Toilettenbecken 1917 anonym zur Ausstellung der »Unabhängigen« in New York eingeschickt. In der von ihm herausgegebenen Zeitschrift *The Blind Man* protestierte Duchamp gegen die Ablehnung der Jury: Der Brunnen Herrn Mutts »is a fixture that you see every day in plumbers' show windows. Whether Mr. Mutt with his own hands made the fountain or not has no importance. He *chose* it. He [...] created a new thought for that object.«⁵ Der Ausweis des Künstlers bestand also nicht in der handwerklichen Produktion des Werkes, sondern in der Auswahl, und nicht in der Gestaltung, sondern in der Codierung einer neuen Bedeutung. Das klassische Kunstoriginal und die klassische Künstleridentität kollabierten in diesem historischen Moment gemeinsam, da sie untrennbare Kategorien sind.

Duchamp stellte also mit falschen Papieren, unter falschem Namen ausgestellte Zertifikate und falsche Objekte aus. R. Mutt, evident nichtidentisch mit Duchamp, stellt ein Pissoir aus, evident nichtidentisch mit einem Kunstwerk. Dass durch kontextuelles Recycling die Muschel zu einem Kunstwerk und R. Mutt zu Duchamp wird, ist ein anderes Problem. Im Augenblick gilt es, darauf hinzuweisen, dass die Nichtidentität des Objekts, sein fehlender Originalstatus, von Anfang an mit der Nichtidentität des Subjekts, des Schöpfers, korrespondierte. Duchamps Spiel mit Pseudonamen sollte ebenso ernst beobachtet werden wie sein Spiel mit Pseudowerken.

Pseudowerke und Pseudonyme

Das Auftauchen von Pseudowerken, von Kunstwerken ohne Originalstatus, von Pseudoobjekten, ereignete sich notwendigerweise im Zusammenhang mit dem Auftauchen von Pseudosubjekten, von Pseudonymen. Die Künstlichkeit des Objekts ist nicht von der Künstlichkeit des Subjekts zu trennen. Etwa zur gleichen Zeit hat ein Dichter dieselbe Problematik erkannt und zur Lösung ebenfalls ein Spiel mit Heteronymen angefangen.

Um 1914 hat der portugiesische Dichter Fernando Pessoa, um seine eigenen poetischen Möglichkeiten nicht unter den Zwang des historischen Identitätsdenkens stellen zu müssen, in seinem Kopf drei andere Dichter geboren: Ricardo Reis, Alberto Caeiro, Álvaro de Campos. Diese drei Dichter mit verschiedenen fiktiven Biografien und Kunstpraktiken entsprangen alle einem einzigen Kopf, dieser aber fühlte sich als Bühne für andere: »Ich

---

3   Wiliam Seitz, »What's Happened to Art? An Interview with Marcel Duchamp on Present Consequences of New York's 1913 Armory Show«, in: *Vogue*, Nr. 4, 15. 02. 1963, S. 110-113, 129-131, hier S. 113.
4   Richard Hamilton, *Marcel Duchamp Speaks*, BBC, Third Programme, 13. 11. 1959, in der Reihe *Art, Anti-Art*; Übersetzung des Autors.
5   Marcel Duchamp, »The Richard Mutt Case«, in: *The Blind Man*, Nr. 2, Mai 1917, o. S.

erschuf in mir verschiedene Persönlichkeiten. Ich erschaffe ständig Personen. [...] Ich bin die lebendige Bühne, auf der verschiedene Schauspieler auftreten, die verschiedene Stücke aufführen.«[6] Natürlich hat Pessoa auch unter eigenem Namen publiziert. Doch sein »Drama in Leuten«, seine multiple Aufspaltung in verschiedene Heteronyme, Autoren, Stile sprengt das Gefängnis des Originals und der Identität. Sechs Personen suchen keinen Autor mehr, sondern ein Autor löst sich in vier Dichter auf. Der Auflösung des Objekts entspricht bei Pessoa erstmals in klarer Absicht die Auflösung der Identität. Substitution, Projektion, Aneignung, Vervielfältigung sind bei ihm Operationen nicht über den Objektbereich, sondern auf der Subjektebene. Aus dem Titel einer Erzählung von Giovanni Papini, *Der Spiegel auf der Flucht*, kann man andeutungsweise ermessen, worum es geht: eine Flucht vor dem Zwang zur Identität, das Joch der Identität wird gebrochen, um andere Ereignisse in Raum und Zeit, um andere Räume und Zeiten zu erleben, um sein Erleben und sein Begehren über die sozialen Schranken der Ich-Konstruktion zu erheben.[7] *Ich will nicht länger sein, der ich bin* heißt daher eine andere Erzählung von Papini. Die Differenz zwischen Sein und Nichtsein, Wirklichkeit und Fiktion wird geschwächt. Die berühmte romantische Entdifferenzierung findet statt, um die reale Beschränkung der Existenz, die Endlichkeit, zu transzendieren, den Tod zu überwinden, die Immaterialität zu erreichen. So wie das postmoderne Werk in der zeitgenössischen Kunst eine »Kopie ohne Original« ist, so wird der Künstler »ein Trugbild seiner Selbst«[8]. Diese Formulierung Pessoas – ist sie nicht eine perfekte Beschreibung mancher Werke der Postmoderne wie auch des postmodernen Subjekts selbst? Konnte die Moderne noch fordern: »Sei Du selbst, setze Dich gegen Konventionen und Zwänge durch«, lautet der postmoderne Imperativ: »Konstruiere Dich selbst.« Das Ich wird eine künstliche Konstruktion.

Kopien ohne Original, Subjekte ohne Identität
Jorge Luis Borges ist im gleichen Umfeld zu finden. Auch er hat unter Heteronymen publiziert und insbesondere in der Geschichte *Borges und Ich* den Zwang zur Identität abgelehnt: »Dem anderen, Borges, passiert immer alles. [...] ich lebe, ich lebe so vor mich hin, damit Borges seine Literatur ausspinnen kann. [...] Ich muss in Borges bleiben, nicht in mir (falls ich überhaupt jemand bin), aber ich erkenne mich in seinen Büchern weniger wieder als in vielen anderen. [...] Vor Jahren wollte ich mich von ihm befreien und ging von den Mythologien der Vorstadt zu Spielen mit der Zeit und der Unendlichkeit über [...]. So ist mein Leben eine Flucht. [...] Ich weiß nicht, wer von beiden diese Seite schreibt.«[9] »Ich ist ein anderer«, hatte schon Arthur Rimbaud gesagt. Das Ich auf der Flucht hat Papini beschrieben. Das Spiel mit Namen als Möglichkeit, dem Gefängnis von Raum und Zeit zu entkommen, aus dem Elend und der Enge der sozialen Identität auszubrechen, hat wiederum Duchamp eingeführt. Daher sei speziell auf jene Posterarbeit von Duchamp verwiesen, die für das Ich auf der Flucht bzw. die Spiegelfluchten den bezeichnenden Titel *Wanted* (1923) trägt und die für »information leading to the arrest of George W. Welch, alias Bull, alias Pickens etcetry, etcetry. Operated Bucket Shop in New York under name Hooke, Lyon and Cinquer. [...] Known also under name Rrose Sélavy« zweitausend Dollar Belohnung verspricht. Darin enthalten ist eine kleine Anspielung auf R. Mutt mit dem *bucket shop*, dem illegalen Wertpapierhandel, der unter anderem auf den eimerartigen Behälter, in dem der mit Börsen-

---

6   Fernando Pessoa, *Das Buch der Unruhe*, Fischer, Frankfurt/M., 1987, S. 7 ff.
7   Giovanni Papini, *Der Spiegel auf der Flucht (Spiegelfluchten)*, hg. von Jorge Luis Borges, Ed. Weitbrecht, Stuttgart, 1984.
8   Pessoa 1987.
9   Jorge Luis Borges, *Gesammelte Werke in zwölf Bänden*, Bd. 7: *Der Gedichte erster Teil*, Hanser, München, 2006, S. 200f.

kursen versehene Streifen des Tickers hineinläuft, bezeichnet, denn »The only works of art America has given are her plumbing and her bridges«, schrieb Duchamp[10]. Außerdem kommen in dieser Liste von fiktiven Identitäten des Künstlers das Spiel mit Heteronymien, die Maskerade der sozialen Identität, das Ich auf der Flucht, die Konstruktion künstlicher Subjekte, die multiplen Spiegelbilder des Subjekts ohne starre Identität unverkennbar zu Tage. »My position is the lack of a position, but, of course, you can't talk about it, the minute you talk you spoil the whole game.«[11] Die Gründung einer Gesellschaft, die Kunst ausstellt und sammelt, 1920 zusammen mit Man Ray und Katherine Dreier gegründet, hat nicht ohne Grund den Namen »anonym« bekommen. Die Société Anonyme hat in zwanzig Jahren über fünfzig Ausstellungen moderner Kunst durchgeführt und ihre Sammlung ist 1941 in den Besitz der Yale University übergegangen. In einem Kunstsystem, das, vergleichbar dem Sport, so sehr auf den Namen von Stars, Sponsoren und Stiftern aufgebaut ist, das also das Individuum über alle Maßen glorifiziert, einer Institution nicht den Namen der Stifterin, Dreier, zu geben, sondern im Gegenteil sie »anonyme Gesellschaft« zu nennen, entspricht sowohl einer Kritik dieses Systems wie auch einem expliziten Hinweis auf die kapitalistische Struktur der Kunst(förderung). Anonyme Gesellschaft bzw. Gesellschafter gehören ja zur ökonomischen Struktur des Kapitals. Duchamps Kunst ist also von Signaturen des Pseudonymen, Heteronymen, Anonymen tief gekennzeichnet. In dieser Domäne zwischen Pseudoobjekten und Pseudosubjekten, zwischen Subjekt und Apparat, zwischen Unikat und Multiplikat, zwischen singulär und kollektiv, zwischen Individuum und Anonymat wird sich die postmoderne Dialektik der Fiktionalisierung entfalten. Das postmoderne Spiel mit multiplen Identitäten, das postmoderne, relationale und positionale Subjekt, das seine Position variiert und konstruiert, entspricht der Krise des modernen Objekts beim Übergang vom handgemachten zum industriell fabrizierten Objekt im Zeitalter der maschinenbasierten industriellen Revolution. Identitätspapiere sind seither per se falsche Dokumente, zumindest konstruierte.

Fiktive Identitäten - fiktive Subjekte
Die postmoderne Literatur, insbesondere die postmoderne Science-Fiction-Literatur hat intensiv und beinahe obsessiv die modernen Muster des Originals und des Subjekts als kollektive Fiktion behandelt. Die multiplen Aufspaltungen des Subjekts nicht nur durch stilistische Kollisionen, sondern auch durch narrative Konstruktionen, bilden ein durchgehendes Thema.

Thomas Pynchon, William S. Burroughs, Raymond Federman, die Gruppe Oulipo in Frankreich (Raymond Queneau, Georges Perec), John Hawkes, William Gass, Kathy Acker, J. G. Ballard, Robert Sheckley, Philip K. Dick, William Gibson und andere haben die genannten Topoi ausgearbeitet. Wie der Titel der Textsammlung *Falsche Dokumente. Postmoderne Texte aus den USA* (1993) bezeichnend sagt, wird mit falschen Texten, also Kopien ohne Original, die Realität gestürmt, die auch nicht mehr ist, was sie vorgeblich einmal war, nämlich echt, original und real, sondern eigentlich nur noch eine Studiodekoration. *Storming the Reality Studio* (1991) heißt eine Anthologie von Cyberpunk- und postmodernen Science-Fiction-Texten nach einem Satz von William S. Burroughs.

Was Brian McHale für die experimentelle Literatur des 20. Jahrhunderts unternommen hat, ihren postmodernen Charakter herauszuarbeiten (*Postmodernist Fiction*, 1987), leistet in einem grundlegenden Werk Scott Bukatman für die Science-Fiction-Literatur (*Terminal Identity. The Virtual Subject in Postmodern Science Fiction*, 1993). Durch die Analyse

---

10   Duchamp 1917.
11   Zit. nach Arturo Schwarz, *The Complete Works of Marcel Duchamp*, Abrams, New York, 1969, S. 194.

von populären Science-Fiction-Filmen und -Büchern gelingt es Bukatman, die Natur der menschlichen Identität im Informationszeitalter, in dem Mensch und Maschine koexistieren und sich wechselseitig beeinflussen, neu zu definieren. Dieses neue »virtuelle Subjekt« kommt insbesondere in einer Reihe von Cyberpunk-Romanen (Alice B. Sheldon alias James Tiptree, Jr., Bruce Sterling, William Gibson) und -Filmen zum Ausdruck: *The Max Headroom Story* (Rocky Morton, Annabel Jankel, George Stone und Matt Frewer, 1985); *Akira* (Katsuhiro Otomo, 1988); *Alien* (Ridley Scott, 1979); *Brazil* (Terry Gilliam, 1985); *Blade Runner* (Ridley Scott, 1982, nach der Story *Do Androids Dream of Electric Sheep* von Philip K. Dick); *Scanners* (1981), *Videodrome* (1983), *Dead Ringers* (1988) – alle drei von David Cronenberg; *Aliens* (1986), *Terminator I u. II* (1984, 1991) – alle drei von James Cameron; *RoboCop* (1987) und *Total Recall* (1990, nach der Story *We Can Remember It For You Wholesale* von Philip K. Dick) von Paul Verhoeven; *The Lawnmower Man* (Brett Leonard, 1992); *Tetsuo: The Iron Man* (Shin'ya Tsukamoto, 1989); *Westworld* (1973) und *Looker* (1981) – beide von Michael Crichton.

Nicht nur die Arbeiten von Philip K. Dick, sondern insbesondere auch die Schriften von Robert Sheckley verhandeln und behandeln den Status des postmodernen pluralen Subjekts im Zeitalter seiner digitalen Reproduzierbarkeit. In dem Roman *The Alchemical Marriage of Alistair Crompton* (1978) wird die Persönlichkeit eines Wissenschaftlers auf drei Körper verteilt. Sogar das Fleisch ist terminal. Zwischen Subjekt, Person, Körper gibt es keine Einheit mehr, sondern die Beziehung ist gespalten. *Das geteilte Ich* hieß daher die ursprüngliche Kurzgeschichte von 1960, die als Vorlage zum Roman diente. In der Kurzgeschichte *Keep your Shape* (in seiner Anthologie *Untouched by Human Hands*, 1967) gibt es die »Freiheit der Form«. Jedes Lebewesen kann jede Form annehmen. Das Ich kann sich also in allen physikalischen Formen manifestieren. Aber dieses Ich kann sich nicht durchsetzen, weil es schließlich in der ihm angenehmsten Form bzw. Position verharrt.

Die Verunsicherung des postindustriellen Individuums in Bezug auf historische Identitätsentwürfe hat auch der österreichische Romancier Robert Musil in seinem Roman mit dem bezeichnenden Titel *Der Mann ohne Eigenschaften* analysiert. »Er ahnt: diese Ordnung ist nicht so fest, wie sie sich gibt; kein Ding, kein Ich, keine Form, kein Grundsatz sind sicher«.[12] Joseph Kosuth hat 1992 eine Arbeit für die Stadt Esslingen geschaffen, die auf diesem Zitat aufbaut. In den 1960er- und 70er-Jahren haben zahlreiche Künstler wie Valie Export, Cindy Sherman, Jürgen Klauke, Braco Dimitrijević mit dem Begriff der Identität gearbeitet und ihn als Rollenspiel dekonstruiert. Die Arbeiten von Sherrie Levine und Elaine Sturtevant verstören und verunsichern den Status des Originals auf der Objektebene. Die Arbeiten jenes jugoslawischen Künstlers, der seit den 1980er-Jahren unter verschiedenen Namen wie Kasimir Malewitsch, Piet Mondrian etc. Ausstellungen realisiert, indem er bekannte Fotografien von Ausstellungen als reale Ausstellungen nachbaut, untergraben den Mythos des Originals, auf dem die Moderne aufgebaut ist, auf noch radikalere Weise, da sie das Problem des Originals auf die Subjektebene verlagert haben.

Der Literaturtheoretiker und Ideologiekritiker Michail Bachtin hat in verschiedenen Schriften, die er unter verschiedenen Pseudonymen, meist unter dem Namen von Freunden, publiziert hat, den ersten postmodernen Entwurf zum Verschwinden des Subjekts und zur Begründung der multiplen Identität geliefert. 1929 hat er im Buch *Probleme der Poetik Dostojekskijs* diesen als polyphonen Autor gepriesen. Das Subjekt formiert sich, indem es anderen Stimmen leiht. Die Vielstimmigkeit der Reden des Ichs und der anderen führt zu einer Relativität des Subjekts. Autonomie des Autors und Originalität des Textes werden entwertet und zu einem Glied in einer langen Kette von Reaktionen und Transformationen.

---

12 Robert Musil, *Der Mann ohne Eigenschaften*, Rowohlt, Reinbek bei Hamburg, 1978, S. 250.

»Jedes Verstehen ist das In-Beziehung-Setzen des jeweiligen Textes mit anderen Texten und die Umdeutung im neuen Kontext.«[13] Jeder Text wird zum Kontext eines anderen Textes. Jeder Text ist also das Produkt der steten Umformung anderer vorhandener Texte, ist also nur ein Knoten in einem dynamischen Netzwerk von Texten. So ist aber auch der Sprecher nicht exklusiv der Schöpfer seiner Äußerungen, sondern diese sind das Ergebnis einer polyphonen dialogischen Handlung, das Produkt der Interaktion zwischen Sprecher und sozialer Situation, in der die Äußerung sich ereignet.

Diese Relativierung von Autor und Text, d. h. von Schöpfer und Original, ist historisch nicht wirksam geworden, weil die Arbeiten von Bachtin erst spät, in den 1970er-Jahren, rezipiert worden sind. Die Problematik des Originals ist daher noch in den 1980er-Jahren auf der Ebene des Objekts (Jeff Koons, Haim Steinbach, Allan McCollum) ausgetragen worden.

An ihnen erkennen wir eine Art Parallelverarbeitung des Problems des Verlustes des Originals, nämlich die Verschiebung der Appropriation zur Mise en scène, zur Ästhetik der Verführung. Die Position des Subjekts als Konsument drückt sich in der Emphase der Konsumartikel aus. Das postmoderne Subjekt idealisiert und identifiziert sich mit dem Konsumartikel, dem postmodernen Ding par excellence, dessen Ambivalenz aber geopfert wird. Es entstehen narzisstische Objekte in Korrelation mit dem Ich-Syndrom des postmodernen Subjekts. Der »Erpressung zur Identität«[14] wird nachgegeben und größtmögliche Selbstähnlichkeit wird begehrt. Eine Schleife entsteht, wo genossen wird, wozu wir gezwungen werden zu sein, wo genossen wird, dass wir gezwungen werden, wir selbst zu sein. Keine Klage mehr darüber, dass die Wirklichkeit simuliert und das Ich fiktiv ist, sondern Fiktion und Simulation werden genossen und perfektioniert. Kunst nimmt hier bereits Methoden des *clonings* an. Siehe die *Perfect Vehicles* (ab 1988) von Allan McCollum oder die Skulpturen von Katharina Fritsch.

Kunst dient diesen Künstlern zur ästhetischen Ausformung von wesentlichen Funktionen der Konsumkultur, zu einer Art *shaping*, zum *object shaping* statt *bodyshaping*, zum *object building* statt Bodybuilding. Die Überdimensioniertheit der Reize, der Muskeln und Prothesen verwandelt dort wie da den Körper und die Kunstwerke in eine Schauhülle, in hybride Objekte.

Meine eigene Arbeit bezieht sich auf das Problem des Originals und der »Erpressung zur Identität«. Ich habe 1967 ein *Selbstporträt als Anonymus* veröffentlicht und 1973 mit Video die Auflösung der Identität betrieben (z. B. *Investigation of Identity I, II, III*, 1970–1973, Videoperformance; *Parenthetische Identität*, 1973; *Selbstbegrenzung – Selbstbezeichnung – Selbstbeschreibung*, 1973; *Autoidentität*, 1973; *Kruzifikation der Identität*, 1973, Videoskulptur; *Beobachtung der Beobachtung: Unbestimmtheit*, 1973, Videoinstallation) und 1988 eine Mise en scène des Subjekts inszeniert (*Stimmen aus dem Innenraum*, 1988). Meine fiktionalisierten Aktionen, Kunsträume und Künstler der 1960er- und 70er-Jahre kulminierten 1988 in einer Ausstellung mit dem Titel *Inszenierte Kunst Geschichte* im Museum für angewandte Kunst, Wien. Heteronyme, anonyme, polyphone Werke, die ihre Widersprüche explizit zur Schau trugen, wurden sechs fiktiven Künstlern zugeschrieben, über die in einem Katalog sechs fiktive Autoren schrieben. Die Krise der Identität wurde an den Künstlern wie Autoren und die Krise des Originals wurde an den Werken exemplifiziert. Aber das Entscheidende war, dass der Diskurs der Kunst selbst, seine Axiome, seine Ideologie, seine Praktiken durch die Fiktionalisierung infrage gestellt wurden. Diese institutionelle Kritik am Diskurs

---

13   Michail Bachtin, »Zur Methodologie der Literaturwissenschaft« (1940), in: Rainer Grübel (Hg.), *Michail M. Bachtin. Die Ästhetik des Wortes*, Suhrkamp, Frankfurt/M., 1979, S. 349-357, hier S. 352.
14   Jean Baudrillard, *Die fatalen Strategien* (1983), Matthes & Seitz, München, 1985, S. 47.

der Kunst, die ich 1971 mit einer »Kontext-Theorie der Kunst«[15] begonnen habe, habe ich 1992 mit einer interaktiven Computerinstallation weitergeführt. Diese trug den Titel *Zur Rechtfertigung der hypothetischen Natur der Kunst und der Nicht-Identität in der Objektwelt*. Das Prinzip der Nichtidentität wurde universalisiert und der ontologische Status der Welt wurde durch den Entwurf von vier virtuellen Welten, die kontextkontrolliert und beobachterabhängig waren, korrigiert, relativiert. Starre Identität wurde zur Hypothese, Sein zur Fiktion. Der Ursprung des Originals, das ontologische Prinzip, wurde durch die immaterielle virtuelle Speicherung der Information, die Variabilität des Bildinhalts durch den Beobachter und das lebensähnliche (viable) Verhalten des dynamischen Bildes verletzt und versprengt.

Aus dieser Kunst und dieser Literatur der Appropriation und des Cut-Up kann man einige Prinzipien der Absenz des Originals auf der Subjektebene erkennen: Kein zentraler Kontrollmechanismus, keine ethnischen, geschlechtsspezifischen, religiösen Hegemonien, Monopole, Privilegien, keine Zentralzone der Wahrheit. Stattdessen lokale autonome Agenten, hunderterlei Diskursformen, Genres, Wirkungsstrategien, Stile, soziale Schichten, Ästhetiken (massenkulturell, hermetisch). Enthierarchisierung der Ästhetik ist das erste Ergebnis des Verzichts auf das Original. Darauf folgt die sich endlos ausfaltende Heterogenität der partikularen Diskurse.

Hybride Objekte – geklonte Subjekte
Cloning ist vom griechischen Wort *klon* (Spross, Zweig) abgeleitet und bezieht sich auf die asexuelle, d. h. vegetative Reproduktion. Geklonte Moleküle, Zellen, Pflanzen, Tiere sind genetisch identische Kopien, die ohne sexuelle Prozesse produziert wurden. Genetisch identische Organismen, die künstlich entstanden sind, bilden daher neue Formen, in denen die Differenz zwischen Original und Kopie fast unendlich zurückgedrängt ist. Objekte und Subjekte mit fast identischem physischem Äußeren oder exzeptionell ähnlichem Verhalten werden daher »Klone« genannt. Da die naturwissenschaftlichen Praktiken, Einsichten und Weltbilder nicht ohne einen sozialen Zusammenhang gedacht werden können und in Korrelation mit den sozialen Systemen gesehen werden müssen, aus denen sie produziert werden, ist aus dem naturwissenschaftlichen Diskurs des *Clonings* als avancierteste Form der Künstlichkeit auch eine Aussage über den Zustand der Künstlichkeit der Objekte und Subjekte in den sozialen Systemen, damit auch in der Kunst, ableitbar. Wenn schon die Moleküle ihr Double haben (*La Molécule et son Double* heißt ein Buch von Jean Jacques, 1992), dann hat nicht nur das Theater sein Double (Antonin Artaud), sondern dann werden auch die Körper, die Objekte, die Menschen, ihr genetisches oder digitales Double haben. »L'homme et son Double« lautet die Zukunft. *Virtual Actor* (*Vactor*) ist das computergenerierte Modell dieses neuen digitalen Doubles des Menschen.

Ein Klon ist eine Zelle, eine Pflanze, ein Tier, in Zukunft vielleicht auch ein Mensch und das Resultat einer künstlichen Reproduktion, die identisch mit dem Original ist. Die Gesellschaft insgesamt tendiert zu einem Zustand des Geklontseins. Ihr Ziel ist die ständige künstliche Reproduktion von Subjekten und Objekten, die identisch mit dem Original sind: Geklonte Objekte – künstliche Subjekte.

Die Heteronyme der Künstler und Dichter waren der Beginn dieser Suche nach Heterogenität, nach Abbau des Zwangs, der Hierarchien, nach Enttotalisierung. Statt des Ganzen – die Mikrologie des Diskurses, statt Hegemonien des Originals und eines partikulären Subjekts im Namen des Allgemeinen – Verlust des Originals und der Hegemonien.

---

15 Peter Weibel, »Kontext-Theorie der Kunst« (1971), wiederabgedruckt in: *Enzyklopädie der Medien*, Bd. 4: *Literatur und Medien*, Hatje Cantz, Berlin, 2021, S. 70–81.

Nachdem das Subjekt von der Werbung und den Massenmedien als Ziel präzise ins Auge gefasst worden war, und zwar in all seinen ausdifferenzierten sozialen Funktionen bzw. Identitäten, als Familienvater, als Ehemann, als Freizeitkonsument, als Büroangestellter etc. und für jede seiner sozialen Identitäten die Gesellschaft ein passendes Produkt hatte, sucht das Individuum nach anderen Subjektverwirklichungen, um schließlich den historischen Subjektstatus selbst aufzugeben wie dereinst den Originalstatus. Ist das Subjekt als Readymade enttarnt, als konditioniert, kann es nur noch als Wüste desertiert werden.

Der Konsument als Subjekt reduziert das Individuum. Dieses sieht sich in der Gesellschaft des Spätkapitalismus einer großen Frequenz bzw. Bandbreite von Subjektpositionen gegenüber. Angesichts der von der Gesellschaft angebotenen zahllosen Subjektpositionen verwandelt sich das Individuum in ein positionales Subjekt. Es durchläuft im Laufe der Jahre verschiedene Positionen. Einmal erlebt es sich als Adressat von Jugendwerbung, später als Adressat von Autowerbung etc. Das Individuum erfährt sich als eine Abfolge von Subjektpositionen und Subjektangeboten der Gesellschaft, die es wählen oder ablehnen kann. Im Laufe seines Lebens durchläuft das Individuum verschiedene Subjektverwirklichungen. Die Praxis der Selbstverwirklichung im heutigen Spätkapitalismus haben die erwähnten Autoren und Künstler im Spiel der Heteronyme kritisch antizipiert. In die Leere des Sozialen projiziert sich die Heterogenität des Subjekts nach dem Verlust des Originals der Identität.

Individuum, Person, Subjekt, Identität bilden keine zwanghafte Einheit mehr, sondern eine auseinanderdriftende Koalition und Co-Habitation. Die Co-Habitation eines gemeinsamen Körpers durch verschiedene Subjekte, Identitäten, Personen verwandelt das Ich in eine Kunstfigur.

Die plurale Identität des postmodernen Subjekts ist also die Antwort auf den Verlust des Originals im Objektbereich auf der Subjektebene. Statt des absoluten Subjekts und der universellen Identität gibt es nur noch plurale Positionen des Subjekts und eine partikuläre, relationale Identität.

Das Ich als Karawane

Das Denken im Original ist der Logik der Inkarnation verpflichtet, ist vielleicht sogar die letzte Bastion des Denkens in der Logik der christlichen Inkarnation. Auf die Logik der Inkarnation, die Original und Identität als Begriffe des Zwangs produzierte, folgt die Logik der Interaktion. Erst durch sie werden Differenz statt Identität und Klone statt Originale eingeführt. Das Erkennen und die Konstitution von Differenz als Differenz generiert das Werk und das Subjekt. »Kopie ohne Original«, Klon, meint eben dies, die Kopie wird durch Differenz von anderen Kopien zum Original. Körper, Trägermedium, Code sind kontingent.

Die postmoderne Science-Fiction-Literatur hat für dieses virtuelle Subjekt ohne universalen Körper und Code, sondern mit variablem und kontingentem Körper, Identität, Code, Position, Differenz (ethnische Differenz, Geschlechtsdifferenz, sozialer Unterschied etc.) den Ausdruck »terminal identity« geprägt. Erzwungene und zufällige soziale Identität, sexuelle Identität, ethnische Identität werden legitimiert mit dem Verweis auf Ursprung, Natur, Ontologie. Das Spiel von Science-Fiction und das Spiel der Kunst mit fiktiven Identitäten dient dazu, die sogenannten natürlichen Identitäten als sozial konstruierte Identitäten zu entlarven, die als künstliche auch veränderbar sind. Das macht ihren »virtuellen« Charakter aus. Die Rebellion gegen Original und Identität in der Literatur und Kunst des 20. Jahrhunderts, im Jahrhundert der Multiples und der Pseudonyme, ist der Versuch, aus dem Gefängnis der Gesellschaft, dem Zwang des Staates auszubrechen, aus der vom Sozialen diktierten Ontologie. Auch der Körper ist kein Seiendes mehr, kein Original, sondern eine Variable, sozial regulierbar.

So wie das Werk im Zeitalter seiner technischen Reproduzierbarkeit des Originals verlustig geht, so das Subjekt seiner Identität. So ist der Name für das Subjekt im Zeitalter seiner künstlichen bzw. technischen Reproduzierbarkeit in der digitalen Ära: »terminale Identität«. Das ist ein Subjekt mit typisch postmoderner doppelter Codierung: einerseits das Ende des Subjekts, die Peripherie, und andererseits die neue Subjektposition, die nicht auf dem Reißbrett der Natur, sondern der Techno-Transformation in allen ihren Formen (von der Gesichtsoperation bis zur Genmanipulation) konstruiert wird, sogar auf dem Bildschirm des Computers. Der *virtual actor, vactor*, ist der vollendete Exponent des digitalen *Clonings* des virtuellen Subjekts.

»The entire planet is being developed into terminal identity and complete surrender«, schrieb William S. Burroughs.[16] Von *Max Headroom* über *RoboCop* bis *Terminator I* und *II* oder *Total Recall* und *Blade Runner* zeigen Science-Fiction-Filme solche virtuellen Subjekte, solche terminalen Identitäten als Ausdruck des gegenwärtigen Status des Subjekts in der postmodernen Gesellschaft. Der Replikant (die Kopie), der von Replikanten (künstlichen geklonten Subjekten) gejagt wird, die glauben, sie seien natürliche Menschen (Originale), wie in *Blade Runner*, ist der adäquate Ausdruck des Zustands der Krise des Originals (in der Objektwelt) und der Identität (in der Subjektwelt) in der Techno-Gesellschaft des Spätkapitalismus. Die Kunst reagiert darauf mit einer Reihe von Manövern:

Im Objektbereich Absage an das Original.
Im Subjektbereich Absage an die Erpressung zur Identität.
Befreiung des Subjekts vom Körper.
Befreiung der Identität vom Subjekt.
Befreiung des Bewusstseins von der Identität.
Auflösung der Realität.

Die Entwürfe virtueller Realitäten und postontologischer Subjekte sind Attacken auf die Realität unter den Auspizien des Verzichts auf Original und Identität. Virtuelle postontologische Subjekte wollen sich der Erpressung durch das Reale entziehen. Die Erpressung zur Identität ist nämlich nichts anderes als die Erpressung der Realität, die Erpressung durch das Reale. So verstehen wir nun den Satz von Borges: »Die Welt, unseligerweise, ist real; ich, unseligerweise, bin Borges.«[17] Das Ziel des virtuellen Subjekts ist daher: *anything, anytime, anywhere.*

Von der Kopie zum Klon

The mind is a kind of theater [...] There is properly no simplicity in it at one time, nor identity in different [...] only a perpetual flux and movement [...] where several perceptions successively make their appearance; pass, re-pass, glide away, and mingle in an infinite variety of postures and situations.[18]
DAVID HUME

Original, Originalität, Identität sind bekannte modernistische Mythen.[19] Von Beginn an hat die Moderne allerdings die ihr zugrunde liegenden Axiome widerrufen bzw. kritisch reflektiert. So sehr einerseits Signatur, Subjekt, Original in der klassischen Moderne triumphierten, so sehr war sie gleichzeitig von der Ungewissheit und Ambivalenz des ontolo-

---

16 William S. Burroughs, *Nova Express* (1964), Grove Press, New York, 1992, S. 13.
17 Borges 2006, S. 205.
18 David Hume, *A Treatise of Human Nature* (1739-1740), Clarendon Press, Oxford, 1888, S. 252f.
19 Rosalind Krauss, »The Originality of the Avant-Garde«, in: dies., *The Originality of the Avant-Garde and Other Modernist Myths*, The MIT Press, Cambridge/MA, 1986, S. 151-170.

gischen Status dieser Konzepte beunruhigt. Die Fragen nach Identität und Original haben die Moderne nicht nur begründet, sondern gleichzeitig auch gepeinigt. Die Postmoderne unterscheidet sich diesbezüglich von der Moderne nur darin, dass die Probleme und Themen zwar die gleichen geblieben sind, nämlich sexuelle und nationale Identität etc., dass aber die Betrachtungsweise sich geändert hat. Was die Moderne schmerzt, genießt die Postmoderne. Dort, wo die Moderne sich bedroht gefühlt hat, vom Verschwinden des Ichs, von der Auflösung der Materie, von der Masse, von der Populärkultur, ruft heute die Postmoderne: Genieße![20] In *Die geografische Geschichte von Amerika* (1936) hat Gertrude Stein die *dramatis personae* des modernen Universums beschrieben: »Identität, menschliche Natur, menschlicher Geist, Universum, Geschichte, Publikum und Wachstum.«[21] Wir wissen die postmoderne Antwort darauf: das Ende der Geschichte, die Grenzen des Wachstums, die Emanzipation des Publikums, das expandierende Universum, die mechanische und digitale Substitution des Geistes (künstliche Intelligenz), die Simulation und Synthetisierung der Natur, die Aufhebung des Zwanges zur Identität. Aber die Postmoderne ist in ihrer progressiven Interpretation nur eine Radikalisierung der Moderne. Daher sind die postmodernen Lösungen schon in der modernen Problemstellung vorgezeichnet. »Identität ist nicht wie ein Vergnügen«, schreibt Gertrude Stein. »Identität hat nichts zu tun mit eins und eins [...] Es gibt so viele Dinge die nicht das gleiche sind Identität menschliche Natur, Aberglauben, Publikum und der Geist des Menschen. [...] Identität und Publikum. Keiner ist identisch aber jeder kann Identität haben. [...] Etwas anderes das es gibt ist das Universum. Identität hat nichts zu tun mit dem Universum. Identisch kann es haben wenn es könnte aber Identität bestimmt nicht bestimmt nicht Identität. [...] Nun alles oder nichts kann wachsen aber da letztlich nichts wachsen kann gibt es keine Identität«.[22] Diese Sätze könnten auch aus einer postmodernen Cyberpunk-Novelle stammen.

Mit den drei zusätzlichen Dichtern, Ricardo Reis, Alberto Caeiro, Álvaro de Campos und ihren fiktiven Biografien konnte Fernando Pessoa um 1914 seine poetischen Möglichkeiten erweitern. Auch der zeitgenössische Avantgarde-Künstler Mike Kelley verabschiedet das eindimensionale Individuum und setzt an seine Stelle das mehrdimensionale: »Das heroische Individuum wird von einer Art Multi-Individuum ersetzt.«[23] Jorge Luis Borges hat das Leiden am Zwang zur Identität, an der sozial erpressten Identität ausgedrückt. Auch das spezifische Leiden an der nationalen Identität, dieser universalen Quelle der Gewalt, war den Modernisten vertraut. Von Duchamp wird aus dem Jahr 1919 zitiert: »Haben Sie eine Nationalität? Leider.«[24] Zahlreich sind also die Zeugnisse dafür, dass die Mythen der Moderne schon von den avanciertesten Modernisten als ambivalent empfunden wurden, sowohl der Begriff des Ichs, von dem Wiener Naturwissenschaftler und Philosophen Ernst Mach schon um 1900 als »unrettbar«[25] definiert, wie auch der Begriff des Originals.

Diese Subversion modernistischer Mythen und Matrizen wurde selbstverständlich mit dem Fortschritt der Technologie umso intensiver. Mit der Fotografie und dem Film, mit der Collage und dem Siebdruck wurden vielfältige Techniken der Vervielfältigung eingesetzt,

---

20 Wie kein anderer Autor hat Slavoj Žižek diesen postmodernen Wechsel der Vorzeichen der Moderne begriffen und daher verwenden die Titel seiner Arbeiten sehr oft den Imperativ: Genieße!
21 Gertrude Stein, *Die geographische Geschichte von Amerika oder die Beziehung zwischen der menschlichen Natur und dem Geist des Menschen* (1936), Suhrkamp, Frankfurt/M., 1988, S. 96.
22 Ibid., S. 97, 94f.
23 Mike Kelly und Julie Sylvester, »Talking Failure/Über das Scheitern«, in: *Parkett*, Nr. 31, S. 100-107, hier S. 105.
24 Marcel Duchamp, in: *Marcel Duchamp, Interviews und Statements*, gesammelt, übersetzt und annotiert von Serge Stauffer, Edition Cantz, Stuttgart, 1992, S. 23.
25 Ernst Mach, *Die Analyse der Empfindungen und das Verhältnis des Physischen zum Psychischen* (1885), Gustav Fischer, Jena, 1906, S. 20.

die, wie der Name schon sagt, das Eine, das Unikat, das Original zerstören, weil sie es eben vervielfachen. Man kann also sagen, dass die Moderne am Zwang zum Original und am Zwang zur Identität gelitten hat und selbst aus sich heraus die Postmoderne als Erlösung aus diesem Zwang generiert hat, welche die Simulation, das Fake, das Faksimile, die Substitution, die Kopie, die multiple Identität, die Reproduktion genießt. Montage, Collage, Cut-Up, Assemblage, Appropriation, Multiple, Installation, Readymade sind künstlerische Techniken solcher Auflösungen des Originals und der Identität. Allerdings hat sich gegenwärtig die Postmoderne von den Vorgaben der Moderne gelöst und die Fluchtbewegung radikalisiert. Es geht nicht mehr um den Verlust von Aura, Autor und Authentizität beim Kunstwerk im Zeitalter der technischen Reproduzierbarkeit. Bei der Steigerung der Reproduzierbarkeit durch Gentechnik und digitale Technologie handelt es sich nicht einfach um eine technisch verbesserte und potentere Fortsetzung, sondern in der Tat um einen Bruch mit der herkömmlichen Kunstproduktion. Es gibt nämlich von Anfang an keine Aura, keinen Autor, keine Authentizität, es gibt nämlich kein Original und keine Identität mehr. Der Diskurs der Kopie setzt ja noch ein Original voraus, wovon die Kopie ein Abklatsch ist. Mit dem Faksimile beginnt bereits jene Ära, in der der Knecht (die Kopie) den Herrn (das Original) und seinen Ursprung verleugnen möchte. Das mechanische Faksimile, das Kino, imitiert nicht nur das Leben, sondern inszeniert es auch, fabuliert es, erfindet es (siehe Georges Méliès). Es entsteht künstliches zweidimensionales Leben, ein künstliches Reich aus Licht und Schatten. In der maschinellen Reproduktionskultur des Bildes, wie sie von der Kunst selbst thematisiert wird, erkennen wir die künftigen Spielregeln einer fundamental veränderten Gesellschaft.

Walter Benjamin hat in *Das Kunstwerk im Zeitalter seiner technischen Reproduzierbarkeit* (1935/1936) die Anfänge dieser Umformung der Gesellschaft beschrieben. Günther Anders hat in *Die Antiquiertheit des Menschen*, besonders im Kapitel »Die Welt als Phantom und Matrize« die Folgen dieser Umformung apokalyptisch analysiert.[26] Jean Baudrillard hat den Begriff der Reproduktion mit seiner Theorie der Simulakra (Imitation, Reproduktion und Simulation) radikalisiert, wobei dem dritten Simulakrum, der Simulation, sein Hauptinteresse gilt. Bei der Simulation (ein Simulakrum der dritten Ordnung) »gibt es keine Imitation des Originals mehr wie in der ersten Ordnung, aber auch keine reine Serie wie in der zweiten Ordnung: es gibt Modelle, aus denen alle Formen durch eine leichte Modulation von Differenzen hervorgehen.«[27] Baudrillards Simulationsbegriff ist deswegen soviel radikaler als Benjamins Reproduktionsbegriff, weil er sich gegen das Reale wendet, gegen die Referenz, gegen den Ursprung. »Die wirkliche Definition des Realen lautet: *das, wovon man eine äquivalente Reproduktion herstellen kann*.«[28] In der medial dominierten Wirklichkeit Amerikas fanden daher in den 1980er-Jahren Baudrillards Thesen, insbesondere bei New Yorker Künstlern wie Richard Prince, Cindy Sherman, Haim Steinbach, Jeff Koons, Sherrie Levine, Peter Halley großen Anklang. Mit ihren Techniken der Appropriation der Massenmedien und der Kunstwelt haben sie sich als »Simulationisten« erwiesen, aber nicht konsequent genug, wie Baudrillard meint, weil sie zwar das Reale, aber nicht das Referenziale löschten. Baudrillard sieht die Simulation als eine Reproduktion ohne Referenz, als die vollständige Emanzipation des Knechts gegen den Herrn, als die finale Egalität der Zeichen gegenüber den Dingen, als den postontologischen Triumph der Signifikanten. »Durch seine unbegrenzte Reproduktion macht das System seinem Ursprungsmythos ein Ende, und damit zugleich auch allen referentiellen Werten, die es selbstwährend seines

---

26 Günther Anders, *Die Antiquiertheit des Menschen*, Beck, München, 1956.
27 Jean Baudrillard, *Der symbolische Tausch und der Tod*, Matthes & Seitz, München, 1982, S. 88f.
28 Ibid., S. 116.

Entwicklungsprozesses hervorgebracht hatte. Indem es seinem Ursprungsmythos ein Ende macht, macht es auch seinen inneren Widersprüchen ein Ende (es gibt weder etwas Reales noch ein Referenzsystem, mit dem man es konfrontieren könnte) – und es macht auch dem Mythos von seinem Ende ein Ende: der Revolution selbst.«[29] Der Knecht, die Kopie, ist frei. Man kann sie nicht mit einem Herrn, einem Original konfrontieren. Hans-Jürgen Seemann schreibt: »Wir leben in einer Reprokultur: Imitation, Reproduktion und Nachahmung werden zum ›Markenzeichen‹ unserer Gesellschaft. Kopiert wird in Medien, Mode, Wissenschaft und Kunst. Und neuerdings kopiert sich der Mensch sogar selbst.«[30] Unsere These ist nun, dass wir eigentlich schon auf dem Weg aus der Reproduktionskultur heraus sind und dass die Phänomene, die Baudrillard und andere beschreiben, am besten mit Klonkultur zu bezeichnen sind, eben weil Klone identische Kopien sind. Der Klon ist ununterscheidbar vom Original, identisch mit ihm. Daher fällt der Unterschied zwischen Kopie und Original. Daher ist der Klon der Kopie überlegen. Seemann selbst schreibt 1992: »Die Klon-Kultur ist das Endprodukt der expansiven und tabulosen Copy-Gesellschaft. Digitale Medientechnologie, Gentechnologie, Biokybernetik, Neurochirurgie und Nanotechnologie sind einige der (jetzt schon erkennbaren) Geburtshelfer und Leittechnologien der kommenden Klon-Kultur.«[31]

Die Copy-Gesellschaft und die Simulations-Society befinden sich also in einem tiefgreifenden Wandel, der vom Aufstieg der Kopie zum Klon gekennzeichnet ist. Ich habe daher 1985 einen ersten Entwurf für eine »Ästhetik der geklonten Gesellschaft« geliefert: »In den ästhetischen Erscheinungsformen kann man zukünftige gesellschaftliche sehen. Die neuartige piktoriale Repräsentation, das mathematisch simulierte Bild der Realität ist nicht nur eine Scheinwelt, eine Spiegelung des Imaginären mit sich selbst, sondern verweist auf die zukünftige Struktur einer geklonten Welt. Die geklonten Bilder der digitalen Werke sind Bilder der geklonten elektronischen Welt der Zukunft. Wenn in der Sprache der elektronischen Medien das Reale vom Imaginären zerstiebt wird, so deswegen, weil in unserer Zivilisation das Reale in der Tat immer mehr vom Imaginären durchlöchert wird. Die von der digitalen Ästhetik der elektronischen Medien geschaffenen Veränderungen des Raum- und Zeitbegriffs, von Ort und Gegenwart, von imaginär und real, von Künstlichkeit und Menschlichkeit haben gesamtgesellschaftliche Folgewirkungen: Der Zugang zur Welt wird persönlicher, die Teilhabe an der Welt wird nicht mehr passiv und bloß repräsentativ sein, sondern interaktiv. Das ›responsive Environment‹, in dem Computer unsere Bedürfnisse verspüren und darauf reagieren, ebenso die interaktiven Computer-Environments zielen auf eine Verwirklichung der Individuation, in der nicht wie bei der bisherigen Demokratie durch die Allmacht des Staates ihre Aporie, dass sie nämlich im Grunde eine Diktatur der Individuen wäre, unterdrückt wird, also alle für einen arbeiten, den Staat, der dann wiederum durch die Staatsapparatur eine Art Rückverteilung vornimmt, bei der aber der Staatsbürger von der Macht des Staates abhängig ist, sondern in der kein Individuum dem anderen superior ist und eine gleichberechtigte interaktive Individualität herrscht.«[32] Kein Individuum ist Herr (Original) über ein anderes (Kopie), sondern alle sind gleichwertige Klons (siehe Gertrude Stein). Diese interaktive Individualität und ihre Abhängigkeit vom Kontext, vom Kollektiv, vom Milieu bedeutet vor allem eine Abwertung der fiktiven Autonomie des cartesianischen Subjekts. Das Ende des cartesianischen Subjekts, das sagte: »Cogito, ergo sum«, hat Jacques Lacan unmissverständlich in dem berühmten

---

29 Ibid., S. 94.
30 Hans-Jürgen Seemann, *Copy – Auf dem Weg in die Repro-Kultur*, Beltz, Weinheim u. a., 1992, Klappentext.
31 Ibid., S. 235.
32 Peter Weibel, »Ästhetik der geklonten Gesellschaft«, in: *Output – Österreich*, Sondernummer, Wien, 1985, S. 10f., wiederabgedruckt in: *Ars Electronica*, LIVA, Linz, 1986, S. 314.

Satz formuliert: »Ich denke, wo ich nicht bin, also bin ich, wo ich nicht denke.«[33] Lacan hat Sein und Sprache, Ontologie und Identität, Sein und Subjekt für immer gespalten. Das Cogito, das »Ich denke«, gilt nicht mehr allein als Begründung und Fundament der Welt. Die Erfahrung des Denkens begründet nicht das Sein, die Ontologie. Lacan fragt: Wer denkt? und antwortet mit Sigmund Freud: Es denkt. Daraus erwächst das postmoderne Subjekt als postontologisches Subjekt, als konstruiertes, fiktives, künstliches Subjekt. Ein sich selbst infrage stellendes Subjekt, das sich selbst zum Zweifel und zum Verschwinden verurteilt, gerade indem es fragt, ist das postmoderne Subjekt ohne konstante Identität. Lacan hat den strukturellen Mangel an Identität verabsolutiert. Einheit und Konstanz der Identität werden als ideologischer Effekt, als soziale Konstruktion erkennbar, die gefährlich wird, sobald sie vergisst, dass sie eine bloße Produktion der Imagination ist.

Kunst wird vor diesem Horizont zu einer Maschine zur Verarbeitung eines metaphysischen Mangels, des Mangels an Sein und Identität. Dies betrifft nicht nur die Subjekte, sondern auch die Objekte. Die entscheidende Kunst der Gegenwart zeugt von der ontologischen Ambivalenz und Diffusion der Dinge selbst. Der Mangel an Sein und Identität kennzeichnet erst recht auch die Kunstwerke zu Beginn der 1990er-Jahre. Bis dahin haben diese versucht, sich durch Auratisierungsstrategien von dieser Ambivalenz, vom üblen Geruch des Falsifikats, des Fakes, des Doubles, der Kopie zu befreien und auf ihre Einzigartigkeit, Originalität und Authentizität gepocht. Ausgestattet mit dem Charme der Naivität und dem Pathos der Lüge ist dies auch vielen Werken kurzfristig gelungen. Aber in Wirklichkeit haben nicht nur die Subjekte ihre Doubles und Klone, auch die Dinge haben ihr Alter Ego. »Ein Ding ist ein Ding; aber vor allem, ein Ding steht niemals allein«, sagt Haim Steinbach zu Recht, »thus an object is a ›made-ready-to-relate‹ rather than a ›ready-made‹«. Die Dinge treten nicht allein auf, sondern doppelt, weil jedes Ding eine Ware ist und solcherart zumindest eine doppelte Identität hat, nämlich Gebrauchswert und Tauschwert zu sein. Die Dinge funktionieren wie eine Sprache. Der Januskopf des Zeichens, Signifikant und Signifikat zu sein, wiederholt sich im Januskopf der Ware, Gebrauchs- und Tauschwert zu sein. Obwohl man Dinge sieht, sieht man keine Dinge. Man sieht scheinbar industrielle Kopien. Die doppelte Existenz verweist darauf, dass man Doubles sieht. Man sieht aber auch keine Kopien. Denn es gibt keine Matrix, kein Original, höchstens ein Baudrillard'sches Modell. Was man sieht, sind identische Kopien, also Klone, Objekte als Klone. Nach Marcel Duchamp und Joseph Kosuth hat Steinbach die Nichtidentität der Gegenstände radikalisiert, indem er uns in die Klone der Warenwelt einführte. Was Steinbach für die Klonkultur der Warenwelt leistet, betreibt Sherrie Levine für die Kunstgeschichte, weil sie die Kunstgeschichte als ein Depot von Readymades betrachtet, von denen sie ihre Kopien macht (*After Walker Evans*, 1981; *After Kasimir Malevich,* 1984; und *Fountain (After Marcel Duchamp)*, 1991). Levine machte Fotografien nach berühmten Fotografien, Objekte nach berühmten Objekten und Skulpturen nach Skulpturen (*Newborn,* 1993). Levine nimmt eine Skulptur von Constantin Brâncuși, eben weil dieser ein typischer Protagonist des modernen Mythos vom Original ist. Er hat die Skulptur *Der Neugeborene* 1915 aus Marmor gefertigt. Kurze Zeit später schuf er zwei Bronzeversionen. 1920 fertigte er *Der Neugeborene II* aus Marmor und danach zwei weitere aus Bronze (1925) und Stahl (1927). Dennoch waren dies für Brâncuși alles Originalskulpturen und keine Kopien. Levines Weg ist umgekehrt. Statt der historischen Naivität und Illusion des Originals stellt sie derivativ Kopien her, die ihre Originalität sichern: Sie verweigert postmodern die Fiktion des Originals und votiert für die Ambivalenz der Identität des Objekts, ja sogar des Kunstwerks als Exponent des Originals, weil das Kunstwerk

---

33 Jacques Lacan, *Schriften II*, hg. von Norbert Haas, Walter, Olten u. a., 1975, S. 43.

als Objekt dem gewöhnlichen Ding gerade wegen seiner Originalität überlegen ist. Levine bezieht sich dabei auch auf Borges und seine Erzählung *Pierre Menard, Autor des Don Quijote* (1939), wo der Autor, Pierre Menard, Wort für Wort zwei Kapitel des *Don Quijote* von Miguel de Cervantes neu schreibt. Levine betritt das Territorium der Repetition und Replikation, in dem die Kopie bzw. der Klon nicht fremd ist, ebenso wie Elaine Sturtevant seit 1965. Aber auch in Osteuropa gibt es in der kulturellen Domäne solche avancierten Operationen der Klonkultur über die Nichtidentität der Objekte, Zeichen und Subjekte, z. B. bei der slowenischen Gruppe IRWIN und bei Braco Dimitrijević (*Self Portraits after Rembrandt and Miguel Perez*, 1968–1978, »Afterwards, I saw that if I could do it after Rembrandt, that I can do it after anyone«, siehe auch Dimitrievićs *Triptychoc post historicus*, 1992).

Die kulturelle Praxis dieser Künstler hat die Beziehungen zwischen mechanischer Reproduktion, Massenmedien und Massenproduktion mit Strategien der Reprozessierung, Übertragung, Überarbeitung, Wiederaneignung untersucht und damit nicht nur einen neuen Blick auf die Replikation und Evolution der Kunst im Zeitalter der Massenmedien (John A. Walker, *Art in the Age of Mass Media*, 1983) erlaubt, sondern auch auf die sich verändernden Bedingungen und Ziele unserer sozialen Konstruktion von Identität und unserer Beziehungen zur Welt der Dinge im Zeitalter der Massengesellschaft. Um diese fundamentalen Transformationen unserer Kultur und unserer Gesellschaft, in der Kopien ohne Original, Subjekte ohne Identität, fiktive Identitäten, hybride Objekte, Kopien und Klone, künstliche Replikation, eine zentrale Rolle spielen, besser zu verstehen, ist es vielleicht hilfreich, auf jene wissenschaftliche Disziplin zu rekurrieren, der der Begriff Reproduktion im 19. Jahrhundert ursprünglich entspringt, nämlich die Biologie.

Die Entwicklung der Kunst ist ein komplexes weitverzweigtes Netz von Wegen, Holzwegen, Grenzwegen, Hauptstraßen, Nebengassen, die sich berühren, verflechten, verdichten, verknoten, überlagern, kreuzen und sogar verqueren, im Nichts oder in Sackgassen enden. Eine Vielzahl von Individuen, Gruppen, Institutionen, sozialen Systemen, persönlichen Interessen und Magazinen, von Disziplinen, Ideen, Ideologien, von ökonomischen, politischen, religiösen und kulturellen Voraussetzungen bzw. Bedingungen, von Maschinen, technischen Umwälzungen, Theorien und Kapitalien, von Alltagsformen, Waren, unterschiedlichen Raum- und Zeiterfahrungen, von Codes, Geschichten, Schicksalen und zufälligen Begegnungen bilden zusammen ein schwankendes Gebäude bzw. Gefüge, das das vielfältige Gesicht der Kunst darstellt. Für dieses evolutionäre Modell der Kunst, für dieses Bild der verzweigten Entwicklung der Kunst, deren rationale Rekonstruktion a posteriori, de facto aber zur realen Konstruktion beiträgt, der Wegweiser also selbst zum Teil des Weges wird, hat Paul Feyerabend bei einer Wiener Vorlesung 1988 die etwas unglückliche Formulierung »Kunst als Naturprodukt« gefunden.[34] Selbstverständlich leugnet er nicht die notwendige Anwesenheit von Individuen, Gruppen, Kulturen als besondere Bedingungen, die zur Produktion von Kunst führen. Kunstwerke entstehen aber aus den Handlungen von Künstlern und ganzen Kulturen als besondere Bedingungen der Natur. So hängt auch das, was die Natur produziert, von diesen Handlungen ab. Das ist das vorübergehende Geschenk der Autonomie des Individuums oder einer Kultur. Auf was er hinweisen möchte, ist vielmehr, dass durch das kreative Individuum hindurch allgemeine Gesetze wirksam werden. Es geht ihm um »eine gründliche Abwertung der individuellen Kreativität« und um die »enge Nachbarschaft aller menschlichen Tätigkeiten«.[35] Ein Künstler wird erzeugt und benutzt, sodass sich durch ihn die Kultur fortpflanzt. Ein ähnlicher Gedanke liegt auch dem Buch

---

34   Paul Feyerabend, »Kunst als Naturprodukt«, in: Georg Schöllhammer und Christian Kravagna (Hg.), *REAL TEXT. Denken am Rande des Subjekts*, Ritter, Klagenfurt, 1993, S. 49–56.
35   Ibid., S. 49, 51.

The Selfish Gene (1976) von Richard Dawkins zugrunde. Der Evolutionsbiologe schlug darin vor – ähnlich wie einst Samuel Butler sagte, ein Huhn ist die Art, wie ein Ei ein anderes Ei macht – dass wir Menschen nur die Funktion von egoistischen Genen haben, weitere egoistische Gene zu produzieren. Wir sind gleichsam nur das Durchgangs- und Trägermaterial für selbstsüchtige Gene in ihrer Sucht nach Selbstreplikation. Diese Idee dehnte er auch auf die Kultur aus und erfand die »Meme«: Ideen, kulturelle Codes, durch die die Kultur sich replizieren und reproduzieren. Replikation beherrscht also die Welt, ob Gene oder Meme. In seinem Buch *River Out of Eden* (1995) beschreibt er die DNA als Fluss von digitaler Information durch die Zeit, der durch viele Körper und Organismen fließt, die für die Reproduktion der DNA gut geeignet sind. Dieser Fluss besteht aus Instruktionen wie Körper zu bauen sind, nicht aus Körpern selbst. Der genetische Code ist pure digitale Information, die codiert, recodiert und decodiert wird und über Jahrmillionen und Milliarden von Organismen kopiert werden kann, mit gelegentlichen Irrtümern, um Varianz einzuführen. Daraus erwächst das entscheidende Argument für den Unterschied zwischen Kopie und Klon. Eine mechanische Reproduktion degradiert rasch. Kopien erhalten ihre Information nur bis zu einer sehr begrenzten Anzahl von Generationen. Klone hingegen verfügen über einen perfekten Kopiermechanismus, da es keinen Unterschied zwischen Kopie und Original gibt. Sie können sich faktisch endlos selbst kopieren. Sie garantieren eine endlose Dauer der Reproduktion und Evolution.

Ist auch die Kultur nur ein endloser Fluss von Informationen, die mithilfe vieler Individuen endlos codiert, decodiert, repliziert und kopiert werden? Die Besessenheit, mit der unsere Epoche sich am Klonen kultureller Artefakte erfreut, besonders in der Popkultur zeigt, wie sehr sie diese Vorstellung der unendlichen Selbsterhaltung und Selbstreplikation des Systems genießt.

Die eigentliche Problematik der Identität und der Klontheorie kommt aber von der Immunologie. Transfusionen und Transplantationen haben früh gezeigt, dass die Frage nach dem »Selbst« und »Nichtselbst« wegen der Abstoßung fremden Gewebes und fremder Organe sehr wichtig war. Peter Medawar begründete auf dieser Erfahrung die Einzigartigkeit des Individuums.[36] Eine Krankheit wie AIDS lehrt uns, dass wir eine Körperidentität haben, die zusammenbrechen kann, wenn das Immunsystem versagt. Unsere Körperidentität ist eigentlich eine Molekularidentität. Die Rolle des Immunsystems ist dabei der Schutz des »Selbst« gegen von außen kommende Infektionen, gegen »Antigene«. Das Immunsystem soll nun Abwehrstoffe und Überwachungszellen gegen den Eindringling produzieren, sogenannte Antikörper, deren Funktion darin liegt, das Antigen, das Pathogene, zu beseitigen. Ein Antikörper »erkennt« ein Antigen, bevor er dieses in einer chemischen Reaktion neutralisiert. Es gibt aber auch »Autoimmunkrankheiten«, wenn zerstörende Immunreaktionen gegen eigene Gewebestrukturen auftreten. Die Unterscheidung zwischen »Selbst« und »Nichtselbst« ist also in der Immunologie absolut wesentlich. Dementsprechend heißt auch der Klassiker der Immunologie der Gegenwart *Self and Not-Self* (1969) von Macfarlane Burnet, in dem er die von ihm 1959 formulierte Theorie der »clonal selection theory of immunity« vorträgt, nach der die Produktion von Antikörpern auf Klone von Zellen übertragen wird. Niels Kay Jerne hatte 1955 erstmals Darwins Theorie der natürlichen Selektion auf die Immunologie und die Produktion von Antikörpern angewendet,[37] um zu erklären, wie ein Antikörper ein Antigen »erkennt«. Man geht davon aus, dass ein »inneres Repertoire« von Antikörpern existiert, die auf die Antigene eingestellt werden können. Burnets Idee war es

---

36   Peter Medawar, *Die Einmaligkeit des Individuums*, Suhrkamp, Frankfurt/M., 1969.
37   Niels Kay Jerne, »The Natural-Selection Theory of Antibody Formation«, in: *Proceedings of the National Academy of Sciences of the United States of America*, Vol. 41, Nr. 11, 1955, S. 849-857.

nun, diesen spezifischen Mechanismus des »Erkennens« bzw. der Selektion (die Bindung von Antikörpern und Antigenen) als Austausch der Lymphozyten zu postulieren. Der Selektionsdruck ging also vom Antigen aus. Nur besondere Unterklassen von Lymphozytenfamilien - oder Klonen - konnten sich mit dem jeweils passenden Antigen verbinden. Der Kontakt zwischen Antigen und Klon führte zur Zellvermehrung der Klone, welche ihrerseits eine erhöhte Produktion von Antikörpern und mithin eine Neutralisierung der von außen kommenden Antigene bewirkten. Die Klon-Selektions-Theorie erklärte, wie das Immunsystem aus einer grenzenlosen Fülle unbekannter Stimuli zwischen »Ich« und »Nicht-Ich« unterscheiden konnte. Francisco J. Varela und Antonio Coutinho haben um 1990 ein Modell des Netzwerkes für das Immunsystem vorgeschlagen,[38] wie bereits 1974 der besagte Jerne, in dem das Antigen nicht mehr eine »Determinante« ist, sondern eine kleine Perturbation in der Existenz eines Netzwerks. Statt der Selektion gibt es einen »Tanz«. Der »Tanz« des Immunsystems mit dem Körper ermöglicht es, eine sich stets verändernde und plastische Identität zu haben und damit Molekularidentität als Systemidentität zu konstituieren. In diesem Modell des Immunnetzwerkes kann das Immunsystem nicht zwischen »Selbst« und »Nichtselbst« unterscheiden, sondern die Unterscheidung lautet zwischen »Selbst« und »Nichtwahrnehmung«.

Was kann man daraus für die Kulturtheorie lernen, bei aller Vorsicht, die geboten ist, wenn wir den Modellen der Naturwissenschaft als Leitwissenschaft der Neuzeit folgen? Einerseits kann das vermehrte Auftreten von Kopien, Klonen etc. in der zeitgenössischen kulturellen Produktion, in der Avantgarde wie in der Populärkultur, auf eine verstärkte Determinante der »Fremdkörper« und auf einen verstärkten Darwinismus in der Kultur hindeuten. Erfolgreiche Muster der Kulturproduktion werden durch klonale Selektion repliziert. Ähnlich dem Argument von Dawkins könnte man sagen, genetisch erfolgreiche Kunstproduktionen suchen sich Individuen und Milieus/Märkte, wo sie sich wieder erfolgreich replizieren und überleben. Da Organismen ihre Gene nur von erfolgreich überlebenden Vorfahren bekommen haben (erfolglose Spezies sind solche, die nicht überleben und daher keine Gene weitergeben können), tendieren sie dazu, wieder selbst zu erfolgreichen Vorfahren zu werden, die erfolgreiche, d. h. lebens- und repoduktionsfähige Gene besitzen. Erfolgreiche Kunst und kulturelle Muster setzen sich also durch und pflanzen sich mithilfe von selbstreproduzierender, sich selbst bestätigender klonaler Selektion fort. Unter dem Prinzip »Survival of the Fittest« haben nur ca. 1 % aller Spezies im Laufe der Jahrmillionen überlebt. Die gleiche Prozentzahl gilt auch für die Kunstproduktion. Klone in der Kunst zeigen also einen Selektionsdruck an, die Absicht der Kultur, nur die erfolgreichen Produktionsmuster zu unterstützen und weniger erfolgreiche auszumustern. Eine Homogenisierung der Kultur und eine Abwehr des Heterogenen, Fremden, wird angestrebt. Bewährte Muster der Kulturproduktion werden unentwegt wiederholt, reproduziert, repliziert, immer mehr selektiert. Dies ist die Aufgabe der Festivals und anderer Institutionen. Die kulturellen Rekombinationen (der Postmoderne) erbringen den erforderlichen Mix und Remix, z. B. wenn Klassiker vom Regietheater aktualisiert werden. Galerien und andere Einrichtungen des öffentlichen Lebens lassen die neuen Informationen herein, »die Antigene«, die Viren des Systems. Das Netzwerk von Skulpturen, das Brâncuși mit seinen ständigen Repliken errichtete, gehorcht dem Muster der klonalen Reproduktion des Erfolgreichen. Auch Sherrie Levine's Serie *After...* folgt nur erfolgreichen Mustern der Kulturproduktion (Egon Schiele,

---

38 Niels Kay Jerne, »Towards a Network Theory of the Immune System«, in: *Annuel Immumologique Institut Pasteur*, 125 C, 1974, S. 373-389; Francisco J. Varela, »Der Körper denkt. Das Immunsystem und der Prozeß der Körper-Individuierung«, in: Hans Ulrich Gumbrecht und K. Ludwig Pfeiffer (Hg.), *Paradoxien, Dissonanzen, Zusammenbrüche*, Suhrkamp, Frankfurt/M., 1991, S. 727-746.

Marcel Duchamp, Walker Evans etc.). Sie bestätigen die erfolgreiche Selektionsarbeit der Kultur, setzen sie fort. Die klonalen Mechanismen des Verhaltens und der Produktion, Distribution und Rezeption steuern auf eine Kultur als Maschine des »Survival of the Fittest«, auf eine ewige Selbstbestätigung zu. Die Kultur (und mit ihr die Gesellschaft) degradiert sich selbst zu einer Überlebensmaschine. Die Klontheorie der Kunst erklärt, wie das dominierende kulturelle System aus einer immensen Fülle neuer künstlerischer Produktionen diejenigen auswählt, die es bestätigen, replizieren und damit fortsetzen und das Überleben seiner Identität garantieren. Ist eine Gesellschaft geschwächt, die zur Unterscheidung von Eigenkultur und Fremdkultur kulturelle Klone heranzüchtet bzw. selektioniert?

Eine andere Lesart wäre, dass die Zunahme und Vermehrung der klonalen Kunstproduktion in der Kultur unter die Tendenz der Selbstbeobachtung der modernen Kunst fällt und dass die entsprechenden Kunstwerke (von der geklonten industriellen Objektwelt Allan McCollums bis zur geklonten historischen Künstleridentität bei Peter Weibel) als Analyse und Warnung vor dem Kulturdarwinismus und vor dem Versiegen der Vielfalt der menschlichen Produktion, als Hinweis auf die unendliche Konstruierbarkeit der Welt, auf eine pluriverselle Identität jenseits des Kerkers der Natur dienen, wo der Satz von Gertrude Stein gilt: »Keiner ist identisch aber jeder kann Identität haben.« Diese Interpretation würde von Varelas Modell des Immunnetzwerkes und seiner Unterscheidung »Selbst/Nichtwahrnehmung« gestützt werden.

Der klonale Zustand der Kultur ist Symptom für eine entscheidende Umwandlung der Kultur im Zeitalter der Massen und des Multikulturalismus, wobei Fragen der Identität und des Ursprungs neu gestellt werden. Das Schild (Schutz der historischen Grenzen, Kategorien, Definitionen) wird dabei zum Sieb.

Der Text ist 1995 in der von Silvia Eiblmayr und Robert Fleck herausgegebenen Publikation *Original. Symposium Salzburger Kunstverein*, Cantz, Salzburg, 1995, S. 157-186, erschienen. Die englische Übersetzung findet sich unter dem Titel »Digital Doubles: From The Copy to the Clone. Second Draft« auf S. 187-211. Gekürzte Versionen wurden unter den Titeln »Digitale Doubles«, in: Stefan Iglhaut, Florian Rötzer und Elisabeth Schweeger (Hg.), *Illusion und Simulation. Begegnung mit der Realität. Symposion*, Cantz, Ostfildern, 1995, S. 192-207, und »Digitale Doubles: Von der Kopie zum Klon«, in: *Die klassische Kopie. Goethes zweites Gartenhaus, Vernissage. Die Zeitschrift zur Ausstellung*, Nr. 5, Vernissage-Verlag, Heidelberg, 1999, S. 22-31, abgedruckt.

Medien und Metis
1996/1999

I. Technik und Ethik der Fernkommunikation

Die Veränderungen der menschlichen Kommunikation von der einstigen Face-to-Face-Kommunikation der räumlichen Nähe zur jetzigen antlitzlosen Kommunikation der räumlichen Ferne über maschinentransmittierte Zeichen ist ein Thema dieses Textes. Dabei ist vor allem von Interesse, wie diese Veränderungen in Richtung einer zunehmenden Symbolisierung und Abstraktion statt der Sensualisierung und Direktheit auch die Ethik beeinflussen. Die Nahkommunikation hat offensichtlich eine Ethik der Nähe impliziert, die in dem berühmten christlichen Glaubenssatz »liebe deinen Nächsten wie dich selbst« gut zum Ausdruck kommt. Die Frage ist daher, wie eine Ethik der Fernkommunikation, ohne direkten Kontakt, nur symbolisch, aussehen könnte. Wir werden also versuchen, Bausteine einer Ethik der Fernkommunikation zusammenzutragen, die sich vielleicht von einer Ethik der Fernwahrnehmung, der maschinengestützten symbolischen Wahrnehmung, ableiten lässt. Die Allianz zwischen Ethikfragen und technischen Wahrnehmungsproblemen ist nicht so verblüffend, wie sie zuerst scheinen mag, denn der Mediendiskurs ist bereits in vielen Fällen nicht nur ein Techno-Diskurs, sondern geradezu eine Techno-Theologie.

Beginnen wir also mit der uns gestellten Aufgabe, der Untersuchung des Verhältnisses von Tele-Präsenz und Tele-Ethik oder der möglichen Ableitbarkeit einer Ethik der Ferne aus der Technologie der Ferne, indem wir die Geschichte der Begriffsbildung und die Entwicklung der Sinnesorgane, z. B. des Gesichtssinns, zu technischen Prothesen, maschinengestützten Extensionen der Sinne, skizzieren. Dann können wir vielleicht die allgemeine Bedeutung der Gleichung »Kommunikation ist Wahrnehmung« kritisch hinterfragen.

1. Alle Technologie ist Tele-Technologie

Nach Dampfmaschine, Eisenbahn, Auto, Flugzeug, nach drahtloser Telegrafie, Telefon, Radio, nach Kathodenröhre, Elektronenmikroskop und Television sind die neuen Tele-Technologien Radar, Teilchenbeschleuniger, Halbleiter, Supraleiter, Glasfaser, Transistoren, Mikrochip und der »Tron-Wald«. Sie gehören zu jenen technischen Innovationen, die insbesondere eine beschleunigte tachyonische Gesellschaft, eine Invasion in neue Räume und Zeiten ermöglichen. Eine Kommunikation ohne Gesichtssinn stellt bereits Radar dar.

Radar (*radio detecting and ranging*, Funkermittlung und -entfernungsmessung) ist ein Verfahren zur Auffindung und Lokalisation von reflektierenden Objekten wie Flugzeugen, Schiffen, Satelliten im unsichtbaren, unübersichtlichen Environment durch strahlenartig (*radius*, lat. Strahl) gebündelte elektromagnetische Wellen. Mit Radar kann man bewegliche Objekte orten, die selbst keine Signale aussenden, da das Objekt durch das zurückkehrende Echo des Radarstrahls lokalisiert wird. Radar bestimmt Objekte und deren Bewegung im unsichtbaren Raum (des Nebels, des Meeres, der Luft). In einem dem Auge nicht zugänglichen, unsichtbaren Raum, gleichsam jenseits einer undurchdringbaren Mauer, in einem jenseits der Reichweite unserer Sinne befindlichen Raum, werden bewegte Körper auf einem Radarschirm, dem elektronischen Bildschirm einer Braunschen Röhre sichtbar gemacht. Der Heimfernseher ist ein ziviler Radarschirm im Krieg der Bilder, mit dem die Gesellschaft das Bewusstsein ihrer Mitglieder umstülpt. Dieser unsichtbare Radarraum, analog zur unsichtbaren Zeit, ist der virtuelle Raum. Dieser virtuelle Raum ist der moderne Techno-Raum, nicht sichtbar für unsere Augen, aber dennoch existent, dank unserer Technologie. In diesem unsichtbaren Raum bewegt sich gegenwärtig die Menschheit. Die Distanzen sind berechenbar und beherrschbar geworden, indem sie näher gerückt sind. Die Unüberwindlichkeit der Ferne und damit des Raumes ist zusammengebrochen, indem der sichtbare Raum durch den unsichtbaren substituiert und vernichtet wurde.

Im unsichtbaren Raum der elektronischen Medien ist eine direkte Kommunikation von Angesicht zu Angesicht nicht möglich, weil das Gesicht nicht unmittelbar zu sehen ist und die Sicht insgesamt nicht existiert. Sicht und Gesicht sind aber im unsichtbaren elektronischen Raum simulierbar, vermittelbar als Tele-Präsenz. Die reale Anwesenheit wird durch virtuelle Fernanwesenheit ersetzt. Auch ohne Antlitz wird Anwesenheit möglich. Die Fernkommunikation ersetzt die Nahkommunikation, die antlitzlose Kommunikation der technischen Fernsinne ersetzt die Kommunikation von Angesicht zu Angesicht, die Kommunikation der Nahsinne. Kommunikation ohne Gesichtssinn, ohne visuelle Wahrnehmung wird möglich. Die Nähe der Nachbarschaft löst sich auf und neue Formen der Nachbarschaft, der Ferngemeinschaft entstehen. In dieser Ferngemeinschaft geht der Nachbar, der Sinn für den Nachbarn verloren, der Eigensinn nimmt überhand, der Selbstsinn. Daher muss eine »Ethik des Einzelnen« (Søren Kierkegaard) entwickelt werden, die nicht von der Nähe und der Verantwortung für den Nachbarn abgeleitet wird. In der heutigen telematischen Gesellschaft gibt es keine Nähe und keine Nachbarn mehr, sosehr die Gemeinschaft, Community auch panisch von den Tele-Medien (TV und Radio) beschworen wird und von ihnen auch letzte Reste von Gemeinschaft simuliert werden. Daher ist eine Ethik nicht mehr von Nähe und Nachbarschaft ableitbar, sondern von Fernanwesenheit, von Antlitzlosigkeit, also vom Einzelnen selbst. Eine Ethik der Ferne, der Fernschaft, der Tele-Gesellschaft ist notwendig geworden.

2. Tele-Gesellschaft

[...][1] Nobelpreisträger Irving Langmuir, der 1912/1913 Lee de Forests Triode zum Pliotron verbessert hatte, fasste die Entwicklung der Technologie der Beschleunigung und der Tele-Gesellschaft so zusammen: »Indem Lee de Forest entdeckte, daß ein elektrischer Strom in einer Vakuumröhre mit Hilfe eines dazwischengeschalteten Netzes kontrolliert werden kann, legte er die Grundlagen für die Ausdehnung der menschlichen Sinne und für ein Anwachsen der Geschwindigkeit und der Sensitivität um ein Millionenfaches.«[2] Die neue Technologie hat also die Reichweite, die Telekommunikation, die Raumüberwindung und die Geschwindigkeit gesteigert. Der Ton aus der Ferne, der Tele-Ton aus dem Radio, das Bild aus der Ferne, das Tele-Bild im Fernseher, die Stimme aus der Ferne, die Tele-Stimme im Telefon, die Nahstimme aus dem Mikrofon, der Fernblick ins Unsichtbare im Teleskop, der Nahblick ins Unsichtbare im Mikroskop, Fernrohr und Fernschreiber, Telegrafie und Telekopie, die ferngesteuerte Rakete, der ferngelenkte Roboter, die ferngelenkte Bewegung, die Telekommunikation etc. sind die Eckpunkte der Tele-Gesellschaft. Die Gesellschaft ist gleichzeitig *remote controlled*.

---

1 Im Originaltext findet sich hier eine Passage zur Entwicklung des Fernsehers, die hier gestrichen wurde, da sie bereits als Teil des Textes »Neurocinema. Zum Wandel der Wahrnehmung im technischen Zeitalter«, in: Peter Weibel, *Enzyklopädie der Medien*, Bd. 3: *Kunst und Medien*, Hatje Cantz, Berlin, 2019, S. 491-508, hier S. 500-503, abgedruckt wurde.

2 Irving Langmuir, in: *Radio Craft* (1947), zit. nach Lee de Forest, *Father of Radio. The Autobiography if Lee de Forest*, Wilcox and Follett, Chicago, 1950, S. 3; Übersetzung des Autors.

Als ich von der Absenz im Zusammenhang mit dem Techno-Raum sprach, sagte ich auch, dass dieser Raum der Absenz nicht als Verlust, sondern als neue Art der simulierten Präsenz betrachtet werden soll. Nun ist der Ort, wo diese Präsenz vorgestellt werden kann, nämlich die Tele-Präsenz, die Fernanwesenheit. Marvin Minsky folgend stelle man sich vor, eine Jacke mit Sensoren und muskelähnlichen Motoren zu tragen. Jede Bewegung des Arms, der Hand und der Finger wird an einem anderen Ort durch eine mobile mechanische Hand reproduziert. Diese Hand hat ihre eigenen Sensoren, durch die man sieht und fühlt, was passiert. Durch den Gebrauch dieser Instrumente kann man in einem anderen Raum, in einer anderen Stadt, in einem anderen Land, auf einem anderen Planeten arbeiten. Diese entfernte Anwesenheit würde die Kraft eines Giganten und die Feinheit eines Chirurgen besitzen. Diese fernkontrollierte und ferngesteuerte Hand wäre Teil eines ferngesteuerten mechanischen Körpers, eine Tele-Roboters, eines Tele-Automaten, der einen menschlichen Körper simulieren würde. Der Körper verfällt selbst in sein Double, der Körper selbst wird nach einer langen Reihe von partiellen Verdoppelungen durch die Verdoppelungsmaschinen Kamera und Magnetofon (wie Bild und Stimme) nun schließlich selbst vollständig verdoppelt. Durch die Simulation auf Distanz, durch Tele-Simulation, wird der Roboter zum Double des Körpers. Sind schon Raum und Zeit durch die Simulation gedoubelt worden, nun auch der Körper. Durch die Tele-Simulation entsteht eine Tele-Selbstsimilarität als neue Form der Tele-Identität. Die Fernselbstähnlichkeit ist die neue simulatorische Verdoppelung. Das Ähnliche existiert in der Ferne, wo du nicht bist, noch einmal. Das Ich existiert synchron zum Nicht-Ich. Selbstähnlichkeit ist eine geheime Voraussetzung der Ethik. Ist die Tele-Selbstsimilarität ein Grundstein der Tele-Ethik? Nein, denn der Verlust des Nachbarn bedeutet auch den Verlust des Ähnlichen. Ähnliches kann nicht mehr aus der Nähe und Nachbarschaft begründet werden. Bleibt also in der Tele-Gesellschaft nur das Prinzip des Einzelnen, der Singularität.

Die Bewegungsmaschinen Auto, Eisenbahn etc. wurden durch Fernsteuerung immer mehr zu Simulationen der menschlichen Bewegungsmaschine. Die Prothesenkörper (vom Auto bis zum Telefon) vervollkommnen sich im simulierten Tele-Körper, in der Robotik. Leonardo da Vincis Projekt der mechanischen Bewegung hat in der ferngesteuerten Bewegung ihr Ziel erreicht. Diese ferngesteuerte Bewegung der Tele-Präsenz rekurriert natürlich auf die alten Ideale der Geometrie und Mechanik. Im Fortschreiten vom Tele-Ton und Tele-Bild zur Tele-Hand sehen wir nicht nur die Entwicklung des simulierten Tele-Körpers und der Simul-Identität, sondern in dieser Evolution von ferngesteuerten mechanischen Vehikeln zu ferngesteuerten mechanischen Händen erkennen wir das Wesen der Tele-Gesellschaft insgesamt, die Tele-Präsenz, die eine simulierte, ferngesteuerte Anwesenheit ist, wodurch man auch (gleichzeitig) dort sein kann, wo man nicht ist. Simultaneität auf einer neuen materiellen Basis wird also durch Simulation erzeugt. Das gleichzeitige Agieren eines Körpers an verschiedenen Orten ist der Traum der Tele-Gesellschaft. Elektronische Pleotopie und Pleochronie, diese Träume der Tele-Gesellschaft, werden in der beschleunigten elektronischen Bildkultur visualisiert, die dadurch auch zu einem Vorschein der künftigen politischen Pleokratie wird. Wir können davon ausgehen, dass in der tachyonischen Tele-Gesellschaft eine Person verschiedene Tätigkeiten an verschiedenen Orten gleichzeitig oder gleiche Tätigkeiten an verschiedenen Orten zu verschiedenen Zeiten machen kann, was im elektronischen Simul-Bild heute schon repräsentiert ist. Simultaneität statt Ähnlichkeit, Ubiquität statt Nachbarschaft bilden also die neuen Bausteine einer Tele-Ethik ohne Antlitz, eine Ethik der Distanz ohne Sicht, aus sich selbst generiert. Wie das optische analoge Bild in ein elektronisches digitales Bild verwandelt wurde, der sichtbare Raum in den unsichtbaren, so auch die Anwesenheit mit Antlitz und Sicht in eine Anwesenheit ohne Antlitz und ohne Sicht, ohne Nähe und Nachbarschaft. Die Anwesenheit ohne Analogie und

Ähnlichkeit, die unsichtbare digitale Anwesenheit, die Tele-Präsenz braucht eine Ethik, in der der Einzelne ohne Verweis auf Analogie und Ähnlichkeit, ohne Rekurs auf Selbstsimilarität verantwortungsvoll und ethisch handelt. Die Basis seines Handelns wird von der Folgeabschätzung seiner Simultaneität und Ubiquität bestimmt werden. Eine historische Ethik der Nähe funktioniert im unsichtbaren Tele-Raum der globalen Informationsgesellschaft so wenig wie ein Blindflug im sichtbaren Raum. Nachbarn sind Blinde, daher suchen sie die Nähe als Leitsystem. Eine Ethik der Nähe ist eine blinde Ethik im telematischen Reich der Kommunikation ohne Nähe.

II. Zum Funktionswandel der elektronischen Medien in den 1990er-Jahren

1. Orte der Kunst und Ortlosigkeit der Medien

Zu den historischen öffentlichen Orten der Kunst wie Schloss und Kirche, Park und Platz, Museum und Villa haben sich Messe und Lobby, Zeitungen und Fernsehen, Bank und Internet als neue öffentliche Orte gesellt. Angesichts dieser Veränderung der Öffentlichkeit muss die Frage gestellt werden, inwieweit die Kunst ihre öffentliche Funktion verändert hat und was der Ort der elektronischen Medienkunst sein könnte. Hat sich die Medienkunst neue Freiräume erobert oder hat sie sich der gleichen Logik des Verfalls der Öffentlichkeit unterworfen, wie sie bereits 1962 Jürgen Habermas in seinem Buch *Strukturwandel der Öffentlichkeit* diagnostiziert hat?[3] Gemäß Habermas ist nämlich die Öffentlichkeit zu einem kommerziellen Marktplatz verkommen, gemäß Richard Sennett zu einer gefährlichen Tyrannei der Intimität.[4] Gibt es überhaupt noch Orte? Ist nicht Ortlosigkeit das Kennzeichen der Tele-Medien?

Gerade für die Medienkunst, deren öffentliche Orte ja hauptsächlich die neuen sind bzw. sein sollen, stellen sich diese Fragen besonders intensiv, weil im historischen Augenblick das Ende der Naivität in Bezug auf die Öffentlichkeit der Medienkunst zu konstatieren ist. Der Aufstand gegen die historischen Kunstformen ist durch die kommerzielle und museale Assimilation der Medienkunst beendet. Die digitale Version der Medienkunst hat sich insbesondere in der Fusion mit appropriierten Formen der historischen Medienkünste wie Film und Video als besonders erfolgreich erwiesen. Große Festivals, große Gruppenausstellungen zeigen heute wie selbstverständlich auch Medienkunst. Die Phase der Ausgrenzung durch die historischen Kunstformen läuft langsam aus. Natürlich blieben dabei einige Opfer auf der Strecke wie der Avantgardefilm oder die frühe Videokunst.

Aber grosso modo hat die Medienkunst die historischen Orte der Kunst wie Museum, Villa und auch Kirche erobert. Ob dies zum Nutzen oder zum Schaden der Medienkunst geschah, ist fraglich. Am Beispiel der Entwicklung der Videoskulptur kann man zeigen, dass der Erfolg der Assimilation umso größer war, je mehr an Videospezifität preisgegeben wurde. Je mehr also die Videoskulptur historisch obsoleten Kategorien der Plastik wie z. B. der Anthropomorphie nachgab, umso mehr entsprach sie offensichtlich dem Geschmack der Kuratoren und Kritiker, deren Kriterien ja an diesen obsoleten Kategorien ausgebildet worden waren. Als Beispiel nenne ich nur die anthropomorphen Videoskulpturen von Nam June Paik oder die unverblümten Annäherungen von Bill Viola an die Kategorien des Tafelbildes. Der Einzug der Videokunst in die Museen hat diese selbst musealisiert und sie

---

3   Jürgen Habermas, *Strukturwandel der Öffentlichkeit. Untersuchungen zu einer Kategorie der bürgerlichen Gesellschaft* (1962), Suhrkamp, Frankfurt/M., 1990.
4   Richard Sennett, *Verfall und Ende des öffentlichen Lebens. Die Tyrannei der Intimität* (*The Fall of Public Man*, 1974), Fischer, Frankfurt/M., 1994.

ihres kritischen Potentials beraubt. Die Akzeptanz der Medienkunst durch die historische Kunstgemeinschaft hat eine Anlehnung an alle nur möglichen visuellen Dispositive des 19. Jahrhunderts (Panorama, Grotte, Korridor, Schaubude ...) und die entsprechenden Narrationsformen bewirkt, eine Reanimierung aller dramatischen und emotionalen Effekte der Literatur, des Theaters, der Oper, wie sie die Kunst der Moderne eigentlich ins 19. Jahrhundert verbannt hat. Ein Medienmedley aus Musik und Malerei, dröhnenden Geräuschen, Bildschirmen und psychologischen Effekten, aus Texten und skulpturalen Restposten triumphiert im Augenblick. Dieses Medienmedley, das in den Museen angeboten und platziert wird, bezieht überdies seine Struktur aus den populären Massenmedien. Die Verbindung von Ton und Bild, wie sie Hollywood vorexerziert, wo der Ton auf dramatische Weise das Bild unterstützt, wird auf die gleiche vulgäre Weise in der akklamierten Medienkunst wiederholt, besonders von den nordamerikanischen Künstlern. Die europäische Videokunst ist meistens stumm, die nordamerikanische meistens brüllend laut. Das ist das Ergebnis unterschiedlicher kultureller Sozialisation. Die Europäer wurden in einer visuellen Kultur erzogen, in der das Bild allein für sich spricht. Die Nordamerikaner sind in einer Kultur aufgewachsen, in der immer der Fernseher läuft, also schon immer jedes Bild von einem Ton begleitet wird. Die europäischen Künstler orientieren sich am Schweigen der Bilder in den Museen, die nordamerikanischen Künstler am Lärm Hollywoods.

Die Frage nach dem Ort der Kunst muss also gestellt werden, weil der Ort die Struktur und Funktion der Kunst beeinflusst. Es wäre unkünstlerisch naiv, so zu tun, als spielte der Ort keine Rolle. Man könnte sagen, der Ort frisst die Medienkunst. Daher plädiere ich nach wie vor für die Ortlosigkeit der Medien als ihre künstlerische Bedingung, weil Ortlosigkeit und Dislokation charakteristische, genuine Eigenschaften der Medien sind. Haben die Medien nicht Ortlosigkeit produziert und ist daher Ortlosigkeit nicht ihr idealer Ort?

2. Industrie und Medien

Die Medienkunst kann nicht länger ihre Nähe zur elektronischen Industrie, der sie ihre Geräte verdankt, unreflektiert verdrängen. Die Herkunft der elektronischen Technologie aus den Innovationsschüben der Kriegs- und Waffentechnologie ist seit langem Bestandteil des Techno-Diskurses (Paul Virilio, Friedrich Kittler). Die Beziehung der elektronischen Medien zur Industrie muss also analysiert werden, als Teil der konzeptuellen Praxis künstlerisch übersetzt werden. Diese Aufgabe steht der Medienkunst allerdings erst bevor, denn der Hauptstrom der elektronischen Künste verdingt sich als Experte der Legitimation für den techno-industriellen Komplex. Die Ausstellungen sehen wie die Produktpräsentationen auf Messen aus und der Jargon der Betriebswirtschaft überdeckt das kulturelle Feld. Man spricht in der Managementsprache von Innovationsateliers etc. Das standardisierte industrielle Normengeflecht der technischen Apparaturen, von den Frequenzen bis zur Software, wird kritiklos hingenommen und liefert standardisierte künstlerische Pakete. Anstatt in Labors experimentell eine künstlerische Praxis zu erforschen und diskursive Collagen jenseits der und gegen die Empirie der Industrie zu entwerfen, anstatt in einem kulturellen Laboratorium die Bedingungen der Produktion und Konsumption der Kunst zu erforschen und einen neuen Rahmen für ein Dasein in der Datenwelt zu schaffen, machen sich die meisten Medienkünstler zu freiwilligen Opfern im mächtigen Text der Technologie. Sie zelebrieren ihre eigene Faszination vom Fetisch Technologie, anstatt eine Distanz zu dieser Faszination zu entwickeln. Statt die Explosion des Visuellen kritisch zu hinterfragen und deren technisches Dispositiv zu dekonstruieren, preisen die Künstlerinnen affirmierend das globale Normengeflecht.

Bislang hat die Technologie die Tendenz gezeigt, das Subjekt selbst als technisches Objekt zu sehen. Das Ergebnis war, dass die Technologie nur technisch definiert wurde.

Die industrielle Definition der technologischen Ziele und Werte wurde mehr oder minder von den Künstlern wiederholt. Ähnlich wie im Tafelbild die Ziele und Werte der Kirche, die großen Erzählungen der christlichen Religion visualisiert wurden, visualisieren die Medienkünstler heute die großen Erzählungen der Industrie bzw. erzeugen diese Erzählungen. Die Künstler artikulieren den kulturellen Text des techno-industriellen Komplexes.

Technisch gesehen ist die digitalisierte Gesellschaft ein Zeitalter der Gleichschaltung. Es gibt internationale Normen und Standards der elektronischen Kommunikation. Es gibt Medienstandards und Normungsausschüsse, Ingenieurbüros, Postverwaltungen, Konzerne, die diese Standards aufsetzen und aufzwingen. 1917 wurde z. B. - typischerweise im Ersten Weltkrieg - die Deutsche Industrienorm (DIN) eingeführt, eben vom Deutschen Normausschuss (DNA).

Die Medienstandardisierung hat sich vom Filmprojektor (dasselbe System der Tonwiedergabe) über den Radioempfänger (dieselbe Amplitudenmodulation) bis zu Fernseher, Schallplatte, CD, CD-ROM usw. weiterentwickelt. Es ist klar, dass Massenmedien diese Standardisierung und Normierung brauchen; ohne sie gäbe es keine Massenmedien. Das ist noch nicht die Kritik, sondern eine Feststellung. Die Kritik beginnt damit, dass diese Normierungen und Standardisierungen von Firmen oder von Behörden eingeführt werden; daher stehen sie im Kreuzfeuer industrieller und nationaler Konkurrenz. Es entwickeln sich veritable Kriege, nicht nur bei der Einführung von Standards und Normen, sondern auch im Erhalt, wie z. B. jüngst ein Krieg um den Decoder zwischen Bertelsmann und Kirch herrschte und wie früher zwischen SECAM für Frankreich, PAL für Europa und NTSC für Amerika. Dieser Krieg hat natürlich schon Ende des 19. Jahrhunderts zwischen Gleichstrom (Thomas A. Edison) und Wechselstrom (Nikola Tesla) angefangen. Die Firma Edison war für Gleichstrom, die Firma Westinghouse war für Wechselstrom. Sie war stärker und der Wechselstrom industriell nutzbarer, deshalb haben wir weltweit den Wechselstrom. Es gibt davon abgeleitet noch immer die ein Jahrhundert lang herrschenden verschiedenen elektrischen Normen: Netzfrequenz in Europa fünfzig Hertz, in Amerika sechzig Hertz, Netzspannung in Europa 220 Volt, in Amerika 110 Volt. Digitale Gesellschaft bedeutet ein globales Normengeflecht, in dem akustische und optische Speichernormen synchronisiert und kompatibel gemacht werden. Diese Synchronisierung und Kompatibilität verhindern die Weiterentwicklung. Die Milliarden, die in die Entwicklung investiert worden sind, schreiben eindeutig die Standards fest. Sie behindern den Fortschritt und die Zukunft. Die Film- und Fernsehtechnologie könnte schon viel weiter fortgeschritten sein - wir kennen die Experimente mit High Definition Television in Japan -, aber durch die Standards, die die Industrie geschaffen hat, werden diese Fortschritte behindert. Hollywood, könnte man fast sagen, produziert seit Jahrzehnten im Grunde immer ein- und denselben Film.

Die Synchronisierung von Spielfilmnorm und Fernsehnorm hat schon stattgefunden. Bald wird auch die Synchronisierung zwischen Fernsehnorm und Computermonitornorm stattfinden. Es wird sozusagen ein universaler Computerstandard geschaffen werden, in dem alles konvergiert. Das Ziel ist ein universeller digitaler Standard, und zwar eindimensionale Signale für Musik, zweidimensionale Signale für elektronische Bilder (mit Film und Fernsehen als Unterabteilung) - und dann die eigentliche Kategorie, dreidimensionale Signale für Weltraumfahrten, für Tele-Working etc. Es wird ein Krieg um diese universalen digitalen Standards entstehen, ein Firmenkrieg, zum Teil mit nationalistischen Untertönen.

Das gleiche gilt für die Befehlscodes. Ein Befehlscode ist etwas, was jedem Softwareprogramm und jedem Softwarestandard zugrunde liegt und daher von den Firmen enorm geschützt wird. Hier hat der Krieg schon begonnen. Und es gibt auch einen Sieger; nur das Merkwürdige daran ist, dass ihn keiner sieht, obwohl das globale Publikum dafür teuer bezahlt. Der Sieger heißt Bill Gates und seine Firma Microsoft.

Das Problem, das dadurch entsteht, ist für die Endverbraucher folgendes: Maschinensprachen erlauben nur endlich viele Befehle. Das limitiert die Größe der Daten oder der Operationen, die durch einen einzigen Befehl adressierbar sind, und setzt der Rechenleistung Grenzen. Jede Steigerung des Datendurchsatzes bewirkt daher, dass der auf größere Operanden erweiterte Befehlscode redundant wird, oder er ist nicht mehr kompatibel. Man kann also den Rechner schneller machen und gleichzeitig wird die Programmierung umständlicher und langsamer. Das hat sogar Nicholas Negroponte, einer der Chefs des militärisch-industriellen Theorie-Tanks namens MIT, entdeckt und naiv gefragt, wie es kommt, dass Intel die Computer schneller macht und Bill Gates von Microsoft die Programme langsamer. Ein Problem ist die Redundanz, das zweite die Kompatibilität mit Standardsoftware. Eine Firma muss versuchen, mit ihrem Produkt, das neu ist, am Markt zu bleiben. Wenn sie das versucht, dann wimmelt der Befehlscode nur so von Redundanzen. Die Firma Intel hat einen unglaublich redundanten Befehlscode geschrieben, aber er ist universal kompatibel, dadurch beherrscht er den Markt; und mit ihm klarerweise auch Microsoft. Auch hier haben also die Milliardeninvestitionen ein global gespanntes Verteilernetz geschaffen, das die Standards, die Kompatibilität und die Normen festschreiben kann – auf Kosten der Endverbraucher.

Microsoft monopolisiert und kolonisiert die gesamte Computerwelt. Microsoft operiert in einem gesetzlich nicht markierten Raum. Sein Handeln schwankt zwischen Illegalität und Gesetzlosigkeit. Microsoft zerstört das zentrale Grundrecht jeder Demokratie: Vertragsfreiheit. Ein historisch einzigartiger Fall, gegen dessen Verbrechen die berüchtigten Industriekapitäne und Eisenbahnbarone des 19. Jahrhunderts harmlose Ausbeuter waren. Solange die Microsoft-Mauer, das globale Monopol einer Firma, die jüngst Teile vom Gegner Apple kaufte, um sich zumindest als Alibi einen Konkurrenten selbst zu finanzieren, nicht durchbrochen wird, gibt es keine reale Freiheit in der digitalen Gesellschaft und in der digitalen Medienkunst. Lasst uns die Microsoft-Mauer stürzen, denn sie ist schlimmer als die Berliner Mauer. Lasst uns die Microsoft-Sekte verbieten, den süßen Wahn der Computerendverbraucher, es gäbe keine besseren Produkte als die von Microsoft. Microsoft verwandelt den Cyberspace in Cyberia, in den neuen kolonialen Raum. Insofern benötigen auch die elektronischen Medien einen postkolonialen Raum.

3. Freiheit und Medien

Die Aufgabe wäre aber, vermöge der Medienkunst die Technologie und die technologische Erfahrung selbst zu differenzieren. Gerade wenn wir den Ursprüngen des Begriffs der mechanischen Künste folgen, z. B. bei Johannes Scottus Eriugena, erkennen wir, dass die freien Künste sich von den mechanischen Künsten darin unterscheiden, dass der Akt der Wahrnehmung in den freien Künsten ein Prozess der Differenzierung nach innen ist, während die mechanischen Künste als Disposition von außen herangetragen werden, d. h. als Option der Industrie, als Angebot eines sich ständig erneuernden Maschinenparks, das der Künstler benutzen darf. Diese Unterscheidung zwischen mechanischen und freien Künsten hat einen aristotelischen Ursprung, nämlich in der Klassengesellschaft. Der Sklave verfüge über keine Kunst, weil er nicht frei ist. Seine Kunst ist höchstens mechanisch und weil sie mechanisch ist, ist der Sklave nicht frei und kein Bürger. Sind Computerendverbraucher Sklaven der Computerindustrie und ist die Computerkunst nur eine mechanische Kunst, die die Bürger nicht befreit? Wie macht die Medienkunst das Subjekt zu einem freien Bürger? Die zentrale Frage für die Medienkunst heute ist also, wieweit sie dazu imstande ist, im Zeitalter der Medien und in deren unübersehbaren feudalen Strukturen aus Konsumenten (Sklaven) Bürger zu machen. In seinem prophetischen Buch hat Habermas den Verfall der Öffentlichkeit von einem Ort der rationalen und freien politischen Debatte zwischen Bürgern zu einer Arena bzw. Bühne der Verführung und Überzeugung von Konsumenten beklagt. Da gegenwärtig die großen

Computerfirmen transnational sind und die Staaten selbst gleichsam zu ihren Kunden werden, hat sich der Staat angewöhnt, seine Bürger selbst als Kunden anzusprechen. Im Wort Bürgerservice ist dieser ganze jämmerliche Verfall der Öffentlichkeit überdeutlich erkennbar. So wie nämlich industrielle Produkte eine Serviceadresse haben und immer wieder zum Service geschickt werden, so wird auch der Bürger nur als ein Teil im großen Betriebssystem der Konsumption gesehen, sodass auch er nur eine Serviceadresse ist. Die Unternehmen erwecken in ihren Kunden strategisch die Idee, dass sie bei ihren Konsumentscheidungen in ihrer Eigenschaft als Bürger handeln und der Staat, als unterlegener Konkurrent der großen Firmen, behandelt seine Bürger wie Konsumenten: Bürgerservice ist die Folge davon. Der Staatsbürger wird besonders bei Wahlen wie ein Kunde behandelt und inhaltlich gar nicht mehr als Bürger angesprochen, sondern es werden propagandistische Illusionen an das Massenpublikum verkauft, wie in der Werbung. Der Kunde bzw. Konsument wird umschwärmt, als wäre er der entscheidungsfreieste, autonomste Bürger, von dessen Verhalten das Wohl ganzer Staaten abhängt (*Save America – buy American*). In dieser Zone des elektronischen Feudalismus käme der Medienkunst die Aufgabe zu, sich von ihrer sklavischen Funktion gegenüber der Industrie zu befreien und in ein Instrument der Bürger im Medienzeitalter zu verwandeln, sich von einer mechanischen Kunst in eine freie Kunst zu emanzipieren. Im techno-industriellen Komplex geht es um eine neue Dynamik der Kritik zwischen Kultur und Technologie, zwischen Gesellschaft und Technologie, um ein Mapping dieser Dynamik im Kunstwerk selbst. Im Zeitalter globaler *displacements*, in dem die Rolle der Massenmedien darin besteht, ein Netzwerk herzustellen, das die historischen Herrschaftsformen verstärkt, indem sie diese neu strukturiert, kommt der Kunst und insbesondere der Medienkunst, sollte sie sich überhaupt an ihre Funktion erinnern können, die Aufgabe zu, gerade dieses *displacement* innerhalb des globalen Netzwerks und seine Ursachen zu analysieren, um Voraussetzungen für einen Widerstand gegen die neuen Feudalismen und die neuen vertikalen Strukturen der Mediakratie zu schaffen. Gerade von Künstlern aus der sogenannten Peripherie ist in dieser Hinsicht, bei der Suche nach *Netizens*, nach freien elektronischen Bürgern statt versklavten, elektronischen Konsumenten, mehr zu erwarten als von den Medienkünstlern des Mainstreams in den Metropolen.

Die antike Göttin der Vernunft und List, Metis, der Odysseus und Daidalos, die großen griechischen Allegorien für das mündige freie Subjekt, ihr Leben, Überleben und ihre Unsterblichkeit verdanken, ist auch gegenüber den Medien die adäquate Leitfigur, wie ein Anagramm uns lehrt: Medien meiden.

III. Die Landkarte und das Land

1. Die mediale Konstruktion von Wirklichkeit

Die Landkarte hat die Tendenz, das Land zu verschlingen, wissen wir seit Jorge Luis Borges, Jean Baudrillard und Günther Anders. Die Medien simulieren die Realität scheinbar so vollkommen, dass zwischen der Landkarte, dem Abbildungsmedium, und dem Land, der Realität, keine Differenz mehr zu erkennen sei. In diesem Modell ist aber noch die Annahme einer ursprünglichen Differenz versteckt, ein letzter Kern von Ontologie. Die Ereignisse seit 1989, die als Chiffre für den Untergang kommunistischer Gesellschaftsentwürfe und für den Aufstieg des Neoliberalismus im Verbund mit globalen Medienkonglomeraten und transnationalen Konzernen stehen, legen aber die Vermutung nahe, dass die Landkarte selbst das Land nicht nur kartografiert, sondern sogar konstruiert. Die Landkarte hat nicht die Tendenz, das Land zu verschlingen (in diesem Fall wüssten wir ja noch, was das Land wäre oder einmal war), sondern die Landkarte hat die Tendenz, das Land zu schaffen. Die

Medien konstruieren die Realität. Wo die Realität, so wie die Medien sie sich wünschen, nicht vorhanden ist, erzwingen die Medien diese Realität. Aber nicht dadurch, dass sie wie bisher ein falsches Bild von der Realität entwerfen, sondern indem sie diese Realität in der Tat herstellen. Die Paparazzifotografie, die z. B. mithilfe einer bezahlten Stripteasetänzerin eine Falle konstruiert, in die dann der adelige Ehemann vor bestens platzierter laufender Kamera hineinläuft, ist genauso nur ein Symptom für jenen *Strukturwandel der Öffentlichkeit* (Jürgen Habermas), für jenen Verfall der bürgerlichen Öffentlichkeit, für *The Fall of Public Man* (Richard Sennett), wie der globale mediale Erfolg des Sonderermittlers Kenneth Starr. Nicht nur die Medien insgesamt werden zu Paparazzimedien, sogar die Politik selbst bedient sich Paparazzimethoden, um in einer Mediengesellschaft zu reüssieren. Sonderermittler Starr hat sich von einem Justizbeamten geradewegs in einen Paparazzo verwandelt, um den US-Präsidenten Bill Clinton zu erlegen. Politik als Erpressung im Stile von Paparazzimethoden zeigt uns die erschreckende Dominanz der globalen Medien über die Gesellschaft, die Herrschaft und Hegemonie der Mediengesellschaft über die Realität. Die Frage also, die der deutsche Soziologe Oskar Negt in seinem Buch *Warum SPD? 7 Argumente für einen nachhaltigen Macht- und Politikwechsel* (1998) erhebt, nämlich, ob es eine »unterhalb der medial vermittelten Öffentlichkeit liegende Wirklichkeit«[5] gibt, erinnert an die alte Metapher von Landkarte und Land, in der das Land von der Landkarte bedeckt wird. Die Frage von heute ist allerdings, ob es ein Jenseits der Medien gibt? Angesichts der zweifelsfrei feststellbaren medialen Konstruktion von Realität sind die Elemente von Landkarte und Land nicht mehr so leicht auseinander zu dividieren, wie es die klassische kritische Soziologie wahrhaben möchte. In einem Prozess gegenseitiger Anpassung und Erpressung, nicht mehr allein durch falsche Berichterstattung und »falsches Bewusstsein«, sondern durch gemeinsam akkordierte Beschlüsse stellen Medien und Politik die Wirklichkeit her.

Die Globalisierung der Medien, von der Politik und den Medien erwünscht, dient genau diesem Ziel der Wirklichkeitsdiffusion, in der jede Mitteilung, ob falsch oder wahr, in der jede Art der Beobachtung, ob falsch oder wahr, seine irreversible Wirkung in der Wirklichkeit zeigt, sei es in Berufungsverfahren, bei Wahlen oder bei Aktienkursen.

2. Gibt es ein Jenseits der Medien?

Zu den Wirkungen der globalen Medien als Phänomen der 1990er-Jahre auf Kultur und Ökonomie, auf Politik und Gesellschaft gehört eben, dass die Mechanismen der sozialen Konstruktion von Wirklichkeit durch Mechanismen der medialen Konstruktion von Wirklichkeit fortschreitend ersetzt werden und dass dadurch das Modell von Landkarte und Land nur noch bedingt funktioniert. Umso wichtiger ist es, über die sozialen Konstruktionsmechanismen von Medien und über die medialen Konstruktionsmechanismen von Soziëtät informiert zu sein und die Veränderungen und Konstruktionen der Wirklichkeit durch die Medien kritisch bewusst und sichtbar zu machen. Besonders da der Aufstieg des Neoliberalismus seit den späten 1980er-Jahren untrennbar mit der Errichtung eines globalen Mediennetzwerks verbunden war und ist. Im Liberalismus, der kapitalistischen Variante der Demokratie, gehen Politik und Medien eine neue Verknüpfung ein. Der Neoliberalismus hat sich der globalen Medien als Komplize bedient, um die falsche Gleichsetzung von Liberalismus und Demokratie durchzusetzen. Der Liberalismus verlangt ja nur die Freiheit des Individuums, zu kaufen und zu verkaufen, mit Gütern frei zu handeln etc. Das hat nichts mit den demokratischen Grundrechten der Vertragsfreiheit, Versammlungsfreiheit, der freien Rede usw. zu tun. Die Missionare des Kapitals erkennen zunehmend die

---

5 Oskar Negt, *Warum SPD? 7 Argumente für einen nachhaltigen Macht- und Politikwechsel*, Steidl, Göttingen, 1998, S. 15.

Bedeutung einer globalen Medienkultur für den liberalen, ökonomischen Markt, weil die Massenmedien den Liberalismus in seinen antidemokratischen Tendenzen unterstützen. Die Medien, die ebenso Profit maximieren wollen wie jeder andere Konzern im Liberalismus, unterstützen selbstverständlich die Logik des Kapitals und damit die antidemokratischen Tendenzen des Neoliberalismus. Egalität und Emanzipation, demokratische Grundrechte, welche einstmals die bürgerliche Öffentlichkeit, die idealiter frei von staatlichen wie kommerziellen Interessen sei, garantieren sollte, sind in einer öffentlichen Sphäre, in der in Privat- oder Staatsbesitz befindliche Massenmedien profitorientierte private Interessen mit nichtprofitablen allgemeinen Interessen verschränken, nicht mehr wiederherstellbar. Die Medien sind daher weltweit tendenziell zu einer antidemokratischen Kraft geworden, die je größer sie sind, umso mehr populistische Politiker unterstützen und auf einen Kollaps des demokratischen, politischen Lebens zielen. Die Medien (à la Rupert Murdoch) und die mit dem Aufstieg des Neoliberalismus einhergehende Abwertung von Demokratie werden gerade durch die Verknüpfung von Politik und Medien ermöglicht. Die antidemokratischen Tendenzen des Neoliberalismus und der Massenmedien verstärken sich gegenseitig. Aufgrund der Implosion von Landkarte und Land sind Medienkritik und Gesellschaftskritik nicht mehr voneinander zu trennen.

Der vorliegende Text ist 1999 in der von Manfred Faßler herausgegebenen Publikation *Alle möglichen Welten. Virtuelle Realität – Wahrnehmung – Ethik der Kommunikation*, Wilhelm Fink, München, S. 105–119, erschienen. Die erste Version des Textes wurde 1996 unter dem Titel »Media und Metis. Zum Funktionswandel der elektronischen Medienkunst in den 90er Jahren [Media and Metis. On the functional transformation of electronic media art in the nineties]« in: Amnon Barzel (Hg.), *Remote Connections*, Gesellschaft der Freunde der Neuen Galerie, Graz, 1996, S. 13–25, veröffentlicht. Der Text wurde 1997 in dem von Michael Roßnagel und Heinrich Klotz herausgegebenen Band *Siemens-Medienkunstpreis 97. Vilém Flusser, Peter Weibel, Ingo Günther*, Siemens Kulturprogramm, München, S. 46–52, wiederabgedruckt. Teile des Textes sind zudem unter dem Titel »Map and Land, Media and Reality«, in: Peter Weibel und Timothy Druckrey (Hg.), *net_condition. art and global media*, The MIT Press, Cambridge/MA, 2001, S. 136f., auf Englisch erschienen, sowie auf Deutsch am 18. September 1998 im *Standard* als Teil der Printausstellung *Kunst und globale Medien* im Rahmen des steirischen herbstes '98–99 in Graz.

Wissen und Vision – neue Schnittstellentechnologien der Wahrnehmung

2000

Der Fortschritt der modernen Technologie hat auch einen Fortschritt in der Bildtechnologie bewirkt. Dies hatte zur Folge, dass Wissensmanagement nicht mehr nur textbasiert, sondern in zunehmendem Maße auch bildbasiert ist. Alle Formen der visuellen Repräsentation durchdringen alle Bereiche der Gesellschaft, von den Kultur- bis zu den Naturwissenschaften. Auf diese Weise sind zwischen Kognition und Vision, Logik und Bild, Realität und Repräsentation neue interdisziplinäre Gleichungen entstanden. Für das Entstehen dieser neuen Zone zwischen der Geschichte der modernen Wissenschaft und der Geschichte der modernen Künste, zwischen der Berechenbarkeit und der Visualisierung von Daten, war insbesondere die Entwicklung der Computertechnologie ausschlaggebend. Heute finden sich auf der Basis computergestützter Simulation in einem neuen Feld jenseits des »Science War« wissenschaftliche und ästhetische Repräsentationstechniken vereint. Das Regime der Zeichen nivelliert in einer zunehmend medienbasierten, künstlichen Wirklichkeit die historischen Unterschiede zwischen Natur und Kultur, zwischen Naturwissenschaft und Kulturtechnik. Die Wissensgesellschaft der Zukunft wird von der neuen Logik des Bildes revolutioniert.

Die Zukunft der Bildtechnologie
Die erste Frage, die gestellt werden muss, ist die nach den Zielen der Bildtechnologien. Wenn es uns gelingt, diese Frage zu beantworten, können wir auch die Frage nach der Zukunft dieser Technologien beantworten. Gemäß einer allgemeinen Übereinkunft über die Funktion eines Bildes soll dieses so perfekt wie möglich die Realität simulieren bzw. repräsentieren. Die bisherigen Bildtechnologien haben die Aufgabe der Repräsentation von Realität erfüllt, indem sie die natürliche Technologie des Auges imitiert haben. Der kinematografische Apparat simulierte das natürliche Organ des Auges. Möglich wurde das mithilfe einer ausgeklügelten Technologie zur Simulation von Bewegung, die Ende des 19. Jahrhunderts erfunden wurde, aber erst zu Beginn des 20. Jahrhunderts standardisiert und massenfähig gemacht werden konnte. Mit der Simulation von Bewegung, dem Motion-Picture, gelang der entscheidende Sprung von der Malerei zum Film. Die nächste Stufe des Fortschritts in der Entwicklung der Bildtechnologien, die Simulation der Belebtheit des Bildes, wurde mithilfe der Computertechnologie möglich. Durch die virtuelle Informationsspeicherung wurde Information frei und variabel. Das Bild wurde zu einem Bildfeld mit variablen Punkten, die jederzeit und in Echtzeit verändert werden können. Auch der Bildinhalt wurde variabel. Wenn man eine Schnittstellentechnologie zwischen Bild und Betrachter einfügt, lässt sich das Verhalten eines Bildes bis zu einem gewissen Maß vom Verhalten des Betrachters steuern, womit das Bildfeld zu einem System wird, das auf

die Bewegungen des Betrachters reagiert. Das bewegte Bild und der bewegte Betrachter steuern auf eine neue Synthese von Bild und Betrachter zu – das interaktive Bild –, das die radikalste Transformation des Bildes seit seiner Entstehung ist.

Nachdem künstliche Systeme, die sich ähnlich reaktiv verhalten wie lebende Systeme, von der konstruktivistischen Philosophie als »viabel« bezeichnet werden, können die neuen Bildsysteme, die auf das Verhalten des Betrachters interaktiv reagieren, ebenfalls »viabel« genannt werden. Die Viabilität des Bildverhaltens macht aus dem bewegten ein belebtes Bild. Der Computer ist damit ein zentrales Medium, um Realität zu simulieren.

Die Frage ist nun, ob die gegenwärtigen Computer ausreichen, um künstlerischen Anforderungen gerecht zu werden, oder ob wir nicht vielleicht ganz neuer Formen von Computern, wie z. B. dem optischen Computer oder dem Quantencomputer, bedürfen.

Ich möchte hierauf mit einigen Thesen antworten.

1. These: Künstler der Bildkonstruktion werden in einer revolutionären Situation von Künstlern der Bildtechnologie abgelöst. Aus der Revolution der Bildtechnologie folgt,

2. These, die technische und soziale Dekonstruktion des Bilddispositivs. Bei der Dekonstruktion des technischen Dispositivs des Bildes kommt den Künstlern eine Materialrevolution zu Hilfe, welche,

3. These, eine neue Physik des Bildes ermöglicht. Die bedeutende Rolle des Index und des Abdrucks in der modernen Kunst seit den 1960er-Jahren, die bereits eine Folge der materialbasierten künstlerischen Recherche ist, liefert Hinweise darauf, dass,

4. These, das indexikalische Bild, das durch eine materielle bzw. physische Beziehung zwischen Zeichen und Gegenstand definiert wird (z. B. Rauch und Feuer), als post-digitales Bild die Scheinwelt der computergestützten 3D-Simulationen ablösen wird, die sich augenblicklich auf ihrem ekstatischen Höhepunkt befinden. Das indexikalische Bild ist der Beginn einer neuen Materialkultur des Bildes. Diese neue Materialkultur wird besonders,

5. These, durch den Übergang von der Elektronentechnologie zur Photonentechnologie gekennzeichnet sein. Dieser Übergang wird von drei Phasen der Computerentwicklung getragen. In der »Main Frame«-Ära des Computers wurde ein zimmergroßer Computer von vielen Menschen benutzt. In der Ära des PC wurde jeder Computer nur von einem Menschen benutzt, daher der Ausdruck Personal Computer. In der kommenden Ära der »Calm Technology« und des »Ubiquitous Computing« wird jeder Mensch eine größere Anzahl von Mikrocomputern mit sich herumtragen und benutzen. Die Quantencomputer werden die elektronischen Computer ersetzen. Diese neue Computertechnologie wird,

6. These, die Entwicklung des kinematografischen Codes von der 1:1 Beziehung (1 Betrachter – 1 Film, 1 Ort, 1 Zeit) zum »Multi User Environment« (x Betrachter – x Filme, x Orte, x Zeiten) ermöglichen. In dieser verteilten Virtual Reality werden hunderte Betrachter nicht mehr nur vor dem Schirm, sondern auch dahinter agieren. Die Netztechnologie ist bereits jetzt ein neuer Schauplatz der visuellen Kommunikation. Pulsbasierte temporale Codes, die auf neuesten Erkenntnissen der Kognitionsforschung basieren, stimulieren das Gehirn, wodurch,

7. These, Wahrnehmung ohne Sinne und Sehen ohne Augen möglich wird. Als Schnittstelle der Bildtechnologie dient nicht mehr wie bisher der fremde Körper, sondern der eigene Körper. Dadurch entsteht,

8. These, ein Kovarianzmodell zwischen realen und simulierten Welten. Diese werden zu Modellen, zwischen denen es zu variablen Verbindungen und Übergängen kommt, die sich gegenseitig angleichen (siehe den Film *The Matrix*, 1999, The Wachowskis).

Neue Bildtechnologien

Künstler haben in revolutionären Momenten immer wieder die materielle Basis visueller Repräsentation analysiert. Sie sind in solchen Momenten nicht allein an der formalen Konstruktion und Komposition, sondern vor allem auch am technischen Trägermedium des Bildes interessiert. Beispielsweise hat Richard Hamilton 1959 in dem berühmten Vortrag »Glorious Technicolor, Breathtaking Cinemascope and Stereophonie Sound« en détail die technischen Innovationen der Bildtechnologie seiner Zeit untersucht.[1] In den 1960er-Jahren gehörte die Dekonstruktion des technischen Dispositivs zu den Kennzeichen der Film- und Videoavantgarde, deren Strategien dann von jungen Künstlern in den 1990er-Jahren wieder aufgenommen wurden. Diese revolutionäre Ausdehnung des kinematografischen Codes auf den Computer hat dann zu den netzbasierten Bildtechnologien geführt, die das statische, stumme Bild von Fotografie und Malerei radikal transformiert haben. Herausragende Merkmale der neuen Bildtechnologien sind Interaktivität und Dislokation. Der interaktive Aspekt des digitalen Bildes, der auf der virtuellen Speicherung, der Veränderbarkeit der Bildinhalte und der Beweglichkeit des Bildverhaltens aufbaut, hat zur Entwicklung eines neuen Forschungszweiges geführt, der in der klassischen Beziehung zwischen Bild und Betrachter vernachlässigt oder übersehen worden war. Das gilt sowohl für den technischen wie den subjektiven Aspekt, denn weder wurden die materiellen Eigenschaften von Bildern noch die materiellen Eigenschaften des Auges ausreichend berücksichtigt. Die Beziehung zwischen Bild und Betrachter wurde als eine »natürliche« angesehen und deshalb nicht infrage gestellt. In dem Augenblick allerdings, in dem das Bild einer technischen Apparatur (z. B. Videogerät oder Computertastatur) bedurfte, um überhaupt gesehen zu werden, war es unumgänglich festzustellen, dass es zwischen Bild und Betrachter eine manipulierbare Schnittstelle gibt. An die Stelle des natürlichen Horizonts der Bilderzeugung und -betrachtung trat ein von Schnittstellentechnologien dominierter künstlicher Horizont. Die Peripheriegeräte des klassischen Bildsystems wie Palette, Pinsel usw. emanzipierten sich und wurden als Tastaturen und Sensoren integraler Bestandteil des Bildsystems. Da der Zugang zum Bild durch die technische Schnittstelle verschlüsselt war, verlagerte sich die künstlerische Tätigkeit auf die Entwicklung von Schnittstellentechnologien. Das führte dazu, dass die Bildtechnologie selbst zu einer Schnittstellentechnologie transformierte. Entsprechend befasst sich damit ein neuer Zweig der Bildforschung.

Der historische kinematografische Apparat – wozu Kamera und Projektor ebenso gehören wie Leinwand und Bildschirm – steht an der Schwelle zu einer Materialrevolution, die die historischen Trägermedien und -materialien des Bildes durch neue Medien ersetzen wird. Durch Ubiquitous Computing, Quantum Computing, Polymere und fluid-flexible Mikroaktanten findet aber nicht nur eine Revolution auf der Materialebene statt. Auch die subjektive Ebene der Wahrnehmung des Betrachters wird sich entscheidend verändern.

Neue Wahrnehmungstechnologien

Sehr avancierte Wahrnehmungstechnologien, wie sie beispielsweise die Umgebung des Auges durch eine spezielle Sensorentechnologie darstellt, blieben bisher dem Science-Fiction-Bereich vorbehalten. In dem Film *Strange Days* (1995) von Kathryn Bigelow, nach einem Drehbuch von James Cameron, gibt es eine neue Bildmaschine »Squid«, die, als netzartige Bedeckung auf dem Kopf getragen, radikal-subjektive Bilder erzeugt, wie sie nie zuvor gesehen wurden. Diese Bildmaschine »Squid« (Abkürzung für *superconducting quantum*

---

1 Richard Hamilton, »Glorious Technicolor, Breathtaking CinemaScope and Stereophonic Sound« (1959), in: Jeffrey Shaw und Peter Weibel (Hg.), *Future Cinema. The Cinematic Image After Film*, The MIT Press, Cambridge/MA, 2003, S. 88-95.

interference device), die alle anderen kinematografischen Apparate ersetzt, ist ein Vorgriff auf das Quantenkino. Der Drehbuchautor Cameron hat einen bestehenden wissenschaftlichen Begriff verwendet, um das »Neurocinema« der Zukunft zu demonstrieren, das mithilfe von Brainchips oder Neurochips ohne den Umweg über das Auge direkt mit dem Gehirn verdrahtet ist. Momentan beschränken sich Brainchips allerdings noch darauf, Gehirnwellen von außen anzuzapfen, um damit beispielsweise einen Cursor auf dem Computerbildschirm bewegen zu können. In Zukunft geht es darum, diese klassischen elektronischen Schnittstellen zu umgehen und das Gehirn so direkt wie möglich mit dem Reich der virtuellen Bilder zu verknüpfen, um Bewegungen in einer virtuellen Umgebung steuern zu können. Die Medien der Zukunft werden das Gehirn also direkt stimulieren. Jüngste Ergebnisse der Neurowissenschaft belegen, dass dies möglich ist, da Neuronen, um Signale über lange Distanzen zu senden, elektrische Aktionspotenziale nutzen. Information wird dabei nicht durch Größe oder Form, sondern durch Präsenz oder Abwesenheit codiert. In diesem Sinne kann man elektrische Aktionspotenziale als Puls betrachten. Unsere Wahrnehmung der Welt wird vom Input sensorischer Nerven angetrieben. Dieser Input gelangt, verschlüsselt als Sequenzen identischer Nervenfeuerungen, zum Gehirn. Der Großteil der Berechnung sensorischer Daten durch das Gehirn besteht aus der Verarbeitung dieser Feuerungen von Nervenzellen, d. h., Information wird durch das Feuern von Neuronen codiert und decodiert, und die sinnliche Welt ist nichts anderes als die Repräsentation sensorischer Signale in neuronalen Feuerungssequenzen (*spike trains*), wobei das Timing der Feuerungssequenzen die Information codiert. Entsprechend diesen Ergebnissen der Hirnforschung ist Wahrnehmung also nicht, wie bisher angenommen, die Repräsentation räumlicher Beziehungen im Gehirn, sondern die Verarbeitung bzw. Berechnung zeitlicher Muster. Diese durch pulsbasiertes neuronales Codieren in den Netzwerken entstehenden zeitlichen Muster bilden die Basis unserer Wahrnehmung.[2]

Die Wahrnehmung der Welt ist demnach auf einem zeitlichen und nicht auf einem räumlichen Code aufgebaut. Das Auge als Quelle visueller Information liefert nicht mehr als zehn bis zwanzig Prozent der Wahrnehmung. Achtzig bis neunzig Prozent der Wahrnehmung sind Zusatzleistungen des Gehirns. Wenn das Auge aber ohnehin nur Basisinformationen liefert, weil das Gehirn die Repräsentationsleistung erbringt, ist die Frage, ob man das Gehirn nicht auch direkt und ohne Umweg über das Auge stimulieren kann, um Bilder zu erhalten. Der kinematografische Apparat war bisher darauf ausgerichtet, das Defizit des Auges zu nutzen, um das Gehirn zu täuschen. Statt einer Technologie des Trompe-l'Œuil könnte man nun eine Technologie des »Trompe-le Cerveau« entwickeln, die das Gehirn direkt beschwindelt. Mit dieser Technologie werden wir Bilder ohne Auge, ohne Sehen, ohne Licht erschaffen. Das wird in dem Augenblick möglich, in dem uns die Nanotechnologie und das Quantum Computing präzise Mikrocomputer liefern, welche die pulsbasierten neuronalen Netzwerke auf dem Skalierungsniveau von einzelnen Nervenzellen steuern können. Die Bildtechnologie der Zukunft wird durch Pulscodierung neuronaler Netzwerke darauf abzielen, eine temporale Repräsentation im Gehirn selbst zu erzeugen.

Anybody, anywhere, anytime
So wie das 20. Jahrhundert die Erfindungen der Bildtechnologie des 19. Jahrhunderts standardisierte und normierte und sie damit in eine Massenindustrie verwandelte, so wird es die Aufgabe des 21. Jahrhunderts sein, die computergestützte, interaktive Virtual-Reality-Technologie des ausgehenden 20. Jahrhunderts massenfähig zu machen.

---

2   Vgl. Wolfgang Maass und Christopher M. Bishop (Hg.), *Pulsed Neural Networks*, The MIT Press, Cambridge/MA, 1999.

Die Virtual-Reality-Technologie der Gegenwart erinnert stark an die Geburtsstunde des Kinos im 19. Jahrhundert, deren Kennzeichen die singuläre Rezeption war. Mit dem Phenakistiskop des 19. Jahrhunderts konnte eine Person an einem bestimmten Ort einen Film ansehen. Die Erfindung des Projektors ermöglichte dem Kino dann die simultane kollektive Wahrnehmung, d. h., *x* Personen konnten einen Film an einem bestimmten Ort zur gleichen Zeit ansehen. Der nächste Schritt kam mit dem Fernsehen, mit dem *x* Personen einen Film an *x* verschiedenen Orten zur gleichen Zeit ansehen können. Der Höhepunkt dieser Entwicklung waren Video und CD-ROM, die singuläre und kollektive Wahrnehmung simultan und nichtsimultan erlauben. Mit diesen Medien können eine oder *x* Person(en) an einem oder *x* Ort(en) einen oder *x* Film(e) zu einer oder *x* Zeit(en) ansehen.

Das digitale Bild am Ende des 20. Jahrhunderts geht demgegenüber wieder einen Schritt zurück zu den Erfahrungen des frühen Kinos. Beim *head mounted display* der Virtual-Reality-Systeme kann nur eine Person an einem Ort einen Film sehen. Wenn sie überleben will, wird die Virtual-Reality-Technologie die Wahrnehmungsformen, die wir von Fernsehen, Radio, Schallplatte, CD, Film, Video etc. kennen, übernehmen und sich zu einer kollektiven, nichtsimultanen, nichtlokalen Rezeptionstechnologie entwickeln müssen. Techniken wie »Wearable Ubiquitous Computing« arbeiten bereits heute mit der Tele-Technologie des Tons, wie wir sie vom mobilen Telefon her kennen.

»Anybody, anywhere, anytime« ist die Formel für die digitale Bildtechnologie der Zukunft: Jedermann wird zu jeder Zeit an jedem Ort jeden Film sehen können. Voraussetzung ist allerdings, dass der Betrachter bei dieser kollektiven Interaktion zum internen Beobachter der Welt wird statt wie beim Film externer Beobachter zu sein. Als interner Beobachter wird er selbst in den Bildwelten mitspielen und sie verändern. Er wird aber nicht nur Reaktionen in multiplen parallelen Bildwelten, sondern auch in der realen Welt auslösen und damit selbst zur Schnittstelle zwischen der künstlichen virtuellen Welt und der realen Welt werden. Die vom internen Beobachter gesteuerten Ereignisse in der realen Welt werden Effekte in der virtuellen Welt haben und umgekehrt. Im »Neurocinema« wird der Betrachter gleichzeitig interner und externer Beobachter neuer Bildwelten sein.[3]

Im 19. Jahrhundert waren es in der Hauptsache drei Gruppen von Wissenschaftlern, die mit ihren theoretischen Überlegungen und praktischen Erfahrungen die Konstruktion kinematografischer Maschinen und des Kinos vorangetrieben haben: die Physiologen, die Physiker und die Mathematiker. Hundert Jahre später, im ausgehenden 20. Jahrhundert, sind es ebenfalls wieder diese drei Wissenschaftsbereiche, die die Entwicklung der Bildtechnologien der Zukunft bestimmen: die Neurophysiologen, die Quantenphysiker und die Informatiker. Die Ergebnisse ihrer Forschungen werden in den nächsten Jahrzehnten von den Ingenieuren in Maschinen implementiert werden, um das Neurocinema der Zukunft zu gestalten.

Nachtrag

Das ZKM | Karlsruhe versteht sich als museologisches Leitmodell von internationaler Bedeutung. Es hat für die Kunst der Moderne in Deutschland nicht nur erstmals das Konzept des »Museums aller Gattungen« (ZKM-Gründer Heinrich Klotz) etabliert, das es in anderen Ländern bereits seit langem gibt.[4] Das ZKM ist darüber hinaus auch ein Ort der Forschung und der Produktion und geht damit weit über andere Konzepte hinaus.

---

3   Vgl. zum Neurocinema: Peter Weibel, »Neurocinema. Zum Wandel der Wahrnehmung im technischen Zeitalter«, in: ders., *Enzyklopädie der Medien*, Bd. 3: *Kunst und Medien*, Hatje Cantz, Berlin, 2019, S. 490–507.
4   Vgl. das Museum of Modern Art in New York, das Stedelijk Museum in Amsterdam, das Moderna Museet in Stockholm oder das Centre Georges Pompidou in Paris.

War die moderne Kunst eine Reaktion auf die maschinengestützte industrielle Revolution, so ist die Kunst der Nachmoderne eine Reaktion auf die computergestützte Informationsrevolution des postindustriellen Zeitalters. Entsprechend sieht das ZKM seine Aufgabe darin, die Entwicklung der oben skizzierten Bild- und Kommunikationstechnologien voranzutreiben und die Zukunft von Kunst und Medien mitzugestalten in einer Gesellschaft, die zunehmend global vernetzt ist und online kommuniziert.

Der Text ist 2000 in dem von Christa Maar, Hans Ulrich Obrist und Ernst Pöppel herausgegebenen Band *Weltwissen Wissenswelt. Das globale Netz von Text und Bild*, DuMont, Köln, S. 66–73, erschienen.

Ortlosigkeit und Bilderfülle – auf dem Weg zur Tele-Gesellschaft

2004

Es gab eine Zeit, da gab es noch Zeit. Es gab eine Welt ohne Eile. Stefan Zweig beschrieb in seinen Erinnerungen 1944 eine geordnete Welt: »[...] mit klaren Schichtungen und gelassenen Übergängen, eine Welt ohne Hast. Der Rhythmus der neuen Geschwindigkeiten hatte sich noch nicht von den Maschinen, von dem Auto, dem Telephon, dem Radio, dem Flugzeug auf den Menschen übertragen, Zeit und Alter hatten ein anderes Maß. Man lebte gemächlicher.«[1] Zweig konnte sich nicht erinnern, seinen Vater je beim Laufen oder einer hastigen Handlung gesehen zu haben: »Eile galt nicht nur als unfein, sie war in der Tat überflüssig [...].«[2] Doch Zweig beschreibt *Die Welt von Gestern*, so auch der Titel seiner Erinnerungen. Heute herrscht die »beschleunigte Zeit«, welche die räumliche Distanz verkürzt. Ein Bild jener technologischen Erscheinungen der Beschleunigung, welche die Welt so grundlegend veränderten, zeichnet Robert Musil am Beginn seines Romans *Der Mann ohne Eigenschaften*. Der Protagonist steht am Fenster und zählt mit der Uhr in der Hand: »[...] die Autos, die Wagen, die Trambahnen [...]. Autos schossen aus schmalen, tiefen Straßen in die Seichtigkeit heller Plätze. Fußgängerdunkelheit bildete wolkige Schnüre. Wo kräftigere Striche der Geschwindigkeit quer durch ihre lockere Eile fuhren, verdickten sie sich, rieselten nachher rascher und hatten nach wenigen Schwingungen wieder ihren gleichmäßigen Puls.«[3] Die Beschleunigung der Transportation durch die moderne Technologie, die schier mörderische Mobilität des urbanen Lebens wird hier als Merkmal der Moderne beschrieben. Mit der Verbreitung der Eisenbahn, der Straßenbahn und der Autos begann sich die Erfahrung von Raum und Zeit grundlegend zu verändern. Mobilität trat an die Stelle der Ortsgebundenheit. Die Distanz verschwand mit der Geschwindigkeit.

Das Verschwinden der Ferne: von der Dislokation zur Ortlosigkeit

Die Beschleunigung begann mit der Erfindung der Dampfmaschine, deren Wirkungsgrad James Watt optimierte. Als neue Technologie der Energieerzeugung bildete sie die Grundlage der industriellen Revolution des 18. und 19. Jahrhunderts, eine Periode grundlegender sozialer und technologischer Veränderungen. Die von George Stephenson konstruierte Dampflokomotive ermöglichte eine gesteigerte Mobilität von Menschen und Gütern. Die räumlichen Distanzen begannen, sich aufzulösen. Der Raum zwischen zwei Orten verkürzte sich relational zur Geschwindigkeit der Bewegungsmaschinen. Die Ferne verschwand.[4] Die Beobachtung des Verlustes des Raumes und mit ihr der Diskurs der Dislokation beginnt in der Literatur und der Malerei bereits um das Jahr 1840. Der Maler William Turner und der Dichter Heinrich

---

1 Stefan Zweig, *Die Welt von Gestern. Erinnerungen eines Europäers*, S. Fischer, Frankfurt/M., 1952, S. 40.
2 Ibid., S. 41.
3 Robert Musil, *Der Mann ohne Eigenschaften*, Rowohlt, Reinbek bei Hamburg, 1978, S. 12, 9.
4 Vgl. Edith Decker und Peter Weibel, *Vom Verschwinden der Ferne*, DuMont, Köln, 1990.

Giorgio de Chirico, *Der Schmerz der Abreise*, 1913/1914

Heine sind Zeugen der Konsequenzen einer Maschinenrevolution, welche die Ortlosigkeit erzeugte. Als England den Höhepunkt der Eisenbahnmanie erreichte, malte Turner eines der Meisterwerke der industriellen Revolution: *Rain, Steam and Speed. The Great Western Railway* (1844), das weit vor der futuristischen Avantgarde der Geschwindigkeit huldigte und den Beginn der Techno-Zeit in der Kunst markierte, die hier durch die Verbindung von Dampfmaschine (*steam*) und Geschwindigkeit (*speed*) gekennzeichnet war. Der Romancier William M. Thackeray schrieb begeistert: »The world has never seen anything like this picture.«[5] Er hob insbesondere die Dynamik hervor, mit der die Geschwindigkeit dargestellt wurde.

Euphorische Beschreibungen der neuen Technologien kontrastierten mit den Stimmen der Gegner der industriellen Revolution. So bezeichnete beispielsweise der Romantiker Théophile Gautier die Lokomotive als »Biest der Apokalypse«.[6] Heinrich Heine verfasste 1843, aus Anlass der Eröffnung der Eisenbahnlinien von Paris nach Rauen und Orléans, einen Nachruf auf den Raum: »Durch die Eisenbahnen wird der Raum getötet [...]. Mir ist, als kämen die Berge und Wälder aller Länder auf Paris angerückt. [...] vor meiner Tür brandet die Nordsee.«[7] In seiner polytopischen Montage kommt die Veränderung der Raumerfahrung durch die erste Welle der technischen Beschleunigung auf wunderbare Weise zum Ausdruck: Der Raum zwischen zwei Orten schrumpft zu Nichts.

Die Innovationen des Transports haben die anthropomorphe Erfahrung von Zeit und Raum aufgelöst. Diese Erfahrung geht von einer einfachen Gleichung aus: Sie setzt die zeitliche Dauer und die räumliche Distanz gleich. Dabei werden Dauer und Distanz vornehmlich über die körperliche Erfahrung definiert. Die Maschinen und die Medien haben das auf die menschliche Erfahrung bezogene Maß jedoch gesprengt. In einer Stunde (Dauer) legt ein Mensch zu Fuß weniger Kilometer (Distanz) zurück, als wenn er sich eine gleich lange Zeit mithilfe eines Autos oder eines Flugzeugs vorwärts bewegt. Die Entsprechungen von Zeit und Raum verschieben sich und stehen nun in Beziehung zum gewählten Vehikel der Fort-

---

5   William Makepeace Thackeray, »May Gambols; or, Titmarsh on the Picture Galleries«, in: ders., *Ballads and Miscellanies*, Smith Elder, London, 1899, S. 440.

6   Théophile Gautier, *Histoire du Romantisme*, Charpentier et Cie, Paris, 1874, S. 371.

7   Heinrich Heine, »Paris den 5. Mai 1843«, in: ders., *Sämtliche Werke*, Bd. XII, Kindler, München, 1964, S. 65.

bewegung. Der menschliche Körper (Elle, Fuß) ist nicht länger das gültige Maß für die raumzeitliche Erfahrung. Sie wird durch die neue, auf den Bewegungs- und Kommunikationsmaschinen aufgebaute Erfahrung des Raumes, die die Erfahrung der Ortlosigkeit ist, ersetzt.

Giorgio de Chiricos *Der Schmerz der Abreise* von 1914 veranschaulicht diese Ortlosigkeit, den Abschied vom anthropomorphen Raum eindrucksvoll. Die Zeichen der industriellen Revolution, die sich auf diesem Bild finden, die Farbrikschlote, die Dampfeisenbahn und der Wagon, zeigen die Aufhebung der natürlichen Skalierung von Raum und Zeit. De Chiricos Kunst lässt sich generell mit dem Verschwinden des Raumes durch die maschinelle Beschleunigung assoziieren. Leere Stadtplätze werden zur Bühne einer Perspektive, die nicht mehr vom menschlichen Erfahrungsraum ausgeht. Sie verweisen auf den Verlust des Raumes. Die verschobenen Größenordnungen in den Bildern de Chiricos machen deutlich, dass die natürliche, von den menschlichen Sinnen bestimmte Skalierung nun aufgehoben ist. Forscher entdeckten den Makrokosmos des Universums ebenso wie den Mikrokosmos der Atome. Den Verlust der anthropomorphen Skalierung verkündete de Chirico selbst 1919 in seinem Manifest *Wir Metaphysiker*. Er proklamierte das Ende der Distanz.

Die als »Vernichtung des Raumes« apostrophierte Veränderung der Mobilitätserfahrung wird durch die aufkommenden Telekommunikationsmedien erweitert.[8] Heinrich Heines Szenerie enthält bereits alle kommenden Möglichkeiten der Tele-Bilder. Die Bilder kommen nun nicht nur bis vor die Haustür. Durch das Fernsehen kommen sie direkt ins Wohnzimmer. Auf die erste Phase der erhöhten Mobilität von Körpern, d. h. von Menschen und Gütern, folgte die virtuelle Mobilität der Zeichen. Durch die Technologie der Fernübertragung – Telegrafie, Telefon, Radio und schließlich Television – löste sich das Zeichen (die Botschaft) vom Körper des Boten. Die Tele-Technologien erzeugten die Ferngesellschaft, eine Gemeinschaft, deren Handeln von örtlich verteilter Kommunikation geprägt ist.

Mobilität und Multiplikation: Bilderfülle
Parallel zur Entwicklung der physischen Mobilität der Körper entstand durch die Tele-Technologien eine virtuelle Mobilität der Zeichen, die zu einem sprunghaften Anstieg der Bilddistribution führte. Mit den neuen technischen Aufzeichnungsmedien Fotografie und Film, die eine sehr viel schnellere Produktion von Bildern erlaubten, entwickelten sich auch neue Möglichkeiten der Bildreproduktion. In Verbindung mit der immer rascheren Entwicklung der neuen optischen Medien sehen sich die westlichen Industriestaaten mit einer bis dahin unvorstellbaren Bilderfülle konfrontiert, der ein sprunghafter Anstieg der Bilddistribution entspricht. Die Bewegungs- und Kommunikationsmaschinen erzeugten in einer parallelen Evolution die Ortlosigkeit und die Bilderfülle.

Bilder waren ursprünglich an einen Ort gebunden, was die Beispiele der Höhlenmalerei und der Wand- und Deckenfresken heute noch eindrücklich zeigen. Mit der Erfindung des Tafelbildes wurde das Bild zum ersten Mal physisch mobil und transportabel. Die zweite wichtige Phase auf dem Weg zur heutigen Mobilität der Bilder stellt die Multiplikation des Bildes, seine technische Reproduktion, dar, zuerst durch die Drucktechnik und dann durch die Telekommunikationstechnik. Der Massenkommunikation durch das Medium Buch ging die Massenkommunikation durch das Medium Bild voran. Ein halbes Jahrhundert bevor die Erfindung des Buchdrucks das Buch zum Massenmedium machte, waren in Mitteleuropa mit dem Holzschnitt und dem Kupferstich neue Techniken der Druckgrafik entwickelt worden, welche die massenhafte Vervielfältigung von Bildern ermöglichten. Die Bilderwelt des Spätmittelalters veränderte sich dadurch radikal. Das Kultbild blieb nicht mehr auf den

---

8 Vgl. Peter Weibel, *Die Beschleunigung der Bilder. Chronokratie* (1987), 2. Auflage, Benteli, Bern, 2003.

Kasimir Malewitsch, *Der gleichzeitige Tod eines Mannes in einem Aeroplan und in der Eisenbahn*, 1913

öffentlichen Raum beschränkt. Das private Andachtsbild, das bisher nur einer schmalen Oberschicht zugänglich war, die sich illustrierte Gebetbücher oder Hausaltären leisten konnte, setzte sich jetzt in allen Bevölkerungsgruppen durch. In der Stube des Bürgers und des Bauern fand sich nun das Heiligenbild als Holzschnitt. Aber auch profane Bildmotive erfuhren durch den Holzschnitt enorme Breitenwirkung.

Der Einblattdruck eignete sich vorzüglich als Mittel der politischen Agitation. Durch Holzschnitt vervielfältigte Bilder, meist kombiniert mit Text, bildeten die Grundlage von Flugschriften, die im Zeitalter der Reformation große politische Bedeutung erlangten. Wie die Predigt ermöglichte auch der Holzschnitt, über traditionelle Formen der Gruppenkommunikation hinauszugehen und ein anonymes Massenpublikum anzusprechen.[9] Hier zeigte sich bereits ein Aspekt, der in der Tele-Gesellschaft zu seiner vollen Entfaltung gelangt: Traditionelle Charakteristika der Gruppenbildung wie z. B. die gemeinsame soziale Klasse, der gemeinsame Wohnort oder die gleiche Hautfarbe verloren an Bedeutung. Die neuen Technologien der Multiplikation und Übertragung begünstigten die Entstehung neuer Kommunikationsgemeinschaften.

Neben den Drucktechniken war die Fotografie als neues bildgebendes Verfahren ein entscheidender Faktor der Multiplikation der Bildermenge. 1839 stellte der Generalsekretär der Pariser Akademie der Wissenschaften, François Arago, der Welt die Fotografie vor. Zu diesem Zeitpunkt kann das fotografische Bild selbst noch nicht vervielfältigt werden, da die Daguerreotypien Unikate sind. Es ist in erster Linie die Geschwindigkeit der Bilderzeugung, die Arago und seine Zeitgenossen fasziniert: »Um die Millionen und Aber-Millionen Hieroglyphen zu kopieren, die auch nur die Außenseiten der Denkmäler von Theben, Memphis, Karnak usw. bedecken, bedarf es Dutzende von Jahren und einer Legion von Zeichnern. Mit dem Daguerreotyp könnte ein Mann diese Aufgabe bewältigen.«[10]

Um 1850 setzten sich dann reproduktive fotografische Verfahren durch. Es war nun also nicht mehr nur die maschinengestützte Bilderzeugung, die zur Multiplikation der Bilder beitrug, sondern auch die maschinengestützte Bildvervielfältigung.

Aber erst die Technologien der ferntechnischen Übertragung, wie sie Telegraf und Television darstellen, haben die Bedingungen der Bildnutzung in unserer Gesellschaft tat-

---

9 Vgl. Michael Mitterauer, »Predigt – Holzschnitt – Buchdruck. Europäische Frühformen der Massenkommunikation«, in: *Beiträge zur historischen Sozialkunde*, Vol. 28, Nr. 2, 1998, S. 69-78.

10 Dominique François Arago, »Bericht über den Daguerreotype (1939)«, in: Wolfgang Kemp, *Theorie der Fotografie I 1839-1912*, Schirmer Mosel, München, 1980, S. 51-55, hier S. 52.

Kasimir Malewitsch, Schautafel, 1926/1927

sächlich grundlegend verändert. Sie stellen die dritte Stufe der Ortlosigkeit des Bildes dar. Die Medien – Telegrafie und Television – erreichen in der Bildübertragung annähernd die Geschwindigkeit des Elektrons, sodass die Bilder nahezu gleichzeitig an multiplen Orten erscheinen können. Die Telekommunikation radikalisiert die Aufhebung des Raumes, die durch die Vorgängertechnologien begonnen wurde. Die historische Einheit von Raum und Zeit ist durch diese technische Übertragung vollkommen zerstört. Erfahrungen, die vor hundert Jahren vollkommen unvorstellbar waren, sind heute alltäglich: Der Mann, der neben mir in der Wartehalle des Flughafens Selbstgespräche zu führen scheint, telefoniert in Wirklichkeit über ein mikroskopisches Handy mit einem Gesprächspartner, der sich zwar in der gleichen Zeit wie wir, aber in einem vollkommen anderen Raum und vielleicht sogar auf einem anderen Kontinent befindet.

Der Zeitraum zwischen 1880 und 1980 war ein Zeitraum der Umbrüche. In dieser Phase bildeten sich durch Urbanisierung, Industrialisierung und Medialisierung neue Kommunikationsräume. Dabei entstand keineswegs eine homogene Vernichtung von Zeit und Raum. Es kam vielmehr zu einer sich überlagernden Konstituierung neuer Räume und simultan dazu zur Auflösung und Transformation alter Räume. Die Entwicklungsschübe dieser hundert Jahre lassen sich daher treffender als eine »Verdichtung« von Raum, Zeit und Kommunikation begreifen, die von einer nie gekannten Bilderfülle begleitet wurde.

Hinter dem Begriffspaar »Mobilität« und »Multiplikation« versteckt sich der Kampf zwischen Nähe und Ferne. Es geht hier um die Auflösung einer Nahgesellschaft und das Entstehen einer Ferngesellschaft auf der Basis fernübertragener Bilder. Walter Benjamins definierte die Aura »als einmalige Erscheinung einer Ferne, so nah sie uns sein mag«.[11] Was aber hat die Aura mit Nähe und mit Ferne zu tun? Ihr Verlust zeigt den Wechsel von der Nahgesellschaft zur Ferngesellschaft, den Bruch zwischen den beiden Formen von Gemeinschaft. Zur Einheit von Raum und Zeit gehört die Originalität als Singularität, etwas, das nur einmal in Raum und Zeit existieren kann, hier und jetzt. Die Singularität wird nun durch einen sich ankündigenden weiteren Innovationsschritt nochmals auf einer anderen Ebene infrage gestellt: durch die Fernwirkung, wie sie die Quantenphysik postuliert und sie von dem Physiker Anton Zeilinger und anderen experimentell nachgewiesen wurde.

---

11   Walter Benjamin, »Kleine Geschichte der Fotografie«, in: ders., *Das Kunstwerk im Zeitalter seiner technischen Reproduzierbarkeit*, Suhrkamp, Frankfurt/M., 1977, S. 15.

Der orbitale Blick

Der »orbitale Blick« wird zur bestimmenden Perspektive. Ein Beispiel dafür zeigt eine Lithografie von Kasimir Malewitsch, die den Titel *Der gleichzeitige Tod eines Mannes in einem Aeroplan und in der Eisenbahn* trägt. Malewitsch hat sie im Jahr 1913 für die kubofuturistische Anthologie *Explosivität* hergestellt. Dieses Bild bezieht sich wahrscheinlich auf eine Passage aus P. D. Ouspenskys Werk *Tertium organum* (1911), das mit seinen Erläuterungen der vierten Dimension, welche die französischen Kubisten in der Kunstwelt propagiert hatten, auch Malewitsch beeinflusste. Konstantin Ziolkowski, ein russischer Raumfahrtvisionär, inspirierte Malewitsch gleichermaßen. Er hatte 1902 eine rotierende Raumstation, ein Raum-Habitat beschrieben. Malewitsch setzte sich intensiv mit der vierten Dimension, der nichteuklidischen Geometrie und mit der Raumfahrt auseinander. Daher sprach er in seinen Texten oft in Neologismen von »Semljanit«, Erdbewohnern, und »Planit«, schwebenden Gebilden. Er veröffentlichte 1924 ein Manifest, in dem er als Leitbild für seine »Planiten« das Raumschiff vorschlägt. Dabei beruft er sich explizit auf drahtlosen Funk und Flugzeug als Boten und Botschafter eines neuen telematischen Zeitalters. »Selbst das Automobil gehört eigentlich schon in die Rumpelkammer, auf den Friedhof des Eklektizismus, wie der Telegraf und das Telefon auch. Die neuen Behausungen der neuen Menschen liegen im Weltraum. Die Erde wird für sie zu einer Zwischenstation, und dementsprechend müssen Flugplätze angelegt werden, die sich den Aeroplanen anpassen, also eine säulenartige Architektur. Die provisorischen Behausungen der neuen Menschen müssen sowohl im Weltraum als auch auf der Erde den Aeroplanen angepaßt werden.«[12] Die Schautafeln von Malewitsch zur Entwicklung der Kunst zeigen die Verquickung von Kunstrichtungen wie dem Kubismus, Futurismus und Suprematismus mit der Technikgeschichte. Malewitsch zeichnet Verbindungen mit Flugzeugen und Raketen. Dies ist ein Beispiel dafür, dass zur Untersuchung von Bildern parallel Kunstgeschichte, Technikgeschichte und Wissenschaftsgeschichte herangezogen werden müssen. Nur so lässt sich der »orbitale Blick« Malewitschs auf die Erde beschreiben.

Ort und Zeit in der telematischen Gesellschaft: zeichenzentriert

Die Auflösung des Ortes ist technikhistorisch relativ genau zu definieren: 1837 erhielten die beiden englischen Forscher William Cooke und Charles Wheatstone ein Patent auf den Telegrafen. 1836 erfindet der Münchner Professor Carl August von Steinheil den schreibenden Telegrafen: Die zu übermittelnde Nachricht erscheint in einem Punktcode auf einem Papierstreifen. Der amerikanische Maler Samuel Morse verfeinert diese Technik zum berühmten Morsealphabet, 1837 macht er seine ersten öffentlichen Experimente. Die Bildübertragung, der entscheidende Schritt für das Tele-Bild und für die Ferngesellschaft, wird ab 1840 möglich. 1876 erfinden Alexander Graham Bell und Elisha Gray unabhängig voneinander das Telefon. Der entscheidende Moment aber war gekommen, als James Clerk Maxwell 1873 die Verbreitung elektromagnetischer Wellen durch den Raum in einer mathematischen Gleichung formulierte und als 1886 der Physiker Heinrich Hertz in Karlsruhe durch die Funkenübertragung den Nachweis der Existenz dieser elektromagnetischen Wellen erbringen konnte. Aufgrund dieser Technik spricht man noch heute von Rundfunk und anderen Funksystemen.

Diese frühen technischen Medien ermöglichten erstmals die Allgegenwart von Simultaneität, wie sie für unsere heutige Gesellschaft charakteristisch ist. Zwischen 1844 und 1888 entstand also ein komplettes Ensemble der Kommunikationstechnologie: Übertragungstechniken für Informationen, Töne und Bilder. Im 20. Jahrhundert wurde diese Erfindung in erster Linie standardisiert und für den Massengebrauch zugänglich gemacht, doch handelt es sich im Grunde um Erfindungen des 19. Jahrhunderts.

---

12 Kasimir Malewitsch, *Suprematismus – Die Gegenstandslose Welt*, DuMont, Köln, 1952, S. 285.

Die entscheidende Erfindung in der Geschichte der Bildtechnologien war die Entdeckung des sogenannten Scanning-Prinzips im Jahr 1841, auf dem auch die heutige Fernsehtechnologie basiert. Das Scanning-Prinzip besteht darin, eine räumliche Dimension wie z. B. die Zeichnung auf einer Fläche in eine lineare Folge von Punkten in der Zeit umzuwandeln, d. h., den räumlichen Code in einen zeitlichen Code zu transformieren. Diese Technologie war die Voraussetzung für die Loslösung des Bildes von seinem Träger. Keine Holztafel, kein Papier musste mehr von einem Boten an einen anderen Ort gebracht werden. Die technischen Systeme der Bildcodierung und -übertragung ermöglichten es, Bilder mittels elektromagnetischer Wellen körperlos und materiallos von einem Ort zum anderen zu transferieren. Wir Menschen leben in einer Bildwelt der körperlosen Codes. Nur technikgeschichtlich trifft die körperlose Kommunikation wieder auf den Körper. So nannte der Erfinder des Elektrons, Joseph John Thomson, das Elektron »kleiner Körper«, »Korpuskel«.

An die Stelle der körperzentrierten Raumerfahrung tritt in der industriellen Revolution somit die maschinenzentrierte Raumerfahrung und in der postindustriellen Revolution die zeichenzentrierte, symbolische Raumerfahrung. Die Gesellschaft ist gekennzeichnet durch die Phänomene der Ortlosigkeit und Bilderfülle.

Iconic Turn: die neue Rolle des Bildes
In der virtuellen Realität, den computerbasierten Umgebungen, wandelt sich die Rolle des Bildes. Ortlos, ohne Existenz eines Originals, wird das Bild zu einer Schnittstelle für die Handlungen verschiedener Personen in Echtzeit. Die zeitliche Verzögerung zwischen Äußerung und Wahrnehmung, Ursache und Wirkung, verschwindet. Über das Bild können telematisch Handlungen an einem weit entfernten Ort ausgeführt werden. In Multi-User-Environments kommunizieren zahlreiche Personen miteinander, die sich an unterschiedlichen Orten befinden, über unterschiedlichste visuelle Environments. Bisher war die Interaktivität nur in eine Richtung möglich, von der wirklichen Welt in die virtuelle. In Zukunft haben Ereignisse in der virtuellen Welt aber umgekehrt auch Auswirkungen auf die reale Welt. Damit entstehen Bilder, die wir nicht mehr Bilder nennen können. Wenn ich beispielsweise auf das Bild eines Schalters auf einem Bildschirm drücke und simultan in dem Zimmer, in dem ich mich aufhalte, das Licht angeht, dann hat meine Bewegung im Zeichenraum (Druck auf den virtuellen Schalter) eine Wirkung in der realen Welt und der Schalter kann nicht mehr als Bild bezeichnet werden. Die neuen technischen Bilder sind Mischgebilde, eine Mischung aus Zeichen und Objekt: noch Objekt und schon Zeichen, noch Zeichen und schon Objekt.

Im Fokus einer Bildwissenschaft dürfen deshalb nicht allein die Bilder der Kunst stehen. Die Naturwissenschaften verwenden Bilder seit Jahrhunderten sowohl zur Produktion von Erkenntnis als auch zur Verbreitung von Wissen. Als ich einmal den Erfinder der fraktalen Geometrie Benoît Mandelbrot fragte, wie er in die Geschichte eingehen möchte, sagte er: als derjenige, der die Bilder in die Mathematik zurückgebracht hat. Der Iconic Turn beschreibt nicht nur eine Hinwendung der Kunstwissenschaft zu den naturwissenschaftlichen Bildern, sondern auch eine Auseinandersetzung der Naturwissenschaften mit den Bildern. Das Bild, von den bildgebenden Verfahren der Medizin bis hin zur Physik, spielt für die Produktion von Erkenntnis und die Verbreitung von Wissen eine größere Rolle denn je. Es sind aber nicht mimetische Bilder, wie sie die Kunst erzeugte, sondern *epistemische Dinge*, Bilder, die am ehesten vergleichbar mit Präparaten und Modellen sind, die uns helfen, die Wirklichkeit besser zu verstehen.

Dieser Text ist 2004 in dem von Christa Maar und Hubert Burda herausgegebenen Band *Iconic Turn. Die neue Macht der Bilder*, DuMont, Köln, S. 216–226, erschienen.

Die postmediale Kondition

2004

Zu den wesentlichen Erfolgen der neuen technischen Medien, Video und Computer, wie der alten technischen Medien, Fotografie und Film, zählt nicht nur, dass sie neue Kunstbewegungen initiierten und neue Kunstmedien, neue Ausdrucksmedien schufen, sondern auch, dass sie eine entscheidende Wirkung auf die historischen Medien wie Malerei und Skulptur ausübten, die bislang gar nicht als Medien galten, aber unter dem Einfluss der neuen Medien selbst zu Medien wurden, nämlich zu nichttechnischen alten Medien. Mit den Erfahrungen der neuen Medien werfen wir einen anderen Blick auf die alten Medien. Mit den Praktiken der neuen technischen Medien bewerten wir auch die Praktiken der alten nichttechnischen Medien neu. Man könnte sogar so weit gehen zu sagen, dass der eigentliche Erfolg der neuen Medien nicht darin besteht, neue Kunstformen und Kunstmöglichkeiten entwickelt zu haben, sondern darin, uns die alten Kunstmedien neu zugänglich und sie vor allem am Leben gehalten zu haben, indem sie diese zu einschneidenden Veränderungen gezwungen haben.

Nachdem beispielsweise die Fotografie als Rivale in der Erzeugung jener Bilder aufgetaucht ist, welche die Wirklichkeit wahrnehmungstreu abbilden, ja sogar die Fotografie eine wirklichkeitstreuere Abbildung zu Recht versprach, hat sich die Malerei nach einem fünfzigjährigen Kampf aus der Darstellung der Gegenstandswelt zurückgezogen und auf die Darstellung der Eigenwelt der Malerei (Fläche, Form, Farbe und die Eigenschaften der Materialien und technischen Dispositive vom Rahmen bis zur Leinwand) konzentriert, wie sie in der abstrakten Malerei der ersten Hälfte des 20. Jahrhunderts triumphierte. Wenn sich die Malerei in der zweiten Jahrhunderthälfte (von Pop Art bis Fotorealismus) Bildern der Gegenstandswelt wieder zuwandte, dann geschah dies in direkter Referenz auf die Fotografie. Hat sich die Malerei vor der Entwicklung der Fotografie direkt und unmittelbar auf die Gegenstandswelt bezogen, so hat sie sich danach nur noch auf die Gegenstandswelt bezogen, wie sie von der Fotografie dargestellt wurde, also auf die gegenständliche und figurative Fotografie, allerdings gefiltert durch die malerei-immanenten Eigenschaften wie Rinnen der Farbe etc. Die Erfahrungen mit Film und Fotografie haben also zu einem Austausch mit der Malerei geführt, aber insbesondere die digitalen Paint-Programme bzw. das direkte Arbeiten mit dem Computer und dem Bildschirm haben der Malerei unverkennbar neue Impulse gegeben und bezeichnenderweise eine neue computerderivative Abstraktion in der Malerei eingeleitet. Doch nicht nur das abendländische Bildprogramm hat sich durch den Einfluss der technischen Medien verändert, sondern selbstverständlich auch das Skulpturprogramm. Bis in die Architektur können wir den dominierenden Einfluss der Computer-Algorithmen und 3D-Programme erkennen. Also ist tatsächlich die Frage zu stellen, ob nicht im Augenblick die größere Leistung der neuen Medien darin besteht, die alten Kunstmedien zu einer triumphalen Blüte gezwungen zu haben, aufbauend auf einer Jahrhunderte währenden Tradition, mit der sich die 150-jährige Tradition der neuen Medien in der Produktion genuiner Meisterwerke noch gar nicht messen kann. Man könnte auch die Frage stellen, ob nicht die Wirkungen und Effekte der neuen Medien auf die alten Medien und die Wissenschaft der neuen Medien wichtiger und erfolgreicher sind als im Augenblick die Werke der neuen Medien selbst. Das zentrale Movens und die zentrale Agenda der Kunst des 20. Jahrhunderts: die Krise der Repräsentation, die Auflösung des Werkbegriffs und das Verschwinden des Autors, verdanken sich alle dem Auftauchen der neuen Medien. Wohl haben die neuen Medien, indem sie neue Zeichenklassen eroberten, wie z. B. den Index, und neue Materialien und Methoden einführten, viele neue Ausdrucksmöglichkeiten und Inhalte erlaubt, einerseits viel privatere und individuellere als die alten Medien, andererseits viel objektivere und dokumentarischere. Die radikale Wende, die im 20. Jahrhundert in der Rezeptionskultur stattfand, sowie die Explosion des Visuellen in Kunst und Wissenschaft gehen auf die neuen Medien zurück, denn die neuen Medien haben nicht nur neue Modalitäten, sondern vor allem auch neue Freiheitsgrade geschaffen.

Alle Disziplinen der Kunst wurden von den Medien verändert. Die Wirkung der Medien ist universal. Das Paradigma der Medien erfasst alle Künste. Der Anspruch des Computers, eine »universale Maschine« zu sein, wie Alan Turing 1937 seinen Computerentwurf nannte[1], wird von den Medien erfüllt. So wie heute viele Wissenschaftler von einem Computermodell des Universums träumen, von einer vollkommenen Darstellung des Universums auf der Grundlage digitaler Berechnungen, so träumen heute auch Künstler von einem Computermodell der Kunst, von einer Kunst, die total durch digitale Berechnungen geschaffen werden kann. Neben dem rechnenden Denken, dessen Wirkungen und Erfolge bereits die ganze Welt erfasst haben, denn ohne die Rechenmaschinen namens Computer würden keine Flughäfen, Fabriken, Bahnhöfe, Einkaufszentren, Krankenhäuser usw. funktionieren, tauchen nun auch die rechnenden Künste auf, deren Ziel es ebenfalls ist, die ganze Welt zu erfassen. In der Tat sind die Wirkungen und Erfolge der rechnenden Künste genau in jener Tradition zu beobachten, wie wir sie vorhin beschrieben haben, nämlich als eine Veränderung aller Kunstpraktiken und -formen. Der Computer kann nicht nur alle Naturgesetze des Universums simulieren, sondern auch die Gesetze der Form und der Kunstwelt. Die Kreativität selbst ist ein Umschreibeprogramm, ein Algorithmus. Von der Literatur bis zur Architektur, von der Kunst bis zur Musik sehen wir immer mehr computerunterstützte Umschreibeprogramme, Instruktionen, Regelwerke und Handlungsanweisungen am Werk. Nicht nur die Wirkung der Medien ist universal und daher alle Kunst bereits postmedial. Alle Kunst ist auch postmedial, weil die Medien Universalmaschinen sind und weil die Universalmaschine Computer beansprucht, alle Medien simulieren zu können.

Diese postmediale Bedingung macht jedoch die Eigenwelt der Apparate, die intrinsischen Eigenschaften der Medienwelt nicht überflüssig. Im Gegenteil, die Spezifizität, die Eigenweltlichkeit der Medien wird immer mehr ausdifferenziert. Im postmedialen Zustand wird erst recht die Verfügbarkeit spezifischer Medien bzw. spezifischer Eigenschaften der Medien, von der Malerei bis zum Film, total. Beispielsweise kann der Computer den Grad des Granulats eines 16mm-Filmstreifens besser simulieren und beliebig bestimmen, als es je der reale Filmstreifen selbst könnte. Die digitale Simulation von Flötentönen klingt mehr nach einer Flöte, als sie je ein Flötenspieler einer realen Flöte entlocken könnte. Das Flackern der Schrift bei einer zerfransten Perforation des Filmstreifens kann der Computer ebenfalls besser simulieren genauso wie die Töne eines präparierten Klaviers. Der postmediale Computer, die universale Maschine, erlaubt es, scheinbar paradox, in Wirklichkeit folgerichtig, den Reichtum der Spezifität der Medien erst recht zu verwirklichen.

---

1   Alan M. Turing, »On Computable Numbers, with an Application to the Entscheidungsproblem«, in: *Proceedings of the London Mathematical Society*, 2. Serie, Vol. 42, 1936, S. 230-265, Vol. 43, 1937, S. 544-546.

Jegliche Kunstpraxis folgt heute dem Skript der Medien, den Vorschriften der Medien. Diese Medien umfassen nicht nur die alten und neuen technischen Medien, von der Fotografie bis zum Computer, sondern auch die alten analogen Medien wie Malerei und Skulptur, die unter dem Druck der technischen Medien verändert und beeinflusst worden sind.

Die Kunst der technischen Medien, die apparative Kunst, die vom apparativen Dispositiv gestützte Kunst, bildet den Kern der medialen Erfahrung. Diese *mediale* Erfahrung wurde zur Norm aller *ästhetischen* Erfahrung. In der Kunst gibt es daher kein Jenseits der Medien mehr. Niemand kann den Medien entfliehen. Es gibt keine Malerei mehr außerhalb und jenseits der medialen Erfahrung. Es gibt keine Fotografie mehr außerhalb und jenseits der digitalen Erfahrung. Gerade die Fotografen, welche die Fotografie den digitalen Medien unterwerfen und am Bildschirm die vom Fotoapparat eingefangenen Bilder manipulieren oder erweitern, liefern die überzeugendsten und verblüffendsten fotografischen Bildnisse, sind die überzeugendsten und eigentlichsten Fotografen. Aber auch diejenigen Fotografen, die Modell- und Miniaturwelten, gleichsam 3D-Welten, aufnehmen und digital nachbearbeiten, bewegen sich nicht mehr im ursprünglichen Horizont der Fotografie, im realen Reich der Dinge, sondern referieren ihrerseits auf eine Metaebene, nämlich die fotografische oder digitale Modellierung der Welt. Das *physical modelling* der akusmatischen Musik, die computerbasierte Darstellung der Töne im simulierten gegenständlichen Raum, das erlaubt, das Erklingen ein und desselben Tons in allen Räumlichkeiten, von der Kirche bis zum Treppenhaus, hyperperfekt zu simulieren, aber auch Töne virtueller Instrumente zu erzeugen, die es realiter gar nicht gibt, ist ebenfalls Ausdruck jenes postmedialen Zustands der Medien. Dieser postmediale Zustand ist – nicht medientheoretisch, aber für den künstlerischen Gebrauch formuliert – durch zwei Phasen definiert:

1. Die Gleichwertigkeit der Medien und
2. das Mischen der Medien.

In der ersten Phase ging es darum, die Gleichwertigkeit der Medien zu erreichen, den neuen Medien – Fotografie, Film, Video, digitale Kunst – die gleiche künstlerische Anerkennung zu verschaffen wie den traditionellen Medien, etwa Malerei und Skulptur. In dieser Phase wurde von allen Medien, ob Malerei oder Fotografie, besonders auf die medienspezifischen Eigenwelten des jeweiligen Mediums hingearbeitet. Die Malerei demonstrierte den Eigenwert der Farbe, das Fließen, Tropfen, Rinnen. Die Fotografie demonstrierte ihre wirklichkeitsgetreue Abbildungsfähigkeit. Der Film demonstrierte sein erzählerisches Vermögen. Video demonstrierte seine kritische Subversion des Massenmediums Fernsehen. Die digitale Kunst demonstrierte ihre Imaginationsfähigkeit in künstlich virtuellen Welten.

Diese Phase ist, was den erkenntnistheoretischen und künstlerischen Wert betrifft, mehr oder minder abgeschlossen. Medienspezifität und Medienkritikalität haben sich glücklicherweise vollkommen durchgesetzt. Indem die medienspezifischen Eigenwelten des jeweiligen Mediums herausgearbeitet wurden, hat sich die Gleichwertigkeit der Medien, ihre künstlerische Äquivalenz, durchgesetzt. Das Medium des künstlerischen Ausdrucks ist insofern fast gleichgültig geworden, es geht in der Hauptsache um die künstlerische Aussage selbst. Das ist ein Erfolg des postmodernen Zustands der Medien.

In der neuen zweiten Phase geht es im künstlerischen und erkenntnistheoretischen Sinne darum, die medienspezifischen Eigenwelten der Medien zu mixen. Video triumphiert mit der narrativen Fantasie des Films, indem es anstatt einer Leinwand multiple Projektionen verwendet und anstatt aus einer Perspektive aus vielen Perspektiven gleichzeitig erzählt. Die Fotografie erfindet mit den neuen digitalen Großkameras und Grafikprogrammen ungesehene, virtuelle künstliche Welten. Die Skulptur kann ein Foto sein oder ein Videoband. Ein Ereignis, fotografisch festgehalten, kann eine Skulptur sein, ein Text, ein Bild. Das Verhalten eines Gegenstandes und eines Menschen, videografisch oder fotografisch dokumentiert, kann eine Skulptur sein, Sprache kann eine Skulptur sein, Sprache auf LED-Schirmen kann Malerei, Buch und Skulptur sein, Video- und Computerinstallationen können Literatur, Architektur oder Skulptur sein. Fotografie und Videokunst, ursprünglich nur zweidimensional, erhalten räumliche und skulpturale Dimensionen. Die Malerei bezieht sich auf die Fotografie oder digitale Grafikprogramme und verwendet beide. Der Film erweist sich zunehmend dominierend in einer dokumentarischen Wirklichkeitstreue, welche die Kritik der Massenmedien vom Video übernimmt. Das Netz liefert im Chatroom Dialoge und Texte für alle. Das gesamte Textreservoir des Netzes kann zur Selbststeuerung von Texten verwendet werden, zur autogenerativen Erzeugung von Sprachwelten. Das Netz kann aber auch autogenerativ Bildwelten erzeugen und die Texte des Netzes können als Folie für das Skript für Schauspieler in Filmen und Sprecher in Hörstücken oder für die Texte von Dichtern dienen. Text-, Ton- und Bildinstallationen, sei es im Medium Fotografie, im Medium Video, im Medium Computer oder allen zusammen, können wiederum als Filme, Musikstücke oder Architektur ausgegeben werden.

Dieses Mischen der Medien führt zu außerordentlich großen Innovationen in den jeweiligen Medien und in der Kunst. Die Malerei belebt sich also nicht durch sich selbst, sondern durch den Bezug auf die anderen Medien. Video lebt vom Film, Film lebt von der Literatur, Skulptur lebt von Fotografie und Video. Alle leben von den digitalen technischen Innovationen. Der geheime Code all dieser Kunstformen ist der binäre Code des Computers, und die geheime Ästhetik sind algorithmische Regeln und Programme. Dieser Zustand der aktuellen Kunstpraxis ist daher als postmediale Bedingung zu bezeichnen, weil nicht mehr ein Medium allein dominiert, sondern die Medien sich untereinander beeinflussen und bedingen. Die Menge aller Medien bilden ein universales Medium, das sich selbst enthält. Das ist der postmediale Zustand der Medienwelt in der künstlerischen Praxis heute.

Der vorliegende Text wurde erstmals 2004 in dem von Gerhard Johann Lischka und Peter Weibel herausgegebenen Band *Die Medien der Kunst. Die Kunst der Medien*, Benteli, Wabern bei Bern, S. 207-214, publiziert. 2005 wurde eine erweiterte Version in dem von Elisabeth Fiedler, Christa Steinle und Peter Weibel herausgegebenen Ausstellungskatalog, *Postmediale Kondition*, Neue Galerie Graz, Graz, S. 6-13, abgedruckt. Ein Auszug wurde in Hans-Jürgen Hafner und Gunter Reski (Hg.), *The Happy Fainting of Painting. Ein Reader zur zeitgenössischen Malerei*, Walther König, Köln, 2014, S. 8f., wiederabgedruckt. Auf Englisch ist der Text als Teil von »A Genealogy of Media Art«, in: Fan Di'an und Zhang Ga (Hg.), *Synthetic Times. Media Art China 2008*, The MIT Press, Cambridge/MA u. a., 2008, S. 112-142, sowie als Teil von »Synthetic Times«, in: Stef Van Bellingen, Andre Brisau and Koen De Smet, *International Biennal Digital Art. Update II*, Kunstplatform Zebrastraat, Gent, 2008, S. 38-56, erschienen. Auf Niederländisch wurde er in letztgenannter Publikation auf S. 18-37 abgedruckt.

Ausstellungsansicht *Baudrillard und die Künste. Eine Hommage zu seinem 75. Geburtstag*, ZKM | Karlsruhe 2004

Votum für eine transästhetische Vision

2005

In der von Peter Gente kuratierten Ausstellung *Jean Baudrillard und die Künste* (ZKM | Karlsruhe, 2004) findet man ein Exemplar der *Zeitschrift für europäisches Denken*. Sie hat den Titel *Merkur* und stammt aus dem Jahre 1985. Auf dem Umschlag sind drei Autoren genannt: Peter Sloterdijk, Jean Baudrillard und Jürgen Habermas. Habermas publizierte darin seinen berühmten Artikel »Die Neue Unübersichtlichkeit«, in dem er zwei der Autoren des Titelblatts, nämlich Baudrillard und Sloterdijk, zu dieser neuen Unübersichtlichkeit zählt.[1] Es ist ihm offensichtlich entgangen, dass sein Artikel ein Paradebeispiel dafür ist, wie man Unübersichtlichkeit generiert. Baudrillard hat in dieser Nummer von *Merkur* den Aufsatz »Ekstatischer Sozialismus« publiziert, worin noch die Spuren seiner marxistischen Herkunft zu erkennen sind.[2] Sloterdijk hat damals schon in einem Exzess seines erzählerischen Denkens einen Romanversuch mit dem Titel *Zauberbaum* gemacht und ein Kapitel dieses Romans ist in dieser Zeitschrift erschienen.[3]

1989 hatte ich die Ehre, dass Jean Baudrillard für meine Ausstellung *Inszenierte Kunst Geschichte*, die ich besser *Konstruierte Kunst Geschichte* hätte nennen sollen, im Wiener Museum für angewandte Kunst, einen Essay mit dem Titel »Transästhetik« schrieb.[4]

Jean Baudrillard hat 1995 den Medienkunstpreis des ZKM erhalten und ich war damals in der Jury. So gibt es viele Beispiele dafür, dass Baudrillard schon lange mit dem ZKM verbunden ist und ein Leitmotiv für die Arbeit des ZKM darstellt. Umso glücklicher sind wir für das Privileg, dass wir heute und in den nächsten Tagen gemeinsam mit Jean Baudrillard und seiner Frau, ihm zu Ehren, ein Symposium veranstalten dürfen.

Die Philosophie von Jean Baudrillard ist bekanntlich so schillernd und komplex, dass es durchaus der Fall sein kann, dass alle Aussagen über sie falsch sind. Es kann aber auch umgekehrt der Fall sein, dass die Philosophie von Jean Baudrillard so schillernd und komplex ist, dass alle Aussagen über sie auch richtig sein können. Angesichts dieser paradoxen Situation, in der jede Aussage wahr und auch falsch sein kann, ist es auch mir gestattet, Aussagen über seine Philosophie zu treffen. Denn sie können wahr und falsch sein - gleichzeitig. Ich werde bei dieser Auffassung durch folgendes Paradox unterstützt, dass alle wirklich bedeutenden Denker und Künstler, auch Baudrillard, nur durch ein Missverständnis zu Ruhm kommen. Das Missverständnis bei Baudrillard lautete wie der Titel

---

1 Jürgen Habermas, »Die Neue Unübersichtlichkeit«, in: *Merkur. Deutsche Zeitschrift für europäisches Denken*, Vol. 39, Nr. 431, 1985, S. 1–14.
2 Jean Baudrillard, »Der ekstatische Sozialismus«, in: *Merkur. Deutsche Zeitschrift für europäisches Denken*, Vol. 39, Nr. 431, 1985, S. 83–89.
3 Peter Sloterdijk, »Van Leydens Heimkehr«, in: *Merkur. Deutsche Zeitschrift für europäisches Denken*, Vol. 39, Nr. 431, 1985, S. 46–58.
4 Jean Baudrillard, »Transästhetik«, in: Peter Weibel, *Inszenierte Kunst Geschichte*, Ausst.-Kat. Hochschule für angewandte Kunst, Österreichisches Museum für angewandte Kunst, Wien, 1989, S. 8–16.

des Buches von Mario Perniola *La società dei simulacri* (1980). Baudrillard ist global berühmt geworden durch seine Theorie der Simulation bzw. der Simulakra. Peter Sloterdijk ist berühmt geworden durch das Missverständnis seines Werkes *Regeln für den Menschenpark* (1999). Leonardo da Vinci ist berühmt geworden für eine Zeichnung, die gar nicht von ihm stammt. Seine berühmteste Zeichnung ist nichts anderes als die billige Illustration eines Theorems des berühmten römischen Architekten Vitruv in einem seiner zehn Bände *De architectura libri decem*. Ich sehe schon, einige im Saal warten darauf, dass auch sie durch ein Missverständnis berühmt werden.

Baudrillards Philosophie ist, wie Peter Gente schon gezeigt hat, singulär, aber – das ist eine These – durchaus auch ableitbar. Sie verneint die Geschichte, ist aber gleichzeitig eine Tradierung der Geschichte. Beispielsweise ist es unverkennbar und er hat es auch selbst mehrmals gesagt, dass er im Kreise der Situationisten verkehrte und Assistent von Henri Lefebvre war. Die Art und Weise wie er in »L'éxtase de la communication« (1983), wie er in *Im Schatten der schweigenden Mehrheiten oder Das Ende des Sozialen* (1978) oder in dem Werk von 1970 *Die Konsumgesellschaft. Ihre Mythen, ihre Strukturen* über Gesellschaft spricht, zeigt neomarxistische Spuren. Seine gesamte Theorie der Simulation geht nicht nur auf diese Zeit zurück, sondern, geschichtlich gesehen, auch auf Friedrich Nietzsche. Man denke an den Essay von 1873 über Wahrheit und Lüge im außermoralischen Sinn. Oder man denke an Hans Vaihingers *Philosophie des Als Ob* (1911). Hans Vaihinger, ein Schüler von Arthur Schopenhauer, lehrte, dass die meisten begrifflichen Vorstellungen, in welche wir gegebene Empfindungsinhalte einfangen, edle Fiktionen sind, aber nichtsdestoweniger nützliche. Der Pessimismus oder die Melancholie in der Stimme und den Schriften Baudrillards ist, wenn sie so wollen, aus der Geschichte und Philosophie von Schopenhauer zu verstehen. Die Anfänge einer Philosophie des Scheins als Ort der Wahrheit gehen in der Tat philosophiegeschichtlich auf Nietzsche zurück. Die Philosophie des Scheins triumphiert über die Philosophie des Erscheinens und des Seins. Das Erscheinen als Schein zu deklarieren, diese Tradition triumphiert in Jean Baudrillards Präzession der Simulakra. Präzession heißt, dass die Simulakra dem Erscheinen der Dinge vorausgehen. Das ist die Radikalität seines Denkens: jenseits von Ontologie, Phänomenologie und sogar Semiologie zu argumentieren. Es wäre dennoch falsch, wie es viele tun, Baudrillard in die Genealogie der Irrationalisten zu stellen. Er ist gleichzeitig und immer wieder historischer Materialist in der Tradition eines Spinoza oder Karl Marx. Aus diesem historischen Materialismus heraus rührt sein rebellischer Impuls – sein Impetus, der ihn für die Universitäten und die Akademiker so schwierig macht und für Künstler und Schriftsteller so relevant und interessant. Es gibt Dichter, die nur von Dichtern gelesen werden, Literaten, die nur von Literaten gelesen werden, Philosophen, die nur von den Philosophen gelesen werden. Baudrillards Wirken ist so enorm, so global, weil er nicht nur Philosoph für Philosophen, sondern auch für Künstler und Schriftsteller ist – Künstlerphilosoph. Dass er dabei oft missverstanden wird, wie er sich selbst oft beklagt, macht meiner Meinung nach nichts aus. Die Größe einer Leistung kann man auch daran ermessen, wie groß die Effekte einer Lehre sind, die missverstanden wird, und wie großartig produktiv, im Sinne der Produktion von Wahrheiten, diese Missverständnisse sein können. Von Brasilien bis Los Angeles, von New York bis Tokio gibt es kaum eine Buchhandlung, in der seine Schriften nicht in einer anderen Sprache zu finden sind. Es hat sich also sowohl ein populäres wie auch apokryphes Universum ausgebreitet, das von Baudrillards Schriften lebt. In vierzig bis fünfzig Büchern hat sich ein Denken entfaltet, das an mehrere Grenzen stößt. Es befindet sich an der Grenze zum Literarischen: Baudrillard ist ein Stilist und Erzähler vom Range eines Voltaires, eines Nietzsches, eines Walter Benjamins, eines Bertolt Brechts, ein unvergleichbarer Stil der Ironie, des Spotts, der Melancholie. Aber sein Werk stößt auch an die Grenzen der Soziologie und des Politischen.

Man hat ihn jahrelang den Poststrukturalisten zugeordnet, nur weil sein Denken scheinbar nicht systemisch war, sondern literarisch und narrativ. Vor allem aber auch, weil er das Subjekt dezentriert hat. Man hat dabei übersehen, dass diese Dezentrierung des Subjekts bei Baudrillard nicht vom Subjekt aus vorgenommen wurde, wie bei den anderen, was eben dazu geführt hat, sondern dass Baudrillard vom Subjekt zum Objekt wechselte, während die Mehrheit der poststrukturalistischen Philosophen nach Jahrzehnten wieder beim Subjekt gelandet ist, bei der *souci de soi* (Michel Foucault).[5] Früh hat daher Jean Baudrillard gesagt: »Forget Foucault!« Baudrillard hat nicht die »Sorge des Selbst« betrieben, sondern das Subjekt dezentriert aus der Perspektive des Objekts. Ich schließe mich daher den Sätzen von Peter Gente an: Baudrillard ist der entscheidende Philosoph des Paradigmenwechsels vom Subjekt zum Objekt.

Bereits sein erstes Buch, das *System der Dinge* (1968) mit dem Untertitel *Über unser Verhältnis zu den alltäglichen Gegenständen* weist uns bereits den Weg zu einer Analyse des Terrors und des 11. Septembers 2001, die Eigenwelt der Objekte. Es handelt von der Eigengesetzlichkeit der Objekte, nicht von der Autonomie des Subjekts, sondern von der Autonomie der Objekte. Ein Skandal, der die akademische Soziologie und Philosophie derartig verstört, dass sie sich heute noch von ihm fernhält. Er hat also radikal den Gegenstand in die Philosophie eingeführt, aber nicht wie Martin Heidegger in seinem berühmten Aufsatz *Die Frage nach dem Ding* (1935), die Unterscheidung von Ding und Gegenstand am Beispiel eines Kruges darstellt, auch nicht wie Alexius Meinong *Über Gegenstandstheorie* (1904) schreibt. Der gesamte raunende, flüsternde Ton der Phänomenologie ist nicht seiner. Er betrachtet die Gegenstandswelt im kalten Licht des historischen Materialismus und Marxismus – d. h. im kalten Licht der Ware, aber unter der Perspektive der Verführung und der Konsumierung von Zeichen. Wenn ich also ein Buch über Jean Baudrillard schreiben müsste, könnte, dürfte, würde ich das Buch *Das Sein und das Objekt* nennen. In der Nachfolge der bekannten Bücher: *Sein und Zeit* (1927) von Martin Heidegger und *Das Sein und das Nichts* (1943) von Jean-Paul Sartre. Damit möchte ich auch andeuten, auf welcher Höhe des Diskurses sich die Bücher von Jean Baudrillard bewegen. Seine Philosophie des Objekts ist ein Beleg dafür, dass sein Denken nicht nur fiktiv und narrativ ist, sondern im Gegenteil auch systematisch und rational wie Georg Wilhelm Friedrich Hegels Werk. Wie Gegenstände erscheinen, wie sie uns sichtbar werden, wie sie evident werden, wie sie sich artikulieren, ist seine Obsession, von der philosophischen Analyse bis zur fotografischen Abbildung. Deswegen zeigen wir ihn hier auch als Fotografen und Künstler. Er verknüpft aber das Erscheinen mit Fragen des Scheins und Fragen des Erkennens. Das ist die Quelle seiner Theorie der Simulakra, wie der Schein dem Erscheinen vorangeht, das Bild vor dem Objekt. Das ist die Radikalität, welche auf eine ganz andere Weise die Ontologie relativiert, als beispielsweise die logische Analytik eines Willard Van Orman Quine. Diesem verdanken wir den Satz: »To be is to be the value of a (bound) variable.«[6]

Quine nennt seine Philosophie selbst eine »ontologische Relativität«. Diese ist aber ein reiner logischer Formalismus. Der ontologische Relativismus von Baudrillard geht tiefer, weil er das Ontologische, die Logik des Seins, aus dem Erscheinen heraus selbst aushebelt. Es ist sozusagen ein Logizismus, der aus der Analyse der Ware und des Zeichens erwächst und damit jede politische Ontologie und jede politische Logik per se aushebelt. Das merkt man an dem Titel seines Werkes von 1972, das mir am liebsten ist: *Pour une critique de l'économie politique du signe*, eine Paraphrase von Marx' *Kritik der politischen Ökonomie* (1859). Ich

---

5 Michel Foucault, *Le souci de soi*, Gallimard, Paris, 1984.
6 Willard Van Orman Quine, *Ontological Relativity and Other Essays*, Columbia University Press, New York, 1969, S. 26.

nenne zwei weitere klassische marxistische Titel von Baudrillard: *Le Miroir de la production* (1973) und *Die Konsumgesellschaft* (1970). Die Begriffe »Produktion« sowie »Konsumation« sind zentral für jegliche Theorie der Ökonomie. Das erste Buch könnte man als Kritik an der marxistischen Position sehen, das zweite könnte man schon als Kritik der neoliberalen Ideologie betrachten, bevor diese überhaupt in Erscheinung getreten ist. Heute beruht die gesamte globale, neoliberale Ökonomie auf dieser These der *societé de la consommation*, in der der Konsument der eigentliche Steuerer der wirtschaftlichen Prozesse sei. Baudrillard hat diese neoliberale Theorie schon kritisiert, bevor sie erschienen ist. Ein Beweis der Präzession der Simulakra: die Präzession der Theorie, bevor ihr Gegenstand selbst in Erscheinung tritt. Diese Umkehrung von Produktion und Konsumation, wie der Titel das in der Spiegelung zeigt, führt den Reichtum seines Denkens vor Augen. Marx hat in der *Kritik der politischen Ökonomie* eingeführt, dass der Gegenstand in zwei Werten erscheint, nämlich als Tauschwert und als Gebrauchswert. Daraufhin hat Ferdinand de Saussure um 1910 gezeigt, dass das Zeichen selbst geteilt werden kann: in Vorstellung (Signifikat) und Lautbild (Signifikant). In der Version von Jacques Lacan dominiert das Bezeichnende (der Signifikant) das Bezeichnete (das Signifikat). Es war die Leistung von Baudrillard, zu sagen: Übertrage das Marx'sche Gesetz des Gegenstandes, das als Double, in zweifacher, doppelter Ausführung erscheint, nämlich als Gebrauchswert und als Tauschwert, auf die Welt der Zeichen und bedenke dabei die These von de Saussure: Das Band, welches das Bezeichnende mit der Bezeichnung verknüpft, ist beliebig.

Wenn es heißt, der Tauschwert ist frei flottierend und der Tauschwert ist das Reich der Signifikanten, so sind auch die Signifikanten frei flottierend, ihre Referenz beliebig. Genau diese Übertragung der ökonomischen Analyse der Ware auf die Analyse des Zeichens hat Baudrillard geleistet. Daher stammt auch der Titel *Pour une critique de l'économie politique du signe*. Baudrillard hat in der Tat die große Leistung vollbracht, im Zentrum seines Werkes eine Zeichentheorie zu schaffen, die die Ontologie, die Lehre vom Sein, aushebelt, indem sie das Gesetz der Ware, des Warenwerts, auf die Zeichen überträgt. Die Eigensetzlichkeit des Objekts als Gebrauchs- und Tauschwert wird auf die Welt der Zeichen übertragen. Selbstverständlich können, wenn die Tauschwerte frei flottieren, auch die Signifikanten frei flotieren. Damit beginnt das Reich der Simulakra – die göttlichen Bilder ohne Referenzen. Wenn die Referenz der Zeichen beliebig ist (»Das sprachliche Zeichen ist beliebig«, sagte Saussure[7]), dann ist der Schritt zur Referenzlosigkeit der Zeichenwelt nur der nächste, wenn auch radikale Schritt. Man kann also sagen, dass hier eine strukturelle Revolution stattgefunden hat, die darauf beruht, die Marx'sche Spaltung der Ware in Tausch- und Gebrauchswert, die fünfzig Jahre später von de Saussure in die Spaltung des Zeichens in Signifikant und Signifikat wiederholt wurde, zu überlagern. Die klassische Gestalt des Zeichens ist dem Wertgesetz der Ware unterstellt.

---

7   Ferdinand de Saussure, *Grundfragen der allgemeinen Sprachwissenschaft* (1931), DeGruyter, Berlin, 1967, S. 79.

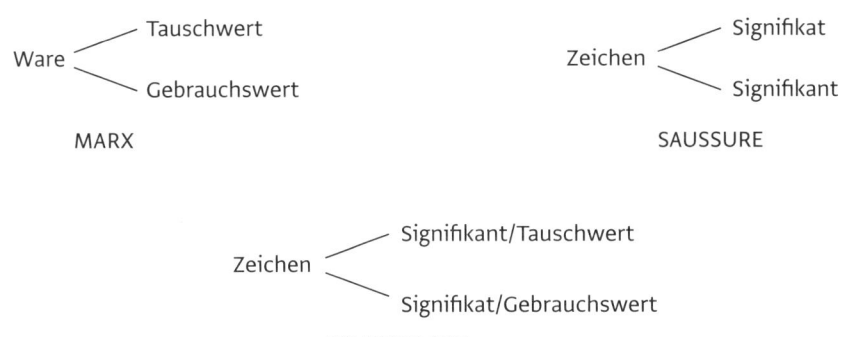

Der Austauschbarkeit aller Waren – das ist das Prinzip der Ökonomie – entspricht die Austauschbarkeit aller Zeichen. Das ist dann die semiotische Katastrophe. Unter der funktionalen Dimension der Sprache versteht man gemeinhin die Beziehung des Ausdrucks zu dem, was er bezeichnet. Diese klassische Zeichenlehre, auf der die Ontologie aufgebaut ist, wurde hier ausgehebelt. Die Beziehung des Signifikanten zu seinem Signifikat ist hier unterbrochen. Die strukturelle Dimension der Sprache wird zum Begriff des Werts, womit die Beziehbarkeit aller Ausdrücke aufeinander gemeint ist, die dem Gesamtsystem innewohnt und sich aus distinktiven Oppositionen, d. h. aus einer Gegensätzlichkeit als Unterscheidungsmerkmal, herleitet. »Der Referenzwert wird abgeschafft, und übrig bleibt allein der strukturale Wertzusammenhang.«[8] Die Abschaffung des Referenzwerts, das freie Flottieren der Signifikanten, begründet das Reich der Simulation, der »göttlichen referenzlosen Bilder«. Der abstrahierten, symbolisierten totalen Austauschbarkeit der Ware im Kapitalismus entsprechen dann die frei flottierenden Signifikanten. Der letzte Endpunkt, der vielleicht die Austauschbarkeit ersetzen könnte, ist eben dann der Tod. Sie sehen hier den Hinweis auf ein anderes Werk von ihm: *Der symbolische Tausch und der Tod* (1976).

Der Satz: »Die Welt ist so konstituiert, dass Dinge erscheinen und verschwinden«, klingt, als ob er von Baudrillard stammen könnte, weil wir von ihm Aussprüche wie »das Verschwinden des Realen« kennen. Der zitierte Satz ist allerdings von John Dewey. Weiter sagt Dewey: »[...] den Gegensatz zur Erscheinung bildet nicht die Wirklichkeit, sondern das Verschwinden.«[9] Auch hier ein Satz von John Dewey und nicht von Baudrillard. Das Wirkliche verschwindet, das Wirkliche erscheint, d. h., das Wirkliche ist nicht – es ist nicht ein Sein. Es erscheint und es verschwindet, so wie wir sagen: die Sonne erscheint und verschwindet. Die Welt der Erscheinung ist also jenes Reich des Seins, das ontologisch instabil ist, gezeichnet vom Mangel und Nichtsein, vom Verschwinden als Virus affiziert. Baudrillards Welt ist also die Welt der Erscheinung, der ontologischen Relativität, Instabilität und, wie er es nennt – Fraktalität. Die Dialektik dieser Welt ist bestimmt von Gegensatzpaaren, was ich vorhin distinktive Opposition genannt habe. D. h., die Dialektik dieser Welt ist immer noch gezeichnet von der distinktiven Opposition von Tauschwert und Gebrauchswert, von Signifikant und Signifikat, und anderen klassischen »distinktiven Merkmalen«. Diese Welt ist von Gegensatzpaaren bestimmt, sie erscheint und sie verschwindet. Daher verschwindet das Reale so oft in Baudrillards Schriften in der Wüste des Realen, in der Agonie. Das Erscheinen scheint dabei auch nicht nur Evidenz zu sein, sondern

---

8   Jean Baudrillard, *Der symbolische Tausch und der Tod*, Matthes & Seitz, München, 1982, S. 17.
9   John Dewey, »Erscheinen und Erscheinung« (1927), in: ders., *Philosophie und Zivilisation*, Suhrkamp, Frankfurt/M., 2003, S. 58–78, hier S. 59.

das Erscheinen ist auch das Gegenteil von Abwesendsein. Baudrillard hat deswegen die Ästhetik des Abwesenden, eine Ästhetik der Absenz entwickelt. Die Welt der Erscheinung korreliert mit der Welt des Verschwindens. Diese Korrelativität von Erscheinen und Verschwinden bestimmt Baudrillards Ontologie und Ästhetik. Und eine zweite Korrelativität: Erscheinen heißt ja auch Zurschaustellung, Vorführung und Verführung. Das Erscheinen verwandelt sich in Erkennen und das Verhüllen verwandelt sich in Verführen. Aus diesem Spiegel von Verhüllen und Verbergen, was dieser Dialektik der Opposition entspricht, die ich geschildert habe, entstehen *Die Fatalen Strategien* (1985) der Verführung. Sie sehen also, das Werk von Baudrillard ist außerordentlich stringent.

Mit diesen Untersuchungen schuf er die Grundlagen für eine Ästhetik, die zwischen der göttlichen Referenzlosigkeit der Bilder und einer Ästhetik des Verschwindens ihr Fundament sucht – durchaus ein melancholisches und instabiles. Daher beschäftigen sich seine Ästhetik, seine Fotografien, mit dem Erscheinen der Dinge. Baudrillards Obsession mit den Dingen ist gleichzeitig eine Obsession mit der Absenz – mit der Angst, dass die Dinge verschwinden. Die Leere, diese Absenz, ist aber nicht als Mangel zu verstehen, sondern im Gegenteil, die Schrift ist, wie Sigmund Freud in der berühmten Schrift *Das Unbehagen in der Kultur* (1930) gesagt hat, dieses Medium der Absenz, der Ort des Symbolischen. Die Schrift ist also das Medium der Absenz und die Technik – alle Technologie ist Tele-Technologie – setzt die Arbeit der Schrift als Medium der Absenz fort. Sie macht das gegenwärtig, was normalerweise verschwunden ist, nämlich Ereignisse in Orten und Zeiten, die nicht im Hier und Jetzt möglich sind. Insofern ist für Baudrillard das Medium der Fotografie, stellvertretend für alle Medien, das Medium der Absenz, das aus dem symbolischen Reich das wieder hervorbringt, was eigentlich verschwunden ist. Er arbeitet als Künstler also gegen das Verschwinden der Dinge, indem er sie in fotografischen Bildnissen festhält. Deswegen ist auch seine Ästhetik, wie er sie selbst nennt, eine Ästhetik der Apparition und der Disparition, des Erscheinens und des Verschwindens, wie die holländische Malerei des »goldenen Zeitalters«, die Malerei der alltäglichen Dinge und Ereignisse, weil er hofft – und das wäre der Rückgriff auf die französische Dichtung des 19. Jahrhunderts –, mit dem Zufall das Verschwinden der Dinge zu überwinden. Dieser unwahrscheinliche Augenblick einer zufälligen Begegnung von Subjekt, Apparat, Objekt, Licht und Erscheinung ist das Ziel der Fotografie von Baudrillard. Die Gegenstände sind offensichtlich nicht zu retten – das haben wir gelernt – das System der Dinge ist nicht zu retten, aber ihre Spur als Zeichen im Bild. Sein Interesse gilt den Dingen, genauer gesagt dem Erscheinen der Dinge (griech. *horama*), und zwar dem Erscheinen der Dinge unter den Bedingungen des Zeichens, des Bildes, der Medien. Doch Baudrillard, das betonen andere Passwörter von ihm wie Fraktalität oder Viralität, ist nicht am Ganzen der Dinge interessiert – das nennt man dann nicht *horama*, sondern *pan(h)orama*. Panorama ist eine Mischung aus *horama*, das Geschaute, das Erblickte, das Erscheinende, und das Ganze, *pan*. Baudrillard will kein *pan(h)orama*, sondern ein Fraktal. Er zeigt also nicht das Schauspiel der Realität in Scharen und Kollektiven, sondern singulär. Deswegen treten in seinen Büchern auch die Begriffe »singuläres Subjekt« und »singuläre Objekte« besonders hervor. *Einzigartige Objekte* ist der Titel seiner Publikation, die er 2004 mit Jean Nouvel gemacht hat. Das Erscheinen der »singulären Objekte« zeigt deutlich, dass es ihm nicht um das Panorama geht, nicht um das Erscheinen einer Totalität.

Mit seinen Schriften hat Baudrillards Philosophie die Kunst von der Avantgarde der Neosimulationisten bis zu populären Hollywood-Filmen wie *Matrix* (1999) beeinflusst. Ich sage noch einmal, dass es sich dabei oft um Missverständnisse handelte, die Baudrillard beklagte, die aber nichts an der Effektivität seiner Wirkung ändern. Seine Philosophie spielt von der Avantgarde bis zur Populärkultur eine zentrale Rolle. Viele Bücher zur Kunst nach der Moderne, fast alle Bücher zur Medientheorie, enthalten Aufsätze von Jean Baudrillard.

Das gesamte Schrifttum zur Kunst, Kultur und Literatur der Postmoderne zitiert Baudrillard. Er hat selbst zu ausgewählten Künstlern geschrieben, sei es zu Andy Warhol, sei es zu Sophie Calle. Er war sogar eine Zeit lang Mitglied des Redaktionskomitees des *Artforum*. Baudrillard war und ist ein Fixstern im Universum der Kunst. Aber erstaunlicher- und mutigerweise hat er die Kunst aus seiner Kritik nicht ausgenommen.

Als Baudrillard begann, nicht nur von der *Agonie des Realen* (1978) zu sprechen, sondern auch von der Agonie der Kunst, als er begann im Sinne von Nietzsche, der der erste große Skeptiker gegen die Kunst gewesen ist, die Scheinhaftigkeit der Kunst zu untersuchen und seine kulturkritische Methode, die er auf die Felder der Soziologie, Ökonomie, Philosophie angewendet hatte, auch auf die Kunst anwendete, hat ihm die Kunst nicht mehr applaudiert. Solange Baudrillard mit seiner Methode die Welt kritisierte, hat die Kunstwelt ihn hymnisch verehrt. Die Kunstwelt sagte: »Agonie des Realen – wunderbar!«, aber: »Agonie der Kunst – das erlauben wir nicht!«. Von der Nutzlosigkeit der Wahrheit zu sprechen – wunderbar, aber von der »Nullität der Kunst« – das gestatten wir nicht. Die Kunst hat sich positioniert, als wäre sie der einzige Ort, das einzige System der Ordnung, das nicht von all den Vorgängen, die Baudrillard in allen anderen Systemen aufgezeigt hat, affiziert wäre. Das ist der eigentliche Skandal, nicht, dass Baudrillard vom »Komplott der Kunst« spricht. Das eigentliche Komplott ist, dass die Kunst meint, sie könne sich aus einer kulturkritischen Methode herausnehmen, die im Grunde nichts anderes ist als eine schwärzere Version der negativen Dialektik von Theodor W. Adorno. Die Kulturkritik Baudrillards ist noch negativer und methodisch noch breiter als die der Frankfurter Schule. Es ist ein Schaden für die ästhetische Theorie, dass von den Perspektiven, die Baudrillard angeboten hat, nur die genommen werden, die der Kunst komfortabel sind, aber dass die kunstkritischen nicht aufgenommen werden.

Das zeigt in der Tat, dass das Kunstsystem der einzige Ort einer obsoleten Ordnung ist. Die Kunst versteht sich naiv als *vanishing point*, als Fluchtpunkt hinter dem Spiel der Zeichen und Simulakra. Es ist notwendig, aus der berühmten Krise der Repräsentation, die das 20. Jahrhundert bestimmt hat, zu lernen. Im 21. Jahrhundert sollen nicht noch einmal diese endlosen Schleifen, Spiele und Verwechslungen zwischen Repräsentation und Realität wiederholt werden. So wird Kunst zu einem Komplizen des Terrors – des Terrors der Ordnung und des Lagers (im Sinne Zygmunt Baumans) und des Ausnahmenzustands (im Sinne Giorgio Agambens). Was die Kunst versprochen hat, ist aber das Gegenteil. Baudrillard will keine Verdoppelung der Gegenstandswelt, die die Kunst überflüssig macht, keine Kunst als Fluchtpunkt, Ritual und Refugium, als Kompensation und Transzendenz, sondern Baudrillard sucht eine »agnostische transästhetische Vision«.

Das ZKM | Karlsruhe widmete Jean Baudrillard die Ausstellung *Jean Baudrillard und die Künste. Eine Hommage zu seinem 75. Geburtstag*, die vom 17. Juli – 07. November 2004 gezeigt wurde, sowie ein Symposium vom 16.-18. Juli 2004, an dem Jean Baudrillard selbst teilnahm. Der vorliegende Text ist 2005 in der begleitenden Publikation, herausgegeben von Peter Gente, Barbara Könches und Peter Weibel, *Philosophie und Kunst. Jean Baudrillard. Eine Hommage zu seinem 75. Geburtstag*, Merve, Berlin, S. 24-35, erschienen.

Modell der Clebsch'schen Diagonalfläche, 1881

Georges Vantongerloo, *Construction dans la sphère*, 1917

Boy'sche Fläche

Naum Gabo, *Spheric Theme (2nd Variation)*, 1937/1938

Das Virtuelle im Realen: von der Möglichkeitsform

2008

Das Motto des Werkbundes zu seinem hundertjährigen Bestehen »Von der guten Form zum guten Leben« möchte ich aufgreifen und versuchen, den Formbegriff aus seiner bisherigen historischen Materialität zu befreien und aus dem Reich des Faktischen und Realen zu lösen, um auf seine Möglichkeitsform einzugehen.

Ernst Cassirer prägte mit seinen kulturphilosophischen Abhandlungen *Philosophie der symbolischen Formen* (1923-1929) die Idee des deutschen Idealismus und die Phänomenologie der Form als Symbolik und inspirierte damit auch Erwin Panofsky, der den Aufsatz »Die Perspektive als ›symbolische Form‹« (1927) verfasste. Wenn Formen Symbole sind, verweisen sie nicht nur auf die Gegenstände, sondern darüber hinaus. Dann können auch Gegenstände Formen sein.

Auch heute beschäftigt man sich weiterhin mit dieser Fragestellung, wie das »Ding« semiotisch als Symbol beschrieben werden kann, als ein »Ding«, das auf etwas anderes verweist, das als Zeichen für etwas steht und etwas repräsentiert. Der Grundgedanke ist also der, dass das Ding nicht nur für das steht, was wir sehen, sondern gleichzeitig noch auf etwas anderes verweist. So können also auch Dinge als Zeichen fungieren und auf andere Dinge oder Zeichen verweisen. Nicht nur Zeichen sind Symbole, sondern auch Dinge sind Symbole.

Doch nicht nur Philosophen, Künstler und Designer haben über die Form - über die Möglichkeitsform - als wesentliches Komplement der Wirklichkeit nachgedacht, sondern vor allem auch die Mathematiker. Ab 1893 wurden in der Technischen Hochschule München mathematische Modelle ausgestellt. Zuvor hatte es unter den Mathematikern die Kontroverse gegeben, ob es in der Mathematik erlaubt sei, Formeln und Gleichungen in Bildern darzustellen. Der Ehrgeiz eines jeden Mathematikers sollte es sein, die ganze Welt in Zahlen fassen zu können - das schloss auch Zeichnungen oder Diagramme als Hilfsmittel aus. Die sinnliche Wahrnehmung war damals aus der Mathematik komplett verbannt. Es hat lange gedauert - insbesondere im 19. Jahrhundert in Deutschland - bis die Anschauung wiedergekehrt ist. Ein verspätetes Echo dieser Auseinandersetzung findet sich in der Phänomenologie von Edmund Husserl und Ernst Cassirer, die noch einmal versucht haben, die romantischen Anschauungen ins rechte Licht zu rücken, während die Mathematiker bereits Vorstufen geleistet hatten mit ihren Versuchen, mathematische Formeln in Bildern und Modellen darzustellen.

Die mathematischen Anschauungsmodelle, wie z. B. das der Clebsch'schen diagonalen Fläche aus Göttingen aus dem Jahr 1881, waren nichts anderes als Vorwegnahmen der zeitgenössischen abstrakten Kunst. Vergleicht man das Modell der Clebsch'schen Fläche mit der Arbeit *Construction dans la sphère* (1917) von Georges Vantongerloo ist eine Ähnlichkeit nicht zu verleugnen. Arbeiten von Naum Gabo und Alexander Rodtschenko ähneln, fünfzig Jahre später, sehr der Boy'schen Fläche, einem Drahtmodell, das ebenfalls aus Göttingen,

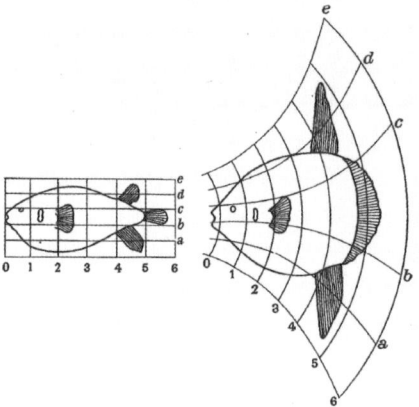

D'Arcy Wentworth Thompson,
Diodon und Orthagoriscus, 1917

etwa aus dem Jahr 1870 stammt. Die Künstler haben die Anschauungsmodelle der Mathematiker aufgenommen und damit auch zum ersten Mal den Begriff des »Virtuellen«.

Es waren also insbesondere Mathematiker aus Göttingen, die im 19. Jahrhundert versucht haben, das Problem der Anschauung in die Mathematik zurückzuführen. Hier sei David Hilbert als Göttinger Mathematiker erwähnt, dessen Publikation *Anschauliche Geometrie* (1932) heute noch ein Standardwerk ist. Auch das Lebenswerk von D'Arcy Wentworth Thompson über die Form *On Growth and Form* (1917) ist heute noch von größter Bedeutung. Die zentrale These von Thompson ist, dass die Bedeutung der Evolution für die Form und Struktur der Lebewesen überschätzt und der Einfluss von Mathematik, Physik und Mechanik nicht wahrgenommen wurde. Das Buch führt an zahlreichen Beispielen die Ähnlichkeit von biologischen und mechanischen Strukturen vor Augen. Man sieht beispielsweise einen Fisch, der mit cartesianischen Koordinaten vermessen wurde – sie repräsentieren die reale Form eines Fisches. Mit einer einfachen Änderung des Koordinatensystems erreichte Thompson eine mathematische Transformation und konnte den entsprechenden Fisch in der Wirklichkeit finden. Hier wird deutlich, was wir später »Die Form einer Existenz« nennen werden, oder nach Willard Van Orman Quine: »To be is to be the value of a (bound) variable.«[1] Der Ansatz des Virtuellen in der Mathematik ist also: Sein ist nicht etwas für ewig und immer, sondern das Sein ist nur der Wert einer gebundenen Variablen. Gebunden heißt in dem Beispiel von Thompson in einer Variablen mit Fischen. Eine gebundene Variable kann aber auch ein Tisch sein oder ein Stuhl oder ein Haus. Thompson nahm eine mathematische Operation vor, veränderte die Variablen, die Werte der Variablen und so entstand ein »neuer« Fisch. Interessant ist, dass es ihm gelang, nachzuweisen, dass diese sogenannte mathematische Möglichkeitsform des Fisches auch tatsächlich real existiert. Dieses Verfahren ist natürlich auch übertragbar – heute geschieht dies mit Computersimulationen und in viel größerem Ausmaß. Es werden beispielsweise mathematische Transformationen der Welt simuliert und es wird darauf gewartet, dass die Welt diese dann irgendwann einmal einlöst. Das kann die Vergangenheit sein, es kann aber auch die Zukunft sein. Wir sehen gewissermaßen in der mathematischen Virtualisierung – in der Möglichkeitsform – die wirkliche Form voraus. In der mathematischen Simulation sind wir tatsächlich der Welt, der Evolution voraus.

---

[1] Willard Van Orman Quine, *Ontological Relativity and Other Essays*, Columbia University Press, New York, 1969, S. 26.

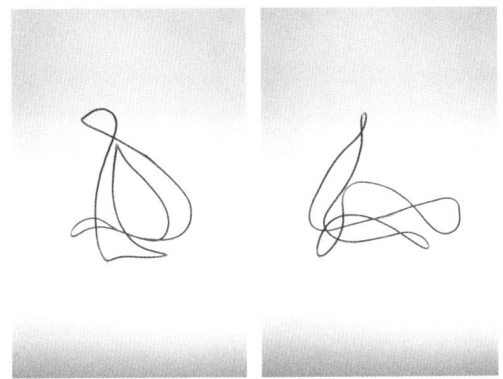 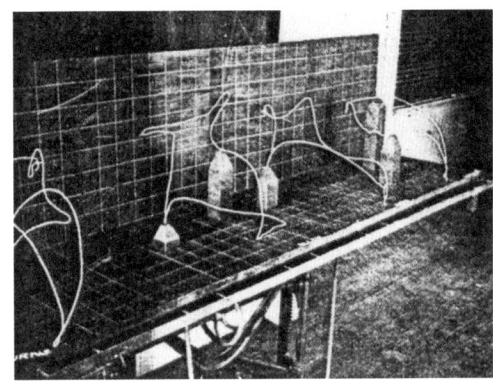

Georges Vantongerloo, *Espace infini (GV168)*, 1945

Frank B. Gilbreth und Lillian E. Gilbreth, Standard Wire Models aus *Motion Study for the Handicapped*, London, 1920

Ein anderes Beispiel aus der Mathematik ist die Zykloide, auch Radkurve genannt. Im 19. Jahrhundert ist Radtechnologie, von der Eisenbahn bis zur Filmrolle, die wichtigste neue Technologie. Fällt der Blick auf ein sich drehendes Rad, ist das Auge normalerweise unfähig, diese Bewegung festzuhalten. Dies ist ein echtes kognitives Defizit. Mit der Fotografie wurde es möglich, solche Fehler des Gehirns auszugleichen, indem die Bewegung auf dem Bild fixiert wird. Mit der Erfindung der Fotografie wurde also ein technisches Speichermedium erfunden, das die rezeptiven Fähigkeiten des menschlichen Auges und die daran gebundenen kognitiven Eigenschaften des menschlichen Gehirns bei weitem übertrifft. Dass es wichtig war, zusätzlich zu den mathematischen Ideen ein technisches Speichermedium zu erfinden, das wahrnehmen kann, was das Auge nicht speichern und nicht festhalten kann, wird im Verlauf meiner Ausführungen deutlich werden. Der Raum, der durch eine solche Radkurve (Zykloide) erzeugt wird, existiert. Er ist für uns jedoch nicht sichtbar, d. h., wir müssen sichtbare Tatsachen diffundieren. Es gibt immer einen virtuellen Raum, den wir nicht sehen. Das ist die Möglichkeitsform. Es fällt schwer, das zu glauben, aber deswegen habe ich die Zykloide eingeführt, um zu zeigen, dass hier, parallel zur Bewegung des Rades, eine andere Kreisform entsteht. Dieser virtuelle Hyperraum ist existent, auch wenn er mit unseren Augen nicht wahrgenommen werden kann. Ein Punkt auf einem sich bewegenden Rad beschreibt eine andere Kurve als das sich drehende Rad selbst. Sein Radius ist gleichsam größer als der Radius des Rades selbst. Die Kurve, die der Punkt beschreibt, ist weniger gekrümmt. Eine ganze Raumumdrehung erzeugt in der Bewegung die Hälfte einer elliptischen Kurve, d. h., das Reale erzeugt das Virtuelle automatisch. Die Wirklichkeitsform erzeugt immer eine Möglichkeitsform mit, nur sehen wir dies nicht.

Kurz soll erläutert werden, wie hier die Fotografie als Medium nutzbar gemacht wurde, um diese virtuelle Bewegung, die wir nicht speichern können, aufzuzeichnen. Berühmte Beispiele sind die Studien von Frank und Lillian Gilbreth. Gilbreth war ein Schüler von Frederick Winslow Taylor, der durch sein Buch *The Principles of Scientific Management* (1911) berühmt geworden ist, mit dem er den Taylorismus, die wissenschaftliche Betriebsführung, begründete. Die Frage, von der Taylor ausging, war: »Wie kann ich die Arbeitsbewegungen ökonomisieren? Wie kann ich sie effizienter machen?« Dazu hat er die Fotografie eingesetzt und Frank und Lillian Gilbreth haben diese Arbeitsbewegungen in Drahtmodelle übertragen. Der Hammer erzeugt in seiner Bewegung noch eine Möglichkeitsform, die immer existiert, die wir aber nur durch das Medium der Fotografie sichtbar machen können.

Diese Erfahrung hatte der Künstler Naum Gabo im Jahr 1921 zum ersten Mal mit dem wunderbaren Titel »kinetische Konstruktionen« bezeichnet und damit den Beginn des

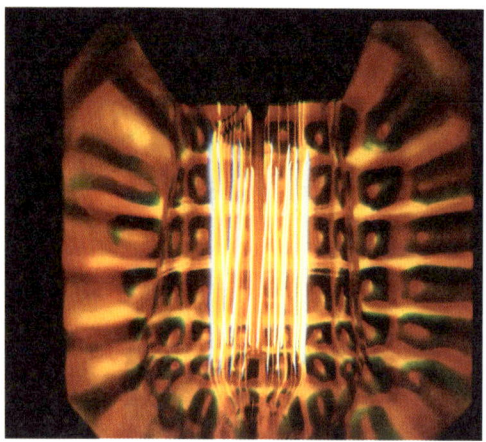

Heinz Mack, *Virtuelles Volumen I*, 1964

Giovanni Anceschi, *Strutturazione cilindrica virtuale*, 1963

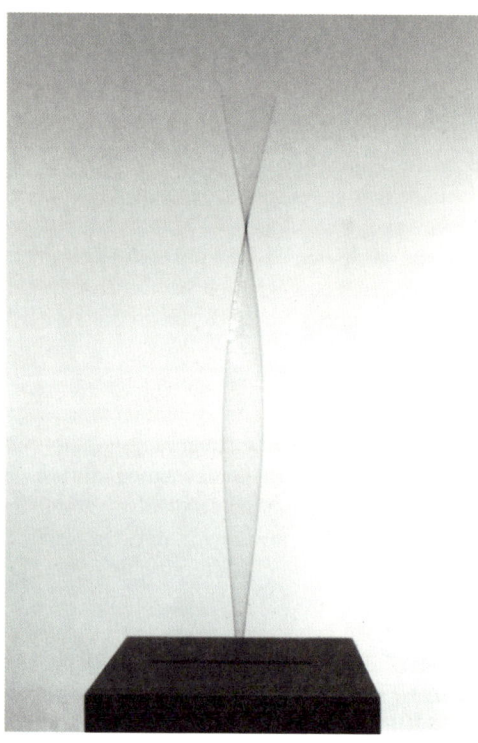

Naum Gabo, *Kinetic Construction (Standing Wave)*, 1919/1920, Rekonstruktion

russischen Konstruktivismus markiert. Naum Gabo machte mit seiner *Kinetic Construction (Standing Wave)* (1919/1920) zum ersten Mal ein »virtuelles Volumen« sichtbar. Der Draht wird von einem Uhrenmotor bewegt. Man sieht deutlich, dass die Möglichkeitsform des virtuellen Volumens tatsächlich schon in den Draht selbst eingeschrieben ist. Der Draht, der da in Bewegung gerät – der kinetisiert wird – erzeugt ein virtuelles Volumen. Der Begriff »Virtualität« ist also schon seit den 1920er-Jahren gegenwärtig. Entstanden ist er aus der experimentellen Psychologie heraus, die im 19. Jahrhundert das Problem der »defizitären Wahrnehmung« untersuchte. Man erkannte, dass es nicht genügt, nur über das, was wir sehen, nachzudenken, sondern, dass man auch über das nachdenken muss, was wir nicht sehen. Ernst Mach, Physiker, Philosoph und Wegbereiter der Gestaltpsychologie und -theorie, hat sich in seiner Studie »Zwei Ansichten eines Lampenschirms« mit diesem Phänomen befasst. Sie zeigt die Wahrnehmung eines Lampenschirms von oben, einmal mit dem linken Auge, einmal mit dem rechten Auge. Dadurch gibt es konzentrische Verschiebungen. Vittorio Benussi, Gestaltpsychologe der Grazer Schule, und andere haben später festgestellt, dass die Illusion eines Zylinders entsteht, wenn man das von Mach konstruierte Bild der Ansichten des Lampenschirms in Bewegung bringt. Das stereokinetische Phänomen, das Mach vorgegeben hat, bewirkt folgendes: Wenn die beiden Formen in Bewegung gesetzt werden, dann überlagern sich die beiden Kreise zu der Möglichkeitsform eines Zylinders, den man nicht sehen kann. Aber wenn man ihn schnell genug bewegt, dann stellt sich die optische Täuschung ein, als sähe man einen Zylinder, als sehe man ein Volumen. Dieses Volumen ist jedoch ein rein virtuelles Volumen, es existiert nicht. Die gesamte kognitive Psychologie des 20. Jahrhunderts hat sich in der Folge mit solchen stereokinetischen Phänomenen beschäftigt. Cesare L. Musatti, ein Schüler von Vittorio Benussi, hat diesem Phänomen seinen Namen gegeben: »stereokinetischer Effekt«. Marcel Duchamp, der die Schriften von Benussi und Musatti kannte, hat sich für seine berühmten »Rotoreliefs« dieses Phänomen des stereokinetischen Effekts zunutze gemacht und auch andere Künstler wie z. B. Alexander Rodtschenko oder Naum Gabo haben damit experimentiert. Die experimentelle Psychologie hat das vorgegeben, was die Kunst dann in ihre optischen Objekte und optischen Täuschungen übersetzte.

Später, in den 1940er- und 1950er-Jahren, sind diese Wahrnehmungen des virtuellen Raumes durch Spiegelexperimente von Ivo Kohler, die sogenannten »Innsbrucker Brillenversuche«, weitergeführt worden. Sie waren eine Vorwegnahme dessen, was wir heute als »Cyberspace« kennen. In Langzeitversuchen trugen die Versuchspersonen Prismenbrillen, welche oben und unten vertauschten, seitenumkehrende Spiegelbrillen, bildverzerrende Prismen, Halbprismen, Farbgläser und Farbhalbgläser. Durch die Untersuchungen sollte herausgefunden werden, ob im Verlauf der Adaptionsperiode die Stabilität und Ordnung in der subjektiven Wahrnehmungswelt wiederhergestellt wird und welche Faktoren dabei eine Rolle spielen. Die Versuche sind in Kohlers wohl bedeutendstem Werk *Über Aufbau und Wandlungen der Wahrnehmungswelt, insbesondere über bedingte Empfindungen* (1951), beschrieben. Die Umkehrspiegel kann man als Vorausnahmen des *head-mounted displays*, das erste wurde 1968 von Ivan E. Sutherland entwickelt, bezeichnen. Das alles dient der Wahrnehmung des virtuellen Volumens.

Der Künstler László Moholy-Nagy hat in seinem Werk *Von Material zu Architektur* (1929) den Begriff »virtuelle Volumen« eingeführt. Er hat die Stufen der Skulptur beschrieben, und kam zum Schluss, dass die Endstufe der Skulptur die Befreiung von der Masse ist, eine Überführung in die Bewegung. In dieser Bewegung entsteht das virtuelle Volumen. Später haben dann die Op-Art-Künstler diese Virtualität erzeugt, indem sie virtuelle Relationen zwischen einzelnen Ebenen und Flächen schufen. Die Werke haben dann zum Teil so bezeichnende Namen wie *Strutturazione cilindrica virtuale* (1963) von Giovanni Anceschi oder *Strutturazione virtuale A* (1964) von Gabriele De Vecchi.

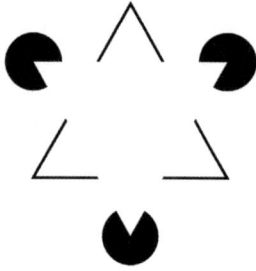

Kanizsa-Dreieck

Heinz Mack von der Gruppe ZERO hat den Ausdruck »virtuelles Volumen« von Moholy-Nagy im Jahr 1964 aufgegriffen. Wenn der Betrachter sich vor seinem Werk *Virtuelles Volumen I* (1964) hin und her bewegt, dann sieht dieser plötzlich in der Luft eine sonnige Scheibe schweben, die real nicht existiert. Die Form existiert nur virtuell, erzeugt von der Apparatur, nur für das Auge. Die Geschichte der Kinetik und der OpArt ist voller Experimente mit virtuellen Formen, mit virtuellen Volumen, mit Möglichkeitsformen.

Betrachtet man das Bild *Effetti di assimilazione cromatica con figure virtuali* (1968/1972) von Mario Ballocco, dann merkt man, dass zwischen den blauen (rechte Hälfte) und roten (linke Hälfte) Linien Punkte und Kreise auftauchen, die nicht existieren. Diese virtuellen Formen, diese Scheinformen, sind aber auch schon von der italienischen Psychologie exakt untersucht worden. Berühmt ist der Gestalttheoretiker Gaetano Kanizsa, der die sogenannte »subjektive Kontur« (auch Scheinkontur oder virtuelle Kontur) der Wahrnehmungstäuschung entdeckte, die heute als Kanizsa-Dreieck bekannt ist. Es ist ein Beispiel für eine Wahrnehmungstäuschung: Der Betrachter glaubt ein weißes Dreieck zu sehen, obwohl die Abbildung nur Linien und Kreissektoren zeigt. Man sieht eine Form, die nicht existiert.

Scheindreiecke, Scheinformen, Scheinbewegungen, Scheinkörper. Das sind die Begriffe, die sich im 20. Jahrhundert herausgebildet haben, im Gegensatz zu dem Glauben an die existierende Form. Die experimentelle Psychologie hat uns immer schon gelehrt, dass es in der wahrnehmbaren Form eben auch die nichtexistierende Form gibt, die bloße Scheinform. Die kognitive Funktion verleitet uns dazu, dass wir zu den vorhandenen Dingen, zu den vorhandenen Formen weitere Formen addieren. Das Gehirn diktiert dem Auge, was es sehen kann. Eine berühmte Arbeit von Jerome Y. Lettvin, Humberto R. Maturana, Warren S. Mcculloch und Walter H. Pitts aus dem Jahre 1959 hat den Titel: »What the Frog's Eye Tells the Frog's Brain«.[2] Das ist auch auf uns Menschen übertragbar. Was erzählt das Auge des Menschen dem Gehirn des Menschen? Das Gehirn des Menschen diktiert dem menschlichen Auge, was es sieht. Diese Erkenntnisse der Psychologie der 1950er- und 1960er-Jahre haben dazu geführt, dass in der Nachfolge der experimentellen Wahrnehmungspsychologie die Wissenschaft der kognitiven Psychologie begründet wurde.

In der Kunst findet man eine Menge Scheinfiguren, Scheinformen, die eben das Auge in Wirklichkeit nicht sieht, von denen aber das Gehirn den Augen sagt: »Das müsst ihr sehen«. Diese Dinge existieren nicht, aber das Gehirn gibt dem Auge die Anweisung, es wahrzunehmen, zu sehen. Aus den Experimenten mit Wahrnehmungen von virtuellen Formen sind schließlich auch virtuelle Environments hervorgegangen. Ein Beispiel ist *The*

---

2   Jerome Y. Lettvin, Humberto R. Maturana, Warren S. McCulloch und Walter H. Pitts, »What the Frog's Eye Tells the Frog's Brain«, in: *Proc. Inst. Radio Engr.*, Vol. 47, 1959, S. 1940–1951.

Die »Fünferbande« aus Karlsruhe aus Second Life   Jeffrey Shaw, *The Virtual Museum*, 1991

Virtual Museum von Jeffrey Shaw (1991). Der Besucher sitzt auf einem Stuhl und sieht vor sich einen Raum. Dieser Raum ist hier virtuell abgebildet. In dem Raum, in dem sich der Besucher befindet, ist wie bei einer Matrjoschka, ein anderer Raum. Durch Bewegung fährt der Stuhl nach vorne und nach hinten, nach links und nach rechts. Der Besucher kann durch diesen virtuellen Raum steuern, er kann auch die Mauer des virtuellen Raumes durchdringen und so in neue Räume mit neuen virtuellen Objekten gelangen. Das gesamte Vokabular von hundert Jahren experimenteller Psychologie, nämlich Scheinbewegungen, Scheinvolumen, Scheinkörper, man könnte auch genauso gut sagen, virtuelle Bewegung, virtuelles Volumen, ist hier also in einer Arbeit, einem virtuellen Environment vereint.

Die Leistung der Kunst des 20. Jahrhunderts ist, dass sie die virtuelle Form, die in der realen Form eingeschrieben ist, herausgearbeitet hat, dadurch neue virtuelle Räume, Scheinobjekte, Scheinkulturen, Scheinobjekte erzeugt und diese durch neue Speicher und neue Aufzeichnungssysteme sichtbar gemacht hat. Die berühmte lesbare Stadt, *The Legible City* (1988-1991) von Jeffrey Shaw, in der man durch Städte aus Buchstaben navigieren kann, ist ein weiteres Beispiel für ein gelungenes virtuelles Environment. Ich selbst habe 1992 mit der Arbeit *Zur Rechtfertigung der hypothetischen Natur der Kunst und der Nicht-Identität in der Objektwelt* mehrere virtuelle Räume konstruiert, virtuelle Buchstabenräume, virtuelle Architekturräume, virtuelle Objekträume, virtuelle Gaswolken, die die Illusion belebter Bildwelten wiedergeben. Die Schnittstelle zwischen der realen Welt des Betrachters und der simulierten Welt ist eine in den Boden eingelassene Kontaktmatte. Es gibt 32 Sensoren, aufgeteilt in eine primäre Reihe von vier Sensoren, welche die Wahl einer von vier virtuellen Welten ermöglichen. Ist einmal eine virtuelle Welt ausgewählt, gibt es 28 Sensoren zur Darstellungsänderung und spezifischen Manipulationen in der jeweiligen Welt.

Diese beschriebenen Entwicklungen haben dazu geführt, dass wir heute mit Second Life, einer Online-3D-Infrastruktur für von Benutzern gestaltete virtuelle Welten, ein gesamtes virtuelles Leben zur Verfügung haben. Auch das ZKM ist in Second Life schon vertreten, ebenso die »Fünferbande aus Karlsruhe«. Diese fünf Personen, Boris Groys, Peter Weibel, Beat Wyss, Peter Sloterdijk und Wolfgang Rihm, bevölkern mittlerweile das ZKM-YOUniverse – das ist der Name der ZKM-Insel in Second Life – und führen dort automatisierte Dialoge, die jedoch von den Besuchern modifiziert werden können. Mit Avataren, grafischen Stellvertretern der realen Person, künstlich-virtuellen Figuren, wird in diesem »zweiten Leben« interagiert. Aus dem Scheinvolumen haben sich also virtuelle Menschen entwickelt.

Wir sind somit von der virtuellen Form zum virtuellen Leben aufgestiegen. Hier kehren wir endlich auf einen philosophischen Diskurs zurück, den Robert Musil mit seinem

Roman *Der Mann ohne Eigenschaften* (1930-1932) eingeleitet hat. Musil hat den »Möglichkeitssinn« eingeführt. Die Hauptfigur des Romans, Ulrich, nimmt »Urlaub vom Leben«, er hat sich gewissermaßen in ein virtuelles Leben verabschiedet. Den Möglichkeitssinn hat er erfunden, um ein besserer Mensch zu werden. Die Grundvoraussetzung des Möglichkeitssinns ist die These von Quine, die ich einleitend erwähnt habe: »to be is to be the value of a (bound) variable«. Musils Auffassung von Kunst ist: »Das Prinzip der Kunst ist unaufhörliche Variation.«[3] Aus dieser Erfahrung – Robert Musil war im Übrigen ein Schüler von Ernst Mach – ist es die Aufgabe der Kunst und auch die der Literatur und des Designs, immer neue Lösungen, Zusammenhänge, Konstellationen, Variablen zu entdecken. »So ließe sich der Möglichkeitssinn geradezu als die Fähigkeit definieren, alles, was ebenso gut sein könnte, zu denken, und das was ist, nicht wichtiger zu nehmen als das, was nicht ist.«[4] Das ist genau das Votum meines Textes: Neben den realen Formen gibt es die virtuellen Formen, die wir nicht sehen. Und diese virtuellen Formen sollten wir genauso wichtig nehmen wie die realen Formen.

Dieser Text ist 2008 in dem von Michael Andritzky herausgegebenen Band *Von der guten Form zum guten Leben. 100 Jahre Werkbund*, Werkbund Jahrbuch, Nr. 1, Anabas, Frankfurt/M., S. 160-175, erschienen. Aus den hier skizzierten Gedanken entwickelte Peter Weibel die Ausstellung *Negativer Raum. Skulpturen und Installationen im 20. und 21. Jahrhundert*, die vom 6. April – 11. August 2019 im ZKM | Karlsruhe zu sehen war. Dazu ist die von Peter Weibel und Anett Holzheid herausgegebene und von Peter Weibel konzipierte und geschriebene Publikation *Negative Space. Trajectories of Sculpture in the 20th and 21st Centuries*, ZKM | Karlsruhe, The MIT Press, Cambridge/MA u. a., 2021, erschienen.

---

3   Robert Musil, *Gesammelte Werke*, Bd. 7, Rowohlt, Reinbek bei Hamburg, 1978, S. 868.
4   Musil 1978, Bd. 1, S. 16.

Open Codes: Living in Digital Worlds
Open Codes II: The World as a Field of Data

2019/2021

When I ask people who use a smartphone "What are the very first words that appear on your display?" most of them don't know although they use their phones constantly. The answer is: "Enter your code." It is code that opens the door to the digital world, the world of data. To gain entry to houses in big cities, you have to enter a code on a keypad to open the digital front door lock. Thus code also opens the door to the analogue world, the world of objects. The exhibition *Open Codes* – as its title indicates – opened the door to the world of codes. Naturally, the title also evokes associations with "Open Source" and "Open Society." Yet precisely because people don't know how they are behaving as users, raises further questions over and above my initial one: Do we want to know how we are living? What the foundations of the world we live in are? The exhibition endeavored to provide answers to these questions. Answers to the changes in society brought about by ever more complex and ubiquitous information technology that penetrates all areas of life. For a long time now we have ceased to live exclusively in a world of objects and living organisms, we also live in a world of immaterial data that controls the cohabitation of objects and living organisms. "All that is solid melts"[1] wrote Karl Marx in 1848 in the *Communist Manifesto* – "into data," we should add today. We live in and on a data world. The world has become a field of data. This data world is encoded. Exchange of data is regulated, managed, and controlled by complex codes. This exhibition, therefore, sought for the first time to introduce visitors and readers to the world of codes in an explanatory and illuminating way.

The exhibition was also an educational experiment, which redefined the role of the museum: as a para-university place of learning, as a mixture of laboratory and lounge, of lecture hall and workspace. Acquiring knowledge should be rewarded. Therefore, entrance to the exhibition was free of charge; there were free drinks, free fruit, and free WLAN for every visitor. Individuals and groups could hold seminars, organize workshops or take part in them. The ZKM offered its own program of a constant stream of lectures, courses, talks, discussions, games, and more besides. Businesses could send their employees along to the museum for free vocational training. From being a place for the collection of objects, the museum transformed into a place for an assembly of people. Citizens educate

---

[1] Karl Marx and Friedrich Engels, *The Communist Manifesto*, ed. Phil Gasper, Haymarket Books, Chicago, 2005, p. 44.

A remarkable education experiment! Free admission, free fruit, free drinks, and free flow of ideas.
Peter Weibel and Christian Lölkes, *The World as a Field of Data*, 2018, data installation, installation view
Open Codes. The World as a Field of Data [Die Welt als Datenfeld], ZKM | Karlsruhe 2017–2019

citizens and education must be paid for: paid citizens' education will be the watchword of the coming knowledge society. It is incomprehensible why an apprentice learning a trade in a workshop gets paid for undergoing training, while until recently nurses had to pay for their training, and once qualified they get wages that are far too low. It is equally incomprehensible why members of academic professions, whether doctor, lawyer, artist, or computer scientist, should have to pay for their education. It is common knowledge that we urgently need people with these qualifications. But we don't have enough of them and we are obliged to look for them all over the world. For this reason nobody should have to pay for their education, advanced training, and further education themselves. The state should pay. Nobody expects an apprentice mechatronics engineer to work on the side to finance his training. But this is precisely what the government expects from academic students and reacts only with derision to this deplorable state of affairs. What does it say about a society's humane values that people in the caring professions, like nurses, who are indispensable, are paid a pittance, whereas professional players, like actors or footballers, who are dispensable, are paid millions a month? Clearly, these are effects of distribution economics for through television footballers "act" for millions of people, whereas caregivers only "act" one-on-one. Yet the cause of this criminal, state-sanctioned inequality is not distribution economics itself, but misunderstanding, or rather not understanding, distribution economics.

The *Open Codes* exhibition engages with all fields that rely on data, from the economy to the judicial system, from education to ecology, which take shape on the emerging horizon of the digital age. Phase I of *Open Codes* presented many varied examples of codes, from Morse code to the genetic code, as well as their applications in art and industry. In Phase II of *Open Codes*, the focus was on exploring a world that is not solely generated, driven, and controlled by things, words, and images, but above all by data. Living in digital worlds means increasingly a life spent in a programmed, smart environment, a so-called "scripted reality." The script is dictated in part by sensors, which provide information about the state of reality around us. The data from the sensors is processed by algorithms, which steer us through the world as though through a field of data. For the world we live in is more and more an artificial, human-made data world. That is why the visitors were confronted by around forty monitors, which hung over ZKM's atrium as a data cloud. In an exaggerated way they showed us the vast number of electronic interfaces, like smartphones, computers, TVs, and data displays, which accompany us 24/7 in airports or railway stations, at the stock exchange and in banks, in offices and at home, in hospitals and doctors' surgeries. *Open Codes II* provided an insight into the post-text data world; a world in which text forms are now history and are being increasingly replaced by numerical codes.

Fields of Data

In the world as a field of data the old means of navigating, for example, by sun, moon, and stars, no longer have the same significance. What Immanuel Kant wrote in the *Critique of Practical Reason* (1788), "Two things fill the mind with ever new and increasing admiration and awe, the oftener and the more steadily we reflect on them: the starry heavens above and the moral law within,"[2] is only of limited validity today. Without doubt some people may still carry moral law within them, but they are not gazing at the firmament, the starry heavens, but looking at the display in front of them. It is not just two things that fill the mind today. Where does that leave awe and moral law? Nobody sees heaven and morality before them; but rather behind them. In the age of post-theism ever new and increasing admiration is reserved for the screens and displays in front of one. It is the displays and data which connect modern people directly with the consciousness of their existence. It is they that point the way for people; they have replaced the old means of navigating, the sun, the moon, and the stars. People in the digital age take their bearings from the nearest cell tower, from orbiting satellites, and are directed to their destination by algorithms. Today, people travel without a passport, but with a mobile phone. If you ask the under fifties where they frequently look – at the sky, at people's faces, or at the display of their mobile – one can easily come to the conclusion that most of them look at their phone, a few look at people's faces, and practically nobody looks at the sky. Another observation shows the changed world as a field of data. If you get stuck in a traffic jam with your car, you have two options: you can send a fervent prayer to God in his heaven, or you can put your trust in the information supplied by your satellite navigation system, which processes the traffic situation in code with the aid of satellites in space. You either trust the voice of God or the automated navigation voice on your satnav. Early forms of artificial intelligence have made it possible for your satnav device to speak to you as only humans could before.

Philosophers, René Descartes for example, had once assumed that on the one hand the res extensa, the world of objects, exists, and on the other, the res cogitans, the world of thinking subjects, who alone possess the faculty of speech. Language sets humans apart from the animals and the world of objects. This is the thinking behind the title of a book by philosopher Charles Taylor published in 2016: *The Language Animal*. This book title requires two clarifications. First, it should read "the predatory animal with a gift for languages." Second, we know since the advent of Siri und Alexa that not only the animal with a gift for languages named Homo sapiens (res cogitans) speaks but has also taught objects (res extensa) to speak. In the world as a field of data, in the digital

---

2 Immanuel Kant, *The Critique of Practical Reason* (1909), Longmans, Green, & Co., London, 2004, Part 2, Conclusion.

world, in the world of digital codes and media, it is not only humans that speak, but also "things." And more and more "things" will speak to us. Artifacts like bots will probably provide information more competently, politely, helpfully, and multilingually than humans in the future.

Open Codes II showed this new world of fields of data in an abundance of examples. It opened to us a new horizon for humankind: transhumanism built on artificial intelligence.

What Is a Code?
All codes are used for the exchange of information. All information has to be formulated and formalized in some way, for example, letters of the alphabet, numbers, or visual symbols. Thus a code consists of: 1. an agreement about a set of characters or symbols that will constitute the alphabet; 2. rules governing the use or application of this agreement, this alphabet; 3. sender and receiver, who reach an agreement beforehand about using the code. For the purposes of communication or storage, the sender transforms the information into a string of characters, the code, which is then sent via a channel of communication. The receiver does the reverse: she or he changes the encoded text, the characters, back into information. The two processes are known as "encoding" and "decoding."

Spoken language, speech, was one of the first codes that enabled people to communicate and express their feelings and thoughts. However, this code could not be stored and thus communication by the spoken word was restricted to the persons physically present. But then writing appeared on humankind's horizon. The continuous stream of speech sounds became a succession of discrete visual characters or symbols. Sounds became images.

The medium of script consists of a finite number of characters and syntactic, semantic, and practical rules for using it: grammar. With writing it was now possible to reach people who had not been present when it was written (or spoken). Speech takes place among a group of people who are all together in the same place at the same time. In the beginning it was not possible to store speech; it evaporated, melted away, disappeared into time. Script was the first storage medium of speech. Moreover, the volume of the voice set a spatial limit; namely, the distance at which the voice could be heard. Script broke free from this straitjacket of space and time and expanded communication far into space and time, into the past and the future. Speech is a medium of presence; it happens in the here and now. Writing is a medium of absence; it is a code that stores information and represents events and persons which are in the past or far away. Thus coding has enabled communication even to function over millennia, in all places, in many epochs, between people who have never met. Coding is therefore already a high level of symbolization, or rather symbol processing. To understand the world of codes we have to learn some basic rules. Code is a system of rules for transforming information. A code can exist as letters, words, numbers, sounds, images, gestures, and so on. Each piece of information needs a technical carrier medium, for example, signs engraved (encoded) on a stone or as ink on paper, as well as a communication channel. Code is a form of representation of information, and this is now the important information about code that I call Rule No. 1: Every code can be transformed into another code. Every representation of information can be converted into another representation of information. A code – in the strict sense – is a mapping rule that explicitly assigns every character of a source to a character or sequence of characters of a different source. Morse code, for example, establishes a link between letters (alphabet A) and acoustic signals (alphabet B). It is therefore a bijective mapping of characters according to predefined rules. The receiver must know these rules in advance in order to decode or decrypt them.

Let S and T be two finite sets, called the Source and the Target alphabets. A code $C: S\,T$ is a mapping of each symbol from S (source) to a sequence of symbols over T (target). C is a homomorphism of S into T. An example: The source alphabet is *abc*, the target alphabet is 0, 1: The encoded string 0011 0010011 can be grouped into the code words 0 011 0 01 011 and then decoded in the sequence of source symbols *acabc*. This mathematization of the code is important, to say the least: it is fundamental, because today in the computer age we have the binary code, a sequence of bits (0, 1) based on electric circuits. The digital code of today can be explained by an analogy to the Morse code.

The Morse code is based on a continuous signal that is interrupted, short or long, creating two signal durations and a pause. The string of these signals code letters, words, ciphers. The digital code is based on electric currents that are interrupted. Absence of electricity (no electric current) represents or signifies 0; presence of electricity (electric current) represents 1. Therefore, a string of bits can be represented by electric currents (yes or no current) and these strings of bits can represent letters, words, numbers, ciphers, and so on. The world around us, which is digitally connected and operated by electricity, is completely coded.

Today everything is called a code. Even the Mars Curiosity Rover built by the Jet Propulsion Laboratory (JPL) has tires that print *J, P, L*, as Morse code on the surface of Mars. We have error-correcting codes, operating on redundancy, the Gödel code, which maps mathematical notation to a natural number (using Gödel numbering). We have a dress code and the genetic code, DNA, which contains genes from which messenger RNA is derived. The nucleobases in DNA strings are fixed as codes. A series of triplets of four possible nucleotides can be translated into one of twenty possible amino acids that can form a protein molecule. The information of DNA/RNA is translated into sequences of amino acid sequences by the genetic code during protein biosynthesis. We have airport codes, station codes, color codes, barcodes, Braille code, secret codes, neural encoding (the way in which information is represented in neurons), television encoding (NTSC, PAL, SECAM), semantic encodings (representing all terms of language A in language B), memory encoding, QR code, IATA code for air transportation, International Standard Book Number (ISBN) code, ASCII (American Standard Code for Information Interchange), the binary code, the bytecode, the machine code, and finally, the code of all codes, which encompasses almost all sign systems in the world: the Unicode!

Today the word "code" has left its historical, rather narrow information theory definition. Today it is a general metaphor for message. It means a conglomeration of rules, mindsets, instructions, definitions, algorithms, and information. Messages are coded. The code is the medium of the message. Marshall McLuhan said: "the medium is the message," now we can paraphrase: the medium is the code, the code is the message. We are living in a coded world, from dress code to gender code, from genetic code to binary code. But like most media the codes are unaware. People use them but don't know them. This is why we want to open the doors to code, to the knowledge of codes.

In the analogue material world we shape things by design. In the digital world we convert things into codes. We even create things with codes, we detect and we identify phenomena, events, people, and things with codes. We create codes and we use codes of creativity (Marcus du Sautoy, *The Creativity Code*, 2019). And even law has long been a code (the Napoleonic Code), as well as economies (Katharina Pistor, *The Code of Capital. How the Law Creates Wealth and Inequality*, 2019). For Pistor even nature is just a code that forces us to create a new code for the globe. Her book does not describe the coding of information, but how financial products and processes are coded by lawyers to protect private wealth. Even financial markets are coded by laws, that is, performative speech acts. Codes are

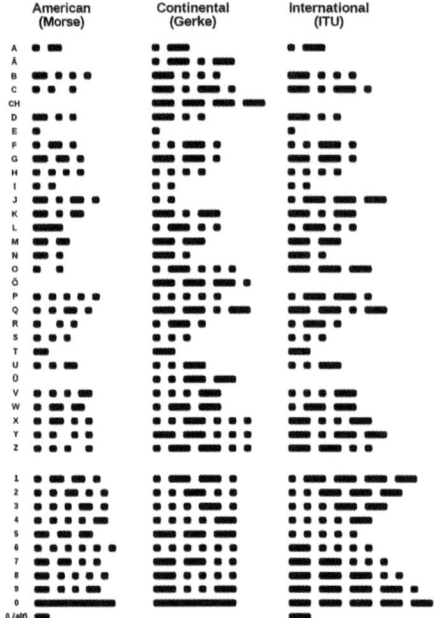

Comparison of historical versions of Morse code with the current standard.
1. American Morse code as originally defined.
2. The modified and rationalized version used by Gerke on German railways.
3. The current ITU standard.

becoming a global power. The program codes of the Big Five (Apple, Facebook, Google, Amazon, and Microsoft) are a part of this power. In order that citizens can be capable of achieving and protecting democracy, which is under threat in the digital age, they must learn to understand the world of codes.

Codes, Cryptograms, Encryption Systems

Since ancient times messages have been sent in code, for example, using signals or flags, that is, signs that stand for other signs and whose meanings and rules have been agreed upon previously by the parties communicating. This process of agreeing upon a character set and its interdependent meaning is called encryption. If only few parties to the communication know about the agreement, then the meaning of the message will remain a secret. Codes then became cryptograms, or rather encryption systems. In the age of global digital communication, from financial transactions to political dispatches, encryption systems play a central and fundamental role. Actually, they always have. One only has to think of the Enigma, the most important encryption machine for the outcome of World War II.

The development of codes in the strict sense began with telegraphy. Morse code, which was once used all over the world, is important. Morse code transmits messages consisting of letters, numbers, and other symbols. It consists of three coding elements: short signal (dot), long signal (dash), and a pause. Thus there are two states (sound and no sound), whose length can be varied. Morse code can be sent as acoustic signals, radio signals, and as electrical pulses with a Morse key connected to a telephone line. Obviously, it is also possible to transmit Morse code signals optically with a signal lamp, a strong light source with a shutter. Morse telegraphy was invented in 1833 by the American painter and inventor Samuel Morse. It was an electromagnetic telegraph whose code originally only consisted of ten ciphers for numbers. Alfred Lewis Vail, Morse's collaborator, developed the code to include letters which was used from 1844 until the 1960s in the USA. When wireless telegraphy was introduced the standard international Morse code was also used by marine radio. In 1906, the first International Radiotelegraph Convention met in Berlin. The convention adopted the SOS signal for ships in distress: three short signals, three long signals, three short signals or • • • – – – • • •. This is a signal one should commit to memory. In actual fact, though, there were a vast number of different rival codes which all possessed specific advantages. Companies developed their own in-house codes to save money. An excessive example is the code developed by the publishing house Rudolf Mosse published in a book with around six hundred pages in which brief abbreviations stand for sentences and numbers are transformed into letters. The codes developed by commercial firms are known as private codes. One example is the book *Deutscher Privat-Code mit Hotel-Code* (1908) by M. Lange published by J. M. Gebhardt in Leipzig in 1908. The code telegram offers "economy" and "reliability." J. M. Gebhardt also published *Deutscher Universal-Code* which in around 22,000 phrases lists all events in the fields of politics, the judiciary, the arts, science, commerce, the press, transport, and technology. A similar work is *Bauers Code. Der neue deutsche Telegramm-Schlüssel* by Ludovic N. Bauer (1913, ca. 1000 pages).

As of 1846, for example, there were telegraph lines in Austria for which a code had to be developed. In the beginning there were the marks on paper of the chemical telegraph invented by Alexander Bain. However, in the years that followed Morse keys and the Morse code prevailed. Telegraph alphabets and characters were the dominant code of the nineteenth century. Yet centuries before code systems had been developed for various purposes. In 1564 Johannes Trithemius published the six books of his *Polygraphia*. Coding used letters; a procedure that became very significant historically: for example, *o* stood for *a*, *c* stood for *n*, *h* stood for *p*, *y* stood for *q*, *d* stood for *r*, *g* stood for *s*, and so on. In addition to coding with lowercase letters, there was also coding with uppercase letters, which stood for whole words: for example, *A* stood for clemens, *C* stood for pius, *E* stood for magnus, and so on. The code could also be changed, and then *A* would stand for other words.

Another famous code book is *De furtivis literarum notis* by Giambattista della Porta printed in 1563 in Naples. Like Ramon Llull, Porta also used circular encryption devices: two concentric circles marked with numerals and letters with a rotatable disk with symbols in the middle. Letters could refer to numerals: for example, *A* to *I*, *B* to *II*, *C* to *III*, and so on. Like the later encryption devices used by the military the disks could be rotated to a different position so that, for example, *D* would refer to *I*, *F* to *II*, *S* to *II*, and so on. Letters could also refer to different symbols or words. The only prerequisite was that sender and receiver must agree to a specific code by prior arrangement. The code was therefore a kind of polygraphy, a multi-script, a secret code. Code and cryptography.

Machine Code = Statement and Execution

The basis of our data world, as everybody knows, is the binary code, the world made of zeros and ones. While the alphabetical code predominated as the primary code for human culture and communication for thousands of years, today numerical code dominates our world. This code essentially consists of the ten numerals 1 to 9 and 0, through which an almost infinite number of numbers can be formed. What Samuel Morse did in 1833 for the alphabetical code, namely, reduce the 26 letters of the Latin alphabet to long and short signals, Gottfried Wilhelm Leibniz accomplished in 1697 for the numeric code.[3] Leibniz proved that all numbers

---

3   Gottfried Wilhelm Leibniz in a letter to Rudolph August, Duke of Brunswick-Lüneburg, known as the New Year's Letter, 12. 01. 1697.

GEBRAUCHSANWEISUNG

Allgemeines

Der Gebrauch von Bauers Code ist der denkbar einfachste, indem man die zur Bildung der telegraphischen Mitteilung gewählten Sätze und Satzteile durch die daneben stehenden Code-Wörter weitergibt.

Wenn man z. B. telegraphieren möchte:

„Nachdem der Aufsichtsrat die Erhöhung des Kapitals beschlossen hat, ist es ratsam sich zu beteiligen. Bitte um Ihre Instruktionen",

so entspricht dies folgenden Code-Wörtern:

aninegan: nachdem der Aufsichtsrat beschlossen hat
fikipafa: die Erhöhung des Kapitals
bihezega: ratsam sich zu beteiligen
fegesode: bitte um Ihre Instruktionen,

und die Depesche würde in der Weitergabe nur lauten:

„*aninegan fikipafa bihezega fegesode*".

Will man die Ersparnis verdoppeln, so kann man diese vier Code-Wörter, mit Anwendung nur ihrer ersten fünf Buchstaben, in zwei zehnbuchstabigen Kabelwörtern weitergeben und zwar:

anine fikip   bihez feges
„*aninefikip   bihezfeges*".

Nehmen wir als zweites Beispiel folgende Mitteilung:

„Der Markt ist fest. Trotz aller Mühe nicht mehr möglich zu kaufen. Bitte Ihr Limit zu erhöhen",

so würde dies nachstehenden Code-Wörtern entsprechen:

gibemofu: der Markt ist fest
gombilub: trotz aller Mühe
fipidopo: nicht mehr möglich zu kaufen
gegeboko: bitte Ihr Limit zu erhöhen,

und der auf diese Weise erzielte Telegrammtext:

„*gibemofu gombilub fipidopo gegeboko*"

könnte nach Belieben noch in:

„*gibemgombi fipidgegeb*"

abgekürzt werden.

Zur Auffindung der gesuchten Vokabel sei noch besonders auf das dem Buche vorangestellte ausführliche Inhaltsverzeichnis hingewiesen.

Bedeutung der fortlaufenden Zahlen

Die Code-Wörter sind mit fortlaufenden Zahlen versehen, um nach Belieben den Text in Ziffern telegraphieren zu können oder auch die Zahlen durch Code-Wörter von anderen, speziell für diesen Zweck existierenden Code-Wörter-Büchern weiterzugeben. Diese Art der Benutzung von Bauers Code dürfte von vielen Besitzern unter sich vorgenommen werden, um die Geheimhaltung der telegraphischen Mitteilungen zu sichern, oder auch um durch besondere Kombinationen noch grössere Ersparnisse zu erzielen.

Zweck der freien Zeilen und freien Seiten

Die nach gebräuchlicheren Vokabeln freigelassenen Zeilen mit entsprechender Anzahl von Code-Wörtern haben den Zweck, Nachträge des Verfassers in späteren Auflagen, ohne Verschiebungen, aufzunehmen. Besitzer früherer Auflagen können solche Nachträge auf Streifen gedruckt zum Einkleben erhalten. Besitzer des Code können aber die freien Zeilen auch für handschriftliche Nachträge im Einverständnis mit ihren Korrespondenten benutzen. Ausserdem stehen am Ende des Buches für diesen Zweck eine grössere Anzahl Seiten mit freien Zeilen und danebenstehenden Code-Wörtern zu ihrer Verfügung.

Benutzung von Bauers Code in Russland

Für Benutzung von Bauers Code innerhalb des Russischen Reiches ist ganz besonders Rücksicht genommen und zwar dadurch, dass die Code-Wörter ebensogut in russischen Buchstaben, ohne Verwechselungen und ohne Irrtümer hervorzurufen, telegraphiert werden können.

Das für die Code-Wörter dienende, aus nur zwanzig Buchstaben bestehende lateinische Alphabet ist mit russischen gleichlautenden Buchstaben wie folgt zu ersetzen, wobei das lateinische „h" mit dem russischen „х" übersetzt werden muss:
a b d e f g h i k l m n o p r s t u v z
а б д е ф г х и к л м и о п р с т у в ц
Code-Wörter wie:

„*bolorado, idlugeta, ofpahani*"

wären somit in einer russisch geschriebenen Depesche wie folgt wiederzugeben:

„*болорадо, идлугета, офпахани*"

V

from: Ludovic N. Bauer, *Bauers Code. Der neue deutsche Telegramm-Schlüssel*, Carl Ernst Poeschel, Leipzig, 1913

Geschenk — Gesellschaft

Code-Nr.	Code-Wort	Geschenk *(Fortsetzung)*
60001	esubamib	ers. (ersucht) — ein Geschenk zukommen zu lassen
60002	esubenod	ers. (ersucht) ihnen (ihm) wenigstens ein Geschenk zu
60003	esubipuf	ersuchen (ersucht) Geschenk zu unterlassen [machen
60004	esuborag	ersuchen (ersucht) es mit einem Geschenke zu ver-
60005	esubuseh	telegraphieren Sie ob Geschenk gemacht [suchen
60006	esudatik	telegraphieren Sie ob Geschenk angenommen
60007	esudevol	telegraphieren Sie welches Geschenk gemacht
60008	esudizum	telegraph. Sie ob ein Geschenk gemacht werden soll
60009	esudobep	tel. Sie ob Sie ein Geschenk von — annehmen würden
60010	esududir	telegraphieren Sie warum das Geschenk gemacht
60011	esufafos	telegraphieren Sie ob ein Geschenk nötig
60012	esufegut	nachdem das Geschenk
60013	esufihav	nachdem das Geschenk nötig
60014	esufokez	nachdem das Geschenk ratsam
60015	esufulib	nachdem das Geschenk abgelehnt
60016	esugamod	wenn das Geschenk
60017	esugenuf	wenn das Geschenk angenommen
60018	esugipag	wenn das Geschenk empfehlenswert
60019	esugoreh	wenn das Geschenk gemacht [nehmen dürfen (darf)
60020	esugusik	tel. Sie ob wir (ich) ein Geschenk (von —) an-
60021	esuhatol	telegraphieren Sie ob — ein Geschenk (von —) an-
60022	esuhevum	Geschenk ratsam zu machen [nehmen dürfen (darf)
60023	esuhizan	Geschenk nötig zu machen
60024	esuhobir	Geschenk nicht nötig zu machen
60025	esuhudos	Geschenk ist angenommen
60026	esukafut	Geschenk ist nicht angenommen
60027	esukegav	empfehlenswert ein Geschenk zu machen
60028	esukihez	nicht empfehlenswert ein Geschenk zu machen
60029	esukokib	tel. Sie wiev. für das Geschenk angesetzt werd. soll
60030	esukulod	telegr. Sie was Sie für das Geschenk vorschlagen
60031	esulamuf	**Geschichte** *(siehe auch Gerede, Sache)*
60032	esulenag	mit der Geschichte
60033	esulipeh	durch die Geschichte
60034	esulorik	ohne die Geschichte zu glauben
60035	esulusol	es wird (über —) eine saubere Geschichte erzählt
60036	esumatum	es wird über Sie die Geschichte erzählt (daß —)
60037	esumevan	die Geschichte verdient keinen Glauben
60038	esumizep	die Geschichte ist nicht wahr
60039	esumobos	die Geschichte ist insoweit wahr als
60040	esumudut	betreffs der Geschichte
60041	esunafav	**Geschwätz** *(siehe Gerede)*
60042	esunegez	**Geschworener**
60043	esunihib	mit dem (den) Geschworenen
60044	esunokod	durch den (die) Geschworenen
60045	esunuluf	als Geschworene(r)
60046	esupamag	unter den Geschworenen
60047	esupeneh	infolge — der Geschworenen
60048	esupipik	telegraphieren Sie ob der (die) Geschworenen
60049	esuporol	telegraphieren Sie warum die Geschworenen
60050	esupusum	telegraphieren Sie was die Geschworenen
60051	esuratan	nachdem die Geschworenen
60052	esurevep	nachdem die Geschworenen nicht
60053	esurizir	wenn die Geschworenen
60054	esurobut	wenn die Geschworenen nicht
60055	esurudav	die Geschworenen haben beschlossen
60056	esusafez	die Geschworenen erklärten
60057	esusegib	die Geschworenen erklärten schuldig
60058	esusihod	die Geschworenen erklärten unschuldig
60059	esusokuf	**Gesellschaft** *(siehe auch Aktiengesellschaft)*
60060	esusulag	mit der Gesellschaft
60061	esutameh	mit der Gesellschaft verhandelt
60062	esutenik	mit der Gesellschaft übereingekommen
60063	esutipol	ohne die Gesellschaft zu fragen
60064	esutorum	ohne die Erlaubnis der Gesellschaft
60065	esutusan	ohne die Ermächtigung der Gesellschaft
60066	esuvatep	durch die Gesellschaft
60067	esuvevir	durch die Gesellschaft zu erlangen
60068	esuvizos	durch die Gesellschaft erhalten
60069	esuvoban	ohne die Gesellschaft
60070	esuvudep	bei der Gesellschaft
60071	esuzafre	bei der Gesellschaft durchzusetzen
60072	esuzegot	bei der Gesellschaft zu erhalten
60073	esuzihuv	bei der Gesellschaft untergekommen
60074	esuzokaz	von der Gesellschaft
60075	esuzuleb	von der Gesellschaft bezogen

Code-Nr.	Code-Wort	Gesellschaft *(Fortsetzung)*
60076	esvabaru	vor der Gesellschaft
60077	esvadeso	nach der Gesellschaft
60078	esvafitu	nach dem Beschluß der Gesellschaft
60079	esvagova	in der Gesellschaft
60080	esvahuze	infolge des Beschlusses der Gesellschaft
60081	esvakabi	infolge der Annahme der Gesellschaft
60082	esvalion	infolge der Absage der Gesellschaft
60083	esvamafe	infolge der Zusage der Gesellschaft
60084	esvanegi	infolge der Solidität der Gesellschaft
60085	esvapiho	infolge der Zweifelhaftigkeit der Gesellschaft
60086	esvaroku	bitte der Gesellschaft zu verständigen
60087	esvasula	bitte der Gesellschaft zu kündigen
60088	esvatome	bitte von der Gesellschaft zu verlangen
60089	esvavuni	bitte mit der Gesellschaft zu verhandeln
60090	esvazapo	bitte die Gesellschaft zu veranlassen
60091	esveberu	ersuchen (ersucht) der Gesellschaft zu proponieren
60092	esvedisa	ersuchen (ersucht) von der Gesellschaft zu verlangen
60093	esvefata	ersuchen (ersucht) die Gesellschaft zu veranlassen
60094	esvegeve	telegraph. Sie Ihre Ansicht über die Gesellschaft
60095	esvehizi	telegraphieren Sie Auskunft über die Gesellschaft
60096	esvekobo	telegraphieren Sie ob die Gesellschaft verständigt
60097	esveludu	telegraph. Sie ob die Gesellschaft einverstanden
60098	esvemefa	telegraphieren Sie ob mit der Gesellschaft ver-
60099	esvenige	telegraphieren Sie ob für die Gesellschaft [handelt
60100	esvepohi	telegraphieren Sie ob für die Gesellschaft nötig
60101	esveruko	telegraphieren Sie ob für die Gesellschaft nötig
60102	esvesalu	telegraphieren Sie warum die Gesellschaft refüsiert
60103	esvetemo	telegraphieren Sie warum die Gesellschaft
60104	esvevinu	telegraphieren Sie ob die Gesellschaft solid
60105	esvezopa	telegraphieren Sie ob mit der Gesellschaft
60106	esvibure	telegraph. Sie ob von der Gesellschaft ausgetreten
60107	esvidasi	telegraph. Sie ob — in die Gesellschaft eingetreten
60108	esvifiat	telegraph. Sie ob Sie in die Gesellschaft eingetreten
60109	esvigate	telegraph. Sie ob Sie Mitglied der Gesellschaft sind
60110	esvihevi	telegraphieren Sie ob — Mitglied der Gesellschaft
60111	esvikizo	die Gesellschaft ist gut [sind (ist)
60112	esvilobu	die Gesellschaft arbeitet gut
60113	esvimuda	die Gesellschaft hat ein Kapital von — und arbeitet
60114	esvinofe	die Gesellschaft ist nicht zu empfehlen [gut
60115	esvipugi	die Gesellschaft ist sehr zu empfehlen
60116	esviraho	die Gesellschaft arbeitet mangelhaft [Geldmangel
60117	esviseku	die Gesellschaft arbeitet schlecht und leidet an
60118	esvitila	die Gesellsch. hat viel Geld aber ist schlecht geleitet
60119	esvivama	die Gesellschaft hat viel Geld und ist gut geleitet
60120	esvizene	die Gesellschaft ist in jeder Beziehung prima
60121	esvobipi	die Gesellschaft arbeitet gut
60122	esvodoro	die Gesellschaft ist nicht ganz gut
60123	esvofusu	die Gesellschaft hat ein Kapital von
60124	esvogeta	die Gesellschaft ist gut verwaltet
60125	esvohive	die Gesellschaft ist schlecht verwaltet
60126	esvokozi	die Gesellschaft prosperiert
60127	esvolubo	die Gesellschaft prosperiert sehr wenig
60128	esvomadu	die Gesellschaft kann nicht mehr lange machen
60129	esvonefo	die Gesellschaft hat viele Verluste gehabt
60130	esvopigu	die Gesellschaft ist gut kreditfähig
60131	esvoroha	die Gesellschaft ist nicht kreditfähig
60132	esvosuke	die Gesellschaft proponiert
60133	esvotali	die Gesellschaft verlangt
60134	esvovien	die Gesellschaft protestiert gegen
60135	esvozame	die Gesellschaft besteht auf
60136	esvubeni	die Gesellschaft kann liefern
60137	esvudipo	die Gesellschaft kann nicht liefern
60138	esvuforu	die Gesellschaft will liefern
60139	esvugusa	die Gesellschaft will nicht liefern
60140	esvuhote	die Gesellschaft will ihr Kapital vergrößern
60141	esvukuvi	die Gesellschaft hat ihr Kapital vergrößert
60142	esvulazo	die Gesellschaft konnte ihr Kapital nicht vergröß.
60143	esvumebu	nachdem die Gesellschaft
60144	esvunida	nachdem die Gesellschaft nicht
60145	esvupafa	nachdem die Gesellschaft einverstanden
60146	esvurege	nachdem die Gesellschaft nicht einverstanden
60147	esvusihi	nachdem die Gesellschaft gut steht
60148	esvutoko	nachdem die Gesellschaft schlecht steht
60149	esvuvulu	
60150	esvuzema	

from: Ludovic N. Bauer, *Bauers Code. Der neue deutsche Telegramm-Schlüssel*, Carl Ernst Poeschel, Leipzig, 1913

Vorwort und Gebrauchsanleitung.

Nachfolgender Code bietet für alle Fälle des Geschäfts-, Reise-, Familien- und Privatverkehrs ein bequemes und sicheres Mittel zur Beförderung telegraphischer Nachrichten.

Die Vorteile des Code sind:

1. Billigkeit. Schon bei zwei Inlandstelegrammen wird in der Regel der Anschaffungspreis erspart werden, bei Telegrammen nach fremden Ländern (auf den Verkehr mit den deutschen Kolonien ist besondere Rücksicht genommen) ist die Ersparnis geradezu verblüffend.

2. ist man selbst da, wo Fernsprechanschluß besteht, den vielfachen Unzulänglichkeiten, die an der Natur des Fernsprechbetriebs liegen, nicht ausgesetzt. Das oft Stunden während Warten auf Anschluß im Fernverkehr fällt weg; die vielfachen Hemmungen und Störungen durch Witterungseinflüsse, vorzeitigen Schluß, undeutliches Sprechen usw. werden vermieden und

3. bietet das Codetelegramm gegenüber dem Fernsprecher die Sicherheit, daß — was besonders bei Privatmitteilungen ins Gewicht fällt — die Nachricht nicht an Unbefugte gelangt.

Ein Blick auf das Inhaltsverzeichnis und ein auch nur flüchtiges Durchblättern der einzelnen Abschnitte dürfte dartun, daß allen Anforderungen des Alltagslebens in weitestem Maße Rechnung getragen ist.

Die Codewörter sind bei allen Telegraphenämtern des In- und Auslandes zulässig; Ergänzungswörter, die in ihrer eigentlichen Bedeutung bleiben, können nach Belieben eingeschoben werden, nur dürfen solche die

from: M. Lange, *Deutscher Privat-Code mit Hotel-Code. Telegraphen-Schlüssel für Geschäfts- und Familienverkehr*, J. M. Gebhardt, Leipzig, 1908

— IV —

Länge von zehn Buchstaben nicht überschreiten. Die Codewörter sind bis auf wenige Ausnahmen der englischen Sprache entnommen, bei der Einschaltung von Ergänzungswörtern vergewissere man sich vorher, falls man englische Wörter einzufügen beabsichtigt, ob diese nicht als Codewörter Verwendung gefunden haben.

Auf die „Verbindenden Phrasen" Seite 85 und auf den mit „Wichtig" bezeichneten Abschnitt Seite 87, sei ganz besonders hingewiesen. Es dürfte sich dringend empfehlen, den Code vor Gebrauch genau durchzulesen, damit man jederzeit die gewünschten Phrasen sofort zu finden vermag. Für den Empfänger eines Codetelegrammes ist es nur notwendig, die Wörter, die sich genau alphabetisch folgen, aufzuschlagen und den beistehenden Text zu lesen.

Will man beispielsweise telegraphieren:

„Wohl angekommen, nicht seekrank gewesen
Briefadresse bis auf Weiteres —
Hotel Central
Termin anberaumt auf Montag
Brauche sehr nötig Kasse, sendet sofort
in englischen Banknoten Pfund Sterling 50.
Viele Grüße und Küsse von Vater"

so ermöglicht es dieser Code dies folgendermaßen wiederzugeben:

Afloat Bundling Hotel Central,
Distrained Montag, Choleric, Cleaner
Fuenzig, Abruptness Vater.

In deutlicher Sprache umfaßt vorstehendes Telegramm 34 Wörter, bei möglichster Verkürzung würde diese Nachricht immerhin 24 Taxwörter erfordern, unser Code gibt sie deutlich in 11 Wörtern wieder, bei einem Telegramm von London nach Deutschland eine Ersparnis von 13 Wörtern à 2 Pence = Mark 2,20. — Würde vorstehendes Telegramm von New-York nach Berlin gesandt, so beliefe sich die Ersparnis auf ungefähr 16 Mark. Will man einen Text ergänzen, modifizieren usw., so bediene man sich der Tabellen Seite 87 ff. Die Phrase „Es wird voraussichtlich nicht zum Konkurs kommen"

— V —

findet sich nicht im Code; wohl aber Nr. 2588 — Legitimist = es wird voraussichtlich zum Konkurs kommen; diese Verneinung läßt sich nun auf zwei Arten wiedergeben. Man setzt das Wort Pugilism (Nr. 3176) = bitte dies im verneinenden Sinne aufzufassen, oder man fügt ein (Nr. 3186) Radical = in dem Texte, der durch vorstehendes Codewort ausgedrückt wird, fügt ein nach Textwort Nr. drei „nicht".

Demnach lautet das Telegramm:
Legitimist Radical drei nicht.

In der Regel genügen die Nummern 3176 bis 3179 um in einem Worte Frage, Verneinung oder Bejahung auszudrücken.

Der im Anhang beigegebene Hotel-Code kann im Verkehr mit allen besseren Hotels benutzt werden. Die Käufer des Code werden im eigensten Interesse gebeten, die Verbreitung in befreundeten Familien- und Geschäftskreisen zu fördern, denn nur, wenn das Buch Gemeingut aller ist, kann es seinen Zweck erfüllen.

Schließlich sei noch auf den im gleichen Verlage erschienenen „Deutschen Universal-Code" hingewiesen, der in nahezu 22000 Phrasen das Handels- und Verkehrswesen, den Nachrichtendienst der Presse und alle Vorkommnisse aus den Gebieten der Politik, Justizpflege, Kunst, Wissenschaft und Technik umfaßt. (Preis M. 10.)

Geheimtelegraphie.

Gegenüber einem in offener, allgemein verständlicher Sprache abgefaßten Telegramm bietet die Benutzung des Code die Sicherheit, daß Dritte, die nicht im Besitze dieses Buches sind, den Sinn nicht entziffern können. Ist jedoch in besonderen Fällen die absolute Geheimhaltung geboten, so verfahre man wie folgt.

Man wähle aus den nachfolgend verzeichneten Codewörtern, die sämtlich der französischen Sprache angehören, eins oder mehrere beliebige und versehe sie mit Formeln

from: M. Lange, *Deutscher Privat-Code mit Hotel-Code. Telegraphen-Schlüssel für Geschäfts- und Familienverkehr*, J. M. Gebhardt, Leipzig, 1908

---

30 — Postlagernde Korrespondenzen

1022	Citadel ...	da kein Scheckbuch zur Hand habe, so stellte soeben auf gewöhnlichem Papier Scheck aus. Derselbe trägt Nr. —
1023	Citizen	Betrag ist —
1024	Citatory ...	ausgestellt zugunsten von —
1025	Citrate ...	ausgestellt von —
1026	Civic	soll ich (sollen wir) zahlen?
1027	Civilian ...	Bank (Bankier) lehnt ab, auf Telegramm hin zu zahlen, bitte sofort nötiges briefl. zu veranlassen
1028	Civilities .	bitte mir einen Kredit zu eröffnen
1029	Civility ...	haben Ihnen Kredit eröffnet bei —
1030	Claimable .	Sie können auf genannte Bank (genannte Firma) ziehen bis zur Höhe von —
1031	Claimant ..	bin (ist) ganz von Mitteln entblößt, sendet sofort —
1032	Claimed ...	Brieftasche (Börse) in Verlust geraten, enthielt Kreditbrief auf —
1033	Claiming ..	Brieftasche (Börse) in Verlust geraten, enthielt Kreditbrief auf Sie
1034	Clammy ...	ausgestellt von —
1035	Clamour ..	bitte nichts auszuzahlen
1036	Clannish ..	senden Sie sofort telegraphisch —
1037	Clanship ..	senden Sie sofort per Posteinzahlung —
1038	Clansman .	senden Sie in deutschen Banknoten Mark —
1039	Clarity ...	senden Sie in französischen Banknoten Francs —
1040	Clashing ..	senden Sie in italienischen Banknoten Lire —
1041	Cleaner ...	senden Sie in englischen Banknoten Pfund Sterling —
1042	Cleanest ..	senden Sie in österreichischen Banknoten Kronen —
1043	Cleaning ..	senden Sie in schweizerischen Banknoten Franks —
1044	Cleanly ...	senden Sie nicht —
1045	Clearance .	senden Sie nichts nach —

Postlagernde Korrespondenzen.

1046	Clemency .	wohin kann ich postlagernd schreiben?
1047	Clergy	soll ich postlagernd schreiben nach —?
1048	Clergyman	unter welcher Chiffre kann (soll) ich Postlagernd schreiben?
1049	Clerical ...	unter welcher Chiffre und wohin kann ich postlagernd schreiben?

Einladungen, Annahmen, Absagen — 31

1050	Clever	soll ich auch fernerhin postlagernd schreiben (nach) —?
1051	Cleverness	soll ich auch fernerhin postlagernd schreiben unter Chiffre —?
1052	Clicking ..	soll ich postlagernd schreiben an —?
1053	Climber ..	soll ich postlagernd eingeschrieben senden?
1054	Clipper ...	soll ich postlagernd schreiben, Postamt —?
1055	Cloakpin ..	soll (kann) ich mit postlagernden Briefen (am) —
1056	Cloakroom	mitteilen, daß ich (wir) ihm (ihr) schreibe postlagernd
1057	Clockwork.	schreibe heute postlagernd
1058	Cloister ...	schreibe mit nächster Post postlagernd
1059	Closely ...	schrieb postlagernd nach —
1060	Closeness .	Brief liegt postlagernd
1061	Clothier ..	Briefe liegen postlagernd
1062	Cloudily ..	bitte Nachsendung zu veranlassen
1063	Clouding ..	halte es nicht ratsam, postlagernd zu senden (zu schreiben); soll ich (sollen wir) nicht senden an (nach) —?
1064	Cloudless .	unter Adresse —
1065	Clownish ..	unter meinem Namen
1066	Clubman ..	unter deinem (Ihrem) Namen
1067	Clusters ..	bitte zu schreiben postlagernd —
1068	Coaches ..	bitte zu schreiben postlagernd Postamt —
1069	Coaching ..	bitte zu schreiben poste restante
1070	Coalbox ...	bitte zu schreiben poste restante, Bureau Central
1071	Coaldust ..	postlagernder Brief muß verloren oder in unrechte Hände geraten sein, bitte zu adressieren —
1072	Coalfield ..	unter bekannter Chiffre
1073	Coalgas ...	unter Chiffre —

Einladungen, Annahmen, Absagen.

1074	Coalhole ..	erwarten Sie zu einer Tasse Tee heute abend
1075	Coalmine .	erwarten Sie zu einer Bowle heute abend
1076	Coaloil ...	erwarten Sie zum Souper heute
1077	Coalseam ..	erwarten Sie zum Souper morgen
1078	Coarsely ..	erwarten Sie (euch) um —
1079	Coasting ..	erwarten Sie am —
1080	Coattail ..	erwarten Sie (dich) und Frau Gemahlin zum —
1081	Coaxingly .	erwarten Sie, Frau Gemahlin und Fräulein Tochter, zum —

from: M. Lange, *Deutscher Privat-Code mit Hotel-Code. Telegraphen-Schlüssel für Geschäfts- und Familienverkehr*, J. M. Gebhardt, Leipzig, 1908

from: Giambattista della Porta, *De furtivis literarum notis vulgo de ziferis*, 1563, Staats- und Stadtbibliothek Augsburg, 4 Pal 40, S. 73

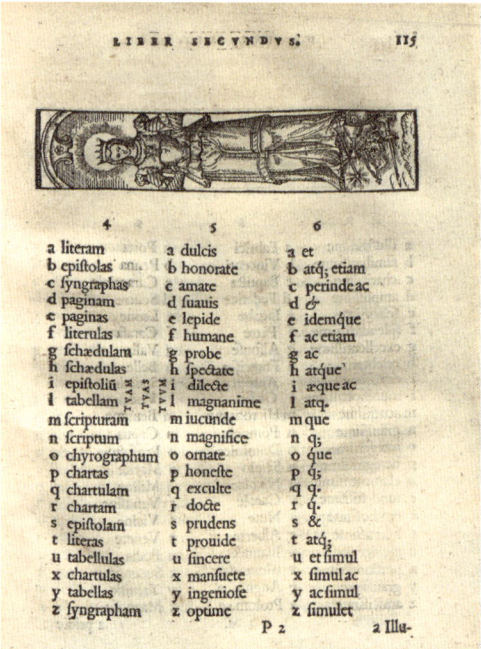

from: Giambattista della Porta, *De furtivis literarum notis vulgo de ziferis*, 1563, Staats- und Stadtbibliothek Augsburg, 4 Pal 40, S. 115

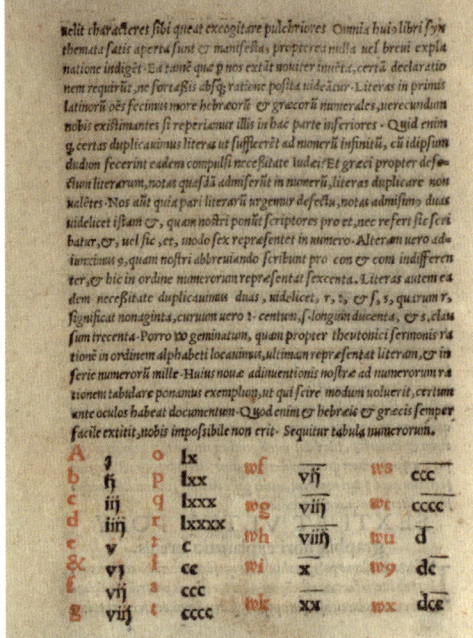

Johannes Trithemius, *Polygraphiae Libri Sex, Ioannis Trithemii Abbatis Peapolitani* [...], Jacobi, Frankfurt, 1550, Bayerische Staatsbibliothek Munich, Res/4 Graph. 83, fol. 50

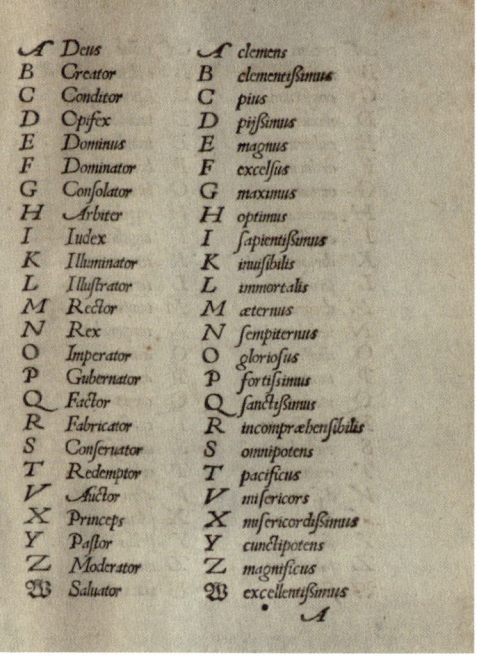

Johannes Trithemius, *Polygraphiae Libri Sex, Ioannis Trithemii Abbatis Peapolitani* [...], Jacobi, Frankfurt, 1550, Bayerische Staatsbibliothek Munich, Res/4 Graph. 83, fol. 71

Blatt VI.

Am 1. März 1852

wurde laut Verordnungsblatt für die Verwaltungszweige des österreichischen Handelsministeriums Nr. 13 ex 1852, das vom Deutsch-Österreichischen Telegraphen-Vereine angenommene gemeinsame Telegraphen-Alphabet eingeführt.

Alphabet

Photolithographische Copie des Originals der an die Aemter seinerzeit hinausgegebenen Tabelle.

Buchstabe	Morse	Buchstabe	Morse	Buchstabe	Morse	Buchstabe	Morse
A	.—	H	....	Ö	———.	V	...—
Ä	.—.—	I	..	P	.——.	W	.——
B	—...	J	.———	Q	——.—	X	—..—
C	—.—.	K	—.—	R	.—.	Y	—.——
D	—..	L	.—..	S	...	Z	——..
E	.	M	——	T	—	CH	————
F	..—.	N	—.	U	..—	SCH	————
G	——.	O	———	Ü	..——	C	

Zahlen

Ziffer	Morse	Ziffer	Morse
1	.————	6	—....
2	..———	7	——...
3	...——	8	———..
4	....—	9	————.
5	.....	0	—————

Interpunctionen. Phrasen.

Zeichen	Morse	Phrasen	Morse
.	......	Aufruf	—.—.—.
;	—.—.—.	Verstanden	...—.
,	.—.—.—	Nicht verstanden	....
:	———...	Schluß	.—..—.
?	..——..	Warten	.—...
!	——..——	Dringend	—..
=	—....—	Sehr dringend	—..—..—
Apostroph '	.————.	Staats-Depesche	...
Bruchstrich ⁄	—..—.	Eisenbahn-Betriebs-Depesche	—...
		Privat-Depesche	.——.

Für die Länge des Punktes als Einheit ist:
1. Ein Strich = 3 Punkten.
2. Der Zwischenraum der einzelnen Zeichen eines Buchstabens = 1 Punkt.
3. Der Zwischenraum zwischen je zwei Buchstaben = 3 Punkten.
4. Der Zwischenraum zwischen je zwei Wörtern = 4 Punkten.

from: Franz Schmid, *Die Telegraphen Alphabete und Zeichen Österreichs*, 1891

Teil K
Mosse-Condenser

10 000 Millionen leicht aussprechbare Wörter von 10 Buchstaben, jedes Wort von jedem anderen durch mindestens 2 Buchstaben unterschieden und in Uebereinstimmung mit den Beschlüssen der Internationalen Telegraphen-Konferenz. Bearbeitet von W. Merckenschlager. Ges. gesch. Copyright by Rudolf Mosse, Berlin SW 19

10864	ebxur ..	Mosse-Condenser	10865	ebxyb ..	Benutzt im Telegrammverkehr mit uns den Mosse-Condenser
		Da die Benutzung des Mosse-Condensers nur nach Verständigung möglich ist, werden einige entsprechende Ausdrücke aus Teil A, S. 82, wiederholt.	66	ebyai ..	Benutzen von jetzt ab im Telegrammverkehr mit Euch den Mosse-Condenser

GEBRAUCHSANWEISUNG

Ein Condenser ist ein Instrument, mittels dessen Zahlen in Wörter umgewandelt werden. Bekanntlich kann man auch Zahlen offen telegraphieren, aber das hat, besonders im Telegrammverkehr mit dem Auslande, zwei Nachteile: Einmal sind Verstümmelungen von Zahlen für den Empfänger nicht zu erkennen, dann kann man nur Zahlen bis zu 5 Stellen als ein Telegramm-Taxwort telegraphieren. Ein Condenser muss also, wenn er Ersparnisse erzielen soll, mehr als fünfstellige Zahlen in ein Wort von 10 Buchstaben umwandeln können. Der Mosse-Condenser ermöglicht

die Umwandlung jeder zehnstelligen Zahl in 1 Wort von 10 Buchstaben, d. h. also jeder Zahl von 0 000 000 000 bis 9 999 999 999 einschliesslich.

Da man z. B. zwei fünfstellige Zahlen mittels des Mosse-Condensers in ein Wort von 10 Buchstaben umwandeln kann, so könnte man zwei Phrasen des Teils A, die ja alle mit fünfstelligen Zahlen versehen sind, in einem Wort ausdrücken. Dies hat aber keinen Zweck, da man durch Aneinanderhängen der kurzen fünfbuchstabigen Codewörter dasselbe Ziel schneller erreicht. Der Condenser erweist aber schon seine Nützlichkeit, wenn man zehn buchstabige Codewörter aus Teil D zu telegraphieren hat, da zu diesen auch fünfstellige Ziffern gehören (siehe 2. Beispiel). Eine ganz besondere Ersparnis bringt der Condenser bei Verwendung des Tabellenteils E, dessen Stämme 3 und dessen Endungen 2 Ziffern enthalten (mit Ausnahme der Tabellen 24 bis 32), so dass also mittels des Condensers zwei Doppelziffern aus dem Tabellenteil E in einem einzigen Wort ausgedrückt werden können.

1. Beispiel:

746 Bieten fest an zum Preise von Mark
22 7 700,—
738 Mai Verschiffung
12 15 (Menge)

Die vorstehenden Code-Zahlen 746 22 738 12 sind zunächst zu einer zehnstelligen Zahl zusammenzustellen:
7462273812.
Diese Zahl zerlegt man dann in fünf Teile und erhält so 5 zweistellige Zahlen; diese zählt man zusammen. Die auf diese Weise ergebende Summe sucht man in der Kontrolltafel (hintere innere Deckelseite) auf und findet dort fünf Buchstaben. Diese geben an, zu welcher Kolonne (auf der gegenüber der Kontrolltafel stehenden Seite) jede der 5 zweistelligen Zahlen in je 2 Buchstaben zu verwandeln ist, also:
74+62+27+38+12=213=B B B A A

Die erste Zahl (74) ist also nach Kolonne B
    zu übersetzen tu
Die zweite Zahl (62) ist also nach Kolonne B
    zu übersetzen ri
Die dritte Zahl (27) ist also nach Kolonne B
    zu übersetzen hi
Die vierte Zahl (38) ist also nach Kolonne A
    zu übersetzen ey
Die fünfte Zahl (12) ist also nach Kolonne A
    zu übersetzen ar
                   turihieyar
Die Rückübersetzung erfolgt dann umgekehrt,
also: tu ri hi ey ar
     74 62 27 38 12 Summe 213 = B B B A A.

2. Beispiel:

       42650 Wann wird verschifft?
       59099 Leitspindeldrehbank
  42+65+05+90+99 = 301 = B A B B B
     B 42 li
     A 65 oh
     B 05 ca
     B 90 ya
     B 99 zu
             liohcayazu

Ist ein Buchstabe verstümmelt, so wird die Aufeinanderfolge der Kolonnen nicht derjenigen entsprechen, die sich durch die Additionssumme laut Kontrolltafel ergibt. Der Fehler würde also sofort bemerkt werden, und die Feststellung, wo der Fehler liegt, wird in den meisten Fällen auch dem Sinn unschwer möglich sein. Bei Gebrauch des Tabellenteils E wird eine 50prozentige Ersparnis ermöglicht. Eine 33⅓ prozentige Ersparnis erzielt man z. B., wenn man eine Phrase etwa aus Teil A und eine aus Teil E telegraphiert z. B.:

      01851 akzeptiere äussert zu —
      90125 Gulden 8,10
01+86+19+01+25 = 132 = A B A A B = acxeazacha.

Ausserdem gibt es noch fast unbegrenzte Verwendungsmöglichkeiten für den Mosse-Condenser, wenn man sich für den eigenen Betrieb Tabellen herstellen will:
In einer für einen besonderen Betrieb aufgestellten Spezialtabelle bedeutet z. B.
    17 irgendein Angebot
    21 irgendeine Menge
    35 irgendeine Warenart
    47 irgendeine Qualität
    64 irgendeinen Preis
17 + 21 + 35 + 47 + 64 = 184 = BBBBA = figekamiog.
Mit diesem einen Condenserwort kann man somit ein bis ins Einzelne gehendes Angebot ausdrücken.

Natürlich müssen die Telegraphierenden sich vorher über die Benutzung des Mosse-Condensers verständigen.

from: Julius Kähler, *Rudolf Mosse-Code mit Mosse-Condensor*, Rudolf Mosse, Berlin et al., 1922

Teil J

GEHEIMSCHRIFTEN-TEIL

I. Geheimschrift-System Rudolf Mosse .... S. 589
II. Geheimschrift-System „Rudolf Mosse-Code" .. S. 592

Verstümmelungstafel zu den cursiv gedruckten Codewörtern der rechten Spalten dieses Teils: Seite 544

I. Geheimschrift-System Rudolf Mosse

Code-Zahl	Codewort bzw. Erste Codeworthälfte	Die in der rechten Spalte stehenden Codewörter sind nur als 2. Codeworthälften in Verbindung mit „zyzup" als 1. Codeworthälfte zu verwenden
109838	zyzup	Geheimschrift-System Rudolf Mosse

109889	*bihuf* ..	Nach welchem verabredeten Geheimschlüssel zu entziffern?
40	*bijal* ...	Verabredeter Geheimschlüssel 1
41	*bijeb* ...	„ „ 1, in der Umdrehung zu lesen
42	*bijug* ..	Nach verabredetem Geheimschlüssel 1 gekabelt, zu entziffern nach Geheimschlüssel 2
43	*bikda* ..	„ verabredetem Geheimschlüssel 2 gekabelt, zu entziffern nach Geheimschlüssel 1
44	*biked* ..	„ verabredetem Geheimschlüssel 1 gekabelt, zu entziffern nach der Umdrehung des Geheimschlüssels 2
45	*bikiz* ...	„ verabredetem Geheimschlüssel 2 gekabelt, zu entziffern nach der Umdrehung des Geheimschlüssels 1

Zum Selbstausfüllen

46	*bikky* ..	
47	*bikni* ...	
48	*bikox* ..	
49	*biktu* ..	
50	*bikuk* ..	
51	*bikyo* ..	
52	*bikze* ..	
53	*bilal* ..	
54	*bilea* ..	
55	*bilfu* ...	
56	*bilie* ..	
109857	*bilko* .	

Die bisher bekannten Geheimschriften, welche gewöhnlich „Chiffriersystem" genannt werden, haben keine absolute Gewähr dafür geboten, dass nicht ein Dritter durch sorgfältiges Studium die chiffrierte Korrespondenz entziffern konnte. Das Geheimschriftsystem Rudolf Mosse bietet wegen seiner mannigfachen Verwandlungsmöglichkeiten die grösste Sicherheit gegen die Entzifferung durch Unberufene und kann daher sowohl für den Briefwechsel wie auch als „Geheimdrahtung" im Telegrammverkehr verwendet werden. Mit seiner Hilfe können auch Codewörter in eine für jeden Uneingeweihten unverständliche Buchstabenfolge gebracht werden. Daher kommt es auch, dass dieses System unbedenklich veröffentlicht werden kann, ohne dass hierdurch die geheime Verständigung zwischen zwei Korrespondierenden für einen Uneingeweihten durchsichtig werden könnte.

from: Julius Kähler, *Rudolf Mosse-Code mit Mosse-Condensor*, Rudolf Mosse, Berlin et al., 1922

Rudolf Mosse-Code

07301 - cekzu - Bedingungen | 07422 - cewji - Befinden

Bedingungen

07301	cekzu	Im übrigen zu Euren Bedingungen
02	celax	Können Bedingungen genau innegehalten werden?
03	celca	„ Bedingungen nicht annehmen
04	celdo	„ Bedingungen nicht annehmen, schlagen folgende Änderung /en vor
05	celey	„ Bedingungen nicht fallen lassen
06	celiu	„ Bedingungen nicht verbessern
07	celme	„ Eure Bedingungen nicht anerkennen
08	celor	„ uns auf andere Bedingungen nicht einlassen
09	celsi	„ wir die Bedingung/en annehmen?
10	celuh	Laut aufgegebenen Bedingungen
11	celyw	Lehnen Bedingungen ab, Lieferungsbedingungen s. L.
12	cemag	Machen besondere Bedingungen für —
13	cemeo	„ keine besonderen Bedingungen für —
14	cemhe	„ zur Bedingung, (dass —)
15	cemik	Machet „ „ („ —)
16	cemnu	Müssen — von der Bedingung abhängig machen, dass —
17	cemop	Nebenbedingung /en
18	cemum	Nehmen Bedingung /en an
19	cemvi	„ „ „ wenn —
20	cemwa	„ „ „ bessere nicht erhältlich
21	cemyr	Bedingungen an, wenn Bestätigung sofort erfolgt
22	cenzy	Nehmet die Bedingung /en an
23	cenaj	„ „ „ nicht an
24	cenex	„ verlangte Bedingung /en an
25	ceniy	Neue Bedingungen
26	cenju	Nur zu den bekannten Bedingungen
27	cenli	„ „ unseren gewöhnlichen Bedingungen
28	cenma	Ohne Nebenbedingung /en [gungen
29	cenob	Originalbedingungen
30	cense	Schliessen die Bedingungen, — ein?
31	cenuw	Seid Ihr bereit, die Bedingung /en fallen zu lassen?
32	cenyn	„ mit den Bedingungen (von —) einverstanden?
33	cenzo	Sind Bedingungen angenommen?
34	ceoan	„ bereit, Bedingung /en fallen zu lassen
35	ceoeg	„ „ in die Bedingung/en der Konkurrenz einzutreten
36	ceogu	„ — mit den Bedingungen (von —) einverstanden?
37	ceoha	Suchet die günstigsten Bedingungen zu erzielen
38	ceolz	„ günstigsten Bedingungen zu erzielen, jedenfalls aber nicht ungünstiger als zuletzt
39	ceony	Übliche Bedingungen
40	ceops	Unerlässliche Bedingung, dass —
41	ceori	Unsere Bedingungen (sind —)
42	ceosu	Unter äusserst schweren Bedingungen
43	ceour	„ der ausdrücklichen Bedingung, dass —
44	ceove	„ „ Bedingung, dass —
45	ceowl	„ folgenden Bedingungen
46	ceoxt	„ günstigen „
47	ceoyb	„ ungünstigen „ Verkaufsbedingung /en s. V.
48	cepal	Verzichten, wenn auf den Bedingungen bestanden wird
49	cepej	„ „ wenn Bedingungen nicht angenommen werden
50	cepix	Vollständig ausgeschlossen, zu Euren Bedingungen zum Geschäft zu kommen
51	cepiy	Vorsichtsbedingung /en
52	ceple	Vorzugsbedingungen, die wir Euch gewähren
53	cepno	Was sind deren Bedingungen (für —)?
54	cepot	„ Eure „ („ —)?
55	cepsa	Wegen Nichterfüllung der Bedingungen
56	cepup	Welche Bedingungen werden gestellt?
07357	cepxu	Wenn Bedingungen —
07358	cepyf	Wenn Bedingungen angenommen werden
59	ceraz	„ „ erfüllt werden
60	cerch	„ „ geändert werden
61	cerdi	„ „ nicht angenommen werden
62	ceren	„ „ annehmbar, machet bitte Gegenvorschläge
63	cergy	„ „ nicht erfüllt werden
64	cerig	„ „ unverändert
65	cerjo	„ bessere Bedingungen erzielt werden können
66	cerou	„ „ Bedingungen nicht zu erreichen sind
67	cerre	Werden versuchen, bessere Bedingungen zu erhalten
68	cerub	Wollen Bedingung — fallen lassen
69	cerva	„ Bedingung /en nicht annehmen
70	ceryt	Zu den genannten Bedingungen
71	cesae	„ „ „ ist nichts zu machen
72	cesei	„ Bedingungen (der /s —)
73	cesgo	„ welchen Bedingungen?
74	cesli	Zusatzbedingungen
75	cesla	**Bedingungsweise**
76	cesok	Bestehen auf bedingungslosem /a /r —
77	cesuf	**Bedingungsweise**
78	ceszy	**Bedroht** (mit —)
79	ceayu	**Bedrucken**
80	cetad	Bedruckt
81	cetde	Einseitig bedruckt
82	cetez	Zweiseitig
83	ceths	**Bedürfen** (s. a. Bedarf, benötigen, brauchen)
		Beeilen s. beschleunigen, Eile
84	cetia	**Beeinflussen** (s. a. bewegen, Einfluss, überreden, überzeugen)
85	ceiku	Lasset Euch nicht beeinflussen durch —
86	cetoy	**Beeinflusst** (durch —)
87	cetra	Günstig beeinflusst durch —
88	cetut	Nicht „ „
89	cetxo	Stark „ „
90	cetyk	Ungünstig „ „
		Beeinträchtigen s. benachteiligen, Nachteil, schädigen
91	cetzi	**Beeinträchtigt** (durch —)
92	ceuaf	Wenn — dadurch (durch —) beeinträchtigt wird
93	ceucu	„ — dadurch (durch —) nicht beeinträchtigt wird
94	ceuds	Wird — dadurch (durch —) beeinträchtigt?
95	ceueb	„ nicht beeinträchtigt (durch —)
96	ceufe	„ stark „ („ —)
97	ceuic	**Beenden** (s. a. Arbeiten, fertigstellen)
98	ceuka	Bitten, — schleunigst zu beenden
99	ceulk	Hoffen, — beenden zu können
07400	ceupl	**Beendet**
01	ceurm	Bereits beendet
02	ceusp	Bitten zu drahten, ob — beendet
03	ceutt	„ „ „ „ wann — [sein wird
04	ceuug	Fast beendet
05	ceuvy	Noch nicht beendet
06	ceuyn	Sobald — beendet
07	cevac	Soeben beendet
08	cevda	Wenn noch nicht beendet
09	ceved	Werden drahten, sobald — beendet
10	cevju	Wird — beendet
11	cevky	**Beendigung** (s. a. Fertigstellung)
12	cevni	Nach Beendigung
13	cevox	Noch vor Beendigung
14	cevtu	**Befahrbar**
15	cevuk	**Befangen** (s. a. parteiisch, voreingenommen)
16	cevyo	Lehnen — als befangen ab
17	cevze	**Befassen, sich mit** (s. a. erwägen, interessieren, tun)
18	cewal	Nicht mit der Angelegenheit befassen
19	cewea	**Befehl** (s. a. Anordnung, Disposition, Erlass, Verfügung, Weisung)
20	cewfu	**Befestigung**, zur B.
21	cewie	**Befinden** (s. a. anwesend, erreichbar, krank, Zustand, ferner
07422	cewjl	Befindet /n sich [Teil D III]

Teil A

from: Julius Kähler, *Rudolf Mosse-Code mit Mosse-Condensor*, Rudolf Mosse, Berlin et al., 1922

can be represented by just two digits, 0 and 1. He did not take words, images or numbers as counterparts for objects as was usual, but rather allocated digits to numbers for the first time: "Numbers can be used to express all kinds of true sentences and deductions"[4] Leibniz's binary number system, his binary code, with which he began to translate words and sentences into numbers, was a prerequisite for the digital code of today.

As all information in the digital world is processed as numbers, letters of the alphabet and numerals are depicted as bit sequences in the computer. The combinations of 0 and 1 (bits) can be stated as numbers, signs, or letters (e.g., a = 1100 0001; b = 1100 0010). In coding theory, the elements tht make up the code are called "code words," and the symbols that make up the code words are called the "alphabet." Whereas until recently, the code systems of language and writing served the purposes of communication between people, today many code systems are available which also enable people to communicate with machines and things. These include the bar codes and QR codes of merchandise management, as well as the important ASCII, which is used for coding character sets.

In computer science, the text of a computer program which is written in a programming language in a way that is legible to people is called source code, source text, or program code. It is created according to the rules of the respective programming language. Source code is often written in ASCII code. In order for the computer to execute the source code, it has to be converted into machine language, that is, into commands that can be executed by a processor. This leads to a significant difference between the historic forms of code and today's binary forms of code. Linguistic codes, pictorial codes, also numeric codes, in short: human codes, are only instructions. Take, for example, music notation, which has been standard for about a thousand years, since Guido von Arezzo. Music notation is a code that first has to be learned, yet it is still only instructions for people that tell them how to apply the code to the instruments in question. Learning this code is a process that takes years of continual practice. Thus classic codes are instructions and require humans to execute them. Machine codes, by contrast, are instruction and execution in one. If you press numbers and operator buttons on a calculator, like +, -, =, the machine does the computing and the result appears on the display, the data field, without you having to do anything further. The new, fundamental noetic turn thus consists in machine codes being at once instruction and execution. Thus, after the historic insults to humanity associated with the names Nicolaus Copernicus, Charles Darwin, and Sigmund Freud (the Earth is not located at the center of the universe; humans are the product of evolution and are descended from apes, not God; they are not even in control in their own home (the self) because they are driven by the subconscious), a further insult awaits in the world as a field of data: Humans lack the knowledge and skills to solve the problems they have created, and are obliged to rely on algorithms, artificial intelligence, and machine codes to support their attempts to arrive at solutions and decisions. Humans will have to get used to the idea that in the future not only animals are our fellow beings, but also plants, objects, and machines will rise to become coequal, if not superior, fellow beings.

On the History of Digitization

Important twentieth-century philosophical books bear titles such as *Word and Object* (Willard Van Orman Quine, 1960) and *Les Mots et les choses* (Michel Foucault, 1966)[5]. These books

---

4 Gottfried Wilhelm Leibniz, *De progressione dyadica*, 1679.
5 Michel Foucault, *The Order of Things* (1966), Pantheon, New York, 1970.

tell of an analog world that consists primarily of things and of the relationship between things and words. Thus in these texts, language is the instrument that orders the world. Hence Ludwig Wittgenstein's famous dictum says, "The limits of my language mean the limits of my world."[6]

Indeed, language was the first tool which enabled people to explain and shape the world. People gave names to things, and these relations between words and things were decisive for culture and civilization for thousands of years. Just as people gave names to things, they also assigned pictures to things, which gave rise to a second cultural technology; the art of imagery, from painting to photography. The things also generated sounds; moreover, people even created new things especially to produce sounds.

The world of images, words, and sounds was soon joined by the world of numbers. Mathematics is the world of numbers. The evolution of digitization proceeded in three stages. The first stage of digitization, or rather the mathematization of the world, began with the mathematization of physics. In 1623, Galileo Galilei wrote, "Nature is a book written in the language of mathematics."[7] Depicting things in words and images in itself represents a considerable level of human abstraction. Expressing the world in numbers which took on a life of its own as mathematics, was the as yet highest stage of a cultural technology that distinguished people from all other living creatures. This increased abstraction through mathematics and the development of the natural sciences as mathematical disciplines digitization began in the proper sense four hundred years ago. Mathematics became a universal language.

To put it simply and schematically: in the seventeenth and eighteenth centuries the mathematization of physics took place (first stage), and in the nineteenth and first half of the twentieth century the mathematization of thought (second stage). In the latter half of the twentieth century both tendencies converged in the development of electronics (third stage). In his monumental *Philosophiae Naturalis Principia Mathematica* of 1687, Isaac Newton laid the foundations for describing nature in mathematical terms. Joseph-Louis Lagrange's 1788 masterpiece *Méchanique analytique* was the first work to offer a full description of the universe on the basis of pure algebraic operations. He carried physics over into analytical mathematics. Lagrange algebraized mathematics and mathematized physics. This algebraization of physics led to the second stage of digitization: the algebraization of logic (of formal thought). Logical forms were captured with the aid of mathematical methods and terms. As a response to Newton's *Principia*, Bertrand Russell and Alfred North Whitehead published their three-volume work *Principia Mathematica* (1910-1913). Like Gottlob Frege, who used his 1879 work *Begriffsschrift. Eine der arithmetischen nachgebildete Formelsprache des reinen Denkens* to translate thought into mathematical formulas, Russell and Whitehead portrayed thinking and logic in mathematical terms.

A milestone was set by George Boole who defined the laws of thinking as laws of formal logic and these in turn, building on Lagrange, as algebraic mathematics. In *The Mathematical Analysis of Logic* (1847) and *An Investigation of the Laws of Thought* (1854), Boole proved that logic and algebra are identical by expressing logical statements as algebraic equations. Alan Turing, ultimately, brought these tendencies to mathematize the world, language, and thought to their culmination in his famous 1936 essay "On Computable Numbers." Turing's depiction of the calculability of numbers and number processes is

---

6   Ludwig Wittgenstein, *Tractatus logico-philosophicus. Logisch-philosophische Abhandlung* (1921), translated by C. K. Ogden and Frank Ramsey, German-English edition, Kegan Paul, Trench & Co., London, 1922, § 5.6.
7   Galileo Galilei, *Il Saggiatore* (1623), vol. 6, Edition Nazionale, Florence, 1896, p. 232.

considered the foundational paper for the development of the digital computer, for what is known as the Turing machine. Henceforth one no longer just calculated with numbers but rather numbers became calculable. With calculable numbers, nature becomes computable.

With the further development of the computer from a pure calculating machine to a machine of images, sound, and language, a new world of data emerged. Images and texts can be computed and visual and acoustic worlds can be simulated. In a word, everything that was previously made up of objects, words, sounds, and images can be represented in numbers and constructed from numbers. The crucial aspect of this digital cultural technology is a hitherto unimaginable reversibility. In the analog world the principle of irreversibility prevails in the relationship between things and words or images. Things can be transformed into words, but not words can be retransformed into things, because the word "chair" is not actually a chair. Things can be transformed into images, but not images into things, because the picture of a pipe is not a pipe, to cite René Magritte's 1929 painting *La trahison des images*, which displays the image of a pipe and below it the words *Ceci n'est pas une pipe* – this is not a pipe. In the era of digitization, words, images and sounds are transformed into data, and – for the first time in human history – this data can be transformed back into sounds, images, and words. And with 3D printing data can even be transformed into things. The relation between data and things, words, images are reversible. The language of data, algorithms, and programming languages has become a universal language out of which the world of sounds, images, texts, and things emerges. Thus mathematics has long since ceased to be just the language of nature; it has become the language of culture. The book that describes the contemporary world must be titled *The Things and the Data*. The relationship between things, words, and images used to be irreversible. However, now the relationships between data and words, images and sounds are reversible in the digital world.

Digital Codes

Digital cultural technology, however, has also provided the foundations for another revolution, which will possibly usher in a new era. Culture to date has been based on two-dimensional notation: notes, numbers, and signs on paper are notated and fixed just like writing. The computer, however, enables the simulation of moving three-dimensional spaces, and in this way enables a future, three-dimensional notation which is already being used today by architects and designers. 3D cinema was the first attempt along these lines, but it is with 3D printing that this future begins to become a reality through the aforementioned possibilities of reversible transformations. Thanks to the development of this cultural technology, which renders the relationship between the worlds of things and signs reversible, we will live in an environment that is underpinned by sensors and intelligent agents, managed by codes and algorithms, and equipped with artificial intelligence.

The fact that this has become possible goes back to "The Unreasonable Effectiveness of Mathematics in the Natural Sciences," which was ascertained by Nobel Laureate Eugene Wigner in 1960. Reality is what can be expressed mathematically and electronically controlled. The best example of this is Claude E. Shannon's 1937 master's thesis, *A Symbolic Analysis of Relay and Switching Circuits*. In this work, Shannon proved that Boolean propositional logic can be used with the logical values 0 and 1 to control a remote-controlled switch with two switch positions that acts electromagnetically and is operated by an electric current. As the title of his work conveys, relay and switching circuits, arrangements of relays and switches, are mapped onto Boolean propositional logic in a symbolic analysis. Boolean logic thus becomes switching algebra. The linking together of

Exhibition view *Open Codes. The World as a Field of Data [Die Welt als Datenfeld]*, ZKM | Karlsruhe 2017–2019

the rules of logic with the controlling of switching circuits, that is, the use of the binary qualities of electrical switching circuits (on – off, 1 – 0, electricity – no electricity) to execute logical operations, henceforth became definitive for the construction of all electronic digital computers. Shannon showed that the mental formulas of Boolean algebra could be transformed into material switching algebra. Formal thought was carried over into electronic switching circuits according to the rules of Boolean algebra. Electronics became the physics of mathematics.

In connection with the discovery of electromagnetic waves by Heinrich Hertz, that is, the invention of telecommunications (the telegraph, the telephone, television, radar, radio, satellites, the internet) and the development of transistors (1947), integrated circuits, and microchips, over the last century the mathematization of the world became transferable to the material world of electronics. Thus the equation of "machinery, materials, and men" (Frank Lloyd Wright, 1930), which applied to the nineteenth and twentieth centuries, had to be expanded to "media, data and men" (Peter Weibel, 2011) for the twenty-first. After alphabetical code was supplemented by numerical code, algorithms now represent a fundamental element of our social order.

The Concept of the Exhibition: The Museum as Assembly

The *discourse* of the exhibition was laid out as an architectonic *parcours* to offer visitors the opportunity to use the work stations for independent creative activities. In addition to co-working stations, visitors could also find rest and recreation areas.

The architectonic concept and scenography of the *Open Codes* exhibition deviates substantially from the usual museum architecture of a white cube. Interspersed with the works on show are elements of studios, laboratories, offices, and a home environment. Here the museum serves as the commons, as an assembly: the museum becomes the venue of an open source community where people increase their competencies together, become more creative and knowledgeable. With this novel type of exhibition the ZKM presented a new option and a new function for the museum in the twenty-first century, which was necessary because of the changes that have taken place in political culture.

Exhibition view *Open Codes. The World as a Field of Data [Die Welt als Datenfeld]*, ZKM | Karlsruhe 2017–2019

It is obvious that the previous forms of democracy and education are now so weakened that they no longer fulfill their mission and the expectations placed in them. All over Germany there are complaints that there is a state of emergency in the education system. And as for the current state of democracy, the titles of recent books speak volumes, literally: *Post-Democracy* (Colin Crouch, 2004), *Defekte Demokratie* (Wolfgang Merkel, Hans-Jürgen Puhle, Aurel Croissant et al., 2003), *Simulative Demokratie* (Ingolfur Blühdorn, 2013). The evidence is overwhelming that representative democracy is in crisis. Since the European Union was founded, misguided policies have pushed Europe ideologically more and more to the right. It is imperative that new forms of democracy and education should be developed and tried out. Strangely enough, the museum is an ideal location for this. Why? Because the museum has been a heterotopia now for a long time, a location for exiles – at least as regards artistic forms of expression. The sound art of the twenty-first century is not heard or seen in the majestic buildings for opera and classical music, but rather (from time to time) in museums. Art films were forced to flee the cinema and television and go into exile in the museum. Likewise, new forms of dance, action art, and performance are mainly on view in art spaces. The utopian momentum of a society, in so far as it is reflected in art, now only remains latent in exhibition spaces. At given moments in history, this latency expands from artistic models into social models. It is now time to initiate new democratic, social, and education policy movements, even if only at a micropolitical level. The museum could be an experimental space for innovative democratic possibilities, new forms of acquiring knowledge, and a new type of entrepreneurship which is based on new forms of cooperation. The basis for the conceptual slant of the exhibition, its selection of artworks, and its design operated on the premise that the key to an emancipatory exhibition lies in empowering the museum visitors and in their community. That is why we were giving the viewers the opportunity to experience the museum as a thinking space, as co-working space, as assembly, as a new form of congregating to exchange and acquire knowledge, and a new form of collaborating. Citizens could educate other citizens. An unusual, interactive mode of engaging with art introduced them to this new strategy of an assembly. In part, the exhibition visitors

Code Camp, October 17–18, 2018, in cooperation with 21 CCC and the initiative *Code Your Life*, in the framwork of the exhibition *Open Codes*, ZKM | Karlsruhe

themselves defined a new format of exhibition as a preview of a future, self-confident and self-aware life that is non-hegemonistic.

The museum became a location for civic education, where acquisition of knowledge was not only worthwhile, but also rewarded. For the actual message of digital change is: the society of tomorrow will change (will have to change) into the knowledge society. Therefore, we demand free citizens' education for the twenty-first century! We shall need culturally competent citizens in order to defend democracy in the future. And democracy needs thinkers. Therefore, the primary objective is to defend thinking within the museum. For is any thinking going on at all in the political arena or the mass media? Isn't a trash president the ultimate triumph of trash TV? Sadly, we have gotten used to the voice of reason not being heard, because, as Sigmund Freud said, "The voice of the intellect is a soft one."[8] But what is new is that the voice of reality is not heard either. When a phone rings in the government's offices in Berlin and the reply to the secretary's question "Who's calling?" is "The voice of reality," the politicians shout *unisono* "Don't pick up the phone!" This is why Germany has become a dysfunctional democratic republic. Administration specialists talk increasingly of organization failure with fatal consequences for people. Schools lack teachers, hospitals and senior citizens' homes lack nursing staff and caregivers. It is not only due to staff cuts and semi-privatization of public facilities, but also because of the lacking willingness to respond appropriately to digital change that Germany's infrastructure has imploded. The transport system (air, railway, and automobile traffic) is out of control and functionality is now the exception, no longer the rule. Above all because real-time data management is lacking. On the European Digitization Index Germany is ranked 17th, that is, it is a "developing country" in terms of digitization. Striving to retain power at all costs and ideological blindness have led to reality being sidestepped.

---

8   Sigmund Freud, *The Future of an Illusion* (1927), Norton, New York, 1961, p. 53.

Exhibition view *Open Codes. The World as a Field of Data [Die Welt als Datenfeld]*, ZKM | Karlsruhe 2017–2019

Thus, as a new form of assembly, the museum has the opportunity – together with the citizens – to develop as a site of knowledge and empowerment in order to regain access to reality using the instruments of thought.

This so far unpublished text was written on the occasion of the exhibition *Open Codes. The World as a Field of Data [Die Welt als Datenfeld]*, which ran from October 20, 2017 – June 02, 2019 at ZKM | Karlsruhe. Parts of it were published in the exhibition brochure and on the online platform of the exhibition: https://zkm.de/de/ausstellung/2017/10/open-codes.

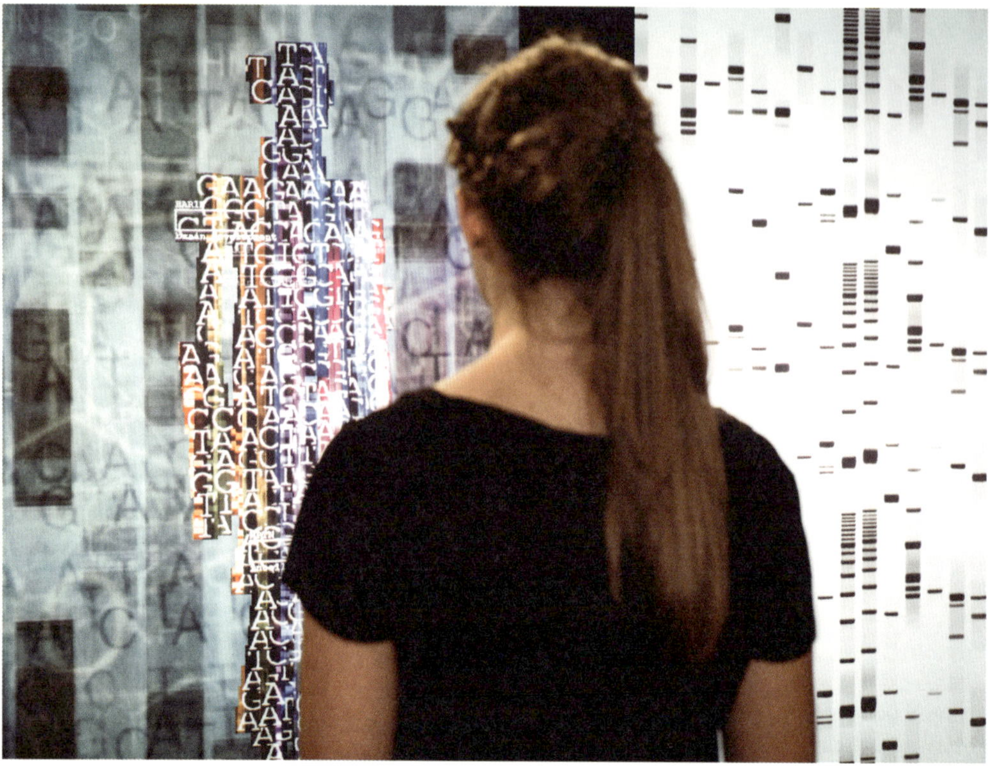

Peter Weibel und Bernd Lintermann, *YOU:R:CODE*, 2017, interaktive computerbasierte Installation; Mac, Betriebssystem: MacOS, Individualsoftware, 1 Kinect Tiefenbildkamera, 1 Projektor, 1 Rückprojektionsleinwand, Konzept / Realisierung: Bernd Lintermann und Peter Weibel, technische Unterstützung: Manfred Hauffen, Jan Gerigk

AAA – Art, Algorithm, Artificial Intelligence

2021

Künstliche Intelligenz (KI) bzw. *artificial intelligence* (AI) gibt es nicht. Aber ein Ensemble aus Maschinen, Medien, Programmen, Algorithmen - Hardware und Software - hat zu einem außerordentlich großen, vielteiligen und produktiven Forschungsfeld geführt, das AI genannt wird.

 Anlässlich einer Konferenz im Dartmouth College haben 1956 John McCarthy und Marvin Minsky diese Bezeichnung für ein Forschungsprojekt vorgeschlagen. Mittlerweile ist die Erforschung der AI nicht nur ein Teilgebiet der Informatik, der Automatisierung und der Robotik, sondern auch der Psychologie, Neurologie, Kommunikationswissenschaft, Linguistik, Mathematik, Logik und Kunst, Literatur, Architektur, Musik. Ziele der AI-Forschung sind es unter anderem, intelligentes Verhalten und Kreativität zu simulieren wie Lernen, Mustererkennung, Vorhersagen, Entscheidungsprozeduren zu optimieren, Probleme eigenständig zu lösen, Gewinnkalküle zu finden, treffsichere Suchmaschinen zu programmieren etc. Die AI-Forschung kommt daher in der Medizin, Rechtswissenschaft, Ökonomie, Psychologie, Soziologie, beim Produktdesign und bei der Ausbildung immer mehr zum Einsatz.

 AI ist ein computergestütztes Expertensystem, das ältere Expertensysteme ablöst. Wenn wir uns in einem Stau auf der Autobahn befinden, haben wir die Wahl zwischen zwei Möglichkeiten: Wir können ein Stoßgebet gen Himmel schicken, d. h. uns des Expertensystems Religion bedienen. Jahrtausendelang waren Religionen nützliche Handlungsanweisungen für schwierige Situationen, welche die menschlichen Fähigkeiten überstiegen und in denen daher um Rat und Hilfe bei Gott gesucht wurde. Die andere Möglichkeit besteht darin, sich des Navigationssystems des Autos bzw. des Smartphones zu bedienen, das gewisse Vorteile hat. Beim religiösen Expertensystem weiß man nie, ob Gott zuhört und antwortet. Das Navi antwortet sicher. So wie der Mensch früher die Religion und ihre Regeln (Verbote, Unterlassungsanweisungen, Gebote etc.) errichtet hat, ersetzt er nun zur Lebenshilfe das theologische Expertensystem durch ein technisches Expertensystem. Beide Expertensysteme sind von Menschen gemacht, das eine von Theologen und Priestern, das andere von Informatikern und Ingenieuren. Alte Expertensysteme verlieren an Terrain, weil sie offensichtlich nur virtuell funktioniert haben und nur für die analoge Welt der Dinge galten. AI-Systeme bilden die unverzichtbaren Hilfsmittel, die Bibel für die Datenwelt. Das Navi ist ein wunderbares Beispiel, wie weit die AI schon längst in den Alltag eingedrungen ist, sodass viele Bereiche des sozialen Lebens ohne AI gar nicht mehr funktionsfähig wären. Statt dem Auge des alles sehenden Gottes umkreisen Satelliten die Erdkugel mit Radiosignalen, die die GPS-Ortung ermöglichen oder gar Kameras, die automatisch so scharf eingestellt werden können, dass sie sogar vom Weltall aus gesehen winzige Objekte wie Autos erfassen können, ein Beispiel für Mustererkennung. Diese Signale werden durch Programme in digitale Daten verwandelt, die auf die Erde gesendet werden. Wir sehen daher eine Abbildung des Staus auf unserem Bildschirm und hören gleichzeitig eine Stimme, die uns in einer höflichen Sprache und Syntax Anweisungen gibt und empfiehlt, was wir tun sollen, um den Stau zu umgehen. AI spielt ebenso in der Medizin eine große Rolle. Die Fachzeitschrift *The Lancet* berichtet, dass ein Computer hunderttausende Elektroradiogramme speichern kann, ein Arzt hingegen nur hundert. Die AI hilft also dem Arzt, das EKG des Herzpatienten im Vergleich mit anderen gespeicherten Mustern besser zu verstehen, und damit steigen die Chancen, das Leben des Patienten zu retten.

Als John McCarthy und Marvin Minsky 1956 gemeinsam mit Claude E. Shannon, Ray Solomonoff, Allen Newell, Herbert Simon, Oliver Selfridge und anderen das Forschungsfeld AI begründeten, waren sie Teil einer Gruppe von Wissenschaftlern, die aus der Mathematik, Informatik, Kybernetik, Logik, Physiologie und Medizin kamen und die abstrakte Automatentheorie entwarfen. Das zentrale Werk erschien 1956 unter dem Titel *Automata Studies*, herausgegeben von Claude E. Shannon und John McCarthy. Die damalige Elite der elektronischen Großrechneranlagen, Automaten und Turing-Maschinen sind in diesem Buch versammelt. Ich habe 1974 gemeinsam mit Franz Kaltenbeck dieses Buch übersetzt und in erweiterter aktualisierter Fassung im Dialog mit den ursprünglichen Autoren, sofern sie noch lebten, herausgegeben.[1]

In diesem Klassiker kamen bereits die Themen der AI von heute zur Sprache: beispielsweise »Entwurf für einen Intelligenz-Verstärker« von Ross Ashby, den Erfinder des Homöostaten und Autor von *Design for a Brain* (1952) als Computer, »Die Darstellung von Ereignissen in Nervennetzen und endlichen Automaten« von Stephen C. Kleene, also die Begründung des maschinellen Lernens auf neuronaler Basis. Das Universalgenie John von Neumann beschrieb in »Wahrscheinlichkeitslogik und der Aufbau zuverlässiger Organismen aus unzuverlässigen Bestandteilen«, dass Computer menschliche Input-Fehler korrigieren können und der richtige Output erzielt wird, dass Computer also menschliche Fehler automatisch ausbessern können. Edward F. Moore zeigt in »Gedankenexperimente mit sequentiellen Maschinen« die Wirklichkeit als Produkt unserer Modelle. Er klärt das Verhältnis zwischen Ontologie, was da ist, und Epistemologie, was wir wissen über das, was da ist. Ein Experiment führt nicht zu Tatsachen, sondern verifiziert das Modell. Aber Modelle liefern neues Wissen über Tatsachen, was zu verbesserten Modellen führt. Ein *circulus creativus*.

Intelligente Rechenmaschinen

Automaten können also »intelligentes Verhalten« simulieren, z. B. schneller und besser rechnen als Menschen, schneller und besser Schach spielen als Menschen. Wenn wir also übereinstimmen, dass Rechnen etwas mit Intelligenz zu tun hat und Maschinen rechnen können, weil wir es ihnen beigebracht haben, genauer und richtiger gesagt, weil wir Menschen über Jahrtausende nachgedacht haben, wie Rechnen funktioniert und je nach unserem Wissensstand Rechenmaschinen gebaut haben, dann ist man versucht zu sagen: Es gibt intelligente Maschinen. Ein Sachverhalt ist aber durch Rechenmaschinen eindeutig gegeben: ein mentaler Vorgang im menschlichen Gehirn kann durch eine mechanische bzw. elektronische Maschine simuliert werden. Es gibt also eine Beziehung zwischen Mentalismus und Mechanismus, eine isomorphe Beziehung, und keinen Dualismus à la René Descartes: Res extensa (ausgedehnte Dinge) und Res cogitans (denkende Dinge). Mit Alexa und Siri gibt es »sprechende Dinge«, also Res extensa, die auch Res cogitans sind, etwas, das vor Jahrhunderten unvorstellbar war.

Wir Menschen versuchen also im Feld der AI, das Gehirn und seine Tätigkeit durch simulative Nachbauten aller Art besser zu verstehen. Wir beobachten, dass Maschinen Teilfunktionen unserer Gehirntätigkeit wie Rechnen, Sprechen, Gesichtserkennung über-

---

[1] Claude E. Shannon und John McCarthy (Hg.), *Studien zur Theorie der Automaten* (1956), übersetzt von Franz Kaltenbeck und Peter Weibel, Rogner & Bernhard, München, 1974.

nehmen und zum Teil besser ausführen können als Menschen. Künstliche neuronale Netze ermöglichen beispielsweise maschinelles Deep Learning. Aus diesen Modellen werden wieder neue Erkenntnisse über die Gehirnfunktionen erworben, die zu noch besseren Modellen führen. An AI-Konzepten wird also schon seit Jahrhunderten gearbeitet. Doch erst jetzt, wo AI auch unseren Alltag bestimmt und nicht mehr nur ein Teil der abstrakten Wissenschaften ist, wird sie auch vom Mainstream entdeckt.

Algorithmus und Programm
Algorithmus ist ein grundlegender Begriff der Mathematik als allgemeines Verfahren zur Lösung einer Klasse von Problemen. Das Wort »Algorithmus« geht auf den Namen des persisch-arabischen Mathematikers Muhammad ibn Musa al-Chwārizmī (latinisiert Algorismi, ca. 787–850) zurück, der das Buch *Liber algorismi* (um 820, in lateinischen Übersetzungen erhalten) über die Behandlung algebraischer Gleichungen verfasst hat. In der Abhandlung findet sich die Gesamtheit der Regeln zum formalen Lösen von Gleichungen. Diese Handlungsanweisungen bilden die Grundlage für die Gleichungslehre. Für die Handlungsvorschriften wurde später der Begriff »Algorithmus« aus dem Namen des Verfassers abgeleitet.

Im 20. Jahrhundert begannen Logiker und Mathematiker, sich an der mangelnden mathematischen Genauigkeit der gängigen Definition eines Algorithmus zu stören. Um 1930 wurde die Theorie des Algorithmus präzisiert und durch die Arbeiten von Kurt Gödel, Jacques Herbrand, Alonzo Church, Stephen C. Kleene, John Barkley Rosser, Emil L. Post und Alan M. Turing mit dem Begriff der berechenbaren Funktion verknüpft. Damit eine Funktion berechenbar ist, muss es einen Algorithmus geben, mit dessen Hilfe man für jedes Argument den zugehörigen Funktionswert errechnen kann. Dadurch wurden Algorithmen bei der Computerprogrammierung zum bedeutendsten Einsatzgebiet. Jedes Problem, das programmierbar ist, ist mit jeder heutigen Programmiersprache algorithmisch lösbar.

Eine intuitive Verwendung des Algorithmus in der Kunst gibt es seit den 1960er-Jahren als Anweisungen für den Betrachter, mit Kunstwerken physisch zu interagieren – in der Op Art, Kinetik, konstruktiven Kunst, in der Skulptur, in den Handlungskünsten wie Fluxus, Happening, Performance und vor allem in der Medienkunst, in der die partizipative Performanz des Publikums zum Durchbruch gelangte.

Kreative Handlungsanweisungen
Die von AI unterstützte Kunst von heute ist der vorläufige Höhepunkt der algorithmischen Kunst. Das Objekt der Malerei oder Skulptur wurde durch Handlungsanweisungen ersetzt, siehe beispielsweise Franz Erhard Walthers Publikation *OBJEKTE, benutzen* (1968). Der Gegenstand wurde von der Gebrauchsanweisung abgelöst, die jeden Gegenstand implizit immer schon begleitet hat. Diese Handlungsanweisungen an den Benutzer eines Gegenstandes bzw. den Betrachter eines Bildes führten langfristig zur expliziten Integration der Rezipierenden. Sie haben nun ausdrücklich an der Konstruktion des Kunstwerkes wesentlichen Anteil. Der Benutzer bzw. Betrachter ist eine der Variablen des vom Künstler definierten algorithmischen Kreationsprozesses. Das Kunstwerk als Resultat einer auszuführenden Regel entsteht in Abhängigkeit von dieser Variablen, dem Betrachter. Diese ästhetische Wendung wurde in der Musik wie auch in der bildenden Kunst durch den Computer wesentlich weitergeführt, da die berechenbare Musik bzw. das berechenbare interaktive Bild in seiner Entstehung von Entscheidungsprozeduren des Beobachters abhängig ist.

Nobelpreisträger Dennis Gábor fürchtete noch 1958: »Ich hoffe aufrichtig, dass Maschinen niemals den kreativen Künstler ersetzen werden, aber ich kann nicht guten

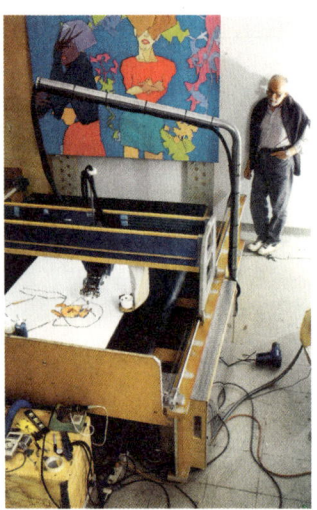

Harold Cohen mit seinem Zeichenroboter und dessen Werken im Computer Museum, Boston/MA, 1995

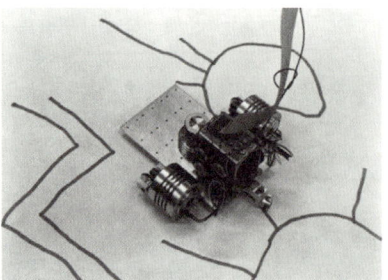

Harold Cohens »Turtle«-Roboter, der in der Ausstellung *Drawings* im Museum of Modern Art San Francisco zeichnet, 1979

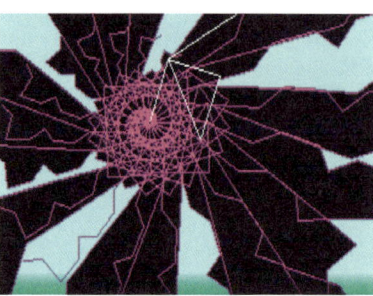

Roman Verostko, *The Magic Hand of Chance*, 1982–1985, computergeneriertes Video, in BASIC geschrieben

Gewissens sagen, dass sie es niemals könnten.«[2] Gábor hatte mit seiner Vermutung recht! Computer konnten den Künstler ersetzen – zumindest teilweise.

1964 erschien der Artikel »The Electronic Computer as an Artist«[3], und 1965 publizierte J. R. Pierce im *Playboy* seinen Text »Portrait of the Machine as a Young Artist«[4]. In den frühen 1960er-Jahren haben sich dann Begriffe wie »Computer Graphics« (1960, William Fetter, Mitarbeiter von Boeing), »Computer-Generated Pictures« (Ausstellung in der Howard Wise Gallery, New York, 1965) und schließlich »Computer Art« durchgesetzt. Das Magazin *Computers and Automation* forderte bereits 1963 seine Leserschaft auf, sich an einem »Computer Art Contest« zu beteiligen.

Pionier Harold Cohen

Der Brite Harold Cohen war ein Künstler, der die Beziehung zwischen Kreativität und Algorithmen exploriert hat wie kaum ein anderer. Er beschreibt Computerkreativität wie folgt: »[...] obgleich ich mein Ziel immer als Programmautonomie und nicht als Kreativität gesehen habe. Vielleicht ist das nur ein anderes Etikett für dieselbe Verpackung, aber da, wo ich nicht gewusst habe, wie ich auf dem Weg zur Kreativität vorgehen sollte, war der Weg zur Autonomie jedenfalls klar. Es bedeutete einfach, dem Programm einen stetig wachsenden Bereich an Verantwortung für die Entscheidungen, die zur Herstellung von Kunstobjekten führen, zu überlassen. Das ist der Weg, den ich bestreite, seit ich vor vierzig Jahren mein erstes Computerprogramm geschrieben habe [...].«[5] Harold Cohen, Programmierer, Ingenieur, Roboterkünstler, Pionier der algorithmischen, digitalen und generativen Kunst, war

---

2   Dennis Gábor, *The Inaugural Address*, Imperial College, London, 1958; Übersetzung des Autors.
3   Leslie Mezei und Arnold Rockmann, »The Electronic Computer as an Artist«, in: *Canadian Art Magazine*, Vol. 21, Nr. 6, 1964, S. 365–367.
4   J. R. Pierce, »Portrait of the Machine as a Young Artist«, in: *Playboy*, Vol. 12, Nr. 6, S. 148–150, 182, 184.
5   Harold Cohen, »The Art of Self-Assembly: the Self-Assembly of Art«, in: *Dagstuhl Seminar Proceedings 09291. Computational Creativity: An Interdisciplinary Approach,* online: http://drops.dagstuhl.de/opus/volltexte/2009/2202.

erst sehr erfolgreich als Maler in England tätig. Als solcher nahm er 1964 an der documenta III in Kassel teil und 1966 an der Biennale von Venedig. Doch nach seiner Übersiedlung in die USA 1968 begann er, sich für die Beziehung zwischen Ästhetik und Algorithmus zu interessieren. 1969 gründete er das Center for Research in Computing and the Arts an der University of California in San Diego. 1971–1973 wurde er von Edward Feigenbaum in dessen Artificial Intelligence Lab an der Stanford University als Gastkünstler eingeladen. Dort entwickelte er seinen ersten computergestützten Zeichenroboter *Turtle*, eine mechanische Schildkröte, die auf einer großen Fläche aus Papier herumfuhr und zeichnete. Mit der »Schildkröte« wurde Cohen 1977 zur documenta 6 eingeladen, in der Abteilung »Zeichnung«, anschließend im Stedelijk Museum in Amsterdam. Seit 1974 arbeitete Cohen an AARON, einem Algorithmus für die Zeichenbewegungen eines autonomen Computers, ein computergestütztes Expertensystem bzw. AI-System zur Erzeugung von Gemälden und Zeichnungen, sowohl abstrakt als auch figurativ. Ab 1995 schuf AARON nicht nur Formen, sondern auch Farbbilder mithilfe von LISP, der Lingua franca der künstlichen Intelligenz, einer Silicon Graphics Workstation und eines Roboterarms. Cohen verwendete dafür verschiedene Computer wie Data General Nova, DEC's PDR-11 und VAX sowie Programmiersprachen wie Fortran, C+ und LISP.

Algorithmic Art
Inkunabeln der Algorithmic Art schuf auch Roman Verostko, ehemaliger Maler und Priester, der 1970 am Center for Advanced Visual Studies am MIT in Boston tätig war und 1979 eine Serie von elektronischen Skulpturen, *Decision Machine Suite*, zu Ehren von Norbert Wiener schuf. 1982 zeigte er algorithmische Sequenzen auf einem Monitor, *The Magic Hand of Chance*, 1988 computererzeugte Gemälde und Zeichnungen in Echtzeit. 1991 organisierte er das Symposium *Art & Algorithm – Mind & Machine* zu Ehren des Logikers George Boole. 1995 war er Mitbegründer der Gruppe Algorists.

Algorithmic Art wurde sodann in den 1990er-Jahren zu einer Sparte der Medienkunst respektive Digital Art. *Zur Rechtfertigung der hypothetischen Natur der Kunst und der Nicht-Identität in der Objektwelt* (1992) von Peter Weibel ist beispielsweise eine interaktive Computerinstallation, welche die Illusion belebter Bildwelten wiedergibt. Sie bedient bereits einige Kennzeichen der AI Art mit ihrer Virtualität, Variabilität und Viabilität: Die Schnittstelle zwischen der realen Welt des Betrachters und der simulierten Welt ist eine in den Boden eingelassene Kontaktmatte, eine begehbare Tastatur, wie eine begehbare Schreibmaschine. Es gibt 32 Sensoren, aufgeteilt in eine primäre Reihe von vier Sensoren, welche die Wahl einer von vier virtuellen Welten ermöglichen. Ist einmal eine virtuelle Welt ausgewählt, gibt es 28 Sensoren zur Darstellungsänderung und spezifischen Manipulationen in der jeweiligen Welt: Welt der Buchstaben, Welt der Objekte, Raumwelt, Welt der Gaswolken. In der Textwelt sind den Sensorflächen Buchstaben zugeordnet, die, nach Anregung durch den Betrachter, im Raum verschiedene Wortskulpturen bilden.

Weitere Sensortasten ermöglichen freie Übersetzungen der Buchstaben entlang der drei Raumachsen, freie Größenskalierungen und Rotationen um die Raumwinkel und Spezialfunktionen wie »draw over«, »memory«, »outline«, »Punktdarstellung«. Zum einen sieht sich der Betrachter einer dynamischen Bildwelt gegenüber, in der er Anfangsbedingungen interaktiv ändern kann. Die virtuelle Welt verhält sich den Rezipierenden gegenüber variabel und viabel. Zum anderen erlaubt die virtuelle Welt des Raumes direkte geometrische Operationen ihrer Module. Der Raum richtet sich selbst ein, die vielen Variationen transformieren den dynamischen Raum ständig zum Abbild seiner selbst. Das Wort »Gas« ist ein Neologismus des 19. Jahrhunderts und bedeutet »Chaos«. Die Gaswolken sind als Lebewesen projiziert. Sie fressen sich oder vermehren sich, sie leben oder sterben je nach Farbe.

robotlab (Matthias Gommel, Martina Haitz und Jan Zappe), *manifest*, 2008/2017, Roboterinstallation, Robotertyp: KUKA KR 16, sechsachsiger Knickarm-Industrieroboter, Geschwindigkeit: ca. achtzig Manifeste pro Tag, Idee: Peter Weibel; Ausstellungsansicht ZKM | Karlsruhe

FLICK_KA mit KI

Gegenwärtig wird es zunehmend schwieriger, computergenerierte digitale von fotografischen Bildern zu unterscheiden. Diese neue Form des Turing-Tests stellt Betrachter die Frage, ob es sich bei den digitalen Fotografien um Abbilder realer Menschen oder um Bilder handelt, die computergenerierte Menschen zeigen. Können die Bilder nicht voneinander unterschieden werden, hat die Maschine den Test bestanden. Künstlich generierte fotorealistische Bilder werden neben realen Fotografien einem Diskriminator-Netzwerk vorgelegt, das versucht, künstlich erzeugte digitale und echte fotografische Bilder zu sortieren.

Der von Matthias Gommel und Peter Weibel entwickelte Fotoautomat *FLICK_KA* sammelte über zehn Jahre im Foyer des ZKM | Karlsruhe Porträtfotos von über 50.000 Besucherinnen und Besuchern.[6] Ihre Bildnisse dienten Daniel Heiss als Trainingsdatensatz für den Algorithmus, der aus den kombinierten Charakteristika aller fotografierten Personen vollkommen künstliche digitale Porträts generiert. Die Arbeit stellt die Frage: who is generated, who is born? Eine Frage, die jedoch zunehmend obsolet scheint, wenn künstliche Kreaturen selbst kreativ werden.

Grundtexte eines Roboters

Künstlerische oder politische Manifeste werden normalerweise von Menschen geschrieben. Auch Texte über Maschinenästhetik und -kunst werden von Menschen geschrieben statt

---

6   Vgl. http://flickka.zkm.de

Daniel Heiss, *Flick KA AI. Ein Turing-Test*, 2019, Website, Programm: Generative Adversarial Network basierend auf StyleGAN, Programmiersprache: Python 3.6

von Maschinen – ein Widerspruch. Daher kam mir 2008 die Idee, die Gruppe robotlab zu bitten, mit ihren avancierten Software- und Hardwarekenntnissen ein Manifest zur Roboterkunst bzw. -ästhetik nicht von Menschen, sondern von einem Roboter in einem autonomen Prozess selbst schreiben zu lassen. Dabei greift der Roboter auf die Struktur einer generativen Grammatik zurück sowie auf einen Fundus von Begriffen aus den Themenbereichen Kunst, Philosophie und Technik. Die gespeicherten Worte und Begriffe werden mithilfe von AI innerhalb von Satzstrukturen miteinander variiert. So ergeben sich viele erstaunliche Paraphrasen ästhetischer Leitsätze: Roboterpoesie. Durch die Kombination von System und Zufall ist jedes Manifest ein nummeriertes Unikat. 2017 wurde diese Idee noch einmal aufgegriffen, diesmal zum Themenbereich Maschinenethik. Roboter verordnen sich nach dem Modell der Menschenrechte selbst eine Maschinenethik. Erleben wir hier gerade die Emanzipation der KI?!

Dieser Text ist im *Kunstforum International,* Band 278: *Kann KI Kunst? AI ART: Neue Positionen und technisierte Ästhetiken*, November/Dezember 2021, herausgegeben von Pamela C. Scorzin, S. 76–87, erschienen.

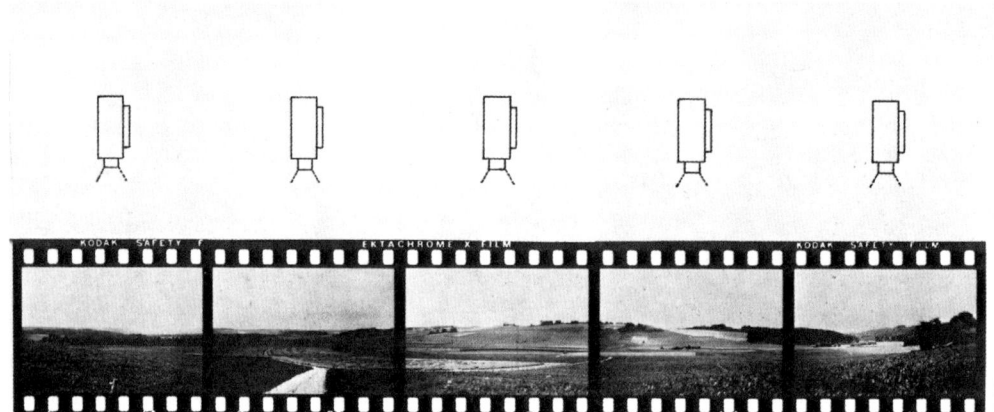

Konrad Balder Schäuffelen und Peter Weibel, *Zur Natur der Technik – Landschaft mit Feinkorn*, 1972, Dia-Installation zur Ökologie, *Musik Film Dia Licht Festival*, München

Kommentare zur Natur der Technik

1976

Et où, me direz-vous, le mathématicien pourrait-il entendre la réponse de la nature? La voix de la réalité est dans le sens du symbole.[1]
RENÉ THOM

Der einsame Wanderer, der in der (von Menschen) unberührten Landschaft die Ruhe der Natur sucht und findet, ist sich zumeist nicht bewusst, dass gerade er derjenige ist, der diese Landschaft mit seinen Füßen betritt und in ihrer Ruhe stört, sozusagen die Einsamkeit der Natur entzweit, und dass gerade er durch seine antizivilisatorische Bewegung als Bote eben jene Zivilisation, der er entflieht, in die Natur einbringt. Mit seinem Erscheinen in der Natur wird diese Teil der Zivilisation: In Kürze werden Raststätten errichtet und mit ihnen breite Zufahrtsstraßen, damit eine größere Mehrheit lärmend dieser Ruhe der Natur teilhaftig werden kann. Dem Erholungssuchenden wird eine Autobahn an den Ort seiner Erholung gebaut. Solcherart wird die Erholung von dort vertrieben, dorthin, wo ihr wieder nachgefolgt wird. Durch die Suche nach der Ruhe der Natur breitet sich die Unruhe unserer Zivilisation aus. Die Folgen dieses Gesetzes einer kontagiösen Progression bedecken die Erde.

Noch weniger bewusst ist sich dieser Wanderer wahrscheinlich, dass er in diesem alltäglichen Vorgang ein fundamentales Gesetz wiederholt, das prinzipiell Natur und Technik verbindet, zwei Begriffe, die üblicherweise als Gegensätze betrachtet werden. Das Kontagium ist nämlich erkenntnistheoretischer Natur, ein Kreislauf von ontologischem Rang, ein Feedback, den sowohl die Natur als auch die Erkenntnisorgane strikt implizieren. Die Rückkoppelungsdynamik, die über Natur und Technik verhängt ist, stellt jene Krise unserer Zivilisation eindringlich vor und dar, die wir eine ökologische nennen. Deshalb hat Konrad Balder Schäuffelen unserem gemeinsamen Werk *Zur Natur der Technik*, das aus Überlegungen über die Beziehungen zwischen Konzepten und Perzepten (Begriffen und Sinnesdaten) entstand, den Untertitel *Landschaft mit Feinkorn* gegeben.

Die Elemente der Technik, wie Werkzeuge und Maschinen, werden allgemein als Ausdehnungen und Verlängerungen unserer Sinnesorgane interpretiert. Diese Analogie zwischen Organismus und Maschine, der die Kybernetik entspringt, ist der Keim der paradoxen Verkettung von Natur und Technik. Um diesen Gesichtspunkt zu verstehen, muss man sich vorerst darüber einigen, was die Sinnesorgane bzw. Werkzeuge sind und was sie leisten. Wenn die Werkzeuge Bestandteile der Technik sind, Produkte unserer kognitiven wie manuellen Fähigkeiten, dann sind die Sinnesorgane offensichtlich Bestandteile der Natur (eine genetische Erbschaft). Das Auge, eine Hand etc. sind keine technischen Produkte, sondern Stücke der Natur, Teile des natürlichen Organismus. Doch eine schärfere

---

[1] René Thom, *Modèles mathématiques de la morphogénèse*, Inédit, Paris, 1974, S. 312.

Überprüfung zeigt, dass diese Grenzen verwischt sind, ja, dass in obigen Formulierungen selbst bereits die ambivalente Zugehörigkeit zu Wort kommt. Gegenüber der Technik empfindet der Mensch seine Organe als ein Stück Natur, als ein Stück von ihm selbst. Diese Identität von Natur und Selbst löst sich aber, wenn das Selbst der Natur gegenübersteht: Dann fühlt das Subjekt seine Organe nicht ihm selbst zugehörig. Im Falle von Krankheit beispielsweise spürt es das Fremde in seinen Organen, die fremde Gewalt der Natur, spürt es seine Organe als Schmerzen. In bestimmten Bewusstseinszuständen trennt sich der Geist vom Leib, wird der Leib zum Anderen, zur fremden Natur. Die Sinnesorgane sind als »Pforten der Wahrnehmung« Tore nach außen wie nach innen, Pforten der Innenwelt wie der Außenwelt. Es gilt nicht nur für das Tier, »dass es in jedem [...] einen inneren physikalischen Prozess E gibt, der isomorph zum umgebenden Raum ist.«[2] Deswegen sind die Organe ein Teil des Menschen (seiner selbst) wie ein Teil der Natur. Die Teilung des menschlichen Organismus in ein Territorium des Subjekts und ein Territorium der Natur ist also niemals gänzlich aufhebbar bzw. eine vollständige Zuteilung nicht durchführbar. Umgekehrt tragen die Werkzeuge Aspekte der Natur in sich: Sie gehorchen den Gesetzen der Natur, sie bestehen zumeist aus natürlichen Materialien, sie sind Modellen der Natur nachgebildet, sie entspringen den Erkenntnissen der Naturwissenschaften. Der Charles Darwin der Maschinenwelt, Samuel Butler, hat sogar eine Evolutionstheorie der Maschinen entworfen, welche die Grenze zwischen organischer und anorganischer Welt aufhebt.[3] Was tun die Sinnesorgane? »Ein Apparat wie das Auge beruht auf einer perfekten Simulation der optischen Gesetze. Die wesentliche Funktion unserer Sinnesorgane ist, uns mit einer möglichst (auch metrisch) getreuen Kopie des umgebenden Universums zu versehen.«[4]

Die Richtigkeit dieser Modelle, d. h., in welchem Maße sie die Gesetzlichkeiten der Natur zu erkennen, zu kopieren und umzusetzen vermochten, beweist ihre Effektivität. Die Konstruktion der Realität durch unsere Sinnesorgane erführe eine starke Einschränkung, wären nach Immanuel Kant Raum und Zeit Formen der Anschauung, die a priori vorgegeben sind und jeder Erfahrung vorausgehen und diese überhaupt erst ermöglichen.[5] Seit der Relativitätstheorie auf theoretischer und seit der Raumfahrt auf praktischer Ebene wird dieses Dogma wohl schwerlich zu verteidigen sein. Man wird vielmehr eingestehen müssen, dass wir bei der Konstruktion der Realität auf genetische Weise über zerebrale Mechanismen verfügen, welche die realen Gesetze der Mechanik simulieren. Und den Ursprung des konzeptuellen Denkens bildet die Invasion des Zerebralen durch das Genetische, was übrigens nur ein anderer Aspekt der Analogie von Organ und Werkzeug ist.

---

2 »Il faut observer que dans tout animal il y a un processus physique interne E isomorphe à l'espace qui l'entoure«, Thom 1974, S. 159; Übersetzung des Autors.

3 Vgl. hierzu insbesondere das »Traktat von den Maschinen« in Samuel Butlers Buch *Erewhon* (1872). Bemerkenswert ist, in welch hohem Maße seine Evolutionstheorie, der Organismusgedanke, die Anwendung der Entwicklungslehre auf die mechanische Welt im Werk dieses Schriftstellers und Privatgelehrten Gedanken der Kybernetik vorwegnahmen. Seine Ansicht der Maschinen als »extrakörperliche Glieder« legte er in einem Aufsatz aus dem Jahre 1865 nieder: »they are to be regarded as the mode of development by which human organism is most especially advancing, and every fresh invention is to be considered as an additional member of the resources of the human body.« Samuel Butler, »Lucubratio Ebria«, in: ders., *A First Year in Canterbury Settlement With Other Early Essays*, A. C. Field, London, 1914, S. 186-194, hier S. 190f. Sie haben auffallende Parallelen zu Formulierungen Henri Bergsons aus dem Jahre 1915: »Jede neue Maschine war für den Menschen ein neues künstliches Organ, das seine natürlichen Organe verlängert.« Henri Bergson, *La Signification de la guerre*, Bloud et Gay, Paris, 1915, S. 19; Übersetzung des Autors. Hélas, adieu McLuhan.

4 »Un appareil comme l'œil repose sur une simulation parfaite des lois de l'optique. [...] la fonction essentielle de l'appareil sensoriel [...] est de fournir une copie aussi fidèle que possible (même métriquement) del'univers qui l'entoure.« Thom 1974, S. 104f.; Übersetzung des Autors.

5 Vgl. Immanuel Kant, *Kritik der reinen Vernunft*, in: ders., *Werke in zwölf Bänden*, Bd. 3, Suhrkamp, Frankfurt/M., 1977, S. 7.

Und was leisten die Werkzeuge? Auch das Teleskop ist ein Apparat, der auf einer perfekten Simulation der optischen Gesetze beruht. Sind die Sinnesorgane unsere Vermittlungsorgane zur Natur, so auch die Werkzeuge. Die Instrumente der modernen Technologie wie Mikroskop, drahtlose Telegrafie etc. haben die Reichweite unserer Sinnesorgane, unserer Gehirne und unserer Glieder weit ausgedehnt und damit auch die ontologische Reichweite, den Umfang dessen, was da ist und wie es da ist. Bekanntlich sind an einem Modell seine ontologische Tragweite und die maximale Vermeidung willkürlicher Parameter das Wichtigste. Insofern sind effektive Werkzeuge auch Modelle.

Die Sinnesorgane liefern Modelle von der Umgebung, abstrakter ausgedrückt: Theorien, Hypothesen. Bewährte effektive Simulationen schlagen sich auch in Werkzeugen nieder. Es entstehen physische Modelle von Theorien - Maschinen. Zu welcher Komplexität solche Modelle von Theorien anwachsen können, komplex sowohl in theoretischer wie in praktischer Hinsicht, zeigen die abstrakten Automaten, die selbstregulierenden Flugkörper, die Computer, der selbstreproduzierende Automat usw.

»If the organism carries a ›small-scale model‹ of external reality and of its own possible actions within its head, it is able to try out various alternatives, conclude which is the best of them, react to future situations before they arise [...]«[6], heißt es in einem für die Ideengeschichte der Kybernetik wichtigen Werk von Kenneth Craik, *The Nature of Explanation*, worin in Einklang mit den vorstehenden Gedanken über die Sinnesorgane eine »Modellierungstheorie« des Denkens vertreten wird: »My hypothesis then is that thought models, or parallels, reality - that its essential feature is not ›the mind‹, ›the self‹ ›sense-data‹, nor propositions but symbolism, and that this symbolism is largely of the same kind as that which is familiar to us in mechanical devices which aid thought and calculation.«[7] Auch René Thom unterschreibt diese Kontinuität: »Die wesentliche Funktion der menschlichen Intelligenz ist, die Gesetze, die Strukturen der äußeren Welt zu simulieren [...].«[8]

Diesen Gedanken, dass die Sinnesorgane die neuronalen und zerebralen Mechanismen modellieren und Modelle liefern, einmal erfasst, dem folgenden Gedanken, dass diese Modelle sich in Werkzeugen, Instrumenten, Maschinen physikalisch implementieren, einmal zugestimmt, können wir mit unseren Gedanken weitergehen und den zirkulären Effekt dieser Modell- und Theorienbildung ins Auge fassen.

Craiks Frage: »What structures and processes are required in a mechanical system to enable it to imitate correctly and to predict external processes or create new things?« und seine Antwort: »representation by symbols, calculation, and retranslation into events« führen die Analogie von Organ und Werkzeug zu Ende und in die Zirkularität: »What is knowledge, if we are but a part of the mechanical system of the world we seek to know? What becomes of our ceaseless effort to explain the universe we live in, if explanation is

---

6   Kenneth Craik, *The Nature of Explanation*, Cambridge University Press, Cambridge, 1943, S. 61.
7   Ibid., S. 57.
8   »La fonction essentielle de l'intelligence humaine, simuler les lois, les structures du monde extérieur [...].« Thom 1974, S. 250; Übersetzung des Autors. »Il n'est peut-être pas absurde de voir dans les démarches les plus élaborées du psychisme humain - par exemple la découverte mathématique - un prolongement direct de ce mécanisme de création symbolique. [...] [qui] libère l'esprit de la tyrannie du ›hic et nunc‹ à laquelle l'animal demeure soumis.« [»Es ist vielleicht nicht absurd, in den elaboriertesten Vorgangsweisen des menschlichen Psychismus - z. B. in der mathematischen Entdeckung - eine direkte Verlängerung des Mechanismus der symbolischen Kreation zu sehen, [...] die den Menschen von der Tyrannei des hic et nunc befreit, welcher das Tier unterworfen bleibt.«] Ibid.; Übersetzung des Autors.

but a part of the mechanical process?«[9] Mit anderen und erweiterten Worten bzw. Vorstellungen gesagt: Das Modell der Erklärung ist verantwortlich für die Modellierung des Objekts, die Erklärung der Natur hängt ab von der Natur der Erklärung, die Modelle von der Natur sind bestimmt durch die Modelle der Erklärung, welche wiederum von den Modellen der Natur beeinflusst werden. Die Verlängerung und Veränderung unserer Sinnesorgane durch die Werkzeuge und Theorien bringt neue Modelle unserer Umgebung mit sich. Frucht dieser neuen Modellierung können neue Werkzeuge sein, die wiederum die Umgebung verändern und neu modellieren.

Angesichts dieser verwirrenden Situation, dieser steten wechselseitigen Veränderung ad infinitum, dieser spiralartigen Rotation um eine gemeinsame Achse ist natürlich der Wunsch nach Vereinfachung geäußert worden. Ewige Wiederkehr des Gleichen, deterministischer Materialismus, prästabilisierte Harmonie, Finitismus etc. lauten die Namen dieser verständlichen Vereinfachungen. Man ist dabei von der naiven Vorstellung ausgegangen, dass man Theorie und Realität objektiv trennen könne, dass die Theorienbildung bei der Wahrnehmung und Konstruktion der Realität durch den Menschen einfach wegsubtrahiert werden könne, d. h. der subjektive menschliche Beitrag und die objektive Realität säuberlich getrennt werden könnten. Willard Van Orman Quine hat für die Unhaltbarkeit dieser Betrachtungsweise ein schönes Beispiel gefunden: »In assimilating this cultural fare we are little more aware of a distinction between report and invention, substance and style, cues and conceptualization, than we are of a distinction between the proteins and the carbohydrates of our material intake. Retrospectively we may distinguish the components of theory-building, as we distinguish the proteins and carbohydrates while subsisting on them. We cannot strip away the conceptual trappings sentence by sentence and leave a description of the objective world; but we can investigate the world, and man as a part of it, and thus find out what cues he could have of what goes on around him.«[10] Diese Illustration ist ein Echo des Satzes von Otto Neurath: »Wie Schiffer sind wir, die ihr Schiff auf offener See umbauen müssen, ohne es jemals in einem Dock zerlegen und aus besten Bestandteilen neu errichten zu können.«[11] Aus dieser reziproken Evolution von Natur und menschlichem Geist entstehen unter anderem auch die bekannten für einen finiten Standpunkt formalen Limitationen der menschlichen Erkenntnis. Ist der Mensch Teil der Natur, Teil des Systems, das ihn umgibt, dann heißt Beobachtung der Natur immer auch Beobachtung seiner selbst. Das schafft selbstreferenzielle Bezüge, die in Unentscheidbarkeiten, Unvollständigkeiten, Unbestimmbarkeiten enden müssen. Berühmte Beispiele aus jüngster Zeit sind: Die Relativitätstheorie etabliert die Unhaltbarkeit eines objektivierbaren (absoluten) Raumes und einer objektivierbaren (absoluten) Zeit. Die Komplementaritätstheorie von Niels Bohr, die eine unvollständige Beschreibung des physikalischen Systems in Kauf nimmt, findet in der Heisenbergschen Unschärferelation ihre klarste Formulierung: Ort und Impuls (Geschwindigkeit) eines Teilchens lassen sich in ein und demselben Experiment nicht zugleich beliebig genau bestimmen. Das Nernst'sche Theorem beschreibt die Unerreichbarkeit des absoluten Nullpunkts. Die Grenzen der optischen Beobachtbarkeit äußern sich außerhalb der angestammten Sinneskategorien, z. B. in der Astrophysik, oft als Paradoxien: Der Gravitationskollaps eines kugelsymmetrischen Objekts, d. h. ein Himmelskörper, der so

---

9   Craik 1943, S. 97. Vgl. auch S. 59: »human thought has a definite function; it provides a convenient small-scale model of a process« und S. 120f.: »Assuming then the existence of the external world I have outlined a symbolic theory of thought, in which the nervous system is viewed as a calculating machine capable of modelling or paralleling external events, and have suggested that this process of paralleling is the basic feature of thought and of explanation.«

10   Willard Van Orman Quine, *Word and Object* (1873), The MIT Press, Cambridge/MA, 1960, S. 5.

11   Otto Neurath, »Protokollsätze«, in: *Erkenntnis*, Vol. 3, Nr. 1, 1932/1933, S. 204-214, hier S. 206.

hell leuchtet, dass kein Licht mehr aus ihm nach außen dringt, zeigt sich als sogenanntes schwarzes Loch. Eine wichtige Entsprechung zu Heisenbergs Unbestimmbarkeitsprinzip hat Edward F. Moore für die Automatentheorie gefunden: Es gibt eine Metamaschine, deren zwei Zustände unterscheidbar sind, aber es gibt kein einfaches Experiment, das bestimmen kann, in welchem Zustand die Maschine zu Beginn des Experiments war. Die Feststellung des einen Zustands löscht die Möglichkeit der Feststellung des anderen.[12]

Kurt Gödel hat 1931 die Unvollständigkeit der Arithmetik gezeigt, d. h., dass es kein rekursiv axiomatisierbares Axiomensystem gibt, welches nur ihre gültigen Formeln ableiten lässt, es sind also Formeln ableitbar, deren Gültigkeit mit den Mitteln des Systems selbst nicht entscheidbar ist.[13] In seinen Princeton-Vorlesungen von 1934 hat Gödel dieses Ergebnis verallgemeinert zu dem Theorem, »daß eine vollständige erkenntnistheoretische Beschreibung einer Sprache A nicht in derselben Sprache A gegeben werden kann, weil der Wahrheitsbegriff der Sätze von A nicht in A definiert werden kann. Es ist dieses Theorem, das den wahren Grund bildet für die Existenz unentscheidbarer Sätze in den formalen Systemen, welche die Arithmetik enthalten.«[14] Zu den fundamentalen Entdeckungen der Begrenzungen bestimmter Formalisierungen gehören in diesem Zusammenhang natürlich auch die Arbeiten von Albert Thoralf Skolem, Alonzo Church, Emil Leon Post und Alan Turing etc.[15]

Diese Reihe von Unentscheidbarkeiten, Unbestimmbarkeiten etc. ist unter anderem das Ergebnis der von uns aufgezeigten ontologischen Voraussetzungen, deren Methodenreinheit für die Verkoppelung von Realität und Geist zwei Wege ausschließt: Mechanismus und Theologismus. Wer einen Gegensatz zwischen Natur und Technik, zwischen Materie und Geist, zwischen natürlicher und menschlicher Produktivität erklärt, geht davon aus, dass Beobachtung und Theorienbildung völlig zu trennen wären, dass der Mensch aus dem bestehenden Universum abgezogen werden könne. Das Ergebnis solchen Denkens kann konträr interpretiert werden. Solches Denken kann einem totalen Mechanismus verfallen; die Kenntnis aller Zustände der gegenwärtigen Welt würde dann genügen, die künftige Welt voraussagen zu können, die Entwicklung wäre dann von der Materie vorherbestimmt. Der andere Verfall solchen Denkens ist die totale Theologie, alles ist von Gott vorherbestimmt, Gott und die ewigen unbekannten Gesetze des Himmels lenken und denken und

---

12   Edward F. Moore, »Gedanken-Experiments on Sequential Machines«, in: Claude E. Shannon und John McCarthy (Hg.), *Automata Studies*, Princeton University Press, Princeton, 1956. Wichtige Implikationen dieses Theorems für die Linguistik und Kommunikationstheorie vgl. bei Franz Kaltenbeck »Individualität des Sinns oder Sinn der Individualität«, in: *Manuskripte* Nr. 55, 1977, S. 30-37.

13   Kurt Gödel, »Über formal unentscheidbare Sätze der principia mathematica und verwandter Systeme I«, in: *Monatshefte für Mathematik und Physik*, Jg. 38, 1931. Gödel erreichte dies, indem er für jedes deduktive System, welches seine eigene Metatheorie in formalisierter Form beinhaltet, einen Satz der elementaren Zahlentheorie konstruieren konnte, der wahr ist, wenn er in diesem System nicht ableitbar ist, da er seine eigene Unbeweisbarkeit behauptet.

14   Kurt Gödel in einem Brief an Alfred W. Burks, Herausgeber von John von Neumann, *Theory of Self-Reproducing Automata*, University of Illinois Press, Urbana, Illinois, 1966, S. 55; Übersetzung des Autors.

15   Thoralf Skolem, »Über die Unmöglichkeit einer vollständigen Charakterisierung der Zahlenreihe mittels eines unendlichen Axiomensystems«, in: *Norsk Matematisk Forenings Skrifter*, Vol. 2, Nr. 1-12, 1933; Alonzo Church, »An Unsolvable Problem of Elementary Number Theory«, in: *American Journal of Mathematics*, Vol. 58, Nr. 2, April 1936, S. 345-363, und »Correction to a Note on the Entscheidungsproblem«, in: *The Journal of Symbolic Logic*, Vol. 1, Nr. 3, September 1936, S. 101f.; Alan M. Turing, »On Computable Numbers, with an Application to the Entscheidungsproblem«, in: *Proceedings of the London Mathematical Society*, Series 2, Vol. 42, 1936, S. 230-265, Vol. 43, 1937, S. 544-546; Emil L. Post, »Finite Combinatory Processes - Formulation I«, in: *The Journal of Symbolic Logic*, Vol. 1, Nr. 3, September 1936, S. 103-105; Martin Davis (Hg.), *The Undecidable: Basic Papers on Undecidable Propositions, Unsolvable Problems and Computable Functions*, Raven Press, Hewlett/NY, 1965.

der Mensch ist ihnen unterworfen. Diese zwei Wege werden von den Ergebnissen der Metatheorien ausgeschlossen. Die verschiedenen Beweise der Unentscheidbarkeit sind ein klares Votum dafür, dass das Denken nicht mechanisierbar ist, dass totale Formalisationen, sei es der natürlichen Sprache, sei es von formalen Systemen, nicht durchführbar sind, dass es in der Beschreibung physikalischer wie linguistischer Systeme Unvollständigkeiten geben werde und müsse. *Ex negativo* wird durch diese Ergebnisse der menschliche Geist freigesetzt. Die Konstruktivität und Produktivität des menschlichen Geistes finden gerade in den Unentscheid- und Unbeweisbarkeitsbeweisen ihre triumphalsten Beweise.

Ich habe mir erlaubt, die Ergebnisse der formalen Metatheorien naturphilosophisch zu deuten, weil sie für meine Auffassung der Verkettung von Natur und Mensch, von Natur und Technik, die eine selbstreferenzielle und rekursive ist, die entscheidensten und entschiedensten Probleme der Tätigkeit des menschlichen Geistes, der Symbolisationskraft des Homo sapiens, aufgegriffen haben, die eben selbst durch Rekursivität, Selbstreferenz etc. entstanden sind, mit anderen Worten, durch ein Bedenken des Denkens, durch ein Errechnen der rechnerischen Tätigkeit, durch formale Reflexionen über die reflexiven Fähigkeiten, durch Symbolisationen der symbolischen Fähigkeiten des Menschen.

Probleme der Unentscheidbarkeit sind die eine Seite dieser Auffassung (und von ihr nicht zu trennen). Der Vorteil dieser rekursiven Auffassung des Verhältnisses von Mensch und Natur ist: Eben weil er Bestandteil der ihn umgebenden Realität ist, kann der Mensch diese Realität erkennen. Das ist es wahrscheinlich, was Bohr meinte, als er sagte: »Wir selbst sind Teil der Natur.«[16] Der Mensch als Teil der Natur löst bei der Beobachtung der Natur Wechselwirkungen aus. Durch seine Beobachtung verändert er die Natur (filtert beispielsweise aus ihr die Technik aus). Oder wie Abbé Galiani es ausdrückte: »Man kann sich nicht vor jemandem verbeugen, ohne einem anderen den Rücken zu zeigen.«

Die mathematische Repräsentation der neurophysiologischen Prozesse durch Erik Christopher Zeeman[17] erlaubt, zwischen den Reverberationsphänomenen in den neurologischen Aktivitäten und denen der Linguistik, zwischen der rekursiven neurologischen Aktivität und der rekursiven symbolischen, eine Verbindung zu ziehen. Von der Tätigkeit des Zentralnervensystems bis zu den zerebralen Aktivitäten lassen sich analoge Mechanismen feststellen. Sie alle sind Stufen einer Theorienbildung, von der keine Untersuchung und Wahrnehmung zu trennen ist (sofern wir unter Theorienbildung auch Modellbildung verstehen). Geschieht die Repräsentation der Welt durch neurale, sprachliche und zerebrale Mechanismen, die die Mechanismen der Umgebung imitieren oder parallelisieren, so versteht sich, dass unser Organismus die Realität parallelisieren, modellieren, erkennen und bewältigen kann. Eben weil er Teil des Universums ist, weil er die Regularitäten desselben in sich trägt, kann der Mensch die inneren Regularitäten des Universums repräsentieren. Eben weil ein Teil der Ordnung des Universums im Menschen inhärent ist, kann er die Ordnung des Universums erkennen.[18] In der durch Craik formulierten Modelltheorie können neurale oder andere Mechanismen das Verhalten und die Interaktion physikalischer Objekte imitieren oder parallelisieren und uns solcherart mit Informationen über nicht direkt beobachtbare physikalische Prozesse versorgen. »Our thought, then, has objective validity because it is not fundamentally different from objective reality but is specially suited for

---

16   Vgl. Niels Bohr, *Atomphysik und menschliche Erkenntnis I*, Vieweg, Braunschweig, 1964, S. 1.
17   Erik Christopher Zeeman, »Topology of the Brain and Visual Perception«, in: M. K. Fort (Hg.), *Topology of 3-manifolds*, Prentice Hall, Englewood Cliffs/NY, 1962; ders., »Topology of the Brain«, in: *Mathematics and Computer Science in Biology and Medicine*, Medical Research Council, 1965, S. 277-292.
18   Heinz von Foerster, »Circuitry of Clues to Placonic Ideation«, in: C. A. Muses (Hg.), *Aspects of the Theory of Artificial Intelligence*, Plenum Press, New York, 1962, S. 43-82.

imitating it [...].«[19] Diese naturalisierte Erkenntnistheorie (Quine), die von der Idee eines geschlossenen Kausalkreises ausgeht, worin die Technik ein Produkt von Natur und Theorie ist, findet die beste Definition durch Heinz von Foerster: »Erkenntnis oder der Prozeß der Erwerbung von Kenntnis als rekursives Er-Rechnen.«[20] Unsere Ausführungen haben bereits gezeigt, dass angesichts der Tatsache, dass die Mechanismen der Erklärung der Welt selbst Teil der Mechanismen der Welt sind, jede Erkenntnistheorie, wenn sie taugen soll, eine kybernetische sein muss, d. h. eine, die für die Behandlung der zirkulären Kausalität (wie sie besonders das Verhältnis von Technik und Natur kennzeichnet) gerüstet ist. Von Foerster interpretiert die kognitiven Prozesse als computationale Algorithmen, die selbst berechnet (*computed*) werden. Damit diesen Berechnungen von Berechnungen, sogenannte rekursive Berechnungen, nicht ins Beliebige regredieren, verwandelt er das offene System in ein geschlossenes. Er geht dabei von seinem Postulat der epistemischen Homöostase aus: »Das Nervensystem als Ganzes ist so organisiert (organisiert sich so), daß es eine stabile Realität er-rechnet.«[21] Um mir ein »Stehpult« vorstellen zu können, oder zu wissen, dass hier ein Stehpult steht, muss keine winzige Repräsentation desselben irgendwo in mir sitzen. Was ich dazu brauche, ist eine Struktur, die mir die verschiedenen Manifestationen einer Beschreibung errechnet. So ist also »Errechnen« zu verstehen. Mit von Foerster ist »Er-Kennen« als »Er-Rechnen einer Realität« bzw. »Er-Kennen« als »Er-Rechnen einer Beschreibung einer Realität« zu verstehen.[22] Im neuronalen Netzwerk kommt es dann zu modifizierten Beschreibungen der Beschreibungen. Doch Errechnung einer Beschreibung ist ja nichts anderes als eine Errechnung, also ist »Erkennen Errechnung einer Errechnung einer Errechnung ...«.

Dieser »*circulus creativus*«[23], in dem sich der Wanderer bewegt und dessen Implikationen und Aspekte ich hier in gebotener Kürze veranschaulicht habe, kennzeichnet meiner Ansicht nach die Beziehung von Natur und Technik, ihre Morphologie, wie sie auch im wortspielerischen Titel bereits zum Ausdruck kommen mag (wobei mir die Ambivalenz des Ausdrucks »Natur«, der auch »Art und Weise« meint, zustatten kam): Technik der Natur – Natur der Technik.

O strenge Mathematik, [...] Dank für die fremden Eigenschaften, mit denen ihr meine Intelligenz bereichert habt.[24]
COMTE DE LAUTRÉAMONT

Dieser Text ist zuerst 1976 in dem Ausstellungskatalog *Konrad Balder Schäuffelen. sprache ist fuerwahr ein koerper*, herausgegeben von der Städtischen Galerie im Lenbachhaus, München, S. 19-24, erschienen. Er wurde in Rolf Sachsse (Hg.), *Peter Weibel. Gamma und Amplitude. Medien- und kunsttheoretische Schriften*, Philo & Philo Fine Arts, Berlin, 2004, S. 430-444, wiederabgedruckt.

---

19 Craik 1943, S. 99.
20 Heinz von Foerster, »Kybernetik einer Erkenntnistheorie«, in: W. D. Keidel, W. Händler und M. Spreng (Hg.), *Kybernetik und Bionik*, Berichtswerk über den 5. Kongress der Deutschen Gesellschaft für Kybernetik, R. Oldenbourg, München u. a., 1974, S. 27-46, hier S. 32.
21 Ibid., S. 44.
22 Ibid., S. 30f.
23 Ibid., S. 29.
24 Lautréamont, *Das Gesamtwerk. Die Gesänge des Maldoror*, aus dem Französischen übersetzt und mit einem Nachwort von Ré Soupault, Rowohlt, Reinbek bei Hamburg, 1963, S. 79, 82.

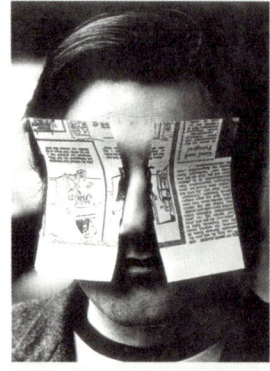

Peter Weibel, *Käfig*, Idee 1967, ausgeführt 1975

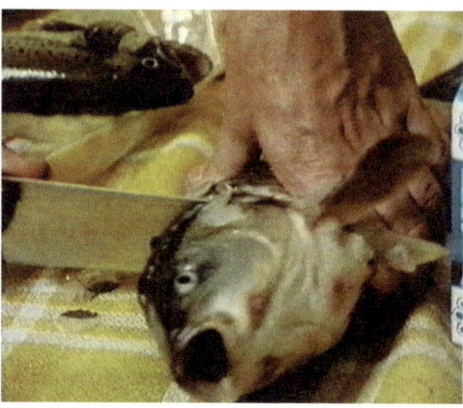

Valie Export (Regie) und Peter Weibel (Drehbuch), *Unsichtbare Gegner*, 1976

Peter Weibel, *Selbstporträt des Künstlers als junger Hund*, 1967

Die Tiere, mit denen ich gearbeitet habe (1984)

Die Tiere, mit denen ich gearbeitet habe: Hund, Fisch, Schlange, Maus, Insekten, Hirsch – habe ich mit ihnen gearbeitet? Wohl kaum wie mit gleichwertigen Partnern, sondern zumeist als Demonstrationsobjekt, Material, Identifikationspol, d. h. als Symbol. Real, als lebendige Wesen, kommen die Tiere in meiner Arbeit eher selten vor, auch kaum bei meinen Kollegen. Der Diskurs mit den Tieren spielt sich auf einer symbolischen Ebene ab. Die Verwendung des Tieres eher als Symbol, denn als realer Körper ist aber oft weniger rhetorisch. Der bloße Einsatz des Tieres als Fleisch scheint den symbolischen Reichtum des Tiers zu verengen. Ich habe es daher vorgezogen, nur partielle Eigenschaften von Tieren zu verwenden, oder selbst als Tier zu sprechen, wie in meiner Fotosequenz *Selbstporträt des Künstlers als junger Hund* (1967) oder in der Aktion, gemeinsam mit Valie Export, *Aus der Mappe der Hundigkeit* (1968), bei der ich als Hund auf allen Vieren über die Straße marschierte.

Die Tierrechte des Menschen als Kreatur, als Organismus, als Natur im Menschen, als Archäologie des Menschen zu proklamieren, um eine anthropologische, ontogenetische Fundierung des Menschen in der Kunst zu finden, war mein Ziel. Um unter der Kruste sozialer Verhaltenstechnik ursprünglichere Formen des Ausdrucks und der Freiheit zu entdecken, machte ich *Aktionen zur Morphologie und zum Bewußtsein eines Wirbeltieres* wie *Zeit-Lunge. Zum Wissen des Körpers* (22. September 1971), wo ich unter anderem den Descensus der Keimdrüsen und die damit verbundene Ausprägung des Anal- und Stirnpols bei den männlichen Säugern darstellte. Ich betrachtete meinen Körper selbst als Tierkörper, in dem sich in Form und Funktion der Organe ein evolutionäres Wissen niedergeschlagen hatte. Meine Organe erschienen mir als Theorien (der Natur), die sich (in der Selektion) bewährt hatten: *Zeitknochen – Raummuskeln* (1972).

In vielen Video- und Musikaktionen habe ich den Symbolwert des Tieres in seinen verschiedenen Facetten verwendet. Natürlich ging es mir auch um die Menschenrechte der Tiere, deswegen forderten Valie Export und ich 1969: »Tiere in den deutschen Bundestag!«

Früh verspürte ich einen Zusammenhang zwischen Tier und Technik als Pole zwischen Natur und Technik. Auf der Analogie von Werkzeug (Hebel, Rad) und Organ (Hand, Fuß) fußend baute ich eine Medientheorie auf: die Medien (TV, Radio, Telefon) als Extensionen der menschlichen Organe (Auge, Ohr, Mund). Die Medien überbrückten also die Kluft zwischen Technik (Werkzeug) und Natur (Organ), da ja die Werkzeuge als menschliche Fortsetzungen der natürlichen Organe erschienen. Um die Veränderungen von Gesellschaft, Ökologie, Raum und Zeit durch die Ankunft der Medien zu demonstrieren, verwendete ich oft Tiere, diesmal reale: *TV-Aquarium oder TV-Tod* (1970), eine Arbeit, bei der Fische in einem TV-Apparat als Aquarium schwammen, bis das Wasser im TV-Apparat ausrann und die Fische um ihr Leben kämpften. Eine dazu verwandte Arbeit war *TV-Terrarium* (1970), bei der das Publikum zuschaute, wie eine Schlange im TV eine Maus auffraß, was es als Film auffasste, in Wahrheit handelte es sich aber um eine Live-Übertragung aus einem Nebenraum. *Die elektrischen Tiere* (1982), deren Körper elektrische Glühbirnen sind und deren Körperform auf Glas gemalt ist, welche die Zähmung der Natur durch die Technik am Beispiel der domestizierten Haustiere infrage stellt, stellen eine Vollendung dieses Diskurses dar. Ebenso wie die *Videomaus* (1982), eine Installation,

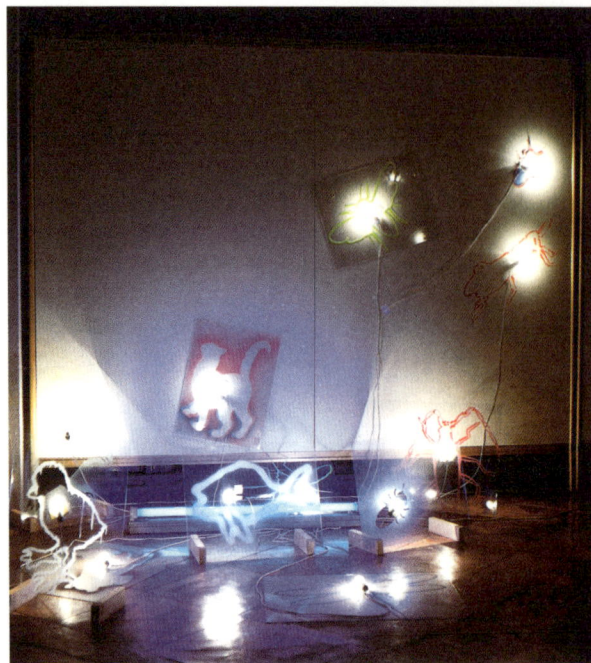

Peter Weibel, *Elektrische Tiere*, 1982, Installationsansicht
Peter Weibel: Medienpoesie, Kulturhaus Graz 1982

in der eine reale Maus (Natur) um ein labyrinthisches Quadrat (Ratio) rennt, das sich, von einer Kamera übertragen, mit einem verzerrten Quadrat auf dem Boden, ebenfalls von einer Kamera übertragen, auf dem Bildschirm mit diesem deckt, sodass die Maus auf dem Bildschirm stets im Quadrat läuft. Diese Gefängnissituation des Tieres kommt auch in der Textskulptur *Käfig* zum Ausdruck, in der in einen roten Marmorwürfel das Wort »Tier« gemeißelt ist. In dem Film *Unsichtbare Gegner* (1976) von Valie Export (Regie) und mir (Buch) kommt die Thematik Haushaltstier als Lebewesen – und als Lebensmittel – abgewandelt ebenfalls vor: Der Schauplatz der Begegnung von Natur und Zivilisation ist vom Schlachthof auf den Küchentisch verlegt worden. In einer Halluzination, welche die Wahrheit wahrnehmen lässt, schneidet die Heldin statt Lebensmittel (Brot, Obst, Käse etc.) Lebewesen (Mäuse, Vögel, Schildkröten, Fische, Käfer etc.) auseinander. Über das Symbolische und Imaginäre zum Realen: Das Tier in der Kunst stellt eine Auseinandersetzung mit dem Menschen dar.

Dieser Text ist 1984 in der von Ursula Krinzinger herausgegebenen Publikation *Symbol Tier*, die zur gleichnamigen Ausstellung in der Galerie Krinzinger, Innsbruck, erschienen ist, veröffentlicht worden.

Peter Weibel, *TV-Aquarium (TV-Tod 1)*, Idee 1970, Tele-Aktion Nr. 4a, 29. Juni 1972, *Impulse 7*, ORF

Peter Weibel, *TV-Terrarium. TV-Tod 3*, 1970, ursprünglich eine Tele-Aktion, doch von der Sendung *Impulse 7* wegen Grausamkeit ausgeschlossen, 1974 als Videoinstallation realisiert

Peter Weibel, 1. Zeit-Lunge. Aktionen zur Morphologie und zum Bewusstsein eines Wirbeltieres zum Wissen des Körpers I, 22. September 1971

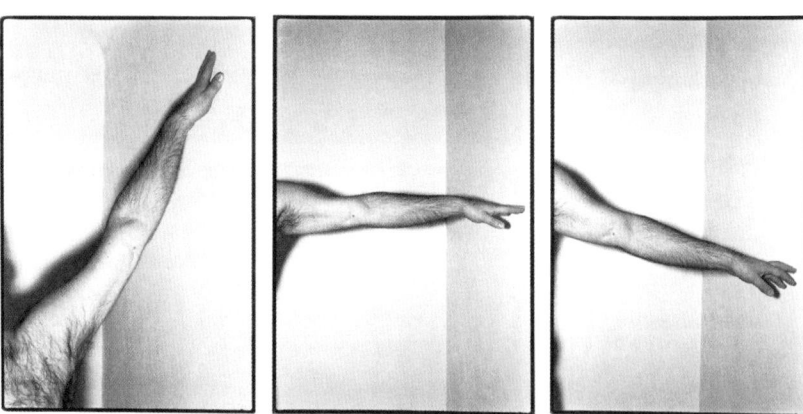

Peter Weibel, *Zeitknochen – Raummuskeln. Vom Wissen des Körpers II*, 1972

Leben – Das unvollendete Projekt

1993

Seit Alan Turing wurde die Frage »Was ist Leben?« zu einem Diskussionsgegenstand unter Computerwissenschaftlern. Leben verlor (wie das Gehirn) seinen »natürlichen kohlenstoffbasierten Kontext«. Auf die Geburt der künstlichen Intelligenz folgte das Konzept des künstlichen Lebens, sei es als ein Leben ohne natürliche Substanzen, als computersimuliertes dynamisches System mit reproduktionsfähigen, energie- und informationsaustauschenden, sich selbst erzeugenden wie steuernden und wachsenden Zeichenketten (Zeichenwesen) in Bild und Ton wie auch in dreidimensionaler materialer Ausführung (z. B. Roboter) oder durch Interventionen im genetischen Code bis zu Organtransplantationen. In diesem künstlichen Kontext des Lebens sind alte Träume der Menschheit, wie Langlebigkeit, Modifikationen der physischen Erscheinung wie der geistigen Fähigkeiten, Vorsorge vor Krankheit, Schaffung von Leben selbst, näher gerückt. Die künstliche Erzeugung von Leben kann von der Hardware- wie von der Software-Seite in Angriff genommen werden. Das Problem dabei ist, lebende Organismen aus nichtlebendigen Elementen zu erzeugen. Die erste Synthese organischer Moleküle durch Friedrich Wöhler vor mehr als hundert Jahren war ein wichtiger Schritt in Richtung künstlicher Re-Kreation des Lebens, aber da er von der Hardware-Seite kam, nicht ausreichend. Die Lösungen von der Software-Seite, die Leben als Systemeigenschaft und dynamischen Prozess definieren, scheinen erfolgversprechend. Künstliches Leben ist also nicht bloß die Simulation von Lebensvorgängen auf dem Computer (vom Wachstum der Zellen bis zu virtuellen Ameisen), sondern die Idee, dass die »Synthesis des Lebens«, die künstliche Erzeugung des Lebens durch den Menschen, nicht auf der Basis von Materie allein gelingen wird, dass es also erstens nicht natürliche Materialien (wie Golems Lehm bis zu den Kohlenhydraten und Proteinen von heute) sein müssen und dass zweitens vor allem das Programm, die Software, das Leben von allen anderen Naturphänomenen unterscheidet. Das Programm braucht Trägermedien, z. B. Nukleotide. Aber mithilfe der computergestützten Vision des künstlichen Lebens werden auch andere synthetische Trägermedien für das Programm des Lebens vorstellbar. Die Gen- und Organtechnologie, die Fortpflanzung durch Zellkerntransplantation, das Klonen von Tieren, Pflanzen und Genen, die Ersatzteil-Chirurgie – sie alle führen uns mit ihrer Kopulation von natürlichen und synthetischen, lebenden und nichtlebenden Materialien bereits diese Zukunft vor Augen. Während künstliches Leben sich damit beschäftigt, die Gesetze des Lebens zu erforschen, befasst sich Gentechnik mit der Veränderung von lebenden Organismen.

Die Gentechnik weckt dabei hohe Erwartungen. Sie arbeitet an der Herstellung einer wirksamen Waffe im Kampf gegen Krebs, die Immunschwäche Aids und gegen andere unheilbare Krankheiten ebenso wie an Beiträgen zur Lösung des Welternährungsproblems, an neuen umweltschonenden Techniken bis hin zum »idealen« genmanipulierten Menschen. Die Forschungsrichtung *Artificial Life* (Künstliches Leben) hat ihre Ursprünge in einem Computerprogramm, dem »zellulären Automaten«, der von dem ungarischen Mathematiker John von Neumann entwickelt wurde. Ein zellulärer Automat reproduziert sich nach bestimmten Regeln selbst. Das Resultat ist eine lebendige, sich selbst organisierende Gemeinschaft von Zellen.

In den 1980er-Jahren entwickelte Christopher Langton Zellularautomaten-»Schleifen«, die sich »lebensähnlich« fortpflanzen – genauso wie es DNA-Moleküle tun. Mithilfe dieser sich selbst reproduzierenden Zellen – später kamen dann elektronische Ameisen, Vogelschwärme und andere Organismen dazu – können die Wissenschaftler »lebende« Systeme im Computer erschaffen, die wachsen, sich fortpflanzen und anpassungs- und entwicklungsfähig sind. Wissenschaftler entwickelten aber auch Formen von künstlichem Leben, die Menschen und Tieren äußerlich ähnlicher sind, nämlich Roboter und hochentwickelte Automaten.

Leben, Sterben, Unsterblichkeit, Fortpflanzung, Vererbung, Entwicklung, Evolution, Wachstum der Formen, Anpassung – all diese Begriffe haben durch die Computerkultur eine neue Bedeutung erfahren. Sie verstärkte den Paradigmenwechsel in der Konzeption des Lebens, wie Stoff, Substanz und Mechanismen aus materialen Komponenten zu Code, Sprache, Programm, System, Organisation.

Aus dem Umgang mit Computern wurde nämlich gelernt, dass die »logische Form« eines Organismus von seiner materialen Basis getrennt werden kann und dass Leben eine Eigenschaft von Ersterem und nicht von Letzterem ist.

Der vorliegende Text ist 1993 in dem von Peter Weibel und Karl Gerbel herausgegebenen Band *Genetische Kunst – künstliches Leben* zur Ars Electronica 1993, dessen künstlerischer Leiter Weibel war, PVS-Verleger, Linz, S. 9f., erschienen.

The Unreasonable Effectiveness of the Methodological Convergence of Art and Science

1998

Scientia sine arte nihil est; ars sine scientia nihil est.
JEAN MIGNOT, 1392

Paragone
If we speak about art and about science, we first have to define what kind of art and what kind of science we mean when we speak of them. Do we speak of the social sciences or the human sciences or the natural sciences? Do we mean the art of images or of sound or of space?

Ever since the famous Renaissance "paragone" [comparison] debate in the arts, the question exists as to what form of art should be the guideline for the other arts; which art activity can claim primacy over the others. There have been different answers. For centuries architecture claimed to be the mother of all the arts. During the Romantic movement, music was the model for all the other arts. In the visual arts it is painting, which claims to be a superior art form to photography and film.

The paragone debate is also familiar to historians of science – this is the very first case of parallelism between art and science. For many decades now, the human sciences and the social sciences have no longer been models for sciences. Since the age of the Industrial Revolution the natural sciences have taken over as the model for science. But as in the visual arts, the question remains as to which can claim primacy: physics, mathematics, chemistry, or biology?

So when we speak of the convergence of art and science, do we mean convergence of mathematics and music, or physics and painting, or biology and sculpture, or linguistics and architecture? Is it actually reasonable to compare these different disciplines? Can the convergence of art and science even be defined at the level of similar disciplines? Naturally, we do have some practical examples available to respond to the last question.

We could use elements of biology like symmetry, spirals, antisymmetry, and so on to explain the formation of patterns in the visual arts. We could show that for centuries biology served as an external morphology for the visual arts. In the age of the mimetic arts artists depicted the biological world, and in the era of abstract art artists used the patterns of organic forms as internal principles for organizing pictorial elements.

We could show how a topic of biology and a topic of physics – the structure of the ear and the structure of sound waves – could be used to legitimate the laws of harmony in the art of sound. Since the Renaissance, it is above all geometry and mathematics that have served as central players and role models for the evolution of the visual arts and architecture, from the golden ratio to the laws of proportion and contemporary fractal geometry.[1] The experimental psychology of perception,[2] developed in the nineteenth century, and Gestalt theory[3] of the early twentieth century had an enormous influence on the arts, from Impressionism to Op Art, from the development of the cinema to photography. In many cases art in this context only serves to illustrate the laws of perception – from chromatic analysis (Georges Seurat)[4] to stereo-cineticism (Marcel Duchamp)[5] – so we can justifiably call into question its legitimation as art. To compare Étienne-Jules Marey's scientific photography[6] of moving objects with the paintings of the Futurists; Mach bands[7] with paintings by Mark Rothko; Gaetano Kanizsa's subjective contour patterns[8] with paintings by Victor Vasarely; Fred Attneave's stimuli[9] used in his studies of perceptual orientations with Sol LeWitt's line drawings, and so on, delivers overwhelming proof not only of the convergence of art and science, but also of the primacy of science. Compared to the scientific investigation, analysis, and discoveries, many of the artworks look trivial, retarded, derivative, mere popularizations of scientific findings.

But just as these art examples look trivial, so too might this method of comparing. On a methodologically higher level, the artists themselves compared the convergence of art and science and analyzed how science has influenced art. Especially physics and its by-product technology profoundly influenced art in the twentieth century as the artists themselves made evident. Around 1927, Kazimir Malevich compiled charts in which he paralleled the development of technological civilization and the development of the visual arts. In one of these charts that investigates the relationship between painterly perception and the artist's environment, he compared cubism to the technology of factories, futurism to wheel technology, and suprematism to aviation.[10] Malevich was very well aware that every trend in art is linked to the view of the world, the totality of a particular culture. In his magazine *L'Esprit Nouveau* (1920–1925) and in his books published in those years, *Vers une architecture* (1923), *Urbanisme* (1925), and *Almanach d'architecture moderne* (1925),

---

1 W. M. Schmidt, *Mathematik als Kunst*, Ulmer Universitätsreden, 1984; Marston Morse, "Mathematics and the Arts," in: *The Yale Review*, vol. 41, 1951, pp. 604–612.
2 Hermann von Helmholtz, *Handbuch der physiologischen Optik*, Leopold Voss, Leipzig, 1867.
3 Christian von Ehrenfels, "Über Gestaltqualitäten," in: *Vierteljahrsschrift für wissenschaftliche Philosophie*, no. 14, 1890, pp. 242–292; Karl Bühler, *Die Gestaltwahrnehmungen. Experimentelle Untersuchungen zur psychologischen und ästhetischen Analyse der Raum- und Zeitanschauung*, Spemann, Stuttgart, 1913; Max Wertheimer, "Experimentelle Studien über das Sehen von Bewegung," in: *Zeitschrift für Psychologie*, vol. 61, 1912, pp. 161–265; "Untersuchungen zur Lehre von der Gestalt," in: *Psychologische Forschung: Zeitschrift für Psychologie und ihre Grenzwissenschaften*, vol. 4, no. 1, 1923, pp. 301–350; Kurt E. Fischer and Friedrich Stadler (eds.), *"Wahrnehmung und Gegenstandswelt". Zum Lebenswerk von Egon Brunswik*, Springer, Vienna et al., 1997; Egon Brunswik, *Experimentelle Psychologie in Demonstrationen*, Springer, Vienna et al., 1935.
4 William Innes Homer, *Seurat and the Science of Painting*, The MIT Press, Cambridge/MA, 1964; Ogden Nicholas Rood, *Modern Chromatics, with Applications to Art and Industry*, D. Appleton, New York, 1879.
5 Vittorio Benussi, "Stroboskopische Scheinbewegungen und geometrisch-optische Gestalttäuschungen," in: *Archiv für die gesamte Psychologie*, vol. 24, 1912, pp. 31–62; Cesare Luigi Musatti, "Sui fenomeni stereocinetici," in: *Archivo Italiano di Psicologia*, vol. 3, 1924, pp. 105–120; Cesare Luigi Musatti, "Sulla plasticita' reale stereocinetica e cinematografica," in: *Archivo Italiano di Psicologia*, vol. 7, 1929, pp. 122–137.
6 Étienne-Jules Marey, "Photography of Moving Objects, and the Study of Animal Movement by Chrono-Photography," in: *Scientific American Supplement*, 05. 02. 1887, p. 12.
7 Floyd Ratliff, *Mach Bands. Quantitative Studies on Neural Networks in the Retina*, Holden-Day, San Francisco, 1965; "Contour and Contrast," in: *Scientific American*, vol. 6, no. 226, 1972, pp. 91–101.
8 Gaetano Kanizsa, "Subjective contours," in: *Scientific American*, vol. 4, no. 234, pp. 48–52.
9 Fred Attneave, *Applications of Information Theory to Psychology*, Holt, New York, 1959.
10 Linda S. Boersma, "On Art, Art Analysis and Art Education. The Theoretical Charts of Kazimir Malevich," in: *Kazimir Malevich. 1878–1935*, exhib. cat., Russian Museum, Leningrad, Tretiakov Gallery, Moscow, Stedelijk Museum, Amsterdam, 1988, pp. 206–223.

Le Corbusier invariably depicted cars, airplanes, turbine engines, ventilators, and so on accompanying buildings. The almanach of architecture looked like an almanach of machines. And the books of avant-garde art also looked like books of machines; for example, *Das Buch neuer Künstler* (1922) by Lajos Kassák and László Moholy-Nagy where paintings and sculptures are confronted with images of machines. These publications anticipated and influenced the Bauhaus Books, testimonies of art in the industrial age, testimonies of art under the influence of technology. Especially in the 1950s and 1960s, the influence of technology and philosophies of technology such as cybernetics and systems theory soared and led to electronic music and electronic imaging. A new branch appeared on the tree of art: media art. This expansion of the field of the visual, which started with the Dutch Baroque painter Jan Vermeer, who used a camera obscura to make his paintings of Delft, was emphatically enhanced by the advent of photography, film, video, and the computer. Machine-supported generation and distribution of images relocated the site of the visual from the easel-painting to the screen. Typical of the convergence of art and technology in the 1960s, which led to an immense expansion of art practices and concepts and even to a theory of expanded arts, was a movement called Experiments in Art and Technology (E.A.T.), where artists like Robert Rauschenberg collaborated with engineers like Billy Klüver.

However, not only the natural sciences have influenced the evolution of art, but also philosophy and linguistics, especially the philosophy of language, psychoanalysis, semiotics, structuralism, and post-structuralism. There is a wealth of evidence documenting this influence: surrealism; concept art; the bricolage tendencies (the artist as anthropologist, as field-worker); and the British group Art & Language (in the 1960s and 70s) as a prototype.[11]

Nobody, therefore, will dispute that science – be it sociology, biology, mathematics, or medicine – does indeed influence the arts. The question as to what degree art is influencing science, which would be the basis of true convergence, is a question much more difficult to answer but then mostly in the negative. But is it correct to say that true convergence must be mutual, reciprocal? Is convergence the same as reciprocal influence or something different? And what would be the consequence of a confirmation that art is influenced by science? We shall try to answer these questions.

Influence of Science on Art

First, we would say that the proposition that confirms the influence of science on art is based on the difference between art and science, otherwise we would not speak of influence. So this proposition, which apparently tries to merge science and art, is in fact constituting the difference between art and science. Therefore, the long chain of partial influences between art and science since the Renaissance, which I have sketched paradoxically, just confirms the difference between art and science. Our investigation on the convergence of art and science cannot have as its product the difference between art and science. Therefore, our analysis of the relationship between art and science must go beyond investigating examples of influences. The prior main argument how science is influencing art, the examples, is avoided by us as irrelevant and dangerous, because it not only increases the difference between art and science, but this argument is also a major danger in that it pauperizes art as being under science. The question as to what degree art and science are approaching each other must therefore be answered on the level of

---

11   Richard M. Rorty (ed.), *The Linguistic Turn. Essays in Philosophical Method*, The University of Chicago Press, Chicago et al., 1967.

methodology. Are art and science parallel universes[12] that communicate with each other, converge, and are permeable, or are they completely separate worlds, as the famous thesis of C. P. Snow asserted. But the arguments of C. P. Snow have been *argumenta ad hominem*. If we imagine an individual, intelligent enough and comprehensively educated, this individual would be capable of moving about in both universes freely. Another argument against Snow would be that there are not only two worlds, but *n* worlds, chemistry, mathematics, crystallography, physics, and so on, which are separated on the level of individual capacities, not only the world of art and the world of science, because it would be difficult to find an individual who is a professional expert in molecular biology, proof theory, and physics, or an individual who is at home in the arts and in the sciences. The universe of science is separated into many sub-universes very similar to the separation of art and science.

Art as Method

So our analysis, as we have said, can only be done on a methodological level. Therefore, we have to compare science and art as methods. This means not only accepting that science is a method (e.g., in the way of René Descartes), but also that art is a method. And there is already the first difficulty, because traditionally people do not think that art is a method. They like to believe that art is just the opposite. Art is praised for not being a method. Science is characterized by its methodological approach; art is believed to be unmethodological. Art is the land of absolute freedom, contingency, individual eccentricity, and so on. This is our first claim: Art and science can only be compared reasonably, if we accept that both are methods. This does not mean we assert that both have the same methods. We only want to assert that both have a methodological approach, even if their methods are or can be different.

Especially since the Renaissance art has legitimated itself as a method, as research, even as collective research. In dispute with architecture on the question of primacy, as a product of the paragone debate, visual art was forced to find a scientific method for constructing an image because ever since Filippo Brunelleschi's discovery of perspective, architecture had founded its scientific cornerstone and legitimation on a scientific method. Painting was obliged to define itself as a scientific method not in rivalry to science but in competition with another art form, with architecture. If it had remained unscientific, painting would have lost the battle and confirmed the hegemony of architecture. To be taken seriously, the visual arts also had to come up with a scientific method, with a methodological foundation. This method, this scientific construction of the image was central perspective; the representation of three-dimensional space on the two-dimensional plane of an image. Therefore, painters called perspective *la costruzione legittima*. This legitimate method of construction, this scientific method, how to organize the elements of an image, was seemingly broken down in the nineteenth century by the Impressionists and Paul Cézanne. However, this assumption is based on a mistake. The rejection of linear perspective by Cézanne did not entail the rejection of a scientific method. The scientific method was simply replaced by another one. The science of perspective was substituted by the science of color. Therefore, Seurat was able to interpret his art

---

12 Leonard Shlain, *Art and Physics. Parallel Universes in Space, Time and Light*, Quill Publishing, New York, 1991; Paul C. Vitz and Arnold B. Glimcher, *Modern Art and Modern Science. The Parallel Analysis of Vision*, Praeger, New York, 1984; Barbara Herrnstein Smith and Arkady Plotnitsky (eds.), *Mathematics, Science, and Postclassical Theory*, Duke University Press, Durham/NC, 1997; Werner Hahn and Peter Weibel "Vorwort," in: idem (eds.), *Evolutionäre Symmetrietheorie. Selbstorganisation und dynamische Systeme*, S. Hirzel, Stuttgart, 1996, pp. 5–7.

as science, as a kind of painting with the means of the time and in concordance with the science of the time. Aesthetics as a doctrine of rules was the most important step in the history of art to create art as a method similar to scientific methods. Aesthetics, founded in eighteenth century, is nothing other than the foundation and legitimation of art as a method. Should we say as a scientific method? And if we say yes, a scientific method, then how can we differentiate between the scientific method of the visual arts and the scientific methods of the natural sciences? As the products of science and art are so different, should we therefore also speak of different methods? In the beginning, geometers had been painters and the methods of architecture, visual arts and geometry, based on perspective, looked very similar and therefore similarly scientific. However, in the course of their evolution, the methods of science and art have diversified both in the arts and in the sciences and as well as between the arts and the sciences. It came about that the difference between art and science became a gap, and it became nearly impossible to speak of art as science and of science as art. Religion, science, and art in the age of the Industrial Revolution became completely different domains, *magisteria*, and (according to Georg Wilhelm Friedrich Hegel) different steps in the evolution of humankind. So it seemed even unreasonable to speak of art as a method, not to say, as a scientific method. Art and science looked like enemies, even though there was still a secret link. Many artists, due to their opposition to the Industrial Revolution, also condemned science and technology. So art was established as a counter-science. Romantic art was a call for the irrational and against the rationale of science and technology, with aftereffects right up to Joseph Beuys.

The New Nature of the Visual
Traditional art after 1945 obscured the relationship between art and science, only the media arts maintained the dialogue with and the contact to the sciences, because they themselves were based on technology. Under the influence of this new methodological rapprochement between art and science based on technology in the 1960s and 1970s, the progressive visual arts also innovated themselves in relation to the media. In the 1960s, painting again began to define itself as a method by defining itself with relation to the methods of media, which constituted themselves as a methodology. The role that was once played by architecture to force painting into a scientific methodological foundation was now played by the media. *La costruzione legittima* was not perspective any more, even when the media arts reintroduced problems of perspective on a new level, but were the methods of the media itself. The way that the media have changed the material and the place of visuality was something that could not be ignored by painters who wanted progress. Thus progressive painting founded its methodologies on the media's methods of image construction. And the media and media-related painting had a profound influence on our Western conception of the image.

The primary place of the visual is not any longer the image. This paradox seeks to demonstrate that the horizon of the visual is greater than that of the image, provided that we understand the image as that of the classic easel painting. One of the main consequences for the concept of the visual has been that it was able to detach itself from its historic location, the tableau. Since the invention of photography in 1840, the image is no longer dependent on the canvas and oil paints, or a specific location; rather its location is flexible, it can shift, be transposed, for example, onto the screen. The visual has become something more universal than the image. The classic image has become a passage of the visual. The visual is wandering through different media. The visual thus has successfully taken possession of new contexts; it has taken over new material, technical, urbane, cognitive contexts. It is precisely this new kind of interaction with the media, which holds the most fascinating promise and heralds a very open future for the image.

With the separation of the code from the carrier of the message, of the idea behind the picture from the carrier medium, which first became possible when telegraphy was invented, images no longer relied on tableaus for their transmission, but became free to exploit all media as carrier media. In the 1990s, this separation of the message from the message carrier, of the carrier medium from the code, has also begun to permeate and diffuse the art of painting. Our concept of the image has shifted; originally associated with the tableau and then with the photograph, it is now associated with TV and computer screens. With this altered association of the image with different carrier media our conceptualization of the image itself has transformed.

The classic conceptualization of painting is based on the assumption that there is a direct relationship between paint/color and the canvas, with artistic subjectivity as the only mediator; artists are believed to access the canvas directly, just as the constituents of painting are assumed to be immediately present, much like in Henri Bergson's notion in *Essai sur les données immédiates de la conscience* (1889). In contrast with this view of painting as something immediately present, something that has no roots and no past – a view which dominated art in the first half of this century right up to the 1950s and its Art Informel movement – the 1960s witnessed the evolution of a new concept which saw painting as a mediated art (e.g., Pop Art, etc.) and postulated that art was derived from a source; that is, from the images of the mass media and art history. In the 1990s, we see renewed efforts being made to link up with these earlier achievements, and at the same time to put the horizon of representation itself under closer scrutiny through critical experimentation. Painters do not simply react to the images created by the media and the history of art that these transmit (e.g., in the printed media), they go further by trying to anticipate the impact of these images on art, and to come to terms with it in and through their own paintings. Instead of painting from nature as their 19th-century counterparts did, their images are derived from a "mediatized" world; that is, a world mediated by the mass media. Their paintings reflect a world that has been transformed by technology and is dominated by the abstract codes and sophisticated effects of the mass media.

The location of the visual is the context, the historic and cultural code, the existing visual world. The visual is created in the war of images, the flood of images, in the world of the media. The visual is the result of multiple mediatized processes. Mediatization can exploit the technical media, but it can also refer to the codes derived from the history of painting. The visual today is defined as mediated visuality or visuality in context.

Art and Science as Social Construction

We can conclude from all our excursions that the methods of science and art can be on the one side very similar, even by artists who claim to be opponents of science. The installations of Joseph Beuys, for example, can appear very similar to a museum of natural history. Some installations by other artists can appear very similar to the displays in an ethnographic museum. A work by a conceptual artist can be nearly identical to the work of a logician or a linguist. Even the work of a seemingly subjectivist eccentric like Bruce Nauman has its methodological basis, for example mathematics. Nauman studied mathematics, physics, and art from 1960 to 1964. For two years he studied the famous work of Kurt Gödel on formally undecidable propositions by writing it down on paper word for word. In a 1980 interview he said: "I had a curious faible for mathematics. Still today I feel myself in my work drawn – how should I call it – to the abstract or intellectual. Anyway, what interested me at mathematics was more the structure than the concrete problem-solving, because this has more to do with philosophy as with practical questions."[13]

Artists are attracted to the methods of science because they feel the structural similarity to the methods of art. The methods of art are different to the methods of science, but are still methods. Art and science should be compared on the basis of the different methodologies and their parallels and differences. On this level – which is higher level than mutual influences – one of our first questions can be answered. Art and science are convergent on the level of methodology. When we speak of convergence between art and science, we think of methods. This methodological convergence is even mutual. Science is not influenced by art on the level of product not on the level of references, but on the level of methods. Because any time science develops the tendency that its methods become too authoritarian, too dogmatic, science turns to art and to the methodology of art which is plurality of methods. Methods of science are characterized by doctrines, by enforced methodology. Art lives from a tolerance of methods, from a diversity of methods. Freedom of art means also freedom of methods. In his book from 1984 *Wissenschaft als Kunst*, Paul Feyerabend discovered the analogy between the plurality of styles, described by the Austrian art historian Alois Riegl, and the plurality of methods he wanted in science. In his work *Die spätrömische Kunst-Industrie* (1901) Riegl developed his theory that there is no progress and no decay in art, only different forms of styles. Styles have their own laws and cannot be compared with other styles. The Renaissance may have developed linear perspective as the only legitimate construction of an image, but this does not say that other ways of constructing an image are illegitimate. Each new specific art activity creates its own laws and styles that are independent of other laws and styles. Alois Riegl's aesthetic relativism corresponds with Feyerabend's epistemological relativism. His famous saying "anything goes," the plurality and diversity of methods in the arts, should also be possible in science. Feyerabend even went so far to say that science should behave like the traditional notion of art and be without method. In his 1975 book with the apt title *Against Method* [*Wider den Methodenzwang*, 1976] he advocates science in which any method is valid (this is the meaning of "anything goes"). In his book *Erkenntnis für freie Menschen* (1976) he advocates that science should be methodologically pluralistic and democratic, which in its degree of freedom would be comparable to the method of art. This is the meaning of his words "science as art" – science as free method. We can see that on the level of methods science can sometimes be compared to art and science converges with art. This is a tradition, by the way, which goes back to Ernst Mach and Ludwig Boltzmann. In his famous essay *Über die Entwicklung der Methoden der theoretischen Physik in neuerer Zeit* (1889), Boltzmann considered the possibility that two theories, totally different, can be equally valid. Confirmation that a theory is the only correct one, is only a subjective impression. Plurality of theories and models are known in the history of science. When in its development science becomes too much of a totalitarian doctrine, a monopoly of discourse, then it has to become an art, to turn to art, to reassure itself as a plurality and diversity of modes and methods. Feyerabend tried to show the mechanisms of the social construction of science, which are comparable to the mechanisms of the social construction of art. A community of institutions and individuals (artists, critics, curators, collectors, galleries, museums) creates a social consensus of what art is. Likewise a community of institutions and individuals agrees consensually

---

13   Michele de Angelus, "Interview mit Bruce Nauman," in: *Bruce Nauman. Image/Text 1966-1996*, exhib. cat., Kunstmuseum Wolfsburg, Cantz, Ostfildern-Ruit, 1997, pp. 120-129, here p. 121; Jane Livingston and Marcia Tucker (eds.), *Bruce Nauman. Work from 1965 to 1972*, exhib. cat., Los Angeles County Museum of Art, Los Angeles, 1972.

what science is. From time to time there are individuals who challenge the consensus and propose a change of paradigms. In his books *Laboratory Life: The Social Construction of Scientific Facts* (1979) and *Science in Action: How to Follow Scientists and Engineers through Society* (1987), Bruno Latour shows that our idea of modernity is based on a strict distinction between natural and social entities. But he demonstrates that the distinction between culture and nature, between society and natural sciences, is not totally clear. How much have social entities helped to construct nature and how much have the natural sciences and their ideas of nature constructed culture and society? Latour claims that in reality there has been an exchange between society and nature and art and natural sciences, which has created hybrids. The transfer of social categories onto the construction of nature through modern natural sciences has also transformed our society. The transfer of natural categories onto the construction of culture through modern society has transformed and defined our ideas of society and culture. There is a mutual transfer going on between society and culture, nature and natural sciences, between culture and natural sciences. There is no objective nature any more that is separated from social construction, and there is no absolute art any more that is separated from social construction. Art and science meet and converge in the method of social construction. Art as social construction and science as social construction converge in the postmodern field.[14]

The Transformation of Art in the Technical Age

The transformation of art under the Industrial Revolution not only led to machine-based art, but also to the machine-based generation of images, and machine-supported vision. The primacy of the eye, anticipated by Odilon Redon (1882), as the dominant sense organ of the twentieth century is the consequence of a technical revolution that put an enormous apparatus in the service of vision. The ascendency of the eye is rooted in the fact that all of its aspects (creation, transmission, reception) were supported by analog and digital machines. The triumph of the visual in the twentieth century is the triumph of techno-vision.

This can best be demonstrated by the interpretation of the word "video." The Latin word *video*, meaning "I see," referred to the activity of a subject. Today it is the name of a machine system of vision. This shows clearly that we have entered a new era of vision, technical vision, machine-based vision. Machines generate, transmit, receive, and interpret images. Machines observe for us, see for us. The eye triumphs only with the help of machines. This mechanical perception has changed both the world and human perception of the world. With machine vision, humankind has lost another anthropomorphic monopoly.

From the iconographical point of view, two formative events occurred in the nineteenth century. First, through the advent of the technical image the fundamental idea of the image was changed. Hitherto, "the image" was a painting. But with photography the image escaped into other host media. Visual culture was no longer limited to the study of paintings, but extended to the study of photography, film, and so on. Image and vision dichotomized. The result of this encounter between image and technical media was the birth of the visual.

Second, another division occurred; namely the separation of the body and the message through the invention of telegraphy (around 1840). Prior to this each message needed a physical, material carrier (a horse, a soldier, a pigeon, a ship). Suddenly a message could be

---

14   Andrew Pickering (ed.), *Science as Practice and Culture*, The University of Chicago Press, Chicago, 1992; Barbara Maria Stafford, *Artful Science*, The MIT Press, Cambridge/MA, 1994; Paul Feyerabend, *Wissenschaft als Kunst*, Suhrkamp, Frankfurt/M., 1984; Karin Knorr-Cetina, *The Manufacture of Knowledge. An Essay on the Constructivist and Contextual Nature of Science*, Pergamon Press, Oxford, 1981.

sent without a material carrier. Strings of signs could travel without a body. The scanning principle (invented around 1840) turned the spatial, two-dimensional form of the image into a temporal form which is central here. The immaterial world of signs established the basis of telematic culture.

Post-ontological Art: Virtuality, Variability, Viability
We know that the common link between both the technological/visual media of film and photography and the art media of painting and sculpture lies in the way visual information is stored. These material carriers make it extremely difficult to manipulate that information. Once recorded here, visual information is irreversible. The individual image is unmoving, frozen, static. Any movement is, at best, illusion. But now the digital image represents the exact opposite. Here each component of the image is variable and adaptable. Not only can the image be controlled and manipulated in its entirety, but far more significantly it be controlled and manipulated locally at each individual point. In the digital media, all the parameters of information are instantly variable. Once a photograph, film, or video has been transferred into digital media its variability is dramatically improved. In the computer, information is not stored in enclosed systems; rather it is instantly retrievable and thus freely variable. Through this instant variability, the digital image is ideally suited for the creation of virtual environments and interactive computer installations. Here, the character of the image changes radically. For the first time in history the image is a dynamic system.

Dependence on the observer will be enhanced in a system where information is saved dynamically. The image is transferred into a dynamic field of instantly variable points controlled directly by the observer. The context according to which indeterminate variables will assume their formal shape is now controlled directly by the observer, composing specific images from a field of variables, a variable sequence of binary components. The event experienced by the observer will depend on machine-generated variables determining their apparent shape or sound. The digital signal is defined by its original neutrality. Subsequently, it is transformed by input at the interface, its technological context, into image or sound signals, into a specific event. The image is now constituted by a series of events, sounds, and images made up of separate specific local events generated from within a dynamic system.

When defining the image, we must now talk in terms of sequences of events of acoustic and visual and visual variability and virtual information: of dynamic sequences of local (acoustic, visual, or olfactory) events. This vision challenges accepted formal aesthetic assumptions. The experience of events replacing the two-dimensional static image urges a radical revision of visual precepts, and the redefinition of context. The convention of a window onto a small part of a fixed event is becoming one of a door leading into a world of sequenced, multisensorial events, consisting of temporally and spatially dynamic experiential constructions that the observer is free to enter or leave at will. The quantifiable variables are now changed by their context. The context may constitute a different visual system, sound sequence, machine, human observer, distance, or pressure. We are able to construct ever more sophisticated contextualities with the development of increasingly sophisticated state-of-the-art interface technologies (the human brain, limbs, light, movement, breathing may all transmit impulses via the interface toward the generation of context).

Though it is difficult to pinpoint the dominant influences on our perceptions from among endo-physics, microparticle physics, chaos theory, quantum physics, genetic engineering, or the theory of complexity, it is obvious that we are above all ruled by developments in what is known as computational science. Computers represent the most universal device ever available, just as their combination with the information sciences has advanced the most complex possible conceptual approaches. The current state of development in computer technology represents the pinnacle of technological and scientific research and development, which has accompanied a history of thousands of years of human evolution. It should thus surprise no one if our current perception of the human mind is that of a parallel-processing network computer.

Much will depend on the necessary incorporation of the major questions posed by historic aesthetic and conceptual assumptions. Thus, for instance, Plato's allegory of the cave acquires renewed relevance in an age of simulated virtual realities: the existence of mechanical modules in the brain has now become apparent, though their exact role is still very much in doubt; similarly the discovery of the butterfly effect in chaos theory has made possible the translation of the observer problem in quantum mechanics into macroscopic dimensions. Clearly any future development of "brain sciences" will have to be vitally concerned with the role of the brain and mind in any conceptions of subjectivity and objectivity. Specific brain functions are already being explored through the application and study of visual worlds that deal with interactive functions between observer and artificial universes via a multi-sensorial interface.

With the support of technology, traditional notions of our visual and aesthetic conceptions have been radically altered. The image has mutated into a context-controlled event-world. Another aspect of the variable virtual image is caused by the dynamic properties of its immanent system. As the system itself is just as variable, it will behave like a living organism. It is able to react to the context-generated output accordingly. The possible interactive nature of the media arts is therefore constituted by the following three characteristic elements of the digital image: virtuality (the way the information is saved), variability (of the image's object), and viability (as displayed by the behavioral patterns of the image). If we define a living organism as a system characterized by its propensity to react relatively independently to any number of inputs, then it follows that a dynamic visual system of multi-sensorial variables will approximate a living organism and its behavioral patterns.

Ultimately, the object of these new scenarios consists of and depends on binary information: objects, states, experiences are recorded and saved on data carriers after their transformation into binary code. Thus, the new worlds are virtual worlds. Through the retrieval of such binary data by algorithmic means, the instant manipulation of their content has become possible, and the object has become variable. In any virtual world its state, as well as that of its represented objects, may change according to either intrinsic simulation algorithms, or the reaction to external observer-generated inputs. The term "viability" is applied by Radical Constructivism to complex dynamic systems that are able to change their state autonomously via feedback reaction, and can react context-sensitively to varying inputs from their surroundings. In this sense viability denotes the possession of lifelike properties with the development of lifelike behavior. The digital trinity of saved virtual information, variability of image object, and viability of image behavior has in fact animated the image through the generation of a dynamic interactive visual system. In New Media art installations, it is possible to incorporate one or several human observers into computer-generated virtual scenarios via computer-controlled junctions in the form of multi-sensorial interfaces. The traditionally passive role of the observer in art is thus abolished; from their position external to the object the observer now becomes part of the visual realm they observe, whose virtual scenarios will react to their presence and will in turn elicit responses or feedback from them. The interactive installation has undermined our traditional assumptions about the image as a static object.

Thus, instead of the conventional world of the picture we have a universe of "free variables" floating in specific event-worlds, which can be comprehensively filled or replaced, and which interact with one another. The image has turned into a model world, autocatalytic as well as context controlled. The animated image constitutes the most radical challenge to our classic visual notions of image and representation.

This is a slightly edited version of the original text that was first published in 1998 in the book *Art@Science* edited by Christa Sommerer and Laurent Mignonneau, Springer, Vienna et al., pp. 167-180. It was reprinted in 1999 in the publication *Marcel·lí Antúnez Roca. Epifanía* edited by Claudia Giannetti, Fundación Telefónica, Madrid, pp. 43-54, in Spanish and pp. 175-180 in English. The title of the text refers to Eugene Wigner's paper "The Unreasonable Effectiveness of Mathematics in the Natural Sciences," in: *Communications in Pure and Applied Mathematics*, vol. 13, 1960, pp. 1-14.

Pieter Snayers, *Die Belagerung von Gravelines*, 1652

Willem Jansz. Blaeu, *Nieuwe ende Waarachtighe Beschrijvinghe der Zeventien Nederlanden [...]*, Wandkarte, 1613, Kupferstich, aus Johannes Klencke, *Soli Britannico Reduci Carolo Secundo regum augustissimo hoc Orbis Terrae Compendium humill. off. I. Klencke* [Klencke Atlas], Amsterdam, 1660, The British Library, London (sig. UIN: BLL01004959010)

Landkarten: Konstruktionen oder Wirklichkeit?

2012

Landkarten sind bekanntlich Abbildungssysteme der Oberfläche der Erde, des Gesichts der Erde. Was dieses »Gesicht« (*face*) der Erde eigentlich ist, nämlich Schnittfläche, Grenzfläche, Oberfläche, ist allerdings die Frage. Um das Wesen der Landkarte zu verstehen, ist ein etymologischer Exkurs hilfreich, ein Ausflug nicht wie üblich ins Lateinische oder Griechische, sondern ausnahmsweise ins zeitgenössische Englische, obwohl die lateinische Herkunft des Wortes *face* (lat. *facies*) nicht zu leugnen ist. Im Englischen kennen wir zwei Komposita, die von dem Wort *face* ausgehen, nämlich, *interface* und *surface*. *Inter* heißt bekanntlich so viel wie »zwischen«. *Interface* heißt demnach auf Deutsch so viel wie »Zwischenfläche«, »Grenzfläche«, »Schnittfläche« und *surface* so viel wie »Oberfläche«. Dementsprechend wäre *interface* ein Teil der *surface sciences*. Interface ist z. B. die Grenzfläche zwischen zwei Flüssigkeiten, die nicht gemischt werden können, z. B. Öl und Wasser. Neben diesen Interfaces, diesen Grenzflächen zwischen flüssig und fest, gibt es noch andere Interfaces, wie zwischen fest und gasförmig, flüssig und gasförmig, fest und Vakuum. Interface ist also die Grenze zwischen zwei Oberflächen, zwischen zwei *surfaces*. Ist also die Oberfläche der Erde eigentlich eine Grenzfläche? Vermisst also eine Landkarte nicht die Oberfläche, sondern die Grenzfläche?

Die ersten Oberflächenstudien galten makroskopischen Phänomenen, z. B. dem Gesicht (*face*) bzw. der Oberfläche (*surface*) der Erde. Das Studium der Oberfläche der Erde erzeugte die Geometrie, vom Griechischen *ge* = Erde, *metrein* = messen. Geometrie war also die Wissenschaft von der Vermessung der Oberfläche der Erde, also Teil der *surface studies*. Das Messen der Oberfläche der Erde wurde als Geometrie zu einer abstrakten Wissenschaft. Heute ist Geometrie ein Teil der Mathematik geworden, die sich mit Problemen der Länge, der Fläche, des Volumens, der Größe, der Form, der Position von Figuren und den Eigenschaften des Raumes beschäftigt. Die Vermessung der Erde selbst sank herab zur Kartografie, der Ursprung dieses Wortes liegt in Ägypten. Das griechische Wort *chártes*, bedeutete »Blatt der Papyrusstaude«. Die Römer machten daraus *charta*. Im 15. Jahrhundert wurde daraus im Französischen *carte* und im Deutschen »Karte«, im 17. Jahrhundert »Landkarte«, eine Karte des Landes. Daraus entstand die Kartografie (griech. *graphein* = schreiben). Die Landkarte ist also Schrift bzw. Niederschrift des Landes auf Papier. Das Messen verwandelt sich in ein Schreiben, das Vermessen in ein Beschreiben. Deswegen sprechen wir nicht mehr von Geometrie, sondern von Geografie (»Zeichnen der Erde«). Und damit beginnen die Probleme der Landkarte.

Wenn die Landkarte eine Repräsentation der Oberfläche der Erde ist, heißt das, dass die gekrümmte Oberfläche der Erdkugel, die drei Dimensionen des Raumes, auf eine Oberfläche abgebildet werden. Dadurch entstehen Entstellungen. Wir können methodisch Projektionstechniken einsetzen, welche diese minimieren. Auch wenn die Erdkugel weniger eine perfekte Kugel als ein Geoid ist. Landkarten sind also Projektionstechniken, welche die gekrümmte Oberfläche des Geoids Erde ausschnittweise repräsentieren. Landkarten sind also Grenzflächen- oder Oberflächenstudien. Wenn Landkarten aber Studien und Praktiken der Repräsentation sind, und ebenso Grenzflächen- und Oberflächenstudien, sind auch Grenzflächen- und Oberflächenstudien Techniken der Repräsentation. Eine Landkarte ist demnach selbst eine Fläche, eine Grenzfläche, eine Oberfläche, welche die Oberfläche der Erde repräsentiert. Ist die Landkarte selbst nur ein Interface, eine Schnittstelle, erlaubt sie die Manipulation. Solange die Landkarten aus Papier waren, d. h. analog, blieb ihr Charakter als Schnittstelle bzw. Schnittfläche verborgen. Wir gaben uns der Illusion hin, Landkarten seien eine Repräsentation der Oberfläche, Landkarten seien reine Oberflächenstudien. Nun verwandeln sich Landkarten in Bildschirme und wir wissen, dass Landkarten auch Interfaces, Schnittstellen, also manipulierbar sind. Im digitalen Zeitalter dienen Schnittstellen bekanntlich dazu, mit Oberflächen interaktiv in Verbindung zu treten. Die Grenze zwischen *interface* und *surface* zerfließt wie die Grenze zwischen Repräsentation und Realität. Digitale Landkarten sind interaktive, dynamische Landkarten, die manipuliert werden können. Daran erkennen wir, dass Landkarten schon immer Bildschirme waren. Die berühmte Geschichte, die Jorge Luis Borges in *A Universal History of Infamy* (1935) erzählt, verweist deutlich auf das Problem, das auftaucht, wenn die Landkarte als *surface* sich in ein *interface* verwandelt, wenn also die Grenze zwischen Repräsentation und Realität verschwimmt: »... In that Empire, the craft of Cartography attained such Perfection that the Map of a Single province covered the space of an entire City, and the Map of the Empire itself an entire Province. In the course of Time, these Extensive maps were found somehow wanting, and so the College of Cartographers evolved a Map of the Empire that was of the same Scale as the Empire and that coincided with it point for point. Less attentive to the Study of Cartography, succeeding Generations came to judge a map of such Magnitude cumbersome, and, not without Irreverence, they abandoned it to the Rigours of Sun and Rain. In the western Deserts, tattered Fragments of the Map are still to be found, Sheltering an occasional Beast or beggar; in the whole Nation, no other relic is left of the Discipline of Geography.«[1] Am Ende wussten die Einwohner des Reiches nicht mehr, ob sie auf der Landkarte oder auf dem Land standen. Jean Baudrillard benutzte diese Geschichte, um in »La précession des simulacres«[2] seine These zu illustrieren, dass die Simulation der Wirklichkeit vorangeht. In der heutigen Medientheorie steht das Land für die Wirklichkeit und die Landkarte für die Medien. Die Medien (Landkarte) simulieren die Wirklichkeit (Land) so perfekt, dass kein Unterschied mehr zwischen Repräsentation und Realität erkennbar ist. Einige Medientheoretiker gehen sogar so weit, zu behaupten, dass die Landkarte (das Medium) das Land (die Wirklichkeit) erst konstruiert. Sind Landkarten also nur Simulationen? Ja, aber deswegen nicht wertlos. Denn Landkarten sind von ihrem Ursprung her noch immer Teil der Geometrie, geometrische Konstruktionen.

Geometrie als Wissenschaft von der Oberfläche der Erde erzeugte die Landkarte als Grenzfläche. Aber die Landkarte dehnte sich bekanntlich aus, von der Vermessung der Oberfläche der Erde zur Vermessung der Oberfläche des Himmels. Die Grenzen der Kartografie erweiterten sich. Nach der irdischen Sphäre bzw. Kugel kam die himmlische Sphäre bzw. Kugel. Schließlich verfügten die Menschen über eine Landkarte der ganzen Welt, der Erde wie des Himmels: *mappae mundi* hießen die riesigen Landkarten des Mittelalters. Die Vermessung der Positionen der Sterne und Planeten auf der Himmelskugel wurde zu einer wichtigen Quelle geometrischer Probleme. Ende des 18. Jahrhunderts machten die Oberflächenstudien einen wichtigen Schritt, als sie sich auf die *minimae areae* von Oberflächen konzentrierten. Der Mathematiker Joseph-Louis Lagrange formulierte 1790 das Problem, für jede gegebene geschlossene Kurve im Raum eine minimale Oberfläche zu finden. Joseph A. Plateau,

---

1   Jorge Luis Borges, *A Universal History of Infamy*, Penguin, Harmondsworth, 1975, S. 131; er zitiert hier: J. A. Suárez Miranda, *Travels of Praiseworthy Men*, 1658.
2   Jean Baudrillard, »La précession des simulacres«, in: *Traverses*, Nr. 10, Februar 1978, S. 3-37.

der als ein Pionier des Kinos 1836 das Phenakistiskop erfand, löste dieses Problem 1873, indem er Seifenblasen über Ringe spannte und somit die minimalen Oberflächen definieren konnte. Wenn wir uns auf Oberflächen beschränken, die sich symmetrisch um eine Achse drehen, gibt es sieben *minimae areae*: die Fläche, die Kugel, den Zylinder, das Katenoid, das Unduloid und das Nodoid. Mit der kleinsten Oberfläche das größte Volumen umspannt die Kugel.[3] Die Erdkugel ist also eine ideale *minima area*, ein Fall von Isoperimetrie (von gleichem Durchmesser).

Wir sehen, im Lauf der Jahrhunderte verwandelte sich das Vermessen von Oberflächen von der Geometrie zur Mathematik. Vom Globus, einem makroskopischen Phänomen, von Oberflächen der *maximae areae*, wandte sich das Vermessen auf *minimae areae*, wie Seifenblasen, also mikroskopische Phänomene. Es liegt daher nahe, zwischen dem Globus und der Blase eine Analogie herzustellen. Menschen leben auf dem Globus bzw. in der Welt wie in einer Blase. Diese Analogie wurde zum Gegenstand der Philosophie (Otto E. Rössler, *Endophysics. The World as Interface*, 1992) wie der Populärkultur. Nach dem wahren Fall von David Phillip Vetter, der an SCID (*severe combined immunodeficiency*) litt und daher in einer sterilen transparenten Plastikhülle leben musste, entstand der Topos des »Boy in the Bubble«, siehe das gleichnamige Video und den Song von Paul Simon, die Filme *Bubble Boy* (2001), *Crystal Heart* (1986) und *The Boy in the Plastic Bubble* (1976). Wir Menschen leben nicht auf der Oberfläche der Erde, sondern in einer atmosphärischen Schnittstelle, eingehüllt in eine Sauerstoffblase.

Mit der Ankunft des Computers wurden *surfaces* (Oberflächen) zu einer Technik, mit denen man Objekte darstellen kann. Eine andere Darstellungstechnik hieß *wireframe* die Darstellung von Objekten durch Linien und Kurven. Der Begriff Interface mutierte zur Schnittstelle. Die Schnittstelle bietet die Übersetzung zwischen zwei Systemen. So verfügen wir nun über Software- und Hardware-Interfaces zwischen physikalischen Systemen der Computertechnologie, über Netzwerk-Interfaces zwischen einem Terminal und einem Netzwerk und schließlich *user interfaces* (*man machine interfaces*). Der Bildschirm heißt daher heute *graphical user interface*. Sind daher Landkarten analoge, *graphic user interfaces* und Google Earth eine digitale Landkarte? Mit Google Earth, einer Repräsentation der Erde durch Satelliten- und Computernetzwerke als neue Landkarten, können wir interagieren. Oberflächen werden wieder zu Schnittflächen, Landkarten werden zu interaktiven Systemen.

Diese Entdeckung wurde schon einmal gemacht, und zwar im 17. Jahrhundert, als die Kriegsherren Spaniens und der Niederlande An- und Aufsichten der Schlachtfelder brauchten, auf denen sie ihre Soldaten aufzustellen gedachten. Lehrbücher perspektivischen Zeichnens, Kenntnisse der Geografie, Astronomie, Geometrie wie der Fortifikation ließen eine neue Malerei zwischen Landvermessung und Militärplanung entstehen. Die Maler, von Pieter Snayers bis Jacob Ruisdael, waren Geometer, Landvermesser und Maler in einem. Sie schufen Landschaften, die mit bloßem Auge nicht zu sehen waren. Die perspektivischen Aufsichten und räumlich gestaffelten Landschaften waren rein geometrische Konstruktionen, mit deren Hilfe Schlachten gewonnen wurden. Der Maler war der vermessende Geograf, der den Militärexperten unterstützte. Die wissenschaftliche Landschaftsmalerei bzw. Schlachtenmalerei des 17. Jahrhunderts geht weit über Oberflächenstudien hinaus. Es sind auch keine Landkarten der sichtbaren Welt, sondern bildgebende Verfahren im heutigen Sinne: Erkenntnismittel, Konstruktionen virtueller Räume, Google Earth *avant la lettre*.

Der Text ist 2012 in dem vom Christian Reder herausgegebenen Buch *Kartographisches Denken*, Springer, Wien u. a., S. 53-55, erschienen.

---

3   Jacob Steiner »Einfache Beweise der Isoperimetrischen Hauptsätze«, in: *Journal für die reine und angewandte Mathematik*, Vol. 18, 1838, S. 281-296.

Pieter Snayers, *Siege of Breda, 1625: The Visit of Isabella Clara Eugenia*, ca. 1627–1636

Jacques Callot, *The Siege of Breda, 27 August 1624 to 5 June 1625*, ca. 1627

Media, Mapping and Painting

2014

If you follow renowned media theorists of the twentieth century such as Paul Virilio, the media arts and their ways of perceiving are merely the offspring of military technology. As the title of Virilio's *War and Cinema* suggests, media theorists are inclined to equate media history and military history: "[...] *the history of battle is primarily the history of radically changing fields of perception*. In other words, war consists not so much in scoring territorial, economic or other material victories as in appropriating the 'immateriality' of perceptual fields."[1]

The field of perception becomes a battlefield, the view of the other becomes hostile, and suspicion becomes habit. "Since the battlefield has always been a field of perception, the war machine appears to the military commander as an instrument of representation, comparable to the painter's palette and brush. As is well known, great importance was attached to pictorial representation in the Oriental military sects, the warrior's hand readily passing from brush to sword. Similarly, the pilot's hand automatically trips the camera shutter with the same gesture that releases his weapon. *For men at war, the function of the weapon is the function of the eye.* It is therefore quite understandable that, after 1914, the air arm's violent cinematic disruption of the space continuum, together with the lightning advances of military technology, should have literally exploded the old homogeneity of the vision and replaced it with the heterogeneity of perceptual fields. At that time, explosion metaphors were widely used in both art and politics."[2] Cinematography, the "Kino-eye" (Dziga Vertov, 1924), is a result of an "armed eye". The extent to which the armed eye is not only a phenomenon of new media but preformulated in the cartographic top view of seventeenth-century landscape painting is proved by the wide-ranging panoramas of Flemish painter Pieter Snayers. The people, church towers and rivers in these paintings are points of orientation like targets on military land maps. Yet no art historian will derive landscape painting – its very invention, indeed – from war, in contrast to media theory, which advocates this connection for the technical arts in general.

Friedrich Kittler also repeatedly emphasized how much the civil use of technical inventions has been due to war, technical progress is the result of military efforts, and many household appliances, consumer devices and the mass media are only side-effects of military research and weapons technology. "Just as the misuse of army equipment designed for trench warfare in 1917 led to medium-wave monophony, the misuse of army equipment designed for blitzkriegs by tank divisions, bomber squadrons and packs of submarines became rock music," Kittler asserted. "[...] Each of these individual technologies goes back to

---

1 Paul Virilio, *War and Cinema. The Logistics of Perception*, Verso, London, New York, 1989, p. 7.
2 Ibid., p. 20.

Engraving from Jacob de Gheyn, *Waffenhandlung von den Rören, Musquetten undt Spiessen [...] (1607)*, Conrad Corthoys, Frankfurt/M., 1610, Herzog August Bibliothek, Wolfenbüttel (sig. H: N 193.4° Helmst.)

Diego Velázquez, *The Surrender of Breda*, ca. 1635

the Second World War."³ He cites military historians far more frequently than art historians. In contrast, however, art historians hardly ever cite military historians.

Media theory alone here has a short reach, because landscape and historical painting already arose from the gun smoke of the battlefield, not only on the spot, but in the studio and often displaced by years. In a different way from twentieth-century war photography, painting could never take place on-site. On location, if anything, painters could only make sketches of war scenes to be executed later in oil. This becomes apparent with the battle for Breda that took place in 1624 and 1625. Diego Velázquez painted his famous *The Surrender of Breda* in 1634–1635. Only seldom reference is made to the fact that Pieter Snayers painted three different versions of the *Siege of Breda* between 1627 and 1650, using an etching by Jacques Callot titled *The Siege of Breda, 27 August 1624 to 5 June 1625* (ca. 1627) as his basis. Three artworks by different artists have been handed down to us on the same military event, but made in different historical contexts and under different conditions, thus diverging in the substance of their statements.

Virilio's phenomenological writing from 1984 about a film's landscape can be taken to hold also for many landscapes in seventeenth-century paintings: "In 1914, however, systematic aerial cover of the battlefield was still at the mercy of darkness, fog or low cloud. Only bombers had already freed themselves from the alternation of night and day [...]. The pattern of this research, in which lighting and climate set the rhythm and airborne and terrestrial vision are dominant by turns, forms the dialectical web of [Joseph] Losey's little-known film *Figures in a Landscape* (1970). Just like a Civil Defence or Traffic Police helicopter, the machine tracking Losey's two fugitives superimposes landscape pictures of the West."⁴ In his cartographic top views, Snayers explicitly employs the change of light and shade under differing climatic and atmospheric conditions to cover up ruptures in their perspectival construction.

Indeed, traditional art history engages too little with the influences and interplay between art history and socio-military history, as well as the history of science and technology. Marked by modern and postmodern positions in painting that tended to void art of content in favor of the self-presentation of the means of portrayal (point, line, surface, color), up until recently many art historians also analyzed art made before 1900 from this ahistorical perspective. This led to the works' being decontextualized, as they were seen from purely formal, stylistic viewpoints.

The endeavor of this publication and the exhibition, *Mapping Spaces. Networks of Knowledge in 17th Century Landscape Painting*, is firstly to give back to these paintings its contexts and history, and secondly to show that it was a craft medium operating at the leading edge of research and technology: only the alliance of the skills of mathematicians, geometers, surveyors, physicists, meteorologists and the specific abilities of painters enabled a triumph of "illusionism", of construction and imagination in painting. All that people could not see with the natural eye they were able to discover in these paintings – landscapes and cities from a bird's-eye view, for instance. The theses of media theory, too, must be qualified to show that painting was already part of military history. Excellent paintings are still to be found in military museums. While some of Snayers' paintings – such as *Siege of Breda*,

---

3   Friedrich Kittler, "Rock Musik – ein Missbrauch von Heeresgerät," in: Theo Elm and Hans H. Hiebel (eds.), *Medien und Maschinen. Literatur im technischen Zeitalter*, Rombach, Freiburg, 1991, pp. 243-257, esp. pp. 250, 252f.; translated from the German by Michael Eldred. See also: Friedrich Kittler, "Medientechnologien sind Kriegstechnologien," in: *Die Weltwoche*, no. 29, 21. 07. 1994, p. 34.
4   Virilio, 1989, p. 19.

1625: The Visit of Isabella Clara Eugenia (ca. 1627–1636) and *Siege of Gravelines, 1652* (1652)[5] – are kept at Museo Nacional del Prado in Madrid, the famous art museum, others – including *Posto near Pressnitz, 1641* (1648), *Relief of Leuven, 1635* (1639) and *Siege of Einbeck, 1641* (1644) – can be found in the Heeresgeschichtliches Museum in Vienna on permanent loan from the Kunsthistorisches Museum.

Painting as well as new media was a part of the history of science and technology, and thus of military history. "Media art is the misuse of army equipment," wrote Kittler, but this already held true for painting. In fact, painting served the military far more than media art ever did. The paintings, drawings and title pages compiled for the *Mapping Spaces* exhibition mostly show a general with his soldiers at an elevated location and, amid them, a painter, surveyor or cartographer with their respective equipment. To deploy his troops and plan victory, the general needed images of the towns, fortifications, canals and streets that had to be conquered. This context explains the progress and professionalization of cartography and surveying at this time. Painters trained in mathematics, geometry and surveying, were the first to put their abilities at the service of the military for reconnoitering terrain, portraying enemy fortifications during the war and documenting military successes in retrospect. It is not surprising that, in return, the "cartographic gaze" influenced landscape painting and the top view left its mark on the perspective construction of many landscape panoramas.

Mapping Spaces, the exhibition and the book, document with their numerous objects what great roles military architecture, battles, sieges, military equipment, urban maps, canal construction, land surveying, perspective devices, triangulation instruments, lens telescopes and distance-measuring devices played in the paintings themselves but also in the processes of making paintings and maps which, in many cases, were identical. Only with the overall view are we able to ask why the seventeenth century is not only called the golden century, but also the iron or warring century.

To answer this, we have to consider the following: During the seventeenth century, almost all the large European states were in a state of continual war. The countries ruled by the Habsburgs were dominated by the Thirty Years' War, and the Dutch war of liberation lasted more than eighty years, from 1568 to 1648. The cities fought over were relatively small in today's terms. Around 1650, Paris and London stood out as the largest cities with populations of about 400,000. Amsterdam had 175,000, Madrid 130,000, Marseilles 75,000, Brussels 70,000, Seville 60,000 and Barcelona 44,000. Provincial capitals had populations of up to 20,000.[6] Despite these small figures, troop numbers were large. In the seventeenth century France increased its troops to 400,000 soldiers, for example. The execution of power in Europe was not just based on the technical and scientific achievements that served the military: its nations were engaged in continual war and in continual military expansion beyond the continent. One of these nations was the united provinces of the northern Netherlands. They needed not only economic success but great knowledge in fortification systems, fort construction, sanitation, transportation and, especially, sailing fleet navigation.

---

5   For a detailed discussion of the dating of Pieter Snayers' paintings, see: Leen Kelchtermans, *Geschilderde gevechten, gekleurde verslagen. Een contextuele analyse van Peter Snayers' (1592-1667) topografische strijdtaferelen voor de Habsburgse elite tussen herinnering en verheerlijking*, 3 vols., unpublished PhD diss., KU Leuven, 2013; Leen Kelchtermans, *Peter Snayers (1592-1667). Between Remembrance and Glorification: A Contextual Study of the Topographical Battle Paintings for the Habsburg Elite*, Pictura Nova, 22, Brespols, Turnhout, 2017.

6   Michael Limberger, "'Goldenes Zeitalter' oder 'eisernes Jahrhundert'? Westeuropa," in: Bernd Hausberger (ed.), *Die Welt im 17. Jahrhundert*, Magnus, Mandelbaum, Vienna, 2008, pp. 39–69, esp. pp. 42f.

Johannes Klencke, *Soli Britannico Reduci Carolo Secundo regum augustissimo hoc Orbis Terrae Compendium humill. off. I. Klencke* [Klencke Atlas], 1660, The British Library, London (sig. UIN: BLL01004959010), exhibition view *Mapping Spaces. Networks of Knowledge in 17th Century Landscape Painting*, ZKM | Karlsruhe 2014

Technological innovations from the microscope to the telescope and an empirical practice of science (navigation, astronomy, cartography, surveying, metallurgy, chemistry) supported the military and economic policies of expansion that were continually reinforced in colonial expansion. In some countries there was thus spectacular growth not only of population but of economy.

Nevertheless it is surprising that this expansive age marked by wars, poverty, pestilence and famines is today called the Golden Age. This moniker is not just attributable to improvements in shipbuilding, mining and waterway construction, and to lively trade and the strong financial markets in Paris, London and Amsterdam that made France, England and the Netherlands into Europe's richest countries. In Spain one speaks on the one hand of the *siglo de hierro* (iron century) and, on the other, with reference to literature and painting, of the *siglo de oro* (golden century). Indeed, the seventeenth century is above all the age of great artists, writers and scientists: Francis Bacon, Robert Boyle, Miguel de Cervantes, René Descartes, Pierre de Fermat, Robert Fludd, Galileo Galilei, Christiaan Huygens, Johannes Kepler, Gottfried Wilhelm Leibniz, Molière, Isaac Newton, Blaise Pascal, Rembrandt van Rijn, Peter Paul Rubens, William Shakespeare, Benedictus de Spinoza, Diego Velázquez, and Jan Vermeer.

By the time of Descartes' theories, it was clear that the mechanical worldview had achieved a breakthrough[7] that would lead to European hegemony. The kernel of this rupture in world history was formed by an engineering culture, and one part of this culture in the seventeenth century was painting. This is a central thesis of *Mapping Spaces*. Painting was part of a widespread, ramified network because it was employed by craftsmen and scientists as a technical medium.

---

7   See: Eduard J. Dijksterhuis, *The Mechanization of the World Picture. Pythagoras to Newton*, Princeton University Press, Princeton, 1986.

Constantijn Huygens II, *View on The Hague with the Noordeinde Palace*, 1665

Thomas de Keyser, *Portrait of Constantijn Huygens and his Clerk*, 1627

The proof of this is provided by paintings that not only derive from cartographic models, but actually portray the equipment. In the combination of map, globe, atlas and image, the paintings themselves became a medium of knowledge. The formats of both painted war landscapes and maps became ever larger and more detailed, so that they could now be summarized in paintings. The explications on the maps became ever longer and finally filled atlases of up to forty-eight volumes. The *Klencke Atlas* of 1660, shown in the exhibition and consisting of thirty-seven maps, was regarded until 2010 as the world's largest atlas. Originally conceived to hang on the wall, the maps contain the entire geographical knowledge of the time. In the nineteenth century, Stéphane Mallarmé asserted, "The world is made to achieve a beautiful book."[8] If you consider the monumental atlases such as the *Klencke Atlas*, this thesis could also come from the seventeenth century. These overly large, magnificent map books attain their significance through the idea that of course only the largest book in the world could be large enough to squeeze the entire world into it.

Knowledge was gathered encyclopedically, and through images – both maps and paintings. The image is dedicated to historical knowledge. Therefore, map making is the basic method of Dutch landscape painting, according to the thesis of Svetlana Alpers.[9] In her groundbreaking study *The Art of Describing: Dutch Art in the Seventeenth Century* (1983) Alpers contradicts the research tradition on Dutch painting which used to interpret seventeenth century pictures first of all in an iconographic, iconologic or emblematic way. Instead, she underlines the parallel development of art and cartography without stating a unilateral exercise of influence. In her interpretation, the disciplines do not move one towards the other, but the artists transfer cartographic methods into the aesthetic context of painting. On the base of a cartographic raster the painters do not represent the images of their imagination anymore, but they work copying the flat Dutch landscapes directly on-site from the nature.

Thirty years after the publication of Alpers' work her thesis can now be supplemented by the new deductions of Ulrike Gehring who concludes that the "new" realism is

---

8   "Le monde est fait pour aboutir à un beau livre." Remark made to Jules Huret, who published it in his *Enquête sur l'évolution littéraire* (1891); as translated in: Frederic Chase St. Aubyn, *Stéphane Mallarmé*, Twayne Publishers, Boston, 1969, p. 23.

9   See: Svetlana Alpers, *The Art of Describing. Dutch Art in the Seventeenth Century*, University of Chicago Press, Chicago, 1983.

not only the consequence of an intensive observation of nature, but rather follows from a new construction of the image in which the scientific findings of a new conception of the world are inscribed. Not the way of painting is revolutionary, but the motive of the low, curved horizon and the optically unlimited space of the image that are closely linked to the scientific discourses of the seventeenth century.[10]

In her reference work on Dutch painting, Alpers devotes a chapter to "The Mapping Impulse in Dutch Art."[11] In it, she shows that painting served as a means of pictorial reporting or description of the world. She refers in particular to the fact that in Jan Vermeer's *The Allegory of Painting*, from around 1666-1668, the word "descriptio", can be seen written large on the map in the middle of the painting. In this analysis of *The Allegory of Painting*, however, it is not the connection between skilled craft and perfect, illusionist painting that is of interest, nor even the connection between "model and painter."[12]

What is significant for Dutch painting in the seventeenth century is the interplay among science, art, technology, and politics. The confluence of cultures portrayed by Vermeer's painting can be made visible also with the example of the Huygens family. Constantijn Huygens I (1596-1687) was a writer, composer, lawyer, diplomat and secretary to two Dutch stadtholders. He was friends with René Descartes, whom he supported.[13] In his autobiography, written in 1629, a third of the way into his life, but discovered and published only toward the end of the nineteenth century, there are long passages that Alpers conceives as the art theory of the time. The 1627 portrait of Constantijn Huygens I by Thomas de Keyser speaks in favor of this thesis. It shows the universal scholar with his secretary, with globes, a compass and architectural plans lying on the table. Huygens I's multidisciplinary interest was directed toward medicine, land reclamation, map manufacture and technical devices such as the microscope, telescope and camera obscura. He had a comprehensive classical education, translated Latin primary texts into French and possessed a large library. In his autobiography Huygens I sought an artist who would be able to record what he could see under a microscope, and settled on Jacob de Gheyn. If this artist had lived longer, he wrote, he would have been able to paint small living beings as precisely as you could observe them through the lenses. Huygens I collected the resulting brush drawings into a little book titled *New World*. Obviously he wanted to connect the new optical technology of his time, and thus the progress of knowledge, with painting. He does precisely this also in his long poem *Dagh-werck* [A day's work] (1627-1638) when he connects the progress of knowledge with daily domestic life. The world comes into the house like a camera obscura; for this reason the walls of Jan Vermeer's rooms are decorated with maps of the world. As a leading thinker of his time, Huygens I praised Francis Bacon and Cornelis Drebbel. He transformed their insistence on experiment and observation into the use of the artist's vision for an experimental quest for knowledge of nature, thus converting art into a craft related to practice. Bacon, too, was particularly interested in the mechanical arts and their grounding in craft, just as the Dutch artists themselves highly esteemed the craft aspects of art.

Constantijn Huygens II (1628-1697) was the first son of Constantijn Huygens I. He was also a statesman and secretary to William of Orange, later William III of England. He

---

10 See: Ulrike Gehring, "Painted Topographies. A Transdisciplinary Approach to Science and Technology in Seventeenth-century Landscape Painting," in: Ulrike Gehring and Peter Weibel (eds.), *Mapping Spaces. Networks of Knowledge in 17th Century Landscape Painting*, Hirmer, Munich, 2014, pp. 22-93.
11 See: "The Mapping Impulse in Dutch Art," in: Alpers 1983, pp. 119-168.
12 See: Kurt Badt, *Modell und Maler von Vermeer. Probleme der Interpretation; eine Streitschrift gegen Hans Sedlmayr*, DuMont Schauberg, Cologne, 1961.
13 Svetlana Alpers dedicates the first chapter to Huygens: "Constantijn Huygens and the New World," in: Alpers 1983, pp. 1-25.

studied law, philosophy, mathematics and history, built scientific instruments, attended art courses and made wonderful landscape panoramas. His brother was a famous astronomer, mathematician and physicist, Christiaan Huygens. Through his father, Christiaan Huygens got to know Rembrandt van Rijn, Peter Paul Rubens and René Descartes early on. He corresponded with Blaise Pascal and Pierre de Fermat and had contact with Antoni van Leeuwenhoek, a builder of microscopes and executor of Vermeer's estate. On Descartes' advice, both brothers attended the Duytsche Mathematique in Leiden. Today Christiaan Huygens is regarded as one of the pioneers of probability theory and the inventor of the pendulum clock. His interest in optics and astronomy led to the construction of new telescopes of previously unknown precision. In 1690 he produced his famous *Traité de la Lumière*, a treatise on reflection and refraction, on the wave theory of light. Along with Isaac Newton, Newton's teacher Isaac Barrow, and Robert Hooke, he is regarded as one of the most important scientists of the golden century. Constantijn Huygens III, the son of Constantijn Huygens II, was a prominent graphic artist.

The example of the Huygens family shows, in today's terms, the extremely high scientific and cultural standard of art, literature and music in the seventeenth century that was based on the dialogue with the natural sciences, mathematics and technology. Against this background, the idea of the image in Dutch painting must be understood not only as a description, as Alpers writes of it, but also as knowledge of the world. Maps had always served as images of knowledge. If, however, the image itself is to become a medium of knowledge, it is plausible that there is an analogy or congruence between maps and paintings. The congruence between maps and painting is evidenced most clearly through Vermeer's signing not the painting but the map. He painted the map with the same attentiveness as he did the room in which the map hangs, thus presenting himself as a painter of maps. The most usual term for a map-maker or cartographer at the time was "world-describer", and the maps and atlases were regarded as descriptions of the world. With his painting, Vermeer describes the world. The map is presented like a painting because painting had the same aim as the map, namely, to gather knowledge or information about the world on the surface of an image. To come back to Pieter Snayers, he went even further. He did not paint any maps, but transferred the metric data of the land surveyor to a topographically analytical view that showed much more than a map. The painting is a map and a picture, geography and photography, top view and pictorial view. The artist is therefore also a cartographer and a surveyor.

The seventeenth century was not only the great age of Dutch maps, but also of Dutch painting. This was precisely because in their paintings, painters wanted to combine art and science. Painters and cartographers clearly collaborated with mathematicians and land surveyors. In Vermeer's *The Allegory of Painting*, a cartouche on the map shows two female figures facing each other; one is equipped with a square and compass symbolizing cartography or land surveying, and the other holds a palette, brush and an urban view in her hands, thus standing for the fine arts.

The boundary between art and map was not fixed until the twentieth century. Richard Buckminster Fuller's *Dymaxion Map* (first published in 1943) takes up that tradition, as did Jasper Johns.

For the links between painting and cartography in the seventeenth century, the works of the Visscher family are prototypical. Claes Jansz. Visscher (1587-1652) originally drew large topographic views. As a technical draftsman and engraver, he became a publisher of landscapes, portraits and maps. Around 1636, his son, Nicolaus Piscator or Visscher (1618-1679), engraved the map reproduced in Vermeer's *The Allegory of Painting*. Surprisingly, the map's portrayal of Holland stems from the late sixteenth century: When Vermeer made his painting it had already been superseded. Norbert Schneider interprets this curious

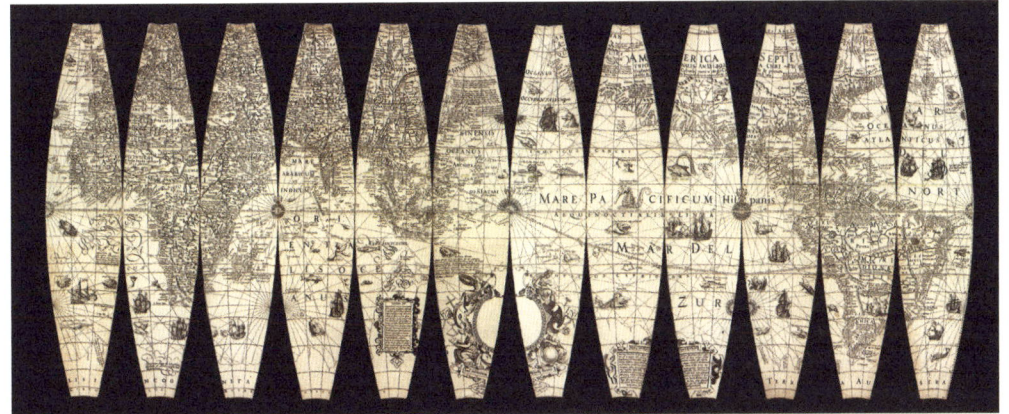
Jodocus Hondius II and Hendrik Hondius, *Segments for a terrestrial globe with diameter 35.5 cm*, 1627

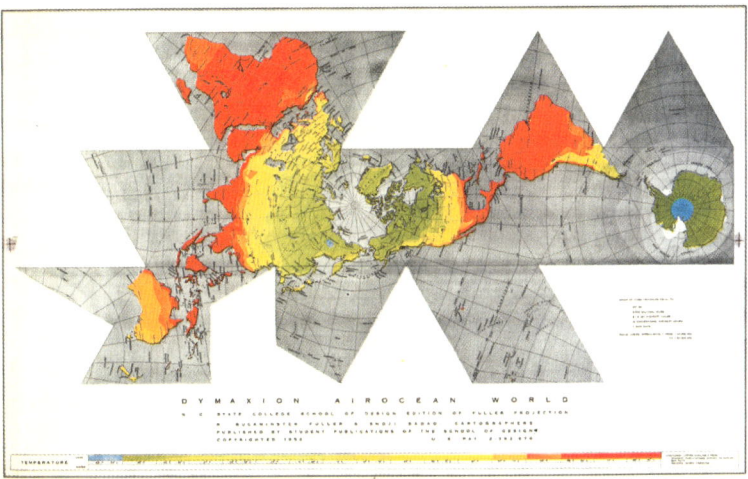
Richard Buckminster Fuller, *The Dymaxion Air-Ocean World Map*, 1943

Jan Vermeer, *The Art of Painting*, ca. 1666–1668

MEDIA, MAPPING AND PAINTING 535

feature as a political statement by Vermeer, a reference to the desirable reconstitution of the original political unity of Holland and a vote for the House of Orange.[14] But why did he not use the map of the seven united provinces of the Netherlands from the 1660 *Klencke Atlas*, which provides a much more exact description of the Dutch republic? Why does he revert to an older model with Latin text?

The painter's clothes in the picture are also antiquated, matching the Burgundian fashion of the first half of the sixteenth century. According to Schneider, this is also an allusion to Burgundian-Orangian rule. Thus, the painting was done immediately after the Treaty of Alliance between Holland and Habsburg Vienna; it is clearly partial to William III and therefore probably painted only in the last third of 1673. The globe of the Earth by Jodocus Hondius II shows a clearly visible cartouche glorifying Prince Maurice of Orange. So Vermeer's *Studio Painting* (an alternative title for *The Allegory of Painting*) would be above all a political statement on the patriotic movement for the House of Orange.[15] In this context, the map would have a decisive political function.

The collaboration between surveyor, cartographer and artist established Dutch landscape painting. For this reason, these landscapes are not defined by the perspectival grid of the Renaissance that, after Leon Battista Alberti, cuts through the visual pyramid like a window, but by geodetic coordinates that allow a certain flexibility when putting together diverse visual information. What look like landscapes painted from a bird's-eye view are nothing other than the transfer of methods of land surveying to landscape painting, the flexible transfer of panoramic perspectives onto the painting's surface.

The extent to which this affected the portrayal of landscape in painting is to be elucidated in the following with the perspectival construction characteristic of Dutch landscape. Contours (isohypses) on maps designate neighboring points of the same altitude. This cartographic procedure is combined in Dutch landscape painting with various horizon lines and points in the terrain. Whereas in cartography, the horizon shifts upward out of the field of vision, in landscape painting it sinks downward. The top view is thus due not to a bird's-eye view, but to the change from one contour to the next. The horizon thus constructed can be lowered or lifted. In between there are points of orientation such as tree lines, rivers, changes of light and shade, which cover up the change of perspective from one isohypse to the next. Over the flat, cartographically recorded landscape of Holland is laid the geographic profile that the viewer can see from above. Any overview of the Dutch landscape, however, did not correspond to a natural perspective from a raised standpoint, but was constructed from surveying measurements. Since in the seventeenth century there was still no possibility of being lifted into the air, the early overview landscapes simulate a bird's-eye perspective that is only superficially coherent. In fact, it is constructed from true-to-scale ground plans and enhanced by chorographic elements. The type of hybrid arising from the combined foundation of painting and map is shown by Jan C. Micker's elevation and plan *Bird's-eye View of Amsterdam* (1630-1644). Since you see the shadows of the clouds and not the clouds themselves, the painting is reminiscent of today's satellite images. It is thus a matter of perfect description (*descriptio*), and at the same time of the transformation of a rhetorical figure into a painterly form. The drawing becomes an inscription, and the inscription becomes an image. A similar approach is taken four hundred years later by Jeffrey Shaw, who lives in Holland, with *The Legible City* (1988-1991). Despite the temporal and medial difference, he stands in this tradition. A view

---

14   See: Norbert Schneider, "Vermeers 'Atelier'-Bild in Wien. Versuch einer Neudeutung," lecture held 19. 05. 2010, KIT Karlsruhe Institute of Technology, Karlsruhe, 2011.
15   See: ibid., pp. 43-52.

of Amsterdam shows the houses transformed into letters. The city is in fact a description composed of words. The image of the city is literally legible, a *descriptio*. On a bicycle you can travel virtually and interactively through this city. The identity of global description and visual depiction becomes evident.

This is also evident in Vermeer's painting, as the even-handed treatment of easel painting and map, a mixture of inscriptions and texts, of pieces of paper, maps and fabrics, of people and things forms a hymn in praise of descriptive painting, that is, of an art mapping the knowledge of its time. For this reason, Clio, the protagonist in Vermeer's painting and an allegorical figure for history, also holds a book in her hand. What she holds onto in writing in the chronicles of the time is narrated by Vermeer in informative details, not least of all the map. Painting and cartography are both media of knowledge and also of description of the world. Vermeer's painting, which chorographically and geographically grasps the specificity of a landscape, simultaneously laying it out true to scale like a map, not only represents one of the most consummate achievements of European painting, but also prepares the way for twentieth-century media art.[16]

Technical image media from photography to film pursue a similar basic conception of the image, namely, to bring forth the illusion of space on a surface employing cartographic methods, with Cartesian coordinates or perspective grids. No matter which method the media artist decides on, he or she develops it further with the aim that even the illusion of movement can be generated by scaling, orientation magnitudes, phase sequences and so on.[17] Just as the horizon was rolled out in Dutch landscape painting, the urban view apparently rolls out before the viewer in Christopher Nolan's 2010 film *Inception*. The view can be tilted in all directions with the aid of visual effect techniques. Spontaneously you are reminded of Pieter Snayers' *Siege of Gravelines, 1652,* in which a landscape appears simultaneously as a map. The painter shows that, despite the topographic and cartographic detail, the landscape does not portray the real landscape, but merely a construction of it. In anticipation of today's critical media theory, of constructivism and systems theory, Snayers shows us the world as a construction by setting in train a chain of observations. Surveyors and engravers together make up a model of the landscape that is used by the painter to paint the landscape. By taking the model as a measure of the world, he really does survey the land rather realistically, because the landscape is indeed the result of surveying with scientific instruments. The painted landscape is thus not only an artistically enhanced representation of the map – today we would say augmented reality – but, through the map's model-like character, also a representation of the real landscape. Snayers, however, shows us a top view of the landscape that we would not have been able to see with the natural eye. Before the existence of moving and seeing machines such as the airplane and cinema, he shows a view as if from a machine-like camera eye. He anticipates technical perception by 250 years, establishing the image as a technique of observation.[18]

In Snayers' paintings, centuries before Lewis Carroll, Jorge Luis Borges and Jean Baudrillard, a central thesis of media theory thus finds visualization: the difference between landscape portrayal and true-to-scale landscape, between representation and reality, and between media and reality.

---

16   Felix Burda-Stengl has shown a parallel development from illusionistic fresco painting of the Italian Baroque to video art. See: Felix Burda-Stengl, *Andrea Pozzo and Video Art. Early Modern Catholicism and Visual Arts*, Saint Joseph's University Press, Philadelphia, 2013.
17   As such, the media arts of the twentieth century are the true heirs to the magnificent history of painting.
18   See: Jonathan Crary, *Techniques of the Observer. On Vision and Modernity in the Nineteenth Century*, The MIT Press, Cambridge/MA, 1992.

Snayers' *Siege of Gravelines, 1652,* showing a topographic map apparently floating freely over the view of the landscape and the fortifications of the town at the right-hand edge of the painting, is such a prominent innovation of this kind that its cognitive significance, in particular for media theory, is to be underscored here by a short historical excursus on map theory.

Jean Baudrillard hit the nail on the head with a metaphor borrowed from Jorge Luis Borges.[19] In *Simulacra and Simulation* he compares the effect of media on reality with the relationship between map and land.[20] The relationship between reproduction and reality, however, was already thematized earlier as the question of the illustrative trueness in the relationship between map and land. The topic of the map is thematized perhaps for the first time philosophically and epistemologically in Carroll's 1889 novel, *Sylvie and Bruno*. Map making, the achievement of seventeenth-century engineering culture that properly speaking announced globalization, was recognized in the nineteenth century as the perfect illusion technology, as will to construction, to shaping and forming. Those who controlled railroads and other means of transport, calculations and remote reconnoitering technologies had power, and that power was also achieved through maps. Insofar as it is permissible to summarize these interconnections, those who had power over maps had power over land. The analogy between map and medium or between land and reality holds in modern media theory. Whoever has power over the media also has power over reality.[21] For this reason, the map is more important than the land. Contemporary media theorists from Baudrillard to Niklas Luhmann ("Whatever we know about our society, or indeed about the world in which we live, we know through the mass media."[22]) postulate the primacy of media before reality, defining reality as a construction by the media. The suspicion that the land is perhaps only a weak substitute for the map is found already in the following passage from Carroll's *Sylvie and Bruno*: "'That's another thing we've learned from your Nation,' said Mein Herr, 'map-making. But we've carried it much further than you. What do you consider the largest map that would be really useful?'

'About six inches to the mile.'

'Only six inches!' exclaimed Mein Herr. 'We very soon got to six yards to the mile. Then we tried a hundred yards to the mile. And then came the grandest idea of all! We actually made a map of the country, on the scale of a mile to the mile!'

'Have you used it much?' I enquired.

'It has never been spread out, yet,' said Mein Herr: 'the farmers objected: they said it would cover the whole country, and shut out the sunlight! So we now use the country itself, as its own map, and I assure you it does nearly as well.'"[23]

---

19   "In that Empire, the Art of Cartography attained such Perfection that the map of a single Province occupied the entirety of a City, and the map of the Empire, the entirety of a Province. In time, those Unconscionable Maps no longer satisfied, and the Cartographers Guilds struck a Map of the Empire whose size was that of the Empire, and which coincided point for point with it. The following Generations, who were not so fond of the Study of Cartography as their Forebears had been, saw that that vast Map was Useless, and not without some Pitilessness was it, that they delivered it up to the Inclemencies of Sun and Winters. In the Deserts of the West, still today, there are Tattered Ruins of that Map, inhabited by Animals and Beggars; in all the Land there is no other Relic of the Disciplines of Geography." Jorge Luis Borges, "On Exactitude in Science" (1960), in: *Collected Fictions of Jorge Luis Borges*, Penguin, New York, 1998, p. 325.
20   Jean Baudrillard, *Simulacra and Simulation*, University of Michigan Press, Ann Arbor, 1994, pp. 1f.
21   See: Edward S. Herman and Noam Chomsky, *Manufacturing Consent. The Political Economy of the Mass Media*, Pantheon, New York, 1988.
22   Niklas Luhmann, *The Reality of the Mass Media*, Stanford University Press, Stanford, 2000, p. 1.
23   Lewis Carroll, "Sylvie and Bruno," in: idem, *The Complete Illustrated Works*, Gramercy Books, New York, 1982, p. 727.

Cartography, however, was and is undertaken not for the sake of a fascination for recording landscape, but primarily for its practical use and military necessity. A general needed knowledge of the landscape to know where to position troops. He needed a bird's-eye view of towns to know how he could lay siege to and conquer them. The true-to-scale records of the surveyors also served a genuine interest in knowledge, the surveying of the world, the conversion of the world into knowledge, the transformation of *terra incognita* into *terra cognita*. Representations of landscapes were always media of knowledge.

Since Borges and Baudrillard, we know that surveying and mapping have a tendency to swallow land. The media apparently simulate reality so perfectly that no longer can any difference be detected between map, the medium of reproduction, and land, the reality. The metaphor of the relation between map and land is hence an observer's problem. Snayers hit the ball to viewers with his overview landscapes: They have the task of finding out the difference between painted map, topographic interpretation and painted land, and of themselves defining what they see: a landscape, a map or a painting of landscape and a map. Vermeer painted the map in the realistic, conventional context of a studio, but Snayers conceived a collage because the map as a part of the landscape is an artistic, unrealistic context. He painted the making of the landscape, but with unimaginable audacity as a part of the landscape. Today, that's as if exciting action scenes in a Hollywood film were repeatedly interrupted so that the director could show us how the scene was made. Snayers thus goes beyond Vermeer by presenting the mediality of the landscape or rather the image of it. Snayers' painting reconstructs the triumph of illusionism that constitutes seventeenth-century Dutch painting. He provides us with an idea of the painting not only as a map, like Vermeer does, but as a model, by painting the map as a model into the landscape. In *The Nature of Explanation* (1943), Kenneth Craik drafted the concept of mental models. Snayers shows us the map as a mental model of the landscape. He is a meta-painter who conceives of painting as a pure model and medium. The drafts for his paintings largely stem not from Snayers himself, but from land surveyors and engravers such as Giovanni Francesco Cantagallina and Jacques Callot. He goes a step further than most of his contemporaries: He sees painting at the service of a critical epistemology. Painting becomes an epistemological medium that anticipates cybernetic, constructivist, systems theory and observer dependent models. Vermeer painted the map hanging on the wall in the room, opening itself to the viewer's gaze, that is, as a wall map, as a conventional object in familiar surroundings. In Snayers' paintings the map is painted unconventionally on the landscape as an alien object. He shows the wall, map and painting as a triad of differing modes of existence.

Snayers thus anticipates a change of perspective that American writer Mark Twain demonstrates in his 1894 novella *Tom Sawyer Abroad*, a parody of Jules Verne. In the third chapter, "Tom Explains," he describes the experience of traversing the country by hot-air balloon. Huckleberry Finn makes an astounding discovery: While flying over the country, he notices that the perceptual data do not agree with the map. He says to Tom Sawyer:

'"[…] The professor lied.' 'Why?'

'Because if we was going so fast we ought to be past Illinois, oughtn't we?'

'Certainly.' 'Well, we ain't.'

'What's the reason we ain't?'

'I know by the color. We're right over Illinois yet. And you can see for yourself that Indiana ain't in sight.'

'I wonder what's the matter with you, Huck. You know by the color?'

'Yes, of course I do.'

'What's the color got to do with it?'

'It's got everything to do with it. Illinois is green, Indiana is pink. You show me any pink down here, if you can. No, sir; it's green.'

'Indiana pink? Why, what a lie!'

'It ain't no lie; I've seen it on the map, and it's pink.'"[24]

Huckleberry Finn believes that maps report facts. He believes in true reproduction on maps, just as you believe in true reproduction in photography. If a map represents the State of Illinois in green and the State of Indiana in pink, Indiana must be pink also in reality. Tom, by contrast, refers to a painterly problem. The chromatic properties are properties of the map and not of reality. They serve to avert illusions. But precisely the opposite is the case, as we see from the example of Huckleberry Finn. They seduce into illusion. Also in the sixth chapter, "It's a Caravan", Mark Twain comes back to the same problem once again. Huckleberry Finn believes that he should be able to see also the meridians on the Earth just as they are depicted on the map. Because he does not see the meridians on the land, he accuses the maps once again of lying.

"'Oh, shucks, Huck Finn, I never see such a lunkhead as you. Did you s'pose there's meridians of longitude on the Earth?'

'Tom Sawyer, they're set down on the map, and you know it perfectly well, and here they are, and you can see for yourself.'

'Of course they're on the map, but that's nothing; there ain't any on the ground.'

'Tom, do you know that to be so?' 'Certainly I do.'

'Well, then, that map's a liar again. I never see such a liar as that map.'"[25]

Maps lie just like all the other media. The relationship between reproduction and reality, between map and land, between medium and reality is marked by a difference. An observer must recognize this difference. Reality is accordingly relative to the observer and constructed by the observer's acts of perception and knowledge.[26] Luhmann's conclusion is that everything we know, we know through the media because knowledge is construction.[27] With his unique paintings, Snayers also reached these levels of reflection. He was a media painter.

From these investigations it becomes apparent that in the seventeenth century, painters, in the sense of Leonardo da Vinci's first chapter of the *Trattato della pittura*, "Se la pittura è scienza o no,"[28] employing geometric aids and mathematical calculations, constructed their top views and landscape views. The famous views of Haarlem by Jacob van Ruisdael were not painted on location, but in his studio years later. Likewise, as Ulrike Gehring shows, the curvature of the horizon is not perceptible to the natural eye, and is imperceptible from a short distance, but only arises from knowledge of the earth's curvature.[29]

Painters painted landscapes from changing perspectives. The lower zones were painted from a horizontal perspective. Slowly the eye lifts up more and more into the heights and finally looks down on the town from an angle of ninety degrees. Seventeenth-century painters covered up this continual change of perspective with the lines of fields, the lines of a forest, the lines of a river or the light and shade in the clouds. This

---

24 Mark Twain, *Tom Sawyer Abroad*, 1894, online: www.gutenberg.org/files/91/91-h/91-h.htm#link2HCH0003.

25 Ibid.

26 First order observations through the natural sense organs, second order observations through artificial media as extensions of the natural sense organs.

27 See: Niklas Luhmann, *Erkenntnis als Konstruktion*, lecture at the Kunstmuseum Bern, 23. 10. 1988, Benteli, Bern, 1988.

28 Leonardo da Vinci, *Trattato della pittura* (ca. 1490), Unione Cooperativa Editrice, Rome, 1890, p. 1.

29 See: Gehring 2014.

new kind of construction of a surveyed landscape that enabled the horizon to be lowered or lifted, the portion of landscape or clouds to be lessened arbitrarily, paved the way for Romantic landscape painting. Romantic landscape painting was thus not the result of looking, as the Romantics themselves claimed, not the result of feeling, of intuition, but in truth the result of a rational technique of surveying and constructing. To have smoothed the path for this is one of the magnificent achievements of Dutch landscape and urban painting of the seventeenth century. It is unsurpassed in craft skills and scientific richness.

One essential problem of painting that is marginalized in the present is the loss of knowledge, skill and craft, of technical competence. Many contemporary painters, such as Jeff Koons, assume in a certain way the position of a manager who hires the necessary experts for producing an artwork from different fields. This kind of deskilling and reduction of qualifications is not possible in media art, for which reason there is, to the present day, much resistance against media art in the art world. In a way media art is not modern because, in contrast to modern painting, it requires technical competence.[30]

In order to show this transition between painting and media art, or more precisely how classic painting is related to media art in some respects, in this publication we have incorporated a small selection of contemporary works. The programmatic positions show, on the one hand, that with new instruments of remote reconnoitering such as GPS, completely new virtual spaces can be constructed. These positions generate between representation and reality as well as between map and land not only a navigable relationship, but an individually directable, steerable and controllable one. Through digital video images and GPS data, Masaki Fujihata's *Field-Work@Alsace* (2002) generates a topographic coordinate system of the Alsace region within which viewers can follow the tracks of inhabitants, listen to their conversations and determine the route of exploration of the landscape. The viewers themselves become investigators, explorers; the artist provides only the cartographic data and the land is opened up by the beholders. The viewer has been promoted, so to speak, from simple private to general. *Street With a View (Tour of Sampsonia Way)* (2008/2014) by Ben Kinsley and Robin Hewlett shows that the art of matching maps re-emerges triumphantly as a part of engineering culture. The global scale remains the same; what rises is the depth of observation. Not only is the entire Earth, the entire globe overviewed and surveilled, but every pedestrian in every house is presented visually and made observable. Google Earth and Google Street View are the provisional apex of an art of land recording, which is also interactive, that is, controllable by the observer. Harun Farocki's films *Eye/Machine I* (2001) and *III* (2003) show the theses from Kittler to Virilio - the connection between war and cinema, military and media - on the one hand, and on the other they show that the apparatuses of perception with which we fly over spaces and landscapes today have their predecessors in the top views and flyovers, the bird's-eye views and remote perspectives of seventeenth-century painting. The publication *Mapping Spaces* thus collects not only paintings based on elaborate land-surveying campaigns, but also the technical devices and textbooks necessary for them. It presents in a transdisciplinary way all the material and immaterial tools necessary for making the paintings. By way of transfer, this means that the films by Farocki, the machines and processes with which space is represented and used, together with the media that generate spatial images, are also thematized.

---

30 The concept of deskilling was introduced by Rosalind Krauss and transferred by John Roberts and Claire Bishop to parts of concept and performance art. See: Rosalind Krauss, "Welcome to the Cultural Revolution," in: *October*, vol. 77, 1996, pp. 83–96; Rosalind Krauss, "Der Tod der Fachkenntnisse und Kunstfertigkeiten," in: *Texte zur Kunst*, no. 20, 1995, pp. 61–68; John Roberts, *The Intangibilies of Form. Skill and Deskilling in Art after the Readymade*, Verso, London, New York, 2007; Claire Bishop, *Artificial Hells. Participatory Art and the Politics of Spectatorship*, Verso, London, New York, 2012, p. 6.

Masaki Fujihata, *Field-Work@Alsace*, 2002

In the Japanese media artist's interactive installation, the topographical system of coordinates for the Alsace is transposed into a virtual 3D space. The lived dimension of the region is portrayed using the GPS data of a trip. With this complex interlocking of space and time the artist enables viewers to follow the images and the traces they leave.

Viewed historically, painting made an important contribution to the seventeenth century's profile as a Golden Age because the artists themselves had technical abilities, craft skills and scientific insights which provided the preconditions under which they could become part of a network of knowledge. The urban planners and urban researchers, the military technologists and geometers, and the land surveyors and canal builders could only turn to the painters because they were partners and colleagues at the same level of ability. Conversely, the painters could rely on the knowledge and technical skills of their colleagues trained in engineering because they could also use their knowledge and incorporate it into paintings. Seventeenth-century painting therefore was not only the aesthetic expression of this period or aesthetic proof of an engineering culture, but was itself part of this culture, part of science. Because painters from Velázquez to Vermeer, from de Gheyn to Snayers were able to portray in their paintings the knowledge of the time and visualize it, and to contribute to this knowledge, they could enter the phalanx of physicists and philosophers of the Early Modern scientific revolution. Only because this network of arts and sciences, literature and philosophy existed as an alliance of equals do we speak of a Golden Age.

Looking back, one could view seventeenth-century painters like Snayers as pioneers of twentieth-century media art and painting, because painting as a technical and scientific medium, as an ensemble of craft skills and scientific knowledge, was continued in the twentieth century – after the hiatus of abstract painting, material painting and monochrome painting – by the media arts. As already was the case in the Early Modern age, in collaboration with mathematicians, geometers, engineers and philosophers, media artists have created a new aesthetic world. Imagined and constructed landscapes have found their continuation in the virtual worlds of media art, in the exploration of a perspectival world which the natural eye and hand could never make accessible.

The exhibition and the publication *Mapping Spaces* are thus an appeal to rethink not only media history, but also the history of painting. The painting of the past, just as little as media art, must not continue to be viewed from the perspective of twentieth-century abstract painting. It is time for all of us to recognize that art theorists' criticisms of media art for these reasons today, were in another context interpreted as positive qualities of seventeenth-century painting. And conversely that those who criticize aspects of media art linked to military technology should not suppress the same criticisms with regard to painting, and those who honor the scientific aspects of painting should not marginalize them in media arts. A true theory of media art thus opens up new points of access to the art of painting, and a true theory of the art of painting provides new points of access to media art. The ZKM | Karlsruhe has undertaken this research project in collaboration with

Ben Kinsley and Robin Hewlett, *Street With a View (Tour of Sampsonia Way)*, 2008/2014

Since 2007 Google Street View, as an add-on service for Google Maps, has made available views of cities and streets in the form of 360° panorama images taken by specially equipped cars and bicycles. On May 3, 2008 US artists Ben Kinsley and Robin Hewlett joined up with local inhabitants along the Sampsonia Way in Pittsburgh to organize actions and performances that were then recorded by a Google vehicle and released on Google Street View. In the course of updating the panorama images, the photos from this first artistic intervention in Google Street View are currently being replaced.

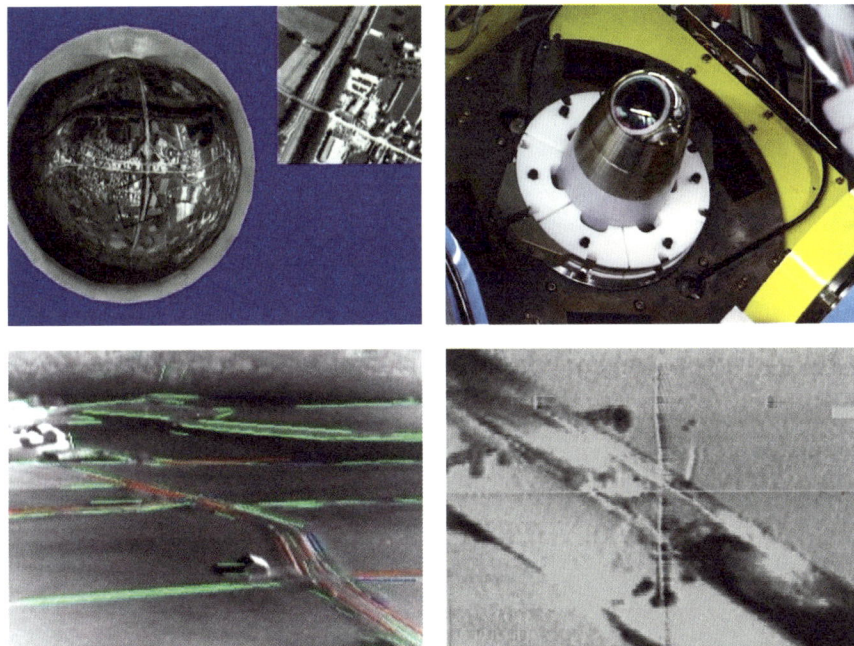

Harun Farocki, *Eye/Machine III*, 2003

The film cycle *Eye/Machine I-III* assembles images from military and civilian sources to highlight the differences and similarities of people and intelligent (weapons) technologies. At the heart are images of operations in the Gulf War that laid the basis for electronic warfare.

Ulrike Gehring in order to reinterpret the history of painting in the light of new media. If painting is understood as a technical medium, the development of media art can also be reinterpreted. With the publication *Mapping Spaces*, the ZKM wants to put media art on a new artistic basis, create an in-depth history, anchor media art in the history of painting and simultaneously rewrite the history of painting.

This text first appeared in the publication *Mapping Spaces. Networks of Knowledge in 17th Century Landscape Painting*, edited by Ulrike Gehring and Peter Weibel, Hirmer, Munich, 2014, pp. 440-459. The book accompanied the exhibition *Mapping Spaces. Networks of Knowledge in 17th Century Landscape Painting [Netzwerke des Wissens in der Landschaftsmalerei des 17. Jahrhunderts]* which ran from April 12, 2014 – July 13, 2014 at ZKM | Karlsruhe. The text was translated from the German by Michael Eldred.

The Noetic Turn: From Language-Based to Tool-Based Knowledge Trees

2015

The Metaphor of the Tree

The tradition of seeing language as the medium of truth and awareness began with the Ancient Greeks. How language as a medium is directly connected with the awareness of being was formulated clearly by Parmenides of Elea in ca. 500 BC: "For it is the same thing that can be thought and that can be."[1] What Parmenides is advocating here is a purely formal system of propositions that do not refer to facts based on experience, to actions or deeds which can be verified or falsified empirically. His epistemology consists in propositions connected by logic that are distinguished from empirical facts. Parmenides' epistemology is thus one of the earliest models of a theory of knowledge based purely on thought and language. Since that time, theories based on logic and language have been at the forefront in knowledge and in knowledge trees in philosophy, theory of science, and theology, and not empirical experimental systems. The popularized version of Parmenides' philosophy – "thinking and being are the same" – expresses this succinctly. As thought can only be expressed in the spoken and the written word, that is, in language (according to the general perception), a close connection between thinking and language was forged, and, as thinking and being are the same according to Parmenides, language and being were also linked up. This led to the crystallizing out of a hierarchy of branches of knowledge that was headed by language and mind-based media, and thus by disciplines such as theology, philosophy, rhetoric, grammar, and so on – the six *epistêmês* of Greek and post-Greek philosophy of fields of knowledge. *Techné*, the practice of manual, tool-based "arts" or "crafts," such as agriculture, architecture, painting, sculpture, and so on, were at the bottom of the fields of knowledge hierarchy.

These introductory remarks serve to outline some of the basic problems connected with noesis. Philosophy, as a language-based medium of knowledge, began to absolutize language as *the* medium of knowledge. "Language is being." The knowledge of the being operates via language, as we are taught by philosophy – from Parmenides to Martin Heidegger. Theology follows suit with the statement that "In the beginning was the Word" (John 1:1). Obviously, language-based media explain the world using words, sentences, and linguistic expressions. That is why language-based media have headed up knowledge systems from the outset. Language became a model of the world; the world became a mirror image of language. The structure of the world reflected the structure of language and vice versa.

---

[1] Parmenides, "Fragment 3," translated by John Burnet, 1892, online: http://lexundria.com/parm_frag/1-19/b.

Cosmogenesis, anthropogenesis: the origins of the world, the origins of humankind, were described and explained in metaphorical language. In the process mythical, religious, and rhetorical narratives were mixed and combined. Properties of language became the properties of objects and of the world. Inquiries into the origins of the world and living organisms, that is, into ultimate causes, automatically presupposed a model of sources or derivation. This model is most obvious in the concept of genealogy. Deriving from Ancient Greek *geneá*, family, and *lógos*, knowledge, *genealogía* – the family tree – is the study of families and their descent; in short, a history of blood relatives. Today we would define genealogy as the study of genetic relatedness. The Bible and other early texts devote pages upon pages to the ancestors, mothers, and fathers of the persons mentioned in the texts. However, this genealogical research was not confined to individuals, it also included peoples.

Almost without exception origin myths are genealogical tales, whether of the descent of individuals or entire ethnicities (Genesis 17:4-8; 20:12; 7:1-9). The history plays by William Shakespeare describe the genealogical wars between various royal houses of England or between the members of several generations of the same house in the late sixteenth century. As legitimation of their rule hereditary monarchies still only recognize two types of relationship or derivation: on the one hand from God, and on the other through the bloodline. These biological genealogies, from the Bible to monarchies, gradually became generalized. The theory of the descent of an individual became the theory of the descent of the whole of humankind: the theory of evolution. Genealogy became a method whereby history could be explained. Ultimately, certain disciplines such as philosophy, theology, linguistics, and science were also subjected to the genealogical model. The biological, genealogical models became social and mental models. The image chosen for genealogy was the tree, the family tree. Through expanding the metaphor of the genealogical tree, from biology to epistemology, the family tree became the knowledge tree. From the outset, however, there was a curse on the tree metaphor; namely, the mixing of biology and sociology. The story of the expulsion of Adam and Eve from the Garden of Eden, perhaps the most famous example of the tree metaphor, in which the family tree becomes the tree of knowledge, clearly identifies the seed of this curse. This tree metaphor appears in the Bible as a transgression, as trauma, as gender trauma. Eva and Adam are banished from paradise ostensibly because they ate fruit from the tree of knowledge (Genesis 2:17; 3:24). Clearly their act had challenged the divine monopoly on knowledge and the pirates had to be immediately sent into exile forever. Henceforth knowledge was depicted as a tree, and this tree, or rather knowledge, is apparently dangerous, or forbidden.

We shall now look at how the tree as a metaphor for knowledge has evolved.[2] From the family tree of lineages via the family trees of languages (Louis Meigret, *Le Traité de la Grammaire française*, 1550) we arrived at the tree of knowledge. Diagrams depicting hierarchically structured systems of knowledge that utilize the form of the tree metaphor indicate that their origins lie in genealogy, which is "situated within the articulation of the body and history."[3] Everywhere the tree is not only the form that genealogy takes, it

---

2   Further references: Fernando Domínguez Reboiras, Pere Villalba i Varneda and Peter Walter (eds.), *Arbor Scientiae. Der Baum des Wissens von Ramon Lull*, Brepols, Turnhout, 2002; Simone Roggenbuck, *Die Wiederkehr der Bilder. Arboreszenz und Raster in der interdisziplinären Geschichte der Sprachwissenschaft*, Gunter Narr, Tübingen, 2005; Astrit Schmidt-Burkhardt, *Stammbäume der Kunst. Zur Genealogie der Avantgarde*, Akademie-Verlag, Berlin, 2005; Steffen Siegel, *Tabula. Figuren der Ordnung um 1600*, Akademie-Verlag, Berlin, 2009; Sigrid Weigel, *Genea-Logik. Generation, Tradition und Evolution zwischen Kultur- und Naturwissenschaften*, Wilhelm Fink, Munich, 2006.

3   Michel Foucault, "Nietzsche, Genealogy, History," in: idem, *Language, Counter-memory, Practice*, Cornell University Press, Ithaca et al., 1977, pp. 139– 164, here p. 148.

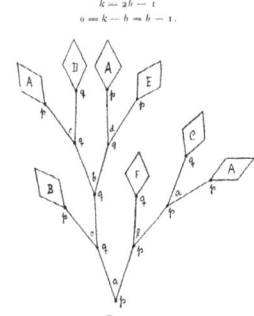

Axel Thue, diagram in: "Probleme über Veränderungen von Zeichenreihen nach gegebenen Regeln," 1914

is also the form that structures knowledge. From ancestral charts to family lineages, from family Bibles to family trees not only a genealogy of bodies emerged, but also a genealogy of rationality. Immanuel Kant speaks of the "genealogical tree of pure understanding."[4] Genealogy, as the question about origins, not only looked for the progenitor of the human race, it also sought the origins of history, of knowledge, and of reason. With genealogy began the system of deriving, of deductive reasoning, of deductive logic; that is, the ordering of knowledge. Thus, time and again the origins of knowledge are likened to the metaphor of the tree (from Roland Barthes' "The development of the discourse then resembles the spreading of a tree"[5] to Robert Dumas' *Traité de l'arbre. Essai d'une philosophie occidentale*, 2002). In Noam Chomsky's generative grammar, in the generative structure of language and rhetoric, we also find branches connected at nodes like the branches of a tree. Similarly, we find the notion of ramification at the basis of all programming languages in the work of mathematician Axel Thue.[6]

After the invention of writing the world was described in this medium and with the increasing spread of literacy the world became an extension of writing. In essence this anticipated Marshall McLuhan's assertion that the media are "Extensions of Man" (the subtitle of *Understanding Media*, 1964). According to McLuhan, the wheel is an extension of the foot, the computer an extension of the nervous system, and so on. If writing was the very first medium, then its advent marked the beginning of the extension of human organs into space and time. It is therefore understandable that humans, ensnared in writing and language, had no option but to say "In the beginning was the Word" (John 1:1). This maxim formed the foundation of all language-based knowledge trees. Language was the first medium and, therefore, for millennia the world was described as language because language was the only medium available. However, the Bible already mentions a further medium of knowledge: "By their deeds you will know them" (Matthew 7:16) – the medium of actions. This opened the door to a different foundation for knowledge trees. Today, for example, particle physics is a medium of knowledge, and consequently, the universe did not begin with the word but with the Big Bang and the conversion of its energy into subatomic particles: "In the beginning was the 'particle zoo.'"

Thus the tree served as a model whereby knowledge could be ordered and classified and this developed into systematization and indexing of knowledge, the search for the

---

4   Immanuel Kant, *Critique of Pure Reason*, 1781, online: https://www.gutenberg.org/files/4280/4280-h/4280-h.htm#chap41.
5   Roland Barthes, *Sade, Fourier, Loyola*, University of California Press, Berkeley, 1989, p. 57.
6   Axel Thue, "Probleme über Veränderungen von Zeichenreihen nach gegebenen Regeln," published in the series *Skrifter udgivne av Videnskabsselskabets, I. Matematisk-naturvidenskabelig klasse*, Jacob Dybwad, Kristiania (Oslo), 1914, Text no. 10.

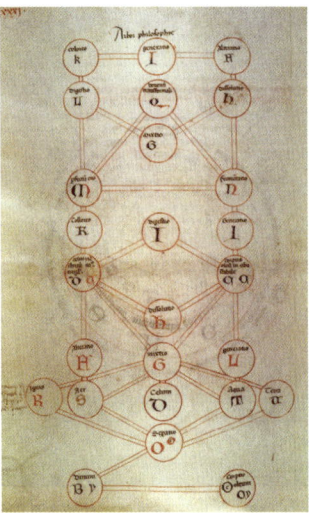

Ramon Llull, *Arbor philosophiae*, fifteenth century

Ramon Llull, frontispiece to the treatise *Arbor scientiae*, 1515

interrelation of our knowledge, the causes of its emergence. Based on these considerations genealogies were created and from the genealogies, hierarchies. In his *The Conflict of the Faculties* (1798) Kant argues for the precedence of philosophy over law and medicine as a medium for establishing truth. Thus he prioritizes the language-based medium of knowledge, philosophy, as opposed to medicine, a tool-based medium of knowledge. In a similar way Leonardo da Vinci in *Trattato della Pittura* had claimed the superiority of painting, as "cosa mentale," over sculpture, architecture, music, and poetry in the Renaissance paragone debate.

The Encyclopaedic Tree

The *Encyclopédistes* were the first who sought to produce a systematic treatment of the entire field of human knowledge and, moreover, according to Francis Bacon's three categories: Memory/History, Reason/Philosophy, and Imagination/Poetry. From this *système figuré* the "encyclopaedic tree" resulted. Its origins go back to the Middle Ages and Ramon Llull's *Arbor scientiae* (1296–1297), a work that sought to cover the sum of human knowledge – an *Encyclopedia generalis et ultima.*

The will to an encyclopaedia invariably coincides with the will to systems, and the notion of a tree is the outcome; to be more precise, in Llull's case the idea of sixteen trees, from *Arbor exemplificalis* to *Arbor quaestionalis* and finally *Arbor caelestialis*. Here Llull developed the method of deduction both for philosophy and theology.

In his *Advancement of Learning* (1605) Francis Bacon abandoned the method of logical deduction. His trees of knowledge represent an empirical "induction," an inductive epistemology, which consists in extracting speculatively general properties from a random collection of facts. Bacon puts an end to the Renaissance belief in correspondences between the logic of thought and the order of things. Hence he creates tableau-like lists with prolific arborescent ramifications.

In his book Bacon divided up "human learning" according to types of "human understanding" into the triad of memory, imagination, and reason. "But because the distributions and partitions of knowledge are not like several lines that meet in one angle, and so touch but in a point; but are like branches of a tree that meet in a stem which hath a dimension and quantity of entireness and continuance, before it comes to discontinue and break itself into arms and boughs; therefore it is good, before we enter into former distribution, to erect and constitute one universal science, by the name 'Philosophia Prima,' Primitive or Summary Philosophy, as the main and common way, before we come where the ways part and divide themselves."[7] On the other hand, in *Les Principes de la philosophie (Principia philosophiae)* (1644) René Descartes searched deductively for the origins of all knowledge and its principles, but retained the motif of the tree. "Thus, all Philosophy is like a tree, of which Metaphysics is the root, Physics the trunk, and all the other sciences the branches that grow out of this trunk, which are reduced to three principal, namely, Medicine, Mechanics, and Ethics. By the science of Morals, I understand the highest and most perfect which, presupposing an entire knowledge of the other sciences, is the last degree of wisdom. But as it is not from the roots or the trunks of trees that we gather the fruit, but only from the extremities of their branches, so the principal utility of philosophy depends on the separate uses of its parts, which we can only learn last of all."[8] In an illustration based on Descartes we see metaphysics represented as the root of all developments in knowledge. Mechanics, and likewise medicine, are merely subsciences.

The apex of the classification of knowledge was reached by the Encyclopaedia project, for example, by Jean le Rond d'Alembert in his *Essai sur les éléments de philosophie* (1759).[9] Notwithstanding, the tree metaphor also appears occasionally in this work. The Preliminary Discourse to the Encyclopédie starts programmatically with the *Arbre encyclopédique*. "[.. .] it remains for us only to make a genealogical or encyclopedic tree which will gather the various branches of knowledge together under a single point of view and will serve to indicate their origin and their relationships to one another."[10] However, Denis Diderot and d'Alembert appear to have had their doubts about the correctness of the tree metaphor: "We will explain in a moment the use to which that tree may be put according to our claims, but the execution itself is not without difficulty. Although the philosophical history we have just given of the origins of our ideas is very useful in facilitating such a work, it should not be thought that the encyclopedic tree ought to be, or even can be, slavishly subject to that history. The general system of the sciences and the arts is a sort of labyrinth, a tortuous road which the intellect enters without quite knowing what direction to take."[11] Saint-Simon also constructed an encyclopedia in the form of a tree around 1810.

From the branches of knowledge in the Middle Ages and the Renaissance we arrive at the depictions of knowledge in the age of Neoclassicism as grid-patterned tableaus. The overtaking of metaphysics by physics, the sidelining of theology's leading role, and the changeover from similarity to difference as a category of generating knowledge had metamorphosed the tree into a tableau; for example, Gottfried Wilhelm Leibniz in his *Nouveau Essais sur l'entendement humain* (1704/1765) divides the world into three "provinces of understanding." The idea of a common origin had given way to the concept of parallel worlds of truth.

---

7 Francis Bacon, "The advancement of learning" (1605), in: idem, *Francis Bacon. A critical edition of the major works*, ed. by Brian Vickers, Oxford University Press, Oxford, 1996, pp. 120-299, here p. 189.
8 René Descartes, "Les Principes de la philosophie" (1644), in: idem, *Selections from the Principles of Philosophy of Rene Descartes*, online: https://www.gutenberg.org/ebooks/4391.
9 Jean-Baptiste le Rond d'Alembert, *Essai sur les éléments de philosophie ou Sur les principes des connaissances humaines* (1759), Fayard, Paris, 1986.
10 Denis Diderot and Jean-Baptiste le Rond d'Alembert, *Encyclopédie méthodique. Grammaire et littérature* (1751), 3 vols., Paris, Liège, 1782-1786, p. XIV. English edition Encyclopédie, preliminary discourse, 1: i-xlv, online: https://quod.lib.umich.edu/d/did/.
11 ibid.

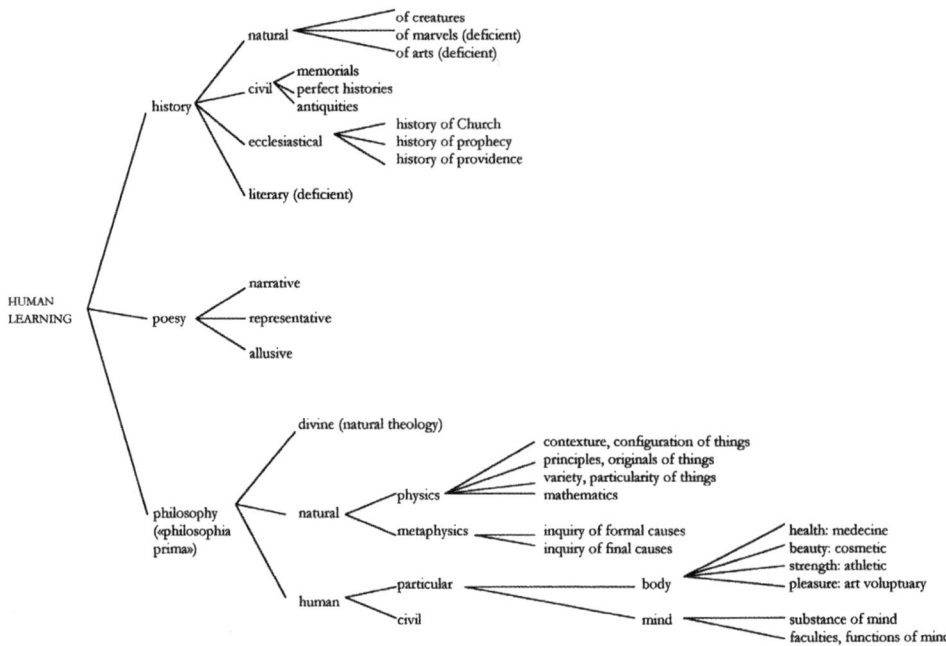

Francis Bacon, *The Advancement of Learning: Divisions of learning*, 1605

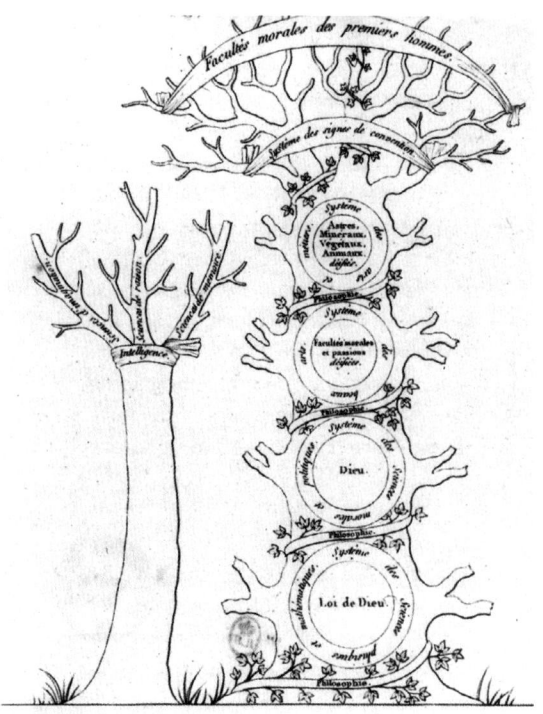

Saint-Simon, *Esquisse d'une nouvelle encyclopédie, ou Introduction à la philosophie du dix-neuvième siecle; ouvrage dé dié aux penseurs*, ca. 1810

	Objets de la philosophie			
	idées abstraites			idées primitives
genres d'idées / sciences	espace	temps	esprit	matière
géométrie	×			
astronomie		×		
histoire		×		
métaphysique			×	
physique				×
mécanique	×	×		×
morale			×	×

Jean le Rond d'Alembert, *Objets de la philosophie*, 1759

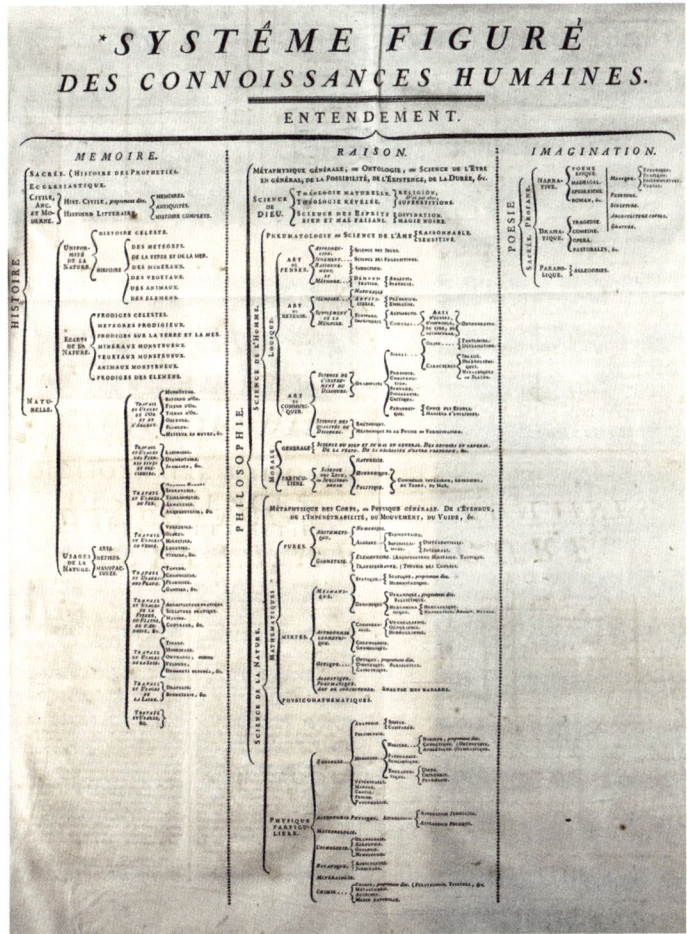

Jean le Rond d'Alembert and Denis Diderot, *Système figuré des connoissances humaines*, in: idem, *Encyclopédie*, 1751

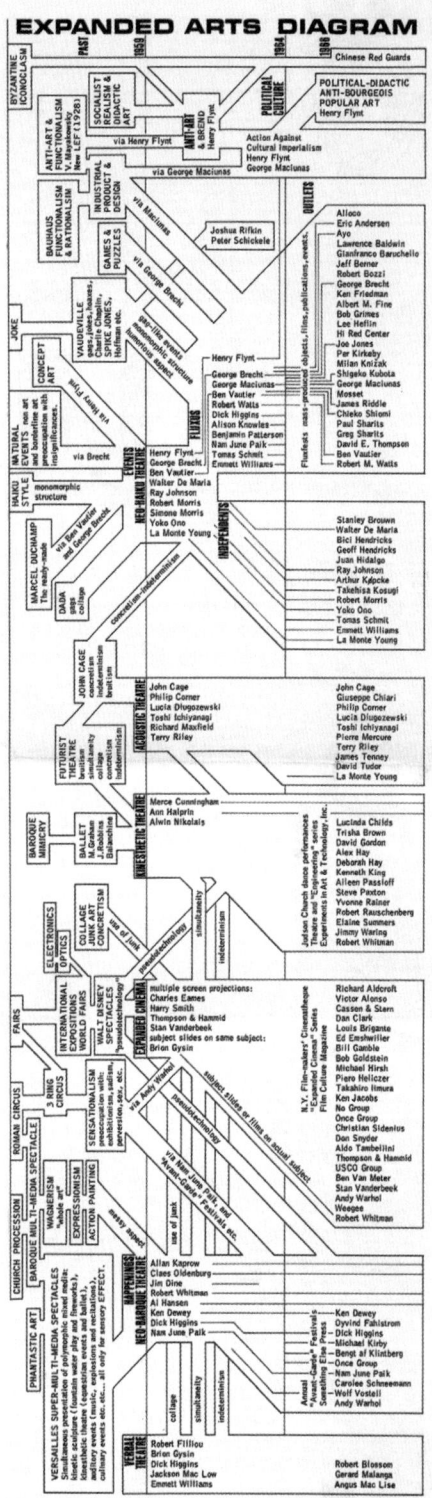

George Maciunas, *Expanded Arts Diagram*, 1966

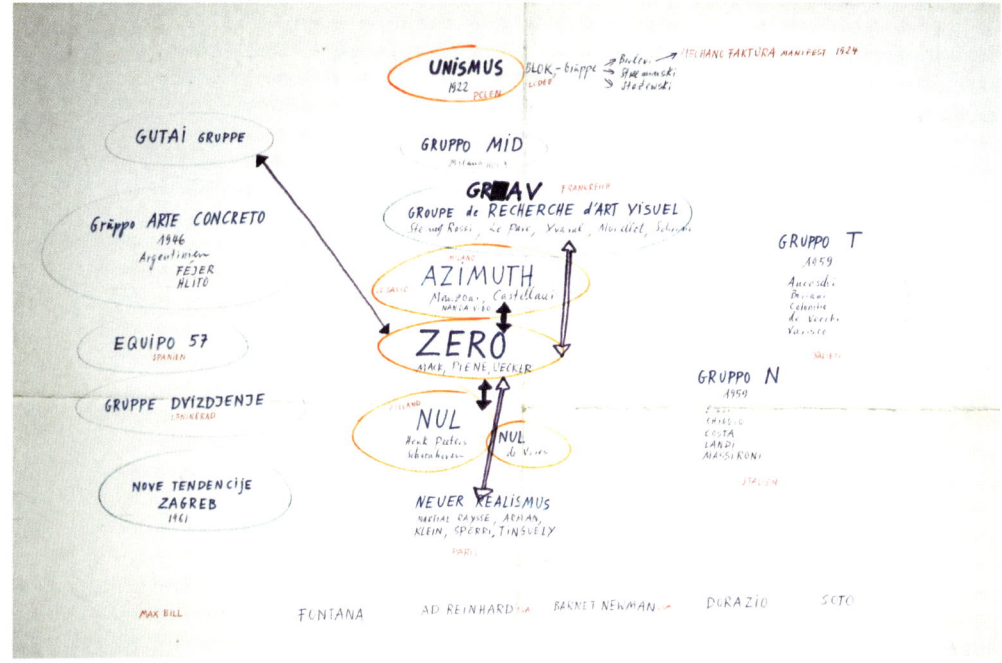

Heinz Mack, *Kunsthistorisches Diagramm*, 1971

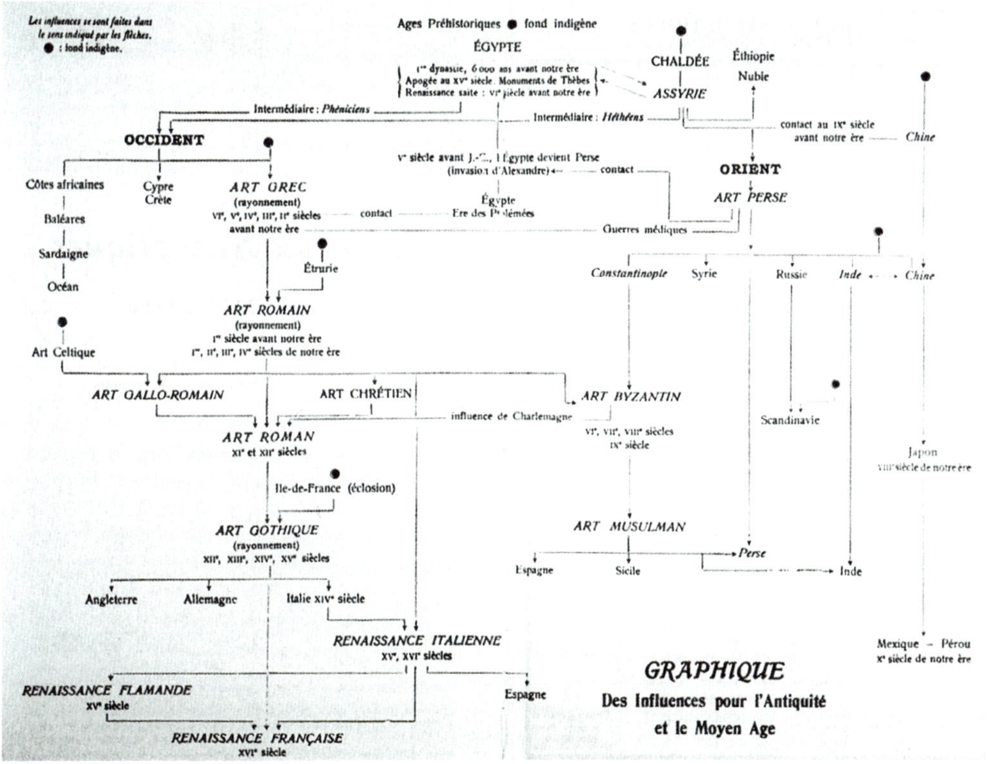

Alfred H. Barr, *Diagram of Stylistic Evolution from 1890 until 1935*, 1936

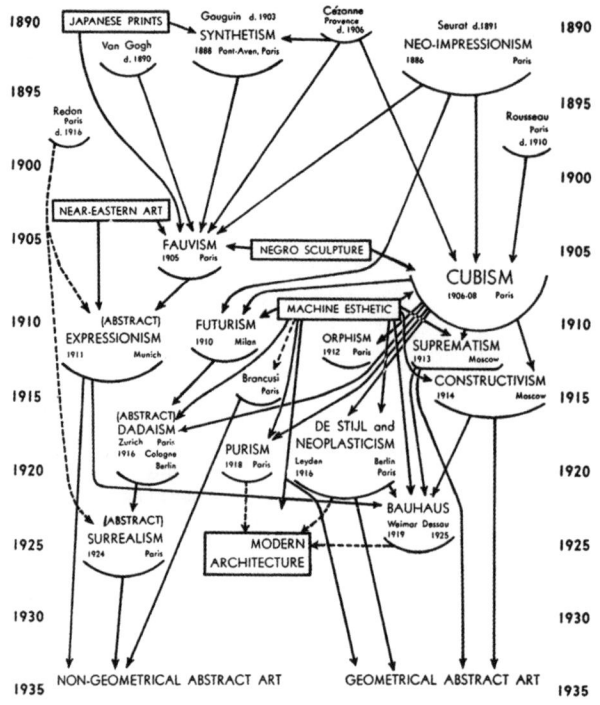

Joseph Gauthier, *Diagram of the influences on Antiquity and the Middle Ages*, 1911

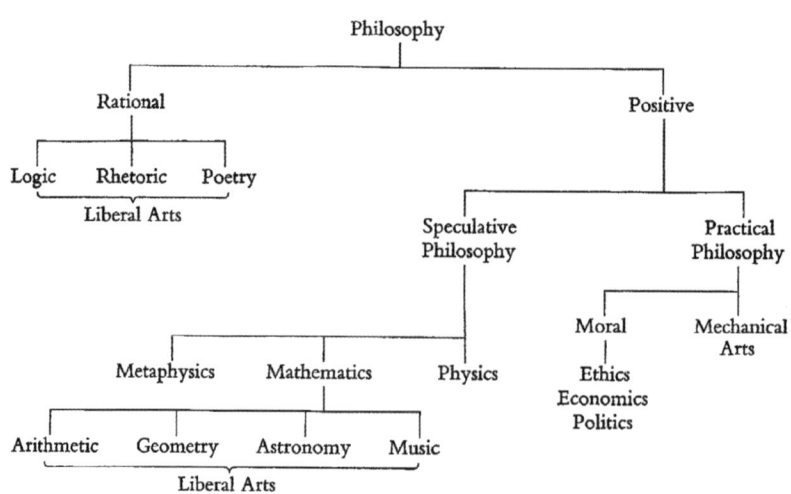

Girolamo Savonarola, *Tree of Knowledge*, ca. 1492

Family Trees of Art

Art took over the tree-like genealogy from biology, linguistics, and epistemology. Contexts within art history were also depicted in the arborescent structure of a tree. Painters, too, elaborated their work genealogically, for example, Paul Signac,[12] Heinz Mack, and Ad Reinhardt. Modern art, in particular, sought to represent itself as historical by developing genealogical trees. The most famous of these is the tree by Alfred H. Barr, founder of the Museum of Modern Art, New York, which depicts the evolution of styles in art from 1890 to 1935.

The tree metaphor had become as important for the contemporary discipline of art history as it had been in the past for science. From the perspective of noesis art lags behind science. Contemporary art also includes further developments of the tree metaphor (see, for example, the works by George Maciunas and Ben Vautier).

From the knowledge tree of Savonarola to the art tree of Maciunas we can trace the transformation of knowledge. Whereas from Llull to the *Encyclopédistes* the tree had served as a metaphor to encompass the entire knowledge of humankind at the time,[13] in art it merely served the art production of a particular epoch as legitimation on the basis of its derivation. In the same way that monarchies derive their claims to inheritance genealogically through blood relationships, artists seek legitimacy for their work *a posteriori* by citing their precursors. Here the tree does not start at the roots but at the leaves. The artists understand themselves as a new leaf on the tree of art and attempt to cobble together retrospectively a new tree from the history of art by seeking the roots of their art in precursors of their choice. It's not a tree of knowledge any more, not an *Arbor scientiae*, not a tree of wisdom; it's an *Arbor artis* – a purpose-built tree of self-justification. The genealogical theory of descent through bloodlines, of noble lineages, of the aristocracy, makes a covert comeback in art genealogies. The field of art is not depicted in taxonomies or tableaus, but in genealogies because in modernity justification, a foundation, is lacking per se. This is the reason why a pseudo-foundation is constructed by means of a dichotomous tree of genealogy. Taxonomy (from Greek *táxis*, arrangement, and *nómia*, distribution) employs a standard procedure to define groups, or taxa, on the basis of shared characteristics. Taxonomies are of great importance for scientific advance because they simplify dealing with individuals and enable summary statements that, in some cases, can even lead to explanations of causal relations. Knowledge dwindles the less that is derived taxonomically, and the more that genealogical trees sprout in art. The family trees of art are pseudo-trees of knowledge. Their noetic gain is virtually zero. This is a reversion to pre-medieval times. It is not a coincidence that, before he described Modern art genealogically, Alfred Barr was a medievalist. The genealogical tree of art is not encyclopaedic, that is, as inclusive as possible, but the opposite: exclusive. Whoever is not a branch on the family tree of art, is not a part of art. Thus, through their pseudo-genealogy the trees of art serve the principle of exclusion. Precisely that which Karl Popper and the Evangelist wanted, namely, to establish criteria that would distinguish between science and pseudo-science, between doctrine and heterodoxy, Barr and his colleagues have watered down. Using their genealogy it is now very difficult to differentiate between art and pseudo-art, between statements and spurious statements. Their genealogical method of excluding some and not others effectively hampers any verification or falsification. In this way the door was thrown open to undesirable developments in art. It was precisely this that turned art into a copyshop where errors were copied over because defining criteria legitimized by scholarship were lacking. In place

---

12   Paul Signac, *D'Eugène Delacroix au Néo-Impressionnisme*, H. Floury, Paris, 1911, pp. 91f.
13   Roland Schaer (ed.), *Tout le savoir du monde*, Flammarion, Paris, 1996.

of such criteria genealogical criteria of exclusion were established. Everything that arises from the family trees created by art historians or artists characterized by Eurocentrism is art, and that which is art is per se good art. In this way the art of the twentieth century broke away from the tree of knowledge, which Leonardo had claimed for art in the first sentence of his *Trattato della pittura*: "Se la pittura è scienza o no."[14]

New Trees of Knowledge

A maxim in the Bible is "By their deeds you will know them" (John 2:1–6; Matthew 7:16). Understanding and acting are linked here. This is one of the first instances of the idea that action can potentially be a noetic instrument, a tool of knowing. Truth is not revealed in words but in deeds. Deeds become a medium for differentiating, understanding, knowing. The act, the deed becomes a criterion of truth.

The author, or authors, of the Gospel apparently sought to measure the teachings of Jesus Christ by the degree to which his followers put these into practice in their own acts and deeds. If the teachings had no consequences for everyday life, then they made no sense and were a false doctrine. The theory of the doctrine, or rather the doctrine of the theory is tested and verified by actions. This is what "By their deeds you will know them" means. Even religion invokes the scientific method of verification. The deeds verify the theory. Surprisingly, we find the Christian doctrine of the New Testament moving closer to the method or the scientific theory of critical rationalism. For acts and deeds can verify or falsify religious faith. It is not coincidental that the saying contains the word "know." According to the Evangelist, religion is a theory of knowledge, and the truth content of this theory of knowledge is verified by acts and deeds.

Now, who would have thought that the Christian religion is a version of critical rationalism, and Matthew and John are precursors of Karl R. Popper? Around 1920 Popper was exploring the question of whether there is a precise criterion for distinguishing between science and pseudo-science (to which astrology and psychoanalysis belonged in his view). In a similar way the Evangelist sought a criterion to distinguish between the true doctrine of Christ and false doctrines. How can a statement be disqualified as unscientific or heterodox? The problem of making distinctions, or demarcation, was solved empirically by the Evangelist by saying that the claim to truth of the teachings can be known by observing the deeds to which they give rise. Popper's concern was the propositions of metaphysical philosophy, which in his view made no scientific sense. For the members of the philosophical school of the Vienna Circle the problem of demarcation was bound up with the problem of induction. In induction, knowledge is what is extracted from observation data using inductive methods. According to this, a proposition is scientific if a condition for its truth can be advanced that is evaluable by empirical means (observations, measurements) in order that the statement may be verified. Popper entirely rejected this and held that induction has no place in the logic of science because, in his view, theories cannot be falsified or verified on principle – even incorrect theories can produce some conclusions that are correct. Hypotheses can only be disproved or falsified through empirical facts but never reinforced: "it must be possible for an empirical scientific system to be refuted by experience."[15] Thus statements cannot be falsified or verified. With the criterion of demarcation Popper sought to provide falsifiability with a rational and objective, that is, intersubjectively verifiable, instrument. The concern of the Evangelist was to make the failure of false doctrines recognizable in experiences and deeds; that is, he also wanted

---

14   Leonardo da Vinci, *Trattato della pittura* (ca. 1490), TEA, Milan, 1995, p. 1.
15   Karl Popper, *The Logic of Scientific Discovery* (1935), Routledge, London, 2002, p. 18.

to provide an intersubjectively verifiable, rational, and objective instrument with which, paradoxically, faith might also be falsified. Clearly, not only scientific statements but also statements of faith can be falsified.

For taking hold of and felling in a different way the language-based tree of knowledge, the tree as a metaphor for genealogy, and thus the hierarchical genealogy per se, we are indebted to two important philosophers of the twentieth century – Gilles Deleuze and Félix Guattari. They updated extensively the metaphor of the tree, which since the Middle Ages had provided a dynamic means of arranging the fields of knowledge, in the course of critiquing, attacking, and negating it. In their negative design the idea of the genealogy-logic and the problem of demarcation also continue to play a dominant role. For in the modern digital society, which represents a new form of the knowledge society, the notion of organizing knowledge is of seminal importance. In their major work *A Thousand Plateaus* (1980) they outline a theory of the rhizome. They sacrifice the tree trunk, in other words the principle of hierarchy and of the genealogy, the definitive part of a tree (including in the metaphor of the family tree) that enables branching to occur, to trace ancestry and to legitimize descent. Deleuze and Guattari embed knowledge in a horizontal network: the subterranean roots of the tree.

Rhizome (from the Greek *rhizoma*, root) is a central concept in the philosophy of Deleuze and Guattari. It derives from the name of horizontally growing underground plant stems. In the work of Deleuze and Guattari it is a metaphor for a post-modern, or post-structuralist, model of organizing knowledge and describing the world, which replaces older, hierarchical structures as depicted by the tree metaphor. "A rhizome as subterranean stem is absolutely different from roots and radicles. Bulbs and tubers are rhizomes. Plants with roots or radicles may be rhizomorphic in other respects altogether: the question is whether plant life in its specificity is not entirely rhizomatic. [.. .] The rhizome itself assumes very diverse forms, from ramified surface extensions in all directions to concretion into bulbs and tubers."[16] The idea of the rhizome dispenses with both the genealogical and the taxonomical models. Here an organization of knowledge is put forward that is anti-descent and anti-genealogical. Eighty years after the invention of modernity, which developed and operated concealed behind the veils of genealogies, its heart is revealed.[17] Modernity is essentially an attempt to justify – if at all – each step and each phase of its development solely with breaks. The break with genealogy, the self-positing, the perpetual re-invention of the self without any legitimation, is the core of modernity. The rhizome, the abolition of the tree and the hierarchy, places its reliance on transverse and horizontal dissemination. This model of organizing knowledge, however, remains attached to the tree metaphor because it continues to refer to roots. The tree may have been done away with, but roots still have only one raison d'être; namely, to bring forth a tree. Staying with this metaphor, the question arises: What are roots for without a tree? Obviously, no trees exist without roots, and there are no roots without trees. Notwithstanding, the rhizome model does have the advantage that it has opened a way to search for a different basis for knowledge trees, and thus it freed up the path leading to tool-based trees of knowledge.

The turn in the history of knowledge trees was in fact initiated by the *Encyclopédistes* of the Enlightenment by foregrounding visual representations of tools in their books. The twentieth century is actually the century of a tool revolution, not a revolution of styles and forms. The tool achieved such importance because the relationship between theory and

---

16   Gilles Deleuze and Félix Guattari, *A Thousand Plateaus, Capitalism and Schizophrenia* (1980), Continuum, London, 2004, p. 7.
17   Charles Baudelaire, "Mon Coeur mis à nu" (1864/1887), in: idem, *Journaux intimes. Oeuvres complètes*, vol. 1., Gallimard, Paris, 1961, pp. 1271–1301.

empiricism was reversed. Theory itself became a tool. With the tool of theory, for example, with James Clerk Maxwell's equations, in 1886–1888 Heinrich Hertz succeeded in demonstrating empirically the existence of the electromagnetic waves that Maxwell's theory had predicted. Tools became an instrument of noesis and theories became tools. Frank Lloyd Wright summarized this in his *Kahn Lectures* in 1931 with the formula "machinery – material – men." Using the tool of the machine humans produce new materials, and these materials, together with new machines, produce technical artifacts which are made by humans and not by nature. With the aid of tools humankind steps out of the ambit of nature. This is what led to a radical change in knowledge trees. Previously, language-based theories, from theology to philosophy, had stood at the apex of the knowledge trees, and tool-based sciences and arts lay at the base of the pyramid. Epistemology, theories of knowledge, were games with language – from Fritz Mauthner to Ludwig Wittgenstein, from Martin Heidegger to Jean-Paul Sartre, from Edmund Husserl to Niklas Luhmann. The Wittgenstein who wrote *Tractatus logico-philosophicus* (1921), who like Parmenides asserted the sameness of language and being ("A logical picture of facts is a thought."[18]; "A proposition is a picture of reality. A proposition is a model of reality as we imagine it."[19]; "Propositions show the logical form of reality."[20]), did a famous volte-face in his *Philosophical Investigations* (1953): under "language-game" Wittgenstein says he understands that "the *speaking* of language is part of an activity, or of a form of life."[21] Speaking becomes action. Each and every expression of language is embedded in a human practice. "I shall also call the whole, consisting of language and the actions into which it is woven, the 'language-game.'"[22] The whole of the form of life is thus an expression in language. Speech is a part of action. The exponents of language-based knowledge trees were visibly worried. They sensed that language as a model to explain the world was in crisis and so they wanted to make over language into a "speech act,"[23] an activity, an action. For this reason, on the basis of this changeover of knowledge trees from the realm of words to the realm of things, they sought to build bridges. The books of the philosophers thus carried titles like *Word and Object* (Willard Van Orman Quine, 1960) or *Les mots et les choses* (Michel Foucault, 1966). The "ordinary language" philosopher John Langshaw Austin even claimed to be able to make things with words (*How to Do Things with Words*, 1962), so great was the desire to construct things with "linguistic tools," as letters and sentences were suddenly called. The language-driven disciplines wanted to be operational. That is why political philosophers, like Antonio Negri, called their work "operaism." They, too, wanted to be able to say that their texts were operations in the realm of things.

The Tool-Based Turn
The noetic turn from language-based to tool-based media in the twentieth century was most clearly signaled by Richard Buckminster Fuller in his essay *Operating Manual for Spaceship Earth* (1968). Fuller says that the Earth is a spacecraft and humankind is its crew; the crew, however, do not have an operating manual and such a manual cannot possibly be provided by philosophers and politicians, but only by planners, architects, and engineers; that is, by toolmakers in the broadest sense. "So, planners, architects, and engineers take

---

18   Ludwig Wittgenstein, *Tractatus logico-philosophicus. Logisch-philosophische Abhandlung* (1921), translated by C. K. Ogden and Frank Ramsey, German-English edition, Kegan Paul, Trench & Co., London, 1922, § 3.
19   Ibid., § 4.01.
20   Ibid., § 4.121.
21   Ludwig Wittgenstein, *Philosophical Investigations*, Blackwell, Oxford, 1953, § 23.
22   Ibid., § 7.
23   John R. Searle, *Speech Acts*, Cambridge University Press, Cambridge, 1969; John Langshaw Austin, *How to Do Things with Words*, Harvard University Press, Cambridge/MA, 1962.

the initiative. Go to work, and above all cooperate and don't hold back on one another or try to gain at the expense of another. Any success in such lopsidedness will be increasingly short-lived. These are the synergetic rules that evolution is employing and trying to make clear to us. They are not man-made laws. They are the infinitely accommodative laws of the intellectual integrity governing universe."[24] The new noetic view turns the knowledge trees completely on their heads. Now it is the *artes mecanicae*, *techné*, that stands at the top. The *epistêmês*, like rhetoric and grammar, are now at the bottom of the knowledge pyramid. The journey of the trees of knowledge from language model to model of evolution, which in the final stages spat out the family trees of art, turns around. No more is the medium of language the highest of them all; the technical arts and sciences are now the paramount medium of knowledge. Modern science has achieved its theoretical advances only on the basis of technological development. Without the ubiquitous apparatus in the laboratories of medical science and particle physics we would not have been able to create the world of today. The language-driven media have only described this modern technological world. The tool-based media have not only changed the modern world, they created it. Tool-based, not language-based noesis is the future: thus a radical reorientation is necessary. This was even described by Martin Heidegger in his essay on technology.[25]

Félix Guattari also had an intuition of this. In his book *La révolution moléculaire* (1977) he went far beyond the customary mechanism and even spoke of the unconscious as a machine. A machine is to be understood as the material form of a formalization. Everything that can be formalized, for example, language, can be mechanized (Church–Turing thesis, 1936). Therefore mechanical tools are merely a continuation of the formalized mechanics of language tools.[26] The evolution from language-based to tool-based knowledge trees is, therefore, merely a logical step. But tool-based knowledge trees will rather look like rhizomatic, transversal or horizontal networks with feedback etc. than like trees. Tool-based media have expanded the world enormously. The triumphal progress of the computer demonstrates that vast areas of being, or ontology, from calculating to seeing and speaking, can be formalized, programmed, and stored. Formal operations, which can also be mechanized in machines and media, are advancing into all areas of our lives: from combinatorics of the genome to the mechanisms of molecules. After the mechanical formation of language comes the mechanical formation of life. To create the foundations of life in the twenty-first century is thus the new task of noesis. We have to take active steps to cope with the diversity of crises that can be subsumed under the term Anthropocene. That is why we need a changeover from language-based to tool-based. Should art be prepared at all to assume a noetic responsibility, it is only by moving closer to science that it will escape going down with the modernity of the twentieth century.

This text first appeared in 2015 in the publication *Arts, Research, Innovation and Society*, edited by Gerald Bast, Elias G. Carayannis, and David F. J. Campbell, Springer, Heidelberg et al., pp. 155-175. It was translated from the German by Gloria Custance. A German version of the text was published under the title »Kunstgeschichte als Wende der Wissensbäume«, in: Sybille Moser-Ernst und Christoph Bertsch (Hg.), *Kunst :: Wissenschaft. Eine fächerübergreifende Untersuchung am Beispiel der Universität Innsbruck*, Innsbruck University Press, Innsbruck, 2019, pp. 641-655.

---

24   Richard Buckminster Fuller, *Operating Manual for Spaceship Earth* (1968), Simon and Schuster, New York, 1969, p. 133.
25   Martin Heidegger, *Die Technik und die Kehre* (1953), English edition: idem, *The Question Concerning Technology and the Turning*, Garland, New York, 1977.
26   See: Charles de Brosses, *Traité de la formation méchanique des langues: et des principes physiques de l'étymologie*, Saillant, Paris, 1765.

Odilon Redon, *Augenballon*, an Edgar Poe: (Das Auge strebt wie ein seltsamer Ballon zum Unendlichen), 1882

Elektrosphären

2012

Klimasphären

Seit Millionen von Jahren erzeugen Algen und Pflanzen die Erdatmosphäre. Die Algen und Pflanzen leisten die Arbeit der Photosynthese, die Erzeugung von energiereichen Stoffen aus energieärmeren Stoffen mithilfe der Lichtenergie der Sonne. Bei der Photosynthese wird Sauerstoff O2 freigesetzt, der für die meisten Organismen lebensnotwendig ist. Daher ist die Photosynthese der bedeutendste biochemische Prozess für die Entstehung und den Erhalt von Leben. Aus der Perspektive der Raumstationen erscheint der Planet Erde bekanntlich blau. Die blaue Farbe entsteht durch die Brechung des Sonnenlichts an Aerosolen in der Gashülle, die die Erde wie ein Mantel umhüllt. Das Treibhausgas Ozon in der Erdatmosphäre schützt wiederum die Lebewesen vor der Schädigung durch die ultraviolette Strahlung der Sonne.

Nicht nur der Mensch, sondern die meisten aller Lebewesen brauchen die gasförmige Hülle der Erde zum Atmen. Insofern ist jede Anthropologie pneumatisch fundiert, da sie von der Luft, dem Wind und dem Atem ausgeht, der für jedes Leben Grundbedingung ist (griech. *pneuma*: Hauch, Luft, Wind, Atem). Die Atmosphäre (griech. *atmós*: Dampf, Dunst, Hauch; *sphaira*: Kugel) ist in der Tat eine Lebenssphäre. Das Leben auf der Erdkugel ist nur möglich durch die Hülle der Luft. Ohne die Lufthülle wäre die Form des Lebens auf der Erde zumindest eine andere. Erst nachdem in Jahrmillionen durch die photosynthetische Arbeit gigantischer Algen- und Pflanzenmassen die sauerstoffhaltige Hülle um die Erde entstanden war, konnte das Leben entstehen, wie wir es kennen. Die Lungen der Lebewesen sind offensichtlich die Antwort der Evolution auf die Atmosphäre, jene die Erde umhüllende Luft, so wie die Augen eine evolutionäre Reaktion auf die Lichtstrahlen der Sonne sind. Die pneumatische Atmosphäre lieferte die Voraussetzung für die Entstehung des menschlichen Lebens im Verlauf der Evolution.

In seinem dreibändigen *Sphären-Projekt*[1] demonstriert Peter Sloterdijk, dass: »der Mensch [...] das Genie der Nachbarschaft [ist].«[2] Angefangen von seiner mikrosphärologischen pränatalen Position im Mutterinnenraum bis zum makrosphärologischen Raum des Globus besitzt »der Humanraum [...] die Struktur und Dynamik eines [...] beseelenden Ineinandergreifens von Lebewesen, die auf Nähe und Teilhabe aneinander angelegt sind«[3]. Die Lebewesen folgen also einer Logik der Sphärenerweiterung, nach der sie eine immunisierte Sphäre gemeinsam bewohnen. Eine solche Sphäre ist beispielsweise der Luftraum, weil ohne Luft und atembare Atmosphäre menschliches Leben nicht möglich wäre. »Air Design ist die technische Antwort auf die verspätet hingeschriebene phänomenologische Einsicht,

---

1   Peter Sloterdijk, *Sphären 1: Blasen. Mikrosphärologie*, Suhrkamp, Frankfurt/M., 1998; ders., *Sphären II: Globen. Makrosphärologie*, Suhrkamp, Frankfurt/M., 1999; ders., *Sphären III: Schäume. Plurale Sphärologie*, Suhrkamp, Frankfurt/M., 2004.
2   Sloterdijk 2004, S. 14.
3   Ibid.

dass menschliches In-der-Welt-Sein sich immer und ohne Ausnahme als Modifikation von In-der-Luft-Sein darstellt.«[4] Die Luft ist Existenzbedingung, das Klima eine Sphäre, ohne die »kein Leben auf unserem Planeten möglich geworden wäre. Wenn die Erde als Parasit der Sonne die Geburtsstätte von Leben wurde – sie zieht nicht ganz ein Milliardstel der von der Sonne abgestrahlten Energie auf sich –, dann deswegen, weil Wasserdampf und Treibhausgase in der Erdatmosphäre die Rückstrahlung der von der Sonne aufgenommenen kurzwelligen Energie in Form von langwelligen Infrarotstrahlungen behindern, wodurch eine mit Leben kompatible Erwärmung der Erdoberfläche auf eine mittlere Temperatur plus 15 °C entstehen konnte. Fiele die Wärmefalle aus, durch welche die solare Energie in der Atmosphäre festgehalten wird, würde die Oberflächentemperatur der Erde im Durchschnitt nicht mehr als minus 18° betragen: ›Ohne Treibhauseffekt wäre die Erde eine ausgedehnte Eiswüste.‹ Was wir als Leben kennen, ist durch den Umstand mitbedingt, dass die Erdoberfläche dank ihres Atmosphäre-Filters um dreiunddreißig Grad über ihren Verhältnissen lebt. Sind Menschen, um noch einmal Herder zu zitieren, Zöglinge der Luft, so waren die Wolken ihre Tutoren. Leben ist ein Nebeneffekt klimatischer Verwöhnung.«[5] Sloterdijk entwirft also eine Theorie des atmosphärischen Raumes als anthropologische Grundkonstante.

Elektromagnetische Sphären
Um die Atmosphärenforschung weiterzuentwickeln, schlage ich vor, über die pneumatische Anthropologie hinauszugehen, die sich auf die gasförmige Hülle eines Himmelskörpers bezieht (beispielsweise die Erdatmosphäre), und sich mit jener Sphäre zu beschäftigen, welche die Erde als elektromagnetische Wellen umhüllt und die ich »elektromagnetische« oder »orbitale« Sphäre nenne. Die elektromagnetischen Wellen umhüllen die Erde aufgrund des Erdmagnetismus seit ebenso vielen Jahrmillionen wie die Ozonschicht. Sie wurden aber erst vor einiger Zeit entdeckt: Die Magnetfeldforschung existiert seit ca. vierhundert Jahren.

Die Erde wird von einem Magnetfeld umgeben, das, wie der englische Arzt und Naturphilosoph William Gilbert erkannte, die Ursache für die Ausrichtung der Kompassnadel ist.[6] Gilbert beschrieb nicht nur die tägliche magnetische Rotation der Erdkugel, sondern studierte auch die statische Elektrizität, die durch Bernstein produziert wurde. Der gelbe Schmuckstein aus fossilem Harz hieß auf altgriechisch *elektron*, auf lateinisch *electrum*. Daher gab Gilbert dem beobachteten Phänomen das Adjektiv *electricus*, der Ursprung des Begriffs Elektrizität. Carl Friedrich Gauß konnte 1839 nachweisen, dass der Hauptteil des Erdmagnetfeldes aus dem Erdinneren stammt, kleinere, kurzzeitige Variationen dagegen von außerhalb. Das Erdmagnetfeld kann als magnetischer Dipol, als ein magnetisches Feld zwischen zwei Magnetpolen, beschrieben werden. Die magnetischen Feldlinien treten auf der Nordhalbkugel aus der Erde aus und auf der Südhalbkugel wieder in die Erde ein.

1852 fasste Michael Faraday seine Ansichten über magnetische Kraftlinien und Felder im Artikel *On the physical character of the lines of magnetic force* (*Über den physikalischen Charakter der magnetischen Kraftlinien*) zusammen. Den Begriff Magnetfeld hatte Michael Faraday 1845 erstmals in einem Labortagebuch verwendet. Seit 1822 war Faraday vom Magnetismus fasziniert. Zwischen 1839 und 1855 erschienen drei Bände zu seinen Forschungen über Elektromagnetismus (*Experimental Researches in Electricity*), denn Faraday war von der

---

4   Ibid., S. 177.
5   Ibid., S. 174f.; Sloterdijk zitiert hier Sylvie Joussaume, *Klima. Gestern, heute, morgen*, Springer, Berlin u. a., 1996, S. 62.
6   Dies führte er in seinem Werk *De Magnete. Magneticisque Corporibus, et de Magno Magnete Tellure* aus, auf Englisch: *On the Magnet and Magnetic Bodies, and an That Great Magnet the Earth*, geschrieben 1600 gemeinsam mit Aaron Dowling.

Idee besessen, aus Magnetismus Elektrizität zu erzeugen. Bereits 1822 merkte Faraday in seinem Notizbuch an: »Convert magnetism into electricity«, also: »Magnetismus in Elektrizität umwandeln«, was ihm auch gelang. Deswegen gilt er als Vater der Elektroindustrie. Darüber hinaus erbrachte Faraday in seinem Werk *Über die Magnetisierung des Lichts und die Belichtung der Magnetkraftlinien* von 1846 auch den Nachweis, dass Licht und Magnetismus zwei miteinander verbundene physikalische Phänomene sind. Er skizzierte die Möglichkeit, dass Licht durch transversale Schwingungen von Kraftlinien entstehen könnte.

Somit war die Entdeckung des Magnetismus von Anfang an mit dem Phänomen der Elektrizität verknüpft. Dabei war die entscheidende Idee, die magnetische Kraft in eine elektrische Kraft zu verwandeln bzw. das Magnetfeld als Feld von elektrischen Schwingungen zu nutzen. Danach konnte der nächste gedankliche Schritt erfolgen und die These formuliert werden, dass das Licht selbst eine Form von elektromagnetischen Schwingungen ist.

Faradays Spekulation war eine Anregung für James Clerk Maxwell bei der Entwicklung seiner elektromagnetischen Theorie des Lichtes. »Faraday sah im Geiste die den ganzen Raum durchdringenden Kraftlinien, wo die Mathematiker fernwirkende Kraftzentren sahen; Faraday sah ein Medium, wo sie nichts als Abstände sahen; Faraday suchte das Wesen der Vorgänge in den reellen Wirkungen, die sich in dem Medium abspielten, jene waren aber damit zufrieden, es in den fernwirkenden Kräften der elektrischen Fluida gefunden zu haben [...].«[7] Der junge Maxwell stellte sich daher die Aufgabe, Faradays experimentelle Befunde und ihre Beschreibung mittels Kraftlinien und Felder in eine mathematische Darstellung zu überführen.

In seinem ersten größeren Aufsatz über Elektrizität *On Faraday's Lines of Force* (1856) stellte Maxwell eine erste Theorie des Elektromagnetismus auf, in der er die Vektorgrößen elektrische Feldstärke, magnetische Feldstärke, Stromdichte und magnetische Flussdichte einführte und mithilfe des Vektorpotentials zueinander in Beziehung setzte. Nach einigen anderen Überlegungen formulierte er 1864 die sogenannten Maxwell'schen Gleichungen – diese bilden auch heute die Grundlage der Elektrodynamik, und es lassen sich mit ihnen alle von Faraday gefundenen elektromagnetischen Entdeckungen erklären.[8] In Karlsruhe erbrachte Heinrich Hertz 1886 mit seinen Experimenten den empirischen Nachweis und die experimentelle Bestätigung von Maxwells elektromagnetischer Theorie. Mit dem Hertz'schen Oszillator stellte er die Existenz der elektromagnetischen Wellen fest und wies nach, dass sie sich auf die gleiche Art und mit der gleichen Geschwindigkeit ausbreiten wie Lichtwellen. In seinem Forschungsbericht *Über Strahlen elektrischer Kraft* gab Hertz 1888 die Ergebnisse seines bereits 1886 aufgeführten Funkenexperiments, die elektromagnetischen Wellen von einem Sender zu einem Empfänger zu übertragen, bekannt.[9] Das Kapitel der drahtlosen Nachrichtenübertragung mithilfe elektromagnetischer Wellen wurde aufgeschlagen. Das Zeitalter von Rundfunk und Fernsehen begann.

Die Entdeckung und Erklärung der Phänomene des Magnetismus, des Elektromagnetismus und des Lichts, dass also Lichtwellen elektromagnetische Wellen und elektromagnetische Wellen Lichtwellen sind und dass aus Magnetismus tatsächlich Elektrizität werden kann, legten die Fundamente zur Konstruktion einer ganz neuen Welt des drahtlosen Funkverkehrs, von Telegrafie bis Fernsehen: Die Ära des elektromagnetischen Mediums als

---

7   James Clerk Maxwell, *A Treatise on Electricity and Magnetism*, Clarendon Press, Oxford, 1873, zit. nach Károly Simonyi, *Kulturgeschichte der Physik: Von den Anfängen bis 1990*, Harri Deutsch, Thun u. a., 1995, S. 343.

8   Vgl. Thomas K. Simpson, *Maxwell on the electromagnetic field: a guided study*, Rutgers University Press, New Brunswick, 1997, S. 10-16, sowie Emilia Segré, *Die großen Physiker und ihre Entdeckungen*, Piper, München, 1997, S. 259-264.

9   Vgl. Albrecht Fölsing, *Heinrich Hertz*, Hoffmann und Campe, Hamburg, 1997, S. 275.

Fernwirkung hatte begonnen. Die ganze Tele-Technologie (griech. *tele*: Ferne) von Telegrafie, Telefax, Telefon, Television etc. ist die technische Anwendung der Grundlagenforschung, die vor vierhundert Jahren begann und welche die elektromagnetische Sphäre der Erde für den Menschen nutzbar machte.

Die Erkenntnis, dass die Erde von einem Kraftfeld umgeben ist, das magnetisch und somit auch elektrisch ist, legt verständlicherweise die verführerische Vermutung nahe, dass dieses magnetische Kraftfeld überall auf der Erde als elektrische Quelle ohne Transmission angezapft werden kann. Die Fernwirkung des magnetischen Kraftzentrums könnte sich nicht nur auf Signale beschränken, sondern auch für Energieübertragung gelten. Nikola Tesla, einer der Erfinder des Wechselstromsystems (1888), das auf einem rotierenden magnetischen Feld aufbaut, das aus zwei um neunzig Grad phasenversetzten Wechselströmen besteht, verfolgte zeitlebens die Idee, mittels hochfrequenter Wechselströme eine drahtlose Energieübertragung zu ermöglichen. Sein Patent für die kabellose Energieübertragung (20. März 1900) war allerdings nur das erste Patent der Funktechnik. Das Patent der drahtlosen Nachrichtenübertragung, der Telegrafie, meldete Guglielmo Marconi am 26. April 1900 an. Faradays Anweisung »convert magnetism into electricity« wurde bei Tesla zum parawissenschaftlichen Traum, aus der Strahlungsenergie und damit aus dem Magnetfeld der Erde ein »Welt-Energie-System« zu entwickeln: das Magnetfeld der Erde als Medium einer weltweiten kabellosen Energieübertragung für die gesamte Menschheit.

Durch die technischen Entwicklungen der letzten 150 Jahre ist nicht nur die die Erde umgebende Luftsphäre, die pneumatische Sphäre, sondern – das ist meine These – auch die Hülle der elektromagnetischen Wellen für die Menschheit lebenswichtig geworden. Diese Sphäre elektromagnetischer Wellen hat es immer schon gegeben, aber erst durch die wissenschaftlichen Entdeckungen und technischen Entwicklungen ist sie für den Menschen sichtbar, hörbar und nutzbar geworden. In dieser elektromagnetischen Atmosphäre bewegen sich die Zeichen, die Symbole, die audiovisuellen Daten, die von Radio- und Fernsehstationen, von Satelliten, von Smartphones usw. gesendet und empfangen werden. Mit diesen Daten organisieren die Menschen ihre Ökonomie, ihr politisches und ihr soziales Leben. Das Leben wird also durch Botschaften gesteuert, die aufgrund der elektromagnetischen Felder ohne Boten reisen können. Ein Netzwerk von Computerterminals, Telefonen, Tele-Systemen und Satelliten errichtet ein orbitales Informations-Environment aus analogen und digitalen Daten: die elektronische Sphäre, die Infosphäre.

Soziale Sphären
Diese elektronische Sphäre ist für die Menschheit genauso wesentlich für das Funktionieren des Lebens auf dieser Erde wie die Atmosphäre. Die Menschen leben als biologische Organismen von der Natur. Der Natur verdanken sie die Schaffung einer sauerstoffgesättigten Atmosphäre, welche die Menschen als biologische Organismen überleben lässt, allerdings nicht als soziale Wesen. Die pneumatische Sphäre, die Atmosphäre, schuf die Grundlage für das biologische Leben. Die Elektrosphäre schafft die Grundlagen für das soziale Leben, wie wir es heute kennen.

Bei der wachsenden Zahl der Weltbevölkerung (acht Milliarden), die sich in den letzten zweihundert Jahren, seit der industriellen Revolution, verachtfacht hat, bedarf es einer komplexen Organisation von Daten, welche das Funktionieren der Wirtschaft, des Transports der Informationen, Güter und Menschen, der Finanzen, der menschlichen Interessen, der privaten und sozialen Handlungen usw. garantiert. Es genügt nicht mehr, nur über Sauerstoff zu verfügen. Damit die Milliarden Menschen auf dieser Erde leben können, braucht es einen sogenannten »Tron-Wald« – ein Begriff, den ich später näher erläutern werde. Der Wald der Bäume bleibt weiterhin die Grundlage des Lebens, er ist hierfür aber nicht mehr ausreichend. Die Menschen werden die Atmosphäre durch natürliche Maßnahmen nicht beschützen können, sondern man wird technische Maßnahmen heranziehen müssen, die auf den »Tron-Wald« zurückgreifen, um den eigentlichen, den grünen Wald aufrechtzuerhalten. Wir brauchen eine elektronische Hülle, jene aus einem Netzwerk von Informationsmedien bestehende elektronische Atmosphäre, der wir es verdanken, dass die soziale Sphäre im heutigen Ausmaß überhaupt existieren kann.

Orbitale Sphären

Die Voraussetzungen hierfür sind merkwürdigerweise schon lange in der Kunst zu beobachten: im Aufstieg des Blicks von der horizontalen Lokalisation des Malers in die Vertikale des Fotografen. Der Fotograf konnte mit seinem leichten Handwerkszeug in die Höhe steigen und dann zum ersten Mal von oben hinunter fotografieren. Dadurch entstand in den 1920er-Jahren die bekannte beschleunigte Perspektive von unten wie von oben. Von diesem handwerklichen Vorteil beflügelt, begannen die Fotografen mehr und mehr, immer höher zu steigen und entdeckten dabei die Perspektive aus der Luft. Dies führte zu der berühmten Aufnahme des bekannten Fotografen Nadar, der mit der *photographie aérostatique* (1858) eine Aufnahme von Paris präsentierte, die er aus 520 Metern Höhe aus einem Heißluftballon aufgenommen hatte. Es kommt in der Bezeichnung »aérostatique« das Wort »Luft« schon vor.

Heute hat sich dieses vertikale Bild weiterentwickelt. Wir kennen das berühmte Auge von Odilon Redon, das ins Unendliche schwebt, die Grafik mit dem Titel *Das Auge strebt wie ein seltsamer Ballon zum Unendlichen hin* (1882), gewissermaßen ein Vorgriff auf das elektronische Satellitenauge. Heute umschweben unseren Globus abertausende von solchen elektronischen Satellitenaugen als Teil der elektronischen Atmosphäre. Die Bewegung des Blicks von der malerischen Horizontalität in die fotografische Vertikalität hat die Position eines orbitalen Auges erreicht: Satelliten, die die Erdbahn umkreisen. Das ist das Ergebnis dieses orbitalen Aufbruchs, der mit der Fotografie begonnen hat. Allerdings muss man bedenken, dass in diesem orbitalen Blick einer Satellitenkamera die Dinge kleiner werden: Der Raum schrumpft, die natürlichen Skalierungen werden zerstört. Ein Beispiel aus der Kunst ist die Sensibilität, mit der Giorgio de Chirico die natürlichen Skalierungen in seinen Bildern durcheinanderbrachte. Im orbitalen Blick werden Kontinente zu Klecksen, Landschaften zu Briefmarken, der Globus zu einem winzigen Punkt, eine Stadt sieht in der Luftaufnahme wie ein Microchip aus und in der Tat leistet ein Microchip die Arbeit einer Stadt. Wenn es früher als reine Utopie galt, dass es möglich sei, in achtzig Tagen um die Welt zu reisen, so reisen Satelliten heute in nur neunzig Minuten um die gesamte Erde.

Kasimir Malewitsch hat durch seine Bekanntschaft mit dem russischen Raumfahrt-Pionier Konstantin Ziolkowski als erster Künstler darauf aufmerksam gemacht, dass sein Bezugssystem nicht die Erde ist, sondern das Planetensystem. Malewitsch schuf seine architektonischen Konstruktionen für die Bewohner im All, nicht für die Bewohner der Erde. In seiner berühmten Schrift *Suprematismus. 34 Zeichnungen* schreibt er 1920, dass »jeder konstruierte suprematistische Körper in eine naturgegebene Organisation eingeschlossen sein wird und per se eine neue Satellitenform bildet [...].«[10] Schon 1920 schreibt der Künstler also von Satelliten. Alles, was nötig ist, ist die Interrelation zwischen zwei im Raum schwebenden, schwerelosen Körpern zu entdecken. Die Erde und der Mond – zwischen ihnen kann ein neuer suprematistischer Satellit konstruiert werden, der sich

---

10   Kasimir Malewitsch, *Suprematismus. 34 Zeichnungen* (1920), Wasmuth, Tübingen, 1974, o. S.

entlang einer orbitalen Bahn bewegt. »Alle technischen Organismen sind nichts anderes als kleine Satelliten. Eine ganze lebende Welt ist bereit, in den Raum davon zu fliegen und eine bestimmte Position einzunehmen. In der Tat, jeder dieser Satelliten wird von uns dazu versehen und darauf vorbereitet, sein eigenes Leben zu führen. Der Suprematismus wird in einem irdischen Kontext definiert und bezieht sich auf den Raum. Aber er enthält auch die Idee einer neuen Maschine, nämlich des Planetensystems, ohne Räder, ohne Kraft abgeleitet vom Dampf oder Benzin.«[11] Schon damals gab es die Abkehr vom Dampfzeitalter, vom Benzinzeitalter. Der russische Raumvisionär Ziolkowski veröffentlichte Arbeiten über den Gebrauch von Raketen, die von flüssigem Wasserstoff und Sauerstoff angetrieben werden. Er beschrieb bereits 1903 eine rotierende Raumstation, ein Raumhabitat, das mit künstlicher Gravitation mithilfe der Zentripetalkraft rotieren würde. Von ihm stammt auch der Vorschlag, den ersten Satelliten, der am 4. Oktober 1957 in die Umlaufbahn geschossen wurde - das erste erkennbare Datum der orbitalen Sphäre -, Sputnik zu nennen, auf deutsch »Reisebegleiter«. Seit der Romantik war der Mond der Begleiter des Reisenden, heute aber haben die Menschen andere Begleiter, Sputniks, Satelliten.

Um die Voraussetzungen für die orbitale Sphäre zu verstehen, sind drei Namen notwendig: Nikolaus Kopernikus, Johannes Kepler und Isaac Newton. Kopernikus entdeckte 1543, dass die Erde nur einer von mehreren Planeten ist, die die Sonne umkreisen, und damit nicht in der Mitte des Universums steht. 1618 formulierte Kepler die grundlegenden Gesetze der Planetenbewegung und zeigte, dass die Planeten in elliptischen Bahnen um die Sonne kreisen. Allerdings konnte er den Grund dafür nicht angeben. Newton lieferte hierfür 1687 die Erklärung durch den Hinweis, dass die elliptischen Bahnen durch die Gesetze der Schwerkraft definiert werden. Sein Gesetz, dass die Anziehung zwischen zwei Körpern proportional dem Produkt ihrer Massen und invers proportional dem Quadrat ihrer Entfernung ist, erklärt, warum die Sonne und die Planeten nicht aufeinander zu stürzen. Durch Kopernikus, Kepler und Newton wurden die Gesetze formuliert, mit deren Hilfe wir von der Astronomie zur Astronautik gelangen. Es ist daher kein Wunder, dass bereits Newton selbst in Kenntnis dieser Gesetze zum Pionier der Astronautik wurde. Schon er formulierte den Gedanken, dass es möglich sei, einen künstlichen Satelliten in die Umlaufbahn um die Sonne zu schicken.

Grundlage hierfür war das folgende Gedankenexperiment: Man stelle sich vor, man hätte einen immens hohen Turm und dort oben einen Steinwerfer. Wenn man von dort einen Stein horizontal in den Raum werfen würde, gäbe es nach Newton keine atmosphärische Reibung, der Stein würde dann in die Unendlichkeit des Universums mit abnehmender Geschwindigkeit fliegen. Durch die Schwerkraft der Erde wird aber gemäß dem Gravitationsgesetz die Flugbahn des Steins gebeugt und der Stein würde weit entfernt vom Turm auf der Erde landen. Wenn jedoch der Stein mit einer bestimmten maschinellen Kraft auf eine bestimmte Höhe geschleudert werden würde, dann - so Newton - könnte es passieren, dass die Kurve des Niederfalls des Steins gleich der Kurve der Erdkugel selbst ist. Dann würde der Stein immer in der Kurve der Erdkugel bleiben und nie die Erde erreichen, denn jedes Mal, wenn sich die Bahn des Steins nach unten krümmt, würde sich die Oberfläche der Erde um denselben Betrag krümmen. Wenn also durch die ursprüngliche Initialkraft der Stein eine bestimmte Höhe und Geschwindigkeit erreicht hat, wodurch die Krümmungskurve des Falls des Steines gleich der Krümmungskurve der Erdkugel ist, dann würde er die Erde nie erreichen, sondern sie als Satellit umkreisen. Damit wird die Idee geboren, dass der Mensch selbst einen Satelliten in die Welt schicken kann.

---

11   Ibid.

In der Nachfolge gab es eine Reihe von Physikern, die sich mit diesem Themenfeld beschäftigt haben, beispielsweise in Deutschland Hermann Oberth in seinem Buch *Die Rakete zu den Planetenräumen* (1923). Einer der Begründer der heute so wichtigen modernen Kristallografie, John Desmond Bernal propagierte in seinem Buch *The World, the Flesh and the Devil* (1929) die Kolonisation des Raumes im Sinne von Malewitsch: Er imaginierte die Restauration der Erde durch die Emigration ins All, um dort ein gewichtsloses, schwerkraftloses Leben zu führen.

In seinem Projekt »The Colonization of Space« griff Gerard K. O'Neill, ein Physikprofessor aus Princeton, auf Bernal zurück, indem er eine atmosphärische Siedlung für ca. 500.000 Menschen im All entwarf, die er dann die »Bernal-Sphäre« nannte. Die »Bernal-Sphäre« wäre gewissermaßen ein Raumsatellit, eine Art *Aerospace* Vehicle, in dem die Menschen mit ihren Füßen nach außen stehen und sich gewissermaßen gegenseitig vom Kopf auf den Kopf schauen würden. Das wäre beispielsweise so, als ob man in Deutschland nach oben blicken und nicht den freien Himmel, sondern Australien sehen würde.

Einer der berühmtesten Physiker, Freeman Dyson, formulierte in seinem Text »The Greening of the Galaxies« (in: *Disturbing the Universe*, 1979) die Idee, das Begrünen von Amerika aufzugeben und stattdessen in grüne Galaxien auszuwandern. Er entwickelte die so genannte »Dyson-Sphäre«, die Idee, eine Art Box um die Sonne zu bauen, eine Art sphärische Schale um den Mutterstern. Die Schale bestünde aus einer großen Zahl künstlicher Raumstätten, die alle eine eigene Umlaufbahn hätten, also alle Satelliten wären. Man wäre in der Lage, eine eigene künstliche Biosphäre zu schaffen, die die Menschheit braucht, weil sie über keine eigenen Energiequellen mehr verfügt. Dann würde die gesamte Strahlungsenergie des Muttersterns endlich komplett genutzt. Bisher geht uns die gesamte Strahlungsenergie der Sonne bis auf ein Prozent verloren. Dyson hatte die Idee, diese Sphäre zu bauen, um die Energieprobleme für Millionen von Jahren lösen zu können. Das ständige Ausbeuten der Erde, fossile Materialien wie Öl oder Kohle aus der Tiefe der Erde zu holen, hätte dann endlich ein Ende, denn man würde Energiequellen in der Tiefe des Alls suchen. All diese Beispiele zeigen: Nach der Atmosphäre und der Techno-Sphäre taucht die Idee einer künstlichen Biosphäre auf.

Elektronische Sphäre

Um ein Verständnis dafür zu entwickeln, wie diese möglich sein könnte, wird nun eine Erklärung des anfangs erwähnten Begriffs »Tron-Wald« nötig. Das Wort »Tron« wurde abgeleitet vom Wort »Elektron«. Bei Experimenten mit Kathodenstrahlen in Vakuumröhren entdeckte Joseph John Thomson 1897 ein Teilchen, das kleiner war als ein Atom. Zu diesem Zeitpunkt war dies eine unvorstellbare Entdeckung, die zunächst ignoriert wurde, weil die bedeutendsten Wissenschaftler der Zeit (wie beispielsweise Ernst Mach) allesamt keine Anhänger der Atomlehre waren: Wenige, darunter der Gegenspieler von Ernst Mach, Ludwig Boltzmann in Wien, glaubten an die Theorie der Atome.[12] Thomson entdeckte also ein Teilchen, das noch kleiner war als ein Atom. Er gab ihm den Namen »Corpusculum«, also »kleiner Körper«, um zu betonen, dass dieses Teilchen die traditionelle Vorstellung von Materie vernichtet: »I can see no escape from the conclusion that they are charges of negative electricity carried by particles of matter [...]. What are these particles? Are they atoms, or molecules, or matter in a still finer state of subdivision?«[13] Dieses negative Teilchen wurde

---

12   Heute ist Boltzmann für seine Gesetze berühmt, aber seinerzeit war die Position von Mach ungleich bedeutender und wichtiger als die Boltzmanns. Machs Attacke trug dazu bei, dass Boltzmann in eine tiefe Depression stürzte und 1906 Selbstmord beging.
13   Zit. nach Jed Z. Buchwald und Andrew Warwick (Hg.), *Histories of the Electron. The Birth of Microphysics*, The MIT Press, Cambridge/MA, 2001, S. 415.

erst später in Elektron »umgetauft«, eine Bezeichnung, die von George Johnstone Stoney und Hermann von Helmholtz 1874 für ein potenziell existierendes, mit Atomen verbundenes Ladungsträgerteilchen vorgeschlagen worden war.[14]

Die Entdeckung des Atoms der Elektrizität markierte den Beginn einer ganzen Serie an »tron«-Entdeckungen und damit die Grundlage des »Tron-Walds«. Das Wort »tron« ist nur eine Art Suffix, das eine Verstärkung des vorigen Wortes darstellt. Das Wort *Elek-tron* bezeichnet somit einzig eine Verstärkung des Elektrischen. Hier ist es wichtig zu bedenken, was genau verstärkt wird, denn die »Tron-Riege« besteht aus nichts anderem als Verstärkerinstrumenten, *Powertubes*, die ein Mehr an Kraft, an Reichweite und Geschwindigkeit ermöglichen als alles bisher Dagewesene.

Irving Langmuir entdeckte 1912/1913 die elektronische Röhre »pliotron« (griech. *pleion*: mehr) und erhielt dafür den Nobelpreis. Mit seiner Röhre konnte er kleine Wellen und kleine Teilchen verstärken. In *Phenomena, Atoms and Molecules* aus dem Jahr 1950 schrieb er, dass sein Elektron nichts anderes sei als eine Verbesserung der Triode von Lee de Forest. Nach der Entdeckung der Triode 1907 – Triode, weil sie aus drei Elektroden besteht, die wir heute im Fernsehen und auch im Radio verwenden – entwickelte sich diese weiter in die Tetrode, Pentode, Hexode, Heptode, Oktode, usw. Langmuir schrieb in seiner Publikation: »Indem Lee de Forest entdeckte, dass ein elektrischer Strom in einer Vakuumröhre mithilfe eines dazwischengeschalteten Netzes kontrolliert werden kann, legte er die Grundlagen für eine Ausdehnung der menschlichen Sinne und für ein Anwachsen der Geschwindigkeit und der Sensitivität um ein Millionenfaches.«[15] Mit Thomson hat also nicht nur das Zeitalter des Elektrons begonnen, sondern auch das ganze globale Zeitalter für Strahlen und Röhren – denn gäbe es keine Vakuumröhren und keine Technik der Kathodenstrahlung, hätte man auch das Elektron nicht entdecken können.

Die Entdeckung des Elektrons und des »Pliotrons« hatte die Entstehung einer ganzen »Tron-Riege« von Verstärkerinstrumenten zur Folge: 1921 entwickelte Albert W. Hull das erste funktionierende Magnetron, eine weitere Form des Hochfrequenzverstärkers, ohne den es kein Radar gäbe. Das Zyklotron wurde 1930 erfunden. Dann wurde 1937 das Klystron generiert, eine Röhre, die für die Geschwindigkeitsmodulation wichtig ist. Hinzu kamen weitere Teilchenbeschleuniger, wie man sie heute im CERN baut. Dass durch immer mehr Beschleunigung von Teilchen immer noch mehr Teilchen aus einem Atom zertrümmert werden, um neue Teilchen zu generieren, wie Protonen und Neutronen, ist das Ergebnis des »Tron-Walds«.

Der durch den Keim des Elektrons gesäte »Tron-Wald« besteht also aus einer inzwischen bemerkenswert angewachsenen Riege von »Tron-Teilchen« und deren Verstärkern: Elektron, Proton, Neutron, Magnetron, Axiotron, Vapotron, Klystron, Zyklotron. Die Kleinstpartikel und ihre mikroelektronischen Systeme, Verstärkerröhren, Transistoren, Halbleiter, Mikrochips etc. formen die Technologie, von der wir heute umhüllt sind und ohne die auf der Welt nichts mehr funktionieren würde. Diese hochkomplexen Systeme erlauben es uns, die Geschwindigkeit und die Ausdehnung aller menschlichen Sinne jenseits der Atmosphäre zu beschleunigen. Der »Tron-Wald« schafft damit die Voraussetzung für diese elektronische Atmosphäre jenseits der sogenannten Atmosphäre.

Erst dieses technologische Wachstum ermöglicht das Anwachsen der Bevölkerung auf das heutige Maß, trotz aller politischen, ökologischen und Hungerkrisen. Thomas Robert Malthus meinte in seiner 1789 publizierten Bevölkerungstheorie *Essay on the Principle*

---

14 Vgl. Simonyi 1995, S. 380.
15 Irving Langmuir, in: *Radio Craft* (1947), zit. nach Lee de Forest, *Father of Radio. The Autobiography if Lee de Forest*, Wilcox and Follett, Chicago, 1950, S. 3; Übersetzung des Autors.

of Population, dass es in Zukunft nicht genug Nahrungsraum geben werde und damit Bevölkerung und Nahrungsraum auseinanderdriften. Die Bevölkerungsexplosion werde dazu führen, dass die Menschheit zu wenig zu essen haben wird.

Die fortgeschrittene Kommunikationstechnik und Transporttechnik verhindert nun, dass die Bevölkerung über den Nahrungsspielraum hinauswächst und es dadurch zu größeren sozialen Explosionen kommt. Diese orbitale Hülle, diese Elektrosphäre, liefert die Voraussetzung für ein neues Informations-Environment, das die Menschen brauchen, um überhaupt in einer natürlichen Umgebung zu überleben.

Der Entmaterialisierung der Information (die 1886 in Karlsruhe mit den elektromagnetischen Experimenten von Heinrich Hertz einen entscheidenden Ursprung hatte) und der daraus folgenden Trennung der Botschaft vom Boten[16] ist es gelungen, ein Netzwerk von Computerterminals, Telefonen, Satellitensystemen einzurichten, das ein orbitales, elektronisches Environment schafft: die Elektrosphäre, die eine Voraussetzung dafür bildet, dass ein Leben in einer natürlichen Umgebung heute noch möglich ist.

Wir brauchen den natürlichen »grünen« Wald zum biologischen Leben und den menschengemachten künstlichen »Tron-Wald« zum sozialen Leben, aber auch dafür, dass humanes soziales Leben noch in einer natürlichen Umgebung möglich ist. Angesichts der sieben Milliarden Bewohner auf dem Planeten Erde bedürfen wir Menschen nicht nur der Atmosphäre, sondern auch der Tron-Sphäre, um in der Biophäre überleben zu können.

Der Text ist 2012 in dem von Christiane Heibach herausgegebenen Band *Atmosphären. Dimensionen eines diffusen Phänomens*, HFG Forschung, Band 3, Wilhelm Fink, München, S. 155-170, erschienen.

---

16   Vgl. Peter Weibel, »Vom Verschwinden der Ferne. Telekommunikation und Kunst«, in: Peter Weibel und Edith Decker (Hg.), *Vom Verschwinden der Ferne*, DuMont, Köln, 1990, S. 19-77, und unter dem Titel »Vom Verschwinden der Ferne. Die Trennung von Bote und Botschaft«, in: ders., *Enzyklopädie der Medien*, Bd. 1: *Architektur und Medien*, Hatje Cantz, Berlin, 2015, S. 29-56.

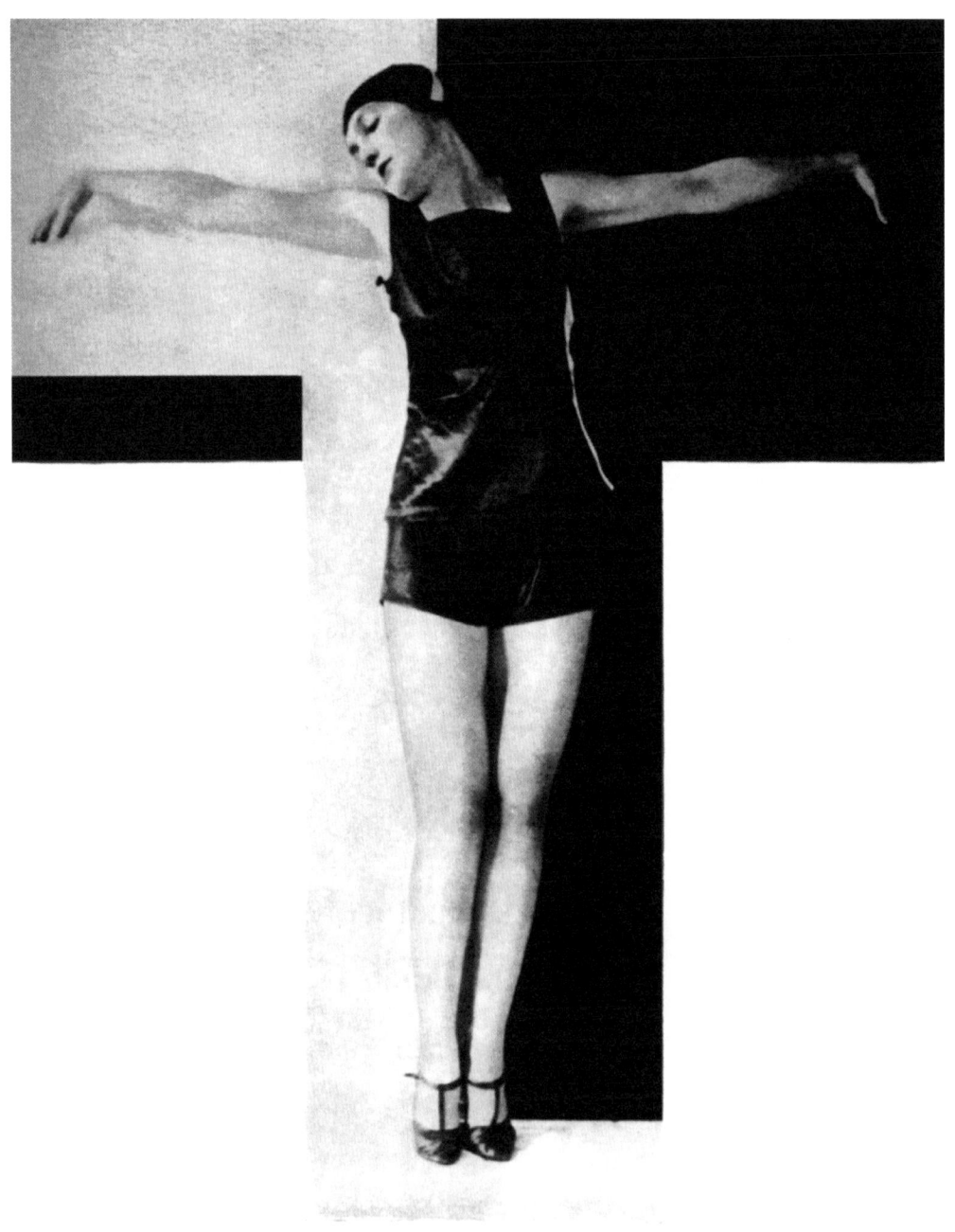

Aus: Vítězslav Nezval, Milča Mayerová und Karel Teige, *Abeceda*, 1926

Der anagrammatische Körper im Zeitalter seiner medialen und gentechnischen Konstruierbarkeit

2000—2012

Der Körper, er gleicht einem Satz –, der uns einzuladen scheint, ihn bis in seine Buchstaben zu zergliedern, damit sich in einer endlosen Reihe von Anagrammen aufs neue fügt, was er in Wahrheit enthält.[1]
HANS BELLMER

In der Kunst des 20. Jahrhunderts war die Kategorie des Schönen einem radikalen Wandel unterworfen. Das vertraute klassische Schönheitsideal, insbesondere der ideale, schöne, athletische Körper in der Nachfolge der Antike, wurde vom Diskurs der Moderne verbannt. »The impulse of modern art was the desire to destroy beauty.«[2] Erst im Nationalsozialismus und anderen totalitären Systemen, welche einen Kampf gegen die Moderne und deren fragmentierte Körper führten, kehrte der schöne ideale Körper wieder. Auch in den Massenmedien, von der Boulevardzeitung bis zum Hollywood-Film, und in der Körperkultur, von Kosmetik bis Sport, kehrt die Schönheit wieder und wird zu einer Industrie, die Ideale normativ und zwanghaft vorschreibt. Das macht auch die Massenmedien und die Kommunikationsindustrie so verdächtig, in ihrem totalitären Anspruch vergleichbar mit totalitären politischen Systemen zu sein. In der Kunst der Moderne finden wir hingegen, von Pablo Picasso bis Francis Bacon, Bilder eines zerstückelten und zerstörten, eines manipulierten und disharmonischen, eines zerquetschten und gequälten Körpers. Natürlich finden wir auch in der Gegenwartskunst immer wieder Künstler, die sich auf die Schönheit des Körpers und insbesondere auf seine Schönheit in der Welt der Ware, Mode und Konsumartikel beziehen. Diese Kunst lässt sich als restaurativ charakterisieren, weil sie sich auf frühere Bedingungen der Kunst bezieht.

Die moderne Kunst hat im 20. Jahrhundert die Schönheit als Baustelle der Kunst verlassen, auch die Schönheit des Körpers, und sich andere gesucht. Das Körperbild der Moderne ist besonders durch die »Bedingung der Fotografie«[3] geprägt, die von den neuen Medien weiterentwickelt wird. Auch Malerei und Skulptur sind von dieser Bedingung beeinflusst. Daher ist es legitim, von einer fotografischen Kondition bzw. medialen Konstruktion des Körpers zu sprechen. Der Körper wurde durch die Medien zum Bild und der reale Körper versucht, sich dem Bild anzugleichen, das die Medien von ihm entworfen haben. Die Kunst reagiert auf die mediale Konstruktion des Körpers und bildet Reservate des Menschlichen, gerade indem sie die medialen Bedingungen der neuen Konstruktionen des Humanen kritisch untersucht.

---

1   Hans Bellmer, *Die Puppe* (1934), Ullstein, Frankfurt/M. u. a., 1976, S. 95.
2   Barnett Newman, »The Ides of Art, Six Opinions on What is Sublime in Art?«, in: *Tiger's Eye*, Nr. 6, 15. 12. 1948, S. 52f.
3   Vgl. Rosalind Krauss, »The Photographic Conditions of Surrealism«, in: *October*, Vol. 19, Winter 1981, S. 3-34; dies., *A Voyage on the North Sea: Art in the Age of the Post-Medium Condition*, Thames & Hudson, London, 1999, auf Deutsch *A Voyage on the North Sea*, Diaphanes, Zürich u. a., 2008.

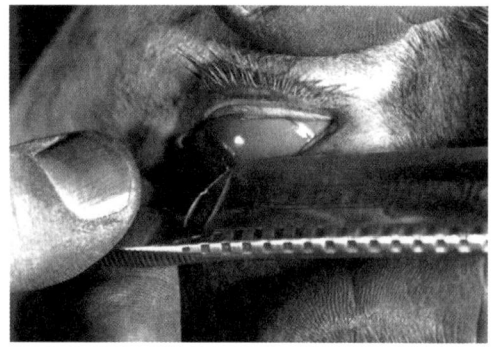
Luis Buñuel, Un chien andalou, 1929

Herbert Bayer, Einsamer Großstädter (Selbstporträt), 1932

Die Kunst hat bei ihrer Untersuchung der medialen Transformation der Körperbilder, bei der Entdeckung der Buchstäblichkeit des Körpers, d. h. den Körper lesen und schreiben zu können, gleichsam die Wissenschaft antizipiert, die mit der gentechnischen Konstruierbarkeit des Körpers und mit dem Humangenomprojekt den Code des Lebens, die Schrift des Leibes vollständig und bis ins molekulare Detail entziffern möchte. Der anagrammatische Körper in der Kunst ist also ein Vorschein des in Gensequenzen decodierten Körpers der Wissenschaft und daher von einzigartiger Aktualität.

Den Körper lesen. Vereinzelung: Die Organe als Buchstaben des Körpers
Zu den spezifischen Bedingungen, welche die neue Bildtechnologie Fotografie in die Bildkunst eingeführt hat, gehörte die Großaufnahme. Die Fotografie hat durch die Close-up-Technik erstmals die Organe und Extremitäten des Körpers, vom Auge bis zur Zehe, vereinzelt und als isolierte Bilder präsentiert. Mit der Großaufnahme beginnt die Sequenzierung des Körpers in seine visuellen Bestandteile bzw. seine Bausteine. Der Körper wird zerstückelt (»le corps morcelé«, sagt Jacques Lacan[4]), in Einzelteile und Fragmente zerteilt. Die Vereinzelung und Verabsolutierung der Körperfragmente führen zu einer Art visueller Grammatik des Körpers. Der Körper wird zu einer Zeichensprache, in der die Close-ups der Körperorgane die Buchstaben des Körpers bilden. Diese Alphabetisierung beginnt 1926 exemplarisch mit dem Buch *Abeceda* von Karel Teige und Vítězslav Nezval. Der Körper wird durch die Fotografie als Schrift lesbar. Die Buchstaben des Körpers werden identifiziert, lokalisiert, mit einem Wort: sequenziert. Der Körper wird entziffert und beziffert, damit beginnt seine Digitalisierung und Sequenzierung. Aus *soma* (Körper) werden Chromosomen. Das Ganze des Körpers wird in Teile zerlegt, seine Organe, Zellen, Moleküle oder Chromosomen.

Mit der Vereinzelung der Organe begann nicht nur die Buchstäblichkeit des Lebens, die Lesbarkeit des Körpers als Schrift, sondern, da die Zerteilung nicht bei den Organen haltmachte und immer weiter fortschritt, in immer kleinere Einheiten, bis zu den Zellen, Molekülen und Chromosomen des Körpers, begann auch die genetische Sequenzierung. Die Sequenzierung, die mit dem Alphabet begann, der Zerteilung des kontinuierlichen Lautstroms in isolierte Vokale und Konsonanten, drang über die Alphabetisierung des Leibes und seiner Organe zu den Buchstaben des Lebens, den Genen, vor. Die Gene, nicht mehr die Organe, werden in Zukunft das Alphabet des Körpers sein. Was die Kunst begann, setzt die Wissenschaft fort. Die Kunst lehrt uns mit dem anagrammatischen Körper: Die Anatomie ist nicht unser Schicksal, die Gene sind nicht der Ort unserer Identität.

---

4   Vgl. Jacques Lacan, »Das Spiegelstadium als Bildner der Ichfunktion wie sie uns in der psychoanalytischen Erfahrung erscheint«, in: ders., *Schriften I*, Quadriga, Weinheim u. a., 1996, S. 61-70.

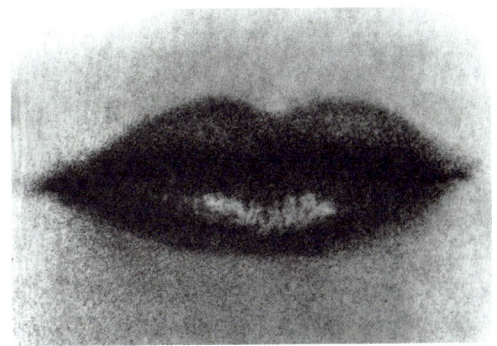

Man Ray, *Les lèvres de Lee Miller*, 1930

Hans Bellmer, *La Poupée*, 1934

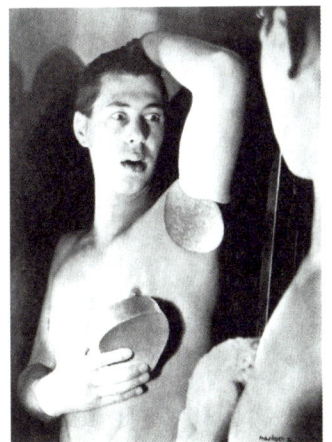

Herbert Bayer, *Menschen unmöglich (Selbstporträt)*, 1932

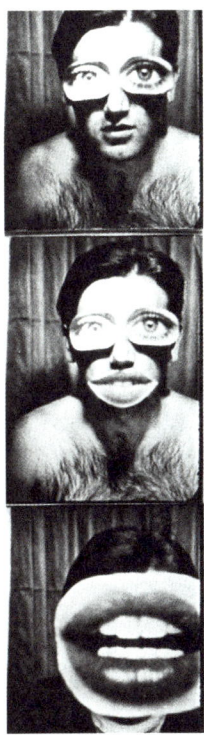

Peter Weibel, *Selbstportrait als Frau*, 1967

Peter Weibel und Susanne Widl, *Anagrammatik der Anatomie*, 1982

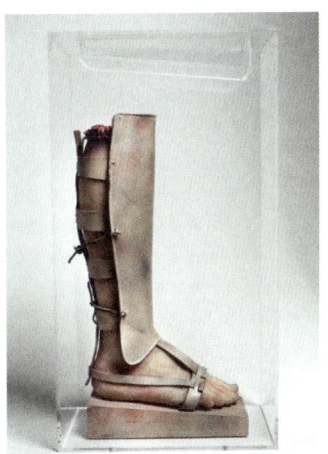

Paul Thek, *Warrior's Leg*, aus der Serie *Technological Reliquaries*, 1966–1967

Hans Bellmer,
La Poupée, 1937/1949

Den Körper schreiben. Multiplikation: Rekombinationen der Organe

Auf die Analyse des Körpers folgt seine Synthese. In der Fotomontage, insbesondere bei den Surrealisten, werden die Organe und Fragmente des Körpers neu kombiniert. Der fotografisch zerstückelte Körper wird in der Montage neu zusammengesetzt, transkribiert, rekonfiguriert. Durch die Alphabetisierung wird der Körper zu einem System von Variablen. Der Körper als Ordnung von Organen wird zu einer Kette von Zeichen bzw. Buchstaben, die stets neu geformt bzw. umgeformt werden können. Auf das Lesen des Körpers, seiner Sequenzierung in Buchstaben bzw. Körperelemente, folgt das Schreiben, Neu- und Umschreiben des Körpers. Die Anordnung der Körperelemente geschieht nicht nach den Regeln der alten, natürlichen Grammatik, sondern nach einer neuen, künstlichen Anagrammatik, bei der aus der gleichen Organmenge immer neue Körper erzeugt werden: Körper ohne Organe[5] und multiplizierte Organe ohne Körper.

Hans Bellmer beschrieb 1934 erstmals den Körper als Anagramm und zeigte mit seinen Puppen die Praxis der Rekombination von Körperorganen. Dieses ständige Re-designing, Re-fashioning des Körpers ist eben das Redigieren und Reeditieren der Schrift des Körpers. Im anagrammatischen Körper wird der natürliche Körper erstmals künstlich reprogrammiert. Der Körper in der Fotografie, der mediale Körper, ist nicht mehr der natürliche Ort der Identität. Als rekombinierter Körper ist er der Ort einer rekombinatorischen, optionalen Identität.

---

5 Vgl. zu dem Konzept des organlosen Körpers auch: Gilles Deleuze und Félix Guattari, *Anti-Ödipus. Kapitalismus und Schizophrenie I*, Suhrkamp, Frankfurt/M., 1974; dies., *Tausend Plateaus. Kapitalismus und Schizophrenie II*, Merve, Berlin, 1992. Deleuze leitete den Begriff aus Antonin Artauds Theaterstück *To Have Done With the Judgment of God* (1947) ab.

Claude Cahun, *Aveux non avenues*, Tafel V, 1929–1930

Peter Keetman, *1001 Gesichter*, 1957

Barbara Kruger, *Untitled (Your body is a battleground)*, 1989

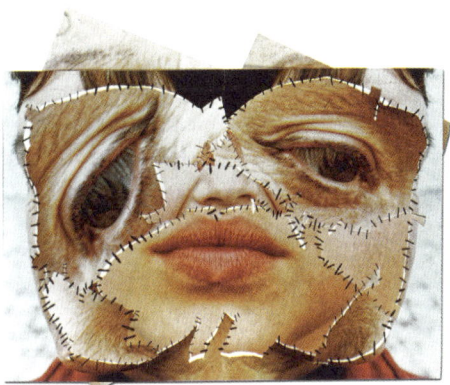

Annegret Soltau, *DOPPELKOPF – mit Tochter*, 1991/1992

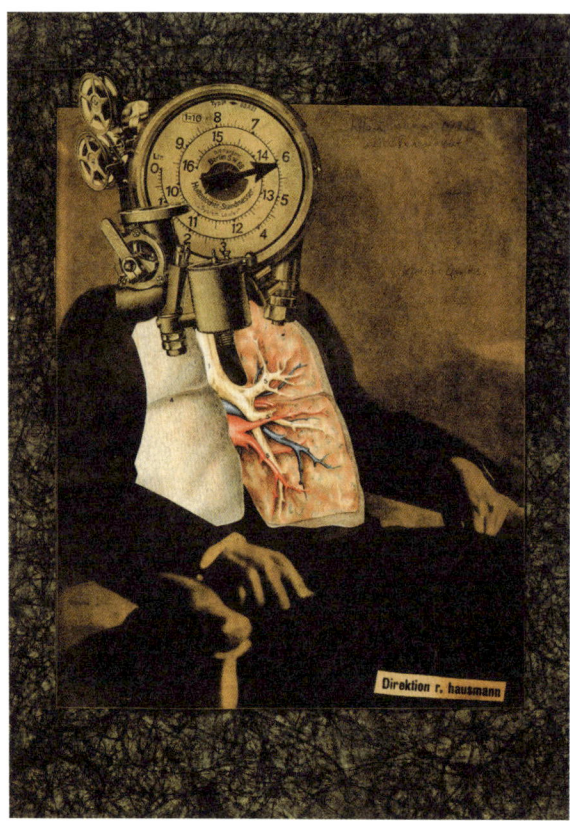

Raoul Hausmann, *Selbstporträt des Dadasophen*, 1920

Den Körper korrigieren. Materialvermählungen: der Cyborg
In der klassischen Kunst kam es zu Vermählungen des menschlichen Körpers mit dem tierischen Körper (Sphinx, Nixe, Minotaurus etc.). Im modernen Körperbild kommt es zu Vermählungen des menschlichen Körpers mit Objekten. Die natürliche Schrift des Körpers genügt nicht mehr. Die Schrift des Körpers wird verbessert und korrigiert. Das Alphabet des Körpers wird erweitert. Zu den natürlichen Körperorganen kommen neue Elemente und andere Materialien als Fleisch und Knochen. Die Möglichkeiten der Kombinatorik und Permutation, welche der anagrammatische Körper bietet, werden über die menschliche Organmenge hinaus weiterentwickelt – in den Horizont der Dinge und Maschinen.

Im Gefolge der freien Größenveränderung und Kombinierbarkeit der Körperorgane kommt es auch zum partiellen Austausch und zur teilweisen Substitution der organisch-natürlichen Körperteile durch künstlich-technische.

Der Körper wird durch Diäten, Drogen, Training, Gymnastik, Aerobic, Bodybuilding, Make Up, Body Styling, plastische Chirurgie, Schönheitsoperationen, Protein Engineering und Gentechnologie so lange geformt und konstruiert, bis er den Idealen entspricht, welche die Medien als Körperbild vorgeben. Kollagen-Lippen, Silikonimplantate, Herzschrittmacher, Cochlea-, Gelenk- oder Zahnimplantate etc. sind erste Beispiele für alltägliche Cyborg-artige Objektvermählungen, die von digital oder malerisch konstruierten Körperbildern kritisch beobachtet werden. Diese Körpertechniken sind die Phantasmen einer obsessiven Körperkultur, in deren Zentrum die Rekombination und Reprogrammierung des Körpers steht, die mit dem genetischen Engineering des idealen Körpers abgeschlossen sein wird.

Mamoru Oshii, *Ghost in the Shell*, 1995

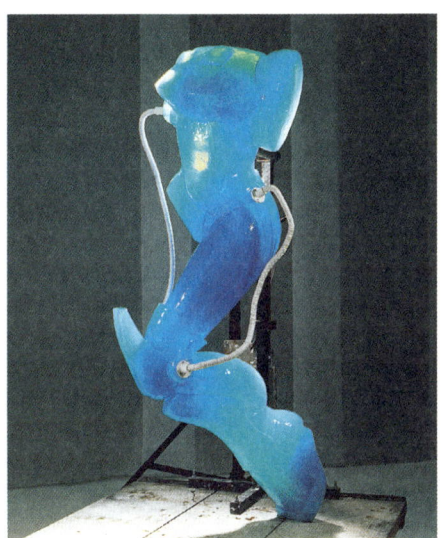

Lee Bul, *Cyborg*, 1997/1998

Lynn Hershman Leeson, *Reach 2*, aus der Serie *Phantom Limb Photographs*, 1990

Karin Sander, *3D Body Scans*, 1997

Den Körper kopieren. Klonen: Das Double des Körpers
Mit der digitalen Fotografie nähern wir uns dem vollkommen synthetisch hergestellten Körperbild. Vom geklonten bis zum virtuellen Körper sehen wir, dass die natürlichen Bedingungen des Körpers zugunsten medialer und sozialer Konstruktionsmöglichkeiten aufgegeben werden. Der rekombinierbare Körper wird im konstruierbaren Körper, der medial replizierbar und duplizierbar ist, vollendet. Von der Schrift der Gene bis zur Schrift der Organe wird der Körper umschreibbar und schließlich kopierbar. Der Körper wird gänzlich von einem natürlichen Ort zu einem technischen Ort. Ein im Verlauf von Millionen Jahren entwickeltes natürliches Skript des Körpers wird auf den Ebenen der Medien und Moleküle, der Organe und Gene, zu einem künstlichen Skript. Die Medien verwenden anagrammatische Techniken der Umstellung von Sequenzelementen im Bereich der Organe, die sie als Buchstaben definieren. Die molekulare Medizin behandelt den genetischen Code wie eine Sequenz von Buchstaben. Die spezifischen Abfolgen einzelner Buchstaben in der DNA bestimmen die Erbschrift. Die Gentechnik verwendet ebenfalls anagrammatische Techniken mit dem Ziel, Veränderungen in DNA-Sequenzen vorzunehmen, indem ein »Buchstabe«, A, T, G oder C, die die vier Nukleinbasen bezeichnen, entfernt oder durch einen anderen ersetzt wird oder zusätzlich einer oder mehrere »Buchstaben« eingeführt werden. Die Metapher des Anagramms reicht von den Organen des Körpers bis zu den Genen des Körpers.

Die Medien sind rekombinante Körpertechnologien vergleichbar mit den rekombinanten DNA-Technologien. Die künstlerisch genutzten Medien haben, von der Fotografie bis zum Computer, vorweggenommen, wie das Programm eines Organismus aussieht, der sich mit den Mitteln seiner eigenen Bestandteile, von den Organen bis zu den Genen, modifizieren kann. Dieses Programm demonstriert der anagrammatische Körper der Moderne, von Gary Hills Scanline-Körperalphabet bis zu Karin Sanders 3D-Bodyscans.

Die Medien, von der fotografischen Kondition bis zur *net condition*, haben bereits vor hundert Jahren begonnen, das Skript des Körpers neu zu redigieren. Der anagrammatische Körper im Zeitalter seiner medialen und molekularen Konstruierbarkeit, von der Refiguration bis zur Transfiguration, ist die Zukunft des Körpers.

Keith Cottingham, o. T. (Triple), aus der Serie *Fictitious Portrait*, 1993

Vanessa Beecroft, *VB4*, Performance, 2001, Kunsthalle Wien

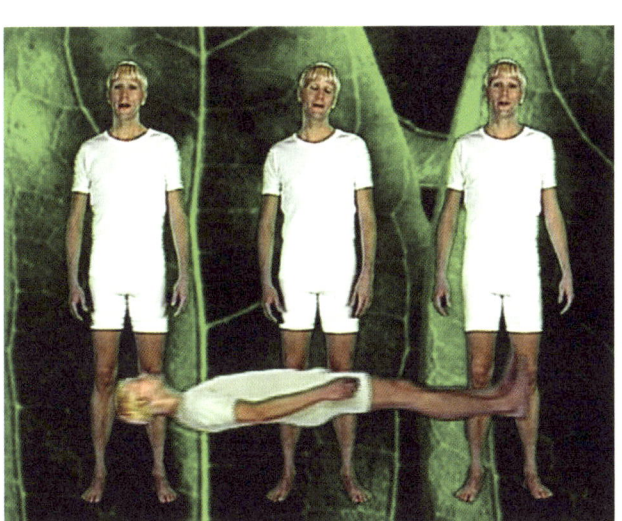

Bjørn Melhus, *Again and Again*, 1998

Daniel Spoerri, *Das Massengrab der Klone*, 2000

Den Körper reprogrammieren. Sensorische Substitution
In einem Aufsatz von 1956 formulierte der Medientheoretiker Marshall McLuhan folgende These: »Each new technology is the reprogramming of sensory life.«[6] Jede neue Technologie bedeutet nicht nur eine Extension unserer Sinnesorgane, beispielsweise das Rad eine Ausdehnung der Beine und der Computer eine Ausdehnung des Gehirns, sondern, jede neue Technologie programmiert das Verhältnis unserer Sinnesorgane zueinander sowie das Verhältnis der Sinnesorgane zur Umwelt neu und schreibt somit unser Sinnesleben um.

Augen und Ohren sind die Pforten der Wahrnehmung – »the doors of perception« wie der Buchtitel (1954) von Aldous Huxley nach einer Verszeile von William Blake (*Songs of Innocence*, 1789) lautet – durch welche die externen Reize der Umwelt in das Innere des menschlichen Körpers und vor allem in sein Gehirn dringen. Normalerweise herrscht die Vorstellung, dass visuelle Reize durch das Auge und akustische Reize durch das Ohr in bestimmte Areale des Gehirns vordringen. Diese Areale scheinen in ihrer Funktion getrennt voneinander zu sein. Somit wäre die Reizverarbeitung lokalisierbar. Die traditionelle Physiologie und Psychologie tendieren also dahin, kategorische Unterschiede der Sinnesmodalitäten zu behaupten, die strenge Separation der Information in unterschiedlichen Sinneskanälen bzw. -organen und an unterschiedlichen Erregungsarealen bzw. -orten.

Die Physik spricht allerdings schon lange eine andere Sprache. Hier sind Lichtwellen und Schallwellen ineinander überführbar. Isaac Newton hat bereits 1666 in seinem berühmten Werk *Lectiones opticae* darauf hingewiesen, dass die Frequenzen von Schallwellen vergleichbar mit den Frequenzen von Lichtwellen sind. Hierfür setzte er eine komplizierte Tabelle von Koeffizienten auf, mit denen er die Frequenzen der Töne auf die ungleich höhere Schwingungszahl der Lichtquellen schrauben konnte. So war es ihm theoretisch möglich, die Frequenzen des Schalls zu Frequenzen des Lichts, also Schallimpulse in Lichtimpulse umzuwandeln. Sein Schüler Louis-Bertrand Castel hat aus diesen Überlegungen heraus schon Mitte des 18. Jahrhunderts das berühmte Castel'sche Farbenklavier entwickelt, das mit den Tönen auch Farben erzeugte.

Was bereits in der Physik des 17. Jahrhunderts bekannt war, setzte sich später auch in der Medizin durch. Im 19. Jahrhundert entdeckten die Physiologen, dass die strenge Separation der Sinnesdaten nicht den biologischen Tatsachen entspricht, und auch Dichter, Maler und Musiker beobachteten die gelegentliche Verwandtschaft von akustischen und visuellen Reizen. So entwickelten sich mit dem Kult der Synästhesie die Anfänge einer Reprogrammierung des sensorischen Lebens. Wie schon die Wortzusammensetzung *syn* (griech. zusammen) und *aisthesis* (griech. Wahrnehmung) besagt, handelt es sich beim Phänomen der Synästhesie um das gemeinsame Wahrnehmen von zwei verschiedenen Sinnesreizen, d. h. die Koppelung von zwei normalerweise getrennten Kanälen der Wahrnehmung: auf der einen Seite beispielsweise das Sinnesorgan des Ohrs, das Töne empfängt, und auf der anderen Seite das Sinnesorgan des Auges, das Farbe und Licht empfängt. Diese Entdeckung, nämlich der Transfer von Reizen auf Nerven, die eigentlich nicht für die Weiterleitung dieses spezifischen Reizes geeignet sind, wurde bereits 1866 von dem französischen Neurophysiologen Edmé Félix Alfred Vulpian gemacht. Darauf begründet sich der Begriff des farbigen Hörens (oder auch Farbenhörens), auf Französisch *audition colorée*. Ein anderes Beispiel ist das 1893 erschienene Buch des Schweizer Wissenschaftlers Théodore Flournoy *Des phénomènes de synopsie*.

Es gibt unzählige Beispiele, wie diese Ästhetik der Synästhesie in der Kunst und in der Musik gefeiert wurde. Von Alexander Skrjabin zu Josef Matthias Hauer gibt es Musiker

---

6   Marshall McLuhan und David Carson, *The Book of Probes*, Gingko Press, Corte Madera, 2003, S. 162f.

der Synästhesie. Es gibt Dichter der Synästhesie wie Arthur Rimbaud und Joris-Karl Huysmans. Ebenso gibt es Maler der Synästhesie wie Enrico Prampolini oder Francis Picabia und Filmkünstler der Synästhesie wie Oskar Fischinger. Eine weitere Pionierin der medialen Synästhesie, die den Begriff der *visual music* einführte, ist Mary Ellen Bute. 1936 publizierte sie den Essay »Visual Music Synchronized in Abstract Film by Expanding Cinema«, aus der sich dann später das Expanded Cinema und der berühmte Slogan des »seeing sound« entwickelten, also des Musikvideos, eines der erfolgreichsten synästhetischen Programme des 20. Jahrhunderts.

Nach einem Höhepunkt der synästhetischen Ästhetik und Forschung zwischen 1870 und 1930 flaute das Interesse ab. In den 1960er-Jahren wurden die Pforten der Wahrnehmungen durch neue Stimuli gereizt, nämlich durch Drogen. Die psychedelische Ästhetik der Hippies, die Multimediainszenierungen der Konzerte und Diskotheken, die Fusion von Bühnenshow, Bild, Klang und Droge brachte neue Höhepunkte der synästhetischen Erfahrung hervor. Die Drogenerfahrung lehrte die Menschen Neues über die Pforten der Wahrnehmung. Deswegen hieß auch eine der bekanntesten psychedelischen Gruppen The Doors. Die Synästhesie feierte Triumphe in der Popkultur, bei Livekonzerten wie auch in Musikvideos.

Heute erlauben Fortschritte in der Computertechnologie präzisere Untersuchungen der Funktion und Struktur des Gehirns. Dadurch kam es auch in der Neurologie zu einem neuen Interesse für die Synästhesie. 1987 hat der Nobelpreisträger für Medizin, Gerald Maurice Edelman, das Buch *Neural Darwinism* veröffentlicht, in dem er die Ideen des Darwinismus auf das neuronale Netz übertragen hat. Dabei zeigte er auf, dass die Kategorisierung verschiedener Sinnesreize, die das Verhalten des Menschen bestimmen, ein dynamischer Prozess der Rekategorisierung ist. Falls man also eine Landkarte über die Gehirnareale zeichnen würde, wäre die Behauptung, dass dieses und jenes Areal zuständig sei für dieses und jenes Organ, dass also nur an bestimmten Stellen bestimmte Reize verarbeitet werden würden, hinfällig, denn man würde erkennen, dass diese einzelnen Felder nicht eindeutig voneinander abgegrenzt sind, sondern eben von anderen Feldern mitgereizt werden. Edelman hat in seinem Buch sogar die These aufgestellt, dass das Gehirn selbst ein dynamischer Prozess sei, bei dem die Landkarte des Gehirns immer neu erfunden wird. Es findet immer wieder ein dynamischer Prozess der Rekategorisierung statt, und es sind diejenigen Teile des Gehirns, die diesen Prozess am optimalsten durchführen, die dann überleben.

Ähnliche Ideen hatten zur gleichen Zeit Computerwissenschaftler, wie beispielsweise der Forscher Daniel Hillis, der Anfang der 1980er-Jahre die sogenannten *connection machines* entwickelte, gigantische Rechenmaschinen, in denen Tausende von Programmen in einer Art Evolutionsprozess wetteifern und sich am Ende das Programm mit der optimalsten Lösung durchsetzt. Diese Erfahrung der Vernetzung der Computer wiederum haben Neurologen unter dem Begriff des Konnektionismus aufgenommen, der davon ausgeht, dass die neuronalen Netzwerke im Sinne Edelmans nicht an die einmal historisch von der Natur erworbenen Fähigkeiten gebunden sind, sondern dass sich die neuronalen Netzwerke selbst umschreiben können. Diese Reprogrammierung unseres sensorischen Lebens ist also etwas, das das Gehirn schon längst vollbringt: Es programmiert unser sensorisches Leben ständig neu, auch das Verhältnis unserer Sinnesorgane und Sinnesreize zueinander.

Die Geschichte der sensorischen Substitution begann also mit der Synästhesie, die sich mithilfe von Maschinen und Medien weiterentwickelt hat. Im gegenseitigen Wechsel der Beeinflussung von Computertheorie und Kognitionswissenschaft entstanden neue Vorstellungen der sensorischen Funktionen. Eine der Voraussetzungen für diese Entwicklung erfolgte mit der Entdeckung der Josephson-Kontakte, mit der es möglich wurde, extrem empfindliche Messungen in magnetischen Feldern auszuführen und für die Brian David Josephson 1973 den Nobelpreis in Physik erhielt. Damit konnten auch sehr präzise

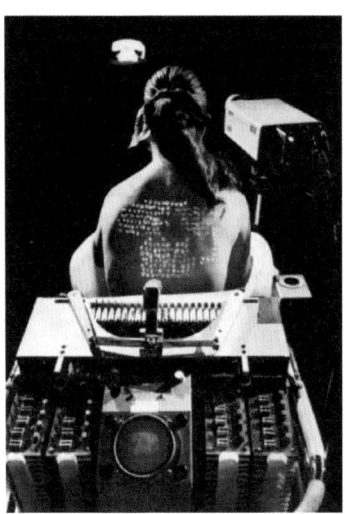

Bach-y-Rita, eine blinde Teilnehmerin nutzt das *tactile visual substitution system*, 1971

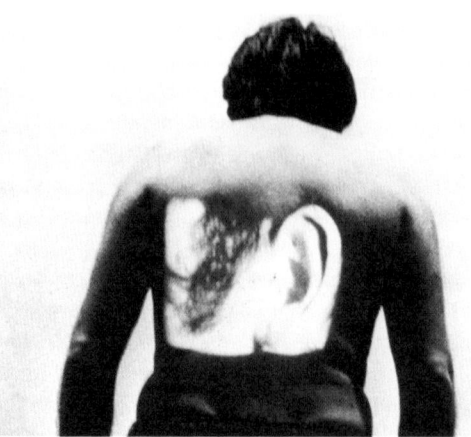

Peter Weibel, *Hörzu*, 1968

elektromagnetische Messungen im Gehirn vorgenommen werden. Josephson hat diese Forschungen zur Supraleitfähigkeit auch in die Gehirnforschung übertragen. Die extrem feinen Messinstrumente für magnetische Schwankungen im Gehirn konnten dazu dienen, zwischen natürlichen Nervenzellen und künstlichen Nervenzellen einen Kontakt herzustellen, deswegen der Name *junction* (engl. Knotenpunkt, Kontaktstelle oder Kreuzung). So wurde eine Kommunikation zwischen künstlichen und natürlichen Nervenzellen möglich.

In den 1990er-Jahren ist es Neurowissenschaftlern gelungen, mit computergestützten Maschinen, Kernspintomografen, das Geschehen im Gehirn genauer zu beobachten. Der Neurowissenschaftler Richard E. Cytowic (*Synesthesia: A Union of the Senses,* 1989) stellte die Vermutung auf, dass jeder Mensch von Geburt an über Nervenverbindungen zwischen dem sensorischen System, das den auslösenden Reiz verarbeitet, und demjenigen, in dem ein zusätzlicher Sinneseindruck entsteht, verfügt. Folglich wäre die Fähigkeit zur Synästhesie angeboren und nicht erlernbar.

Das Interessante ist nun, dass Cytowic durch Untersuchungen herausfand, dass jeder Mensch eigentlich von Geburt an über Nervenverbindungen zwischen den sensorischen Systemen verfügt. Jeder Säugling hat also im Grunde zwischen diversen Organen, sei es das Auge, sei es das Ohr, und ihren Nervensystemen verbindende Bahnen. Leider fangen diese Nervenbahnen aber nach drei Monaten an, zu verkümmern und auch langsam zu verschwinden, wenn sie nicht intensiv benutzt werden. Bei manchen Menschen allerdings bleiben diese Verbindungen bewahrt und das ermöglicht es ihnen, z. B. Farben nicht nur zu sehen, sondern auch zu hören und umgekehrt, Töne nicht nur zu hören, sondern auch zu sehen. Das Normale ist also, dass jeder Mensch mit Nervenbahnen aufwächst, die zwischen den Sinnesorganen eine Brücke schlagen. Das Paranormale ist in Wirklichkeit nicht die Erhaltung der Fähigkeit zur Synästhesie, dass ich mit dem Auge hören und mit den Ohren sehen und mit der Zunge lesen kann, sondern das Paranormale ist, dass wir diese Fähigkeit verlieren. Es stellt sich also die Frage, warum wir uns nicht darum kümmern, dass diese Fähigkeit, mit der jeder Mensch auf die Welt kommt, nicht verkümmert, sondern im Gegenteil gesteigert wird.

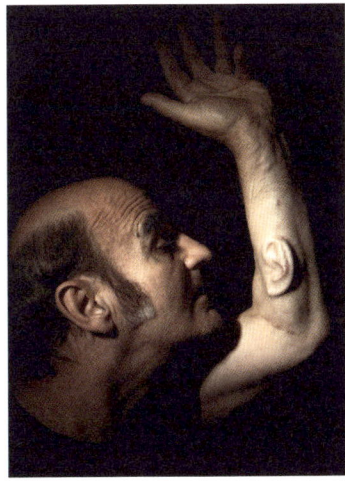 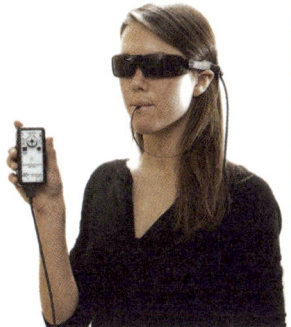 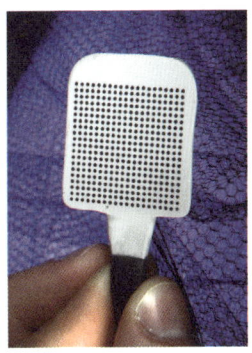

BrainPort

Stelarc, *Ear On Arm*, 2006

Der US-amerikanische Neurophysiologe Paul Bach-y-Rita hat eine Antwort auf diese Frage gefunden. Ausgangspunkt für seine Thesen bilden Untersuchungen zur Rehabilitation nach Verletzungen des Gehirns. Auf der Grundlage der theoretischen Annahme der Neuroplastizität des Gehirns, unter der man die Eigenschaft von Synapsen, Nervenzellen oder auch ganzen Hirnarealen versteht, die sich je nach Verwendung in ihren Eigenschaften verändern, stellte er 1969 zusammen mit Kollegen Ideen für eine Maschine vor, die die Bilder einer Kamera in Vibrationssignale übersetzen und so Blinden helfen sollte, sich zurechtzufinden. Blinde können mit der Haut der Fingerspitzen Signale an das Gehirn weiterleiten, die im visuellen Cortex, also im klassisch zuständigen Areal des Gehirns, verarbeitet werden, sodass Blinde mit dem Finger die Braille-Schrift lesen können. Diese Erfahrung machte sich Paul Bach-y-Rita zunutze und übertrug sie auf die Haut des Rückens von Menschen, weil er dort das größere Auflösungsvermögen vermutete. Bis er schließlich entdeckte, dass die Zunge, das Geschmacksorgan, die größte Auflösung besaß, nämlich ca. 450 Punkte; das ist in etwa die Hälfte des Bildschirms eines Schwarzweiß-Fernsehers. 1998 begann also Bach-y-Rita mit Experimenten, welche die Zunge als Seh- bzw. Leseorgan nutzten. Diese Experimente führten zur Entwicklung des Instrumentes Brainport. Eine kleine Kamera, befestigt am Rand einer Brille, transferiert die Signale drahtlos an einen kleinen Computer. Von diesem führt ein Kabel zu einem Gitter mit ca. 450 Punkten. Dieses Gitter wird auf die Zunge gelegt, die durch die elektronischen Impulse des Computers (bzw. der Kamera) erregt wird. Die Zunge sammelt gewissermaßen einen Abdruck des Bildes von der Videokamera. Es wurde Blinden dadurch ermöglicht, sozusagen mit der Zunge zu sehen.

Es gab also im Bereich der Reprogrammierung des sensorischen Lebens bei der Verarbeitung der Daten durch das Gehirn außerordentliche Fortschritte. Dan Lloyd, ein Neurowissenschaftler am Trinity College Hartford, ist in seinem Aufsatz »What do Brodmann Areas do?« (2007) – Brodmann-Areale sind Areale der Großhirnrinde im Gehirn – sogar so weit gegangen, zu fragen, ob die Summe der Aktionen verschiedener Gehirnareale sich nicht in Form einer »Neurodemocracy« verhält, die im Gegensatz zu der Annahme steht, dass die Verarbeitung bestimmter Sinnesreize nur bestimmten Arealen des Gehirns zugeordnet werden kann, also einer »Neurobureaucracy« entspricht. Diese These einer Mehrschaltung bzw. eines Mehrfachgebrauchs von Funktionen der Gehirnareale konnte Lloyd schließlich auch nachweisen.

Die Nebeneinanderschaltung von Sinnesreizen, die Synästhesie, weicht heute einer Mehrschaltung von Funktionen. Ein Sinnesorgan, ein Gehirnareal, kann mehrere Funktionen übernehmen. Nicht bestimmte Areale des Gehirns sind nur für die Verarbeitung bestimmter Sinnesreize zuständig, sondern in der Neurodemokratie kann jedes Areal des Gehirns tendenziell jeden Sinnesreiz verarbeiten. Die Synästhesie hat sich heute also in die Hypothese verwandelt, dass wir in Nervennetzen leben, die sich tatsächlich dynamisch immer wieder neu programmieren und es dadurch möglich machen, die sensorischen Erregungen eines Sinnesorgans auf andere Sinnesorgane zu übertragen. Wir leben nicht nur mit einem Gehirn, wir leben mit Tausenden und Abertausenden Gehirnen, weil sich das Gehirn selbst immer wieder neu schreibt.

Die Technik ist gewissermaßen ein Tertium Comparationis, ein drittes Medium, das zwischen uns, unseren Körpern, unseren Sinnesorganen und der Umwelt vermittelt. Wenn ein Körperorgan nicht mehr ausreichend zwischen der Umgebung und dem Gehirn vermitteln kann, dann ist es möglich, dieses Organ durch die Schaffung von externen Organen technisch umzuformen.

Die These der Synästhesie hat also konsequenterweise dazu geführt, dass Sinnesorgane nicht nur neu programmierbar und umschreibbar wurden, sondern auch, dass sie ersetzbar sind. Auf die Synästhesie folgt logisch die sensorische Substitution. Denn wenn man davon ausgeht, dass ein Sinnesorgan zumindest teilweise auch die anderen Sinnesorgane und Gehirnareale miterregt, dann könnte man die Behauptung aufstellen, dass ein Sinnesorgan auch ihre Aufgaben zumindest teilweise übernehmen kann. Wenn ein Gehirnareal teilweise die Funktion eines anderen Gehirnareals übernehmen kann, einfacher gesagt, wenn ein Organ teilweise die Funktion des anderen Organs übernehmen kann, dann kann man schlussendlich sagen, dass das ganze Organ die Funktion des anderen Organs übernehmen kann. Das bedeutet, dass ein Gehirnareal, das nach einem dynamischen neuronalen Modell funktioniert, die Funktion eines anderen Gehirnareals übernehmen kann. Die Zunge kann also die Funktion des Auges übernehmen und das Auge die Funktion der Zunge usw. Diese Übertragung der Funktion eines Sinnesorgans, zumindest partiell, auf ein anderes Sinnesorgan nennen wir sensorische Substitution. Die Synästhesie, die Reizung benachbarter Areale, führte zur Substitution von Arealen. Stelarc pflanzt ein Ohr auf seinen Arm, um zu zeigen, dass auch ein Arm hören kann. Am Horizont erscheint ein Körper, bei dem jedes Sinnesorgan die Arbeit und Funktion eines anderen Sinnesorgans übernehmen kann. Das ist die Vollendung des anagrammatischen Körpers.

Bei diesem Text handelt es sich um ein bisher unveröffentlichtes Manuskript, das Peter Weibel 2000 für die geplante Publikation *Der anagrammatische Körper* verfasst und seither mehrfach überarbeitet hat. Die Publikation sollte die Ausstellung *Der anagrammatische Körper*, die vom 8. April – 27. August 2000 im ZKM | Karlsruhe zu sehen war, dokumentieren. Das Buch konnte Peter Weibel vor seinem Tod nicht fertigstellen, sodass der Text von der Redaktion für diesen Band ausgewählt wurde. Der Text ist eine Erweiterung des Textes »Der anagrammatische Körper«, in: Gerhard Johann Lischka (Hg.), *Kunstkörper - Werbekörper*, Wienand, Köln, 2000, S. 33-39.

EXO-EVOLUTION

2012

Jede scheinbar abstrakte Grundlagenforschung endet irgendwann in angewandter Technologie. Nehmen wir das Beispiel von Gottfried Wilhelm Leibniz. Normalerweise werden aus den zehn Ziffern 1, 2, 3, 4, 5, 6, 7, 8, 9, 0 alle möglichen Zahlen gebildet. Leibniz hatte die Idee, alle Zahlen durch nur zwei Ziffern, nämlich 1 und 0, darzustellen. Diese Erfindung wurde in seiner Zeit als die dümmste und nutzloseste Entdeckung eines so klugen Philosophen verurteilt. Heute bildet dieser binäre Code die Grundlage der gesamten elektronischen digitalen Informations- und Kommunikationstechnologie.

Die Grundlagenforschung des 20. Jahrhunderts, von der molekularen Evolution bis zum Teilchenzoo der Physik, hat die Voraussetzungen für neue Technologien im 21. Jahrhundert geliefert. Allerdings werden die zeitlichen Abstände zwischen wichtigen Erfindungen immer geringer, siehe etwa die Entwicklung von der Elektronenröhre (1879), die der Transistor (1947) ersetzte, zum Integrierten Schaltkreis (um 1960), der den Transistor substituierte. Wir können sagen, dass die Geschwindigkeit des Wechsels in der gegenwärtigen Gesellschaft exponentiell beschleunigt zunimmt. An den kürzer werdenden Intervallen zwischen der Entdeckung einer Sache, Idee, Theorie und ihrer physikalischen Umsetzung, an der Entwicklung unserer technologischen Mittel selbst können wir diese Geschwindigkeit des Wechsels ablesen. In der Fotografie hat es 112 Jahre, beim Telefon 56 Jahre, beim Radio 35 Jahre, beim Radar fünfzehn Jahre gedauert, bis eine theoretische Erkenntnis in eine physikalische Anwendung umgewandelt werden konnte. Bei der Atombombe dauerte es nur noch sechs Jahre und bei den Fortschritten in der Mikroelektronik nur noch eineinhalb bis zwei Jahre. Das Moore'sche Gesetz besagt, dass sich ca. alle zwei Jahre die Integrationsdichte, die Anzahl von Transistoren pro Flächeneinheit auf einem Computerchip, verdoppelt.

Das Gleiche ist bei der Bevölkerungszunahme zu beobachten. Bis Mitte des 19. Jahrhunderts hat die Menschheit gebraucht, um eine Milliarde Menschen zu produzieren. 1930, nur achtzig Jahre später, hat die Weltbevölkerung bereits die zweite Milliarde erreicht. Heute leben sieben Milliarden Menschen auf der Erde, d. h., in den letzten 150 Jahren hat sich die Erdbevölkerung versiebenfacht.

Zwischen der Geschwindigkeit der technischen Entwicklung und der Geschwindigkeit des Wachstums der Bevölkerung besteht allerdings ein ursächlicher Zusammenhang. Der Ökonom Thomas Malthus prophezeite in seinem berühmten *Essay on the Principle of Population* (1798) eine Schere zwischen der arithmetischen Reihe des Wachstums der Nahrungsmittel und der geometrischen Progression des Wachstums der Bevölkerung, welche zu einer globalen Hungerepidemie führen würde. Diese Schere ist allerdings nicht eingetreten, weil die technische Entwicklung, d. h. die Produktion und die Distribution von Nahrung auf technischer Grundlage, dafür gesorgt hat, dass eben immer mehr Menschen mit Nahrungsmitteln versorgt werden konnten. Die Milliarden von Menschen brauchen aber nicht nur eine Atmosphäre zum Leben, sondern auch eine Infosphäre. Es hat Millionen von Jahren gedauert, bis Algen und Pflanzen mithilfe der Photosynthese die Erdatmosphäre erzeugten, die Lufthülle zum Atmen. Seit vierhundert Jahren wissen wir, dass seit jeher auch elektromagnetische

Wellen die Erde umhüllen. Doch erst seit ca. hundert Jahren können wir davon Gebrauch machen und sie für die drahtlose Übertragung von Information verwenden. Die gesamte Tele-Technologie, von Telefon bis Television, ist die technische Anwendung jener Grundlagenforschung des Erdmagnetismus, die vor vierhundert Jahren begann. In hundert Jahren wird die Infosphäre genauso frei sein wie die Atmosphäre. So wenig wir heute jeden Atemzug bezahlen, so wenig werden wir in Zukunft für jede digitale Kommunikation bezahlen.

Denn wir stehen an der Schwelle einer Materialrevolution. Durch die technische Invasion in das Reich der Mikrosphäre von Atomen und Molekülen werden Phänomene immer weniger als solche sichtbar, sondern immer mehr nur noch durch ihre Effekte nachweisbar, z. B. dunkle Materie und dunkle Energie, die so heißen, weil sie nicht sichtbar sind. Die Aggregatzustände der Materie, nämlich flüssig, fest, gasförmig, werden variabel und vom Menschen steuerbar sein. Ein Stein wird sich bei entsprechender Berührung mithilfe neuer molekularer Substanzen in eine Gaswolke verwandeln. Diese wiederum kann bei einer erneuten Berührung in eine Flüssigkeit verwandelt werden. So wird sich die Welt um uns ständig verändern.

Operationen im Bereich der Mikroskala werden neue Eigenschaften der Materie sichtbar machen und damit ganz neue Werkzeuge und Geräte ermöglichen, die unser jetziges Vorstellungsvermögen übersteigen. Nachdem die technische Optik sich jahrhundertelang auf die Brechung bzw. Refraktion der Lichtwellen konzentriert hat, beginnen wir nun mit der Holografie und dem 3D-Kino die Zukunft des Lichts als Beugung bzw. Diffraktion zu erahnen. Fernsehgeräte werden auf die Größe von Fingernägeln schrumpfen. Aber sie werden entweder wie zerknüllte Papiertücher entfaltbar oder mit Miniaturzusatzgeräten für die Augen immens vergrößert werden. Selbstverständlich werden wir Spezialbrillen tragen, die unsere Sinneseindrücke speichern und jederzeit abrufbar machen. Die realen lokalen Sinnesdaten der natürlichen Sinnesorgane werden jederzeit von imaginären oder real entfernten Sinnesdaten überlagert werden können. Diese Spezialbrillen werden eine Augmented Reality erzeugen, in der bewegte Bilder wie reale Gegenstände agieren. Daher werden uns Datenwelten umschwirren, die ununterscheidbar von der natürlichen Umwelt sind. Wir werden in die Luft greifen und für unsere Augen, versehen mit der Spezialbrille, greifen wir nach einem Buch, das wir aufschlagen und lesen.

Auch als Medium der Datenübertragung wird das Licht eine neue Rolle spielen. Es werden nicht nur ungeheure Mengen an Daten programmierbar, transportierbar und speicherbar sein, sondern vor allem mit Lichtgeschwindigkeit analysierbar sein, d. h., die relevanten Informationen und neue unbekannte Relationen werden instantan erkennbar. Das Gesundheitssystem wird dadurch extrem optimiert, weil die Daten von Millionen von Patienten jederzeit weltweit zur Verfügung stehen und in Sekundenschnelle zur Analyse der individuellen Krankheit verwendet werden können.

Der bedeutendste Wechsel in der Welt der Bilder wird der Übergang von der visuellen Simulation zur multisensorischen Stimulation sein. An die Stelle der Synästhesie, des Zusammenwirkens der Sinne, wird die Substitution der Sinne treten. Diese Substitution kann durch organische und anorganische Materialien unterstützt werden. Künstliche Organe, vom Herz bis zur Leber, werden an der Tagesordnung sein. Transplantationschirurgie wird für hybride Menschen sorgen, die zum Teil aus künstlichen Organen bestehen, sodass der Mensch der Zukunft eine Kombination aus intelligenter Maschine und menschlichem Material sein wird. Die neuen dreidimensionalen Bildtechniken werden operative Eingriffe auf Minuten verkürzen. Ebenso werden Informationen direkt ins Gehirn übertragbar sein. Die Neuroplastizität wird Triumphe feiern. Jedes Sinnesorgan wird teilweise oder gänzlich die Aufgaben oder Funktionen aller anderen Sinnesorgane übernehmen können. Wir werden mit der Zunge sehen und mit dem Daumen hören können. Wir werden mit den Haaren die entferntesten Gespräche hören und mit den Fingern Musik aus der Luft greifen. Die

Nanotechnologie wird uns ermöglichen, die in antiken Alltagsgegenständen gespeicherten Partikel von Gesprächen zu reanimieren, sodass wir den Gesprächen der griechischen, ägyptischen, babylonischen Philosophen und Politiker zuhören können. Die Steine werden wahrhaft zu uns sprechen. Zur Industrie der Teilchenbeschleunigung wird sich eine Industrie der Informationsbeschleunigung gesellen. Mithilfe neuer Theorien des Lichts – denn das Licht ist die einzige Informationsquelle aus den Tiefen des Universums – werden wir jenseits des Ereignishorizonts gelangen, jenseits des Big Bang, und neue Universen erkunden.

So wie sich die Materialzustände ändern und neue Materialien entdeckt werden, so werden auch die Zuständigkeiten der Sinnesorgane neu formuliert und neue künstliche Sinnesorgane hergestellt werden. Ich wünsche mir in Zukunft nach den fünf natürlichen Sinnen, Sehen, Hören, Tasten, Schmecken, Riechen, und dem übernatürlichen sechsten Sinn, den wichtigsten aller Sinne: einen implantierten Gerechtigkeitssinn. Vielleicht auch einen Zukunftssinn.

Nicht nur jedes Sinnesorgan wird alle Sinneseindrücke, alle sensorischen Impulse verarbeiten können, sondern auch jedes Material wird alle Zustände annehmen können. So werden wir aus Papier Hautzellen züchten, aus Kleiderstoffen Knochen. Aus Algen werden wir neue Energiequellen bzw. Batterien machen. Riesige schwimmende Algenplantagen auf den Meeren werden die kohlenstoffbasierte Industrie ablösen. Chemische Entladungen in der Atmosphäre werden die negativen Effekte der CO_2-Emissionen rückgängig machen, auch wenn dies die Menschheit vernichten könnte. Die größte Erfindung in hundert Jahren wird die Aufhebung der drei Gesetze sein: das Gesetz von der Erhaltung der Energie, das Gesetz der Entropie und das Gesetz der Irreversibilität. Wir werden maligne Zellwucherungen rückgängig machen können, d. h. den Krebs besiegen. Wir werden die Milch, die sich im schwarzen Kaffee mit diesem unauflöslich vermischt hat, wieder rausrühren können, indem wir dem Milchkaffee eine molekulargroße Lösung, viel winziger als ein Tropfen, beimischen: die Milch wird sich vom schwarzen Kaffee wieder trennen. Verrottetes Gemüse, alle Abfälle dieser Welt werden sich durch neue bio-molekulare Beimischungen in blühende Gemüsefelder verwandeln. Unfälle, Unglücksfälle und Katastrophen werden ungeschehen gemacht. Die Welt wird zu einem Film, der auch rückwärts gespult werden kann.

Die Gleichung des 20. Jahrhunderts hieß: Menschen, Maschinen, Material. Die Menschen haben mit Materialien und Maschinen Dinge produziert. Heute produzieren und distribuieren die Menschen zusätzlich Daten mithilfe von Medien. Das 21. Jahrhundert wird also von der Gleichung geprägt sein: Menschen, Medien, Daten. Das Ergebnis wird eine Exo-Evolution sein: Der Mensch, selbst ein Produkt der natürlichen Evolution, wird durch die technische Entwicklung in seinen Fähigkeiten und Fertigkeiten so verstärkt sein, dass er die Grenzen der natürlichen Evolution überschreiten und die Weiterentwicklung des Menschen und seiner Umwelt selbst steuern wird. Die internalisierte natürliche Evolution, die Jahrmillionen beanspruchte, wird gemäß dem Gesetz der Beschleunigung der Geschichte in eine technische Umwelt ausgelagert und diese neuen Modi einer technischen Existenz werden die natürliche Existenz der Menschen, der Tiere, Pflanzen und Dinge verändern, erweitern, verstärken. Die technische künstliche Umwelt und die Infosphäre werden dazu beitragen, dass acht Milliarden Menschen nicht nur in der Biosphäre, sondern auch in der sozialen Sphäre überleben. Die neue Distributionstechnologie der Daten, die an die Seite der Produktionstechnologie von Dingen tritt, wird es dem Menschen erlauben, sich selbst, seinen Körper und seinen Geist, in variable multifunktionale Sinnesmodalitäten und in verschiedene Aggregatzustände zu verwandeln, d. h. sich immer wieder aufs Neue zu konstruieren.

Der vorliegende Text ist 2012 in der von Ernst A. Grandits herausgegebenen Publikation *2112. Die Welt in 100 Jahren*, Olms, Hildesheim u. a., S. 133–138, erschienen.

Louis-Philippe Demers und Bill Vorn, *Inferno*, 2015, interaktive Roboterperformance, ZKM | Karlsruhe, 30. Oktober 2015

GLOBALE: EXO-EVOLUTION

2015

*Medicine has not been able to cure me, so I rely on technology
to help me communicate and live.*
STEPHEN HAWKING

Die industrielle Revolution war bekanntlich maschinenbasiert. Von der Dampfmaschine bis zum Auto und Filmprojektor wurde sie von einer Technologie dominiert, die vor allem auf dem Prinzip des Rads beruhte. Diese Maschinen waren zum einen Beschleuniger, übernahmen aber als künstliche Werkzeuge in verbesserter Form auch die Aufgaben der natürlichen Organe: Was das Bein nicht leistete, vollbrachte das Rad, was das Auge nicht leistete, vollbrachte das Teleskop, was die Stimme nicht leistete, vollbrachten Mega- und Mikrofon. Die maschinenbasierte industrielle Revolution und die informationsbasierte postindustrielle Revolution bilden die technischen Voraussetzungen für eine Entwicklung, die sich mit dem Begriff »Exo-Evolution« fassen lässt: die Weiterentwicklung von natürlichen Organen zu künstlichen, d. h. menschengemachten, Werkzeugen. Wenn die natürlichen Organe ein Produkt der Evolution sind, dann sind die vom Menschen gemachten Werkzeuge eine ausgelagerte, exteriorisierte Fortsetzung der Evolution.

Johann Gottfried Herder stellte bereits eine Vision dessen vor, was die industrielle Revolution als geistesgeschichtliche Wende bedeutet, indem er 1791 formulierte: »Der Mensch ist der erste *Freigelassene* der Schöpfung; er steht aufrecht. Die Waage des Guten und Bösen, des Falschen und Wahren hängt in ihm: er kann forschen, er soll wählen. Wie die Natur ihm zwei freie Hände zu Werkzeugen gab und ein überblickendes Auge, seinen Gang zu leiten, so hat er auch in sich die Macht, nicht nur die Gewichte zu stellen, sondern auch, wenn ich so sagen darf, *selbst Gewicht zu sein* auf der Waage.«[1]

Mit seiner Gleichung »unsere Erde ist ein Stern unter Sternen«[2] nahm Herder die Idee von Richard Buckminster Fuller vorweg, dass die Erde ein Raumschiff mit begrenzten Ressourcen und einer fehlenden Bedienungsanleitung sei: »So, planners, architects, and engineers take the initiative. Go to work, and above all cooperate and don't hold back on one another or try to gain at the expense of another. Any success in such lopsidedness will be increasingly short-lived. These are the synergetic rules that evolution is employing and trying to make clear to us. They are not man-made laws. They are the infinitely accommodative laws of the intellectual integrity governing universe.«[3]

---

1 Johann Gottfried Herder, *Ideen zur Philosophie der Geschichte der Menschheit* (1784–1791), Bd. 1, Berlin, Weimar, 1965, S. 144.
2 Ibid., S. 17.
3 Richard Buckminster Fuller, *Operating Manual for Spaceship Earth*, Simon Schuster, New York, 1968, letzter Absatz.

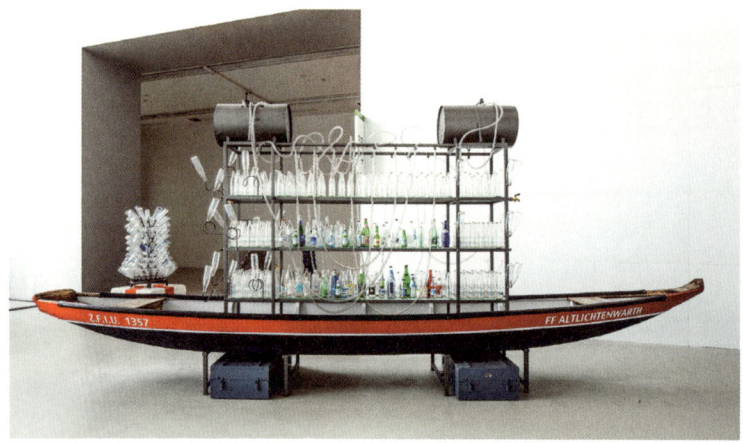

Lucy und Jorge Orta, *Orta Water – Zille Fluvial Intervention Unit*, 2008/2015

Nicht nur das Projekt der Moderne ist ein unvollendetes Projekt, sondern der Mensch, die Erde und die Welt sind unvollendete, offene Projekte, die durch künftige Revolutionen transformiert werden. Gegenwärtig befinden wir uns am Beginn der digitalen Revolution.

    Herder deutet auf den entscheidenden Gedanken hin, dass die Natur, die Schöpfung, die Evolution dem Menschen durch den aufrechten Gang die Füße zu Händen befreite und diese von natürlichen Organen zu technischen Werkzeugen werden ließ. Die Hände sind der Ursprung des Handwerks. Die Hand erzeugt Hämmer, die mehr leisten können als Hände. Damit ist die Entwicklung des Menschen in der industriellen Revolution vorformuliert; Organe werden zu künstlichen Werkzeugen, natürliche Sinnesorgane zu Maschinen, Medien und Apparaten, Natur zu Technik. Herder definiert diesen Übergang positiv als Moment der Freiheit, aus dem Gefängnis der Natur bzw. Schöpfung entlassen. Herder kannte den Begriff »Evolution«, den erst Charles Darwin 1859 in dem Buch *Über die Entstehung der Arten* einführte, noch nicht. Die Menschen landen als »freihändige Kulturwesen«[4] im Freihafen der Technik. Allerdings beinhaltet diese Freiheit auch die Wahl, dass der Mensch sich stets selbst zur Wahl stellt und vor der Wahl steht. Die Metapher von Herder, der Mensch habe nicht nur die Macht, die Gewichte zu stellen, sondern sei selbst Gewicht auf der Waage, verdeutlicht die Idee der Rekursion, des Rücklaufs – der Mensch ist Teil des Systems, das er beobachtet, in dem er wählt und abwiegt. Er ist (ge)wichtiger Teil der Evolution.

    Durch die technische und industrielle Revolution ist der Mensch einmal mehr zum Freigelassenen, nämlich zum Freigelassenen der Evolution geworden. Diesen Vorgang, das Heraustreten des Menschen aus der natürlichen Evolution, nenne ich »Exo-Evolution«.

    Von der Exo-Biologie zu Exo-Planeten, von Exo-Skeletten bis zu Exo-Schwangerschaften entstehen die immer ausdifferenzierteren Konturen einer neuen Welt, die zutiefst technologisch geprägt ist.

    Der Begriff Exo-Evolution basiert auf dem von Michel Serres geprägten Begriff des Exo-Darwinismus: »Aber was für die reinen Körperfunktionen gilt – etwa im Hinblick auf Hammer, Rad etc. – ist ebenso gültig für intellektuelle Funktionen (*fonctions intellectuelles*), und in der Tat sehen Sie deutlich, dass sich das Gedächtnis in der Schrift, im Buchdruck, in

---

4   Kurt Bayertz, *Der aufrechte Gang*, C. H. Beck, München, 2012.

ecoLogicStudio (Claudia Pasquero und Marco Poletto), *H.O.R.T.U.S Karlsruhe*, 2012-2015

der Informatik vergegenständlicht [materialisiert] hat. Der Körper verliert tatsächlich – er verliert diese Objekte, die zum Träger einer Evolution werden, die wir technische Evolution, wissenschaftliche Evolution etc. nennen. Ich bezeichne dies als Exo-Darwinismus.«[5] In seinem Werk *Grundlinien einer Philosophie der Technik* formulierte Ernst Kapp 1877 die Organprojektionsthese, wonach letztlich alle technischen Artefakte Abbilder und Projektionen von Organen sind; z. B. bildet der Hammer die Faust ab, die Säge die Schneidezähne, die Telegrafie das Nervensystem usw. Die technische Evolution ist also eine mehrfache Exteriorisierung, eine Auslagerung der natürlichen Körperorgane und -funktionen sowie der mentalen Funktionen in technische Maschinen: die Arme in Pfeil und Bogen, das Sprechen in die Schrift, das Gedächtnis in Tontafeln und Computer usw. Die Medientheorie, die diesem Paradigma der Ausdehnung körperlicher Funktionen folgt, ist somit eine Organologie, die den Wandel von den natürlichen Organen zu den technischen Werkzeugen beschreibt. Die jeweilige Technologie der Zeit wird also verstanden als Auslagerung, Exteriorisierung und Externalisierung von bereits vorhandenen organischen und geistigen menschlichen Eigenschaften. Zugleich basiert dieses Technikbild auf einer Anthropologie, die den Menschen als Mangelwesen definiert, das durch Technik verbessert wird.

Diese Dialektik von Mensch und Mechanik, von Natur und Technik, von Organen und Werkzeugen wurde erstmals in der griechischen Antike formuliert und lebt heute bis in die Psychoanalyse hinein fort. Die griechische Gottheit für Hilflosigkeit hieß Amechania. »A« steht im Griechischen für die Verneinung – z. B. ist *atomos* das nicht Teilbare, das Atom. *Mechania* bedeutet somit Hilfe, Hilfsfähigkeit. Ist dem Menschen ein Stein zu schwer, nutzt er einen Hebel, um den Stein zu bewegen – das ist die Idee der Mechanik als Steigerung menschlicher Fähigkeiten, bzw. Kompensation fehlender natürlicher Fähigkeiten. Technik ist also eine von den Menschen humanisierte Natur, kurz: Technik ist menschengemachte Natur. Sie gehorcht ja auch den Naturgesetzen, die wir mithilfe der Technik entdecken.

In seiner »Notiz über den ›Wunderblock‹« (1924) schrieb Sigmund Freud: »Die Hilfsapparate [...] sind alle so gebaut wie das Sinnesorgan selbst oder Teile desselben [...]«[6] und

---

5 Michel Serres, Interview in: *Regards sur le sport. Michel Serres, philosophe images. Une documentaire de Benjamin Pichery*, Insep, Paris 2009 (DVD); Übersetzung Philipp Sack.
6 Sigmund Freud, »Notiz über den ›Wunderblock‹« (1924), in: ders., *Studienausgabe*, Bd. 3: *Psychologie des Unbewussten*, Fischer, Frankfurt/M., 1975, S. 363-369, hier S. 366.

Chris Jordan, *Midway: Message from the Gyre*, seit 2009

führt in »Das Unbehagen in der Kultur« (1930) aus: »Mit all seinen Werkzeugen vervollkommnet der Mensch seine Organe – die motorischen wie die sensorischen – oder räumt die Schranken für ihre Leistung weg. Die Motoren stellen ihm riesige Kräfte zur Verfügung, die er wie seine Muskeln in beliebige Richtungen schicken kann [...]. Mit der Brille korrigiert er die Mängel der Linse in seinem Auge, mit dem Fernrohr schaut er in entfernte Weiten, mit dem Mikroskop überwindet er die Grenzen der Sichtbarkeit, die durch den Bau seiner Netzhaut abgesteckt werden. In der photographischen Kamera hat er ein Instrument geschaffen, das die flüchtigen Seheindrücke festhält, was ihm die Grammophonplatte für die ebenso vergänglichen Schalleindrücke leisten muß, [...]. Mit Hilfe des Telephons hört er aus Entfernungen, die selbst das Märchen als unerreichbar respektieren würde; die Schrift ist ursprünglich die Sprache des Abwesenden, das Wohnhaus ein Ersatz für den Mutterleib, die erste, wahrscheinlich noch immer ersehnte Behausung, in der man sicher war und sich so wohl fühlte. Es klingt nicht nur wie ein Märchen, es ist direkt die Erfüllung aller – nein, der meisten – Märchenwünsche, was der Mensch durch seine Wissenschaft und Technik auf dieser Erde hergestellt hat, in der er zuerst als ein schwaches Tierwesen auftrat und in die jedes Individuum seiner Art wiederum als hilfloser Säugling – *oh inch of nature!* – eintreten muß. [...] Der Mensch ist sozusagen eine Art Prothesengott geworden, recht großartig, wenn er alle seine Hilfsorgane anlegt, aber sie sind nicht mit ihm verwachsen und machen ihm gelegentlich noch viel zu schaffen. Er hat übrigens ein Recht, sich damit zu trösten, daß diese Entwicklung nicht gerade mit dem Jahr 1930 A. D. abgeschlossen sein wird. Ferne Zeiten werden neue, wahrscheinlich unvorstellbar große Fortschritte auf diesem Gebiete der Kultur mit sich bringen, die Gottähnlichkeit noch weiter steigern.«[7] Alle Technologie ist also Tele-Technologie, Überwindung von zeitlicher und räumlicher Ferne (griech. *tele*), von räumlichen und zeitlichen Distanzen: Telefax, Telefon, Television. Mit diesen maschinell bzw. medial unterstützten, gleichsam unnatürlichen bzw. übermenschlichen Fähigkeiten des Menschen wird alle Tele-Technologie indirekt und insgeheim zu einer Theo-Technologie, zu einer Technik, die den Menschen in seiner Vorstellung gottgleich macht.

Marshall McLuhan legt in *Understanding Media: The Extensions of Men* (1964) sein Verständnis von Medien, ähnlich wie Freud, als Ausdehnung der menschlichen Sinnesorgane dar. In einem Essay von 1956 schrieb er: »Each new technology is the reprogramming of

---

7   Sigmund Freud, *Das Unbehagen in der Kultur*, Internationaler Psychoanalytischer Verlag, Wien, 1930, S. 48ff.

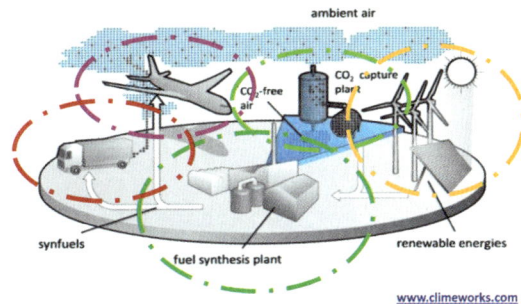

Geoffrey A. Ozin, Schema einer Solarraffinerie

sensory life.«[8] Damit meint er, dass erstens die Beziehungen der Sinnesorgane zueinander neu programmiert werden und dass zweitens die Beziehung der Sinnesorgane zur Umwelt neu programmiert wird. Mit einem Wort: Unser gesamtes sensorisches Leben wird durch die Medien, die Maschinen und die Technologie reprogrammiert.

Ein weiterer Zeuge für den Zusammenhang von Maschinen und Leben, von Exo-Evolution und Evolution, ist Samuel Butler. Einige Jahre nachdem Charles Darwin 1859 seine Evolutionstheorie in *On the Origin of Species by Means of Natural Selection, or the Preservation of Favoured Races in the Struggle for Life* publiziert hatte, veröffentlichte Butler 1872 seinen utopischen Roman *Erewhon* (der Titel ein Anagramm des Wortes *nowhere*). In dessen Kapitel »Book of the Machines« übertrug er das Konzept der natürlichen Evolution auf die mechanische Welt. Bereits 1863 beschrieb Butler in einem Essay, der ihm als Grundlage für das Romankapitel diente, die Idee des mechanischen Lebens, d. h. eines künstlichen Lebens, und verglich die Idee der natürlichen Evolution mit der Evolution von Maschinen: »[W]e find ourselves almost awestruck at the vast development of the mechanical world, at the gigantic strides with which it has advanced in comparison with the slow progress of the animal and vegetable kingdom.«[9]

George Dyson hat in zwei Publikationen diese Idee weitergetrieben. In *Darwin Among the Machines. The Evolution of Global Intelligence* (1998) stellt er die These auf, dass das Internet ein bewusstes Lebewesen sei. In *Turing's Cathedral. The Origins of the Digital Universe* (2012) beschreibt er treffend die Entstehung des digitalen Universums.

Von manuellen bis zu mentalen Werkzeugen hat der Mensch im Laufe der Jahrtausende also eine Werkzeugkultur, eine *engineering culture*, hervorgebracht, welche die Grenzen der Wahrnehmung und der Welt erweiterte. Vom Mikroskop zur Computertomografie haben sich die Techniken der Wahrnehmung in der Wissenschaft weiterentwickelt. Objekte, die für das natürliche Auge nicht erkennbar waren, wurden durch Apparate sichtbar gemacht. Die neuen Medien überführen die Techniken der apparativen Perzeption, von Fotografie bis Computer, in das Reich der Kunst. Dadurch entsteht ein neues Bewusstsein für die Verschränkung von natürlicher und apparativer Wahrnehmung, von Gegenstandswelt und Medienwelt, Kunst und Wissenschaft. Medien sind nicht nur Bild- und Tonmaschinen,

---

8   Marshall McLuhan und David Carson, *The Book of Probes*, Gingko Press, Corte Madera, 2003, S. 162f.
9   Samuel Butler, »Darwin Among the Machines. To the Editor of the Press, Christchurch, New Zealand, 13 June, 1863«, in: ders., *A First Year in Canterbury Settlement With Other Early Essays*, A. C. Fifield, London, 1914, S. 179-185, hier S. 180.

Artificial Nature (Haru Ji und Graham Wakefield), *Time of Doubles*, 2012

sondern auch Schnittstellen zur Konstruktion neuer Wirklichkeiten und neuer Kommunikationsformen. Nachdem sich Künstler und Wissenschaftler eine gewisse Schnittmenge von Werkzeugen teilen, sehen die Studios von Künstlern gelegentlich aus wie die Laboratorien der Wissenschaft – und umgekehrt. Künstler von heute sind weniger auf der Suche nach subjektiver Expression; ihre Referenzrahmen sind soziale Systeme sowie Strukturen und Methoden der Wissenschaften. Vor diesem Hintergrund entstehen neue Forschungsmethoden und Perspektiven wie *art-based research* (AR) oder *Art & Science Labs*. Eine Verwissenschaftlichung der Kunst wie in der kunsthistorischen Epoche der italienischen Renaissance zeichnet sich ab: eine Renaissance 2.0 bzw. 3.0 (nach der arabischen zwischen 800–1200 und der italienischen ab 1500).

Die Ausstellung *Exo-Evolution* legt ihren Fokus auf die künstlerische Anwendung neuer Technologien und eröffnet mit verschiedenen Modulen Ausblicke in die Zukunft und Rückblicke in die Vergangenheit der Exteriorisierung menschlicher Fähigkeiten. Sie zeigt uns eine neue Realität, die geprägt ist von 3D-Druckern und Robotern, Cyborgs und Chimären, Molekülen und Genpools, von tragbaren Technologien und medizinischen Wundern, von synthetischen Lebewesen, bionischen Anzügen und Silikonnetzhäuten, künstlichem Gewebe und biotechnologischen Reparaturmethoden, von Erkenntnissen aus der Weltraumforschung, der Molekularbiologie, der Neurologie, der Genetik, der Quanteninformatik. Sie zeigt uns Visionen und Lösungen für Probleme des 20. Jahrhunderts, z. B. die Abspaltung von Sauerstoff aus CO_2 (Kohlenstoffdioxid), um die Klimakrise zu bewältigen.

Mit seinen natürlichen Sinnesorganen wie Auge, Ohr, Hand und Mund operiert der Mensch in einem beschränkten Frequenzbereich und in einer begrenzten Sphäre. Augen, Ohren, Hände, Lunge sind Antworten der Evolution auf natürliche Bedingungen wie Sonnenlicht, Schallwellen, Atmosphäre. Malerei und Musik, die Kunstformen der Hand und des Mundes für das Auge und das Ohr, sind erste Antworten des Menschen auf die

Daniel Widrig, *Transhuman Female und Transhuman Male*, 2015

Evolution mit den von der Evolution hervorgebrachten natürlichen Organen und den von Menschen hergestellten Instrumenten innerhalb der historischen beschränkten Frequenzen bzw. Wellenlängen.

Seit Mitte des 20. Jahrhunderts gibt es nun neue elektronische und digitale Kunstformen wie Film, Video, Computer, die das vom Menschen seit 130 Jahren eroberte erweiterte Spektrum der elektromagnetischen Wellen und der digitalen Werkzeugkultur nutzen. Mit diesen Werkzeugen und Metawerkzeugen, mit diesen Daten und Metadaten, schafft sich der Mensch ein neues Exo-Universum. Indem die Kunst dieses neue Feld der *engineering culture* nicht allein den Wissenschaften überlässt, schließt sie an den Anspruch anderer epistemischer Systeme an und auf, insbesondere an die Frage von Leonardo da Vinci, ob die Malerei nicht eine Wissenschaft sei,[10] um die Welt zu erklären und zu verändern. Diese neue Kunst ist lösungsgetrieben wie die Entwicklung der Exo-Evolution insgesamt und somit selbst Teil der Exo-Evolution.

Der vorliegende Text ist in der Broschüre zur Ausstellung *Exo-Evolution* im Rahmen der *GLOBALE*, die vom 31. Oktober 2015 – 28. Februar 2016 im ZKM | Karlsruhe stattfand, erschienen.

---

10 »Se la pittura è scienza o no«, Leonardo da Vinci, *Trattato della pittura* (ca. 1490), Unione Cooperativa Editrice, Rom, 1980, S. 1.

Transsolar + Tetsuo Kondo, *Cloudscapes*, 2010, Installationsansicht *GLOBALE*, ZKM | Karlsruhe 2015–2016

DIE TRANSZENDIERUNG DES MENSCHEN DURCH DEN MENSCHEN ODER WAS SICH PETER WEIBEL ZUR *GLOBALE* GEDACHT HAT

EIN GESPRÄCH MIT HEINZ-NORBERT JOCKS

2015

Heinz-Norbert Jocks: Was hat dich zu dieser Manifestation bewogen? Und warum heißt die Ausstellung *GLOBALE*?

Peter Weibel: Schon im Jahre 1996 habe ich in Graz während des steirischen herbstes die Ausstellung *Inklusion : Exklusion. Versuch einer neuen Kartografie der Kunst im Zeitalter von Postkolonialismus und globaler Migration* gemacht. Mich interessierten dabei die Effekte der Globalisierung. Es erschien mir wie ein Glücksfall, dass sich in Karlsruhe auch Hans Belting mit der Frage beschäftigte »Was ist World Art, was ist Global Art?« und dazu in Kooperation mit Andrea Buddensieg eine Forschungsstelle gründete. Das Ergebnis mehrjähriger Forschungen waren Ausstellungen, Symposien und Bücher, dabei hieß die letzte große Ausstellung: *The Global Contemporary. Kunstwelten nach 1989* (2011/2012). Der Begriff »global« spielt in meiner Ausstellungskonzeption seit langem eine zentrale Rolle, – und zwar bezogen auf das Adjektiv global und nicht auf das Substantiv Globus. Bereits seit der Weltumsegelung durch Ferdinand Magellan um 1519 wissen wir, dass wir in einem globalen Zeitalter leben, weil wir Kenntnis von der Geografie, den Völkern und Kulturen rund um die Welt haben. Mich interessieren die Effekte der Globalisierung, die seit ca. zweihundert Jahren durch die maschinelle, industrielle Revolution und die informationelle, postindustrielle Revolution eingetreten sind, und wie Globalisierung und Digitalisierung einander bedingen. Diese Effekte nenne ich global. Ein Haupteffekt ist sicherlich die Beschleunigung der Kommunikation, des Verkehrs von Menschen, Gütern und Daten, die mittlerweile einen Punkt der Beinahe-Simultaneität erreicht hat. Wir wissen tendenziell, was an allen Orten dieser Welt zu jeder Zeit geschieht. Wir sind mit allen und allem verbunden. Die derzeit stattfindenden Migrationsströme nach Europa sind ein solcher globaler Effekt. Für die Globalisierung im digitalen Zeitalter gilt das Theorem, dass alles mit allem verbunden bzw. vernetzt ist. Dies bezeichne ich als Inseparabilitätstheorem. Der Krieg einer Minderheit in Syrien, der Islamische Staat verändert das Wahlverhalten europäischer Bürger angesichts der durch diesen Krieg ausgelösten Migration. Die Beschleunigung im digitalen Zeitalter ist insofern global, weil sich das Wissen der Welt nicht nur ubiquitär und simultan ausbreitet, sondern dadurch auch extrem vermehrt. Wissenschaftler behaupten die von der digitalen Welt erzeugte globale Datenmenge verdopple sich heute alle zwei Jahre. Mir lag daran, nach Spuren dieser Globalisierung

Ryoji Ikeda, *the planck universe [macro]*, 2015, Installationsansicht *Ryoji Ikeda: micro | macro* im Rahmen der *GLOBALE*, ZKM | Karlsruhe 2015

Ryoji Ikeda, the *planck universe [micro]*, 2015, Installationsansicht *Ryoji Ikeda: micro | macro* im Rahmen der *GLOBALE*, ZKM | Karlsruhe 2015

im digitalen Zeitalter auch innerhalb der Kunst zu suchen, weil ich Globalisierung und Digitalisierung für die bedeutendsten Strömungen der Gegenwart halte.

Jocks: Was war der Anlass für die *GLOBALE*?

Weibel: Ganz klar der dreihundertjährige Stadtgeburtstag Karlsruhes. Denn er bot mir die Chance, mehr Geld für ein größeres Projekt zu erhalten. In Analogie zur dreihundertjährigen Stadtgeschichte wollte ich eine dreihunderttägige Kunstmanifestation machen. Die Idee dazu kam mir in den letzten Jahren aufgrund meiner intensiven Beschäftigung mit der Idee der Globalisierung. In den letzten Jahren habe ich diese als Erweiterung der Kartografie der Kunst verstanden. Mit mehreren Ausstellungen, von *Thermocline of Art. New Asian Waves* (2007) bis *The Global Contemporary. Kunstwelten nach 1989* (2011/2012) hat das ZKM | Karlsruhe den Blick auch auf andere Kunstkontinente wie China, Südafrika oder Südamerika verstärkt, also auf Künstler und Künstlerinnen außerhalb der Achse Europa-Nordamerika. Dieses Thema wollte ich nicht nochmals behandeln. Statt einen wiederholten Überblick über die weltweite Kunstproduktion zu geben, widmete ich mich den Auswirkungen der Globalisierung auf die Kultur. Ich suchte nach einer Neudefinition des Globalen vor dem Hintergrund, dass diese Globalisierung die Politik und die Wirtschaft als System so radikal verändert, dass sich das Leben jedes einzelnen verändert. Dabei ist die Globalisierung eng mit der Digitalisierung verbunden. Ohne sie gäbe es keine Globalisierung, und diese wiederum ebnet der Digitalisierung den Weg. Ein Kronzeuge dieser Konvergenz ist die NSA (National Security Agency). Dort hat man begriffen, dass durch die Digitalisierung die Überwachung der ganzen Welt möglich ist. Ende der 1980er-Jahre setzte ich mich in Vorträgen und Publikationen auch mit der »Infosphäre« auseinander und stellte heraus, dass die Erde von einer elektromagnetischen Hülle umgeben ist, die genauso wichtig ist wie die Atmosphäre, insofern auf der Basis elektromagnetischer Wellen die digitalen Nachrichten verbreitet werden. 1990 habe ich in Frankfurt am Main anlässlich der Eröffnung des Deutschen Postmuseums die Ausstellung *Vom Verschwinden der Ferne* konzipiert. Dabei stellte ich das Haupttheorem auf, dass bei der Infosphäre das entscheidende Moment die *separatio* ist, also die Trennung von Bote und Botschaft. Dies ist insofern eine wichtige Erkenntnis, als bis dahin jede Botschaft an den Körper des Boten gebunden war. Für deren Übermittlung brauchte man Vehikel oder Vermittler, also Soldaten, Läufer, Tauben, Schiffe, Autos oder Flugzeuge. Wer eine Botschaft senden wollte, war auf den Körper des Boten angewiesen. In dem Moment, da sich Zeichen drahtlos übermitteln ließen, mit Beginn der Telegrafie im 19. Jahrhundert bis hin zu den technischen Geräten wie Fernsehen, Internet und Radio, geschah das Wunder, dass der Bote verharrt und die Botschaft »rollt«. Jemand in Paris konnte so mit jemandem in New York telefonieren. Diese Form der Kommunikation war bis dahin unvorstellbar. D. h., das entscheidende kulturelle Ereignis bestand in der Loslösung der Botschaft vom Boten.

Die Geburt der Kette frei flottierender Zeichen

Jocks: Mit welcher Folge?

Weibel: Dadurch entstand eine Kette frei flottierender, um die Welt zirkulierender Zeichen. Insofern zur Zeit der industriellen Revolution die Welt durch den Transport von Gütern bestimmt war, beschrieb Karl Marx die Globalisierung als eine rasende Ausbreitung der Produktion von Gütern und Materialien. Doch da die Effekte der Globalisierung damals noch nicht absehbar waren, konnte Marx diese in seiner Analyse nicht berücksichtigen. Dafür war es noch zu früh. Heute wird der Transport von

Gütern und Menschen mithilfe von Daten organisiert, also durch die Transmission von Daten. Der Transport von Gütern und Menschen und die Transmission von Daten bilden heute eine Einheit. Deshalb ist die erdumhüllende Datenschicht, die Hülle der elektromagnetischen Wellen, welche die Erde umgeben, entscheidend für die Bedeutung des Wortes global, denn mithilfe elektromagnetischer Wellen zirkulieren die Daten global. In einem Vortrag beschrieb Frank Lloyd Wright 1930 die Welt der industriellen Moderne mit der Gleichung »machinery, materials, and men«.[1] Diese Formel trifft auf die Kunst und das Bauhaus ebenso zu wie auf die Wirtschaft. Die industrielle Revolution verdankt sich dem Bau von Maschinen, mit denen neue Werkzeuge, neue Materialien und neue Dinge wie Autos, Stahl- und Betongebäude und dergleichen produziert wurden. Dabei profilierte sich Deutschland als Land der Maschinenbauer. Auf die industrielle Revolution folgte die Entwicklung der digitalen, von mir mit der Gleichung »Medien, Daten, Menschen« umrissenen Welt. Wenn die Datenwelt sich auch durch die Separation von Bote und Botschaft über die Materialwelt stülpt, ohne diese zum Verschwinden zu bringen, so werden Künstler weiterhin mit Materialien arbeiten. Es wird auch weiterhin Maschinenbauer geben. Doch wie wir von Google lernen, das Auto der Zukunft kommt von Netzbetreibern und nicht von Maschinenbauern. Im globalen Ranking stehen Datenfirmen wie Apple oder Microsoft weit vor Autofirmen. Zur analogen Welt der Maschinen kommt die digitale Welt der Daten, die neue Welt der Infosphäre. Dort können wir entdecken, dass die Medienkünstler ähnliche, vergleichbare oder gar dieselben Geräte verwenden wie Wissenschaftler oder Ingenieure.

Jocks: Was ergibt sich daraus?

Weibel: Nun, solange ein Maler noch mit Pinsel, Farbe und Leinwand arbeitete, während ein Arzt mit Röntgenstrahlen und Computer operierte, waren Vergleiche zwischen Künstlern und Wissenschaftlern unmöglich. Sobald Künstler ebenfalls Röntgenstrahlen oder Computer, also die von Wissenschaftlern benutzten Werkzeuge, gebrauchen, erlaubt dies einen Vergleich, obwohl sich Wissenschaftler und Künstler in ihren Absichten unterscheiden. In gewisser Weise haben sich beide Seiten aufeinander zubewegt. Aufgrund dieser Annäherung drängt sich ein diachroner Vergleich zwischen dem Goldenen Zeitalter der Malerei im 17. Jahrhundert und der durch eine Verwissenschaftlichung der Kunst geprägten Renaissance auf. Der erste Satz im berühmten Traktat von Leonardo da Vinci über die Malerei, in dem er zeigt, dass die Malerei eine Wissenschaft ist, ist dafür ein Beleg. Diese Konvergenz der Werkzeuge führt dazu, dass das Studio eines Künstlers dem Labor des Wissenschaftlers ähnelt. Diese Beobachtung deckt sich übrigens mit Bruno Latours Akteur-Netzwerk-Theorie und seinem Interesse für wissenschaftsnahe Künstler. Im Hinblick darauf begab ich mich weltweit auf die Suche nach Künstlern, die sich mit diesen Problemen beschäftigen, wodurch sich mir ein neuer, technisch fundierter Zugang zur Kunst erschloss. Damit wurde ich gezwungen, auch die organologische Grundlage der Kunst neu zu bedenken.

Jocks: Was heißt das?

Weibel: Für die Ausübung der Malerei bedarf es zweier Organe, nämlich Hand und Auge. Deshalb wird Pablo Picasso oft als »das Auge des Jahrhunderts« bezeichnet, was auch immer das heißen mag. In Johann Gottfried Herders *Ideen zur Philosophie der Geschichte der Menschheit* (1784–1791) steht zu lesen, die Hand sei das erste Werk-

---

1 Frank Lloyd Wright, *Modern Architecture. Being the Kahn Lectures for 1930* (1931), Princeton University Press, Princeton, 2008, S. 1–24.

Leandro Erlich, *Pulled by the Roots*, 2015, Installationsansicht *Die Stadt ist der Star* im Rahmen der *GLOBALE*, ZKM | Karlsruhe 2015

Hans Hollein, *Car Building*, 1960/2011, Installationsansicht *Die Stadt ist der Star* im Rahmen der *GLOBALE*, ZKM | Karlsruhe 2015

zeug des Menschen. Von dem Moment an, da dieser den aufrechten Gang probte und statt auf vier Füßen nur noch auf zweien stand, hatte er auf einmal zwei Hände frei. Mit diesen konnte er neue Werke und auch neue Werkzeuge herstellen. Mit der Hand beginnt folglich die Werkzeugkultur, bestehend aus Werkzeugen und Metawerkzeugen, wie wir heute mit Daten auch Metadaten erzeugen.

Weil die Hand als das erste Werkzeug überhaupt diente, sprechen wir vom Handwerk. Dass diesem eines Tages nicht mehr die Hochachtung entgegengebracht wurde, sondern es fast verachtet, zumindest nicht mehr ernstgenommen wurde, hat wohl mit dem Moment zu tun, als die Hand sich selbst neue Metawerkzeuge wie Maschinen und Computer schuf. Mit den Werkzeugen des Handwerks entstand nämlich die neue Werkzeugkultur der Technik, das Ensemble der Metahandwerkzeuge. In dem Augenblick, in dem in der Autofabrik nur noch technische Geräte die Produktion steuern, wird die Hand zweitrangig. Die Technik triumphiert gewissermaßen über das Handwerk, dem sie eigentlich entstammt. Ein schönes Beispiel dafür ist die Entwicklung von Pfeil und Bogen zur Rakete. Zur Herstellung von Pfeil und Bogen greift der Mensch auf Holz und die Sehne eines Tieres zurück. Pfeil und Bogen befinden sich noch innerhalb des Operationsraumes von Hand und Arm, sie sind gewissermaßen die Fortsetzung menschlicher Muskeln und Sehnen. Das Besondere an Pfeil und Bogen ist, dass sich damit zum ersten Mal in der Menschheitsgeschichte Raum und Zeit über die Reichweite natürlicher Organe hinaus überwinden ließen. Hiermit beginnt im Grunde bereits das Reich der terrestrischen Frequenzen. Als solche bezeichnet man Frequenzen elektromagnetischer Wellen, die zur terrestrischen Übertragung von Fernseh- und Rundfunkprogrammen genutzt werden. Mit Pfeil und Bogen kann ich auf eine Beute zielen, die ich mit meinem Körper alleine gar nicht berühren oder erreichen kann. Hier wird sichtbar, wie wir durch Werkzeuge unsere Sinnesorgane in Raum und Zeit ausdehnen. Was wir mit unseren natürlichen Fähigkeiten nicht schaffen, gelingt uns mit eigens dafür hergestellten Werkzeugen. So können wir mit dem Pfeil ein Tier erlegen, das wir mit dem Auge nur aus der Ferne sehen.

Exteriorisierungen und Externalisierungen

Jocks: Du redest in dem Zusammenhang auch von Auslagerungen menschlicher Organe!
Weibel: Ja, es geht dabei um Exteriorisierungen und Externalisierungen. Durch die Auslagerung meiner Hand verändert sich mein Verhältnis zu Raum und Zeit. Das ist es, was den Werkzeugcharakter ausmacht. Ich kann mit der Hand zunächst einen Hammer und mit diesem dann ein anderes Werkzeug herstellen. Mit Feuer und

SEAD (Space Ecologies Art and Design), *Biomood [MRBʷ]*, 2010

Kohei Nawa, *Force*, 2016, Installationsansicht *GLOBALE: New Sensorium*, ZKM | Karlsruhe 2016

Hammer lässt sich Eisen schmieden, woraus ich wiederum einen als Wurfgeschoß einsetzbaren Speer formen kann. Werkzeuge erzeugen immer andere Werkzeuge und diese schaffen neue Materialien, woraus sich wiederum neue Werkzeuge anfertigen lassen. Das nennen wir Werkzeugkultur oder auch, um es abstrakter zu fassen, Ingenieurkultur. Am Ende dieser Entwicklung steht die Rakete. Mit ihr kann ich nicht nur ein Tier, sondern ein bis dato absolut unerreichbares Ziel erreichen, nämlich den Mond. Die Technik stellt also im Grunde die abendländische Ontologie wie auch die Metaphysik infrage. Wenn Ontologie die Lehre dessen ist, was existiert, so zeigt die Technik, dass wir mit ihrer Hilfe zuvor inexistente Dinge fabrizieren. Wenn Metaphysik die Lehre dessen ist, wie wir über das Sein denken, können wir am Beispiel elektromagnetischer Wellen konstatieren, dass wir bis zu ihrer Entdeckung und ihrem empirischen Nachweis im 19. Jahrhundert nicht wussten, dass sie existieren. Da sie dem Reich des Nichtseins angehörten, verfügten wir über kein Wissen. Durch unsere neuen, Dinge und Existenzen erzeugenden Werkzeuge verändern wir den Umfang des Seienden, und mit unseren Theorien, mit Ziffern und Buchstaben, Zahlen und Worten, Gleichungen und Sätzen kommt es zu einer Erweiterung unseres Wissens. Dank diesem schaffen wir neue Werkzeuge wie Computer. Sein und Wissen, Ontologie und Epistemik beruhen also nicht auf einer *adaequatio rei et intellectu* in einem statischen, sondern in einem dynamischen und dialektischen Sinne. Mit unseren kognitiven Operationen erschließen wir neue mentale Wissensräume und durch diese neue materielle Räume der Dinge wie des Seins. Die Technik lässt sich als das Beispiel einer operativen, von der Triade Wissen, Werkzeug und Sein gesteuerten Ontologie verstehen. Im Laufe der Geschichte haben sogenannte Wissensbäume die Hierarchie von Wissen, Werkzeugen und Sein abgebildet. Als die tradierten Wissensbäume nicht mehr länger widerspruchslos

Pierre Huyghe, *Nymphéas Transplant (14–18)*, 2014, Mixed-Media-Installation, lebendes Ökosystem eines Teichs, Lichtkasten, umschaltbares Glas, Beton, Installationsansicht *Reset Modernity!* im Rahmen der *GLOBALE*, ZKM | Karlsruhe 2016

akzeptiert wurden und beispielsweise das Primat der Naturwissenschaft statt der Theologie gefordert wurde, wir denken dabei an Galileo Galilei, war das aus der Sicht der Kirche eine Revolution.

Jocks: In welcher Beziehung stehen die Wissensbäume zum Werkzeug?

Weibel: Übernommen haben wir die Wissensbäume der alten Griechen mit den beiden Begriffen *epistêmê* und *technê*. *Technê* bezeichnete das dem *banausos* (Banausen) vorbehaltene Handwerk, die handwerklichen Künste. Es kam sowohl beim Ackerbau als auch beim Spielen von Musikinstrumenten, bei der Bildhauerei sowie der Malerei zum Einsatz. Höher geschätzt als diese wurde die *epistêmê*, also die auf Sprache und Zeichen basierende Wissenschaft und damit Mathematik, Rhetorik und Grammatik. Indem Michel Foucault von epistemischen Systemen spricht, folgt er der Hierarchie, ohne sich der Konsequenzen bewusst zu sein. Bereits bei den alten Griechen hatte sich wegen der Privilegierung der *epistêmê* eine Unterscheidung etabliert, die das von der Hand Gemachte als etwas Drittklassiges abwertete. Die *technê* war eine Tätigkeit für Sklaven, die *epistêmê* eine Tätigkeit für freie Bürger. Der Wissensbaum spiegelte das soziale System wider. Die Befreiung der Sklaven und die Emanzipation der Menschen können nur in Einklang mit der Emanzipation der Technik und der mechanischen Künste erfolgen. Dies erkannten bereits die Enzyklopädisten der Aufklärung.

Jocks: In dem Zusammenhang denkst du auch an eine Erweiterung der Antike?

Weibel: Ja, sie wird möglich, sobald das antike Modell von einem neuen Standpunkt aus kritisiert wird. Als Leonardo da Vinci in dem berühmten, übrigens nicht öffentlich geführten Paragone-Streit die Malerei über den grünen Klee lobte, beantwortete er die Frage, was Malerei sei, mit seinem: »Scienza è detto quel discorso mentale«.[2] Er distanzierte sich damit vom Handwerk. Aristoteles warnte die Söhne der freien Bürger vor dem Erlernen eines Musikinstruments, weil Handwerk etwas für Sklaven

---

2   Leonardo da Vinci, *Trattato della pittura* (ca. 1490), Unione Cooperativa Editrice, Rom, 1890, S. 3.

sei und den Geist verderbe. Diese Geschichte der Diffamierung des Handwerklichen erlebte ich noch in Frankfurt, als ich dort 1989 wegen meines Instituts für neue Medien an der Städelschule von Malern wie Raimer Jochims heftig angegriffen wurde. Dabei hatte ich gar nichts gegen seine Malerei. Er befürchtete an der Schule eine Ausdehnung des mechanischen Geistes. Darauf konterte ich: »Wenn Sie gegen den mechanischen Geist sind, sollten Sie historisch weiter zurückblicken.« Das Klavier sei doch ein ganz simples, aus Holz, Elfenbein und Drahtseilen angefertigtes, mechanisches Instrument, und es komme nicht auf die Hard-, sondern auf die Software an. Diese Szene bei meiner Ankunft in Frankfurt belegt, dass zweitausend Jahre nach der Antike die Verachtung gegenüber dem Handwerk immer noch besteht. Malerei wird nicht als Handwerk, sondern als etwas Konzeptuelles begriffen, weshalb Wassily Kandinsky über »das Geistige in der Kunst« reflektierte. Das sind alles noch Echos der alten Teilung. Auch die alten Römer übernahmen diese, als sie mit einem Begriff wie *artes liberales* nicht etwa die freien Künste bezeichneten, sondern die Kunst für freie Bürger. Die *artes liberales* hatten nichts mit den Künsten zu tun, sondern mit dem, was früher die *epistêmê* waren. Für die alten Römer waren Rhetorik, Grammatik und Mathematik die *artes liberales*. Diese Verwechslung ist ein schreckliches Missverständnis der Historiker. Was wir unter Künsten verstehen, also Malerei und Architektur, wurde unter der Bezeichnung *artes mechanicae* subsumiert, inklusive aller handwerklichen Künste. Der heute gegen die Medienkünste erhobene Vorwurf, eine rein mechanische Kunst zu produzieren, beruht auf den alten Begriffen *technê* und *artes mechanicae*. Girolamo Savonarola publizierte um 1500 einen anderen Wissensbaum. Statt die Theologie als höchste Stufe erreichbaren Wissens zu erachten, verzichtete er darauf völlig, weshalb er als Ketzer auf dem Scheiterhaufen endete. Aus Vorsicht hat Leonardo da Vinci sein Traktat über die Malerei nicht veröffentlicht. Es erschien erst 130 Jahre später. Dennoch hat da Vinci mit seinem Traktat die Wissensbäume verändert, nicht duldend, dass die Malerei unterhalb der Grammatik und Rhetorik angesiedelt ist. Aufgrund seiner Auffassung, dass nicht alle Künste aufgewertet werden sollten, engagierte er sich ausschließlich für die Malerei und begründete, warum Architektur, Poesie, Musik und Bildhauerei nicht zur Wissenschaft gehören. Leonardo sah sich als Maler und Schöpfer epistemischer Kunst und Wissenschaft in Abgrenzung zu den im Staub arbeitenden Bildhauern. Im Grunde wird dieser Wissenschaftsstreit bis heute in seinem Kern nicht verstanden. Er richtete sich gegen die alte Hierarchie des Wissens. Während da Vinci die Malerei favorisierte, ließ Savonarola der Poesie gegenüber der Malerei den Vortritt. An diesen Veränderungsdrang knüpften die Enzyklopädisten an. Sie brachten Anleitungen zum Handwerk mit Abbildungen, sozusagen Gebrauchsanweisungen, heraus. Bemerkenswert ist die Position von Denis Diderot: In seinen Augen spiegelt sich die Klassengesellschaft und deren Hierarchie der Mächte, hier Herr, dort Knecht, in der Kunst wider. Bereits vor Karl Marx mit seiner Kritik an der Klassengesellschaft trat er für eine Aufhebung der Klassenunterschiede der Künste ein, weil es ohne eine solche Aufhebung keine klassenlose Gesellschaft geben könne. Als Erster explizit für die Emanzipierung mechanischer Künste stimmend, stellte er diese gedanklich den epistemischen Wissensformen gleich. Er plädierte für das Ende der Hierarchien.

Die Kunst post Digitalisierung

Jocks: Was ist für dich von Bedeutung?

Weibel: Dass für die sogenannten mechanischen, von Ingenieuren betriebenen Künste, nachdem sie schon um 1500 und noch einmal im 17. Jahrhundert brilliert haben, jetzt wiederholt eine neue grandiose Phase angebrochen ist. Insofern dies eine wichtige Grundsäule der *GLOBALE* ist, spreche ich von der Renaissance 2.0. Wir leben in einer noetischen Wende, von einer sprachbasierten zu einer werkzeugbasierten Zivilisation. Exo-Evolution ist der Ausdruck für diese werkzeugbasierte, von Menschen gesteuerte Evolution bzw. Engineering Culture.

Jocks: Welche Rolle spielt dabei die Digitalisierung?

Weibel: Sie hat die Prozesse der Renaissance 2.0 enorm beschleunigt. Lass mich noch den zweiten Hauptstrang meiner sich über Jahrzehnte hinweg entwickelnden, jetzt konvergierenden Überlegungen ausführen. In der Mitte des 20. Jahrhunderts drang die Wirklichkeit mit dem Nouveau Réalisme, dem Happening und dem Action Painting massiv in die Kunstwelt ein. Begonnen hat das mit Marcel Duchamp. Dazu eine erste These: Leonardo sprach in seinem Buch davon, dass der Maler auf Mittel wie Punkt, Linie, Fläche, Volumen und Schatten zurückgreift. Bezeichnenderweise sprach er wohl deshalb nicht von der Farbe, weil er eher Zeichner war. Mit diesen von ihm benannten Mitteln kann der Maler die sichtbare Form der Dinge repräsentieren. Nun wissen wir, dass das 1926 erschienene Buch von Wassily Kandinsky den Titel *Punkt und Linie zu Fläche* trägt. Dabei handelt es sich um ein Zitat von Leonardo. Doch Kandinsky ging es nicht nur darum, Punkt, Linie und Fläche als Mittel zur Darstellung der Welt zu benutzen. Künstler wie Kandinsky wollten mit dieser Form der Anwendung der Mittel brechen und direkt Punkt, Linie, Fläche setzen und zwar im Sinne einer Selbstpräsentation der Darstellungsmittel. Abstrakte Kunst ist nichts anderes als eine Verkürzung des Programms Leonardos auf den ersten Teil des Satzes. Es erscheinen Punkt als Punkt, Farbe als Farbe und Fläche als Fläche. Daraus, dass der Gegenstand aus der Repräsentation verbannt wurde, zog Duchamp 1913 die Konsequenz. Statt den Gegenstand malend zu repräsentieren, ließ er diesen sich selbst repräsentieren. So kam es zur Selbstdarstellung der Gegenstände. Das Urinal ist das Urinal und ein Rad ein Rad. Dass der Gegenstand sich plötzlich selbst als Kunst repräsentierte, war bis dahin unvorstellbar. Allerdings sahen Philosophen wie Jean Baudrillard und Paul Virilio in dieser Verdoppelung der Welt keine Kunst. In den Manifesten der Aktionisten findet sich stets der Slogan: Leben ist Kunst, Kunst ist Leben. Was den Nouveau Réalisme ausmacht, ist, dass von den Künstlern die Wirklichkeit nicht mehr länger dargestellt wurde, sondern sie diese selbst in die Kunst einbrechen ließen. An die Stelle des Malens von Landschaften trat die Land Art. Keine Porträts wurden mehr gemalt, dafür die Körper als Body Art aktiv. Statt Interieurs als malerisches Genre haben wir Objektkunst, Installationen und Environments, statt gemalter Wasserfälle reale Wasserfälle. Die Wiener Aktionisten mit ihrem Begehren, in die Wirklichkeit einzudringen, forderten diese als ihr künstlerisches Darstellungsmittel ein. Während der Hyperrealist noch eine Putzfrau so realgetreu wie möglich nachahmte, würde ein Tino Sehgal diese heute leibhaftig auftreten lassen. Das Personal, ob Wärter oder Besucher und Besucherinnen, wurde ebenfalls real in die Konstruktion des Kunstwerks miteinbezogen. Die Medienkunst sorgte durch ihre Closed-Circuit-Installationen dafür, dass die Interaktivität des realen Publikums zu einem Bestandteil des Kunstwerkes wurde. Bei meiner Ausstellung *Audience Exhibited* 1969 in Wien wurde das reale Publikum selbst zum Exponat. Die einen leeren Saal betretenden Besucher konnten sich in einem Videogerät selbst sehen und in einem anderen Raum zeitverzögert noch ein zweites Mal. Das reale Publikum selbst wurde zum Kunstwerk.

Jocks: D. h., die Kunst im herkömmlichen Sinne, als Objekt, ist verschwunden.

Weibel: Ja, die Realität hat die Repräsentation in der Gegenwartskunst vollkommen übernommen. Deshalb zeigten wir zum Auftakt der GLOBALE keine gemalte, sondern eine reale Wolke.

Jocks: Doch wurde da keine bereits vorhandene Wolke aus dem Himmel gegriffen, sondern eine echte erzeugt.

Weibel: Ja, so ist es. Johann Gottfried Herder schrieb in seinen *Ideen zur Philosophie der Geschichte der Menschheit* (1784–1791) nicht nur, dass der Mensch dank seines aufrechten Gangs das Handwerk entwickeln konnte, dass er somit auch der »erste Freigelassene der Schöpfung« sei. Da Herder dies noch vor Charles Darwin schrieb, kannte er den Begriff der Evolution nicht, stattdessen den metaphysischen Begriff der Schöpfung. Diesen würde ich mit dem der Evolution ersetzen. Somit hätte sich der Mensch zum ersten Freigelassenen der Evolution gemacht, insofern er aus ihr mithilfe der von ihm gemachten Werkzeuge herausgetreten ist. Denn von dem Moment an, in dem der Mensch die Hände frei hat, kann er Werkzeuge wie Pfeil und Bogen herstellen, welche in der Natur nicht vorkommen. Im Grunde ist eine Rakete nichts anderes als eine Weiterentwicklung von Pfeil und Bogen. Plötzlich sind wir Menschen dank der Werkzeugkultur in der Lage, Distanzen zu überwinden, wovon wir früher allenfalls geträumt haben. Bei Sigmund Freud bis hin zu Marshall McLuhan liest man immer wieder, die technischen Werkzeuge seien Verlängerungen und Optimierungen der natürlichen Organe. Wenn wir heute nach Leben außerhalb unseres Planeten suchen, bezeichnen wir diese Forschung als Exo-Biologie, das künstliche Korsett, das ein körperlich Gelähmter trägt, als Exo-Skelett und die Planeten außerhalb unserer Galaxien als Exo-Planeten. Im Wasser bewegt man sich mit einem Exo-Suit. Langsam, aber sicher wächst ein Verständnis dafür, dass wir seit zweihundert Jahren, seit den Anfängen unserer industriellen Revolution, die natürlichen Organe bis zu deren Substitution erweitert haben. Das Defizit unserer natürlichen Augenlinse kompensieren wir mit einer Brille, im Grunde mit einer dem Auge vorgelagerten Linse. Dabei handelt es sich um eine Auslagerung der natürlichen Linse, deshalb Exo-Linse. Alles in allem haben unsere Werkzeuge entweder kompensatorische oder verstärkende und schließlich sogar ersetzende Funktionen. So ist das Rad nichts anderes als die Ausdehnung des Fußes. Im gesamten 19. Jahrhundert beruhte so gut wie alles, ob Filmprojektor, Kamera, Fahrrad, Auto oder Flugzeug, auf einer reinen Radtechnologie, mit der sich die Geschwindigkeit beschleunigen lässt. Das Kino ist das Geschenk zweier Radtechnologien, der Kamera und des Projektors, welche die Illusion bewegter Bilder erzeugen. Die Exo-Evolution mit ihren Leitideen der Auslagerung (Externalisierung) und dem Heraustreten (Exteriorisierung) aus der Evolution verdankt sich der Werkzeugkultur.

Jocks: D. h., uns wurden von der Evolution die natürlichen Organe geschenkt.

Weibel: Ja, doch diese sind für die Wahrnehmung des gesamten Spektrums elektromagnetischer Wellen nicht geeignet. Deren Existenz, obwohl seit dem Urknall wirksam, wurde experimentell erst zwischen 1886 und 1888 von Heinrich Hertz nachgewiesen. Den Magnetismus entdeckte man erst vor etwa fünfhundert Jahren. Michael Faraday beschrieb 1831 unter dem Begriff der elektromagnetischen Induktion das Entstehen eines elektrischen Feldes durch Änderung der magnetischen Flussdichte. Dann kam James Clerk Maxwell mit seinen Gleichungen und schließlich Hertz, der hier in Karlsruhe mit Funkenexperimenten nachwies, dass das Licht sich elektromagnetischen Wellen verdankt. Deshalb sprechen wir von »Funktechnologie«. Wir haben uns künstliche Organe wie Smartphones und Radio konstruiert, um elektromagnetische Wellen wahrzunehmen. Die seit beinah 150 Jahren verwendeten elektromagnetischen Wellen sind der Grundstein der digitalen Kultur. Ohne ihre Nutzbarmachung gäbe es keine Vernetzung der Welt. Kein Smartphone. Kein Facebook. Keine sozialen Netzwerke. Keine Globalisierung.

Entgegen Paul Virilio
Jocks: Im Gegensatz zu Paul Virilio, der, vor den Gefahren der neuen Technologie warnend, den Verlust der Unmittelbarkeit beklagt, stehst du mit dem heute Möglichen nicht auf Kriegsfuß. Du siehst mehr die Chancen einer anderen Zukunft jenseits der von Macht okkupierten Institutionen. Suchst du nach neuen Formen der Anarchie?

Weibel: Was das Entwickeln neuer Anarchieformen betrifft, so handelt es sich dabei um keine Fortführung des alten Anarchismus. Stattdessen brauchen wir neue Sozialverträge sowie neue institutionelle Formen, um diese Utopie vermitteln zu können. Doch noch einmal zurück zu Herder mit seiner Idee vom Heraustreten des Menschen aus der Schöpfung: Dafür genügen die Gesetze nicht mehr, die uns Menschen bis dato leiteten. Der Mensch, der laut Herder in seine Eigenverantwortung eintritt, wird nicht mehr gewogen, sondern ist die Waage selbst. Nicht mehr die Natur sagt uns, was gut und böse ist. Wir selbst sind die Waage. Dieses Problem der Eigenentscheidung ist bis heute nicht gelöst.

Jocks: Wieso?

Weibel: Nehmen wir eines der zehn biblischen Gebote! Es lautet: »Du sollst nicht begehren Deines Nächsten Haus, Hof und Gut«. Auf heute übertragen heißt das: »Du sollst nicht begehren Deines nächsten Daten«. Doch wir halten uns nicht an dieses Gebot. Wir widersetzen uns ihm und rücken noch dazu unsere Daten freiwillig heraus. Der Wechsel von Schriftmedien zu sozialen Medien beinhaltet, dass wir bei der Suche nach Informationen nicht nur Datenjäger, sondern selbst zu Datenträgern geworden sind. Unser Medienverhalten, die freiwilligen Auskünfte, die wir erteilen, beispielsweise, welche Bücher wir gerne lesen, wird gewinnorientiert ausgewertet. Ja, die Auswertung ist das Kapital der großen Firmen. Bis in den Bereich der Ökonomie hinein haben wir nicht verstanden, was mit uns gerade geschieht. Die alten Regeln, wie das Gebot »Du sollst nicht begehren Deines nächsten Haus, Hof und Gut«, treffen auf die alte materielle und analoge Dingwelt zu. Bisher fehlen uns Regeln für eine digitale Welt. Außerdem stellt sich heute die Frage nach der Rolle der Institutionen. Wir haben ein Justizsystem entwickelt, das angesichts der Komplexität der digitalisierten Welt keine kausalen Zusammenhänge herstellen kann.

Jocks: Wie kommst du zu dieser Behauptung?

Weibel: Strafe ist nichts anderes als der klägliche Versuch der Reversibilität eines Geschehens, das irreversibel ist. Ausgehend von der Irreversibilität des Todes wurden religiöse Vorstellungen von Buße, Sühne und Bestrafung entwickelt. Faktisch leben wir in einer modernen Welt, in der die klassischen Vorstellungen der mechanischen Welt von Ursache und Wirkung nicht mehr funktionieren. Doch das Gesetz klammert sich immer noch an diese überkommene Denkweise von Ursache und Wirkung wie in alten Stammeskulturen. Dabei bietet uns die Kunst hierfür zukunftsweisende Zeichen, nur lesen wir sie nicht. Das berühmte Ballett *Le Sacre du Printemps* von Igor Strawinsky führt uns durch die Musik und Vaslav Nijinskys Choreografie vor, dass wir immer noch primitive Stammesgesellschaften nachahmen. Am Ende wird ein Mitglied der Gruppe geopfert und getötet, damit sich die gesamte Gruppe freisprechen kann. Es ist katastrophal, dass wir in den politischen Institutionen nach wie vor Stammesrituale zelebrieren, aber die moderne Datenwelt nicht

Clement Valla, *Postcards from Google Earth*, 2010 – fortlaufend

verstehen. Solange wir keine Lösung für den Umgang mit Daten haben, bleiben uns Kriege, Katastrophen, der Islamische Staat und sonstige Konfliktherde nicht erspart.
Jocks: Zurück zu dem Traum des Menschen vom Fliegen: Als er diesen zu realisieren begann, orientierte er sich an den Lebewesen der Lüfte, d. h. an der Natur. Überhaupt ist unsere Existenz auf der Erde abhängig von der Sonne.
Weibel: Wir sind nicht von der Natur abhängig, sondern von den Naturgesetzen. Ich würde nicht wie Novalis *Hymnen an die Nacht* (1800) schreiben, sondern eine an die Schwerkraft. Ohne sie würden wir nicht um die Sonne rotieren. Sollte die Schwerkraft einmal nachlassen, wäre die Anziehung der Massen außer Kraft gesetzt, mit der Folge, dass die Erde sofort ins All abdriften würde. Im Grunde wissen wir nichts über die Gravitationskraft. Wie »Pegasus« ist sie nur eine Metapher. Bis zur Entwicklung des Flugzeuges war die Überwindung der Schwerkraft lediglich ein Wunsch. Insofern sind wir Menschen nicht nur Mängelwesen, sondern auch Wunschwesen, die sich die Welt immer stärker gemäß ihren individuellen Wünschen gestalten. Mit dem Fliegen verstoßen wir letztlich nicht gegen die Naturgesetze. Vielmehr beuten wir sie aus, weil wir in Erfahrung gebracht haben, wie wir der Schwerkraft entkommen können. Meine Utopie zielt auf die Entdeckung weiterer Naturgesetze. Vor eintausend Jahren wussten wir nicht, dass Elektrizität überhaupt existiert, und solange wir dazu keine Theorie aufgestellt hatten, konnten wir auch keine Elektrizität nutzen. Ganz platonistisch denke ich, dass wir Naturgesetzte nicht erfinden, sondern entdecken. Bruno Latour ist da anderer Ansicht. Die Frage, ob es möglich ist, dass der Mensch, der doch ein Produkt der Natur ist, diese überlisten kann, beantworte ich mit einem klaren Ja. Wenn auch im Rahmen herrschender Naturgesetze eingesperrt, erweitern wir das Universum durch die Entdeckung neuer Naturgesetze. Beispielsweise haben wir gelernt, dass wir nur mit zwei Ziffern (0 und 1) alle Rechenoperationen ausführen können. Wir werden aber entdecken, dass wir, sobald wir das Wort »Zahlenraum« buchstäblich nehmen, wir bisher nur auf der zweidimensionalen Fläche zahlenmäßig operiert haben und ebenso die Schrift, jetzt bestehend aus 26 Buchstaben und Sonderzeichen, nur auf der zweidimensionalen Fläche codiert war. Auch hier werden wir neue, im Raum operierende, mit neuen Geräten produzierte und rezipierbare Schriften und Zahlensysteme entwickeln.
Jocks: Dafür, dass dies nicht unbedingt zum Wohl der Menschheit gereicht, ist doch die Atombombe ein Symbol?
Weibel: Ja, Wunschwelten sind immer psychotischer Natur, das ist das Problem des sich Wunschwelten imaginierenden Menschen. Eine psychotische Welt ist stets

eine infantile, weil der Psychotiker wie das Kind zwischen Wunsch und Wirklichkeit nicht klar unterscheiden kann. Es ist das Wesen der Technik, Wünsche zu ermöglichen, die normalerweise und realerweise, historisch definiert bis zum Auftauchen dieser Techniken, nicht möglich waren. Wenn jemand aus Karlsruhe nach Sydney telefoniert, ist dies die Geistreise einer Stimme. Durch die Technologie werden psychotische, pathologische Schübe in der Zivilisation erleichtert. Wir verfügen über Massenvernichtungswaffen, mit denen man nicht mehr wie noch zu Napoleons Zeiten Mann gegen Mann kämpft. Im 20. Jahrhundert wurden zum ersten Mal die Konturen einer Enthemmung deutlich, insofern wir Millionen von Menschen mit Atombomben und Raketen vernichten konnten. Wir bewegen uns folglich in psychotischen Räumen ohne soziale Mechanismen, die Hitler, Mao oder Stalin hätten stoppen können. Das Problem ist kein technisches, sondern ein soziales. Wir brauchen neue Institutionen, welche die sozialen, durch die Technik ermöglichten Enthemmungen kontrollieren können. Daher bin ich mir auch sicher, dass in Zukunft nicht nur Moses, Jesus und Mohammed die einzigen Religionsgründer bleiben. Eines Tages werden Propheten und Sekten auftreten, die Religionen für das digitale Zeitalter entwerfen werden.

Freiheit und Technologie

Jocks: Ist nicht ein weiteres Problem, dass die Technologie von den die Freiheit des Einzelnen einschränkenden Institutionen in den Dienst genommen wird. Du sagtest es bereits: Die Digitalisierung ermöglicht absolute Kontrolle.

Weibel: Gerade weil ich seit meinem sechsten Lebensjahr in Institutionen aufgewachsen bin, kenne ich die Konfliktzonen nicht nur sehr genau, ich bin dafür auch stark sensibilisiert. Nun ist es so, dass in jeder Minute eine neue Erfindung und eine neue Entdeckung in der Chemie, Physik, Biologie etc. produziert wird. Nachdem in der Welt die Informationsbombe geplatzt ist, muss man darüber nachdenken, wie man das ganze Datenmaterial lagert und zusammenfasst. Meines Erachtens müssen wir noch rasanter prozessieren, noch schneller lesen, noch tiefer denken und noch unverzüglicher Zusammenhänge erfassen. Nur mit der von Virilio kritisierten Beschleunigung werden wir der Informationsbombe entkommen. Das Geheimnis der Evolution ist, dass diejenigen Organismen überlebt haben, deren Verteidigungsmechanismen auf Schnelligkeit aufgebaut sind. Damit meine ich nicht nur die Schnelligkeit des Körpers, sondern auch die des Sehens und Erfassens. Weil blitzschnelles Erfassen überlebensnotwendig ist, haben Organismen Bewegungsdetektoren ausgebildet. Die Menschheit braucht das heute mehr denn je. Die NSA hat zwar Millionen an Telefonen abgehört, aber dennoch weiß sie nichts, weil ihnen die Algorithmen fehlen, um die relevanten Informationen herauszuziehen. Deshalb funktioniert das Netz zur Verhinderung von Terrorakten noch nicht.

Jocks: Sind und bleiben wir nicht von unserem Körper abhängig? Als die ersten Astronauten zum Mond flogen, wusste man noch nicht, ob der Körper die Schwerelosigkeit überhaupt aushält, welche Langzeitfolgen diese für diesen hat.

Weibel: Wir haben den Körper, nur müssen wir ihn verbessern. Wenn die Natur sagt, die Hand oder die Lunge sind kaputt, müssen wir nach einer Möglichkeit suchen, die Körperteile durch Exo-Teile zu ersetzen.

Jocks: Was für ein zukünftiges Leben stellst du dir vor?

Weibel: Dass der Mensch 150 bis 200 Jahre alt wird und dass wir zu einem friedlichen Zusammenleben finden. Bisher ist die Geschichte nichts anderes als eine Kette von Regimen, die Männer und Frauen entwürdigen. Menschen in Asien und

Afrika werden weiterhin geknechtet, und wir werden unserer Individualität beraubt. Ein ungeheureres Problem für die Menschheit stellt die fast freiwillige totale Überwachung durch »evil eyes«, wie Kameras und digitale augenlose Suchmaschinen, dar. Wir können von William Shakespeares Othello lernen, was Paranoia ist, nämlich Überinterpretation von Zeichen und Überproduktion von Bedeutung. Der panoptische Raum ist ein paranoider Raum: Jeder ist verdächtig – denkt man beispielsweise an die Flughafenkontrolle. Es entsteht eine Kreativitätsindustrie des Verdachts. Auch die NSA ist schöpferisch, sie schöpft stets Verdacht. Von Othello wissen wir, wo das endet, im Mord. Der Gewaltpegel in der panoptischen Gesellschaft wird also steigen.

Jocks: Du bist Österreicher!

Weibel: Ja, sozialisierter Österreicher.

Jocks: Du scheinst zu der Familie der Abtrünnigen zu gehören, die ihr Land als Enge erfuhren und darauf mit einer Utopie der Weite antworten. Welche persönlichen Ereignisse ließen dich zum Utopiker werden?

Weibel: Ich sah mich bereits als Kind vor dem sechsten Lebensjahr und auch später während und nach der Internatszeit von Machtsystemen umstellt. Konfrontiert mit Institutionen und extremen Vorschriften, die das Terrain bestimmten, in dem ich mich zu bewegen hatte, und auch Vorgaben, wie ich mich dort zu verhalten, was ich zu tun und zu lassen habe. Ich galt als verhaltensauffällig. Ich erlebte die Welt als eine extrem enge. Davon habe ich später abstrahiert und mir gesagt: Die Welt besteht aus vier Gitterstäben, aus drei Raumachsen und einer Zeitachse. Die Welt ist ein Gefängnis, wie René Descartes es beschrieb. Doch wie kann man die Gitterstäbe ein bisschen lockern und ausdehnen? In diesem Kontext faszinierten mich die Relativitätstheorie und die Quantenmechanik.

Die Lehre des Übermenschen

Jocks: Wenn ich Revue passieren lasse, worum es dir geht, entsteht bei mir der Eindruck, dass du eine Neudeutung von Friedrich Nietzsches Lehre des »Übermenschen« vornimmst.

Weibel: Das ist richtig, wobei ich betonen muss, dass der Gebrauch des Wortes »Übermensch« durch den faschistischen Missbrauch heikel geworden ist. Ich sehe Nietzsches Lehre vor dem Hintergrund seiner Frage: Was ist der Mensch? Als Erster hat er die Philosophie in eine Anthropologie verwandelt. Heute kennen wir die Anthropologie der Medien oder des Bildes von Hans Belting. Bei ihm spüren wir Nietzsches Erbe ebenso wie bei Joseph Beuys. Es geht um die Selbstreflexion des Menschen, verbunden mit der Frage: Wer und was bin ich? Und für mich ganz wesentlich: Wie kann man das Humane definieren? In Sigmund Freuds Theorie wird dieses zwischen den Triebkräften der Natur, dem Über-Ich und den sozialen Normen angesiedelt, und daraus geht das Ich hervor. Seltsamerweise wird ein Begriff wie »Über-Ich« akzeptiert, nicht aber der des Übermenschen. Da korreliert das Transzendente mit dem Physischen. Der Mensch will sich transzendieren, das ist eine Eigenschaft des Menschen oder das Wesen der Anthropotechnik, von der Peter Sloterdijk spricht. Der Mensch stellt den Anspruch, etwas leisten zu wollen, wozu er noch nicht fähig ist. Wenn Freud den Menschen als ein von Trieben, den Naturkräften, also von der Biologie bestimmtes Wesen begreift, so ist das, wenn du willst, eine Spannung nach unten. Gleichzeitig gibt es, wie Sloterdijk es nennt, die Vertikalspannung, insofern der Mensch Ansprüche an sich selbst erhebt, um über sich hinauszugehen. Das Über-Sich-Hinausgehen ersetze ich nun, – und das ist der springende Punkt –, mit dem Aus-Sich-Herausgehen. Das bezeichne ich mit Externalisierung, Exteriorisierung oder Ekstasierung. Der Mensch verbessert sich, und da genau besteht die Parallele zu Nietzsche. Mir schwebt sozusagen eine profanisierte Version des sakralisierten Übermenschen vor, eine Normalisierung der Ekstase. Der Übermensch hat noch göttliche, allmächtige Züge. Meine Version ist mehr eine demokratische. Der Mensch, der seine Defekte oder Mängel realisiert, versucht, diese zu verbessern, auszugleichen oder zu substituieren. Wenn jemand das Problem hat, dass seine natürliche Wirbelsäule nicht funktioniert, wird sie durch eine externe, das Exo-Skelett, ersetzt. Der Mensch verbessert sich, indem er seine materiellen, physikalischen und mentalen Eigenschaften optimiert. Durch die Erfindung der Rechenmaschine verbessert der Mensch sein Gedächtnis wie schon mithilfe der Schriftkultur. Die Technik ist stets Tele-Technik, d. h. Überwindung von räumlichen und zeitlichen Fernen. Damit erzielt der Mensch übernatürliche, gottgleiche Resultate. Deshalb ist alle Tele-Technologie stets auch Theo-Technologie. Der Übermensch ist laut Freud ein zivilisierter, demokratisch gebändigter »Prothesengott«.

Jocks: Jetzt verstehe ich besser, warum du Sloterdijk nach Karlsruhe geholt hast. Seine Vorstellung vom »Neuen Menschen« schwingt parallel zu deiner eigenen.

Weibel: Ja, unsere Denkansätze sind zum Teil vergleichbar. Doch sieht er das nicht technisch und daher nicht antiessenziell. Mein Ansatz ist, wie ich es nenne, die digitale Philosophie. Was heißt das? Am Anfang seiner Geschichte hatte der Mensch vor allem mit Dingen und Tieren zu tun, bis er sich dessen bewusst wurde, dass er dabei auf Grenzen stieß. Er gab den Dingen Namen, wodurch er mit diesen operieren konnte, ohne dass die Dinge da sind. Schließlich gab er den Tieren und Dingen Bilder und sah, dass er technisch über etwas nicht Vorhandenes schreiben und sich davon Bilder machen konnte. So entstanden zwei autonome Welten, die Welt der Schrift und die der Bilder, die sich verselbstständigten. Daraufhin abstrahierte der Mensch noch mehr und gab den Dingen, den Bildern, Tönen und Namen Ziffern und Zahlen.

Jocks: Mit gravierenden Folgen!

Weibel: Ja, ohne diesen Schritt vor zweihundert Jahren gäbe es keine digitale Revolution. Analytisch kommt von »Analysis«, also von einer mathematischen Disziplin. Zu verstehen sind darunter mathematische Operationen. Joseph-Louis Lagrange, in meinen Augen der größte Physiker nach Isaac Newton, behauptete 1788 in seinem Werk *Mécanique analytique*, er könne die Welt ohne Bilder und Zeichnungen, nur mithilfe von mathematischen Formeln und algebraischen Operationen erklären.

Jocks: Doch wie kam man auf die Zahl und zu dieser Evolution? Was ist im menschlichen Gehirn passiert?

Weibel: Darauf weiß ich keine Antwort. Jedenfalls hat der Mensch diese drei Abstraktionssysteme entwickelt: Erst Buchstaben, dann Bilder und schließlich Zahlen. Die Evolution hat uns zur Erkenntnis unseres Selbst, der Evolution und des Universums die mathematischen Mittel beschert. Wir können offenbar nur das von der Welt erkennen, was digital, also in Zahlen erfassbar ist. Mittels Zahlen sind wir in der Lage, den mathematischen Aspekt des Universums zu erfassen. Deshalb rede ich hier von der Infosphäre.

Spiderman als konkrete Utopie

Jocks: Du denkst dir den Neuen Menschen nicht als ein digitales, sondern als ein Wesen, das auch körperlich anders existiert? Vor kurzem sah ich eine Dokumentation über den Film *Spiderman*. Dabei ging es darum, dass der Film auf wissenschaftlichen Forschungen beruht, die sich damit auseinandersetzen, wie sich diese Fiktion realisieren ließe. Dabei wurden Vergleiche mit der Spinne gezogen, deren Proportionen und Maßstäbe auf den Menschen übertragen wurden, und darüber spekuliert, wie sich eine Veränderung des

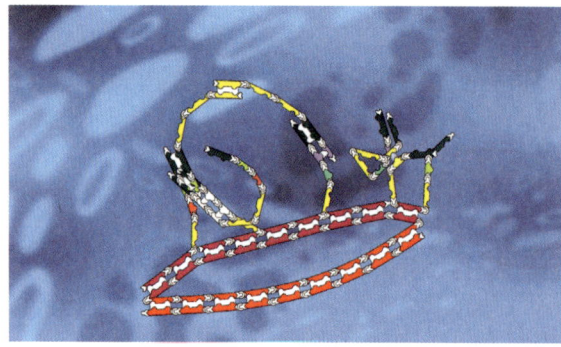

Nanocrafter, Center for Game Science, University of Washington, Seth Cooper. Nanocrafter ist ein Puzzlespiel, in dem die Spieler DNA-Bausteine zusammensetzen können und so zu deren Erforschung beitragen.

Menschen bewirken lässt, indem man ihm die Gene einer Spinne dadurch vermacht, dass man sein Immunsystem herunterfährt. Wenn der Mensch die Eigenschaften einer Spinne hätte, so wäre vorstellbar, dass er sich als Spiderman an seinen stärker als Stahl seienden Fäden durch die Lüfte von New York schwingt. Denkst du bei deinen Überlegungen an eine derartige Um-Codierung oder Umwandlung des Körpers? Deine Betrachtungen zielen wohl auch auf eine Überwindung der verfluchten Sterblichkeit.

Weibel: Mit deiner Vermutung liegst du vollkommen richtig. Wenn bei Jürgen Habermas von dem »unvollendeten Projekt der Moderne« die Rede ist, so muss man sich das etwas größer denken. Sowohl der Kosmos als auch die Evolution sind wie das Humane, wie bereits gesagt, ein unvollendetes Projekt. Heute existieren in Ansätzen zwei Visionen. Die eine geht von einer Erde aus. Die Menschen sind ein monostellares Projekt, aber viele Projekte, wie die NASA mit ihren Expeditionen in das Universum zeigt, sind dabei, den Menschen als multistellares Projekt zu entwerfen. Das ist die Idee der Raumfahrt. Werfen wir einen Blick auf den jüngsten Stand der Gentechnik, wonach es möglich ist, die Sequenzen von Genen beliebig zu schneiden und zu montieren! Das ist die allerneueste Entdeckung mit all ihren darin impliziten Gefahren. Wir stehen am Anfang einer genetisch-molekularen Revolution, die intra- und multihumane Lebewesen hervorbringen wird. Ja, wir übernehmen die Aufgabe der Evolution, und deshalb spreche ich von der Exo-Evolution. Die Evolution, die mit uns dafür gesorgt hat, dass neunzig Prozent aller Lebewesen bereits verschwunden sind, wird von uns durch eine Exo-Evolution ersetzt. Wir selbst werden im Laufe der nächsten zweitausend Jahre neue Lebewesen ermöglichen, und die werden nicht alle menschenähnlich sein. Insofern ist die Vision von *Spiderman*, von der du sprichst, eine, die auf dem Programm stehen könnte.

Jocks: Der Mensch wird zum Erzeuger und tritt an Gottes Stelle.

Weibel: So weit würde ich nicht gehen. Er macht sich zum Co-Schöpfer der Evolution, sind wir doch von der Evolution abhängig und nicht deren Chefs. Die Naturgesetze sind die eigentlichen Götter. Die Lichtgeschwindigkeit lässt sich nicht überschreiten, und wir können auch die Gravitationsgesetze nicht abschaffen. Aber man muss sich daran gewöhnen, dass sich der Mensch in zehn- bis zwanzigtausend Jahren selbst neue Mitwesen erzeugt haben wird. Wenn wir Glück haben, finden wir über kurz oder lang andere, von uns bewohnbare Planeten. Dann werden wir derart leben, wie wir es aus der Welt der Science-Fiction kennen. Ich warne davor, die Science-Fiktionäre zu kranken Menschen zu degradieren. Vielmehr sind sie es, die das Mögliche aus einer im Menschen angelegten Sehnsucht extrapolieren.

Jocks: Wann hast du angefangen, Science-Fiction zu lesen?

James Bridle, *Drone Shadow 009*, 2015, Installationsansicht *GLOBAL CONTROL AND CENSORSHIP* im Rahmen der *GLOBALE*, ZKM | Karlsruhe 2015-2016

Weibel: Wie alle in der Jugend, als Zwölfjähriger.
Jocks: Erinnerst du dich an deine Primäreindrücke und Erstlingsreaktionen?
Weibel: Leider waren meine Primäreindrücke dystopisch, also negative Utopien. Alles Gelesene, angefangen von Mary Shelley bis hin zu den Schundheften, waren technische Utopien, aber das dort beschriebene soziale Umfeld negativ. Im Grunde ist Science-Fiction Cyberpunk, und Cyberspace ist immer noch negativ besetzt. Sämtliche Science-Fiction-Romane beschwören die Angst.
Jocks: Virilio steht der Entwicklung der Welt im Zeitalter der Digitalisierung eher kritisch gegenüber. Dennoch hast du ihm 2006/2007 die Ausstellung *Paul Virilio und die Künste* gewidmet.
Weibel: Ja, er hat die gleichen Phänomene gesehen, aber negativ beurteilt. Weil wir im Kern an den gleichen Ideen arbeiten, habe ich diese Ausstellung gemacht. Von Anfang an waren wir enge Freunde. Ich habe ihm aber sachlich widersprochen und ihm erwidert, alles zu sehr aus der Warte der Militärgeschichte zu betrachten. Sein Buch *Krieg und Kino* (1986) ist richtig, insofern er darin feststellt, dass Medien Teil der Militärindustrie sind. Nur leider hat er nicht gesehen, dass Kunst immer schon Teil der Militärindustrie war. Denke nur an den Brief von Leonardo da Vinci, in dem er sich damit brüstete, Brücken ebenso wie Waffen und Festungen bauen zu können. Wer heute ins Museum geht, sieht dort Schlachtengemälde wie Diego Velázquez' *Übergabe von Breda* (um 1635) im Prado. Die Malerei ist seit jeher auch Militärgeschichte.
Jocks: Da du das Positive der neuen Technologie so hervorhebst, möchte ich nochmals auf das negative Potenzial pochen. Ein Aspekt dabei wäre, dass Suchmaschinen das Wissen vorprogrammieren, wodurch deren User manipuliert werden.
Weibel: Einverstanden, und deshalb behandelt eine Ausstellung der *GLOBALE* das Thema globale Überwachung und Zensur. Wer Google benutzt, verlässt sich auf die Algorithmen einer Suchmaschine. Es ist nicht mehr so wie früher, da man eine Bibliothek aufsuchte, sich Bücher bestellte oder heraussuchte. In dem Augenblick, da man diese Arbeit den Suchmaschinen überlässt, ist man nicht mehr Individuum.
Jocks: Verstehst du die *GLOBALE* als eine neue Form der Aufklärung?
Weibel: Ja, es ist eine neue, über Werkzeuge funktionierende Form der Aufklärung, und das entspricht dem, was Aufklärung einst war. Wer wie ich der Auffassung ist, dass nicht nur das Handwerk, die Maschinen und die Medien Werkzeuge sind, sondern auch die Algorithmen, wird bemerken, dass die Komplexität der Welt mithilfe unserer Theorien und Werkzeuge nicht reduziert, sondern größer wird. Durch die

Herstellung von früher unvorstellbaren Dingen erweitern wir auch unsere Vorstellung vom Menschen. Er ist trotz aller äußeren Ähnlichkeit nicht mehr der gleiche wie derjenige, der noch mit der Hand oder an der Maschine schrieb.

———

Das vorliegende Interview wurde 2015 in dem von Michael Hübl herausgegebenen Band 237 des *Kunstforum International: GLOBALE, ZKM | Zentrum für Kunst und Medientechnologie Karlsruhe. Renaissance 2.0: Der Mensch als Möglichkeitswesen*, Köln, S. 74-85, veröffentlicht. Der Band erschien anlässlich der *GLOBALE. Das neue Kunstereignis im digitalen Zeitalter*, eine dreihunderttägige neue künstlerische Manifestation, Labor und Akademie zugleich, die 2015/2016 mit Ausstellungen, Konzerten, Performances und Symposien entscheidende künstlerische, soziale und wissenschaftliche Tendenzen des 21. Jahrhunderts zeigte.

Infosphäre: Die Verwandlung der Dinge in Daten

2015

Bereits 1987 habe ich in meinem Buch *Die Beschleunigung der Bilder* jene den Erdball umfassende elektromagnetische Hülle als Kommunikations- und Informationssphäre beschrieben, die wir durch unsere telematischen Technologien nutzbar machen: »Das Netzwerk von Computerterminals, Telefonen, Telegrafen, Telexsystemen, Satelliten-TVs etc., auf dem unsere gesamte Kommunikation ausgebaut ist, stellt gleichsam eine orbitale Hülle bzw. Skulptur dar, ohne die unsere Zivilisation kollabieren würde.«[1] Die Infosphäre bildet die Voraussetzung für die Verwandlung der Welt der Dinge in eine Welt der Daten.

In der alten Welt, der analogen Welt, gab es vor allem Dinge. Der Mensch gab den Dingen Namen und diese Beziehungen zwischen den Worten und Dingen haben für Jahrtausende die Kultur und die Zivilisation bestimmt. Deshalb heißen noch zeitgenössische philosophische Bücher *Word and Object* (Willard Van Orman Quine, 1960) oder *Les mots et les choses* (Michel Foucault, 1966). Die Menschen gaben aber den Dingen nicht nur Namen, sondern machten sich bereits vor Urzeiten Bilder von den Dingen. Die Welt der Worte und die Welt der Bilder haben sich im Laufe der Zeit verselbstständigt und wurden zu autonomen Universen. Die Beziehungen zwischen Worten und Objekten und zwischen Bildern und Objekten bilden die zwei wichtigsten evolutionären Stufen der Abstraktion. Die dritte Stufe der Abstraktion beginnt jetzt: die Abbildung der Objekte, Worte und Bilder auf Zahlen, die digitale Revolution.

Wie konnte die neue digitale Welt der Daten entstehen? Wie kommt es, dass aus Dingen, Bildern und Worten Daten wurden? Es bedurfte einer unendlichen Zahl von Theorien und Erfindungen, um diesen Wandel zu vollziehen. Nur einige möchte ich herausgreifen. Die Kunst verharrte für Jahrhunderte im Horizont der natürlichen Wahrnehmung, der Perzeption durch das natürliche Auge. Erst mit der Fotografie begann eine apparative Wahrnehmung. Die Wissenschaft hingegen beginnt dort, wo die natürliche Wahrnehmung endet. Sie hat sich seit Jahrhunderten Instrumente geschaffen, mit denen sie den Horizont des Sichtbaren erweitert.

Darüber hinaus hat sie mit den Zahlen ein abstraktes Reich geschaffen, das über die Existenz von Dingen und über die Existenz von *sensua* (Sinnesdaten) hinausgeht. Die Welt der Zahlen besteht aus zehn Ziffern, man kann alle Zahlen der Welt mit zehn Ziffern (1 bis 0) formulieren. Die Erfindung des binären Zahlensystems durch Gottfried Wilhelm Leibniz (1697), also die Darstellung aller Zahlen nur durch zwei Ziffern, nämlich 0 und 1, bildet eines der entscheidenden Axiome für die Infosphäre.

Um 1800 begannen die mentalen und maschinellen Anstrengungen, die Welt zu mathematisieren. Joseph-Louis Lagrange hat bereits im Vorwort zu seinem Meisterwerk

---

1 Peter Weibel, *Die Beschleunigung der Bilder*, Benteli, Bern, 1987, S. 96.

!Mediengruppe Bitnik, *Random Darknet Shopper – The Bot's Collection*, 2015

Scottie Chih-Chieh Huang, *Dandelion Mirror*, 2015, Installationsansicht *Infosphäre* im Rahmen der *GLOBALE*, ZKM | Karlsruhe 2015–2016

Méchanique analytique (1788) betont, dass er die Welt nur mittels algebraischer Operationen vollständig beschreiben kann. Dieses geniale Werk hat das Universum implizit als digitale Maschine entworfen. Sigfried Gideon beschreibt in *Mechanization Takes Command* (1948) die industriellen Folgen dieser Mathematisierung. George Boole hat in *An Investigation of the Laws of Thought* (1854) die Arbeit von Lagrange fortgesetzt und das Denken alphabetisiert, indem er Logik als Algebra formalisierte. Daraus entstand mithilfe von Gottlob Frege (*Begriffsschrift. Eine der arithmetischen nachgebildete Formelsprache des reinen Denkens*, 1879), Bertrand Russell und Alfred North Whitehead (*Principia Mathematica*, 1910–1913) die mathematische Logik, deren Ideal es war, Denken auf Logik abzubilden und Logik auf Mathematik. Dadurch wurden die Voraussetzungen für die Programmiersprachen ab den 1950er-Jahren geschaffen.

Die Mutter der Programmiersprachen, die unter anderem von Peter Naur, Friedrich L. Bauer und John W. Backus 1958–1963 entwickelt wurde, heißt ALGOL 60, für *algorithmic language*. Alle Programmiersprachen sind sogenannte Semi-Thue-Systeme, die auf den Aufsatz »Probleme über Veränderungen von Zeichenreihen nach gegebenen Regeln« (1914) von Axel Thue zurückgehen. Auch die Modelle universaler Grammatiken von Noam Chomsky (ab 1956) sind Semi-Thue-Systeme. Die Programmiersprachen von heute, der numerische Code, welcher die Basis der Infosphäre bildet, haben philosophische Vorläufer in den Werken der Logiker und Philosophen des 20. Jahrhunderts aus Polen und Österreich. Stellvertretend seien die Titel zweier von Rudolf Carnap verfassten Bücher genannt: *Der logische Aufbau der Welt* (1928) und *Logische Syntax der Sprache* (1934). Sie zeigen deutlich die Absicht, nach der Analyse der logischen Struktur der Sprache auch das Universum selbst als eine mathematische Struktur darzustellen. Dieses Bestreben spiegelt sich heute im Buch von Max Tegmark (*Our Mathematical Universe*, 2014) wider.

All diese Mathematiker, Logiker und analytischen Philosophen der letzten zweihundert Jahre standen im Dienst der Aufgabe, durch eine Mathematisierung der Welt die Welt der Objekte in eine von Menschen kontrollierte Welt von Daten zu verwandeln. Warren S. McCulloch und Walter H. Pitts' haben in »A Logical Calculus of the Ideas Immanent in Nervous Activity« (1943) die Nerventätigkeit als Basis des Denkens erfolgreich als logisches

José Luis de Vicente, *From the Secret to the Monument*, 2014, Installationsansicht *Infosphäre* im Rahmen der *GLOBALE*, ZKM | Karlsruhe 2015-2016

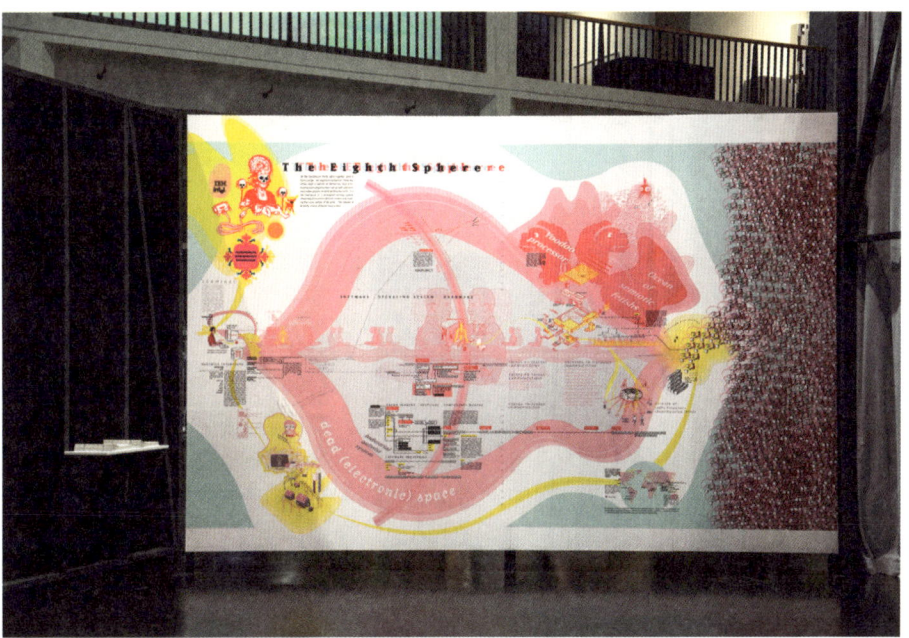

Bureau D'études, *The 8th Sphere*, 2010, Installationsansicht *Infosphäre* im Rahmen der *GLOBALE*, ZKM | Karlsruhe 2015-2016

Unknown Fields Division, *Rare Earthenware*, 2015, schwarzes Steingut und radioaktive Bergbaurückstände, Installationsansicht *Infosphäre* im Rahmen der *GLOBALE*, ZKM | Karlsruhe 2015-2016

Kalkül formalisiert. Schließlich haben Kurt Gödel und Alan Turing am Ende der Überlegungen zur Mathematisierung der Welt über die Mathematisierung der Mathematik selbst nachgedacht. Turings Essay »On Computable Numbers« (1936/1937) stellt die Frage, wie Zahlen und Zahlenprozesse selbst berechnet werden können. Damit war klar, dass frühere Vorstellungen von Wahrheit, hergestellt und dargestellt durch verbale Sätze, logischen Operationen weichen mussten, die mathematisch darstellbar bzw. abbildbar waren. Die Wahrheit von Aussagen stützt sich auf logische Beweisbarkeit und seit Turing und Alonzo Church gilt nur als beweisbar, was berechenbar ist.

Zahlen operieren über Zahlen, aber Zahlen operieren auch über Bilder, Worte und Dinge. Zahlenoperationen haben Einfluss und Wirkung auf Bilder, Worte und Dinge. Dadurch entsteht eine neue Form der Ontologie, deren Konturen wir erst erahnen. Das Theorem von Parmenides, dass Denken und Sein eins seien, wird durch die digitale Technologie auf merkwürdige Weise bestätigt. Normalerweise schreibt der Mensch Zahlen und Rechenvorschriften wie Addition als + auf ein Papier, rechnet aber selbst im Kopf und schreibt das Ergebnis der Rechenoperation wiederum auf Papier. Beim Taschenrechner sind die Zeichen und Rechenvorschriften Teil der Maschine, die der Mensch als Teil der Rechenoperation betätigt. Das Ergebnis liefert die Maschine. Die Maschine rechnet für den Menschen: Mentalismus und Mechanismus sind identisch. Wenn Rechnen zum Denken gehört, können also das Rechnen und somit das Denken mechanisiert werden. Die erweiterte Church-Turing-These besagt genau dies: Alles was formalisiert werden kann, kann mechanisiert werden. Und alles was mechanisiert werden kann, kann berechnet werden. Im digitalen Universum nähern sich Denken und Sprache, Sprache und Sein, Denken und Sein in einem definierten Ereignishorizont einander an. Doch um Fehlschlüssen vorzubeugen, sei gesagt: Nicht alles, was existiert, kann gedacht werden und nicht alles, was gedacht werden kann, kann gesagt werden. Es gibt also mehr, als wir denken und sagen können. Aber der Teil des Seins, der gedacht werden kann und der Teil des Denkens, der gesagt werden kann, kann formalisiert und digitalisiert werden. In diesem Bereich gilt das Diktum von Parmenides, verifiziert am Beispiel von Boole und Shannon: Das Universum ist uns nur beschränkt zugänglich und offenbart uns nur seine formale, mechanische, digitale Seite. Unser Verstand und unsere Werkzeuge machen uns nur die digitale Seite des Universums zugänglich, aber die immer mehr. Nach Parmenides ist etwas oder es ist nicht. Solche Aussagen erweisen die Ontologie selbst als digitalen, binären Code: Sein oder Nichtsein, 1 oder 0. Zahlen operieren über dem Sein, durch das Sein, mit dem Sein. Man ist versucht, von einer operativen Ontologie zu sprechen. Was formalisiert werden kann, kann verwirklicht werden. Nach der Herrschaft der Maschinen beginnt daher die Herrschaft der Daten. Beides sind neue Formen der Wirklichkeitskonstruktion, beides sind neue Seinsweisen, welche die Ontologie erweitern.

Diese merkwürdige ontologische Wende statuierte Claude E. Shannon mit seiner Masterarbeit »A Symbolic Analysis of Relay and Switching Circuits«. In dieser Arbeit bewies er, dass die Boole'sche Algebra dazu verwendet werden kann, um die Anordnung von Relais zu vereinfachen und, in Umkehrung, durch den gezielten Einsatz von elektronischen Schaltungen Boole'sche Gleichungen gelöst werden können. Die von Shannon vorgeschlagene Verknüpfung beider Systeme und der Gebrauch der binären Eigenschaften elektrischer Schaltkreise (on – off, 1 – 0, Strom – kein Strom) zur Ausführung logischer Funktionen bestimmten fortan den Aufbau aller elektronischen digitalen Computer. Shannon zeigte, dass die mentalen Formeln der Boole'schen Algebra in materielle Schaltalgebra übertragen werden konnten. Elektronische Schaltkreise – also Materie – verhalten sich nach der Boole'schen Algebra, nach den Regeln des Geistes. *Mind over matter?* Aufgrund der Koppelung von Leibniz' Erfindung des binären Codes mit elektronischen Schaltkreisen konnten nun Maschinen mit lediglich zwei Ziffern alle Zahlen berechnen und somit die Frage von Turing beantworten. Das Computerzeitalter begann, das sich dadurch auszeichnet, die Dinge in Daten zu verwandeln und über diese Daten selbst wie existenzielle Dinge zu operieren. Das erklärt, warum die Mathematik auf scheinbar unerklärliche Art und Weise so wirkungsvoll in der Physik ist (Eugene Wigner, »The Unreasonable Effectiveness of Mathematics in the Natural Sciences«, 1960).

Digitale Philosophie behauptet nicht, dass alles formalisierbar ist, ganz im Gegenteil (Kurt Gödel, »Über formal unentscheidbare Sätze der Principia Mathematica und verwandter Systeme I«, 1931). Sie weiß, dass mehr existiert, als wir sprachlich ausdrücken können, d. h. formalisieren können. Und auch nicht alles, was wir denken, kann formalisiert werden. Die Menschen versuchen allerdings immer mehr, das was ist oder sein könnte, mit ihrem Denken zu erfassen, und zweitens, ihr Denken selbst immer mehr zu erfassen, also zu formalisieren. Die Welt der Daten schließt also die Welt der Dinge, Worte und Bilder nicht ab, sondern verwandelte sie im Gegenteil in ein offenes System.

Neben der mathematischen Informationstheorie der Kommunikation bedurfte es aber noch einer Vielzahl anderer Erfindungen der Telekommunikation, von Heinrich Hertz' Funkenexperimenten (1886–1888) bis zu den Transistoren von John Bardeen, Walter Brattain und William Shockley (um 1946), um die Infosphäre, das ist die technische Infrastruktur der Datenwelt, zu erzeugen. Die telematischen Medien – Telegrafie, Telefonie, Television, Radar, Rundfunk, Satellit, Internet – bilden seit ca. 150 Jahren ein technisches Netzwerk, das den Globus umspannt und den globalen Datenaustausch sowie die Organisation des Transports von Menschen und Gütern ermöglicht. Heinrich Hertz hat durch seine Funkenexperimente den empirischen Nachweis für die Existenz der elektromagnetischen Wellen erbracht. Damit begann das Zeitalter der drahtlosen Funktechnologie, welche die Separation von Bote und Botschaft ermöglichte, sodass Daten ohne den Körper des Boten den Raum durchqueren können.

Im 20. Jahrhundert entstand auf der Grundlage der technischen Innovationen der Funktechnologie und der auf der mathematischen und logischen Grundlagenforschung gestützten Computertechnologie ein dicht verknüpftes Kommunikations- und Informationsnetzwerk von mobilen Medien: die Infosphäre – eine die Erde umspannende Hülle aus Funk- bzw. Radiowellen. Durch künstliche, technische Organe kann der Mensch erstmals die elektromagnetischen Wellen, für die er bisher kein Sensorium besaß, zur leitungslosen Übertragung von Worten, Bildern und anderen Daten nutzen. Die sozialen Medien, welche unseren Alltag verändert haben, sind Teil dieser technischen Netzwerke. Daher muss die Gleichung »machinery, materials, and men« (Frank Lloyd Wright, 1930), die für das 19. und 20. Jahrhundert gültig war, für das 21. Jahrhundert um die Gleichung »Medien, Daten und Menschen« (Peter Weibel, 2011) erweitert werden. Seitdem der alphabetische Code durch den numerischen Code ergänzt wurde, stellen Algorithmen – von der Börse bis zum Flughafen – ein fundamentales Element unserer sozialen Ordnung dar. Die Menschen leben heute in einer global vernetzten Gesellschaft, in der Biosphäre und Infosphäre einander durchdringen und bedingen.

Dieser Text ist in der Broschüre zur Ausstellung *Infosphäre*, die vom 31. Oktober 2015 – 28. Februar 2016 im Rahmen der *GLOBALE* am ZKM | Karlsruhe gezeigt wurde, erschienen.

For Another Reset: Renaissance 2.0

2016

The advantage of the notion of reset is that many other wavelengths may be registered, once the procedures described in this book have been carried out. In what follows, I wish to offer an alternative trajectory of modernity by tracing what has happened to the relations between art and technology.

When we consider the modern art movement it seems that the observers have been too much a part of the systems they were observing, and therefore did not gain enough critical distance. Instead of being critics they have been partisans, or even outright aficionados of modern art. Let's therefore try to take a closer look at the fundamental changes caused by the links between modern art, science, and technology in a new way.

Modern Art: The Subversion of Representation by Reality

For many centuries, up until 1900, the art of painting, which together with sculpture was held to be the primary medium of art, was grounded on a theoretical program that can be summed up by Leonardo da Vinci's words about painting. In his renowned treatise on painting (*Trattato della pittura*, ca. 1490) Leonardo stated: "The science of painting begins with the point, then comes the line, the plane comes third, and the fourth the body in its vesture of planes. This is as far as the representation of objects goes. For painting does not, as a matter of fact, extend beyond the surface; and it is by its surface that the body of any visible thing is represented."[1]

Painting is a science claimed Leonardo. And the aim of this science is to represent the shapes of visible things. As the means of this representation he defines point, line, plane, and volume. The classical program of painting is here formulated: The visual representation of the world of visible things with the painterly means of representation like point, line, plane, and volume. Classical art was defined as the art of representation, the representation of visible reality.

The breach between the classical program of art and the program of modern art is obvious from the title of a seminal book by one of the founding fathers of abstract modern art, Wassily Kandinsky's *Point and Line to Plane* (1926).[2] Like Leonardo, Kandinsky also cites point, line, and plane as the painterly means of representation, prominently, in his book's title. But he discards the second half of Leonardo's paragraph that links these means of representation to reality. Kandinsky stops at the means of representation. He only considers point, line, and plane. Evidently, he does not want these means of representation to represent something. He denies the representation of the world and focuses only on the means of representation themselves. That is the reason for the book's subtitle: *Contribution*

---

1 Leonardo da Vinci, *Notebooks*, compiled by Irma A. Richter, Oxford University Press, New York, 2008, p. 119.
2 Wassily Kandinsky, *Point and Line to Plane* (1926), Solomon R. Guggenheim Foundation, New York, 1947.

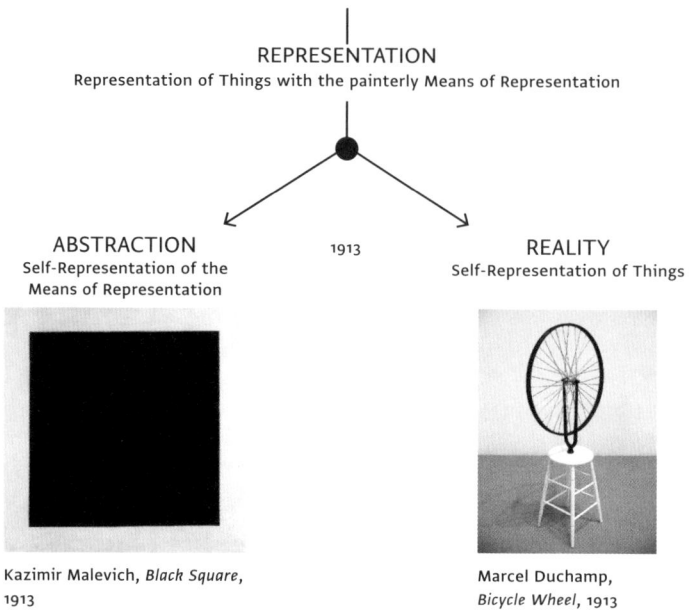

Kazimir Malevich, *Black Square*, 1913

Marcel Duchamp, *Bicycle Wheel*, 1913

to the *Analysis of the Pictorial Elements*. The subtitle is an echo of 19th-century experimental psychology, for example *Contributions to the Analysis of Sensations* (1886) by Ernst Mach. Modern painting has cut the reference to the world of things. Modern painting has reduced itself to representing the painterly means of representation alone. "It is the first stage on the road by which painting will, according to her own possibilities, grow in an abstract sense and, finally, reach a purely artistic composition."[3] The modern painter limited himself to analyzing the available painterly means of representation. Instead of representation of the world of objects as in classical art, modern painting aims only at the *self-referential representation of the means of representation*. Kazimir Malevich, for instance, even made this the title of his book on Suprematism published in 1927: *The Non-Objective World*.[4]

Alexander Rodchenko declared "the end of representation" in 1921 and produced the first monochrome paintings in history, which featured only the colors red, yellow, and blue. The colors no longer represented visual things. Yellow did not represent the sun nor blue the sky. The colors represented nothing but themselves, from Alexander Rodchenko to Gerhard Richter (*Six Yellows*, 1966). Things were banned from painting. This act of non-representation of reality was called abstract art. Abstract art is nothing other than the self-representation of the means of representation: radical reductionism.

When we reset modernity we have to ask, *how great was the loss by this reduction and how far will we maintain this reduction in the future*? The question becomes more evident, when we discover that from the beginning this reduction to the self-representation of the means of representation was just half the story, because simultaneously and parallel to this self-dissolution of painting, parallel to the prohibition of representing things, real things entered the art world. Art was divided. On one side the artists said: no representation of reality, only abstraction. On the other side artists welcomed reality in a way that had never been allowed before.

---

3   Wassily Kandinsky and Hilla Rebay, *On the Spiritual in Art*, Solomon R. Guggenheim Foundation, New York, 1946, p. 45.
4   Kazimir Malevich, *The Non-Objective World*, P. Theobald, Chicago, 1959.

REPRESENTATION	REALITY

René Magritte, *Les Nuages*, 1939	Transsolar + Tetsuo Kondo, *Cloudscapes*, 2015, installation view *GLOBALE*, ZKM	Karlsruhe 2015-2016

Thomas Ender, *Blick auf Gastein*, 1830	Olafur Eliasson, *Waterfall*, 1998, installation view *Surroundings Surrounded*, Neue Galerie Graz 2000

Johann Kniep, *Ideale Landschaft*, 1806	Dan Flavin, o. T. (To Bob and Pat Rohm), 1969

| REPRESENTATION | REALITY |

Karl Friedrich Gsur, *Dr. Sepp Rosegger und Frau am Klavier*, 1920

Dragoljub Rasa Todosijević, *My Second Fluxus Piano*, 2002

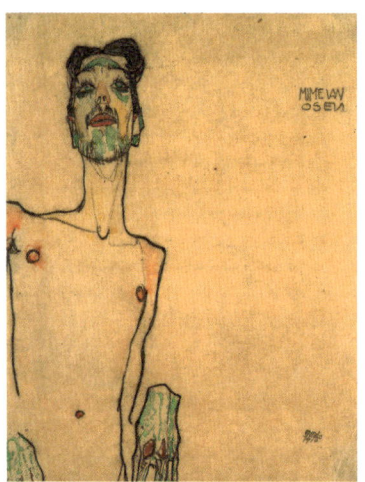

Egon Schiele, *Mime van Osen*, 1910

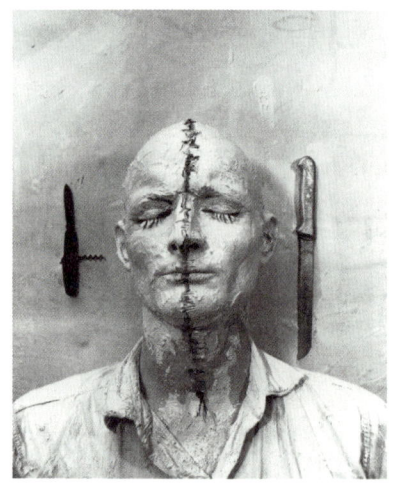

Günter Brus, *Selbstbemalung I*, 1964

Giacomo Balla, *Velocità d'automobile*, 1913

Jean Tinguely, *Méta-Taxi*, 1986, installation view *just what is it...*, ZKM | Karlsruhe 2010

The self-representation of things, which was formerly prohibited in the classical arts, was the answer to the prohibition of modern painting to represent things. On one side we had pure colors – red, yellow, blue, and so on – with no reference to reality, and on the other side we had pure reality, that is, the self-representation of things as things. In the same year, 1913, when Malevich painted his famous black square, Marcel Duchamp presented his first ready-made: *Bicycle Wheel*. Duchamp declared an object, without any transformation, to be a work of art. This was the beginning of reality art instead of the art of representation. The object was enough just as the color was enough. A strange situation has occurred at the beginning of modern art: some modern artists banned the object world entirely, and other modern artists introduced the object world like never before. The 20th century was nothing else than the evolution of these two conflicting tendencies. In the first half of the century abstract art was dominant, in the second half of the century the art of reality was dominant. Everything that had been representation in former times, was substituted with reality at the end of the twentieth century. Instead of paintings that represent the natural light of the sun through colors, today we have works using real artificial light, so called light art. Instead of painted fire, today we have real fire as part of an installation. Instead of painted clouds we have real clouds. Instead of portrait painting we have real bodies (body art). Instead of landscape painting we have land art. Painted hair, pianos, animals, bricks – all are substituted by real hair, real pianos, real animals. Painted waterfalls are substituted with real waterfalls, and so on. Even painting began to substitute its means of representation with real things. From Pablo Picasso and Francis Picabia to Ivan Puni and Kurt Schwitters, real materials like newspaper (*papiers déchirés*), wood, or rubber replaced color. From these collages of paint and real materials in the first half of 20th century arose in the second half material painting with, e.g., iron, concrete, and wood, that culminated in assemblages, a closed ensemble of real objects, and environments, a situation constructed from real objects.

    The use of pure color, of "absolute color," of color that did not represent real things, was indeed nothing else than the introduction of color itself as real object: color as color. Abstract art used color as a concrete element. Thus in 1924 the movement called *concrete painting* or *concrete art* arose. Abstract art was already the beginning of substituting representation with reality because it substituted color that represents things with colors that are simply real colors without any representation.

    In his *Manifesto of Art Concrete* Theo van Doesburg said in 1930 that we speak of "concrete and not abstract painting because nothing is more concrete, more real than a line, a color, a surface."[5] Here we find Leonardo being cited, but once again line, color, and surface do not represent visible things, they are themselves considered as real things.

The Irruption of Media Art through a New Connection with Science

Suppressed by the art market and marginalized by art history, which has modeled its conception of the image on the art of painting, two new tendencies appeared between abstract art and reality art in the twentieth century: media art and action art. Art historians date the beginning of machine-based production of images with photography to around 1824 (Joseph Nicéphore Niépce). However, in actual fact, from the renaissance to the 17th century – the golden age of painting, from Diego Velázquez to Jan Vermeer – paintings had been produced with the help of drawing aids.

    Seventeenth-century landscape painting in particular was the culmination of a great deal of knowledge. Geometry, cartographic projections, mathematics, surveying

---

5   Theo van Doesburg, "Commentaires sur la base de la peinture concrete," in: *Art Concret*, no. 1, 1930, pp. 2–4, here p. 2; translation by the author.

instruments, systematic triangulation, artillery instruments for measuring and sighting – all worked together to create views of landscapes, which would not have been possible in reality. In the Netherlands, e.g., there are no hills, so an aerial perspective, a bird's eye view, was impossible for contemporary artists. Neither did the painters have access to flying objects. Their views of cities and landscapes from above were the result of geometrical and mathematical models constructed with the help of certain instruments. Painting was the product of mathematics, geometry, navigation, and the military. When media theorists like Friedrich Kittler and Paul Virilio describe media art as a by-product, as an offspring of military technology, this is shortsighted.[6] Paintings had already been created within the gun smoke from military technology. From fortifications to battlefields extended the terrain of painting.

The ZKM book *Mapping Spaces. Networks of Knowledge in 17th Century Landscape Painting* (2014) provides a wealth of detail on how mathematical and geometrical theories as well as instruments have been used by painters to construct images of landscapes, towns, and battles.[7]

Painters from the eighteenth to the mid-nineteenth century, from Caspar David Friedrich to William Turner, still profited from the scientific achievements of Spanish and Dutch painters of the seventeenth century. A network of knowledge, from cartographic instruments to geometrical and mathematical methods and military technology, created the golden age of painting. These paintings were machine-based and tool-based to a greater or lesser extent. Therefore in a certain sense media art has taken on and continued the heritage of classical painting. Painting as a practice of knowledge, as a tool-based skill, was still linked to other tool-based practices like science.

The critical point was precisely this use of tools or how the technology of a practice was developed. Until the seventeenth century science and art shared common knowledge and technology. But from then onward painting regressed and used less and less technology, whereas science invented more and more technology. In the seventeenth century a vast culture of engineering emerged. With the advent of viewing instruments like the microscope and perspective machines the geometrization of space began, and in general mechanization and mathematization of vision that for the next centuries would separate the evolution of art and science.

The main problem with painting after the seventeenth century is that its visual practices only followed natural perception and used only organic tools like eye or hand. The representation of the visual world was constrained by the artist's eye and hand. Science instead starts where (natural) perception ends.

During the last three centuries scientists have explored an extended frequency range with the help of machines and gone far beyond the limited scope of natural organs. This is the triumph of science over art. Art paused within the range of natural vision; science passed beyond natural vision. Art is defined as aesthetics, which is the Greek word for perception (*aísthēsis*). But precisely where art seemed dominant, calling itself the visual arts, just the opposite was taking place: science is a far superior art of vision, because it delivers more images of the unseen world than art. Let's take electromagnetic waves as an example.

Evolution has not equipped humankind with a natural organ to receive electromagnetic waves. The eye only reacts to a very small spectrum of the sun's electromagnetic waves and also, very feebly, the skin. Although the earth has been surrounded by an

---

6   Friedrich Kittler, "Medientechnologien sind Kriegstechnologien," in: *Die Weltwoche*, no. 29, 1994, p. 34; Paul Virilio, *War and Cinema. The Logistics of Perception*, Verso, London, 1989.

7   Ulrike Gehring and Peter Weibel (eds.), *Mapping Spaces. Networks of Knowledge in 17th Century Landscape Painting*, Hirmer, Munich, 2014.

Pablo Picasso, *Mandolin and Clarinet*, 1913

Antoni Tàpies, *Metal Shutter and Violin*, 1956

Alberto Burri, *Wheat*, 1956

Ivan Puni, *Relief with Pincers*, 1915

FOR ANOTHER RESET: RENAISSANCE 2.0

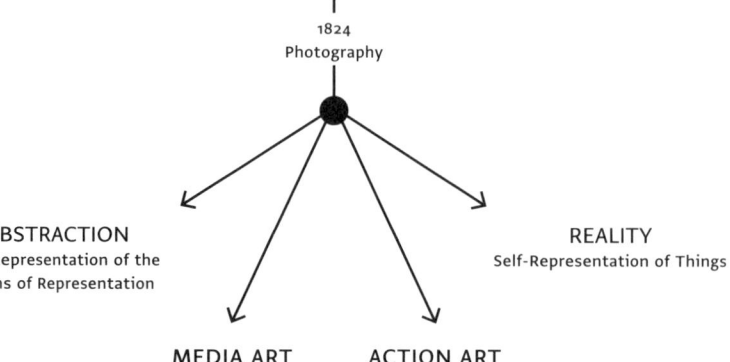

electromagnetic field ever since its formation, it was only around 1600 that it was discovered that the earth itself is a magnet.[8]

Classical art worked within the limited range of frequencies or wavelengths capable of being processed by natural organs. But because we know that electromagnetic waves exist and since we have instruments that use these electromagnetic waves, from radio to television, nonclassical art can work with an expanded range of frequencies. Therefore, in the mid-nineteenth century a new technical art appeared, beginning with photography, and followed quickly by film. From the camera obscura to *Man with a Movie Camera* (Dziga Vertov, 1929) we see the rise of media art.

Thus media art is the third way between abstract art and reality art. It changes and challenges the ontological assumptions of both. Media art is not about depiction, but about construction. It is not about mimesis of the real, but about simulation. Classical media art is photo, film, and video because of the chemicomagnetic storage of information. New electronic and digital art forms, from computers to the Internet, that use the extended spectrum of electromagnetic waves conquered by humans 130 years ago, store information electronically. This means that information can be distributed in real time and appear simultaneously around the globe as a consequence of separating the message and the messenger. Media art gave rise to a generation of artists who shared some of their tools with scientists. Indeed, why should the new field of apparatus-based perception remain the exclusive domain of the sciences? With the advent of photography and its use by artists as the first machine-based vision some artists started to overcome the constraints and borders drawn by painters and the art market. Naturally the price was very high, the art system denied for a hundred years that photography can be art, even when to the present-day painters from Gerhard Richter to Andy Warhol have used photography as sources for their paintings. As late as 1937 one of the best photographers of the twentieth century, Man Ray, published an edition of his photographs with the title *La Photographie n'est pas l'art* because he was so tired of accusations that his work was not art.[9] With media art, art began to reach beyond the limits of the visible defined by the natural sensory organ, the eye. By including motion, color, and sound in cinema, e.g., the representation of reality

---

8   William Gilbert, *On the Magnet, Magnetick Bodies Also, and on the Great Magnet the Earth* (1600), Chiswick Press, London, 1900.

9   Man Ray, *La Photographie n'est pas l'art, 12 Photographies avant-propos de André Breton*, Guy Levis-Mano, Paris, 1937.

Anonymous, Harvard Psychological Laboratory in Dane Hall: Instruments for Experiments on Sight, 1892

came closer to reality than ever before – much more than painting could ever accomplish. As Leonardo wrote, painting was only capable of representing the shapes of visible things; but cinema could also represent the sound and the motion of visible things. With the aid of computers viewers could even interact with the shapes, sound, images, and motion of visible things. Leonardo's program was vindicated, paradoxically, not by the painters, but by the media artists. The sources of media art are less the history of painting, and more the history of machine-based vision since the seventeenth century, especially the achievements of nineteenth-century experimental psychology. All the research conducted in experimental psychology, physiology, and physics on vision, illusions and delusions of vision served the future generations of artists as their theoretical basis. Therefore, the relationship between art and science has changed. What had previously been the domain of science, technology-based perception, now also entered the ambit of the field of art. A standard work on the relationship between scientific and artistic aesthetics is *The New Landscape in Art and Science* by György Kepes.[10] The advent of apparatus-based media art since the invention of photography around 1824 marked the beginning of a new artistic direction and trajectory that reached beyond the bifurcation of abstract art and reality art.

Media are not merely image and sound machines, they are also interfaces for constructing new realities and new communication forms. Now that artists and scientists have a certain range of tools in common, the studios of artists occasionally look like the laboratories of science, and vice versa. Modern-day artists are less focused on seeking subjective expression; their frames of reference are social systems, as well as the structures and methods of the sciences. Against this background, new research methods and perspectives such as art-based research (AR) and art and science labs are evolving. I call this movement *Renaissance 2.0*, the retooling of art. This retooling of art is especially amplified and magnified by the advent of digital machines and methods.

The fourth way between abstraction and real objects is the art of action. With Jackson Pollock "action painting" began, with Georges Mathieu and Yves Klein painting on a stage in front of an audience. After action on the screen and in front of the screen or with the screen, ultimately there began action without a screen: happenings, performances, and events with real people (artist or audience) and real objects. The self-representation of the means of representation turned into the self-destruction of the means

---

10   György Kepes, *The New Landscape in Art and Science*, P. Theobald, Chicago, 1956.

of representation (Lucio Fontana) and ended with the self-destruction of real objects and bodies (Jean Tinguely, Günter Brus). After painting music also became a form of action (John Cage) as well as sculpture (Joseph Beuys) and poetry (Peter Weibel). Painted movement became kinetic art (real movement) etc. The avant-gardes before World War II had been responsible for abstract art and reality art. The neo-avant-gardes after World War II were responsible for developing media art and action art.

From Art to Exo-Evolution through Technology
With the scientific revolution of the modern age and the subsequent industrial revolution, for which the equation "machinery, materials, and men" (Frank Lloyd Wright, 1930)[11] holds, humankind has created an entire universe of tools, from the microscope to the railway. These tools have both facilitated humans' reach beyond the constraints of their natural organs, and even enabled them to extend their perception of the world into hitherto invisible zones. The machine-based industrial revolution and the information-based postindustrial revolution have created the technical prerequisites for a development we may call *exo-evolution*.

As early as 1791, Johann Gottfried Herder presented a vision of the impact of the industrial revolution as a turn in the history of ideas: "Man is the first of the creation left free: he stands erect. He holds the balance of good and evil, of truth and falsehood: he can examine, and is to choose. As Nature has given him two free hands as instruments, and an inspecting eye to guide him, she has given him the power, not only of placing the weights in the balance, but of being, as I may say, himself a weight in the scale."[12]

Herder's metaphor "Our Earth is a Star among Stars"[13] prefigures Richard Buckminster Fuller's idea that the earth is a spaceship with limited resources and lacking an operating manual: "So, planners, architects, and engineers take the initiative. Go to work, and above all cooperate and don't hold back on one another or try to gain at the expense of another."[14]

It is not only the modern era that is an unfinished project – the human being, the earth, and the world are unfinished, open projects, too, that will be transformed by further revolutions. We currently find ourselves at the beginning of the digital revolution. Herder indicates the key idea, that bipedal locomotion was nature's way of freeing two of humans' feet to become hands. Nature gave humankind two free hands as tools and with these tools humans got free of nature. Because with hands used as tools they could create new tools. With hands they created handicrafts. They could make a hammer and with the hammer and fire, they made swords. Gradually, natural organs were substituted with technical tools. This pre-formulates the development of humans during the industrial revolution; that is, the transition from organs to tools; from natural sensory organs to machines, media, and apparatuses; from nature to technology. Herder defines this transition positively, as a moment of freedom. Released from the prison of nature, human beings end up as "freehanded cultural beings".[15] Yet this freedom of choice inevitably entails human beings submitting

---

11   Frank Lloyd Wright, *Modern Architecture: Being the Kahn Lectures for 1930* (1931), Princeton University Press, Princeton, 2008.
12   Johann Gottfried Herder, *Outlines of a Philosophy of the History of Man*, Bergman, New York, 1800, Book IV, p. 92.
13   Herder 1800, Book I, p. 1.
14   Richard Buckminster Fuller, *Operating Manual for Spaceship Earth*, Simon and Schuster, New York, 1969, p. 132.
15   Kurt Bayertz, *Der aufrechte Gang: eine Geschichte des anthropologischen Denkens*, C. H. Beck, Munich, 2012.

themselves to choice – and facing choices. Herder's metaphor, that the human being not only has the power to place the weights, but is also a weight on the scale, highlights the idea of reset, of going back – human beings are part of the system they observe, within which they select and weigh.

Due to the technical and industrial revolution, humans have once again become beings let free, namely, let free from evolution. This process, this stepping out of the process of natural evolution, I call *exo-evolution*. From exo-biology to exo-planet, from exo-skeleton to exo-pregnancies – the increasingly differentiated contours of a new world appear.

The term exo-evolution is a neologism coined by me as a variation of Michel Serres' term *exo-Darwinism*: "But what is true of purely physical functions – with regard, for example, to hammer, wheel, etc. – is also true of intellectual functions (*fonctions intellectuelles*), and indeed you can clearly see that memory has become materialized: in writing, in printing, in computer science. The body actually loses – it loses these objects, which become conveyors of an evolution that we call technical evolution, scientific evolution, etc. I call this exo-Darwinism."[16]

In his book *Principles of a Philosophy of Technology* (1877) Ernst Kapp develops his organ projection theory, which states that, in the final analysis, all technical artifacts are reproductions and projections of organs; for example, the hammer reproduces the fist, the saw reproduces incisors, telegraphy reproduces the nervous system, and so on.[17] Therefore, technical evolution is a multiple exteriorization, an outsourcing of natural physical organs and functions, as well as mental functions, to technical machines: human arms to bow and arrow, memory to clay tablets and computers, and so on. The media theory that follows this paradigm of extending bodily functions is thus an "organology," describing the transformation from natural organs to technical tools. The particular technology of an era is thus understood as the outsourcing – exteriorization and externalization – of already existing organic and intellectual human properties. At the same time, this understanding of technology and media is based on an anthropology that defines the human being as a deficient creature being improved by technology. In 1930 Sigmund Freud explains: "These things that, by his science and technology, man has brought about on this Earth, on which he first appeared as a feeble animal organism and on which each individual of his species must once more make its entry ('oh inch of nature!') as a helpless suckling – these things do not only sound like a fairy tale, they are an actual fulfillment of every – or of almost every – fairy-tail wish. All these assets he may lay claim to as his cultural acquisition. Long ago he formed an ideal conception of omnipotence and omniscience which he embodies in his gods. To these gods he attributed everything that seemed unattainable to his wishes, or that was forbidden to him. One may say, therefore, that these gods were cultural ideals. Today he has come very close to the attainment of this ideal, he has almost become a god himself. Only, it is true, in the fashion in which ideals are usually attained according to the general judgment of humanity. [...] Man has, as it were, become a kind of prosthetic God. When he puts on all his auxiliary organs he is truly magnificent; but those organs have not grown on to him and they still give him much trouble at times. Nevertheless, he is entitled to console himself with the thought that this development will not come to an end precisely with the year 1930 A. D. Future ages will bring with them new and probably unimaginably great

---

16   Michel Serres, *Regards Sur Le Sport. Michel Serres, Philosophe Images. Une Documentaire de Benjamin Pichery*, DVD, Insep, Paris, 2009.

17   Ernst Kapp, *Grundlinien einer Philosophie der Technik. Zur Entstehungsgeschichte der Cultur aus neuen Gesichtspunkten*, George Westermann, Braunschweig, 1877.

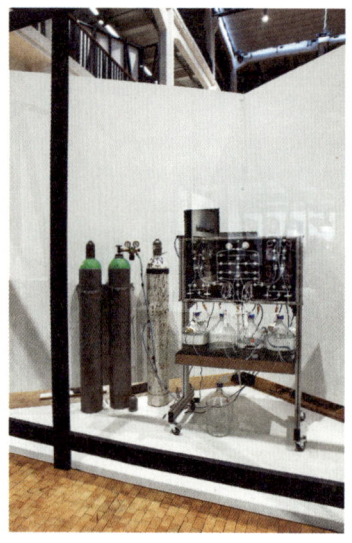

Retooling Evolution: Nature at Work, 2015, a cooperation of Heurisko Gesellschaft für Biologische Technologien mbH, Institute for Biological Interfaces I at Karlsruhe Institute of Technology, and ZKM | Karlsruhe, installation view *Exo-Evolution*, ZKM | Karlsruhe 2015

advances in this field of civilization and will increase man's likeness to God still more."[18] Thus, every technology is tele-technology, the overcoming of temporal and spatial distances: telefax, telephone, television ("tele" in Greek *far*). And every tele-technology is a theo-technology; a technology, that makes humans godlike in their imagination.

Marshall McLuhan laid out his understanding of media as an extension of the human sensory organs (an understanding that is quite similar to Freud's) in 1964, in his *Understanding Media: The Extensions of Men*.[19] Earlier, in a 1956 essay, he had written, "Each new technology is a reprogramming of sensory life."[20] What he meant was, firstly, that the relationships between the sensory organs are reprogrammed; and secondly, that the relationship of the sensory organs to their surroundings is reprogrammed. To put it in a nutshell, our entire sensory life is reprogrammed by the media, the machines, and technology.

Accordingly, from manual to mental tools, over the course of millennia human beings have evolved a tool culture, an engineering culture, extending the boundaries of perception and of the world. The technologies of perception in science have advanced, from microscope to computerized tomography. Objects undetectable by the naked eye were made visible by means of apparatuses.

With the arrival of the mechanical revolution natural functions and organs were increasingly "outsourced" and externalized: the hand to the hammer, the foot to the wheel, the eye to the microscope or telescope, the voice to the microphone, and so on.

Since the digital revolution, an increasing range of mental processes have also been outsourced, for example, neuronal networks in calculating machines, thought processes in algorithms. By means of machines and media, humans create artificial organs which compensate for the shortcomings of their natural organs: from eyeglasses as exo-lenses, from hearing aids as exo-ears through to exo-skeletons which help the disabled to move, we are witnessing the emergence of an ever increasing number of exo-organs – the exteriorization of natural organs. In addition, humans also create new technical organs or tools.

---

18   Sigmund Freud, *Civilization and Its Discontents*, W. W. Norton, New York, 1962, pp. 38f.
19   Marshall McLuhan, *Understanding Media: The Extensions of Man*, McGraw-Hill, New York, 1964.
20   Marshall McLuhan and David Carson, *The Book of Probes*, Gingko Press, Corte Madera, 2003, p. 162.

Koen Vanmechelen, *La Biomista - Cosmopolitan Chicken Project*, 2015

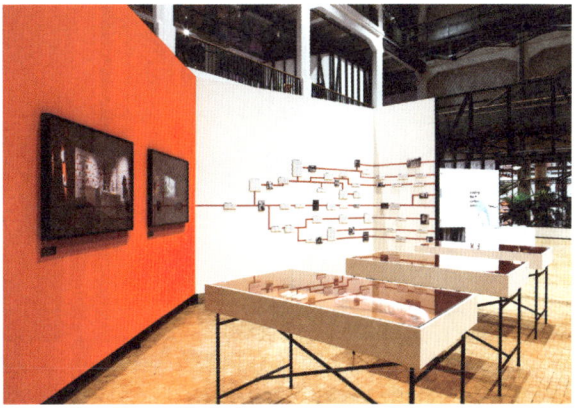

Laura Gustafsson and Terike Haapoja, *The Museum of the History of Cattle*, 2013, installation view *Exo-Evolution*, ZKM | Karlsruhe 2015

Exteriorization has now gone so far as to search for life outside the earth (exo-biology, exo-planets). Ultimately, the aim is to exteriorize life itself, for example, the exteriorization of human reproduction: life artificially and technically manufactured in the laboratory. The sum of all tools, machines, and media is what constitutes exo-evolution: a human-made and controlled exo-evolution of artificial organs or tools. The contours of this development we are only just vaguely beginning to perceive since their timescale is not even the blink of an eye compared with the billions of years of natural evolution.

One of the fundamental evolutionary principles of biological systems is the natural and random creation of diversity through cell division. This principle is of key significance to the resistive powers of life. The installation *Retooling Evolution: Nature at Work* (2015), a collaboration between Karlsruhe Institute of Technology (KIT), ZKM | Karlsruhe, and the commercial company Heurisko, makes the process of cultivating microorganisms visible to exhibition visitors. The displayed "evolution machine" is able to select from a pool those microorganisms which are able to metabolize not only sugar as food but also other carbon compounds. This experiment in real time is an example of human-controlled evolution designed to optimize an organism for a technical application, for example, to eliminate problematic chemicals from the environment.

Ideas of human-controlled evolution have a long history. In 1911 French biologist Stéphane Leduc published *The Mechanisms of Life* in which he tried to prove that life was merely a chemical process.[21] With the advent of synthetic biology these ideas are back, including the concept of creating the cell, the basic unit of life, out of nonliving materials, the so-called "protocell." In the installation a custom-made rapid prototyping printer is used to create protocells, paving the way towards being able to print actual life.

The exhibition *Exo-Evolution* (2015–2016 at ZKM | Karlsruhe) set its focus on the artistic application of new technologies, offering views of the future and the past with its modules. It showed us a new reality formed by 3D printers and robots, cyborgs and chimeras, molecules and gene pools; by wearable technologies and medical miracles; by synthetic beings, bionic suits and silicon retinas, artificial tissue and biotechnical repairing methods; by findings from aerospace research, molecular biology, neurology, genetics, and

---

21 Stéphane Leduc, *The Mechanisms of Life*, Rebman, New York, 1911.

 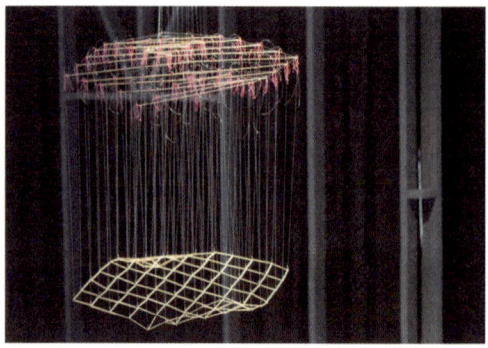

STRATASYS, *Magic Arms*, 2012, installation view *Exo-Evolution*, ZKM | Karlsruhe 2015

David Bowen, *tele-present water*, 2011, installation view *Infosphere*, ZKM | Karlsruhe 2015

quantum computing. And it showed us visions for problems of the twenty-first century; for example, splitting off oxygen from CO_2 (carbon dioxide) to cope with the climate crisis. Material scientist and nanotechnology pioneer Geoffrey A. Ozin and his University of Toronto team were seeking solutions for sustainable energy production and storage to address the problems of global climate change. Inspired by photosynthesis, their "solar refinery" is designed to use solar energy and recapture atmospheric carbon dioxide to produce synthetic fuels. These offer the potential, with regard to storability, distribution, and processability, of supplanting fossil fuels, without emitting new CO_2 into the atmosphere. In this sense, this visionary approach is modeled on the earth's natural carbon cycle.

Natural evolution relies – according to Koen Vanmechelen – on two principles: First, each organism is looking for another organism to survive. Second, fertility comes from outside. Since humankind in the age of the Anthropocene is disrupting natural evolution, in the late 1990s Vanmechelen started his multidisciplinary science-based art project *The Cosmopolitan Chicken*. By crossbreeding "national" chickens for many years he was able to create new and never before existing chickens. Koen Vanmechelen believes that hard scientific data and artistic creativity can work together to reveal the vicissitudes of nature and of human life. *La Biomista* [Mixed Life] is Vanmechelen's new studio, situated in the multicultural Belgian city of Genk. *La Biomista* serves as a breeding station for the artist's cross-breeds of chickens and other animals. Last but not least, *La Biomista* is also a laboratory and a library of bio-cultural diversity. Within the *Great Chain of Being* (Arthur O. Lovejoy, 1936) humankind disrupted the evolution of animals by turning wild animals into pets. Therefore it is necessary to reconsider our relations with animals as a history of others.

History of Others is an art and research project by visual artist Terike Haapoja and writer Laura Gustafsson. Its focus is an exploration into the lives and experiences of animals and an investigation of their history. *The Museum of the History of Cattle* is the first part of the ongoing project. The large-scale installation exhibits world history as seen through the eyes of cattle, one of the most important species for the development of human culture. The exhibit is divided into parts: "Time Before History" addresses the history of cattle before their domestication by humans. This is followed by "Time of History," which for many cattle began about 10,000 years ago, when bovine culture became intertwined with that of humans. "Time of History" ended one hundred years ago, when human industrial society made it impossible for cattle to pass on their heritage to later generations.

Exo-evolution deals with the exteriorization of human organs into artificial tools, for example, a natural arm can be substituted by a robotic arm and the natural eye can be substituted by a camera, and finally the planet Earth can be substituted by the planet

Reconstruction of the Banū Mūsā's music automaton according to their description, exhibition view *Allah's Automata*, ZKM | Karlsruhe 2015

Mars. With the help of a mast camera in the robot Curiosity Mars Rover, in 2013 NASA took pictures of the surface of Mars. These pictures were broadcast wireless to the earth, stored digitally, and made available on the Internet. robotlab, an artist group working at ZKM, has taken this pictorial data and programmed an industrial robot to use this data for redrawing the surface of Mars. In a process taking five months, this robot draws the landscape of Mars – with just a single line. *The big picture* is a creative process, surpassing the possibilities of human creativity. In the installation the robot is given the role of a landscape draftsman – the big picture thus refers to traditional art forms based on human perception. This drawn landscape has never been seen before by a human eye, though – only by a Mars robot. Through algorithmic operations, the robot artist converts visual data into a single uninterrupted path, consisting of more than nine hundred million movements. The line, stretching for hundreds of kilometers on the surface of the drawing, forms an abstract structure that gradually approximates a photorealistic image.

Here we learn the radical innovation introduced by exo-evolution and infosphere. Things can be turned into words, but words cannot be turned into things. Things could be turned into images, but not images into things. Therefore we have this famous painting by René Magritte *Ceci n'est pas une pipe* (1929). In the digital age words, images, sounds, and things are turned into data (into the digits 0 and 1). In the analog world words and images could not be turned into things. These relations were irreversible. In the digital world data can be turned back into words, images, sounds, and things. The relation is reversible. This is the beginning of "industry 4.0": this is when you don't order things anymore, just data and the 3D printer at home turns your data into things.

Another example for this reversible process from things to data and back again is a kinetic sculpture by David Bowen. It appears to be a mobile controlled by a sophisticated steering mechanism suspended from the ceiling of the exhibition space. The undulating movement exactly replicates the swell in the middle of the Pacific: a buoy sends data on water height and intensity of movement to the National Oceanic and Atmospheric Administration in the USA. Bowen uses this data for his project – the wave behavior is scaled to fit the installation space, but all other data is unchanged. Yet this access to detailed information about a remote place also demonstrates the snippety nature of our knowledge: the buoy's precise geographic position is unknown since it went adrift from its mooring. Still: the waves of the ocean, a moving surface, are turned into data and sent across the globe. Receiving the data a computer controls the movement of a wooden grid surface, imitating the Cartesian grid, which replicates the waves of the ocean.

The future role of 3D printing is dramatically monarchist exemplified by an exo-skeleton. The STRATASYS company can produce very large 3D prints. These prints can replicate the anatomy of human beings, for example, an exo-skeleton. Such an exo-skeleton can help disabled persons to control the movements of their limbs. A child, who is partially paralyzed, can play with objects with the help of the skeleton and computer-controlled devices. For many decades the famous physicist Stephen Hawking has been in a similar situation. He is almost completely surrounded by exo-evolutionary machines and media. He says: "Medicine has not been able to cure me, so I rely on technology to help me communicate and live."[22]

Modernity Reset: Renaissance 2.0
According to Hegel, religion was the first system that claimed to be a medium of knowledge and to explain the world from the beginning. Religion was followed in this claim by art. But confronted by the contemporary art movement called Romanticism and its anti-scientific religious agenda Hegel declared the end of art. Philosophy followed religion and art in the search for the absolute. In the modern age, natural sciences and engineering were added to the classic systems for explaining and transforming the world. *Politics as a Vocation* (Max Weber, 1918) was in fact for all decades the decisive power to change the world. The sciences of the modern age have prepared a new approach to explain and change the world: By means of experimental systems (theory, experiment, proof) and a noetic turn - a shift from language to tool-based culture - science had no qualms about increasing its scope of enquiry to atoms and molecules in order to change the world. Art has limited itself to the constraints of natural perception for far too long. While science has penetrated into hitherto invisible zones with the aid of apparatuses and devices, art has remained on the surface of the visible spectrum. Today, art and science are drawing closer together for they both use the same or similar technologies. This new interlacing of art and science is very reminiscent of the seventeenth century, the Siècle d'or, and the Renaissance. Hence, we may well refer to a Renaissance 2.0, which includes an extension to Arab and Asian sources. Therefore, we speak of an Arab renaissance, the golden age of Arab science from 800 to 1200, when Baghdad was the Florence of the first renaissance.

Contemporary performative media art has not the slightest intention of being excluded from the transformation of the world, like modern art reduced itself just to analyze the means of representation. The performative turn in philosophy around 1960 tried to reclaim the power of action for the realm of words: *How to Do Things with Words* (John Langshaw Austin).[23] The speech-act theory already in its terminology sought to prove that interpretation is also action. Karl Marx ended his *Thesis on Feuerbach*: "Philosophers have hitherto only *interpreted* the world in various ways; the point is to *change* it."[24] Austin wanted to demonstrate that any utterance, within the context of an institution has the power to change the situation. A judge can sentence (!) somebody to imprisonment by speaking a sentence. A priest can declare two humans husband and wife and they act like a married couple. The power of the word, of verbal utterances, changes people and the world. This performative turn also occurred in the 1950s in the visual arts. The artist became performer and action artist. Artists did not represent the world visually, but made actions to change the world. With media art and its technology of participation and interactivity the public became the central player. Without the participation of the viewer, pressing a button or acting in

---

22 Steve Connor, "Stephen Hawking gets synthesiser upgrade to help him speak faster," in: *Independent*, 02. 12. 2014.
23 John Langshaw Austin, *How to Do Things with Words*, Harvard University Press, Cambridge/MA, 1962.
24 Karl Marx, "Theses on Feuerbach" (1988), in: Karl Marx and Friedrich Engels, *Selected Works*, vol. 1, Progress Publishers, Moscow, 1969, pp. 13–15.

front of a camera, the artwork would neither function nor exist. Media changed the focus from the artist as actor to the audience as actor. The action of the audience became central in media art: the viewer turned into user. Media art is an art to be used. Therefore, media are performative. This is the reason why we do not speak of visual media anymore but of social media. Media art not only depicts the world, it wants to contribute to the construction of the world. Such art opens up new perspectives and options for the digital society of the twenty-first century, for which the equation "media, data, and men" (Peter Weibel) holds.

Infosphere: The Transformation of Things into Data and Back
In the twentieth century, art responded to the stress of the massive flood of stimuli caused by big data environments with a program of reduction: silence in music, monochromatic paintings. In the twenty-first century artists abandoned subjective expression, and began processing with scientific methods the noise of data and generating with algorithms acoustic and visual works of art with outstandingly innovative aesthetics. The digital revolution changes the notion of art by liberating its components. With the emergence of photography, painters forfeited their monopoly on the production of images, and, similarly, with the introduction of digital technology, artists are obliged to yield up their monopoly on creativity. Not only is everybody an artist, but, through the social media, everyone has become a transmitter and a receiver. In this way, new political forms of action emerge, which empower and support the emancipation of the individual and foster civic participation. They warn against the negative effects of globalization and digitization, namely, that the liberated member of nature is now rapidly becoming the hostage of a security junta: the danger of pollution holds good for the infosphere no less than it does for the atmosphere. Freedom for the infosphere is law, and an eleventh biblical commandment is now called for: "Thou shalt not covet thy neighbor's data."

Thus many artists engage with the problem of data surveillance. Marc Lee shows with his work *Pic-Me* (2015) the fate of photography in the age of data administration. Taking Instagram as an example, he demonstrates how any photograph shot at any place in the world and communicated and distributed by Instagram allows the photographer to be located with the aid of Google Earth.

We thus discover a new meaning in the old photographic motto "to be on the spot." Each photographer of today is spotted, is located. Photographic activity is controlled globally. Not only each photograph but also every photographer is located, observed, and controlled. From the "viewing business" (Darius Kinsey) photography has turned into data business, into control business. Exposure, originally a technical term, has become a social term. In the age of data administration formerly called photography everything and everybody is exposed and wants to be exposed.

A similar project is *24 HRS of Photos* (2012) by Erik Kessels. Kessels printed out all images uploaded to the platform Flickr over the course of one day and filled a real space with these 350,000 images to demonstrate the overpowering digital flood of images. Digital society produces countless memories where photographs are no longer the monopoly of professional artists and photographers. Photographs become a penny in the bazaar of image-sharing sites. Photographs on social platforms serve to observe each other, to watch each other, to control each other, to expose to each other. Social platforms do not need a Big Brother, because the participants are all little brothers to each other.

The Software Studies Initiative (Lev Manovich, Nadav Hochman, Jay Chow, Damon Crockett) created with the work *Instagram Cities* (2013–2015) a graphic about the data on the social media platform Instagram. For this purpose, 2.3 million photographs from thirteen major cities worldwide were downloaded and evaluated. These info-graphics delivered

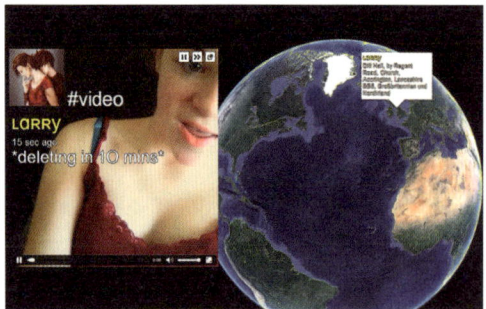

Marc Lee, *Pic-Me*, 2015, installation view *Global Control and Censorship*, ZKM | Karlsruhe 2015

Erik Kessels, *24HRS of Photos*, 2012

metadata, which allowed conclusions to be drawn about the cultural and social life in these cities. Not only data but also metadata can help to focus observation for multiple aims.

How did it come about that things, images, and words became data? It took an infinite number of theories and inventions to bring about this transition from things to data. I shall single out only a few. Numbers created an abstract realm that transcended the existence of things, that is, the existence of *sensua* (sensual data). You can express all the numbers in the world with ten figures. Gottfried Wilhelm Leibniz's 1697 invention of the binary number system, the expression of all numbers by combining just two digits, 0 and 1, constitutes one of the decisive axioms for the mathematization of the world. Numbers can represent images, words and things, but also numbers, e.g., the digits 1 and 0 can represent all numbers. This gives rise to a new form of ontology, whose contours are only beginning to dawn on us. In the old analog world we have defined relations between things and words, between words and images.[25] In the new digital world we define relations between numbers only, but these relations can replace the old analog relations. It is clear that not everything that exists can be thought. The horizon of things, partially unknown and invisible, is bigger than the horizon of ideas. The ontological scope is bigger than the scope of the known universe. It is also clear that not everything that can be thought can be said. There exists more than a human being can say. Human beings think and feel more than they can express. So there is more than we can think and say. But that part of being that can be thought and that part of thinking that can be said can be formalized and ultimately mechanized. In other words, if computation is an element of thought, thought can be formalized: computation is the mechanization of the formalization of thought. The extended Church-Turing thesis asserts precisely this: Anything that can be formalized can be computed.[26] And anything that can be computed can be mechanized. One is tempted to speak of an operative ontology. We have only limited access to the universe. This access is defined by our tools, that is, from words to things. Only by the mathematization and finally mechanization of theories about electromagnetic waves was the existence of electric light and of telephone, etc., created by humankind. It is precisely our attempt to formalize, to compute, and to mechanize, it is precisely our passion – to follow the path of truth, provability, and computability – which extends the horizon of what there is, that extends ontology. Digital philosophy doesn't claim that everything can be formalized, on the con-

---

25 See: Willard Van Orman Quine, *Word and Object*, The MIT Press, Cambridge/MA, 1960; Michel Foucault, *The Order of Things: An Archaeology of the Human Sciences* (1966), Routledge, London, 2004.
26 Alan Turing, "On Computable Numbers, with an Application to the Entscheidungsproblem," in: *Proceedings of the London Mathematical Society*, vol. 2, no. 42, 1936–1937, pp. 230–265.

trary.[27] It realizes that more exists than we can express in language. Nor can everything that we think be formalized. Yet human beings increasingly try to grasp with their thoughts what is or could be. So the world of data doesn't complete the world of things, words, and images; on the contrary, it transforms them into an open system. Infinity turned from a philosophical and theological concept into a number theoretical axiom by Georg Cantor.

Cantor proved that real numbers are more numerous than natural numbers. This theorem implies the existence of an "infinity of infinities." Even if his theory of transfinite numbers was counter-intuitive, it defined the concept of the infinite very clearly, which is why the eminent mathematician David Hilbert defended it by declaring: "No one shall expel us from the paradise that Cantor has created."[28] The realm of numbers is infinite. Therefore mathematics is not a closed system. Undecidability, incompleteness, are theorems of mathematics. With the mathematization of the world we create a world as an open system.

It seems the universe only reveals to us its formal, mechanical, digital side. Our minds and our tools grant us access only to the digital side of the universe, but to an increasing extent. This explains why, in physics, mathematics is, apparently inexplicably, so effective.[29] In the age of transformation of things into data we operate with data as if they were something existential. But strangely enough these operations have real effects. We discover a new law: a word could not transform into a thing, nor could an image (René Magritte, *Ceci n'est pas une pipe*, 1928), but today, with 3D printers, data can turn into things.

In the twentieth century, building on the technical innovations of radio waves and combined with computer technology based on mathematical and logical research, a closely interconnected communications and information network of mobile media evolved – the infosphere: an envelope of radio and other electromagnetic waves covering the planet. By means of artificial, technical organs, for the first time human beings can use electromagnetic waves, for which humans had no natural sensorium, for the wireless transmission of words, images, and other data. The social media, which have changed our everyday life, are part of these technical networks. Since the replacement of the alphabetic code by the numeric code, algorithms – from stock exchange to airport – have become a fundamental element of our social order. Today, people live in a globally interconnected society, in which biosphere and infosphere are interpenetrating and interdependent.

The question as to why nature has not equipped us with the kind of organs capable of perceiving a larger spectrum of electromagnetic waves continues to be one of the enigmas of evolution. Thus humans were obliged to construct artificial and technical organs themselves, such as radio, telephone, television, radar, satellite, global positioning systems, and smartphones, in order to extend the spectrum of electromagnetic waves accessible to them. Hence, after the atmosphere, an increasingly expanding and dense infosphere began to emerge; a canopy of radio waves enveloping the earth for the wireless transmission of language, images, and other data. We thus live in a new sphere, the so-called infosphere, and the infosphere has meanwhile become as necessary as the atmosphere for the lives of the over seven billion human beings inhabiting the earth.

Media art is a way out of the antinomies of modern art. By being apparatus-based like science, technological art has become part of that movement which seeks to change and to create the world.

---

27 Kurt Gödel, "Über formal unentscheidbare Sätze der Principia Mathematica und verwandter Systeme I," in: *Monatshefte für Mathematik und Physik*, vol. 38, 1931, pp. 173-198.
28 David Hilbert, "Über das Unendliche," in: *Mathematische Annalen*, vol. 95, 1926, pp. 161-190, here p. 170; translation by the author.
29 Eugene Wigner, "The Unreasonable Effectiveness of Mathematics in the Natural Sciences," in: *Communications in Pure and Applied Mathematics*, vol. 13, 1960, pp. 1-14.

When I described two of the most fundamental changes of the contemporary world with the terms *infosphere* and *exo-evolution* it is evident that media art in all its scope, from techno art to bio art, is part of these changes. As a product of the reset of modernity this new art could become an alternative to modern art. Artists throughout history have always been able to get a grasp on the world by simultaneously reconnecting with science and technology. Only when artists engaged with the practice of science did the range of formats they used undergo profound modification. Once we reset modernity, we shall be able to register many alternatives to the usual divides between arts, media, evolution and data. In that sense, a reset brings us closer to what used to be called Renaissance. Except it is Renaissance 2.0!

REMOTEWORDS is a long-term project launched in 2007 by the artist duo Achim Mohné and Uta Kopp. The project understands the globe itself as an expanded art territory. Messages are written on the rooftops of five cultural institutions on five continents: in Taipei at Taipei Artist village, in Port-au-Prince, Haiti, in Kliptown, Johannesburg at SKY, in Auckland at MIT, Manuka Institute of Technology, and in Karlsruhe at ZKM. The letters are so huge that the messages are only legible on satellite views of our planet provided by Google Earth and Bing Maps. The message of five words on five continents is authored by Peter Weibel, the curator of the *GLOBALE*, "ONE EARTH UNITES MANY WORLDS."

This text first appeared in 2016 in the publication *Reset Modernity!*, edited by Bruno Latour with Christophe Leclercq, ZKM | Karlsruhe, The MIT Press, Cambridge/MA et al., pp. 516–541. The book accompanied the exhibition *Reset Modernity!*, curated by Bruno Latour, Martin Guinard-Terrin, Christophe Leclercq, and Donato Ricci, which was shown from April 16 – August 21, 2016 at ZKM | Karlsruhe.

REMOTEWORDS (Achim Mohné and Uta Kopp), *RW.26. Part of the artwork ONE EARTH UNITES MANY WORLDS. Words: Peter Weibel*, 2015, rooftop of Soweto Kliptown Youth Centre, Johannesburg. In cooperation with Sylt Foundation

REMOTEWORDS (Achim Mohné and Uta Kopp), *RW.29. Part of the artwork ONE EARTH UNITES MANY WORLDS. Words: Peter Weibel*, 2015, rooftop of Manukau Institute of Technology, Faculty of Creative Arts, Auckland

REMOTEWORDS (Achim Mohné and Uta Kopp), *RW.30. Part of the artwork ONE EARTH UNITES MANY WORLDS. Words: Peter Weibel*, 2015, forecourt of ZKM | Karlsruhe

REMOTEWORDS (Achim Mohné and Uta Kopp), *RW.30. Part of the artwork ONE EARTH UNITES MANY WORLDS. Words: Peter Weibel*, 2015, rooftop of Taipei Artist Village

REMOTEWORDS (Achim Mohné and Uta Kopp), *RW.30. Part of the artwork ONE EARTH UNITES MANY WORLDS. Words: Peter Weibel*, 2015, rooftop of Ghetto Biennale, Port-au-Prince

Tomás Saraceno, *Algo-r(h)i(y)thms*, 2018, installation view *Renaissance 3.0*, ZKM | Karlsruhe 2023

Thomas Feuerstein, *METABOLICA Camp*, 2023, installation view *Renaissance 3.0*, ZKM | Karlsruhe 2023

Renaissance 3.0

A Scenario for Art in the 21st Century

2022

The turn of the twenty-first century has been marked by a series of crises on a global scale. Through the infosphere, that electromagnetic envelope that surrounds Planet Earth and which we have been using for communication since the mid-nineteenth century through radio technology, from telephones to satellites, a global society emerged in the course of the twentieth century. News that used to take months from source to receiver – of earthquakes to stock market fluctuations – is now distributed almost simultaneously across the globe. The mass mobility of people and goods has created a condensed global society. As a result, crises are not limited to local topographies, but spread globally. From the climate crisis to the migration crisis, from the financial crisis to the Covid-19 crisis, we are witnessing ever more profoundly shattering consequences. Principles of our civilization built on the successes of humanism and the Enlightenment – e.g., the universalism of human rights, equality of race, gender and age before the law, autonomy of the individual, freedom of the press and arts, democracy – are increasingly being challenged. Due to the climate crisis, the overall habitability of Planet Earth by humans – and thus humanity's ability to survive – is being called into doubt. Mass migrations in the coming decades could therefore radically change the face of the Earth and the social systems that have prevailed up to now. Therefore, it is necessary to propose a navigation system that prevents the failure of the mission of humanity on the spaceship Earth. One of the possible scenarios for the future seems to be the revival of one of the greatest moments in human history, namely the Renaissance.

Most people think of the Italian Renaissance (fifteenth, sixteenth and early seventeenth centuries) when they hear the term "Renaissance", which stands for an era that surpassed anything that had gone before in terms of freedom, progress and discovery. However, it is important to note that there was an Arab Renaissance before the Italian Renaissance, from 800 to 1200, which has only come into focus in recent years.

Italian Renaissance
The Italian Renaissance stands for a cultural revolution that ushered in a new attitude to the world and to humanity that was decisive in the history of the Western world. For many people, the Renaissance is regarded as a time of new beginnings, in which art and science flourished as never before and as never since. An example of this could be the painting *Scuola di Atene* by the painter Raphael, which he realized in the Stanza della Segnatura of the Vatican from 1510 to 1511. The title of this painting illustrates a central important aspect of the Renaissance, namely the rebirth of antiquity. Similarly, the rediscovery of Lucretius' ancient text *De rerum naturae* influenced artists like Sandro Botticelli, but also scientists like Giordano Bruno and Galileo Galilei. The last existing copy was discovered in a German monastery in 1417. Erwin Panofsky pointed out in his seminal work *Idea: A Concept in Art*

Theory (1924) that the terms "idea" and "type" originated in the philosophical vocabulary of the Greeks, from which developed the cult of the ideal that prevailed in Europe until the days of Romanticism. That is why German masters such as Albrecht Dürer, and the three Nuremberg masters who worked with perspective representation – Lorenz Stöer, Wenzel Jamnitzer and Johannes Lencker – should also be considered.

Decisive for the Renaissance, however, is Leonardo da Vinci's quote: "Se la pittura è scienza o no."[1] The claim was quite clear: Painting is a science. Renaissance, then, is the scientification of art. That is a central aspect of the Renaissance.

Up until the Renaissance, artists were considered craftsmen, belonging to *artes mecanicae*. In the Renaissance, they increasingly saw themselves as representatives of the *artes liberales*, i.e. as scientists and scholars. Renaissance artists repeatedly portrayed themselves as scholars, e.g. by featuring compasses, mirrors and small globes in their self-portraits as well as depicting their tools of the trade: canvases, brushes, perspective devices, and so on. Federico Zuccari staged himself in his self-portrait as a reader of a book. These artists were concerned with optics and rays of vision and the theory of proportions. Piero della Francesca was, as it were, a calendar mathematician. He was interested in the doctrine of polyhedra.

A second central aspect of the Renaissance was the discovery of the individual. Whether in art, science, economics or politics, it was individuals who devoted themselves to exploring new horizons, new spaces at their own risk, be it the exploration of the seas by Christoph Columbus and Ferdinand Magellan or of celestial bodies by Galileo Galilei. The artist, the navigator, the explorer discovered new worlds, often against prevailing ideologies and doctrines. The Renaissance was thus the epoch of the triumph of individuality and this triumphant march has continued to this day. From the architecture of an Andrea Palladio to Titian, from Leonardo da Vinci to Giulio Romano, from Benvenuto Cellini to Michelangelo, we observe the discovery of the individual. Art as science and the expression of the individual's abilities are thus the two most important aspects of the Renaissance for the future of art.

Arab Renaissance

But the Italian Renaissance was not the first scientification of art. The Arabic Islamic Renaissance occurred between 800 and 1200. The Banū Mūsā brothers created programmable musical automata around 850. Ibn al-Razzāz Al-Jazari wrote the book *Compendium on the Theory and Practice of the Mechanical Arts* around 1200. From Baghdad to Andalusia, Arab artists and scholars, such as Ibn Khalaf al-Murādī and Abū Ḥātim al-Muẓaffar al-Isfizārī, rediscovered and advanced Greek and Byzantine traditions. For example, the term algorithm comes from a Latinisation of the name of the Arab scholar Abu Jafar Muhammad ibn Musa al-Chwārizmī.

As Hans Belting has documented in *Florence and Baghdad* (2008), Abū ʿAlī Ibn al-Ḥasan bin al-Haiṯam (known in the West as Alhazen) wrote *Kitāb al-Manāẓir*. His work was translated into Latin in the 12th century and contains fundamental studies on the propagation and refraction of light. The reception of Ibn al-Haiṯam's theory of light and vision triggered one of the most exciting chapters in the history of Western art. Alhazen can be considered the inventor of the *camera obscura* and the forerunner of the invention of perspective. *Perspectiva* was the Latin title of his Arabic work on optics which was later replaced by the Greek term *Optics* and then again by the Latin *Opticae Thesaurus* (1572).

---

1   Leonardo da Vinci, *Trattato della Pittura* (ca. 1490), Unione Cooperativa Editrice, Rome, 1890.

Peter Weibel and Christian Lölkes, *Wissensfeld*, 2023, installation view *Renaissance 3.0*, ZKM | Karlsruhe 2023

»Pool of Tools«, installation view *Renaissance 3.0*, ZKM | Karlsruhe 2023

Renaissance 3.0

In this respect, the Arab Renaissance was the first, the Italian the second, and now in the twenty-first century there are convincing signs that we are experiencing a third Renaissance. In contrast to the two, relatively localized Arab and Italian Renaissances, the latest manifestation is global. Artists from China to Chile form a new generation of art-based research and research-based art.

New works of art and scientific theories are emerging that do not only refer to the historical achievements of the preceding renaissances. Clearly, there are continuations of lines of tradition. For example, façade decorations by Giovanni Maria Falconetto in Verona foreshadow projection mapping on public buildings. Likewise, Paolo Veronese's frescoes can be seen as precursors to immersive environments. In the future, new scientific disciplines, especially expanded forms of the life sciences, will determine our lives. The new society will therefore not only be about automata and robots; there will also be a shift from the mechanical and machine-based renaissances – that is, from hardware, to the new renaissance of software, programming, codes. In this respect, genetics, molecular biology, all forms of the new life sciences, artificial intelligence, quantum optics, climate research, health care, the infosphere, the data society, questions of cyborg feminism (see Donna Haraway and Joanna Zylinska) will be central.

In the twenty-first century, there is a new basis for the convergence of the arts and sciences. Artists and scientists share a common "pool of tools." Tools that dentists use, e.g., small cameras that illuminate the oral cavity, are also used by artists. The same computers and screens are used by artists and scientists, as are algorithms and data networks. Mathematical equations slide over into genetic entities, both for physicists and artists, and geometric entities and fluid objects transform into data, into data curves, both in science and in art.

As long as art remained within the horizon of visible things that our natural organ, the eye, captures, it was difficult to build a bridge to science which, since the seventeenth century, has captured the world with instruments and apparatuses, from telescopes to microscopes. With such apparatuses, science opened the door to the previously inaccessible *res invisibiles*. As long as art refused to use such apparatuses, it was fundamentally different from science. Art ended at the limits of natural perception. Science begins where natural perception ends, that is, beyond natural perception. With the rise of media since photography (ca. 1840), media art also uses apparatuses and algorithms like science. This is the new basis of the convergence of science and art for a New Renaissance.

The art of the twenty-first century will be dominated by this Renaissance 3.0 and will thus face the many challenges of humanity. One of these challenges is that the function of art and science to give meaning to the *rerum naturae* (Lucretius) – to the things of the world and nature, and to human beings – is being reinstated at this historical moment even as the function of science is being doubted. Georg Wilhelm Friedrich Hegel famously claimed that after religion and art, it is philosophy that recognizes the "absolute," that is, that gives us meaning and knowledge. We plead for defending the function of art and science against the current sceptics, as is necessary today more than ever as we experience climate and pandemic crises. The Renaissance 3.0 project will open the general public up to an unprecedented horizon of innovative works of art and, as the Italian Renaissance achieved, a new attitude towards the world and the future of symbiotic life of all living beings on Planet Earth.

This text first appeared in 2022 in the publication *The next Renaissance. Culture and Creativity shaping Europe*, edited by European Crew, Odile Jacob, Paris, pp. 110-116. The text documents first ideas for Peter Weibel's last exhibition *Renaissance 3.0. Ein Basislager für neue Allianzen von Kunst und Wissenschaft im 21. Jahrhundert* [*Renaissance 3.0. A Base Camp for New Alliances of Art and Science in the 21st Century*], which ran from March 25, 2023 – January 07, 2024 at ZKM | Karlsruhe. Since he wasn't able to finish a text for the publication, which accompanied the exhibition, before his death, this text was chosen for this volume. For the idea of a retooling practice in the arts see also the publication *Parabol Art Magazine. #8 The retooling issue*, curated by Peter Weibel with Idis Hartmann, section.a, 2014.

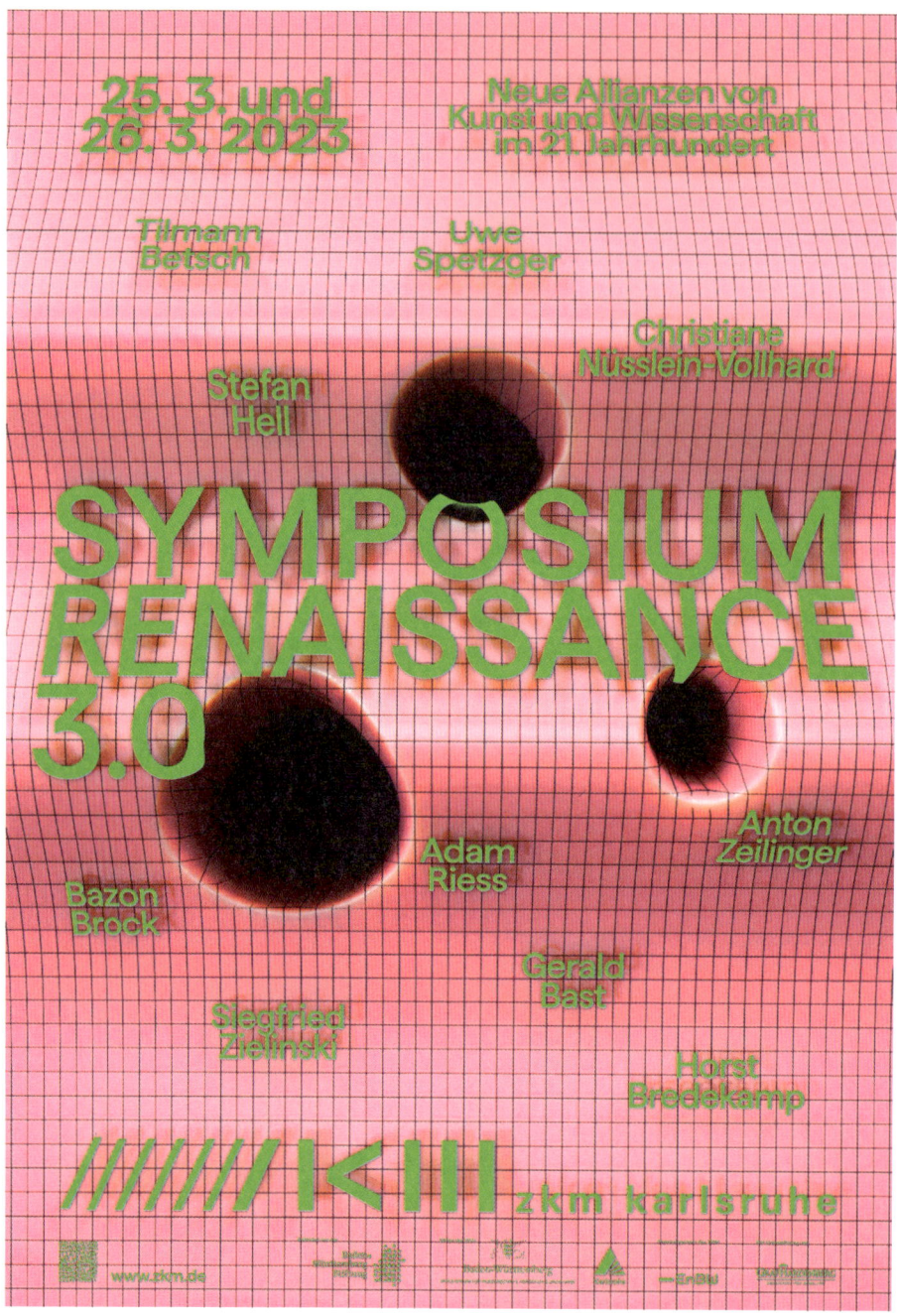

Peter Weibel hat den Austausch zwischen Kunst und Wissenschaft nicht nur in seinen Schriften, sondern auch in zahlreichen Ausstellungen, Publikationen und Symposien vorangetrieben.

Bei dem von Peter Weibel konzipierten Symposium zu der Ausstellung *Renaissance 3.0 Ein Basislager für neue Allianzen von Kunst und Wissenschaft im 21. Jahrhundert* haben neben Philosophen und Kunstwissenschaftlern wie Gerald Bast, Siegfried Zielinski und Horst Bredekamp die drei Nobelpreisträger Christiane Nüsslein-Volhard (Nobelpreis für Physiologie oder Medizin 1995), Stefan Hell (Nobelpreis für Chemie 2014) und Adam Riess (Nobelpreis für Physik 2011) Vorträge gehalten. Das Symposium ist unter den folgenden links abrufbar:

https://www.youtube.com/watch?v=vHvIiR0ACmw, https://www.youtube.com/watch?v=1caim9w_Seg

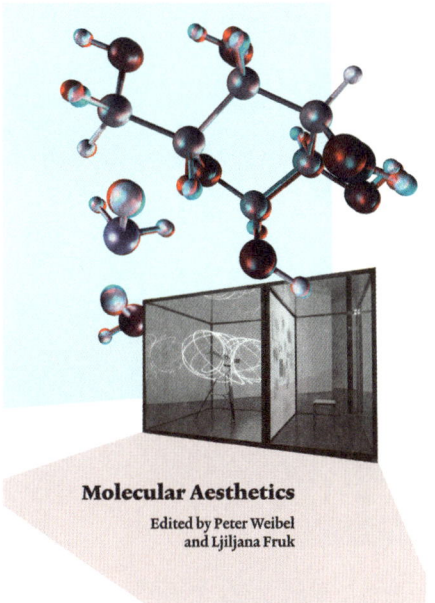

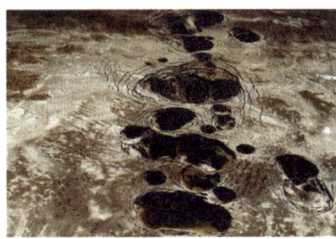

Auch in zahlreichen seiner Publikation sind Beiträge renommierter Wissenschaftler und Künstler vereint, etwa in *Molecular Aesthetics*, 2013 herausgegeben von Peter Weibel und Ljiljana Fruk bei The MIT Press, Cambridge/MA, und *Critical Zones. The Science and Politics of Landing on Earth*, 2020 herausgegeben von Peter Weibel und Bruno Latour bei The MIT Press, Cambridge/MA. Das Buch von Claude E. Shannon und John McCarthy (Hg.), *Studien zur Theorie der Automaten* (1956), Rogner & Bernhard, München, 1974, hat Peter Weibel gemeinsam mit Franz Kaltenbeck übersetzt.

Bereits 2001 war Weibel Moderator der legendären Podiumsdiskussionen im Luzerner Theater vom 20. und 21. Januar 2001, an der die späteren Nobelpreisträger Roger Penrose und Anton Zeilinger sowie Roy Ascott, Reinhold Bertlmann, Ulrike Gabriel, Ernst von Glasersfeld, Stuart Hameroff, Luis Eduardo Luna und Josef Mitterer teilnahmen. Die Diskussionen sind unter folgendem Link online abrufbar: https://www.rene-stettler.ch/publikationen.html sowie in der von René Stettler herausgegebenen Publikation *Zu einer neuen Quantenphysik des Bewusstseins – Gespräche an den Grenzen der Erkenntnis*, Neue Galerie, Luzern, 2009, nachzulesen.

Peter Weibel
wurde 1944 in Odessa geboren und verstarb 2023 in Karlsruhe. Er studierte Literatur, Medizin, mathematische Logik, Philosophie und Film in Paris und Wien. Durch seine vielfältigen Aktivitäten als Künstler, Kurator, Denker, Lehrer, Institutsgründer und -leiter, als Nomade zwischen Kunst und Wissenschaft war Peter Weibel ein zentraler Akteur der europäischen Medienkunst. Von 1999–2023 war er Vorstand des ZKM | Zentrum für Kunst und Medien Karlsruhe. Er war von 1984 bis 2017 Professor für visuelle Mediengestaltung, später Medientheorie, an der Universität für angewandte Kunst Wien, von 1984 bis 1989 Professor für Video und Digitale Kunst am Center for Media Study an der State University of New York in Buffalo, von 1984 bis 1988 Professor für Fotografie an der Gesamthochschule Kassel, zudem von 1989 bis 1995 Gründer und Leiter des Instituts für Neue Medien an der Städelschule in Frankfurt am Main. Von 2017–2023 war er Direktor des Peter Weibel Forschungsinstituts für digitale Kulturen an der Universität für angewandte Kunst Wien. Darüber hinaus hatte Peter Weibel Gastprofessuren in Halifax, Sydney, Düsseldorf etc. inne. Er war von 1986 bis 1995 künstlerischer Leiter der Ars Electronica in Linz, von 1993 bis 2011 Chefkurator der Neuen Galerie am Landesmuseum Joanneum, Graz, von 1993 bis 1999 Österreichs Kommissär der Biennale von Venedig, 2008 künstlerischer Leiter der Biennale von Sevilla (Biacs3), 2011 künstlerischer Direktor der 4. Moskau Biennale für zeitgenössische Kunst, von 2015–2017 war er Kurator der 5. und 6. Lichtsicht – Projektions-Biennale in Bad Rothenfelde und 2015 Co-Kurator der Wien Biennale for Change. Von 2015–2023 war Peter Weibel künstlerischer Leiter der Schlosslichtspiele Karlsruhe. Ihm wurden zahlreiche Preise verliehen, unter anderem 1988 der Prix Ars Electronica und eine Auszeichnung beim Locarno Videoart Festival, 1991 der Skulpturenpreis der Generali Foundation, Wien, 1997 der Siemens Medienkunstpreis, 2004 der Käthe-Kollwitz-Preis, 2008 das französische Ehrenzeichen »Officier dans l'ordre des Arts et des Lettres«, 2009 der »Europäische Kultur-Projektpreis« der Europäischen Kulturstiftung, 2010 das Österreichische Ehrenkreuz für Wissenschaft und Kunst I. Klasse, 2014 der Oskar-Kokoschka-Preis, 2017 der Österreichische Kunstpreis in der Kategorie Medienkunst, 2020 der Lovis-Corinth-Preis und der Europäische Kulturpreis TREBBIA. 2009 wurde Peter Weibel ordentliches Mitglied der Bayerischen Akademie der Schönen Künste München sowie der nordrhein-westfälischen Akademie der Wissenschaften und der Künste. Seit 2013 ist er ebenfalls Mitglied der Europäischen Akademie der Wissenschaften und Künste in Salzburg und seit 2018 Ehrenmitglied der Russischen Akademie der Künste Moskau. 2007 wurde ihm die Ehrendoktorwürde der University of Art and Design Helsinki, 2013 die der Universität Pécs, Ungarn, verliehen.

Index

A

Abraham, Ralph A. 345
Abramović, Marina 225, 227, 238, 243
Abs, Hermann Josef 63, 94, 97
Abstraction-Création 142, 197, 202, 215
Acker, Kathy 407
Adams, Paul 153
Adorno, Theodor W. 455
Adrian, Marc 254
Agamben, Giorgio 455
Agúndez García, José Antonio 223
Alberti, Leon Battista 536
Alder, Berni J. 262, 276, 312
Algorists 493
Allman, William F. 354
Alpers, Svetlana 532-534
Altman, Natan 208
Alviani, Getulio 254
Amosov, Nicolai M. 327
Anastasi, William 55
Anaximander 266
Anceschi, Giovanni 199, 460f.
Anders, Günther 414, 428
Andersen, Troels 135
Anderson, Jim 354
Anderson, Laurie 83, 106
Andrade e Silva, João 293
Andre, Carl 49, 58, 143
Andreas-Salomé, Lou 117
Andritzky, Michael 464
Angelus, Michele de 517
Anselmo, Giovanni 199
Anzolin, Gabriele 247
Apollinaire, Guillaume 155, 202
Arago, Dominique François 440
Archimedes 262, 266
Archipenko, Alexander 212
Arezzo, Guido von 481
Aristoteles 385-387, 603
Arman 209f.
Armleder, John M. 243
Arnatt, Keith 57
Arp, Hans 127, 129, 143, 197, 215, 241
Art & Language 23, 38, 45, 55f., 58, 513
Art Club2000 70
Artaud, Antonin 243, 410, 574
Artificial Nature (Haru Ji und Graham Wakefield) 594
Artmann, H. C. 105
Art of Noise 83
Artschwager, Richard 50-52, 129, 131, 178, 243
Arvatov, Boris 207
Ascott, Roy 651
Ashby, Ross 490
Asher, Michael 38, 52, 58, 65f., 69, 71
Aspect, Alain 297
Assmann, Aleida 52
Atkinson, Terry 56
Attersee, Christian Ludwig 105
Attneave, Fred 512
Austin, John 19, 21
Austin, John Langshaw 225, 558, 636
Avenel, Olivier 317

B

Bach, Johann Sebastian 226
Bachmayer, Hans Matthäus 161, 167
Bachtin, Michail M. 26-33, 35, 39, 41, 43-45, 47, 56, 73, 115, 145, 402, 408f.
Bach-y-Rita, Paul 582f.
Backus, John W. 616
Bacon, Francis 19, 531, 533, 548-550, 571
Baczyński-Jenkins, Alex 218
Badiou, Alain 226
Badt, Kurt 533
Baecker, Dirk 73
Baer, Jo 131, 138
Bain, Alexander 471
Bainbridge, David 56
Baj, Enrico 199
Baldwin, Michael 56
Balla, Giacomo 624
Ballard, J. G. 407
Ballocco, Mario 199, 462
Balzac, Honoré de 131f., 165
Baranov-Rossiné, Vladimir 253f.
Bardeen, John 620
Barr, Alfred H. 183, 185-187, 191f., 553, 555
Barrow, Isaac 534
Barry, Robert 237
Barthes, Roland 73, 402, 547
Barzel, Amnon 430
Bast, Gerald 17, 559, 648
Bataille, Georges 166
Bateson, Gregory 44, 78, 271, 332, 335
Baudelaire, Charles 126, 143, 165, 557
Baudrillard, Jean 45, 47, 87, 108f., 111f., 125, 163, 170f., 176f., 199, 266, 276f., 300, 334, 351, 360, 392, 409, 414-416, 428, 448-456, 524, 537-539, 605
Bauer, Friedrich L. 616
Bauer, Ludovic N. 471-473
Bauman, Zygmunt 455
Baumeister, Willi 212
Baumgardt, David 33
Baxandall, Michael 43
Bayer, Herbert 572f.
Bayer, Konrad 46
Bayertz, Kurt 590, 630
Beavin, Janet H. 340
Bechtold, Gottfried 58
Beck, Dieter 5
Beecroft, Vanessa 223, 235, 579
Belcher, Alan 104, 106
Bell, Alexander Graham 442
Bell, Bill 254
Bell, John Stewart 258, 265, 278, 292f., 296f., 300, 305, 312, 318, 320, 339
Bellmer, Hans 571, 573f.
Belting, Hans 597, 610, 644
Bender, Gretchen 106
Benjamin, Walter 175f., 178, 392, 414, 441, 450
Benn, Gottfried 184
Bense, Max 46, 392

Bentham, Jeremy	19-28, 32f., 36, 39-41, 44, 56, 66f.	Bourdieu, Pierre	31, 33, 42f., 46, 81
Bentley, Richard	287, 296	Bowen, David	634f.
Benussi, Vittorio	461, 512	Boy, Werner	456
Bepler, Jonathan	241	Boyle, Robert	531
Berge, Pierre	329	Brâncuși, Constantin	416, 419
Berger, Falk	119	Brand, Stewart	346
Berger, Peter L.	41	Braque, Georges	133, 159, 201, 205, 234
Bergson, Henri	229, 398, 498, 516	Brattain, Walter	620
Berkeley, George	19	Braun, Ferdinand	172, 422
Berlewi, Henryk	136	Braun, Nikolaus	252
Bernal, John Desmond	567	Brecht, Bertolt	345, 403, 450
Bernays, Martha	118, 120	Brecht, George	221, 226, 340
Bernstein, Cheryl	70	Bredekamp, Horst	244, 648
Bernstein, Michèle	45f.	Bremer, Claus	336
Bertalanffy, Ludwig von	64	Brewster, David	247
Bertini, Gianni	199	Bridle, James	613
Bertlmann, Reinhold	651	Brisau, Andre	447
Bertsch, Christoph	559	Brock, Bazon	189, 235
Beuys, Joseph	83, 92-95, 515f., 610, 630	Brodkey, Harold	262
Biasi, Alberto	199	Brogowski, Leszek	139
Bigelow, Julian	78, 270	Broms, Loove	248
Bigelow, Kathryn	433	Broodthaers, Marcel	19f., 38, 45, 52, 58, 66f., 127f., 178, 392
Bijker, Wiebe E.	73	Brook, Peter	125
Bijl, Guillaume	58, 67, 103-105	Brooks, Frederick	274
Bill, Max	202	Brosses, Charles de	559
Bingham, Peregrine	19	Brouwn, Stanley	135
Birnbaum, Dara	70	Brown, Earle	221
Bishop, Bainbridge	254	Brown, J. R.	293
Bishop, Christopher M.	434	Brown, Michael E.	39
Bishop, Claire	541	Brown, Robert	229, 262-264
Blach, Roland	255	Brown, Trisha	223
Blaeu, Willem Jansz.	522	Brückner, Peter	118
Blake, William	580	Brunelleschi, Filippo	514
Blazwick, Iwona	45	Bruno, Giordano	643
Bloch, Ernst	27	Brunswik, Egon	512
Bloom, Barbara	69f.	Brus, Günter	105, 269, 624, 630
Blühdorn, Ingolfur	485	Bryan, James	273
BMPT	141	Bryen, Camille	213
Bochner, Mel	43	Buchloh, Benjamin H. D.	43, 49, 52, 64, 66f., 70, 178
Böcklin, Arnold	166	Buchwald, Jed Z.	567
Boersma, Linda S.	512	Buckingham, Edgar	302
Bohm, David	296f.	Buddensieg, Andrea	597
Böhme, Gernot	341	Bühler, Karl	512
Bohr, Niels	76, 284, 292-294, 296f., 307, 312, 319f., 339, 399, 500, 502	Bukatman, Scott	407f.
Böhringer, Hannes	163, 266	Bul, Lee	577
Boltzmann, Ludwig	263, 314, 517, 567	Buñuel, Luis	572
Bonalumi, Agostino	199, 214	Bunsen, Frederick D.	73
Bonaparte, Marie	117	Burda, Hubert	443
Bongard, Willi	103	Burda-Stengl, Felix	537
Boole, George	400, 482-484, 493, 616, 619	Bureau D'études	617
Borges, Jorge Luis	27, 300, 402, 406, 413, 417, 428, 524, 537-539	Buren, Daniel	38, 45, 52, 58, 62-66, 69, 71, 133, 141, 143, 392
Boriani, Davide	199	Burgin, Victor	38, 50, 53, 58, 66f., 69f.
Borland, Christine	70	Burke, Edmund	38
Bose, Satyendranath	363	Burn, Ian	56, 58
Bošković, Rugjer Josip	262, 266, 276f., 299, 303, 311f., 364-366, 368	Burnet, Macfarlane	418
		Burnham, Jack	64
Boto, Martha	254	Burri, Alberto	195, 198f., 213-216, 627
Botticelli, Sandro	643	Burroughs, William S.	47, 344, 369f., 407, 412
Boulez, Pierre	221	Bute, Mary Ellen	255, 581
		Butler, Samuel	352f., 355, 397f., 418, 498, 593

C

Cabanne, Pierre	341
Cabrol, Barthélémy	232
Cadere, André	38, 58
Caeiro, Alberto	405, 413
Cage, John	83, 89, 113, 126, 128, 166, 221, 235, 237, 335f., 392, 630
Cahun, Claude	575
Cairns-Smith, Alexander Graham	357
Calder, Alexander	210
Callahan, M. A.	274
Calle, Sophie	455
Callon, Michel	73
Callot, Jacques	526, 529, 539
Cameron, James	408, 433f.
Campbell, David F. J.	559
Campbell, Thomas	166
Campos, Álvaro de	405, 413
Cane, Louis	141
Canetti, Elias	175
Cannon, Walter B.	231
Cantagallina, Giovanni Francesco	539
Cantor, Georg	639
Capogrossi, Giuseppe	198f.
Carayannis, Elias G.	559
Carnap, Rudolf	20, 23, 616
Carnevale, Graciela	225, 227, 238
Carroll, Lewis	537f.
Carson, David	580, 593, 632
Caspersen, Dana	239
Cassirer, Ernst	42, 308, 457
Castel, Louis-Bertrand	580
Castellani, Enrico	199, 214
Cazal, Philippe	71
Cazalis, Henri	128
Cellini, Benvenuto	644
Cervantes, Miguel de	417, 531
Cézanne, Paul	132, 152, 155, 164f., 514
Chaissac, Gaston	213
Chamberlain, William	130
Chanel, Coco	103, 234
Chaplin, Charlie	92, 113
Chaput, Thierry	163, 166
Charmatz, Boris	224f.
Chen, Xi-Hao	249
Chevreul, Michel-Eugène	152, 155
Chiggio, Ennio	199
Chin, Mel	70
Chirico, Giorgio de	166, 403, 438f., 565
Chlebnikow, Welimir	129, 206
Chomsky, Noam	26f., 538, 547, 616
Chow, Jay	637
Chtcheglov, Ivan alias Gilles Ivain	46
Church, Alonzo	357f., 362f., 491, 501, 559, 619, 638
Churchland, Patricia	354
Chwārizmī, Abu Jafar Muhammad ibn Musa al-	491, 644
Clark, James	274
Clark, Katerina	28, 116
Clark, Timothy J.,	32, 38, 43, 45, 297, 339
Clauser, John	456f.
Clebsch, Alfred	
Clegg & Guttmann	106
Clinton, Bill	429
CoBra	45
Cocteau, Jean	128, 234, 242f.
Cohen, Harold	492f.
Colby, Kenneth Mark	358
Coler, C.	275
Coleridge, Samuel Taylor	38
Collas, Ettore	199
Colombo, Gianni	199, 254
Colombo, Joe	199
Columbus, Christoph	644
Comeau, Charles	273
Connor, Steve	636
Constant	45
Cooke, William	442
Coop Himmelb(l)au	188
Cooper, Seth	612
Copernicus, Nicolaus	317, 481
Costa, Toni	199
Cottingham, Keith	579
Courbet, Gustave	67
Coutinho, Antonio	419
Craik, Kenneth	398, 499f., 502f., 539
Crane, Diana	39
Crary, Jonathan	193, 537
Crichton, Michael	408
Crimp, Douglas	67, 70
Crippa, Roberto	199
Crockett, Damon	637
Croissant, Aurel	485
Cronenberg, David	408
Crouch, Colin	485
Crow, Thomas	43
Cunningham, Merce	235
Curtze, Heike	105
Custance, Gloria	559
Cytowic, Richard E.	582
Czernin, Franz Josef	130

D

D'Abro, Amram	287
Dadamaino	199, 210, 214, 216
Daguerre, Louis	142, 440
d'Alembert, Jean le Rond	549, 551
Dalí, Salvador	403
Dangelo, Sergio	199
Darwin, Charles	352f., 360, 397f., 418f., 420, 481, 498, 581, 590f., 593, 606, 631
David, Jacques-Louis	67
da Vinci, Leonardo	199, 367, 423, 450, 540, 548, 556, 595, 600, 603f., 605, 613, 621, 625, 629, 644
Davis, Martin	501
Davis, Paul C. W.	293
Dawkins, Richard	418f.
Debord, Guy	45–47, 163, 170, 392
Debussy, Claude	255

Decker, Edith	163, 437, 569	Du Camp, Maxime	152
Degas, Edgar	132, 226, 232	Dumas, Robert	547
Delacroix, Eugène	152	Dunn, David	347
Delaroche, Paul	142	Duras, Marguerite	233
Delaunay, Robert	134, 146, 154-158, 201f., 248, 250	Dürer, Albrecht	644
		Duve, Thierry de	147
Deleuze, Gilles	230, 557, 574	Dyson, Freeman	567
Delvaux, Paul	166	Dyson, George	593
Delville, Jean	166		
Demarco, Hugo	254	**E**	
Demers, Louis-Philippe	588	Eco, Umberto	52, 221, 307, 354
Deneuve, Catherine	110	ecoLogicStudio (Claudia Pasquero und Marco Poletto)	591
Denis, Maurice	132f., 141, 150-153, 165, 201, 234		
DePauli-Schimanovich, Werner	57	Edelman, Gerald Maurice	352f., 398, 581
		Edison, Thomas A.	246, 426
Derain, André	132, 165	Eggeling, Viking	133
Derrida, Jacques	30, 32, 44f., 65, 69, 180, 188f., 226	Ehrenfest, Paul	319
		Eiblmayr, Silvia	420
Descartes, René	175, 229, 260, 288f., 298, 302, 367, 467, 490, 514, 531, 533f., 549, 610	Eichhorn, Maria	70
		Eiermann, André	239
		Einstein, Albert	248, 292f., 296, 302, 306, 308f., 319f., 363
De Smet, Koen	447		
D'Espagnat, Bernard	293	Einstein, Carl	42
Deutsch, David	258, 265, 295, 361f.	Eldred, Michael	544
Devade, Marc	141	Eliasson, Olafur	623
De Vecchi, Gabriele	199, 461	Eliot, T. S.	39
Dewey, John	453	El Lissitzky	143, 336
DeWitt, Bryce	297	Elm, Theo	529
Diamonstein-Spielvogel, Barbaralee	140	Elmgreen & Dragset	241
		Ender, Thomas	623
Di'an, Fan	447	Engelbart, Douglas	272
Dick, Philip K.	407f.	Engels, Friedrich	23, 465, 636
Diderot, Denis	549, 551, 604	Ensor, James	132, 165
Diebner, Hans	313	Ericson, Kate	70
Dijksterhuis, Eduard J.	531	Erlich, Leandro	601
Dillon, C. Douglas	98	Ernst, Max	212
Dimitrijević, Braco	58, 408, 417	Eshkol, Noa	220, 222, 235
Diogenes	238	Etchells, Tim	241
Dion, Mark	106	Evans, Walker	70, 416, 420
Djagilew, Sergei Pawlowitsch	234	Everett III, Hugh	258, 264f., 292, 294-297, 300, 305, 312, 316-318, 320, 339
Dockum, Charles	255	Export, Valie	38, 58, 106, 408, 504-506
Doesburg, Theo van	194, 625		
Doherty, Claire	72	**F**	
Dokoupil, Jiří Georg	103f.	Fabbri, Agenore	195, 211
Dolla, Noël	141	Fahlström, Öyvind	64f.
Domela, César	215f.	Fairbank, William M.	306f.
Doran, Michael	164	Falaise McKendry, Maxime de la	128
Dostojewski, Fjodor M.	29		
Dova, Gianni	199	Falconetto, Giovanni Maria	646
Dowling, Aaron	562		
Draxler, Helmut	44	Faraday, Michael	247, 562-564, 606
Drebbel, Cornelis	533	Farocki, Harun	541, 543
Drechsler, Wolfgang	167	Fassbinder, Rainer Werner	275, 403
Dreier, Katherine	407	Faßler, Manfred	430
Drexler, Eric	257, 357	Fat Boys	92
Druckrey, Timothy	430	Fautrier, Jean	213
Dubuffet, Jean	213	Federman, Raymond	407
Duchamp, Marcel	26, 39, 49, 56, 66, 105f., 133, 142-144, 149, 152, 167f., 187, 189f., 192f., 236, 341, 376, 392, 403-407, 413, 416, 420, 461, 512, 605, 622, 625	Feigenbaum, Edward	493
		Feldman, Morton	221, 235, 335
		Fényes, Imre	263

Fermat, Pierre de	531, 534	**G**	
Fetter, William	492	Ga, Zhang	447
Feuerstein, Thomas	642	Gabo, Naum	215, 456f., 459-461
Feuillet, Raoul-Auger	223, 234	Gábor, Dennis	491f.
Feyerabend, Paul	191, 417, 517f.	Gabriel, Ulrike	651
Feynman, Richard	257	Galiani, Abbé	502
Fichte, Johann Gottlieb	84f.	Galilei, Galileo	482, 531, 603, 643f.
Fichtl, Paula	119	Gallon, Michel	73
Fiedler, Conrad	39	Galouye, Daniel F.	275
Fiedler, Elisabeth	447	Gan, Alexei	206f.
Filliou, Robert	340	Gandy Jr., Oscar H.	34
Finkelstein, David	300, 311	Gareis, Sigrid	227
Finkelstein, Shlomit Ritz	300	Garrels, Gary	139
Finlay, Ian Hamilton	177	Garve, Christian	84
Fischer, Ernst	73	Gass, William	407
Fischer, Kurt E.	512	Gates, Bill	426f.
Fischer, Roland	262	Gauguin, Paul	132, 152f.
Fischinger, Oskar	581	Gauß, Carl Friedrich	174, 562
Fisher, Scott S.	275, 302	Gauthier, Joseph	554
Flaubert, Gustave	142, 149	Gautier, Théophile	152, 438
Flavin, Dan	49, 53, 56, 59, 131, 143, 254, 623	Gebhardt, J. M.	471, 478f.
		Gehring, Ulrike	532f., 540, 544, 626
Fleck, Robert	420	Gell-Mann, Murray	320
Fleming, John	43	General Idea	105
Flournoy, Théodore	580	Gente, Peter	449-451, 455
Fludd, Robert	531	George, Stefan	91, 330
Flusser, Vilém	163, 266, 342	Gerbel, Karl	260, 267, 510
Flynt, Henry	54	Gerigk, Jan	488
Foerster, Heinz von	53, 73, 78f., 163, 266, 270f., 342, 399, 502f.	Gernsback, Hugo	272
		Gheyn, Jacob de	528, 533, 542
Fölsing, Albrecht	563	Giacometti, Alberto	241
Fontana, Lucio	131, 133, 141, 145, 157, 166, 184, 195, 198, 210, 214-216, 253f., 630	Giannetti, Claudia	521
		Gibbs, Josiah Willard	313, 316
Forest, Fred	165	Gibson, William	271, 407f.
Forest, Lee de	422, 568	Gide, André	128, 131
Förg, Günther	194	Gideon, Sigfried	616
Forsythe, William	220f., 239	Gilbert & George	222f., 237
Forti, Simone	223-225, 227, 237f.	Gilbert, William	562, 628
Foucault, Léon	307	Gilbreth, Frank B.	459
Foucault, Michel	23, 33-37, 39-41, 56, 65, 67, 87, 151, 161, 175, 189, 317, 373, 391, 402, 451, 481, 546, 558, 603, 615, 638	Gilbreth, Lillian E.	459
		Gilliam, Terry	408
		Glasersfeld, Ernst von	79, 342, 651
Francesca, Piero della	644	Glass, Philip	95
Francis, Sam	131, 139	Glimcher, Arnold B.	514
Fredkin, Edward	277	Glózer, László	37, 221, 237
Freedman, Stuart	339	Gmelin, Otto F.	115
Frege, Gottlob	23, 482, 616	Gödel, Kurt	257f., 276, 278, 292f., 295, 297, 304, 357f., 361, 370, 374, 389, 396f., 399, 469, 491, 501, 516, 619f., 639
Fresnel, Augustin Jean	247		
Freud, Anna	119		
Freud, Sigmund	27f., 87, 94, 115-123, 127, 155, 181, 186, 351, 366, 372, 400, 416, 454, 481, 486, 591f., 606, 610f., 631f.	Goebbels, Joseph	91
		Goepfert, Hermann	254
		Goethe, Johann Wolfgang von	23, 291, 321, 364
Freundlich, Otto	90, 94, 96	Goffman, Erving	338
Frewer, Matt	408	Gogh, Theo van	149
Fried, Michael	138, 235	Gogh, Vincent van	149, 153f., 167, 250, 378, 382
Fritsch, Katharina	409		
Fröhlich, Herbert	363	Goldsmith, Lynn	114
Fruk, Ljiljana	649	Gommel, Matthias	494
Fujihata, Masaki	541f.	Gomringer, Eugen	126
Fuller, Loïe	234f.	Gould, Stephen Jay	322
Fuller, Richard Buckminster	269, 345, 534f., 558f., 589, 630	Graham, Dan	34, 38, 47, 49, 52, 54, 61f.

Graham, Neill	297
Grandits, Ernst A.	587
Gray, Elisha	442
Gray, Louis N.	326
Greenberg, Clement	212
Grimaldi, Francesco Maria	248
Grosz, George	130, 163, 185
Grotowski, Jerzy	243
Groupe de Recherche d'Art Visuel (GRAV)	254
Grove, George	254
Groys, Boris	189, 463
Grunert, Tanja	7
Gruppo N	196, 198f.
Gruppo T	196, 198f.
Gsur, Karl Friedrich	624
Guattari, Félix	230, 557, 559, 574
Guilbault, Serge	43, 190
Guilbert, Yvette	117
Guinard-Terrin, Martin	640
Gundolf, Friedrich	91
Günther, Gotthard	352, 360-362
Gustafsson, Laura	633f.
Guzzoni, Ute	48

H

Haacke, Hans	38, 52, 58, 62-65, 69, 98, 106
Haapoja, Terike	633f.
Habermas, Jürgen	424, 427, 429, 449, 612
Hafif, Marcia	146
Hafner, Hans-Jürgen	447
Hahn, Werner	514
Haken, Hermann	345
Hakonen, Pertti	317
Halley, Peter	106, 414
Halprin, Anna	225, 227, 238
Hameroff, Stuart	651
Hamilton, Richard	405, 433
Handke, Peter	321
Haraway, Donna	646
Haring, Keith	92-94
Harrison, Newton	70
Harry, Debbie (Blondie)	93
Harten, Jürgen	153
Hartley, Alex	180
Hartmann, Idis	15-17, 647
Ḥasan bin al-Haitam, Abū ʿAlī Ibn al- (Alhazen)	644
Haskell, Barbara	139
Hattinger, Gottfried	130, 266, 273, 372
Hauer, Josef Matthias	580
Hauffen, Manfred	488
Hauser, Arnold	39, 73
Hausmann, Raoul	185, 255, 576
Hawkes, John	407
Hawking, Stephen	362, 589, 636
Heartfield, John	130, 163
Hebb, Donald	354
Hector, Alexander Burnett	254
Hegel, Georg Wilhelm Friedrich	48f., 51, 55, 84, 144, 160, 167-169, 179, 351, 359, 379-382, 386, 390, 395, 451, 515, 636, 646
Heibach, Christiane	569
Heidegger, Martin	36, 38, 167, 180, 199, 230, 351, 368, 378-382, 384, 386f., 390, 394, 451, 545, 558f.
Heilig, Morton	273
Heims, Karl	361
Heine, Heinrich	164, 437-439
Heisenberg, Werner	76, 292-294, 296, 309, 500f.
Heiss, Daniel	493f.
Hell, Stefan	648
Helmholtz, Hermann von	261, 284, 512, 568
Hendricks, Jon	37
Henri, Adrian	344
Henry, Charles	152
Heraklit	84, 167, 295
Herbert, Nick	301
Herbrand, Jacques	491
Herder, Johann Gottfried	589f., 600, 606f., 630f.
Herman, Edward S.	538
Hermanns, Ernst	125
Herold, Georg	131, 179
Herrnstein Smith, Barbara	514
Herron, Hank	70
Hershman Leeson, Lynn	54, 225, 227, 238, 577
Hertz, Heinrich	174, 247, 250, 442, 484, 558, 563, 569, 606, 620
Hess, George B.	306
Hewlett, Robin	541, 543
Hiebel, Hans H.	529
Hilbert, David	458, 639
Hill, Gary	178, 578
Hillis, Daniel	352f., 581
Hinton, Geoffrey	354
Hirsch, Eric D.	44
Hitler, Adolf	90f., 243, 345, 609
Hobbes, Thomas	19
Hochman, Nadav	637
Hoenderdos, Piet	361
Hoffmann, E. T. A.	131, 165
Hoffmann, Josef	184
Hoffmann, M.	313
Hoffmann, Peter Gerwin	58
Hoffmann, Reinhild	225, 227, 238
Hofmann, Hans	212
Hölderlin, Friedrich	386
Hollein, Hans	59, 269, 601
Holonyak, Jr., Nick	249
Holquist, Michael	28, 116, 145
Holzbauer, Wilhelm	123
Holzer, Jenny	70f., 94, 106, 175, 177, 254
Holzheid, Anett	464
Homer, William Innes	512
Hondius, Hendrik	535
Hondius II, Jodocus	535f.
Honour, Hugh	43
Hooke, Robert	534
Hopfield, John	354
Horn, Trevor	83

Horwitz, Channa	225, 227, 238	Jorn, Asger	45–47
Huang, Scottie Chih-Chieh	616	Josephson, Brian David	581f.
Hübl, Michael	614	Joussaume, Sylvie	562
Hubmann, Franz	118	Joyce, James	183, 192
Hudson, Alistair	17	Judd, Donald	49, 58
Huebler, Douglas	58f., 61		
Hughes, Robert	125	**K**	
Hughes, Thomas P.	73	Kabakov, Ilya	127
Hugo, Victor	164	Kähler, Julius	478–480
Hull, Albert W.	568	Kahlo, Frida	242f.
Hülsmeyer, Christian	172	Kahnweiler, Daniel-Henry	204
Hume, David	19, 412	Kaltenbeck, Franz	57, 490, 501, 649
Humphrey, Ralph	131	Kamper, Dietmar	161, 167
Humphries, J.	275	Kandinsky, Wassily	91, 131, 133, 138, 150f., 160, 166, 187, 604f., 621f.
Huret, Jules	532		
Hurrell, Harold	56	Kanizsa, Gaetano	462, 512
Husserl, Edmund	359, 457, 558	Kant, Immanuel	21, 28, 65, 84, 170, 266, 276f., 308f., 343, 365, 375–382, 387, 390, 394f., 467, 498, 547f.
Huws, Bethan	70		
Huxley, Aldous	580		
Huygens, Christiaan	247, 531, 534		
Huygens I, Constantijn	142, 533	Kapp, Ernst	591, 631
Huygens II, Constantijn	532–534	Kaprow, Allan	223, 335
Huygens III, Constantijn	534	Kassák, Lajos	513
Huyghe, Pierre	603	Kauffman, Stuart A.	332
Huysmans, Joris-Karl	581	Kawara, On	143–145, 177
		Keeney, Bradford P.	335
I		Keetman, Peter	575
Iglhaut, Stefan	420	Kelchtermans, Leen	530
Ikeda, Ryoji	252, 598	Kelley, Mike	413
Imdahl, Max	151f.	Kelly, Ellsworth	155f.
IRWIN	417	Kelly, Mary	69
Irwin, Robert	131	Kelly, Mike	61, 189, 413
Isfizārī, Abū Ḥātim al-Muẓaffar al-	644	Kemp, Wolfgang	44
		Kempinger, Herwig	106
Isham, C. J.	293	Kepes, György	629
Isou, Isidore	46	Kepler, Johannes	367, 531, 566
Iveković, Sanja	218, 225, 227, 238	Kessels, Erik	637f.
		Keyser, Thomas de	532f.
J		Khan-Magomedov, Selim O.	160, 203
Jackson, Davina	256	Khnopff, Fernand	162, 166
Jackson, Don D.	340	Kiefer, Anselm	177, 179
Jacobs, Ken	269	Kierkegaard, Søren	422
Jacques, Jean	410	Kinsey, Darius	637
Jakobson, Roman	27, 31, 109, 111	Kinsley, Ben	541, 543
Jameson, Fredric	28, 64, 71	Kirby, Michael	336
Jamnitzer, Wenzel	644	Kircher, Athanasius	254
Jankel, Annabel	408	Kittler, Friedrich A.	122, 132, 163, 266, 425, 527, 529f., 541, 626
Jantsch, Erich	347		
Jaynes, Julian	325	Klauke, Jürgen	408
Jerne, Niels Kay	418f.	Kleene, Stephen C.	490f.
Jesionka, Henry	321	Klein, Adrian Bernard Leopold	255
Jochims, Raimer	131, 604		
Jocks, Heinz-Norbert	597–614	Klein, Calvin	92
John oder Johannes	545, 547, 556	Klein, Yves	126–128, 143, 151, 156, 166, 184, 196, 237, 253f., 629
John, Elton	92f.		
Johns, Jasper	50–52, 106f., 121f., 177f., 534	Klencke, Johannes	522, 531f., 536
		Klier, Michael	70
Jones, Gareth Stedman	41	Klinger, Max	166
Jones, Ronald	106	Kljun, Iwan	159
Jong, Jacqueline de	45	Klotz, Heinrich	183, 187, 194, 430, 435
Jordan, Chris	592	Klüver, Billy	513
		Kniep, Johann	623
		Knight, John	58

Knorr-Cetina, Karin 73, 518
Knust, Sabine 105
Kobro, Katarzyna 136-138
Köhler, Eckehart 396
Kohler, Ivo 461
Kolbowski, Silvia 69
Könches, Barbara 455
Kondo, Tetsuo 596, 623
König, Kasper 64, 147
König, Marie 330
Kool, Renée 70
Koons, Jeff 101, 103, 105f., 178, 189, 241, 409, 414, 541
Kopernikus, Nikolaus 566
Kopf, Willi 180
Kosuth, Joseph 23, 38, 54f., 58, 106, 127f., 143, 381, 392, 408, 416
Kounelli, Jannis 198
Krauss, Rosalind 56, 71, 186, 392, 412, 541, 571
Kriesche, Richard 38, 52, 58
Krikortz, Erik 248
Krinzinger, Ursula 506
Kris, Ernst 73
Kristeva, Julia 27
Krueger, Myron W. 274, 366
Kruger, Barbara 70, 100, 106, 175, 177, 575
Krutschonych, Alexei 129
Kuhn, Hans Peter 241
Kulik, Oleg 243
Kunc, Milan 104
Kurz, Otto 73

L

Laban, Rudolf von 220, 223, 234
Lacan, Jacques 21f., 29, 32, 87, 115, 117, 181, 278, 324, 334, 389, 415f., 452, 572
Laclau, Ernesto 41
Laforgue, Jules 151
Lagrange, Joseph-Louis de 482, 524, 611, 615
Laing, Ronald D. 333
Lakoff, George 354
Landi, Edoardo 199
Lange, M. 471, 474f.
Langer, Michael 159
Langmuir, Irving 422, 568
Langton, Christopher G. 349, 355, 368, 510
Laplace, Pierre-Simon 247
Laposky, Ben F. 255
László, Alexander 254
László, Ervin 324, 331
Latour, Bruno 73, 518, 600, 608, 640, 649
Lauren, Ralph 102
Laurent, Yves Saint 102, 105
Lautréamont 503
Lavén, Milo 248
Law, John 73
Lawler, Louise 52f., 69f., 105f.
Lawrentjew, Alexander Nikolaewitsch 154

Leccia, Ange 106, 170
Leclercq, Christophe 640
Le Corbusier 513
Leder, Drew 173
Leduc, Stéphane 633
Lee, Marc 637f.
Leeuwenhoek, Antoni van 300, 534
Lefebvre, Henri 46, 177, 334, 450
Leff, Harvey S. 76
Léger, Fernand 163
Leggett, Anthony 307
Lehmann, Ulrike 182
Leibniz, Gottfried Wilhelm 306, 314, 367, 471, 531, 549, 585, 615f., 638
Lencker, Johannes 644
Leonard, Brett 408
Le Parc, Julio 254
Leroi-Gourhan, André 385
Leroy, Louis 152
Lessing, Gotthold Ephraim 234, 375
Le Stum, Marc 70
Lettvin, Jerome Y. 271, 462
Levine, Sherrie 52f., 70, 130, 408, 414, 416f., 419
Lévi-Strauss, Claude 32
Lévy-Dhurmer, Lucien 166
Lewis, Ligia Manuela 218
Lewis, Wyndham 184
LeWitt, Sol 49, 58, 140, 194, 241, 512
Liapunov, Vadim 145
Licklider, J. C. R. 272
Lie, Sophus 261, 284
Limberger, Michael 530
Linke, Simon 70
Linsker, Ralph 354
Lintermann, Bernd 488
Lippard, Lucy R. 143, 166
Lippman, Andrew 346
Lischka, Gerhard Johann 96, 115, 163, 169, 289f., 301, 321-350, 447, 584
Lissitzky-Küppers, Sophie 143
Liu, Qian 249
Livingston, Jane 517
Lloyd, Dan 583
Llull, Ramon 471, 548, 555
Lochak, Georges 293
Locher, Thomas 24, 51
Locke, John 19
Lockwood, Michael 363f., 368
Lölkes, Christian 466, 645
London, Fritz 306
Lo Savio, Francesco 216
Louis, Morris 155
Lovejoy, Arthur O. 634
Luckmann, Thomas 41
Lucretius 643, 646
Luhmann, Niklas 42-44, 53, 55, 73, 76, 163, 191f., 298, 327f., 340, 538, 540, 558
Lukács, Georg 46, 73, 177
Lum, Ken 105
Luna, Luis Eduardo 651
Luo, Kai-Hong 249

Lüpertz, Markus	105	Mayer Harrison, Helen	70
Lurie, John	93, 95	Mayerová, Milča	231f., 570
Luther, Adolf	254	Mayhew, Mary L.	326
Lynch, Gary	354	Mayhew Jr., Bruce H.	326
Lyotard, Jean-François	87f., 163, 166, 188, 191, 322, 343, 345, 392	McCarthy, John	489f., 501, 649
		McClelland, James	354
		McClelland, Jay	354
M		McCulloch, Warren S.	78, 270f., 462, 616
Maar, Christa	436, 443	McCollum, Allan	53, 69, 105f., 179, 409, 420
Maass, Wolfgang	434	McHale, Brian	407
Mach, Ernst	122, 413, 461, 464, 517, 567, 622	McGreevy, M.	275
		McLuhan, Marshall	125, 269, 392, 398, 469, 498, 547, 580, 592f., 606, 632
Maciunas, George	552, 555	McShine, Kynaston L.	166
Mack, Heinz	254, 460, 462, 553, 555	Medawar, Peter	418
Maenz, Paul	58	!Mediengruppe Bitnik	616
Magellan, Ferdinand	597, 644	Medvedev, Pavel N.	27f.
Magritte, René	67, 94, 187, 483, 623, 635, 639	Meigret, Louis	546
		Meinong, Alexius	451
Majakowski, Wladimir	41	Meisenheimer, Wolfgang	125
Malewitsch, Kasimir oder Kazimir Malevich	129, 131, 134, 136f., 142-144, 146, 149f., 156-159, 167, 187, 205, 215, 254, 408, 416, 440-442, 512, 565, 567, 622, 625	Melhus, Bjørn	579
		Méliès, Georges	414
		Merkel, Wolfgang	485
		Merleau-Ponty, Maurice	49
		Merz, Mario	45
Mallarmé, Stéphane	125f., 128-131, 138, 165, 226, 232-234, 532	Meyer, Christian	147, 167
		Mezei, Leslie	492
Malraux, André	125, 142, 392	Michelson, Albert	309
Malthus, Thomas Robert	568, 585	Micker, Jan C.	536
Mandelbrot, Benoît	311, 443	MID (Movimento Immagine Dimensione)	199
Manet, Édouard	63, 132, 162, 166		
Mangold, Robert	138	Mies van der Rohe, Ludwig	346
Manovich, Lev	637		
Man Ray	168, 407, 573, 628	Mignonneau, Laurent	5, 521
Manzoni, Piero	128, 135, 141, 157, 166, 199, 215f., 253f.	Mignot, Jean	511
		Mill, James	19
Mao	609	Mill, John Stuart	19, 21
Marconi, Guglielmo	564	Millar, Preston S.	254
Marcos, Ferdinand	95	Minh-Ha, Trinh T.	62
Marcos, Imelda	95	Minkowski, Hermann	261, 302, 304
Marcuse, Ludwig	27	Minsky, Marvin	348, 423, 489f.
Marey, Étienne-Jules	512	Mitterauer, Bernhard	367
Marinetti, Filippo Tommaso	128, 184	Mitterauer, Michael	440
		Mitterer, Josef	651
Markow, Wladimir	135f., 203	Moholy-Nagy, László	210, 213, 250-253, 461f., 513
Marshall, Ian N.	363	Molière	531
Martin, Agnes	138	Molina-Terriza, Gabriel	247
Marx, Karl	23, 29, 39, 73, 97, 106, 108f., 115, 169-171, 176f., 359, 450-453, 465, 599, 604, 636	Möller, Christian	5
		Mon, Franz	46
Massironi, Manfredo	199	Mondor, Henri	126
Masson, André	210-212	Mondrian, Piet	142, 193f., 202, 408
Mathieu, Georges	196, 213, 237, 629	Monet, Claude	148, 150, 152, 160
Matisse, Henri	153, 234	Monod, Jacques	324
Matjuschin, Michael	129	Moore, Edward F.	490, 501
Matta-Clark, Gordon	38, 62	Moore, Gordon	585
Matthew oder Matthäus	547, 556	Moravec, Hans P.	352, 355, 357, 359, 361, 370f.
Maturana, Humberto R.	44, 53, 79, 271, 342, 462		
Maul, Tim	106	Moreau, Gustave	166
Maurice of Orange	536	Morellet, François	254, 336
Mauthner, Fritz	558	Morey, Charles Rufus	191
Maxwell, James Clerk	76f., 174, 247, 276, 442, 558, 563, 606	Morgenstern, Oskar	340
May, Gideon	5		

Morley, Edward	309	Nitsch, Hermann	105, 269
Morris, Robert	37f., 49f., 58, 61, 223, 237, 239	Nixon, Richard	63
		Nolan, Christopher	537
Morrison, Jim	288	Noland, Cady	61
Morse, Marston	512	Noland, Kenneth	155
Morse, Samuel	442, 466, 468–471	Nouvel, Jean	454
Morton, Rocky	408	Novalis	608
Moser-Ernst, Sybille	559	Nüsslein-Volhard, Christiane	648
Mosher, Kirsten	70		
Mosse, Rudolf	471, 478–480		
Mosset, Olivier	141	**O**	
Mouffe, Chantal	41	Oberth, Hermann	567
Mourey, Jean-Pierre	166	Obrist, Hans Ulrich	436
Movimento nucleare	199	O'Doherty, Brian	65, 67, 125
Mozart, Wolfgang Amadeus	95, 226	Ogden, C. K.	19f.
		Ohrt, Roberto	45
Mucha, Alfons	114	O'Kane, Bob	5, 7, 266, 285
Muehl, Otto	204, 269	Oldenburg, Claes	178
Mukay, Michael	73	O'Neill, Gerard K.	567
Müller, Albert	82	Ono, Yoko	221, 237
Müller, Heiner	175	Origine	199
Müller, Karl H.	82	Ornstein, Robert	348
Mumford, Lewis	352	Orta, Jorge	590
Munari, Bruno	46	Orta, Lucy	590
Münch, Richard	44	Orwell, George	305
Murādī, Ibn Khalaf al-	644	Oshii, Mamoru	577
Murdoch, Rupert	430	Ostwald, Wilhelm	251
Mureau, Gustave	166	Otomo, Katsuhiro	408
Mūsā, Banū	635, 644	Ottmann, Klaus	167
Musatti, Cesare Luigi	461, 512	Oulipo	407
Musil, Robert	19, 75, 408, 437, 463f.	Ouspensky, P. D.	442
		Ovid	229
N		Owens, Craig	69f.
Nadar	150, 152, 565		
Naegeli, Harald	94	**P**	
Nagy, Peter	106	Pabst, W.	313
Naimark, Michael	275	Packard, Norman	311
Namuth, Hans	236f.	Packard, Richard E.	306
Napoleon	475, 609	Paik, Nam June	98, 178, 221, 223, 272, 341, 424
Nauman, Bruce	177f., 516		
Naur, Peter	616	Palermo, Blinky	194
Nawa, Kohei	602	Palladio, Andrea	644
Negri, Antonio	558	Panofsky, Erwin	42, 457, 643
Negroponte, Nicholas	427	Paolini, Giulio	180
Negt, Oskar	429	Paolini, Pier Paolo	45, 58
Nelson, Edward	258, 263f., 293	Papini, Giovanni	406
Nelson, Ted	130	Parmenides	545, 558, 619
Nernst, Walther	500	Parmentier, Michel	141
Neumann-Braun, Klaus	114	Parreno, Philippe	70
Neurath, Otto	23, 198, 233, 500	Parrhasios	86, 88f., 96, 289, 389
Newell, Allen	490	Parsloe, Eric	337
Newman, Barnett	125, 131, 136, 146, 151, 167, 216, 571	Parsons, Betty	70
		Pascal, Blaise	531, 534
Newman, William M.	261	Pascal, Claude	128
Newton, Isaac	229, 247, 287, 296, 303, 306f., 311f., 482, 531, 534, 566, 580, 611	Pask, Gordon	271
		Pasolini, Pier Paolo	190
		Pawlow, Iwan P.	109
Nezval, Vítězslav	231f., 570, 572	Peirce, Charles Sanders	107, 109-111, 392
Nicolis, Grégoire	313, 325, 327, 341, 343	Peitner, Max	269
Niépce, Joseph Nicéphore	625	Penrose, Roger	293, 318, 362f., 370, 651
Nietzsche, Friedrich	25, 34, 450, 455, 610f.	Perec, Georges	407
Nijinsky, Vaslav	232, 607	Perlman, Hirsch	24
Nipkow, Paul	145		

Perniola, Mario	450	**Q**	
Pešánek, Zdeněk	246, 253	Queneau, Raymond	130, 407
Pessoa, Fernando	27, 402, 405f., 413	Quine, Willard Van Orman	22f., 78, 364, 399, 451, 458, 464, 481, 500, 503, 558, 615, 638
Petty, Peter G.	319		
Petrus	229		
Pevsner, Antoine	208, 212, 215	**R**	
Phillip, David	525	Rabelais, François	27
Piaget, Jean	79	Rahlenbeck, Philipp	255
Picabia, Francis	197, 581, 625	Rainer, Arnulf	105, 128
Picasso, Pablo	159, 197, 201, 203-205, 208, 215, 234, 346, 571, 600, 625, 627	Rainer, Yvonne	38, 69, 186, 224f., 227, 238
		Ramsden, Mel	56, 58
Pichler, Walter	268f.	Rapaport, Anatol	323
Pickering, Andrew	518	Raphael	643
Piene, Otto	254	Raphael, Max	151
Pierce, J. R.	492	Ratliff, Floyd	512
Pinch, Trevor	73	Rauschenberg, Robert	128, 131, 157, 178, 186, 235, 254, 334, 513
Pinot-Gallizio, Giuseppe	45, 199, 215		
Piper, Adrian	225, 227, 238	Razzāz Al-Jazari, Ibn al-	644
Piscator, Nicolaus	534	Rebay, Hilla	622
Pissarro, Camille	152	Rebhan, Eckhard	325, 327, 341, 343
Pistoletto, Michelangelo	45	Reboiras, Fernando Domínguez	546
Pistor, Katharina	469		
Pitts, Walter H.	271, 462, 616	Rech, Peter	182
Planck, Max	315-317, 598	Reder, Christian	525
Plateau, Joseph A.	524	Redon, Odilon	166, 518, 560, 565
Platon	141, 179, 358, 367, 389, 608	Reidemeister, Kurt	334
Plotnitsky, Arkady	514	Reinhardt, Ad	131, 142f., 146, 157, 216, 555
Pochat, Götz	44		
Podolsky, Boris	296	Reis, Ricardo	405, 413
Poe, Edgar Allan	117, 560	Reisman, Ron	273
Poiret, Paul	254	REMOTEWORDS (Achim Mohné und Uta Kopp)	640f.
Polanski, Roman	242f.		
Polke, Sigmar	208		
Pollock, Jackson	212f., 236, 366, 629	Renner, Lois	71
Pomeau, Yves	329	Rescher, Nicholas	55
Poons, Larry	138	Reski, Gunter	447
Pöppel, Ernst	436	Rewald, John	152
Popper, Frank	337	Reynolds, William E.	330
Popper, Karl R.	191, 308, 555f.	Ricardo, David	176
Porsch, Johannes	225	Ricci, Donato	640
Porta, Giambattista della	471, 476	Richard, Birgit	114
Post, Emil Leon	491, 501	Richter, Gerhard	136, 622, 628
Potter, David M.	97	Riedel, Christiane	17, 245
Pound, Ezra	184	Riefenstahl, Leni	91
Poundstone, William	348	Riegl, Alois	517
Pourbus der Jüngere, Frans	132	Riess, Adam	648
Poussin, Nicolas	58, 132	Rihm, Wolfgang	463
Powers, Will	114	Rijn, Rembrandt van	403, 417, 531, 534
Prado, Jorge	70	Riley, Bridget	336
Prampolini, Enrico	197, 209, 581	Rimbaud, Arthur	126, 165, 244, 406, 581
Prigogine, Ilya	313, 325, 327, 331, 341, 343	Rimington, Alexander Wallace	254
Prince, Richard	106, 414		
Prinz, Jessica	71	Rip, Arie	73
Proklos	84	Roberts, John	541
Prudentius, Aurelius P. Clemens	177	Robinett, W.	275
		robotlab (Matthias Gommel, Martina Haitz und Jan Zappe)	494, 635
Puhle, Hans-Jürgen	485		
Puni, Ivan	128, 197, 215, 625, 627		
Punin, Nikolai	159, 206	Roché, Henri-Pierre	341
Purcell, Henry	241	Rockburne, Dorothea	138
Pynchon, Thomas	407	Rockefeller, Nelson	63
Pythagoras	367f.		

Rockenschaub, Gerwald	125, 140	Saussure, Ferdinand de	28, 87f., 107f, 171, 176f., 376, 452
Rockmann, Arnold	492		
Rodin, Auguste	234	Sautoy, Marcus du	469
Rodtschenko, Alexander oder Alexander Rodchenko	66, 131, 134, 142, 146f., 156f., 159f., 188, 203, 206f., 210, 215, 457, 461, 622	Savonarola, Girolamo	554, 604
		Schaer, Roland	555
		Schaper Rinkel, Petra	17
		Schapiro, Meyer	378
Roehr, Peter	58	Schäuffelen, Konrad Balder	496, 497, 503
Roggenbuck, Simone	546	Scheggi, Paolo	195
Romano, Giulio	644	Scheler, Max	302
Ronell, Avital	124, 173	Schickard, Wilhelm	367
Ronnen, Meir	125	Schiele, Egon	70, 419, 624
Rood, Ogden Nicholas	512	Schiller, Friedrich	302
Ropae, Thaddaeus	105	Schilling, Alfons	269f.
Rorty, Richard M.	513	Schivelbusch, Wolfgang	164, 291
Rosanowa, Olga W.	136, 159	Schlagenwerth, Michaela	245
Rose, Barbara	125	Schlegel, Friedrich	395
Rosen, Margit	196	Schlemmer, Oskar	234
Rosen, Nathan	296	Schlingensief, Christoph	240
Rosen, Robert	302	Schmatz, Ferdinand	130
Rosenberg, Harald	335	Schmid, Franz	477
Rosenblueth, Arturo	78	Schmidt, W. M.	512
Rosenthal-Schneider, Ilse	308	Schmidt-Burkhardt, Astrit	546
Rosler, Martha	38, 69	Schmitt, Stefan	367
Rossellini, Roberto	190	Schneemann, Carolee	235
Rosser, John Barkley	491	Schneider, Norbert	534, 536
Rossi, Ernest	319	Schöffer, Nicolas	254
Rössler, Otto E.	257f., 261-267, 269, 276f., 284, 292, 296-320, 364, 525	Schöllhammer, Georg	227
		Schöne, Wolfgang	155
Rössler, Reimara	301, 302-320	Schopenhauer, Arthur	450
Roßnagel, Michael	430	Schrödinger, Erwin	263-265, 294, 312, 363
Rotella, Mimmo	197	Schubert, Franz	241
Roth, Dieter	46, 129	Schütz, Heinz	125
Rothko, Mark	125, 139, 216, 512	Schwabe, Carlos	166
Rötzer, Florian	161, 163, 165, 167, 286, 310, 395, 420	Schweeger, Elisabeth	420
		Schwinger, Julian	293
		Schwitters, Kurt	128, 197, 201, 204, 209, 215, 625
Rousseau, Jean-Jacques	58		
Rozental, Stefan	312, 319	Scorzin, Pamela C.	495
Rubens, Peter Paul	403, 531, 534	Scott, Ridley	408
Rucker, Rudy	366	Scottus Eriugena, Johannes	427
Rückriem, Ulrich	241	SEAD (Space Ecologies Art and Design)	602
Rudolph August, Duke of Brunswick-Lüneburg	471		
		Sedlmayr, Hans	184
Ruhm, Constanze	5	Seemann, Hans-Jürgen	415
Ruisdael, Jacob von	525, 540	Segal, George	83
Rumelhart, David	354	Segal, Lynn	271
Ruscha, Ed	177	Segré, Emilia	563
Russell, Bertrand	21, 23, 482, 616	Sehgal, Tino	238, 605
Russolo, Luigi	83, 113	Seitz, Wiliam C.	139, 405
Rutault, Claude	58	Sejnowski, Terrence	354, 370
Ryklin, Michail	66	Sekula, Allan	38, 69, 71
Ryman, Robert	139-141, 143, 157	Selfridge, Oliver	490
		Sellin, Dieter	5
S		Sennett, Richard	424, 429
Sachsse, Rolf	114, 372, 395, 503	Serres, Michel	590f., 631
Saint-Simon	549f.	Sérusier, Paul	132, 165
Salomaa, Arto K.	27	Seurat, Georges	63, 152, 155, 200, 512, 514
Sander, Karin	578	Sex Pistols	45
Saraceno, Tomás	642	Shadowa, Larissa Alexejewna	159
Sartre, Jean-Paul	46, 451, 558		
Satie, Erik	243f.	Shakespeare, William	531, 546, 610

Shannon, Claude E.	483f., 490, 501, 619, 649	Stieglitz, Alfred	404
Shaw, Christopher D.	345	Still, Clyfford	216
Shaw, Jeffrey	275, 463, 536	Stöer, Lorenz	644
Sheckley, Robert	407f.	Stone, George	408
Sheldon, Alice B.		Stoney, George Johnstone	568
alias James Tiptree, Jr.	408	STRATASYS	634f.
Shelley, Mary	613	Strawinsky, Igor	232, 607
Sherman, Cindy	70, 408, 414	Strzemiński, Władysław	136-138
Shlain, Leonard	514	Stuart, Meg	224
Shockley, William	620	Sturtevant, Elaine	70, 408, 417
Siegal, Richard	239	Suárez Miranda, J. A.	524
Siegel, Steffen	546	Support/Surfaces	141
Signac, Paul	152, 200, 555	Sussman, Elisabeth	45
Silverman, Debora	102, 105	Sutherland, Ivan E.	262, 273-275, 461
Simmons, Laurie	106	Sylvester, Julie	413
Simon, Herbert	490	Szeemann, Harald	37
Simon, Paul	525	Szilárd, Leó	76, 328
Simonyi, Károly	563, 568		
Simpson, Lorna	70	**T**	
Simpson, Thomas K.	563	Taeuber, Sophie	129
Situationistische		Talking Heads	113
Internationale	45, 199	Talman, Paul	335f.
Skolem, Albert Thoralf	501	Tamburini, Fabrizio	247f.
Skrjabin, Alexander oder		Tàpies, Antoni	213-215, 627
Alexander Scriabin	255, 580	Tarabukin, Nikolai	130, 134f., 203f.
Sloterdijk, Peter	449f., 463, 561f., 610f.	Tatlin, Wladimir	130, 134f., 159, 163, 185, 197, 201, 204, 206f., 215
Smithson, Robert	37f., 60-62, 66, 143		
Snayers, Pieter	522, 525-527, 529f., 534, 537-540, 542	Taylor, Charles	467
		Taylor, Frederick Winslow	290, 459
Snow, C. P.	514	Taylor, Samuel	38
Snyder, Timothy	243	Tegmark, Max	616
Sohn-Rethel, Alfred	46	Teige, Karel	231f., 570, 572
Sokrates	230, 238	Tesla, Nikola	173, 426, 564
Solomonoff, Ray	490	Thackeray,	
Soltau, Annegret	575	William Makepeace	438
Sommerer, Christa	521	The Bakery	239
Soulier, Noé	221	The Doors	288, 581
Spencer-Brown, George	42, 271	Theinert, Kurt Laurenz	255
Spielberg, Steven	272	The Living Theatre	243, 236
Spinoza, Benedictus de	450, 531	The Lounge Lizards	93
Spoerri, Daniel	209f., 579	Thek, Paul	61, 573
SPUR	45	The Software Studies	
Stadler, Friedrich	82, 512	Initiative	637
Stafford, Barbara Maria	518	The Rolling Stones	94
Stalin, Josef	27, 183, 189, 609	Thidé, Bo	247f.
Stanton, Frank	98f.	Tholen, Georg Christoph	132
Starr, Kenneth	429	Thom, René	321f., 396, 497, 499
Stedman Jones, Gareth	41	Thomas, Phillipe	70
Stein, Gertrude	413, 415, 420	Thompson,	
Steinbach, Haim	106f., 178f., 409, 414, 416	D'Arcy Wentworth	331, 458
Steiner, Jacob	525	Thomson, Joseph John	174, 443, 567
Steinheil, Carl August von	442	Thue, Axel	547, 616
Steinig, Wolfgang	231	Tinguely, Jean	624, 630
Steinle, Christa	44, 447	Tintoretto	346
Stelarc	583f.	Tiravanija, Rirkrit	70
Stella, Frank	49, 70, 133, 143, 155	Tissandier, Gaston	142
Stepanowa, Warwara	154, 206f.	Titian	644
Stephenson, George	437	Toche, Jean	37
Sterenberg, David	207f.	Todorov, Tzvetan	27
Sterling, Bruce	366, 408	Todosijević, Dragoljub Rasa	624
Stettler, René	651	Toorop, Jan	166
Stezaker, John	69	Toroni, Niele	58, 133, 141, 200

Toulouse-Lautrec, Henri de	234	Visscher, Nicolaus	534
Tower, Jon	70	Vitale, Stefano	306
Transsolar	596, 623	Vitruv	450
Trithemius, Johannes	471, 476	Vitz, Paul C.	514
Trocchi, Alexander	45	Vološinov, Valentin N.	27f., 30, 115f.
Trockel, Rosemarie	103f.	Voltaire	450
Tschaikowski, Pjotr Iljitsch	234	Vordemberge-Gildewart, Friedrich	216
Tuchman, Phyllis	140	Vorn, Bill	588
Tucker, Marcia	517	Vostell, Wolf	222f.
Tullier, Antonino	199	Vreeland, Diana	102f.
Turing, Alan M.	288, 357f., 362f., 397-400, 445, 482f., 490f., 493f., 501, 509, 559, 619f., 638	Vulpian, Edmé Félix Alfred	580
Turk, Gavin	70	**W**	
Turner, William	133, 165, 437f., 626	Waagenar, Akke	5
Turrell, James	125, 131, 254	Wachmann, Abraham	220, 235
Twain, Mark	539f.	Wagner, Richard	23, 254
		Wainwright, Thomas E.	262, 276, 312
U		Walden, Herwarth	91
Uecker, Günther	254	Waldheim, Kurt	95
Umansky, Konstantin	159	Walker, John A.	275, 417
Uncini, Giuseppe	195, 198, 211f.	Wall, Jeff	106
Unknown Fields Division	618	Walraff, Günter	95
		Walter, Peter	546
V		Walther, Franz Erhard	223, 236, 238, 491
Vaihinger, Hans	23, 450	Waltz, Sasha	228-245
Vail, Alfred Lewis	470	Waltz, Yoreme	245
Valéry, Paul	131, 226, 232f.	Wang, Jun-Jieh	372
Valla, Clement	608	Warhol, Andy	93, 101-103, 105, 178, 189, 241, 403, 455, 628
Van Bellingen, Stef	447	Warnke, Martin	39
Vanderbeek, Stan	273	Warwick, Andrew	567
Vaneigem, Raoul	45	Watson-Watt, Robert	172
Vanmechelen, Koen	633f.	Watt, James	172, 437
Vantongerloo, Georges	456f., 459	Watzlawick, Paul	79, 340
Varela, Francisco J.	44, 53, 79, 271, 419f.	Waugh, Linda R.	111
Varoquaux, Eric	317	Weber, Max	636
Vasarely, Victor	512	Weber, Wilhelm Eduard	174
Vasulka, Steina	269	Weigel, Sigrid	546
Vasulka, Woody	175, 269f.	Weiner, Lawrence	23, 52, 58, 237
Vautier, Ben	555	Weizsäcker, Carl Friedrich von	308
Vedova, Emilio	190	Wenzel, E.	275
Velázquez, Diego	389, 528f., 531, 542, 613, 625	Werckmeister, Karl	39
Venet, Bernar	55, 57	Wertheim, Paul	160
Venturi, Robert	183, 187	Wertheimer, Max	512
Verhoeven, Paul	408	Westheim, Paul	160
Verlaine, Paul	126, 130, 165	Wetzel, Michael	132
Vermeer, Jan	300, 513, 531, 533-537, 539, 542, 625	Weyl, Hermann	313
Verne, Jules	539	Wheatstone, Charles	442
Veronese, Paolo	646	Wheeler, Douglas	131
Verostko, Roman	492f.	Wheeler, John Archibald	76f., 284, 292-294, 296, 319f., 339f.
Vertov, Dziga	527, 628	Whitehead, Alfred North	482, 616
Vesper, Volker D.	322, 326	Whitney, John	344
Vetter, David Phillip	525	Widl, Susanne	573
Viallat, Claude	141	Widrig, Daniel	595
Vidal, Christian	329	Wiener Gruppe	46, 56f.
Vietinghoff-Scheel, Anatol	255	Wiener, Norbert	78, 270f., 340, 493
Villalba i Varneda, Pere	546	Wiener, Oswald	56f., 130, 269f., 276
Vincente, José Luis de	617	Wigner, Eugene P.	293, 483, 521, 620, 639
Viola, Bill	178, 424	Wilfred, Thomas	255
Virilio, Paul	163-165, 181, 199, 390, 392, 398, 425, 527, 529, 541, 605, 607, 609, 613, 626		
Visscher, Claes Jansz.	534		

Willats, Stephen	68f.
William of Orange	533
William III of England	533, 536
Williams, Bernard	322
Wilson, Peter Lamborn	366
Wilson, Robert Anton	366
Winter, Peter	153
Wittgenstein, Ludwig	22–26, 28–30, 39, 49, 65, 79f., 232, 298, 482, 558
Wöhler, Friedrich	509
Wolff, Janet	41
Wolfram, Stephen	348
Wollheim, Richard	71
Wolman, Gil J.	47
Woolgar, Steve	73
Worp, J. A.	142
Wright, Frank Lloyd	484, 558, 600, 620, 630
Wu, Ling-An	249
Wulffen, Thomas	64
Wurm, Erwin	180, 223, 239, 241
Wyss, Beat	463

X

Xenakis, Iannis	221

Y

Yeats, William Butler	38
Young, La Monte	221–223
Young, Thomas	247, 250

Z

Zeeman, Erik Christopher	502
Zeilinger, Anton	441, 651
Zemanek, Heinz	272
ZERO	131, 136, 157, 160, 196, 254, 462
Zeuxis	86, 289, 389
Ziegler, Mel	70
Zielinski, Siegfried	648
Zigaina, Giuseppe	190
Zilsel, Edgar	73
Ziolkowski, Konstantin	442, 565f.
Žižek, Slavoj	21, 193, 413
Zuccari, Federico	644
Zurek, Wojciech Hubert	76, 319
Zweig, Stefan	437
Zylinska, Joanna	646

BILDNACHWEIS

Umschlagabbildung: Peter Weibel, *Unendliche Anschauung*, 1982, Foto: Karl Heinz Koller

© 2024 bei allen Künstlerinnen und Künstlern und ihren Rechtsnachfolgern

© VG Bild-Kunst, Bonn 2024 für:
Arman (Armand Pierre Fernandez), Hans Arp, Richard Artschwager, Giacomo Balla, Herbert Bayer, Hans Bellmer, Guillaume Bijl, Georges Braque, Marcel Broodthaers, Daniel Buren, Alberto Burri, Giorgio de Chirico, Marcel Duchamp, Valie Export, Öyvind Fahlström, Thomas Feuerstein, Dan Flavin, Lucio Fontana, Hans Haacke, Raoul Hausmann, Douglas Huebler, Pierre Huyghe, Jasper Johns, Ilya Kabakov, Yves Klein, Joseph Kosuth, Milan Kunc, Sol LeWitt, Heinz Mack, René Magritte, Piero Manzoni, Man Ray, Gordon Matta-Clark, Robert Morris, Barnett Newman, Lucy und Jorge Orta, Pablo Picasso, REMOTEWORDS (Achim Mohné and Uta Kopp), Alexander Rodtschenko, Robert Ryman, Karin Sander, Annegret Soltau, Daniel Spoerri, Antoni Tàpies, Jean Tinguely, Rosemarie Trockel, Koen Vanmechelen, Georges Vantongerloo, Wolf Vostell, Franz Erhard Walther, Franz Wamhof

Außerdem:
S. 4 Foto: Werner Schulz
S. 5 oben, 6, 9, 253, 385, 456 oben links, unten rechts, 642, 645 Foto: Tobias Wootton, Foto © ZKM | Karlsruhe
S. 5 unten, 8, 126, 281 unten, 504 links, rechts oben, 508 oben © Archiv Peter Weibel
S. 7 Foto: Michael Janssen, Foto © Galerie Tanja Grunert
S. 20, 66 Foto: Maria Gilissen
S. 50 Mitte links Foto © Tate images
S. 50 Mitte rechts, 67 Mitte rechts Foto: Courtesy Galerie Thomas Zander, Köln
S. 52 Foto: Courtesy the artist and Sprüth Magers
S. 55 links Foto: Walter Russell, © William Anastasi's Archives, Courtesy Galerie Jocelyn Wolff
S. 55 rechts Foto: Courtesy Mulier Mulier Gallery, Belgium
S. 60 © Holt/Smithson Foundation / VG Bild-Kunst, Bonn 2024
S. 68 Sammlung Westfälisches Landesmuseum, Münster
S. 71 Courtesy the Allan Sekula Studio
S. 99 Foto: Guiseppe Molteni
S. 101 links © 2024 The Andy Warhol Foundation for the Visual Arts, Inc. / Artists Rights Society (ARS), New York
S. 106 Foto © mumok - Museum moderner Kunst Stiftung Ludwig Wien, Leihgabe der Österreichischen Ludwig-Stiftung
S. 107 rechts Foto © bpk / Städel Museum
S. 117 Mitte Foto: Atelier Elvira, München
S. 118 links © Freud Museum London
S. 118 rechts Foto © IMAGNO / Sigmund Freud Privatstiftung
S. 120 links Foto © IMAGNO / Sigmund Freud Privatstiftung
S. 123 rechts Foto: Günter König, Foto © Sigmund Freud Privatstiftung
S. 127 oben links Architekturzentrum Wien, Sammlung, Foto: Margherita Spiluttini
S. 127 oben rechts Emanuel Hoffmann-Stiftung, Geschenk der Stifterin Maja Sacher-Stehlin 1944, Depositum in der Öffentlichen Kunstsammlung Basel, Foto: Bisig & Bayer, Basel
S. 132, 136 links, 156 rechts Foto: Creative Commons
S. 137 © Muzeum Sztuki, Lodz, Ewa Sapka-Pawliczak
S. 138, 441, 456 oben rechts Foto © 2024 Scala, Florence, Museum of Modern Art (MoMA), New York, USA
S. 140 Collection Buffalo AKG Art Museum
S. 141 links Foto © bpk / LWL-Museum für Kunst und Kultur, Münster / Sabine Ahlbrand-Dornseif und Rudolf Wakonigg
S. 144 © One Million Years Foundation
S. 145 rechts Foto © bpk / Kunstsammlung Nordrhein-Westfalen, Düsseldorf / Walter Klein
S. 148 Sammlung Hasso Plattner
S. 151 Foto © bpk / RMN - Grand Palais | Patrice Schmidt
S. 154 links Foto: Creative Commons, The Winterthur Museum of Art
S. 154 rechts Foto © Museum Folkwang Essen – ARTOTHEK
S. 156 links Foto © Rheinisches Bildarchiv Köln, Wolfgang Meier, rba_do13160. Museum Ludwig, Köln
S. 162 oben Foto © Kunsthalle Mannheim / Kathrin Schwab
S. 162 unten Foto: Creative Commons, Königliche Museen der Schönen Künste, Belgien
S. 205 unten links Foto © Lana Rastro / Alamy Stock Foto
S. 209 oben, 212, 216 rechts VAF-Stiftung, Frankfurt/M. - Rovereto
S. 210 Foto © mumok - Museum moderner Kunst Stiftung Ludwig Wien
S. 216 links Foto © bpk / CNAC-MNAM / Droits réservés
S. 218 oben Foto: Michaela Boschert
S. 218 unten Foto © ZKM | Karlsruhe
S. 220 rechts, 222 oben links The Noa Eshkol Foundation for Movement Notation, Holon, neugerriemschneider, Berlin
S. 221 links © William Forsythe, Hatje Cantz, ZKM |

Karlsruhe
S. 221 rechts, 224 unten, 488, 531 Foto: Felix Grünschloß, Foto © ZKM | Karlsruhe
S. 222 unten links Foto: Jorge Lewinski
S. 222 unten rechts Foto: Peter Moore, Foto © Northwestern University
S. 224 oben, 335, 448, 460 Mitte und unten links Foto: Franz Wamhof, Foto © ZKM | Karlsruhe
S. 228, 233, 242 oben, 242 Mitte links, 244, 598 Foto: Martin Wagenhan, Foto © ZKM | Karlsruhe
S. 235 oben rechts Sammlung Morton Feldman, Paul Sacher Stiftung Basel
S. 238 © Franz Erhard Walther Foundation
S. 242 oben rechts © 2024 Banco de México Diego Rivera Frida Kahlo Museums Trust, Mexico, D. F. / Artists Rights Society (ARS), New York
S. 242 Mitte rechts Foto: Philippe Halsman
S. 242 unten rechts Foto: David Baltzer, Zenit
S. 251, 460 oben, 493, 543 unten Foto © ZKM | Karlsruhe
S. 252 Foto: Franz Wamhof, Foto © lichtsicht GmbH
S. 270 Foto: Courtesy Nachlass Alfons Schilling, Wien
S. 280, 282 oben Foto © Wojciech Bruszewski
S. 281 oben und Mitte, 283, 506 Foto © Michael Schuster
S. 282 unten, 508 unten, 582 rechts Foto © Valie Export
S. 349 rechts und links © Archiv GJ Lischka
S. 459 links Foto © Theres Bütler, Luzern
S. 460 unten rechts © Nina & Graham Williams; bpk / Berlinische Galerie
S. 463 rechts Foto: Sónia Alves, Foto © ZKM | Karlsruhe
S. 466, 484, 485, 487, 603, 632, 633 rechts, 634 links Foto: Jonas Zilius, Foto © ZKM | Karlsruhe
S. 476 oben Staats- und Stadtbibliothek Augsburg
S. 476 unten Bayerische Staatsbibliothek München
S. 472-474 ZKM | Karlsruhe, Sammlung Franz Pichler
S. 486 Foto: Elias Siebert, Foto © ZKM | Karlsruhe
S. 492 oben links Foto: Becky Cohen, Quelle: The Robotic Artist: AARON in Living Color, Harold Cohen at The Computer Museum, Boston 1995, Cover
S. 492 oben rechts © Harold Cohen Archive
S. 496 Foto: Wolf Isser
S. 507 Foto: Lauda
S. 522 oben, 526 oben, 528 unten Foto © Museo Nacional del Prado, Madrid
S. 522 unten Foto © The British Library Board
S. 526 unten Staatliche Kunsthalle Karlsruhe
S. 528 oben Foto © Herzog August Bibliothek, Wolfenbüttel
S. 532 links Foto © Royal Museums of Fine Arts of Belgium, Brüssel
S. 532 rechts Foto © The National Gallery, London
S. 535 oben Foto © Het Scheepvaartmuseum, Amsterdam
S. 535 Mitte Quelle: "Life Presents R. Buckminster Fuller's Dymaxion World", in: *Life magazine*, 1. März, 1943, S. 41-55, Courtesy The Estate of R. Buckminster Fuller
S. 535 unten Foto © Kunsthistorisches Museum, Wien
S. 542 Foto: Courtesy Masaki Fujihata
S. 553 oben mkp.ZERO.1.IV.25, Vorlass Heinz Mack, ZERO foundation, Düsseldorf, © ZERO foundation, Düsseldorf

S. 560 Foto: incamerastock / Alamy Stock Foto
S. 573 unten links Foto: Susanne Widl
S. 573 unten rechts © The Estate of George Paul Thek; courtesy Alexander and Bonin, New York, Foto: Cathy Carver, courtesy Hirshhorn Museum and Sculpture Garden
S. 575 oben rechts © Peter Keetman Nachlass / Stiftung F.C. Gundlach, Hamburg
S. 575 unten links Foto: Courtesy Barbara Kruger, The Broad Art Foundation und Sprüth Magers
S. 579 oben rechts © Copyright Vanessa Beecroft 2023
S. 579 unten rechts Foto: Gerhard Leistner Privatarchiv, Wenzenbach
S. 583 links Foto: Nina Sellars
S. 588, 591, 595 Foto: Fidelis Fuchs, Foto © ZKM | Karlsruhe
S. 593 Climateworks und Geoffrey A. Ozin
S. 596, 623 oben rechts, 635 Foto: Harald Völkl, Foto © ZKM | Karlsruhe
S. 601 links © Privatarchiv Hollein, Foto: ONUK, Foto © ZKM | Karlsruhe
S. 601 rechts Foto: Benny Ulmer, Foto © ZKM | Karlsruhe
S. 602 links Foto: Tobias Wootton und Jonas Zilius, Foto © ZKM | Karlsruhe
S. 613, 616 rechts, 617, 634 rechts Foto: Anatole Serexhe, Foto © ZKM | Karlsruhe
S. 616 links Foto: Courtesy !Mediengruppe Bitnik
S. 618 Foto © Unknown Fields / Toby Smith
S. 623 Mitte links, unten links, 624 oben, Mitte Neue Galerie Graz
S. 623 Mitte rechts Foto: Koinegg, La Colección lumex © 1998 Olafur Eliasson
S. 623 unten rechts Sammlung FER
S. 624 unten links Stedelijk Museum, Amsterdam
S. 624 unten rechts Foto: ONUK, Foto © ZKM | Karlsruhe
S. 627 Mitte Kunstsammlung Nordrhein-Westfalen, Düsseldorf
S. 629 Harvard University Archives – HUPSF Psychological Laboratories
S. 633 links Foto: Koen Vanmechelen
S. 648 © ZKM | Karlsruhe, 2xGoldstein
S. 649 oben © ZKM | Karlsruhe und The MIT Press
S. 649 oben rechts R&B Studien
S. 650 © The Swiss Biennial on Science, Technics + Aesthetics, Lucerne, 2001
S. 653 Foto: Christof Hierholzer

Appendix

Impressum

ENZYKLOPÄDIE DER MEDIEN. BAND 6
POLITIK UND MEDIEN
Wahrnehmung und Wandel der Welt durch und mit Medien

Ausgewählte Schriften von Peter Weibel

Herausgegeben von der Universität für angewandte Kunst Wien und
dem ZKM | Zentrum für Kunst und Medien Karlsruhe

REDAKTION UND LEKTORAT: Idis Hartmann
GRAFISCHE GESTALTUNG UND SATZ: studio +fronczek grafikdesign
GRAFISCHER ENTWURF: Renata Sas
REPRODUKTIONEN: CoMYK, Roland Merz, Karlsruhe

Dank an Ulrike Havemann, Joshua Kaiss, Hildegard Klessing, Jens Lutz, Ulrike Rieger,
Miriam Stürner und Susanne Widl.

SCHRIFT: Cholla Unicase, Greta Sans
PAPIER: Fly Extraweiß 1.2, 115 g/m²
DRUCK: Stober Medien, Eggenstein
BINDUNG: IDUPA Schübelin GmbH, Owen/Teck

ERSCHIENEN IM Hatje Cantz Verlag
Hatje Cantz Verlag GmbH
Mommsenstraße 27, 10629 Berlin, Deutschland
www.hatjecantz.de
Ein Unternehmen der Ganske Verlagsgruppe

ISBN 978-3-7757-3875-0
Printed in Germany

© 2024 Universität für angewandte Kunst Wien; ZKM | Zentrum für Kunst und
Medien Karlsruhe; Hatje Cantz Verlag GmbH, Berlin, und die AutorInnen

ZKM | Zentrum für Kunst und Medien Karlsruhe   Universität für angewandte Kunst Wien
Lorenzstraße 19, 76135 Karlsruhe, Deutschland   Oskar-Kokoschka-Platz 2, 1010 Wien, Österreich

Stifter des ZKM